MARKETING

THEORY・
EVIDENCE・
PRACTICE

マーケティングの科学

BYRON SHARP

セオリー・エビデンス・
実践で学ぶ
世界標準の技術

バイロン・シャープ 著

前平謙二 翻訳

朝日新聞出版

MARKETING: THEORY, EVIDENCE, PRACTICE, SECOND EDITION
by Byron Sharp

© Byron Sharp 2017

This translation of MARKETING: THEORY, EVIDENCE, PRACTICE, SECOND EDITION
is published by arrangement with Oxford University Press.
Oxford disclaims any responsibility for the materials contained in any third party website referenced in this work.

MARKETING: THEORY, EVIDENCE, PRACTICE, SECOND EDITION
was originally published in English in 2017.
This translation is published by arrangement with Oxford University Press.
Asahi Shimbun Publications Inc. is solely responsible for this translation
from the original work and Oxford University Press shall have no liability for any errors,
omissions or inaccuracies or ambiguities in such translation or for any losses caused by reliance thereon.

Contents

目次

著者紹介 ... 8

謝辞 ... 14

本書の構成 ... 15

序文 ... 16

日本語版刊行に寄せて ... 17

Chapter 1 — 18

マーケターに求められる資質と仕事

バイロン・シャープ 著

Introduction

マーケターに求められる資質と仕事

マーケティング革命

マーケターの2つのタイプ

マーケティングはサイエンス

マーケティング指標と、市場を基盤とした資産

顧客のニーズとウォンツ

サステナブルマーケティング

本章の結論

Chapter 2 — 46

消費者行動と顧客行動

バイロン・シャープ 著

寄稿：スベトラーナ・ボゴモロヴァ
マリアンティ・ラヴァダイティス
マグダ・ネニキスチール

Introduction

知識は力なり

顧客は反復購入を行っている

高関与度の意思決定

生まれ持ってのロイヤルティ

ロイヤルスイッチャー

ロイヤルティは情熱か平凡か？

記憶の重要性

消費者はなぜブランドを忘れてしまうのか？

感情的に合理的な購買客

消費者動機

消費者は一人ひとり異なる顔を持つ

カスタマージャーニー

自社ブランドは購買客に好まれているか？

本章の結論

Chapter 3 — 88

指標の重要性

バイロン・シャープ 著

寄稿：スベトラーナ・ボゴモロヴァ

Introduction
指標の必要性
マーケティング指標の役割
財務指標
行動指標
記憶指標
顧客プロファイル指標
マーケティング活動指標
フィジカルアベイラビリティ指標
質問の真意が伝わっているか？
指標を正しく解釈する
因果関係
本章の結論

Chapter 4 — 136

市場調査

アニー・シャープ 著

寄稿：キャサリン・アンダーセン

Introduction
市場調査の主な役割
市場調査業界の歴史
市場調査という仕事
調査の依頼──ブリーフィング
主要な調査プロセス
二次データと購買行動に関する知識
質的データと量的データ
サンプリング
調査デザイン
データ分析から最大限の効果を引き出す
すぐれた調査報告書の書き方
本章の結論

Chapter 5 — 180

マーケティング環境

キム・レーマン 著

寄稿：エイドリアン・パーマー、ラリー・ロックシン

Introduction
マーケティング環境
ミクロ環境
マクロ環境
環境の変化を敏感に察知し、迅速に対応する
本章の結論

Chapter 6 — 210

セグメンテーションと
ターゲティング

レイチェル・ケネディ、バイロン・シャープ、
ニック・ダネンバーグ 著

Introduction
セグメンテーションを基本にしたターゲティング
真のターゲットは誰か？
特定のターゲット市場に
　焦点を絞る戦略の理論と魅力
ブランドユーザーのプロファイルに差異はない
製品バリエーションで市場全体を狙う
ターゲティングは必ずしも収益を最大化しない
すべての消費者にリーチすることは可能
データベース主導型ターゲティングの盲点
スマートターゲティングの実践
本章の結論

Chapter 7 — 242

製品とサービス

デビッド・コーキンデール 著

寄稿：バイロン・シャープ

Introduction
"製品"とは何か？
中核的製品に関する意思決定
製品特性
プロダクトミックスとプロダクトレンジ
製品カテゴリー
新製品の開発とマーケティング
製品カテゴリーライフサイクル（PLC）
サービスのマーケティング
本章の結論

Chapter 8 — 280

小売業の
フィジカルアベイラビリティ

バイロン・シャープ、ハーブ・ソレンセン 著

Introduction
拡大する小売業
小売業者間の競争
買い物の経験則
オンライン小売業
小売業の将来
本章の結論

Chapter 9 — 300

価格設定とディスカウント

ダグ・ベネット、ジョン・スクリブン、
スティーブン・ダン 著

Introduction
不完全競争市場での価格設定
価格設定の出発点——原価をベースに考える
原価ベースの価格設定
売上と利益
市場ベースの価格設定
価値ベースの価格設定
新製品の価格設定
価格設定の実際
本章の結論

Chapter 10 — 330

販売とセールスマネジメント

ジョン・ウイルキンソン 著

Introduction
人的販売の重要性
B to B（企業間）販売
重要顧客管理
消費者市場での人的販売
コールセンター
セールスマネジメント
人的販売の戦略的役割
ソーシャルメディアの影響
販売上の倫理
本章の結論

Chapter 11
362

広告

レイチェル・ケネディ
バイロン・シャープ
ニコル・ハートネット 著

Introduction
ブランドについて考える
広告ビジネス
広告にできること
すぐれた広告を導くためのブリーフィング
すぐれた広告とは
広告調査
本章の結論

Chapter 12
408

メディアプランニング

バイロン・シャープ、スティーブン・ベルマン
バージニア・ビール 著

寄稿：エリカ・リーベ
カレン・ネルソンフィールド

Introduction
マーケターがメディアを使う理由
メディアという業界
メディアバイイング
メディアの特徴
IMC：統合マーケティングコミュニケーション
メディアプランの立て方
メディアデータ、ツール、キャンペーン評価
本章の結論

Chapter 13
460

マーケティングプランの
開発と実施

デビッド・コーキンデール
マーク・リーンダース
カイリー・レーデル 著

Introduction
マーケティングプランニングの役割と利点
マーケティングプランニングが必要なとき
マーケティングプランニングのプロセス
古典的で合理的な
　　マーケティングプランニングの利点と課題
市場選択とマーケティング目標設定：
　　新たなアプローチ
デザインが戦略的マーケティングと
　　プランニングにもたらすもの
本章の結論

Chapter 14
492

グローバルマーケティング

マックスウェル・ウィンチェスター
ティファニー・ウィンチェスター 著

Introduction
グローバルマーケティングの成長
グローバルマーケティングと
　　国内マーケティングとの違い
標準化かローカライゼーションか？
グローバルマーケティングを取り巻く環境
本章の結論

Chapter 15

520

倫理と社会的責任

アニタ・ペレグ
チャールズ・グラハム 著

Introduction

倫理とは何か？

倫理は誰のために必要か？

倫理的マーケティングの実際

倫理の理論

倫理的な意思決定に哲学を使う

個人的倫理

企業の社会的責任

本章の結論

Chapter 16

568

ソーシャル
マーケティング

アン・シャープ、マーガレット・フォークナー、
エイミー・ウィルソン、スベトラーナ・ボゴモロヴァ、
バイロン・シャープ 著

Introduction

ソーシャルマーケティングとその応用

ブランドレベルとカテゴリーレベルでの適用

セグメンテーションとターゲティング

効果的なソーシャルマーケティングキャンペーン

ソーシャルマーケティングの評価

本章の結論

付録1	598
用語集	601
参考文献	614

About the Authors
著者紹介

バイロン・シャープ　　Byron Sharp

南オーストラリア大学ビジネススクールのアレンバーグ・バス・マーケティング研究所所長。マーケティングの問題や調査手法に関する著名なコメンテーターであり、購買行動とマーケティング指標の解釈に関する世界的第一人者でもある。「従来のビジネスアイデアに挑戦し続けている（Marketing Research News）」と評され、著書『ブランディングの科学』（2018年、朝日新聞出版刊。原題:How Brands Grow）は、「すべてのマーケティング担当者は心理学的な抽象的概念を捨ててこの本を読む必要がある。さもなければ絶望と共に取り残されるだろう」（ジョセフ・トリポディ、コカ・コーラ社）、「多くのマーケティング関連の本には根拠のない主張が多く、厳密さに欠けるが、『ブランディングの科学』はその逆だ。経験に基づき、綿密に論証されており、その冷静な語り口は刺激的ですらある。ソフトドリンク、バイク、コンクリートミキサーなど、さまざまなカテゴリーから膨大な量のエビデンスを集め、ブランド購買の普遍的な法則を特定している」（Financial Times、2016年）と、国際的に高い評価を受けている。

バージニア・ビール　　Virginia Beal

アレンバーグ・バス研究所シニア・マーケティング・サイエンティスト。Network Ten、BBC、TIME、News Internationalで要職を歴任。専門はメディア戦略、広告効果、高級ブランドのマーケティング。研究の成果は、Journal of Business Research、European Journal of Marketing、Journal of Advertising Research等で発表されている。Journal of Advertising Researchの編集委員であり、オーストラリア企業役員協会のメンバーでもある。また、ColesやWoolworthsに商品を卸している家族経営のFruit Wise社の営業・マーケティング責任者を務め、食品のマーケティングやスーパーマーケットの複雑な小売環境の現場を実体験している。

スティーブン・ベルマン　　Steven Bellman

アレンバーグ・バス研究所メディアサイエンス研究教授。アメリカ、ヨーロッパ、オーストラリアのテレビネットワーク、テクノロジー企業、広告主がスポンサーとなり、メディアの変化に関する一連の研究であるBeyond :30イニシアチブから資金提供を受けている。教科書『Marketing Communications:Theory and Practice』（Pearson Prentice-Hall、2005年）をジョン・R・ロシターと共同で著し、Journal of Marketing、Journal of Communication、Management Scienceなどにも記事を寄稿している。Journal of Advertising、Journal of Advertising Research、Journal of Interactive Marketingの編集委員も務める。

ダグ・ベネット　　Dag Bennett

ロンドンサウスバンク大学アレンバーグ・マーケティング研究センター所長。英国と米国でブランドマネジメントとマーケティング調査に15年間の実務経験があり、習慣的行動、発展途上市場、短期購買行動分析手法に特に関心を持つ。国際的価格設定、パフォーマンス、市場主導型マーケティング、マーケティング法則などに関するエグゼクティブ向けの短期コースでも教えている。

スベトラーナ・ボゴモロヴァ　　Svetlana Bogomolova

アレンバーグ・バス研究所のシニア・マーケティング・サイエンティスト。専門は、スーパーマーケットでの消費者の食品選択、および価格プロモーションや、店内サイン、パッケージ、栄養、原産地表示などが購買の意思決定に与える影響など。最近は、食品選択が健康に与える影響と地場産食品への支援に焦点を当て、重要性が高まりつつある健康マーケティングという学際的分野の発展に努めている。学際的なコース「健康と福祉のためのマーケティング」と小売業を教えている。ASMRS（オーストラリア社会市場調査協会）認定のマーケティングおよび社会調査の実務家で、学術界に入る前はマーケティング調査業界で働いていた経験を持つ。

デビッド・コーキンデール　　David Corkindale

ダラム大学で理学士号（優等学位）、クランフィールド大学で理学修士号と博士号を取得。南オーストラリア大学マーケティングマネジメント学部教授であり、アレンバーグ・バス研究所シニア・マーケティング・サイエンティスト。世界中のMBAプログラムやエグゼクティブ開発プログラムで教鞭をとる。初期の研究は広告管理とその効果が中心であったが、その後、新技術の採用および商業化におけるマーケティングの役割を研究し、最近はオンライン選択行動とオーストラリアでのタバコの無地包装が喫煙率に与える影響について研究。南オーストラリア大学の前は、英国のクランフィールド経営大学院、ブリティッシュコロンビア大学商学部で研究し、ロンドンの広告代理店Ｊウォルタートンプソンと BBDO でリサーチエグゼクティブを務めた。

ニック・ダネンバーグ　　Nick Danenberg

アレンバーグ・バス研究所の創設当初からの研究者であり、同研究所の特別プロジェクトマネージャー兼シニア・マーケティング・サイエンティスト。南オーストラリア大学でマーケティングの修士号と博士号を取得。オンラインマーケティングの代理店 e-Channel Search Dynamic Creative 社で調査および戦略開発担当マネージャーを3年間務めた後、2015年に同研究所に再入所。世界各国の政府機関や大企業のための大規模な調査プロジェクトを実施してきた。広告効果、購買行動、顧客ロイヤルティと離反に関する研究は、数多くの国内外の企業や政府機関から資金提供を受けている。

スティーブン・ダン　　Steven Dunn

南オーストラリア大学アレンバーグ・バス研究所のマーケティング・サイエンティスト。南オーストラリア大学で経営学修士号（調査、マーケティング分野）を取得。現在は博士課程に在籍し、価格プロモーションと広告の相乗効果を研究している。主な研究対象は、価格設定の役割であり、特に価格プロモーションがブランドパフォーマンスに与える影響や、価格変化に対する消費者の反応が状況によってどう変化するかなどを研究している。研究の成果は、Journal of Retailing and Consumer Services、Australasian Marketing Journal、International Journal of Market Researchなどのマーケティング専門誌に発表された。

マーガレット・フォークナー　　Margaret Faulkner

アレンバーグ・バス研究所のシニア・マーケティング・サイエンティストであり、南オーストラリア大学マーケティング学部の上級講師でもある。主に、チャリティマーケティング、消費者行動、マーケティング効果、ブランドエクイティなどの研究に従事。政府機関と協力してソーシャルマーケティング活動を評価し、学部でブランディングを、大学院でブランドマネジメントを教え、コースコーディネーターも務めている。研究の成果は、Nonprofit and Voluntary Sector Quarterly、Technological Forecasting and Social Change、International Journal of Market Research、Journal of Product & Brand Management、Australasian Marketing Journalなど、国際的な学術誌に発表されている。

チャールズ・グラハム　　Charles Graham

ロンドンサウスバンク大学のマーケティング上級講師。ソーシャルマーケティング、競合情報分析、消費者行動の戦略的側面などに関心を持ち、著名な社会的企業のプロジェクトを数多く手がけている。国際会議で多くの研究発表を行い、論文はJournal of Marketing Management、Journal of Strategic Marketing、Market Leaderなどに発表されている。

ニコル・ハートネット　　Nicole Hartnett

アレンバーグ・バス研究所のシニア・マーケティング・サイエンティストであり、南オーストラリア大学ビジネススクールの博士課程の研究員でもある。研究テーマは、広告の効果と測定、メディア戦略、ブランド健全性指標、マーケティングの意思決定など。研究は、European Journal of Marketing、Journal of Advertising、Journal of Marketing Behavior、Australasian Marketing Journalなどのマーケティング専門誌に発表されている。

レイチェル・ケネディ　　Rachel Kennedy

広告とメディアの研究者であり、アレンバーグ・バス研究所の創設者の一人。特別プロジェクトのアソシエイトディレクターとして、エビデンスに基づくツール開発に携わるだけでなく、世界の多くの大手広告主やメディア企業（ユニリーバ、P&G、マース、Facebook、レッドブルなど）に定期的に助言を提供し、マーケティングに関する科学的知見の創造と普及に取り組んでいる。主要なマーケティング会議で定期的に講演を行い、主要なマーケティング専門誌に論文を発表し、Journal of Advertising Research、International Journal of Market Research、International Journal of Advertisingの編集諮問委員も務めている。

マーク・リーンダース　　Mark Leenders

マーケティングとイノベーションの教授であり、ロイヤルメルボルン工科大学ビジネスカレッジの研究イノベーション副部長。新製品・新サービスの開発と市場での成功を研究。クリエイティブ産業（デザイン、映画、ゲーム、音楽）だけでなく、食品や健康などの産業でも新製品と新サービス研究している。マサチューセッツ工科大学、ブリティッシュコロンビア大学、ペンシルベニア大学など一流大学の客員研究員を歴任。研究の成果はMarketing Science、Journal of Management、International Journal of Research in Marketing、Journal of Product Innovation Management、European Journal of Marketing、Journal of Business Research、Marketing Letters、Industrial and Corporate Changeなどの専門誌に発表されている。

キム・レーマン　　　　　　　Kim Lehman

タスマニア大学で上級講師を務め、マーケティングコミュニケーションと戦略の講義を担当。芸術と文化に焦点を当て、マーケティング、開発、管理、文化観光問題などを研究し、その一環として多くの研究プロジェクトを主導し、国際的に研究発表を行っている。

アニタ・ペレグ　　　　　　　Anita Peleg

ロンドンサウスバンク大学のマーケティング上級講師。研究生活に入る前は、イスラエル、米国、英国で観光マーケティング、広報、市場調査に携わる。専門分野は、マーケティング倫理、マーケティング調査、調査方法、広報で、体験学習に重点を置いている。道徳教育を研究テーマとし、マーケティング倫理、道徳教育、大学院生の雇用適性、能力開発に関する論文を英国内のセミナーや会議で発表。2012年、英国高等教育アカデミーから、卓越した教育と学習に対して授与されるナショナル・ティーチング・フェローシップを授与された。

カイリー・レーデル　　　　　　Kylie Radel

セントラルクイーンズランド大学ビジネス法学部のマーケティングとツーリズムの上級講師。変革および持続可能な経済的社会的発展の主体として、観光事業をどのように構築し発展させるかという点に焦点を当てている。ネパールとフィジーの小企業と協力し、特に農村部や遠隔地の女性のために観光事業の機会を開発。以前、ビジネス法学部の学習教育担当副学部長および大学院プログラム（MBA、人材管理、マーケティング、ツーリズムマネジメント）の責任者を務めていたが、現在は「ネパール農村の貧困打破：観光事業を通じた女性の変革」という研究に注力している。

ジョン・スクリブン　　　　　　John Scriven

マーケティングの基本的原則の科学的研究プロセス、特に価格と広告といったマーケティング介入の効果、ブランドロイヤルティと競争の本質が主な研究テーマ。これまでに価格変動、広告、消費者行動パターンの効果について研究を発表し、教育面では数的思考力の育成に重点を置いている。研究者になる前は、多国籍企業3社（ユナイテッドビスケット、RJR／ナビスコ、ペプシコ）でマーケティング、市場調査、マーケティングプランニングの職務を20年以上経験。

アン・シャープ　　　　　　　Anne Sharp

南オーストラリア大学アレンバーグ・バス研究所准教授。同研究所の持続可能なマーケティング研究課題の責任者であり、特に環境改善のための行動変容を促す政府の介入策の評価に関心を持つ。最近の研究では、小売店での使い捨てビニール袋の使用禁止、家庭ごみとリサイクル行動、食品廃棄物、修理と再利用・廃棄物回避のための施策の開発などの評価を行っている。また、小売店の買い物客の行動も研究し、現在は消費財の炭素表示が製品選択に及ぼす影響について研究している。すべての研究にマーケティング科学の知見を持続可能なマーケティングに応用するという共通のテーマを持つ。これまでに50本以上の学術論文を発表し、研究の成果はEuropean Journal of MarketingやInternational Journal of Research in Marketingなどの一流の国際ジャーナルに発表されている。オーストラリア市場調査学会の正会員であり、南オーストラリア大学で市場調査を教えている。

ハーブ・ソレンセン　　Herb Sorensen

フォーチュン100社の小売業者や消費財メーカーと40年以上にわたって協力し、購買時点での買い物客の行動、動機、認識について研究。1990年代には、"状況に応じた評価"に焦点を絞り、店舗での買い物客の行動を秒単位で電子的に調査する方法であるパストラッカーを発明し、特許を取得。この業績により、ペンシルベニア大学ウォートンスクールの同僚とともに、「マーケティング調査を進歩させるもっとも革新的なテクノロジーの使用」に対して贈られるAMA EXPLOR賞を受賞した。その後、自身の会社をTNS/Kantarに売却し、そのプロセスで得られた学びをもとに、『買うと決める瞬間』（2010年、ダイヤモンド社刊。原題:Inside the Mind of the Shopper）を出版。研究の成果は、AMA's Marketing Research、Journal of Advertising Research、FMI Advantage Magazine、Progressive Grocer、Chain Drug Reviewなどで発表されている。http://www.shopperscientist.comでブログも執筆中。南オーストラリア大学アレンバーグ・バス研究所の非常勤上級研究員でもある。現在は、マーク・ヘックマン氏と共同で、「加速するマーチャンダイジング:買い物客の効率性を高めて売上と利益を向上させる」というテーマの研究に取り組んでいる。

ジョン・ウィルキンソン　　John Wilkinson

オーストラリアビジネスインスティテュートのマーケティングサイエンスの教授であり、マーケティング学部の部長でもある。これまでに、南オーストラリア大学でプログラムディレクター（経営学士課程およびマーケティング修士課程）、マーケティング上級講師、マーケティング学部副部長を歴任。学部課程および大学院課程で、ビジネス間マーケティング、人的販売、セールスマネジメントの教鞭をとる。主に企業間マーケティング、人的販売、セールスマネジメントの分野で多くの国際的ジャーナルに論文を発表し、多くの書籍に寄稿している。Journal of Selling誌の編集委員も務める。

エイミー・ウィルソン　　Amy Wilson

アレンバーグ・バス研究所のマーケティング・サイエンティスト。心理学の優等学位とヘルスマーケティングの経営学修士号を取得。学術および産業界のプロジェクト、ベンチマーキング、評価、追跡調査、独自の資産評価、食品消費分析、消費者介入の実施と評価などに積極的にかかわっている。現在、人々の健康的な行動の選択や継続に記憶が及ぼす影響、健康関連行動のメンタルアベイラビリティにメディアがどの程度影響を与えるかについて研究。購買客と消費者行動、健康と福祉のためのマーケティング、広告とブランドなど、さまざまなマーケティングコースを受け持っている。

マックスウェル・ウィンチェスター　　Maxwell Winchester

ビクトリア大学のマーケティング上級講師。消費者行動学とマーケティングコミュニケーションの修士課程で教鞭をとり、アレンバーグ・バス研究所でマーケティングの博士号を取得。オーストラリア、アジア、北米、ヨーロッパでマーケティングリサーチャーとしてコンサルティング経験を持つ。クライアントには、アストラ・モーター・カンパニー、カルティエ・アジア、BHP、ペルノ・リカード、政府機関などがある。また、オーストラリア有数の大企業で上級管理職を務め、英国では政治家としても活躍した。産業界での経験に加え、長年にわたる学術教育の経験を持ち、オーストラリア、カナダ、英国の大学で常勤教員職として勤務。研究テーマは、内省的学習と内省的実践、質的および量的研究方法、経験的一般化研究法、行動主義的消費者行動理論など多岐にわたる。これまでに、学生による授業評価と内省的実践に関する論文に加え、否定的なブランド認識、セグメンテーションとターゲティング、高級ブランドとプレミアムブランド、ワインのマーケティングなどに関する論文を発表。

ティファニー・ウィンチェスター　　Tiffany Winchester

ビクトリア州モナシュ大学でマーケティングを教える。オーストラリアに移り住む前は、英国ハーパーアダムズ大学国際ビジネスの上級講師を務めていた。また、デンマークのコペンハーゲンビジネススクール、ドイツのビンゲン応用科学大学、中国の北京農業大学、フランスのディジョン高等商科大学で客員教授を務める。研究テーマは、ゲーム的要素の導入、反転授業、内省的学習と内省的実践、政治的投票行動へのマーケティング理論の応用など多岐にわたる。研究の成果はマーケティング専門誌や教育専門誌に発表され、オーストラリア国内外の学会で発表を行っている。

About the Project Managers
プロジェクトマネージャー紹介

タイラー・アンドリューズ　　Taylah Andrews

南オーストラリア大学アレンバーグ・バス研究所のアシスタント。同研究所のエルケのサポートのもと、本書を完成させるために、著者、寄稿者、アシスタントからなる大規模なチームをコーディネート。データやその他のコンテンツの調達、ケーススタディを含む一部のコンテンツの執筆、校正、フォーマットを担当した。南オーストラリア大学で経営学修士号（研究分野）を取得し、研究者としての経歴を持つ。卒業論文では、商業ブランドエクイティ指標とブランド評価モデルの有用性について研究した。アレンバーグ・バス研究所では、リサーチアソシエイトとして、主に日用消費財分野の世界的なクライアントのプロジェクトに携わってきた。

エルケ・セレティス　　Elke Seretis

南オーストラリア大学アレンバーグ・バス研究所のアソシエイトディレクター。このプロジェクトを最初から最後まで指揮し、本書を予定通りに完成させるために、プロジェクトにかかわる大勢の著者と管理チームを統括した。20年以上の業界経験を持つ企業マーケティングの専門家でもある。市場調査と広告の分野に携わり、多国間コミュニケーション、統合マーケティングキャンペーンの開発、マーケティング戦略の策定、ブランド育成の専門知識を有している。この17年間は、アレンバーグ・バス研究所で商業開発をリードしてきた。私生活では、ジム・セレティスと結婚し、イザベルとルークという2人のかわいい子どもに恵まれている。

Acknowledgments

謝辞

　本書の初版と第2版の編集に携わってくれたアレンバーグ・バス研究所のリサーチアシスタントたちに感謝します。マディ・ケインズ、カラム・デイビス、ヴィクトリア・ディクソン、アリシア・グラスビー、ジュヌヴィエーヴ・ピアース、オリヴィア・ポロパット、ジョン・ロビンソンたちが、リサーチアシスタントとして校正、データの収集と分析、参照作成、書式設定、定義付けに携わってくれました。

　他にも多くの方々に感謝いたします。アリー・タヌソンジャヤは、初版からすべての参考文献に関する問い合わせにタイムリーに対応してくれました。ナターシャ・カパルスキーは、各章の校正を担当してくれました。リンダ・ホレビークは、初版の講師用補助資料の作成に貢献してくれました。カール・ドライスナーとパトリック・バーワイズは、いくつかの章の内容について貴重なアドバイスをしてくれました。キャシー・グエンは、初版から引き続き、章末の復習問題（REVISION QUESTIONS）の作成に協力してくれました。ハンナ・キャンディ、マンディ・コリー、ミシェル・オズボーンは、執筆者との連絡と調整、およびデザイン要素をサポートしれました。

　エイドリアン・パーマー著『Introduction to marketing: Theory and practice 2nd edition』（Oxford University Press、2009年）から、1484語の文章と、40〜74ページにある図2.2、図2.9、図2.10を引用しており、その使用許可をオックスフォード大学出版局から得ています。

　本書の著者と出版社は、資料の複製を許可してくれた以下の著作権者に感謝します。

Copy rights

123RF: 255, 283, 374, 380, 391, 403, 407, 420, 429, 434, 495, 501, 525, 559, 569, 580, 604, 643, 652, 657, 660, 685, 695, 711, 720/AAP/AP: 456（上）/Advertising Archives: 679, 717（下）/Alamy/AF Archive: 705（右）/ Johnny Armstead: 541（上）/Collection Christophel: 705（左）、Tap Travel Stock: 699/Agefotostock/Jon Feingersh: 178/Reckitt Benckiser: 51/BMW Group: 268/Business Expert Press: 570/© Elya: 42。このファイルはElya氏が作成したものであり、クリエイティブコモンズ表示継承ライセンス（バージョン3.0）の下で自由に使用できる。ただし、常に原作者のクレジットを表示し、同じライセンスを適用する/eMarketer: 530/Getty Images/Joan Cros Garcia: 490/Andrew K Davey: 439/Rick Friedman: 638/iStock: 470, 608（下）, 622, 668/Oxford RF: 296（上）/Todd Williamson: 591/Heathman Lodge: 553/Imagefolk/Helene Rogers: 655/Wieden Kennedy: 445/The Kobal Collection/Eon/Danjaq/Sony: 527/John Lewis UK: 457/426ページの抜粋記事: 論文『Bringing "Social" Into Sales: The Impact of Salespeople's Social Media Use on Service Behaviours and Value Creation』（掲載誌: Journal of Personal Selling & Sales Management 第32巻3号 333〜348ページ）より引用/Chad McCown and The Overall Picture: 476/Marketoonist: 260, 270, 516/Mars Petcare Australia: 462（下）/本書pp208, 215〜16, 218, 229〜32, 234, 235:Adrian Palmer 著『Introduction to marketing: Theory and practice』第2版（2009年）から、オックスフォード大学出版局のから引用許可を得て、1,484語の文章と40〜74ページにある図2.2、図2.9、図2.10を引用/Panos/Dieter Telemans: 156/Shutterstock: 4, 15, 20, 24, 25, 31, 35, 48, 59, 85, 94, 98, 121, 122, 126, 131, 140, 148, 175, 186, 192, 205, 214, 220, 224, 228, 237, 238, 245, 259, 273（上＆下）, 278, 288, 298, 317, 331, 340, 347, 354, 359, 395, 474, 541（下）, 547, 589, 608（上）, 615, 616, 620, 677/南オーストラリア州政府: 729/西オーストラリア州政府作成資料（2017年）:717（上）。許可を得て複製/Douglas Thompson: 325/Treasury Wine Estates: 579。
本書に含まれる著作物の原著作権者の特定にあらゆる努力が払われています。
誤りや漏れがある場合は、出版社にご連絡いただければ幸いです。

Guided Tour

本書の構成

INTRODUCTION CASE（導入事例）

各章は、その章で考察する重要な概念を紹介する例ではじまります。

Learning Objectives（本章の目的）

学習目標のリストは、各章で紹介する主な概念や考え方の概要を示しています。学習目標があることで、重要なポイントを見逃さずに学習できます。また、学習内容を整理し、復習する際に重要な箇所を効率的に確認できるでしょう。

Key Terms and Glossary（用語集）

重要な専門用語は、本文中で最初に言及されたときに太字で表示されています。これらの定義は、参照しやすいように、巻末の用語集にまとめられています。

INDUSTRY INSIGHT（業界動向）

ビジネスにおけるマーケティングの応用例に焦点を当て、業界の最新情報を提供します。

CRITICAL REFLECTION（批判的省察）

読者にさまざまな問いを投げかけています。読者はその度に立ち止まり、考察し、題材を多角的な視点から検討して、批判的思考能力を養うことができるでしょう。

CASE STUDY（ケーススタディ）

多くのケーススタディが本書全体で紹介されています。マーケターとして遭遇する可能性のある同様の状況に対処するためのスキルと知識を身につけるのに役立つでしょう。

B to Bマーケティングへの応用

企業間取引へのマーケティングの応用例を紹介し、その重要な側面について理解を深めるための情報を提供します。

Summary（本章の要点）

各章の終わりには、学習目標や基本的なテーマについての理解を深めるために、重要なポイントを簡潔に要約しました。

REVISION QUESTIONS（復習問題）

各章の終わりには、入念に作成された復習問題が用意されています。次の章に進む前に、またはグループディスカッションや復習用に、主要なトピックの理解度をチェックするために使うことができます。

Preface

序文

　皆さんは、マーケティング担当者たちが実際にどのような仕事をしているのか、日々の仕事のなかでどのような課題に取り組んでいるのかを知りたいと思っていることでしょう。さらに、すでに確立されているマーケティングの概念や理論や、まだ解明されていない未知の領域についても、そしてそのようなギャップがあるなかで企業がどのようなマーケティング活動を行っているのかについても学びたいと思っていることでしょう。本書は、マーケティングの専門家たちが執筆したケーススタディに加えて彼らのプロフィールも載せ、マーケティングの専門家たちの普段の仕事はもちろん、今日の地位をどのように築き上げてきたかについても説明しています。

　本書が誕生するに至ったきっかけは、コカ・コーラ、ユニリーバ、P&G（プロクター・アンド・ギャンブル）、オーストラリア・ニュージーランド銀行など、アレンバーグ・バス研究所の諮問委員会に名を連ねる企業のマーケティング上級担当者たちからの本書執筆の依頼でした。彼らは、マーケティングの世界をより現実的にとらえ、エビデンスに基づいたマーケティングの入門書を求めていました。

　多くのマーケティングの教科書は、概念的な理論に重きを置いて「製品ライフサイクル」などの考えを強調する一方で、エビデンスにきわめて乏しく、現場のマネージャーに真に必要な分野を軽視しています。大学時代のマーケティングの教科書がほとんど読み返されることがないのは、その内容が普段の仕事にはあまり実践的ではないからです。巷のマーケティングの教科書は、製品の価格を変更すると何が起こるかを予測したり、広告予算を設定したりするのには役立ちません。そこで私たちは、科学的根拠に基づいた理論と実践的なガイドラインに加え、読者を引きつけ学習意欲を高めるようなケーススタディを提供するために、本書を新しく書き上げました。

　第3章では、ブランドのパフォーマンスと健全性を評価するために使うマーケティング指標について学びます。重要なことは、このような指標を正しく解釈し、惑わされないために必要なスキルを身につけることです。顧客関係管理ソフトウェアからメディアスペースやブランドエクイティ調査に至るまで、マーケティング担当者にサービスを販売する巨大産業が存在しています。本書は、皆さんがさまざまな情報を収集・分析し、最適なサービスを選択できる能力を持つバイヤーになるための一助となることでしょう。

　他の多くの入門書とは異なり、本書にはメディア選択に関する重要な章が含まれています。新しいメディアとかかわりをもって働いている人も多いでしょうし、広告のためのメディアスペースの購買がマーケティング予算の大部分を占めるからです。

　本書の目標は、情報に敏感で、しかし情報に惑わされることなく、常に疑問を持ち、積極的に学び続けるマーケターを育成し、彼らがその知識を使ってより効果的なマーケティングプログラムを構築できるようになることを支援することです。

バイロン・シャープ

アレンバーグ・バス・マーケティングサイエンス研究所教授

From Author
日本語版刊行に寄せて

アレンバーグ・バス研究所の教科書『Marketing: Theory, Evidence, Practice』の日本語版の出版にあたり、日本の読者の皆さんに心からのご挨拶を申し上げたいと思います。この包括的でエビデンスに基づいたマーケティングの教科書は、2012年の初版以来、改定を重ねながら世界中の幅広い層の読者から多くの支持を得てきました。今回、日本語版の出版にあたり、さらに多くの方々に読んでいただけることをたいへんうれしく思います。

本書は、アレンバーグ・バス研究所スタッフ、業界パートナー、そして大学や研究機関の協力による共同作業の成果です。長年の研究、観察、そして実践的応用の集大成であり、批判的思考法を習得するための知識とツールを読者の皆さんに提供することを目的としています。エビデンスに基づくマーケティングとその実証的な一般化に着目することで、マーケティング分野では他に類を見ない教科書を編むことができました。本書を学習することで、エビデンスに基づいたマーケティング研究についてのたしかな理解と、それを組織の戦略や意思決定に応用するためのツールを獲得することができます。

私たちのアプローチの中心にあるのは、実証研究とエビデンスに基づいた原則への強いこだわりです。私たちの研究から得られた学びはすべての国とカテゴリーに適用できると私たちは確信しています。本書で概説されている戦略やフレームワークは、世界中の読者がそうであったのと同様に、きっと日本でも多くの共感を呼ぶことでしょう。

本書を、日本のマーケティングを学ぶ学生、研究者、業界の専門家の皆さんに、汎用性の高いリソースとして提供いたします。マーケティングをはじめて学ぶ方にも、エビデンスに基づく実践の理解を深めたい方にも、本書で紹介している洞察が、皆さんのマーケティングの学びの旅に大いなる価値をもたらすものと自負しています。

この翻訳の実現にご尽力いただいた朝日新聞出版の編集部の皆さんに心からの感謝を申し上げます。本書の翻訳を後押ししてくださっただけでなく、『ブランディングの科学　誰も知らないマーケティングの法則11』『ブランディングの科学　新市場開拓篇』『ブランディングの科学　独自のブランド資産構築篇』などのアレンバーグ・バス研究所の他の書籍も日本の読者の皆さんに届けていただきました。

最後に、本書の翻訳版の実現に貢献してくださったすべての方々、そしてエビデンスに基づくマーケティングを発見する旅に船出した日本の読者の皆さんに、感謝の意を表したいと思います。

バイロン・シャープ
南オーストラリア大学教授、アレンバーグ・バス研究所所長
https://marketingscience.info

Chapter 01

What Do Marketing Executives Do?

マーケターに求められる資質と仕事

バイロン・シャープ 著

Chapter 01

導入事例
INTRODUCTION CASE

ウォークマンからiPodへ：
マーケティングの重要性

　1979年、SONYは外出先でもカセットテープを再生して音楽を楽しめる小型携帯音楽プレーヤーの"ウォークマン"を発売。携帯性に加え、当時としては高音質なステレオサウンドを低価格で実現し、ウォークマンの広告は日本発の製品であることを強調した。当時の日本は、小型で、手頃な価格、高品質のテクノロジー製品で知られていたこともあり、広告では屋外でアクティブに活動する若者たちを描き、ヒップでホップな製品であることをアピールしたウォークマンは大成功を収めた。多くの競合ブランドが存在していたが、SONYのウォークマンのようなブランドを確立できたブランドは他にはなかった。その後、CD対応型やそれほど人気の出なかったミニディスク用のウォークマンもラインナップに加わった。1999年には高価なフラッシュメモリー搭載型のウォークマンを発売し、2005年にはウォークマン携帯電話W800を発売して、あっという間に大きな成功を収めた。

　一方Appleは、2000年、リライタブルCDのドライブを搭載しなかったことで売上の伸び悩みに見舞われた。Appleは、DVDドライブのほうが消費者にとっては魅力的だと考え、当時は違法に行われることも多かったオンラインでの音楽共有の人気の高まりを考慮していなかった。その後、Appleは、コンピューターソフトウェアを介して保存、共有できるデジタル音楽が将来の主流になると認識するようになった。2000年、Appleはデジタル音楽を管理するソフトウェアのサウンドジャムMPを買収し、2001年にはそれをさらに発展させてマッキントッシュコンピューター用の無料ソフトウェアiTunesとしてリリースした。さらに数カ月後、Appleは、SONYのウォークマンやMP3プレーヤーのパイオニアRioなど、すでにいくつかのデジタル音楽プレーヤーが存在する市場でiPodを発売した。初代iPodが最新のマッキントッシュコンピューターにしか接続できない高価で高性能な製品であったことを考える

と、販売面ではまずまずの成功を収めたと言えるだろう。3年後、多くの販売拠点を新たに獲得し、またフラッシュメモリーを搭載したこともあり、iPodの売上は急上昇した。また、Windows用のiTunesがリリースされたことで、より広い市場にアピールすることが可能になった。SONYは、当時のiPodよりも高音質な新型ウォークマンを発売してiPodの成功に対抗しようとしたが、失敗に終わった。SONYが有利な状況でスタートしたはずのこの市場で何が起き、Appleのような後発ブランドがどのように台頭してきたのだろうか。

　Appleは、SONYや他の競合ブランドとは異なり、コンピューターからiPodへの音楽の転送をiTunesを使って簡単に行えるようにした。CDのコンテンツをコピーしてコンピューターに取り込み、iPodに転送することも簡単に行えるようにした。発売時の広告では、MP3フォーマットのようなマニアックな技術については語られず、ただ"1000曲をポケットに"というシンプルな広告コピーがあるだけだった。Appleは、当時流行っていたインターネット上でのファイルの違法な共有を可能にするMP3コーデックをサポートしたが、SONYはこのフォーマットを提供しなかった。その後AppleはiTunesストアで音楽を合法的に簡単に購入できるようにし、Appleの収益構造を上手に拡大していった。

　iPodのシルエット広告や白いイヤホンはまたたく間に人々の記憶に定着し、Appleのブランディングは見事に確立された。Appleは広告に多額の費用をかけ、市場の成長に合わせて四半期（3カ月）ごとにブランドの露出度を高めていった。

　Appleの製品はブランド力が高いだけではない。昔も今もきわめて品質が良い。チーフデザインオフィサーのサー・ジョナサン・イヴは次のように説明する。

　「私たちの目標は"より良い製品をデザインして作る"というとてもシンプルなものです。良いものを作れるという自信がなければ作りません。競合ブランドの多くが、何か違うことをしたい、新しく見せたい、と考えています。しかしそれはまったく間違った目標だと思います。重要なことは価格でもなく、特異性を出そうとする奇抜なマーケティング目標でもありません。これらは企業側の都合であり、製品を使う人のことを考慮しているとは言えません」

　iPodの価格はそれなりの競争力を持っていたので、技術的に可能になるとすぐにより安価で小型のバージョンを追加し、Appleは売上をさらに伸ばした。しかしAppleは、これらの機能は最終的には携帯電話に搭載されるようになるだろうと予測していた。そこでAppleは、iPodが携帯電話に取って代わられるのを防ぐために、iPodの機能を統合して後のiPhoneとなる製品の開発に取り組んだ。

　成功も失敗も運に大きく左右されるものだが、マーケティングの判断はブランドの成功と衰退に大きな影響を与える。賢明に使えばブランドの成長を加速できるマーケティングの知見は豊富に存在する。iPodが技術的に欠陥のある製品であれば失敗していただろう。しかし、製品がすぐれていただけではなく、すぐれたマーケティング戦略があったからこそ、あのような成功を収めることができたのだ。

INTRODUCTION

マーケティングにはエキサイティングでやりがいのある仕事が豊富にある。マーケティングは有能な人材が不足している成長中の職業だ。2012年、AdNewsがオーストラリアではシニアのマーケターが極端に不足していることを報告した（Blight, 2012）。マーケティングは、創造力、洞察力、分析力を要する興味深い仕事だ。

マーケターは、どの製品を誰に提供するべきか、どのように広告を出稿するべきかについて、決定し、提案し、時にはプロモーションの責任者となる。マーケターは、ブランドの健全性やマーケティング活動の効果を評価するための指標（メトリックス）を活用する。彼らの仕事は、ブランドの売上を支える、市場に基盤を持つ メンタルアベイラビリティ と フィジカルアベイラビリティ という市場資産を現在そして将来にわたって維持し構築することだ。

またマーケターは、企業文化が顧客志向であることを保証する上で重要な役割を担っている。しかし顧客がいつも正しいわけではない。そこでマーケティングが、持続可能な顧客価値と利益を生み出すために、より健康的な食品の選択肢を拡大するなどして、顧客需要を創造しようとすることもある。

マーケティングサイエンティストとは、購買客がどのようにブランドを購入するか、マーケティングがどのように機能するかを調査する専門家だ。エビデンスに基づくマーケティングとは、マーケティングのマネジャーたちがマーケティングの科学に基づく発見をマーケティングの意思決定に役立てることであり、それは医者が医療科学に基づいて助言を行うのと同じことである。

> ## 本章の目的　Learning objectives
>
> 本章で学ぶこと：
> + マーケターが日々直面するさまざまな選択と意思決定について理解する
> + マーケティングとは何か、およびその重要性を理解する
> + マーケターに期待されていることを理解する
> + マーケティングの科学がマーケティングの理論と実践を変えつつあることを理解する
> + サステナブルマーケティングの概念、およびマーケターが短期目標と長期目標のバランスをとる上で直面するジレンマを理解する

マーケターに求められる資質と仕事

マーケティングの仕事には高いスキルと知識が必要であり、マーケターは高い報酬を得ている。特にマーケティング幹部は消費者の購買行動を理解できなければならない。市場や財務のデータを分析するスキルも身につけなければならない。すぐれたマーケターになるためには、正しい判断力とクリエイティビティも必要だ。ものごとをすばやく分析し、マーケティングの意思決定がもたらす結果を予測できなければならない。また、すぐれたコミュニケーターとして経営陣、スタッフ、小売業者、消費者に、マーケティング戦略を説明できなければならない。

マーケターは、組織の競合力を維持するために、顧客インサイトから顧客ニーズと市場機会を導き出す。市場調査は消費者インサイトを知る重要な情報源のひとつだ。そして自社ブランドに対する顧客の認知度を高めるために、サービスと製品のプロモーションを絶え間なく行う。マーケターは毎日、自社の繁栄と衰退に影響を与える膨大な量の意思決定を行い、それを振り返っている。たとえば次のような意思決定を行っている。

Chapter　01　　　What Do Marketing Executives Do?

- どのような製品やサービスを提供するべきか？
- どの**市場**をターゲットにするべきか？
- どのように価格を設定するべきか？　顧客層ごとに異なる価格を設定するべきか？　場所や時間帯で価格を変えるべきか？
- テレビ広告を出すべきか？　いつ、どのメディアでどのくらいの頻度で？　広告では何を訴求するべきか？
- 製品やサービスを提供するとき、**代理店**や**小売パートナー**をどこに選定するべきか？　どの地域のどの消費者をターゲットにするべきか？

　あなたはマーケターとして、製品やサービスを著名人に推薦してもらう、店頭で特売ディスプレイをする、雑誌に取り上げてもらう、といった機会があるかもしれないが、いずれも費用を要し、他のマーケティング活動に影響を及ぼす。あなたはこれらのことを考慮した上で決断しなければならない。ときには迅速な決断に迫られることもある。

　今日のマーケターは、**広告代理店**や、クラフトやボーダフォンなどのグローバルブランド企業だけで働いているわけではない。多くの大学、病院、慈善団体、教会、政府省庁なども大規模なマーケティング部門を持っている。このような**非営利組織**でも顧客や寄付者を獲得するために競合することはめずらしくはなく、マーケティングのインサイトを実践的に活用することで業務の効率が向上している。

　マーケティングの世界は、**新しいメディア**が出現し、製品やサービスの提供と広告の新しい手法が開発されて、劇的に変化している。市場は、より公然と競合が進み、よりグローバルに、より複雑になっている。消費者はより裕福になり、より良い教育を受け、より簡単に情報にアクセスできるようになった。結果的に彼らの期待もより高くなった。だからこそ、より高い教育を受けたマーケターが必要とされている。

　マーケティングという仕事は、通常、興味深く、知的にもやりがいがあり、報酬も高い。マーケターとしての資質が認められれば、消費者を対象とした小売業者から、一般企業や、慈善団体、病院、政府などを対象とした企業まで、世界中のあらゆる組織で働く機会が開かれる。

表1.1　マーケターのジョブタイトル

ジュニア、未経験者	中間管理職	シニア、ディレクター
アドバタイジングコーディネーター ブランドアシスタント コミュニケーションコーディネーター ジュニアブランドマネージャー マーケティングアシスタント マーケティングコーディネーター マーケティングオフィサー マーケティングリサーチアナリスト セールスリプレゼンタティブ	アソシエイトブランドマネージャー ブランドアセット＆ 　マーケティングプロパティマネージャー ブランドマネージャー ビジネスデベロップメントマネージャー キャンペーンエバリュエーションマネージャー キャンペーンデベロップメントマネージャー コミュニケーションプランナー コンシューマーインサイトマネージャー カテゴリーリーダーシップマネージャー コンシューマーインサイト＆プランニングマネージャー コンシューマープロモーションマネージャー コンシューマーストラテジーマネージャー コーポレートアフェアズマネージャー デベロッピングマーケットアナリスト インターナショナルマーケティングマネージャー フランチャイズマネージャー ディストリビューションジェネラルマネージャー マーケティングアナリスト マーケティングファイナンスマネージャー マーケティングマネジャー マーケティング＆ 　パブリックリレーションズマネージャー マーケットリサーチマネージャー マーケティングトレーニングマネージャー ポートフォリオデベロップメントマネージャー プライスアナリスト リージョナルイノベーションマネージャー リレーションシップマーケティングマネージャー セールスマネージャー シニアセールスアナリスト テクニカルマーケティングマネージャー トレードプロモーションズマネージャー トレンドリサーチマネージャー	アドバタイジングプランニングディレクター チーフコマーシャルオフィサー チーフマーケティングオフィサー（CMO） コーポレートプランニングディレクター アドバタイジングリサーチディレクター グローバルアナリティクスディレクター グローバルプライシングディレクター グローバルショッパーインサイトディレクター ポートフォリオグロスディレクター メディアプランニングディレクター セールスリサーチ＆ストラテジーディレクター ワールドワイドエージェンシー 　オペレーションズディレクター エキスポートディレクター マーケティングジェネラルマネージャー マーケティングカレッジグローバルディレクター インターナショナルマーケティングディレクター マーケティングキャパシティーディレクター マーケティングディレクター マーケットリサーチディレクター メディアディレクター パブリックポリシーディレクター リージョナルブランドディレクター リージョナルブランドリーダー セールスディレクター シニアブランドマネージャー シニアマーケットアナリスト クライアントサービスバイスプレジデント プロダクトデベロップメントバイスプレジデント

マーケティング革命

　現代経済は**商品取引**に依存している。マーケターの仕事はその取引を統括することと言ってよい。またマーケターは、取引を計画し、調査し、市場に**商品**を提供するためにたがいに競争する。その結果、消費者が実際に買いたいと思う製品やサービスが、彼らの支払える価格で生産されることになる。

　マーケティングとは商品取引そのものだ。もし、すべての人が、あるいはすべての家庭が、自分のニーズを完全に自分の力だけで満たさなければならないとしたら、商品取引もビジネスも存在しないだろう。自分で野菜を育てて質素に暮らすといえばロマンチックに聞こえるかもしれない。しかし、もしそのような暮らしを強いられたら、世の中は後退し、惨めな場所と化すことだろう。たとえば、携帯電話を作れる人がいるだろうか？　ちゃんとしたコーヒーの入れ方はどうだろうか？（豆を栽培し、収穫し、焙煎するだけではなく、エスプレッソマシンを製作しなければならなくなる）。おそらく私たちは皆、原始的な小屋に住み、飢えと寒さのなかで、ケガや病気にならないことを必死に祈らざるを得ないだろう。

　マーケティング革命は、人類が狩猟採集民から農耕民に移行した約1万年前に始まった。余った作物はその数を数え（会計学の起源）、貯蔵し、警備し（兵士、警察、セキュリティサービスの起源）なければならなかった。また作物を他の望ましい財やサービスと取引した（マーケティングの起源）。取引は価値を創造し、すべての人を豊かにした。取引の発生は人々の仕事がより専門的になることを意味し、農民だけでなく、医者、政治家、科学者、エンジニアなどの多くの職業が生まれた。現代の技術のあらゆる進歩が、**市場経済**によって一部の人々が発明家や研究者として専門化したことに起因していることを忘れてはならない。

　専門化と商品取引から得たものは驚くべきものだった。約1万年前にマーケティング革命が始まったとき、地球上にはわずか500万人から1000万人しか住んでいなかった。すべての人々が悲惨極まる貧困生活を短い生涯のなかで送っていた。今日では、驚くべき栄養と多様性を提供する食料生産と**マーケティングシステム**によって、何十億もの人々の暮らしが支えられている。

　商品取引と科学が一体となって、人類の歴史上かつてないスピードで何百万人もの人々を貧困から救済した。この100年間で、歴史の大半でごく当然だった極度の貧困は世界人口の10％以下にまで減少し、今も減少し続けている。世界の人口は1980年以降2倍近くまで大幅に増加したにもかかわらず、貧困にあえぐ人々の数はほぼ半減した。何十億もの人々が誰の想像をも大きく超えて貧困から脱却したと言える。従来とは異なる新しい貧困の尺度の開発が必要だが、たとえ開発されても同じ傾向が観察されるだろう。世界がより良い場所になりつつあることを多くのデータが示している。つまり、世界は、より裕福で、教育が充実し、暴力が減り、環境に優しくなっている。絶滅危惧種の動物の保護にも良い進展が見られる。往々にして、ニュース報道は逆の印象を与えている。これは、ニュースでは戦争や強盗といったセンセーショナルな出来事ばかりが報道され、子どもの死亡率が毎月数パーセントずつ減少しているというような着実な改善には報道の価値はないと判断されているからだ。世界規模の統計データに興味があるなら、あるウェブサイト（https://ourworldindata.org）が事実に基づいた興味深い図表をたくさん紹介しているので見てみるといい。たとえば、2003年から2013年までの10年間で、世界の平均所得はほぼ2倍に伸びた。この成長の大部分が貧困国の発展によって得られたため、世界の国々の所得の格差は縮小した。

　現在、世界の貿易はかつてないほど盛んになった。これは世界の貧困撲滅に大きな役割を果たした。たとえば、中国が世界と貿易を行わなければ、同国における近年の急速な経済成長は起こり得なかっただろう。結果的に中国は極度の貧困をほぼ根絶することができた。製品、サービス、アイデアの交換は、すべての人を豊かにし、特に貧困国が先進国よりもはるかに速い成長率を達成し追いつくことを可能にしている。紛争も減少する。戦争や武力紛争による死者数は着実に減少している。

Chapter　01　What Do Marketing Executives Do?　24

「製品が国境を越えなければ、兵士が国境を越える」

『Economic Union and Durable Peace（経済連合と永続的平和）』、オットー・T・マレリー（1881〜1956）著、（ハーパー＆ブラザーズ社、1943年）

重要な点は、このきわめて前向きな世界的発展は現代マーケティングの力なしには起こり得なかったということだ。

INDUSTRY INSIGHT ||||||||||||||||||||||||||||||||||||||||||||||||||||||||||||||||||||||||||||||||||||||||||||| 業界動向

マーケターが組織全体に及ぼす影響力

「ビジネスにはマーケティングとイノベーションの2つの機能しかない」
（ピーター・ドラッカー、経営理論学者）

マーケターは広告や市場調査などの活動を直接コントロールする。社内では"顧客の声"として機能し、"マーケティングコンセプト"（1950年代にピーター・ドラッカーによってはじめて提唱された、企業は競合他社よりも上手に顧客ニーズを満たすことで利益を生み成功するという考え方）の実現を支援する。その後の研究により、マーケティングコンセプトがうまく機能することと、影響力のあるマーケティング部門を持つことが企業の顧客志向を強め、業績向上につながることが明らかになった。

しかし、多くの企業でマーケターの影響力は限定的だ。その結果、トマス・バータとパットリック・バーワイズ（2016）は、マーケターが直面する以下の3つの具体的な課題が浮き彫りになったと主張する。

・信頼性の問題：マーケティングはそのほとんどが将来に関することであるが、正確に将来を予測することは困難であるため、マーケティング部門が十分な信頼を得られていない。

・権限の不足：顧客体験の質を大きく左右する業務の多くがマーケティング部門の管轄外にあるため、マーケティング部門が顧客体験の全体をコントロールすることは難しい。

・スキル不足の問題：マーケティングの領域は急速に拡大し高度化しているため、マーケターが自らに求められる専門知識や能力を十分に習得できていない。

バータとバーワイズの調査（2016）によると、優秀で成功しているマーケターは、上司を動かし（例：大きなビジネス課題に取り組む）、マーケティング部門外の同僚を動かし（例：他部署と連携する）、チームを動かし（例：スキルを正しく組み合わせる）、そして自分自身も動くことで（例：顧客や競合ブランドについて知る）、これらの困難を克服している。

|||||||||||||||||||||||||||||||||||||||||||||||||||||||||||||||||||||||||||||||||||||||||||||||||||||||||||||||||||||||||||||

マーケターの2つのタイプ

マーケターには2つのタイプがある。ひとつは行動するタイプの人で、自社ブランドのプロモーションや販売のためにほとんどの時間を費やして行動する人だ。製品を製造するのではなく、パンフレットやウェブページ、販促資料、価格表などを作り、まるで生産部門のスペシャリストのように行動する。デザイナーや広告代理店、メディア代理店などと仕事をし、販促イベントや店頭プロモーションも企画する。また、売上高や市場調査の結果を照合し報告する。毎年おおむね同じ実務を繰り返す。

もうひとつのタイプのマーケター（通常はシニアマーケター）は、情報に基づいたマーケティング決定と予算配分を行う。市場での実験や調査を計画し、データを分析し、特定の状況下でどのマーケティング戦略が他よりも効果的であるかを常に学習している。シニアマーケターが、他の部門とのコミュニケーションや顧客との仕事など、マーケティング部門外で費やす時間は、ジュニアマーケターより長くなる。

本書は、このような意思決定者、あるいはマーケティング上級管理職をめざす人たちのために書かれている。そして、すべてのマーケティング意思決定者が知っておくべき、深い知識とマーケティングの知見を紹介する。医学、工学、建築学などの専門家と同様に、マーケターの意思決定も、世界に通用する信頼できる知識に基づいて行わなければならない。たとえば、広告がどのように機能するか、価格設定がどのように機能するか、消費者がどのように行動するかなどの知識だ。これを**エビデンスに基づいたマーケティング**という。

CRITICAL REFLECTION ||||||||||||||||||||||||||||||||||||||||||||||||||||||||||||||||||| 批判的省察

アイゼンハート、カワジ、ブルジョアらが実施したトップマネジメントチームに関する研究 (1997) は、エビデンスに基づくマーケティングと意思決定という考え方を支持している。彼らは、高業績の経営陣が、現在の事実に基づくデータを使用することで意思決定を支援していること、低業績の経営陣は関連するデータを無視し、個人的な意見や希望、推測に依存していることを発見した。

1. ビジネスおよびマーケティングの意思決定を支援するために、現在の事実に基づくデータを使用することの利点を3つ挙げ、説明してください。
2. 重要な決定を下す前に関連するエビデンスをもっとよく考慮すべきであった事例を挙げてください。

||||||||||||||||||||||||||||||||||||||||||||||||||||||||||||||||||||||||||||||||||||||||||||||||||||||

マーケティングはサイエンス

大学ではじめてマーケティングの講義が行われたのは1902年のことであった (Bartels, 1951)。20世紀のマーケティングの大半が、マーケティングの科学的研究ではなく、伝承や神話に基づく学問であった。今日のマーケティングの思考と実践は、昔とは比べものにならないくらい科学に基づいて形作られている。

科学とは、現実の、つまり経験的な世界を研究する正式な学問だ。科学的法則は、世界がどのように動くかを理解し予測することを可能にする。**マーケティングサイエンス**とはマーケティング（購買と販売の両方）を研究する学問であり、知識および繰り返し観察される科学的法則を一般化し、エビデンスに基づくマーケティングを実現しようとする。

科学そのものは数百年の歴史しかないが、その間にあらゆる学問分野に劇的な影響を及ぼした。医学の分野もそのひとつだ。医学は、数千年もの間、医師から医師へと受け継がれる複雑な理論によって成り立っていた。**系統的な研究**は行われておらず、そのため、既存の理論と矛盾する結果が出ても、それに異議を唱えたり修正するのではなく、却下したり無視する傾向があった。たとえば、医者が手洗いを心がければ出産後に熱病で死亡する女性が大いに減少するという発見は、理論に合わないという理由で否定され無視された (Sharp & Wind, 2009)。同様に、果物の摂取が壊血病を防ぐことが発見されたが、この発見も何度も否定され忘れ去られた (Bown, 2003)。2000年近くの間、西洋医学では、病気は体内の4つの体液、すなわち血液、粘液、黒胆汁、黄胆汁のバランスが崩れることによって引き起こされるという理論が主流で、このようなバランスの乱れに対処するために瀉血などの処置が広く行われていた。しかし、こうした処置によって多くの人々が命を落としていたのである。瀉血の効果を医師たちが検査してそれが有害であることがわかったのは比較的最近のことだ。実際、血は抜き取るよりも輸血するほうがずっと効果的だ。アスピリンは効能が証明された最初の薬だが、**市販**されたのはたった100年ほど前のことだ (Jeffreys, 2005)。今日のもっとも若いインターンは、中世のもっとも優秀でもっとも高い教育を受けたもっとも著名な医師よりもすぐれている。科学は、医学を迷信や当て推量から効果のある診療行為に変換した。しかもそれは年々進化している。

マーケティングサイエンスは、多くの神話や誤った理論を一掃しながらマーケティングの専門家に影響を与えはじめている。しかしまだ始まったばかりで、マーケターの多くがマーケティングサイエンスのもっとも重要な発見さえ知らない。マーケターたちは、推測や、噂、流行などに基づく、相反する考えを持っている。なかには科学を恐れて

Chapter　01　What Do Marketing Executives Do?

いる者もいる。その理由は、中世の医者の多くが科学を拒否したのと同じく、科学を理解できないから、あるいは自分の権威が損なわれることを恐れているからだ。マーケティングを行っても何も予測することはできないと考えているマーケターもいるが、もし本当にそうなら、彼らにできる仕事はないということになる。幸いにも、世界中の至るところに規則性が存在するように、マーケティングにも規則性が存在することが判明している。本書では、これらの規則性を説明し、マーケティング活動の結果を予測し導くためにそれをどのように利用できるかを考察する。

マーケティングサイエンスは応用学と呼ばれることがある。高潔や卓越の感が漂う純粋な学問の下に位置するのが応用学であるという考え方だ。マーケティングは心理学や経済学の一分野に過ぎないというところが間違っている。この論理でいくと、生物学は応用化学に過ぎず、化学は応用物理学にすぎないことになる。もちろんこれはナンセンスである。同様に、マーケティングは単なる心理学の応用でも、経済学の応用でも、両者の混合（すなわち行動経済学）でもない。

もうひとつの主張は、マーケティングの知識はマーケターという人間が利用するものなので、マーケティングは応用学であるというものだ。しかし、そもそもすべての科学的知識は利用されるものだ。たとえば、物理学はエンジニア、建築家、その他多くの人々に利用されている。したがって、この議論に従えば、物理学は応用学ということになる。

マーケティングサイエンスは売買を研究する学問だ。他の学問分野にはない純粋な視点を持っている。この純粋な知識を応用している分野がいくつかある。たとえば、ワインのマーケティングの研究では、ある特定の分野にマーケティングの知識とマーケティングの視点を取り入れている。他にも、金融サービスのマーケティング、食品のマーケティング、観光のマーケティングなど、たくさんの分野で利用されている。マーケティングを学べば、このような多くの分野に適用できる基礎知識を学ぶことができる。本書でも、第16章で社会貢献におけるマーケティングの役割について考察する。

INDUSTRY INSIGHT　業界動向

スペックセイバーズ社のオーストラリア市場進出

デビッド・コーキンデール　著

2008年、英国に拠点を置く世界第3位の眼鏡小売チェーンのスペックセイバーズは、オーストラリア市場に参入し、主要ブランドになることをめざした。当時、5つのブランド（OPSM、Laubman & Pank、Sunglass Hut、Bright Eyes、Budget Eyewear）を持つルクソッティカグループが、検眼と眼鏡の分野で圧倒的シェアを持っていた。特にOPSMは35%の市場シェアを占め、残りの市場を地元の小規模チェーン店や個人事業主が争う状況だった。この市場の年間売上高は約15億豪ドルで、年率2%の成長が見込まれていた。ルクソッティカグループはオーストラリアに約1000店舗を構え、プラダ、グッチ、ブルガリ、ペルソール、レイバンなどのブランドを販売しており、常に市場の上位を占めていた。スペックセイバーズがオーストラリア市場に参入する前の3年間で、ルクソッティカグループはすでに21%の成長を遂げていた。しかし、2008年に始まった世界的な金融危機の影響で、消費者の倹約志向が徐々に高まりつつあった。

スペックセイバーズの価値提案——同社が市場で顧客を獲得するための基盤——はその名前に体現されている（specsがメガネを意味し、saversが節約を意味する）。2009年には競合他社よりも安い価格で製品を提供すると発表し、179豪ドル以上の眼鏡は2本を1本分の価格で、199豪ドル以上のデザイナーアイウェア（度付きサングラスや老眼鏡など）も2本を1本分の価格で提供した。「私たちはオーストラリア市場に明確な価格設定を導入し、購買客に選択肢を与えました。広告する価格が、そのままキャッシュカウンターで顧客が支払う価格です」と、スペックセイバーズの創業者の一人であるダグ・パーキンスは述べている（Ooi, 2010）。

スペックセイバーズは、2006年に卸売業者としてオーストラリア市場に参入していたため、現地での製品提供の

マーケターに求められる資質と仕事

準備はすでに整っていた。検眼サービスと製品を提供する主要ブランドになるためには、購買客にとって便利な場所でメンタルアベイラビリティとフィジカルアベイラビリティを提供し、いつどこでも買い求められるブランドになる必要があった。購買客が眼鏡を買おうと思ったときに、すぐにブランド名が思い浮かぶようでなければならなかった。

スペックセイバーズはオーストラリア全土の立地条件の良い場所に小売チェーン店の展開を開始した。店舗展開はオーストラリアの小売業史上最速で行われ、100日間で100店舗を展開し、2008年末には150店舗を運営していた。これは、都市や町の主要なショッピングモールや商店街にすでに進出していた小規模小売チェーン店や個人事業主を買収することで実現した。また、幅広い店舗網を迅速に構築するために、スペックセイバーズのフランチャイズに加盟する起業家の力も活用した。2010年10月には240店舗を展開するまでになっていた。

2008年2月、スペックセイバーズは、同年8月に計画されたマスメディア広告キャンペーンに先立ち、広報活動のパートナーとなるPR会社を選定した。また、市場調査会社に依頼し、全国各地の少人数のグループを対象に、眼鏡をどこで購入したか、なぜその検眼士に依頼したか、いくらで買ったか、眼鏡の価格をどう認識しているか（高い買い物だと思うか）などの調査を実施した。インタビューでは、必要はないのに眼鏡をかけたことがあるか、オーストラリアで眼鏡をかけている著名人は誰かなどの聞き取り調査も行われた。さらに、別の市場調査会社に依頼して、オーストラリア人の眼鏡着用に関する考えと、それが50年前と比較してどう変化しているかを調査した。

PR会社はニュースメディアを通じてスペックセイバーズの市場参入とオーストラリア社会への貢献についての記事を発信した。市場調査の結果から、間近に迫ったスペックセーバーズのオーストラリア市場参入と大規模なメディア広告キャンペーンにメディアの関心を引きつけるための具体的なデータや情報が得られた。その後、スペックセイバーズとその価値提案、海外での実績についての記事がメディアで紹介されると、ブランドとその信頼度についての地域社会での認知度が高まりはじめた。

発売計画に際し、年齢や貧富の差にかかわらず、すべての眼鏡使用者とコンタクトレンズ使用者をターゲットとしたが、40歳以上になると何らかの眼鏡が必要になるため、40歳以上の年齢層に少し重きを置いた。しかし、ファッション性の高い商品を訴求するためには、より若い女性層が必要であることがわかった。発売は、各州でメディアイベントを開催するなど、州ごとに展開することが決定された。発売キャンペーンはビクトリア州からスタートし、各州の1号店のオープンに合わせて展開することになった。スポークスパーソンとして、受賞歴のある実業家でスペックセイバーズの共同設立者であるデイム・メアリー・パーキンスを起用した (Butler, 2011)。これがメディアの興味を引くフックとなり、彼女はテレビのインタビューでも注目されるようになった。

州ごとの展開はスペックセイバーズをメディアに紹介することを最大の目的として設計され、地元メディアに報道してもらうために、州ごとにオリジナルの写真を作成しインタビュー機会を提供した。この発売キャンペーンの根底には、スペックセイバーズブランドの価値提案である、"プロフェッショナリズム"と"手頃価格のファッション"という2つの重要なコンセプトの具現化があった。

スペックセイバーズは、メディアを通じて広めるべきもっとも重要なメッセージは、金額に見合う価値、信頼性、他の市場で成功したコンセ

プト、プロ意識、ファッション性などに関するものであることを確信した。PRプランは、発売初年度のスペックセイバーズブランドの認知度を高めることを目的としていた。8月に開始したメディア広告と合わせて、消費者の認知度（ブランド認知度の指標は第3章を参照）を30％まで向上させることができた。同社はメディア広告に年間2000万豪ドルを費やしていると言われているが、価格にも大きな重点を置いている。たとえば、スペックセイバーズの伝統的なキャンペーンは1本分の価格で2セットのフレームを提供するというものだ。2009年末、ダグ・パーキンスはスペックセイバーズがオーストラリアで眼鏡の価格を30〜40％も引き下げることができたと主張したが、競合他社はこれに異議を唱えている。実際の数字がどうであれ、スペックセイバーズの積極的なメディア広告とPRにより、きわめて早期に消費者の心の中に価格のリーダーシップを確立することができた。

　2016年にスペックセイバーズは、27.9％の市場シェアと、当初の目標であった2億豪ドルを大きく上回る7億5200万豪ドルの年間売上高を達成した。

マーケティング指標と、市場を基盤とした資産

　シニアマーケターは、毎日、マーケティング指標を解釈しなければならない。医者が血圧や体温、体重の増減などの指標に基づいて意思決定を行うように、マーケターも、指標を用いてブランドの健康状態を判断し、マーケティングの意思決定がブランドの健康にどう影響しているかを評価する。本書では、そのような指標を正しく解釈し、より良いマーケティング上の意思決定を行う方法を学ぶ。

　マーケターは、以下のようないわゆるマーケティングミックスを変化させることで市場に介入する。

・製品やサービス

・価格設定

・広告とコミュニケーション

・流通

　マーケティングミックスは、しばしば4Pと呼ばれる。4Pとは、製品戦略（Product）、価格戦略（Price）、販促戦略（Promotion）、流通戦略（Place）のことだ。それぞれに膨大な選択肢があり、多くの決断を行う必要がある。

　マーケティングの基本原則のひとつは、マーケティングミックスに一貫性がなければならないということだ。つまり、高品質の製品は、購買客を混乱させないために、高品質のパッケージングと高品質の広告が行われ、高価格でなければならない。このことはマーケターでなくても広く受け入れている。それにもかかわらず、マーケターたちはマーケティングミックスの一貫性の欠如の修正に多くの時間を費やしている。

　マーケターは、マーケティングミックスに多くの変更を加えることができるし、また実際に変更を行っている。たとえば、ある消費財メーカーの計算では、同社のマーケターは、米国とヨーロッパだけでも毎年1万3000回のパッケージング変更を行っていると試算している。これは毎週250回のパッケージング変更に相当し、デザインと印刷に5000万米ドル以上のコストを要している。これでは、スタッフが忙しいことを示すことが目的の活動のための活動と言えよう。消費者を混乱させて売上や市場シェアを失う誤った戦略を導く可能性がある。競合ブランドの競争力を向上、少なくとも維持させる可能性もある。有能なマーケターは、マーケティング指標を使って、行動を起こす必要があるかどうかを判断し、その行動の影響を評価して、適切な変更を行う可能性を高めている。

　もっともよく使われるマーケティング指標は売上であり、通常は売上高または販売数で表される。すぐれたマーケターは市場シェアも指標として使っている。なぜなら、ブランドが実際には競争力を失っていても、成長市場では売上が伸びることがあるからだ。

　たしかにこのような指標は重要だが、背後にある状況や要因を考慮して解釈する必要がある。長期的な収益を上げるために広告費などの支出を削減して、短期的に企業収益を上げることができる。同様に、売上と市場シェアも、将

表1.2 マーケティングミックスの検討事項

マーケティングミックスの4Pの検討事項と決定事項			
製品またはサービス	価格	プロモーション （広告コミュニケーションによる メンタルアベイラビリティの向上）	流通 （フィジカルアベイラビリティの向上）
・どのようなニーズが存在するか？ ・市場は存在するか？ ・どのような市場に向けて販売するか？ ・誰に売るか？ 　製品開発の段階では、顧客と市場を正しく調査することがきわめて重要。綿密な調査を行わなければ、購入に至らない製品を開発して会社の貴重な資源を浪費してしまうおそれがある。たとえば、男性向けの口紅を開発してもあまり意味はない。たしかに人口の約半数がその口紅を買う可能性が存在するが、実際の可能性はどの程度だろうか？ 　第7章で、製品の仕様や特徴を決定する際に考慮すべき事項を詳述する。	・価格をどう設定するか？ ・支払い方法をどう設定するか？ ・生産にかかるコストは？ ・競合他社は価格をどう設定しているか？ ・利益率をどう設定するか？ ・守るべき価格設定上の規制があるか？ 　製品やサービスの価格を設定するとき、マーケターは外部要因と内部要因を考慮しなければならない。 　外部要因の考慮には、競合ブランドの価格設定を評価し、製品の価格を変えるべきか否かを判断することが含まれる。マーケターは、新製品がどの程度の価格であれば顧客は買いたいと思うか、小売業者などの仲介業者はどの程度の価格を期待しているかなどを検討しなければならない。 　価格設定の際に考慮すべき重要な内部要因は生産コストだ。生産コストを回収できるだけではなく、十分な利益を出せる価格が設定されていることを確認すること。また、競合ブランドの価格も考慮する必要がある。 　第9章で、価格設定における留意点を詳述する。	・広告はどのメディアに出稿するか？ ・どのような広告を出稿するか？ ・広告の出稿頻度は？ ・広告のターゲットは？ 　広告に関する重要な決定の多くは、販売する製品（製品か？ サービスか？ イベントか？　特定の場所か？　人か？）と製品の流通（製品が販売される場所）によって決まる。 　たとえば、南オーストラリア州のヨーク半島にある家族経営のガーデニング会社が、顧客基盤の拡大のために広告を始めたいと考えているとする。彼らは地元の新聞とアデレードアドバタイザーに広告を出稿しているが、南オーストラリア州以外でガーデニングサービスを販売することはないので、全国的な広告展開は控えている。製品（またはサービス）が入手できない場所に広告を出すことは、資源の無駄遣いになりかねない。 　ブランドの規模や予算もメディアの選択に影響する。家族経営のガーデニング事業が大手テレビネットワークのゴールデンタイムにスポット広告を出せる可能性は低い。 　また、さまざまなメディアの長所と短所も考慮する必要がある。たとえば、誰にリーチするか、一人にリーチするのにどれくらいの費用がかかるか、売りたい相手にリーチしているかなどだ。 　第11章と第12章で、プロモーションを決定する際に考慮すべき事項を詳述する。	・製品をどのような店舗で販売するか？ ・店舗の地理的環境は？ ・実店舗とオンライン店舗の比較 　製品の入手の可能性がその製品全体の成功に大きく影響する。どこで販売するかは商品の種類によっても異なる。たとえば、オンラインよりも実店舗での在庫管理に適した商品（生鮮の果物や野菜、感触が重要な商品など）がある一方、オンラインでも不利にならない商品（電気製品、書籍、DVDなど）もある。 **店舗タイプの考慮点：** 　最初に考慮すべきは、販売する商品にもっとも適した店舗はどのような店舗かということだ。その商品やブランドだけを扱う店舗か、それとも他のブランド（競合する可能性もある）も扱う店舗にするか。 　たとえば、ローナジェーンのアクティブウェア製品はローナジェーンの店舗でのみ販売されているが、ナイキのような他のアクティブウェアブランドは、ナイキの店舗でも複数のブランドを扱う他のスポーツ店でも販売されている。 **オンライン販売での考慮点：** 　オンラインでの販売に向いている商品もある。コーガンのブランドように自社のオンラインショップで販売するブランドもあれば、エイソスのファッションブランドのように他社のオンラインショップで販売するブランドもある。コーガンとエイソスは、オンラインの店舗しか持っていない。 　オンライン店舗が、JBハイファイ、フライトセンター、マイヤーなどのデパートのように、実店舗の延長線上にある場合もある。 　通常、歯医者や医者のような個人的なサービス業はオンラインでは利用できないが、eヘルスでは一部のサービスが遠隔で利用可能だ。

来の売上を犠牲にして今日の売上を達成する活動を行うことで一時的に獲得できる。ロンドンビジネススクールのティム・アンブラーが指摘するように（2010）、農作物をその農場に流れる川からの灌漑に依存する農家は、上流で何が起きているかに強い関心を持つべきである。マーケターには、現在のキャッシュフローに潜む危険性や、今後のキャッシュフローがどの程度良好かなどの、将来の売上につながる可能性を洞察できる指標が必要だ。==サステナブルマーケティング==は本質的に長期的なものであり、そのためにリスクも抱えている。リスクについては本章の後半で詳しく考察する。

　以下に、マーケターがよく使うマーケティングの指標の例を挙げる。詳細な定義は巻末の用語集にまとめている。

・売上高（販売数量または収益）

・売上高貢献利益率

・市場占有率（販売数量または収益）

・==値引き販売率==

・==リピート率==

・解約率

・==顧客満足度==

・==顧客数==

・ブランド認知度（ブランドを認知している人の割合）

- 顧客一人当たりの平均購入回数
- 総広告費
- シェア・オブ・ボイス（広告投入量シェア）
- 広告接触顧客数
- 平均広告接触回数
- 加重販売店数
- 店舗当たりの売上高

　新しい広告キャンペーンのようなマーケティング介入は、単に今日の売上を実現するだけでなく、将来の売上の可能性を決定する市場資産の構築と維持にも貢献する。市場資産にはメンタルアベイラビリティとフィジカルアベイラビリティの2つがある。この2つの資産を理解することで、ブランドがどれだけ多くの人に買われやすいかを知ることができる。たとえば、コカ・コーラは非常に大きな市場資産を形成しており、まず、誰でもこのブランドを知っている。コークとは何か、どんな味か、缶やボトルの形状、どこで買えるのか、値段はだいたいいくらかなどだ。重要なことは、何十億人もの人々がコカ・コーラを認識でき、ときにはこれに気を留め、考えることだ。すばらしいメンタルアベイラビリティだ。次に、コカ・コーラはほとんどすべてのスーパーマーケットやコンビニエンスストアで購入可能であり、ほしい場所に（そうでない場所にも）24時間稼働する自動販売機がある。カフェやレストランでも売っている。すばらしいフィジカルアベイラビリティだ。コカ・コーラ社はこのような資産を構築するために何十年間も努力してきた。今後もそうするだろう。コカ・コーラ社の今日の売上は、現在の広告出稿のレベルや、今日どのような価格をつける（あるいは値引きする）かよりも、この2つの資産に依存している。コカ・コーラ社の売上は、来年も少なくとも今年と同等になる可能性が非常に高く、またこれらの市場資産が一夜にして侵食されることはないため、長期間にわたって安泰であると思われる。

CRITICAL REFLECTION |||||||||||||||||||||||||||||||||||||||||||||||||||||||||||||||||||||||| 批判的省察

1. コカ・コーラ社はブランド育成のために世界中で約30億米ドルの広告費を投じています。主要ブランドの市場資産の強さを考慮すると、この支出は正当化されるでしょうか？　またその理由は何ですか？

2. もし、コカ・コーラのすべての広告の出稿を1カ月間完全に停止したら、市場シェアはどう変化すると思いますか？　市場資産はブランドを支え続けるでしょうか？　1年後はどうでしょうか？　10年後はどうでしょうか？

3. コカ・コーラ社は、大規模な有名なブランドであり潤沢な予算もあるという点で他社より優位に立っています。小規模の会社や新興または無名のブランドはどのようにして市場を拡大し、メンタルアベイラビリティとフィジカルアベイラビリティを構築できるでしょうか。

||||||||||||||||||||||||||||||||||||||||||||||||||||||||||||||||||||||||||||||||||||||||||||||||||||||||||

　成功を収めた企業の価値は、その大部分が市場資産によって占められている。たとえば、2016年にGoogle社を買収しようと思えば約5600億ドルの費用を要したが、Googleはわずか1150億ドル相当の有形資産（コンピューター、家具、車両、現金など）しか保有していない。つまりGoogleの企業価値の大部分は無形資産だ。これらの資産は一部が専門知識、特許、システムなどであり、大部分は市場資産である。Googleの社名とウェブドメイン（http://www.google.com）はGoogleが所有するどの建物よりもはるかに大きい価値を持つ。人はオンライン検索といえばGoogleを思い浮かべる。このメンタルアベイラビリティがあるからこそ、Googleは何十億もの収益をもたらす検索広告を販売できるのだ。マーケターは市場資産の管理責任者だ。日々の業務を通じてブランドのメンタルアベイラビリティとフィジカルアベイラビリティを維持し、拡大しなければならない。マーケターはこれらの資産を測定する適切な方法（指標）を持っていなければならない。また、どの活動がこれらの資産を構築する可能性が高いか低いかを把握していなければならない。適切な測定システムがなければ、マーケターは一時的な売上や利益を追い求めるあまり、これらの資産を気づかないうちに損なう行動を取っている可能性がある。

顧客のニーズとウォンツ

　マーケターの重要な役割のひとつが、組織に必須のまたは非常に重要な顧客ニーズを理解し、さらにそのニーズがどのようにウォンツ（欲求）に変換されるのかを組織が理解するのを助けることだ。したがって、市場調査（消費者インサイト調査）を実施して消費者を観察することは、マーケティング部門の非常に重要な責務のひとつだ。

　マーケターには顧客ニーズに応える企業文化を醸成する責任もある。専門家は自分の専門領域に没頭して顧客のことを忘れてしまいがちだ。財務担当マネージャーは、お金のことばかり考え、それが会社のサービスや製品を購入してくれた人たちのおかげだということをつい忘れる。エンジニアも、製品の技術的なことばかり考え、顧客がその製品機能を価値あるものと認識したり理解したりできないかもしれないことを忘れがちだ。誰にも、自分が客として店やカフェ、銀行などに行ったとき、自分を邪魔者扱いする店員に遭遇した経験があるだろう。しかし、企業が存在するのは顧客がいるからであり、顧客から必要とされない企業は破綻する。病院や自治体、学校など、善意のサービスの提供者であっても、自分たちの内部事情にとらわれてしまい、顧客が本当に必要としているもの、本当に求めているものが何かを考えることができなくなっていることがある。

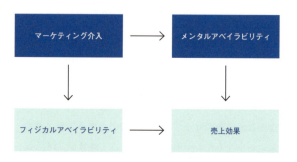

図1.1　マーケティングミックスが売上に及ぼす効果は、メンタルアベイラビリティとフィジカルアベイラビリティの影響を受ける

CASE STUDY

顧客ニーズに応える：スターシップ・チルドレンズ・ヘルス社の例

　スターシップ・チルドレンズ・ヘルス社が運営するスターシップ病院は、ニュージーランドのオークランドにある小児病院だ。建物全体が宇宙船のような形をしていることからこの名前がついた。利用者への配慮はこれだけではない。各病棟には玩具が常備され、子どもたち一人ひとりに専属のプレイコーディネーターがつき、子どもたちの心の健康を常に確認している。子どもたちが医師と接するときに、子どもの立場で考え、「点滴は骨折した腕にしてください。片方の腕で自由におもちゃ遊びができますから」など、子どもが言えないことや言いにくいことを代弁するのが主な仕事だ。これは、患者の身体的な要求に応えることを訓練された医師には子どもの恐怖心や心理的なニーズに気づくことは難しい、という事実を明確に認識した上での取り組みだ。

発展問題　QUESTIONS

1. なぜスターシップ病院は子どもたちのニーズを把握するための専門家を雇っているのだと思いますか？　医師や看護師、あるいは子どもの親たちにできることだとは思いませんか？
2. チャイルドアドボケイトやプレイコーディネーターを雇用することは、病院にとってどのよう

な利点があるでしょうか？

3. オーストラリアのある大規模な小児病院に悪評が立っています。地元のニュース番組が、この病院の医師は子どもたちのニーズに鈍感であると報道しています。あなたがこの病院のマーケティングを担当しているとして、あなたならどう対処しますか？

4. 総合病院（小児病院などの単科のクリニックではない）において、患者一人ひとりのニーズを考慮することが非常に重要であると思われるシナリオを考えてみてください。

　顧客が求めるものを常に把握していなければ、市場機会を逸し、自社よりすぐれたサービスを提供できる競合他社に取って代わられる危険性がある。2000年代初頭、マクドナルドは低迷し、売上が伸び悩んでいた。人々はより高品質の食べ物やコーヒーを求めるようになっていた。スターバックスは、米国でのコーヒーの流行に乗り、マクドナルドの目と鼻の先に何百店舗も店を構えた。サブウェイも、ブランド化したサンドイッチとサラダを売るだけで抜群の成功を収めた。マクドナルドの市場調査によると、マクドナルドで食事をするというグループの決定が、そのグループのなかの1〜2人の特に健康や体重に気を使っている女性、つまりママの「ノー」という一言で拒否されることが多いことがわかった。マクドナルドは、競争力を高めるために業務合理化やコスト削減に励んでいたが、その一方で顧客を見失いかけていた。オーストラリア生まれのCEOチャーリー・ベルがリーダーとなってメニューの変更に取り組み、サラダ、ラップサンド、マックカフェといったメニューが導入された。また、栄養士とも協力して、塩分、糖分、脂肪分を減らすことに成功した。さらに、ジャスティン・ティンバーレイクを起用した"I'm Lovin' It"キャンペーンを開始し、より快活な広告を展開した。幸いなことに、マクドナルドには相当大きなメンタルアベイラビリティとフィジカルアベイラビリティがあったため、現在の顧客ニーズに合うようにマーケティングミックスを再活性化できたときに売上高は回復した。マクドナルドは変化のたびに大きな成功を収め、自信を得て、店舗のアップグレードや営業時間の延長（多くの場合24時間営業）に踏み切り、フィジカルアベイラビリティをさらに向上させた。

サステナブルマーケティング

「顧客は常に正しい」とよく言われるが、この言葉には大きな真実が含まれている。企業は顧客の嗜好、認識、ニーズを理解しなければならない。しかし、マーケティングとは人々が望むものを与えることだと考えるのは間違いだ。無料でビールを提供するビール会社は顧客志向が高く、多くの顧客を満足させるだろう。しかし長続きはしない。破産してしまうからだ。顧客は今ほしいものを、たとえそれが長い目で見れば自分や地球にとって不利益になるものであっても、ほしがるかもしれない。ときには、顧客が今欲しているものを提供するのではなく、それとは別のものを買うように導くという困難な作業に着手したほうが良い場合もある。サステナブルマーケティングを実行するためにはこのような複雑な問題を認識する必要がある。サステナブルマーケティングの目的は長期的な顧客満足を提供することだ。そのためには、企業はビジネスモデルが財政的に持続可能であることと、顧客の需要が持続可能であることの両方を確保しなければならない。これを実現するためには、生産、マーケティング、消費が社会や環境に与える影響を考慮しなければならない。

　2008年に始まった世界的な金融危機は、持続不可能なマーケティング手法によって引き起こされた。主に米国内の金融機関が、ローン期間内に返済する能力のない人たちに住宅ローンを売りつけたのだ。このような人は、わずかでも状況が悪化したり金利が上昇したりすると、利払いができなくなる人たちだった。

　このような消費者がローンで大きな家を建てたり購入したりした結果、米国の住宅価格は異常なまでに上昇した。しかし、景気が悪くなり、こうした消費者が住宅ローンの返済を滞らせるようになると、住宅価格バブルが崩壊し、

住宅価格は急落して、一部の銀行は、ほとんど価値のない住宅を担保に何十億ドルもの借金を背負うことになった。銀行は恐れを感じ、どのような事業であれ、あまりにも信用できないところには資金を貸し渋った。その結果、企業の成長が阻害され、雇用の喪失を招き、多くの人々のローンの支払いに支障をきたした。経済不況への急激なスパイラルダウンは、すべて持続不可能なマーケティングによって引き起こされたのである。

　多くの製品に望ましくない副作用がある。たとえば、自動車は非常に人気のある製品だ。自由と機会が得られ、労力が軽減するので、多額の費用を払ってでも買いたい。私たちは本当に車が好きだ。しかし、世界保健機関の推定によると、自動車事故による死者は年間約120万人、負傷者は約5000万人にものぼるという。これは多くの主要な戦争の犠牲者数よりも多く、実際、現在世界各地で起きているすべての武力紛争（シリアでの戦争を含む）の死者の30倍にもなる。特に懸念されていることは、被害者の多くが車のドライバーではなく、子どもや、歩行者、自転車利用者であることだ。つまり、車は危険な武器といえよう。これらの統計データは、自動車メーカーが自社の製品をより安全なものにするための対策を講じるべきであることを示唆している。以下にその例を挙げる。

・新しい安全機能の研究と開発を行う。
・消費者が製品購入の際にその安全機能に注意を払うように、またその機能に対価を払うことをためらわないように、安全機能の重要性を訴える（広告する）。
・政府当局と協力してドライバー教育キャンペーンを行う。
・道路標識の改善、制限速度の引き下げ、横断歩道や自転車専用レーンの設置など、政府への働きかけや支援を行う。

　車の運転をより安全にすることは明らかに道徳的な義務だ。また、将来の顧客を自動車事故で失わないこと、そして法律や税金で罰せられたり製品がより安全な他社製品に取って代わられたりすることを避けるために製品をより安全にすることは、ビジネス上も明らかに意味がある。だが従来のサステナブルマーケティングの倫理原則およびビジネス上の意義は、今日ほど企業から受け入れられてはいなかった。1960年代、消費者保護の指導者ラルフ・ネーダーが、米国の自動車メーカーは非常に危険な車を販売していると非難したことがある。ニューヨーク・タイムズ紙は、ゼネラルモーターズがこれに反発し、ネーダーの信用を落とす方法を探すために、私立探偵を雇い、ネーダーの電話を盗聴し、それを調査したと報じた（その後、ネーダーはプライバシーの侵害で同社を提訴し、勝訴した）。1966年、アメリカ政府は、自動車メーカーに対してシートベルトなどの安全装備を義務付ける法律を制定した。

　米国の自動車産業が安全性、信頼性、燃費への投資を怠ったことで一時的に高い利益が得られたが、長期的には競争力が低下し、欧州（フォルクスワーゲンなど）や日本（ホンダ、トヨタなど）の自動車会社が米国市場に参入し成功するのを後押しする結果となった。

CRITICAL REFLECTION　批判的省察

1. 今日の自動車産業は十分に機能していると思いますか？
2. 有害な副作用のある製品の例を挙げてください。その製品のマーケターは、サステナブルマーケティングを実践していますか？　長期的な視野に立っていますか？　それとも消費者が今求めているものを提供しているだけでしょうか？

B to Bマーケティングへの応用

　個人や家庭ではなく企業や、政府、非営利団体などの組織を対象にマーケティングを行う企業もある。これは、企業間（B to B）マーケティングと呼ばれる。たとえば、アルコア社は、飲料缶、エンジン部品、窓枠などの製品の原材料としてアルミニウムを使用するメーカーにマーケティングを行っている。ボッシュ

社は、世界中のさまざまな自動車メーカーに自動車部品や付属品を提供している。オーストラリアでは、エルダース社が、穀物、食肉、羊毛生産者の販売代理店として、農業生産者にさまざまな農業製品やサービス（農機具、肥料、農業のアドバイスなど）を提供している。

このような企業のマーケティング担当者は、自動車メーカーやオーストラリアの小麦生産者のような顧客のニーズだけでなく、顧客を介して得られる市場の動向も理解しなければならない。たとえば、ボッシュのマーケティング担当者は、BMWの自動車部品や付属品に関するニーズだけでなく、高級車に対する消費者の嗜好を特定し理解した上で、同社に自社の製品やサービスをどのように売り込むのがベストかを見極める必要がある。

大規模な企業顧客は製品によっては年間に数百万ドルから数十億ドルを消費するので、B to Bマーケティングを行う企業は、それぞれの顧客をひとつの仮想市場として扱って、それぞれのメガ顧客に向けてカスタマイズしたマーケティングミックスを開発している。たとえば、製品やサービスをカスタマイズし（例：ボッシュの自動車部品はBMWの特定の車種のために設計される）、価格は個々の顧客や製品関連要因に基づいて交渉し、流通の準備は顧客の要求に基づいて行う（例：各国の工場へのジャストインタイム配送。各地域の市場での特定の車種の販売予測に基づき、数量を各拠点の計画に合わせて調節する）。さらにボッシュは、BMWにサービスを提供するために、コミュニケーションと顧客関連活動を調整する役割を果たす、マーケティングおよびロジスティックスの幹部からなるグローバルチームを設立することもできる。当然ながらボッシュはBMWに対して、その車種が市販されている間は部品を購入し続けてもらう契約を締結できることを期待するだろう。

INDUSTRY INSIGHT | 業界動向

フェアトレードは本当に"公平"か？

製品がフェアトレード認証を受けることはマーケティングのひとつの側面として定着している。貿易政策としても推進され、フェアトレードはコーヒー産業で盛んに行われている。次はその典型的な謳い文句だ。
「あなたが払うカプチーノの代金のうちごくわずかしかコーヒー生産者に支払われていません。労働の対価としてはきわめて低い額です。にもかかわらず、ネスレやスターバックスのような多国籍企業は、何百万ドルもの利益を得ているのです。フェアトレードコーヒーは、生産者にきちんとした対価を支払い、適切な賃金と条件で労働者を雇用することを保証します」

すばらしい言葉だ。コーヒー1杯の値段で世界をより良い場所にすることができる。しかし実際はそうではない。これは善意から生まれた偽りの言葉だ。

1. コーヒー価格の低迷は、過剰生産が原因だ。フェアトレードは、農家に多角化を促すのではなく、採算の合わない作物の生産を継続することを奨励している。また、森林を伐採するなどしてコーヒー栽培を始めさせて、生産量を増やすことを奨励している。
2. フェアトレードは公平ではない。フェアトレード認証を受けて特別価格を獲得できているのは一部の農家だけであり、大半の農家はそうではない。
3. フェアトレード推進派は、労働者の賃上げと労働条件の改善を求めている。しかし、低賃金労働はこれらの国の競争上の優位だ。それがなければ、工場を建設したり、雇用を創出したりするための投資はできない。言うまで

もなく、先進国の労働組合や政治家は、「発展途上国の労働者を守るため」という理由で安価な労働力を持つ国々からの輸入制限を主張することがある。しかし、これは、発展途上国の労働者を心配してのことではなく、自国の雇用が貧しい貧困国との競争にさらされることを深く恐れているからだ。表向きには貧困国の労働者を保護していると言いながら、実際は彼らから仕事を奪おうとしているのだ。

人々が工場で働くことを選ぶのは、それが他の選択肢よりも良いからだ。あなたにとっての"労働搾取工場"は、他の誰かにとっては居心地のよい工場で働く高収入の仕事であり、わずかな賃金で田畑で働くよりもずっと良いということを忘れてはならない。

オックスファムはフェアトレードの主要な推進団体のひとつだ(そしてフェアトレードコーヒーの販売者でもある)。彼らは、EUがヨーロッパの農家に補助金を出すことは、第三世界の農家の競争力を弱めると、もっともらしく主張して反対している。その一方で、貧困国が自国の産業を守るために、補助金を支出したり、輸入品に関税をかけて貿易障壁を設けたりすることを推進している。しかし、貧困国はすでに先進国よりもはるかに高い関税を課せられており、それが自国の消費者を苦しめ、より高い価格を支払わされ、本来成長できるはずの産業に資源が回るのが妨げられている(これが、コーヒーの過剰生産が助長される原因の一つだ)。途上国の保護貿易政策は非効率であり、長期的な成長につながらない。

フェアトレードは見せかけか? より寛大に表現すれば、"善意が誤った論理によって損なわれ、現代の市場経済がいかに多くの利益をもたらすかを理解できていないケース"と言えるだろう。通常貿易は不公平または有害であるという印象を与えかねないため、マーケターはフェアトレードブランドの台頭を懸念すべきだ。実際のところは、通常貿易は何十億もの人々を貧困から救い、人々の日常生活を向上させているという事実がある。マーケターは真っ先に立ち上がり、通常貿易を擁護すべきだ。

発展途上国はより多くの通常貿易が行われることを切実に必要としている。それは補助金や関税を減らすことであり、増やすことではない。

CASE STUDY

マイクズミルク社のマーケティング意思決定

エリザベス・ガンナー 著

　マイクズミルクは創業20年前目を迎えた。この間、地元の直販所で販売していた小さな乳業メーカーが、今ではオーストラリア全土のスーパーマーケットで販売される巨大企業へと成長した。会社の成長に伴い、取締役会、会計士、ビジネスマネージャー、給与担当、マーケティング担当など、ビジネスを管理するための従業員が必要になった。新任のマーケティングディレクターが、着任して最初の1カ月間、机に向かってマーケティングプランを練り、将来の市場シェアを予測した。月末に取締役会でプレゼンテーションを行い、今後の収益向上のための2つの重要な改革を提案した。それは、小さな町の乳業メーカーというイメージを払拭する名称への変更と、よりモダンなパッケージデザインへの変更であった。そして、これらの変更をできるだけ早期に実施し、発売の直前直後に多くの広告を出稿することを提案した。会議後、役員会はこの提案について協議した。意見は2つに分かれた。半数は、既存のパッケージとブランド名は時代遅れで、成長のためには変更が必要だと考え、残りの半分が、これまでの成長はマイクズミルクというブランド名のおかげであり、なぜそれを変えなければならないのか、と考えていた。

発展問題　QUESTIONS

1. この会社がなすべきことは何だと思いますか？　それはなぜですか？
2. 役員会がこれらの変更を実施することを決定した場合、マイクズミルクのメンタルアベイラビリティとフィジカルアベイラビリティはどのような影響を受けると思いますか？
3. あなたがマイクズミルクのマーケティングディレクターなら、どのような指標を用いてブランドへの提言を行っていたでしょうか？
4. キャドバリーチョコレートが社名を変更し、あの紫色のパッケージを使うことをやめたら、市場シェアはどうなると思いますか？
5. 企業がブランド名とパッケージを変更することで利益を得るシナリオを考えてください。

本章の結論　CONCLUSION

　経済理論家は、市場経済と**中央集権的計画経済**のパフォーマンスに違いがあるかどうか確信が持てなかった。20世紀は、中国や旧ソビエト連邦など多くの国が市場の数を減らして国が運営する実験を行っていた。政府官僚が価格を決定し、広告はほとんどまったく行わず、多くの場合、政府が監督する工場で単一ブランド（たとえば、自動車も1ブランド、チョコレートも1ブランド）のみが生産された。マーケティングのコストを削減することで、効率よく利益が得られると期待された。このようなさまざまな経済実験が行われて、劇的な発見があった。すなわち、市場経済が、生産を拡大し、製品とサービスを多様化し、多くのイノベーションを生み出し、多くの消費者を満足させていた。これとは対照的に、近年のベネズエラでは、莫大な石油収入があるにもかかわらず市場経済への規制を年々強化し続けた結果、国民が飢え、経済が崩壊した。一方、中国やロシアなどの国々では現在、市場経済を採用し、広告やブランド競争が復活し、経済が再び成長し始めて、国民の富と寿命に劇的な改善が見られる。

　20世紀、私たちは、抑圧的な政権が、製品に選択肢と豊かさを与えず、広告を禁止し、国民のブランドを選択する権利を拒否したとき、最終的には崩壊するのを見てきた。指導者たちは、経済の進歩の実現に失敗し、猜疑心を強め、抑圧的になった。民主主義と人権は市場に左右される。

　現代の市場経済は、完璧ではないにしろ必要不可欠なシステムだ。現

図1.2　モスクワのレッドオクトーバー工場

ロシアでは他の北欧諸国と同等にチョコレートが消費されており、一人当たりのチョコレート消費量は世界でもトップクラスだ。しかし、計画経済を採用していたソビエト連邦時代はレッドオクトーバーが唯一のチョコレートブランドだった。しかも、その平凡な味にもかかわらず、めったにないすばらしい食べ物だった。

代のマーケターは、自分では気づいていないかもしれないが、顧客が本当に購入したい製品やサービスを企業が安心して生産できる体制を整えることで、この無計画で混沌としたシステムを確実に機能させるという重要な役割を担っている。マーケティングは必要不可欠なビジネス機能であり、顧客に製品を売ることができなければビジネスは失敗し、その資本投資はすべて無駄になってしまう。マーケティングは、ビジネスのどの部署よりも、顧客の現在と将来のニーズとウォンツを理解するという責務を負っている。マーケティングの仕事はとてもエキサイティングだ。

本章の要点　Summary

+ マーケターの役割は、消費者行動を理解して市場機会を正しく捉え、それに組織が適応して競争力を維持できるようにすることだ。

+ 消費者インサイトと市場調査は、マーケティングのもっとも重要なツールであり、購買行動を理解するのに役立つ。

+ マーケターは、世の中の仕組み、広告の仕組み、価格の仕組み、消費者の行動の仕組みなどに関する科学的知識を用いながら、エビデンスに基づくマーケティングを実践し、意思決定を行わなければならない。

+ マーケターは、ブランドのパフォーマンスを追跡するために指標を測定し、それを意思決定に役立てる。もしマーケターが指標の測定方法を理解していなかったり状況に応じた分析できなかったりすれば、ブランドを傷つけるような意思決定を行うリスクがある。

+ マーケターはブランドの市場資産を発展させる役割を担っており、ブランドのメンタルアベイラビリティとフィジカルアベイラビリティを維持する（できれば拡大する）ことをめざす。

+ サステナブルマーケティングは、長期的な顧客満足と財政的に持続可能なビジネスモデルを重視する。

+ マーケティングサイエンスは、多くの神話や見当違いの理論を一掃しつつあるが、まだ日が浅く、多くのマーケターがマーケティングサイエンスの最新の知見を理解できていない。

復習問題　REVISION QUESTIONS

1. ある人が薬局に行き、膝に傷を負ったので包帯がほしいと店員に言ったとします。店員は包帯の陳列棚から有名ブランドの包帯を取り、客にわたし、客は代金を支払って立ち去りました。このエピソードは良いマーケティング手法の例でしょうか？　本章のポイントを踏まえて理由を説明してください。

2. マネージャーは組織が提供する製品の需要を高めるためにマーケティング活動を行う。地域社会が需要や使用を減少させたいと思う状況を少なくともひとつ考え、その需要を減少させるために利用可能なマーケティング活動を考えてみてください。

3. 本章でマーケティングミックスの例として挙げた活動以外に、組織のマネージャーが市場の反応を喚起するために利用できる活動を考えてください。Pで始まるものを、少なくとも5つリストアップしてください。

4. ライフラインとは、オーストラリアのユニティング教会が始めた社会サービスで、特に、生活が困窮している人に電話による無料の支援やカウンセリングを提供するサービスです。このサービスに対するニーズとウォンツをいくつか挙げてください。たとえば、
   a. ライフラインを支援するための資金を提供してくれる個人寄付者
   b. ライフラインのために時間を割いてくれるボランティア

5. Googleで検索すると、検索結果のページの右側と上下に小さな広告が表示されます。広告をクリックすることをクリックスルーと呼び、そのページにあるすべての広告が時間経過とともにカウントされます。検索した人全員について各広告をクリックした割合を計算したものをクリックスルー率（CTR）といいます。
   ・検索結果の1位に表示される広告の平均クリックスルー率は8%、2位は4%、3位は2%、5位は1.5%です。この関係を、Y軸（縦軸。ゼロからスタート）にCTR、X軸（横軸）に順位をとって、簡単な

グラフに描いてみてください。

・あるマーケターがGoogle検索広告をプランしています。7位を獲得できると考えている場合のCTRを推定してください。

6. 本章ではマーケティング指標に関連して考察しました。「優秀なマーケターは市場シェアの指標も使う。ブランドが実際には競合力を失っていても、成長中の市場では売上がまだ増加することがあるからだ」という説明について、なぜ、全体的に成長中の市場のなかで成長していても、必ずしも理想の成功とはいえないことがあるのかを解説してください。清涼飲料水などの製品を、その市場全体の状況のなかで考えることが役に立ちます。

7. 組織によっては、マーケティングを検討する必要はないと考えていたり、マーケティング担当者を雇用していなかったりする場合があります。どのような状況がこのような思考を促進しているのでしょうか？　また、そのような組織がマーケティングの原則に注意を払うことに価値はあるのでしょうか？

8. 重要な市場資産として、メンタルアベイラビリティとフィジカルアベイラビリティがあります。次のサービス分野において、メンタルアベイラビリティとフィジカルアベイラビリティの具体例を挙げてください。

　　a. 会計士
　　b. 新卒のフリーランスグラフィックデザイナー
　　c. しっかりとした基盤を持つ政党

9. 全国60カ所に大型ベーカリーを所有し、スーパーマーケットに商品を供給しているある全国規模のベーカリー会社の研究部門が、3週間経ってもパンの鮮度が保たれるような原料を開発しました。この会社は財務的に不健全で、状況を打開するためにコスト削減を図るべきだと考えました。半分以上のベーカリーを閉鎖し、残ったベーカリーですべてのパン製品を作り、毎週ではなく3週間に1回、より多くのロット数のパンを全国の顧客に届けることで、製造コストを大幅に削減しました。この決定後の数カ月間で、同社のパンの需要はどう変化したと思いますか？　なぜそう思いますか？

10. 政府によって言論や移動の自由が大幅に制限されていても、市場経済を採用することが可能な国があることも事実です。逆に、計画統制経済を採用しながら国民に大きな自由を与える体制を持つ国があるでしょうか？　自由な取引市場、ブランド競争、そして自由な広告、これらが社会の発展にどのように役立つと思いますか？

Chapter 01

主要事例研究

MAJOR CASE STUDY

マーケティングの力で企業と政府の発展に尽くす

スティーブ・ロンプ 著
西オーストラリア州マードック大学 マードックビジネススクール

オーストラリア勲章のひとつオフィサーの受勲者でもあるケリー・サンダーソンは、西オーストラリア州の公共部門でもっとも成功したプロフェッショナルの一人だ。40年以上のキャリアを歩むなかで、その卓越した専門知識が高く評価され、民間企業の経営者の注目を集めるようになり、今ではオーストラリアの将来形成に影響を与える人物として尊敬を集めている（2014年10月20日に第32代西オーストラリア州知事に選出された）。

この静かな語り口の女性に、一般企業のエグゼクティブのイメージはない。チームプレイを重視する彼女のマネジメントスタイルは、チームの思考に影響を与えて長期的な計画を構築することに重点を置いている。1980年代に西オーストラリア州で失敗した多くの企業や政府のリーダーたちに共通して見られた独裁的なリーダーシップと軽率な意思決定は、彼女には当てはまらない。

ケリー・サンダーソンが注目されるようになったのは、フリーマントルポーツ社のCEOに就任した1991年末のことだ。それまでに財務省に17年、運輸省に4年勤務した経験があったのではじめての大役ではなかったが、注目の人事であったことに間違いはない。

当時、経済界や政府関係者の多くが、ケリーは毒杯を渡されたようなものだと考えていた。フリーマントルポーツ社は、前年度に7000万豪ドルの損失を出し、コンテナ処理の能率はスタッフの士気と同じくらい低く、組合に加盟している労働者をうまく扱えないと考えられていた。社員はフリーマントル市の港の暗い将来に成すすべもなく、西オーストラリア州の人々はこの港の恥ずかしい評判に当惑していた。

この人事は、当時の運輸大臣パム・ベッグスの名采配であった。変化が起きそうな予感があった。事実、経営陣はこれまで以上に協力的な態度で臨み、長年の問題を解決しようとする姿勢を示した。

ケリー・サンダーソンは、西オーストラリア大学で理学士号（数学）を取得し、その後、経済学の学位を取得した。夫に先立たれ、2人の息子を持つケリーは、とても家族思いで、伝統や地域社会への責任感も強い。性格は控えめで政治色はない。友人や仕事仲間のことを大切に思う人柄でもよく知られている。

ケリー・サンダーソンに一般企業のエグゼクティブのイメージは当てはまらない。チームプレイを重視する彼女のマネジメントスタイルは、チームの思考に影響を与えて長期的な計画を構築することに重点を置いている。

長年の、海運、運輸、ガバナンスへの貢献が高く評価され、オーストラリア勲章にノミネートされた。これは彼女にとって最高の栄誉であったが、受賞したのはこれだけではない。1996年にはテルストラ西オーストラリア州ビジネスウーマンオブザイヤー賞を受賞し、2005年にはロイズリスト・マリタイム・ホールオブフェイム賞の第一回受賞者となった。伝統的に男性中心だった世界でケリーの功績が認められたことは称賛に値する。2005年には西オーストラリア大学から名誉博士号を授与された。

ケリーはフリーマントルポーツ社について次のように語っている。

「フリーマントルがとてもユニークな企業であることは早くからわかっていました。フリーマントルには、とても熱心なのに不満を抱えた労働者が多く、この地域の成功を切望する組合運動がありました。たしかに非効率的でしたが、それには構造的な理由とプロセス的な理由があり、私はそれを解決しようと決心しました。

私の財務経験と職場改革の経験が役立つことはわかっていましたが、改革はチームワークと社員へのコミットメントによってもたらされることも理解していました。私は社員に長期的なコミットメントを望んでいましたが、そのためには、まず私が長期的にコミットしなければなりませんでした。私たちは、考え方やプロセス、そして問題解決へのチームアプローチにおいて、大きな変化を遂げることができました。しかし、それだけでは不十分でした。トータル・クオリティ・フレームワーク分析（後のオーストラリア・ビジネス・エクセレンス・フレームワーク）を使って、どこに非効率が存在するかを調べ、新しいプロセスを導入する必要があったのです。

フリーマントルポーツ社には、2つの小さなコンテナターミナルがありましたが、位置的に離れていたため、非効率な状況を生んでいました。そこで、両ターミナルをひとつの連続した係留施設に統合し、その規模も拡大しました。ウォーターフロントを大幅に改修し、さらにこのような物理的な変化を加えたことで、ただちに効率は改善されました。フリーマントル社のコンテナ取扱量は、1時間あたり12基から20基以上へと増加し、その後、BHP社（注：鉱物や資源の輸送を行う企業）から外港でのバルクハンドリング事業を買収しました。

この会社は決して過去を振り返ることはしません。

2007年には、国際的に認められているオーストラリアン・ビジネス・エクセレンス・フレームワーク賞の金賞を受賞しました。また、全国でもっとも高い評価を得た企業に贈られるエクセレンスアウォード賞と、その人材部門の金賞も受賞しました。これは、データの利用やプロセス、継続的な改善、結果のモニタリングなど、あらゆる分野でのパフォーマンスの向上を実証するものでした。

現在、資本投資の水準と事業規模を考慮した上でのフリーマントルポーツ社のクレーン稼働率は、世界標準の効率に達しています」

ケリー・サンダーソンは、西オーストラリア州、特にパースの未来に熱い情熱を注いでいる。ケリーは、パース委員会の運営委員を務め、パースがどのような都市であるべきか、またどのようにすればそこに到達できるかについての審議文書を発行している。

「私たちは、パースの未来についての考え方に貢献できることをうれしく思います。2050年には350万人がこの街に住むことになりそうです。そのため、私たちの快適な環境と繁栄が損なわれないように、計画的に準備しなければなりません。とても心躍る思いですが、計画が必要です。オーストラリアの他の地域はパースの可能性に気づいていないようです。パースには、すでにメルボルンやシドニーよりも一人当たりの上場企業数が多いです。ウエストファーマーズ、ウッドサイド、アイネット、シェル、リオ、ティントなどの企業は、本社と地域本部をパースに置いています。他にも同様の企業が多く存在します。

その一方で、公共交通機関が未発達で、二酸化炭素排出量や、都市のスプロール化、水利用などに懸念があります」

ケリーは、これらの問題にどう取り組むべきかについて明確なビジョンを持っている。

「私は、鉄道沿線の交通の要所に、ショッピングセンター、娯楽施設、住宅地などを整備することを支持します。私は鉄道が大好きです。鉄道は公共交通機関のなかでもっとも効率の良い交通手段です。しかし、シドニーには約1500キロの線路があるのに対し、パースには173キ

Chapter　01　　　　What Do Marketing Executives Do?　　　　42

ロしかありません。

　バスも重要です。ですから、中心街のバスの運賃を無料化するという決定を支持しました。また、在宅勤務など従来とは異なる働き方にももっと目を向ける必要があると思います。

　パースと西オーストラリアの科学研究分野を経済基盤の第二の柱とすることも可能です。すでにここでは、世界規模の石油・ガス研究、農業研究、および物理学、電波天文学、生物医学、バイオテクノロジーなどの研究が行われています。研究基盤は強力です。まだ多くのことを行える余地があります。イノベーションと教育にももっと力を入れる必要もあります。

　パースは多文化主義をもっと受け入れる必要があります。この分野では、オーストラリアの他の地域よりもすぐれている点が多々ありますがイギリスほどではありません。多文化主義は受け入れればすばらしいものであり、反対すれば困難を招きます」

　ダウナーEDI社、アトラス・アイアン社、セント・ジョン・オブ・ゴッド・ヘルスケア社など数多くの企業の役員を務めるケリーは、衰えることを知らない。また、地域社会におけるビジネスの役割についても確固たる信念を持っている。

「企業は地域社会の目標を達成するために政府に協力するべきです。企業の社会的責任は、単にマーケティング活動にあってはならず、その地域社会から利益を得る組織によるその地域社会の長期的繁栄へのコミットメントであるべきです。

企業の社会的責任のひとつとして、環境へのコミットメントも必要です。これはビジネス的にも理に適っています。企業は環境の自立を助けることなく、環境から資源を奪い続けることはできないからです。

私がかかわっている組織はすべて、地域社会への貢献を考えています。たとえば、パースをはじめ、西オーストラリア州、オーストラリア東部、ニュージーランドに病院を持つセント・ジョン・オブ・ゴッド・ヘルスケア社は、利益の2%を地域社会に寄付しており、特に先住民の家族の健康という分野に力を入れています。

フリーマントルポーツ社と同様に、セント・ジョン・オブ・ゴッド・ヘルスケア社も社員に対して長期的なコミットメントを表明しています。組織に長く在籍するスタッフほど、無視できない価値ある専門知識、経験、忠誠心を持ち、短期雇用や契約の社員よりもずっと会社のビジョンに共感を示しやすいのです」

ケリーはフリーマントルポーツ社を離れ、ロンドンで西オーストラリア州の州代表として3年間勤務し、イギリスの寒い冬との闘いに敗れた後にイギリスを離れた。もともと労働党のアラン・カーペンター首相によって任命されたのがはじまりだが、2008年にはコリン・バーネットの自由党政権の推薦を得て再び就任したことからも、彼女が両政党から尊敬を集めていることがわかる。

ケリーは成功を次のように定義している。

「お金やキャリアも大切ですが、それよりももっと大切なものがあります。私の友人、故ジョージ・セドンがその例です。彼は造園学、建築学、その他多くの分野で教授を務めました。スワンリバーランドスケープを残し（1970年）、その庭園に自生の植物を使うことで一般の人々が快適に水の節約をできるようにしました。彼は大きな成功を収めましたが、それは従来の成功とは意味が異なります。

私の祖母も良い例です。祖母は私たち家族の大きな支えでした。祖母は、どんな時でもその深い愛情と揺るぎない意志で、私たちを献身的に支えてくれました。成功

とは、自分が手本を示し、他人を助け、人々に影響を与えることなのです」

ケリーは、新進気鋭の若いプロフェッショナルに次のようなアドバイスをしている。

「好きなことを仕事にし、同じ価値観を持つ人たちと一緒に働き、長期的目標を掲げ、志を高く持ち、何ごともチームで取り組んでください。同時に、家族、遊び、学習、コミュニティ活動など、生活のバランスを取ることも忘れないでください」

（出典：2012年3月3日のケリー・サンダーソンとのインタビューに基づくケーススタディから）

発展問題　　　　　　　　　QUESTIONS

1. マーケティングとは何でしょうか？　マーケターとは何をする人でしょうか？　ケリー・サンダーソンはマーケターでしょうか？

2. なぜ、ケリー・サンダーソンは大手企業や組織の役員としての需要が高いのでしょうか？

3. 倫理とマーケティングの関係について考えてみてください。なぜこの2つの概念は対立しないのでしょうか？

4. サステナブルマーケティングという言葉を定義してください。サステナブルマーケティング企業を一社選び、その会社がサステナブルマーケティングの原則をどのように適用しているかを考察してください。

5. マーケティングサイエンスとは何ですか？　フリーマントルポーツ社のステークホルダーについて考えます。3者のステークホルダーを任意に選び、その情報と製品に対するニーズを満たすためには、どのようなマーケティング指標を集めれば良いか、考えてください。

6. マーケターは日々多くの選択肢と意思決定に直面しています。ケリー・サンダーソンは、フリーマントルポーツ社の短期的目標と長期的目標のバランスを取る上で、どのようなジレンマに直面したのでしょうか？

Chapter　01　　　What Do Marketing Executives Do?　　　44

Chapter 01

インタビュー
INTERVIEW

Bruce McColl
ブルース・マッコール

アレンバーグ・バス研究所
経営学部教授

好奇心。それはすぐれたマーケターを他から引き離すファクターX

　私は30年間という月日を、マーケティングの実務家として世界中を駆けめぐりながら楽しんできました。その間、文字通り何千人ものマーケターに出会いました。肩書きや年功の序列に関係なく、際立っていたマーケターは例外なく飽くなき学習意欲を持っていました。市場がどのように動いているのかを理解し、消費者の意思決定を促すものは何かを知り、ビジネスの成功確率を高める方法を発見しようと努めていました。

　そういう人たちのほとんどが、キャリアを積んで成功を収めています。それぞれが自分のキャリアに役立つスキルをいくつも持ち合わせています。真実を探求するためには、停滞してしまう人もいますが、自分の思考と能力を発展させ続けなければなりません。

　私は多くの国の多くの製品分野で働いてきました。営業に始まり、ブランドマネージャー、マーケティングディレクターを経て、マース・インコーポレイテッド社のグローバルCMOを10年間務めました。マースで24年間マーケティングの仕事に従事した後、2016年に退職しました。私は、キャリアをスタートしたときよりも、ビジネスの成功のためには何が必要かという疑問を多く抱いたまま、実務家としてのキャリアを終えました。私の学習能力が低いのか、それともマーケティングの分野には未知のことがまだまだたくさんあるのか、どちらかでしょう。

　マーケティングは私を魅了してやみません。だからこそ、アレンバーグ・バス研究所の経営学教授として学び続けるという機会を得たとき、喜んで受け入れました。私のまわりには、発見することを職業としている優秀な人材がたくさん集まっています。

　疑問を持ち、たくさん読み、もっと考える。これは、これからマーケティングのキャリアをスタートさせる人たちへの私からのアドバイスです。

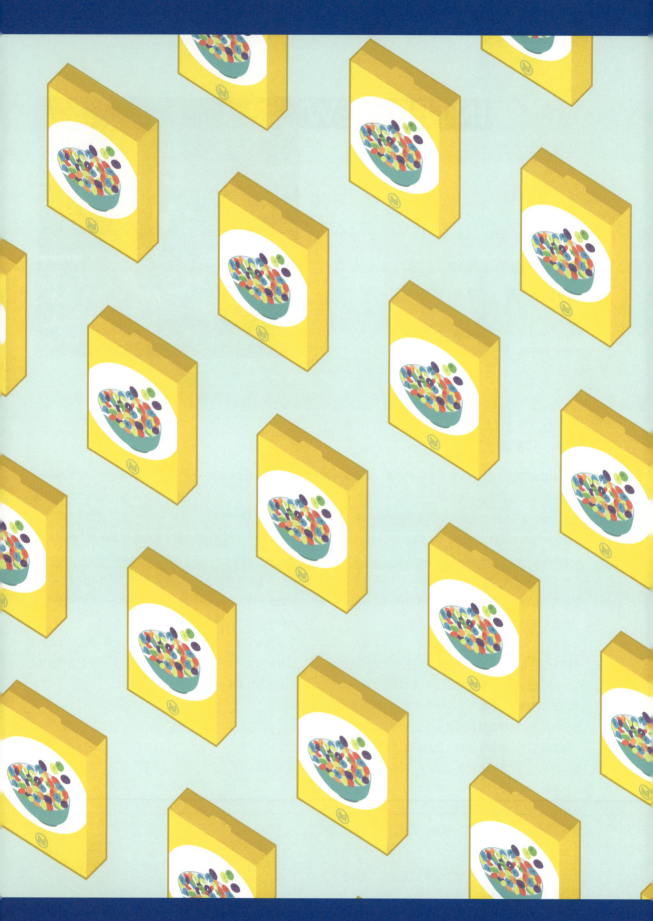

Chapter 02

Consumer
Behaviour
and Business
Buyer
Behaviour

消費者行動と顧客行動

バイロン・シャープ 著

寄稿：スベトラーナ・ボゴモロヴァ
　　　マリアンティ・ラヴァダイティス
　　　マグダ・ネニキスチール

Chapter 02

導入事例
INTRODUCTION CASE

最高のハンバーガー：
絶対的なロイヤルティは少数派

エリザベス・ガンナー 著

あなたがマクドナルドのマーケティングマネージャーだとしよう。次のうち、あなたにとって重要な消費者はどちらだろうか？

ドン：私は毎日マクドナルドで食べています。他のハンバーガーは食べたことがありませんし、これからも食べません。

ウィリアム：私はあまりジャンクフードを食べないのですが、たまにはハンバーガーを食べます。食べたくなったらいつも近くのハングリージャックに行きます。たまにマクドナルドに行くこともあります。

明らかにドンだ。彼はマクドナルドの大ファンであり、マクドナルドに忠実で、価値を感じている。おそらく肯定的な口コミを広げていることだろう。しかし、ここでマーケティング的視点は忘れて、もう一度読んでみていただきたい。ドンはちょっと変わっている。毎日同じものを食べている人なんているだろうか？ マーケターはすべての顧客にドンのようであってほしいと期待してはならない。しかし、多くのマーケターとマーケティングの教科書が、マーケターのもっとも重要な役割のひとつは、既存顧客にもっと買ってもらい、ブランドを好きになってもらい、ブランドに100％忠実またはそれに近い状態になってもらうことだと主張している。つまりドンのような顧客を望んでいるのだ。人々があなたのブランドをより多く購入し、競合他社のブランドをより少なく購入すればそれで良いのだろうか？ ウィリアムのような人たちはどうだろうか？ 常識的に考えて（数十年にわたるマーケティング調査の結果は言うまでもなく）、ウィリアムのような人のほうが多い。しかし彼らがヘビーバイヤーになることはなく、ブランドを愛することもなく、100％のロイヤルティを持つこともないだろう。ほとんどがウィリアムのような消費者であり、ドンのような消費者はめったにいない。私たちは多数派のウィリアムのような消費者に集中すべきなのかもしれない。

INTRODUCTION

マーケティングは、ブランドを成長させるための戦略を練り、新製品を発売し、広告や価格プロモーション、PRキャンペーンを行うなど、多くの労力と時間と資金を費やす仕事だ。

マーケターは、これほど多くの時間とお金を費やしているのだから、購入するブランドに特別な絆を感じ、愛し、思いやる、忠実な購買客が生まれるはずだと感じることがある。しかし現実的には、人は日々の生活に追われてブランドについて深く考える余裕はない。たとえば、消臭剤ブランドについてあれこれ悩んでいる時間はなく、利便性や習慣に基づいてすばやく選択することが多い。一度使って気に入ったブランドであっても忘れてしまうことがある。人は気まぐれであり、ブランドに対する人の考えがある日突然に変わることもあるだろう。

では何が重要か？　マーケターを悩ましているものは何か？

本章では、ロイヤルティ、購買態度、ブランド記憶、購買動機について、およびメンタルアベイラビリティとフィジカルアベイラビリティの重要性について学習する。購買行動を理解することなくして、適切なマーケティングの意思決定を行うことはできない。

本章の目的　Learning objectives

本章で学ぶこと：

+ 消費者行動の理解がマーケティングの本質であることを理解する
+ 購買客がどのようにブランド選択を行い、どのようにブランドを購入しているかを理解する
+ 記憶とメンタルアベイラビリティが消費者態度とロイヤルティにどう影響しているかを理解する
+ ターゲットマーケティングとマスマーケティングの違いを理解する
+ マーケターが顧客に期待すべきことを購買態度と購買行動の観点から理解する

知識は力なり

マーケティングに携わっていると、組織内の誰よりも顧客のことを理解しているとみなされるようになる。だからといって、多種多様な顧客の心理を深く理解していなければならないということではない。実際、たとえ数人の顧客の心理を深く理解するのでさえ不可能だ。しかし、少しずつ、さまざまな要因が購買行動にどのような影響を与えているか理解できるようになるだろう。

あなたが日常的に行っているマーケティング上の意思決定の多くは、次のような知識に基づいて行われている。

・誰が買うのか

・どこで買うのか

・いつ買うのか

・いくらで買うのか

既存の購買客と潜在的購買客について、彼らが何を見て、何を買い、どのようにそのブランド消費を自らの生活のなかに位置づけているか、これらの記述的データを追跡し分析することがいかに重要かにあなたも気づくことだろう。しかし、データは解釈しなければ意味はない。すぐれた教育を受けたマーケターは、既知の法則性のあるパターンに

照らしてこれらのデータを解釈する。このようなパターンが、何に目を向けるべきかを知り、いつもと違う状況を発見するのに役立つ。たとえば、購入指標のパターンは、コンクリートや航空燃料などの産業資材の購入、店舗でのブランド購入、店舗選びなどにも適用される。本章では、これらの法則性のあるパターンについての詳しい説明は行わない。それらが購買行動やブランド態度について何を物語っているかを考察する。

　従来的なマーケターほど自分の直感と内観を頼りに購買客の行動を分析する。彼らは、自分自身の行動、態度、意見を観察することで人の購買行動について学ぶことを好むからだ。しかしこれは判断を見誤る可能性がある。なぜなら、彼らと顧客ではまったくタイプが異なるからだ。というのも、彼らは通常、高い教育を受け、高い給料をもらっている。もっとも重要なことは、彼らにとっては消費者よりもブランドが大切ということだ。彼らに給料を払っているのはブランドだ。そのため、マーケターと購買客とでは、常識もブランドに対する考え方も異なっている可能性が高い。これこそ、市場調査がきわめて重要である理由だ。自分の直感や同僚の意見に簡単に依存してはならない（第4章の市場調査を参照）。幸いマーケターは、さまざまな国でさまざまなサービスを提供するニールセンやカンターのような優秀な企業と連携している市場調査会社にも、国内の市場調査に特化した多くの市場調査代理店にも恵まれている。これらの市場調査会社の主な仕事は、消費者行動（例：見る、買う、消費する）と消費者意識の理解のための調査を実施することだ。マーケターは、このようにして得られた情報を、購買行動の基本および人間心理に関する既知の知見に照らし合わせて解釈しなければならない。本章ではその基礎を紹介する。

顧客は反復購入を行っている

　通常規模のスーパーマーケットでも約4万種類もの商品を取り揃えている。ちょっとした食料品の買い物が難しく感じられる。同じように、どの都市にも多くの金融機関、会計事務所、美容院などがあり、そのなかから選択しなくてはならない。また、毎晩少しくつろぎたいと思ってテレビをつけるとき、何百ものテレビチャンネルのなかから選択しなければならない。消費者はどうやってこれほど多くの選択肢を処理しているのだろうか。それも毎日、しかも時間をかけずに、どうやっているのだろうか。

　幸い、私たちの購買行動のほとんどが以前にも行ったことの繰り返しだ。過去の購買と同じ==カテゴリー==から製品を選ぶことが多い。同じ製品を買うこともある。しかも、同じ店か、よく似た店で買っている。つまり、私たちは製品を買うことについてはかなり熟練している。といっても私たちが専門家であるという意味ではない。世の中には膨大な数のカテゴリー、ブランド、ショップが存在し、すべてを把握することは不可能だ。そもそも専門家になりたいとは誰も思っていない。ただ、商品の選択に失敗しないよう、お金や時間を無駄にしない程度の知識は持っていたいだけだ。そして多くの場合、私たちはあまり努力をしなくても、うまくいっていると感じている。

　多くのマーケティングの教科書が、このような習慣的購買に関する事実を無視し、合理的な意思決定と思考に過度に依存する傾向がある。よく調査した上での購買決定が行われることもあるが、それは稀だ。ブランド購入とショップ選択という行動を動かしているものは大半が習慣と利便性だ。消費者にはお気に入りのブランドや店舗の==レパートリー==があり、そのなかで繰り返し購入している。

　本章では、このレパートリー購入、すなわち限定されたブランドへの==ロイヤルティ==について解説するとともに、消費者の自社ブランドへのロイヤルティを高めるためにマーケターにできること、および消費者の競合ブランドへのロイヤルティを崩す、あるいは少なくとも引き離すためにできることを考える。

高関与度の意思決定

　購買の意思決定がもたらす影響が大きい場合、消費者はその決定について、より慎重に検討するようになる。この

ような意思決定は、たいていは次のようなときに起きる。

・消費者があるカテゴリーではじめて購入する場合（例：親がはじめておむつを買う）

・消費者があるカテゴリーに強い関心を持っている場合（例：ワインについて学びたい）

・誤った判断が重大な結果を招きそうな場合（例：上司や大切なクライアントへの贈り物としてワインを購入する）

　たしかに、ワインについては、購入の意思決定に深く関与するのは一部のワイン愛好家だけであり、ほとんどの消費者が特別な機会を除いて関与度は低いかもしれない。そこで、マーケティング戦略を考える上では、より多くの、あるいは大多数の消費者が高い関心を持つような製品カテゴリーに焦点を当て、それらと関与度の低い製品カテゴリーを区別する方が賢明だ。意思決定への関与度が高いと考えられるカテゴリーは、自動車などの高級製品や、住宅ローンのような大きな金銭的影響を伴うものだ。産業製品の購入も同様に関与度が高いことが多い。こうした購入では、専門知識を持った複数の人で選択肢を詳細に検討することが多い。

　しかし、観察に基づく研究、いわゆる**実証的**研究により、このように関与度の高そうなカテゴリーであっても、購買客は意外にも綿密な調査はほとんど行わないことがわかっている。実質的な評価はむしろ例外のようだ（保険などのカテゴリーで、代替案の評価を行わずにそのまま更新する購買客がいかに多いかに注目してほしい）。したがって、たとえ一部の購買客が購買にストレスを感じるほど深く関与していても、彼らの実際のブランド購買行動を全体的に観察すると、低関与の購買と同じ反復購入のパターンが見えてくる。

　たとえば、自動車ブランドの**反復購入**率はかなり高く、国によって多少の差があるが50%に近い。つまり、新車購買客の約半数が前回と同じブランドを購入していることになる（Ehrenberg & Bound, 1999）。現代の市場経済では通常約60種類のブランドの選択肢があることを考えると、この反復購入のレベルは信じられない高さだ。また、購入から何年か経過すると、モデルが変化し、購買客の生活状況やニーズも変化するのが通常だ。同じ車種をふたたび選択する可能性は非常に低いように思われる。もし購買が何の関与も受けなければ、同じブランドを再購入する確率は50分の1以下であろう。しかし、購買に何も関与しないということはない。ロイヤルティが関与する。

　自動車ブランドの同じ車種の維持率が50%もあるのは、購買客が平均して2つのブランドしか検討しないのが原因で、そのうちの1つは通常、前回購入したブランド、つまり現在乗っているブランドだからだ（Lambert-Pandraud, Laurent & Lapersonne, 2005）。5分の1の購買客は1種のブランドしか検討しない。そしてそれは前回購入したブランドであることが多い（Lapersonne, Laurent & Le Goff, 1995）。この高関与の購買決定においては、購買客がいくつものブランドを評価することはなさそうだ。個人や中小企業向けの銀行や保険の業界でも、新規購入時だけでなく再購入時にも、選択肢を制限する行動が見られ（Dawes, Mundt & Sharp, 2009）、反復購入率はさらに高くなる。

　インターネットを使うようになり、情報の検索や競合ブランドの検討が容易になり、消費者行動が根本的に変わったはずなのに、調査によると、オンラインでの検索行動は非常に限定的であることがわかっている。ジョンソンらは(2004)、ウェブサイトでの情報検索がどの程度行われているかを調査し、インターネットを使う1万世帯以上の**パネルデータ**から、平均的な活動月においては、人は1.2件の書籍サイト、1.3件のCDサイト、1.8件の旅行サイトしか訪問しないことを発見した。

　もちろん、消費者が評価と検索に多くの時間を費やすこともある（したがって、オンラインの「検索広告」には価値がある。第12章を参照）。しかし、基本的には彼らは、記憶を頼りに既存の習慣に基づいて購買行動をすることに満足している。ロバーツとネドゥンガディ（1995: 5）の言葉を借りれば、消費者の記憶に残ってさえいれば購入の選択肢に入っていたであろうブランドはたくさんあるはずだ。

生まれ持ってのロイヤルティ

　アフリカ南部のカラハリ砂漠に住むクンサン族は、乳児の"お座り"は自然に身につくものではなく、必ず教えなければならないと考えている。彼らは、乳児の周囲に土を積み上げて、その上に乳児をお座りの姿勢で置く。世界

にはおもしろい文化がたくさんあるものだ。西洋にも世界から見たらおもしろい文化がある。たとえば、西洋の、乳児に対して話しかけるときのベイビートークという話し方がそうだ。西洋では乳児はそのような話し方は理解できるはずだと考えられており、またそうすることで乳児の言葉の発達が刺激されると考えられている。しかし、ハーバード大学の教授で認知科学者のスティーブン・ピンカー (1994) は、言語の習得は、座り方を覚えるのと同じで、自然に身につくものだと指摘している。私たちは、おそらく遺伝的な天性の素質を持っている。

　消費者のロイヤルティもまた自然に身につく自然な現象だ。従来、消費者のブランドに対するロイヤルティはマーケティング戦略の成果として描かれてきた。従来の考え方では、ロイヤルティは獲得または買うものであり、ブランドの差別化が難しくなると、すなわち価値やサービスの質が劣ると、損なわれると考えられてきた。しかし、最近になって、これは誇張であることがわかってきた。この考えは消費者がどのようにしてロイヤルティを簡単に獲得しているかを無視している。ロイヤルティが、自然に身につくものであることは、誰もが何らかのロイヤルティを獲得していることからも明らかだ。消費者の購買行動が完全なランダム性を示すことは稀であり、むしろ特定ブランドに対する選好に基づく偏り（bias）を示す。日用品の購買から娯楽コンテンツの選択に至るまで、消費者は、非ランダムな反復購入行動を行っている。言い換えると、消費者はそれぞれが自分なりのロイヤルティを持っていると言える。

ロイヤルティの遍在性

　サービスや企業の購買も含めて、すべてのカテゴリーにおいて忠実な購買行動が観察される。購買客は購入するブランドをレパートリー内のブランドに限定しており、購入するブランドの数は購入できる数よりもはるかに少ない。たとえば、同じカテゴリー内で10回の購買を行っても、購入したブランドの種類は10種類をはるかに下回る。購買客はいつも自分のお気に入りのレパートリーに戻っているのだ。しかもそのレパートリーの幅はきわめて狭い（注：我々はレパートリーという言葉を慎重に使っている。この言葉は、購買客が強い選好を持っていることを意味するが、通常、それは事実ではない。この言葉は単に、消費者にはそれぞれ頻繁に購入するブランドが存在し、反復購入はこれらのブランドに偏っていることを意味する）。

　ロイヤルティの意外な例をもうひとつ紹介しよう。テレビのチャンネル選びにもロイヤルティが関連していることは意外かもしれない。私たちの多くは、テレビを見るのは番組を見るためであり、ジャンルに特化したチャンネル（例：天気予報チャンネル）は別として、どのチャンネルが自分の好きな番組を放送しているかについては漠然としか理解していない。また、チャンネルを変えても費用は発生せず、ボタンひとつで別のチャンネルに移ることができる。にもかかわらず、テレビのチャンネル選択には他のカテゴリーと同じパターンが観察される。視聴者がレパートリーを大幅に制限していることから、そこにロイヤルティが生じているのがわかる。

図2.1　1週間あたりの平均視聴チャンネル数

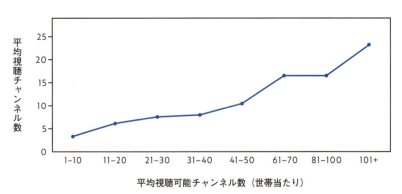

（Nielsen, 2016）

図2.1は、ニールセンの研究者がニールセンの全国テレビパネルを使って作成したものだ (2016)。各世帯が契約しているテレビチャンネル数と、実際に毎週いくつのチャンネルを見ているかを示している。データには明確なパターンが見られる。40チャンネルにアクセスできる世帯は毎週約12チャンネルを視聴し、80チャンネルにアクセスできる世帯は毎週12チャンネルよりは少し多く視聴し、101チャンネル以上にアクセスできる世帯では毎週20チャンネル程度しか視聴していない。

　図2.1は、視聴者がお気に入りのチャンネルに何度も戻って来ていることを示している。ロイヤルティが存在していることは明らかだ。多くの視聴者が必要以上に多くのチャンネルを見ているが、それでも自分の視聴レパートリーに制限して見ている。ブランド購買に関するものであれば、どのような商品カテゴリーであっても同じようなパターンを示すだろう。このパターンは、個人の購買回数や購入ブランドの種類を分析する際の汎用的なツールとして、さまざまな製品カテゴリーに応用できるということだ。ロイヤルティはどこにでも存在しているようだ。

　ブランドロイヤルティは、米や小麦粉などの生活必需品カテゴリーも含めて、あらゆる市場のどこにでも見られる。ロイヤルティを持つことは、リスクを軽減し、貴重な時間を節約できるという点において私たち人間にとって重要であり、賢明なバイヤー戦略であるといえる。

ロイヤルティプログラムが機能しない理由

　消費者が自然にロイヤルティを獲得していることが、==ロイヤルティプログラム==がブランドロイヤルティの向上に貢献しない理由のひとつだ (Sharp & Sharp, 1997)。企業の収益性にとっては残念なことだが、ロイヤルティプログラムに参加する顧客はすでにロイヤルティの高い顧客だ。彼らはその企業の店舗で頻繁に買い物を行っているのでプログラムのことを耳にする可能性が高く、プログラムは彼らにとって魅力的である。結果的に、このような顧客が、普段どおりの購買行動に対しての報酬を受け取ることになる。

ロイヤルティに差別化は不要か？

　一般的には、ロイヤルティにはブランドの差別化が不可欠であり、ブランド間に意味のある差がなければ消費者がロイヤルティを行動で示すことはないと考えられている。これは、消費者が自分のニーズにもっとも適したブランドを発見し、他の選択肢ではなくそのブランドを購入するからこそ、ロイヤルティが発生するという考え方だ。一見、

図2.2　トイレットペーパーの向き

理にかなっているようだが、実は誇張であり、消費者は一度気に入ったブランドがあればそれを使い続けるという傾向を無視したものだ。

　行動に現れるロイヤルティの類似例が指摘され、研究されている。たとえば、教室の座席の選択、コンピューターラボのコンピューター端末の選択、トイレットペーパーの巻き方の向きなどだ（図2.2）。テレビの音量は常に偶数でなければならないと言う人たちのためのFacebookページも存在する。洗濯物を干すときに同じ色の洗濯バサミを使う人のためのFacebookページもある。一般的に消費者は、このようなロイヤルティを持つ理由として、「習慣だから」や「生活が楽になる」を挙げる。また、行動に現れるロイヤルティが、その後、態度に現れる選好につながることもよくあることだ。たとえば、トークラジオ局では、トイレットペーパーの巻き方の向きはどちらが正しいかという議論に参加する人が絶えない。

　ブランドロイヤルティが自然に獲得されていく傾向は、たとえ同じ製品を選択する場合であっても、消費者がいかに迅速にロイヤルティを形成するかを示す実験で明らかになっている。ある実験では、同じ業務用オーブンで焼いたパンをトレイに並べ、42戸の家庭に12日間、毎日選んでもらった（Tucker, 1964）。パンは同じように包装し、個々に「L」「M」「P」「H」というラベルを貼り、トレイ上の位置は毎日変えた。同じパンであるにもかかわらず、多くの回答者がすぐに特定のブランドにロイヤルティを示し、それを好むようになった。トレイに載せる位置にもこだわりがあった（例：トレイの左右の端にあるブランドを選ぶ傾向があった）。この画期的な研究は、「ささいなことにこだわって生まれたロイヤルティだが、決してささいなロイヤルティではないことは明らかである」と結論づけている（Tucker, 1964: 35）。この実験をマッコーネルは大きさも形も同じビール瓶を使って再現し、汎用性のあることを証明した（1968）。同様に、ある家庭はMブランドを、別の家庭はLブランドを好むというように、消費者はすぐにロイヤルティを形成することが示された。

　表2.1は、2回目から24回目までの購入機会において、ある世帯が前回と同じブランドのビールを購入する確率を示したものだ。表から、最初の1～2回は、前回購入したブランドとは異なるブランドを選択する確率はほぼ1.00であり、ブランドを変えていることがわかる。しかし、これは急速に変化し、数回の購入で50%程度となり、その後の購入でさらに低下した。

表2.1　連続する2回の購買機会におけるブランドスイッチ率

ブランドM	連続する2回の購買機会															
	1–2	2–3	3–4	⋯	7–8	⋯	10–11	⋯	13–14	⋯	16–17	⋯	19–20	⋯	21–22	22–23	23–24
ブランドスイッチ率	1.00	.89	.58	⋯	.42	⋯	.19	⋯	.38	⋯	.19	⋯	.25	⋯	.09	.24	.12

ある時点の購入機会にブランドMを購入した人のうち、次の購入時に別のブランドを購入した人の割合。
データソース：Charlton & Ehrenberg, 1973: 304

　チャールトンとアレンバーグ（1973）は、マッコーネルのデータを再分析し、実験で観察されたロイヤルティのパターンが現実世界の反復購入で見られるパターンと一致していることを確認した。つまり消費者は、商品の特徴やパッケージに違いがなく、広告もなければフィジカルアベイラビリティの違いもないという特殊な実験環境でも、現実世界と同じように、すぐにロイヤルティを獲得したのだ。ロイヤルティは無理に育てようとしなくても自然に生まれるようだ。

　マーケターは、ブランドパフォーマンス指標と呼ばれる統計量を使ってブランドのパフォーマンスを測定する。ひとつひとつのロイヤルティのパターンが、ほとんどすべての市場のブランドパフォーマンス指標の規則性を下支えしている（Ehrenberg, Uncles & Goodhardt, 2004）。このことは、経験的にダブルジョパディの法則によって証明されている。つまり、市場シェアが大きいブランドと小さいブランドでは購買客の数は大きく異なるが、購買客のロイヤルティという点ではそれほど大きな差がないことを示している（Ehrenberg & Goodhardt, 2002）。結局、自社ブランドにも競合ブランドにも、ロイヤルティの高い顧客が一定の割合で存在している。したがって、消費者のロイヤルティは、ブランドの特徴よりも消費者自身の側にその要因があると結論づけるのが妥当であろう。

ロイヤルスイッチャー

　自然に獲得したロイヤルティが特定のブランドだけに限定されることはめったにない。購買客は通常、各カテゴリーから複数のブランドを購入している。そして、同じカテゴリーでの購入機会が増えるほど、さまざまなブランドを購入する。一夫多妻型（または分割型）ロイヤルティはごく普通のことだ。

　したがって、どのブランドも、購買客から100％独占的なロイヤルティが得られることはないと考えるべきだろう。表2.2は、ある年のあるブランドの購買客のうち、そのブランドだけに忠実だった人の割合を示している。これらのブランドの平均は11％だ。購入頻度が低いカテゴリーほど、100％ロイヤルの割合が高いことに注目していただきたい。鎮痛剤は年に平均5回しか購入されていないが、この平均値は偏っているため、全世帯の半数以上が1回しか購入していないカテゴリーに属している。1回しか買わない購買客は、定義上、100％ロイヤルのなかに含まれる。1回の購入機会しかなければ、ひとつのブランドしか買えない。時間が経つにつれて、これらの購買客はより多くの購買を行い、100％ロイヤルの割合は劇的に減少する。この特徴は、朝食用シリアルやヨーグルトなど、購入頻度が高くしかも100％ブランドロイヤルのレベルが低いカテゴリーに見られる。

　つまり、消費者はブランドにロイヤルであると同時にブランドのスイッチャーでもある。これは、消費者がレパートリー内のブランドに対してはロイヤルであること、したがって特に頻繁に買っているブランドが複数存在することを意味する。しかも、彼らはレパートリー内では何の抵抗もなくブランドをスイッチしている。このような消費者をロイヤルスイッチャーという。

表2.2　100％ロイヤルは少数派

	年間カテゴリー 購入率（平均）	ブランド規模 （市場シェア）（％）	100％ロイヤルな 顧客の割合（％）
鎮痛剤	5.1		
Nurofen		8	28
Boots		3	26
Panadol		2	29
デオドラント	5.6		
Lynx		17	21
Dove		7	17
Nivea		2	10
朝食用インスタントシリアル	21.5		
Kellogg's		29	7
Cereal Partners		17	2
Weetabix		9	2
ヨーグルト	29.7		
Muller		24	7
Muller Light		14	4
Ski		4	2
Danone		3	2
平均		11	11

データソース：Kantar Worldpanel

　他にも、消費者が特定のブランドだけを買うサブスクリプション方式の商品カテゴリーがある。普通は、別のブランドに移行するまで長期にわたって同じブランドを使い続ける（Sharp, Wright & Goodhardt, 2002）。たとえば、消費者は通常、携帯電話ネットワークサービスも住宅ローンも一度にひとつの契約しか所有しない。しかし、定義の枠を住宅ローンから金融サービスへと拡大するとふたたびレパートリーが見えてくる。企業や消費者は、複数の銀行、保険会社、退職年金基金などを利用している。多くの場合、あらゆるサービス（例：クレジットカード、住宅ローン、個人ローン、自動車保険、住宅保険、退職年金基金など）をひとつのブランドで済ますことが可能だが、実際にそうする購買客はめったにいない。多くの場合、消費者はレパートリーを持っており、そのなかのある特定のブランドが主要な選択肢となり、残りのブランドで残りの購買を行っている。たとえば、主要な金融機関を1社に絞り、その他の

55　　　　　　　　　　　　　　消費者行動と顧客行動

数社もいくつか利用する、という具合だ。スーパーマーケットでの買い物にも似たパターンが観察される。通常、ひとつの店でほとんどの買い物を済ませ（自宅から一番近い店であることが多い）、そのほかにときどき行く店も持っている。このパターンはハイ・ファースト・ストア・ロイヤルティ（high first-store loyalty）と呼ばれている（East et al., 1995）。

ロイヤルティは情熱か平凡か？

　なぜ購買客はロイヤルティを獲得しやすいのだろうか。なぜこのロイヤルティは一夫多妻的なのだろうか。この2つの重要な疑問が購買行動について多くのことを明らかにしてくれる。

　本質的には、消費者は生活を簡素化するための戦略としてブランドロイヤルティを採用している。といっても、特定のブランドが自分にとって完璧で他のどのブランドよりもすぐれていると判断しているわけでも、そのブランドに大きな感情的絆を感じているわけでもない。だから彼らはロイヤルであると同時に一夫多妻的なのである。

　消費者は、自分が購入する何百ものブランドのほとんどにたいした関心を持っていない。グッチとプラダ、ナイキとアディダス、ソニーと三菱、ダノンとヨープレのどちらを選択するべきかなどよりも、もっと重要な決断を行いながら日々の生活を忙しく送っている。彼らにとって、たいていの場合、そのどちらでもよい。決断しなければならないことは（といってもそれほど大きな決断ではないが）、その商品カテゴリーから買うかどうかだ。たとえば、「今日、本当に新しいドレスを買う必要があるか？」という具合に。それに比べれば、ブランドの選択などささいなことだ。それでも決断しなければならず、多くのブランドが存在するなかで、消費者は、自分でも無意識のうちにロイヤルティを利用して、思考、時間、労力、リスクを軽減している。マースの元グローバル・チーフ・マーケティング・オフィサーのブルース・マッコールは、次のように語っている。

「私たちの多くは、自分が購入するブランドはもちろんのこと、身近な人々と良好な関係を築くことはたいへんだと感じながら生きています」

　顧客層とその購買状況を観察すると、多くの顧客の購入頻度が非常に低いことがわかる。めったに買わないからこそ、そのブランドはその顧客の生活のなかで小さな存在になっている。このように、購入頻度の低いライトバイヤーが多いことを、**アレンバーグの購入頻度の法則**と呼んでいる。アレンバーグの法則は統計学的な分布に従っている。この分布は通常、大きく偏っており、そのブランドにヘビーバイヤーが少なく、ライトバイヤーが多いことを示している。つまり、ほとんどの購買客が平均的な購入頻度よりも低い頻度でそのブランドを購入し、日用品ブランドでさえも大半の購買客がそれほど頻繁には購入しないことを意味する。たとえば、ケロッグの商品"スペシャルK"を購入する世帯が年に2回以上購入する場合、彼らはこのブランドのヘビーバイヤーであり、ケロッグ消費者の半分以

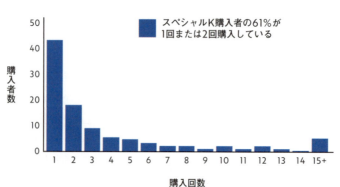

図2.3　ケロッグスペシャルKの年間購入回数とその割合

データソース：Kantar TNS UK, 2010

上がスペシャルKを年に1、2回しか（あるいはそれ以下の頻度で）購入していないことになる。

大手ブランドでも同じような傾向だ。顧客の大半がライトバイヤー層である理由は2つある。

1. **まず、製品カテゴリーにはそもそもライトバイヤーが多い（図2.4を参照）。** 誰もが購買行動を起こすカテゴリーは多いが、それでもほとんどの人が頻繁にそのカテゴリーで購買行動を起こしているわけではない。たとえば、多くの人が飛行機を使って旅行をするが、それも数年（あるいは数十年）に一度くらいで、頻繁に飛行機で旅行する人はきわめて少ない。また、毎晩米を食べる人もいれば、せいぜい年に数回しか食べない人もたくさんいる。カテゴリー内の購買率は、スペシャルKのように偏った分布を描く。
2. **次に、人はカテゴリー内で購入するとき、複数のブランドに購買を分散させている。一夫多妻型ロイヤルティだ。ヘビーバイヤーでさえ、特定のブランドを頻繁に購入しているわけではない。**

マーケターは、顧客にとって自社ブランドが彼らの生活のごく一部でしかないことを受け入れなければならない。これがマーケティングの世界の現実だ。これを変えようとするのではなく、この現実のなかでもっとも効果的にビジネスを展開する方法を学ばなければならない。マーケティングとは顧客の注目を獲得するための絶え間ない戦いであり、顧客から忘れ去られることのないよう、努力を怠ってはならない。

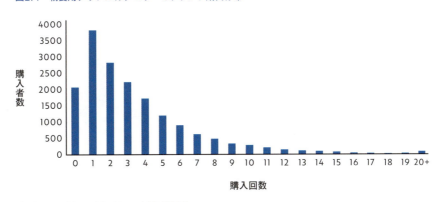

図2.4　朝食用シリアルカテゴリーのブランド購買分布

データソース：Kantar Worldpanel UK (2009)

INDUSTRY INSIGHT ||||||||||||||||||||||||||||||||||||||||||||||||||||||||||||||||||||||||||||||||||||||||||||||| 業界動向

Mars（マース）とロシア通貨危機

1998年8月、ロシアは対外債務不履行に陥り、ルーブルが暴落した。銀行は閉鎖され、人々は貯蓄を失い、信用が失われた。ロシアに進出していた消費財メーカーは大きな問題に直面した。小規模な店舗は急激に経営が悪化し、売れない商品を抱え込むことを心配して新商品の発注をためらった。注文が途絶えると、スーパーの棚はガラガラになり、流通業者は次第に倒産しはじめた。外資系企業の多くは、株主からの圧力で、ロシアでの事業を縮小したり停止したりした。

菓子メーカーのマースのロシア担当マーケティングチームは、事業の将来性について早急に決断することを迫られた。財務上の損失が発生しており、売上高も減少の一途をたどり、経済状況がすぐに好転する見込みはなかった。それでもマースは長期的な視野に立ち、ロシア市場での市場基盤を取り戻すために投資をするという判断をした。問題はフィジカルアベイラビリティだった。商品棚に置く商品もなく、このような状態で顧客にマースを買ってもらうことは不可能だった。

マースのロシアチームは、顧客（＝卸売業者）に製品の販売を委託することを思いついた。単純な発想だが、経済情勢が不安定ななかでは大きな財務上のリスクを伴うものだった。マースは、注文がないにもかかわらず、百万ドル

分の製品を生産し、それを卸売業者に委託し、卸売業者はその製品をロシア国内の数千の小規模小売店に販売した。取り決めにより、小売店は、商品が売れてお金を回収するまで1セントも支払うことなく商品棚にマース製品を並べることができた。効果はただちに現れた。製品がふたたび棚に並び、消費者が製品を買い、流通業者はビジネスを再開した。

　小売店側は前払いする必要がなかったため、何のリスクもなくマース製品を棚に並べることができた。既存の小売店への販売が再開されただけではなく、マース製品を置きたいという小売店も増え、ロシアチームはわずか数年間で、国内の50万以上の流通拠点に製品の供給を大幅に拡大させた。

　フィジカルアベイラビリティの問題が解決されて、マースは広告などのマーケティング活動を再開することができた。多くの企業が財政難に陥り、市場から撤退するなか、ロシアではメディアの購入コストが大幅に低下していた。マースチームは広告宣伝費の低下を利用した。限られた予算を最大限に活用するために、新しい広告を開発するよりも、既存のいくつかの広告を何度も使うことに投資した。製品開発やパッケージの変更も規模を縮小した。運営コストが削減されただけでなく、ブランドの認知が高まり消費者の目にとまりやすくなったことで、ブランドエクイティも強化された。

　ロシア経済がようやく回復したとき、マースは市場で確固たる存在感とすぐれた販売網を確保していた。この地域は現在、マースにとって世界的にもっとも経済的価値の高い地域のひとつとなっている。

　ロシア危機の間、マースの組織と運営方針はチームにとって大きな支えとなった。マースは民間企業であり地方分権型の組織であるため、組織の自由度が高い。株主や経営陣からのプレッシャーはなく、それぞれの地域レベルで意思決定が行われる。つまり、ロシアのマーケティングチームは、自分たちで評価し、判断し、すぐに行動に移すことができる。彼らの決断は、マースの経営の自由5原則のひとつ、相互主義（すべての人がマースの行うビジネスから利益を得るべきであるという考え方）に支えられていた。彼らがロシア危機を乗り切ろうと決断したからこそ、自分たちのビジネスが守れただけでなく、流通業者のビジネスをも維持し、ロシアの消費者のために製品を棚に戻すことができた。この出来事は当時の関係者にとって非常に貴重な学習体験となり、かかわった多くの人が現在、世界中のマースで非常に重要な役割を担って活躍している。

記憶の重要性

　レパートリーのなかで大きな存在を示すブランド、すなわち他のブランドよりも頻繁に購入されるブランドがあるのはなぜだろうか。主な理由は、自宅から一番近いスーパーマーケットで売っているなどフィジカルアベイラビリティが高く、またメンタルアベイラビリティも高いブランドだからだ。我々の購買は記憶に大きく依存している。ブランドによっては、私たちの記憶に深く刻み込まれ、豊かで適切な連想を構築しているため、思い出しやすく、認識しやすく、また気づきやすい。そのため、広告やパッケージがいっそう効果を発揮し、店舗を持っている場合は店舗がより効果的に見え、他のブランドよりも高いメンタルアベイラビリティとフィジカルアベイラビリティを獲得できる。これがロイヤルティが長続きする理由のひとつだ。

　私たちは、多くのカテゴリーのなかから多くのブランドを買っているのではなく、いくつかのブランドだけを買い続けている。私たちが他のブランドをあまり買わない理由は、それを拒否しているからではなく、多くの場合、気づかない、または考えないからだ。記憶は非常に重要だ。記憶は、どのブランドを買ってどのブランドを買わないかを

決める、大きな要因だ。広告も記憶を介して機能している（第11章参照）。

消費者は、何かを買うと決めるたびに、**購買決定場面**に直面することになる。製品の選択は、その製品やブランドが想起されるかどうかに大いに左右される。その製品が、製品特徴やそのときのニーズに適っているかといった情報とともに想起されなければならない。その想起によって、どの店舗に行くべきか、検索エンジンには何を入力すれば良いかなどが決定する。想起されないブランドは、たとえすぐれた製品であっても購入される可能性はない。ほとんどの場合、この想起度がブランドの売上に影響を与える主要因だ。

ブランドが、棚や、画面、価格表、メニューなどに視覚的に存在している状況でも、想起と同様に気づきと認識が重要だ。認識はもちろん記憶に依存しているが、気づきも同様に記憶に依存している。購買行動は往々にして**目標ありきの行動**であり、人は目的を持って何か（たとえば、チキン入りのキャットフードなど）を探している。つまり私たちは記憶を頼りに物を探している。

記憶というと、コンピューターのハードドライブや図書館のように、"ふうむ、ちょっと考えてみよう"と、たまの調べもの程度に思いがちだ。しかし、記憶はすべての脳活動に不可欠なものだ。音楽を聴くときも、私たちの脳はそれを記憶で解釈している。私たちは音楽が途中で止まっても次の部分を歌ったりハミングしたりできるが、これは私たちがほとんどすべての音を予測できることを示している。記憶を瞬時に呼び起こすことができなければ、今こうしてこの文章を読むこともできない。記憶が言葉の意味を教えてくれるからだ。つまり、記憶は私たちの目に映るものにも映らないものにも影響を与えている。

記憶の検索は不完全で一貫性がないことは誰もが知っている。親友の名前やクレジットカードの暗証番号さえ一時的に忘れることがある。記憶に関する最新の研究から、ブランドに対する個人の認識はそのブランドに遭遇したときの状況によって異なることがわかっている。ブランド認識は絶対的なものではなく、**蓋然的**なものであると考えるべきだ。適切な状況であれば、ブランドは容易に認識でき、容易に想起できるが、これは時間や気分といった状況によって大きく変化する。また、1秒前に何を考えていたかというような、小さな偶然にも左右される。

記憶の構造を簡単に説明しよう。記憶は情報を保持する交差点すなわちノード（結節）で構成されている。これは記憶の連想ネットワーク理論として知られている (Anderson & Bower, 1973)。2つの情報が関連づけられている場合（たとえば、コカ・コーラと赤色）、これら2つのノードの間にリンクが存在すると考えられている。購買客はブランド名にリンクした情報（**ブランド属性**とも呼ばれる）のネットワークを持っている。たとえば、マクドナルドは、ハンバーガー、黄色いアーチ、ファストフードなどと関連づけられている。これらのリンクは、そのブランドを買う、使う、広告などのマーケティング活動に触れるなどの個人の経験や、口コミや観察などの他人の経験を通して、発展し、更新されていく。

この記憶の連想ネットワークが広範で新鮮であればあるほど、購買客が経験するさまざまな購買状況において、そのブランドが注目され、想起される確率が高くなる。したがって、メンタルアベイラビリティの構築とは、このようなさまざまなリンクを構築して記憶のネットワークを拡大することに他ならない。このようにして構築された記憶のネットワークは**シェアオブマインド** (share of mind) と呼ばれている。多くのオーストラリア人にとって、"ビーチでサマードリンクを"というきっかけはコーラを想起させるが、"喫茶店で腰かけて飲む"というきっかけがコーラを想起させる可能性はずいぶん低い。しかし、現在、コカ・コーラ社のコーラの喫茶店での販売量は、ビーチで販売する同社のボトル入りコーラをはるかに上回っているだろう。コカ・コーラ社のマーケティング上の課題（と機会）は明らかだ。

記憶を構築し、刷新する

マーケティングにおいて重要なことは、消費者がブランド記憶を更新し、ときには新たなブランド記憶を構築するために、いかに情報を処理しやすい広告をデザインするかということだ。既存の記憶のネットワークを利用することも、記憶の暗号化と保存を促進するひとつの方法だ。効果的な広告は、製品カテゴリーに関する消費者の既存の**記憶**

構造に巧みに入り込む。消費者はその製品カテゴリーに対して共通したイメージを抱くため、同じカテゴリーの広告の多くが、良くも悪くも、どれも似たような表現になりがちだ。ヴォーグなどのファッション雑誌の衣服や香水の広告を比較してみると、それぞれのブランドがそのカテゴリーに特有の手がかりを多く使用していることがわかる。実際、多くの広告がまったく同じフォーマットを使っている。

　言語情報を視覚的手がかりとリンクさせることで、言語システムと視覚システムの両方に働きかけて、情報をより正しく理解させることができる。ブランドにキャラクターや（例：ケロッグのライスバブルズの"スナップ"や、"クラックル"、"ポップ"など。米国と英国では"ライスクリスピー"として知られているが同じ特徴のキャラクターを使用している）、ロゴ（例：ナイキのスウッシュマーク）、スローガン（例："オーストラリアとニュージーランドの子どもはウィートビックスの子ども"）などが存在するのは、このような理由による。

　モルテイン（虫除けスプレーブランド）と聞いただけで、特徴的な赤と白のロゴとともに、記憶のなかに2つのリンクが生じる。モルテインの広告に何十年も使用され、登場するたびに殺されるアニメーションキャラクターのルイ・ザ・フライ（図2.5参照）が、このブランドに関連する記憶のひとつの視覚的要素となっている。広告のユーモアとルイのキャラクターの好感の持てる性格が相まって、広告視聴を促し、ブランド情報にポジティブな感情を与え、記憶の暗号化を助けている。

図2.5　ルイ・ザ・フライ

　情報をその人や現在の状況に深く関連づけることも、暗号化のレベルに影響を与えるもうひとつの方法だ。カーレースの番組のCMでその番組に出ている車を宣伝したり、ドラマ番組のCMでそのドラマに出ている俳優を起用したりする広告は、番組の流れに沿うように戦略的に制作され放映された広告の例だ。これらの広告では、視聴者がその時点で見ている番組の内容と情報が一致するため、より深い暗号化が得られ、視聴者にとっての関連性が高まるのかもしれない（Tulving & Thomson, 1973）。この分野の研究は現在進行中だ。

消費者はなぜブランドを忘れてしまうのか？

　私たちのブランドやマーケティング施策はほとんどの人から無視され、忘れられる。私たちのブランドのメンタルアベイラビリティは、決して私たちが望んだようには高くはならないからだ。これはすべてのマーケターにとっての現実だ。マーケティングは注目を集めるための戦いであり、マーケティングコミュニケーションを改善するための絶え間ない努力の積み重ねが必要だ。

　すでに構築したメンタルアベイラビリティであっても崩壊する。その主な原因は競合ブランドの記憶の干渉にある。これが邪魔をして、消費者が自社ブランドの記憶を想起することを難しくしている。知っている曲を聴きながら別の曲を歌おうとすると、不可能ではないにしろ非常に難しいのは、競合ブランドの広告が記憶の想起を妨害する様子を説明するのに良い例だ。

　長期記憶の情報整理システムは乱雑なデスクの天板のようなものだ。頻繁に取り出して使う書類は書類の山の頂上に置かれ、あまり使わない書類は次第に書類の山のなかに沈んで見つけにくくなりがちだ。つまり、ブランドはいったん広告をやめると人々の記憶のなかに沈んでいく。だからこそ、特に競合ブランドが広告を出しているときは、メンタルアベイラビリティを維持するための継続的なマーケティング施策を実行していく必要がある。さらに、ブランドが成功するためには多くのライトバイヤーにリーチすることが不可欠であり、そのために大手消費財メーカーは多額の広告費を投資している。広告がなくてもブランドを構築することは可能だが、広告がなければ大規模なブランドを維持することは非常に難しい。これについては第11章で詳しく考察する。

感情的に合理的な購買客

ここまで、典型的な購買客の人物像について解説してきた。彼らは、忙しい生活を送っている生身の人間で、限られた情報、限られた時間のなかで選択肢を検討している。選択肢を比較検討する彼らの能力には、その脆弱な記憶力と知性により限界がある。これは、企業で購買を担当する専門家チームにも当てはまる。彼らは選択肢を徹底的に評価するプロであるが、それでも人間だ。幸いなことに、人はこのような制約に対処しながら適切に意思決定を行うための方法をいくつも進化させてきた。私たちはいろいろな制約があっても、わずかな時間を上手に使って効率良く買い物をすることに長けている。

近年、心理学は神経科学の進歩に助けられ、人間がどのような感情を意識的で合理的な思考に結びつけて意思決定を行い、行動を取るかを理解する上で、価値ある進歩を遂げてきた。一般的に、感情は判断を曇らせ、健全な意思決定の邪魔になると考えられている。たしかに、疲れて感情的になっている子どもを観察している親なら誰でも、この考えを支持するだろう。しかし、日常的な意思決定が感情に大きく左右されているという事実が見過ごされていることが多い。まるで私たちは自分の思考の限界を知っていて、それを補うために意図的に直感や感情を意思決定に組み入れているかのようだ。たとえば、平日に10ドルで宝くじを買い、それを抽選会の直前に誰かに20ドルで買い取りたいと言われたとする。あなたならその申し出を受け入れるだろうか？　どう感じるだろうか？　ほとんどの人がその宝くじ券を売りたくはないだろう。しかし、20ドルはあなたが支払った金額の2倍であり、いつでもまた別の宝くじ券を買うことができる良い値段だ。しかし、売ることに抵抗を感じるだろう。20ドルを払うという人がいるなら、その宝くじにもっと価値があるのではないかとあなたは感じるかもしれない。もしかしたら、何か特別なことがあるのかもしれず、この人はその何かを知っているのかもしれない。しかし、このような具体的な思考はすべて後回しで、感情的な気分がすぐに現れ、おそらく売るべきでない理由を思いつくよりもずっと早く "ノー" と決断することになるだろう。この場合、感情が健全な意思決定の邪魔をしているように見えるが、"誰かが何かを望んでいるなら、それはきっと何らかの価値があってのことに違いない" という感情は非常に健全で、この小さな感情の警鐘は有益である場合が多い。そこに、迅速な意思決定を助けるということ以外の理由はない。

"好きなものを認めるときの理由のなんと早く思いつくことか。"

(Jane Austen, Persuasion, 1817, Chapter 2)

たとえささいな意思決定であっても、数学の方程式や論理パズルを解くように進むことはあまりない。人が現実の世界で意思決定を行うには、どの情報に注意を払うべきかを決め、情報のひとつひとつの信頼度を判断しなければならない。また、信頼できない将来予測も考慮に入れなければならないことも多い。夕食の献立を決めるときも、数時間後の夕食がどう受け入れられるかを予測する必要がある。ラザニアとラビオリ、どちらが幸せに感じるだろうか？今夜の食卓はどのような雰囲気だろうか？　このように説明するとすべてがひどく厄介に見えてしまうかもしれない。この決断にどれだけの思考と時間を要すかも決めなければならない。しかし私たちは、このような複雑な将来を、必ずというわけではないが、ほとんどストレスなく簡単に処理している。長い時間を費やすことはほとんどない。だがそこには必ず感情が付きまとう。感情は、私たちがどこに注意を向けるべきか、ひとつの判断にどれほど時間を割くべきか、そして意識的に深く考えるべきかなどを決定する上で、重要な役割を担っている。感情は、私たちが何に注意を払い、そこにどれほど集中的に思考をめぐらせるべきかという、一連の意思決定プロセスを方向づけているのだ。私たちは、正しいと感じない答えを選ぶことはほとんどなく、感じたことを裏付けるための合理的な根拠を構築する。この事実は、感情が私たちの意思決定にいかに不可欠であるかを示している。

無意識の思考

　私たちの思考は、その多くが無意識のうちに行われている。毎日、靴を右から履くか左から履くか、朝食に何杯の
コーヒーを飲むか、どの程度のスピードで車を運転するかなど、膨大な判断を行っている。多くの場合これらの判断
は無意識に行われているが、結果的に適切に行われている。私たちの脳のなかでは、無意識下で非常に多くのことが
進行しており、それが私たちの行動を導いている。車で目的地に着いたものの、他のことを考えていて最後の10分
の道のりを思い出せなかったことはないだろうか。講義中に空想にふけることを決断した記憶があるだろうか。あま
りないのではないだろうか。おそらく、空想にふけらないように自分に言い聞かせたにもかかわらず、つい空想に陥
ってしまったのではないだろうか。あなたの脳をコントロールしているのはいったい誰だろうか。あなたの意識下で
行われている、つまり客観的な観察が行える思考は、あなたの実際の思考のほんの一部に過ぎない。私たちは、自分
が想像しているよりもずっと自分自身のことをわかっていない。

　進化心理学者や生物学者によれば、私たちの脳は、私たちが生きていくために、そして子どもを産むために進化し、
またそうすることで、その目的にかなう遺伝子が受け継がれてきたのだそうだ。たとえば、登山中に頭上の岩が落ち
てきたとき、あなたは身をかがめ、心拍数が上がり、酸素摂取量が増え、アドレナリンが血流に送り込まれるだろう。
あなたの脳がこれらを含めて他の多くの命令を出し、あなたも気づかないうちに身体の変化や行動の引き金を引いて
いる。意識的な思考は、学習や、研究、物事の把握、立案などのためにゆっくりと行われる。その一方で、私たちの
脳は、それほど意識的に考えることなく、非常に多くの行動を引き起こすことができる。

　夕食に何を買うか決めずにスーパーに入り、10分後には夕食の材料を買って帰ることができるのはそのためだ。
しかも、スーパーには4万品目もの商品があり、夕食の材料の組み合わせは何十億通りにもなる可能性があるのに、
ほとんど考えもせず、評価もしない。私たちは、絶対に必要なときだけ脳に意識的な思考を働かせ、多くの行動を自
動操縦で行うことが上手だ。

　このことは、市場調査にとって大きな意味を持つ。購買客に、先週なぜあのブランドを買ったのかと直接理由を尋
ねるのは賢明ではない。多くの場合、購買客もその理由を知らないからだ。購買客は質問されることで、なぜそのよ
うなことをしたのか、合理的な理由や理論を構築することができる。つまり、市場調査で消費者の意見を引き出すこ
とは可能だが、それが本音のこともあれば、間違っていることもある。

　だから人は、ファッション雑誌の最初の20ページの広告に、ほとんど時間をかけずに、また認知的努力をしてい
ることをほとんど意識することもなく、目を通すことができるのだ。これは、広告に多くの情報が含まれていなくて
も、新しい情報が含まれていなくても、また多くの意識的な情報処理を行わなくても、広告が人々に影響を与えるこ
とができることも示している。このことは第11章で考察する。

ヒューリスティックス（経験則的判断）

　これまで経済学者は、"購買客は自らの利益を最大化するために論理的に思考し最善の選択をする"というモデル
を用いていたが、近年、このモデルは非現実的であると厳しく批判されている。批評家たちは、消費者は最善のもの
を追求するよりも自分の欲求を満たそうとしている、と主張した。しかし、こうした批判は的を外している。なぜな
ら、すべてのモデルは単純化されたものであり、厳密には決して真実ではないからだ。重要なことは、それでも日常
を説明する上で有用かどうかということだ。この場合、合理的購買客のモデルはうまく機能している。つまり、価格
が上昇すれば需要は減少し、高品質のものはより高い値が付き、品質が向上したブランドは売上を伸ばし、不良品は
めったに市場に出回らない。たとえ一人の人間としては完全に合理的な意思決定ができなくても、また情報不足のた
め合理的な思考が制限を受けていても、購買客は全体として自分たちの最大の利益のために極めて合理的に行動でき
ることに間違いはない。

　しかし、近年、経済学者は、非合理的な行動ではあっても全体としては規則的パターンを示す行動を観察しつつある。

たとえば、1ドルは1ドルの価値がある。誰もこの事実は知っているのに、人は書籍やガソリンの価格を2ドル節約するためにかなりの努力を払い、洗濯機の2ドルの節約は無意味だと考える。2002年のノーベル経済学賞は、エイモス・トヴェルスキーとの共同で行われたプロスペクト理論の研究に対し、経済学者ではなく心理学者のダニエル・カーネマンに贈られた。プロスペクト理論は、消費者は利益よりも損失に敏感であるという経験則に基づくもので、厳密に言えば合理的ではないものの、多くの状況で有用だ。どうやら人は、非合理的でありながらも、その非合理性には一貫性があり、ある程度は予測可能のようだ。このような理論は、行政担当者やマーケターが消費者の非合理的な行動を先読みすることを可能にする。

これらの行動パターンの根底には、人が意思決定を簡略化するために使う**ヒューリスティックス**（経験則的判断）が存在している。ヒューリスティックとは、人が経験から得た、または進化の過程で遺伝子に組み込まれた近道や簡単なルールのことだ。経験則、勘、直感的判断、教育に基づく推測、試行錯誤的アプローチ、常識などはすべてヒューリスティックの例だ。選択式の試験を解く際のヒューリスティックの例としては以下のようなものがある。

・最初にこれだと思ったものをいつも選ぶ

・わからないときはCを選ぶ

買い物に使われるヒューリスティックの例としては、以下のようなものがある。

・自分が知っているブランドを選ぶ

・マーケットリーダーを選ぶ

・品質を確保したいならもっとも高価なものを選ぶ

・お金を節約したいなら一番安いものを選ぶ

・コストパフォーマンスを重視したいなら中価格帯を選ぶ

もっとも基本的なヒューリスティックは「高価格な製品ほど高品質である」と考えることだ。もし常にロボットのように行動していたら、低品質の製品に高い値段をつける不誠実なマーケターに搾取されことになるかもしれない。だが、消費者はそれほど愚かではない。ヒューリスティックは正しいことが多いので、消費者はこれを慎重かつ頻繁に使っている。

ヒューリスティックに関する心理学の研究の多くは人間の思考に存在するバイアス（次項の一般的なバイアスの例を参照）を明らかにするもので、意識的な論理的思考の欠如が誤った判断を招くことを暗に示唆している。たしかにそういうこともあるかもしれない。しかし、研究によれば、ヒューリスティックは、多くの情報に基づいた複雑な手順を使うよりも良い判断や正確な予測につながることが多いことも明らかになっている (Gigerenzer & Todd, 1999)。これは意外に思われるかもしれない。私たちには、熟考された判断は少ないデータに基づく迅速な判断に常に勝るはずだという認知バイアスが組み込まれている。このことを本当に信じているのであれば、私たちはもっと多くの時間を使って物事を考えているはずだ。しかし実際には私たちはそうしていない。なぜなら、ブランドやプロバイダーを選ぶという日常のささいなことに余計な思考をめぐらすことで得られるメリットは非常に小さいからだ。ウェイターが飲み物を尋ねたとする。友人がコーラを注文したとする。ここで少し頭を働かせたら、あなたはコーラよりもおいしく飲めるドリンクを思いつくかもしれないが、大きな違いはないだろう。友人の注文で、その店がコーラを販売していて切らしていないことがすでに確認されている。しかもあなたは、友人と同じ注文をすることに友人が反対することはないと知っている。ここで、「彼が飲んでいるものを私も飲む」という選択ヒューリスティックを使えば、時間と思考的労力を節約でき、低いリスクで楽しみを得られるのだ。

一般的なバイアスの例

ソーシャルプルーフ（社会的証明）バイアス：自分の意思決定に他人の判断を取り入れることだ。たとえば、シェアがもっとも高いからそのブランドを選んだり、行列ができているからレストランを選んだりすることだ。たしかに、人気のあるレストランで食事をする方が安心だろう。

アンカリング（係留）バイアス：特定の属性や情報をあまりにも重視してしまい、他の要素を考慮するのを怠ることだ。

係留と調整ヒューリスティック：他に情報がほとんどないとき、たとえそれが特に関連性のないものであっても、得られた手がかりを判断の基準にすることだ。質問の方法を変えて異なる答えが引き出されることがある。たとえば、アメリカ人に、国連に加盟しているアフリカ諸国の割合を推定してもらうとする。「10％以上ですか？　それ以下ですか？」と問えば、平均して「25％」と答えるのに対し、「65％以上ですか？　それ以下ですか？」と問えば、「45％」と答える。また、オーストラリアの人口は2000万人だがカナダの人口を何人かという質問では、オーストラリアの人口が4000万人だと言われた場合よりも低い推定値を出す。オーストラリアとカナダは類似点がある（たとえば、どちらもイギリス連邦の一員）ことを知っているので、論理的な根拠がなくても、人口も似ていると仮定してしまう。この例は、類似性ヒューリスティックの例とも考えられる。

アベイラビリティ（利用可能性）バイアス：ある事象の発生頻度や母集団の中に占める割合などを、記憶から容易に想起できる事例をもとに判断してしまうことだ。人は、Rを3文字目に持つ単語（strict、care、personなど）よりも、Rで始まる単語（reading、red、rightなど）を思い浮かべやすいと感じる。そうすると、利用可能性バイアスが作用し、Rで始まる単語のほうがRを3文字目に持つ単語よりも多い（これは正しくない）と推定する。このメンタルアベイラビリティは、メディア報道、映画や書籍、自分の人生経験などの影響を受ける可能性がある。たとえば、死因を推定するように言われると、人は映画で見たドラマチックな出来事やメディアで定期的に報道されている出来事を過大に評価する。その結果、自殺より殺人のほうが多いと推定しがちだが、実際は逆だ。また、サメに襲われたり飛行機が墜落したりして死亡する確率を高く評価し、インフルエンザや道路を横断中に車に轢かれるといった一般的な原因で死亡する確率を低く評価しがちだ。

関連するバイアスとして、**親近性ヒューリスティック**がある。見慣れたものを好む傾向があることだ。また、美しいもの、対称的なもの、処理しやすいもの（たとえば、発音しやすいブランド名など）を好む傾向を**処理流暢性バイアス**（簡単に処理できる情報のほうが信頼できる情報 だと感じる心理的な傾向）という。

マーケターは、これらのヒューリスティックスの知識を利用して、消費者への提案を魅力的に見せることができる。たとえば、市場シェアの高いブランドは、自社ブランドがトップブランドであることを訴えることで、購買客がこの社会的ステータスを信用するように仕向けることができる。新しい映画が視聴者に**類似性の判断**を促すこともある（例：「カンフーパンダの製作スタッフがお届けします」など）。食品メーカーは、「食塩無添加」などの特徴を強調することで、健全な栄養という印象を全面的に押し出すことができる。パッケージデザイナーは、消費者がパッケージの内容を読みやすくするためだけではなく、消費者の処理流暢性バイアスを利用するためにも、デザインの処理流暢性をテストする。

ヒューリスティックスは全体的にうまく機能するため、消費者はこれを使う。しかしヒューリスティックスが彼らを惑わす可能性があることは想像に難くない。これがマーケターに倫理的な問題を提起する。すなわち、消費者の判断の偏り（ヒューリスティック）を認識した上で、それを利用して商品を売ろうとする場合、どこまでが許容され、どこからが倫理的に問題になるのだろうか？

消費者動機

私たちはマーケターとして、消費者がむしろささいだと思うような質問に大いに興味を引きつけられる。たとえば、消費者が特定のブランドを購入する理由、もっと具体的に言えば、なぜ昨年は、あのブランドのシャンプーを4回買い、別のブランドは2回、また別のブランドは1回しか買わなかったのか、ということを知りたいと思っている。このような場合、消費者に単純に聞いただけでは確実な答えを得ることは困難だ。本当は彼らも知らないか、単に正確に思い出せないだけかもしれない。あるいは、消費者一人ひとりが異なる特殊な理由を持っているかもしれない。

しかし、消費者がブランドを購入する究極の理由は、それが製品やサービスのカテゴリー全体が提供するベネフィットにたどり着くための手段であるからだということを忘れてはならない。たとえば、フォードやトヨタやルノーを買うのは、個人的で、便利で、比較的安全で、快適で、手頃な価格の交通手段を得たいというニーズがあるからだ。

CRITICAL REFLECTION ||||||||||||||||||||||||||||||||||||||||||||||||||||||||||||||||||||||||||||||||||||||||||| 批判的省察

1. 商品のパッケージに記載されている表示を見て、実際よりも健康的だと勘違いした経験はありますか？　たとえば、ライトチョコレートバーはたしかに通常のチョコレートバーより脂肪分は少ないですが、糖分が多く含まれています。ヨーグルトも同様です。

2. 法律により、小売業者は100gあたりの価格を値札に記載することが義務づけられています。そうすることで、どのような誤解を招く価格設定のテクニックを防ぐことができますか？

3. なぜ小売業者は、ひとつのカテゴリーに少なくとも3つの異なる価格の商品を揃え、上位2つの商品はたがいに非常に接近した価格設定にしたがるのでしょうか？　小売業者は何を達成しようとしているのでしょうか？

||||||||||||||||||||||||||||||||||||||||||||||||||||||||||||||||||||||||||||||||||||||||||||||||||||||||||||||||||||||||||

パトリック・バーワイズとショーン・ミーハンは、その受賞著書『Simply Better』（2004年）のなかで、消費者は製品やサービスカテゴリーの基本的ベネフィットをもっとも重視していると、マーケターに注意を喚起している。基本的ベネフィットの提供で競合他社に遅れをとったブランドは、大きな損失を被ることになるだろう。

図2.6　マズローの欲求5段階説

自己実現の欲求	道徳性、創造性、自発性、問題解決能力、偏見のなさ、事実の受容
承認欲求	自尊心、自信、達成、他者への尊敬、他者からの尊敬
社会的欲求	友情、家族、性的な親密さ
安全の欲求	身体、雇用、資源、道徳、家族、健康、財産
生理的欲求	呼吸、食べ物、水、性行為、睡眠、恒常性、排泄

データソース：Maslow, A (1954) *Motivation and Personality*, Harper & Row, New York

マーケティングにおいてきわめて重要なことのひとつは、消費者のニーズと消費者が求めるベネフィットを理解することだ。このニーズを満たすためには、特徴のある製品やサービスを開発しなければならない。ときには、その特徴を消費者にわかりやすく解説し説明しなければならないこともある。しかし消費者が求めているものは機能ではなくベネフィットであるということを忘れてはならない。マーケターは製品特徴がどのようなベネフィットをもたらすかを明確に伝達しなければならない。

心理学者のエイブラハム・マズローは、欲求の階層を構築した（図2.6参照）。マズローは、人の行動は低次の欲求が満たされない限り高次の欲求に駆られることはないという着想を階層化して、なぜ人は特定の時期に特定の欲求に駆られるのかを説明しようとした。たとえば、喉が渇いて死にそうなとき、仲間からどう認められているかは、おそらくあまり気にならないだろう。しかし、人間の行動はかなり複雑で、そのときどきの状況に左右されるため、マズローの欲求5段階は、予測や説明をする上でそれほど効果的ではない。1日1、2ドルの収入で暮らす人であっても

そのわずかな収入の一部を娯楽に費やすだろう。それでも、マズローの欲求5段階は、人間が持つ多くの基本的ニーズを思い出させてくれるという点において秀逸である。それらの欲求がどのように具体的な願望やウォンツに変換されるかは、文化、国、人口統計学的属性、さらには状況によって異なるが、基本的な動機は同じだ。

CASE STUDY

アベイラビリティで
インボルブメントを高める

エリザベス・ガンナー 著

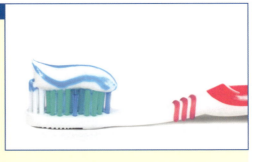

　フィリップは、歯磨き粉のトップメーカーであるシャインブライト社のマーケティング部門に30年間勤務している。パッケージのデザイン変更や、色や風味の異なる新製品の発売などを手がけ、大きな成功をもたらした広告の戦術の立案を指揮してきた。フィリップは、新しいキャンペーンについて長い間悩んだ末に、戦略面から見直すことに決定した。歯磨き粉の選び方について真剣に考えるように呼びかける広告を、プリント広告、ラジオ広告、テレビ広告で展開した。歯は、話すとき、食べるとき、そしてもっとも大切な笑顔をつくるときに大切だ。歯磨きは歯を守り健康的に維持するためのものであり、歯磨き粉の選択にも大きな判断を必要とする。

　一方、郊外に住むダグは、近所のコンビニエンスストアに立ち寄った。歯磨き粉を切らしていることを思い出したからだ。衛生用品コーナーに行き棚を見渡したが、いつも買っているシャインブライトのパッケージが見当たらないので代わりにマクリーンのパッケージを買い、昼食に向かった。

発展問題　QUESTIONS

1. メンタルアベイラビリティとフィジカルアベイラビリティの意味を再確認し、これをこのケーススタディで取り上げた歯磨き粉ブランドについて議論してください。
2. メンタルアベイラビリティとフィジカルアベイラビリティのどちらがブランドの長期的な健全性にとって重要ですか？
3. 棚に並んでいたブランドのひとつがアクアフレッシュでしたが、ダグはアクアフレッシュを買おうとは思いませんでした。なぜでしょうか？　次にダグが歯磨き粉を買いに来たとき、どのようにすればダグがアクアフレッシュを購入する可能性が高まるでしょうか？
4. フィリップのマーケティング戦略を改善するために、あなたならどのようなアドバイスをしますか？
5. このケースは顧客のインボルブメント（商品やサービスに対する強い関心）と意思決定プロセスについて何を示唆していますか？　あなたは、今週自分が行った購買判断のうち、4つ以上のブランドを慎重に検討したことが何回ありましたか？

消費者は一人ひとり異なる顔を持つ

消費者は一人ひとり異なる。年齢も、性別も、文化的背景も、教育水準も異なる。年齢、学歴、収入などが近くても、ブランドのレパートリーは大きく異なり、同じカテゴリーでの購買であっても、購入率が異なっていることがある。今度、スーパーマーケットのレジに並んだら、前の人と後ろの人のカゴを見ると良いだろう。おそらく、その人たちのカゴの中身はあなたのカゴとはまったく異なっているはずだ。彼らはあなたがめったに買わないような"変わった"ブランドをたくさん買っている。これは、あなたにはあなたのレパートリーがあり、彼らには彼らのレパートリーがあり、その重複はわずかに過ぎないことを意味する。典型的な買い物客は、店内にある何千ものブランドのうち1年間でわずか数百のブランドしか買わない (Sorensen, 2009)。従って、あなたのレパートリーがレジ待ちの前の人と大幅に重複している確率は、統計学的にはかなり低い。

同様に、あなたの友達は、あなたとは違う銀行に預金し、違う美容院や医者に行き、違う場所で休暇を過ごす可能性が高い。同じように見えてもレパートリーもロイヤルティも異なるのだ。人の脳に構築されているブランドのメンタルアベイラビリティには個人差がある。このような記憶構造の構築は、多くのセレンディピティと作用し合いながら、長い時間をかけてゆっくりと進行する。どこでブランド記憶を得たか、なぜあるブランド記憶が他のブランド記憶より新鮮なのか、思い出せる人はほとんどいない。そこには、無数の小さな理由と無数の過去の出来事があるだけだ（例：看板広告を見たとか、友人がそのブランドについて話すのを聞いたとか、映画のなかでそのブランドを無意識に見たなど）。

似たような人でも記憶と行動に違いがある。人口統計学的、身体的な違いもあり、そこから異なるニーズやウォンツが生まれて購買行動に影響を与えることがある。車や冷蔵庫の大きさといった単純な理由で、買い物の頻度、購入するパッケージのサイズ、選択するブランドまでもが決定する。家族が何人いるか、従業員が何人いるかなどが購買行動に影響を及ぼす。重要な相違はそのほとんどが明らかになっている。たとえば、婦人服は男性よりも女性が購入することが多く、子ども向けテレビ番組には若い視聴者が多く、商店は近隣の住民や労働者から注文を受けることが多いなどだ。しかし、このような相違や購買行動への影響は、人によって、特にライフスタイルによって違いがあるため、依然として複雑だ。

マスマーケティングはすべての顧客を画一的に扱っているとよく皮肉られるが、同じ製品の異なるバージョンを提供していない大規模ブランドはこの世に存在しない。このバージョンを**系列品**という。系列品には異なる価格設定、異なる広告などを用いることが多い。マーケターは、市場の特異性に敏感に反応する。彼らは、北部には北部の人々に合わせた店舗展開を行い、南部には南部の人々に合わせた店舗展開を行う。コカ・コーラは、オーストラリアでは英語でスペインではスペイン語で（カリフォルニアではスペイン語圏のテレビチャンネルで）広告されている。これが洗練された現代のマスマーケティングだ。

しかし、<mark>ターゲットマーケティング</mark>がまったく効果を発揮しないこともある。それは、マーケターが購買客間の特異性を無視し、あたかも全員が同じ集団であるかのように同質的な<mark>ターゲットセグメント</mark>として話しかけてしまうときだ。市場調査担当者は、ターゲット消費者のプロファイルを、まるでそのブランドの購買客層は一種類であるかのように示しがちだ（例：「彼らはJB Hi-Fiで買い物をし、お気に入りのテレビ番組は『トゥルーブラッド』です」といった具合に）。ときには、この購買客層に名前をつけて（例：「エミリー」）、あたかもすべての購買客が同じ人間であるかのように定義することもある。このようなプロファイリングは危険だ。市場の本当の特異性を過小評価してしまい、ブランドの現在の購買客と潜在的購買客の多くにリーチできないマーケティングプランにつながる可能性があるからだ。

マーケターは、市場の異質性を理解するためにセグメンテーション調査を行う。この調査では、マーケティング上意味のあるグループを定義した上で顧客を分類する。なぜなら、顧客のあらゆる相違が重要であるわけではないからだ。たとえば、人はそれぞれ髪の色が異なる。毛染め製品を販売するのであればこのことを知っておくべきかもしれ

ないが、土木機械を販売する場合、いや、それ以外のほとんどすべての場合において、これは役立つ情報ではない。セグメンテーション調査では、マーケティング施策への消費者の反応に影響する、消費者間の相違を探さなければならない。

セグメンテーションの実用的な判断基準は明確であり、高度な調査を必要としない場合がほとんどだ。たとえば、子どもは大人とは異なるメディアを見て、大人とは異なる刺激に反応する（例：子どもはおもちゃやアニメのキャラクターが大好きだ）ため、大人とは別の顧客層を成すことは明らかだ。あなたの購買客に子どもが多い場合、彼らにリーチするための別のメディアや、彼らの注意を引くための別の広告コンテンツが必要であろう。もし購買客の話す言語がいくつもあれば、ウェブサイトや、パンフレット、その他の広告は、これらの異なる言語に対応する必要がある。購買客間に存在するもっとも明確な違いは物理的な場所だ。ブリスベンで外壁のペンキ塗り替えサービスを提供しても、パースで多くの顧客を獲得できる可能性は低いだろう。マーケターは、潜在的顧客に対してブランドのフィジカルアベイラビリティを構築しなければならない。これは、さまざまな人がさまざまな場所に住みさまざまな場所で働いている、ということを考慮すべきであることを意味する。

その他にも、文化的背景、収入、年齢、ライフスタイルなどの、購買客ごとの違いが重要になることも多い。たとえば、普段どのようなことをしているか、どのようなメディアを見ているか、いつ仕事をしているか、いつ買い物をするか、どのような世帯に住んでいるかなどだ。たとえば、B to B市場の場合、顧客の業界、ビジネスの規模（売上高、従業員数）、ビジネスを行う場所（海外か国内か）などが挙げられる。このような大きな違いが、自社の製品やサービスのカテゴリーの購買客の購買行動、ニーズ、嗜好にどのような影響を及ぼしているかは、通常、市場調査によって容易に確認できる。そうすることで、市場におけるこれらの購買客の違いにどのように対処するべきかについて、マーケティング上の意思決定を行うことができる。

INDUSTRY INSIGHT ||||||||||||||||||||||||||||||||||||||||||||||||||||||||||||||||||||||||||||||||||||||||||||||||| 業界動向

進化心理学で読み解く購買行動の4つの動機

進化心理学者のガド・サード教授は、自身の著書『The Consuming Instinct』（2011）のなかで、次のような経験を語っている。

「先日、アメリカの一流ビジネススクールで講演を行ったのですが、マーケティング学科の先生方から非常に敵対的な歓待を受けました。ある聴衆のひとりからこのような質問が出ました。『なるほど、進化のプロセスが動物に当てはまることはわかります。しかし、消費者は人間です。あなたは、消費者を動物だと言うのですか？』と。私は『はい、そのとおりです』と答えました」

人間は文化的存在であると同時に生物学的存在でもある。当然のことのように思えるかもしれないが、消費者研究においてはかなり新しい考え方だ。消費者行動の説明に進化心理学が応用されるようになったのはごく最近のことだ。進化心理学によれば、消費の多くの側面を、4つのダーウィン的動機の観点から説明することができる。

1. 生存
2. 繁殖
3. 親族への投資
4. 互恵性

これらの動機はどれも、自分の遺伝子が将来の世代に受け継がれる可能性を高めるのに役立つ。だからこそ、これらの行動は何百万年もかけてダーウィン的淘汰を経て決定的になった。進化心理学は、文化の違いを超えて存在する行動の説明、特に性の差による行動を強調し説明することに成功している。たとえば、

・なぜ消費者は目立つ消費（例：高級ブランド品の購入）をするのか？

・なぜハードコアなポルノは男性が見るのか、なぜロマンス小説は女性が買うのか？

・なぜ、人気のあるファストフードチェーンのほとんどが、そして高級レストランでさえも、高塩分、高脂肪、高カロリーの食を提供するのか？

・なぜ男性は暴力を振るうことが多いのか？

・なぜ女性はハイヒールが好きなのか？

　進化心理学を考慮しなければ、私たちは社会学的な答えを求めてしまうかもしれない。たとえば、女の子は玩具メーカーのマテル社の足が異常に長いバービー人形の広告に触れたり遊んだりすることでハイヒールを好むようになるとか、若い男性は暴力的なビデオゲームをすることで暴力に条件付けされる、などだ。しかし、どの文化圏でも大半は若い男性が暴力を振るっていること、しかもビデオゲームが発明される何世紀も前からそうであったことを考えると、この説明には物足りなさを感じてしまう。

　進化心理学では、男性が女性よりも危険な行動をとるのは自分の強さや危険な行動を誇示することが女性に魅力的に見えるからだ、と説明している（だから危険な行動を促す遺伝子が受け継がれる）。これは、男性が何歳になっても生殖能力が高いという生物学的事実によっても説明が可能だ。だからこそ男性は肉体的な美しさに引かれ、女性は生殖年齢に達したことをアピールするためにハイヒールや高価でときには奇抜な美容法を好む。

　女性は子どもを数人しか産めないため、注意して結婚相手を選択しなければならず、子どもを持つために大きな投資をする。したがって女性には、子どもを守り子どものために尽くすことのできる男性を好む遺伝的な傾向がある。実際、若い男性は、子どもを守るためなら危険を冒す用意があることを示すために競争しているのだ。これは、女性が権力のある年上の裕福な男性に引かれる理由のひとつでもある（そして、ほとんどの女性が自分より年上の男性と結婚する理由でもある）。したがって、資産家や権力者になる可能性の低い若い男性には、自分の将来の可能性を示すための大きなプレッシャーがかかる。

　ジェリー・ホールが13歳年上のローリング・ストーンズのミック・ジャガーと結婚したとき、彼女は非常に金回りのよいモデルとしてのキャリアを持つ裕福な女性であった。だから、合理的に考えれば、自分と将来の子どもたちを養うために裕福な有名人は必要ではなかった。しかし、おそらく彼女の遺伝的素因が無意識のうちに彼女の好みを形成したのだろう。ミック・ジャガーと離婚した数年後、彼女は25歳年上のルパート・マードックと結婚した。彼はオーストラリア生まれの億万長者で、世界でもっともパワフルな男性だった（世界第2位のメディアコングロマリット、ニュースコーポレーションの会長兼CEOとして、21世紀フォックスやフォックスニュース、そしてアドバタイザー、デイリーテレグラフ、ウォールストリートジャーナル、タイムズを含む世界有数の新聞社のオーナーであった）。進化心理学については、サードの著書（2011）を参照されたい。

‖‖

カスタマージャーニー

　購買客間で異なるもうひとつの点は、購買に至るまでのカスタマージャーニーだ。さまざまなカスタマージャーニーが存在する。試しに「カスタマージャーニー」をウェブで検索すると、多種多様なマップが検索される。顧客はカスタマージャーニー上のそれぞれ異なる段階で異なる情報を求めている可能性が高いことが再認識される。カスタマージャーニーが企業のマーケティング上の問題を診断するために使われる管理ツールであることはとても重要だ。たとえば、マーケティングを行って潜在購買客に製品を認識させることには成功したかもしれないが、彼らはどこで買えるかを理解できていないのではないかとか、ワイナリーは興味を持って来店した訪問客を購買客に（さらにはワインクラブの会員に）導くことには成功したが、多くの訪問客を引き寄せるまでには至っていないのではないか、といった診断を行える。

INDUSTRY INSIGHT 業界動向

セールスファネル

マーク・リッツソン 著

セールスファネルはブランド認知から購買に至るまでの一連の基本ステップを表している。

- 認知
- 興味
- 意思決定
- 行動

　セールスファネル（潜在顧客を受注客に絞り込む手法）は100年以上にわたってマーケティング戦略の基本の手法だ。1898年にセント・エルモ・ルイスによって考案され、マーケティングの最初の正式な理論として広く知られるようになった。この理論は20世紀を通じて進化し続け、広告立案のためのDAGMAR（Defining Advertising Goals for Measured Advertising Results：広告効果測定のための広告目標設定）理論の基礎を成す"効果の階層"として、また大手コンサルティング会社の主要構造化ツールとして知られるようになった。大手コンサルティング会社が学術的モデルを本格的に導入するときは、その核心部分に必ずと言っていいほど何らかの形のセールスファネルがある。多くのマーケティング理論がそうであるように、セールスファネルには、購買経路、購入経路、購買ファネルなどのさまざまな名称があるが、コンセプト自体はどれも同じものだ。

　セールスファネルの原理はきわめてシンプルだ。適切に設計されたマーケティングプランには、ターゲット市場および購買に至るまでの消費者が通る道筋がすでに明確に示されている。この道筋には通常ブランドの認知から始まり、支持や再購入の約束までの一連の基本ステップが含まれている。基本ステップの間にはさらにいくつかの段階があり、それらは通常、消費者調査を行って明らかにされる。多くのマーケターが、一般的または教科書的なセールスファネルモデルを自分たちのマーケティング課題にそのまま適用するという過ちを犯している。現実的には、教科書的なセールスファネルはあくまでも典型例であり、そのまま教科書にとどめておくべきだ。しかしマーケターは、これを出発点として、顧客のファネルに存在するステップの数と性質の両方をカスタマイズしなければならない。製品の種類によっては、設計すべきステージやシーケンス（順序）が大きく異なる。たとえば、新車のセールスファネルとチョコレートバーのセールスファネルはまったく異なる。また、消費者セグメントによってもセールスファネルは異なるはずだ。経験豊かでその分野のエキスパートである外科医のセグメントと、まだ自分の進路を模索中の新米外科医のセグメントでは、手術器具を選択する際のセールスファネルはまったく異なる。

　セールスファネルの各ステップとシーケンスを明確にできたら、次は、そのファネルにターゲットの顧客層を誘導し、購入までのプロセスを体験してもらい、どこで離脱が発生するのかなどを検証することが課題となる。ここで、セールスファネルをパイプラインだと考えてみよう。たとえすべてのターゲット顧客にセールスファネルの経路を通過させても、忠実なブランド再購入客として残るのは最終的にはわずか5%にすぎない。調査データから、顧客がセールスファネルのどのステップで脱落していくかを迅速に特定することができる。彼らは、自社のブランドを認識してはいても購入の際には検討しなかったのだろうか。製品を購入はしたが再購入したいとは思わなかったのだろうか。ここで重要な指標は、ある段階から次の段階へ移行するときのコンバージョン率、および自社ブランドのコンバージョン率と他のカテゴリーのコンバージョン率の比較だ。

　この分析の態勢が整えば、マーケターはファネルを使って、どこに力を注ぐべきか、ブランドの目標をどう設定するべきか、どの戦術ツールに投資し、どの程度のリターンを期待できるかを判断できるようになる。このようにしてセールスファネルは、すぐれたブランド分析、コミュニケーションプランニング、目標設定、予算設定に不可欠な要素となる。実際、何のセールスファネルも持たずにすぐれたマーケティングプランを構築することは不可能と言ってよいだろう。

　近年、セールスファネルの有効性について多くの疑問が投げかけられている。特にデジタル時代のマーケティングでは、従来のコミュニケーションプランニングのモデルは時代遅れであるとされている。しかし現実には、デジタル戦術によってコミュニケーションの選択肢が増えた今、ファネルの重要性はかつてないほど高まっている。セールス

ファネルは、テレビや、ダイレクトメール、テレマーケティング、映画館での広告、インターネット、スマートフォンなどが発明される前から存在していた。これらのテクノロジーのひとつひとつが、マーケターが使う戦術的な選択肢を変えているが、マーケティング戦略の本質的な課題、すなわちどこで勝負し、どのように勝ち抜くかという課題は今も変わっていない。まだ当分の間は、適切に導き出されたセールスファネルの価値が変わることはなさそうだ。

Ritson（2016）より引用

自社ブランドは購買客に好まれているか？

「私はブロッコリーが嫌いだ。小さいころから嫌いだった。そんな私に母は無理やり食べさせようとした。アメリカ合衆国の大統領となった今もブロッコリーを食べようとはまったく思わない」

ジョージ・ブッシュ、アメリカ合衆国大統領（1989〜93）

　購買客間のもうひとつの違いは好き嫌いの違いだ。私たちの脳に蓄積されたこの好き嫌いの記憶を**態度**といい、肯定的または否定的な評価や感情を表す。たとえば、ファッションブランドでは、DIESELは好きだけどFCUKは嫌いというようなブランドに対する全体的な態度や、百貨店では、デビッドジョーンズはサービスが良く、メイヤーは価格が良い、というような特定の特徴に対する具体的な態度などがある。

　これらの態度は消費者のブランド評価に影響を与える。しかし、マーケターは、消費者のブランド態度が購買行動を変える上で持つ重要性を過大評価することが多く、さらに、広告メッセージによって態度を変えられるという自身の能力を過大に評価しがちだ。

戦後の消費者態度

　自分が第二次世界大戦後の自国の経済再建をめざすドイツの政治指導者だと想像してみよう。そしてあなたの任務はどの産業がもっとも可能性を秘めているかを見極めることだとしよう。間違いなくあなたは車産業に大きな可能性を見出すことだろう。ドイツには、メルセデスベンツや、フォルクスワーゲン、BMWなどのすぐれた企業がたくさんある。しかし、売上は、ついこの間までドイツと戦争をしていた欧米の消費者に車が売れるかどうかに大きく左右される。彼らはドイツのブランドに対してどのような態度をとるだろうか。それをたしかめるために、あなたはイギリスとフランスの消費者に調査を行った。そして非常に明解な答えが返ってきた。「ドイツ車は絶対に買わない。絶対に！」という答えだった。1940年代後半のアメリカでも同様だったのではないだろうか。当時のアメリカ人は、日本のラジオやテレビを買うなんて考えられない、と思っていたことだろう。市場調査を行っていたら、日本のブランド、特にソニー、セイコー、カシオ、三菱、ヤマハといった日本的な名前のブランドは、アメリカでは絶対に売れない、という結果が出ていたはずだ。

　結果的には、人々は、強い否定的な態度を持っていたにもかかわらず、ドイツや日本のブランドの購入を止めることはできなかった。

"態度"が変われば"行動"も変わるか？

　マーケターは、どうすれば人々がもっとリサイクルをするようになるか、もっとエネルギーを節約するようになるかといった課題に直面したとき、その問題を「どうすれば人々がもっと環境に関心を持つようになるか」といった態

消費者行動と顧客行動

度の問題に置き換えることが非常に多い。同様に、どうすれば売上を伸ばせるかというきわめて伝統的なマーケティングの課題に直面したときも、マーケターはその問題を「どうすれば我々のブランドをもっと好きになってもらえるか」とか、「どうすればより多くの人に我々のブランドを良く思ってもらえるか」という態度の問題に置き換える。マーケターは、「態度が行動を決める」とか「態度は広告で変えられる」という非常に深く根づいた前提に基づいて行動しているため、このように考えてしまうのだ。

その結果、マーケターは、ブランドがすぐれている理由やブランドに好感を持つべき理由を伝えようとして、説得型のコミュニケーションを特徴とする戦略につい手を伸ばすことがあまりにも多い。そのような戦略には、たとえば次のようなものがある。

・製品がすぐれた特徴を持っていることを伝える
・ブランドへの関心を高める
・ブランドについて良い印象を持ってもらう
・ブランドの良さを他の人に伝えてくれるブランド推奨者を増やす

また、マーケターは、市場調査の予算の多くをブランドに対する人々の意見を聞くことに費やしている。以前はこのような調査はU&A（使用実態）調査と呼ばれていた。現在でも「ブランド・エクイティ・トラッカー」と呼ばれて引き続き行われている。この調査では、感覚的な評価を引き出すために次のような質問が行われることが多い。

・どのブランドが自分にふさわしいか？
・どのブランドに価値を感じるか？
・どのブランドが流行に合っているか？
・どのブランドが眼識のある客向けか？
・どのブランドに思いやりを感じるか？

これらのトラッキングサービスの多くは、ブランドエクイティや、ロイヤルティ、コミットメント、エモーショナルコネクションなどの**ブラックボックス**的態度の指標も特徴としている。どの調査会社も、自社独自の態度指標を使えばブランドが市場シェアを獲得する時期や失う時期を事前に予測できると主張している。しかしこれを証明した者は誰もいない。にもかかわらず、マーケターのなかにはその主張を信じてサービスを申し込んでしまう者もいる。

ここにマーケティングの態度の問題が表れている。マーケターはすぐに「良い製品を作っただけでは簡単には売れない」と言う。そして、パッケージの変更や、新しいフレーバーの開発、その他にも細々としたさまざまな改良に、願いを込めて多額の投資を行っている。マーケターは自社ブランドに強い自信を持っているため、ささいな違いでも重要だと過大評価しがちだ。たとえば、犬用ビスケットが前より新鮮に見える、容器の蓋が開けやすい、といった改良を伝えれば、消費者のブランドの好感度が実際以上に上がるのではないかと期待してしまう。

問題は、マーケターが自分の仕事は購買客の態度を変えることだと考えてしまう罠に簡単に陥ってしまうことだ。マーケターは、態度が変われば行動も変わると簡単に思い込み、行動を変えるという当初の目標を忘れてしまいがちだ。また、消費者の注目を獲得するためには継続的な努力が重要であることを過小評価しがちだ。

態度と行動は一致しない

人は誰でも同僚や家族にもっと親切にしたいと思う。もっと健康的な食事をしたい、もっと運動したい、もっと恋人と過ごしたい、もっと良心的でありたい、などと思うものだ。しかし、理想的な態度を取ろうとしても、実際の行動をその理想に一致させることはなかなか難しい。主な理由のひとつが、私たちは自分の態度を忘れがちであること、つまり適切なタイミングでそれを思い出すことができないことだ。もうひとつは、私たちには相反する気持ちが共存していることだ。引き締まった強い肉体がほしいけれどチョコレートケーキも好きとか、環境に良いブランドを買いたいけれどお金や時間を節約したい、おいしいもの、素敵なもの、子どもが好きそうなものを買いたい、といった具合だ。

私たちは、自分の信念や態度に従って行動しようとしても、その時々の環境や脳裏に浮かんだことなどに強く影響される。休日は平日とは違う行動をとり、急いでいるときは急いでいるときの行動をとり、友人と会うときも相手によって行動が異なる。このような多くの要因を考慮せずに態度から行動を予測することは非常に難しい。そのため、過去数十年間の心理学においては、研究者は態度を軽視し、行動を形成する他のさまざまな要因を重視するようになっている (Foxall, 1997)。

　一部のマーケティングの教科書は、一夫多妻制のような現実の購買パターンを、消費者が本来の購買意図から逸脱した行動を取ってしまう厄介な現実世界によるものだと片づけてしまう傾向がある。この考え方の背景には、消費者は自分にとって最適なブランドに本当は100%忠実でありたいのに、在庫切れや特売などを理由に他のブランドを買ってしまう、という愚かな思考が存在する。しかし、この解釈は事実に反している。というのも、消費者の態度や意図を調査してみると、彼らは特定のブランドに強い愛着のない、**平凡で曖昧なロイヤルティ**を持っていることがわかったからだ (Sharp, 2010)。たとえば、消費者は、ツイックスバーを甘いお菓子だと思いながら、競合ブランドのキットカットについても同じ意見を持ったりする (Romaniuk & Gaillard, 2007)。どのブランドを思い出すかはわからない。つまり、あるときはあるブランドを思い出し、またある時は別のブランドを思い出す。私たちの多くは、どのクレジットカードを使うか、どの保険に加入するかといった経済的に大きな影響を持つ重要な決定でさえ、あまり評価を加えずに行ってきた (Dawes, Mundt & Sharp, 2009)。また、商品のさまざまな特徴について語る広告も、耳を傾ける時間がなかったり、気にならなかったりして、頭に入らない。このようなことを繰り返しているのは、これらのことがあまり重要なことではないと経験上学んだからでもある。銀行のマーケターのなかには、自分の銀行はもう少し顧客志向であると顧客に思わせることができれば大きな市場シェアを獲得できる、と考えている者がいるようだ。興味深いことに、信用金庫は市場シェアは低くても親しみやすいことを多くの人々に納得させることに成功したが、まだ多くの人が信用金庫に取引先を変更していない。ある銀行が他の銀行よりも親しみやすいことはあるかもしれないが、それほど大きな差はないだろうし、実際、あまり気にならない。

CASE STUDY

携帯電話の支払い：信頼できるブランドは？

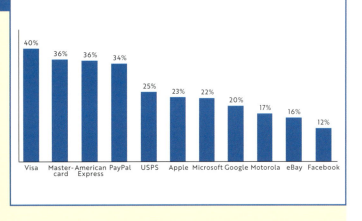

　2011年、広告代理店のオグルビー&メイザーは、消費者にどのブランドならモバイルの決済を安心して任せられるかを尋ねた市場調査のデータを公開した。パテルはこの調査結果を、「消費者は決済を任せている現在のブランドを信頼している」と要約した (2011)。これは、GoogleやAppleといった新規参入の可能性のある企業にとっては悪い知らせだった。

1. この要約をどう思いますか？　あなたならこのような調査結果を予測したでしょうか？　それはなぜですか？
2. GoogleやAppleのモバイル決済システムを使いはじめたら、あるいは周囲が使っているのを見たら、このような態度は変わるでしょうか？

たとえ態度に基づいた行動を取ろうと思っていても、実際に態度を行動の指針として使えるかどうかは、自分の記憶に左右される。私たちのブランド想起は移ろいやすい。ブランドについて良いことを思い出しても、次の瞬間には別のブランドを思い出している。

このことは、マーケターは消費者の態度を知ることにあまり時間をかけるべきではなく、逆に、どうすれば消費者がブランドを認知しやすくなるか、買いたいと思いやすくなるかに、つまりどうすればブランドのメンタルアベイラビリティを高められるかにもっと時間をかけるべきであることを意味している。

以下はブランド態度に関する3つの事実だ。態度が購買行動に与える影響がいかに小さいかを示している。

1. ブランド態度は過去の購買行動を反映する

1960年代後半に、態度は行動を引き起こす強い要因ではないという明快な研究結果が示された。むしろ、**行動が態度の予測因子**であることがエビデンスによって示された (Foxall, 2002)。40年後の現在でも、これを理解しているマーケティングの教科書は驚くほど少なく、さらに、多くの学術研究や市場調査研究が、態度が意図を引き起こし、その意図が行動を引き起こすという単純な関係の存在を前提にしている。しかし、エビデンスはむしろ逆の傾向を示している。つまり、ブランドに対する態度は主に購買行動の影響を受けており、態度の変化よりもむしろ行動の変化が先行することがほとんどだ。

そのため、市場態度の調査を行うと、ユーザーが多いほど、評価を問う質問（例：「このブランドは好きですか？」）で高いスコアを獲得し、ユーザーが少ないほど、態度指標のスコアが低くなるという明確なパターンが見られる。つまり、市場シェアが大きいブランドほどスコアが高くなる傾向にある。概してこれはブランドの親しみやすさに起因している。そのブランドを使用していなければ、そのブランドについてほとんど何も知らない可能性が高く、そのブランドを好きだと言う可能性は低くなる。そのブランドを知っている人だけを対象に調査しても、やはりユーザーが多いほどスコアは少し高くなる。たとえば、テレビ番組の調査を行うと、視聴回数が多い視聴者ほど好意的な評価をする (Barwise & Ehrenberg, 1987)。

態度を問う質問内容（記述を求めたり事実について問う質問ではなく、評価を求める質問）であればあるほど、その質問に対するブランドの評価をより正確に予測することができる。なぜなら、人の評価は過去の行動と強く関連しているからだ。そのブランドのユーザーが過去に何人存在し、どれくらいの頻度でそのブランドを利用していたかを調査するだけでよい。

つまり、ブランド態度はおおむね既存のロイヤルティを反映している。あるブランドを使っている人は、使っていない人に比べて、そのブランドについて良いコメントをする可能性が高い。また、購入頻度が高いほど、そのブランドをより高く評価する傾向がある。

2. 購入意向は過去の購買行動を反映する

米国の国勢調査後の早期追跡調査によると、当然ながら、新車を買うつもりだと答えた世帯が、買うつもりはないと答えた世帯よりも、実際に購入する割合が高かった（前者：40%、後者：7%）。しかし、ほとんどの世帯（90%以上）が購入予定のないグループに属していたため、実際には自動車の売上の多くはこのグループからもたらされたことになる (Theil & Kosobud, 1968)。車を買う予定がないと答えた世帯が、売上の大半を占めるということは、車のマーケターにとっては直感的には理解しがたい。つまり、来年の販売台数の大部分は、現時点の調査で「来年、車を購入する予定はない」と回答している世帯からもたらされる、ということを意味するからだ。人の意向が相反する2つの方向に変わりやすいことは明らかだ。実際、「来年購入する」と回答した世帯の60%は、結局のところ車を購入しなかったことにも注目すべきだろう。

反復購入が頻繁なカテゴリー（例：食料品、靴、テレビ番組、ガソリン、昼食など）では、私たちは事前に、少な

くともずいぶん前から購入の計画を立てることはしない。そのため、自分の意向を尋ねられると、過去の行動を基に将来の行動を予測する。ゆえに、ユーザーが多いブランドほど、購買意向のスコアが高くなる。つまり、直近の購入者が多いブランドほど、近い将来購入するつもりだという答えが多くなる。

　過去の行動が購買意向に強く影響するため、成長中のブランドでは意向が予想外に低く、衰退中のブランドでは予想外に高いという、直感的には理解し難い結果が生じる。つまり、購買意向調査を行って市場シェアが成長中の新しいブランドと衰退中の古いブランドを比較すると、成長中のブランドよりも衰退中のブランドのほうが高いスコアを記録することになる。これは、衰退ブランドにはそのブランドを良く知っている過去のユーザーが多いため、購買意向調査で「今後3カ月間に購入予定のチョコレートバーのブランドを教えてください。」などと尋ねられると、そのブランド名に言及する可能性が高く、成長ブランドは過去のユーザーが少ないため、あまり言及されないからだ。将来的には成長中のブランドの売上が衰退中のブランドを上回るので、常識的には成長中のブランドの方が将来の購買意向は高いはずだが、実際には、購買意向を尋ねられると人は記憶として残っている過去の体験に基づいて回答する。実際の市場では、成長中のブランドは、広告や宣伝活動を通じてメンタルアベイラビリティを構築し、フィジカルアベイラビリティを拡大している際中であるため、将来実際に買う人が想像以上に多く、衰退中のブランドではその逆のことが起こっている。

3. ブランド態度は蓋然的に表れる

　ブランド態度を変えることは難しく、強固に維持されると長い間考えられてきた。この考えは、ブランド態度調査を実施するとブランドスコアが安定している（前月と今月の調査結果がほぼ同じである）ことからも示されている。たとえば、ファッションブランドの調査を行い、28%の人がジム（Zim）を好きだと言い、4%の人がザッポ（Zappo）を好きだと言ったとすると、次の調査ではジムがさらに優勢になるのではなく、28%前後のスコアを獲得し、ザッポも4%前後のスコアを獲得することになる。

　しかし、1994年、アンドリュー・アレンバーグらが実施した学術研究チームは、それまで誰も行っていないことに着目した。調査ごとに被検者を変えるのではなく、前回の調査と同じ人に再インタビューを行った。調査を行うたびに答えを変える人がどれだけいるかに興味があったからだ。その結果、前回と同じ回答をした人は平均して約半数しかいなかった。これは衝撃的な結果だった。本当に人はいつも意見を変えているのだろうか。

　つまり、各調査で28%の人がジムを好きだと回答したかもしれないが、1回目の調査でジムを好きだと回答した人の約半数しか2回目の調査でも好きと回答していなかった。このような結果が得られたのは、1回目の調査で好きと答えたが2回目の調査では嫌いと答えた人と、1回目の調査で嫌いと答えたが2回目の調査では好きと答えた人が入れ替わったからだ。

　従来のマーケターはこのようなブランド態度調査データを次のように解釈していた。すなわち、28%の人が「ジムが好き」またはそれ以上のチェックボックスにチェックを入れた場合、母集団にはジムを好きな消費者が約28%、嫌いな消費者が約72%存在することになると。しかし現在の解釈では、28%よりもはるかに多くの消費者がジムを好きだが、その好き嫌いは一貫しておらず、ある程度の確率で変動する、つまりブランド態度は蓋然的に観察されると考えるのが正しいとされている。

　この発見は、その後も何度も確認され、理解が深まり、このテーマで博士号論文が何本も書かれている。現在では、個人の長期にわたる態度の変化は購買行動と非常によく似たパターンを示すことがわかっている。消費者は、ブランドを買うときに毎回同じものを買うのではなく、レパートリーのなかから**一夫多妻的**に選んで買っている。ブランド態度の変化も同じメカニズムで起きる。消費者は、あるときはオモ（洗剤ブランド）のほうが白く洗えると言い、あるときはサーフのほうが白く洗えると言う。また、サーフよりもオモをよく買う人は、オモのことを頻繁に話題にし、自分のレパートリーにないブランドについてはほとんど態度を示さない。

　消費者の反応は蓋然的に現れる。これは、コインを投げて表が出る確率も裏が出る確率も50%であるが、毎回と

のように出るかはわからないのと似ている。つまり、毎回異なる出方をするが、最終的にはどちらも50％の確率に近づく。市場調査でこのような蓋然的な行動が観察されるのは、消費者の回答が完璧ではない記憶に左右され、思い浮かぶブランドがそのときの状況によって異なるためと思われる。フランク・バス教授はかつて、人間の脳は本質的に蓋然的側面を持っているのではないかと推測していたが（1974）、数十年後の今回の発見は博士の考えを裏付けるものだ。これは、消費者が頭のなかで複雑な計算をしているということではない。どのブランドが頭に浮かび、質問票でどのブランドにチェックを入れるかは、脳のなかや（例：シナプスがちょうどよいタイミングで刺激を受ける）環境のなかの（例：調査直前にゴミ箱にブランドのパッケージを見る）、非常に多くの変動要因の影響を受けることを意味している。

このことは、ブランドに対する態度が、ある程度は持続するものの、必ずしも強固ではないことを強く示唆している。特定のブランドだけに100％ロイヤルな行動を示すことがほとんどないように、特定のブランドだけに100％ロイヤルな態度を示すこともまれだ。人は、あるブランドを最高だと言ったり、別のブランドを最高だと言ったりする。それは、どちらのブランドも好きではあるが、どちらにも特別な思い入れがあるわけではないからだ。

B to Bマーケティングへの応用

企業と個人では、購買行動にもニーズとウォンツにも、いくつかの大きな相違がある。

一般的に、ささいな購入決定を除き、企業の購買担当者は、個人の感情的要因の影響よりも、製品やサプライヤーが求めるロジスティック面の要件や技術面の要件を満たしているかどうかを重視する傾向がある。長期間の供給を必要とするような大規模な購買決定では、リスク回避が重要な要素となることが多い。たとえば、自動車メーカーがブレーキやステアリングシステムの主要部品に関する供給案を評価する場合を考えてみよう。自動車メーカーは、リスクへの懸念から、たとえ価格が魅力的であっても、経験やしっかりとした財務的裏付けのないサプライヤー候補からの提案は拒否する可能性が高い。

部品の供給方法は複雑であり、かつ財務的または戦略的に重要であるため、主要な購買決定には顧客サービス部門の複数のチームから数人ずつが参加するのが普通である。場合によっては、購買部のメンバーが、サプライヤー企業の営業担当や技術担当とさまざまな会議を開いて、購買の決定を行う前に顧客の要求とサプライヤーの能力がおたがいに十分に理解されるようにすることもある。また、数週間あるいは数年という長い期間をかけて、購買部や営業部の上役が参加する会議を何度も開き、供給契約の合意と調印に至ることもある。たとえば、新しい工場や高層ビルの建設、あるいは発電所による今後10年間の石炭購入に関する10億ドル規模の契約などの、戦略的な重要性や価値の高いプロジェクトでは、こうした高コストのプロセスが正当化され、必要とされる。

もちろん、企業が行う購買に個人的な要因が影響を与えることは多い。実際、多くのB to B営業担当者は、営業担当者に対する個人的な好き嫌いで判断が変わった購買担当者を知っているだろう。

本章の前半で述べたように、顧客が企業の場合、顧客間の重要な違いには、その企業の業界、企業の規模（例：従業員数や売上高など）、企業活動の場所（海外か国内か）などがある。消費者の人口統計学的な違いがそうであると同様に、組織の違いが顧客の購買行動に違いをもたらす可能性がある。たとえば、政府機関や非営利団体は、一般の人にも他の利害関係者にも財務の健全性が認識されるように、購買に正式な入札方法を用いることが多いが、企業がそうするのは主要な資本設備の購入をするときだけだ。大企業では通常、主要な購買の決定は数名の役員によって行われ、家族経営の小規模企業では、そのような決定はオーナーが行うことが多い。

顧客側の組織的な要因が、その顧客自身のニーズやウォンツに影響を及ぼすことがある。第一に、大規模

企業は、同じ分野の小規模企業よりもはるかに大量の製品やサービスを必要とする。たとえば、2015年に世界で980万台の自動車を販売したゼネラルモーターズ (General Motors, 2016) は、年間販売台数が7664台に過ぎないフェラーリよりも、ボッシュやブリヂストンなどの潜在的サプライヤーに、はるかに大規模なビジネスチャンスを提供している (Ferrari, 2016)。また、ニューサウスウェールズ州政府は、はるかに小規模なタスマニア州政府よりも、オフィス清掃サービスにはるかに多くの費用を費やしている。このように、企業規模の違いが潜在顧客の魅力に大きな差を生み出す。これは潜在的サプライヤーの能力と規模にも依存する。たとえば、イタリアにある小規模ながら高度に専門化した自動車部品メーカーは、フェラーリの厳しい仕様には対応できるかもしれないが、ゼネラルモーターズやトヨタのような大手自動車メーカーから受注を獲得できるほどの能力や投資資金は持ち合わせていないかもしれない。

第二に、購買の決定は、その企業の事業戦略やマーケティング戦略の影響を受けることがある。たとえば、国際的な大手ホテルチェーンのマリオットインターナショナルは、多額の経費を持つビジネス客や高収入の個人客を主なターゲットにしているのに対し、一般的な格安ホテルは経費の限られた旅行客を主なターゲットとしている。マリオットインターナショナルは、ターゲット市場と高価格帯のイメージに一致するために、購入する家具や調度品が豪華でスタイリッシュ、そして高品質であることを徹底している。コストは二次的な問題だ。一方、格安ホテルは、その格安価格戦略およびそのイメージと一致するために、購買決定の際は豪華さよりもコストに重点を置くだろう。このように多く場合、企業のビジネス戦略、マーケティング戦略、購買戦略の間には幅広く一貫性が維持されている。

企業顧客と一般消費者の違いは、販売部門の重要性およびその運営方法に大きな影響を与える。本書で学ぶマーケティングの基本原則は、消費者市場と企業市場のいずれにも広く応用が可能だ。しかし、消費者市場と同様に企業市場においても、購買行動と顧客ニーズの両面で大きな違いがあり、マーケターはこの点に注意する必要がある。

本章の結論　CONCLUSION

購買行動は、業界や購入方法（オンラインでも実店舗でも）にかかわらず、ある基本的なパターンに従う。通常、購買客は、自分がよく知っているカテゴリーから製品を購入する。またそのカテゴリーに属するいくつかのブランドを、他のブランドよりもはるかによく知っている。そしてそれらのブランドを熱心に反復購入したり、いくつかのブランドをローテーション買いしたりしている。ブランドを購入するとき、私たちは「行動を態度に一致させる」よりも、「態度を行動に一致させる」ことのほうが多いようだ。行動を新しく抱いた態度に合わせて変化させることは難しい場合が多い。つまり、態度は行動を変えるほど強い影響力を持っていない。しかし、態度は既存の行動に対してはこれを強化する効果を持つ。たとえば、あるブランドを買うと、そのブランドが好きだという思いが強化される。そしてその思いが態度を強化し、結果的に反復購入という行動が強化される。そのため、多くのマーケターが、態度を変えるのではなく強化すること、つまりブランドを忠実に買い続けるよう消費者を促すことに強い関心を持っている。

態度や意向が行動変容のための影響力になることもある。しかし、その影響力はどちらかといえば弱く、行動変容をもたらすためには状況の変化も必要だ。従ってマーケターは、行動を変えてもらいたいとき、たとえば、より多くの人に自社ブランドを買ってもらいたいとき、行動の状況的かつ環境的な推進要因にもっと焦点を当てる必要がある。そのためにも、マーケターはメンタルアベイラビリティとフィジカルアベイラビリティを構築して買いやすい状況を作らなければならない。広告の目的は、人々にブランドの存在と、ブランドが人々の生活にいかに不可欠な存在であ

るかを気づかせることだ。マーケティングミックスのその他の部分は、ブランドが認知しやすく、買いやすく、使いやすくなるようにするために使われる。

表2.3 新旧消費者行動モデルの対比

過去の消費者	態度が行動を決定する	ブランドの忠実な支持者	ブランドスイッチャー	ブランドに深く関与する購買者	ブランドに積極的に関与する	論理的に考えて意思決定を行う
新しい消費者	行動が態度を決定する	ロイヤルスイッチャー	ロイヤルスイッチャー	ブランドに無関心な認知的倹約家	ヒューリスティック（直感や経験則に基づいて迅速に判断する）	感情的で注意散漫

マーケターは、自分たちが実現したい消費者行動を妨げる障壁に常に注意を向けていなければならない。INDUSTRY INSIGHTで取り上げた「マースとロシア通貨危機」（57ページ）は、企業が顧客（このケースでは小売業者）にとっての障壁を取り除き、問題をチャンスに変えたすばらしい例だ。顧客によって障壁は異なる。たとえば、ある顧客にとっては遠い存在のブランドで、ある顧客にとってはめったに思いつかないブランドで、またある顧客にとってはほしい機能に欠けているブランドかもしれない。

マーケティング上の意思決定は、消費者に関する知識や、消費者がどのようにそのカテゴリーで購買するか、また消費者がどのようにブランドや広告に接するかに左右される。すなわち、

・どのような購買客が？

・いつ？

・どこで？

・いくらのブランドを買うか？

マーケティングのプロとして市場を継続的に理解するためには、これらの情報の分析をやめてはならない。

本章の要点　Summary

+ 購買客が購入前に入念に製品やサービスを調査することはほとんどない。多くの場合、購買客は自分の記憶を大いに重視し、利便性と現在の生活を考慮した上で購入判断のプロセスを簡素化している。

+ 当然ながらすべての消費者がロイヤルティを持っているが、特定のブランドだけに限定されることはめったにない。ほとんどの消費者が個人的なブランドレパートリーを持ち、ブランド購入はそのレパートリー内のブランドを対象に行っている。

+ 消費者は、購入を判断するとき、メンタルアベイラビリティとフィジカルアベイラビリティがより高いブランドを購入する傾向がある。

+ 記憶は意思決定の重要な要素だ。メンタルアベイラビリティが高いブランドほど購入される可能性が高い。広告は、このようなブランドの記憶を更新し、ときには形成する重要な役割を担っている。

+ 顧客は、競合ブランドに対しても自社ブランドと同じ態度をとることがある。自分が普段使っているブランドについては肯定的なことを言う傾向があるが、特定の時点や状況における個々の顧客の態度はきわめて予測しにくい。

+ 購買客および潜在顧客の情報、たとえば、誰が、いつ、どこで、どのくらい買うかといった情報は、購買客の行動と心理に照らして解釈することが重要だ。

　初版でこの章を共同執筆してくれたスベトラーナ・ボゴモロヴァ、マリアンティ・ラヴァダイティス、マグダ・ネニキスチールに感謝します。彼らの貢献が改訂版の本章の基礎となりました。

復習問題　REVISION QUESTIONS

1. あるスーパーマーケットの店長が常連客を集めて自分の店のどこが気に入らないかを尋ねました。ある顧客はその店の魚が嫌いで買わないと言いました。その理由を尋ねると、「ラップしてトレイに乗せて冷凍陳列棚に並べてあるからです。私は新鮮な魚しか買いません」とその顧客は答えました。他の客もそれに同意しました。後にこの店長は、この魚は毎朝仕入れているもので品質も最高であることを仲買人に確認しました。ラップしていたのは顧客の利便性を考えてのことでした。
   ・顧客が魚の鮮度が悪いと思った理由は何でしょうか？
   ・この問題を解決するために、スーパーマーケットは魚の陳列棚に消費者の誤解を防ぐための案内を表示し、魚が新鮮であることを示すべきでしょうか。その理由は何でしょうか？
   ・もしこのスーパーマーケットが、魚を丸ごと氷の上に陳列し、顧客が必要な分量だけ魚の切り身を購入できるようにした場合、グラム当たりの価格は包装された魚と同じにすべきでしょうか？　その理由は何でしょうか？
   ・あなたならこの結果を上司にどのように説明しますか？　この結果が良いことか悪いことか、どのように判断したらよいでしょうか？
2. 新車を購入するとき、1車種のブランドしか検討しない購入者は何割いるでしょうか？　オンラインで本を買うとき、消費者はいくつのサイトを訪れるでしょうか？　40本のテレビチャンネルを視聴できる家庭があるとして、この家庭は通常1週間に何本のテレビチャンネルを視聴するでしょうか？　このような典型的な行動の理由をあなたの言葉で説明してください。あなたならこの結果を上司にどのように説明しますか？　この結果が良いことか悪いことか、どのように判断したら良いでしょうか？

3. あなたがあるブランドの責任者であり、上司から3年以内にブランドの売上を伸ばさなければならないと言われたとします。あなたの上司は次の戦略のうちどれかがベストだと考えています。あなたならどの案がもっともすぐれていると上司に説明しますか？　その理由は何でしょうか？
   a. 顧客のロイヤルティを高める
   b. 顧客の消費サイクルを上げる
   c. 顧客層を拡大する
   d. (a) に注力し、(c) を抑える
   e. (c) に注力し、(a) を抑える
   f. 上記のどれでもない

4. あなたがあるブランドの責任者であるとして、市場調査で次のことがわかったとします。
   a. 最初の3カ月間にあなたのブランドを買った人の68%が次の3カ月では買わなかった。
   b. 32%の顧客が2回目の3カ月間に競合ブランドを買っていた。
   あなたならこの結果を上司にどのように説明しますか？　この結果が良いことか悪いことか、どのように判断したらよいでしょうか？

5. 第二次世界大戦後、イギリスとアメリカの消費者がドイツと日本のブランドを購入したのはなぜだと思いますか？

6. ブランドが購買環境で消費者に好まれるためには、ロゴやスローガンを持つことが重要である理由を説明してください。

7. マクドナルドは、フランスではワインとビールを提供していますが、オーストラリアでは提供していません。また、マレーシアではベーコン入りハンバーガーは提供していません。マクドナルドはマスマーケティングを実践しているのでしょうか、それともターゲットマーケティングを実践しているのでしょうか。あなたの答えを説明してください。

8. 自然界には、犠牲を伴いながらも環境に適応して進化した結果、交尾相手を獲得することができるようになったと生物学者が説明する例が多く存在しています。その典型例がクジャクのオスの尻尾です。とても美しいのですがそれ以外には役に立ちません。同じような目的を持つ消費者製品を思いつきますか？　マーケターは、富やステータスを示したい証明したいという人間の欲求にどのように応じているでしょうか？

Chapter 02

主要事例研究

MAJOR CASE STUDY

レオパルドコントロールズの誕生

スティーブ・クロンプ 著
マードック大学ビジネススクール（西オーストラリア州パース）

Introduction

DCEエレクトリカル社は25年以上にわたって事業を展開している。その間、獲得した契約と達成した品質の高さにおいて、強豪を相手に常に良い成績を収めてきた。顧客サービスに重点を置く地味なワンマン電気工事会社としてスタートし、すぐに大手通信会社や契約管理会社の注目を集め、西オーストラリア州全域、特にパースや州の南西部の州を中心に、機器の設置、アップグレード、メンテナンスのサービスを提供するようになった。大型の契約を獲得し、多くの従業員を雇用するようになると、やがて空調、配電、発電のエキスパートとして知られるようになった。1990年代後半、同社は、環境保護が世界的に注目されるなかで重要性が増してきていたビルディングマネジメントシステムズ（BMS）の分野に進出した。そして誕生したのがレオパルドコントロールズ社だった。

ビルディングマネジメントシステムズ

BMSとは、その名前のごとく、建物の空調、照明、電力、入退室、セキュリティなどのビルディングシステムを制御、監視、管理することだ。BMSは、一棟のビル全体あるいはビル群を管理し、その正しい作動と効率を確保する。このシステムは完全に自動化されており、設計アルゴリズムは可能な限り最大レベルの運用効率を確保するように計算されている。ビルのオーナーやテナントにとってはランニングコストの低減、信頼性の向上、そしてもちろん、エネルギー消費に伴う環境への悪影響の低減につながる。

今日、BMSは、マイクロプロセッサーを搭載した高度なコントローラーを使用し、コンピューター図形処理プログラムと管理者である人とのインターフェースとして機能している。BMSはインターネット経由で市内はもちろん他州のメンテナンスチームにアラームを発信することもできる。また、海外からの再プログラミングも可能で、エネルギー使用量や空調稼働時間を遠隔地のデータベースに直接報告できるように設計されている。と

左からリンゼイ・ジッツ、リンゼイ・ディック（DCEエレクトリカル社とその子会社レオパルドコントロールズ社のマネージングディレクター）、トニー・ティンプソン（レオパルドコントロールズ社のマネージャー）

てもすばらしいシステムだ。

現代の高層ビルは、高価な構造を持つ建築物であり、多くのテナントが入居し、政府の規制に従うことを求められている。これら3つの要因から、BMSは設計面において不可欠な要素となっている。

コスト面も無視できない要素だ。通常、ビルの設備費は新築ビルの全体コストの10％を占め、BMSにはその10％が充てられる。新築のビルに1億ドルかかる場合、BMSには100万ドルも要することを覚悟しなければならない。これは決して小さな金額ではない。

しかし、それ以上に重要なのは、BMSのメンテナンスとアップグレードの費用だ。ビルは決して静的な環境ではない。テナントの出入りがあり、アップグレードされ、改装され、継続的なビルサービスを受け、一定の質を維持している。そのため、BMSは、メンテナンスとアップグレードのサービスを継続的に必要とする。この仕事は非常に高収益であり、BMSプロバイダー企業のなかには、より収益性の高い継続的な仕事を確保するために、初期設置の段階で多額の損失があっても請け負う企業がある。

建築物エネルギー評価システム

高い環境保護評価を得るためにビルのオーナーがBMSを利用することが多くなってきている。この評価は企業のグリーン度を示す認定であり、テナント別の占有コスト分析によく利用される。環境保護評価は、NABERSやGreen Starなどのシステムを使って行われている。

NABERSは、NABERSのウェブサイトによると、既存の建物に利用される性能ベースの評価システムで、

建物の運用が環境に与える影響を測定し、その結果を他の建物と比較するものだ。NABERSはNational Australian Built Environment Rating System（国立オーストラリア環境評価システム）の頭文字をとったもので、ニューサウスウェールズ州環境遺産局が運営する全国的な取り組みである。

Green Starは、GBCA（オーストラリア・グリーンビルディング協会）が運営する、エネルギー、水、ガスの使用のもうひとつの評価システムだ。GBCAは、環境に優しいビル建築の手法を導入することを目的とした、オーストラリアの建設業者による全国規模の非営利組織だ。

業界背景

オーストラリアのビル管理システム業界は、ハネウェル、TAC（旧CSI）、シーメンスの大手3社によって独占されている。この3社は、国内はもとより海外でも有力なグローバル企業だ。ハネウェルは、現在の設置台数から見て、明らかにBMSの分野のリーダーだ。BMS市場には多くの中小企業も存在している。

この業界は、新規参入企業を継続的に引きつけるに十分な収益性を維持している。しかし、既存の競合他社は自社の持つ市場シェアを守ることに躍起になっており、何かあれば参入障壁を築こうとする。その障壁のひとつが、独占的ソフトウェアと独占的製品タイプの使用だ。

独占的な製品であることは、建物内に設置されている場合でも、ソフトウェア（場合によってはファームウェアも）の所有権が元のサプライヤーにあることを意味する。また、ソフトウェアを共有することが少なくとも簡単にはできないということでもある。独占的製品のサプライヤーは、将来的に新製品や保守修理作業のサプライヤーが自社だけであることを保証する契約を結ぶことが多い。

さらに、独占的ソフトウェアの開発者は、いわゆるオープンソースプログラミングに反対することが非常に多い。もしコミュニケーションがオープンソースでなければ、異なるメーカーの製品同士で会話することはできない。

この参入障壁は新規参入企業を市場から完全に締め出してしまう。新規参入企業は新築の建物にしか製品を供給することができず、このような仕事を確保することは非常に困難だ。

また、既存の建物のオーナーは、システムを完全に取り外して最初からやり直さない限り、いったんシステムを導入してしまうとサプライヤーを変更することができなくなる。価格のコントロールが難しく、サービスの質が低くても改善を求めることは難しい。メンテナンスとアップグレードのためのより安価な選択肢を選ぶことさえ、非常に面倒な作業になる。

一方で、このような状況はBMSシステムの信頼性を向上させるだろう。なぜなら、BMSシステムの性能は保証されており、サービスも同じ会社の同じ担当者によって行われるからだ。

レオパルドコントロールズ社の競争上の強み

1990年代、レオパルドコントロールズ社は業界内では小さな会社であった。市場参入の足がかりをつかむのは常に困難だった。しかし、マネージングディレクターのリンゼイ・ジッツは、顧客がこれまで手にしたことのない選択肢を提供することで会社は成功すると考えていた。

レオパルドコントロールズ社は、新しく開発されたオープンソースソフトウェアを使う、独占権を持たない製品を提供する決定を行った。これで独占契約も仕事の独占もなくなった。競合力のある価格とサービスの良さだけで、設計、設置、メンテナンス、アップグレードの各サービスを提供できるようになった。もし、顧客が同社の提供するサービス、信頼、価格に満足できなければ、いつでも同社との取引をやめて、別の製品や別のサプライヤーを自由に選択することができるのである。

どのような新しい製品であっても元のシステムで問題なく動作し、元のプラットフォームで構築されたアップ

レイ・コーウィ。レオパルドコントロールズ社ワークショップマネージャー

リンゼイ・ジッツ。DCE エレクトリカル社のマネージングディレクター

グレードも可能になった。もし、顧客が別の会社を使うことになれば、レオパルドコントロールズ社は、システムの部品や専門知識をその会社に適正な市場価格で提供することにも同意した。

レオパルドコントロールズ社にとっては大きいリスクだった。しかし同社は常に顧客に適正な価格とサービスを提供してきたという確信があり、それを基に正当に評価されるべきだと考えていた。賛同する顧客が次第に増えていった。こうしてレオパルドコントロールズ社は多くの仕事を受注するようになり、急速に成長しはじめた。

BMSの探求

レオパルドコントロールズ社の使命はビル管理システムを提供することだったが、設計・製造するための専門知識を社内には持ち合わせていなかった。そこで、手頃な価格と十分な品質、さらに自由にプログラミングできることを条件に、世界中でシステムを探し求めた。

オープンソースプログラミングとは、技術的にはデバイス間を相互接続する7つの層を意味する。具体的には物理的層（プラグの組み合わせ方）、電気遮断層、高周波数層などがあり、各デバイス間で使用されている通信プロトコルに従っている。プロトコルはデバイス間の言語、つまり会話であり、相互接続が可能であるためには

すべての層が同等に重要だ。そのため専門家はしばしばOSI（オープンシステムインターコネクト）という言葉を使う。ビル管理システムの世界でもっとも一般的に使用されているOSI規格はLONとBacnetだ。これらのOSIシステムは、自身のプラットフォームと他の多くの独自システムを組み合わせることができる"フロントエンド"ソフトウェアのTridiumを使うことが多い。

最終的には、レオパルドコントロールズ社はLONとBacnetの両方の機器を製造しているカナダのディステック社をサプライヤーとして採用することにした。LONとBacnetは1990年代に開発された。LONの通信プロトコルソフトウェアは、インターネットに接続できる環境であれば、誰でも無料でダウンロードすることができる。元々LonTalkとして知られていたLONは、この通信プロトコルソフトウェアをインストールされた世界中の9000万台以上の機器に使われている。レオパルドコントロールズ社は、BMSと電気関連の知識があれば誰でもプログラミングと設置が可能な汎用性の高い既製品を使っている。ディステック社の機器およびそれと同等の機器は世界中の数十社のサプライヤーから調達することが可能だ。

マネージングディレクターのリンゼイ・ジットスは、顧客が彼の会社、レオパルドコントロールズ社を使うべ

Chapter 02   Consumer Behaviour and Business Buyer Behaviour   84

き理由についてこう話す。

「家庭の電灯を修理するときに特定の電気業者に依頼するのと基本的には同じです。どの電気業者もワゴン車を運転し、安全靴を履き、制服を着て、携帯電話を持ち、電話帳に広告を載せていますが、顧客の望むサービスを提供できるのはほんの一握りです。

私たちは顧客の望むサービスを提供します。ビル経営者がビルの性能のアップグレードを希望すれば、私たちは、どこでも入手可能で、多くのサービスエージェントが設計・施工することが可能な、オープンプロトコルを基本にした製品を使用していることを伝え、その代理店のリストをおわたししています。

このとき、ほとんどのお客様が大いに驚きます。そこで私たちは、その仕事をすることが可能であること、非常に経験豊富で、リソースもあり、顧客志向であることを伝えます。最後に手頃な値段で質の高い工事ができますと言うと、ほとんどのお客様がその場で契約してくださいます」

大いなる挑戦

建築業界では、契約はトップダウンセールスによるものとボトムアップセールスによるものとがある。トップダウンセールスとは、サプライヤーが企業のトップマネジメントに直接自社製品を売り込むことだ。トップマネジメントは、製品そのものについては何も知らないことが多く、大型の契約の締結は製品の評判や売れ行きに基づいて行っている。トップダウンのマーケティングは、コストが高く、中小企業には手が届かないが、非常に大きな報酬を得ることができる。

ボトムアップセールスとは、基本的に、自分がすでに営業活動を行っている企業に対してセールスを行うことだ。中小企業にとってボトムアップセールスは、大型のキャッシュフローを得るチャンスであり、また業界での評判と経験を築く最適の方法でもあり、レオパルドコントロールズ社のような新規参入企業には好まれる方法だ。しかし、大型の購買の決定権を持たない担当者をターゲットにするため、この方法では顧客基盤を迅速に構築できず、大型の契約を確保する良い方法とは言えない。

一方、トップダウンセールスは、大企業の主要な意思決定者を調査しターゲットにする。この方法は時間とコストを要するが、長期的にはかなり収益性が高い。トップダウンセールスを行うのは、業界内でも経験が豊富で

評判の高い老舗の企業だ。

2011年、レオパルドコントロールズ社は、パース国際空港の再開発に際してBMSの入札に参加する機会を得た。このとき、同社は、米国を拠点にする非常に大規模で信頼性の高い多国籍企業との厳しい競争に直面した。その会社は、全世界に13万人の従業員を抱え、年間売上高が350億ドル（約3兆8000億円）を超えていた。このような大手企業もトップダウンの営業が得意だが、レオパルドコントロールズ社はこの地域にすでに2005年からBMSを供給していた。

最終的には、大手多国籍企業と地元の小規模企業との、すなわちクローズドシステムとオープンシステムとの戦いとなった。2018年まで大規模な建設が予定されていたこと、今後のマーケティング活動に有利な注目の土地であったこと、継続的なメンテナンス業務が期待されることなどで、ハードルはかなり高かった。

ジットスは入札委員会へのプレゼンテーションを次のように説明する。

「持ち時間は45分でした。最初の20分間で会社紹介や、製品、過去の実績などの説明を行い、残りの時間は技術的な質疑応答に費やしました。プレゼンテーションに招かれたのはレオパルドコントロールズ社と多国籍企業の2社だけでした。私たちは、その多国籍企業が1年半以上にわたりこのプロジェクトに対してトップダウンの営業を行い、主に企業幹部やプロジェクトに携わるエンジニア、コンサルタントに注力していることを知っていました。また、空港入札担当チームがBMSシステムの日々の運用に携わる現場スタッフと連絡を取っていることも私たちは知っていました。この6年間、私たちが良い印象を与えようと努めてきた人たちです。

当社マネジメントからは、リンゼイ・ジットス、トニー・ティンプソン（レオパルドコントロールズ社ジェネラルマネージャー）、リンゼイ・ディック（同社共同ディレクター）の3人が出席しました。私たちは皆、役員会での対応には慣れていましたが、今回はこれまでとは違う緊張感がありました。プレゼンは私たちが先でした。私たちはプレゼンに成功したと思ったのですが、プレゼンを終えて会議室の外に出て、ブリーフケースやノートパソコン、資料、製品などを持った6人の競合相手の姿を見たときには少し不安を覚えました。

第一期工事の価格設定は、何度も何度も検討した結果、厳しいものとなっていました。この契約は、私たちの会

社の発展にとって非常に重要なもので、単に継続的な仕事というだけでなく、10年以上かけて取り組んできた努力の集大成でした。価格とサービスの比較に帰結することはわかっていました。果たしてその結果は……。私たちは勝利を勝ち取ることができました」

レオパルドコントロールズ社の将来についてジットスはこう語っている。

「今日、私たちは多くのBMSを構築し、多くの保守作業契約を結んでいます。ビジネス街のオフィス、主要ショッピングセンター、電気通信ビル、そしてもちろんパース空港での設備も手がけています。

私たちは今、本格的な業界プレーヤーに相応しい完成されたスキルセットを自社内に持ち、キャッシュフローもあります。Bacnet、LON、Tridiumといったオープンシステムのアプリケーションに精通した数少ない企業のひとつです。会社の将来に必要不可欠な品質保証（AS/NZS ISO9001: 2008）を得るために、OH&S（労働安全衛生）とQA（品質保証）の専任マネージャーを雇用しました。現在、どのように拡大していくべきかを検討中です」

現在の最大のニーズは何かという質問に対して、ジットスはこう答えてくれた。

「この20年間、多くの努力によって、会社の経営は非常にうまくいっています。幸運もありました。運とはチャンスに出会うための準備であると私は信じていますが、ときには本当に幸運であったと認めざるを得ません。戦略的プランニングや機会特定の技術を今以上に向上させなければなりません。

市場や顧客について、また宣伝の手法についても、調査が必要です。さらに、オーストラリア国内だけでなく世界中の他の市場についても検討する必要があります。他の産業界への参入も視野に入れなければなりません。たとえば、西オーストラリア州の鉱業界には多くのチャンスがありますが、どのようにして仕事を獲得できるのかわかりません。

給与計算や人事管理、エンジニアリングなどの分野でスケールメリットを出すためにパースを拠点とすることを想定していますが、設置やメンテナンスの仕事はどこでもできるようにしたいと考えています。また、2年以内にトリプルボトムライン評価を採用する企業になりたいと考えています。

また、すべての業務の収益性と意思決定のプロセスに着目し、製品のライフサイクルの各ポイントで何が重要であるかを知りたいと考えています。

さらに、特に他の魅力的な市場における真の競合会社を特定し、その競争上の優位性に対抗する方法を検討する必要があります。

基本的には、プロのマーケターを雇用することが重要です」

このケーススタディは、2012年2月にパースで行われたDCEエレクトリカル社のマネージングディレクターであるリンゼイ・ジットス氏への個人的インタビューに基づいている。このインタビューが行われて以降、レオパルドコントロールズ社は成長を続けており、現在では、西オーストラリア州最大の独立系の電気設備・ビル管理の企業のひとつとして位置づけられている。この成長は、同社の顧客サービスに対する強力かつ継続的な努力なしには達成できなかった。

発展問題　　　　　　　　　　QUESTIONS

1. レオパルドコントロールズ社のような企業に対して、マーケティングのプロフェッショナルは何ができるでしょうか。

2. 短期的目標と長期的目標をリストアップし、この2つの目標がどのように対立するリスクがあるかを考えてください。レオパルドコントロールズ社は、どのようにすれば自社のマーケティング活動を持続可能にできるでしょうか。

3. レオパルドコントロールズ社の採用している市場シェア獲得のアプローチは、ある意味では未熟だといえるかもしれません。それは、顧客にとっては良いこともあるかもしれませんが、ビジネスそのものにとっては必ずしも良いことではありません。価格やサービスの質に対する認識が顧客の気分に左右されるため、成長が遅く、不安定になる可能性があります。また、収益が活動の水準に高く依存しています。このようなビジネス手法の長所と短所は何でしょうか。

4. あなたなら、このビジネスを継続的に評価するためにどのような指標を使いますか。また、その指標を用いて、どのように事業や戦略上の意思決定を行いますか。

Chapter　02

インタビュー
INTERVIEW

Adam Stanford

アダム・スタンフォード

南オーストラリア州観光局
ストラテジー＆インサイトマネージャー

　私は観光と旅行に常に大きな情熱を抱いていました。そしてそれを仕事にすることができたのは幸運でした。大学卒業後は、日本や中国で仕事をしたり、ヨーロッパでボランティア活動をしたりと、広範囲にわたって旅をする機会に恵まれました。オーストラリアに帰国したとき、自分の強みである旅の経験を生かして、旅行ガイドブックの出版社ロンリープラネット社でマーケティング・アナリストとして働くことになりました。そこで販売データ分析の基礎を学び、すぐにロンリープラネット社の世界規模の消費者調査の開発に携わる機会も得ました。その結果を受けて、旅行客のさまざまな消費者心理をより深く理解するための大規模な市場セグメント調査が行われ、さまざまな新製品の開発につながり、会社を世界最大のガイドブック出版社に成長させることができたのです。その一端を担えたことは大きな喜びでした。

　ロンリープラネット社で得た経験は、南オーストラリア州観光局でストラテジー＆インサイトチームを率いる現在の私の職務の土台となりました。南オーストラリア州のマーケティングに特化した企業としては、消費者を理解することは、限られたメディア資源で強いメッセージを発信するために不可欠です。そのためには、私の仕事の核となっている、信頼性の高いリサーチ力と強固な戦略プランニングが必要です。私たちは、定量的・定性的な調査方法を駆使し、過去の実績も評価しながら、南オーストラリア州の魅力を体験することにもっとも前向きな旅行客グループを特定します。たとえば、海外からの旅行客にとっては野生動物が非常に魅力的であり、一方、オーストラリア人は食事やワイン、フェスティバルやイベントに関心があることがわかっています。

　消費者調査は難しい分野です。消費者の行動は常に変化し続けるものだからです。急速に変化することもあります。たとえば、スマートフォン技術の進歩で、旅行の計画から予約、旅行先での体験の共有まで、旅行の多くの側面が一変しました。しかし、結局のところ、基本的なことは変わりません。誰もが、リラックスするために、知らない場所を尋ねるために、親しい人と再会するために休暇を取りたいと願っているのです。マーケターとしての私たちの挑戦は、南オーストラリア州において自分たちのブランドがこのようなニーズを満たす最適のブランドであることを示すことです。もちろん、こうしたマーケティング活動をとても簡単に行えることは間違いありません。南オーストラリアは、おいしい料理とワイン、豊かな野生動物、混雑のないビーチ、世界クラスのフェスティバルに恵まれているのですから。

消費者行動と顧客行動

Chapter 03

Meaningful
Marketing
Metrics

指標の重要性

バイロン・シャープ 著

寄稿：スベトラーナ・ボゴモロヴァ

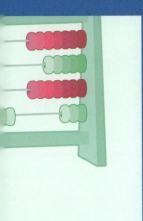

Chapter 03

導入事例
INTRODUCTION CASE

マーケティング投資削減の代償

　2006年10月、チョコレートとキャンディーバーのメーカーである米国のハーシー社は、ウォール街の金融アナリストから多くの質問を受けていた。彼らは、このチョコレート大手企業が最近の広告費の減少と売上が予想を下回っていることとの関連性を指摘した。アドエイジ誌は、ハーシー社の経営陣が、売上を統計学的にモデル化した結果に基づき、消費者を対象とした広告量を減らすと判断したことは正しいと断固として主張していると報じた。ハーシーCEO兼社長のリック・レニーは、「マーケティングミックスモデリングから、当社のトレードマーケティングへの支出は最高の費用対効果を示しているという認識をさらに強めている。消費ポイントと販売ポイントを逃さず努力することで、より大きいリターンを得られる可能性が高い」と述べている (Thompson, 2006)。

　その翌年、フォーブス誌がその年のハーシー社の収益はこれまでの予測を下回ると報じると、ハーシー社はカナダの最後の2工場を閉鎖し、ペンシルバニア州のチョコレート工場の雇用を削減する計画を発表した (Gutierrez, 2007)。

　2009年、ハーシー社は、新CEOのデビット・J ウエストの経営指揮の下で、同社の2つの主要ブランド、リーセスとキスチョコレートがともに市場シェアを回復していることを発表した。ウエスト氏は、「成功が継続していることに満足している。主要ブランドがマーケティング投資に反応し、市場シェアは首尾よく推移している」と語った (Bryson-York, 2009)。広告費は40％増加していた。

　その2年後、ウォールストリートジャーナル紙が、ハーシー社が株式市場を活気づけ、株価が1年で47％も上昇したと報じた。2008年以降、年間広告予算を3倍に増やし、売上高も10％アップした。

　歴史は繰り返されると言われるが、デボラ・キャドバリーの著書『チョコレートウォーズ』によると、ハーシー社が米国トップのチョコレートメーカーだった1970年代、コスト削減を求める経営陣が最初に手をつけたのが広告予算の削減だった。一方、マーズはマーケティングの投資を緩めなかった。当時のCEOフォレスト・マーズは販売チームを鼓舞し、あらゆる店舗にマーズを売り込んでハーシーのシェアを奪おうと奮闘した。マーズはあっという間にライバルを追い越していった (Cadbury, 2010: 275)。

Chapter 03　　Meaningful Marketing Metrics

INTRODUCTION

　医者が患者の健康状態を評価するために指標を必要とするように、マーケターはブランドの健康状態を評価し、マーケティングキャンペーンの効果を判断するために指標を必要とする。売上高と利益貢献は重要な指標であるが、それだけでは不十分だ。減少や増加を知ることはできるが、なぜそうなったかを説明するのに役立つ指標が他にも必要だ。徹底した指標システムには、財務指標、購買行動指標、記憶指標、顧客プロファイル指標、マーケティング活動指標などがある。マーケターは、すべての指標を正しく解釈するために、ベンチマークと、予想されるパターン、つまりスコアが高いのか低いのか、それともあるべき姿なのかを理解する必要がある。

> ### 本章の目的　Learning objectives
>
> **本章で学ぶこと：**
> + マーケティング指標とは何かを説明し、例を挙げることができる
> + 実務で指標がどのように使用されるかを理解できる
> + 行動指標と記憶指標の違いを明確に理解できる
> + マーケティング指標のなかでもっとも一般的に使用されている指標の例を挙げることができる
> + 相関の概念、および因果関係を推論するための統計検定を理解できる
> + 指標を解釈する際によくみられる誤りを説明できる

指標の必要性

　「測定なくして管理なし」というが、何であれ、大まかにでも測っていないと、それを管理することはできない。シェフは、料理を作った後ではなく料理を作りながら、目で確認し、匂いを嗅ぎ、味見をする。料理が冷めていないか、甘過ぎないか、辛過ぎないか、見栄えはいいか、おいしいかを評価するためだ。同様に、マーケターもマーケティング活動を評価し導くためにその活動を測定することが必要だ。マーケティング指標は、ブランドとビジネスがどのように機能しているかをマーケターに知らせ、状況を改善するために必要な診断情報を提供することができる。意味のある包括的な指標がなければ、マーケターは自分が良い仕事をしているかどうかを判断することができない。

　通説とは逆に、**定量的データ**の解釈ができるためには数学の秀才である必要はない。本章では、指標の意味を正しく理解し、データ提示の簡単なルールを学ぶことが、マーケターにとっていかに大きな優位性をもたらすかを示す。すなわち、他人には見えないデータの意味を見抜き、データに基づいた説得力のある議論を展開する能力だ。

指標の重要性

　マーケティング指標に費やされる費用と経営者の関心はますます高まっている。指標は、マーケターがブランド管理のために、および会社の取締役会、株主、外部団体に業績を報告するために必要だ。たとえば、現在では、環境面の報告書に指標を使っている企業も多い。調査会社、メディア企業、コンサルタントは、新しい指標を次々と発表している。しかし、これらの指標の多くは誤解を招いたり、参考にならなかったりする。

　マーケティング学者のジョン・バウンドはかつて、研究の道に進む前の、大企業での市場調査マネージャーとしての自身の長いキャリアを、会社の金を浪費することに長けていたと評し、今日の人たちもその当時の自分と同じよう

に良い仕事をしていると確信している、と皮肉を込めて記している。ほとんどの市場調査は技術的には高度に構築されているが、有益なマーケティング指標を生み出すには至らないことが多い。間違ったものを、間違った方法で測定し、間違った解釈に至ることがある。

　変化のない、あるいはきわめて緩慢な変化をする指標を追跡し、定期的に報告することに意味はない。たとえば、優良な医療機関では、患者が来院するたびに変化しやすい体重や血圧を測定するが、当然ながら、患者の身長を測定することはまれだ。顧客満足度やブランドイメージのような多くのマーケティング指標が、あまりにも定期的に測定され報告されている。市場調査者にとっては幸運なことに、ランダムサンプリングの誤差が調査ごとに数値を少し変動させるので、変化が生じているように錯覚してしまう。経営陣は、このデータの表面的な動きに惑わされ、統計的なノイズに過ぎないものを重要な変化と誤解して、無駄な時間とリソースを浪費してしまう。こうして、ランダムサンプリングの誤差が多くの市場調査会社を潤し続けているのだ。

図3.1　主要銀行のサービスパフォーマンス評価（2007〜2015年）

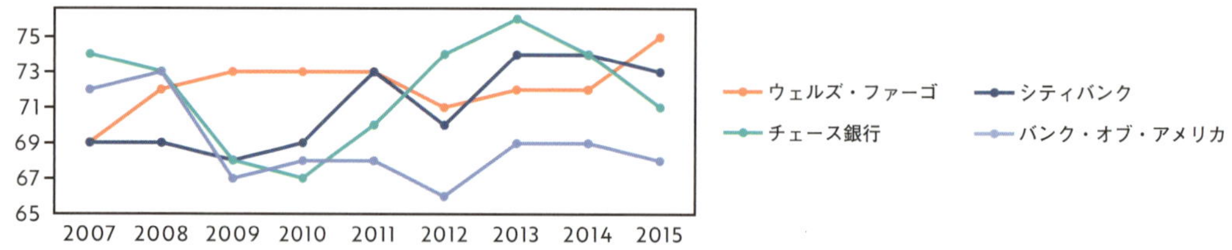

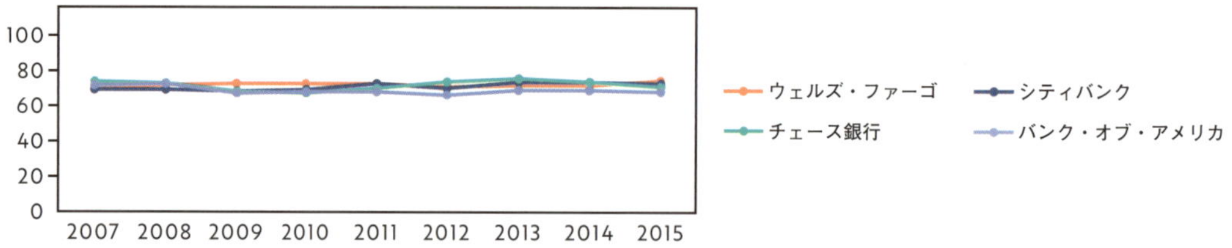

データソース：American Customer Satisfaction Index（2016）

　図3.1は、アメリカの大手銀行4社の9年間のサービスパフォーマンススコアの評価を示している。値に多少の上下があることを除けば、すべての銀行で満足度は70％前後だ。このようなデータのばらつきは、その多くがランダムサンプリングのばらつきによるものと考えられる。縦軸の下部を切り捨てたグラフ（上図）で見ると劇的な変化が起きているように錯覚する。マーケターはこれをきちんと説明しなければならない。

　表3.1は、パソコンに対するブランド満足度が過去14年間それほど変化していないことを示している。本章の後半で説明するブランド間のスコア差にも経時的に変化がない。

　同様に、他の指標から問題なく予測できる指標を継続的に追跡し報告することにあまり意味はない。たとえば、午前中に吐き気を訴える男性患者に妊娠検査をする医師はいない。男性であるという事実から、彼らが妊娠していないことは完全に予測可能だ。多くのマーケティング指標から、市場シェアや、ブランドがどれだけの顧客を有するか（＝市場浸透）を予測することが可能だ。これらの指標のスコアは市場シェアの大きいブランドほど常に高くなる。にもかかわらず、多くの市場調査が、異なる表現を使いながらも、本質的に「そのブランドをどのくらいの頻度で購入しますか」と同じ意味の質問を何度も繰り返しているのが現状だ（71ページの「"態度"が変われば"行動"も変わるか？」を参照）。

　最後に、指標が何を意味するのか、他の指標やマーケティング活動とどのように関連するのか、どのレベルにあるべきかを知らなければ、視標を追跡し報告してもほとんど意味はない。市場調査会社が販売する多くの独自開発の指標はこのカテゴリーに入る。指標にいかにも重要そうな名前（「ブランドエクイティ」や「ブランドヘルス」など）

がついているからといって、それが必ずしも重要であるとは限らない。

表3.1　パソコンブランド満足度（2003〜2016年）

	Base line	03	04	05	06	07	08	09	10	11	12	13	14	15	16	前年比変化率（%）	初年度比変化率（%）
Apple	77	77	81	81	83	79	85	84	86	87	86	87	84	84	84	0	9.1
Samsung	NM	NM	NM	NM	NM	NM	NM	NM	NM	NM	NM	NM	NM	78	83	6.4	6.4
Acer	NM	NM	NM	NM	NM	NM	72	74	77	77	79	77	76	70	78	11.4	8.3
Dell	NM	78	79	74	78	74	75	75	77	77	81	79	76	78	78	0	8.3
HP	78	70	71	73	75	76	73	74	77	78	79	80	74	73	77	5.5	-1.3
Hewlett-Packard（旧Compaqを含む）	78	68	69	67	72	73	70	74	74	75	NM	NM	NM	NM	NM	N/A	N/A
その他	NM	69	71	74	77	75	72	74	77	77	80	76	82	76	73	-3.9	4.3
PC全体	78	72	74	74	77	75	74	75	74	78	80	79	78	77	78	1.3	0

注：NM は Not measured（測定されず），N/A は Not Applicable（データなし）の意
データソース：American Consumer Satisfaction Index（2016）

　かかりつけの病院で血圧を測定してもらい、その結果の意味するところを尋ねたところ、医師が「特に何もありません。大学で教わったとおり、いつもすべての患者の血圧を測っています」と答えたとしたらどうだろうか。

　この例でしばらく話を続けよう。医師が患者の血圧を測定し、たとえば140／90であったとする。これ自体では意味のないデータのひとつに過ぎない。この値が高いのだろうか、低いのだろうか、それとも正常なのだろうか。医師が別の日に別の血圧計を使ってもう一度患者の血圧を測ったとしよう。また数値が140／90であったとする。一貫した結果が得られたことで、医師は機器の信頼性と結果の信憑性を確信することになる。これは重要なことではあるが、この時点では医師は単に意味のない（しかし信頼できる）データを持っているに過ぎない。

　このデータを情報化するためには、血圧の数値がたがいにどのような関係にあるのか、血圧は健康な人と不健康な人ではどのように違うのか、年齢や性別、薬の服用によって血圧がどのように変わるのか、といった科学的な知識が必要だ。このような知識があれば、医師は「140／90は高い、低くない、丁度良い」などと診断することができ、それが健康にとって何を意味するのかも知ることができる。

　マーケティングの専門家も、マーケティング指標を意味のあるものにし、経営の質を向上させるために、科学的知識が必要だ。市場調査マネージャーは、無意味な市場調査に資金を浪費しないために、同様の知識が必要だ。

　本章では、論理と何十年にもわたる真摯な研究に基づくさまざまな指標を推薦する。これらの指標が意味するところを、最新の知見を紹介しながら解説する。その理解に基づいて、いくつかの指標については使わないようにアドバイスし、また同じ指標を何度も調査して費用を浪費しないために、それぞれの指標をいつ集めるべきかを提案する。

　市場調査会社のなかには、市場調査に費用を費やしてまで集めなくてもよい指標があると説く本書を嫌がる人もいるかもしれない。しかし、全体として本書は指標の利用を推奨しており、この点は市場調査の業界にとっては良いことだろう。

　経験豊富なマーケターのなかには、自分のお気に入りの指標が期待していたような機能を持っていない、つまり指標に惑わされている、あるいは指標がまったく役に立たないということを聞いて面食らう人もいることだろう。本章ではそのようなマーケターのための指針を示す。すなわち、マーケティング指標の理解を深め、それによって説明責任を果たし、マーケティング予算を正当化し、マーケティング効果を向上させるためのツールを提供する。

　本章はマーケティング指標を使った高度なシステムを構築しようと奮闘している人にとって、特定のコンサルティングサービス、ソフトウェア、市場調査製品などを売りたいという思惑に基づくものではなく、客観的データに基づく、理論的基盤に裏打ちされた実践的なガイドとなるだろう。

マーケティング指標の役割

本書では主に顧客を基盤にした指標に焦点を当てる。マーケティング部門は通常、これらの指標の収集に責任を負っており、その解釈の仕方について専門的な知識を持っているはずだ。これらの指標に照らして、マーケティングの成果の多くが評価される。

マーケティング指標がなければ、マーケターはどこにどう投資すべきかを適切に理解できないまま株主の資金を使い、その出費の効果を評価することもできず、結局、勘に頼らざるを得なくなる。マーケティング指標を活用することで、次のような重要な情報を得て、マーケティング活動の意思決定や改善に役立てることができる。

・市場におけるブランドの活動、たとえば、新製品の発売、値上げ、パックサイズの変更など
・これらの変化に対して市場がどのように反応しているか、たとえば、購買客がどのような価格でどのように購入しているかなど
・市場基盤のブランド資産がどのように維持されているか

この他にも、マーケティング部門や営業部門のスタッフの離職率、給与水準に関する指標や、スタッフの知識や能力に関する指標など、マーケティング担当者にとって関心の高い指標がある。しかしこれらは本書の対象ではない。

市場基盤のブランド資産を測定する理由

ブランドとその競合ブランドによるマーケティング介入は購買客行動に影響を与え、その結果、売上やその他の財務パフォーマンス指数に影響が及ぼされる。しかし、どのようなマーケティング効果も、ブランドの既存の市場基盤資産——すなわち長年の取引活動とマーケティング努力によって蓄積された無形資産——によって抑制を受ける。たとえば、広告はフィジカルアベイラビリティとメンタルアベイラビリティを有するブランドには効果的であるが、アベイラビリティを構築できていないブランドにとっての広告は、まるで休閑地で作物を育てようとするようなものだ。欧米に支店が少ない銀行が欧米で広告活動を行っても、費用を無駄に使うだけだ。

マーケティング活動の長期的効果を理解し正しく評価するためには、このような市場基盤の資産を測定しなければならない。これらの指標は、ブランドのパフォーマンスを評価するためにも必要だ。というのも、マーケティング活動のなかには、許容できる範囲の売上や利益を生み出しながらも、ブランドの資産を損ない、ときには将来の売上さえも損なうものもあるからだ。たとえば、一般には、定期的なブランド購買客、すなわちヘビーバイヤーに偏ったマーケティング活動は効率的であろう。彼らは小規模な消費者グループであるため、また受け入れが早いため（彼らは広告に気づきやすい）、彼らにリーチするのは安価で容易であるからだ。しかし、このような戦略では、一時的に利益を維持することはできても、市場基盤の資産、売上、市場シェアの侵食を許すことになるだろう。

同様に、単にマーケティング費用を削減するだけで、良好な利益貢献を達成することが可能だ（90ページの「マーケティング投資削減の代償」を参照）。マーケティング費用を削減すると、利益が増え、業績が向上する。これは、競合ブランドのすぐれた戦略に直面したときに、現在の利益を維持または押し上げるための簡単な方法だ。そのため、役員や外部の財務アナリストは、得られた利益に文脈や意味を持たせるために、利益と並んで収益や市場シェアを重要な指標としている。彼らはまた、マーケティング活動にどのくらいの費用が費やされたかにも興味があり、支出額やシェアオブボイス（SOV）などの活動指標も重視している。

しかし、マーケターは、削減したマーケティング費用は効率化の結果であると当然のように主張し、「我々はより少ない経費で、より良いマーケティングを行っている」と言うかもしれない。この主張を評価するために、上級マネージメントは収益と市場シェアに関する指標だけではなく、同時にブランドの市場基盤資産の状態を知るための指標も必要だ。これらの指標を組み合わせて使えば、ブランドのパフォーマンスとマーケティングの効率について包括的なストーリーを語ることが可能になる。

CASE STUDY

P&G、大規模なコスト削減：
デジタル広告に注力

　2012年、プロクター・アンド・ギャンブル（P&G）の最高経営責任者であるボブ・マクドナルドは、全社的に実施する100億米ドルのコスト削減の一環として、2016年までに10億米ドルの節約を実現すると約束した。このコスト削減のほとんどは、マーケティングスタッフの数を減らすことによってもたらされる計画だった。P&Gの社内調査によると、マーケティングスタッフは会社が過度に官僚主義的であると感じているようだった。そのため、管理職の層を減らすことで事態を改善できる可能性があった。

　しかし、コスト削減は人員削減によってのみ達成されるものではない。マーケティング費用はどの程度削減すべきだろうか？

　「研究開発もそうですが、ブランドのサポート面においても劇的な削減を実行するつもりはありません。実際、私たちは消費者へのリーチを増やし、それを頻回に行って、広告効果を高めたいと考えています」とマクドナルドは述べている (Farey-Jones, 2012)。

　しかしマクドナルドは、マーケティング費用の大幅な削減をほのめかし、「毎年少しずつ効率化を実行するだけでも、そうしない場合と比較して10億ドル近い節約が可能です」と、効率が向上することを正当化した。この効率向上は、主に新しいデジタルメディアやソーシャルメディアの活用によってもたらされるということだった。

　マクドナルドは、マーケティング施策のインパクトを犠牲にすることなくコストを削減するために、テクノロジーを駆使してテレビなどの従来型の媒体からデジタルやモバイル広告に支出をシフトし、より効果的に消費者に狙いを定めることで、「すべての消費者と一対一の個人的関係を構築できる」ようになると述べている (Farey-Jones, 2012)。また、ブランド間で効率良く支出を分散させるために、多くのマルチブランド活動を行うことも想定していた。またマクドナルドは、P&Gが2012年1月に行った夏季オリンピックのキックオフキャンペーンを例に挙げ、最初の1カ月間だけで従来型メディアとソーシャルメディアで25億インプレッション以上を獲得し、ブランドが個別に支出した場合よりも大きな全体的インパクトを与えたと述べた。

　アドエイジ誌は、P&Gがまとめたコスト削減プログラムは、財務アナリストの予測よりも全体的に2倍から3倍も大規模だったと報じた (Neff, 2012)。

発展問題　QUESTIONS

1. P&Gは、マーケティング支出の削減による影響を、マーケティング支出の効率を向上させることで相殺することができたでしょうか？
2. 経営陣や投資家は、P&Gがマーケティング費用を削減した結果、実際に効率が向上したのか、それとも、単なる経費削減に過ぎず、将来的な売上減少につながってしまうのかを、どのように判断すれば良いのでしょうか？

次に、さまざまな重要かつ有用なマーケティング指標を以下のカテゴリーに分けて説明する。

1. 財務指標
2. 行動指標
3. 記憶指標
4. 顧客プロファイル指標
5. マーケティング活動指標

データソース：Shaw (1998) のデータを改変

財務指標

　財務指標には、売上高、利益、キャッシュフローインパクトなどがある。これらはいずれも高度な理論を要するものではなく、ビジネスや会計の基本的なコースで学ぶことができる。しかし、マーケターは必ずしも十分に理解していない。本書では、主に顧客を基本にした指標に焦点を当てているが、一般的な財務指標についてもその重要な側面のいくつかを説明する。

利益と利益貢献

利益＝売上高－コスト

　利益とはすべての経費を払った後にオーナーの手元に残るお金のことで、単一の独立した事業の場合、簡単に計算することが可能だ。しかし、利益を事業ごとに（例：ビジネスユニット、ブランド、製品など）算出することは難しく注意が必要だ。CEOの給与などの複数のビジネスに重複するいくつかの費用を、各ビジネスにどれだけ割り当てるべきかを決定しなければならない。その計算次第では利益報告が影響を受ける。たとえば、特定の活動やブランドに不当な量のセントラルコスト（いわゆる間接費）が割り当てられると、その活動やブランドは利益を生んでいないように見えてしまう可能性がある。また、ある製品に割り当てられた間接費が少なすぎると、人為的に利益を上げているように見えるだろう。管理会計士はこれらのコスト配分を正しく行おうとするが、各マネージャーはそれについて大いに異論があることだろう。つまり、ブランドマネージャーは自分のブランドに配分されるコストを少なくしたいと考え、セールスマネージャーは自分の地域に配分されるコストを少なくしたいと考えるだろう。

　間接費の分配に関する議論を回避するひとつの方法は利益貢献度に着目することだ。この方法では、直接費のみをブランドおよびその活動に割り当てる。この費用はブランドの製造とマーケティングに直接的に関連するコストだ。売上高から直接費を差し引いた残りが、ブランドが企業全体の運営費（間接費）や最終的な利益にどれだけ貢献しているかを示す。どのコストがどのブランドおよびその活動によって直接生じたものかを判断するのは難しい。重要なことは、コストを各活動およびブランドにできるだけ適切に配分し、公平な比較を行えるようにすることだ。

利益率

利益率は特定の製品を比較するために定期的に使用される指標だ。簡単に言うと、製品を製造したりサービスを提供したりするための直接費を差し引いた後に残る会社の儲けのことだ。結局、「最終的にどのくらい残ったか」ということだ。専門的にいうと、利益率とは、企業が売上のなかからどれだけを固定費と利益に還元できるかを示すものであり、売上高に対する割合（％）で表される。つまり、利益率20％とは、売上の80％が生産コストに消え、20％が固定費と潜在的利益に還元されることを意味する。

利益率の変化は、しばしば企業やブランドの競争力を示す指標とみなされ、利益率の悪化はブランドの競争力が低下していることを示唆する。その他の理由で利益率が変化した場合、企業は投資家に説明する。たとえば、テクノロジー企業は、新製品を投入するときは一時的に利益率が低下するがその後に生産コストが減少して徐々に利益率は上昇する、と投資家にあらかじめ説明することが多い（例：iPad Airの後のiPad Proの発売など）。ファッション小売業はその逆で、新しいシーズンが到来すると新しい服が売れて高い利益率を獲得し、シーズンの終盤になると在庫を値引きして販売して利益率が低下する。

利益率は通常は販売費や広告費を含めずに計算されるため、実際の収益を示すものではない。しかし、製品のマーケティングにどれだけの費用をかけられるか、あるいはかけるべきかを知ることができる。利益率はドルに換算して比較することが重要だ。売れていない製品の利益率は高くても価値は低く、よく売れている製品の利益率は低くても大きな価値があるかもしれない。フェラーリの一台当たりの利益率はトヨタより高いだろう。しかし、利益額はトヨタのほうがフェラーリよりも大きい。実際、トヨタの利益額はフェラーリの全売上高の数倍に相当する。

また、利益率をもとにブランドをどの程度値引きできるかのおおよその目安を知ることもできる。利益率がきわめて低い場合、マイナス利益率、すなわち売れば売るほど赤字になるボーダーラインを超えずに値引きできる余地はまったくと言っていいほどない。

投資回収率（ROI）

マーケティングでは、投資回収率（ROI）という概念がよく使われるが、あまり正しく理解されずに使われている。単に説明責任を果たすときに、またはあらゆる財務指標を指す言葉として使われることが多いようだ。

ROIは、マーケティング活動から得られた利益の全体に占める割合のことだ。言い換えれば、キャンペーンから得られるすべてのリターンを、キャンペーンに要したコスト（すなわち投資）で割ったものである。

$$ROI = \frac{（リターン-投資）}{投資}$$

たとえば、10万ドルを追加の広告に投資して111万ドルの売上が生じ、11万ドルの利益貢献があった場合（つまり100万ドルはサービスや製品の提供コストに使われた）、ROIを求める方程式は次のようになる。

$$ROI = \frac{11万ドル-10万ドル}{10万ドル}$$

つまり、

$$ROI = \frac{1\,万ドル}{10\,万ドル}$$

となる。これは10%のリターン、つまり1ドルの投資に対して1.10ドルのリターンとなる。

　キャンペーンの実績を投資回収率の観点から比較するのは論理的に思えるが、ROIには問題がある。しかも厄介な問題だ。まず、ほとんどのマーケティング活動が、すぐに効果が現われる短期的な売上増を狙うのではなく、むしろ既存の市場シェアを維持することによって会社に利益をもたらしている。多くのマーケティングキャンペーンが継続的であるため、一回の投資とそのリターンを他と切り離して考えることはできない。同じ理由で、人事部や経営幹部だけのROIを計算しようとする者はいない。

　次に、ROIは、初期投資額に対するパーセンテージ（割合）であり、金額ではない。ROIが高くても、小規模なキャンペーンでは、大規模なキャンペーンよりも利益額が少ない場合がある。つまり、キャンペーンのROIが向上し続けていても、全体の利益が減少する可能性もある。株主が重視するのは、個々のキャンペーンのROIではなく、会社全体の利益額だ。

　マーケティング施策の比較にROIを使うと、小規模なキャンペーンに落ち着くことが多い。実際、どのような企業でも、広告を中止するだけで広告投資に対して無限のリターンを得ることが可能だ。またROIは、割引きセールなどの即効性のある明快なリターンをもたらすキャンペーンや、もともと購入意欲の高い既存のヘビーバイヤーを対象としたキャンペーンばかりを助長してしまう。

CASE STUDY

ROIは諸刃の剣

　ジョンは、マーケティングはブランドの財務面を説明できなければならない、と考えている。「マーケティングは芸術かもしれない。ただし商業的な芸術だ」というのが彼の口癖だ。彼は、アジア全域で多くのブランドを販売する大手消費財メーカーのマーケティングディレクターとして勤務している。彼の率いるマーケティング部門では数百人が働いている。この5年間、彼は、マーケティング活動を評価するための投資回収率（ROI）の使い方について、スタッフ全員を訓練してきた。ジョンがひとつひとつの投資に高いROIを期待していることは、部員の誰もが知っている。

　今日、ジョンはまたしても最高財務責任者（CFO）との不本意なミーティングから帰ってきたところだ。売上高と利益率の伸びが期待外れだったことをCFOにふたたび非難され、プレッシャーを感じている。ジョンは、マーケティング部門がROIを重視するようになればCFOから一目置かれ、会社も健全な利益を得られると期待している。彼は何が間違っていたのか理解できない。マーケティング部門のプロジェクトや支出は以前より高いROIを示している。しかし、最大のブランドを含めて多くのブランドが市場シェアを失い、収益性も低下している。

　マーケターが、同僚、特に財務部門から、商業活動の現実を理解していないと批判されることはよくあることだ。たしかに、マーケティングの芸術的な側面に捉れすぎて、売上や顧客満足を伸ばすことの必要性を軽視するマーケターがいることは事実だ。しかし、今日のマーケティング部門は、商業的な事柄やマーケティング費用を正当化することに以前よりもはるかに大きな重点を置いている。

　説明責任を重視することは良いことだ。無駄を省き、すぐれた実践を明らかにする必要がある。そしてマ

ーケティング介入を評価できるようにならなければならない。そのために、今日の多くのマーケターが、ROIに大きな関心を寄せていると言う。しかし残念ながら、そう言う人の多くはROIの意味をよくわかっていない。ロンドンビジネススクールのマーケティング教授で、会計士の資格を持ち、元マネージングディレクターのティム・アンブラーは次のように書いている。

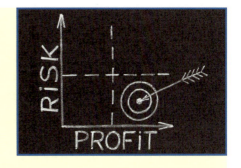

「ROIは、理解されているどころか、悪霊、つまり広告費を削減しようとする人たちを追い払うためのトーテムとして振り回されている。『私たちは予算を立てるためにROIを使っているだけです。私たちのことはかまわないでください』といった具合だ。このような主張にたいした内容はない (Ambler, 2004)」

また、多くのマーケターが、この指標がマーケティング投資を判断する上でいかに不適切なものであるかを理解していない。

ROIは単純な方程式で導かれ、パーセンテージで表す。マーケティング投資から還元される利益貢献額を求め、それを投資コストで割る。すなわち、ROI（％）＝利益貢献額÷マーケティングコストだ。たとえば、8万ドルの費用をかけたダイレクトマーケティングキャンペーンを実施した場合、投資額は8万ドルだ。そのダイレクトマーケティングで100万個の商品が売れ、1個あたり20セントの利益が得られたとすると、20万ドルが還元されたことになる。したがって、ROIは、20万÷8万＝2.5（＝250％）となる。一見、すばらしいリターンがあったように見える。そしてROIのテクニックがとても便利そうに見える。しかしここに重大な問題が潜んでいる。

まず、ROIが実際のリターン（金額）から注意をそらしてしまうことだ。株主にとって重要なことは実際のリターンの大きさだ。マーケティング費用は企業の総支出の一部に過ぎず、多くの場合、そのごく一部でしかない。問題はいかに効果的であるかであり、いかに効率的であるかではない。100万ドルのキャンペーンで1.5ドル（150％）のROIは50万ドルに相当するが、1万ドルのキャンペーンで5ドルのROI（500％）は、一見驚くべき数字だが、ほんの4万ドルにしか相当しない。

ROIに依存し過ぎると、たとえ金額ベースのリターンが小さくても高いROIが得られる可能性は高いため、結果的に小規模キャンペーンの実施が奨励される傾向がある。またマーケティング費用の削減を促すことも可能だ。実際、広告費をゼロにすることで広告費に対して無限のリターンを実現することが可能になる。

ROIは既存顧客やヘビーユーザーを対象としたキャンペーンを推奨する傾向がある。これらのキャンペーンのROIは高い。しかしそれは、売上の多くがその伸び分から得られたものではなく、元々予測されていた当然の売上、あるいは単に前倒しされた売上から得られたものであることが主な理由だ。ライトバイヤーを無視することで、成長が妨げられ、市場シェアの低下が促進される。これは危険だ。

コストに注意しながらマーケティング活動を定量的に評価することは良いことだ。しかしROIをマーケティング指標として使うことは賢明な選択ではない。

カスタマーバリューとカスタマーライフタイムバリュー

カスタマーバリュー（CV：顧客価値） とは、企業が特定の顧客を持つことによって得た、たとえば昨年一年間の利益を意味し、**カスタマーライフタイムバリュー（CLV：顧客生涯価値）** とは、その顧客が顧客である期間、つまり顧客が顧客でなくなるまでの期間にもたらされる利益の推定値だ。

前述のように、収益性は一企業について正しく計算することは簡単だが、企業内の部門や活動に適用するには問題

の多い概念だ。特に、顧客に適用する場合は、次のような理由からそう言える。

・顧客収益性は、潜在的収益性とは一致しない場合がある。企業が顧客へのサービス提供方法を変えたり、顧客が購買行動を変えたりした場合、潜在的収益性は変化するからだ。

・多くの場合、企業は、顧客が自社から購入しているものしか知らず、他の企業から購入しているものを知らないので、一見小規模の顧客に見えていても、意外にも大規模の顧客であることがある。

・個々の顧客や顧客グループへのコスト配分は、きわめて主観的になる可能性がある。このようなコスト配分は顧客価値の計算に大きな影響を与える。

・特定の顧客が現在、企業からどれだけ購入しているかを推定することが困難な場合がある。顧客が複数の企業と購買関係を持つことはよくあることなので、同じ顧客であることに企業が気づかないまま彼らの購買活動が別々のデータベースに記録されることがある。これは、特に大企業や、異なる部門がそれぞれ異なる取引口座を開設しているような大規模顧客との企業間取引（B to B）で顕著に見られる現象だ。

・顧客は、制御できない要因（例：来客、休暇、隠れた出費など）の影響を受けて時間経過とともに行動が変化するため、顧客を正しく分類することが難しい場合がある。

・長期的に見れば、顧客は年齢や環境の変化とともにライフスタイルが変化するため、収益性の高い顧客であっても、需要の一部を別の企業から受けるようになり、収益性が低下することもある。逆に、現在は収益性の低い顧客であっても、将来的には非常に価値の高い顧客に変化する可能性もある。そのため、前年に購入した商品に基づいて顧客を分類すると、その顧客の真の価値を過小にも過大にも評価する可能性がある。

CLVの計算にはさらに問題がある。上記のような問題があることに加えて、顧客や顧客グループからの収益を将来どれだけ期待できるか、またその顧客に費やすサービスが将来どれだけの額に至るかを予測する必要がある。さらに、CLVの計算には、顧客がどれくらいの期間顧客として残るかを推定する必要がある。これは特に、一度離れた顧客がしばらく経ってからふたたび戻ってくるケースがあるため、難しくなることがある。通常、CLVの計算は多くの不確実な推測と不完全なデータに依存しているのが現状だ。

CLVを計算する目的は、どの顧客を獲得する価値がもっとも高いか、どの顧客に維持するための費用と労力を費やす価値がもっとも高いかを決定するためといわれている。しかし実際には、もっとも収益性の高い顧客は、最初に獲得した顧客ではなく、固定費を増やす必要のないその次に獲得した顧客であることが多い。また、顧客の購買によってもたらされる収益がその製品を供給するための直接費を上回っている限り、その顧客は企業の利益に健全な貢献を果たす。一見利益率の低い顧客であってもある程度の貢献をしているので、もしそのような顧客がいなければ（一部のコンサルタントは不採算顧客の解顧を唱えている）会社の利益は現実的には減少することになる。

顧客価値を推定して実際にわかることは、大口顧客か小口顧客かのような単純な分類くらいであり、それ以上の詳細情報も実用的価値も得られないことが多い (Donkers, Verhoef & De Jong, 2007)。B to B市場では、販売先企業の規模を確認するだけでも効果的な場合がある。数千人の従業員と数十億ドルの売上高を持つ企業は、数人の従業員とわずかな売上高を持つ企業よりも、潜在的なリターンが大きく、リスクも小さいのが普通だ。同様に、消費者市場では、裕福な世帯や人数の多い世帯のほうが潜在的可能性は高い。

顧客の収益性やCLVを計算することよりも有意義なことは、費用のかかる行動や有益な行動を特定しそれを抑制または奨励すること、あるいはその行動の経済的魅力を変えるために価格を変更することだ。たとえば、近年、銀行は店内での取引という行動に対してその手数料を引き上げた。これは、このような行動が銀行にとって費用のかかる行動、すなわち顧客がオンラインで取引を行う場合よりもはるかに費用がかかる、と判断したからだ。銀行は、手数料を引き上げることで、支店での窓口取引の収益性を向上させ、オンラインバンキングの利用を促進した。結果的に、銀行はコストを削減することができた。

CRITICAL REFLECTION ||||||||||||||||||||||||||||||||||||||||||||||||||||||||||||||||||||||||||||||||| 批判的省察

銀行は、支店での取引にかかる費用をすべて顧客に負担してもらうべきでしょうか？ 顧客に来店してもらうこと自体にオンラインでは得られないマーケティング効果があるので、銀行側が費用を負担する価値があるでしょうか？
|||||||||||||||||||||||||||||||||||||||||||||||||||||||||||||||||||||||||||||||||||||||||||||||||||||||||||||||||||||||||

CFOと良好な関係を構築しよう

　マーケターは、最高財務責任者（CFO）、ひいては最高経営責任者（CEO）がマーケティング活動を正当に評価してくれないことに不満を抱いている。マーケターは、CFOと同じ言葉を使ってマーケティング投資のリターンを証明することを求められることが多い。その結果、一部のマーケターは、乏しいデータや疑わしい主観的仮説に基づく計量経済学の難解な用語や大胆な仮説に頼るようになった（計量経済学自体もまた疑わしい主観的仮定に依存している）。このアプローチは推奨されるものではない。それでCFOに気に入ってもらえるとは到底思えない。CFOはマーケターに、その分野の専門家であることを期待しているのであって、素人の財務の魔術師の振る舞いを期待しているわけではないからだ。マーケターに求められているのは、適切なマーケティング指標が最終的にどれだけの利益をもたらすかを金額で示す方法だ。これは多くのマーケターが思っているよりもはるかに簡単で、財務部門を巻き込んで行うのが最善の方法だ。

行動指標

　ブランドの責任者になったときに最初に知りたいと思うことは、そのブランドが誰にどれだけ売れているかということだろう。購買客行動指標は、購買客の実際の行動に基づいている。たとえば、その製品やブランドを買う人が何人いるか、どの製品が売れているか、何点買うか（1点だけか、大量購入か）、いつ買うか（毎週か、毎月か）、他のどんなブランドを、どんな価格で、どの小売店から買うかなどだ。

表3.2：購買行動情報の代表的データソース

ソース	説明
パネルデータ	調査に参加した消費者に、スーパーマーケットでの買い物から帰宅したら買った商品をノートに記録する、またはそのバーコードを電子スキャナーで読み取るように指示する。こうして得たデータから、その世帯が購入したすべての商品について非常に詳細な情報を知ることができる。将来的には、携帯端末を利用しての買い物やメディア視聴のパネルデータの収集が進むと思われる。メディア（広告）視聴のデータは、多くの場合、すでにハードウェアやソフトウェアで収集されている。たとえば、ウェブサイト訪問客の行動はソフトウェアを使ってモニターされている。
スキャンされたデータ	消費者がフライバイズカードやマイレージカードなどのポイントカードを使って買い物をすると、購入履歴がレジで自動的に記録される。このデータは、このようなロイヤルティプログラムや電子トラッキングのシステムに参加している小売業者に限定されているため、その他の店舗での購入履歴の情報は記録に残らない。
アンケート	調査のなかで消費者に、どのブランドを、いつ、どれだけ買ったかを質問する。たとえば、「前回はどのブランドの清涼飲料水を買いましたか？　その前はどのブランドでしたか？」と尋ねる。このデータソースの欠点は、消費者が自分の行動にあまり注意を払っていないことだ。さらに、購入商品の具体的で詳細な情報については消費者の記憶はあまり信頼できない。消費者は自分にとって重要でないことの詳細は簡単に忘れてしまいがちだ。その結果、購入情報が抜け落ちていたり、正確性を欠いたりすることがある。

　マーケターやマーケティングアナリストが日常的に使っている行動指数には、売上高、市場シェア、市場浸透率、購入頻度、カテゴリー内ブランドシェア（SCR）、超（＝100％）ロイヤル顧客、顧客離反率、顧客クレーム、顧客推奨などがある。次節でこれらについて詳しく説明する。

売上指標

　売上高は比較的理解しやすい指標だ。次のようなさまざまな表現があるので注意を要する。

・ドル換算収益

・販売数量

・販売重量（または販売体積）

・購入回数

　売上について語るとき、焦点をさらに明確にすることをおすすめする。たとえば、ビジネスウィーク、フォーブス、ウォールストリートジャーナル、ロイターなどの多くの著名なビジネス媒体や通信社が、2012年初頭、AmazonのKindle Fireの売れ行きが落ち込んだと報じたことがあった。その時の報道は次のような内容だった：Kindle Fireは、2011年第4四半期に猛烈な勢いで市場に参入し、480万台を売り上げて16.8％のシェアで2位を獲得したが、2012年第1四半期には4％をわずかに上回るまで大きくシェアを落とし、販売台数は75万台にとどまった。

　しかし、この販売台数は、実際に購買客がキンドルファイアを購入した数ではなく、Amazonから他の小売店への出荷台数だった。もちろん、Amazonは2011年の最終四半期のクリスマス休暇の買い物シーズンに向けて大量のタブレットを出荷したが、そのすべてが売れたわけではなく、在庫が残り、それが2012年第1四半期の出荷台数は押し下げる結果となった。つまり、2012年のKindleの販売が急落したのではなく、2011年の低調なビジネス（売れ残り）の影響を受けたのだった。このような背景があり、2011年最終四半期に480万台が出荷されても、1100万台が出荷されたAppleのiPadの売れ行きにほとんど影響がなかった。

市場シェア指標

　市場シェアとは、ある商品カテゴリーの総売り上げのうち当該ブランドがどれだけをもたらしたか、つまり、マーケットにおけるそのブランドのシェアはどの程度かという指標だ。この指標はボリューム（数量）でもバリュー（金額）でも表すことができる。高価格帯のブランドは、ボリュームシェアよりもバリューシェアのほうが高い値を示す。市場シェアは次のように表される。

$$\frac{\text{ブランドの売上}}{\text{製品カテゴリーの売上}}\,(\%)$$

　なぜブランドの市場シェアはマーケターにとって重要なのだろうか。なぜ単刀直入に売上高を見ないのだろうか。その理由は、市場シェアはカテゴリー全体の成長と対比させてブランドの業績を評価するのに役立つからだ。たとえば、昨年よりも売上が10％増加したブランドの業績は好調に見えるが、カテゴリー全体の売上が30％増加している場合はそうではない。この場合、競合ブランドの業績が向上していることになり、ブランドは市場シェアを失い、競争力も低下している可能性がある。価格が高すぎるかもしれない。つまり、市場シェアは、カテゴリーの成長や衰退とは関係なくブランドの業績を評価することができるので、マーケティングのパフォーマンスを判断するもうひとつの指標として機能する。

　この指標は、他のブランドとの相対的な比較に基づいているため、指標の計算期間の影響は受けない。あるブランドの週間市場シェアは、月間または年間の市場シェアと同じだ（ただし、その期間に競合ブランドと比較して売上が増加または減少していない限り）。安定した7％の市場シェアを持つブランドは、指標の算出に1カ月分または1年分の販売データを使っても市場シェアは7％だ。しかし、浸透度や購入頻度などの他の多くの指標は、ある一定期間における指標を表している。たとえば、1カ月で9％の浸透率を持つ安定したブランドが、1年間で見るとそれよりも高い浸透率（例：56％）を示すこともある。

　市場シェアは順位で表すこともできる。つまり、どのブランドがもっともシェアが高く（1位）、どのブランドが2位で、どのブランドが3位で……といった具合だ。

Chapter　03　　　　　Meaningful Marketing Metrics

市場シェアの落とし穴

　市場シェアは広く使われている指標であり、非常に理にかなっているように思われるが、マイナスの側面も持っている。調査によると、市場シェア獲得を第一の目標とする企業は利益が少なく、倒産する可能性が高い (Green & Armstrong, 2005)。企業が成長をめざすのは、成長することでさらに多くの利益を獲得し、利益変動のリスクを軽減するためだ。言い換えれば、それは目的を達成するための手段であり、それ自体が目的ではない。したがって、もし競合ブランドとの競争に執着すれば、市場シェアを獲得するために利益を犠牲にすることにもなりかねない。これでは良い戦略とは言えない。数十年前、あるコンサルティング会社（ボストンコンサルティンググループ）が、経験曲線効果と規模の経済効果を組み合わせた概念を広めた。この概念では、ブランドの成長とともに一製品・サービスあたりの単価が劇的に下がるので、今は収益が低くても市場シェアを"買う"ことに価値があること、そして将来的にブランドが大規模な市場シェアを得たときに大きなリターンを得られることが示唆されている。しかし、彼らの主張を裏付ける経験的証拠はない。競合ブランドに勝つことよりも利益を上げることを重視する企業が多くの利益を上げている。したがって、市場シェアは、より多くの利益を得るための賢明な戦略の一環として考えるべきであって、それ自体を単独の最終目標として考えないほうがよい。

市場浸透率

　市場浸透率とは、一定期間におけるブランドの顧客基盤の大きさ、つまり、その期間に何人の顧客がそのブランドを購入したかを表すものだ。市場浸透率は通常、その期間にその製品カテゴリーの買い物客総数に対する自社ブランドの顧客数の割合として計算される。これは**相対浸透率**（relative penetration）と呼ばれることもある。一方、**絶対浸透率**（absolute penetration）とは、すべての買い物客数に対する自社ブランドの顧客数の割合だ。絶対浸透率には、そのカテゴリーで購買しなかった人も含まれるため、相対浸透率よりも常に低くなる。製品カテゴリーの定義を狭く設定すれば、相対浸透率が人為的に高く見えることもある。たとえば、「私たちのブランド Just Juice は、250ml 箱入りマルチパック濃縮果汁飲料市場では非常に高い浸透率を維持していますが、果汁飲料市場やスーパーマーケットの買い物客全体ではかなり低い浸透率です」という具合だ。

　ブランドの市場浸透率は、期間によって異なり、期間が長いほど多くの人がそのブランドを購入する機会が生じる。したがって、異なる期間に得られた指数を比較するべきではない。マーケターのなかには、浸透率指標が時間依存的であることを理解していない人がいる。特に、大きなブランドの担当者で1年という期間で指標を見ることに慣れている場合、「私のブランドの市場浸透率は非常に高く、限界に達している」と言うマーケターがいる。これはナンセンスだ。完全な独占状態（つまり100%）でない限り、市場浸透率の限界に達しているブランドはない。年間市場浸透率が高いブランドであっても週間市場浸透率はかなり低いこともある。無限の時間枠のなかでは、どのブランドでも市場浸透率が100%になる可能性はある。

　市場浸透率のスコアが非常に高いときは、アナリストがそのカテゴリーを非常に狭く定義していることがある。たとえば、ある1年間のコカ・コーラ社の市場浸透率は、もしコーラの購入を対象にすれば高いかもしれないが、炭酸飲料を対象にすればかなり低くなり、水や果汁も含めてすべての清涼飲料を対象にすればさらに低くなるだろう。製品カテゴリーの定義を狭くすると、市場を非常に歪んだ視点で見る可能性があり、おすすめできない。

　ここで重要なことは、調査期間が2倍長ければ、ブランドの市場浸透率スコアは高くなるかもしれないが、2倍にはならないということだ。1カ月間の市場浸透率が10%であったブランドの3カ月間の市場浸透率が30%を超えることはない。これは、**反復購入**によるものだ。ブランドの売上は毎月同じでも、購買客の多くが前月の購買客と重複していることがある。これらの顧客は、すでに市場浸透率スコアにカウントされているため、再度カウントされることはない。

注目すべきは、すべてのブランドの市場浸透率の合計は、通常100%をはるかに超えることだ（表3.3では市場浸透率の合計が200%に達していることからも明らかだ）。なぜだろうか。それは、同じ顧客が期間内に複数のブランドを購入している可能性があるからだ。たとえば、10代の子ども3人を持つ母親のサンディ・ジョーンズが、月に1回程度インスタントコーヒーの瓶を購入する場合、1年間で12種類のブランドを購入する機会があることになる。各ブランドへの市場浸透率を計算するとき、サンディがカテゴリー全体で2回、3回とカウントされていく。そのため、すべてのブランドの市場浸透率の合計は100%を超える。

　表では、市場浸透率の高い順にブランドが並んでいる。ネスカフェのような有名ブランドのほうが、レッドマウンテンやアズダリッチローストなどの小規模であまり知られていないブランドよりも、市場浸透率が高いことにお気づきだろう。このように、市場浸透率はブランドの市場シェアの大小を示す指標でもある。

　なお、市場浸透率はカテゴリー全体で計算することも可能だ。たとえば、「インスタントコーヒーカテゴリーの市場浸透率は80%だ」という説明は、購買客の80%が一定期間内に少なくとも1瓶のインスタントコーヒー（ブランドを問わず）を購入したことを意味する。興味深いことに、歯磨き粉の年間カテゴリー浸透率は86%で、コーヒーよりもわずかに高いだけだ。どうやら、すべての人がスーパーで買える歯磨き粉で歯を磨いているわけではないようだ。

表3.3　インスタントコーヒーカテゴリーの市場浸透率、購入頻度他の指標

ブランド	市場浸透率	購入頻度	SCR	100%ロイヤル顧客
ネスカフェ	45	4	37	24
ケンコ	35	4	35	18
ダウエ・エグバーツ	19	2	23	14
ネスカフェゴールドブレンド	18	3	27	16
ネスカフェカフェメニュー	18	5	37	10
カルトノワール	12	3	22	12
アルディ	11	4	30	16
マックスウェルハウス	8	3	19	7
リドル	7	4	28	14
テスコゴールド	6	3	27	13
モリソンズ	6	3	21	10
テスコ	5	3	25	13
セインズベリーズ	4	3	23	11
アスダグレートバリュー	2	2	11	5
セインズベリーズフルロースト	2	4	27	14
テスコクラシックゴールド	2	3	20	9
アスダリッチロースト	0	3	27	11
クルーガー	0	2	9	4
レッドマウンテン	0	1	5	0
オプションズ	0	1	7	0
平均	10	3	23	11

注：SCR（Share of Category Requirement）とは、そのカテゴリーにおける顧客の総購入量に特定のブランドが占める割合を表す。
データソース：TNS Kantar data UK, 2014

購入頻度

　市場浸透率は平均**購入頻度**と一緒に報告されることが多いが、それは、この2つの指標を合わせてブランドの売上を判断しているためである。

市場浸透率×購入頻度＝総売上

　購入頻度とは、一定期間内にあるブランドを購入した顧客が同じ期間にそのブランドを購入する平均頻度のことである。この指標は、顧客がブランドに対して示す行動ロイヤルティを説明するのにもっともよく使われる指標だ。反

復購入をカウントしているため、ロイヤルティ指標に分類されている。

　表3.3から、インスタントコーヒーブランドのほとんどがそれぞれの購買客から年間約3回購入されていることがわかる。一方、インスタントコーヒーのカテゴリー全体では、平均して年間8回購入され、歯磨き粉は5回、ポテトチップスなどの塩味スナックは年間12回購入されている。このように、特定のブランドよりもカテゴリー全体の購入頻度が高いということは、各ブランドの顧客が他のブランドも購入していることを物語っている。

　表3.3のような、あるカテゴリーの競合ブランドの購入頻度指標を見ると、ブランド間で数値が異なっていること、そしてそれが市場浸透率と同じ降順になることに気づくだろう。しかしその差は、市場浸透率指標よりもはるかに小さいのが普通だ。たとえば、ネスカフェは4回購入され、テスコの家庭用コーヒーのクラシックゴールドは3回、もっとも小さなブランドのオプションズは1回だ。つまり、市場浸透率の高いブランド（ネスカフェなど）でも、平均購入頻度は他のブランドよりわずかに高いだけにすぎない。このパターンは**ダブルジョパディの法則**と呼ばれ、ほとんどの商品カテゴリーで成立する経験則である。

　平均購入頻度指標は、市場浸透率よりもブランドパフォーマンスの変化に対する感度が低いため、時間経過とともに大きな変化が起きることは期待できない。また、変化があるにしても、ダブルジョパディの法則に則した市場浸透率の変化を伴うだろう。

　平均購入頻度で平均的な顧客を表現することができる。平均購入頻度は典型的な顧客を表していると一般的には考えられているが、これは真実ではない。通常、ブランドの顧客基盤は、購入頻度の低い多数のライトバイヤーと、購入頻度の高い少数の<mark>ヘビーバイヤー</mark>で構成されている。ヘビーバイヤーの人数は少ないものの、平均購入頻度を引き上げているため、購買客の購入頻度の多くがこの平均よりも低くなる。実際、典型的な顧客の購入頻度は平均値よりもずっと低いのが普通だ。

　テレビの視聴率も同様で、多くの国で週の平均視聴時間は25〜30時間（1日3〜4時間）だが、実際には大半の視聴者の平均視聴時間は10時間未満で、毎日何時間も視聴する人はごく一部に過ぎない。他のメディアについても同様のパターンが観察される。

カテゴリー内ブランドシェア（SCR）

　ガソリンを買うとき、BP（ブリティッシュ石油）で給油する人は何人いるだろうか。またシェルで給油する人は何人いるだろうか。スーパーマーケットで買い物をするとき、コールズに行く人は何人いるだろうか。またウールワースに行く人は何人いるだろうか。ロイヤルティ指標のひとつである<mark>カテゴリー内ブランドシェア（SCR）</mark>とは、カテゴリー内の購入のうち、いつも特定のブランドを購入している割合を指す。たとえば、ある消費者がある期間中に10回スーパーマーケットに買い物に行き、そのうち5回ウールワースで買い物をしたとすると、その消費者はカテゴリー要件の50%をウールワースに割いていると言える。この指標は、金融サービス業界では"シェアオブウォレット（SOW: share of wallet）"、飲料業界では"シェアオブマウス（SOM: share of mouth）"と呼ばれている。0%から100%までのパーセンテージで表される。

　SCRは、ブランドレベルで報告される場合は、ある期間中のブランドの全購買客の平均SCRを意味する。非購買客、つまりブランドの浸透率に貢献しなかった人は計算に含まれない。たとえば、あるブランドの購買客が2人しかおらず、1人が40%、もう1人が80%のSCRであった場合、そのブランドのSCRは60%となる。

　表3.3の例で説明すると、ネスカフェはシェアが1位であるだけでなく、SCRも37%ともっとも高い。つまり、調査期間中にネスカフェを購入した顧客は、平均してインスタントコーヒー需要の37%がネスカフェで満たされていることになる。もちろん、ネスカフェだけを購入する顧客（SCR100%）もいれば、ネスカフェを購入しそれ以上に他のブランドを購入している顧客もいる。このようなさまざまなネスカフェ購買客の平均値が37%ということになる。

　SCRは、他のロイヤルティ指標と同様に、マーケットシェアの大きいブランドほど高く、小さいライバルほど低

いというダブルジョパディのパターンを示す。

　SCRも時間依存的な指標であるため、その時間枠の長さは常に報告しなければならない。分析期間が長くなると、平均SCRは低下する。これは、時間が経過するほど、つまり購入機会が増えるほど、消費者のレパートリーは増える傾向にあり、レパートリーのなかの各ブランドの占める割合が小さくなるからだ。しかし、消費者のSCRの低下は直線的ではないので、期間を2倍にしてもSCRは半分にならない。また期間が長くなるほどSCRは横ばいになる傾向がある。これは、消費者が以前買ったことのあるブランドを何度も反復して買うからだ。最終的には、各消費者の完全なレパートリーがほぼ明らかになる。多くの時間と購入機会を与えても、新しいブランドを購入することはめったにない。

「競合ブランド間ではクロスセリング指標に差はほとんどなく、存在するわずかな差も、それぞれのブランドがクロスセリングプログラムを実施しているかどうかではなく、そのブランドの市場シェアを反映している可能性がある」
(Sharp, "How Brands Grow", Oxford University Press, 2010)

　SCRに関連する指標として、顧客がその企業から購入している商品数がある。たとえば、ある銀行の顧客が、クレジットカード、住宅ローン、住宅保険の3つの商品を保有しているとする。一般的に企業は、顧客の平均商品保有数を、ロイヤルティ、すなわち関係の深さ、およびクロスセリングの成功度を測る尺度として利用している。クロスセリングを行うようにスタッフを教育することで、この指標を大幅に改善できると広く考えられているが、他のロイヤルティ指標と同様に競合ブランドとほとんど差はなく、ブランドが大幅なシェアを獲得しても、わずかな改善があるに過ぎない。

　アメリカ最大のリテール銀行であるウェルズファーゴは、20年近く前からクロスセリングの成功を自慢に思っていた。他の銀行が顧客一人当たり平均2商品を保有しているのに対して、彼らの顧客は5商品に近く、8商品をめざしていると主張していた。2006年、金融機関のクロスセリング指数は非常に類似しておりダブルジョパディの法則に従っているとする論文が発表された。その論文筆者らは、その後10年以上にもわたって、ウェルズファーゴの指標は偽物であり、おそらく現場のスタッフか経営陣が操作したものだと論文や書籍で発表した。2016年9月、ウェルズファーゴは、250万件以上の口座を不正に開設したとして、5300人の従業員の解雇を発表した。これらのダミー口座が販売収益の向上に貢献することはなかったが、銀行のクロスセリング指標（平均的顧客の商品保有数）は向上した。このスキャンダルにより、経営陣は米国上院と議会委員会から事情聴取を受け、CEOは辞任し、ウェルズファーゴは1億8500万米ドルの罰金を科され、偽口座の開設手数料を払わされていた顧客に500万米ドルが返還されることになった。同行は、偽口座を作ることでクロスセリングの目標を達成したスタッフに支払われた業績給と販売ボーナスを回収することはできないだろうと述べた。

　この事例は、マーケティング指標の傾向や法則を知っていれば、不正や誤った目標設定を防ぐことができるということを示す良い例だ。この場合、もしウェルズファーゴの経営陣がこのような指標のパターンを把握していたら、社員に達成不可能なクロスセリング目標を設定させることはなかっただろうし、指標のスコアを鵜呑みにすることもなかっただろう。

CASE STUDY

ロイヤルティラダーは不要：その危険性

　現在、多くの市場調査会社が、"ロイヤルティラダー"または"ロイヤルティピラミッド"という商品を販売している。これは、ブランドの顧客基盤を4～6つのグループに分類したもので、最下層を「ブランド未認知」とし、最上層を「熱心なブランド支持者」などとしている。この分類は通常、消費者がそのカテゴリーの商品を購入する際に、ど

れくらいの割合で対象ブランドを買っているか（実際の購買データや申告された購買行動から算出）に基づいている。顧客分類に消費者の態度に関する記述を加える調査会社もある。また、コンバージョンモデル（消費者のブランドへの心理的コミットメントを基に顧客をセグメント化したモデル）のように、完全に態度が依存的であると主張するものもある。これらの違いでピラミッドの形状やスコアに影響が及ぶことは実際にはほとんどない。

　このようなロイヤルティラダーの第一の問題点は、資金の無駄遣いであることだ。これらは基本的に、ブランドに対するＳＣＲが異なる顧客の分布を示すものだ。マーケティング科学の領域では、ロイヤルティの高い行動や態度は一定の統計学的分布に従うことが何十年も前から知られている（アレンバーグの購買頻度の法則）。したがって、どのブランドの真のロイヤルティラダーも、競合ブランドと比較してその規模を知るだけで正確に予測することができる。もし、相対的シェアが100％であれば、すべての顧客がラダーの最上段に位置することになる。つまり、このような手の込んだラダーは、ブランドの相対的人気（すなわち市場シェア）とランダムサンプリングエラーを反映しているに過ぎない。しかもグループが4〜6つと増えるほど、サンプリングエラーの影響が大きくなる可能性がある。

　これらのラダーは魅力的だ。なぜなら、マーケターが自分の仕事は顧客にこのラダーを登ってもらうことだと直感的に感じられるからだ。また、"おもしろそうだ"というエンターテインメント的な価値も提供する。それはそれで良い。ロイヤルティ指数を表現し、同時に覆い隠す、おもしろおかしくも高価な方法であり、それ以外の何ものでもないからだ。

　残念ながら、これらの指標は、非購買客から高ロイヤルティ購買客までを含む顧客基盤や市場の異質性を示す、単なる無害なエンターテインメントではない。非購買客、ライトバイヤー、ミディアムバイヤー、ヘビーバイヤーの比率は、アレンバーグの購買頻度の法則を適用すれば完全に予測可能であるという事実を覆い隠してしまうため危険だ。つまり、市場全体におけるこれらの比率は一定の割合で固定されている。したがって、ブランドの市場シェアや売上が増減しても、各顧客層の比率構造自体は変わらない。ロイヤルティラダーは、各ブランドのこの比率を示しているに過ぎないが、あたかも戦略によって比率を変えられるかの誤解を招く。しかし、この理解は誤りだ。特定のブランドにおける比率は、市場シェアを拡大または縮小した場合にのみ変化する。ロイヤルティラダーは以下の理由から、誤解を招きやすく、役に立たない。

・特定の階層をマーケターがターゲットにすべきであることを示唆しているが、これは間違っている。
・ブランドが強いか弱いかを示唆しているが、実際はブランドの規模を報告しているに過ぎない。
・市場調査や報告書作成に資金を無駄に使ってしまう。報告される微々たる変化や違いのほとんどはサンプリングの（およびその他の）エラーだ。
・ブランド認知は1回限りの戦いであり、いったん認知されれば、常に認知され、認識され、想起されると示唆しているが、これはナンセンスであり危険な考えだ。
・100％のロイヤルティを持つ購買客がブランドにとってもっとも価値ある顧客であると示唆しているが、実際には、複数のブランドを買うヘビーカテゴリーバイヤーのほうが、はるかに多くの購買量をもたらしている。
・どのようにして市場浸透率を高めるか（つまりすべてのカテゴリー購買客にリーチすること）という真の課題からマーケターの目をそらすことになる。

100％ロイヤルな顧客

あるブランドだけを買い、他のブランドは買わない、そのような製品カテゴリーがあるだろうか。

100%ロイヤルな顧客とは、ブランドの購入者のうち、分析期間中にそのブランドだけを購入し、他のブランドは購入しなかった購買客のことをいう。つまり、そのブランドのSCRが100%の人たちのことだ。

一見、感動的なロイヤルティ指標であり、非常に興味を引かれる顧客だ。他のブランドは買わない完全なロイヤルティを持ち、マーケターの観点からは非常に望ましい顧客だ。しかし、実際の彼らはもっと現実的だ。第2章で述べたように、大半の顧客は、競合ブランドも購入しているため、どのブランドに対してであれ、100%のロイヤルティを持つことはない。通常、100%ロイヤルな顧客の比率は比較的小さい。たとえば、インスタントコーヒーの多くのブランドが、100%ロイヤルな顧客は年間の購買客の約11%を占める程度である（表3.3参照）。

住宅ローンや携帯電話などのサブスクリプション市場では、100%ロイヤルな顧客の割合は大きく、顧客は長期間にわたって単一のプロバイダーを利用する傾向がある (Sharp, 2002)。しかし、より大きな市場で観察すると、たとえば、住宅ローンではなく銀行のようなサブスクリプションのカテゴリーで考えると、そのなかにもレパートリーが構成されていることがわかる。これらの市場の顧客はブランドのレパートリーを有しており、購入するサービスごとにブランドを使い分けている。

ブランドが有する100%ロイヤルな顧客の正確な比率は、調査期間の長さによって異なる。短期間であればその製品やサービスのカテゴリーでのブランド購入機会は減少する。そのため、その短かい期間にたとえ1回であってもそのブランドだけを購入した購買者は100%のロイヤルティを持つと分類される。つまり、短期間の分析では、ブランドの平均SCRが高くなるのと同様に、100%ロイヤルな顧客の割合も多く算出される。

100%ロイヤルな顧客はライトバイヤーであることも多い。なぜなら、そのカテゴリーの商品を購入する頻度が高いほど、他のブランドを買う機会も増え、一度でも他のブランドを買えばもうその顧客を100%ロイヤルとは分類できなくなるからだ。マーケターのなかには、この指標を追跡して、100%ロイヤルな顧客の数を増やそうとするものもいるが、調査によると、このロイヤルティ指標はブランドの市場シェアに依存することがわかっている。市場シェアが大きいブランドほど、100%ロイヤルな顧客は多い。つまり、当然のことながら、このロイヤルティ指標も**ダブルジョパディの法則**に則っている。表3.3では、ネスカフェは100%ロイヤルな顧客の割合がもっとも高いことを示している。

顧客離反率

離反率とは、これまでそのブランドを買っていたすべての顧客のうち、もうそのブランドを買わなくなった人の割合のことだ。つまり、この指標はブランドが失った顧客の割合を表している。消費者がブランド間を絶えず行き来するレパートリー市場では、不規則に変化する購買行動から真の変化を見極めて分離することはきわめて困難だ。この指標は、金融業界のように、口座を閉じたり活動を停止したりする顧客の行動が明確にわかる業界では簡単に測定することが可能だ。消費者に使うことをやめたブランドがあるかどうかを尋ねるだけの調査データも信頼性はかなり高い。

最初は、顧客喪失という考えは、ほとんどのマーケターにとって恐ろしい出来事のように聞こえるだろう。顧客喪失が起きるたびに、市場シェアを維持するために、新規の顧客を獲得して補充しなければならない。顧客喪失は、ブランドのサービス品質の劣化または変化のシグナルかもしれない。しかし、学術的な調査によると、特定のブランドを買わなくなった顧客のほぼ半数が、そのブランドとは無関係の理由でそうなっている (Bogomolova, 2009)。具体的には、カテゴリー全体でのニーズの欠如や（消費者が特定の製品を必要としなくなった場合。たとえば、事業を売却したのでビジネスローンの必要がなくなった場合など）、マーケターのコントロール外での生活や嗜好の変化などである。成長を続けている成功を収めたブランドであっても顧客を失う。したがって、ライクヘルドが提唱したゼロ離反率 (1990) という理想は現実的には不可能だ。

顧客離反率は、他のロイヤルティ指標と同様に、ダブルジョパディの法則に従う。そのため、ブランドの市場浸透率が高くなれば、つまり顧客数が多くなれば、離反率は改善する。すなわち喪失する顧客基盤の割合は小さくなる。

(Sharp et al., 2002)

　調査によると、衰退ブランドの真の問題は、顧客離反率が異常に高いことではなく、むしろ顧客獲得率が異常に低いことであることがわかっている。つまり、成長中のブランドは顧客離反率が低い（あるいは存在しない）のではなく、むしろ顧客獲得に秀でている（Riebe et al. 2014）。

顧客クレームと顧客推奨

　クレームをする顧客はおそらく全体のごく一部であると思われるが（そう願いたい）、顧客からのクレームのおおよそのレベルをモニターして、企業は自社のサービスの提供状況を判断することができる。また、そのクレームを分析して、サービスのどの部分がうまく機能していないかを診断することもできる。直接受けたクレームだけではなく、ネット上でのクレームをモニタリングする機会も増えている。近年、ネットプロモータースコア（NPS）が、顧客のブランドを推奨したい気持ちがどのくらい強いかを測定する指標としてよく知られようになった。しかし、この指標が企業の将来の業績を予測できるかどうか、まだ研究は進んでいない（Sharp, 2008; Keiningham et al, 2007）。

　一般に信じられていることとは異なり、NPSは顧客の実際の推奨を測定したのではなく、尋ねられたという条件下での顧客の推奨したい気持ちを測定しているだけだ。すなわち、顧客がそのブランドを周囲に推奨したくなるほどブランドに満足しているかどうかを尋ねることで、顧客の態度を測定している。つまり、否定的な口コミを発信する意欲を測定することまではできない（East, 2008）。最近では、実際のポジティブとネガティブの両方の口コミを発信する傾向を測定する新しい尺度が提案されている（East, Romaniuk & Lomax, 2011）。

　NPSは満足度指標のひとつだが、サービス要素への満足度を問う質問とは異なり、この指標が実際に何を測定しているかがきわめて不明確であるため、マネージャーやスタッフを混乱させる可能性が高い。

　ネット上の口コミをモニターする企業が増えている。口コミのほとんどはオフラインで生じているにもかかわらず、ネット上の口コミはモニター費用がはるかに安いからだ。このビッグデータの価値について大げさな主張が続いている。つまり、データを継続的かつリアルタイムで得られるというものだ。一見するとすばらしい価値提案も、その真の影響や意味合いはずいぶん曖昧だ。たとえば、2016年末、Apple社はMacBook Proの新モデルを発売した。例によって新モデルはいっそう薄く軽くなり、演算スピードも加速し、さらに斬新なタッチパネルが導入された。しかし、この朗報とともに、Appleはほぼすべての古いコネクタポートを最新のUSB-Cに置き換えるという斬新な発表を行った。新しいMacBook Proのオーナーの多くは、既存のアクセサリーやディスプレイに接続するために、異なるアダプターや複数のポートを持つハブを購入する必要が生じた。この発表がネット上で大きな話題となり、Googleトレンドの報告によると、「MacBook Pro代替品」という言葉の検索数が大きく伸びたという（下図3.2参照）。このとき、多くの購入希望者がAppleの大胆な変更に拒否反応を示したのは明らかだった。大胆な変更はこれ

図3.2　"MacBook"のGoogleトレンド検索結果

データソース：Google Trends

が初めてではなかった。最初にフロッピーディスクドライブを内蔵しなくなったノートパソコンもAppleだった。

　このオンラインデータに基づいて、専門家から「今度のMacはやり過ぎだ」とか「売れない」という批評が相次いだ。しかし、市場調査会社のスライスインテリジェンス社は、最新のMacBook Proが全競合ノートパソコンの1年間の総販売台数を上回るオンライン販売記録を5日間で達成したと報告した。その直後、マーケティング担当上級副社長フィル・シラーは、新しいMacBook Proは前例のない注文を受け、商品発送まで予想以上の時間がかかっていると発表した（Rossignol, 2016）。

図3.3　MacBook Proと他製品の2016年上期の売上伸び率比較

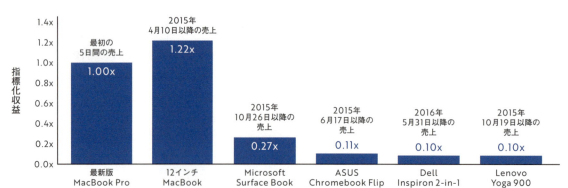

データソース：Slice Intelligence, 2016

　この事例には、ネット上の"おしゃべり"は簡単に入手できるかもしれないがその解釈は容易ではないことを思い知らされる。今にして思えば、Googleの検索データは、新しいテクノロジーにいち早く移行するというAppleの決定が一部の潜在購買客を動揺させていたことがその時点で明白であったことを教えてくれていたようだ。しかし、その発売が失敗するのか、成功するのか、それとも狙い通りなのか、そこまではわからなかった。検索データから新しいMacBook Proの関心は高く、そのため宣伝効果も大きかったと考えられる。これも後から考えればわかることだが、販売実績がわからないうちはネット上の口コミの本当の意味を知ることができず、誤解しやすかったのだろう。

CRITICAL REFLECTION　　　　　　　　　　　　　　　　　　　　　　　　　　批判的省察

　マーケティングにおける行動指標の利用について考えてみましょう。行動指標はマーケターのどのような問いに答えることができ、どのような問いに答えることができないでしょうか？

記憶指標

　記憶指標は通常、消費者が製品やブランドについて考え、感じていることを表す。行動指数で実際の行動を測定するのとは対照的だ。たとえば、「Googleというブランドはどれくらい好きですか？」「バージンというブランドについてどう思いますか？」「ロレックスといえばどんな言葉や連想が浮かびますか？」といった質問に対する答えは、人々が製品やブランドをどのように認識しているかを示す例だ。このような思考や感情の集積を、消費者基盤のブランドエクイティと呼ぶことがある。

　この情報は主に消費者調査から得ている。心理実験や記憶力テストなど、消費者の頭のなかを観察する方法は他にもあるが、それらは小規模で費用もかかり、母集団に一般化することは難しい。オンラインチャットや口コミのデータマイニングを利用して消費者心理を評価することも可能だが、消費者の記憶構造まで測定することはできない。

記憶指標は、消費者が記憶している製品やブランドに関連する情報のことだ。以下はマーケターがもっともよく使う記憶指標の例だ。

・ブランド認知度
・ブランドイメージ
・メンタルアベイラビリティ
・ブランド態度
・顧客満足度とサービス品質
・ブランド購入意向

すべての記憶指標が過去の行動の影響を強く受けるため、利用客が多くしかも直近に利用されてシェアの大きいブランドほど高いスコアを獲得する。記憶指標を解釈する際にはこのことを考慮しなければならない。

ブランド認知度

ブランド認知度は、どれだけの顧客がそのブランドを知っているか、つまり、顧客の記憶の中にブランド情報が存在するかどうか、そしてそのブランド関連情報がどれだけ容易に想起されるかを反映している。ブランド認知度には、大きく分けて3つのタイプがある。

・第一想起とは、回答者が、ある製品カテゴリーを考えるよう求められたときに、ブランド情報を提示されなくても特定のブランドが最初に想起される確率のことだ。たとえば、清涼飲料水ブランドを思い浮かべるよう求められた場合、コカ・コーラが最初に思い浮かぶブランドだとする。この場合、コカ・コーラを最初に想起した回答者の割合が、第一想起率として報告される。最初に非助成想起されたブランドが第一想起ブランドだ。

・非助成想起とは、回答者が、ある製品カテゴリーを考えるよう求められたときに、何のヒントもなくても想起されるブランドの想起率のことだ。この場合、そのブランドを想起した回答者の割合が、想起率として報告される。

・助成想起（認知と呼ばれることもある）は、回答者がブランド名を尋ねられたとき（例：「ドクターペッパーをご存知ですか？」）、あるいはそのブランドのロゴやパッケージを提示されたときのブランド想起率のことだ。

当然ながら、最初の2つの認知尺度は消費者にとっては負荷の高い測定方法で、ターゲットブランドを想起できる消費者は少なくなる。しかし、助成想起は、大規模ブランドであれば、100%の認知を得ることもあり得る。したがって、ブランドの認知度を測定するとき、どちらの方法を用いるかで結果は異なり、第一想起によるブランド認知が最下位に、助成想起によるブランド認知が最上位になることもある。

また、大規模ブランドでは助成想起指標で天井効果が、小規模ブランドでは純粋第一想起指標でフロア効果が生じる可能性があるため注意が必要だ。マーケターは、ブランドの規模を考慮して、3つのブランド認知度指標のうちどれがもっとも適切かを検討する必要がある。(Romaniuk & Sharp, 2004)。またマーケターは、製品カテゴリーの"手がかり"を与えられたときに、購買客の"ブランド想起力"と"ブランド認知力"のどちらを測定するべきかを検討しなければならない (Rossiter, Percy & Donovan, 1991)。ブランド認知は、購入前に目にする商品（小売店で販売されている商品など）において重要であり、ブランド想起は、購入前に想起される商品（財務会計サービスなど）において重要だ。

これらの認知度指標はすべて欠点がある。助成想起は、ブランド名が提示されることで、正確な認知度を測れない可能性がある。特に混雑した棚では、ブランドがどれほど注目されているかを必ずしも正確に測定できるわけではない。一方、第一想起や非助成想起による測定は、製品カテゴリー名という単一の手がかりしか使用されない。これらの欠点から、後述するメンタルアベイラビリティというアプローチが生まれた。

ブランドイメージ

ブランドに関する記憶としては他にも、ブランドとその属性や品質との間に消費者が抱くブランドイメージの連想

がある。これらの感覚的属性には、「味が濃い」（ベジマイト）、「パッケージが紫色」（キャドバリーチョコレート）といった単純な連想から、品質に関する「プレミアム品質のブランド」（リンツチョコレート）や、製品ベネフィットに関する「肌の潤いを保つ」（パームリーブ）、ユーザーを意識した「忙しいママ用」（ハギーズ）などの連想がある。

ブランドイメージの指標は、どのブランドが"最高のコストパフォーマンスを提供する"という属性ともっとも強い関連性を持っているかなど、特定の関連性を測定するときに使われる。この場合、ブランドポジショニングと呼ばれることもある。一般的な考えとは裏腹に、あるイメージ属性と単独に関連付けられることがブランド選好につながるという考え方は、調査によって裏付けられてはいない。ブランドは、その属性を持つ唯一無二の存在であることよりも、よく知られていることのほうが重要のようだ (Romaniuk, 2007)。

メンタルアベイラビリティ

メンタルアベイラビリティとは、購買客が購買場面でブランドに気づく、またはブランドを想起する能力のことだ。**ブランドセイリアンス**と呼ばれることもある (Romaniuk & Sharp, 2004)。メンタルアベイラビリティは、ブランドに関する記憶構造、つまりブランド連想の質と量に支えられている。この質には2つの側面がある。連想の強さと購買状況のレレバンシー（関係性の強さ）だ。

購買客は、ブランド購入候補を検索するとき、さまざまな手がかりを使う。たとえば、朝食に食べるものであれば、低脂肪のもの、健康的なもの、手軽なものなどを手がかりにする。また、色、パッケージの形やサイズなどの抽象的な手がかりを使って特定のブランドを識別することもある。このような手がかりを利用していることに、購買客自身まったく気づいていないかもしれない。

ブランド記憶と属性をリンクさせることで、マーケターは次のことができるようになる。

1. ブランドを想起できる人の数を増やす
2. ブランドを購入候補のひとつとして考える人の数を増やす

ブランドと属性がリンクしているということは、そのブランドが購入されるある程度のたしからしさがあるということだ。ブランドが購入される確率は、まったく意識されていなかったときと比べるとはるかに高くなる。メンタルアベイラビリティは、フィジカルアベイラビリティとともに、ブランドの経済的価値の大部分を占める貴重な資産だ。

このような記憶構造を測定するひとつのアプローチは、ブランド認知調査から得られたブランド連想の総数をカウントし、その指標を**シェアオブマインド**、つまり、すべてのブランド連想のなかでそのブランドの連想が占める割合として算出することだ (Romaniuk & Sharp, 2003)。

ブランドを想起させる（または想起させない）特定の手がかりは、マーケターにとって、マーケティングコミュニケーションに何を含めるべきかを示唆する、診断的な価値を持つこともある。また、特定の手がかりに対するブランドのパフォーマンスから、広告が意図したとおりの記憶を消費者に想起・形成させているかを評価することもできる。

ブランド態度

ブランド態度とは、製品やブランドに対する消費者の評価のことだ。ブランド態度には、極端にポジティブなものから（例：大好き）、極端にネガティブ（例：嫌い）、その中間的なものまであり、その幅は広い。ブランド態度は、同じカテゴリー内の製品や、サービス、ブランドについてはもちろん、ブランド特徴についても測定することができる。

第2章で、ブランド態度がブランド行動に及ぼす因果的影響は弱く、ブランド行動がブランド態度に及ぼす影響のほうが強いことを考察した。ブランド態度を測定しても、多くの場合、ブランド行動の情報が新しく得られることはめったにない。

顧客満足とサービス品質

サービスの質に対する顧客の満足と認識は、顧客サービスを提供する多くの企業、たとえば、銀行、通信事業者、エネルギー供給事業者、インターネット事業者、美容院などにとっては重要な指標であると考えられている。

大まかに言えば、これらの態度指標は、サービスや製品の全体的な質、およびサービス提供のさまざまな側面に顧客がどの程度満足しているかを表している。サービスには多くの側面や次元があるが、もっとも一般的に測定されるものには次のようなものがある。

・信頼性──情報の正確さや精密さなど
・応答性──サービス提供のタイミング
・共感──顧客に対するスタッフの関心の高さ
・たしかさ──スタッフがどれだけ知識豊かで信頼できるか
・有形価値──支店の雰囲気、ATMの品質や機能性などの施設の物理的環境

この5つの側面は、1988年にパラスラマン、ゼイタムル、ベリーによって提案され、業界で広く採用されているサービス品質評価ツール"サーブクオル"（SERVQUAL）の一部でもある。

顧客満足度やサービス品質は、多くの場合、「どちらでもない」を中間点とし、「強くそう思う」から「まったくそう思わない」までの尺度を使って、特定の記述にどれほど同意できるかを問うことで測定する。たとえば、「次の記述にどれくらい同意できるかお答えください：コモンウェルス銀行が提供するサービスに私は非常に満足している」などは、総合満足度を問う質問の一例だ。

サービス業では、売上高などの財務指標とともに、これらの指標が重要な業績評価指標として使われている。銀行や大学などのサービス組織では、CEOやトップマネジメントのボーナスが顧客満足度と連動していることはよくあることだ。

顧客がサービスをどう評価しているかを測定する方法として、サービスの提供状況を直接測定する方法がある。これには、機械的な尺度を使って測定する方法や（例：サービススタッフが電話に応答するまでの時間の速さを測定する）、最近サービスを受けた顧客にその質を直接問う方法などがある（例：「サービス業者は帰る前に掃除をしましたか？」や「サービス業者はバックアップ装置の操作方法を教えてくれましたか？」など）。覆面調査（ミステリーショッピング）もサービス提供状況を直接測定するために使われる手法のひとつだ。覆面調査では、調査員が顧客になりすましてサービスのさまざまな側面を記録する。調査によると、サービス提供の質は、顧客とサービス提供者との接点（サービスエンカウンター）によってさまざまであることがわかっている。そのため、ひとつの店舗やひとつのサービスセンターで有効な結果を得るためには、相当数のサービスエンカウンターを調査する必要がある（Dawes & Sharp, 2000）。

ブランド購入意向

製品やサービスの購入意向は、顧客の将来的行動を予測する指標として、市場調査ではよく使われている。顧客の将来の行動を予測できるという考えは非常に魅力的だが、この指標は行動の変化を予測するのには向いていないことが判明した。その理由は、第2章で説明したとおりだ。意向には過去の行動が反映される傾向がある（Bird & Ehrenberg, 1966）。たとえば、過去にそのブランドを購入した人は今後も買うだろうと予見しやすい。しかし、はじめて製品を購入するときの予測は、その顧客にとってはまったく新しいゲームのはじまりだ。iPhoneを買いたいと強く思っていても、それを阻むさまざまな要因が存在する。たとえば、米国で新発売の時点では、オーストラリアではまだ販売されていないかもしれないし、顧客が急にiPhoneを買いたいと思っても在庫がないこともあるし、iPhoneが提携している唯一の通信サービスプロバイダーを顧客が利用していない（または使用できない）かもしれ

ない。このような要因が存在するため、たとえ顧客がiPhoneを購入する意思を持ち、アンケートでそのように答えても、実際には行動を起こさないこともあり得る。だが、購入意向指標を使って消費者の購入計画を知ることはできる。そのため、説得力のあるマーケティングコミュニケーション（すなわち、消費者に購入を促すことを目的とした広告）の効果を測定するための適切な指標となり得る。

この他にも、多少異なるが類似性のある指標は存在する。消費者に将来何かを購入する可能性がどのくらいあるかを尋ねるもので、将来の行動を予測するのにより適している。ジャスタースケール（Juster scale）はその一例で、特定の状況において非常に効果的であることが示されている (Brennan, 2004; Brennan & Esslemont, 1994; McDonald & Alpert, 2001; Wright, Sharp & Sharp, 2002)。一方、尤度指標（likelihood measure）は、過去の行動の影響を受けるため、行動の変化よりも規則的な行動を予測するのに適している。

CRITICAL REFLECTION ||||||||||||||||||||||||||||||||||||||||||||||||||||||||||||||||||| 批判的省察

態度指標と認知指標について考えてみましょう。あなたが次の会社で働いているとして、自社のために追跡したい指標を3つ挙げてください。

1. AppleのiPhone
2. Telstra
3. 赤十字社

その根拠を説明してください。

|||||||||||||||||||||||||||||||||||||||||||||||||||||||||||||||||||||||||||||||||||||||||||||||||||||||||||||||

顧客プロファイル指標

顧客プロファイル指標とは顧客を描写するためのもので、マーケターがブランドカテゴリー内のさまざまに異なる購買者をすべて特定し、リーチするために使われる。顧客の性別、年齢、収入などがこれに含まれる。企業を対象としたビジネスでは、業種、会社規模、オフィス所在地などが指標となる。ドッグフードの購入者は明らかに犬を飼っている人だが、タコスの皮や家具の艶出しを購入するのは誰だろうか。このような問いに明快な答えはない。そこで市場調査が必要となる。マーケターにとって、購入者が誰で、どこに住んでいて、どんなメディアを見て、いつ、どこで、どのように買い物をするのかを理解することは非常に重要だ。

思い込みは危険で、典型的な化粧品購入者と典型的な電動工具購入者とは異なるタイプの人たちだ。CNNの視聴者とニコロデオン（児童向け番組チャンネル）の視聴者も異なる。しかし、これらの人たちはまったく別の顧客群に属しているわけではない。これらのカテゴリーがいかに多くの顧客を共有しているかを知ると驚くかもしれない。

広範囲の研究が行われ、同じ製品カテゴリー内の競合ブランドを購入する顧客の人口統計学的特性は、実際、非常に類似していることが実証されている (Kennedy & Ehrenberg, 2000)。つまり、ロレアルを購入する人は、ダヴを購入する人とほぼ同じタイプの人たちだ。つまり、カテゴリーバイヤーのプロフィールは、ブランドの顧客プロフィールを比較する上で非常に有用なベンチマークとなり得る。たとえば、ある製品カテゴリーバイヤーの半分が男性であるにもかかわらず、特定のブランドの購入者の男性の割合が40%にとどまる場合、そのブランドのマーケティング活動が男性にうまくアプローチできていない可能性がある。また、居住地域の地理的偏りの情報から、特定の地域にフィジカルアベイラビリティの不足が生じていることが浮き彫りにされることもある。

マーケティング活動指標

売上に予想外の増減があった場合、売上が変化した理由を理解するために、その変化の前後で企業がどのようなマ

ーケティング活動を行っていたかを知ることはきわめて重要だ。同時に、競合ブランドのマーケティング活動を知ることも重要だ。さらに、マーケティングの効果を理解するためには、その企業の実際のマーケティング活動を時系列で測定することが重要だ。たとえば、どの市場のどのメディアを使ってどれだけの広告費を投じたかを記録することだ。残念なことに、そしていささか意外なことに、マーケターが、競合ブランドの活動を記録することはおろか、自社のマーケティング活動を体系的に記録することを怠っていることが多い。

マーケティング活動指標は、企業がマーケティング投資を追跡するためにも必要だ。指標は、「我々は十分なマーケティング活動を行っているか？　適切な場所で行っているか？　マーケティング戦略で何が変わったか？」などの問いに答えてくれる。

メディア代理店は、特定の期間内にブランドの広告に何人が何回接触したかを示す、詳細な指標データを持っている。また広報代理店は、企業のプレスリリースやニュース記事、およびこれらがメディアでどのように取り上げられているかについての情報を持っている。市場調査代理店は、自社ブランドと競合ブランドの価格と価格プロモーションに関する指標を持っている。しかし他の多くの指標は、マーケター自身がその記録を保持しなければならない。具体的には次のような指標だ。

・営業担当者は何件の店舗を訪問したか？

・新しいパッケージはいつ発売されたか？

・各取り組みにどれだけの資金が使われているか？

・競合ブランドが販促活動をいつ開始しいつ終了したか？

マーケティング活動指標を幅広く収集し、長期にわたって収集し続けることは賢明だ。そうすることで、市場とマーケティング活動がどのように機能しているかを調査するための有用なデータをマーケティングアナリストに提供することができる。将来的に生じる問題にも取り組むことができる。リアルタイムでデータ収集しておかなければ、過去に遡ってデータを作成することは極めて困難または不可能である。

フィジカルアベイラビリティ指標

フィジカルアベイラビリティとは、できるだけ幅広い潜在的購買環境において、できるだけ多くの消費者が、できるだけブランドを認知しやすく買いやすくすることだ。市場浸透率や店舗での存在感などもこれに含まれる。利用可能な時間帯や、購入のしやすさなども含まれる。購買客は愛用するブランドであっても強いこだわりを持っているわけではないので、見つけやすく買いやすいということが必須だ。彼らは何の抵抗もなくレパートリーのなかから代替ブランドを選んで購入するからだ。

フィジカルアベイラビリティは消費者が製品やサービスを購入し消費することを可能にする。フィジカルアベイラビリティ指標には次のような指標がある。

・製品配送先数

・営業時間

・製品配送先の地理的範囲

・配送拠点の地理的範囲

・店内ディスプレイ数

・ブランド専用の棚数

「消費財やサービスのマーケターが、『そうですね、実質的に100％入手可能です』と言うことが多いことに私はとても驚いている。彼らは、自社ブランドが大手のスーパーマーケットチェーンでは全店舗で扱われていることや、全国的な支店網を持つこと、ウェブサイトでは24時間注文受付可能であることなどを例に出して言う。しかし、どれも100％とは言い難い。おそらく問題は『入手可能』という言葉だろう。私の言う入手可能とは、『消費者がその製品を本気で探せば入手できる』という意味ではなく、『すぐに入手できる』という意味での入手可能だ。よく紹介さ

れるように、コカ・コーラ社の言う "欲望からすぐ手の届く範囲に" が良い。この基準に従えば、どの企業にも自社ブランドのフィジカルアベイラビリティを向上させる余地があることが容易に理解できる」『ブランディングの科学』（バイロン・シャープ著、朝日新聞出版、2018年）

質問の真意が伝わっているか？

多くの指標は消費者調査に基づいている。しかし、市場調査でよくある大きな誤解は、質問文を見ただけで、調査が何を測定しようとしているかを判断してしまうことだ。たとえば、「サービス」「満足度」「品質」といった言葉が質問文に含まれていると、それだけで顧客のサービス体験を問う質問だと考えてしまいがちだ。一見正しそうに思える。しかし、直感的な思い込みが、実は誤りであることがよくある。たとえば、太陽が地球のまわりを動いているというかつての常識が良い例だ。市場調査では質問の真意が正しく伝わらなければならない。

CASE STUDY

広告効果測定

オーストラリアの広告業界誌B&Tに、当時オーストラリアで放映されていた4つのテレビコマーシャルを広告トラッキングして比較するという興味深い記事が掲載されたことがある (Sinclair, 2004)。質問のひとつは、「コマーシャルを見てブランド製品を試して／購入してみたくなりましたか？」というものだった。一見、そつのない質問のように見える。広告が売上を伸ばすかどうかをマーケターに教えたいのだろう。しかし、この質問で何がわかるというのだろうか。もし消費者がこの質問に "はい" と答えたら、それは次のようなことを意味しているのだろうか。

・消費者は、このコマーシャルは人の購買意欲を刺激しようとしている（つまり、あきらかに売り込みをしている）と思っている。
・消費者は、このコマーシャルに購買意欲を刺激された（つまり、購入したい）と思っている。

それとも単にそのブランドを購入する可能性が高いと思っているだけだろうか（この場合、コマーシャルに動機づけられたというよりも、現在そのブランドを購入しているかどうかにより深い関係があると考えられる）。それとも、人によってもキャンペーンによっても異なる複雑な気持ちが漠然と生じただけだろうか。

テレビCM	ブランドを試してみたい／買ってみたいという気になる（％）
ヘロンイブプロフェン	48
ランドローバー	48
ブッラアイスクリーム	41
コカ・コーラ	21

データソース：Sinclair (2004)

結果的に、3つのコマーシャルがすべて同じようなスコアで、コカ・コーラだけがかけ離れて低いことがわかった。これは、回答者がコカ・コーラのコマーシャルが強引な売り込みをしていないことを正しく認識したからだろうか（スケートボードのシーンが印象的に映し出されていた）。それとも、多くの回答者（特に年配の回答者）がコーラをあまり飲まないからだろうか。あるいは、単に購買意欲をそそられるコマーシャルとは思われなかったからだろうか。それは誰にもわからない。しかし、誰もコカ・コーラの広告の販売

効果がもっとも低く、他のコマーシャルの半分以下だったとは考えないだろう。

　ヘロン（医療品メーカー）のイブプロフェン製品（鎮痛剤）のコマーシャルは、業界のブランドリーダーであるヌロフェン（Nurofen）と直接比較するハードセル広告であるために、評価が高かった。比較する2つの製品がまったく同じ成分を持つという、あまり例のないコマーシャルだった。ヘロンの広告は、「成分は同じ。しかもオーストラリア製で安い。それでもヌロフェンを買いたいですか？」と訴えている。これは直接的で説得力のあるメッセージだ。しかし、この広告が高く評価されたことが驚きなのではなく、「この広告はこのブランドの製品を試したい／買いたい気にさせる」と答えた人がわずか48％だったことだ。この広告の一体何が評価されたのだろうか。購買意欲を刺激する広告ではなかったのだろうか。それは誰にもわからない。

　多くの広告を使ってさまざまな角度から比較しなければ、意味のある回答を引き出すことはできない。ただ質問を提示されても消費者は何を問われているのか理解することができない。

市場調査の質問が本当に測定したいものを測定できているか（妥当性があるか）を慎重に検討する必要がある。「アヒルのように見え、アヒルのように歩き、アヒルのように鳴くなら、それはおそらくアヒルだろう」ということわざがあるが、残念ながら、市場調査員とその顧客は、アヒルのように見えることを確認するだけで満足し、それ以上の調査は行おうとはしない人たちだ。しかし、バードウォッチングをする人ならわかるように、アヒルに似た水鳥にはハシビロコウやマガモなど他にもいろいろな種類がある。

　質問で何を測定するべきかを個人的な評価だけに頼るのは危険で愚かなことだ。そもそも調査の担当者たちの解釈がそれぞれ異なるため、無用の議論となり、見解の相違による誤解を招くことが多い（例：湖にいるのはアヒルか、それともハシビロコウか）。市場調査の費用を無駄にしないためにも、調査で測定しようとしているものは何か、明確な共通の理解を持つべきだ。

CASE STUDY

ブランド態度は本当に存在するか？

　購買客のブランド態度を問う質問から彼らのブランドに対する考えがわかると思われがちだが、これはよくある誤りだ。購買客の頭のなかには常にブランド態度が存在し、そのメンタル構造が彼らの購買行動を決定する、などと考えられている。
質問を行ってみるまでは、購買客の頭のなかにはブランド態度は存在していないかもしれない、などと考えることはめったにない。回答者はおおむね親切で、たとえはじめて尋ねられる質問であっても質問に答えてくれる。マクドナルドがこれまで販売したハンバーガーは数十億個にものぼるが、人はその多くを、味をあまり考えずに食べていたのではないだろうか。これまでたくさんのハンバーガーを食べてきた食欲旺盛な10代の若者たちは、ハンバーガーが胃に入る前にそのハンバーガーについて考えることをやめてしまっているのではないだろうか。頻繁に飛行機を利用する人は飛行機を降りるとただちにフライト体験のことは忘れてしまうのが普通だ。サービス体験の評価が実際に記憶に定着するためには、フライト中に何か普通でないことが起きる必要がある。また、価格、条件、予約のしやすさ、ラウンジ、機内食、エンターテインメントなどの総合的な評価を得るときには、回答者にいつもより大きい負担がかかる。市場調査とわかれば、回

答者はがんばり過ぎて役に立たない回答をすることになるだろう。購買客のブランド態度が測定できると勘違いしてはならない。彼らは尋ねられるまではブランド態度を持っていないのだから。

フライトはどうでしたか？	ええ、とてすばらしかったです。
機内食はどうでしたか？	それほどおいしくはなかったです（心の声：フライトがすばらしいと言ったけど、早計だったかもしれない）
スタッフの親切さはどうでしたか？	とても親切でした（心の声：フライトはまあまあ良かった）
出発時刻はどうでしたか？	遅れました（心の声：そういえば、イライラした）
それで、フライトはどうでしたか？	うーん。いまいちでした。

　このように、回答者は簡単に矛盾した回答をする。学術的研究によれば、同じブランド態度に関する質問を2回されて、2回とも同じ回答をする確率はわずか50％程度でしかない (Dall'Olmo Riley et al.,1997)。

　先に述べたように、「サービス」と「満足度」または「品質」という言葉が使われている質問は、通常、提供するサービスに対する顧客の評価を測定するものと考えられている。したがって、指標にはサービスの質の向上が反映されるはずだと。そして、「満足度」スコアが低下すると、経営陣は通常、サービス改善プログラムを導入してスコアを改善しようとする。しかし、全体的満足度を測る質問を行ってみると、実際のサービス提供との関係が希薄な場合がある。満足度スコアは、むしろ天候や季節、大きな宣伝や広告などのイベントによって変動しているのだ。したがって、サービス提供の質を改善するために投資をしても、それが全体的なサービス品質指標に反映され、数値が大きく改善することはめったにない。つまり、多くのマーケターが期待するほど、満足度指標はサービスの良し悪しを正確に表わしているわけではない。にもかかわらず、満足度が向上すれば、それはサービス品質と自分たちの行動によるものだとマーケターは誤解してしまう。

　同様に、生徒による講師の評価は、講師の見た目の魅力に影響を受けるという調査結果もある（これは特に男性講師の場合だ。おそらく男性講師のほうが見た目のばらつきに大きな差があるのだろう）(Hamermesh & Parker, 2005)。

　このケーススタディからわかるように、外見で中身を判断してはならない。市場調査の質問も、質問に使われている言葉の表面だけを見てはならない。もっと深く観察することが必要だ。ある質問が実際に何を測定しているのかを知るためには、その測定値が他の指標との関係のなかでどのように変化し、市場の変化に実際にどのように反応するのかを知る必要がある。これには研究開発と実験が必要だ。間違った結論に至らないように、結果を慎重に分析する必要がある。たとえば、温度計の測定値はオフィスよりも海辺のほうが高く、人々はオフィスよりも海辺にいるほうが笑顔は大きい。この結果から、温度計は人の幸福度を測定することができるという結論が容易に導かれかねない。少し注意して実験を行えば、このような仮説は簡単に真偽をたしかめることができる。うまくいけば、温度計が測定しているのは周囲の温度であり幸福度ではないという結論に至るだろう。

指標を正しく解釈する

指標スコアを解釈するためには、指標に何を期待すべきかをマーケターは知る必要がある。本項では、マーケターが指標において観察することになるもっとも重要なベンチマークのいくつかを列挙する。指標のパターンは、実際に多くのさまざまな経験的データに観察されるため、まるで法則であるかのように表現されている。これらのパターンは、食料品、アルコール飲料、銀行、自動車、店舗選択、さらにはテレビ視聴など、すべてではないにしてもほとんどの製品またはサービスのカテゴリーで普遍的に明解であることがわかっている。

既知の期待どおりのパターンからの逸脱は、往々にして、測定、分析、解釈のいずれかに問題があったことを意味する。真の逸脱は潜在的に興味深く、調査する価値がある。

ブランド規模の影響

多くの人は、ブランド態度スコアは、ブランドのイメージ、歴史、品質などに応じて特異的に変化するのではないかと直感的に思っているだろう。つまり、ブランド態度スコアとブランド規模は無関係なのではないかと。実際、特に好まれているわけではない、つまり衰退する運命にある大規模なブランドもあれば、特定の人々に強くアピールする小規模なブランドも多数存在すると思われる。しかし、調査によると、ユーザーの多い、つまり市場シェアの大きいブランドは、すべての記憶指標、特に態度的評価のスコアが高くなる傾向が強いことがわかっている（Bird & Ehrenberg, 1966, 1970; Romaniuk, Bogomolova & Dall'Olmo Riley, 2012）。消費者は自分が使っているブランドについては多くを語るからだ。当然ながら、消費者は自分が使っていないブランドについてはあまり知らないし、思い出すこともあまりない。消費者は、自分が使っていない、またはあまり使っていないブランドについてコメントを求められると、良くも悪くもない控えめな評価をする傾向がある。したがって、利用者の多いブランドほどスコアは高くなる。本書の読者はすでに理解されていることだろう。しかし残念ながら、経験豊富なマーケターでさえも、多くの人がこの事実を認識していない。あるいは単につい忘れがちなのかもしれない。

また、調査対象の各ブランドのブランドユーザー数に合わせて補正された記憶指標を見ることはまれだ。記憶指標に関する調査の多くが、回答者にどのブランドを使っているかを尋ねることを怠っている。まずブランド使用状況を調整しない限り、多くの指標を正しく解釈することは不可能であり、スコアの解釈で大きな間違いを犯しやすい。明らかなことは、市場シェアの高いブランドは、顧客認識に基づくパフォーマンス指標の多くで高い評価を得ていると思い込み、一方、小規模ブランドは、信頼性やサービスなどの認識がそれほど高くないので業績が悪いのではないかと心配していることだ。

同じブランド使用効果に起因する、それほど明白ではない間違いもある。たとえば、スーパーセーブという銀行が、顧客に投資情報を提供した際にどの程度の効果があったのかを調査しようとした。この銀行は、市場調査会社に依頼して、自社の顧客データベースから選んだ顧客名簿を用いて調査を行った。回答者に、銀行のスタッフの知識、親切さや、広告、ウェブサイト、ニュースレター、投資ガイドブックなどの印象について尋ねた。

他の銀行も利用している回答者には、その銀行について同じ質問をして、スーパーセーブ銀行のスコアと比較した。スーパーセーブ銀行は、他の銀行よりも良い仕事をしていることを明確に示す結果に満足だった。彼らの解釈のどこに誤りがあるかわかるだろうか。自社の顧客リストからサンプルを選んだことで、結果が自分たちに有利になるように歪められてしまったのだ。つまり、自社の顧客名簿はスーパーセーブ銀行とだけ取引を行っている回答者で構成されているが、他行の顧客名簿はスーパーセーブ銀行とも他行とも取引を行っている回答者で構成されていたのだ。事実上、他行へのロイヤルティの低い顧客を調査していた。これが、行動指標だけでなく、記憶や態度の指標にも影響を与えた。

ブランドの浸透率（つまりどのくらいのユーザーがいるか）を知ることで、他の多くの行動指標や態度指標の推定

と予測が可能になる。すなわち、規模の大きいブランドほどスコアが高くなると考えられる。そこで、メンタルアベイラビリティなどの記憶指標を補正することで、異なるブランド間で公正に比較することが可能になる。ロマニウクとシャープ（2000）がその方法について説明している。

以下はアンドリュー・アレンバーグ（1988）の説明だ。

「購買行動に影響を与える可能性のある1001個の変数のうち、999個は重要ではないことがわかっている。購買行動の多くの側面は、製品の浸透率と平均購入頻度から予測することができる。そしてこの2つの変数でさえも相互に関連している」

つまり、自社ブランドが小規模である場合や、自社ブランドを使っている回答者が少ない場合は、記憶指標が、さらには態度指標も、大規模ブランドよりもスコアが低くなるということだ。

ダブルジョパディの法則

ダブルジョパディの法則は、おそらくマーケティング界でもっとも有名な科学的法則であり、ブランドの規模によって引き起こされるパターンのひとつだ。

この法則によると、市場シェアが小さいブランドは二重のペナルティを受けることになる。単に顧客数が少ない（市場浸透率が大手ブランドよりも低い）だけではなく、顧客は購入頻度の少ないライトバイヤーがほとんどを占めている。ブランド認知調査では、知名度の低いブランドはごく僅かの人にしか認知されておらず、しかもその人たちが「好きだ」と言う確率は低い。マーケターは、バター、チョコレート、清涼飲料水などのスーパーマーケットの商品から、自動車や電子機器などの耐久消費財、銀行やエネルギー供給会社などのサービスまで、多くの商品カテゴリーでこのダブルジョパディの法則を観察してきた。しかし、なぜこのようなパターンが発生するのだろうか。

104ページの表3.3の市場浸透率の欄をよく見ていただきたい。全ブランドの市場浸透率を合計すると、100％以上になっていることに気づくだろう。市場浸透率の合計が100％を超えるということは、競合するブランドがおたがいに同じ顧客を共有していることを示している。つまり、顧客数がダブルカウントされている。たとえば、ある購買客がある週にダウエグバーツのコーヒーを買い、別の週にアルディのコーヒーを買ったとすると、その顧客は両方のブランドの顧客としてカウントされることになる。

競合ブランドと顧客を共有しているという知識があれば、ダブルジョパディの法則を説明することができる。普段は小ブランドを買っている顧客も大ブランドを買うことがある（だから大ブランドは顧客層が広い）。つまり、通常の購買機会では（たとえばスーパーマーケットの商品棚の前）、普段から小ブランドを買っている顧客には小ブランドと大ブランドのどちらの製品も買う可能性があり、この時点で小さなブランドを買う確率はすでに低くなっている。しかし大ブランドでは状況が異なる。大ブランドの顧客が小さなブランドを知って購入を検討する可能性はそもそも低い（だからこそ小ブランドは小ブランドであり、知る人も買う人も少ない）。言い換えると、市場シェアの大きいブランドほどメンタルアベイラビリティもフィジカルアベイラビリティも大きいので、顧客はリピート購入しやすい。逆に、メンタルアベイラビリティもフィジカルアベイラビリティも小さい小ブランドは、頻繁に購入することが難しいと感じられている。

ダブルジョパディの法則の知識があれば、ブランド態度やリピート購入指標から何を期待すべきかを知ることができる。

マーケターは、新しい広告、価格の変更、宣伝イベント、サービス条件の変更、新製品の発売といった市場への介入を定期的に行っている。これらはすべて経費を要する。したがってマーケターは、このような自社ブランドのマーケティング介入の効果を、競合ブランドのマーケティング介入の効果も含めて検証しなければならない。同様に、売上が上下するなど市場で何かが起きたときもマーケターはその原因を究明しなければならない。さもなければ、当てずっぽうのマーケティングと言われてもしかたがない。

さらにマーケターは、自分たちが購入することになるかもしれないさまざまなサービスを評価できなければならな

い。たとえば、コンサルタントはイベント、宣伝、ポイントカード、顧客関係管理（CRM）システムなどのマーケティングプログラムを売り込もうとし、市場調査会社はトラッキングサービスを売り込もうとし、その他にもさまざまなメディア会社が広告スペースを売り込もうとする。各ベンダーは自社のサービスの有効性を主張し、しかもその主張には因果関係を証明した調査研究による裏付けがあることが多い。マーケターはその因果関係を評価できるだけの知識を持つことを求められている。

因果関係を正しく理解できるようにならなければならないのはブランドマネージャーだけではない。難しいことではあるが、すべての部署のマネージャーにも同じことが求められている。以下に因果関係を判断するための有用なガイドを示す。

CASE STUDY

シリアルの売れ行きを左右したものは？

　2017年、ライズアンドシャイン社の朝食用シリアルの売上は増加し、同社のマーケティング部門は大いに満足していた。ゼネラルマネージャーのキンバリーが意気揚々とこの結果を経営陣に報告すると、経営陣は説明を求めてきた。このすばらしい結果の要因は何だったのか、と。キンバリーはブランドマネージャーに理由を尋ねた。ブランドマネージャーは、新しい広告を打ったからだろうと言いつつも、メディア代理店がメディアの選択が原因だと言っていることも認めた。キンバリーは営業部長にも聞いてみた。営業部長は、競合会社がパッケージを変更して売上が落ちたとき、営業チームがスーパーマーケットの棚を勝ち取ることができたからだと言った。イノベーションディレクターは、ブランドの製品処方に変更を加え、朝食用シリアルの栄養価を向上させたところ、小売店や消費者から明らかに好意的な反応が得られたと述べた。さらに、経理担当者は、2016年の夏は特に好天だったため、ライズアンドシャイン社が特に得意とする朝食用コールドシリアルがよく売れたのではないかと述べた。

発展問題　QUESTIONS

1. 誰の主張が正しいのでしょうか？　すべてまたは一部の説明が正しいかもしれないし、すべて誤っているかもしれません。

因果関係

　一般的にマーケティングでは、製品やブランドの採択、顧客の維持と獲得、あるいは販売量、収益、市場シェアなどの変化に関心がある。通常、これらを引き起こす潜在的な原因としては、広告、価格、製品機能、顧客サービス、天候、競合動向、経済情勢、政府規制などが考えられる。

時間的順序は必ずしも因果関係ではない

　通常、マーケティング介入を行った直後または同時に市場に変化が生じると、介入が原因ではないかと考える。し

たがって、介入の直後に何らかの反応があったとき、直ちにそれが変化の原因であると決めつけるという誤りを犯しがちだ。マーケティングの世界は、ある企業がある施策を行ったら売上が上がったという一例から、その施策が良いことだと証明しようとするケーススタディであふれている。ローマの将軍たちは、戦いに出るかどうかを判断する前に、鶏のつつき方を参考にしていた。おそらく、鶏は、戦いに勝利または敗北する直前に特徴的なつつき方を示すのだろう。迷信に依存するこのような誤りはマーケティングでも起きている。英国のテスコは、競合スーパーマーケットのセインズベリーを追い抜く少し前にロイヤルティプログラムを開始した。多くの評論家がテスコの成功の大部分がこのロイヤルティプログラムに起因するとしているが、ロバート・イースト教授の分析によれば、テスコはロイヤルティプログラムを開始する何年も前からセインズベリーの市場シェアを追い越す軌道に乗っていた (East, 1997)。

　ある市場反応が特定のマーケティング介入の後にのみ発生する場合、その介入がその市場反応の原因であることが疑われる。たとえば、売上は店が営業中にのみ生じる。しかし多くの場合、このような明確な因果関係があるとは限らない。たとえば、アイスクリームの売上は暖かい日に高くなる傾向にあるが、常にそうであるとは限らない。因果関係がありそうには見えても、実際には確率的なものに過ぎない。暖かい日は、たしかに売上が伸びる可能性が高まるが、必ずしも売上の伸びを約束してくれるわけではない。このような確率的な因果関係を見抜くのは難しく、間違いも起こりやすい。

　介入が必要でもそれだけでは不十分なときがある。たとえば、新製品が小売店での流通なしに損益分岐点の売上高を獲得することは通常は不可能だが、だからといって流通だけで十分な売上を上げることも難しい。

　また、因果関係が明らかであっても、さらにそれを定量的に把握したい場合も多い。たとえば、広告宣伝費を1000ドル増やすごとに、どれだけ売上が増えるかを知りたいときなどだ。しかし、このような効果を正確に把握するためには、慎重な実験を行わないと試算を誤りやすい。

一般的な誤り

　もっとも一般的な誤りは、相関関係と因果関係を混同してしまうことだ。相関関係とは、2つの変数の間の関連性を意味する。たとえば、テレビの視聴と年齢の間には中程度の相関があり、人は年齢が上がるにつれてテレビの視聴時間が長くなる。また、給料と学歴の間には強い相関があり、大卒の人は高卒の人よりも収入が多い。相関関係は因果関係の必要条件だ。因果関係が疑われても、それがただちに因果関係を証明するものではない。たとえば、私たちが子どものころ、腕の長さとガソリン価格には相関性があった。年々腕が長くなるにつれて、年々ガソリン価格も上がっていった。しかし、腕の長さとガソリン価格の間には何の因果関係もない。それは、腕の成長が止まってもガソリン価格が上がり続けていることで証明されている。

　これは、いわゆる**疑似相関**（または偶然の一致）であり、2つの変数の間には、時間の経過とともに同時に変化したという事実以外に何の関連性もない。たとえば、時間の経過とともに海賊の数が減り、地球温暖化が進んだとする。海賊がいなくなったから地球温暖化が起きたと推測するのは（図3.4を参照）、疑似相関から因果関係を仮定するという誤りの例だ（この例は有名な手紙から引用した：http://www.venganza.org/about/open-letterを参照）。

　強い相関関係が存在しても、マーケティング介入が直接的な原因ではないこともある。たとえば、シャンパンの広告費は、シャンパンの売上のピークであるクリスマスと新年の直前にもっとも高く、6月ごろにもっとも低くなる。相関関係は強いが、因果関係はどうだろうか。広告がシャンパンの売上を押し上げているのか、それともクリスマスシーズンだからシャンパンのニーズが高まり広告費が増えているのだろうか？

　この場合、おそらく逆向きの因果関係が働いている。カテゴリー全体の売上が伸びるクリスマスと新年は、各シャンパンブランドがシェアを拡大しようとして、普段より多くの広告を出す。各ブランドの全体的な広告量が増えるとカテゴリー全体の売上に影響を与える可能性もあるが、売上増加の主な原因は、人々が祝杯をあげたからであり、各ブランドが市場シェアを拡大するために広告を出したからではない。

　大火災には多くの消防士が集結するが、消防士が多いからといって火災の規模が大きくなるわけではない。これも

Chapter　03　　　Meaningful Marketing Metrics　　　122

図3.4 海賊出没数と地球気温との疑似相関

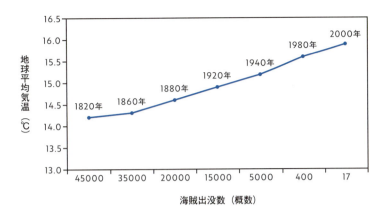

逆向きの因果関係の一例だ。

　マーケティング介入と市場反応が相関することもあるが、どちらも第三の変数によって引き起こされているためであることがある。広告費は、経済活動が活発になると高くなり、不況のときに低くなる傾向がある。同様に売上は、広告費が高いときには大きくなり、低いときには小さくなる傾向がある。このことから、経済全体の水準が広告の水準を決定していると結論づけられるかもしれないが、実際には、経済情勢が消費者の消費と企業の広告費の両方に影響を及ぼしていると考えるのが妥当だ。

　2つのことが同じ方向に動いている場合、一方が他方の原因になっているように見えることがあるが、どちらがどちらに影響を与えているかは明確ではない。たとえば、過去10年間、Appleの売上は増加し、意識調査でのスコアも上昇した。ブランドが好き、好感を持っている、購入するつもりだ、などと答える人が増えた。意識調査の結果を販売する市場調査会社は通常、これを因果関係と解釈している。つまり、Appleに対する人々の態度が改善された結果、売上が増加したと解釈する。しかし、研究によって、ブランドを購入する人が増えるほど、どんなブランドでも態度スコアが向上することが示されている（Bird & Ehrenberg, 1966, 1970）。これは因果関係と解釈することができるが、通常の因果関係とは逆に、毎年の売上増加が態度スコアの向上をもたらしたと解釈することができる。

　もちろん、購買客が多ければ市場調査でAppleを高く評価する人も多くなるし、Appleに好感を持つ人が多ければ将来的にAppleを購入する可能性も高くなるだろうから、両方向の因果関係が存在する可能性もあると考えられる。でも、どちら向きの関係が強いだろうか？　態度スコアから来年の売上を予測できるほど、ブランド態度は購買行動に強い影響を与えているだろうか？　これらの質問に答えるためには変曲点を探す必要がある。変曲点とは、Appleの売上高や態度スコアが上昇しはじめたときなど、ある傾向の開始点や終止点のことだ。売上とブランド態度のどちらが先に上昇し始めたか？　どちらかが失速した場合、どちらが先に失速したか？　通常、傾向の変化（変

図3.5　ブランド態度と売上の関係：
どちらが原因でどちらが結果か？

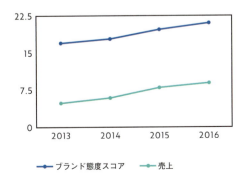

曲点）は、売上に先に現れ、その後にブランド態度に現れることが多いが、これは、ブランド態度が売上に与える影響よりも、売上がブランド態度に与える影響のほうが大きいことを示唆している。

この場合の正しい因果関係の解釈は、Appleが成長中のカテゴリーに新製品を投入して大きな注目を集めると同時にフィジカルアベイラビリティも拡大した、という解釈だ。これらの変化が消費者の態度に直接的な影響を与えた、売上を後押しし、それがブランド態度に影響を与えるという、いっそう大きな間接的な影響を与えた。つまり、実際のところは、メンタルアベイラビリティと、フィジカルアベイラビリティ、そしてお手頃価格の良い製品という他の変数が、ブランド態度と売上という指標の両方を動かしたということだ。

マーケティングミックスモデリング

マーケティングミックスモデリングおよびエコノメトリクス（計量経済学）は、マーケティング施策が成果に与える影響を解明し定量化する統計学的手法だ。これらは通常、週次測定のような縦断的（時系列的）データ（例：売上、広告費、価格、競合ブランドの価格設定など）に基づいている。

このようなアプローチが人気を博している理由は、コンピューターの性能が向上したため、以前よりもずっと入手しやすく、安価になったからだ。また、マーケター側に、市場で何が起きているのか知りたい、それがどの程度の規模かを知りたい、マーケティング予算をどこに投入すべきかの指針を得たい、といった大きな需要があるからだ。

さまざまなことが同時進行するので、現実世界のデータでは起きていることを確認することは非常に難しい。たとえば、値引きが売上にどの程度の影響を及ぼしたかを知りたい場合、値引きした週の売上と通常価格の週の売上を、全国レベルまたは店舗単位で比較するのが一般的な方法だろう。だが、市場では他にもさまざまなことが起きている。競合ブランドが価格を下げる週もあれば、下げない週もある。広告キャンペーンも開始されたり中止されたりする。季節や天候などの他の要因もある。アナリストは、統計学を使ってこのような要因をコントロールすることで、関心のあるいくつかの変数間の正しい相関関係を推定している。

一見、とても魅力的な方法だ。現実世界の施策に試すよりはずっと簡単だろう。しかし残念ながら、この"近道"は多くの人が考えているほど信頼性は高くはない。マーケティングミックスモデリングを販売するコンサルタントが主張するほどの信頼性はないことはたしかだ（次のINDUSTRY INSIGHTを参照）。最善のアプローチは、できるだけシンプルなモデルを使い、その結果を、実験などの他のアプローチで検証するための仮説として扱うことだ。

INDUSTRY INSIGHT ||||||||||||||||||||||||||||||||||||||||||||||||||||||||||||||||||||||||||||||||||||||| 業界動向

"ベストフィット"という統計モデリングの幻想

バイロン・シャープ 著

子どものころ、はじめてアジアを旅行したとき、ツアーガイドが、悪質な客引きがいて高額支払いを求められる店に案内されるかもしれないので気をつけたほうがいいと警告してくれた。幼い私と弟たちは、「そういえば聞いたことがある」と、緊張して聞いていたのを覚えている。観光も終盤に差し掛かったころ、ツアーガイドが、今日は祝日でほとんどの店は閉まっているが、幸いなことに観光客用に特別に営業している良い店があるのでそこへ行こうと言って連れて行ってくれた。幸運だった。いやいや、そうではなかった。実は私たちは騙されたのだった。

多変量回帰モデリングに関する記事を読むと、このときの教訓がいつも思い出される。多変量回帰モデリングの記事は通常、モデリングサービスを販売するコンサルタントによって書かれており、モデリングの問題点を指摘し、それを彼らの特別なアプローチを使うことで解決できるという印象を意図的に与えている。私の専門のマーケティングでは、価格、広告費、メディア選択などのマーケティング変数を使って、売上やウェブサイト訪問客数などを予測するモデリングが行われている。

Chapter 03　　　Meaningful Marketing Metrics　　　124

多変量モデルは、疫学や経済学などさまざまな学問分野で使われている。その結果の信頼性にはばらつきがある。たとえば、医学の分野では、母集団データに観察される相関関係は単なる関連性であり、必ずしも因果関係を示すものではないこと、また、多くの場合それを無作為化試験で裏付けることはできないことはよく知られている。しかし、残念ながら、「コーヒー1杯で癌のリスクが14%減少」というような自信に満ちた新聞の見出しを防ぐことはできないようだ。

もうひとつ別の問題点を指摘しておこう。それは、たったひとつのデータセットに基づくモデルというのは、そのデータセットに関して複数存在する解釈のうちのひとつに過ぎないということだ。これは、さまざまなデータセットを記述できるモデルとはまったく異なる。このさまざまなデータセットを記述できる経験則だけが、現実世界について何かを教えてくれる有効な説明となる。

マーケティングにおいては、ミックスモデリング（いわゆる計量経済学）は時系列データのモデリングを意味し、通常これは、週別または月別の売上と、同期間の広告費や価格設定などのマーケティングミックスの変化を比較する。疫学とは異なり、マーケティングの因果関係についての仮説が大きな議論を呼ぶことは少ない。たとえば、コーヒーが寿命を延ばすかどうかは意見の分かれるところだが、広告が売上を生み出すという考え方が議論されることはないだろう。しかし、ここでも逆の因果関係の可能性がある。販売予算が売上高に対して一定の割合で設定されることが多くなり、「繁忙期」には支出が多くなるからだ。統計学的な検証とは、一度に多くのことが起きている厄介な現状から相関関係を解明しようとすることだ。しかしそれはせいぜい弱い相関関係にしかすぎない。にもかかわらず、この手法は、その弱い相関関係をマーケティングミックスの変化によって生じる因果効果の定量的推定値として利用しようとする。たとえば、ラジオ広告を1ドル増やすごとに売上が4.53ドル増加する、などというような幻想的な約束をする。そしてこれが、将来的に（たとえば来年）ラジオ広告予算に1ドル追加するごとに4.53ドルの売上が発生するという、驚くほど単純明快な予測につながる。

回帰係数で表すととても科学的な印象を与える。小数点以下の数字で表すと（例：4.4368）非常に高い精度を持っているように感じる。ドルで表すとさらに良い印象が生じ、財務的な重みを与えることができる。この"粉飾"が回帰分析のひとつの大きな見せ場だ。

1963年、後に英国王立統計学会の名誉フェローに選ばれたある若い市場調査員が、「二変量回帰分析は役に立たない」という大胆なタイトルの論文を発表した（Ehrenberg, 1963）。アプライドスタティックス誌に掲載されたこの論文は、過去のデータセットから多くの異なるモデルを得ることが可能であることを指摘し、たまたま特定のデータセットにもっとも適合しただけのモデルが新しい状況に信頼できる予測を提供すると考える理由はないと主張した。50年後、リポベツキー（2013）が、重回帰分析の状況はさらに悪く、同じデータセットを用いても、類似する適合度を持ちながらもマーケティングミックス変数の各係数が大きく異なるモデルが多数得られる可能性があることを示した。場合によっては、正数の係数が負数に転じるほど大きなばらつきが生じていた。このような"柔軟性"は、クライアントに信頼され評価される係数（例：Twitter＝現Xに広告を出せば売上は投資額1ドル当り17ドル上がる）を提供したいコンサルタントにとっては都合が良いかもしれない。しかし同時にこのようなモデルの驚くべき主観性も浮き彫りにしている。それは、アナリストが事前にデータの収集や入力を行う際にくだす多くの主観的な判断の影響をまったく考慮していないことだ。

私が最近、王立統計学会の次期会長であるデビッド・スピーゲルホルター卿にこの問題を提起したところ、彼は「そうですね。私は常々、人が自分のもっとも気に入った係数のモデルを報告することに少し疑いを持っていました」と答えた。マーケティングの分野では、モデリングコンサルタントのルイーズ・クックが、「計量経済学は神経質な目で疑い深く見られることが多い。なぜなら、同じデータセットから複数の矛盾したモデルを得ることができるからだ」と告白している（Cook, 2014）。

同様の問題を抱える予測技術には、この他にも占星術、手相占い、タロットカード、ブランドエクイティメトリクスなどがある。推進派は、必ずと言っていいほど、「正しい魔術師（占星術師など）を選ばなければならない」という解決策を提案する。クックは、「マーケティングミックスモデリングは、最初に登場したときのような完全に科学

的なものではない。芸術のように、モデラーの経験や判断では定義できない"特別な何か"が必要だからです」と説明している (2014)。

クックの言うとおり、マーケティングミックスモデリングは見た目ほど科学的ではない。実際のところ科学ではなく、科学に対するアンチテーゼだ。科学では繰り返し現れるパターンを調査するが、そのなかでも、多くの研究で取り上げられているさまざまな条件下で強固に繰り返されるパターンを探す。法則性のある（すなわち繰り返して起きる）パターンだけが信頼できる予測を与えることができる。学者やコンサルタントが、統計学的手法を使って特定の（ノイズやエラーの多い）過去のデータセットに新しいモデルを当てはめると、因果効果の推定に必要な科学的作業というたいへんな仕事を見過ごしてしまう。彼らは、いくつかの弱い相関関係を明らかにするだけで、マーケティングミックスの要素が変更された場合に将来の売上がどれだけ変化するかを正確に定量化できるという、英雄的な前提に依存している。このようなことを信じるのは、疑似科学を適切に判断できなくなっているからだ。

マーケティングミックスモデリングが単に昨年の広告の販売効果を推定するためだけに使われることもある。たとえば、広告賞のコンテストへの参加承認を得るときなどだ。しかし、このような統計モデルは、非常に類似した状況（例：同じカテゴリー、同じ国、わずか1年後など）の将来の予測でさえ悲惨な実績しかないのは周知の事実だ。その統計モデルを使って推定した昨年の売上の原因分析をどう信用できるというのだろうか。

たとえモデルが少なくとも合理的に類似した条件下でうまく予測を行えたとしても、因果効果を正しく推定できたことを意味するわけではない。しかし、もしうまく予測できないときは、どこかに間違いがあることを意味する。

フォーキャスター（予測学者）のネイト・シルバーは、そのすぐれた著書『シグナルとノイズ：なぜ多くの予測は失敗するのか』(2012) のなかで、モデルの過剰適合という醜い秘密について書いている。再現性を確認するために多くの実験を何度も繰り返すという大変な作業を行わなければ、統計モデルは本質的な情報（シグナル）よりも偶然の誤差（ノイズ）をモデル化することになるだろう。

したがって、世界有数のフォーキャスト学者であるペンシルベニア大学ウォートン校のスコット・アームストロング教授が、このテーマに関する自分の研究のなかで「因果関係を探すために回帰分析を使ってはいけない」(Armstrong, 2012) と要約しているのは驚くことではない。

もしタイムトラベルが可能なら、未来からの訪問者は今どこにいるだろうか？ もし宇宙人が定期的に地球を訪れているなら、なぜ大都市に着陸しないのか？ もしマーケティングミックスのモデリングがそれほどうまくいくのであれば、今ごろ私たちは、さまざまな市場条件を考慮した上でさまざまな広告の実行が売上にどのような影響を与えるかを示す、信頼できる法則をたくさん入手しているはずだ。しかし、そうではない。

かつての私はマーケティングミックスモデリングを信じていた。得られる結果がとても良かったからだ。しかしその頃は、異国のツアーガイドはどの店でお金を使うのが一番お得かを教えてくれるものと信じていた。幸いなことにマーケティングには、特にデジタル広告の効果測定に有用な「フィールド実験」を行うことができる。また、**シングルソースデータ**という、同一人物の広告視聴履歴と製品購入履歴の経時的データの入手が可能になってきている。これにより、広告露出が先行した購入とそうでない購入を比較することが可能になった。これは統計モデリングを必要としない擬似実験だ。このタイプのデータは交通機関や公共計画などの多くの分野で利用可能になるだろう。どの分野であっても、複数のデータセットを説明できるシンプルなモデルを探すことが可能だ。

INDUSTRY INSIGHT |||||||||||||||||||||||||||||||||||||||||||||||||||||||||||||||||||||||||||||||||||||||||| 業界動向

特殊なシークレットメトリクスに注意

　ブランドの将来を予測するさまざまな特殊な指標をマーケターに売り込むコンサルタントがたくさんいる。そもそもコンサルタントからしか買えない。これらの特殊な指標は、ブランドの健全性、エクイティ、顧客のロイヤルティなどを測定するものとされている。重要なことは、その指標を使ってブランドが強いと判断されたら、ブランドは安泰であり、その未来は明るいということであり、もしその指標を使ってブランドのスコアが低下していたら、マーケターは行動を起こす必要があるということだ。

　多くのコンサルタントが、指標の予測能力を証明するために相関関係を引き合いに出す。彼らの典型的なセールストークはこうだ。「これまでの指標ではブランド態度と消費者行動との相関性が低く出ていましたが、私たちの新しい画期的な指標は消費者の情感の奥にある動機を把握できる驚くべき予測精度を持っています」

　こう言って彼らは、この特殊な指標で測定したブランドのスコアと、市場シェアや、売上の変化、利益、あるいは株価などのパフォーマンス指標との相関関係を示す。この株価については、賢明なマーケターなら誰でも警鐘を鳴らすはずだ。もしその指標で株価が予測できるなら、自分で株取引すれば大儲けできるはずなのに、なぜ、わざわざその情報を他人に売ろうとするのか？　彼らは相関関係が0.7以上であることを示そうとする。とても良い数字に見える。しかし必ずしもそうではない。その理由を説明しよう。

　任意の2つの指標の相関は、r（相関係数）=0（相関なし）からr=1.0（完全な相関）までの範囲をとる。相関係数は、2つの指標が同じ方向に変化する場合は正の値を、一方の指標が他方の指標と反対方向に変化する場合は負の値をとる。たとえば、気温が高いほど衣服の着用数は少なくなるので、気温とあるグループの衣服の平均枚数をさまざまな日に測定すると、次の表のような負の相関を示すだろう。

日中の気温（℃）	平均衣類重量（kg）
10	4.5
15	3.8
20	2.9
25	2.8
30	2.0

　気温が上がると、人の平均的な衣服の量は減少する。このとき、たとえば、r＝−0.98だとする。これは非常に強い相関関係を示しており、暑さによって衣服が薄着になるという因果関係があると考えるのが妥当だ。

　ここで、服の平均重量を使うのではなく、調査に参加した一人ひとりのデータを使って、相関関係を計算することもできる。そうすることで、より多くのデータをより客観的に分析することができる。たしかに、暑い日でもたくさん服を着る人もいれば、どんな天気でもジーンズとTシャツくらいしか着ない人もいる。そのため、相関関係は低くなることが予想されるが、全体としてはやはり相関関係があると考えられる。この場合は負の相関関係だ。

ブランド態度と消費者行動の相関関係

　アンケート調査を行って特定の態度を示した個人とその後のその人の行動との相関係数は、一般には0.4前後だ（Kraus, 1995）。しかし、新しい行動や行動の変化についての質問ではなく、非常に日常的な行動について尋ねる調査では（例：教会に行くかどうかなど）、相関スコアは過大評価される傾向がある。

　マーケティングコンサルタントは、この過大評価された相関関係をベンチマークとして採用する。彼らは、「このデータを見てください。ブランドスコアと来月／来年の市場シェアとの相関係数は0.7です。これはどの学術文献で報告されている相関係数よりもはるかにすぐれています。驚くべき予測力を持っているということを意味します」と彼らは言うだろう。

指標の重要性

しかし、これにはいくつかの大きな誤りがある。実際のところ、通常は、ブランド態度と売上との相関関係は非常に良好だ。これは主に購買行動がブランド態度に影響を与えているからだ。市場シェアが大きい（つまり売上が大きい）ブランドは多くの顧客を抱えているため、意識調査でも高い得点を獲得する。なぜなら、人は自分が知っている、または使っているブランドについて良いことを言う傾向があり、自分が使っていないブランドについてはあまり肯定的でなく、何も言わない傾向があるからだ。

これらの相関関係は、各ブランドの態度スコアを将来の売上と比較しても過去の売上と比較しても同じになる。なぜなら、売上と市場シェアはそう簡単に変化するものではないからだ。コンサルタントが、将来の売上との相関関係がすばらしいことを説明するときに、過去の売上との相関関係も同様に良い、または通常はそれ以上であることを説明しないのは、手品のトリックのようなものだ。

このような相関関係は、ブランドの売上やシェアの将来の変化を予測する指標の能力については何も教えてくれない。相関関係は、予測能力やモデルの適合性を評価するのに適した方法とは言えない。以下は、オーストラリアのアデレード市の明日の気温を予測する試みだ。それぞれの予測と測定は夏から冬にかけて約1カ月間隔で行われている。冬になると気温が下がるという予測だが、あまり良い予測とは言えない。まるで、成長中のブランドが次の四半期に売上が少し伸びるだろう、とあたりまえの予測するようなものだ。それ以外の予測は悲惨なもので、ときには高すぎ、ときには低すぎて、常に間違っている。しかし相関関係はほぼ完璧で、0.99を示している。

その的外れな予測を下表の右側に示す。

実際の気温（℃）	予想気温（℃）
39	43
32	36
24	22
21	18
17	15

r = 0.99

きわめて強い相関があったとしても、すでに知っていることが示唆されているだけかもしれない。たとえば、冬は夏より涼しいとか、バークレイズ銀行はベンディゴ銀行よりはるかに大きなブランドだとか、コカ・コーラはマウンテンデューより多くの缶飲料を売っているなどだ。

同様に、コンサルタントが次のようなグラフを見せることがある。

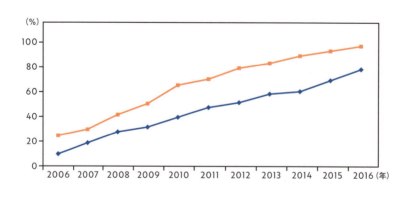

コンサルタントは、「このグラフを見てください。ブランドの健全性と公平性スコアが向上していますが、これは売上の上昇と相関関係があります。指標で予測することが可能なのです。エクイティスコアが上がれば売上も上がる、つまりエクイティが売上をもたらす、ということです」と言う。

しかし、このグラフから、エクイティで売上が伸びることが示されているわけではない。相関関係と因果関係とは

異なる。ブランドが売上を伸ばして多くの顧客を獲得すると、そのブランドに態度を表明する人が増えることを示しているにすぎない。このようにして、ブランドが成長するとエクイティスコアも高くなっていく。

　繰り返しになるが、このようなグラフは、指標が来年の売上を予測しているのではなく、昨年の売上を再現しているだけであることを示している。いわばバックミラーのようなものだ。指標を使ってブランドの運命の変化を事前に予測できるとしたら、すなわち、ブランドがいつ成長し始めるか、またいつ縮小しはじめるかを予測できるとしたら、それはすばらしいことだ。しかしこれを確実に行えるようになった人はいない。

B to Bマーケティングへの応用

　消費者マーケティングに適用される多くの指標はB to Bマーケティングにも応用が可能だ。ビジネス市場では、多くの場合、顧客の数が比較的少ない。そのため、マーケティング指標の入手は消費者市場ほど難しくはない。多くの場合、営業チームが主要顧客や見込み客から十分な情報を得られるので、マーケティング部門は行動指標を正しく理解することができる。

　B to Bマーケティングにおける関係性管理の重要性を考えると、関係性を評価するための指標には価値はあるだろう。顧客との関係性を評価する指標を得るために、顧客が営業担当者の名前を電話やコンピューターで調べなくても言えるかどうかを確認する、というくらいシンプルな方法もある。

本章の結論　CONCLUSION

　市場の出来事の因果関係をある程度理解していなければ、すぐれたマーケターになることは不可能だ。にもかかわらず、今日のマーケターは、マーケティング活動が市場に与える影響について、漠然とした知識しか持ち合わせていないのが現状だ。因果関係をきわめて正確に数値化できると主張するコンサルタントもいるが、それは大それた誇張だ。だからこそ、因果関係がないのに因果関係があると思い込んだり、本当の原因を見落としたりするような、大きな失敗をしないことがマーケターにとって重要だ。

　市場で起きていることに迅速に反応でき、仮説を少しずつ検証し学びを得られるように、マーケティング指標のシステムを導入しよう。興味深い相関関係が観察されたら（例：価格割引と広告掲載を同時に実施することで小さな値引きでも十分な効果が得られるといった発見など）、検証実験を行い、何が原因で何が生じ、何がどれだけ効果的かについて、競合ブランドよりもすぐれた考えを持とう。

本章の要点　Summary

+ 指標を使ってブランドのパフォーマンスをモニターすることができる。
+ 指標を使って消費者の行動およびその行動がもたらす経済的な影響を測定することができる。また、消費者の記憶や消費者がどのようなタイプの人間かを説明することもできる。
+ 指標は自社ブランドや競合ブランドが行うマーケティング活動も説明することができる。
+ さまざまなタイプの指標を同時に使うことで、市場で何が起きているのか、その原因は何かを整理し、理解することができるようになる。

　初版でこの章を共同執筆してくれたスベトラーナ・ボゴモロヴァに感謝します。彼女の貢献が改訂版の本章の基礎となりました。

復習問題　REVISION QUESTIONS

1. マーケターがブランドのパフォーマンスを評価するために使用すべき主要な行動指標を挙げてください。もっとも重要な指標はどれですか？　その理由は何ですか？
2. 行動指標と記憶指標の違いについて考察してください。それぞれの指標がどのような情報を表しているかを説明してください。なぜこの2種類の指標を分けることが重要なのでしょうか？
3. ベンチマークとは何ですか？　行動指標と記憶指標のベンチマークの例について考察してください。なぜベンチマークが市場調査データを解釈するために重要なのでしょうか？
4. あなたがキャドバリーチョコレートのブランドマネージャーであるとします。あなたがブランドマネージャーとして使いたいブランドパフォーマンスの指標のうち、行動指標と記憶指標を少なくとも2つずつ挙げてください。それぞれの指標をブランドのパフォーマンスをモニターするために使う理由と方法を簡潔に説明してください。
5. 質問4で説明した各指標について、どのような結果を期待しているか、簡潔に説明してください。このとき、「こうなったらいいな」という単なる願望（ウィッシュリスト）を書かないこと。あなたのブランドと競合ブランドについての知識（例：ブランド規模）を使って、期待の高さを数値で現実的に示してください（例：約30％の市場シェアと約100％のブランド認知度の向上など）。

Chapter 03

主要事例研究
MAJOR CASE STUDY

マーケティングアラーム

あなたがコルゲート・パーモリーブ社のインサイト開発担当ディレクターだとしよう。そしてあなたのオフィスの前に、歯磨き粉事業部のシニアカテゴリーマネージャーのマーガレットが何やら困った顔をして立っており、その手にはあなたが依頼したグローバル市場調査会社からの報告書が握られている、と想像していただきたい。報告書によると、プロクター・アンド・ギャンブル社のクレストブランドの米国での市場シェアがコルゲートのほぼ2倍（19％対37％）であることがわかったのだ。この差は何年も前から生じていたことなので、それ自体は驚きではなかった。マーガレットが困惑している原因は報告書の中の2つの円グラフにあった（図3.6、図3.7）。これらの円グラフは消費者のリピート購買行動別にそれぞれのブランドの売上を示していた。

マーガレットが心配しているのは、コルゲートのロイヤルカスタマーの売上比率が、クレストのロイヤルカスタマーの売上比率のほぼ半分であったことだ。ここで「ロイヤル」とは、調査期間中の歯磨き粉の購入の大半をそのブランドで行った人と定義した。コルゲートの売上は、スイッチャー（調査期間中にコルゲートを少なく

図3.7　コルゲートの消費者層別売上比率

データソース：Spaeth & Hess, 1989

とも一回は購入したが、ほとんどは他のブランドも購入した人）からの売上が多いことを示していた。

マーガレットは市場の"見かけの消費者行動"についての説明が必要だと思った。売上がロイヤルユーザーとはいえない人たちに依存しているように見えたからだ。これが本当に調査結果の意味するところなのだろうか？　なぜコルゲートの売上基盤はクレストに比べて明らかに不健全なのだろうか？　ブランドは深刻な問題を抱えているのだろうか？　マーガレットはマーケティング計画

図3.6　クレストの消費者層別売上比率

データソース：Spaeth & Hess, 1989

図3.8 「これは私の好きなブランドです」に同意したブランドユーザーの割合

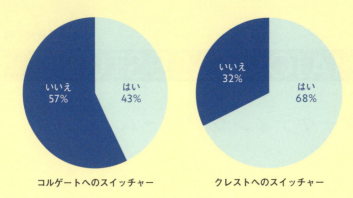

データソース：Spaeth & Hess, 1989

を立てたばかりで、今後1年間のブランドの売上について野心的な成長目標を設定していた。

あなたとマーガレットは、報告書について話し合った後、もっと多くの情報が必要だと考え、歯磨き粉の購入者を対象としてさらに市場調査を続けることにした。その目的は、各社のブランドの市場シェアを分析し、クレストとコルゲートの両方の顧客基盤の間の"スイッチャー"を調査することだった。アンケートを作成し、前回調査した人たちと同様の人たちを対象に調査を実施した。アンケートの最初の質問では、歯磨き粉の購入者が市場の主要ブランドに対してどのようなロイヤルティを持っているかを調べた。第2回調査の報告書には、図3.8に示したように、「これは私の好きなブランドです」という選択肢に同意したスイッチャーの割合を表したグラフが掲載されていた。

図3.8は、クレストへのスイッチャーがクレストは自分の優先ブランドであると回答する割合は、コルゲートへのスイッチャーの場合と比較して、大幅に高いことを示している。

調査の2つ目の設問では歯磨き粉ブランドの品質に対する理解を尋ねた。図3.9はそれぞれのブランドにスイッチした顧客層の品質に対する認識を示している。

クレストとコルゲートのいずれの購入者も、自分の買ったブランドは経験豊富な大企業が製造する高品質な製品であることを認識していることがわかる。しかし、クレストを購入し、他のブランドもよく購入する人は、クレストがコルゲートよりも高品質なブランドであると回答する傾向がやや強いことが観察された。

調査会社は、第2回調査の報告書の結論として、以下のようなブランドインサイトを報告した。

・コルゲートの売上の多くはロイヤルユーザー以外から得られている。
・コルゲートはクレストよりもスイッチャーへの依存度が50％高い。
・コルゲートの購買客は行動面も態度面もロイヤルティが低い。
・コルゲートの購買客もクレストは高品質だと考えている。
・コルゲートの品質は高いが、ブランド認知に問題があるため、ロイヤルティが低い。
・コルゲートは本来のターゲットではない購買層にリーチしているようだ。

これらのインサイトに続いて、コルゲートに必要と考えられるいくつかのアクションが提案された。

・コルゲートの品質の高さをアピールした説得力あふれる広告が必要。
・クレストとコルゲートの特徴とベネフィットを比較する広告が必要。
・消費者の意識を変えるために、広告出稿量を強化したメディア計画を立案する。
・コルゲートのロイヤルユーザーのプロファイルを特定し、そのような人を少しでも多く引きつけることを目的とした、さらなる調査を行う。

あなたとマーガレットは、市場調査会社からの調査結果と提案事項の報告の後、その分析と提案事項に同意すると伝えて彼らの仕事に感謝した。その後、あなたとマーガレットは調査結果について話し合い、今回明らかに

図3.9　「このブランドは高品質だ」と回答した購買客の割合

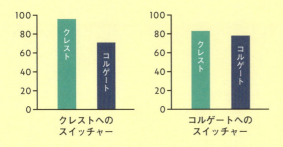

データソース：Spaeth & Hess, 1989

なった市場の状況を考慮すると、提案は理にかなっていると合意した。提案されたインサイトと戦略は合理的であり、一般的であるため、マーケティング管理に携わる他の人々も同意してくれるだろうと思われた。

1週間後、別件でコルゲートのマーケティング部門を訪れていたあるマーケティングコンサルタントが、歯磨き粉の市場調査の報告書を見せられ、その結論と提案されたアクションについてどう思うか意見を求められた。彼は、アンドリュー・アレンバーグが実施した購買客行動の科学的研究の意義、および消費者行動の既知のパターンに照らし合わせてマーケティング指標を解釈することの必要性を認識していた。

彼は、あなたとマーガレットが市場調査の結果に過剰に反応していると助言した。そして、コルゲートのロイヤルティ指標は、態度面も行動面も、市場シェアがクレストの半分のブランドとしては普通だと述べた。さらに、その他の調査結果もすべて、コルゲートの市場シェアがクレストの半分であること、つまり購買客が少なく、どの期間であっても購入頻度が低いという事実の結果に過ぎないと説明した。また、報告書の指標は、なぜコルゲートの市場規模がクレストの半分なのかその理由を示しているわけではなく、コルゲートの市場規模からそのような指標が得られることを示している、と彼は言った。

彼は、この市場調査でコルゲートブランドにイメージや認知の問題があることを示唆するものは何もないと強調した。ブランドは"弱い"わけでも"不健康"なわけでもなく、単にクレストより小さいだけであり、それは以前から経営陣が認識していたことだった。

(Sharp（2010）より改変)

Chapter 03

インタビュー
INTERVIEW

Ron Bates
ロン・ベイツ

クラフトフーズ社食品消費者インサイト＆ストラテジー戦略分析グループプロジェクトリーダー（米国ニューヨーク州）を退任後、コンサルタントとして独立

　私の最初の研究分野は化学工学で、学士号と修士号を取得して社会人になりました。最初の5年間は、アメリカの大手メーカーのアメリカン・サイアナミッド社で研究開発（R&D）に携わりました。材料科学の部署にいたため、革新的な材料であるプラスチックのマーケティングと販売に触れることができました。1960年代の映画『卒業』のなかで主人公のダスティン・ホフマンがアドバイスされた例のプラスチックです。やがて私は、マーケティングやファイナンスに定量的手法を応用することに興味を持ち、MBAの取得をめざすようになりました。

　MBA課程を履修中に研究開発部門を離れて、ビジネスプランニングや、財務分析、データベース管理ソフトウェアなどを販売するNCSS社でプロダクトマネジメントの職務に就きました。このポジションでは、ソフトウェア開発、マーケティング、営業、大手企業の顧客サービスなどを経験することができました。

　MBAを取得後、消費財メーカーのリーディングカンパニーであるゼネラルフーズに転職しました。この会社は、一連の企業買収を経て、最終的にクラフトという会社になりました。ゼネラルフーズとクラフトでは、マーケティング分析や経営情報システムチームの管理などさまざまな職務を、複数の国内事業で横断的に経験しました。15年後、コーポレート・アナリティクス・チームに配属され、そこでクラフト社での残りのキャリアを過ごすことになりました。

　私がゼネラルフーズとクラフトに40年近く在籍したのは、どちらの会社も働くにふさわしいすばらしい組織だったからです。ともに消費者と小売業者の分析においてリーダー的存在です。強固なリソースを持ち、優秀なスタッフがいて、ビジネスを前進させる方法について刺激的な問いを投げかける経営陣が牽引していたからです。

　クラフトでは、光栄なことに、アンドリュー・アレンバーグと一緒にディリクレモデルを米国のインスタントコーヒー市場に応用することを経験しました。また、アレンバーグや、その他にも最近ではバイロン・シャープの研究チームのために、消費者インサイトの講義を担当しました。このようなことができるのも、クラフトがトレーニングや自己啓発を重視する会社であるからです。そしてこれが私のキャリアにも大きな恩恵をもたらしてくれたのは言うまでもありません。

　2012年、私はクラフトを退職し、次の段階として、幸いなことに私のスキルを活かして、ビジネス上の問題を解決するための支援を必要とする企業のコンサルタントとしてキャリアを再スタートさせました。仕事は、中には数カ月という長期のものもありましたが、ほとんどが数週間の短期間でした。消費者調査のプレゼンテーションの構成や、メディア代理店のチームと協力して大手

クライアントの伝統的メディア（テレビ広告や平面媒体）と新しいメディア（モバイルやオンライン）の両方の予算を統合するためのプランニングツールを構築するなど、さまざまな仕事を経験しました。

　2013年には、バート・フラハティ社でほぼフルタイムで仕事をするようになりました。創業者のバートはゼネラルフーズで私が受け持った最初のインターン生でしたが、その後マーケティングとメディアの調査・分析の第一人者となりました。バートのコンサルタント会社は、さまざまな業界のさまざまな企業にデータ、分析、助言を提供しています。バートとのパートナーシップを良好に保てたおかげで、私は科学技術と市場分析のスキルを維持し、知的好奇心を刺激し続けることができました。今でもバートのチームとは連絡を取り合っており、彼らの最新の知見を読むのをいつも楽しみにしています。

　現在の私があるのは、数学に興味があり、データのパターンを発見したり、市場構造を研究したり、マーケティングがビジネスに与える影響を分析する新しい手法などを学んだおかげです。カート・レヴィンの「すぐれた理論ほど実用的なものはない」という信念を私は常に持ち続けています。加えて、マーケティング、市場調査、メディア効果測定などのさまざまな仕事の経験がありました。さらに、他部署とのコラボレーションが求められる企業環境において効果的なネットワークを構築するための対人関係構築のスキルも持ち合わせていました。

Chapter 04 — Market Reserch — 136

Chapter 04

Market
Research

市場調査

アン・シャープ 著

寄稿：キャサリン・アンダーセン

Chapter 04

導入事例
INTRODUCTION CASE

ナショナルファーマシーズ

　1911年に設立されたナショナルファーマシーズは、南オーストラリア州、ビクトリア州、ニューサウスウェールズ州の各地に薬局と眼鏡店を展開している。ナショナルファーマシーズは"会員の生活に付加価値を与える"というビジョンを持つ相互組織で、事業から得た利益は特典や割引を通じて会員に還元している。そのため、ナショナルファーマシーズは、買い物客を理解することと、顧客が利用しやすい店舗になることに強い意識を持っている。体調が悪いときに商品やブランドを探しまわらなければならないのは誰でも面倒だ。ナショナルファーマシーズは、店舗の共通レイアウトを変更したときに、買い物客の行動を理解するための調査を行った。

　調査担当者は、同社のマネージャーと協働して、調査の目的を4つ設定した。

・買い物客の店内での動線を理解する。
・商品カテゴリーや店舗レイアウトの違いによる店内回遊パターンを把握する。
・店内の各コーナーでの滞在時間を測定する。
・店内での買い物客とスタッフとのやり取りの回数や内容を把握する。

Chapter 04　　Market Reserch

これらの目的を達成するために、ナショナルファーマシーズでは2つの補完的な調査を行った。

・7店舗1000人の買い物客の店頭での行動と店員とのやり取りを観察する。
・そのうち300人に退店時のインタビューを行い、店内での買い物客の行動を理解し、どのような判断をして来店したかを把握する。

多くの市場調査プロジェクトが、消費者が自分の購買行動を思い出す能力を過信している。消費者の店頭での行動をより正確に把握するためには直接的に観察するのが良い。その後にインタビューを行うことで消費者行動をさらに深く理解することが可能だ。ナショナルファーマシーズはこの調査を行って、消費者が1回の買い物で店内にどのくらい滞在したか、どのカテゴリーの前で足を止めて、どのカテゴリーをすばやく行き過ぎたか、店内に入る前に（カテゴリーレベルとブランドレベルの両面で）すでに購入を決定していた度合いなどについて、理解を深めることができた。また、最後に得られたエビデンスから、カタログや、テレビ広告、ダイレクトメールなど、店舗外でのマーケティング活動の役割についてもより深く理解することができた。

典型的な店内回遊パターンを知ることで、既存のレイアウトの"ホットスポット"（多くの買い物客が訪れる場所）と"コールドスポット"（買い物客があまり訪れない場所）を特定し、新しい店舗レイアウトではその両方に同じ製品を置くスペースを確保して、店側は売上を伸ばし、顧客は買い物がしやすくなった。

店員とのやり取りを記録したことで、良い接客の必要性や、店内レイアウトを表示した看板をもっと充実させる必要性が浮き彫りになった。買い物客の半数以上がスタッフとコミュニケーションを取っていたが、その多くはおすすめの商品についてではなく、商品やブランドの置き場所に関するものであった。この発見があって、ナショナルファーマシーズは商品を見つけやすい店内環境を整えることができた。

このナショナルファーマシーズの事例は、顧客ニーズを理解するための情報を収集すること、新しいアイデア（本事例の場合は店舗レイアウト）にフィードバックをもらうこと、成長のための新しい機会を特定することに、市場調査が重要な役割を果たすことを示している。

INTRODUCTION

　新任のブランドマネージャーの最初の仕事は、既存の市場調査を見直し、業界について、また顧客や購買プロセスについて学ぶことだ。市場調査はマーケティング上のすぐれた意思決定を行うための情報を提供してくれる。

　マーケターであるあなたが仕事をするためには情報が必要だ。市場、顧客、非顧客、サプライヤー、競合ブランド、その他にも無数のブランドと要因を理解する必要がある。データを理解して手元の情報に基づいて適切な意思決定を行うための分析能力も必要だ。もちろん手元の情報だけでは理解できないことも多く、調査を依頼することもあるだろう。既存の調査や新たに依頼した調査から得たデータの質を判断するためには、それなりのスキルと、市場の情報を得るために一般的に使用されている方法を理解することが必要だ。

　そのために本章では、市場調査がマーケティングの意思決定にどのように役立つかを示し、一般的に用いられるアプローチとその具体的な手法を紹介し、さらに、すぐれた市場調査を依頼する方法とすでに実施された市場調査の信頼性を判断する方法も解説する。また、データの内容を理解して説明できるようになるために、結果の分析とプレゼンテーションの基本についても示している。本章を学んだ後、あなたは市場調査の賢明な依頼者となり使い手となっていることだろう。

本章の目的　Learning objectives

本章で学ぶこと：

+ 　市場調査の役割を理解する
+ 　市場調査を依頼するためのブリーフを作成できるようになる
+ 　さまざまな市場調査方法とその目的について説明できるようになる
+ 　さまざまな市場調査手法の長所と限界を理解する

市場調査の主な役割

　市場調査は、すべてのマーケターが日常的に必要とする基本的なマーケティング指標を提供する。誰が、いつ、どこで、どれくらいの量を買うのかなどの、現在の購買客と潜在的な購買客の記述データが、流通、価格、広告、プロモーションにおける意思決定の基礎となり、また、私たちの意思決定に対する購買客の反応を確認することができる。

　市場調査を行うことで私たちは市場を知ることができる。消費者が何を知り、何を考え、どのように行動し、企業側の努力がどのように受け止められているかを理解し、そして成長の機会を見出すために、市場調査は必要だ。

　また市場調査は、自社のマーケティング活動とその成果（例：売上高、顧客満足度、クレームなど）をモニタリングすることで、自社のマーケティング活動を評価し改善するためにも使われる。

　さらに、市場についての知識が何か欠如しているために誤った判断をくだすリスクを減らすことができる。マーケターは、自分たちの扱う製品やサービスをよく理解しすぎているため、典型的な顧客がどのように感じ、何を考えているのか、その判断を見誤ることがある。これは、マーケターが製品やサービスについて考え、消費者を理解するために費やした時間を考えると驚くには当たらない。市場調査はこのような偏った考えを修正するのに役に立つ。

　以下に市場調査の主なプロセスを示す。

・課題および必要な情報を特定する

・情報収集の方法を設計する

Chapter　04　　　Market Reserch

- データ収集を実施しそのプロセスを管理する

- 結果を分析する

- 調査結果およびその意義を伝える

表4.1　市場調査のさまざまな役割

参入計画	市場理解	結果評価
・どの市場に参入すべきか ・どの製品またはサービスを導入すべきか ・どの顧客をターゲットにすべきか ・新製品にどれほどの売上を見込めるか ・既存製品のどこを変更すべきか	・既存のニーズと選好 ・既存の製品やサービスに対する顧客の考え方 ・顧客が製品やサービスをどのように利用しているか ・市場が時間とともにどのように変化するか	・ブランドのマーケティングミックスの有効性

　市場調査のプロセスには主に3つのグループがかかわっており、それぞれ異なる役割を担っている。

・特定の経営課題を抱え、市場調査を依頼したい顧客や組織

・市場調査を企画・実施する市場調査会社

・情報を提供する調査回答者（一般市民、潜在的または実際の顧客）

CRITICAL REFLECTION |||||||||||||||||||||||||||||||||||||||||||||||||||||||||||||||||||||||||||||||||| 批判的省察

　次の組織はビジネスに市場調査をどのように利用しているでしょうか。これらの組織が解決しようとしている課題、その課題を解決するための質問、そしてその質問に回答する人について考えてみましょう。

・オーストラリアコモンウェルス銀行

・センターリンク（オーストラリア政府社会保障機関）

・カンタス航空

・メドトロニック社（医療機器メーカー）

・ウールワース（スーパーマーケット）

・あなたの地域の市議会

　これまでに実施した市場調査を振り返り、そのときの自分の回答者としての、またはインタビュアーとしての役割を振り返ってみましょう。調査の依頼者、回答者、調査プロバイダーの視点はどのように違うでしょうか。

||||||||||||||||||||||||||||||||||||||||||||||||||||||||||||||||||||||||||||||||||||||||||||||||||||||||||||||||||

市場調査業界の歴史

　人は長い間、人がなぜ、どのように商品を買うのかを問い続けて記録に残してきたが、正式な産業としての市場調査の歴史はまだ新しい。市場調査を行う会社が最初に現れたのは1900年代に入ってからだ。1930年代には、イギリスとアメリカのほとんどの大手消費財メーカーが市場調査を行うようになり、1931年には市場調査に関する最初の書籍『市場調査』（ポール・レッドメイン、ヒュー・ウィークス共著）が出版された。市場調査は、ブランド広告の台頭により、商業的にますます重要なものとなっていった。

　今日では、ほとんどの国のマーケターが、ニールセンやカンターといったグローバルな調査会社、またはそれぞれの国の調査会社を利用している。市場調査業界は高度に専門化され組織化されている。オーストラリアでは、オーストラリア市場社会調査協会（AMSRS）と呼ばれる業界団体があり、専門家としての行動規範や、リサーチプロバイダーになるための認定手続き、リサーチャー向けのトレーニングなどのサービスを提供している。

　ヨーロッパ世論市場調査協会（ESOMAR）の2014年の発表によると、2013年の世界の市場調査業界の売上高は400億米ドルを超えている。ヨーロッパが支出ベースで市場の40％を占め、北米（37％）、アジア太平洋（16％）、中南米（5％）、中東アフリカ（2％）と続いている。

MARKETING FACT

ニールセン社は世界最大の市場調査会社で、約4万人が働いている。主に行動データを収集し、100カ国以上で60億ドル近い年間売上がある。同社の業務は、"購買行動"と"視聴行動"という2つの消費者行動領域に焦点を当て、消費者の購買行動に関する指標と、広告媒体の閲覧／読み取り／聴取に関する指標を収集している。

市場調査という仕事

市場調査という仕事には、消費財、インダストリアルマーケティング、政府、金融商品、医薬品、慈善事業、メディアなど、さまざまな分野で働くチャンスがある。実際、ほとんどすべての産業が市場調査の恩恵を受けている。市場調査会社で働くと、複数の業界を同時に担当する機会があり、毎日が魅力的で刺激に満ちている。さまざまな企業の仕組みや顧客との関わり方を学ぶこともできる。さらに、分析力やコミュニケーション能力など、人生のあらゆる場面で活用できるスキルを身につけることも可能だ。

市場調査は、利益や売上を成功の主たる尺度にしていない社会的問題にも応用されている。この場合の市場調査は「社会調査」と呼ばれている。社会調査では、市場調査と同じような質問をして人々がどのような考えに基づいてどのような行動を取るかを調査する。また、政府当局と協力して、より健康的な地域社会の実現、人命救助（例：飲酒運転の調査）、持続可能な未来の構築（例：家庭エネルギーの消費行動の変化の促進）、政治情勢の理解に役立つ世論調査、といったコミュニケーション戦略を立案する機会もある。

リサーチャーとしてのキャリアを重ねるうちに、特定の研究手法や、もっとも関心のある製品・サービスに特化することもあるだろう。すぐれた専門知識を持つ優秀なリサーチャーは、高い収入と安定した雇用条件を得ている。AMSRSが制作した"Research. A Fascinating Life"というタイトルの動画がある。そのなかでオーストラリアの若手リサーチャーが市場調査や社会調査の業界に身を置くことの意味を語っている。これを見るとマーケティングについて大まかに知ることができる。

調査の依頼——ブリーフィング

マーケターは、市場調査を実施する前に、調査の目的と必要な情報を明確にしなければならない。調査の目的とは、調査によって何を達成したいかをおおまかに説明したもので、たとえば以下のようなものがある。

- シドニー郊外での新しいカーシェアリングサービスの市場可能性を調査する
- 自社の住宅ローンの利用客の顧客満足度をベンチマークする
- 自社ブランドが競合ブランドと比べてどのように認識されているかを調査する

通常、調査にはひとつの包括的な調査目的と、2～3つの小目的または課題がある。これらを統合して、意思決定やマーケティング目的の達成に必要な情報を提供することができる。

すぐれた調査目的はマーケティング目的と密接に関連しているが、調査目的とマーケティング目的とは異なる。マーケティング目的とは、組織が達成したいこと、たとえば、売上を伸ばしたいとか、消費者の意識を高めたいとかであり、調査目的は、どのような情報を収集するべきかを明らかにするためにある。また、市場調査は意思決定をしない。情報を提供するだけだ。調査は、消費者の意識を高めたり市場シェアを拡大したりすることはできないが、マーケティング目的の達成に必要な方法を決定するための情報を収集することはできる。

リサーチブリーフとは調査で達成したいことを正式に文書化したものだ。その組織や企業がなぜ調査を行いたいのか、つまり直面している経営やマーケティング上の問題を説明し、調査目的と収集したい情報の概要を概説する。顧客情報の詳細や過去の調査報告書など、クライアント側から提供されるリソースと全体スケジュールなどもこれに含

まれる。また、求められているものは数値で表された量的データか、それとも問題を明確にするための質的データか、結果は生データでの報告か、プレゼンテーション形式または文書での報告かについても、多くの場合ブリーフに明記される。

　ブリーフにはデータの収集方法を明記する必要はないが、過去に成功したアプローチに言及することは可能だ。ブリーフ上でデータ収集の特定の方法を推奨すると、調査会社が適切な解決策を提案できなくなる可能性がある。リサーチャーは、市場調査実施の専門知識に対して報酬を得ていることを忘れてはならない。リサーチャーから調査方法をアドバイスする機会を奪ってはならない。

リサーチブリーフの概要

　通常、リサーチブリーフには以下の内容が盛り込まれる。

1. クライアントについて、およびその業界／市場についての簡単な紹介
2. 調査プロジェクトの背景——経営上の問題について
3. 調査目的、および解決すべき問題について
4. 望ましい研究成果——そのためには調査をどう利用するか
5. 調査方法の紹介——必ずしも強制するものでも推奨するものでもない
6. 結果報告のフォーマット——報告書かプレゼンテーションかなど
7. 予算
8. スケジュール
9. クライアント側のプロジェクトチーム構成

　ブリーフは、その後の調査の土台となるので、内容をよく確認し、何を求めているかを明確に示さなければならない。調査を開始する前に、ブリーフは、組織または企業の調査コーディネーターや数社の信頼できる市場調査会社に送られるか、公開入札のためのリストに掲示される。AMSRSは、ヨーロッパ世論市場調査協会（ESOMAR）や米国マーケティングリサーチ協会（MRA）と同様に、認定された市場調査会社のデータベースを所有している。認定を受けているかどうかは、調査会社を選択する際の重要な基準であるべきだ。認定を受けていることで、リサーチャーが市場調査の訓練を受けていること、倫理行動規範と業界標準が守られることが保証される。このようにして調査依頼者は守られる。調査会社を選ぶ際に役立つその他の基準については、「調査会社選定の基準」で説明している。ブリーフに商業的な機密情報が含まれている場合、調査会社は、ブリーフを受け取る前に秘密保持契約書に署名することを求められることがある。

　ブリーフは、リサーチャーの立場から次の2点がもっとも重要だ。

1. 組織が調査を必要とするその理由と背景
2. 組織が意思決定をして前に進むために必要な情報

　ブリーフのこのような側面を明確にするために、ミーティングや電話会議を行うことは有効だ。リサーチャーは、調査の目的を十分に理解した上で、専門知識を駆使して、必要とされている情報を得るための調査計画を立てる。また、リサーチャーがクライアント側と協力して、問題を正しく認識・診断し、現実的な調査目的の設定を支援することもある。

調査会社選定の基準

　クライアントが調査会社を選定する際の有用な基準として以下のようなものがある。

- おたがいに信頼し合って良好な仕事上の関係を構築できる
- クライアントと調査課題を理解している
- 調査課題に強い関心を持ち、提案意欲がある
- スケジュールを守る
- スタッフが経験、資格、知識を備えている
- 業界の認定と評判を得ている
- プレゼンテーション能力に長けている

　リサーチャーは、その専門知識よりも、信頼関係や対人コミュニケーションを通じて良好な仕事関係を築く能力があるか、組織の問題に対する理解や組織と協力する意欲があるかどうかで選ばれる。調査会社を選ぶ基準として調査費用も挙げられるが、実際にはどの調査会社も同じような費用をかけているため、これを抑えるとサービスの低下につながる可能性がある。

CRITICAL REFLECTION ||||||||||||||||||||||||||||||||||||||||||||||||||||||||||||||||||||||||||| 批判的省察

1. リサーチブリーフが市場調査の重要なプロセスである理由は何でしょうか。
2. 調査を依頼する側の立場からブリーフィング会議で明確にすべきことを一覧に書き出してみましょう。
3. すぐれたリサーチャーはブリーフを作成する企業にどのような質問をするでしょうか。
4. あなたが全国的に発行されている月刊誌のマーケティング担当マネージャーだとします。あなたならどのような調査目的を持つか、3つ挙げてください。そして、その調査目的が重要であり、有用である理由を説明してください。調査方法、期間、予算の検討は不要ですが、調査目的を達成するためにはどのような回答者グループを調査に含めるべきかについては考察してください。

||||||||||||||||||||||||||||||||||||||||||||||||||||||||||||||||||||||||||||||||||||||||||||||||||||||

　調査会社は、このブリーフをもとに、調査の実施方法、採用する手法、必要なコストなどをまとめた==調査提案書==を作成する。提案書では通常、どのような生データが必要か、たとえば、認識や行動に関するデータが必要か、明確な数字が必要か、それとも単に問題を特定するだけでよいかなどを明確にし、さらに、調査を実施するためのいくつかの選択肢を提案する。

CRITICAL REFLECTION ||||||||||||||||||||||||||||||||||||||||||||||||||||||||||||||||||||||||||| 批判的省察

　あなたが、工具、住宅リフォーム機器、屋外用庭木などを販売するオーストラリア最大の家庭用ハードウェアチェーンのバーニングウェアハウスのマーケティング担当マネージャーであるとします。そして、次のような顧客グループについて詳しく知りたいと思い、市場調査を依頼したとします。

1. 熱心なガーデナー
2. 日曜大工的リノベーター
3. バーニングのロイヤルカスタマー
4. バーニングから離反した顧客

　回答者がどの顧客グループに属するかを識別するのに役立ち、調査会社がインタビューで使うと思われるスクリーニング質問を、それぞれの顧客グループについて3つずつ挙げてください。また、その質問に何か制限事項があれば、それも合わせて議論しましょう。

||||||||||||||||||||||||||||||||||||||||||||||||||||||||||||||||||||||||||||||||||||||||||||||||||||||

CASE STUDY

アイアンフィッシュキャンペーン

ビル・ペイジ 著

マーケティングが思いもよらないところで重要な役割を担うことがある。ソーシャル・マーケティングとは、シートベルト着用、節水、日焼け止め塗布などの社会改革を実現するために、マーケティングの原則を応用することだ。変化の必要性は十分に認識されているが、新しい行動を取り入れてもらうことが難しい場合によく使われる。ソーシャル・マーケティングは従来のマーケティングを社会問題に応用したものであるが、独自の用語、アイデア、ツールを開発してきた (Peattie & Peattie, 2003)。ソーシャル・マーケティングは、情報提供や教育、行動変容の創出、有益な法律のためのロビー活動、社会的擁護の実現に利用されている (Donovan, 2011)。

カンボジアでは、国民の多くが貧血に悩まされており、食事から鉄分を多く摂取する必要がある。カンボジアの女性の45%が鉄欠乏症に苦しんでいる。鉄欠乏症は通常、西洋諸国では無気力や倦怠感として現れ、極端な場合は早産、出産時の不正出血、乳幼児の脳の発達不良などにつながることがある。開発途上国では20億人が深刻な貧血に悩まされている。これは大きな問題であり、このような人たちを助けることで、彼らの生活の質の向上に貢献することができる。

裕福な国では、鉄分不足は赤身の肉を多く食べるか、鉄分サプリメントを摂取することで簡単に治療できるが、発展途上国ではどちらの方法もコストがかかりすぎる。鋳鉄は調理に使うと鉄分を放出し、鋳鉄鍋は貧血対策に十分な効果を発揮するが、重くて高価なので、カンボジアの女性に使ってもらうのは難しい。コストと利便性は変化を阻む共通の障壁だ。

すぐれたマーケティングと同様に、アイアンフィッシュキャンペーンも市場調査から始まった。村の長老の奥さんなど、外部の人とも積極的に話しをしてくれる"キーインフォーマント"（主要情報提供者）に話を聞くことで、鉄鍋が普及しない理由を詳しく知ることができた。カンボジアの農村部ではタッパーを使わないため残った料理は鍋に入れて保存しておくことが多いが、鍋の鉄分が原因で味が悪くなるという問題があることがわかった。

ゲルフ大学の生物医学者クリス・チャールズと彼のチームがこの問題の解決策を考案した。鉄の塊を調理鍋に入れるだけで、貧血対策の十分な鉄分が得られ、使い終わったら取り出して他の調理にふたたび使うことができる、というものだった。しかし、健康上の利点があるにもかかわらず、鉄塊の醜い形と奇抜なアイデアはそれほど魅力的ではなかった。

「醜い金属片を適当に使ってもうまくいかないことはわかっていました。もっと魅力的なアイデアを考えなければなりません。ソーシャル・マーケティングの力の見せどころでした」と、チャールズは述べている。

村人に受け入れられる鋳鉄の形を決めるために、ふたたび、調査が重要な役割を担うことになった。キーインフォーマントへのインタビューが重ねられ、3つのデザイン候補がフォーカスグループでテストされた。鉄塊は、重量を最小限に抑えながら最大の表面積を持つようにデザインする必要があった。しかも、できるだけ安価に製作が可能で、できるだけ多くの鉄分を食品に供給できなければならない。最終的に、平板な円盤状のもの、カンボジア文化のなかで特別な位置を占める蓮の花状のもの、カンボジアを流れるメコン川に生息する幸運の魚をかたどったものが候補になった。テストでは、幸運の魚がもっとも広く受け入れられた。「長さは3、4インチ（8〜10cm）ほどで、簡単にかき混ぜられ、1日に必要な鉄分の約75%を摂取できる大きさに設計しました」と、チャールズは言う。一個につき約1.5ドルで現地生産でき、5〜10年使うこと

ができた。

　チャールズたちは、貧血とは何かという教育プログラムにアイアンフィッシュを取り入れ、アイアンフィッシュの必要性を訴えた。アイアンフィッシュの使用を促進するために、帽子や、Tシャツ、ポスターなどを使った広告キャンペーンも行った。綿密な調査をデザインしてコストと利便性の問題が取り除かれると、広告キャンペーンは成功し、村人たちの問題意識は高まり、アイアンフィッシュの必要性は十分に認識された。

　アイアンフィッシュの普及に、この調査が果たしたもうひとつの重要な役割があった。それは、村人がアイアンフィッシュを薬と同じように考え、乾燥した安全な高い場所に他の薬と一緒に保管していることが、継続的な使用を妨げる主要因であることを明らかにしたことだ。もちろん保管していたのでは何の役にも立たない。この調査結果を受けて、アイアンフィッシュを薬と一緒に保管するのではなく、調理場の横に置くように啓蒙するキャンペーンが開始された。

　「すばらしい成果が得られました。貧血が大幅に減ったようです。村の女性たちは、めまいや頭痛がなくなり、体調がいいと言っています。アイアンフィッシュの効果は信じられないほど強力でした」

　高価な鉄鍋を使うより、アイアンフィッシュの方がはるかに大きな成果が得られる。研究開発に多くの時間を費やしたが、大きな改善があったことで簡単に正当化することができた。医学的な知識と市場調査を組み合わせることで、カンボジアの人々は貧血の悩みから解放された。

　チャールズはカンボジアに戻ってフォローアップ調査を行い、村の女性たちの血中鉄分濃度の検査を行う予定だ。アイアンフィッシュは現在も多くの女性に愛用されているが、果たしてどの程度の効果があったのか、その成果を確認するためにはさらなる調査が必要だろう。生物医学者たちは、マーケティングに情報提供するという今回の研究からどのような学びを得たのだろうか。それは、「世界でもっともすぐれた治療法であっても、それを使う人がいなければ意味がない」ということだ。

（このケーススタディは2012年のクリス・チャールズとのインタビューに基づいている）

発展問題　QUESTIONS

1. 市場調査は、今回の医療問題に取り組む上で、さまざまな局面で重要な役割を果たしました。どのような役割であったかを明らかにし、その重要性を考察してください。
2. 市場調査が重要な役割を果たす可能性のある社会問題を挙げてください。
3. 市場調査を経て生まれた、または改良された製品やサービスを挙げてください。

主要な調査プロセス

　調査企画書が受理されると、いよいよ本格的な研究が始まる。調査のプロセスは主に6つの段階に分けられる。

1. 調査目的を明確にする。
2. 必要な情報と調査方法の概略を決定する。
3. 調査のデザインを明確にする。
4. フィールドワークを行ってデータを収集する。

5. データを整理し分析する。

6. 報告書を作成またはプレゼンテーションを行って結果を発表する。

　最初の2つの段階は、調査の背景にあるビジネス上の問題にかかわるため、マーケターが深く関与する。しかし、その一部は、調査会社へのブリーフィングや、調査会社からの提案書のやり取りの段階ですでに行われている。

　第3段階以降は調査会社が主導する。ここでもクライアントは、可能な範囲で顧客の連絡先を提供したり、フィールドワークを視察したり、調査結果のまとめ方を提案するなど、重要な役割を担っている。

二次データと購買行動に関する知識

二次データ

　その組織や企業がすでに行っている調査や公開されている既知の知識を確認せずに、新しい調査プロジェクトが実行に移されることがあまりにも多い。**二次データ**とは、現在の研究課題とは別の目的で収集されたデータのことだ。これには、過去の調査プロジェクトや、企業情報、業界報告書など、研究課題の解決に利用できるあらゆる情報が含まれる。二次データがあれば、少なくとも、マーケターが問いを立て、調査の方法や手段を形成することに役立ち、また比較データとしても役立ち、さらに問いのいくつかに答えを示してくれるので、残った時間と費用を他の課題に向けることができる。

　二次データは**内部データ**と**外部データ**の2つの主要な情報源から得られる。内部データには、同じテーマの調査プロジェクト、売上高、製品やブランドの開発の歴史、および現場スタッフからのフィードバックや消費者クレームなどのマーケティング情報などが含まれる。これらのデータは時間をかけずに比較的簡単に入手できるので、これを出発点とすべきだ。内部データの把握と整理は重要で、多くの時間と、費用、労力を節約できる可能性があり、同じことを二度調査しなくてもすむ。外部データには、オーストラリア統計局（ABS）発表の政府統計や、学術誌、業界誌、シンジケート調査レポート（ただし、オーストラリアのヘルスケア市場の規模や特徴など、特定の調査内容を購入できる場合）、各種データベースなどがある。問題は、入手した情報をいかに現在の調査目的に適合させられるかだが、完全に適合することはほとんどない。しかし、完全に適合しなくても、調査目的が現在の顧客満足度を理解することであれば、顧客クレーム、返品、返金、消費者レビューなどの二次データは役に立つであろう。

購買行動

　業種や時代を超えて適用されるマーケティング科学の法則を知ることも、過小評価されているものの、同じように重要だ。文脈を読む知識があれば、データを分析し解釈するためのフレームワークが得られ、潜在的パターンを説明することが可能になるだろう。そしてデータを最適に提示するためのフレームワークも得られるだろう。

　たとえば、多くの調査報告書が調査結果を示すために表を使っている。通常、その表はデータがブランドごとにアルファベット順に並んでいる。しかし、購買行動に関する研究から、データのパターンはその多くが市場シェアと関連することがわかっており、シェアという観点から表を整理し直すことで、報告書の読者だけでなくリサーチャーにもそのパターンが明確になる。以下がその一例だ。

　表4.2と表4.3は、宝石製造職人に対するカラーダイヤモンドの売上高を示している。売上高は表4.2ではアルファベット順に、表4.3では市場占有率順に示されている。採掘されるダイヤモンドの約30％が宝石質である。ダイヤモンドジュエリーの売上は年間720億米ドル以上と推定される。ダイヤモンドにはさまざまな色があるが、近年はカラーダイヤモンドの人気が高まっている。ダイヤモンド取引業者からはファンシーダイヤモンドとして知られている。

表4.2のレイアウトでは、読者がデータに明確なパターンを見出すことは難しい。しかし、同じデータを市場シェア順に並べた表4.3では、ブランドの売れ行きには市場浸透率が大きく影響し、平均購入頻度（APF）はほとんど影響しないことがわかる。また、市場シェア効果の影響もあり、シェアが大きいダイヤモンドほど、浸透率は高く、平均購入頻度もやや高い（この現象はダブルジョパディ効果と呼ばれる）。このパターンは、データをアルファベット順に並べた表からは気づきにくいだろう。

表4.2　カラーダイヤモンド販売実績（アルファベット順）

ダイヤモンドの色	カラーダイヤモンドの市場シェア	市場浸透率	平均購入頻度（APF）
ブラウン	56	82	4.2
グリーン	2	15	3.6
オパールホワイト	17	56	3.9
ピンク	23	73	4.1
レッド	1	6	3.5

表4.3　カラーダイヤモンド販売実績（市場シェア順）

ダイヤモンドの色	カラーダイヤモンドの市場シェア	市場浸透率	平均購入頻度（APF）
ブラウン	56	82	4.2
ピンク	23	73	4.1
オパールホワイト	17	56	3.9
グリーン	2	15	3.6
レッド	1	6	3.5

このような文脈を読む知識は、知覚データを読むときも非常に重要だ。マーケティングの文献によれば、ブランドユーザーは自分が使っているブランドについてノンユーザーよりも多くを語る傾向がある（Bird, Channon & Ehrenberg, 1970; Romaniuk & Sharp, 2000）。そのため、大規模なスナック菓子ブランドほど人は肯定的な知覚属性を持つと考えられている。ニュージーランドのキャンディバー市場が良い例だ。この市場ではキャドバリー社のモロがトップシェアのブランドだ。モロは、キャドバリーのピンキーバーなどの市場シェアの小さいブランドよりも、"おいしい"という肯定的な連想を構築する消費者が圧倒的に多いと予想される。これは、ピンキーがおいしいスナックと思われていないからではなく、人には自分が頻繁に使っているブランドほど多く発言し、そうでないブランドについてはあまり発言しない傾向があるからだ。ピンキーは1961年に発売されたが、モロよりも顧客数は少なく、購入頻度も低い。もし、市場シェアの影響を考慮せずに、ピンキーバーの購買客とモロバーの購買客の間だけで比較すれば、両ブランドの特定のユーザーがともに肯定的な印象を、しかもほぼ同等の割合で持つことがわかるだろう。このような知識がなければ、マーケターはついピンキーバーは消費者に人気がないと簡単に考えてしまうだろう。

幸いなことに、マーケティングにはこのような文脈を読む知識が豊富にあり、それを利用することができる。その多くはこれまでの章で考察したとおりだ。このようなマーケティングの科学の知識を持ち、しかも想定されるパターンを示すためにはデータをどのように提示するのがベストかを知っている調査会社を選ぶことが重要だ。これについては、本章後半の「調査報告書の書き方」で詳しく解説する。

マーケティングインサイトマネージャーは、いわゆるビッグデータを扱うことに時間の大半を費やしている。この種のデータは、消費者がオンラインで検索したり、アプリやウェブサイトにアクセスしたり、注文をするなど普通にデバイスを使用して残る、いつ、どこで、何をして、何を見たという電子履歴から受動的に収集されるデータであり、途切れることがない。このデータは顧客行動を理解するために使用される。ビッグデータは連続的に入ってくるので、その量は直ちに調査データを上回る。しかもリアルタイムに到着することもある。ビッグデータは決してアンケート調査に取って代わるものではないが、場合によってはアンケート調査の役割を果たすこともある。

質的データと量的データ

　収集したデータは、質的データと量的データの2種類に分類できる。量的データには、数字、百分率、ドル、タイミング、平均値などがある。たとえば、あるブランドの一定期間の購買客数（普及率）や、ある企業の売上高などだ。質的データとは分類やカテゴリーなどを記述したもので、広告評価の尺度に使われる言葉などはこの一例だ。質的データの収集は探索的に行われ、多くの場合、構造化されていない（例：「当社のカスタマーサービスについて他に何かご意見はありませんか？」）。質的データの収集の回答者一人当たりのコストは高くなりがちなため、一般的に標本サイズは小さい。したがって、質的調査は、母集団（調査対象全体）での問題の発生率などを推定するのではなく、母集団にどのような問題が存在しているかなどを特定することに重点を置かれている。一般的に質的調査は、問題、行動、課題の定義や測定を円滑に行うために最初に実施される。また質的調査は、アイデアの創出や（例：「ジム施設を改善するためにはどのような変更が必要か？」）、予想外の調査結果の説明（例：「なぜ当店では長時間滞在しても何も買わない購買客がいるのか？」）、量的調査を行う前に回答者が特定の問題についてどう考え、話しているかを知る（例：「人は住宅ローンという言葉を使うか、ホームローンという言葉を使うか？」）などのためにも有用だ。

　質にフォーカスした調査は誤解されることがある。たとえば、標本が母集団を正しく反映していないため調査結果を一般化することができない、というものだ。もしこの主張が正しければ、研究費は完全に無駄になってしまうだろう。当然ながら、リサーチャーはわずか数人の回答者から得た結果を一般化する。しかし、質的データから判断できることはどのような問題が存在しているかだけであり、その問題の発生率までは正確にはわからない。つまり、人の思考や行動は一般化できても、どれだけの人がそのように考え行動しているかを正しく推定することはできない。たとえば、人はキャンプ用品を購入する際にどのような選択をするのかを調査したいとする。質的調査から、テントまたは寝袋のいずれかを所有している人と、両方を所有している人がいることはわかっても、これらの人がキャンパー人口全体のどれくらいを占めるかまではわからない。それぞれの状況が存在することはたしかなだけだ。テントや寝袋やその他のキャンプ道具を所有するグループの規模を定量化するためには量的データが必要であり、通常は、ある程度大人数の慎重に選ばれたキャンパーから得たデータが必要だ。

　したがって、質的調査のリサーチャーは、もし標本規模が小さければ、その標本が母集団を正確に反映しているかどうかに注意しなければならない。残念ながら、質的調査の標本の収集は高い費用を伴うため、多くのリサーチャーがこのプロセスを簡略化し、結果的に大きく偏った、非典型的な標本になってしまうことがある。これは、リサーチャーの施設で夜間にフォーカスグループインタビューを行うなど、調査参加者側に負担を強いる調査を行ったときなどによく観察される。

　量的データとは、母集団を反映する大規模な標本から得られる具体的な数値情報だ。質的調査がどのような行動や問題が存在するのかを特定するものであるのに対し、量的調査は、行動や問題の発生率や占有率を決定するものである。この目的のために、量的データは通常、チェックリストや応答スケールを示したアンケート形式に整理されており、統計的手法を用いて分析できるように作成されている。たとえば、人口の何割が大卒かを調べるアンケートを作成するとする。回答用紙の選択肢を標準化しておけば、すべての回答者を迅速に分析することができ、コーディングの必要はほとんどない。

　多くのマーケティングの教科書が、意思決定に必要な深い理解を得られるのは質的データだけだという印象を与えている。これは誤っている。数字からも詳細で有用な多くの事実を学ぶことができる。たとえば、スーパーマーケットで自社商品を購入する人の情報を集めることで、その製品がどのように使われているかを知ることができる。生パスタのシートを例に考えてみよう。あらかじめ用意されたソースと一緒に買うか、生の食材と一緒に買うか、家族で買うか、夫婦で買うかなどを定量的に調査することで、その商品がどのように使われているのかを知ることができる。これは、広告でどのようなベネフィットを強調すべきかを決定するのに役立ち、さらに、購買率を高めるために製品のさまざまな使い方を示すのにも役立つ。

量的データが必要かどうかは、調査目的および意思決定に必要な情報によって決定される。企業は、おもしろそうだから、過去に実施したことがあるから、という理由だけで調査方法を選んではならない。どんなに革新的で刺激的な調査方法であっても、調査目的に適う回答が得られなければ意味はない。

質的データを収集する

　質的データの収集には多くの方法が存在する。このセクションでは、商業市場調査でもっとも頻繁に行われている方法について概説する。それぞれの方法には長所と短所がある。

フォーカスグループインタビュー

　フォーカスグループインタビュー（focus group interview：FGI）は広く利用されている。しかし、回答者一人当たりに要する費用が非常に高く（約300ドル以上）、また、グループが母集団を正しく反映していないことが多い。リクルート費用が高いことが、グループが母集団を正しく反映しないことの理由のひとつだ。予算が限られているため、サンプルサイズは通常小さく、1グループに8〜10人で、ひとつの調査プロジェクトに数グループしか募集できない。

　その理由は、回答者は、指定された場所に指定された時間に行き、1時間以上にわたってブランドの問題についてさまざまな議論をしなければならないからだ。"普通の人"ならそのようなFGIには参加したくない。つまり、参加者が"普通の人"ではない可能性が高い。このように、FGIは調査対象のカテゴリーやブランドのヘビーユーザーや問題意識の高い人に偏る傾向がある。彼らは、何事にも関心が高く、意見が豊富だからこそ、調査に参加するための努力を惜しまない。彼らのような顧客から重要なデータが得られるかもしれないが、ライトユーザーが調査対象になっていないため、調査結果が市場全体の様子を反映しない可能性があることを認識することが重要だ。ほとんどのカテゴリーでライトユーザーが市場の大半を占めている。一人ひとりの購買量は少ないものの、全体の売上の約半分を生み出している。このような顧客を無視して調査を行うことは、非常に危険なアプローチだ。

　また、FGIの調査結果は、モデレーター（自分の先入観や経験で調査結果を判断して議論を進めがちだ）やグループの力学（1〜2人が支配的になりがちだ）の影響をおおいに受けやすい。

　さらに、1時間のなかで一人が自分の意見や経験を述べる時間は数分しかないので、一人の回答者から得られる情報量は非常に限られる。

　FGIにはプラスの側面もある。ひとつは、回答者が実際に製品に触れながら議論できること、そしてリサーチャーがグループの対話を観察できることだ。これは新製品の発売前に"予期せぬ問題やリスクの評価"を行うのに非常に効果的だ。たとえば、5組のFGI（約50人）の全員が青いパッケージのデザインに否定的な反応を示した場合、青色を使うことは悪いアイデアであることが明確に示唆される。もうひとつの利点は、一人でインタビューを受けるよりも、グループでディスカッションするほうが、人はより多くのことを思い出したり共有したりできることだ。たとえば、人がどのように獣医を選ぶのかを理解したいとき、犬や猫の飼い主に、彼らの経験をグループで話し合ってもらうことは価値のあることだろう。グループ内で対話することで、記憶が呼び起こされ、回答者間でアイデアが雪だるま式に広がっていき、結果的に1対1の会話よりも多くのデータを得ることができるだろう。

　FGIの参加者を募集するとき、どのような母集団であろうと無作為に選ぶのが最善だが、これには費用がかかる。FGI参加希望者リストを使って事前にスクリーニングするか、参加者に知人を推薦してもらう（スノーボールサンプリング）ことで経費を削減することもできるが、データの質を犠牲にする可能性がある。

　注意すべきことは、FGIを広告テストに使ってはならないことだ。広告は視聴者が個別にしかも瞬時に"使い切る"ものなので、それについて1時間もFGIを行うことは、議論を非常に人工的なレベルにまで高めるだけでなく、普段よりも不自然な広告露出環境を作り出すことになる。このことを念頭に置いて、FGIを調査方法として採用すべきかどうかを検討する際は、調査対象の製品やサービスがどのように購入されているか（時間がかかるか、かから

ないか）、どのように使用されているか（公共の場か、プライベートな場か）を考慮して判断することが重要だ。

深層インタビュー

　深層インタビュー（depth interview）とは、回答者が特定のテーマについて自分の動機、信念、態度、行動、経験を話す1対1の**半構造化ディスカッション**だ。この方法は、特に個人の経済状況や健康状態など、通常なら他人と共有できないプライベートな話題を扱うときに使われる。深層インタビューには、回答者一人ひとりが自分の意見を述べる時間が十分にあるという利点がある。FGIでは、回答者は自分の意見を述べる時間が数分しかないが、深層インタビューではもっと長い時間をかけることができる。そのため深層インタビューは、特定の分野の専門家（シニアマネージャーなど）を対象にしているときや、複雑な意思決定（家の購入など）を調査するときなどに適している。

　深層インタビューのもうひとつの利点は、リサーチャーが回答者の自宅や職場などの普段の環境を観察できることだ。たとえば、回答者が話していること（家庭内での食品の管理方法など）を直接観察できるだろう。また、回答者が指定された時間に指定されたインタビュー会場へ行くのではなく、リサーチャーがわざわざ出向いてきてくれるため、回答者は参加する意欲が高まるだろう。

　深層インタビューの限界は、実施に要する時間と労力だ。インタビュアーが1日にこなせるインタビュー数はわずかであり、回答者が地理的に複数の場所に分散している場合は、その移動に多くの時間とコストを費やさなければならないこともある。しかし、FaceTimeなどのツールを使えば、この制限をある程度は克服することができるだろう。

　深層インタビューは、FGI同様、リサーチャーの主観に基づいた解釈という問題がつきまとう。インタビュアーが回答者の発言を正確に理解できたか、回答者が自分の価値観や考えをどの程度回答に投影できたかを知ることはできない。また、深層インタビューの質問の中には、回答者にとって答えにくいものもある。たとえば、理想のブランドを尋ねても、残念なことにほとんど答えは返ってこない。たとえば、人は製品やサービスを選択するときに、「あの商品よりこの商品が好き」などとあれこれ考えることは得意だが、理想のブランドを問われて、「自分の理想のブランドはこんな感じです」と具体的に表現するのは苦手だ。深層インタビューでは、FGIと同様に、回答者は記憶に頼って質問に答えなければならないため、反復的で関与度の低い行動への問い（例：「先月はどこのガソリンスタンドで給油しましたか？」）や、頻度の低い行動への問い（例：「最後に枕を購入したのはいつか思い出してください」）には、回答がきわめて困難になることがある。このような場合、次の調査方法が非常に役に立つ。

行動観察調査

　多くの調査が回答者の記憶に依存している。行動観察調査（observational research）は、消費者の実際の行動を情報としてそのまま記録するという点で従来の調査とは異なる。この調査方法は、スーパーマーケット、デパート、薬局、銀行など、小売ネットワークを展開する企業にとってはきわめて有用だ。買い物客の行動の多くは習慣的かつ低関与であるため、たとえかなり頻繁な行動であったとしても、回答者が自分の行動を正確に思い出すことは難しい（East, Wright & Vanhuele, 2008:13）。この"回答エラー"をさらに悪化させているのが**テレスコーピング**（telescoping）という現象だ。テレスコーピングとは、さまざまな出来事の実際の時系列と自分の記憶にある時系列の間に食い違いが生じ、実際に経過した時間よりも時間が短くまたは長く感じられることをいう（Morwitz, 1997）。消費者が特定の製品の1カ月間の購買回数を報告したつもりでも、実際にはその前月に購入したものも含まれることがあり、この現象は購買などの消費行動の理解に頻繁に影響を与える（East & Uncles, 2008; Schwarz, 1999）。行動観察調査は、顧客が店内をどのように移動するか、何を見ているか、彼らのホットスポットやコールドスポットはどこにあるか、特定の商品カテゴリーを観察した買物客のうち何人が実際にそのカテゴリーで製品を買ったか、などの情報を得られる唯一の方法だ。

　行動観察調査は、**出口インタビュー**などの他の調査方法と組み合わせて実施すると効果的で、観察結果の背景にある（または欠如している）思考を買い物客に説明してもらうことができる。たとえば、30分も店内を見て回ったの

市場調査

に何も買わなかった場合、多くの可能性が考えられる。探していたものを見つけられなかったのかもしれないし、ただ見て回っただけかもしれないし、購入を次の機会に延期したのかもしれない。

したがって、行動観察調査から質的データも量的データも得ることが可能だ。調査プロジェクトの初期段階で利用し、質的な文脈においては、調査の後半で補捉する必要があるかもしれない行動を特定するために、量的な文脈においては、特定の行動の時間的側面や割合などを把握するために使うことが可能だ。

その他の方法

質的データを収集する方法は他にもたくさんある。たとえば、ストーリーテリング、投影法、エスノグラフィック・リサーチ、リフレクティブ・ジャーナル、ピクチャー・コラージュなどがある。これらのアプローチを使うときは、他の方法で提起された問題にも注意を払いながら、調査結果をどのように役立てられるかに焦点を当てよう。それほど使用頻度の高い手法ではないが、豊かで視覚的かつ言語的アウトプットが得られ、市場にアピールするコミュニケーションを開発する上では非常に効果的だ。これらの調査から得られる結果は興味深く刺激的だが、市場を理解し、ブランドを管理するという点における全体的な貢献はかなり限定的なものになりがちだ。その理由のひとつは、調査結果にどれほどの信頼を置くべきかを判断することが非常に難しいことだ。

質的調査から最大限の効果を引き出す

クライアントによっては、質的調査に参加することや、その結果に至った経緯を尋ねることに消極的な場合もある。質的調査が特定のインタビュアーやモデレーターに大きく依存しているため、おそらくクライアントは、客観的な調査のように自由にコメントしたり質問したりすることができないと感じているのだろう。しかし、質的調査は、リサーチャーの影響や回答者のバイアスをもっとも受けやすい手法であるため、クライアントには、少なくとも**プロンプトシート**（インタビューやフォーカスグループで使われる質問表）を事前に確認してコメントする権利がある。そのため、報告書には調査参加者のプロフィールおよび彼らの選考方法が詳しく記載されるべきだし、導き出された結論は回答者の発言内容をそのまま添えて説明されるべきだ。また、クライアントが専用の部屋でフォーカスグループをマジックミラー越しに、または遠隔カメラで観察することは、すでに業界の一般的な慣例になっている。参加者は調査の様子が観察されることをあらかじめ承諾しており、またファーストネームのみで識別されるため、匿名性は保たれる。リサーチャーのマーケティングスキルのレベルと経験を常に確認しよう。特に質的調査においては、調査結果がリサーチャーの恣意的な解釈の影響を受けやすいため、これは非常に重要だ。

質的データの定期購読

大手消費財メーカーやサービス企業が、調査会社からデータを定期購読し、それをクライアント企業に販売することはよくあることだ。このようなデータは**シンジケートデータ**と呼ばれている。データは、業界内のすべてまたは一部の企業売上データをプールすることで得られることもあれば、出荷データ（例：ガソリン）や出庫データをモニターすることで得られることもある。また、銀行の満足度調査などの定期的調査からデータを得ることもある。

通常、購読者はオンラインでデータにアクセスできるだけでなく、分析ツールを利用することもできる。また、シンジケートリサーチプロバイダー（syndicated research provider）が特別に準備した、経営上の課題を解決するための、データに基づくレポートやプレゼンテーション資料を受け取ることもある。

オーストラリアでは、ニールセンがホームスキャンという大規模なオンライン消費者パネルを運営している。この消費者パネルは、オーストラリアの1万世帯の食料品の購買行動を週単位で追跡している。各世帯には購入商品を毎回記録するための携帯スキャナーが配られている。スキャンされたデータからこれら全世帯の人口統計データおよび心理統計データが構築され、消費者の購買パターンや嗜好に関する詳細な情報が提供される。このような情報は、マ

ーケターにとっては、消費者行動を理解し、マーケティングミックス変更の効果を判断するうえで有用だ。パネルが高い回答率を維持し、オーストラリアの典型的世帯を反映するよう、綿密にモニターされ、定期的にインセンティブの支払いを受ける。これらが消費者パネルを利用した縦断的調査の主な利点だ。

テレビ番組やラジオ局の視聴者数も同様にパネルを通じて収集され、その後、放送ネットワークと広告主であるクライアントによって利用される。

大手グローバル企業はブランドや広告の追跡調査を依頼することが多い。これは世界中で定期的に、おそらく毎月実施されている。その市場データは、クライアントの海外オフィスに送られたり、比較や分析を可能にするために標準化してレポートが作成されたりする。

量的データを収集する

量的データの収集には多くの方法があるが、それぞれに長所と限界がある。商業市場調査においてもっともよく使われる方法を以下に概説する。量的データは、数値で分析できるように構造化された調査やアンケートを使って収集されることが多い。量的調査プロジェクトでは、通常、50人以上のサンプルを対象とするため、データの収集と分析の一貫性が保たれる標準的調査ツールを使う必要がある。調査方法には、自己記入式のものと面接官が行うものとがある。

行動観察調査

行動観察調査を定量的に行うことで、顧客の動線、トラフィック、棚の配置、製品選択に関する課題を解決することが可能だ。しかしこのような調査には高い費用がかかる。なぜなら、購買客が店内を効果的に移動するための店舗地図を用意したり、購買客の行動を記録するためのアンケートなどの調査ツールをデザインしたりするのに、多くの時間を要するからだ。その上、観察結果を収集し、それらを分析、定量化、検証するためには、コーディングする必要もある。

店舗のビデオ映像をコーディングして分析することも可能だ。たとえば、ワインショップの冷蔵庫から、購買客がいつ、どのように商品を選択するのかを確認するために、この方法を使うことができる。しかし大量のビデオ映像をコーディングする作業には膨大な時間がかかる。もしリサーチャーにとって関心のある行動が記録されていなければ、多くの時間が失われることになる。

また、特殊な眼鏡を使って人の視線がどこに向いているのかを追跡する調査も、行動観察調査の一形態として人気が高まっている。この調査はリサーチャーが次の点を理解するのに役立つ。

・買い物客が広告を見るときの視線と、広告の最適な配置を考える
・買い物客が商品を買うときの視線と、どの商品棚が目立っているかを考える
・買い物客はどのブランドを検討しているか、どのパッケージに目が留まっているか

電話調査

2005年までは、電話調査はオーストラリアなどの先進国では量的データを収集するためのもっとも一般的な方法だった。電話調査は人口の95％に電話でアプローチでき（Levy & Lemeshow, 2011）、また電話による調査には答えやすいため、信頼性も有効性も高い調査方法だった。この方法を使うと、訪問調査よりも迅速かつ費用対効果にすぐれたデータを得ることができた。このような理由から、政府機関の調査、世論調査、メディア視聴者調査は電話で行われるのが常であった（Crassweller, Rogers & Williams, 2008; Baim et al., 2009）。

固定電話を持つ世帯の割合が減少し、"携帯電話のみ"の世帯の割合が増えるにつれ、電話調査の人気は低下している。2012年末時点で、18歳以上のオーストラリア人のうち330万人（19％）近くが固定電話から携帯電話に切り替えた"モバイルオンリーユーザー"だ（オーストラリア通信メディア局、2013年）。欧米においても同様の数字が

観察される。しかし、携帯電話が電話調査に使われるのはまだ少数だ。

電話調査の回答率も低下している。コールドコール調査（事前予告のない調査）のうち電話による回答率は、どのようなテーマやタイプの調査でも、常に10%を下回っている。協力率（インタビューが成立した数と拒否された数の比率）は、通常0.2（インタビュー成立1件に対して拒否が5件）以下だ。顧客との電話インタビューの回答率は通常20%以上と高く、協力率も1.0以上だ。政府が後援する電話調査も回答率は高く、50%を超えることもある。しかし、それでも低下の傾向にある（AMSRS, 2013）。

低下の一因は、人々が迷惑電話を煩わしいと感じるようになっていることにある。2007年、オーストラリア政府は、営業目的の迷惑電話が増加したことに対する地域社会の懸念に応えるために、3300万オーストラリアドルを投じて、"迷惑セールス電話ブロック制度"（Do Not Call Register）を設立した。市場調査や社会調査は、売り込みやデータベース構築が目的ではなく、情報収集が目的であるため、この制度の対象外だ。調査がテレマーケティングとは異なり、重要な目的を達成するためのものであることを消費者に明確にすることができるため、調査業界はこの制度を支持している。

このような課題はあるものの、電話調査は、特にB to B（企業間取引）の産業調査においてはいくつかの重要な利点があり、人気がある。回答者を、ランダムデジットダイヤル方式を使って、または電話帳からランダムに選ぶことで、地域に応じた調整が可能になる。これにより参加者の多様性が保たれ、データの代表性が高まる。その後、高度な訓練を受けたインタビュアーが特定の施設で調査を行う。大手調査会社の多くが、一晩で数百の調査回答を集めることができる、インタビュアー専用の電話室を所有している。さらに、電話調査では、地理的に分散した対象者にアプローチすることが可能だ。これは対面調査ではとても困難なことだ。

インタビュアーは、コンピューター支援電話調査（CATI：Computer-Administered Telephone Interviewing）ソフトウェアを使用してアンケートを行い、回答を直接データベースに記録する。データは直ちに分析され、報告をすることが可能だ。CATIのコンピューターは相互にネットワークで接続されており、サンプルの代表性をコントロールし、回答者の都合の良い時間に電話をかけることができる。

電話によるデータ収集は、対面でのデータ収集よりも安価だが、郵便やオンラインでの調査よりは高い。300人のサンプルを対象とした典型的な電話調査の場合、1万5000豪ドル以上の費用を要する。

オンライン調査

オンライン調査は、マーケターが世界規模の調査を実施するときによく利用する調査だ。マーケターにとっての主な利点は、特に大規模なサンプルでの費用対効果と柔軟性の高さだ。オンライン調査には画像や動画を簡単に組み入れることができるので、パッケージや、製品、広告の表示が可能になる。また、オンライン調査には、回答者が自分には関連性のない質問を無視して次の質問に進むためのプログラムを追加することができる。このようにして、回答者のアンケート体験を向上させ、アンケートを短縮することができる。

オンライン調査では、自由回答式の質問をすることで、量的データだけでなく質的データも収集できる。消費者は、自分のペースで質問に答えられるため、回答記入欄に長いコメントを記入することがよくある。回答者がデータを入力し終えると、すぐに分析が可能になり（コーディングは不要）、リサーチャーは回答を確認したり、必要に応じて質問を追加・変更したりすることができるようになる。

オンライン調査を利用すれば、非常に迅速にデータを収集することができる。大規模な顧客リストや事前募集したオンラインパネルにメールでアンケートを送信すると、通常、わずか数日で数百の回答が集まる。調査の実施について、FacebookなどのSNSに投稿したり、店頭や会社のウェブサイトで告知したり、インターネットブラウザ上にポップアップするようにプログラムしたりすることもできる。回答率は調査方法によって異なるが、おおむねすばやい反応が得られる。オンライン調査が顧客リストを経由して回答者に送られて最初の48時間以内に60%の人が回答している（Sharp, Moore & Anderson, 2011）。数日後にリマインダーをメールで送ることで、回答率はさらに高まる。

オンライン調査の代表性については、すべての人がオンラインでつながっているわけではないので、この点におい

て懸念が残る。実際、オーストラリアでは全世帯の86％が自宅でインターネットを利用しているが (ABS, 2016a)、農村部や子どものいない世帯での利用率は低い。オーストラリアにおける **オンラインパネル** のサンプルの代表性については後述する。

オンライン調査の作成と実施に使用されるソフトウェアは使いやすく、容易に入手できる。多くの調査会社がオンライン調査の設計と管理のサービスを有料で提供している。オンライン調査は、一度構築されれば回答者を増やすための追加コストを低く抑えられるので、大規模な量的調査の方法としては理想的だ。

調査にオンラインパネルを利用する

オンラインパネルは、マーケターが消費者調査を実施する際に定期的に利用している。新たに参加者を募集するよりも、すでにパネルに参加している人から募るほうが、はるかに安価で簡単だ。マーケターにとってのオンラインパネルの主な利点は次のとおりだ。

1. サンプルサイズ：比較的大きな消費者サンプル（500人以上）を数千ドルで調査することができる。オンラインパネル調査の場合、調査の設計および管理の基本料金と、回答者一人あたりの料金が発生する。これらの費用はプロジェクト開始時に確定するため、担当者は予算を正確に把握することができる。

2. サンプル特性：パネル登録時に提供された人口統計学的および行動学的データに基づいて、回答者を選択することができる。このデータは、年齢、住所、収入だけではなく、購買の習慣や好みまで網羅した広範なデータであることが多い。クォータ（＝人数や割合の制限）を設定することで、調査が求める基準に沿った代表的な最終サンプルを確保することができる。

3. スピード：調査データを非常に迅速に収集することができる。大規模パネルの多くが、わずか数日で何百ものアンケート回答を収集することができる。

オンラインパネルの主な弱点は以下のとおりだ。

1. カバレッジが不完全：オンラインパネル調査に参加する人はごくわずかだ。人口の80％以上が家庭でインターネットにアクセスできるオーストラリアでも、オンラインパネル調査に参加しているのは人口の5％にも満たない。オンラインパネル調査に参加することが難しいタイプの人もいる。高齢者、高給の経営者、教育水準や識字率が低い人などだ。

2. 結果の一般化に伴う不確実性：誰もがインターネットにアクセスできるわけではなく、また、オンラインパネルに参加する人はその母集団からランダムに選ばれているわけでもない。これは、小規模なサンプルから得た結果を一定の確実性を保ちながら母集団に一般化するというサンプリング理論の基本原則に反している。とはいえ、完全にランダムなサンプルでなくても、多くの研究課題に答えることができる。

3. 回答者の確認が困難：オンラインパネルの回答者の年齢、性別、社会人口学的特性などを確認することが困難な場合がある。インターネットに特異な環境により、多くの調査に参加しようとして虚偽の内容を登録する人もいる。

Googleコンシューマー・サーベイ（Google Consumer Surveys）もオンライン調査サービスのひとつだ。質問は、有料オンラインニュース、参考資料、エンターテイメントサイトなどのコンテンツに直接埋め込まれて表示されるほか、モバイルアプリを通じても表示される。この調査は、定期購読やアップグレードをしなくても、ウェブ上で質問に回答するだけでコンテンツへのアクセス権を得ることができる。モバイル端末では、質問に答えることで書籍、音楽、アプリ購入に使えるポイントを獲得できる。閲覧履歴やIPアドレスから、その人の性別、年齢、住所な

どの属性を推定することもできる。

Googleの調査には、若年層の消費者から簡単に回答を収集できるという利点がある。電話調査と組み合わせることでバランスのとれたサンプルを得ることもできる。単一の質問であればオンラインパネルを利用した調査よりも安価で、精度もおおむねかなり高いが、質問項目が増えると、そのコストは他の安価なオンラインパネル調査とあまり変わらず、データは収集方法に起因する限界を常に抱えることになる。また、質問数が限られているので大量のデータを収集することには適していない。さらに、プライベートな質問は、調査の信憑性を疑われて回答が得られない可能性がある。このサービスは1問あたり10セントと安価であり、納期も最短で24時間以内と非常に短い。詳細は次のサイトを参照されたい：(https://www.google.com/analytics/surveys/#?moclal_active=none)。

郵送調査法

郵送調査法は、かつて非常に人気のある調査方法だったが、インターネットの普及に伴い、その利用は確実に減少している。郵送によるデータ収集には時間がかかる。調査票の印刷から、返送された調査票が分析に使えるようになるまでに、数週間から数カ月もかかる。何度も確認のメールを送る必要があり、プロジェクトに時間と費用がかかる。

オンライン調査と同様に郵送調査法も自己記入式だ。回答者はアンケートの説明書を読み、サポートがなくても自分で質問に答えられなければならない。したがって、郵送調査法は、非常に明確な指示と魅力的な外観を備えていなければならない。しかし、すべての質問に回答させたり、調査側が期待する形式で回答させたりするためのツールや機能を組み込むことはできない。たとえば、車を所有している回答者に、車の修理を依頼する先を選ぶときの基準を3つ挙げるように求めたときに、回答が1つか2つしか記入されていない場合などだ。オンライン調査と異なり、郵送調査法ではデータの不備が大きな問題となる。さらに、回答は紙上に記録されるため、回答（特に自由形式回答）をデータファイルにコーディングするのは、時間も費用もかかる作業だ。

郵送調査法は、よほど上手にデザインしない限り、回答率が非常に低い傾向がある（送付したアンケートのうち返送されるのは10％未満）。回答候補者が、送られてきたアンケートを無視したり、ゴミ箱に捨てたり、紛失したり、単に忘れたりすることはよくあることだ。また、郵送アンケートに回答して返送するのは、調査テーマに深くかかわっていたり、調査対象のブランドのヘビーユーザーであったり、非常に極端な強い意見を持っている人たちということもよくあることだ。その結果、サンプルが大きく偏ってしまい、意思決定を行えるほど十分な有効性を発揮できないことがある。しかし、郵送調査法を個別にアレンジし、リマインダーを送り、インセンティブを使って回答を促せば、回答率は60％を超えることもある (Dillman, 1978, 2000)。そのため、アンケートを作成する際には注意が必要だ。質の悪い紙を使ったアンケートは回答率が非常に低い。長いアンケート、構成の悪いアンケート、読みにくいアンケート、記入しにくいアンケートも同様だ。世帯主宛の迷惑アンケートは、ジャンクメールとみなされて破棄される可能性が高い。一方、個人宛のアンケートは開封される確率が高くなる。赤十字や大学などの信頼できる組織の後援があれば回答率が向上しやすいが、必ずしもそのような後援をいただけるとは限らない。

限界はあるが、それでも次のような場合、郵送調査法にはメリットがある。

- すでに企業との間で書面でのコミュニケーションが確立している顧客を対象にした調査。回答率は低いかもしれないが、レターや、請求書、カタログに簡単なアンケートを添付することは費用対効果が高いかもしれない。
- インターネットの普及率が低い、たとえば高齢者や遠隔地のコミュニティを対象にした調査。回答率は低いかもしれないが、電話調査やオンライン調査よりも多くの人に届く可能性がある。
- 政府機関、大学、非営利団体など信頼と尊敬を集める組織のために、または医療基金や子供の学校など回答者が深くかかわっている組織のために行う消費者調査。
- 回答する前に、調査テーマに基づいて、情報を収集し、情報を読み、意見を構築する必要がある調査。

対面調査

回答者に直接会ってデータを収集するのが良い場合もある。個人面談やインターセプト調査などがよく使われる。

・店長、鉱山技師、忙しい親、電話を持たない人など、他の方法では参加できない人たちが対象のときに使われる。インタビュアーと直接会うため、特に調査期間が短い場合は他の調査方法よりも拒否率は低くなる。アンケートは、一軒一軒回収する場合と、ショッピングモールなどの街中心部で回収する場合がある。

・特定の行動を取った直後の人たちを対象に調査をするときに使われる。たとえば、スーパーマーケットの買い物客は買い物直後に、飛行機の乗客はフライト直後に調査をする。そうすることで、想起バイアスが低減され、適切なサンプルを確保しやすくなる。

・調査の一環として製品のデモンストレーションや味のテストを行うときに使われる。

対面調査には、インタビュアー主導式と自己記入式がある。自己記入式でのリサーチャーの役割は、参加者を募集し、調査票を配布し、参加者が調査に関して抱く疑問を明らかにすることだ。そうすることで回答率とデータの質が向上する。回答者は、紙またはiPadなどのウェブ対応デバイスを使って自分でアンケートに回答し、リサーチャーに返送する。ウェブ対応デバイスを使うと、データコーディングコストを大幅に削減し、より柔軟な調査が可能になる。リサーチャーが回答を記入する（他記式）調査を実施すると、回答する側は読み書きの必要がないため楽だが、インタビューのたびにリサーチャーの入力が増え、調査費用は高くなる。

ショッピングモールのような公共の場で人に声をかけるインターセプト調査は、以前ほど効果的ではない。フィールド調査を得意とする調査機関の報告によると、1970年代のショッピングモールの通行量では、1カ所あたり1日平均30件のアンケート回答が得られていたが、1990年代後半には1日わずか5件に激減した（Miller & Lundy, 2002; Bock & Treiber, 2004）。さらに、80％以上の買い物客がショッピングモールでのアンケート調査への参加を避けるために視線を合わせないようにし、約3分の1が参加を拒否しているという。多くのショッピングモールが書面による事前の許可なしに敷地内で顧客にインタビューすることを認めていないことも、問題をいっそう難しくしている。

バイオメトリクス

ハイドン・ノースオーバー 著

バイオメトリクスとは、刺激に反応する身体の生体反応を測定することだ。特に、思考の90％以上が潜在意識下で行われているため、バイオメトリクスを利用することで、リサーチャーが回答者の自己申告に依存することを避けられる可能性がある。

この情報を収集するツールには主に次のようなものがある。

・脳内の酸素の変化を測定する磁気共鳴機能画像法（fMRI）
・脳から発せられる微小な電気信号を測定する脳波計（EEG）
・心拍数、発汗、呼吸などの症状をモニターするその他のツール

それぞれの指標にはそれぞれの強みがある。たとえば、指先の汗を測定すれば、刺激に対する覚醒度の高まりを示す指標となり、脳の血流を測定すれば、何かを判断したり広告を見たりしたときにどの部位が"点灯"するかなど、特定のタスクに関与する部位を明らかにすることができる。

この研究領域はまだ新しい。そのため、解明されたことも多い一方で、まだ発見されていないこと、確認されていないことも多い。fMRIやEEGを利用する科学者たちは、脳は非常に複雑であり、またこの分野はまだ新しいので、現在の知見をマーケティング分野に応用すること（ニューロマーケティングと呼ばれる）は容易ではないと認識している。ニューロマーケティングの分野におけるエビデンスの多くは再現性に欠けるため、慎重に扱う必要がある。

つまり、マーケターはこの分野で主張されていることにおおいに慎重な姿勢をとるべきだ。特にバイオメトリクス

サービスをマーケターに販売する人の主張には慎重であるべきだ。慎重であるべきとは、基本的にはサプライヤーに対して質問をし、主張を裏付ける根拠を求めることを意味する。

量的調査から最大限の効果を引き出す

　クライアントは、調査プロバイダーと協働して、さまざまな量的調査手法の相対的な利点と制限を評価しなければならない。どの調査方法を採用するかは、誰をサンプリングするべきか、どのように連絡をとるべきか、インタビュアーの立ち会いが必要か、どのくらいの時間やリソース使えるかなど、プロジェクトの具体的な内容によって異なる。ひとつの方法に限界があれば、2つ以上の方法を組み合わせて複数の選択肢を用意し、回答者が解答しやすくなるようにすることが必要になることもある。

　量的調査においては調査手段、すなわちアンケートや質問票が重要だ。マーケターは、クライアントとして調査プロバイダーと協働し、経営上の意思決定を行うためにはどのような情報を収集し、どのように情報を構築する必要があるのかを特定しなければならない。

CASE STUDY

適切な研究方法を選択する

　あなたが、オーストラリアの映画館チェーンのイベントシネマズが提供するゴールドクラス映画観賞会のマーケティング担当マネージャーだとする。あなたは、自社が南オーストラリア州で上映している映画、軽食サービスやバー、チケット売り場、雰囲気、映像や音響の質、特別セッション、ウェブサイトなどに、ゴールドクラス映画鑑賞会の会員がどの程度満足しているかを理解するために、市場調査を依頼したいと考えている。いくつかの調査方法が提示されたとする。

1. 南オーストラリア州マリオンにあるゴールドクラス映画館の4人目の来場者ごとに行動観察調査を実施する。リサーチャーは、来場者が映画館を出るまで追跡し、来場者の行動を正確に観察し記録する。
2. ゴールドクラス映画館の入り口に自己記入式アンケートを置き、アンケートに答えて横の返却箱に入れると、抽選で映画チケット（ゴールドクラスではない）10枚が当たることを告知する。
3. 映画が始まる前に短い広告を流し、オンラインにアクセスして簡単なアンケートに答えると抽選でローブ（訳注：オーストラリアの観光地）での週末が当たるチャンスがあることを告知する。
4. インタビュアーが1カ月間、毎週日曜日にゴールドクラス映画館のある地域で対面式のアンケート調査を実施する。インタビュアーが誰に参加してもらうかを決定する。
5. イベントシネマのホームページでポップアップアンケートを実施し、意見を求める。

> **発展問題**　QUESTIONS
>
> 1.　各アプローチの代表性、予想される回答率、データの質、その他の研究上の問題を評価してください。
>   それぞれをどのように改善することができるでしょうか。
> 2.　このケーススタディのための独自の方法を提案し、その長所と短所を説明してください。

サンプリング

　国勢調査は母集団全体を調査して行う。オーストラリアの国勢調査は5年に一度行われる。一方、ほとんどの市場調査がサンプルを使って行われる。通常、国勢調査の実施は難しく、時間とコストもかかり過ぎる。市場調査にはそのレベルの正確な結果は求められていない。サンプルは母集団を代表するものとして選択されているので、調査結果は母集団全体に一般化できると考えられている。サンプリングとは、スープ鍋からスプーン1杯をとって味をたしかめるようなものだ。味をたしかめるためには、サンプリング前に鍋をかき混ぜて、"代表的な"スープをすくい取る必要がある。市場調査のサンプリングもこれと同じで、鍋全体を味わう必要はないが、スープに必要な要素（出汁、具など）をすべて含んだスプーンを選ぶ必要がある。鍋をかき混ぜる動作にたとえられるすぐれたサンプリングの手順や方法が、代表的なサンプルを確実に抽出するのに役立つ。

　サンプルから得られた結果を迷うことなく一般化できるためには、サンプルが以下を満たすことが必要だ。
・特定のタイプの人（例：夜間に働く人）を排除せず、母集団全体の要素を代表している。
・無作為または特定の人に偏らないような方法で選択されている（たとえば、家族が家にいて電話が鳴った場合、男性よりも女性が出る可能性のほうがはるかに大きいので工夫が必要）。

　市場調査における<mark>調査母集団</mark>とは、調査で理解しようとしている人々のグループ全体を指す。一般的には、依頼企業の既存顧客や潜在顧客がこれにあたる。

小規模な母集団の調査

　市場調査の多くはサンプルを使って行われるが、なかには全体調査が可能なほど小規模な集団もある。たとえば、高度に専門的な製品を生産するB to B企業では、常連の顧客が100社に満たない場合がある。このような企業が100社の顧客全体を対象とした調査を実行することは比較的容易だ。同様に、従業員満足度も通常は、全従業員が参加できるように全体調査を行って調査する。

　表4.4は、サンプル調査ではなく全体調査を行うのにもっとも適した条件を示している。

表4.4　全体調査か標本調査かの判断基準

条件	標本調査	全数調査
母集団のサイズ	大きい	小さい
母集団の多様性	小さい	大きい
標本誤差の影響	小さい	大きい
利用可能な予算	少ない	多い
利用可能な時間	短い	長い

顧客サンプル

　ほとんどの組織が、主に請求書の作成と送付およびコミュニケーション目的で、顧客データベースを管理している。このデータベースからサンプルを選択することもできる。データベースには、通常、電話番号、郵便番号、電子メールアドレスが含まれている。データベースに含まれる情報によって調査方法が決定する。たとえば、インナーブーティというオンライン小売業者は、人工毛皮のブーツライナーやファー付きソックス、スカーフ、ベストを製造しているが、インナーブーティがすべての顧客の電子メールアドレスを含むデータベースを管理していれば、市場調査は電子メールを使って実施するのが良い。数百人、数千人の顧客を調査対象にすることができ、メールによる調査は非常に費用対効果が高い。

　ロイヤルティプログラムや会員カードを管理している組織には、数百から数千人の顧客のデータベースがあってもおかしくはない。これらを顧客調査に利用することができるが、サンプルはヘビーユーザーやフリークエントユーザーに偏り、ライトユーザーが除外される傾向にある。しかし、ライトユーザーや購買頻度の低い顧客が顧客基盤の大部分を占め、特殊な意見や購買行動を有していることが多いため、これらの顧客が除外されるのは問題だ。

　消費財を販売するクラフト、フォード、ソニーなどの企業や、サービスを提供するレストランなどは通常、調査に使えるような完全な顧客データベースは持っていない。プロモーションに参加した顧客や、保証の問題やクレームで連絡があった顧客のデータベースはあるかもしれないが、そのようなデータベースは代表性が保証された完全なサンプルとは言えない。このような企業では、顧客が購買行動を起こした時点で調査するインターセプトインタビューを行うのが最良の方法かもしれない。たとえば、クラフト社であれば、もちろん店側の許可が必要だが、スーパーマーケットでベジマイト（オーストラリアの発酵食品）を購入した買い物客をその場でサンプリングすることが可能だ。この他にも、大企業であれば、まず一般的なサンプルを作り、そこから自社製品カテゴリーの顧客や利用客ではない人々を除外して、代表性の高いサンプルを構築することができるだろう。この方法で、購入頻度が低い人や、自社ブランドも競合ブランドも購入する傾向がある人など、より広範な顧客サンプルを獲得することができる。

　また、すでに確立されている調査パネルを使って顧客サンプルを募集することも可能かもしれない。調査パネルとは、金銭、ポイント、賞品と引き換えに、対面や、電話、郵送調査、インターネット上で市場調査に参加することに同意した消費者のデータベースのことだ。世界中の多くの調査会社が調査パネルを管理し維持している。

　ランダムサンプリングや、調査パネル、インストアリサーチは、潜在顧客のサンプルを確保するためにも使用することができる。潜在顧客は、特に顧客基盤の拡大をめざす組織にとっては、重要な調査対象であろう。潜在顧客には、特定の地域に住んでいて、特定の製品カテゴリーから購入するものの、現在はあなたのブランドの利用者ではない人が含まれているかもしれない。競合他社の顧客を調査することで、自社ブランドを向上させるための新たな発見を得られるだろう。

サンプリングの留意点

1. サンプリングの方法

　サンプリングしたい母集団を定義し、回答者を選出し、回答者と連絡を取るための方法を特定したら、次のステップはサンプリング手順を決定することだ。サンプリング手順とは、母集団やデータベースからどのように回答者を選んで調査に参加させるべきか、その方法を示すものだ。

　選択されたサンプルは、無回答や不参加の人がいることを見込んで、最終サンプルの10倍の大きさが必要になることもある。

　サンプリングの方法には、確率的な方法と非確率的な方法がある。**確率的サンプリング法**では、回答者は母集団ま

Chapter　04　　　Market Reserch　　　160

たはデータベースから無作為に選択される。偏りが少ないので科学的に信憑性の高いサンプルを作成することができる。**非確率的サンプリング法**では、回答者はリサーチャーによって選ばれるか、回答者自身が参加することを自ら決定する。このサンプリング法はバイアスが生じる可能性がある。

図4.1：潜在顧客は重要な調査対象

表4.5は典型的な確率的サンプリング法を概説している。

単純無作為抽出法と**層別抽出法**は、郵送調査、店舗内調査、電話調査、オンライン調査でもっとも一般的に使用されている調査方法だ。これらの方法の主な欠点は、サンプルが母集団を完全に代表しているわけではないことで、偶然に女性よりも男性（またはその逆）が多く選ばれることがあり得る。また、対象外の人が選ばれることもある。ランダムに生成された電話番号のなかには、ファクス回線や企業の電話番号もあれば、ベジマイトの商品棚を訪れても商品を購入しない人も含まれているだろう。

層別抽出法では、どの層から抽出されたサンプルも母集団への代表性が保証される。この調査法は、それぞれの層が調査に異なる反応を示す場合にのみ必要だ。各層の回答者の数は、母集団の構成比に合わせることも、組織や調査目的にとってのその重要度を反映させることもできる。

表4.5　確率的サンプリング法

	単純無作為抽出法	系統的抽出法	層別抽出法	クラスター抽出法
説明	回答者を母集団またはデータベースから無作為に抽出する。各層の個人（またはグループ）が抽出される確率は等しい。	開始点（最初の回答者）が無作為に選択された後に、回答者を母集団またはデータベースから一定間隔で抽出する。	母集団またはデータベースを層またはグループに分け、次に各層またはグループのなかから回答者を無作為に抽出する。	母集団またはデータベースを複数のクラスターにグループ化し、そのなかから少数のクラスターを無作為に抽出する。抽出された各クラスターに対して全体調査を実施する。
例	8桁の電話番号を無作為に生成してダイヤルする。	電話帳の何々番目ごとの番号にダイヤルする。または、ベジマイトを置いている通路に来た何々番目ごとの購買客にインタビューする。	電話番号を、その所在地に基づいて、社会経済的地位の高い地域、中程度の地域、低い地域の番号に分類し、それぞれの地域のなかから番号を無作為に抽出する。	世帯を市区町村にグループ分けし、いくつかの市区町村が無作為に調査対象として選ばれる。抽出された地域のすべての世帯が調査対象となる。

クラスター抽出法は、インタビュー会場への移動に要する時間とコストを削減するために実施される対面式の調査に使われる。母集団をクラスターに分け、そのなかからいくつかのクラスターを選んで調査を行う。クラスター抽出法は、異なるクラスターに属する回答者の態度や行動が類似している場合にのみ推奨される。しかし注意が必要で、メルボルンとシドニーでパスタソースの味覚テストを行っても、おそらく同じ結果が得られるため、このような場合にこの2都市をわざわざ異なるクラスターに分類することに意味はない。

表4.6は典型的な非確率的サンプリング法を概説している。

コンビニエンス調査の目的は、迅速かつ安価に多数の回答を得ることだ。しかし、これらの回答を意思決定に使うことはあまりおすすめできない。回答者が無作為に選ばれていない場合、サンプルから得た結果を母集団に投影するための統計学的な根拠がないからだ。さらに、信頼区間を算出することができないため、結果がどの程度正確かを判断する手段もない（163ページの「確率論と誤差範囲」を参照）。これは、すべての非確率的（すなわち非ランダム）サンプリング法について言えることだ。

有意抽出法は、少人数の専門家を調査する場合や、問題や行動を深く理解するために探索的調査を行う場合によく使われる。リサーチャーがある問題や行動の範囲を理解したい場合、異なる行動や意見を持つ回答者を慎重に選んで調査を行う必要がある。たとえば、満足している顧客と不満足な顧客、あるいは新規顧客と、最近の顧客、休眠顧客にインタビューしなければならないときだ。

表4.6　非確率的サンプリング法

	コンビニエンス抽出法	有意抽出法	割り当て抽出法	雪だるま式抽出法	広告を利用する
説明	回答者を簡単、迅速、かつ安価に抽出できる。 回答者は自己選択または研究者選択によって抽出される。	回答者は、研究にとって興味深い、または適切であると研究者が考える人から抽出される。	調査基準ごとに割り当て（クォータ：サンプル数の目標値）または最小サンプル数が設定され、必要な割り当てを満たす回答者を抽出する。	回答者に、調査基準を満たす他の回答者を推薦または紹介してもらう。	研究者が回答者を募集する広告を出し、応募した人の中から回答者を抽出する。
例	街頭やウェブサイトの訪問者を対象に簡単なアンケートを実施する。ショッピングモールでアンケート調査を行う。	食品の生産から消費までのサプライチェーンに関する調査では、収穫前や収穫後など、サプライチェーンの異なる段階に関する専門知識を持つ回答者が選ばれる。	各地域の売上高に基づいて、サンプルが顧客基盤を代表するように割り当てを設定する。	大学で学位の取得をめざしている学生に、同じ学位の取得をめざしている他の学生（友人）を推薦してもらう。	研究者が広告を出して、保育所や玩具店でフォーカスグループインタビューに参加する意思のある母親を募集する。

割り当て抽出法は、特定の要素（例：年齢、地域、所得など）に基づいて選ばれた最終的サンプルが代表性を失わないようにするために使われる。たとえば、限定されたサンプル（例：若い男性だけ）を調査に参加させることは難しく、このようなときに割り当て抽出法が必要になることがよくある。このようなグループに割り当て（クォータ：確保する人数）を設定することで、そのグループが最終的サンプルに含まれることが保証される。割り当て抽出法は、層別抽出法よりも厳密性に欠け、ランダム性に欠ける。層別抽出法では、たとえば、若い男性から無作為にサンプルを選び、それぞれにインタビューを行うが、割り当て抽出法では、有意標本（コンビニエンスサンプル）を選び、もっともアクセスしやすい若い男性にインタビューを行う。

雪だるま式抽出法は、対象の回答者が、たとえばノンアルコールワインを飲む人や馬を所有している人などのような非常に稀な存在で、特定するのが困難な場合に使われる。このようなときは、回答者に調査の参加条件に合う友人を紹介してもらうことで、調査費用を大幅に削減することができる。しかし、紹介された人は、推薦者と態度、行動、人口統計学的特徴なども、また関心のある行動も似ているため、サンプルに偏りが出る可能性がある。それでも、FGIへの参加に意欲的な回答者を見つけるのに高い費用がかかるときは、雪だるま式抽出法が使われることがある。

回答者が見つかりにくいときは、オンライン広告、雑誌広告、新聞広告、あるいは公共の場での広告を通じて探すことができるかもしれない。臨床試験の広告と同様に、調査概要とインセンティブを、電話番号やウェブサイトの連絡先とともに宣伝する必要がある。広告を出すと、主に時間に余裕のある人、研究テーマに関心を持つ人、インセンティブに関心を持つ人などからの連絡が多いため、サンプルに大きな偏りが生じやすくなる。

どのサンプリング方法が適切かは、プロジェクトの目的、求められる結果の正確さ、母集団の多様性、サンプリン

グに利用できるリストやデータベースの有無、費やせる時間と資金の量などに依存する。すぐれたリサーチャーなら、さまざまなサンプリング手法の費用と利点を明らかにし、サンプルをどのように選択するべきかを明確にできるだろう。すぐれたマーケターは、サンプリングの重要性を理解するとともに、それが結果や分析に与える影響を理解しなければならない。

確率理論と誤差範囲

　サンプル調査は**確率論**に基づいている。すなわち、十分に大きいサンプルを注意深く無作為に選んだ場合、その結果は、母集団の全体調査を行った場合と同様に正確であるとされている。サンプルが無作為に選ばれ、サンプルサイズが30より大きいときは、そのサンプルが母集団にどの程度近いか（または異なっているか）を計算することが可能だ。これが確率的サンプリングの最大の利点だ。

　信頼区間とは、サンプルから得られた統計量の誤差の範囲を数値で示したものだ。サンプルから得た結果には、常にある程度の誤りや不確実性が存在する。母集団の全体を調査したわけではないので、サンプルから得られた結果は、別のサンプルから得られた結果や母集団全体を調査した結果とは少し差が生じる可能性があるということだ。この誤差はランダムに分布すると推定され、ランダムサンプリングエラー（標本誤差）と呼ばれる。

　結果を報告するときは必ず信頼区間を明らかにするべきだ。信頼区間の報告には2つの方法がある。

1. 区間で示す。たとえば、サンプルから20%という比率が得られたとする。サンプルサイズが300であれば、母集団での比率は、95%の確率で15〜25%の間にある。
2. 単一の数字で示す。サンプル比率が20%でサンプルサイズが300であれば、母集団の比率を20%±5%を表す。

　信頼区間は、以下のことを考慮した計算式で算出される。

- サンプルから得られた調査結果
- サンプルサイズ
- 要求される信頼水準

信頼水準とは、市場調査を行う側が意思決定を行う際に、どの程度のリスクを取りたいかということだ。母集団における真の結果がその信頼区間内に存在する確率だ。もし調査する側が、母集団における真の結果がその範囲内にあることを99%確信したいのであれば、信頼区間はそれを保証するためにかなり大きくなる。もし大きなリスクを受け入れるのであれば、範囲は小さくなり、母集団における真の結果がその範囲の外にある可能性が高くなる。

　図4.2は、サンプルから導き出された56%という調査結果を示している。90%の信頼区間が水色で示されている。仮に全体調査を行ったとき、母集団における真の結果が47.8〜64.2%の範囲にある確率は90%だ。これは、10%の確率で母集団における真の結果がこの範囲から外れるということでもある。リスクを低くしたいのであれば、たとえば母集団における真の結果がその範囲外にある確率を1%にしたければ（つまり99%信頼区間）、範囲は43.2%〜68.8%に拡大する（濃い青線）。

図4.2　信頼区間の視覚化

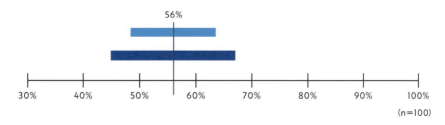

95％がもっとも一般的に採用されている信頼水準だ。これは、母集団における真の結果が調査結果に報告されている範囲から外れるリスクが5％であることを意味する。5％は多くのマーケターが快く受け入れられるリスクレベルだ。なぜなら、母集団における真の結果がサンプルの結果と数パーセント違っていたとしても、多くの意思決定には影響を与えないからだ。たとえば、スープの味の好みを調査しているとする。もし、スープを飲む人のうち、ネギとブルーチーズの味に魅力を感じると答えた人が20％しかいなければ、マーケターがその味のスープの商品化をやめる可能性が高い。たとえ誤差を考慮して実際には30〜40％の人がその味を気に入ったとしても、その程度の支持率では味の魅力は限定的であるため、おそらくその商品化のアイデアは却下されるだろう。

2. サンプルサイズ

　サンプルサイズとは、データを提供してくれた調査参加者の総数のことだ。どのような調査プロジェクトにおいても、サンプルサイズはコストを左右し、精度とサブグループ分析に影響を与えるため、主要な検討事項だ。通常、市場調査のサンプル数は300〜600人で、質的調査や探索的調査の場合はこれよりも少ない。また、継続的なプロジェクト（トラッキングプロジェクトとも呼ばれる）では、時間経過に伴う変化を見ることが目的で、高い精度が求められるため、大きいサンプルサイズが求められることがある。

　プロジェクトのサンプルサイズを決定するとき、調査に求められる精度のレベルと予算との間でバランスを取らなければならないことがある。サンプルサイズが大きいほど、研究結果の精度は高くなり、母集団を正しく反映している可能性が高くなる。統計学的に言えば、サンプルサイズを大きくすることで、サンプリング誤差が減少し、研究結果の信頼度が高まる。できるだけ多くの回答者をサンプリングすることをリサーチャーが推奨することが多いのはこのためだ。しかし、サンプルサイズを大きくしていっても、徐々にそれに見合う効果は得られなくなる。にわかには信じられないかもしれないが、サンプルサイズが大きくなるほど、回答者を一人増やすごとに得られる精度は小さくなる。たとえば、サンプルを300人から400人に増やすとサンプリング誤差が約1％減少するのに対し、400人から500人に増やしてもサンプリング誤差は0.5％しか減少しない（同一条件下の95％信頼区間での比較）。

　重要なことは、理想的なサンプルサイズは、==母集団==の大きさによって決まるわけではないということだ。つまり、母集団が大きいからといってサンプルサイズを大きくしなければならないというわけではない。母集団が2万人でも100万人でも同じ規模のサンプルでよい。これは、母集団が2000人を超える場合に当てはまる。母集団が2000人未満であれば別の方法を使ってサンプルサイズを計算する。得られた少ないサンプルを使っても同様の精度が維持される。

　サンプルサイズには次のような要因が影響を及ぼす。

1. 調査の種類：質的調査は通常100人以下の参加者で行われる。なぜなら、この調査は問題を詳しく理解することを目的としているため、量的なデータや数値に依存しない、回答者との深い関与が必要だからだ。同様に、探索的調査でも通常、サンプル数が小さい。==記述的調査==では、問題の発生率を推定する必要があるため、サンプルはそれよりも大きいのが通常だ（300人以上）。

2. 調査の重要性と求められる精度：重要度の高い高額な調査の決定を行う場合、より高い精度を得るために、より大きなサンプルサイズが必要だ。そのため、政府機関のようなリスク回避型の組織では、高い精度が要求されることが多い。

3. データの利用方法：データを定量的に利用するときやサブグループ分析を多く必要とするときは、大きなサンプルを必要とすることが多い。

4. 回答者確保の困難：回答者の確保に膨大な時間や費用がかかる場合、サンプルサイズが制限される。同様に、拒否率が高く、調査参加に同意した人がごく少数である場合も、最終的なサンプルサイズが小さくなる。

5. 利用可能な時間枠とリソース：大規模なサンプルを確保するためには、時間と、資金、人材が必要だ。予算が少なく期間も短い調査はサンプル数が少なくなることが多い。サンプル数が少なければ、データの精度が落ちるため、時間も予算も限られた調査は、その有用性が阻害されることになる。

Chapter　04　　　Market Reserch

3. 代表性

　サンプルから得た結果を母集団に一般化できるためには、サンプルが母集団全体を代表するものでなければならない。代表性のないサンプルは、それがいかに大規模であっても、意思決定のための信頼できる情報を提供することはできない。次のような場合、サンプルは代表性に欠けているかもしれない。

・人口統計学的な問題がある：回答者の年齢や学歴が高い、女性に偏っている、平均的母集団から乖離している場合
・回答に問題がある：回答者が、調査テーマについて母集団よりも多くの情報、関与、意見を持っている場合

　どちらのタイプの代表性の問題も、調査にバイアスを生じさせる要因となり得る。サンプルが無作為に選ばれ、十分に大きく、ほとんどの参加者が回答した場合、代表性を確保するための努力は不要だ。しかし、ほとんどのサンプルには何らかの回答バイアスが存在する。選ばれた人全員に連絡できることはまれであり、選ばれた人全員が参加に同意することもまれである。市場調査への参加は常に任意であり、多くの人が拒否する。たとえば、電話調査の場合、選ばれた顧客の半数とは調査期間中に連絡を取ることができず、調査に参加する意思がある者は、そのうちの3分の2だけということもある。連絡率や同意率が低い場合（40～50%以下）、参加者が、調査に影響が出るくらい特殊な人であったり、代表的でなかったりする可能性がある。たとえば、電話調査であれば、忙しい若い世代や電話に出たくない男性が過小評価される（＝サンプルでの割合が実際の母集団での割合よりも小さい）傾向がある。

　回答率は、研究の信頼性を判断するための重要な指標だ。最初に選ばれたサンプルのうち実際に調査に参加した人の割合（またはパーセンテージ）で表す。以下にその算出方法の一例を示す。

$$回答率 = \frac{実施された全インタビュー数}{実施された全インタビュー数 + 拒否数 + 連絡不能数}$$

$$= \frac{335}{335 \,（同意） + 165 \,（拒否） + 500 \,（連絡不能）} = 33\%$$

連絡が取れなかった、または参加を拒否した人の割合（または百分率）のことを**無回答率**という。

$$無回答率 = \frac{拒否数 + 連絡不能数}{実施された全インタビュー数 + 拒否数 + 連絡不能数} = 67\%$$

　通常、市場調査の無回答率は30～40%であり、調査方法によっては60～70%に達することがある。調査を行うときは少なくとも50%の回答率をめざし、この目的を達成できる調査方法を用いるべきだ (Gendall, 2000)。

　代表性がないサンプルをより代表的に見せるために重み付けが行われることがある。重み付けとはサンプルを統計学的に再調整して母集団に一致させることだ。年齢、性別、地理的位置、収入などの人口統計学的な変数が重み付けに使われることが多い。しかし、重み付けが調査結果の信頼性を高めることはほとんどなく、逆に予期せぬ結果をもたらすことがある。重み付けでは、高齢者のような代表性の低いグループに重み付けを行い、その代表性を高める。しかし、参加した少数の高齢者がすべての高齢者を代表しているとは限らない。たとえば、91歳でインターネット調査に参加する人はその年齢ではかなり珍しいほうだ。つまり、重み付けを行ってサンプルの代表性を低下させてしまい、調査結果が歪んでしまうことがある。不十分なサンプルを修正しようとするよりも、最初から属性や特徴が均等に分布しているサンプルを得ることに努力する方がはるかに良い結果を得られる。

　要約すると、サンプリングは、得られた結果の解釈や効果的活用法に重大な影響を与える可能性がある。すぐれたリサーチャーならどのようにサンプルを選択するべきかを正確に説明できる。マーケターは、このトレードオフを理解し、選択したアプローチの限界と長所を完全に理解しなければならない。

CASE STUDY

ソーシャルメディア上で行われる
会話や議論を分析する

　ソーシャルメディアサイトのモニタリングは調査の代わりになるだろうか？　消費者フォーラム、ブログ、Facebook、旧Google＋、Twitter（現X）などのソーシャルメディアツールは、人々が自分の使っているブランドや製品について語るためのプラットフォームであり、企業にとっては自社ブランドに関する人々の発言をモニターする機会にもなる。データも得られる。企業は、市場調査を行って消費者に意見を聞かなくても、消費者の発言をオンラインで聞くことができる。

　しかし、この方法にはいくつかの問題点がある。そのうちのいくつか挙げてみよう。

1.　人は本当にブランドについて語るのか？

　　人は自分の生活の一部になっているブランドや製品についてはよく語る。Google、Apple、コカ・コーラ、マクドナルド、Facebookなどはもっとも話題になっているブランドだ。しかし人は、これらのブランドについてはオンラインよりもオフラインの現実世界で話すことが多い。口コミ測定ツールのトークトラック（TalkTrack）は、ブランドに関する会話の76％は相手との直接の対話やコミュニケーションを通じて行われると推定している (Keller & Libai, 2009)。オンラインでの会話をモニターしているだけでは、毎日行われる会話のごく一部しか捉えられない。

2.　話題を作っているのは誰か？

　　調査会社のフォレスター社は、TwitterやFacebookなどのソーシャルネットワーク上で作られているブランドの印象の大部分（80％）がごく一部の人々（6％）によるものであることを発見した (Keller, 2011)。Facebookでは、友達になった（＝公式アカウントやページをフォローまたは「いいね」した）ブランドと何らかのかかわりを持つファンは1％未満で、さらに、1週間という枠のなかでそのブランドについてコメントや何かしらの興味深い発言をする人はほとんどいない (Nelson-Field & Taylor, 2012)。つまり、ソーシャルメディアをモニタリングして発見する意見は、少数の不満のある人や熱狂的なおしゃべり好きから得られているということだ。普通のサンプルではないので、すべてのユーザーや人々の意見をデータが代表しているとは考えにくい。

3.　人々は何について話しているのか？

　　最後に、ソーシャルメディアのモニタリングでは、人々がブランドや製品についてどう考えているのか、深い洞察は得られない。オンライン上でのブランドに関する議論の多くは、他の消費者にアドバイスを提供することを目的としたもので、ブランドに対する強い信念や態度を説明するものではない (Mangold, Miller & Brockway, 1999)。さらに、ほとんどのコメントは肯定的なものであり、代表性のある調査結果から得られたデータとは異なっている。ブルク、ホッブス、イレールら (2011) は、あるコーヒーメーカーのブランドについて、オンラインで寄せられた1万件以上のコメントを調べ、大規模なオンライン調査の結果と比較した。彼らは、ソーシャルメディアのコメント投稿者がより肯定的なことを述べていることを発見したが、それは彼らが親切であるからでも、正直であるからでもなく、単に彼らがブランドのユーザーである可能性がオンライン調査の回答者よりも高かったからだ。これは、ソーシャルメディアのモニタリングで得られるサンプルには偏りがあることを示している。

Chapter　04　　　　Market Reserch

発展問題　QUESTIONS

1. ソーシャルメディアモニタリングを調査手法として使うときの重要な問題点は何でしょうか？　また、データのコーディングと解釈、サンプル、調査目的の達成、有用な調査成果の生成について、それぞれどのような問題があるでしょうか？
2. ソーシャルメディアモニタリングは、ブランドや製品がどの程度話題になっているかを判断するのに適しているでしょうか？
3. あるブランドがソーシャルメディアでの人々の発言を1カ月間モニターするとします。サンプルの大きさはどの程度が適切でしょうか？　サンプルにはどのような人を含めたら良いですか？　サンプルに偏りは生じないでしょうか？　あなたの理解しているサンプリングの理論と手法に基づけば、ソーシャルメディアでの発言をモニターすることは良いサンプリングアプローチですか？

B to Bマーケティングへの応用

　個人や世帯ではなく企業が回答者である場合、さらにいくつかの問題が生じることになる。まず、候補企業の数が大きく制限される可能性がある。業界によっては、主要で大規模な企業がごくわずかしか存在しないことがある。このような場合の市場調査では、通常のサンプリングではなく、これらの企業すべてを対象にした全体調査を実施することがある。これは消費者調査ではあまり見られないことだ。

　通常、ビジネス上の重大な意思決定は一人ではなく複数の人によって行われる。また、企業内に製品、サービス、顧客サービスに何らかの形で関与している人が複数存在することもある。そのため、企業の経験や意見を把握することを目的とした市場調査では、状況の全体像を把握するために複数の回答者にインタビューすることが必要になることが多い。

　二次データの見直しは、市場調査プロジェクトの出発点としてしばしば有効だ。通常、企業は顧客記録や過去の調査報告書など、豊富な二次データを社内に持っており、これらが調査目的の達成に大いに役立つ。これらの情報が消費者調査で得られることは少ない。

　企業相手の調査では、回答者と勤務時間内に連絡を取る必要があり、またそれは日中であることが多く、この点において時間外に実施される通常の消費者調査とは異なる。さらに、企業の回答者は、調査のために移動すること（たとえば、FGIに車で行くことなど）に制限があったり準備が整っていなかったりすることが多い。そのため、リサーチャーがその企業まで出向いてインタビューを行うか、電話でインタビューを行うことになる。

　企業の回答者は、個人としてではなく会社を代表して回答しているため、調査参加の報酬を受け取ることができないことが多い。その場合、企業側の方針により、調査会社が企業の指定した慈善団体に寄付をしたり、あるいはその他の方法で企業の参加に感謝の意を表現したりすることがある。

調査デザイン

市場調査の多くは**横断的**で、ある時点での市場や顧客群に関する記述的な情報を収集することを目的としている。たとえば、「顧客は当社の新しいウェブサイトをどう思っているか？」あるいは「スキーヤーはオーストラリアのスキー場を選ぶ際にどのような特徴を重視しているか？」といった質問の回答を得るために、一度だけ、またはその場限りで実施されることが多い。分析の焦点は、サンプル内の異なる回答者群（例：子どものいる人といない人）の反応を比較し、彼らの態度や行動にどのような違いがあるかを確認することだ。一方、時間の経過とともに繰り返し行われる**縦断的**な研究もある。このような場合、調査担当者は時間経過とともに変化する結果に大きな興味を持っている。サービスの品質や満足度の調査、ブランド追跡調査などがこれにあたり、通常、四半期から年単位で実施される。

大企業の多くが、定期的（3カ月ごと）に継続的な追跡調査を行い、主要なマーケティング成果指標に関する情報を得ている。このような追跡調査では、同じ母集団から毎週異なる回答者を選んでインタビューを行い、結果は四半期ごとにひとつのデータファイルに集計され報告される。このようなパネルデータは、顧客満足度、ブランドの認知度と認識度、広告の認知度、ブランドの利用動向などをマーケターが迅速に拾い上げられるよう設計されている。

同じ個人を長期間にわたって追跡するような縦断的研究はあまり多くはない。この調査は、ライフイベント（日常の出来事）や特定の介入が特定の対象に与える影響を理解しようとする社会調査においては一般的だ。たとえば、子育てのために5年以上仕事から離れている人のグループに興味があるとする。キャリアアドバイザーとの相談といった介入や末っ子の就学といったライフイベントが彼らにどのような影響を与えるかを知りたいと思うかもしれない。この場合、同じ人を追跡して経時的変化を観察し、その変化を特定の出来事と関連付けることができなければならない。このようなパネルは、メンバーの住所が変わったり連絡がとれなくなったりしたときに、また、彼らのパネルへの関心を維持しなければならないときに、その対応策として費用が発生することがある。

目的別に調査を分類することもできる。**探索的調査**は、ある特定の市場やそれを取り巻く状況についてほとんど知識がない場合に、その理解を主な目的とする。たとえば、5歳未満の子どもの存在がスーパーマーケットでの買い物にどのような影響を与えるか、などだ。このタイプの調査には質的な調査アプローチが採用されることが多く、クライアントとリサーチャーはある程度の不確実性を受け入れつつ、情報の収集を通じて市場や状況をより深く理解することをめざす。**記述的調査**はこの目的別分類の2番目のタイプで、特定の時点における市場や状況の全体像を構築することを目的とした調査である。このタイプの調査では、どれくらいの人が、いつ、何を買うのかなど、問題や課題がどれくらい生じているかを明らかにする。たとえば、朝食用シリアルが料理、おやつ、朝食などにどのように使われているかを調べるときなどだ。量的調査と質的調査を組み合わせるこのような調査が、商業調査活動の大部分を占めている。目的別調査の最後のタイプは==因果関係調査==だ。これは、変数間の関係やその関係の方向性を明らかにすることを目的とした調査で、たとえば、「店舗の営業時間の延長が集客にどのような影響を与えるか？」などといった問いを探求する。通常、このような調査では量的データを収集する際に、縦断的または反復横断的な調査デザインが一緒に使われる傾向がある。

CRITICAL REFLECTION 批判的省察

以下の各状況下では、探索的調査、記述的調査、因果関係調査のどの調査が必要か考えてみましょう。

- たくさんの広告に囲まれたなかでの、特定の広告の配置と想起率との関係を明らかにしたい。
- 家庭向けサービスの一環として市が有機生ゴミをリサイクルするための新しいバイオビンサービスを提供することについて、消費者の反応を調査したい。
- 新しいショッピングセンターのターゲットとなる消費者層を特定したい。
- 生鮮野菜カテゴリーで使われる「オーガニック」という言葉に対する消費者の理解を明らかにしたい。

Chapter 04　　　Market Reserch

データ分析から最大限の効果を引き出す

分析の主な目的は、データを整理して要約することでパターンを特定し、消費者インサイトを明らかにすることだ。
市場調査を実施する前段階のすべてのプロセス（すなわち、調査目的の設定、調査方法の選択、サンプルへのアプローチとサンプルサイズの決定）およびデータの性質が、調査の最終段階である分析と報告に影響を与える。たとえば、構造化されていない（＝あらかじめ定義された形式や枠組みに従って整理されていない）質的データは、重要なテーマと発言録のみを報告する。サンプルが無作為に抽出され、妥当な数の回答者がサンプリングされ、質問内容が構造化されている場合にのみ、統計分析を量的データに適用できる。そのため、調査プロジェクトを設計するときに、報告書作成にどのような分析が必要かをあらかじめ考えておくことが重要だ。分析は、リサーチャーがデータの性質についてどのような知識を持っているか、どのようなパターンを期待しているか、どのような統計的知識を持っているかによっても左右される。通常、データ分析にはさまざまな手法があるが、おおよそ同じ結論に到達するはずだ。

複雑な統計手法は必ずしも必要ではなく、簡単な記述統計手法から多くを学ぶことができる。いつ、どこで、どれだけの商品が売れたかを知るだけでも非常に参考になることが多く、それ以上に複雑な統計手法は必要ないだろう。

単変量解析

量的データの分析は、データの全体的な印象と主張を把握することから始めるべきだ。各変数（＝回答）の度数（＝回数）を計算することが良いスタート地点になる。回答にどれだけのばらつきがあるかを概観することができるからだ。データの平均値、中央値、最頻値、範囲を計算して、データの分布を知ることができる。変数には以下のものがある。

・最頻値：もっとも頻繁に現れる値
・中央値：最大値から最低値までの順位をつけたときの中間値
・平均値：すべての値の合計をデータ数で割った値
・範囲：最大値から最小値までの幅

図4.3からわかるように、データに偏りがあれば、平均値、中央値、最頻値は一致しない。データが正規分布していればこれらは一致する。したがって、これら3つの値をすべて評価することで代表値の広がりについて知ることができる。一般的に、出費、時間、満足度などのデータは正規分布しないため、平均値だけを報告すると、データ内の重要な情報を見落としてしまう可能性がある。

図4.3 正規分布と傾斜分布

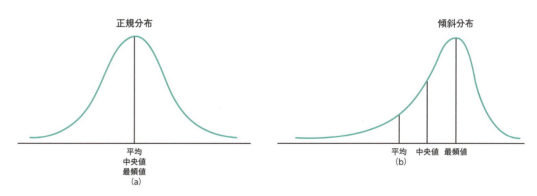

このように各変数をひとつずつ検証していくタイプの分析を **単変量解析** という。

多変量解析

　より高度な技術を用いれば、複数の変数を同時に調べて、その間に関係性があるかどうかを知ることができる。しかし、必ずしも因果関係まで明らかにできるわけではない。このような分析を**多変量解析**といい、もっとも一般的な手法には回帰分析、因子分析、クラスター分析、選択モデリングなどがある。これらは、データの要約、グループ化、並べ替えを行い、パターンを発見しやすくして、変数間の根本的な関係を明らかにすることを目的としている。これらの手法には専門的なスキルが必要だ。それを持つすぐれたリサーチャーなら、分析結果をクライアントに説明し、分析で得られた仮定について明確に説明できるはずだ。

データからパターンを特定する

統計学的有意差検定の限界

　ある結果が偶然に起こったとは考えにくい場合、**統計学的に有意**と呼ばれる。サイコロを2回振って6が2回出ることもたまにはあるが、毎回6が2回出ればサイコロを疑いたくなる。統計学は、どの程度疑えば良いかを明確な数値で示してくれる。

　サンプルを分析して得た市場調査の結果が統計学的に有意である場合、その結果は母集団でも発見されるはずであること、またその結果は特殊なサンプリングが原因ではないことを意味する。つまり、**統計学的有意差検定**は、サンプルに見られる関係性がサンプル選択の際に生じた偶然のばらつきの結果である確率を計算する。その確率が非常に低ければ、その結果がサンプルのランダムなばらつきによるものである可能性が低いということを意味する。算出される確率はサンプルサイズの影響を受けるので、サンプルサイズが大きければ、データから得られたわずかな差でも統計学的に有意な差とみなされることがある。国勢調査などの全体調査ではこのようなテストを実施する必要がない。サンプリングをしないのでサンプリング誤差が発生しないからだ。

　たとえば、アデレードに住む人はパース在住の人よりも衣料品店で買い物をする回数が多い（それぞれ年間16回、12回）という調査結果があったとする。もし、アデレードとパースの全住人を対象に調査したのであれば、データの収集や分析に間違いがない限り、この結果は正しい。しかし、アデレードで100人、パースで100人しか調査していないのであれば、この差は、母集団を正しく反映した結果ではなく、サンプリング誤差によるものかもしれない。たとえば、アデレードのサンプルにヘビーバイヤーの家庭が1〜2軒含まれていたり、パースのサンプルに衣料品の購入頻度が低く購入量も少ない家庭がいくつか含まれていたりする可能性がある。統計学的有意差検定は、この差がサンプリングの問題によるものである可能性がどの程度かを教えてくれる。

「統計学的に有意」という言葉は、必ずしも「重要」や「意味を持つ」という意味ではない。また、因果関係や将来の予測可能性を意味するものでも、科学的な厳密さを保証するものでもない。ただ、その観察結果が母集団でも「おそらく起きているだろう」ことを示すだけだ。さらに、有意差検定では、サンプリングにおける無回答バイアスや回答エラーなど、他の誤差要因については何も分からない。統計学的有意差検定の結果は、母集団における真の値がどこにあるかがより良く理解できるように、常に**効果量**を使って報告するべきだ。

有意な類似性と多重データセット

　MSoD（Many Set of Data：多重データセット）分析は、単一のデータセットに焦点を当てる有意差検定や最適適合統計手法とは異なり、複数のデータセット間で繰り返されるパターンを特定するための分析だ。複数のデータセット間で繰り返される結果は信頼性がはるかに高く、その結果がどのような状況や条件下で生じるかを予測することができる。有意な類似性とは、他のデータセットですでに経験的に観察された類似のパターンが新しいデータセットでも観察されることだ。パターンの範囲を確立するために、さまざまな条件下で確認されるのが望ましい。

　これまでのデータセットの研究からすでに共通のパターンが経験的に確立されているなら、それは新しいデータセ

ットを比較するための先行モデルまたは基準となる (Bound & Ehrenberg, 1989)。この方法で、孤立した不確かな結果を回避し、誤った結果や疑問の残る結果を盲目的に受け入れて広めることを防ぐことができる (Hubbard & Armstrong, 1994)。一度だけ成立しても、それは成立しているとは言えない。結果が一般化されるためには、反復的に観察されなければならない。一般化可能な結果を見つけるためには積極的に探さなければならならず、そのためには通常、長期間にわたって多くのデータセットを収集して研究する連携的調査プログラムが必要だ。

現在、調査業界では、裏付けのない一回限りの実証研究が過度に重視されている。これでは多くの条件下で一般化できる結果は得られない。

INDUSTRY INSIGHT 業界動向

量的調査の進化と課題

バイロン・シャープ 著

1990年、オーストラリアのインターネットの先駆けであるAARNet（オーストラリア学術研究ネットワーク）が、同国の大学と英連邦科学産業研究機構（CSIRO）をつないだ。その後、Apple社が画期的な40メガヘルツのデスクトップパソコンを発売し、当時のマスコミから"超高速"と評された。最初のウェブブラウザ誕生はまだ3年先のことだった。

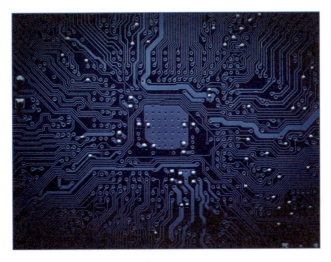

この数十年で、データの収集、保存、操作、送信の方法に劇的な変化が起きた。電話調査に代わってインターネットを利用したパネル調査が行われるようになり、オンライン上での人々の行動や発言を記録した調査製品（ビッグデータ）が次第に増えてきている。今後数十年で、統計学的技術も含めてさらなる進化が見られるだろうが、残念なことに、そのなかには疑似科学も多く含まれることだろう。

統計学者たちは、調査の依頼者側と受注者側の両者に対して、新しい多変量解析手法および関連する調査方法を熱心に推薦している。それも、予測の妥当性の検証がほとんど行われていないにもかかわらず、また、ベストフィットモデリング手法によって一般化可能な（＝再利用可能な）知見がほとんど得られていないという事実があるにもかかわらずだ。この10年間で内部構造が不透明なブラックボックス型の量的調査手法が急速に広まった。魅力的なブランド名を持ち、予測能力を大きく誇示している。しかし、これらの手法の有効性または無効性に関するデータが、第三者による公正な評価を受けるために公開されることはめったにない。市場調査が技術的に洗練されてきていることはたしかだが、必ずしも、科学的で、信頼でき、有用であるとは限らない。

すぐれた調査報告書の書き方

　リサーチプロバイダーの仕事は、クライアントに調査背景を提供し、結果を説明・要約し、調査を理解しやすくすることだ。どれほど複雑な分析でも、調査報告書が上手に書けていれば、クライアントは容易に理解できるはずだ。

　調査プロジェクトによって差はあるが、通常、市場調査報告書は以下のように構成されている。

1.　エグゼクティブサマリー：主な調査結果、調査結果から示唆されること、推奨事項を概説する。報告書のなかでもっともよく読まれる部分だ。

2.　プロジェクトの背景：調査の必要性と調査に至った経緯の説明。リサーチブリーフの内容とよく似ている。

3.　調査目的：クライアントのブリーフに沿いながら、研究内容を詳細に説明する。

4.　調査方法：具体的な手法（例：オンライン調査など）、調査参加者、選出方法、参加人数、主な統計情報、使用した分析のタイプなどを記述する。

5.　結果：このセクションの構成はプロジェクトによって大きく異なる。通常は、簡単な記述情報から始まり、より複雑な結果説明に進む。

6.　結論と提言。

7.　付録：リサーチャーのプロフィール、およびアンケートやフォーカスグループのプロンプトシートなどの調査票のコピー、回答者の発言録。

調査報告書の書き方のガイドライン

　すぐれた調査報告書の書き方の指針となるいくつかのシンプルな原則がある。

1.　主な結果と結論は最初に述べる。誰もが忙しくしており、主要な発見は最初に見たいと思っている。だから結論から始めよう。読者が読み進めることを選択した場合、報告書の残りの部分にある詳細な調査結果を理解するための視点を与えることにもなる。

2.　見直し、推敲する。読者が何かを理解できないとき、それは常に書き手の責任だ。推敲の過程で、発見と発見の間に新たな関連性を発見し、明確にすべき箇所を特定し、説明の流れを改善することができる。

3.　見出しを作る。報告書のなかで次に示される内容を明示して、読者の理解を助けよう。読者が報告書の構造を把握しやすい見出しや小見出しにしよう。

4.　言葉もセンテンスも短く。

5.　簡潔であること。これは長い報告書を書くよりもずっと難しい。分析を行ったからといって、すべてを発表する必要はない。

6.　読み手を意識して書く。読者はこの報告書をどのように活用する予定だろうか？　この報告書から何を得ようとしているのだろうか？　読み手を意識することで、自分が報告したいこと、なぜそれを報告したいのかに集中することができる。

『報告書の書き方：より良いビジネス文書のための6つのシンプルなルール』から引用

（アンドリュー・アレンバーグ、Admap1992年6月号39〜42ページ）

データの示し方

　ほとんどの調査報告書で、結果を伝えるために表や、グラフ、図が使われている。ここでも、結果を読者により明確に伝えるための原則がある。

　表はデータに関するストーリーを語るために使う。このストーリーは、読者が数字を見たときや、表やグラフを見

たときに、容易に理解できるものでなければならない。そのため、3Dのスパイダーチャートや、たくさんの数字を使った表（例：小数点以下2桁まで使った表）は、調査結果を伝えるための最適な方法とは言えない。以下に、効果的なデータプレゼンテーションのための簡単なヒントを示す。

効果的なデータの示し方のヒント

1. 小数点以下の数字は四捨五入して整数にする。小数点以下まで細かく表現しても、人はその精度で思考することはできない。数字間の関係やその特徴は、整数で表示した方がはるかにわかりやすい。さらに、ほとんどの研究結果は、そもそもひとつの結果に対して数％のサンプリング誤差はつきものなので、結果を細かく小数点以下まで示しても読者を惑わすばかりだ。

2. 表中のデータはアルファベット順ではなく、意味のある数値（例：市場シェア）順で並べる。

3. 傾向を強調するために平均値や中央値を使う。

4. 数値の合計が100％になる場合は、適宜、小合計を表示する。

5. ストーリーライン（表やグラフから読者が読み取るべき内容を要約したもの）を示す。

本章の結論　CONCLUSION

　マーケターは、商品の提供や、価格設定、プロモーション戦略、広告、流通網などについて意思決定を行うための、すぐれた実験データを必要とする。市場調査を依頼することで、マーケターは、消費者満足度、ブランドや広告の認知度、購買促進要因、顕著なブランド特徴など、消費者の行動や認識に関するデータを収集することができる。上手に設計された量的／質的調査プロジェクトは、エビデンスに基づいた意思決定を行うための具体的で客観的かつ信頼性の高い情報を経営者に提供することができる。すぐれた経営者であっても、消費者のように考えることは難しく、意思決定に必要な情報が不足している場合もある。誤った意思決定が財務やマーケティングにもたらす影響が大きいときほど、良質な市場調査の価値も高まる。

　市場調査では必ずしも新しいデータを収集する必要はない。販売データ、全体データ、統計局発行の報告書などの二次資料が役立つ場合もある。世の中にまったく新しい質問やテーマはほとんど存在しないので、二次資料を多くのプロジェクトの出発点として活用できる。資格を有する市場リサーチャーや専門の市場調査会社は、特定の調査目的を達成するための、データの収集および分析の支援を提供することができる。

　調査を賢明に利用するためには、マーケターは調査のプロセスを理解し、あらゆるタイプのデータの正確性、信頼性、一般性を評価する方法を理解する必要がある。マーケターは、さまざまな調査方法の長所と限界を理解し、状況に応じて異なるサンプリング手法が必要になることを理解しなければならない。調査プロジェクト終了時のマーケターの役割は、市場調査の結果が正しく理解され、明確に伝達され、組織の意思決定に役立っていることを確たるものにすることだ。

本章の要点　Summary

+ オーストラリアの市場調査業界は大規模で、構造化されており、包括的な規約や、ガイドライン、主要業界団体、その他にも品質認定のための基準と手順などが存在する。

+ 市場調査はマーケティングのもっとも重要なツールのひとつであり、購買行動を理解するのに役立つ。顧客が製品やサービスをどのように理解しているのかを知ることで、誤ったマーケティングの意思決定をするリスクを下げることができる。マーケター自身は、自社のブランドやカテゴリーに対する意識や関与が高いため、公平な判断ができなくなっている。

+ 調査概要は依頼された調査会社が作成する重要な文書だ。調査の目的を明確にし、プロジェクトのために必要なリソースを設定する。二次データおよびさまざまな種類のデータに観察される典型的なパターンや特性などの予備知識は、調査プロジェクトに組み込むべき不可欠な要素だ。

+ サンプリングには、母集団全体についての結論を引き出すことを目的として、少人数のグループを使う。選ばれたサンプルは、結論を導き出したい母集団を代表するものでなければならない。

+ データ収集に利用できる調査方法は多く存在し、それぞれに長所と限界がある。

+ 調査結果は明確かつシンプルに伝達しなければならない。

　　初版で本章を共同執筆してくれたキャサリン・アンダーセンに感謝します。彼女の貢献が改訂版の本章の構成に大いに役立ちました。

復習問題　REVISION QUESTIONS

1. 市場調査を行わずに健全なマーケティングの意思決定を行うことは可能でしょうか？　直感的な意思決定に比べて、市場調査は意思決定者にどのような利点をもたらすでしょうか？

2. AMSRS（オーストラリア市場社会調査協会）のウェブサイト（http://www.AMSRS.com.au）を参照して、AMSRSの目的と目標について考察しましょう。AMSRSは、回答者、市場調査の依頼者、調査サービスの提供者を保護するために、どのようなリソースを提供していますか？

3. AMSRSとその行動規範が、回答者、市場調査の依頼主、調査の提供者といった各関係者をどのように保護できるか、いくつかの例を挙げて考えてみましょう。

4. 以下の状況で行動観察調査を行うときの調査デザインの概要を説明してください。
   a. 運輸省が、自動車のシートベルトの着用状況を知りたいと考えている。
   b. マクドナルドが、首都圏のある店舗におけるドライブスルー、イートイン、テイクアウトの各サービスの需要を知りたいと考えている。

5. 以下の各調査プロジェクト案の調査デザインとサンプリングについてあなたの考えをコメントしてください。
   a. あるゴルフクラブが、利用者の間でどのようなイメージで認識されているかを調べることに関心がある。新規会員リストから無作為に選んだユーザーに電話をし、それぞれに一連の質問をする。
   b. ある大学の講師が、25歳以下の人々がどのように教育的選択をしているか調べたいと考えている。その講師は自分の担当するクラスにアンケートを依頼し、アンケートに答えた学生には1%のボーナス評価を与えることにした。
   c. メルボルンに住むジェティ・サーフは、人はなぜスキューバダイビングやシュノーケリングに行

くのか、どれくらいの頻度で行くのか、またどんな装備やウェアを持っているのかに興味を持っている。メルボルンの中心街に住む5000世帯を対象に、郵送によるアンケートを実施する予定だ。

6. 以下の方法について、サンプリング、無回答、結果の信頼性と妥当性などの観点から批評してください。

   a. あるスーパーマーケットが、買い物客の間でどのようなイメージで認識されているかを調べることに関心を持っている。レジ係が、食料品を袋詰めする前に食料品袋に簡単なアンケートを入れる。店の前にはアンケートを返すための箱が置いてある。

   b. あるショッピングモールが、商圏の広さを把握するために、月曜日と金曜日の夕方に駐車場にインタビュアーを配置し、買い物客が車を停めた後、そのインタビュアーが近づいて郵便番号を聞く。

7. 今あなたが読んでいるバーベキューやピザ窯などのアウトドア用調理器具の購入に関する調査報告書には、調査のためのサンプルはリサーチャーがショッピングセンターで通行人を無作為に呼び止めてインタビューすることで得られた、と書かれています。このプロセスが真に無作為ではない理由を2つ述べ、考察してください。あなたは、この調査のし直しを求めますか？　あなたの答えを正当化し、その理由を説明してください。

8. あなたは、すぐれたリサーチャーがリサーチブリーフを作成する企業にどのような内容の質問をすることを期待しますか？

9. なぜサンプリングが必要ですか？　サンプルサイズの決定に影響を与える要因をできるだけ多く挙げてください。

Chapter 04

主要事例研究
MAJOR CASE STUDY

iSnack2.0とグラッドクリングラップ

事例1：iSnack2.0

　ベジマイトとは、オーストラリアの家庭の朝食に欠かせない酵母濃縮スプレッドだ。1922年に開発され、毎年2200万個以上の瓶詰が販売されている。トーストやクランペットやサンドイッチに塗ったり、料理の材料として使われたりしている。2008年には、10億個目のベジマイトの瓶が製造された。2009年6月13日、クラフト社は、クリームチーズが入った新しいバージョンのベジマイトを発売した。この製品に名前を付けるためのコンペティションが行われ、iSnack2.0という製品名が当選し、AFL（オーストラリアンフットボールリーグ）シーズン最終試合の最中に発表された。この名前は、マーケティングとコミュニケーションの専門家が、iPodやiPhoneとの関りが深い若い世代に訴求することを目的として選んだ。

　即座に強烈なネガティブな反応があった。業界はその反響を、コカ・コーラがコークのレシピを変更してニューコークという新しい製品名で売り出したときの反応に例えた。そのわずか4日後、クラフト社はこのブランド名を廃止する計画を発表した。企業広報の責任者は「この製品名はブランドの成功や好感に貢献していない」と認めた。

　クラフト社は6つの新製品名候補を発表して一般の人々に投票を求めた。同年10月、「ベジマイトチーズバイト」という製品名が発表された。（図4.4を参照）。

事例2：グラッドラップと切り取りバー

　オーストラリアで売上No.1の食品用ラップのグラッドクリングラップは、最近、切り取りバーの位置を箱の外側から内側に変更した。グラッドラップ社は大規模な市場調査を行って変更したと主張している。2015年1月14日、グラッド社は自社のFacebookページに次のように書き込んでいる。

　「この度、グラッドクリングラップの切り取りバーの位置が変更されたことにつきましてご指摘をいただきまし

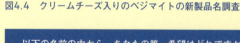

図4.4　クリームチーズ入りのベジマイトの新製品名調査

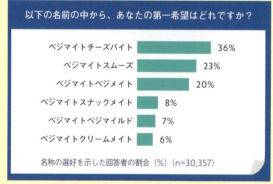

データソース：Quantum Market Research誌（2009年10月）の『消費者が創り出すマーケティングの勇敢で新たな世界へようこそ』から 2017年2月15日に引用

図4.5：切り取りバーの取り付け位置の変更にともなう消費者反応

たので、この場をお借りしてご説明致します。すべての変更は、お客様の声を反映して使用体験と価値を向上させることを目的に行われました。私たちは、より良い使用感と価値を、お客様に費用を負担していただくことなく提供したいと考えました。

この変更に先立ち、弊社は厳密で大規模な家庭内調査をオーストラリアで実施し、調査に参加してくださった方々から好意的な意見を得ておりました。しかし、私たちはロイヤルカスタマーの声に積極的に耳を傾け、その新しい切り取りバーの位置に関するフィードバックを真剣に受け止め、現在見直しを検討中です」

その後間もなくして、グラッド社は、2015年1月、Facebookページに次のような書き込みを行った。

「皆様から貴重なご意見をお寄せいただいたことに感謝いたします。最新情報をその都度お知らせいたします。

このたび、多くの皆様から寄せられたご意見をもとに、クリングラップ全商品の切り取りバーを元の位置に戻すことを決定いたしました」

発展問題　　QUESTIONS

1. 2つの事例から、市場調査が意思決定のリスク軽減にどのように役立つかについて、どのような学びを得ることができますか？
2. 新しいベジマイトの名称変更と切り取りバーの取り付け位置の変更を決定する前に、どのような調査を行うべきだったと思いますか？
3. iSnack2.0の名称変更と切り取りバーの取り付け位置の変更に、調査はどのような役割を果たしましたか？
4. iSnackの2回目の名称変更にクラフト社が最善の方法で取り組んだと思いますか？　その理由、またはそうでない理由は何ですか？
5. グラッドラップの新しい切り取りバーの調査結果が、顧客の反応と大きく違っていたのはなぜだと思いますか？

Chapter 04

INTERVIEW
インタビュー

Kathryn McArthur
キャサリン・マッカーサー

コンシューマー・ショッパー・
インサイトマネージャー

　大学に進学したばかりのころの私は、自分のキャリアのことはあまり考えていませんでした。心理学部に進んだのですが、正直なところ、将来的にどのような道が開かれるかわかっていませんでした。ただ、魅力的な分野であることはたしかでした。卒業後、はじめてフルタイムの仕事として保険会社に就職しました。しかし、私の夢の職業ではなかったので、働きながら夜間のクラスで心理学の勉強を続け、大学院を修了しました。

　心理学への情熱を持ち続けたことは正しい判断でした。なぜなら、心理学の研究から消費者調査とマーケティング調査へとつながっていったからです。私は、マーケティングの意思決定と消費者心理を結びつける、消費者インサイトに魅力を感じていました。それは私にとって正しくぴったりの仕事でした。

　私のキャリアは、いくつかの小規模な調査会社から始まりました。厳しくもありましたが、とても魅力的な環境で、私のマーケティング知識の成長を早めることになったのは間違いありません。ラジオ局、日用品ブランド、製薬会社、酒類メーカー、観光業界、金融会社、ファストフード店など、数え上げればきりがないほど多くの企業のプロジェクトに携わりました。

　7年後、私は広告、パッケージデザイン、製品開発プロジェクト、ブランドプラン、ポートフォリオ戦略など、多くのマーケターがそのキャリアで経験するよりも多くの仕事をこなしていました。少し意外かもしれませんが、インサイトの専門家はマーケターよりもはるかに多くのマーケティング活動を行っています。しかも、調査実施の実務には関与せずにすみ、興味深い仕事に取り組むことができます。

　調査代理店ではすばらしい仕事に恵まれましたが、次のステップ、すなわち調査成果が組織内でどのように活かされながら定着していくのかを実務を通して学びたいと思いました。しかし、調査代理店では経験できないことだったので、クライアント側に転身しました。

　コモンウェルス銀行、キンバリー・クラーク、コルゲート・パルモリーブといった大企業で働きながら、私は専門性を高めていきました。多くのブランド、製品ポートフォリオ、ビジネス上の課題に取り組むことで、ビジネス上のスキルが鋭く磨かれていきました。グローバル企業の役割についてはもちろんのこと、製造、利益、サプライチェーン、スーパーマーケット、薬品小売業者などについて学ぶことで、私たちが暮らす商業世界の仕組みについてまったく新しい理解を得ることができました。

　何よりも、クライアント側に立つことで、ビジネス戦略を実践的に学ぶことができたことは幸いでした。それはチェスのようなゲームではありません（マーケティングの解説書によってはそう誤解してしまうかもしれませんが）。現実の世界で起きているドラマです。その結果

は途轍もない影響力を持ちます。大組織での意思決定には多くの時間がかかることがありますが、それには正当な理由があります。結局のところ私たちは、専門知識と、ビジネスを守り成長させる能力によって報酬を得ているからこそ、慎重に検討する時間が必要なのです。

　この業界に入った頃は、これほど学び続けなければならないとは思ってもいませんでした。しかし、新しいアイデアや方法論の開発が盛んなこの業界の一員であることを、私はとても気に入っています。そのすべてが良いとは限りませんが（実際、なかには明らかに疑わしいものもあります）、それも調査業界における学習曲線の一部です。

　私は今日に至るまで、マーケティングやリサーチに役立つ最新情報を学びながら、常に自分のスキルに磨きをかけ続け、自分の思考を向上させています。25年も経てば、少しは飽きたり、疲れたりするのではないかと思われるかもしれませんが、自分の仕事に純粋で永続的な興味を持ち続けることができています。私の寝室のサイドテーブルには、神経科学、行動経済学、戦略や広告に関する昔ながらの良書など、最新のトピックの本が山積みになっています。

　私はブランドと消費者が大好きです。仕事に対する情熱と好奇心は、すぐれたインサイトプロフェッショナルとして持つべき重要な2つの資質です。これらがあなた

を奮い立たせ、あなたの探求心、実験心、学習心、成長心を加速させ、人々やブランドを繁栄へと導いてくれるのです。

Chapter 05

The
Marketing
Environment

マーケティング環境

キム・レーマン 著

寄稿：エイドリアン・パーマー

ラリー・ロックシン

Chapter 05

導入事例
INTRODUCTION CASE

メトロセクシャルに何が起きたのか？

キム・レーマン 著
エイドリアン・パーマー、ラリー・ロックシン 寄稿

マーケターにとって大衆文化の理解は不可欠だ。社会のトレンドや欲望を把握することで、人々のニーズやウォンツを満たすことに一歩近づくことができる。2002年、Salon.com（アメリカのニュースオピニオンウェブサイト）のライターのマーク・シンプソンがイギリスのサッカー選手デビッド・ベッカムを"イギリス最大のメトロセクシャル"（都会に住み強い美意識を持ち男らしさも失わない男性）と表現したとき、この表現があっという間に世界的に広がって、アングロサクソン系白人男性の間に社会的なトレンドを巻き起こし、マーケティングの機会が大きく押し広げられた。男性向けブランドの男らしさを前面に出していた商品広告の時代は過去のものとなり、今では、感情や感性を取り入れた広告が男性たちの共感を呼び、好まれるようになっている。男性向けに多彩な製品やサービスを提供する機会が増え、ヘアジェル、スキンモイスチャライザー、ホットストーンマッサージ、ボディヘアワックス、ペディキュア、フェイシャルトリートメントなどを男性市場に導入して成功する可能性が出てきた。さて、メトロセクシャルに何が起きたのだろうか？ 企業に新たなマーケティングチャンスをもたらす、男性の最新トレンドとは何だろうか？

すぐに思い浮かぶのはヒップスターだろう。ヒップスターというサブカルチャーは都市部を基盤としており、主にミレニアル世代の白人男性が中心だ。女性のヒップスターもいるが、メディアや大衆文化は主に男性に焦点を当てている。ヒップスターは、インディーズやオルタナティブ音楽、ヴィンテージやリサイクルショップの服、オーガニックや手作り食品、整えられた髪型や髭（木こり風から念入りに手入れされたものまで）、そしてボヘミア的生活を好むと考えられている。実際彼らは、クラフトビールを飲み、風変わりなシングルギアの自転車に乗り、高級リサイクルショップで服を買い、職人技を生かした製品を好み、農産物直売所や自家焙煎喫茶店を利用する。

興味深いことに、ヒップスターサブカルチャーの若者は、自分をヒップスターとは認識していない。これは、ヒップスターという言葉が、極端にトレンドを追い求める人や気取っている人を揶揄する冗談として使われることが多いことが一因かもしれない。ヒップスターサブカルチャーの初期には、「ヒップスター的な習慣を持つ人は、ヒップスターと呼ばれると大きな怒りを感じて身構える」(Plevin, 2008) と言われていた。ヒップスターの時代は次第に衰退しているようだ。ポスト・ヒップスターの男性はヤッキー（yuccie：都市部に住む若いクリエイティブな人々の意）と呼ばれ (Infante, 2015)、髭は生やしていない。

ヒップスターの進化は、社会のトレンドがどのように発展し、そのビジネス上の意味に注視することがどれほど重要かを示す良い例だ。メトロセクシャルが道を切り開くことなくして、ヒップスターは存在しなかったと言える。もしこの10年間、男性向けの奇抜なヘアスタイルとその関連商品がはやっていなかったら、どうやって21世紀の現代の若者にヘアポマード（例：アッパーカットデラックス）を売ることができただろうか？ 男性も身だしなみを整えるという概念が今日の文化にしっかりと根付いていなければ、20代の都会的な男性が整髪用の電動カミソリに250ドルも払うことはないだろう。もちろん、メトロセクシャルとヒップスターには違いがある。しかし、違いがあるのは社会的動向の常であり、ついさっきまで流行していたものが、次の瞬間にはまったく違うものへと変化することはよくあることだ。

INTRODUCTION

　前章では、マーケティングの専門家たちの担っている役割、購買客の購買行動、マーケターが意思決定や自らの行動の評価に用いるさまざまな指標について考察した。本章では、マーケティング環境、すなわち組織の目標を達成するための計画や行動に影響を与えるミクロ環境とマクロ環境のさまざまな要素について考える。また、マーケティング環境を理解することの重要性と、マーケティング環境が購買客の購買行動に与える影響、およびそれがマーケティング戦略を策定する上でどのような意味を持つのかにも焦点を当てる。

本章の目的　Learning objectives

本章で学ぶこと：
+ 市場環境がマーケティング活動にどのような影響を与えているのかを理解する
+ ミクロ環境の要素を理解する
+ マクロ環境の要素を理解する
+ ミクロ環境とマクロ環境の変化の観察方法について議論できるようになる

マーケティング環境

　企業は複雑な環境のなかで事業を営んでおり、そこには事業の運営を左右する多くの要因や外的影響が存在する。このことがとりわけ顕著に表れているのがマーケティング環境だ。マーケティング環境には、購買客の購買行動や企業が市場に効率的にサービスを提供するための能力に影響を与える多くの要因が存在する。

　そのため、マーケティング環境を正しく理解することは、企業にとってもマーケティングを学ぶ側にとってもきわめて重要だ。

・ミクロ環境には、企業が直接かかわりを持つ主体が存在する。たとえば、顧客、競合他社、サプライヤー、政府機関などだ。企業は、これらと直接的な関係を持っているため、ある程度コントロールすることができる。

・マクロ環境には、企業のコントロール外ではあるものの、組織とミクロ環境に大きな影響を与える要因が存在する。たとえば、グローバルな金融システム、人口動向、さまざまな政治的変化などの要因はすべて、企業のマーケティング戦略に影響を与える可能性がある。

　以降のセクションで、それぞれの環境内の要素について詳しく解説する。図5.1にその構成を示した。

図5.1　組織のマーケティング環境

ミクロ環境

　ミクロ環境は、企業の活動に直接的または間接的に影響を与えるすべての組織と個人で構成されている。これらの組織や個人は"コントロール可能"な環境の一部であり、企業はそれぞれと相互に有益な関係を築こうとする。ミクロ環境内の主要な主体には、企業自身（企業内部環境）、顧客、競合他社、仲介業者、サプライヤー、一般市民などが含まれる。それぞれについてこれから詳しく考察していく。

組織

　ミクロ環境で企業が果たす重要な役割を理解することが重要だ。ミッションやビジョンの表明からマーケティング戦略の実施と評価に至るまで、企業内のリソースとプロセスがビジネスに影響を与える。たとえば、CEOやゼネラルマネージャーのリーダーシップスタイルは、企業の新製品開発のアプローチに大きく影響する。リスクを恐れないリーダーや起業家精神を持つリーダーなら、新市場に最先端の製品で参入するために革新的なアプローチを取るマーケティング部門を支持するだろう。このような特性を持つビジネスパーソンとして、リチャード・ブランソン卿がよく引き合いに出される (Schawbel, 2014)。

　また、企業内部の組織構造や仕事上の関係も考慮する必要がある。たとえば、マーケティング部門は社内組織構造のどこに位置しているだろうか？　取締役会に影響力を持つだろうか？　他の部署とはどのような関係にあるだろうか？　他部署のマネジャーの性格も組織のパフォーマンスに影響を与える要因だ。企業は、企業評価の一環として、財務などの具体的に評価できるリソースだけではなく、内部リソース全般を対象にして、将来のシナリオを予測し、健全な意思決定を行う必要がある。

顧客

　顧客はマーケティングの中心であり、企業はさまざまな市場セグメントで変化し続ける顧客のニーズとウォンツをモニターする必要がある。消費者の嗜好のトレンドを常に把握しておくためには、市場調査データ（→第4章）を継続的に分析し、セグメンテーション（→第6章）を完全に理解する必要がある。たとえば、ニュースや時事問題に対する消費者の嗜好の変化を考えてみよう。スマートフォンやタブレットなどの技術革新による後押しもあるが、消費者は場所を問わず迅速に情報を入手できることを求めている。消費者は一日中いつでもマーケターの手の届くところ

にいる存在になった (Weatherhead, 2014)。

　しかし、消費者市場はマーケティングが考慮すべき顧客基盤のひとつにすぎないことも忘れてはならない。**ビジネ ス市場**も重要な顧客基盤であり、見過ごすことはできない。たとえば、ビジネス市場には生産サプライチェーンがあり、最終製品の一部となる部品やコンポーネントのサプライヤーなどが含まれる。そのため、顧客との強固な信頼関係の構築は、企業のマーケティング戦略上、非常に重要だ。企業が**政府市場**に参入したい場合も同様に、政府市場の顧客を深く理解することが重要だ。 たとえば、あなたが講義室の座席を製造するメーカーの社員だとしよう。政府機関や大学に何百、何千という椅子を売るためには、顧客側のさまざまなニーズに丁寧に対応して、慎重に信頼関係を構築していく必要があるだろう。

競合他社

　現代のマーケティング環境の競争は厳しい。特に成長が著しい製品カテゴリーでは、市場シェアを維持するために頻繁なイノベーションが必要だ。そしてどの企業も、市場環境分析の大部分を競合他社に向けるべきだ。そうすることで企業は、将来的な計画を立てやすく、また競合ブランドの戦術を予測しやすくなる。企業は、==成熟市場==の製品カテゴリーであっても、競合ブランドについてはできるだけ情報を集めておく必要がある。

　企業が直面する困難のひとつは競合相手を特定することだ。簡単に特定することができる場合もある。たとえば、地元の中華料理店にとって、2軒先のベトナム料理店は直接の競合相手だ。同様に、国際航空会社のカンタス航空とエミレーツ航空は、同じ路線を飛び、同じレベルのサービスを提供しているため、直接の競合相手と考えられる。競合相手を明確に特定できない場合は、マーケティング戦略をそのときの状況に応じて調整する必要がある。たとえば、メルボルンとタスマニアの間で運航するフェリーサービス、スピリット・オブ・タスマニアは、自社が海運業ではなく運送業であることを認識し、現在は航空会社と競合している。

CRITICAL REFLECTION |||||||||||||||||||||||||||||||||||||||||||||||||||||||||||||||||||||||||||||||||||||||||||||||||||||| **批判的省察**

美術館の競合相手はどこでしょうか？　他の美術館や文化的組織でしょうか？　それともタイプはまったく異なっていても根本的には同じニーズを満たす、スポーツイベントや公園での午後のひとときなどの余暇活動でしょうか？

|||||||||||||||||||||||||||||||||||||||||||||||||||||||||||||||||||||||||||||||||||||||||||||||||||||||||||||||||||||||||

仲介業者

　仲介業者とは、製品を生産者から消費者に運ぶプロセスに関与する企業や組織のことだ。このプロセスには、製品の物理的な流通にかかわる企業（たとえば、製品を保管して再販する卸売業者やそれを運搬する運送会社）だけではなく、所有権の譲渡にかかわる金融取引に関与する企業も含まれる。製品は、生産者から最終消費者に直接運ぶこともできる。キッチンやキャビネットの製造業者のように、消費者に直接製品を販売する企業はこのカテゴリーに入る。自社の小売店を通じて製品を販売する企業も多い。カントリーロードやリーバイスのような衣料品メーカーがこれに該当する。これらのブランドは他の衣料品小売店にも直接販売している。自動車メーカーは、個人経営のディーラーを通じて販売し、事実上、小売販売をアウトソーシングしている。小規模な国際的ブランドは、現地の販売代理店や販売業者が代理店を務めることもある。たとえば、ファイン・フード・ホールセーラーズは、複数の企業の製品のマーケティングと販売を代行している。デリカテッセンやコーヒーブランドの多くはこのようにして取り扱われている。

　多くの製品カテゴリーにおいて、仲介業者はビジネスの成功に不可欠だ。たとえば、製品をメーカーから卸売業者、小売業者へと効率的かつタイムリーに移動させる物流の質は、消費者のブランドに対する評判と明らかに関連している。近代的なマーケティングシステムでは、供給のスピードと信頼性が、消費者が製品購入の価値を測るひとつの基準となっている。同様に、高水準の顧客サービスを提供できない小売店も、製品ラインに悪い印象を与える可能性がある。これは、ブランドの==価値提案==が製品の品質に焦点を当てている場合には特に問題だ。

Chapter **05**　　　The Marketing Environment

このような理由から、企業はすべての仲介業者との関係を管理しなければならない。仲介業者が企業の全体的成功に重要な役割を担っているという認識は、仲介業者が**サプライチェーン**におけるパートナーと見なされるようになったことを意味する。すべての企業間取引は、すべての関係者が協力し合い共に成功するウィンウィンの関係でならなければならない。結果的に、仲介業者はミクロ環境においてますます重要な役割を果たすようになっている。

サプライヤー

サプライヤーは、企業のマーケティング戦略の基盤となる価値提案を形成するために不可欠な存在であり、商品やサービスの効率的な流れに重要な役割を果たしている。現代のマーケティングシステムでは、最終消費者のニーズとウォンツを満たすための第一歩として、製品に使用される原材料が重視されている。企業は、仲介業者と同様にサプライヤーとの関係も注意深く管理しなければならなくなった。たとえば、ドイツのステッドラー社のような伝統的な鉛筆を製造する企業は、その木材の品質が、ブランドの約束を満たし、環境に配慮した輸入規制に適合し、企業の社会的責任ガイドラインに沿うという、複数のニーズを十分に満たす高水準の質であることを保証しなければならない。

サプライヤーとして多くの産業分野に参入することには厳しい競争が伴い、難しい。たとえば、ウールワースに原料を供給したいと望んでいる企業は、厳しいガイドラインに従わなければならない。ウールワースは、サプライヤーおよびサプライヤーになりたい企業専用のウェブサイトを持っている。同様に、連邦政府だけではなく、オーストラリアの全州が、調達に関するアドバイスや情報のウェブサイトを運営している。

もちろん企業は、可能な限り最良の価格で商品やサービスを入手することも目的としているため、サプライヤーとの関係においては財務的な側面も重要だ。さらに、競争の激しい市場のタイトな生産スケジュールを運営するためには、信頼できる供給を得ることも重要だ。このような関係は企業間マーケティングの一部であり、サプライヤー、メーカー、仲介業者がどのように連携して価値を生み出しているかを理解することが重要だ。バリューチェーンという考え方については本章の後半で詳述する。買い手と売り手が、対立的に取引を交渉するのではなく、おたがいに協力し合いながら交渉を進めることが増えている。

一般市民

どのような組織にとっても、その戦略目標に直接的または間接的な利害関係を持つ、あるいは影響を及ぼす人々のグループを特定することは重要だ。このようなグループは、グリーンピース（Greenpeace）のようにひとつの目的のもとに組織化されていることもあれば、銀行のような組織の集合体であることもある。あるいは、志を同じくして問題に対処するための行動を起こそうとする地域住民のグループである場合もある。マーケティングの観点から、これらすべての一般市民（ステークホルダーまたは支持者と呼ばれることもある）のニーズやウォンツを適切に理解し、それを企業の目標や目的に反映させられるように適切な戦略を立案しなければならない。

政府

政府は公共的な立場からビジネスに影響を与える存在だが、企業側としても影響を与えたい存在だ。現代のマーケティング環境においては、企業がビジネスを運営するために使うシステムやプロセスの多くは政府が支配しており、ある意味でもっとも影響力のある一般市民だ。以下に例を示す。

- 政府の立法部門が政策を立案し、企業のビジネス活動に影響を与える。たとえば、2015年（そして2017年にも）、連邦政府から、週末労働に対するペナルティ（特別手当）率の削減に関する発言が相次いだ (Colman, 2015)。
- 組織の戦略を検討するときは、政府の省庁や機関が管轄する規制や法律を考慮に入れなければならない。自動車登録を管轄する運輸省から、安全基準を規制する保健省や、輸入を管轄する機関まで、規制権限を持つ機関は多岐にわたる。
- 政府は、税金、手数料、関税などの課税を行って歳入を増やすが、これらが企業の価格戦略や賃金体系に何らかの形で影響を与える。

・非営利組織に対しては、政府は資金や助成金を提供することで自らの経済的および社会的な目標を達成しようとする。

　後述するように、企業は有利な取引環境を求めて、あるいは公正さに欠けると思われる政府の政策に抗議するために、政府へのロビー活動に頻繁に関与している。マーケティングの観点から、このような活動は広報キャンペーンの一環とみなすことができる。つまり、企業は政府の要求を受け入れ、その結果に影響を与えようとしている。

金融界

　金融界は、資金や融資などの提供を通じて、企業の将来に重要な役割を果たしている。企業は、成長のための財源確保を有利に進めるために、金融界との良好な関係を築かなければならない。証券取引所に上場している企業にとって、個人投資家（いわゆるパパママ投資家）や機関投資家（退職金年金ファンドなど）などの投資家や株主が重要な役割を担っている。長期的な成長や成功を達成するためには、彼らとの良好な関係が重要だ。銀行も企業の経営に大きな影響を与える。企業が資本を調達し、融資を確保できるかどうかは、企業の存続そのものに影響を及ぼしかねない。中小企業にとってオルタナティブレンダー（新興の金融機関）が重要になりつつあるが、まだ従来の銀行と同様の方法で事業を行っている。重要なことは、金融界が、前述した政府の規制だけではなく、国際的な変動や外部の要因からも影響を受ける可能性があることだ。マーケターは、これらのことを念頭に置いて、金融界がビジネスに与えるさまざまな影響を認識する必要がある。

圧力団体

　地域社会、政府、企業の政策策定に圧力団体が果たす役割はかつてないほど大きくなっている。ソーシャルメディアやデジタルコミュニケーションの台頭により、今では圧力団体は幅広くメッセージを発信できるようになった。これには現代のメディアの環境や状況も一役買っている。圧力団体は絶えず注目を集めようと競い合っている。

　圧力団体は、ひとつの主義を恒久的に支持しながらさまざまな目標を掲げる団体と、ひとつの問題に特化して深くかかわっている団体に分けられ、政治的、社会的、環境的、経済的、および業界固有の問題に関与している。前者の団体には次のような組織がある。

・オーストラリア医師会（AMA）のような専門職
・オーストラリア酪農協会（DIAA）のような業界
・建設・林業・鉱業・エネルギー労働組合（CFMEU）などの従業員グループ

　特定の問題を啓発したり開発に抗議したりするために団体が結成されることがある。たとえば、コールフリーワイドベイバーネット（Coal Free Wide Bay Burnett）という組織は、“石炭鉱山とガス田の開発から私たちの土地、水、未来を守るために共同で活動するコミュニティグループの連合”という目的のもとで結成された。自然環境を中心的な関心事とするグループは、さまざまな地域で活動していることが多いため、特定の問題を啓発するというよりも志を同じくする人々のグループを代表していると考えることができる。状況をやや複雑にしているのは、圧力団体が国境を越えて活動する可能性があることだ。たとえば、シーシェパード（Sea Shepherd）などの組織は国際水域で抗議活動を行っている。

　企業が業界団体や商工会議所に所属していたり、政府へのロビー活動を行う企業連合に関与していたりすることもあり、企業自体が圧力団体の一会員であることも忘れてはならない。言い換えれば、圧力団体と企業は相互に影響を及ぼし合っている。企業は自社の戦略に影響を及ぼす可能性のある圧力団体について常に情報を把握しながら、可能な限り自ら積極的に行動し、圧力団体に影響を与えられる機会を探す必要がある。

地域社会

　圧力団体と同様に地域社会も企業の行動に影響を与える。圧力団体は、いったん組織されれば、その影響力を利用して政府に働きかけることができる。企業は地域社会のニーズや意見を考慮しなければならない。これは、政府の規

Chapter　05　　　　The Marketing Environment　　　　188

CASE STUDY

オーストラリアに新たな炭鉱は不要か？

オーストラリアでは新しい炭鉱の必要性についてかなりの議論が交わされてきた。地元のコミュニティや環境保護団体は、エネルギー生産における石炭の役割の低下や、石炭採掘による地域住民の健康や地球環境への悪影響を理由に、反対の声を上げてきた (Millman, 2015)。一方、開発推進派のロビイストや政府は、雇用が拡大すること、経済開発が国や州の経済に重要な役割を果たすことを理由に支持してきた。アダニ・マイニング社が計画していたクイーンズランド州のカーマイケル鉱山の場合、コモンウェルス銀行がプロジェクトのアドバイザーを辞退したことが、プロジェクトの開始に重大な打撃を与えた (West & Cox, 2015)。ニュー・サウス・ウェールズ州のハンター・ヴァレーでもさまざまなグループが、オーストラリア有数のワイン産地であるハンター・ヴァレーでの新たな炭鉱建設に反対するロビー活動を展開している (Davies, 2015)。西オーストラリア州政府は、マーガレット・リヴァーのワイン産地では石炭採掘は行わないと宣言した (Latimer, 2012)。

発展問題　QUESTIONS

1. コモンウェルス銀行がカーマイケル鉱山プロジェクトから撤退したのはなぜだと思いますか？ また、その決定に影響を与えた圧力団体があるとすれば、それはどのような圧力団体でしょうか？
2. この事例から、圧力団体の力についてどう考えますか？ たとえば、ハンター・ヴァレーの農家やワイン生産者は、大規模プロジェクトに影響を与える力が大きいと思いますか？ 政府はこの力を制限すべきだと思いますか？
3. 政府や採掘プロジェクトに携わる企業は、ネガティブな宣伝活動や提案に反対する圧力団体にどのように対処しているでしょうか？ 将来起こりうるかもしれない反対運動に備えていると思いますか？
4. ソーシャルメディアやインターネットが普及して地域社会がメッセージを伝える方法が変化したと思いますか？ 地元のグループはどのようにして地元の関心事を全国のおよび世界の人々に伝えることができますか？

制（例：騒音レベルや有害廃棄物の除去に関する規制など）に従うこと、あるいは単に良き企業市民であることをめざすといったことかもしれない。

地域社会と密接に事業を展開する企業は、地域のイベントや組織のスポンサーになったり、地域の慈善団体に寄付をしたりすることで、地域社会の支援に直接的に関与することができる。地域社会への支援は、広報戦略の一環と見なされることも多いが、その支援が本物であると見なされれば、企業の評判にプラスに働く。現代の消費者は、単に利益だけを追求する企業に対してかなり懐疑的になっているからだ。大手銀行などの大企業は地域社会の支援に非常に積極的だ。

バリューチェーン

バリューチェーンという概念は、企業と、顧客、サプライヤー、仲介業者との間に存在する複雑なマーケティング関係を理解するために導入された。個人消費者が購入するほとんどの製品は、長い価値創造のプロセスの集大成だ。最終製品を販売する企業は部品の多くを外部のサプライヤーから購入し、そのサプライヤーはまた別の外部のサプラ

イヤーから原料を購入している。これがバリューチェーンの基本構造であり、バリューチェーンのメンバーによって徐々に基礎原料に付加価値がつけられていく。原料に価値が付加されるプロセスには、この他に部品の追加、製品の形態の変更、付帯サービスの追加などがある。

　表5.1は、コーヒーのバリューチェーンを示している。インスタントコーヒーの瓶に含まれる生豆の価値や焙煎業者に販売される生豆の価値は数セントたらずかもしれないが、最終製品は4ドル以上になることがある。多くの消費者にとって、特にアフリカでは、生のコーヒー豆の価値は無いに等しいが、職場近くで飲むホットコーヒー1杯には払うだけの価値がある。バリューチェーンは、プロセスの各段階で価値が付加され、基本製品（例：コーヒー豆）がどのようにして価値のあるものに変化してきたかを説明している。

表5.1　コーヒーのバリューチェーン

バリューチェーンの各メンバー	バリューチェーンの各メンバーによって付加される価値
生産者	コーヒー豆のような基本農産物を生産している
仲買業者	コーヒー豆をチェックし、格付けし、コーヒー生産者への販売を可能にする
コーヒー製造者	コーヒー豆を加工し、他の原料を加え、包装する。その後インスタントコーヒーの瓶に詰めたり、豆のまま販売したりする。プロモーションを行ってブランドイメージを作る
卸売業者	コーヒーを瓶で、あるいは豆のまま大量に購入し、顧客の近くの倉庫に保管する
小売業者	コーヒーを直接メーカーから買うよりも利便性の高い場所と時間を顧客に提供する
コーヒーショップ	快適な環境ですぐに飲める出来立てのコーヒーを提供することでさらなる付加価値を提供する

　小売商品、たとえば喫茶店の商品の場合、価値の大部分がバリューチェーンの最後の段階で生み出されている。家賃、暖房費、照明費、人件費などのコストはコーヒー豆などの原料費を軽く上回る。喫茶店で一杯のコーヒーを買うとき、コーヒーや砂糖やミルクではなく、これらの諸費用の大部分を支払っていることになる。喫茶店が価値構造を正しく反映させて、入店料やテーブル使用料は標準的なコストに、コーヒーの価格を低く設定することも不可能ではない。たしかにこのような価格設定は原価をより正確に反映してはいるが、消費者にはバリューチェーンについての理解がないため受け入れられないだろう。このような価値のない喫茶店にはほとんど顧客はいないだろうし、数少ない顧客はおそらく一日中滞在し、安いコーヒーを大量に飲むことだろう。これは良いビジネスモデルとは言えない。

　バリューチェーンという概念は有形の製品だけに限られているわけではない。サービスも、顧客にサービスを提供するためにバリューチェーンを構築することが可能だ。たとえば、銀行は、住宅ローンを提供するための資金を、地元の預金者や海外の卸売金融市場など複数の供給元から、それぞれの利率や貸出可能額などの提供サービスの組み合わせを変えて調達することがある。また、さまざまな住宅ローン商品の一部またはすべてを、代理店、仲介業者、オンライン、支店の従業員などの複数のチャネルを通じて提供することもある。これらのチャネルが、それぞれ独自のサービスや利便性など、何らかの付加価値を生み出している。

ミクロ環境のメンバー間の関係

　バリューチェーンは、企業はそのミクロ環境の他のメンバーとの関係に大きく依存していることを意味する。顧客に販売する製品やサービスのすべてを自社の資源だけで生産し流通させることができる組織は非常に少ない。広告や法的サービスを自社で生産できる組織はたしかに少ない。実際、これらのサービスは外注することがほとんどであろうし、商品を販売するための仲介業者を利用するだろう。したがって、企業とこのような外部組織との関係は、顧客に価値を提供する上で極めて重要だ。企業のミクロ環境を構成する個人や組織を"環境セット"と表現することがある。図5.2に、あるコンピューターメーカーの環境セットの例を示す。

Chapter　05　　　The Marketing Environment

図5.2 コンピューターメーカーを取り巻く環境

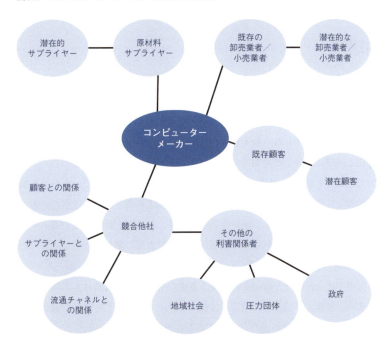

　この数十年で、製造業者と小売業者の間の力関係が大きく変化した。多くの分野で小売企業の力が強まったことで、小売企業は、商品を提供するメーカー側との取引において大きな交渉力を持つようになった。市場調査会社のカンター・ワールドパネル社によると、イギリスの食料品小売大手4社（テスコ、アスダ、センズベリー、モリスンズ）で食料品市場の4分の3以上を占めている。オーストラリアでは、ウールワースとコールス（ウェスファーマーズ傘下）が食料品販売の80%以上を占め、フードランドIGAを加えると90%近くになる。多くのメーカーが大手スーパーマーケットに依存して売上を伸ばしているが、その依存関係は相互的ではない。つまり、1社のサプライヤーに依存する小売企業はほとんど存在しない。とはいえ、プロクター・アンド・ギャンブルのように主要ブランドが、他の多くの国でもそうだが、中国の都市部の家庭の95％以上に浸透している大企業もある (Nylander, 2015)。小売業者はニーズの高いブランドを仕入れる必要がある。主要ブランドを仕入れない店舗チェーン（例：アルディ）は、競争力を維持するためには超低価格で製品を提供しなければならない。

マクロ環境

　マクロ環境は、組織が直接的にはコントロールできないさまざまな力によって構成されている。ミクロ環境が認識可能で明確に定義された要因を持つのに対し、マクロ環境は、分析も予測も困難な、社会全体の動向や変化の影響を受ける力で動いている。海外旅行を考えている人なら誰でも、国際為替レートの気まぐれさを理解しているはずだ。自社が中国で生産を行い、シンガポールで販売し、主たる市場は米国だとしよう。国際為替レートは、マーケティングのパフォーマンスに影響を与えうる多くの要因のひとつに過ぎない。このような理由から、企業はマクロ環境のあらゆる側面に注意を払い、機会と脅威の両面に注意を払わなければならない。

　次節ではマクロ環境について考察する。マクロ環境は6つの主要な力に分けられる。

・人口統計学的環境

・文化的環境

・経済的環境

・政治的環境
・技術的環境
・自然環境

人口統計学的環境

人口統計学とは人口の規模と特徴を研究する学問だ。人口統計学的環境は、人口の規模と構造の主要な傾向をさまざまな角度から観察するための、マーケターにとっては重要な関心事項である。人口統計学はマーケティングの意思決定を行うための重要な基本データとなっている。人口統計学者が関心を持つテーマとしては、国民の年齢構成、人口の地理的分布、人口の男女比、予想される将来の人口規模とその特徴などがある。人口規模や年齢構成の変化は、人口の地理的分布の変化と同様に、多くの企業のマーケティング戦略にとって重要である。

人口規模や支出能力（すなわち富）は、国によって、また国内においても異なる。もっとも重要な世界的傾向のひとつは、人々の暮らしが徐々に豊かになって、極度の貧困がほとんど消滅していることだ。人々の教育水準も格段に向上している。こうした緩やかだが着実な人口統計学的変化が多くの市場を形成している。

マーケターにとって最大の関心事は、年齢構成の変化、特に高齢者層の割合の変化だ。多くの欧米諸国で高齢化が進行しており、60歳以上の人口比率の増加が見られる（例：日本、スウェーデン、オーストラリアなど）。このような年齢構成の変化は、医療や社会保障など政府が提供する重要なサービスの政策にも影響を与える。税収基盤にも影響は及ぼされる。納税すべき労働者が減ると、政府が提供するサービスに充てる資金が減少するからだ。

マーケターにとって、消費者の高齢化の進行は、特定の製品カテゴリー、たとえば、50代以上向けの保険、ツアーパッケージ、高齢者向け住宅地区などが成長することを意味する。また、若年層の減少によって、これまでよりも存続が厳しくなっている産業分野もある。特にタスマニア州では顕著だ。タスマニア州はどの州よりも人口増加が遅く、平均年齢がもっとも高い（オーストラリア統計局、2015）。タスマニア州とオーストラリア本土で18〜24歳の年齢層をターゲットにして事業を行っても、現在も将来的にも成長の見込みはきわめて低いだろう。

さまざまな製品カテゴリーに影響を与えているもうひとつの変化が家族の変化だ。たとえば、単身世帯の増加だ。2011年の単身世帯は210万世帯だった。単身世帯数は2036年までに大幅に増加し、330万から340万世帯になると予測されている。つまり、1人暮らしの世帯数が全世帯数の3分の1に迫ることになる（オーストラリア統計局、2015a）。このような人口動態の変化に起因するマーケターにとっての問題は、この変化が消費者の購買パターンと購買行動にどのような影響を及ぼすかということだ。

同じ問題がオーストラリア国内の地理的な変化にも見られる。たとえば、**シーチェンジ**（sea change）と呼ばれる都市部から海辺の地域への移住や、**トゥリーチェンジ**（tree change）と呼ばれる都市部から田舎や農村地域への移住が、地域社会のみならずオーストラリア全体の消費者の動向に影響を及ぼしている。地域社会においては、専門職の労働者が増加したり、人口構成が変化したり、それぞれの地域に特有の商品やサービス（例：ライフスタイル商品を扱う小売店、喫茶店、カフェなど）が生じたりしている。

世界の人口にも大きな変動が起き、それがオーストラリアの民族的多様性を大いに高めてきた。20世紀のオーストラリアは、政府の移民政策の一環として、また人道主義的立場から、多様な民族を受け入れた時代だった。移民がオーストラリア文化にもたらした変化のひとつを、スーパーマーケットの棚やデリカテッセンに並ぶ多種多様な食品に見ることができる。21世紀を迎えた現在、オーストラリアでは約400種類の言語が使われ、300種類以上の祖先を持つとされている（オーストラリア統計局、2010b、2012）。多様化した嗜好に対応するためにはさまざまな製品を提供する必要があり、マーケターにとってチャンスであると同時に課題でもある。

文化的環境

文化的環境には、社会とそのメンバーの社会的モラル、価値観、認識、行動に影響を及ぼすすべての要因が含まれる。人は、文化的背景、関与する組織、社会と政府との関係、自国の歴史などの要因に影響を受けて成長する。また、

男女の相対的力関係、教育がどれだけ重視されるか、社会の**自然環境**への取り組み方などの社会的圧力にも影響を受ける。実際、マーケターがターゲットにするさまざまな顧客層は、社会の文化的側面の多くが融合し合うことで形成されている。

　市場にはこのように多彩な側面が存在するため、マーケターはさまざまな環境の変化を総合的に判断し、より明確に未来を把握しなければならない。たとえば、人口動態のパターンに変化が生じていると、消費者の価値観、購買行動に大きな影響が及ぼされている可能性がある。前世紀の最大の変化のひとつに平均寿命が延びたことが挙げられる。オーストラリアでも高齢化が進み、異なるニーズや価値観を持つ高齢者が増えている。その結果、製品カテゴリーでいえば50歳以上向けの保険など、明らかに高齢者をターゲットにした商品が増えつつある。

　しかし、人口動態の変化だけで**社会動向**を説明することはできない。高齢者の人口が増えただけでは、彼らの生活態度や行動様式、マーケティング上のニーズやウォンツの変化を説明することは不可能だ。"70 is the new 60"（70歳は新しい60歳）という言葉があるが、これは精神的にも肉体的にもいっそう活動的な商品への需要が高まっているという文化的な傾向をよく表している。ガイド付きのヨーロッパのリバーツアーや、グレイノマド（定年後に旅行やキャンプを楽しむ人）用の商品、第三世代大学運動（U3A運動：退職後の高齢者が新しい知識やスキルを学び、興味を追求し、社会的な交流を楽しむ機会を提供する非営利団体の国際的なネットワーク）のような学習体験などがその例だ。このような傾向はマーケティングコミュニケーションにも影響を与え、高齢の消費者は活動的で冒険好き、健康的でチャレンジ精神旺盛というイメージで捉えられるようになった。

　もうひとつの最近の傾向は健康と福祉への社会的関心の高まりだ。この関心は、より広範な環境ムーブメントの一環と理解することができ、グリーンで健康的な消費者製品の多様化、さらには消費者、企業、産業界、政府による持続可能な環境への取り組みの重視につながっている。健康と福祉に対する考え方や価値観が個人レベルで変化してい

CASE STUDY

SUVの広告は現実を反映しているか？

　オーストラリアでもっとも一般的な家族構成は、子どものいない夫婦か、子どもを扶養している夫婦であるにもかかわらず（オーストラリア統計局、2010c）、マーケティングメッセージは、父親、母親、2.5人の子どもという一昔前の典型的な家族を対象にしている。このような家族像は、自動車のような家族のための買い物の広告キャンペーンでは今でも支配的なイメージとなっている。たとえば、SUV（スポーツ用多目的車）の広告のほとんどが、前席に母親と父親、後席に少なくとも2人の子どもを乗せている。子どもが1人しか乗っていない広告は珍しい。また、アジア系の家族の起用など、民族的な多様性を見ることもあまりない。

　フォード・テリトリーのテレビ広告は、製品の主要な特性を伝えるために家族というコンセプトを使っている好例だ。同社は、"Thousands of possibilities. One Territory"（無限の可能性、ひとつのテリトリー）というタイトルの広告キャンペーンのなかで、家族の日常シーンを短くいくつも重ねて、車を購入することで楽しめるアクティビティの幅広さを表現している。すべてのシーンに子どもが登場し、乳幼児も頻繁に登場する。屋外やビーチのシーンでは、明らかにオーストラリアっぽい雰囲気が漂っている。

> ## 発展問題　QUESTIONS
>
> 1. 本章で概説したオーストラリア国民の最近の変化について考えてみましょう。この変化に従って、広告主はコマーシャルのなかで描く"典型的"な家族のあり方を変えるべきだと思いますか？
> 2. 今でも"典型的"な家族を広告のなかで描いている企業は損をしていると思いますか？
> 3. 広告の視聴者は、広告に登場する家族に共感できないと感じ、そのブランドやサービスの利用をやめると思いますか？
> 4. 広告のなかで家族をターゲットにしたイメージやメッセージを必要としない車のタイプやスタイルを考えてください。たとえば、スポーツカーのテレビコマーシャルのなかでマーケターが描きたいのはどのようなタイプの人でしょうか？

る。その変化は社会的な価値観の変化を反映しており、それが結果として消費者の行動や製品に対する需要の変化に影響を及ぼしている。この傾向をさらに拡大させているのが、地元産の食品や商品に対する全般的な人気の高まりだ。これは、消費者が地元産以外の商品を購入する際に移動距離と消費炭素量を考慮するように促す**カーボンマイル**という概念と共通するところがある。**ロカボア運動**は、世界規模で調達を行うサプライチェーンモデルに代わるもので、地産地消の食生活を促進する運動だ (Feenstra, 2002)。興味深いことに、ロカボア商品の多くは、本章で前述したヒップスターのサブカルチャーの一部だ。多くのレストランやカフェが、持続可能な方法で生産された地元産の食材を使い、そのような製品特性を重視する顧客セグメントをターゲットにしている。

　もちろん、これまで考察してきたこれらの要因の多くは、時間の経過とともに変化していく。それが文化的トレンドの本質だ。高齢の消費者が変化したように、他の消費者層も変化するかもしれない。このような理由から、洞察力のあるマーケターは、好機をもたらし課題を明らかにしてくれる新しいトレンドを発見するために、絶えず文化的環境を注意深く観察している。

CRITICAL REFLECTION ||||||||||||||||||||||||||||||||||||||||||||||||||||||||||||||||||||||||| 批判的省察
現代の文化的変化に対してマーケターが取り得る対応を以下の例で考えてみましょう。
- オーストラリア統計局によると、55歳から64歳のオーストラリア人女性の労働参加率は、2001年から2015年の間に38％から57％に上昇した (オーストラリア統計局、2016b)。
- 2010年11月時点で、2000年以降にオーストラリアに入国した外国生まれの15歳以上の人口は約140万人。これはオーストラリアの15歳以上人口の約8％に相当する (オーストラリア統計局、2012)。
- 最近の調査によると、オーストラリアの女性の収入は全労働者の収入の36％を占め、子どものいる有職夫婦の4分の1で主要な稼ぎ手となっている (Richardson, Healy & Moskos, 2014)。

||||||||||||||||||||||||||||||||||||||||||||||||||||||||||||||||||||||||||||||||||||||||||||||||||||||||||||||||||||||

経済的環境

　経済的環境は消費者の支出パターンに大きな影響を与える要因であり、その影響は国内にも国外にも及ぶ。オーストラリアでは、人口の移動や女性の消費力の増加に伴い、地域間の所得分配の変化、および各政府（連邦政府と州政府）の福祉、所得分配、予算配分に関連する政策の変化など、さまざまな要因に変化が生じた。世界規模で見ると、世界の金融舞台で高まるインドと中国の存在感が現地の生産性に大きな影響を及ぼした。このように国内の要因と国外の要因が相まって、経済的環境は外部マーケティング環境のなかでももっともコントロールしにくいもののひとつとなっている。

　国家の経済的健全性は個人消費に大きな影響を与える (Commonwealth Bank, 2015)。**経済成長**と所得分配はビジネ

スにとって重要な要素だ。経済状態は顧客が自社製品を購入する意欲や能力に影響を与えるため、経済状態を無視するビジネスパーソンはほとんどいない。そのためマーケターは、**国内総生産（GDP）**、インフレ率、貯蓄率など、経済の健全性を示す主な指標を把握しておかなければならない。2008年に始まった世界的金融危機のなかにあっても、オーストラリア経済は主に鉱業収入により好調を維持した。しかし、本章の最初のケーススタディで述べたように、石炭採掘には大きな問題がある。また、中国の鉄鋼生産の減少が原因で、鉄鉱石の価格は現在低迷している。鉱業ブームは特に西オーストラリア州では終焉を迎えたが（Barrat, 2015）、一次産品の価格は、鉱業以外の産業であっても、依然としてオーストラリアのビジネスに大きな影響を及ぼしている。

INDUSTRY INSIGHT ||||||||||||||||||||||||||||||||||||||||||||||||||||||||||||||||||| 業界動向

中国の構造改革とオーストラリアへの影響

マリア・ベレン・ヤノッティ 著

　オーストラリアは1975年に中国との正式な外交関係を開始した。中国が1979年の改革によって市場経済に移行すると、オーストラリアの企業や政府は、近代化と再編が進むこのアジア最大の経済大国との取引の機会を獲得した。結果的に、2015年には中国はオーストラリア最大の貿易相手国となった。このことは、多くのオーストラリア企業や産業分野に大きな影響を与えた。

　中国のオーストラリアに対する主な需要は、鉄鉱石、石炭、液化天然ガスなどの天然資源であるが、高品質のオーストラリア製品やサービスも需要が高い。オーストラリアの産業に対する中国の需要の高まりは、商品、サービス、労働の市場を通じて、オーストラリアの他の経済分野に波及効果をもたらしている。このような効果は、過去10年間に鉱業セクターの好景気により地域経済全体が成長した西オーストラリア州で顕著だ。他にも中国需要の高まりの例としては、オーストラリアの大学の中国人留学生の割合の増大や、主にシドニーとメルボルンのオーストラリア不動産市場における中国人投資家や持ち家購入者の増加が挙げられる。どちらもこれらの地域におけるビジネスのさらなる促進と雇用機会の増加に貢献すると考えられるが、後者については一部の評論家が懸念を示している（Brown, 2015）。それでも、"幸運の国"（the lucky country）オーストラリアは、世界金融危機の時にも経済が縮小しなかった世界でも数少ない経済大国のひとつであり、それどころか、中国の需要に支えられて経済成長を遂げた（Stevens, 2012）。

　しかし、中国経済が減速していることを示す証拠がある。多くのエコノミストが景気減速の原因のひとつは中国経済の構造改革だと言う。中国は輸出型経済から国内消費型経済へと転換しつつある。これは中国の企業や個人だけでなく、オーストラリアおよび世界中の産業とビジネスにも影響を及ぼしている。この影響の大きさは、中国の鉄鉱石需要が減少し、それが西オーストラリア州のさまざまな産業部門に影響を与えている状況に見ることができる（Barratt, 2015）。

　中国経済の構造改革の影響は中国の市場にも見られる。数年前、株価と上海総合指数が急落し、世界中の市場が不安に陥った。その数日前に中国が行った通貨切り下げも、世界の金融市場に影響を与えた。中国経済とその株式市場は政府によって規制されており、政治的色彩が強い。さらに、上海株式市場は主に個人投資家に支配されており、取引企業に関する信頼できる情報を入手することは難しい。このような理由から、ほとんどの投資はテクニカル分析とセンチメント（市場参加者の感情や心理状態）分析に基づいて行われている。

　中国市場の景気減速と不安定さの脅威は企業にとって大いなる懸念材料だ。GFC（世界金融危機）で見られたように、大きな経済圏での金融危機は世界中に広がり、伝染病となって各国経済に影響を及ぼし、支出と需要の縮小、産業と企業の停滞、そして失業を引き起こす可能性がある。このような伝染は、国際貿易と現代のグローバル化した市場の特性に原因がある。

　しかし、悪いニュースばかりではない。中国の景気減速によってオーストラリアの輸出品に対する外需が減退し、

資源関連企業が大きな影響を受けるのはたしかだが、中国経済の構造改革はオーストラリアの企業に新たなチャンスをもたらす可能性もある。

たとえば、タスマニアの小さなラベンダー農園は、中国の消費者にさまざまな製品を販売することで大きな成功を収めている。香りのするテディベアはその一例で、熱狂的なファンを得ている（News.com, 2015）。同様に多くの観光業者が中国市場をターゲットにしている。中国の不動産開発業者は、ポートフォリオを多様化するために、オーストラリアの不動産への投資を検討している。その結果、オーストラリアには、中国人観光客向けのビジネスを目的とした取り組みが数多く存在する。

では、今後の見通しはどうだろうか。多くのアナリストは、世界的に財とサービスの価格が低迷し、中国の資源関連投資が減少しても、オーストラリアの中期的な成長はおおむね安定すると予想している。これは主に、オーストラリアの金融政策の支援や為替レートの弱含みが相殺されることによるものだ。また、他の産業のビジネスチャンスも期待されている。

このように、豪中関係の天然資源への依存度は低くなるだろう。このことは、2014年の豪中自由貿易協定で両国に新たなビジネスチャンスが切り開かれたことにより、より強固なものとなった。とはいえ、オーストラリア企業は、中国市場の動向を注意深く見守り、好機と脅威の両方に備えることが賢明だろう。

政治的環境

政治的環境は、政府が企業の活動に与える影響が各政府機関により異なるため複雑だ。新しいオフィスビルの建設案を例に考えてみよう。地方レベルでは、建築規制や開発規制が重要となるだろう。州や地域レベルでは、環境規制が影響するかもしれない。国家レベルでは、賃金や労働条件といった人的資源の問題を遵守する必要があるだろう。国際レベルでも、たとえば主要部品の供給に関して、二国間協定や貿易禁止などの問題を考慮する必要がある。このように、政治的環境は、広義には、政府、政治家、および政治家や政府に圧力をかける団体（前述）から構成されるため、組織のマーケティング環境においてはもっとも予測が難しい要素のひとつだ。

この理由だけでも、マーケターは常に政治的環境の変化に留意する必要がある。なぜなら、政治的環境の変化が企業のマーケティング戦略に影響を与えることがあるからだ。政治的環境における以下の問題を検討し、それらがマーケティングにどのような影響を与えるかを考えてみよう。

- 国際政治の安定——欧米諸国は一般的に政治的に安定しているが、発展途上国の政府の多くが不安定であり、これらの国々と貿易を行う企業にとって問題となる可能性がある。場合によっては、現地企業を守るために国際企業に規制が課せられたり、政治的環境が駐在員にとって危険であったりするため、市場進出が難しいこともある。中東やアフリカ東部における最近の紛争は、深刻な人道的問題を引き起こしただけでなく、これらの地域の貿易能力にも大きな影響を及ぼし、経済活動や取引の一部が制約を受ける要因にもなっている。
- 政府の政策——政府部門の構造変更、貿易協定の削減、各種資金提供や規制機関の削減などはすべて、業種によっては企業に重大な影響を及ぼす可能性のある問題の例だ。政府の政策も、その国の支配的な社会的価値と文化的価値観に影響を与える可能性がある。たとえば、気候変動とその対策についての議論は、政党や指導者の間で最善の対応策についての意見が大きく異なるため、進展が妨げられてきた。
- 政府の規制——政府の規制は公共の利益にかかわるほとんどの分野に及んでいる。政府は消費者を保護し、不正競争から企業を保護し、社会全般の利益を保護する責任を負っている。たとえば、2010年競争消費者法やオースト

ラリア消費者法（2011年）などの法律は、マーケターの活動規範に大きな影響を及ぼし、"広告の真実性"の提示や、"オーストラリア製"などの定義、および大企業による市場の支配と中小企業の排除などの諸問題を規制している。

・国際協定——マーケターに影響を与える政治的環境には、企業に直接的または間接的に影響を与える超国家的組織が含まれることが多くなっている。これらの多くは、オーストラリアとタイ、オーストラリアと中国など、二国間または多国間の自由貿易協定（FTA）の結果であり、北米自由貿易協定（NAFTA）のような協定もその一例だ。欧州連合（EU）、東南アジア諸国連合（ASEAN）などの政治貿易圏や、世界貿易機関（WTO）や世界銀行などの国際的政府間組織は、いずれも国内外の政治政策に大きな影響を与え、最終的には企業のマーケティング戦略に影響を与える。

技術的環境

テクノロジーが自ら変化し、社会に影響を与えるその速さは、今ではもはや当たり前のものとなっている。消費者としての私たちは、新しいスマートフォンを購入するたびに最新のテクノロジーを手に入れ、かつては対面でしか行えなかった仕事をオンラインで行うことにも慣れている。しかし、マーケターとしての私たちは、常に新しいテクノロジーを把握し、それが私たちのビジネスの進め方や顧客とのコミュニケーションのとり方にどのような影響を及ぼすかを理解しておく必要がある。

マーケターは、以下の個別の、しかし相互に関連し合う領域で、テクノロジーの発展が自分たちにどのような影響を与えるかを理解しなければならない。

・新技術——多くの企業や政府機関が、重要な研究開発部門を有し、市場に投入する革新的な新製品の開発を常に模索している。それは、高級電気自動車やハイブリッド自動車から、メルボルンに本社を置くムース・トイ社のような革新的な子ども向け玩具まで多岐にわたる。

・生産技術——舞台裏の技術、たとえば、より効率的な商品の生産や、より速い生産サイクルを可能にする技術が、既存の製品をより安く作ることを可能にする。たとえば、ノースカロライナ大学の科学者たちは、「連続液体界面製造」と呼ばれる新しい3Dプリント技術を開発した。従来の3Dプリントでは層状にプリントされるが、この新しい技術では連続的にオブジェクトが形成されるため、より速く（数時間ではなく数分で）プリントが可能だ（Tumbleston et al., 2015）。

・コミュニケーションテクノロジー——企業が顧客や潜在顧客とコミュニケーションをとる手段は、コミュニケーションテクノロジーの進歩によって根本的に変化した。現在、多くの消費者が購入前の情報検索をオンラインで行うようになり、企業内では紙を使って行われていた情報共有が電子メールを通じて行われるようになった。高性能なリレーショナルデータベース（RDB: Relational Database）を使って、支出パターンを追跡し、その情報を消費者情報と組み合わせることで、マーケティングコミュニケーションのターゲットをより効果的に絞り込むことができるようになった。スマートフォン、タブレット、その他のデジタルインターフェースは、今ではコンテンツを制作したりマーケティングメッセージを受け取ったりするときの標準的な手段になっている。

・破壊的技術——"デジタル破壊"（デジタル企業が市場に参入した結果、既存企業が市場からの退出を余儀なくされること）と考えられるいくつかの技術開発が、一部の伝統的な産業部門での働き方を大きく変えた（Bradley et al., 2015）。企業は競争力を維持するために技術革新に対応しなければならなくなった。たとえば、Amazonはインターネットを通じて書籍購入者に書籍の閲覧と購入の新しい方法を提供し、これが書籍の販売スタイルを変える役割を果たした。同様に、iTunesは、音楽小売店、音楽/レコード業界、さらには"トップ40プレイリスト"などのラジオならではのコンセプトにまで大きな影響を与えた。

全体的に言えることは、テクノロジーが使いやすくなり普遍的になったことで、多くの人のコミュニケーションスタイルが大きく変化したことだ。ほとんどすべてのことがオンラインでできるようになり、時にはそうしなければならなくなった。西洋社会には今やデジタルの世界がしっかりと根付いているが、プラスチック製レコード、手製の本、

フィルムカメラなどのいわゆる伝統的な昔ながらの技術の多くは、今後も残るというエビデンスがある（Bradley et al., 2015）。これらのテクノロジーはニッチである（少数の興味を持つ人々を対象にしている）と考えられ、特定のコミュニティによって支持される傾向がある。興味深いことに、レトロなもの、手作りのもの、オーダーメイドのものを好む傾向があっても、サブカルチャーがデジタルの世界を拒否しているわけではない。実際、一般的にインターネット、特にソーシャルメディアは、サブカルチャーが以前では考えられなかった方法で同じ志を持つ人と情熱を共有することを可能にしている。

インターネットが今日までに与えた影響とその将来の可能性を考えると、マーケティング環境の変化がマーケターにどのような影響を与えるかを理解することがいかに困難かよくわかる。マーケターにとって、マーケティング環境のさまざまな要素がどのように関連し合っているかを理解することは極めて重要だ。技術的環境の発展は、社会的環境と文化的環境の変化を考察することでよりよく理解できる。その逆もまた同様だ。

CASE STUDY

テクノロジーと 10代のコミュニケーション

ピューリサーチセンターの報告書が米国の10代（13〜17歳）のコミュニケーション方法が劇的に変化していることを浮き彫りにした（Lenhart, Smith, Anderson, Duggan & Perrin, 2015）。同報告書によると、10代の若者の大多数（95％）が学校以外でも友人と一緒に時間を過ごしているが、日常的にそうしているのはわずか25％に過ぎない。大多数にとって、友人と連絡を取り合うもっとも一般的な方法はメールだ。たとえば、10代の若者の55％が毎日友達にメールを送り、88％が少なくとも時々そうしている。重要なことは、10代の若者の50％近くが、親友と連絡を取るもっとも一般的な方法はメールだと答えていることだ。

どうやらソーシャルメディアは、10代の若者がたがいに交流するための重要なツールのようだ。10代の若者の72％がソーシャルメディアで友人と時間を過ごし、23％が毎日そうしている。その背景は単純ではないだろうが、ソーシャルメディアを利用している10代の大半（83％）が、友だちの生活で起きていることがより身近に感じられると答えている。

男女間で違いもある。たとえば、男子はビデオゲームで友人と時間を過ごし、日常的な交流の手段としている。このような交流は、オンラインでも実際に会うときにでも起きている。報告書によると、オンラインで友人と知り合ったことのある10代のうち、57％の少年がビデオゲームでその友人と知り合っている。13〜17歳の少年では34％がそうだ。

発展問題　QUESTIONS

1. 米国で作成されたこの報告書はオーストラリアの状況をどの程度反映していると思いますか？　この調査結果をオーストラリアで適用する際にマーケターが考慮すべき文化的な違いがありますか？
2. デジタル社会が社会や個人の行動に与える影響について、この事例から何を考えさせられますか？　これらの変化によって、世界は良くなっていると感じますか、それとも悪くなっていると感じますか？

3. 21世紀のティーン文化がもたらす好機に企業はどう対応できるでしょうか？　どのような商品やサービスが10代の若者にとって望ましいでしょうか？

4. この調査結果は、マーケターが10代の若者へのマーケティングを考える上で、どのような影響を与えるでしょうか？　10代の若者の現在のコミュニケーション方法はマーケティングにどのような影響を及ぼすでしょうか？　今後、マーケティングは変化する必要があるでしょうか？

自然環境

　環境問題に関しては、対立する圧力団体の間で今も論争が続いているが、人的介入が自然環境を破壊したという点において、社会的に一定の合意が得られている。同様に、魚類資源や木材などの特定の産業部門が依存している天然資源は、規制がなければ危機に瀕することが広く認識されている。本章の最初のケーススタディで明らかになったように、天然資源を活用しようとする企業は、企業の成長戦略と地球の限りある資源の搾取者とみなされることとの間の細い境界線上を進まなければならない。さらに、地球温暖化、森林伐採、種の絶滅などの現象が地球の将来に対する懸念を助長し、消費者の行動もこれに大きく影響を受けている。言い換えれば、環境への関心は今やさまざまな市場セグメントで共通して存在し、21世紀の社会において重要な問題のひとつとなっている。**グリーンコンシューマー**（green consumer）は現在も存在し、倫理的基準に基づいて購入の意思決定を行っている (Young, Hwang, McDonald & Oates, 2010)。

　一般的に、消費者は以前よりもよく環境問題を研究し、地理的に離れた地域の環境問題であってもよく理解している。このことは、企業もマーケターも、持続可能性、廃棄物、汚染、環境破壊といった問題を、まず企業戦略のレベルで、次にマーケティング戦略のレベルで考慮しなければならないことを意味する。

CRITICAL REFLECTION ‖‖‖ 批判的省察

植林地がメディアや利益団体によってどのように描かれているかを考えてみましょう。植林地は気候変動対策に不可欠な、自然で持続可能な資源として語られています。その一方で、自然の景観を破壊し、在来生物の生息環境の悪化に拍車をかけていると考えられています。家具メーカーなど、木材を主要な資源としている企業では、このような大きな意見の相違をどのように調整しているでしょうか？

‖‖‖

環境の変化を敏感に察知し、迅速に対応する

　マーケティング環境の変化を考慮しなかった企業は数多く存在する。そのような企業は、発展の機会を逃したり、差し迫った脅威に気づかなかったりするだろう。いずれにせよ、事業の閉鎖または生き残るための多角化を余儀なくされる可能性が高い。コダックがデジタル写真市場の急激な成長を予測できなかったことは良く知られているが、他の業界も同じように問題を抱えている。たとえば、ブロックバスターは2000年にネットフリックスとの契約を拒否したが、この契約を結んでいたらオンラインでの配信に移行できていたかもしれない。ブロックバスターはこの取引を拒否したわずか10年後に破産を宣言した (Satell, 2014)。このような運命を避けるために、企業は次のことをしなければならない。

・ビジネス環境で何が起きているかを理解する
・環境の変化に対応し、適応する

組織が大規模化し、国家経済が複雑化するにつれて、マーケティング環境を理解する作業は困難になる。企業を取り巻く環境に関する情報は、環境を分析し対応策を講じる上できわめて重要だ。

　企業を取り巻く環境の現状に関する情報は、環境がどのように変化するかという仮定に基づいて、将来のマーケティング戦略立案の出発点として使用される。情報はまた、組織のマーケティングプランの実施を監視し、プランからのいかなる逸脱の原因を指摘するためにも不可欠だ。このように、情報にはプランの立案機能と管理機能の両面を兼ね備えている。

　情報の収集、処理、伝達、保存の技術は、スキャナーやその他のコンピューターベースの情報システムの発達に見られるように、絶え間なく進歩している。組織は、これらを活用して、経営環境に関して得ている情報の質を大幅に向上させることができるようになった。しかし情報は、特定の組織だけではなく、その競争相手にもアクセスが容易になりつつある。そのため、情報をいかに収集するかから、絶え間なく増え続ける情報をいかに活用するかに注目が移りつつある。

　複雑で変動の激しい環境で活動する大規模な組織が、集めた情報を利用して未来予測のための事業環境あるいは少なくともその一部のモデルを構築することがよくある。そのなかには、多くの大企業が開発している国内経済モデルのように、かなり一般的なものもある。企業は、これらの一般的な経済モデルを使って、政府の特定の政策（例：高級品に対するGST（付加価値税）の税率引き上げ）が自社製品の販売に直接的／間接的にどのような影響を与えるかを予測することができる。

　情報がマーケティング分析とプランニングに果たす重要な役割については第13章で考察する。

SWOT分析

　SWOTとは、強み（Strengths）、弱み（Weaknesses）、機会（Opportunities）、脅威（Threats）の頭文字をとったものだ。SWOT分析は、組織とマーケティング環境を評価するための有用なフレームワークであり、マーケティング環境上の問題を好ましい事象（機会）と好ましくない事象（脅威）を要約し、機会と脅威を特定する。これらの外部要因（機会と脅威）を組織内部の強みと弱みとともに同じマトリックスに統合する。組織の外部環境に存在する機会を活用できるのは、内部環境に強みがある場合に限られる。一方、内部に弱点があるために組織が機会を活用できない場合は、その機会を放置するか、弱点を改善するべきだ。すなわち、機会と脅威は絶対的なものとして理解するのではなく、組織の問題解決能力とリソースを考慮して評価するべきである。

　SWOT分析の例を図5.3に示す（第13章も参照）。この例では、ある老舗の調理済みチキン料理メーカーが、そのビジネス環境で直面する機会と脅威の観点から、自社の強みと弱みを見直している。

　機会はさまざまな形で現れるので、それぞれについてその魅力と成功確率を評価しなければならない。機会が魅力的かどうかは、市場の潜在的規模、成長率、利益率、競争力、流通経路などの観点から評価することができる。その他の要因として、技術的要件、政府規制の程度、政府補助金の利用可能性、環境問題への取り組み、エネルギー要件などが考えられる。機会や戦略がどれほど魅力的かを評価するときは、その成功確率を考慮する必要がある。成功確率は、企業自体の強みや競争上の優位性に依存している。成功確率は、企業が新規開発資金を調達するための現金、信用枠、資本を持っているか、また技術や生産に関する専門知識、マーケティングスキル、流通チャネル、経営能力があるかなどの要因に特に影響を受ける。事業機会の魅力度と成功確率の関係を簡単なマトリックスで表すこともできる。

　環境脅威とは、企業を取り巻く環境に生じている好ましくない傾向や展開が原因で生じている問題であり、企業が行動を起こさなければ市場での企業の地位の低下につながる。この場合、脅威はその深刻さと発生確率に基づいて評価しなければならない。脅威マトリックスを作成することも可能だ。

図5.3　架空の調理済み鶏肉食品製造業者のSWOT分析

強み	弱み
• ブランド名が広く認知されて確立している • すぐれた流通網がある • 強固な財政基盤がある	• 製品ラインアップが少ない • 生産スタッフが不足している
機会	**脅威**
• 鶏肉製品の需要が増加している • 収入増加により調理済み食品の需要が増加している	• 健康問題が発生する可能性がある • スーパーマーケットのプライベートブランド製品との競争が激化している • 安全基準の厳格化でコストが増加する可能性がある

　環境分析をマーケティングプランの立案プロセスに役立てるためには、広範な情報と意見を整理し要約する必要がある。詳細な環境分析から集約された情報は、ETOP（Environmental Threat and Opportunity Profile：企業環境をとりまく脅威と機会のプロファイル）という形式に整理することができる。ETOPを使えば組織にとってもっとも重要な環境要因を要約でき、事業の将来についてシニアマネジメント間の議論を喚起するのに役立つ。ETOPの例を表5.2に示す。アナリストの中には、これらの要因を重要度に応じて重み付けしてから組織への影響を評価することを提案する人もいる。

表5.2　ある自動車メーカーの環境脅威と機会プロファイル（ETOP）

要因	主要な機会	小規模な機会	中立的影響	小規模な脅威	主要な脅威	発生確率
政治 • 新しい交通政策により、市内中心部での自動車利用に課税が導入される					✓	0.1
経済 • ガソリン税が5セント増税される				✓		0.4
• 世帯支出が2四半期連続で減少する					✓	0.2
• 新車のGST（物品サービス税）が減税される	✓					0.1
市場 • 海外競合他社がより積極的に市場に参入する				✓		0.3

B to Bマーケティングへの応用

　テクノロジーの変化は、企業間マーケティングの担当者に多くの機会を提供してきた。たとえば、インターネットは、企業が消費者とコミュニケーションをとる上で、ますます重要な役割を果たしている。インターネットを利用して、仲介業者を介さずに消費者に直接アプローチする企業もある。このプロセスを"ディスインターメディエーション"（直販）という。インターネットはすべての仲介業者を排除すると思われていたが、実際にはexpedia.comやcoveraustralia.comなどの新世代の情報仲介業者が存在し、それぞれ旅行や保険に関する情報を流通させることで価値を生み出している。

　テクノロジーの変化は、企業間マーケティングの他の分野にも影響を与えている。たとえば、サプライチェーンのロジスティクス面での大きな進歩は、サプライチェーンにおけるチャネル間のコミュニケーション

の効率化をもたらした。商品が売れてから再び商品が棚に並ぶまでの在庫の管理は以前よりも簡単になった。

　マーケターにとって、特に海外市場への参入をめざす場合、現地の文化的・社会的価値観を理解することが重要だ。企業間マーケティングの担当者にとっても、企業がビジネスを行おうと計画している国々のビジネス文化の違いを理解することは同様に重要だ。たとえば、ある国の組織が現地のサプライヤーとの取引を望む傾向が強いことが認識されれば、外国のサプライヤーが参入に成功するためには、その市場の仲介業者を利用することが重要だ。同様に、中国市場に参入しようとする企業は、中国文化では長期的な関係を築くことが重要であることを認識しておく必要がある。

　これまで考察したように、経済動向はビジネスに大きな影響を与える可能性がある。2008年に始まった世界的金融危機では、オーストラリア経済は好調を維持したものの、国際ビジネスに大きな打撃を与えた。経済が比較的安定した時期であっても、為替レートや株式市場の変動はサプライチェーンの関係に影響を及ぼし、企業間パートナーシップを緊張させる可能性がある。たしかに、中国の鉄鋼生産の落ち込みが、西オーストラリア州の鉱業に影響を及ぼし、それが関連産業に影響を与え、さらに地域社会などにも影響を及ぼした。同様に、自動車メーカーのフォード、トヨタ、ゼネラルモーターズがオーストラリアでの生産を中止するという決定は、自動車部品産業に影響を与えた。

　企業間マーケティングの担当者は、サプライチェーンの各組織との関係の構築と維持に相当な注意を払う必要がある。自動車業界では、たとえば輸入車の販売に事業を拡大するとなったときに、既存のディーラーやサービス事業者を輸入車の販売という新しいビジネスに適応させられるかが、その自動車ブランドの成功に影響を与える。この課題は、オーストラリア製の自動車購買客、特にオーストラリア製品を好む購買客に、新製品の価値を説明し、旧製品と同様にすぐれていることを理解してもらうときと基本的に同じ課題だ。

本章の結論　CONCLUSION

　マーケティング環境は、マーケティング活動に影響を与える個人、組織、力で構成されている。ミクロ環境では、そのいくつかの影響は直接的で比較的即効性があり、企業はそれらをある程度コントロールすることができる。マクロ環境における力は本質的に制御不能であり、企業の将来に大きな影響を与える可能性のある大きな力だ。

　本章では、マーケターは顧客のニーズだけでなく、さまざまな環境におけるより広範なステークホルダーのニーズも理解しなければならないことを強調してきた。また、さまざまな環境がすべて大きく相互作用し合っていることを指摘してきた。決して、テクノロジーと文化の間や外部環境と顧客の間に明確な境界線があるわけではない。

Chapter　05　　　　The Marketing Environment　　　　202

本章の要点　Summary

+ マーケティングは、経済、社会、政治、テクノロジーが相互に関係し合う広範なシステムのなかで行われる。
+ 価値は、マーケティング環境を構成する個人と組織との相互作用を介して創造される。
+ マーケティング環境を明確に区分することはできない。すぐれたマーケターは、マーケティング環境のさまざまな部分の複雑なつながりを理解しようとする。
+ ミクロ環境の影響要因は緊急な対応を必要とすることがある。一方、マクロ環境の影響要因は組織のマーケティングにいっそう甚大で長期的な影響を与える可能性がある。

　エイドリアン・パーマーとラリー・ロックシンには初版で寄稿していただき感謝します。その一部が改訂版の本章に引き継がれています。

復習問題　REVISION QUESTIONS

1. ミクロ環境とマクロ環境はどのように相互作用しているか、簡潔に説明してください。企業の将来にとってはどちらが重要でしょうか。
2. サプライヤーと仲介業者は、ビジネスのミクロ環境における重要なステークホルダーです。今日のマーケティング志向のビジネスにおける、これらのステークホルダーの役割と機能の変化について説明してください。
3. ミクロ環境で企業自体が果たす役割を批判的に論じてください。

Chapter 05

重要事例研究

MAJOR CASE STUDY

ワクチン接種：社会善か社会悪か？

ステファン・ホールデン 著

「予防は治療に勝る」とオランダの哲学者エラスムスは言った。今日、ソーシャルマーケティング担当者はこの考えに基づいて予防接種プログラムを推進している。しかし、オーストラリアの予防接種懐疑論者ネットワークのように、ワクチン接種に反対するキャンペーンを行う人々も、同じエラスムスの言葉を使用している。推進派と反対派の対立は、マーケティング全般、とりわけソーシャルマーケティングの倫理について、興味深い問題を提起している。ソーシャルマーケティングは良いことだろうか？　その理由は何か？　ソーシャルマーケティング担当者には他のマーケターよりも大きな権利があるだろうか？

初期のソーシャルマーケティング

天然痘は治療不可能な人間の病気だ。感染者の20〜30%が死亡し、生存者の多くが傷跡を残したり、失明したり、あるいはその両方であったりする。幸いなことに、3000年以上にわたって地球を徘徊しているこの「古代の災い」は予防することができ (WHO, 2012年)、今日、実際にほぼ撲滅されている。

古代インドやトルコでは、人々をその幼少期に天然痘の水疱に触れさせることで、天然痘に対する免疫を獲得していた。この方法は1721年、駐トルコ英国大使の妻モンタグ夫人によって英国に伝えられた。しかし、ヴォルテールが書簡『予防接種について』の冒頭で詳述しているように、多くの人々が懐疑的であった (Voltaire, 1909-14)。

「ヨーロッパ大陸の人々はイギリス人を愚か者であり狂人であると考えている。天然痘にかからないように子どもを天然痘にさらすのは愚かな行為であり、発生する

かどうか不確かな疫病を防ぐために、その恐ろしい病気をむやみに子どもに伝染させるのは狂っているとしか言いようがないからだ。一方イギリス人は、ヨーロッパ大陸の人を臆病で非常識だと言う。臆病というのは、子どもたちに少々の苦痛を与えることを恐れているからであり、非常識というのは、子どもたちをいつか天然痘で命を落とす危険にさらしてしまうからだ」

1796年、エドワード・ジェンナーは、比較的良性な牛痘を人体に予防接種することで人は天然痘から身を守れることを示した。今日、予防接種、ワクチン接種、免疫化という言葉は同義語として使われることが多い。予防接種とは、天然痘に対する免疫を獲得するために天然痘を接種することを意味する言葉であり、ワクチン接種とは、ジェンナーによって作られた言葉で、天然痘に対する免疫を獲得するために牛痘を接種することを意味する。ジェンナーのワクチン接種は天然痘を使った予防接種よりも安全であることが証明されたが、ワクチン接種は疑問視され、公然と嘲笑された。

しかし、イギリス政府は1840年の予防接種法が可決されると、天然痘の無料予防接種を積極的に推進し、1853年には強制予防接種法を導入した。これはソーシャルマーケティングの初期の代表例だ。一部のソーシャルマーケティング担当者は、自分たちの役割は"自発的な行動変容の促進"をすることだけだと考えている (Grier & Bryant, 2005)。しかし一般的には、ソーシャルマーケティングはこれに限定されるものではなく、法律や義務的要件を利用して人々の行動を変えることもある (Donovan, 2011)。

もちろん、政府やその他の社会福祉機関が常に正しい判断をくだすとは限らないし、たとえ正しいとしても、

Chapter 05　　　The Marketing Environment　　　204

人々は行動を指図されることを不快に感じる。イギリスでワクチン接種が義務化されると、反ワクチン運動が組織化された。フィラデルフィアの小児科医ポール・オフィットは、「反ワクチン派はマスマーケティングに長けていた。メディアは活字が中心の社会だった。彼らはパンフレットの作成能力にすぐれており、1890年代までに予防接種率を20％台にまで下げた」と述べている（Wallace, 2009）。またオフィットは、1893年にイングランドとウェールズで流行した天然痘では回避可能な死者が1400人以上も出たと主張している。

ソーシャルマーケティングの挑戦

今日では、ワクチン接種賛成派もワクチン接種反対派もすぐれたマーケターだ。それぞれが、広告、パンフレット、教育プログラム、プレゼンテーション、広報、ウェブサイト、ソーシャルメディアなど、利用可能なあらゆるツールを駆使して、"公共の利益"に貢献できると信じる行動を宣伝している。

ワクチン接種賛成派と反ワクチン派の対立の主な原因は"公共の利益"に関する彼らのそれぞれの信念にある。ワクチン接種賛成派は、ワクチン接種が病気の脅威を防ぐために効果的であると信じている。実際、ワクチン接種が効果的であることを明らかに示すエビデンスが存在している。オフィットは、2011年に出版された著書『Deadly Choices: How the Anti-Vaccine Movement Threatens Us All』（邦訳：反ワクチン運動の真実 死に至る選択）のなかで、反ワクチン派を深刻な社会的脅威とみなしている。ワクチン接種を拒否する人々がいるせいで、百日咳やインフルエンザウイルスB型による髄膜炎など、欧米では事実上消滅していた病

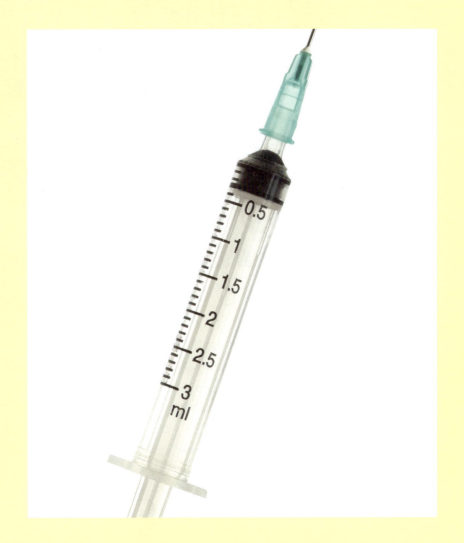

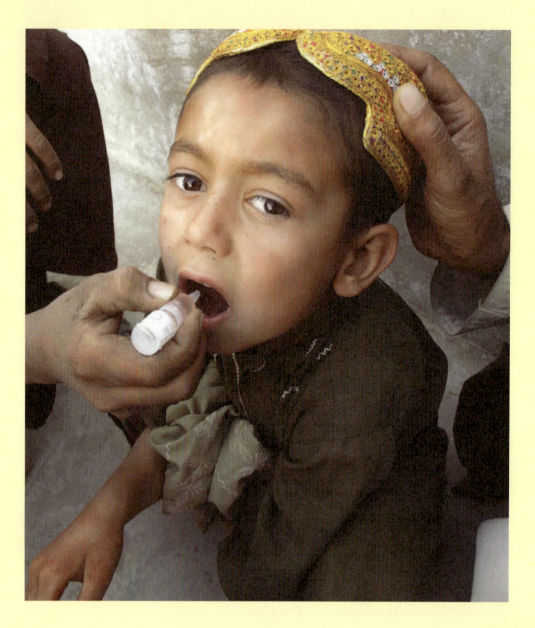

気が大流行した。その結果、ワクチン未接種の子どもたちが予防可能な病気にかかり、脳に後遺症が残ったり死亡したりする悲劇が起きている。

　反ワクチン派は、ワクチン接種自体がリスクをもたらすと考えている。18世紀から19世紀にかけて、エドワード・マッシー牧師をはじめとする聖職者が来世への影響を強調した。マッシー牧師はワクチン接種を危険で、罪深く、極悪非道なものだと断言した (White, 1896)。しかし、人々のワクチン接種に対する価値観は変化し、現代では来世の脅威については語られることはほとんどなくなり、今日の健康への脅威こそが深刻な問題となっている。反ワクチン派は、ワクチン接種が深刻な健康被害をもたらす可能性があると主張している。そのひとつがMMR（麻疹、おたふくかぜ、風疹）の3種混合ワクチンが自閉症の発症に関係しているという見解であり、広くメディアで取り上げられている。メタアナリシス（複数の独立した研究の調査）が行われたが、MMRが自閉症を引き起こすという主張を証明することはできなかった (Demicheli et al., 2012)。しかし、このメタアナリシスでは、ワクチンが頻繁ではないにしろ、いくつかの重篤な有害事象と関連しているというエビデンスが報告されている。日本では、1990年代初頭に同様の結果が出

たことを受け、1993年にMMR3種混合ワクチンの使用が中止された (Hope, 2001)。反ワクチン派はこのような情報を利用して、ワクチン製造会社が自社の製品と利益を守るために、研究結果を不正操作し、副作用を隠蔽しているのではないかと主張している。

ワクチン接種賛成派は、ワクチン接種によって救われる人の数は害を被る人の数を上回ると主張する。したがって、ワクチン接種賛成派は、最大多数のための最大幸福という功利主義的な立場をとっている (Bentham, 1961/1789; Mill, 1859/1991)。功利主義的な考え方はさまざまな点で否定されているが、そのうちのひとつが、個人の権利を集団の権利に従属させるという点だ。政治哲学者ジョン・ロールズが指摘したように (1971年)、正義の侵害を必要とする利益に価値はない。

反ワクチン派が、ワクチン接種プログラムが個人の自由と選択の権利を奪うと主張するとき、まさにこの批判を取り上げる。彼らは、"個人の権利が集団に支配されてはならない"という自由主義的立場をとっている (Nozik, 1974)。

集団的な利益と個人的な利益の対立

この問題の核心にあるのは、集団全体にとっての利益か個人の自由な選択かの問題だ。世界各国の政府は、公衆衛生のためにワクチン接種プログラムを推進しており、多くの場合、ワクチン接種の費用の一部または全額を助成している。一部のワクチン接種（例：インフルエンザ、肺炎球菌、HPVなど）は広く普及し、人々は予防接種を受けるよう奨励されている。学校への入学には義務付けられているワクチン接種（百日咳や麻疹など）もあるが、宗教上、健康上、あるいは個人的な理由で拒否したい場合には免除が認められるのが一般的だ。一方、反ワクチン派は、政府の指針に従わず、自分の信念や意志に基づいて行動することをめざしている。

結局のところ、ワクチン接種賛成派と反ワクチン派は、個人レベルにおいて主にどのようなリスクを取りたいかという点において異なる。ワクチン接種をする人は、予防可能な病気にかかるリスクを取りたくないと考え、ワクチン接種をしない人は、ワクチン接種による副作用のリスクを取りたくないと考える。

ワクチン接種賛成派と反ワクチン派のマーケティング活動は、それぞれの相反するメッセージをうまく社会に伝えられるかどうかに依存している。両者の相反するマーケティング活動はほぼ間違いなく市場に混乱を招く。

皮肉なことに、ワクチン接種賛成派と反ワクチン派の情報戦は、伝染病の感染拡大を彷彿とさせる。マーケターがソーシャルネットワークを使ってメッセージを人々に伝える様は、天然痘、麻疹、百日咳、インフルエンザなどの伝染病が人から人へと、人的ネットワークを介して伝染し拡散する様子そのものだ。

発展問題 QUESTIONS

1. このケーススタディで参照されている情報源とQUESTIONSの後に挙げたウェブサイトを使って、MMRワクチンに賛成する根拠と反対する根拠の両方を調べてください。あなたはどう考えますか？ あなたはMMR3種混合ワクチンを接種しますか？ 他の人に接種をすすめますか？ 自分の子どもにも接種しますか？ このワクチン接種は他の人にもすすめるべきですか？ 義務化すべきですか？

2. ワクチン接種を増やすための政府の取り組みは、すべてソーシャルマーケティングと考えて良いでしょうか？

3. 政府には、この状況において何が最善かを国民のために決定する権利があるでしょうか？ 親には、何が最善かを子どものために決める権利があるでしょうか？ 政府が望むことと親が望むことの間に矛盾がある場合、誰が決定権を持つべきでしょうか？

4. ソーシャルマーケティングの特徴のひとつは、その最終目的が何らかの社会的利益を追求していることです。これは、ソーシャルマーケティングが常に倫理的に善であることを意味しますか？

5. マーケティングは倫理的でしょうか？ マーケターが倫理的か否かは何で決まるのでしょうか？

関連参考リンク：

オーストラリアワクチン懐疑派ネットワーク：http://www.avn.org.au

ワクチン接種に関する情報：http://www.vaccines.me

賛否両論を検証するサイト：http://www.procon.org

Chapter 05

インタビュー
INTERVIEW

Martyn Thomas
マーティン・トーマス

フランクメディア
チーム・マネージングディレクター

　私の広告業界でのキャリアは、80年代半ばにロンドンの広告代理店マコーミック・パブリシスのメディア部門で始まりました。現在は、メルボルンの広告代理店フランクのメディアチームの創設者兼マネージングディレクターです。今後はメディア分野に特化していきたいと考えています。

　今日に至るまで、ロンドンやメルボルンの中小規模の企業や多国籍企業で働いてきました。広告やマーケティングはしばしば業界で悪口や嘲笑の対象となることがありますが、自らを鍛えながら創造性を育み、挫折を味わいながらも喜びや興奮にあふれる場であることに間違いはありません。とてもチャンスにあふれた業界です。

　多くの仕事がそうですが、やがて転職を考えざるを得ない時がきます。その理由は、自分の進むべき新しい方向が見えてきたか、会社と価値観を共有できなくなったかのどちらかです。私の場合、自分が進むべき新しい方向を見出したのが理由です。

　2000年、私は多国籍企業が提供するメディア・バイイング・サービスに対抗して、差別化を図るための戦略的アプローチとしてフランクメディアを設立しました。それまでの50年間は伝統的なメディアが支配的でしたが、徐々にデジタルメディアが台頭しつつありました。

　あれから16年経ち、今ではほとんどすべてがデジタル化されました。今後もデジタル化は進むでしょう。データ、テクノロジー、コンテンツ、クリエイティブ、ソーシャル、モバイル、アナリティクス、そしてリアルタイムの俊敏な適応力は、現代のビジネスに不可欠な要素です。

　デジタル化が成長期にあるなかで最大の課題は、競合他社に後れをとらないこと、一歩先んじることです。世界人口のわずか0.3%しかいないオーストラリアでは、グローバルな視点とインスピレーションが不可欠です。

　競争相手に先行するときの注意点を一言述べましょう。それは、競争に勝ってもそれを収益に結び付けることは必ずしも楽ではないということです。ほとんどのマーケターは保守的なアプローチを採用します。新しいコンセプトを真っ先に取り入れることは彼らの性格には合っていません。北米やヨーロッパの大規模な市場の最先端の発想は、オーストラリアのようなリスク回避型の市場には必ずしも通用しないのです。しかし落胆することはありません。希望を持ち努力を続ければ、その時は必ずやってきます。

　マーケティングの記事を書くことはとても楽しいことです。特定のテーマに真剣に取り組み、そこから得た重要な学びを自分の仕事とオーストラリア市場に適用することを求められるからです。結果的に、自分と会社をオピニオンリーダーとして容易に位置づけることができるのです。実際、そのようにして書いた記事のひとつがオ

ックスフォード大学出版局からのアプローチにつながり
ました。

　この10年間の変化は急速で、デジタルエージェンシー、
ソーシャルエージェンシー、コンテンツエージェンシー、
インフルエンサーエージェンシー、サーチエージェンシ
ー、カスタマーエクスペリエンスエージェンシーなどが
登場して業界の細分化が進み、さらにブティック型のク
リエイティブエージェンシーやメディアエージェンシー
が急増しています。クライアントの立場からすると、こ
れらのサイロ化した組織を単に管理するために膨大な時
間を費やす危険性があり、結果的に限られた予算を奪い
合うことになるのです。あるクライアントは私に、「ま
るで多くの予算を使って多くの扶養家族を養っているよ
うなものだ」と表現した。

　現在、フランクメディアをデジタルエージェンシーと
見なす人もいればソーシャルメディアエージェンシーと
見なす人もいますが、多くの人は戦略的コミュニケーシ
ョンエージェンシーと見なしています。現実的にはこれ
らの意見はすべて正しく、またそれ以上でもあります。
フランクはクライアントのニーズに合うさまざまなサー
ビスを提供しています。

　フランクのチームメンバーは、すばらしいだけでなく
多才です。このチームは、今日提供されている多くの機
会を理解し、適切に評価し、調和させ、統合する必要性
から生まれたものです。しかし、多岐にわたる知識を持
ち、それを即座に引き出せる人はそう多くはありません。
そのため、人材の採用は時として難しくなるのですが、
全員が、絶えず学び変化の激しいビジネス環境に適応し
続けることで、おもしろい人生を送ることができていま
す。

　分断ではなく統合が重要です。たとえば、ソーシャル
メディアのコンテンツとコミュニティを分析し、コンテ
ンツ戦略とデジタル広告を統合して、広告エンゲージメ
ントの高い見込み客を育成するのです。

　私がもっとも影響を受けた人の一人、ブライアン・ソ
リスは、"私たちは今、マーケティングとサービスの時
代に生きており、ブランドの価値はそれを体験した人々
によって決定される"という考えを提唱しています。つ
まり、マーケティングは、人々にどう思ってほしいかと
いう一方的な情報を発信するコミュニケーションよりも、

顧客や、パートナー、サプライヤーとの関係を強化して
共にブランド価値を創造していくことを重視するように
なりました。

　このような状況から、私たちはまさに次のような変化
を目の当たりにしています。
・メッセージを中心としたクリエイティブから、目的や
　価値を中心としたクリエイティブへの変化
・ターゲットオーディエンスに広告を単に配信すること
　から、ブランドに関心を持つ人々を団結させることへ
　の変化
・邪魔なだけの広告から、有益で魅力的な広告への変化
・一方的にメッセージを発信するだけの広告から、人々
　の発言に反応したり価値や意味を見出したりする広告
　への変化
・自社の都合で実施されていたキャンペーンから、需要
　に応じて実施されるキャンペーンへの変化

最後に、私からのアドバイスをいくつか書き記しておき
ましょう。
・転職を考えるようになったとき、最大の財産はあなた
　が自分のまわりに構築してきた仲間だ。
・人材を採用するときは、常識、信頼、良識といった価
　値観を見極めること。
・個人として、企業として、常に自分で説いたことを実
　践すること。
・他人の時間を大切にし、自分に時間を割いてくれたこ
　とに感謝すること。
・同僚をサポートし、理解しよう。
・プレゼンテーションではゆっくりと話し、利益と成果
　に焦点が当たるようにしよう。
・人とつながり、コミュニケーションをとることを恐れ
　てはならない。
・常に読み、常に学び、変化には柔軟に適応しよう。

Chapter 06

Customer Segmentation and Targeting

セグメンテーションとターゲティング

レイチェル・ケネディ
バイロン・シャープ
ニック・ダネンバーグ 著

Chapter 06

導入事例
INTRODUCTION CASE

ハンバーガーバトル：
ハングリージャックス（バーガーキング）
vs マクドナルド

　ハングリージャックスとマクドナルド、どちらがおいしいかはさておき、マーケティング戦略はどうだろうか？　ハングリージャックスもマクドナルドも、ハンバーガー、チキン製品、フライドポテト、朝食メニュー、ドリンク、デザートといった主力商品がよく似ている。しかし、両社はまったく異なる戦略的アプローチを採用している。どちらかのブランドができるだけ多くの人々に到達し、幅広い層にアピールしようとしており、どちらかのブランドが特定のセグメントに焦点を当てて、その消費者層にアピールすることに重点を置いている。本ケーススタディでは、これらの競合ブランドのマーケティング手法を紹介し、詳細に考察する。

　マクドナルドは、メニューの選択肢、品質、価値に戦略的な重点を置き (Street, 2015)、毎日6800万人近い顧客に食を提供している (Lubin, 2012)。もちろんこれも重要だが、同社は意識的にさまざまな客層に広くアピールしてさまざまな食の機会に対応するという戦略も採用している。具体的には、ニーズや嗜好が異なるさまざまな消費者にアピールすることを目的に、サラダなどの健康的なメニューに加えて、マックカフェ、ドライブスルー、遊び場、ファミリーミール、キッズミール、地域別メニューなど、幅広い選択肢を提供している。

　マクドナルドのこのアプローチは、バーガーキングのオーストラリアでの唯一のマスターフランチャイズ契約

者であるハングリージャックスのアプローチとは対照的だった。ハングリージャックスは、バーガーキングのグローバル戦略に沿って、18歳から34歳の特定の年齢層、特に若い男性の「スーパーファン」に焦点を当てたマーケティングを展開していた。バーガーキングはマクドナルドと同じように、ハンバーガー、フライドポテト、ソフトドリンク、デザートを主なメニューとしてスタートした。1957年に看板商品の"ワッパー"が加わった。113グラムもあるこのハンバーガーは、バーガーキングを他のハンバーガーショップと差別化する方法として考案された。1979年にはスペシャルサンドイッチシリーズが登場した。これは、特に18〜34歳という年齢層をターゲットにした試みであった。このようなターゲティングは、ライトバイヤーやノンバイヤーとのコミュニケーションを取らないことで無駄を避け、費用対効果を最大化する効率的な方法であると、一部のマーケターは考えている。このような客層はより高品質な製品により多くの出費を惜しまないだろうと考えられていたのだった。

このように、バーガーキングの戦略は、主要なターゲットセグメント、つまり、同社の専門用語で言えば、バーガーキングへの来店者数の半分を占める18〜34歳の"スーパーファン"に焦点を当ててきた。同社の"I am Man"キャンペーン（https://www.youtube.com/watch?v=vGLHlvb8skQを参照）は、そのアプローチを象徴している。ウォールストリートジャーナル紙の記事が、彼らの戦略を次のように表現している (Jargon, 2010)。

バーガーキングのフランチャイジーや業界アナリストたちは、同社のスーパーファンに焦点を当てたマーケティングや広告が、女性や子どもその他の顧客を結果的におろそかにすることになったと指摘した。6年前、何年も売上が低迷していたバーガーキングは、レストランでもっともお金を使うグループ、すなわち、ファストフードのハンバーガーチェーン店を月に平均10回近く訪れる若い男女に焦点を当てることにした。バーガーキングのグローバルプロダクトマーケティング＆イノベーション担当の上級副社長ジョン・シャウフェルバーガーは、「バーガーキングは、若い男性を"ありのままを率直に語るクールな大人"として描くことで、ライバルとの差別化を図ろうとした」と語る。

バーガーキングはマス広告からも離れた。米国では2008年に3億2700万米ドルを費やしていたが、2009年には3億800万米ドルに、2010年には3億100万米ドルに減少し (Bruell, 2010)、さらに2014年には2億3500万米ドルにまで減少した。その後、2015年にはやや増加して2億5500万米ドルであった (Advertising Age, 2017)。

オーストラリアでは、バーガーキングのフランチャイジーとなったハングリージャックスも、マス広告離れの影響を受けてブランドは混迷をきわめていた。2011年には、ハングリージャックスはメニュー、レストラン、スタッフの制服、広告を全面的に見直すと発表した。アジア風のメニューや、野菜のサイドディッシュ、有機ビーフなどのオプションがメニューに新しく追加された。競合他社の成功から学び、それを自身の戦略に取り入れようとした。ハングリージャックスの"ハンバーガーはハングリージャックスが美味しい（The Burgers are Better at Hungry Jack's)"のスローガンは、"Hungry Jack's makes it better"に変更された (Klein, 2011)。2013年、当時のナショナル・マーケティング・ディレクターのジム・ウィルソンは、"Burgers are better"というキャッチフレーズがブランドに限界を作っていると自ら語っていたにもかかわらず、このスローガンを復活させた。

2016年、ハングリージャックスはワッパーの広告を再開した。それは、"オーストラリア首相選挙ではワッパーに一票を"とTVCM（http://youtu.be/H7hC7Z7H_gUを参照）のなかで訴えるものだった (Campaign Brief, 2016)。チャンネルTのエグゼクティブクリエイティブディレクターのピート・サーニーは、「私たちはワッパーの人気を取り戻すという使命を担っていました。2016年の選挙はその絶好の好機でした。オーストラリア史上初のハンバーガー首相を選ぶ時が来たというコンセプトでした」と語った (Campaign Brief, 2016)。

マーケティング戦略はブランドごとに千差万別であり、それぞれの目標や強みに応じて戦略を選択し、そこに労力とリソースを投入すべきだ。

INTRODUCTION

本章では、何十年もの間マーケティング戦略を支配してきたいくつかの重要な考え方、具体的には以下のような伝統的かつ中心的なアプローチを紹介する。

1. **類似の特性を持つ購買客グループ別に市場をセグメンテーションする。**
2. **各購買客グループをそれぞれ異なる商品でターゲティングする。**

次に、幅広いリーチを獲得するために、特定のグループに偏ることなく、市場の需要に応じてさまざまな選択肢を提供することについて考え、これらのアプローチを分析する。

マーケティングの教科書や一部の専門家は、セグメンテーションとターゲティングに関して次の2つの間違いを犯しがちだ。

1. **市場全体をターゲットにするのは誤りであり、常にそれよりも狭い範囲に狙いを定めるほうが良いと信じている。**
2. **隠れたセグメントを特定する複雑なテクニックが、効果的なターゲティング、ひいてはより効率的なマーケティングの基礎であると思い込んでいる。**

本章では、これらの思い込みを深く考察し、その誤りを指摘する。

本章の目的　Learning objectives

本章で学ぶこと：

+ セグメンテーションを基本にしたターゲティングを理解し、洗練されたマスマーケティングとの違いを理解する
+ セグメンテーションを基本にしたターゲティングと、マスマーケティングを基本にしたターゲティングについて、それぞれの測定方法および投資回収率（ROI）への影響を考察する
+ 洗練されたターゲティングを実行できるようになる

セグメンテーションを基本にしたターゲティング

買い手の購買行動は人によりそれぞれ異なる。買い手の個人的行動も、状況や気分によって変化し、時間とともに変化する。マーケターは、このような違いの一部または多くにどう対応すべきかを選択することができる。それは企業の能力、見込まれる利益、競合の動向などを考慮して判断する。特徴的な購買行動が特定の人々や組織に共通して観察されることがあるが（例：大きい家族ほど大型車を所有する傾向がある）、購買行動の特徴だけでブランド選択の理由を説明することはできない。たとえば、マイヤーの買物客は他の百貨店の買物客と本質的に大きな違いはない。

市場セグメンテーションとは、購買行動（＝マーケティングミックスに反応した購買者の行動）別に市場をサブグループに分割（＝ターゲットセグメント）するプロセスだ。うまくいけば、購買客間の相違点と類似点を実践的に説明することができる。

この方法は、セグメント間の相違が識別可能な特性や属性（第3章の「顧客プロファイル指標」を参照）の影響を受けている場合には、マーケターがその情報を活用して特定の人々（セグメント構成メンバー）をターゲットにできるので効果的だ。たとえば、男性と女性では体型が異なるため、衣料品は男女で異なるデザインが必要だ。また、男性と女性は異なる衣服を着るという文化的慣習もある。女性がズボンを着ることはあるが、男性がビキニを身につけることはない。男性と女性では読む雑誌も違えば、見る番組もある程度異なる。このような明確な相違があるため、

Chapter **06**　　Customer Segmentation and Targeting　　214

衣料品メーカーは通常、市場を性別で区分している。子どもは体が小さいので、子どももひとつのセグメントとして扱われる。市場をセグメント化する一般的な方法は、地理的特徴に基づいて行うことだ。住む地域が異なれば、人々が必要とする商品やサービスや広告も異なるからだ。

ターゲティングとは、市場セグメントごとに個別に対応することを目的に、各セグメントに別々のマーケティングミックスを提供することだ。戦略の一環として、一部の顧客セグメントに焦点を当て、他のセグメントにはサービスを提供しないことを選択することが一般的だ。特定のセグメントに受け入れられるかどうかまだわからないブランドイメージの開発もここに含まれる。これは通常、**ポジショニング**と呼ばれている。たとえば、ペローニビールはイタリアンビールとして位置づけられた。ピザとは異なり、オーストラリア産の原料を使ってオーストラリアで醸造され、その風味に特にイタリア的なものはないにもかかわらずだ。言うまでもないが、オーストラリアにイタリア人の消費者はほとんどいない。ペローニは、2016年のオーストラリア国際ビールアワードでベスト・ジャーマン・スタイル・ピルスナー賞の金賞を受賞した。

マーケターは市場をどのようにセグメンテーションすれば良いだろうか？　市場全体をより小さなサブマーケット（すなわちターゲットセグメント）に細分化する方法は数多く存在する。表6.1と表6.2は、消費者市場と産業市場のセグメンテーション調査の典型的な基準を示している。

これらのセグメンテーション基準は組み合わせが可能なので、マーケターが望めば、「ファッションに敏感で、4万ドル以上の収入があり、テレビ番組"バチェラー"を定期的に見ている25歳から39歳の女性」、といったグループをターゲットにすることもできる。

表6.1　消費者セグメンテーション調査で使用される典型的な基準

セグメンテーションベース/変数	例
デモグラフィックス	年齢、性別、収入、職業、学歴、家族構成、地域
サイコグラフィックス	態度、意見、活動、性格、ライフスタイル、興味、価値観
行動変数	利用率、メインブランド、利用メディア
その他	利用シーン、求められるベネフィット、メディア視聴習慣

表6.2　B to B/産業市場のセグメンテーション調査で使用される典型的な基準

セグメンテーションベース/変数	例
デモグラフィックス	業種、所在地、従業員数、株式公開か非公開か
戦略	利用している流通チャネル、成長目標、マーケティング活動の対象は国内市場か海外市場か

CRITICAL REFLECTION 批判的省察

多くのカテゴリーに次のようなセグメントが見られることがわかってきた (Haley, 1984: 35) 。

セグメント	属性
ステータス志向者	購入するブランドの評判に非常にこだわる。
流行追求主義者	すべての活動に最新の流行を取り入れるように努める。ブランド選択はこの傾向を反映している。
保守主義者	成功している大手企業や人気ブランドを好む。
合理主義者	経済性、価値、耐久性などのメリットを求める。
自己志向者	自己概念の確立に特に関心が高い。自分はユーモアのセンスがあり、独立していて、正直であると考えている。
快楽主義者	主に感覚的な満足を得ることに関心がある。

1. チーズ、コーヒー、レンタカー、銀行など、これまでにあなたが購入したことのある、まったく異なるカテゴリーをいくつか選んでください。自分は上の表のどのセグメントに属していると思いますか？　その好みや習慣は時間が経過しても変わりませんか？　その他のカテゴリーについてはどうでしょうか？

2. この分類は役立ちますか？　どのように役立ちますか？　購買客を特定のセグメントに分類することは理にかなっていると思いますか？　この方法に現実とのギャップや問題がありますか？　ヤンケロビッチは、「我々が考えなくてはならないことは消費者の価値観の違いであって、消費者のタイプの違いではないことをまず理解しなければならない。たとえば、冷蔵庫を買うときにはもっとも安価なものを選ぶが、タオルを買うときにはもっとも高価なものを選ぶ女性がいるかもしれないし、ビールには高い金を払っても、腕時計は安価なものを身につけている男性がいるかもしれない」と述べています（1964: p90）。この考えについて考察してみましょう。

市場セグメンテーションは非常に複雑だ。ティモシー・ボック教授とマーク・アンクルズ教授は次のように説明している。

実証的研究では、市場をセグメンテーションするために社会的階級（Martineau, 1958）から占星術の星座（Mitchell & Haggett, 1997）に至るまで、ありとあらゆる消費者行動変数が提案されている（Wind, 1978）。経営者やアナリストにとっては、このように多様化したセグメンテーション変数の分析は非常に難解であり困難だ。あるヘルスケア企業が5年間で18件のセグメンテーション調査を依頼したが、どれも実施には至らなかったという話がこの問題の大きさを物語っている（Weinstein, 1993）。

しかし、それほど難しく考える必要はない。顧客の購買行動は千差万別だ。重要なことは、彼らの購買行動、いや、むしろ彼らのニーズに影響を与える要因に焦点を当てることだ。それに応じて収益が増加する可能性は高まるだろう。顧客に効果的にアプローチすることも必要だ。ここでひとつ例を挙げよう。人は皆、足の大きさが違う。この違いが製品やサービスに対する顧客のニーズに意味のある影響を与えるのは、彼らが靴を買うときだけだ。靴ブランドは、人の靴のサイズには違いがあることを理解して、異なるサイズの靴を提供している。

しかし靴のサイズのバリエーションは靴のブランド間で異なる。他のブランドよりも多くのオプションを提供しているブランドもある。ビッグブランドがさまざまなサイズの靴を提供できるのは、フィジカルアベイラビリティもメンタルアベイラビリティも確立されているので、特大サイズの靴を販売しても、それなりの利益を得ることができるからだ。一方、そのような靴が一組売れるだけでも幸運なブランドは、そのような靴を作って店舗にストックすることを正当化することができない。

靴のサイズに関しては、子どもは大人とはまったく異なるニーズを持っている。まず、サイズが小さい。子どもの足のサイズに対応していないブランドもある。大人用のサイズをたくさん作っていることを考えると、技術的な理由があるようには思えない。そもそも子どもがジミーチュウのスティレットヒールを買うことはない。買わされることもない。子どもの足は小さいだけでなく、成長するにつれて変化するからだ。靴を履く場面や目的もさまざまであり、ファッション観も大人とは違い、子どもがそんな高価な靴を買うことはない。だからコンバースは大人用と子ども用の靴を作っているが、ジミーチュウには大人用の靴しかない。逆に、子ども用の靴しか作っていないブランドもある。

マーケターにとって、顧客の足のサイズは、顧客の性別や子どもか大人かといった要因と同様に重要だが、成人した後の年齢の違いはそれほど重要ではない。地理的要因、つまり顧客がどこに住んでいるかは、特に製品の流通に大きな影響を与える。所得の差は、低価格帯のブランドと高価格帯のブランドにおいては特に重要だ。職種も重要な要因かもしれない。ヘルメットは建築現場での価値はあるがオフィスでの価値はなく、アグブーツはさまざまな職種の労働者と失業者に冷たい冬の夜に快適さを提供する。しかし、髪の色、世帯の大きさ、民族性など、その他の違いは、その多くがそれほど重要な要因ではなく、靴の購入にあまり大きな影響は与えない。

市場のセグメンテーションがマーケターにとって役立つためには、セグメントの特性が低コストかつ簡単に測定できるのが理想だ。マーケターや市場調査担当者が、その特性の存在やレベルを測定できなければ、その特性をセグメンテーションのベースとして使うことはできない。消費者の態度や価値観、性格的特徴に基づいて複雑なセグメンテーションを行おうとすると、その多くが失敗する。すべての消費者を調査しない限り、これらの変数を測定すること

Chapter　06　Customer Segmentation and Targeting　216

は不可能であり、仮に測定できたとしても、得られた複雑で多様な変数を用いてターゲットを絞ることは難しいからだ。

重要なことは、まずセグメントのサイズ（セグメントに属するメンバーの数）を知り、次に彼らにどのようにアプローチするべきかを知ることだ。マーケターはセグメントに関して、次の「誰が」「どこで」「何を」「どのように」という問いに、おおよその答えを示すことができなければならない。

・購買客はどのような人たちか？

・購買客にはどのようなメディアを通じてどのようにアプローチできるか？

・購買客はどこに住んでいて、どこで購買行動を起こすか？

・購買客は何に興味を持ち、どのように行動し、何を買い、何が好きか？

市場セグメンテーションについては、古くからさまざまなアプローチが議論され、実践されてきた。簡単に説明すると、市場セグメンテーションの代替的アプローチとして以下のようなものがある。

・因子分析を用いたQテクニック、多次元尺度法、その他の距離尺度 (Haley, 1968)

・属性重要度分析（AID） (Assael, 1970)

・カイ二乗自動相互作用検出法（CHAID） (Babinec, 1990)

・コンジョイント分析（Conjoint） (Green & Krieger, 1991)

・正準相関分析（Canonical correlation analysis） (Bologlu, Weaver & McCleary, 1998)

・ノイズの多い変数のヒューリスティック同定（Heuristic identification of noisy variables：HINoV） (Carmone Jr, Kara & Maxwell, 1999)

同様の統計検定手法に異なる名称が与えられているため、多数のアプローチが存在することになり、混乱を招いている。しかし、すべての統計セグメンテーション手法が、回答者の行動や選択を他の回答者の行動や選択と関連付け、類似の回答パターンを持つ個人のクラスターを探し出す (Haley, 1984)。クラスターは、おたがいに似たような回答をし、他のグループの回答者とは異なる回答をする人のグループとして特定される。どのような統計学的アプローチを選択するにせよ、分析の結果で得られるものは管理可能な少数のセグメント（通常は7つ以下）であり、その数は、分析者があらかじめ指定することができる。

市場セグメンテーションの分析は必ずしも専門的な知識や複雑な分析は必要としない。役に立つセグメンテーション分析のほとんどが、購買客を居住地で分ける、性別で分ける、子どもか大人で分ける、ノーフリルかプレミアムかで分けるなど、シンプルで直感的なセグメンテーションを行っている。複雑で謎めいたセグメンテーションに実用的な価値はない。意外にも大企業が、実用性を考慮せずに市場セグメンテーションを行い、失敗して多額の資金を無駄に費やすことがある。その多くに心理学的特性から得たグループ名が付けられている。たとえば、「都会的で金融に精通したヒップスター会計士」や「時間に追われる健康コンシャスママ」などがそうだ。このようなセグメンテーションは、直ちに中止されたり、大幅に変更されたりして、長く使われることはめったにないようだ。

効果的なマーケティング戦略を構築するためには、セグメントの定義を明確にしてターゲティングを可能にし、費用対効果の高い方法でアプローチでき、同じセグメントの顧客が同じような反応を示すことが重要だ。人々の態度の違いに基づいてセグメンテーションができても（例：化粧品の動物実験に敏感な消費者層）、そのような態度を持つ人々に支持される広告を開発できないのであれば意味はない。

重要なことは、ターゲティングする価値のあるセグメントには、一定の規模と投資する価値がなければならないということだ。つまり、セグメントにリーチするためのコストがそのセグメントから得られる利益を上回ってしまうような小さなセグメントであってはならない。たとえば、人口の約10%が左利きであるという事実は、ハサミを販売するのであれば重要かもしれないが、左利きの人のためのメディアが存在するわけではないので、効果的なアプローチを達成するためには他の要因を検討しなければならない。つまり、左利きであるかどうかは、娯楽番組やニュース番組の選択に影響を与えるほど重要な問題ではないということだ。左利き用のハサミを左利きの人をターゲットにしたオンライン・サイト（例：http://www.leftys.com.au）を通じて供給することは重要かもしれないが、ハサミメ

ーカーが市場のこのセグメントだけで競争を勝ち抜くことは不可能だろう。

　企業が特定のセグメンテーション研究の結果を元に、特定のセグメントを定義して使用する際のひとつの問題点は、そのセグメンテーションがすべてのマーケティング上の意思決定に適しているわけではないことだ。理想的には、セグメンテーションは柔軟でなければならない。たとえば、地理別のセグメントが流通を計画するときに重要かもしれないし、富裕度別のセグメントが価格設定を考えるときには重要かもしれない。

　要約すると、意味のあるセグメントであるためには明白な特徴がいくつか必要だ。マーケターは、グループ内では購買行動に共通性が高く、グループ間では購買行動に大きな違いのある、特定しやすい購買客特性を探すべきだ。そうすることで、セグメント別にカスタマイズされたマーケティングミックスを作成し、それぞれのセグメントに届けることで、より効果的なマーケティング活動が可能になる。セグメンテーションは有用であるが、マーケターが留意しなければならない危険もある。セグメンテーションはマーケターに、大きな共通点を探したり包括的な方法を検討したりすることよりも、むしろ違いを考えることを促す。それが、規模の拡大に逆行し、成長の潜在的妨げとなり、競争力を低下させる可能性がある。むしろ、2つの異なるグループをひとつの同じグループとして扱う方が、企業にとっても消費者にとっても良いことかもしれない。

　セグメンテーションに基づくターゲティングを図6.1に示す。

CRITICAL REFLECTION |||||||||||||||||||||||||||||||||||||||||||||||||||||||||||||||||| 批判的省察

　あなたのクラスを、グループ内ではできるだけ類似性が高く、グループ間ではできるだけ相違性が高くなるように、いくつかのグループに分割してください。次の点について全員が同意できるかどうか議論してください。

・セグメンテーションに使った特性（身体的特徴、個性、知識、年齢、知能など）

・グループの数

・それぞれのグループに属する個人の特徴

　このグループ分けを別の人が行った場合、同じグループ分けに至るでしょうか？

　良いグループ分けかどうかを、どのように判断しますか？

　グループ間にどの程度の相違がありますか？

　グループ内の相違とグループ間の相違の違いは何ですか？

　特定の製品カテゴリーについて、グループメンバーの購買行動と購買欲求を調査してください。次に、グループメンバーがどのようなメディアを利用しているかを調べてください。

　彼らのメディア利用パターンには、グループ内およびグループ間でどのような相違がありますか？

　このエクササイズから、セグメンテーション手法のどのような問題が浮き彫りにされましたか？

図6.1　セグメンテーションを基本にしたターゲティングプロセス

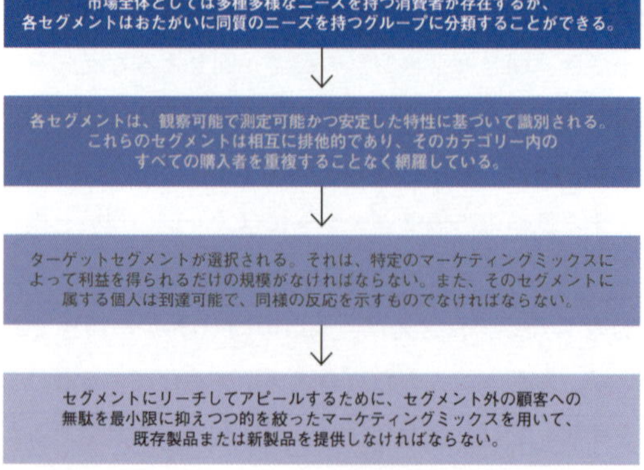

市場全体としては多種多様なニーズを持つ消費者が存在するが、各セグメントはおたがいに同質のニーズを持つグループに分類することができる。

各セグメントは、観察可能で測定可能かつ安定した特性に基づいて識別される。これらのセグメントは相互に排他的であり、そのカテゴリー内のすべての購買者を重複することなく網羅している。

ターゲットセグメントが選択される。それは、特定のマーケティングミックスによって利益を得られるだけの規模がなければならない。また、そのセグメントに属する個人は到達可能で、同様の反応を示すものでなければならない。

セグメントにリーチしてアピールするために、セグメント外の顧客への無駄を最小限に抑えつつ的を絞ったマーケティングミックスを用いて、既存製品または新製品を提供しなければならない。

Chapter　06　　　　Customer Segmentation and Targeting

B to Bマーケティングへの応用

　ビジネス市場のセグメンテーションに使われる一般的な特性や基準を本章の前段で紹介した（表6.2を参照）。ここでは、150年もの間オーストラリアの農村部に根付いている大規模な農業ビジネス企業であるランドマーク社の事例を通じて、本章で取り上げたコンセプトがどのように企業間マーケティングに適用されるかを具体的に示す（Landmark, 2016）。

　ランドマーク社の顧客基盤は、何千平方キロメートルもの土地を所有する農場から小規模農場を経営する個人まで、非常に多岐にわたっている。同社の事業ポートフォリオも多彩で、商品、肥料、農場サービス、羊毛、畜産、金融、保険、不動産などがあり、その幅広さを知るには400カ所の店舗を訪れるかウェブサイトを閲覧するとよい。簡単に言うと、市場を構成するあらゆる農業ビジネスに必要なものを手広く扱っている。

　人口統計データは、ランドマーク社の経営陣にとって、将来の計画を立てる上で他の多くの情報と同様に重要であろう。主要な変数を追跡することで、地域や時期によって相違が生じるものの、どの顧客にどのようにアプローチするべきか、どのような商品やサービスを提供するべきかを決定することができる。セグメンテーションやターゲティングの方法としては以下のようなものが考えられる。

・産業別セグメンテーション：ランドマーク社の農学者は作物、牧草、園芸農学を専門としており、同社はその専門分野に基づいて、どの分野が成長しているか、あるいは衰退しているか、また、どの分野が利益を上げているか、あるいはどのようなサービスに支出を惜しむべきではないかを把握する必要がある。セクターの特殊性はさまざまな製品の需要に影響を与える。たとえば、セクターによって、適切な農業化学製品の種類が異なり、適切な防護柵の種類が異なり、適切な種子の種類と撒く時期が異なる。このように産業別の違いを知ることで、それぞれの販売店に何を送り、いつ、どのような提案をするべきかが見えてくる。

・地理別セグメンテーション：それぞれの地域でそれぞれに適した農業が行われているため（例：砂糖や綿花、羊やアルパカ、小麦や他の穀物や豆類、ブドウや柑橘類、ストーンフルーツ）、各地域の作物の収穫の季節的サイクルが異なり、商品やサービスに対するニーズの季節的高まりを予測することができる。さらに、それぞれの地域で洪水や干ばつなどの自然災害が発生すると、多くの農業経営がその影響を受けることがある。すると、それに伴って、資金調達から牛や羊の売買の必要性、雑草、病気、害虫などの識別と対策などに至るまで、あらゆる商品やサービスに対する需要が高まる。

・従業員の規模や人数別のセグメンテーション：大規模な農業ビジネスほど多くの車両を所有している可能性が高く、それに関連する特別な保険提案（例：大規模農業事業者向けの車両フリート割引）が利益をもたらすことがある。また、従業員が多い農場ほど、コミュニケーションの費用対効果を高めることが重要だ。

・オーナーシップ別セグメンテーション：オーナーシップ（土地の所有形態）が、土地の賃貸や売却の提案など、その地域の不動産サービスに提供されるサービスに影響を与える可能性がある。顧客のオーナーシップを把握することで、ニーズに合ったサービスを提供できるだろう。

　ランドマーク社にとっては他にも多くの情報が必要であろう。各地域の事業の成長意欲を知ることもそのひとつだ。たとえば、地元市場だけで事業を展開したいのか、それとも輸出の支援を必要としているのか、資材はオンラインで購入したいのか、農場での現地調達を好むのか、市街地へ行って買い求めるのかなど、さまざまな情報が必要だ。

　ランドマーク社の商品とサービスのなかには、幅広い農業顧客層に広くアピールするものもあるようだが

（例：頑丈な靴、一般的銀行業務、保険など）、通常、すべての農家に画一的に専門的な商品を販売したり、カスタマイズしたり、サービスを提供したりすることはビジネスとして適切ではない。

　誰が何を何のために買うのかを知ることは、マーケティングの重要な部分だ。それは、適切なオファーを大規模に効率良く提供し、利益を最大化する方法を探ることでもある。同じニーズを持つグループを、たとえば業界内で分けて考えることはときに大いに役立つ。ニーズに大きなばらつきがあり、そのニーズに応じてオファーをカスタマイズすることで効率や効果が改善されるからです。

　このような状況を踏まえ、ランドマーク社のマーケティング担当者は、幅広いメディア（例：The Stock JournalやFarm Weeklyなどの専門誌や、地方紙、ラジオネットワークなど）を利用して、多くの農家が関心を持つメッセージや提案を農家に届けている。さらに、特定されたセグメントに特有のニーズがある場合、ランドマーク社はよりカスタマイズされたアプローチを採用する。たとえば、地域や業界のイベントをスポンサーとしてサポートしたり、ダイレクトメールでメッセージを届けたり、農場訪問を行ったりする。

　ランドマーク社は、大規模な流通網はもちろんオンラインストアも所有し、自社の製品やサービスを必要とする人なら誰でも簡単に購入できるようにしている。

真のターゲットは誰か？

　ブランドのターゲットとは、製品を購入する可能性の高い人、つまり顧客と考えるのが普通だ。しかし通常、顧客（製品を購入する人）と消費者（製品を消費または使用する人）の間には重要な相違がある。たとえば、朝食用シリアル"ラッキーチャーム"の顧客は親であり、消費者は子どもだ（図6.2と6.3を参照）。また、購買決定に影響力を持つ人々（インフルエンサー）との間にも違いがある。インフルエンサーは実際の購入者や消費者ではない。大学での学部課程の選択を例に考えてみよう。実際の消費者は主に10代後半の若者だが、購買決定に大きな影響を持つインフルエンサーには、両親、教師、進路指導カウンセラーなどがいる。彼らも同様に重要だ。ワインや蒸留酒ブランドでは、バーテンダーやソムリエが選択の障壁またはインフルエンサーとなるかもしれない。将来の顧客もインフルエンサーになる可能性がある。子どもたちはますます親の選択に影響を与えるようになっているが、やがて彼ら自身も購入者になることだろう。つまり、あなたの市場はあなたが思っている以上に大きく、多様性に富んでいるということだ。

図6.2 子どもを消費者と想定したラッキーチャームシリアルの容器デザイン

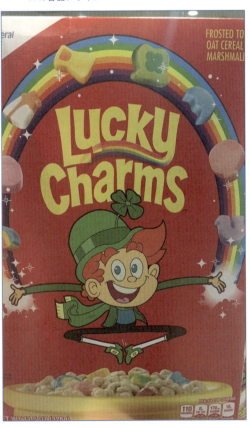

図6.3 親を顧客と想定したラッキーチャームシリアルの容器デザイン

CASE STUDY

歯磨き粉ブランド：
洗練されたマスマーケティングは健在

　経営学者のコトラーらは、ターゲットマーケティングの好例として歯磨き粉の例を紹介している（2007）。彼らは、コルゲートは数多くの歯磨き粉を市場に導入し、それぞれのブランドが異なるニーズを持つ購買層にうまくアプローチして、そのニーズを満たしていると主張している。たとえば、通常の歯磨き粉の他に、子供用や敏感歯用の歯磨き粉、ジェル状の歯磨き粉、美白用や歯石除去用の歯磨き粉、強力なフッ素入りの歯磨き粉などが市場に導入されている。

　表6.3に示すように、歯磨き粉のパッケージから、それぞれの製品がターゲットにしているセグメントを推測することができる。

表6.3　コルゲートの製品群と関連セグメント

製品	ユーザーセグメント
マイファーストコルゲート	1歳～6歳の子ども
コルゲートセンシティブ	歯が敏感な人
コルゲートアドバンスドホワイトニング	歯を白くしたい人
コルゲートキャビティプロテクション	虫歯を防ぎたい人

表6.4　歯磨き粉ブランドポジショニングマップ（仮説）

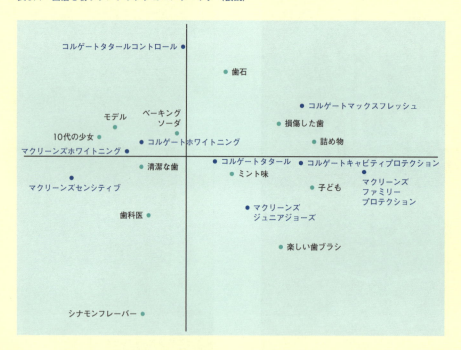

　図6.4のようなポジショニングマップは道路地図のようにも読み取れる。マップ上で近くに位置するアイテム同士は共通点があり、遠くに位置するアイテム同士は相違すると考えられる。たとえば、コルゲートキャビティプロテクションという製品は、その近くに位置する子どもたちと相性が良いと考えられる。一方、シナモンフレーバーは、コルゲートマックスフレッシュやその他のブランドとの関連性が低いと考えられる。マップの中央に位置する"ミント味"や"清潔な歯"などの属性ほど、カテゴリー全体を定義する属性だ。

マーケターは通常、新しい製品の導入や新たなポジショニング開発を行うとき、関連する属性に則した未充足のニーズを探す。このような考え方（ポジショニングマップで空白を探すやり方）は、「ブランドのイメージは変えられる」、そして、「他とは違う独自のポジショニングを築くことは良いことだ」という前提に基づいている。たとえば、シナモンフレーバーの歯磨き粉は、たしかに独自のポジショニングかもしれないが、それが本当に市場で求められている未充足のニーズかどうかまではわからない。実際のところ、成功して利益を上げている多くのブランドが、あえて独自性を追求せず、その商品カテゴリーの重要な特徴（例：ミント味や、歯を清潔に保つこと）をしっかり押さえているだけだ。

とはいえ、どのブランドも目立ちたいし、注目されたいだろう。そのためには、色、文字、形状などに一貫性を保つことで、独自のルックとフィールを維持しなければならない。そうすることでブランドらしさが生まれ、競合ブランドとの差別化が図られる。ブランドは、市場で明確に差別化されているかどうか、あるいは独自のポジショニングを確立しているかどうかにかかわらず、他と明確に区別できる独自のブランド資産を持つ必要がある。これについては、第7章と第11章で詳しく考察する。

発展問題　QUESTIONS

1. 歯磨き粉市場の各セグメントを、セグメンテーションに必要な基準に照らして評価してみましょう。この市場に存在する他のブランドや製品も考慮してください。

2. 歯磨き粉市場をセグメンテーションすることで、歯磨き粉ブランドの単なる製品リストからは得られない情報を付加的に得られるでしょうか？　またこの情報はマーケティングの実践にどのような変化をもたらすでしょうか？

3. 消費者のさまざまなニーズに合った歯磨き粉があるにもかかわらず、なぜ"普通の"歯磨き粉が市場に存在し続けているのでしょうか？

4. コルゲートはターゲットマーケティングを行っているのでしょうか、それともすべての歯磨き粉購入者を対象にしているのでしょうか？

特定のターゲット市場に焦点を絞る戦略の理論と魅力

一部の企業は、特定のセグメントのみをターゲットとする戦略を追求することで成功しているようだ。たとえば、50歳以上だけをターゲットにしたAPIA（オーストラリア年金受給者保険代理店）やASIA（オーストラリア高齢者保険代理店）、自動車愛好家に特化したシャノンズなどの保険会社がある。女性専用のコントゥア社やカーブス社などのジムもそうだ。一般的には、特定の地域をターゲットにする企業のほうが多い。たとえば、ウェスト・クロイドン・カー・リペアズという車修理会社は近隣地域の顧客をターゲットにしている。しかしそれは、小規模企業であるために遠方の顧客にはサービスを提供できないという単純な制約があるからだ。特定の市場セグメントに焦点を当てた製品やサービスが大手企業の傘下にあることは多い。これらの大手企業は、市場全体にサービスを提供するために、複数の異なるブランドを所有し運営している。具体的な例として、サンコープ・グループはAPIAやシャノンズ、さらにAAMIなどの保険ブランドも所有している。

限られたセグメントにしか売れないブランドが大手ブランドに成長する可能性は低い。しかし、既存の競合ブランドが市場のニーズを十分に満たしていない場合には成長のチャンスがあるかもしれない。ブルキニ（図6.5参照）は、未充足の市場ニーズを発見し、ターゲット層を明確に定義して、その特別な購買層に向けて製品を発売した小規模ブ

ランドの好例だ。ブルキニは、顔と手足を除く全身を覆い、泳ぐのに十分な軽さの女性用水着を販売している。イスラム教の伝統的な慎み深い服装を意識してデザインされ、そのブルキニというブランド名は、イスラム教徒の民族衣装"ブルカ"と"ビキニ"の合成語から生まれた。にもかかわらずブルキニブランドの顧客層の40%は非イスラム教徒だ (Zanetti, 2016)。ユダヤ教徒、ヒンズー教徒、キリスト教徒、モルモン教徒の間でもよく売れ、ブルキニを求める男性もいる。著名人の愛用者にはナイジェラ・ローソンがいる。彼女は宗教的な理由からではなく、肌を守るためにブルキニを着用している (Bunting, 2011)。女性ライフセイバーのために、黄色と赤色をあしらった特別なデザインも考案された。このような例は、ブランドはマーケティング戦略を立てる際に、"排除"ではなくまず"包含"を常に考えるべきだという我々のアドバイスに合致している。

　しかし、ブランドのターゲットをどの程度絞るべきだろうか？　すべてのカテゴリーバイヤーに売ろうとするのは間違っているのだろうか？　従来のマーケティングの教科書のターゲットマーケティングに関する見解は、市場全体に売り込もうとするのは間違っていて非効率的であり、現代のマーケティングは大きく進化しているというものだ。一般的に、マーケティングは3つの段階を経てきたとされている。

1. マスマーケティング——企業が単一の製品を大量に生産し、大量に流通させ、大量に宣伝すること。
2. 製品バラエティマーケティング——企業が、異なる特徴、スタイル、品質、サイズなどを持つ複数の製品を生産すること。たとえば、コカ・コーラ社は、さまざまなサイズとフレーバーを持つ何種類ものソフトドリンクを製造しているが、これは、さまざまな状況でさまざまな嗜好を持ち、多様性と変化を求める消費者に多様な選択肢を提供するためであり、異なるセグメント別に個別に訴求することを目的としたものではない。
3. ターゲットマーケティング——企業がいくつかの市場セグメントを特定し、そのなかからひとつまたは複数を選択し、それぞれのセグメントに属する人々に合わせた製品とマーケティングミックスを開発すること。たとえば、コカ・コーラ社は現在、加糖、ダイエット、ノンコーラなどのセグメント向けのソフトドリンクを製造している。

　第3のアプローチが他の方法よりもうまくいくという主張があるが、これは裏付けのない議論だ。たしかにこの種の議論はマーケティングの実践に影響を及ぼしてきたが、特に大企業になりたいと願うブランドにとってこれが最良のアプローチであるという考え（またその曖昧な論理）は、現実世界の証拠が得られていない。たとえば、"ターゲットマーケティング"が、それよりは洗練さに劣る"商品バラエティマーケティング"とどのような点で異なるのかは不明だ。コカ・コーラは現在400種以上のブランドの飲料を販売しているが、その販売量の78%はひとつのブ

図6.5：ブルキニ

ランドによるものだ。ノンコーラセグメントのニーズを満たすためにノンコーラの清涼飲料を提供するというコカ・コーラの戦略は、製品バラエティマーケティングと本質的にどう異なるのだろうか？　コカ・コーラの洗練された現代的マーケティングが高く評価されている。しかし、もし前述のマーケティング洗練度の分類を信じるのであれば、コカ・コーラのマルチブランドポートフォリオアプローチは最適ではないと考えざるを得ないだろう。コカ・コーラは実際、特定の購買者グループの特定のニーズを満たすために異なるブランドを販売している（異なる人々に異なる製品を届けている）のか、それとも顧客の多様な要求を満たすためにさまざまな製品を販売している（同じ人々に時と場合に応じて異なる製品を届けている）だけなのだろうか。コカ・コーラのターゲットマーケティングの成功は、コカ・コーラの売上が特定の消費者層にとってどの程度ユニークなものであるかを検証することによって判断すべきなのかもしれない。

図6.6　ターゲットオーディエンス─マーケターと営業担当

©marketoonist.com

　この疑問に答えるために、コカ・コーラのブランドが他のブランドの顧客層とはまったく別の顧客層に売れているかどうかを見てみよう。ファンタを飲む人はコカ・コーラも飲むだろうか？　その逆はどうだろうか。表6.4はある期間中にコカ・コーラを衝動買いしたさまざまな清涼飲料ブランドの顧客層の割合を示している。表によると、各ブランドの購入者のうち同時にコカ・コーラも購入した人の割合は70%前後と高く、各ブランド間ではとんど変わらない。実際、いくつかのブランドはコカ・コーラが販売している。

表6.4　競合ブランド別のレギュラーコカ・コーラの同時購入

顧客のシェア	
ブランド	同時にコカ・コーラも購入した人の割合（%）
ダイエットコーク	65
ファンタ	70
リフト	67
ペプシ	72

データソース：UK TNS 'Impulse Panel'

225　　　　　　　　　　　　セグメンテーションとターゲティング

この表は、これらのブランドが別々の購買客層に売れているわけではないことを示す直接的な証拠だ。ファンタの愛飲者のほとんどがコーラの愛飲者でもあることからわかるように、コカ・コーラの他の製品が非コーラ愛飲者をコアターゲットにしていないことは明らかだ。このように、購買客が特定のブランドに固執せず状況によって異なるブランドを選ぶ傾向があること、すなわち**購買重複の法則**は、ほとんどの製品カテゴリーで広く見られ、日常的に起きている（第8章を参照）。重要なことは、ブランド、特に成長中のブランドは、幅広い層のカテゴリー購買客にアピールするべきであり、ターゲティングの視野を狭くするべきではないということだ。

もうひとつの例は、1967年頃からコトラーがターゲットマーケティングの好例として引用しているフォルクスワーゲンだ。フォルクスワーゲンは、自動車市場のなかでもコンパクトさ、すぐれたエンジン性能、経済性を求めるセグメントに注力してきた。自動車市場にはすぐれたエンジン性能を求めない顧客はほとんどいない。それはさておき、より広い視点で議論すべき問題は、2016年に世界最大の自動車メーカーとなったフォルクスワーゲンの自動車メーカーとしての成功（Beckwith, 2016）はターゲット市場戦略をどの程度まで追求した結果かという点だ。しかしこの点を明らかにすることは難しい。フォルクスワーゲンの成功と成長の大部分は、他のブランド（アウディ、ポルシェ、ランボルギーニ、ベントレー、ブガッティ、シート、シュコダなど）の合併や買収によるものであり、フォルクスワーゲンブランドのなかだけでも、膨大な数のモデルが存在するからだ。コトラーがフォルクスワーゲンのビートルのセグメンテーション戦略の成功について書いた1967年当時でさえ、フォルクスワーゲンはすでに製品バラエティ戦略を追求しており、タイプＩビートルの他にも、カルマンギアスポーツモデルや、タイプＩＩモデルをベースにしたバン、ピックアップ、キャンピングカーなどのさまざまな車種を販売していた。古典的な例であるが、単一のセグメントに焦点を当てた結果ではなく、広範な市場セグメントにアプローチする洗練されたマスマーケティングの結果であろう。

セグメンテーションやターゲティングに依存しなくても、ブランド、車種、モデル、バリエーション、**SKU（在庫管理単位）**などに幅広いポートフォリオを持たせることで、多様な顧客のニーズや嗜好に対応することが可能だ。成功するためにセグメンテーションやターゲティングに依存する必要はない。特に、同質なニーズや、社会人口統計学的特性、メディア消費行動などを共有する安定した異質の顧客グループを特定して、そのグループだけにリーチし、そのグループのニーズを満たすようにカスタマイズされたマーケティングミックスで対応するという、従来的なセグメンテーションやターゲティングに依存する必要はまったくない。

ブランドユーザーのプロファイルに差異はない

競合し合うブランドがおたがいに独立する顧客基盤を持つかどうか、そしてそれがセグメンテーションとターゲティングの論理的帰結であるかどうかについて、これまでに多くの研究者が実証的な検証を試みてきた。

1959年、エバンスは競合する車ブランドの購買客の個性にほとんど差がないことを発見した（Evans, 1959）。当初、この発見はマーケティング業界では不信感をもって迎えられたが、その後1962年にウェストフォールによって同じ結果が実証された。最近になって、研究者たちは、競合ブランドの人口統計学的特性や心理統計学的特性には多くの差異があっても、ユーザープロファイルが異なることはめったにないこと、異なるにしてもその違いはわずかであるか、明確な違いはないことを実証した（Hammond, Ehrenberg & Goodhardt, 1996; Kennedy, Ehrenberg & Long, 2000; Kennedy & Ehrenberg, 2001; Uncles, Kennedy, Nenycz-Thiel, Singh & Kwok, 2012）。一貫して言えることは、"コーラを買う人"や"ペプシを買う人"といった特徴的な顧客層は存在せず、むしろ"清涼飲料を買う人"だけが存在すること、つまり特定のブランドの顧客層と他のブランドの顧客層に大きな違いはないということだ。

例外は存在する。しかしその場合の顧客基盤はきわめて明確だ。たとえば、どの銀行も市場は自国に偏っている。

競合するブランドが異なる顧客層を持つかどうかを調べるこの調査は、セグメンテーション調査によく使われるような標準的な業界データを用いて、多種多様な製品カテゴリーで実施されてきた。変数には、ユーザーの態度、ライフスタイル、人口統計データ、メディア露出などの広範な情報が含まれている。その結果、各ブランドが独自の顧客

層を持っているわけではなく、どのブランドも同じような顧客層に対して、似たような商品・サービスを提供していることが明らかになった。競合するブランドがおたがいに相手ブランドの顧客層とは異なる顧客層にアプローチし合っているという考えを支持するものは何もない。一貫して幅広い層にアピールし、ブランドユーザープロファイルがそのカテゴリー購買客の構成を忠実に反映している大規模ブランドでは特にそうである。

　残念ながら、この事実を認識しているマーケターはほとんどいない。多くのマーケターが競合ブランドはそれぞれ異なる市場セグメントで売れていると考えているが、それは誤っている。少なくとも誇張された表現だ。たとえば、2004年に低糖質ビールやドライビールのオーストラリアでの販売が開始された。ピュアブロンドはその最初のブランドのひとつで、非常に人気のあるブランドだ。その他の人気ブランドには、カールトンドライ、ハーンスーパードライ、クーパーズクリアなどがある。シドニーモーニングヘラルド紙によると、これらのブランドはヘルシー指向の低カロリー摂取に敏感な消費者に向けて宣伝されており、カロリーを気にする女性や、中年太りに悩む男性により多く売れるだろうと考えるのは当然だったという (Frith & Watson, 2008)。しかし、2015年のロイモルガンリサーチの調査結果はこの理論を支持しなかった。低糖質ビール愛飲者のうち女性はわずか25%（ビール市場全体での女性の割合と同じ）であり、低糖質ビール愛飲者のうち男性は、35歳未満（33%）が50歳以上（21%）を大きく上回っている。

　さらに、低糖質ビールを飲む人は、平均的なオーストラリア人よりも胴回りを気にしない傾向があった。たとえば、次のような事実が明らかになった。

- 「低脂肪の食事は自分の生き方に合っている」に同意する可能性が25%低い
- 「食品のカロリーをいつも考えている」に同意する可能性が18%低い
- 「太りやすい食べ物の摂取量を制限している」に同意する可能性が11%低い
- 「できれば減量したい」に同意する可能性が10%低い

　実際、18歳から24歳の男性は、あまり体重を気にする層ではないが、低糖質ビール全愛飲者のなかでもっともよく飲んでいる年齢層だ。他のビールブランドでも同じことが言える。ここで学ぶべきことは、新ブランドが成功するためには、潜在的カテゴリーユーザーの幅広い層にアプローチし、一部の限られた市場ではなく市場全体をターゲットにするべきということだ。

製品バリエーションで市場全体を狙う

　市場によっては、一部の特定のブランドがおたがいに激しく競争するが、その他のブランドとは比較的穏やかに競争するサブマーケットが存在することがある。このようなサブマーケットを市場内市場という (Ehrenberg, Uncles & Goodhardt, 2004)。通常、このような市場内市場はブランドイメージのポジショニングの結果というよりも、むしろ機能的な違いによるところが大きい。機能的に異なる製品には、シリアル製品では子ども用や大人用、スプレッド製品ではバターやマーガリンや健康志向のスプレッド、ダイエット用製品ではフルファット製品やフルシュガー製品などがある。市場を分離する壁の存在は、予想される市場共有レベルからの乖離、つまり購買重複の法則からの乖離を行動データに基づいて観察することで特定できる。

　多くの場合、大手ブランドは、各セグメントのニーズに合わせてさまざまな製品のバリエーション（例：サブブランドや系列品）などを有している。たとえば、ケロッグは、子どものいる家族がよく買うフロステッドフレークと、大人がよく食べるケロッグオールブランを提供している。

　同じ市場で競合するブランドであっても、それぞれがやや異なる顧客層にアピールしていることがある。朝食用甘味シリアルブランドが良い例だ。このタイプのブランドは子どものいる世帯によく売れるため、競合する他の甘味シリアルブランドとの競争は、同じ市場セグメント（子どものいる世帯）では厳しくなる傾向があり、異なる市場セグメント（例：大人向けのシリアル）では比較的緩やかだ。そのため、甘味シリアルを購入する世帯は、ブランド規模から想定されるよりは多くの他社甘味シリアルブランドも購入している可能性がある。ただし、このような偏りは、

一般的に想定されるほど極端ではないことを認識することが重要だ。

　コルゲートは、歯石除去製品に口臭消臭製品とは異なる流通経路を使っているわけではない。コルゲートのさまざまな製品は、同じ系列の店舗の同じ棚に同じマーチャンダイザーによって並べられる。価格もおたがいに非常に近い。独自の広告を持つ製品もあるが、ほとんどの場合、ブランド全体の広告が同じマスメディア媒体を使って行われている。特にテレビは視聴者にセグメントを超えて広くリーチできるメディアだ。テレビを主要な広告媒体に使う場合、視聴者を詳細に細分化せずに広範にアプローチすることになる。コルゲートの歯磨き粉の各サブブランドのマーケティング戦略は製品の違いにフォーカスしており、広告を通じて異なる製品が利用可能であることを一般の人々に知らせている。これは、コトラーの定義する製品バラエティマーケティングに合致するように思われる。すなわち、同じ顧客層に異なる製品を販売して彼らの製品バラエティへの欲求を満たす戦略だ。

　本章の冒頭で考察したマクドナルドの例に戻ると、マクドナルドのマーケティング戦略は、できるだけ多くの潜在的顧客にアピールするために絶えず提供商品を拡大することに注力していたことが理解できる。そのもっとも顕著な例は販路の地理的な拡大であろうが、提供製品の戦略も同様に印象的だ。マクドナルドはその栄光に甘んじることなく、常に新しいメニューを追加して商品の幅を広げることで、会社の魅力を拡大する取り組みを続けてきた。メニューを追加することで新たな食事のニーズや機会に対応することができ、人々の購入の障壁が取り除かれ、結果的に、他の店に行く理由が減り、いっそう多くの人々がマクドナルドの店舗で購入するようになった。マクドナルドが提供するさまざまな商品やサービス（例：ドライブスルーサービス、子ども用の遊び場の提供、子ども向けメニュー、子どもの誕生日パーティー向けメニュー、家族向けメニュー、チキンナゲット、チキンバーガー、フィッシュバーガー、サラダ、朝食用シリアル、ラップサンド、低価格のカフェ風デザートやエスプレッソコーヒーなど）から、いかに同社が市場のニーズに対応する幅広い商品を消費者に提供しようと常に努力してきたかをはっきりと見て取ることができる。

　幅広いサービスを提供して消費者の多様なニーズと要求に対応することは極めて重要であり、ブランドが成長するためのリーチと規模を拡大するために必要だ。

　カテゴリー購買客の心を掴んでそのニーズを満たす幅広い製品ラインナップを揃えることも重要だが、各製品は、成功するために必要な市場規模を確保できるように、十分な購買客層にアピールできなければならない。これらの製品を効果的に宣伝し、競争力のある価格をつけ、できるだけ広く流通させるべきだ。しかし、通常、このような戦略的決定を成功させるためには、市場をセグメントしたり限定的にターゲティングしたりすることに注力する必要はない。

　優秀なマスマーケターは、購買層を特定すること（セグメンテーション）や対象を絞ってアプローチすること（ターゲティング）をしなくても、幅広いカスタマイゼーション（顧客の個別のニーズに合わせて製品やサービスを調整すること）を提供することができる。顧客の多様なニーズを満たすためのカスタマイゼーションの多くが販売時点で提供される。購買客のセグメンテーションやターゲティングは不要だ。購買客は、購入時点で次のような選択をすることで購入製品をカスタマイズしている。

・支払い方法の選択
・配達方法の選択
・包装方法の選択
・注文の量

　このようなカスタマイゼーションはすべての購買客に提供されるものであり、特定の購買客を識別してそこに焦点を合わせてアプローチしているわけではない。

ターゲティングは必ずしも収益を最大化しない

　セグメンテーションとターゲティングを行っても、投資に対して最大のリターンが得られるわけではない。あるセグメントへの販売反応が最大化していても、必ずしもそれが企業全体にとってもっとも利益率の高いもっとも効果的な戦略であるとは限らない。このことを端的に示しているのが次のライトとエスルモントの論文だ (1994:p15-16)。「"高齢者層" と "ヤッピー層（訳注：高い経済力を持つ都市文化を享受する若者）" というセグメントを特定したとしよう。高齢者市場を調査して、もっとも効果的な広告は暖炉のそばで幸せそうに時を過ごしている年金受給者の映像を使った広告であること、そして高齢者層だけリーチする広告に1万ドルを追加投資すれば売上が10万ドル増加することを発見するかもしれない。一方、ヤッピー層市場を調査して、BMWを乗り回す若者の映像を使った広告が最適であること、そしてヤッピーだけにリーチする広告に1万ドル追加投資すれば売上が15万ドル増加することを発見するかもしれない」

　理論的には、それぞれのアプローチがそれぞれのセグメントにおける販売反応を最大化する。しかし、そのアプローチが必ずしも最終的に最高の結果をもたらさないことがある。ライトとエスルモントは次のように続けている (1994:p16)。

「広告反応が高齢者層よりも50%高いヤッピー層をターゲットにして若者が車を運転する広告を出すべきだ、とターゲティングを重視する調査担当者は言うだろう。しかし、企業としての成功は、特定のセグメントだけの売上高ではなく、総売上高にかかっている。我々がやるべきことは、どの広告が市場全体から最高の反応を得られるかを見極めることだ。年金受給者を対象にした広告がヤッピー層から7万ドルの売上を生む可能性がある一方で、ヤッピー層を対象にした広告が年金受給者の反感を買い、何の売上も生まない可能性は論理的にはあり得る。もしそうであれば、調査担当者の主張は間違っている。最高の広告反応を持つセグメントをターゲットにしても最高の結果を達成できるとは限らない」

　表6.5は、ライトとエスルモントが指摘するように (1994:p16)、最良の結果は、最良の反応を示すセグメントをターゲットにすることによって達成されるわけではないことを示している。

表6.5　1万ドルの広告に対する反応

	ヤッピー層の反応（ドル）	年金受給者の反応（ドル）	市場全体の反応（ドル）
ヤッピー層のニーズに合わせたマーケティングミックス	15万	0	15万
年金受給者層のニーズに合わせたマーケティングミックス	7万	10万	17万

データソース：Wright & Esslemont (1994: 16)

　セグメンテーションに主眼を置いたアプローチが常にマスマーケティングより劣っていると言っているのではない。要は、セグメンテーションが常にマスマーケティングよりすぐれているわけではない、ということだ。セグメンテーションが最善かつ最高収益の選択肢ではない状況もあるだろうし、今後も同様の状況が生じる可能性がある。

　年金受給者を対象としたマーケティングミックスの場合、年金受給者セグメントでは反応が小さいにもかかわらず、市場全体の反応は高くなる場合がある。ライトとエスルモントは、セグメントごとに最適化されたマーケティングミックスが適用され、結果的に他のセグメントの宣伝活動や戦略にほとんど影響を与えない事例を示した (1994)。彼らはまた、マスマーケティングキャンペーンのように、個々のセグメントレベルでは最適とは言えない場合でも、全体の市場反応に焦点を当てているため、全体としては成功する可能性があることを示した。

表6.6　他のセグメントに影響しない
1万ドルのセグメント別キャンペーン広告に対する反応

	ヤッピー層の 反応（ドル）	年金受給者の 反応（ドル）	市場全体の 反応（ドル）
ヤッピー層の ニーズに合わせた マーケティングミックス	15万	0	15万
年金受給者層の ニーズに合わせた マーケティングミックス	0	10万	10万
どちらの層にも 特化していない マーケティングミックス	9万	9万	18万

データソース：Adapted from Wright & Esslemont（1994: 16）

　表6.6を見ると、各セグメント内では最適とはいえないマーケティングミックスであっても、総市場反応率と投資回収率を最大化できる可能性があることがわかる。重要なポイントは、各セグメント内のメディア利用習慣が明確に異ならない限り、特定のセグメントだけに無駄なく広告を届けることは一般的には不可能ということだ。

すべての消費者にリーチすることは可能

　前述のとおり、マーケターが市場を限定したくなるのには理由がある。市場のすべての消費者に広くリーチするには高額の費用がかかること、市場のすべてのタイプにリーチすることは難しいこと、企業によって市場のさまざまなセグメントにサービスを提供する能力が異なることなどがある。

　しかし、このような考えに対していくつかの反証がある。テレビのようなリーチ効率の高いメディアでコマーシャルを放映するのには高額の費用がかかるが、一人当たりに換算すると約2〜3セントと安い。この1人当たりのコミュニケーションコストは、ダイレクトメールや営業担当の電話などの他の方法に比べれば非常に安い。多くのマーケターがターゲット市場の週ベース、月ベース、四半期ベースの購買客を正確に把握できていないことを考慮すると、このコストは特に安い。さらに、ダイレクトメールやオンライン広告などは高い投資回収率（ROI）をもたらしているように見えるが、通常、これらのリーチは過去にブランドを購入している人々に偏っており、成長戦略を支えるには不十分だ。そのため、ブランドの成長に関心のある多くのマーケターにとって、マスマーケティングはターゲットを絞ったアプローチよりも費用対効果が高い。

　すべての購買客にアピールすることは難しいかもしれないが、幅広い層のユーザーに訴えるコンテンツを作成することで、クライアントに良い仕事を提供し成功を収めている広告代理店はたくさんある。たとえば、Apple、Sony、ナイキなどのブランドがそうだ。ブランドがめざすべきゴールは可能な限り包括的であるべきだ。あまりにも制限すると、ブランドの成長の可能性まで制限してしまう。包括的なアプローチを実現するために優秀な広告代理店が必要なら、マーケターは躊躇することなくそのような広告代理店を探すべきだ。

CASE STUDY

T型フォードとMINI：その戦略の選択

　ヘンリー・フォードは「顧客がどのような色の車を持とうと自由だが、それは黒でなければならない」と言ったと言われている。古い例だが、T型フォードはすぐれたマスマーケティングの典型だ。ひとつの車種ですべての潜在的なユーザーに訴えかけた。次に、T型フォードとは対照的に、顧客一人ひとりの好みに合わせる戦略を採用した、ミニのカスタマイズ戦略を見てみよう。

　ミニのウェブサイト（http://www.mini.com.au）にある"My Mini"のページでは、「理想のミニを作りましょう。自分の好みに合わせて1000万通り以上の組み合わせのカスタマイズが可能です」と謳っている。20万台も生産されるミニのうち、同じものは2台しかないと言われている。ボディの塗装もカスタマイズすることが可能で、他のどのミニとも異なるオリジナルなミニを持つことができる。

　しかし、ミニが提供するカスタマイズは、個々の車をそれぞれのユーザーにとって唯一無二のものにするほどの真の意味での個別対応と言えるだろうか？　色、内外装の仕様、ホイール、シート、エアコン、納期などを購入者に選択させる自動車ブランドは他にもある。それとミニはどれほど違うだろうか？

　ミニは完全なオーダーメイドではない。いくつかの機能や特徴にバリエーションはあるが、最終的にすべてのミニがミニの特徴を備えている。企業が利益を上げるためには一定の市場規模が必要だ。市場規模が小さければ、競争力を保ちながらも利益を上げ、さらに顧客に十分な価値を提供することは難しい。個人や少人数の顧客への個別のカスタマイズは相応の規模の代償を払うことになる。タケオカ自動車工芸は、車をゼロから作る日本の自動車会社だ。2010年、タケオカ自動車工芸の社長武岡氏は、シドニーモーニングヘラルド紙とのインタビューのなかで、「生産台数を現在の年間100台から増やす計画はあるか」と質問され、テーラーメイドの可能性が広がるチャンスであったにもかかわらず、「とんでもない。そんなにたくさん作れない」と答えている (Poupee, 2010)。

　3Dプリント技術が将来、市場のカスタマイズに新たな可能性をもたらすかもしれない。BMWは、自動車製造におけるこの可能性の探求をすでに進めている (Grunewald, 2016)。主な利点は、部品製造と車体組み立てのスピードアップ、および部品設計の柔軟性の向上にあるようだ。しかし、顧客がテスト済みのエンジンやシステムに手を加えて自分だけの車を作れるようにすれば、BMWブランドの信頼性が損なわれる可能性があるため、BMWがそのようなサービスを提供する可能性は低い。また、法規制当局からの許可も下りないだろう。

　すぐれたブランドはすべて大規模な経済を基盤としている。BMWのようなブランドは、その規模の経済からもたらされる信頼性を維持することで、市場での競争優位性を保ち、ブランドを守りたいと考えているのだろう。

発展問題　QUESTIONS

1. すべての自動車メーカーが同じ顧客層をターゲットにして真っ向から競合しているのでしょうか？　回答の根拠を得るために、コロンボ、アレンバーグ、サバヴァラによる2000年の研究論文を読むと良いでしょう。

2. 世界に4600万人の顧客を持つHSBC（http://www.hsbc.com/about-hsbc）は、文化的な障壁を乗り越えて人々に広く受け入れられたブランドの一例です。このような成功を達成できない状況をいくつか考えてみてください。

3. 個人に焦点を当てたターゲティング広告や個別にカスタマイズされた製造が、限定的ではなく一般的なものとして普及するのはどのような場合でしょうか？　その実現の可能性はあるでしょうか？　また、そのような状況で成功する可能性が高いのはどのようなブランドでしょうか？

データベース主導型ターゲティングの盲点

　業界によっては、過去の購買行動の**RFM**（Recency＝最終購買日、Frequency＝購買頻度、Monetary Value＝購買金額）を使って各顧客の将来の反応を推定し、ターゲットにするべき優先セグメントを決定することが広く行われている。銀行、保険など、大規模な顧客データベースを保有する業界はその典型だ。このような業界では、データベースを使って各顧客の収益性を推定し、その収益性に基づいてデータベースをセグメント化するのが一般的である。

　この方法は賢明なベストプラクティスに思える。そうしないのは現代のマーケターとしての義務を怠ったことになるかもしれない。しかし、真実はこのような考え方とはまったく異なるところにある。一見すると、ハイテクを駆使した効率的なマーケティングであり、キャンペーンのROIを最大化する方法のようであるが、この方法で企業のROIが改善することはあまりない。それどころか、成長の妨げになることがある。通常、RFMターゲティングとは、いずれにせよブランドを購入するであろう人たち（つまり、そのブランドを定期的に購入し、たくさん消費し、現在市場にいる人たち、または最近購入した人たち）をターゲットにすることを意味する。結果的に、高反応が期待されるセグメントで高コストのプロモーションを実施することが一般的だ。つまり、いずれ購入する可能性が高い顧客をターゲットにするだけではなく、他のどの顧客グループと比較してもインセンティブがなくてもいずれ購入する可能性が高い彼らに、さらなるインセンティブを与えるというものだ。

　ターゲットを絞った小規模なキャンペーンは、そのリーチの狭さや、企業がセグメント内の根本的な需要を大幅に増加させることのできる能力の限界などから、売上全体にわずかな効果しかもたらさないのが現実だ。そのようなキャンペーンには、他の目的のために投資できたはずの時間やリソースが多く費やされることになる。過去の購買客やヘビーユーザーなどの特定のセグメントに焦点を当てると、他の顧客層、特に成長にとって重要であることがわかっている、第3章で考察したライトユーザーを軽視することにつながる可能性がある。

　そもそも、この論理は間違っている。マーケティング施策は、もっとも購買が頻繁で、もっとも収益性の高い顧客に集中させるべきではなく、マーケティング施策に対してもっとも強い関心を示すと思われる顧客層に向けられるべきだ。通常、これらの顧客はもっとも購買頻度の低いライトバイヤーだ。決して、すでに高頻度で購入しており、購買機会を増やす余地のあまりない、ブランドにもっとも忠実なロイヤルバイヤーではない。

　製品やサービスを購入しやすい顧客にだけアプローチすれば、そしてそれが魅力的な提案であれば、簡単に高い反応を得ることができる。しかし魅力的な提案は通常、利益を減少させる。健全な成長を望むのであれば、これはブランドの取るべき方策ではない。高い反応を得ることは企業の収益性にとって最重なことではない。重要なことは、高い増分反応があることだ。つまり、他のすべての条件を同じにして、通常よりも高い反応が得られることだ。したがって、このような特別なキャンペーンを実施していないときでも購入する可能性が高い顧客に商品を販売するだけでは、収益増分にはほとんどつながらない。

　RFMターゲティングは、ブランドの顧客基盤を拡大するためには何の役にも立たない。RFMターゲティングの焦点は、企業の既存の顧客基盤の価値ともっとも購買頻度の高い顧客層を"掘り起こす"ことにある。しかし、ブ

ランドの成長にとっては、ブランドの顧客基盤を成長させ、新規購買客を獲得し、市場への浸透率を高めることがきわめて重要だ。すべてのブランドは、時間の経過とともに多くの顧客を失っていく。引っ越し、死亡、あるいは単にブランドを忘れるなど、原因はさまざまだ。成長中のブランドは、失う顧客数より獲得する新規顧客数が多い（Riebe et al.,2014）。そのため、ライトバイヤーや既存顧客を維持するのはもちろん、新規顧客を開拓するためにも、顧客に幅広くリーチする活動が必要となる。

図6.7　ヘビーバイヤーにフォーカスする戦略をユーモラスに風刺している

©marketoonist.com

スマートターゲティングの実践

　マーケターが最初に試すべきアプローチは、データに基づいた説得力のある理由がない限り、市場全体つまりそのカテゴリーで購入するすべての人や企業を、広告および他のマーケティング活動の対象とすることだ。"排除"ではなく"包含"を常にめざすべきだ。

　しかしこれは、すべての顧客を同等に扱うという意味ではない。これまで考察してきたように、マーケターは通常、多くのカスタマイズとオプションを提供している。市場にはさまざまな人がいること、そのニーズや、気分、状況は人によってさまざまであることをマーケターは理解している。

　洗練されたマスマーケターなら、多様な顧客ニーズに対応しつつ利益を上げることをめざして、製品やサービスの標準化を進めるべきだ。そのためには、規模を拡大しコスト効率を向上させながら、ブランドの価値を守り評判の高い製品を確実に提供しなければならない。彼らは、ブランドとそのマーケティングを可能な限り多くのカテゴリーユーザーに可能な限り魅力的なものにしながらも、個性的なブランドを育てることをめざしている（これについては第7章と第11章で詳しく述べる）。"洗練された"という言葉は、購買客間の違いや購買状況間の違いを理解でき、適切だと判断されれば、規模を犠牲にすることなくその多様性や違いに対処できることを意味する。

　洗練されたマスマーケターは、マーケティング活動をブランドの成長に集中させてターゲットを絞り過ぎることがないように、さまざまな手段を講じている。たとえば次のようなものがある。

1. 多様な消費者の存在を認識し、ブランドのターゲット市場を狭く定義しない。
2. いつ、誰が、なぜ、そのカテゴリーから商品を購入し、そのブランドが彼らの生活にどのように適合しているか

を理解し、記録する。

3. 指標だけに頼らず、常に実際の数字をチェックする。指標は偏りを浮き彫りにするのに役立つこともあるが、小さな違いを拡大解釈することもある。統計に基づいた相対的評価よりも実際の数値に基づいて行動する。

4. ブランドの売上やメディアの偏りなど（例：人口統計学的偏り）を定量化する。

5. 新ブランドやSKUを追加したり特定の機会に焦点を当てたりしても、その多くは同じ顧客層（主にライトカテゴリーユーザー）に売れること、すなわち必然的に既存製品のカニバリゼーションが伴うことを理解する。

6. ヘビーバイヤーだけが成長の鍵ではないことを知る。

7. マーケティングの成果を評価するときは、個々のキャンペーンのROIだけではなく、マーケティング活動全体がビジネスの総利益にどれだけ貢献しているかを評価する。

8. 特定のキャンペーンやターゲット市場の成功だけではなく、ビジネス全体の売上と成長を最大化することをめざす。

9. 流通とマーケティングコミュニケーションの両面で、ブランドの製品カテゴリーに関心を持つ可能性のあるすべての消費者にリーチする。特定の地域、時間帯、状況に限定されることなく、広範囲に消費者にリーチする。

10. ブランドのターゲット市場を狭く定義しない。

11. できるだけ多くのカテゴリーユーザーにアピールするために、規模と効率を高める方法を常に模索する。

　ターゲットを絞ることで、良いビジネスチャンスが生まれる場合もある（例：女性専用ジム）。しかし、裏付けとなる根拠がない限り、最初からターゲットを狭く設定するべきではない。潜在的市場が狭くなり、成長の機会を最初から制約してしまうことになる可能性があるからだ。数学的な計算と数値の分析を行おう。ターゲティングから得られる全体的なリターンがコストを上回るか、より大きなグループにリーチすることで得られるリターンよりも大きいか（たとえそのグループの購買傾向が低いとしても）を確認しよう。コストを計算するときは、正確なリターンを計算できるように固定費や諸経費を含めて徹底的に行う。アプローチできていない顧客層はないだろうか。もしアプローチできていない顧客層やマーケティング活動に触れていない顧客層があれば、それによる売上の損失について考えるべきだ。たとえば、ライトバイヤーに提案が届かず、代わりに競合ブランドの広告や提案が繰り返し提示された場合の影響を考慮し、潜在的な損失を算出する。

CRITICAL REFLECTION 批判的省察

　もっとも価値の高い、すなわち顧客生涯価値のもっとも高い、もっとも忠実な顧客をターゲットにして、特別な広告や、より大きなサービス、割引、その他の特典を提供することは理論に則しているように思えます。しかし、これはマーケティングの誤謬です。本当に重要なことは、マーケティング介入に反応した顧客から得られる増分の利益です。

1. 最重要顧客をターゲットにしてもリターンがほとんど増えない理由は何でしょうか？

2. ターゲティングは料理における塩のようなもの、すなわち、少量を控えめに使うべきものでしょうか？　それとも、ターゲティングがブランド成長の核となる状況があるでしょうか？

CASE STUDY

洗練されたマスマーケティングとＴ型フォード

　市場は実に多彩だ。顧客もさまざまだが、マーケティングミックスもさまざまだ。昔は単一のマーケティ

ングミックスしか提供しない企業もあったが、それも今ではすっかり神話と化している。単一の製品をマスマーケティングした例としてもっともよく挙げられるのがT型フォードだ。色は黒だけだったが（前述の事例を参照）、配送や支払いにはオプションがあり、ディーラーを選択でき、購入後にアクセサリーなどの装備を選べた。1909年から1927年の間に、14種類のボディスタイル（4ドアや2ドアなど）が提供された。車体製造会社が独自のボディを架装できるように、シャーシ（車の骨組み）のみの販売も行った。さらにフォードはT型以外の車種も販売していた。

　このように、マスマーケティングにはセグメンテーションやターゲティングと同様に、常にある程度の商品バラエティマーケティングが含まれていた。これは今日でも行われている。賢明なマーケターは洗練されたマスマーケターだ。彼らは、すべてのカテゴリー購買客をターゲットにし、さらにその嗜好の違いに適いながらも利益を上げるすぐれた方法を工夫する。

　1914年、ヘンリー・フォードは自社製品の色を黒に統一した。T型はその後、世界市場で50％という驚異的なシェアを獲得し、彼の判断の正しさが証明された。当時はほとんどの消費者が、色よりも価格や耐久性、および当時の劣悪な道路での性能に関心を持っていた。その後、他の自動車がT型に匹敵する性能、品質、価格を持つようになって初めて、色が消費者にとって重要な要素になった。この例は、マーケターが嗜好のばらつきに対応するために慎重な決断を下し、何が重要で何が重要でないかを理解し、真のターゲット市場を見失うことなくその異質性に対処し、利益を上げられる戦略を立てられなければならないことを示している。

INDUSTRY INSIGHT　　　　　　　　　　　　　　　　　　　　　　　　　業界動向

サーモンキャンペーン戦略
── 何かfishy（怪しい）ことが起きている？

　サーモンはあらゆる年齢層の男女がほぼ等しく消費しており、その消費の根本的な原動力は味にある。にもかかわらず、2010～11年のタスマニアサーモンのキャンペーンでは"ビューティーフード"というスローガンが使われた。このコンセプトは、あるセグメントに関するフォーカスグループインタビューから得られたインサイトをもとに開発された。ターゲット消費者は20～25歳の独身女性だった。これはサーモンの潜在市場の10％弱に相当する。このターゲット層にリーチするため、キャンペーンのメディア戦略は、厳選された女性ファッション誌と美容雑誌に重点を置いた。

発展問題　QUESTIONS

1. これはすぐれたキャンペーン手法といえますか？
2. リスクと機会は何でしょうか？
3. キャンペーン開発のための調査には誰が参加するべきでしょうか？
4. このようなセグメンテーションアプローチは、ここで言及された広告やメディアに対する影響以外に、どのような影響を与える可能性がありますか（例：流通や価格設定など）？
5. 他のキャンペーンを何か選んで、ターゲットオーディエンスの観点から考察してください。特定のオーディエンスをターゲットにしていますか、それとも幅広いオーディエンスをターゲットにしていますか？　うまく機能しているものは何ですか？　リスクのあるものは何ですか？

本章の結論　CONCLUSION

　本章で得られた重要な教訓は、特定の購買客層に焦点を絞ることも、競争力も利益も失うほど広範に市場を拡大することも、どちらも危険を伴うということだ。プレミアムブランドは誰もが買えるように価格を下げるべきだという意味ではない。特別な機会に何かひとつ購入するだけでも良いので、購買が促進される可能性のある消費者を対象に、魅力的なコミュニケーションを幅広く行って購入しやすい方法を提供し、できるだけ多くの購買客を取り込むべきだ。マーケティングの技術とは、規模と収益を維持しながら、どのセグメントへのサービスも疎かにすることなく、多様で広範な市場に製品を提供する方法を見つけること、すなわち、できるだけ多くの消費者にメンタルアベイラビリティとフィジカルアベイラビリティを提供することだ。そのためには、消費者の相違点だけでなく共通点を深く理解することが重要だ。

本章の要点　Summary

+ マーケターは、マーケティング戦略として次のような重要な選択肢を有している。
  ▲市場を類似の特性を持ついくつかの購買客のグループに細分化し、各グループ（＝セグメント）を
  ターゲットとしてそれぞれに異なる製品やサービスを提供する。
  ▲特定のグループに特化したマーケティングミックスを使わず、多様な需要に対応するためにさまざ
  まな製品オプションを含むマスマーケットアプローチを行う。

+ セグメンテーションやターゲティングは人気の手法だが、これらのアプローチには誤った前提と精度
  に欠ける原価計算が採用されている。マーケターは、セグメンテーションとターゲティングの道を進
  んで市場全体（あるいは少なくとも広範な市場）には焦点をあてないことを決断する前に、慎重にな
  るべきだ。

+ 特定の地域など、定義されたセグメントをターゲットにすることは理に適っているが、そのセグメン
  トが効果的であるためには、セグメント内の購入者が特定の特性を共有し、その特性が彼らの購買行
  動やメディア消費において重要な違いをもたらしている必要がある。

+ セグメントを特定するためには複雑な技術が一般的に使われているが、いかなる意思決定も実際の数
  値データや市場全体の反応に裏付けられるべきだ。

+ 賢明なマーケターは、過剰なターゲティングを行わないために、消費者を正しく把握し、ブランドの
  成長に重要な役割を果たすライトバイヤーを理解することに努めている。

復習問題　REVISION QUESTIONS

1. セグメントが効果的であるためには、どのような特性を有しているべきですか？

2. まったく異なる3つの自動車ブランドまたはモデルを挙げてください。それぞれはどのようなセグメン
   トにアピールしていますか？　それぞれの自動車メーカーは各ユーザーグループにどのように焦点を絞
   り、独占的にリーチしようとしていますか？　また、どのような戦略を採用して差別化を図ろうとして
   いますか？

3. 製品のユーザーが購入者本人ではない例を考えてください。ターゲティングにはどのような影響がある
   でしょうか？

4. スマートターゲティングとは何でしょうか？　婦人靴の販売にどのように応用できるでしょうか？

5. 企業が「我々が注目するセグメントは心の広いチームプレーヤーだ」と主張することはよくあることで
   す。そのようなグループをターゲットにすることは実際に可能でしょうか？　それは良いビジネス判断
   といえるでしょうか？

6. 本章では、"辛口"や"低糖質"のビールは、特に減量をめざす人々には売れないことを学びました。その
   理由のひとつは、すべてのビールはすでに低糖質であり、この"低糖質"ビールのカロリー量は通常のビー
   ルとほぼ同じだからです。おそらく、騙されたのはマーケター自身であって市場ではないでしょう。
   もし消費者がこのビールを健康的な製品として受け入れた場合、ビールカテゴリー全体に悪影響を与え
   ることになるでしょうか。議論してみましょう。

7. セグメントと市場内市場はどう違いますか？　セグメントと市場内市場について考えることは、マーケ
   ターにとってどのような意味がありますか？

8. 正確にターゲットを絞れるとしたら、そうしたいですか？　具体的にターゲットにしたい人の基準を明

確にしてください。基準を確定する前に、アレンバーグの購買頻度の法則（第2章と第3章を参照）を考慮しましょう。この法則は、ブランドの購買客の多くがライトバイヤーであり、ヘビーバイヤーは非常に少ないということを示しています。

Chapter 06

重要事例研究
MAJOR CASE STUDY

マイ・ワールド・マイ・ウェイの
セグメンテーション戦略

エリザベス・ガンナー 著

マイ・ワールド・マイ・ウェイはオーストラリアの旅ガイド会社だ。同社の取締役会は市場シェアの低下を懸念していた。業界1位の座をロンリープラネット社に奪われることを恐れた彼らは、マーケティングコンサルタントを起用した。彼は初日から刺激的なプレゼンテーションを始めた。「ケブを紹介しましょう」と言い、よれよれの靴を履いた10代後半の男性をプロジェクターに映し出し、こう続けた。

「ケブは18歳です。兄弟が2人いて両親はそれなりに裕福です。人気者で週末はクラブでフットサルをしたり、仲間とパーティーに行ったりしています。もうすぐ卒業で、その後は自立したいと思っています。ここで私たちの出番です。ケブの行く先々で私たちが彼に『ねえ、遊学するのはどう？ アジアや南米で半年過ごすなんて考えられない？ マイ・ワールド・マイ・ウェイは予算を抑えた旅行にもってこいだよ』と言うとします。するとケブに妙案がひらめきます。ケブはガイドブックを買って読み始めます。そしてクリスマスのプレゼントにマイ・ワールド・マイ・ウェイのパック旅行を買ってくれるよう両親に頼みます。ケブはFacebookでマイワールド・マイ・ウェイを『いいね！』し、友達にマイワールド・マイ・ウェイのことを話すでしょう」

最後にコンサルタントは、「ケブは私たちの未来です。彼が何を好むか、どこに行くか、彼とどう話せばよいかを理解することが重要です。もし今、ケブを顧客として獲得できれば、ケブは生涯にわたって忠実な顧客となるでしょう」と言ってプレゼンを終えた。

発展問題　　　　　　　　　　QUESTIONS

1. このマーケティングコンサルタントは、ターゲットを絞ったマーケティング戦略を提案しています。ターゲットマーケティング戦略とマスマーケティング戦略の違いは何ですか？
2. マイ・ワールド・マイ・ウェイにとってターゲットマーケティング戦略は適切だと思いますか？ この場合、どのような利点と欠点があるでしょうか？
3. あなたがロンリープラネットのマーケティングディレクターだと想像してください。あなたならマイ・ワールド・マイ・ウェイの新戦略にどう対抗しますか？ どのような機会と脅威があるでしょうか？
4. あなたがマイ・ワールド・マイ・ウェイのコンサルタントとして雇われたとします。そして、マイワールド・マイ・ウェイの多くの顧客が、マイワールド・マイ・ウェイはコストパフォーマンスにすぐれ、役に立つ旅行情報を提供してくれると言いながら、他社のガイド旅行も購入しているという調査結果を役員会から手渡されたとします。
   a. あなたはこの結果について役員会に何を伝えられますか？ 役員会はこの結果を懸念すべきでしょうか？
   b. あなたはどのようなマーケティング上のアドバイスをしますか？

INTERVIEW

Sally Roscholler
サリー・ロスコラー

リーダー・コミュニティ・ニュース社
マーケティング・マネージャー

　2002年、優等学位で経営学士号を取得した私は、デスティネーション・メルボルン社とイントレピッド・トラベル社のマーケティング部門でインターンとして働きました。イントレピッド・トラベルで働いていたときに優秀なフォトジャーナリストに出会い、Get lostというタイトルの新しい冒険旅行雑誌を一緒に作らないかと誘われました。私はその雑誌の創刊から2年間、マーケティング、デザイン、編集の仕事に携わりました。同誌は、ちょうど51号目が出版されたところです。小規模組織の主要な利点は、部門を超えて実にさまざまな経験を積むことができることです。2年目には、ロンボク島に関する記事を書くためにインドネシアに派遣されました。大変な仕事でしたが、誰かがやらなければなりませんでした。

　2005年初め、私はヘラルド＆ウィークリー・タイムズ紙（HWT）にメディア＆マーケティング・インサイト部（M&MI）のマーケティング・アシスタントとして入社しました。HWTはヘラルド・サン、リーダー・コミュニティ・ニュース、ジ・オーストラリアン、taste.com.au、GQ、ヴォーグなどのブランドを発行しているニューズ・コーポレーション社傘下の会社です。

　2006年5月、私はマーケティングアナリストに昇進しました。この職務では、主にビクトリア州版ヘラルド・サンと取引のある代理店およびメルボルン・エクスプレス誌の営業チームと仕事をしました。限られた時間のなかでブリーフに示された課題に対して戦略的な対応策を考案することは日常茶飯事でした。クライアントは、最新のメディア戦略、メディアチャンネルの統合、付加価値を求めます。プレッシャーは大きいですが、新規ビジネスを獲得できたときの高揚感は何物にも代えがたいものがあります。

　2007年2月、私はシニア・マーケティング・アナリストに昇進し、メルボルンに拠点を置き全国の広告主を管理するニューズ・リミテッド社の営業組織であるニューズネット（現ナショナルセールス）の責任者となりました。

　2008年7月、私はチームリーダーに昇進し、マーケティングアナリストチームのマネジメントを任されました。マネジメントは、私の10年のキャリアのなかでもっともやりがいのある役割のひとつでした。チームリーダーとして、広告主にラルド・サン紙関連の最新情報と広告機会を提供するために、eDM（電子ダイレクトマーケティング出版物）のBiteSizeを定期的に発行しました。また、同紙のクリエイティブ広告キャンペーンにも取り組み、それらはB&T、アドニュース、マンブレラなどの専門誌で取り上げられました。2009年には、毎年恒例のHWT広告セールス賞でスーパーバイザーオブザイヤー賞を受賞しました。

2010年7月、メディア＆マーケティングインサイト
マネージャーに昇進し、ビクトリア州の広告セールスデ
ィレクターの直属となりました。2016年8月には、マ
ーケティング・マネージャーとしてリーダー・コミュニ
ティ・ニュース社に12カ月間出向しました。今では、
これまで培ったリサーチとトレードマーケティングの専
門知識を生かしながら、消費者市場のマーケティング戦
略を学び、実践しています。

　メディアプラットフォームはかつてないほどのスピー
ドで変化しつつあります。この業界に身を置くには、今
がもっともチャレンジングでエキサイティングなときで
す。ニューズ・コーポレーション・オーストラリアは、
新しく進化し続けるメディア環境に適応するために自ら
を変革してきました。私はこのような先進的な会社で働
くことを心から楽しんでいます。今後どのような将来が
待ちうけているか考えただけで興奮を隠せません。

Chapter 07 Product (Goods and Services) 242

Chapter 07

Product
(Goods and
Services)

製品とサービス

デビッド・コーキンデール 著

寄稿：バイロン・シャープ

Chapter 07

INTRODUCTION CASE
導入事例

ディズニーの大失敗：映画『ジョン・カーター』

　2012年3月、ディズニーは『ジョン・カーター』という大作映画を発表した。製作費に3億米ドル、マーケティングに1億米ドルが費やされた。しかし、最初の1週間興行収益は3000万米ドルにとどまり、2億米ドルの損失が出ると予想された (BBC News, 2012)。この映画は、『ターザン』の生みの親であり『時間に忘れられた国』の著者でもあるエドガー・ライス・バローズの一連の著作を基にしたファンタジー物語で、アメリカ南北戦争の退役軍人が、どういうわけか火星に飛ばされ、ロインクロスを着せられ、数々の怪物と対峙するという内容だった。批評は芳しくなく、観客からも否定的な意見が多かったため、上映する映画館が減り、上映期間は短くなった。プロモーションによってチケット価格を下げた映画館もあっただろう。結果的に、全体の興行収入はさらに減少した。

　広告や宣伝にもっと費用をかけていたとしても、当初の収益目標を達成することはできなかっただろう。得られた教訓は、健全な製品を持つことが、市場で成功するために必要な出発点であるということだ。その他のマーケティングミックスの判断も必要だが、それだけで成功を収めることはできない。

　他にどのようなマーケティング上の教訓があるだろうか？　製品のタイトル、つまり名前はきわめて重要だ。ジョン・カーターという名前は、その製品や提供するものについて何を伝えているだろうか？　当初提案されていたタイトルは『火星のジョン・カーター』だったらしいが、ディズニーのマーケティング担当者が、人は火星はもちろんSF全般に興味がないと考えたため、この案は却下された (The Economist, 2012a)。『ハンガー・ゲーム』や『ジュラシック・ワールド』といった他のSF・ファンタジー映画の成功を考えると、この判断には疑問が残る。その2年後、『エイリアン』『ブレードランナー』のリドリー・スコット監督が演出し、マット・デイモンが主演した『オデッセイ』は、興行収入6億3000万米ドルを記録した。

　同じように多額の製作費用を要し、凡庸な評価を受けたもうひとつのディズニー映画『パイレーツ・オブ・カリビアン／生命の泉』は、その1年前に公開され、10億米ドルを超える興行収入を記録した。そのタイトルから、"パイレーツ・オブ・カリビアン"シリーズの映画であることがわかり、観客はジョニー・デップが時折見せる皮肉たっぷりの冒険心、特殊効果、官能的なストーリーを期待することができた。人々に親しまれ、人々に好きなものを連想させるブランド名は貴重なマーケティング資産であり、これもまた教訓だ。

　この事例は、本章で扱う基本的なマーケティングのコンセプトを示している。まず、製品および製品のためのマーケティングの意思決定がマーケティングマネジメントの中心的要素であること、次に、映画のDVDなどは、エンターテイメントというサービスを提供するひとつの手段であり、ほとんどのビジネスがサービスとして捉えることができること、そして、製品は基本的ニーズを満たすというマーケティングの中心そのものであると考えることができるが、マーケターはそこにブランド名などのブランド要素を与え、これを維持し、製品の価値を高めていかなければならないことだ。

INTRODUCTION

　本章では、靴のような物理的製品（商品）だけではなく、会計、銀行、小売、観光、医療、教育のような中核的サービスに至るまで、さまざまな形態の製品やサービスを取り上げて議論する。今日の先進国経済では、企業や組織の大半がサービスの提供に従事しており、その結果、組織でマーケティング活動に従事している人々の多くが、サービスのマーケティングに取り組んでいる。政府機関や非営利組織のマーケティング担当者も同様だ。しかし、靴のマーケティングであろうと、休暇保険のマーケティングであろうと、老人介護のマーケティングであろうと、同じマーケティングの原則と実践を応用することになる。商品であれサービスであれ、製品の設計と能力に関する意思決定は、マーケターが市場の需要を喚起し管理することを計画するためのマーケティングミックスを考案する際の出発点だ。本章では、消費者市場や企業間市場で提供されている製品にマーケターが意思決定を行う際に影響を与える要因、および、それらの製品は主に中核的製品で構成されているのか、それとも中核的サービスで構成されているのかについて考察する。

本章の目的　Learning objectives

本章で学ぶこと：
+ マーケターが行わなければならない基本的な製品決定を理解する
+ 中核的製品の決定に際して考慮すべき基本的要因を理解する
+ ブランディング上の重要な決定の基礎知識を持つ
+ 製品に名前をつけるときの基準を学ぶ
+ 独自のブランド資産とは何かを理解する
+ 企業間（B to B）マーケティングに特有の特徴を理解する
+ B to Bマーケティングでは製品にどのような機能を付加しなければならないかを学ぶ
+ 革新的製品の3つのタイプと、それぞれの典型的な顧客行動を学ぶ
+ 革新的製品が市場に受け入れられるために役立つ5つの属性を学ぶ
+ 新製品開発のプロセスを学ぶ
+ 製品カテゴリーのライフサイクルモデル（PLC）の使い方を知り、
  市場の変化を理解するのに役立てる
+ PLCの限界を学ぶ
+ 製品寿命を延ばす、または新たな顧客を見つける方法を学ぶ
+ サービスマーケティングと製品マーケティングの共通点と相違点を理解する

"製品"とは何か？

　マーケティングが存在する理由のひとつは、顧客の人生の目的を、それが何であれその達成を支援することだ。目的の達成に製品やサービスの提供が必要であることは多い。したがって、製品とは、潜在顧客のニーズとウォンツを満たすことを目的として組織が提供するものと定義される。たとえば、A地点からB地点へ移動する必要があれば、バスサービスを利用してバスに乗ることができる。もし自分で車を運転してそのニーズを満たしたいと思えば、車（物理的財）を買うか、あるいは車（サービス財）を借りなければならない。他人の車で送ってもらいたいと思えば、

Uberを使ったり、タクシーを使ったりすることもある（どちらもサービスだ）。つまり、私たちは、A地点からB地点へ移動するために、物理的財を使うこともサービス財を使うこともできるのだ。どちらを利用しても自分のニーズを満たすことができる。服を洗濯したければ、ランドリーサービスに出すこともできるし、洗濯機を買うこともできる。これらの例からまず言えることは、製品とは所有するために買う物理的実体であり、サービスとはある人が他の人のために行う行為である、ということだ。しかし、以降では、製品とサービスの両方を包括する広い意味での製品という用語を使い、サービスが特別なマーケティング上の意思決定を必要とするかどうかという問題については、本章の後半で再検討する。

前述の例は、製品のデザインと性能に関する決定は、潜在顧客のニーズとそれを満たす方法を理解することから始めなければならないことも物語っている。「売れるものを作れ、作れるものを売ろうとするな」という表現はこの原則をよく表しているが、組織における製品決定のほとんどがこの原則に忠実であろうとしている。売れる製品を作るためには、顧客ニーズを満たすものは何かを見極めなければならない。通常、顧客のニーズはかなり明白でわかりやすい。したがって、製品に関する決定は、顧客のニーズや要望に基づいて行うべきだ。しかし、本章後半で述べるが、革新的な製品を導入する場合は、この原則は例外として顧客をこちらがリードすることもある。

市場とは、未充足のニーズを持つ顧客の集団だ。このニーズの満たし方は、商品の種類によって異なる。商品には多くのカテゴリーがある。たとえば、情報、ゲーム、人（例：アスリート）、場所、イベント、金融商品（例：株式）、デジタルアイテムなどだ。

"楽しみたい"という消費者ニーズを満たす商品もある。たとえば、映画館やコンサートは、消費者ニーズが感情面から満たされるという体験を与えてくれる。スクリーンやステージ上の映像に加えて、提供される商品、サービス、環境が総合的に相まって消費者体験を創り出している。購入するのはあくまでも映画の内容や演技だが、それを他の製品やサービスが補完して、消費者体験のレベルを押し上げている。この例から分かるように、人が商品と考えて購入しているものは、多くの場合、サービスと物理的製品の複合パッケージだ。製品やサービスがコモディティ化（一般化）し、どれもよく似たようなものになり、違いは価格くらいしかないと顧客が思うようになると、最終的には、中核的製品に相応しい顧客体験を提供できる企業が好まれるようになるだろう。(Kinni, 2010)。

CASE STUDY

ヒルティ：
商品提供からサービス提供へ

　ヒルティはリヒテンシュタインに本社を置き、建築・建設業界向けに電動ドリルなどのプロ仕様の電動工具を製造するメーカーだ。同社は、顧客が、これらの製品の多くをコモディティ商品とみなし、より安価な他社製品を購入し始めていることに気づきつつあった。この状況に対処するため、同社のマーケティング担当者は、中心的な顧客ニーズがどこにあるかに考えをめぐらせた。たとえば、建築請負業者の場合、予定どおりにプロジェクトを完了させて報酬を得るためには必要な工具が入手可能でなければならず、それができなければプロジェクトが遅れ、財政的損失を被る可能性があることに気づいた。ヒルティのマーケティング担当者は、電動工具の所有を提供するのではなく、その使用を提供するほうが建築業者のニーズをより大きく満たすことができると知るに至った。つまり、建築請負業者にとって、必ずしも工具を所有することが利益につながるわけではなく、それを効率的に使用できることが利益につながるのだ。ヒルティは、大規模な建築請負業者に、電動工具を購入する必要

のないサービスを提供することを申し出た。そして、よく整備の行き届いた工具一式を毎日必要なだけ建設現場に供給することを保証した。建築請負業者側は、電動工具を購入し、所有し、メンテナンスする必要がなくなる。実際、顧客のニーズは、電動工具をタイムリーに入手することであり、必ずしも所有することではなかった。ヒルティ側には、提供した自社製品が常に良好に作動することを確保できるとともに、継続的なパートナーシップを維持している企業から一定の収入を確保できるというメリットもある。このように、以前は機器製品の販売のみを行っていた企業が、同じ製品を使ったサービス事業も行うようになった。建築請負会社のニーズに新しい方法で応えるために、ヒルティは工具のフリート管理プログラムを作成し、重点を生産と製造から顧客ニーズ対応のサービスへと移した。

このケースは、物理的製品を買うことによってもたらされるニーズが、サービスを買うことによっても満たされる可能性があることを示している。物理的製品を製造する企業のマーケターは、自問すべきだ。顧客は、当社の製品を買うべきか、それとも当社が提供するサービスを買うべきかと。そしてそれが自社にとっても良いことかと。

発展問題　QUESTIONS

1. 「ヒルティは現在、どのようなビジネスを展開していますか?」という問いにどう答えますか?
2. 企業が、物理的商品ではなく中核的サービスを顧客に提供するビジネスモデルへと転換した場合、その企業にとって、どのようなマーケティング上のメリットがあるでしょうか?　また、どのようなデメリットがあるでしょうか?

私たちは、レストランに行けば、料理そのものだけでなく、ある程度のサービスや心地良い雰囲気を期待する。もし、昨晩行ったおいしいレストランのことを友人に話すとしたら、おそらく料理（商品）、スタッフの態度（サービス）、そして全体的な雰囲気を評価の対象に含めるだろう。このように、中核的製品（レストランの料理など）や中核的サービス（航空会社のフライトなど）に加え、補完的サービスや製品が組み合わさって、顧客が期待する全体的な評価ができていく。中核的製品や中核的サービスは、中核的顧客ニーズ（例：AからBへ移動したい）を満たすことを目的としなければならない。これはマーケターが正しく理解しなければならない最優先事項だ。次に重要なものは、基本的な製品機能を、レストランの質の高いサービスのように、より魅力的で受け入れられやすくするための付加的な機能だ。これは第二の優先事項だ。三番目は、それまで提供されてきたものにさらなる付加価値を加えることだ。たとえば、都心のレストランが提供するバレット・パーキング・サービス（駐車出入庫サービス）などだ。さらに機能が追加されると、製品パッケージ全体はより競争力のある魅力的なものになるが、通常、これには追加のコストが伴う。中核的ニーズを満たすことは不可欠だが、それに続く2つの補完的優先事項は任意であり、マーケターは製品の魅力とそれに要するコストとのバランスをどう取るべきかを判断することに注力しなければならない。通常、この判断は競合ブランドの戦術の影響を受ける。しかし一部の顧客は、追加の機能やサービスを省いた基本的な製品だけで十分であり、しかもそれが低価格で受け取れるならそれに満足する。

第1章で述べたように、マーケティングの基本原則は、マーケティングミックスに一貫性を持たせ、買い手を混乱させないようにすることだ。そのためには、高品質の製品は、パッケージも広告も高品質でなければならないし、価格も高くなければならない。特にサービスの場合、多大なリソースと努力を必要とする。たとえば、一流ホテルの宿泊客は、単に広い部屋と大型テレビだけではなく、従業員スタッフ全員が礼儀正しく、前向きであり、有能であることを期待している。しかし、このようなニーズに継続的に答えることは難しく、実現には相当なサービス管理が必要だ。

CASE STUDY

高級ブランドへの飛躍

イシオスは、スペインの有名なリオハ地方の高級ワインブランドだ。ワイナリーは内外ともに壮観だ。世界的に有名なスペインの建築家サンティアゴ・カラトラバが設計したその屋根が、リオハの山々と起伏のあるブドウ畑と美しく調和している。

ワイナリー"ボデガ・イシオス"には、ワインを熟成させるための最高級の新樽がいくつも並ぶ温度管理された蔵など、最先端のワイン製造設備を備えている。製造しているワインは2種類のみで、どちらも100%テンプラニーリョの赤ワインだ。テンプラニーリョはスペインでもっとも有名なブドウで、スペインの法律により発売前の最低2年間の大半をワイナリーのオーク樽で熟成させなければならない"レゼルバ"である。

イシオスはシングル・ヴィンヤード・エディシオン・リミタダ（限定版）ワインも造っている。これは品質が特に良い年に9000本しか製造できない。イシオスは、ジェイコブス・クリーク（南オーストラリア州バロッサ）、ブランコット・エステート（ニュージーランド）、ケンウッド・ヴィンヤード（米国）などのワイナリーを傘下に持つ、オーストラリアのペルノ・リカール・ワインメーカーズ社が所有している。同社は近隣のリオハのワイナリーのカンポ・ビエホも所有している。カンポ・ビエホは、イシオスが数千本であるのに対して数百万本のワインを生産している。カンポ・ビエホのワイナリーも印象的だが、その理由は異なる。ワイナリーが、イシオスのように外観の美しさで人目を引いているのではなく、地下建設という構造と高度な技術が人々を魅了している。

このワイン・グループ全体が、アブソルート、ビーフィーター、シーバスリーガルなどのスピリッツブランドを所有するフランスの巨大企業ペルノ・リカールの傘下にある。

イシオスの生産規模は小さいため、ペルノ・リカールの経営トップはイシオスにほとんど注目していないのだろう。イシオスの売上と利益がグループ全体の財務諸表上に占める割合はごくわずかだ。しかしその印象的なワイナリーは経営会議の場所として使われている。

2014年、ペルノ・リカールのスペインワイン担当社長クリスチャン・バレは、「イシオスは我々にとって高級ワインであり、そのように位置づけられなければなりません。これまでは中途半端でした。品質は良く、ワイナリーもすばらしかったのですが、一貫性のあるメッセージに欠けていると感じていました」と述べた。「3、4年前から私たちは再び、イシオスのコンセプトであるブドウ畑、樽、クラブ・イシオスの見直しを始めました。ブドウの選別を強化し、エディシオン・リミタダにはさらに入念な選別を行いました。細部にまで気を配る必要があります」

スペイン市場に進出したイシオスは、2007年、ヴィンテージワインからのポジショニングの再構築に着手した。その一環として、「明らかに安すぎる」とバレに評されていた18ユーロ（28豪ドル）の価格を25ユーロ（38豪ドル）へと値上げした。

現在、新しい市場として中国が注目されている。中国では1本あたり約120ドル相当で取引される見込みだ。バレはまた、アメリカがイシオスにとってもうひとつの強力な市場になる可能性があることも示唆した。

バレは、アメリカ市場では1本50ドルという目標価格を設定し、アメリカでのイシオスの潜在的消費者を「今日、ピングスやベガ・シシリアを飲んでいる人たち」と特定した。

英国は高級ワイン市場の主要拠点であるが、英国がイシオスにとって重要な市場になる可能性は低いとバ

レは指摘し、「イシオスの英国での販売は限定的で、スペインの最高のワインセレクションを楽しむ一部の消費者向けの小規模なブランドにとどまるだろう」と述べた。

データソース：このケーススタディは2014年1月にガブリエル・ストーンがThe Drinks Business誌で発表したクリスチャン・バレとのインタビューに基づいている（http://www.thedrinksbusiness.com/2014/01/ysios-steps-up-luxury-ambitions/）。

発展問題　QUESTIONS

1. 8年以上が経過した2016年、イシオス・レゼルバ2008は、スペインでは今でも18ユーロ（28豪ドル）、高くても25ユーロ（38豪ドル）で売られています。以下は、ワイン愛好家のプラットフォーム"セラートラッカー"からのレビューの抜粋です。
   - 「とてもモダンで洗練された印象を受けます。高価なオーク樽で熟成された豊かで深い味わいがあります。しかし、率直に言って、おもしろみはありません。リオハのワインは、安価なものだと樽香が強すぎたり、古樽で熟成しすぎて風味が損なわれたりすることがあるのは知っていました。個性的なものやすばらしいものもありますが、これほど退屈なワインもあるとは知りませんでした」
   - 「非常に滑らかで多くの人に好まれています。チェリーリキュールのような果実の風味を感じるものもあれば、ダークチョコレートの風味や甘いタバコの香りを感じるものもあります。シルクのように柔らかく豊かな口当たりで、鮮やかな酸味と濃厚なダークベリーの風味があり、しかも長い余韻が残ります。でも、アルコール度数のバランスはあまりよくありません」
   - 「ワイナリーのツアーは最高でした。オーク樽の香り、繊細に煙る香り、熟れた果実の香りが漂っていました。口当たりがとても滑らかで、チェリーオーク風の香りがしました。酸味は穏やかで、タンニン酸は感じられませんでした。ほどほどの余韻が残りました」

   問題は製品の品質にあるでしょうか？　ウェブサイト（http://www.cellartracker.com）で、イシオス・レゼルバ2008のレビューとベガ・シシリアのレビューを比較してください。他に何か問題がありますか？

2. イシオスのマーケティング担当者は、価格だけでなく販売量も増やしたいと考えています。彼らが直面する課題は何でしょうか？　彼らはどのような資産を生かすことができますか？

3. スペインでは25ユーロ、アメリカでは50ドル、中国では120ドルで販売する計画です。これは現実的でしょうか？　良いマーケティング戦略でしょうか？

中核的製品に関する意思決定

　マーケターが製品に関する意思決定を行う際の重要な出発点は、顧客が持つ基本的なニーズや目的を理解し、製品が顧客のニーズを満たすのに役立つと知ることだ。たとえば、ウェンディーズのアイスクリームチェーンは、"スーパーマーケットで大きな買い物をして疲れた人に'即席のご褒美'を提供する"ことで顧客のニーズを満たすとしている。ここで、彼らが提供するアイスクリームやスナックは、顧客のニーズを満たすという目的を達成するための手段であることに留意しよう。多くの中核的製品やサービスが顧客の直面する問題に対処してそれを解決する役割を持つが、そもそも私たちは、中核的製品が解決しなければならないこの問題を十分に理解しているだろうか？　マーケティングにおいてはさまざまな意思決定が行われなければならない。これらの意思決定が、中核的製品が顧客の基本的ニーズをどれだけ満たしているかという認識に影響を与え、製品の実用性、および市場競争における製品の評価に影響を与える。そのため、性能レベル、信頼性、耐久性、規格への適合性、サービサビリティ、ユーザーにとって

の運用コストといった問題を考慮して意思決定を行わなければならない。

　製品やサービスが顧客の基本的ニーズを満たすことができない場合、いくら第二、第三の補完的優先事項やマーケティングミックスの他の要素を調整しても、基本的な欠陥を克服することはできないのが通常だ。たとえば、あるブランドの傘がいつも雨漏りをしていたら、いくら色や名前を変えたり、広告を増やしたり価格を下げたりしても、雨の日にその傘を買う人はほとんどいないだろう。

　次節以降で使う"製品"という言葉は物理的製品だけではなくサービス製品も意味する。

CRITICAL REFLECTION 　　　　　　　　　　　　　　　　　　　　　　　批判的省察

ある人が薬局に入り、店員の一人に「膝を切ったので絆創膏がほしい」と言ったとします。店員が、詳しく話を聞くこともなく事務的に棚から絆創膏を取り出して客に売るとします。店員はお客が求めていた絆創膏を提供できたのでしょうか？　その理由も説明してください。

製品特性

　中核的製品の競合力を高め、マーケティング活動の基盤となる重要な要素には、ブランド戦略、ブランド名、デザイン、独自の資産などがある。独自の資産には、ロゴ、ラベル、パッケージ、色、サイズ、製品バリエーションなどが含まれる。ここでは、これらをひとつひとつ詳しく見ていくことにする。

　製品が持つこのような特徴を"製品特性"と呼び、製品の説明や紹介に使うことができる。しかしマーケターは、顧客が重視し認識しなければならないのは、これらの特性から得られるメリットであることに注意しなければならない。たとえば、MacBook Airの商品特性には、軽量、コンパクト、高速プロセッサー、長時間駆動などが挙げられる。しかし、これらの特性から得られるメリット、そして人々がMacBook Airを所有したいと思う理由は、おそらく仕事の場所を選ばなくてよい機動性であり、それが生産性向上という究極のメリットにつながるからだろう。

　マーケターはどのようにして中核的製品と補完的商品を決定しているのだろうか？　マーケティングの目的は、企業と顧客が互恵的な関係を維持できるように支援することであることを考えると、私たちは次のことを明らかにする必要がある。

a: 顧客のニーズを知り、自社の中核的製品がそれを満たせるかどうか。

b: 提供しようと計画中の補完的製品特性が、消費者にとって価値のあるものであるかどうか。そしてそれらが製品の全体的満足度（認識されたベネフィット）の向上に貢献するかどうか。

　このような消費者インサイトは、市場を調査して顧客を深く知ることで得られる。情報が得られれば、さまざまな製品特性を追加するためのコストと照らし合わせてそれを評価する。特性を追加することで想定価格がどのような影響を受けるかを推測することで、製品がトータルパッケージとして市場にどれだけの需要を引き起こすかを評価することができる。そのために、**トレードオフ分析**や**選択モデリング分析**などのマーケティングリサーチ手法が使われる。

ブランド戦略の策定

　製品とは、消費者や顧客の広範で包括的なニーズやウォンツを他のマーケティングミックスの要素と一体となって満たす、潜在的ベネフィットの集合体であると考えることができる。購買客は、自分のニーズを満たし、自分の問題を簡単に解決し、自分にとって適切な価格が設定されており、自分の目に留まる製品を選ぶ。しかし、消費者の選択プロセスには、もうひとつの特性の存在が不可欠だ。

　企業が時間をかけて製品を市場に提供し続けるうちに、満足した顧客やその他のステークホルダーから良い評判や信頼が得られ、メンタルアベイラビリティやフィジカルアベイラビリティなどの市場に基盤を持つブランド資産が蓄積され、やがてそれらがブランドとして具現化される。たとえ顧客のニーズを満たし、適切なマーケティングミック

Chapter　07　　　　　　　　Product (Goods and Services)　　　　　　250

スを行っている新製品であっても、市場に基盤を持つブランド資産を持っていなければ、言い換えれば、ブランド自体のイメージとブランド連想がターゲット顧客に受け入れられなければ、成功する可能性は低い。市場で成功するためには、製品は機能的な面で顧客のニーズを満たすだけではなく、適切なマーケティングミックスが施され、適切なブランディングを行って具現化された**市場基盤型のブランド資産**を持つ必要がある。

　企業は、市場において、以下に示すさまざまなレベルの戦略を用いてブランドを構築し、強化していくことができる。

・企業ブランド戦略：企業名と市場基盤型のブランド資産が、その企業の製品やサブブランドに対して主導的な影響力を持つ戦略。フォード社の"フォーカス"はその例だ。

・個別ブランド戦略：大手企業が多様な製品を展開し、製品ブランドのポートフォリオを持つ戦略。たとえば、ユニリーバ社のパーシル、サーフ、フェアリーリキッド、ドメトスなどだ。

・企業名と個別のブランド名を組み合わせる戦略：企業名を製品の識別のために使う戦略。ケロッグコーンフレークがその例だ。

・レンジブランド戦略：製品ファミリーを別々のブランド名でグループ化する場合。たとえば、松下電器（現パナソニック）はさまざまなカテゴリーの電化製品を製造しているが、市場ではナショナル、パナソニック、テクニクスなどの別々のブランド名で流通している。

ブランドネーム

　前述のように、顧客の頭の中にあるブランド連想は、その人がブランドを購入し、使用し、所有し、管理した経験の蓄積から生じる。ブランドを所有する企業が小売業者やサプライヤーや製品のサービスとの間に築いてきた関係から生じることもある。これらの経験がすべて市場で好意的なものであれば、人々はそのブランドを高く評価する。時間の経過とともに製品名がブランド連想を獲得していく。製品名の本来の意味がその製品とは無関係であることもあるし、解釈可能な意味を持っていないこともあり得る。たとえば、Facebookは顔や本に関するものではないし、Amazonは南米の川や古代ギリシャ神話に登場する女戦士の部族名だ。同様に、ラップトップコンピューターやデスクトップコンピューターを数学的計算作業に使うことはないだろうが、本来コンピューターとはそのような作業を行う機器の総称だ。

　製品名を付けるときは、製品の市場性を高めるために、その名前が次の基準を満たしているほうがよい。

・ベネフィットや解決策が感じられる。例：キャッシュコンバーターズ、コンフォートブラ、ソーラーガードなど。

・簡潔で、特徴的で、覚えやすい。例：エクスプレスポスト、イージージェット、クールミント、iPodなど。

・権威と信頼を連想させる。例：コモンウェルス銀行など。

・翻訳を必要とせず、他の言語や国でも使用できること。翻訳が必要でも、シンプルな翻訳であり同じ意味や連想が維持されること。たとえば、"コカ・コーラ"が翻訳を必要としないのは世界中で長年使用されてきた結果だ。アメリカ政府は第二次世界大戦中、米軍兵士はどこにいてもコカ・コーラの提供を受けられるという法案を可決したため、世界各地に補給基地が設置された。

・法的に登録すれば第三者に使われることがなく、独自のブランド資産が保護される。たとえば、キャドバリーチョコレートがパッケージや包装に使用しているモーブ色は、著作権で保護されているためキャドバリー製品にしか使用できない。

INDUSTRY INSIGHT ||||||||||||||||||||||||||||||||||||||||||||||||||||||||| 業界動向

"バラはどのようなバラでも甘く香る"のか？

バイロン・シャープ 著

　昔々、市場関係者に語り継がれるある物語があった。多くの物語がそうであるように、さまざまなバージョンがあったが、主人公たち（オオカミ、赤ずきん、お婆さん）の織りなす物語は次のようなものだった。

　その昔、ある製品を製造する工場があった。仮にそれをテレビと呼ぼう。そのテレビは2つのブランド名で販売されていた。どちらも同じ工場で作られる同じ製品で、違うのはブランド名だけだった。それにもかかわらず、一方のブランド名のほうがもう一方のブランド名よりもはるかに高い値段で売られていた。そして、一方のブランド名のほうがはるかに多くの台数が売れていたという話だ。

　この物語が示唆する教訓は実にさまざまだ。「消費者は愚かだ」という教訓もあれば、「消費者は騙されやすく、マーケターはそれを利用するオオカミだ」という教訓もある。どちらも、「市場のメカニズムが適切に機能していない、つまり価格やブランドは品質の指標としては信頼できない」と言いたいのだろう。しかし現実には、価格やブランドは品質の指標として、完璧ではないものの、通常は驚くほどすぐれている。

　他にもマーケターの間でより一般的な結論として、「クールでトレンディーであり、特別な価値があるブランドは、他のブランドよりも価格や販売台数で優位に立つことができる。少し平凡な言い方をすれば、ブランドは品質や信頼感において競合ブランドを打ち負かすことができる」というものもある。

　この物語の問題点はエビデンスの質が低いことだ。エビデンスの質が低ければ、語り手が自分の都合の良いように話を歪曲しやすい。私は懐疑的なので、このような逸話からは、マーケティングの本質について学べることはほとんどないと考えている。

　一方のブランドがもう一方のブランドよりも、メンタルアベイラビリティもフィジカルアベイラビリティもすぐれていれば、当然、より高価格でより多くの販売台数につながるだろう。これは当たり前のことで、たとえるなら、同じ商品をアメリカとスコットランドで販売するようなものだ。スコットランドの潜在的な需要がアメリカよりもはるかに低いのは、スコットランドの市場規模がきわめて小さいからだ（スコットランドの人口は530万人、アメリカの人口は3億2200万人）。

　そうは言っても、あるブランドが高い価格で販売されているのは単にマーケティングチームが価格を高く設定することを選んだだけかもしれない。売れ行きは落ちるだろうが、あくまでその企業の選択したことだ。高価格帯のブランドがすべて"強い"あるいは"高品質"だと考えるのは誤りで、低価格帯のブランドがすべて"弱い"あるいは"低品質"だと考えるのも誤りだ。意図的な価格戦略かもしれないし、単なる間違いかもしれない。

　2つのブランドがあれば、おそらく昔から一方のブランドがもう一方のブランドよりも高品質の製品を販売してきたのだろう。たとえば、ソニーとLGを比較してみよう。両ブランドとも立派な大手ブランドだが、ソニーはプレミアム製品を販売してきた実績があり、LGはお値打ち製品を販売してきた実績がある。同じテレビがソニーブランドから販売されていれば、当然ながら消費者はそれをLGブランドのテレビよりもすぐれていると思うだろう。これは、マーケティング戦略上、何を意味するだろうか？　ソニーが高い評価を得ているのは、長い間プレミアム製品を販売してきたからだ。もしソニーがLGと変わらないテレビを大量に販売しはじめたら、ソニーはプレミアムブランドとしての評判を失い、LGは売上とお値打ち製品という評判を大幅に伸ばすだろう。ここでの教訓は、ブランドの評判を利用すれば一時的に利益を上げることは可能だ、ということだろうか？　このストーリーは、それをマーケターに奨励するために語られているのだろうか？　そうではないことを願いたい。

　問題は、質の低いエビデンスは、語り手が都合よく解釈してどのようなストーリーにも当てはめることができてしまうことだ。しかも、エビデンスはあまりにも断片的で、何も結論づけることができない。誰からも受け入れられないだろう。これこそがこのストーリーの真の教訓だ。

Chapter　**07**　　　　　　　　Product (Goods and Services)

次に、マッキンゼーのケーススタディを紹介しよう。ゼネラル・モーターズ（GM）は同社のシボレー・プリズムを、トヨタ・カローラのバッジエンジニアリング車（＝ブランド名やエンブレムを変えて他社から販売すること）として、これまでと同じ合弁工場で生産し、トヨタブランドで販売した。しかし、米国での販売台数はトヨタ・カローラには届かなかった。注目すべきは、このケーススタディでは重要な事実が欠落していた点だ。それは、プリズムは当初、無名のブランド"ジオ"の名で販売され、期待外れの売上だったことだ。シボレー・プリズムにブランドを変更しても状況を改善することはできなかった。販売店での他のシボレーモデルとの競合も一因として考えられる。シボレーへのブランド変更は、状況を改善するどころか、以前のジオモデルの市場価値を損なう可能性すらあった。なぜか、このような重要な詳細がケーススタディから抜け落ちていた。エビデンスの質に原因があることは明らかなのに、トヨタの品質の高さが売上を増加させたと結論づける者もいた。だが、このクラスの車を買おうと思ったときに、世界でもっとも売れているブランド、トヨタ・カローラを思い浮かべるメンタルアベイラビリティがあったという説明も、同様に説得力がある。興味深いことに、オーストラリアではこの状況を裏付ける自然実験が起きた。地元の自動車産業を救済するための政府の計画により、同一車種が異なるブランド名で販売されることになったが、米国と同様に、歴史のある既存ブランドのほうが多く売れるという結果となった。それは、あるときは日本のブランド、あるときは米国のブランド、またあるときはオーストラリアのブランドであった。おそらく、消費者は既存のオリジナルブランドを好む傾向があるのではないだろうか。さらに、メーカーが自社工場以外で生産された車の販売には十分な力を入れていなかった可能性も考えられる。

データソース：Chatterjee, Jauchius, Kaas & Satpathy（2002）

独自のブランド資産

　ブランド名の基本的目標は、潜在顧客にブランドを識別してもらうことだ。他の独自のブランド資産もこの役割を果たし、ブランドのメンタルアベイラビリティを構築し維持するのに役立っている。独自のブランド資産は、たとえブランド名が見えていなくても、潜在顧客がブランドに気づき、認識し、想起することを可能にする。理想的には、独自のブランド資産は市場のすべての購買客に理解され、そのブランドと独自に関連しているものでなければならない。この理想に近いほど、その価値は高くなる。独自のブランド資産を構成する要素には、次のようなものがある（Romaniuk, Sharp & Ehrenberg, 2007）。

- 色
- ロゴ
- ラベル、パッケージ
- **タグライン**
- シンボル、キャラクター
- セレブリティ
- 広告スタイル
- **ジングル**

　これらの資産はどれも、製品が選択されるのを容易にし、その広告が製品と正しく関連付けられるのを助ける。独自のブランド資産を構築できれば、顧客とマーケターの双方にメリットが生じる。顧客は製品を見つけやすくなり、マーケターは、顧客が独自のブランド資産から製品を素早く認識できれば、マーケティングコミュニケーションをいっそう効果的かつ効率的に行うことができるからだ。

ロゴ

　アイデンティティを視覚的に表現することがロゴを考案する過程では重要だ。これが貴重な独自のブランド資産に

なり得る。いくつかの例を図7.1に示す。フェデックスのロゴの"Ex"の中の右向きの白い矢印にお気づきだろうか。ノースウエスト航空のロゴでは、コンパスの矢印が北西の方角を指している。他に何か象徴的なものが見えるだろうか。社名はブランド名として理想的な条件の多くを満たしている。言いやすく、スペルも簡単で、特別な意味を持たないので、ブランド名として受け入れやすく、しかもさまざまな状況で応用できる。

図7.1　ブランド名を視覚的に表現したロゴの例

ロゴやその他の独自のブランド資産は、マーケターが期待するほど意味を伝えない

バイロン・シャープ 著

　マーケティングコンサルタントが、意味のあるロゴ、すなわち、視覚的なデザインだけでなく、そのデザインが持つ意味やコンセプトまでもが直ちに理解されるようなロゴの必要性を説くことは珍しいことではない。リースとトラウト (1986) はかつて、パンテーンやヴォーセンのような意味のない名前よりも、ヘッド・アンド・ショルダーズのようなブランド名の方がずっと良いと主張していた。私たちマーケターは、自分たちのブランドやロゴをとても真剣に考える傾向があり、消費者もそうだろうと思いがちだが、これは現実と乖離した思い込みに過ぎない。

　ブランドとその独自のブランド資産が一体化する、ただそれだけのことだ。消費者が広告を見て、他のブランドの広告ではなく、あなたのブランドの広告であると認識できる可能性が高まる。あなたの製品を棚に発見したり、リピート買いをしたりすることが多くなる。

　消費者が立ち止まって、ロゴが魅力的か、信頼できるか、何か意味を伝えているかなどと考えることはめったにない。マーケティング業界の人でなければ次のような問題について考えることはないだろう。

- アメリカ最大でもっとも有名なハンバーガーチェーンの名前がスコットランド語なのはなぜか？
- オーストラリア最大の銀行の名前が"盗む"（nab）という意味の単語に由来しているのはなぜか？
- 紫はチョコレートとどのような関係を持っているか？　スニッカーズ、マーズ、キットカットの意味は何か？　トブラローネはなぜ三角形か？
- IBMは何の略語か？　アクセンチュアとはどういう意味か？　GoogleはなぜGoogleと呼ばれ、AmazonはなぜAmazonと呼ばれるのか？
- HPソースはコンピューター会社のHP（ヒューレットパッカード社）が販売しているのか？

　人がこのような疑問を抱かないのは、ブランド名やロゴは単にブランドの名前とロゴを表しているだけであって、それ以上でもそれ以下でもないと考えているからだ。実際、ブランド名とロゴはただ製品に目印を付けているだけで、特定のカテゴリーで事業を展開する特定の会社を象徴しているに過ぎない。しかし、それを消費者に理解してもらうには、多くのマーケティング活動と、それに要する膨大な資金と時間が必要だ。コンサルタントやデザイナーはブランド名やロゴ、その他のブランド資産には本質的な深い意味があると考えているようだが、いかに消費者行動や商業

的現実を理解していないかを自ら認めているようなものだ。

ラベルとパッケージ

　マーケターは、製品のロゴ、形状、色などのブランド資産の他にも、ラベルやパッケージについても判断しなければならない。パッケージは、単に商品を保護するためだけではなく、棚に並べられた商品を認識させ、注意をひきつけ、商品に知覚価値を与えるためにも使われる。プレゼントや個人的な褒美として購入される商品の場合は特にこの傾向が顕著だ。前述した、製品の需要喚起に役立つブランドの重要性を考えると、パッケージ上でロゴが目立つことはきわめて重要だ。

　製品によっては、用途や目的あるいは使用上の注意がパッケージ上に記載されているものもある。オーストラリアには重要な法律があり、あるタイプの製品パッケージを規制している。たとえば、食品基準法には多くの食品のラベルとパッケージの要件が定められている。"オーストラリア製"という表現はしばしば議論の的となる。たとえば、他の国で生産され、輸入された食品でも、オーストラリアの工場で何らかの加工が施されたり付加価値が加えられた場合、それを"オーストラリア製"と表示することができるからだ。

CRITICAL REFLECTION 批判的省察

1. 多くの場合、ブランドが提供する製品とサービスの質はさまざまであり、それが、顧客満足度スコアの尺度を理解することを困難にしている要因のひとつです。満足度を追跡するのではなく、製品の品質とサービスの品質を別々に測定するにはどうしたらよいでしょうか。

2. ブランドが、認識されている製品カテゴリーの枠を超えて拡張することに成功することはめったにありません。よく挙げられる失敗例としては、ハーレーダビッドソンの香水やビックの下着などがあります。しかし、例外もあります。ハスクバーナブランドがミシン、オートバイ、チェンソーに使われ、ヤマハブランドがピアノ、オートバイ、船外機、音響機器、電動車椅子に使われています。また、ウォーカーズは英国のポテトチップスのトップブランドですが、ショートブレッドの有名ブランドでもあります。あなたが見つけた例外をいくつか挙げてください。なぜそのような例外が存在するのでしょうか？

CASE STUDY

Bud Lightはマーケティングの科学を軽視（light）しているか？

ザカリー・アネスベリー、エイミー・ウィルソン 著

図7.2　2017年にデザインされたBud Lightのパッケージ

　2017年、バドライトのマーケティングチームは、第50回スーパーボウルの開催に合わせて新しいパッケージを市場に投入した（図7.2参照）。彼らの狙いは、より洗練されたイメージを追求して、"フットボールパパ"のイメージから離れることだった。

　実に26年ぶり11回目のパッケージデザインの刷新だった（図7.3参照）。その目的は、伝統的商標"AB"の紋章を復活させて、プレミアムな品質を強調する製品属性を取り入れることだった。紋章の復活は2001年以来初めてのことで、フォントは、12年間続いていたイタリック体をやめ、1990年代に使われていた太字が再導入された。"バド・ブルー"色は維持された。

図7.3　2017年以前のBud Lightのパッケージデザイン

> **発展問題　QUESTIONS**
>
> 1. パッケージの変更は、ビール購入者の既存の意識構造にどのような影響を与えるでしょうか？
> 2. バドライトは、パッケージ変更がマーケティング介入として成功したのか、それとも失敗したのかをどのように証明できるでしょうか？
> 3. パッケージを変更したブランドの例が他にあれば挙げてください。その変更は売上にどのような影響を与えましたか？

プロダクトミックスとプロダクトレンジ

　製品戦略のもうひとつの側面がプロダクトミックス（製品構成）だ。製品、付随する機能、マーケティングミックスを開発するときは、製品ラインアップ全体を戦略的に考えることが重要だ。市場ではひとつの製品で十分と認識されているときに、既存製品とあまりにも類似した製品を新たに導入することは避けるべきだ。実質的に同じ２つの製品を生産することになり、製造や供給に不要なコストが余分にかかるからだ。

　しかし、多くの業界で、同じ基本的ニーズを満たすさまざまな製品が導入されているのが通例だ。たとえば、自動車メーカーは、サイズ、品質、価格が大きく異なるさまざまな車を同じブランドから発売している。通常は、自動車メーカーのすべてのモデルが、A地点からB地点への移動手段という基本的ニーズを満たしている。オフロード走行のような特別なニーズに対応できる特別な機能を備えたものもあるが、それは例外だ。さまざまな選択肢を提供するビジネス上の狙いは、感情面でのメリットだけでなく機能的なメリットも提供してくれる製品を所有したい、または使いたいという顧客の願望を刺激することだ。

　たとえば、3種類の電子レンジがそれぞれ異なる価格で販売されている場合、主な目的はどのタイプでも十分に満たされているにもかかわらず、ほとんどの人が最低価格のものよりも中価格のものを購入することがよく知られている。もっともリスクの少ない選択をしたと感じることで、付加的な価値を得ることができるのだ。しかし、一部の人は"最高のもの"を買ったと感じることを好み、別の一部の人が"もっとも安いもの"を買ったことに満足する。サプライヤーはさまざまな製品を提供することで、顧客の満足度を高めつつ収益を最大化している。旧ソビエト連邦のような計画経済の国では、買い手と売り手の双方にとってのこのメリットが政府官僚には理解されず、一種類の製

品しか作ることが許されなかった。製品の選択肢の幅を広げることは"浪費"であり不必要なことだと考えられていた。

プロダクトミックスは製品の品揃えの広さ（製品の数）と深さ（各製品のバリエーション）で定義される。

・品揃えの広い企業は"ジェネラリスト"と位置づけられる。すなわち、さまざまなタイプの顧客にサービスを提供し、消費者ニーズには十分に対応できているが、幅広い問題に対処するために特徴に欠ける製品を提供している企業だ。たとえば、バニングス・ウェアハウスがそうだ。

・品揃えの深い企業は"スペシャリスト"と位置づけられる。すなわち、ひとつまたはいくつかのカテゴリーや業界に存在する特殊なニーズを満たすことに特化している企業だ。

製品カテゴリー

製品カテゴリーは、特定のニーズを満たす、たがいに代替可能な製品群で構成される。<mark>消費財</mark>カテゴリーには、たとえば朝食用シリアルカテゴリーや歯磨き粉カテゴリーがある。これらの典型的なレパートリー市場では、ほとんどの顧客が一定期間、そのカテゴリー内の多くのブランドから購入するため、各ブランドは相互に交換可能であることがわかる。子ども用朝食シリアルのようなサブカテゴリーもあるかもしれない。スーパーマーケットで取り扱われている製品の品揃えは、ストック・キーピング・ユニット（SKU）で管理されている。これはカテゴリー内のブランドのサイズ違い、フレーバー違い、バージョン違いの製品を表す。企業や政府機関など大規模な組織のために生産され供給される製品は、<mark>工業製品</mark>と呼ばれる。顧客はこの製品をさらに加工したり、自社の顧客や取引先に製品やサービスを提供する際に使用したりする。これらの製品の市場における必要量は、最終的な消費者ニーズの量に依存するという意味で、派生需要と言われている。

製品によっては工業用と消費者用の両方が製造されているが、異なるマーケティングミックスのもとで販売されている。工業製品は販売量も多く流通経路も異なる。たとえば、牛の飼育農家はある決まった時期に牛に石灰を舐めさせているが、この大袋を1キロあたり約5ドルで購入している。もし家族が乗るための馬を所有し飼育している場合、その馬のために石灰製品を購入することも多いが、こちらの製品は見た目の良い小袋に入っており、価格は1キロあたり約50ドルだ。この例は、同じ商品でも、用途や購入者によって価格や包装が大きく異なることがあることを示している。

多くの消費者製品が最初は工業製品として市場に投入される。その後、同じ製品が消費者向けに改良され、同時にそれを後押しするマーケティング戦略も開発される。たとえばコンピューターは、部品が安価になり小型化されてパーソナルコンピューターが考案されるまでの何年もの間、工業用としてしか利用できなかった。電子レンジも、何年間も業務用として使われた後にやっと家庭で使われるようになった。今日のファミリーカーに搭載されているトラクションコントロール装置やその他の新技術は、もともとF1レーシングカーのために開発されたものだった。

B to Bマーケティングへの応用

一般的にB to B市場は、売り手と買い手の両者が企業または公的組織（例：政府機関）の市場と定義されている。B to B市場に関する調査によると、B to B市場には、製品決定を含むマーケティングの意思決定に影響を与えるいくつかの特殊な特徴がある。

B to C市場とB to B市場の主な違いのひとつは、B to B市場の買い手と売り手が非常に類似していることだ。どちらも企業や専門組織であり、対等な関係にあることが多い。このことが、マーケティングの意思決定に次のような影響を与える。

a. B to B市場では、多くのB to C市場で一般的な一回限りの取引が中心ではなく、より継続的でより双方向的な買い手と売り手の関係に焦点が置かれる傾向がある。

b. B to B市場では、組織と組織ネットワークの間に強い相互依存関係がある。この点は重要で、ひとつの製品が完成するまでに複数のサプライヤーが関わっていることが多く、さらに、顧客も複数の企業から成るコンソーシアムやネットワークの形態を取っていることが多い。

c. B to B市場は双方向的にダイナミックな市場である。

　B to B市場の一般論として、人間関係が重要だと言われている。B to C市場では人間関係は重要でないという意味ではない。しかし、買い手と売り手の関係はB to Bマーケティングの焦点であり、複雑で変化しやすい。さらに、そのマーケティングマネジメントには、シンプルな消費者マーケティングの意思決定よりも多岐にわたる考慮事項（4P－Product、Price、Place、Promotion）がある。B to B市場では、おたがいの関係が自社の売上や利益にどのような影響をもたらすかが顧客の主な関心事であり、これが顧客の行動を動機づけている。したがって、取引先との関係からどれだけの価値を創出できるかがB to B市場におけるマーケティング意思決定の中心となる (Hakanson & Snehota, 2006)。B to B市場ではマーケティング担当者が4Pを決定しなければならないことに変わりはないが、それに加えて考慮すべきことがある。なかでも特に重要なことは、B to B市場の顧客はビジネスのプロセスにより直接的に関与していることだ。ここで、B to B市場における製品決定に関して、顧客との関係がどのように管理されているかについて述べる。

　企業顧客は、入手した製品やサービスを自社の事業に活用し、取引先に新たな製品やサービスを提供することで収入を得ている。たとえば、鉄鉱石や銅線などの原材料は、他の製品を製造するために不可欠だ。工場や設備などの資本財は、原材料を加工して商品を生産するために必要だ。一方、部品は、製品やシステムに組み立てられた後に他のメーカーに販売され、最終的には企業や組織あるいは消費者の手に渡る。サービス財とは、たとえばメンテナンス、修理、顧客への商品の配送などで、企業や組織が必要とするものだ。B to B顧客は、消費財や消費サービスと同様に、産業財や産業サービスにも、物理的特性やサービス特性だけではなく製品から得られるメリットを求めている。B to Bの製品は、顧客の観点から、それが何であるかよりも何ができるかで評価される。B to B市場でサプライヤーとして成功するためには、自社の製品やサービスの購買の判断がビジネスの視点で評価される可能性が十分にあることを認識しておかなければならない。それは、製品やサービスを購入することでどのようなメリットを得られるかというビジネス的視点だ。すなわち、

1.　自社の資金を節約できるか。

2.　自社の利益を増やせるか。

　B to B企業に勤めるマーケターは、製品に関する決定を行うときには、このような顧客の主要関心事を念頭に置かなければならない。ほとんどの先進諸国でB to B取引の金額はB to C取引の4倍であると報告されていることから、B to Bの製品やサービスには多くの種類があることが分かる。B to C企業がプロダクトミックスの幅と深さについて決断する必要があるように、B to B企業も製品ラインの特性についてマーケティング上の決断を下す必要がある。そこには以下のように多くの選択肢が存在する。

・専有商品やカタログ商品は、注文が特定の顧客からであることを考慮して、限られた種類のデザインや形式のみで作られている。どの製品を削除・追加すべきか、あるいは再配置するかについて、定期的にマーケティング上の判断を行う必要がある。

・オーダーメイド製品は通常、標準的なデザインや構造を基本にし、そこに個々の顧客のニーズに応える付属品や特別な機能を追加している。

- 特注デザイン製品は、一人の消費者や特別な顧客グループのニーズを満たすために作られる。大規模なダムや橋のような製品やサービスもこの例だ。特定の顧客のために作られた一回限りの製品だが、その後その価値に気づいた顧客にも提供されることがある。
- 産業サービスは、自社は製品に関するサービスを提供せず、代わりにこれを他社に委託することで確保した専門的能力やサービスのことだ。例としては、清掃、宅配、メンテナンスの提供などがある。これらはアウトソーシング製品と呼ばれている。

BtoB企業の製品ライン提供能力の基礎となる重要なビジネス戦略を、製品アーキテクチャー戦略という。たとえばボッシュは、電動モーター技術を開発し、さまざまな産業用電動工具を提供できるようになった。同社では、電動工具の新製品開発の判断は、コスト削減や効率化のために既存の電動モーターの技術を生かすこと、可能であれば標準的な電動モーターを使用することを前提に行われる。これによって生産規模の経済(生産量の増加に生産コストの節約で対応すること)を得ることができる。この場合、生産コストがかかるため、消費者市場で事業を展開する企業に比べて、マーケティング上の判断が企業内部の考慮事項により制約を受ける可能性がある。

消費者向け製品は主力製品を中心に構成され、そこに必要な機能が次々と追加されて製品パッケージが完成すると前述したが、BtoB市場向け製品でも同様だ。しかし、BtoB市場では、顧客は主力製品が基本的な機能要件だけではなく、さらにいくつかの基準も満たすことを望んでいる。その代表的な例が品質だ。そのため、原材料や航空機のような高性能の工業製品の生産に使用される部品の場合、非常に厳しい技術仕様を満たさなければならない。図7.4に、BtoB市場の顧客がサプライヤーから提案された製品パッケージ(=製品そのものに加えて、付随するサービスや保証、サポートなどを含めた全体)の潜在的価値をどのように評価しているかを示す。この図は、マーケターが適切な意思決定を行うために、考慮すべき要素を示している。

図7.4ではBtoB製品のブランドについては言及していないが、BtoB市場においてもブランドは重要だ。たとえば、ゼネラルエレクトリック社やキャタピラー社など、非常に強力で価値のあるブランドを持つ企業が存在する。しかし、それ以上に、BtoB市場では、図7.4に示されているように、製品サプライヤーの評判がBtoCにおける商品ブランドと同等の価値を持つことが多い。BtoBの業界におけるもうひとつの付加価値は、製品を生産する企業と使用する企業が協力して製品設計や仕様策定に取り組んでいることだ。この共同作業が企業間の良好な関係性を築く上で重要な要素として機能している。

図7.4 BtoB顧客から見た製品パッケージの潜在的価値

データソース:Hayes, Jenster & Aaby, 1996

新製品の開発とマーケティング

新製品の"新"が意味するもの

新製品は、非連続的イノベーション、連続的イノベーション、動的連続イノベーションの3つのカテゴリーに分けられる。

非連続的イノベーションと主要製品イノベーションは、まったく新しい属性を持つ製品だ。このようなイノベーションは通常、それまで眠っていたであろうニーズをこれまでとはまったく異なる方法で満たし、新しい製品カテゴリーを生み出す。たとえば、飛行機の発明が、それまでは存在していなかった主要な国際的産業につながった。モトローラやノキアなどの企業が1980年代に開発した携帯電話は、本来の電話としての機能以外にもさまざまな用途と役割を拡大しつつある。

既存の製品に小規模な変更を加えるマイナーイノベーションは、**連続的イノベーション**として知られている。重要なことは、満たすべきニーズは変わらなくても、より効果的なイノベーションが行われるようになったことだ。たとえば、多くの車のフロントライトの形状が円形からティアドロップ形に変わった。また、歯磨き粉の味や虫歯予防成分が定期的に新しくなって市場に導入されるようになった。

第3のイノベーションは**動的連続イノベーション**だ。この場合、新しい技術が導入されるのが特徴だ。しかし、それを搭載した製品は、ユーザーにとっては、すでに存在する製品の改良型にすぎない。自動車のヘッドライトとして使用されるLEDライトの開発は、このタイプのイノベーションの一例だ。LEDはフィラメント電球とは異なる技術であるが、使い方は同じで、スイッチを入れれば照明が点く。自動車用のディーゼルエンジンも、動的連続イノベーションの一例だ。ディーゼル自体は異なる技術だが、ディーゼル車を運転するためにユーザーが新しいことを学ぶ必要はない。

通常、主要な非連続的イノベーションは潜在的利用者の行動変容を必要とする。これが、時には採用されるまでに長い時間を要することの理由だ。たとえば、1753年頃、英国海軍の外科医であったジェームス・リンドは、柑橘類を食べると長期航海中の船員の壊血病を予防できることを発見した。彼は大規模な実験を行った後、そのエビデンスを発表した。しかし、このイノベーションは、キャプテンクックがオーストラリアに到達する3年間の航海でこの方法を採用するまでの約20年間、積極的に使われることはあまりなかった。1771年に英国に戻ったクックは、壊血病の患者が一人も出なかったことを誇らしげに報告した。英国海軍の全船長がリンドの助言に従うようになるまでに、少なくともそれから50年かかった。

非連続的イノベーションが市場で成功するまでに長い時間がかかるもうひとつの理由は、通常、新しい提供方法やサービスが必要になるからだ。パソコンが販売されはじめた頃、パソコンが作動しなくなったときに修理できる人が地域に必要だった。このようなサービスの提供がなければ、多くの人は故障を恐れてパソコンを買うことはなかっただろう。エジソンが電灯を発明したとき、彼は電気を大量に発生させ、それを各家庭に送る方法も発明しなければならなかった。それができなければ、誰も彼の製品を買うことも使うこともなかった。

連続的イノベーションと非連続的イノベーションの区別は重要だ。連続的イノベーションは、すでに市場に出回っている製品の属性と類似した属性を組み合わせ持つ。したがって、競合製品のラインナップも、またその製品の生産とマーケティングに影響を与える市場要因の大部分も、その本質は他とあまり変わらない。これらの製品の基本的な属性と用途を、ほとんどの潜在的消費者は既に理解している。小規模イノベーションには、類似製品と差別化できるいくつかの新機能が含まれているかもしれないが、市場導入時にユーザーに大きな行動変容を促す必要はない。この点は非常に重要だ。そのような製品の使用方法はよく認知されており、多くの消費者には使用経験があると思われる。したがって、市場に小規模な連続的イノベーションを導入する前に、消費者がその製品をどのように受け入れるか、専門家がその製品の変更をどう評価するかを知ることが可能だ。さらに、小規模イノベーションの製品は基本的に同

じカテゴリーに属するので、市場でのこの製品の広がりの様子を予測することができる。したがって、連続的イノベーションのためのマーケティングの意思決定はいたって簡単だ。新製品が連続的なものであり、確立された製品の次世代に過ぎない場合は、マーケティングの意思決定は第一世代と同じ基準で行うことができ、本質的に変わらない。

非連続的イノベーションは、市場でいったん成功すればサプライヤーに大きな利益をもたらすが、市場投入が非常に困難な場合が多い。なぜなら、潜在顧客は、新製品の発売前に市場調査で新製品に対する感想を求められても、自分の意見の根拠となる経験を持ち得ていないからだ。たとえば、ファスナーが登場したとき、人々はそれまでボタンの使用に慣れていたため、ファスナーが広く使われるようになるまでには長い年月を要した。ジッパーが広く採用されるようになったのは、ファッションアイテムとして使われるようになってからだった。

革新的な新製品がターゲット市場の顧客に速やかに受け入れられるために、製品が次のような属性を備えていることをマーケターは確認する必要がある（Rogers, 1995）。

・従来の製品と比較して特にニーズを満たす方法にすぐれている、つまり相対的優位性を持っていると認識される。
・使い方は現在の製品と互換性があり、顧客が新たに何かを学ぶ必要がない。
・理解しやすく、ユーザーフレンドリーである。すなわち、複雑さは最小限に抑えられている。
・試用性が高い。すなわち、購入する前に製品を試すことができる。たとえば、ソフトウェアプログラムの30日間無料試用など。
・製品やサービスが提供する価値や効果を事前に理解しやすい。

新製品の購入

企業は常に自ら新製品を開発しているわけではなく、いくつかの方法で新製品を獲得することができる。

まず、他の国や地域で発売されている新製品など、他社が開発した製品を模倣することができる。国際的企業であれば、各国で事業を展開している支社からそのような情報を得ることが可能だ。また、企業は競争情報を通じて競合他社が現在どのような製品を生産しているか、今後どのような新製品を計画しているか、さまざまな情報を得ることもできる。

次に、以下のような方法で、新製品を生産または供給する能力を買い求めることができる。

・他のメーカーからライセンスを取得する。
・特定の技術やプロセスを使用できる特許を取得する。
・新製品を持つ企業を買収する。

Google社は、新しい市場で新しい技術や製品を開発した企業を買収しながら、多くの新しい市場に進出してきた。2012年には、アンドロイドのオペレーティングシステムの供給だけでなく、携帯電話の製造にも参入するために、モトローラ社の携帯電話事業を買収した。

新製品開発プロセス

企業が、上記のような方法で新製品を獲得するのではなく、社内で新製品を開発する必要があると判断した場合、その企業が従うべき体系的なプロセスがある。新製品のアイデアは、顧客や顧客ニーズの分析から生まれることもあれば、組織内部から生まれることもある。通常、新商品のアイデアが集まった後に次のような段階を経る。

・アイデアのスクリーニング
・コンセプトの開発とテスト
・マーケティング戦略の開発
・ビジネス分析
・プロセス開発
・テストマーケティング
・市場導入

次節で、アイデアのスクリーニングについて考察し、"製品カテゴリーライフサイクル"の節でマーケティング戦略の開発と市場導入について見ていく。製品開発プロセスの他の段階は、市場調査も含めて第4章で取り上げている。

アイデアスクリーニング

財かサービス財かにかかわらず、新製品の提案を評価するとき、企業はアイデアスクリーニングの段階でさまざまな要素を検討する。スクリーニングの基準として、主に財務基準と市場基準の2種類が使われている。

財務基準には以下のようなものがある。

・市場への参入コスト

・市場での操業コスト

・見込まれる利益率と収益水準

・市場での事業運営費が今後数年間でまったく変化しない可能性があるかどうか

・市場撤退のコスト

・仲介業者に要するコスト

・財務リスクのレベル

・リスクを共有するためのアライアンスやジョイントベンチャーの可能性の有無

・サービス提案をさらに発展させるためのコスト

市場基準には以下のようなものがある。

・市場の規模

・市場の成長率、トレンドの特徴と重要性

・競合ブランドの数

・各競合にとっての市場の重要性

・競争の性質、基盤、激しさ

・顧客の数

・顧客の所在地

・購買動機と購買期待

・購入頻度

・顧客ロイヤルティの予想レベル

・競合他社から顧客を引き離す機会

・クロスセリングや付加価値パッケージの可能性

・流通のパターン

・価格競争の程度

・セグメンテーション、ターゲティング、ポジショニングの対象範囲

・他の市場で得た経験を新市場の新製品にどの程度応用できるか

製品カテゴリーライフサイクル（PLC）

すべての製品カテゴリーと市場は絶えず進化している。これは、顧客が置かれている生活環境が変化し、その影響を受けているからだ。たとえば、経済の変化、法律の変更、天候パターンの変化、新しい技術の導入などが、仕事も含めて人々の生活のさまざまな側面に影響を与える。それに応じて製品が進化する。このような変化の影響は、既存の製品やサービスの全体的な売上パターンに時間の経過とともに現れる。また、画期的な非連続的イノベーションが採用されたり、既存製品に大きな改良が加えられたりすると、初期の売上は低く、その後勢いよく成長し、最終的にかなり安定した売上を記録する時期を経て、しかしその後に売上が低下、という特徴的なパターンを経時的にたどることがある。このような長期的売上パターンは、誕生、成長、成熟、衰退という人の一生にたとえることができる。ここから**製品カテゴリーライフサイクル（PLC）**という概念が生まれた。

市場の需要と供給の両方の変化に適応するためには、PLCの各段階で異なるマーケティング上の意思決定をくだす必要がある。マーケターは、PLCの各段階における製品の潜在的利益を実現するために、戦略と戦術を絶えず修正する必要がある。このとき、自社製品に予想されるカテゴリーライフサイクルを理解することが役に立つ。

表7.1は、理想的なPLCと典型的な利益曲線を示している。利益曲線が売上曲線に沿わないのは、次のような理由が考えられる。

・導入期にはコストが収益を上回る可能性がある。

・カテゴリーが力強く成長しているときは、需要が供給を上回り、価格が高くなる可能性がある。強力なカテゴリー需要と高価格が、より多くのサプライヤーを市場に引き寄せるからだ。

・成長期の頂点に近いときはサプライヤーが多いため、需要の伸びが鈍化すると同時に競争が激化する。これが価格競争を引き起こし、結果的に利益が低下する。

表7.1に、PLCの各段階に推奨される大まかなマーケティング目標と戦略も示した。

PLCの概念は、個々のブランドよりもむしろ製品カテゴリーに適用されるべきであり、個々の製品やブランドにはそのまま厳密に適用しない方がよい。

PLCは経験に基づく一般化というよりも、基本的に想像上で製品カテゴリーを描いたものだ。売上曲線の実際の経時的な形状は多種多様だが、よく知られた消費財の多くは、ブランドシェアがほとんど変化しないまま何十年も"成熟"段階にある (Trinh & Anesbury, 2015)。PLCをマーケティング上の意思決定ツールとして使うことが批判されてきたのは、各段階の長さ、活動規模、各ステージ間の移行のタイミングなどを予測することが難しいからだ。また、特定の商品の販売パターンが、製品カテゴリーのライフサイクルの一部というより、むしろマーケターの行動に影響されたものである場合もある。衰退は避けられないと考えるのも危険だ。いろいろ問題はあるが、PLCは、市場で何が起きているかを理解し、担当する製品に関するマーケティング上の意思決定を下すためのフレームワークをマーケターに提供してくれる。

製品が利益を生むための条件は成長期に入ると好転する傾向がある。衰退期に入りそうになったら、特定の製品やカテゴリー全体の寿命を延ばす方法がある。

表7.1　製品カテゴリーライフサイクルの各段階およびマーケティングの目標と戦略のまとめ

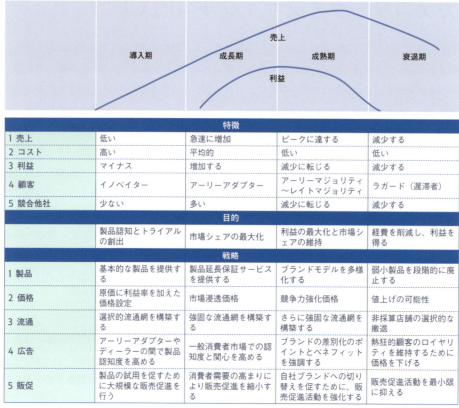

	導入期	成長期	成熟期	衰退期
特徴				
1 売上	低い	急速に増加	ピークに達する	減少する
2 コスト	高い	平均的	低い	低い
3 利益	マイナス	増加する	減少に転じる	減少する
4 顧客	イノベイター	アーリーアダプター	アーリーマジョリティ〜レイトマジョリティ	ラガード（遅滞者）
5 競合他社	少ない	多い	減少に転じる	減少する
目的	製品認知とトライアルの創出	市場シェアの最大化	利益の最大化と市場シェアの維持	経費を削減し、利益を得る
戦略				
1 製品	基本的な製品を提供する	製品延長保証サービスを提供する	ブランドモデルを多様化する	弱小製品を段階的に廃止する
2 価格	原価に利益率を加えた価格設定	市場浸透価格	競争力強化価格	値上げの可能性
3 流通	選択的流通網を構築する	強固な流通網を構築する	さらに強固な流通網を構築する	非採算店舗の選択的な撤退
4 広告	アーリーアダプターやディーラーの間で製品認知度を高める	一般消費者市場での認知度と関心を高める	ブランドの差別化のポイントとベネフィットを強調する	熱狂的顧客のロイヤリティを維持するために価格を下げる
5 販促	製品の試用を促すために大規模な販売促進を行う	消費者需要の高まりにより販売促進を縮小する	自社ブランドへの切り替えを促すために、販売促進活動を強化する	販売促進活動を最小限に抑える

データソース：Corkindale, DR, Balan, P & Rowe, CW (1996) *Marketing: Making the Future Happen*, 2nd edn, Thomas Nelson Australia, South Melbourne, pp. 48–9.

PLCの延長

PLCが成熟段階に達したときに、どのように販売量を維持または成長させられるかは、マーケターがよく直面する問題だ。PLCを延長するための成長オプションを特定する方法のひとつが**アンゾフマトリックス**だ（図7.5）。

図7.5　アンゾフマトリックス

データソース：Ansoff (1957) より改変

アンゾフマトリックスでは市場は顧客を意味する。販売量を伸ばしたい企業には4つの追求すべき選択肢がある。

最初の選択肢は**市場浸透**率を高めることだ。企業は、競合他社よりもすぐれた地位を築き、シェアを拡大し、既存顧客を守る。この目的を達成するためにさまざまなマーケティング戦術が用いられるが、競合他社よりも魅力的な製品やサービスを提供するためにマーケティングミックスの要素を修正するのが基本だ。

第二の選択肢は**製品開発**だ。ここでの基本は、企業が、現在の顧客が何を必要とし、他社から何を購入しているかを調査することだ。企業は"なぜ我々はそれを供給できないのか？"と問うべきだ。そして、顧客にとって既知の存在であり、顧客とビジネスを行うためのインフラや、市場基盤型の資産、ノウハウなどの多くを備えているという強みを活かして、積極的に市場シェアを獲得していくことをめざすべきだ。たとえば、マクドナルドは、長い間朝食を提供せず、ランチタイムまで営業していなかった。その後、商品開発をするという戦略を採用し、今では朝食を提供している。

第三の選択肢は、既存の製品やサービスの新たな顧客を開拓するための**市場拡大**だ。ビクトリア州に進出し、本拠地と同じ規模の顧客を持つようになったシドニーのある企業が良い例だ。

最後の選択肢は**多角化**だ。理論的には可能だがあまり良い考えではない。これは、企業自身にとっても新しい製品やサービスを、まだそれに慣れていない顧客に提供することだ。この戦略はリスクが高く、通常は失敗する。

他にも、PLC延長を達成し、売上の維持拡大に役立つと考えられる、より簡素化された3つのアプローチがある。これらは、アンゾフマトリックスのフレームワークから選択したオプションのひとつを実行する方法でもある。

・市場の修正
・マーケティングミックスの修正
・製品の修正

市場戦略に修正を加える

成熟製品のマーケティング上の課題に対する一般的な対応は、その製品に新しい市場セグメントを見つけることだ。このようなセグメントは、パソコンや携帯電話がビジネス市場から個人向け市場へと拡大したときのように、一般市場に見出すことは可能だろう。市場を海外に拡大することも新たなニーズを開拓する戦略のひとつだ。ディズニーが本拠地である米国を離れ、パリと香港にディズニーランドを立ち上げたのもこのアプローチだった。寿命が尽きかけている技術であっても、経済発展途上の国ではまだ使えることもある。そのメリットは、技術の寿命を延ばせること、初期の開発コストを回収できる可能性があることだ。

マーケティングミックスに修正を加える

マーケティングミックスを変更して製品のポジショニングを変えることで、市場浸透率を高めたり、新しいセグメントを開拓したりすることができる。たとえば、ザ・ボディ・ショップの成長戦略は、"パーティー販売"を導入して新しい流通チャネルに挑戦することだった。しかし、このような変更は、慎重な分析と、未開拓のニーズや市場セグメントの明確な特定に基づくべきだろう。

製品に修正を加える

成熟市場で成長をめざすマーケターにとっての次の戦略は、製品の改良を検討することだ。たとえば、ミニサイズのマーズバーやオレンジ風味のキットカットチョコレートバーの導入時に行われたように、製品のサイズ、風味、機能に比較的小さな変更を行うことがある。自動車の新モデルが導入されるときも同様だ。ただし、このような変更は市場に基づく明確な理由なしに行われるべきではない。製品の小型化によって改良が進んだ例としては、その他にも、携帯電話にカメラを組み込めるようになったことや、伝統的な工具に電動機能の付加が可能になったことなどがある。

古い製品に新しい技術が加わり、その結果PLCが活性化することを"**テクノロジーブーム**"と呼ぶ。1990年代初頭、PCの売上は低迷していたが、その後、インターネットが登場し、それに伴い電子メールも普及した。さらに

その後、電子メールの価値を理解する新しい層の人々が増え、インターネットに接続できるパソコンを購入するようになり、パソコンの売上は再び伸び始めた。

　何が新製品開発で何が製品改良か、その線引きが難しいことがある。現実的には、戦略をどのように分類するかは問題ではない。製品改良のプロセスは、新製品開発のプロセスと同じフレームワークと顧客調査に従うべきだ。両者を区別することに意味があるのは、まったく新しい製品よりも改良品の方がコストや失敗のリスクが低いという点だけだ。

　その結果、多くの企業が、真の新製品開発に投資するのではなく、==ラインエクステンション==戦略に過度に依存してしまい、顧客にとってわずかな付加価値しかない"新しい改良版"を大量に生産してきたと指摘する専門家もいる。

CASE STUDY

鉛筆に未来はあるか？

　コンピューターとスマートフォンは多くの伝統的産業を破壊した。AppleのSiriのようなデジタルアシスタントは、質問を書き込まなくても情報を得ることができる。これまでは紙に書いたり描いたりするためには鉛筆が使われてきたが、20年ほど前にはペーパーレスオフィスの到来が予測され、それが今、現実のものになりつつある。木製の鉛筆がやがて使われなくなる日が来るのはたしかなようだ。

　鉛筆は1600年代半ばに発明されたと考えられている。鉛筆が作家や芸術家によって使われることで、偉大な芸術作品や文化が生まれた。アーネスト・ヘミングウェイやヴァージニア・ウルフは鉛筆で小説を書き、モーツァルトは鉛筆で楽譜を書いた。ゴッホはある題材を描こうとしたときに鉛筆がいかに便利な道具であるかを発見し、その後ずっと鉛筆を使い続けた。

　鉛筆がまったくなくなったわけではない。おそらく今でも毎年1000億～2000億本の鉛筆が生産され、その約半分が中国で生産されている。ドイツのファーバーカステル社は、1761年に鉛筆の製造を開始した世界でもっとも歴史の長いブランド鉛筆メーカーで、年間約22億本の鉛筆を生産している。世界金融危機や2008～2009年の不況ではヨーロッパの多くの地域で売上が横ばいになったにもかかわらず、ファーバーカステルの売上は2015年にはほぼ6％増加した。

　ユーロモニターインターナショナルによると、鉛筆の売上は世界的に増加しており、2016年には4％増の約27億米ドルとなり、今後5年以上は続くと予測されている。新興市場、特にアジアと南米では、所得の上昇と幼児教育への関心の高まりにより、需要が伸びている。この2つの地域でのファーバーカステルの売上は、地元メーカーが低価格で製品を販売しているにもかかわらず、同社売上全体の65％を占めている。鉛筆はハイテク製品ではないため、地元メーカーも市場に参入しやすい市場だ。そのなかにあってファーバーカステルは環境に優しい資源調達と製造方法を重視している。

　イノベーションは、ファーバーカステルのような企業が業界をリードし、競争力を維持するためのもうひとつの方法だ。たとえば1800年代半ば、ファーバーカステルは、鉛筆が机から転がり落ちるのを防ぐために、円筒形の鉛筆の側面を削って六角形の鉛筆を発明した。1990年代に水性で環境に優しい塗料を使いはじめたのは、子どもたちが鉛筆を噛んで有害物質を飲み込んでしまうことを教師や親たちが懸念したからだ。鮮やかな色は子どもたちに人気なので、ファーバーカステルは有害な化学物質を含まない明るい色の絵具を

使用するように製造工程を変更した。ヨーロッパの教師たちは保護者にファーバーカステルの鉛筆の購入をすすめている。2014年末、ファーバーカステルは、デジタル機器と互換性を持ち、タブレットやスマートフォンに使える、頭部がゴムで覆われた鉛筆型のデバイスを開発した。同じ業界のBICのクリスタルスタイラスとスタビロのスマートボールペンは、従来のペンとしての機能を持ちながらも、タッチスクリーンの操作ができるチップが先端に埋め込まれている。

このようなイノベーションにもかかわらず、なぜ世界中の何百万人もの人々がいまだに鉛筆を使っているのだろうか？

鉛筆は、メモを取ったり、特定のタスクを思い出すためのリマインダーを書き留めたり、本のなかの言葉に一時的に下線を引いたり、なぞったり、在庫を調べたり、計算をしたり、子どもの宿題を手伝ったり、黒鉛転写をしたり、簡単に消せる字や印を書いたり、寸法を測ったり、リフォームや建築のための仮の印を付けたりなど、さまざまな作業を行うことができる。

建設業者は仮の印を付けるために大工用の鉛筆を使っている。NAPLANのような標準化された学校のテストでも生徒は鉛筆の使用を義務づけられている。他にも、学校、大学、会計事務所、公官庁、銀行、信用組合、航空会社、建築会社、カントリークラブなどが、日常業務の多くに鉛筆を使用している。シャープペンシルや使い捨てペンを製造しているフランスのBIC社によると、同社の文房具部門は昨年、先進国では一桁台前半の成長であったのに対し、発展途上国では5〜10％の成長を遂げたという。欧米のユーザーがコンピューターやスマートフォンに移行するにつれて、鉛筆の売上は減少しているが、塗り絵を楽しむために色鉛筆を使う大人が増えていることから、鉛筆を重宝する人は今でもいると思われる。一方、発展途上国のユーザーが鉛筆を使うのは、シンプルな筆記用具であり、安価であり、紙を使ったコミュニケーションに便利だからだ。

データソース：Drozdiak (2014), The Economist (2010)

発展問題　QUESTIONS

1. このケーススタディを読む前、世界のペン業界の売上はPLC上のどこに位置すると予想していましたか？　それはなぜですか？　実際の販売データは何を示唆していますか？
2. 筆記具のPLCを拡大するためにマーケターができることを、マーケティングの用語と概念を用いて説明してください。

サービスのマーケティング

マーケティングの手法に違いがあるか？

サービスのマーケティングは、物理的製品のマーケティングと本質的に同じだ。どちらも、顧客のニーズと購買行動を理解し、セグメントを特定し、市場基盤型資産とブランドの強みを考慮したマーケティングミックスを策定した上で、ブランドのPLCを管理しなければならない。イギリスで製品とサービスのマーケティング手法の類似点に関する大規模な調査が行われた。調査では、サービスを提供する中心的企業と、物理的製品を販売する中心的企業の、それぞれのマーケティングの実践に焦点を当てた。その結果、両者に統計学的な差はなかったが、実際のマーケティングの実践においては、いくつかの違いが見られた。たとえば、サービスを売る企業は市場調査をあまり行わず、マ

ーケターは製品の差別化をあまり重視していなかった (Hooley & Cowell, 1985)。その後、米国の大規模調査に基づき、コヴィエロら (2002) は、すべてのサービス企業が同じような方法でマーケティング上の意思決定を行っているわけではなく、消費者との取引に焦点を当てたマーケティングを実践している企業もあれば、B to B とリレーションシップマーケティングに焦点を当てたマーケティングを実践している企業もあることを発見した。

しかし、サービスは商品とは異なる特性を持っていると言うマーケティング評論家もいる。だからサービスのマーケティングも異なるという主張だ。その違いは、以下に概説するサービスの特性によるものと考えられている。ここで、それらがサービスに特有であるかどうかを確認するための検証を行ってみよう。サービスは行為または行動であるといわれている。そうであれば次のような特徴がある。

・無形である——多くのサービスは、購入前に見たり、試したり、テストしたりすることができないため、購入に伴うリスクは、購入前に検査したり試したりできる有形の製品よりも大きい。しかし、ホテル、店舗、交通機関（バスなど）は本当に無形だろうか？

・有効期間が短い——飛行機の座席予約のようなサービスは有効期間が短い。空席のまま出発すると後で販売することができないため、飛行機の座席予約サービスの有効期限は短い。サービスの在庫を持つことは不可能であり、そのため、需要の変動に合わせてサービスを備蓄することができない。しかし、金融ローンや教育の有効期間は短いだろうか？　青果物も同様に有効期間が短い。

・サービス提供者との接触を避けられない——生産、流通、消費が同時に起きるため、顧客はサービスを消費するためにはその提供者のところに行かなければならないことが多い。歯科医、教育者、車両の運転手など、サービスは提供する熟練の専門家や技術者が顧客との間に存在する。車の修理や芝刈りなど自分がその場にいる必要はないサービスもある。

・サービスの質にばらつきがある——サービスを提供し、その品質と顧客ケアの質を決定するのは人だ。人のパフォーマンスに振れ幅があり、提供されるサービスの質の一貫性を確保することは困難だ。サービスの購入はそれぞれが個性的であり、買い手と売り手の直接的な相互作用を伴うため、すべてのサービスにムラがあると言われる。しかし、ATMのような多くのサービスは、製品と同じように技術によって作られ提供されるため、品質は保証されて、ばらつきはない。

このようにサービスは多様であり、製品とサービスの特徴的な違いをすべてのサービスが備えていると一般化することは難しいことがわかる。

サービスは、ハードなものとソフトなものに分けることができる。ソフトなサービスとはもっぱら人によって提供されるものだ。教育やコンサルティングのような知的サービスもソフトサービスの一例であり、前記の4つの特徴を持つことがある。そのため、見込み顧客は、サービスの価値およびサービスがニーズを満たす可能性があるかどうかを事前に評価することが難しい。結果的に、ソフトサービスの販売と価格設定の管理は、マーケターにとっていっそう難しいものになるだろう。顧客は信頼に基づいて購入せざるを得ないので、サービス提供者は信頼を示す手がかりを伝えるための努力を怠ってはならない。B to B の世界でも、本章の初めで述べたように、企業がサプライヤーに特殊な機器の製作を依頼し、その機器は納品されたときに要望どおりに機能するはずだという信頼に基づいて購入している。このように、信頼に基づく購買はサービスに限ったことではない。とはいえ、ソフトサービスは人が作り人が提供する創造物であり、顧客から見ればそのサービスは実質的に製品のように感じられる。マーケターは、中核的サービスの提供者が、潜在顧客に信頼され、信用され、プロフェッショナルであると認識されるように努め、さらに、サービス提供者と顧客との接点が顧客の信頼感を損なわないようにも配慮しなければならない。そのため、いったん提供する中核的サービスが考案されれば、マーケターは、顧客と接する人々のマネジメント、顧客が体験するプロセスやタッチポイント（すなわち、ビジネスと顧客または潜在顧客とのすべての接点）に、また他にも顧客が知覚できるものがあればそれらにも注意を向けなければならない。

ライバル会社が提供するサービス（特にソフトサービス）のマーケティングミックスを模倣することは、高価な設備を持つ必要がないので、物理的製品を持つことよりも容易だろう。たとえば、どんな法律事務所でも、有能な弁護

Chapter　07　　　　　　　　Product (Goods and Services)　　　　　　　　268

士を雇い、立派な事務所を構え、他と大差のない料金を請求し、他と同じように宣伝することができる。では、どうやって競争するのか？　評判と経験、つまり**市場基盤型資産**で勝負する。すると、市場基盤型資産を獲得してこれを維持することは、物理的製品よりもソフトサービスにおいて重要であるという結論に達するのではないだろうか。

　最後に、マーケティングには**サービス優位の論理**というものがあり (Vargo & Lusch, 2004)、あらゆるビジネスはサービスビジネスであると言われている。物理的サービスであれ中核的サービスであれ、人々は最終的にサービス的性質を持つニーズを満たすために製品を購入しているからだ。また、顧客が製品やサービスを利用するときは、提供者との双方向のコミュニケーションや協力が重要であり、その結果として価値が生まれる。この共同プロセスが重要であり、物品とサービスの両方に同様に適用される。

INDUSTRY INSIGHT ||||||||||||||||||||||||||||||||||||||||||||||||||||||||||||||||||||||||||| 業界動向

カンファレンス／ミーティング業界のマーケティング教訓

　2014年8月、マーケティングウィークと呼ばれる1週間にわたる会議がアデレードで開催された。少なくともこの30年間、この会議はアデレードで成功裏に運営されてきたが、今後も続くだろうか？　今後何年経っても、人はこのようなイベントやカンファレンスに物理的に参加するだろうか？　もしそうだとすれば、この業界のプロダクトマーケティングの教訓は何だろうか？

　まず、マーケティングウィークのような会議に人が物理的に参加しなくなると考えられる理由は何であろうか。インターネットと情報技術の進歩は、書籍、新聞、エンターテインメントなど多くの市場カテゴリーで消費者行動を一変させた。たしかに、ビジネスパーソンが、あるマーケティングトピックについてその第一人者の最新の考え方を知りたければ、オンラインでYouTube動画やTEDトークを視聴する、ブログを読む、ハーバードビジネスレビューを読む、ウェビナーに参加することなどが可能だ。また、簡単に使えるオンライン会議ソフトウェアもある。なかには無料で使えるものもあり、バーチャル会議の運営や出席はかつてのように高価で技術的に難しいものではなくなっている。日々時間に追われ、会社から常にコスト削減を求めているビジネスパーソンには、マーケティングウィークに参加して会議やセッションに参加するよりも、オフィスからオンラインで会議に参加して最新情報を入手したほうがよいという思いがあるだろう。2014年末、3億5000万豪ドルを費やしたアデレードコンベンションセンター（ACC）の拡張と改修の第1段階は完成に近づいていた。この改築は、果たしてインターネットの普及に伴い減り続ける会議、イベント、ミーティングの参加者を探し求めるという、大いなる無駄に終わってしまうのだろうか？

　ACCのマーケティングディレクター、ジョバンナ・トルディ氏は、コンベンション産業は成長しており、将来は有望だと考えている。「カンファレンスやミーティングはこれからも続くでしょう」とトルディ氏は言う。実際、アジアでは韓国、中東ではUAEなどの国々が、成長著しい会議、ミーティング、イベントの世界市場を開拓するために、インフラや施設の開発に数百万ドルを投じている。普通の観光客の2.5倍の消費を行う貴重な"ビジネス観光客"を引き寄せられるACCは、南オーストラリア州経済の重要な部分を占めている。

　人はできることなら相手と直接会いたいと思っている。この業界にとっては幸いなことだ。この傾向を後押ししているのが、ともすれば画一的になりがちな製品やサービスにより付加価値の高い体験を求める、顧客の期待の高まりだ。このような体験を維持し向上させるために、たとえば会議場は、参加者がスマートフォンで他の参加者をさまざまな条件で検索したり、会議中に会いたい人と交流したりできるような機能を持つアプリを、参加者に配布することに懸命に取り組んでいる。ACCの新しい増築部分には、特別に設計された"静かなる瞑想"スペースと、1対1のミーティングのための会議スペースが設けられたる予定だ。アデレード市は5億5000万豪ドルを投じて、市のオーバル（競技場）を世界的なスポーツ施設兼多機能施設に大改造した。また、ACCの徒歩圏内に観光スポットもある。ACCでの会議参加の体験はさらに魅力的になるだろう。会議に参加はできないが会議の内容にアクセスしたいという人たちのために、インターネット上で追加オプションを提供することも容易になった。インターネットは従来の方

法の脅威になるのではなく、補完し、目的を達成する新しい選択肢を提供することで、潜在的市場を拡大している。

　すべての業界は進化する。顧客との関係を維持し、競争に打ち勝つためには、マーケターはトレンドを理解し、販売する製品をその市場に相応しい売り方に適応させなければならない。1987年に開設されたACCやその他の類似施設は、基本的には会議主催者向けに会議スペースや施設を貸し出していた。当時のACCのような会議場プロバイダーの運営形態はきわめてB to B的であった。その後、多くの会議場プロバイダーが市場に参入し、顧客のタイプやニーズが変化したこともあって、業界の競争は激化した。

　数年前までは、定期的に大規模なカンファレンスを企画し、売り込み、適切な施設を探し、開催してくれる、大規模な組織や業界団体があった。現在は、中規模のカンファレンスを頻繁に開催する方向にトレンドが変化している。今日の会議施設のマーケターは、会議やイベントの主催者と協力し、小規模な団体や専門家グループの会議やイベントのマーケティングを支援しなければならない。会議施設のマーケターの仕事は、会議主催者がイベントに付加価値を与え、より多くの参加者を呼び込めるように支援することだ。

　会議施設に収入をもたらし、利用予約の空白を埋めるための次なる進化は、従来のビジネスモデルを拡張し、独自のイベントを企画・推進することだ。たとえば、ACCは、一般の人々がワインメーカーを訪問して試飲ができる"セラー・ドア・ワイン・フェスティバル"のようなイベントを開発した。これは、会議場マーケターがB to C市場に参入した例だ。そのためには、B to B市場を維持するためだけでなく、B to C市場に参入するためのマーケティングのスキルとリソースも必要だろう。

　今日のB to BおよびB to C市場に不可欠なリソースは、自社が提供するビジネスを潜在顧客に気づいてもらうためのウェブサイトを持つことだ。会議やミーティング施設の場合は、会場の機能的でプロフェッショナルな能力はもちろん、参加者が楽しめる"独特の体験"も伝えなければならない。これは容易なことではない。顧客のウェブサイトがこの役割を確実に果たせることは、今日のサービス業界のマーケターにとっての主要な優先事項だ。「会議は会議、みな同じ」と、かなり保守的で変化に乏しいイメージで捉えられてきた会議も進化しつつある。マーケターは、従来の顧客との関係を維持することの重要性を忘れないようにしながらも、製品が市場の変化に適応できるように支援しなければならない。サービス業界のマーケターにとって重要な教訓を以下にまとめる。

1. 顧客の付加価値を高め、製品の需要を拡大し、それが自社の需要拡大にもつながるような方法を探し続けよう。
2. 人は、機能的なベネフィットだけではなく、人と直接会って関係を発展させられる機会にも価値を見出す。
3. 人は体験できることを重視する。製品を使うことで得られる魅力的な体験も製品提供の一環として提供し、さらに、その体験を事前に顧客に伝えることで、製品の価値を高め、購買意欲を向上させよう。
4. 市場や顧客のニーズあるいは顧客のタイプが変化すると、マーケターはそれに合わせて製品を変化させなけれ

ばならない。

5. 伝統的にB to B顧客を対象としてきた自社の主力製品がB to C顧客のニーズを満たすこともあるのだから、マーケターは、あらゆるタイプの市場において顧客ニーズに合致する製品判断ができなければならない。

CRITICAL REFLECTION ||||||||||||||||||||||||||||||||||||||||||||||||||||||||||||||||||||||||||| 批判的省察

あるガソリンスタンドでは、顧客が車を降りる必要のない、従業員が来てガソリンを入れてくれる "フォアコート・サービス" を提供していました。新しいオーナーがこのサービスを中止することを決定すると、驚いたことに、給油のためにガソリンスタンドに来る人の数がたちまち倍増しました。価格の変更はしませんでした。このガソリンスタンドはビジネス街に続く主要な通勤道路沿いにあります。サービスの変化に市場がこのように反応した理由として、どのようなことが考えられますか？ この事例から、マーケターが製品を判断する方法について、どのような教訓が得られますか？

サービスの品質と顧客サービス

顧客や消費者は、それがレストラン（＝典型的なサービス）であれ、工業用オーブンのサプライヤー（＝典型的な製品）であれ、"良いサービス" が製品特徴の一部であることを期待している。したがって、サービスの提供が顧客や消費者にどう受け止められているかを正しく理解することが、マーケティングのマネジメントにとってきわめて重要だ。

質の高いサービス提供には、以下の6つの重要な側面がある

・信頼性——約束されたサービスを正確に実行する

・安心感——能力、礼儀正しさ、信頼性、安全性が保証されている

・物理的外観——スタッフ、建物、設備の外観がサービスに与える印象が良い

・共感性——顧客とのコミュニケーション、顧客理解にすぐれている

・対応力——顧客の問題に迅速に対応できる

・回復力——顧客が不満を抱いたサービスを改善させる力がある

各要素の相対的重要度は、提供される製品やサービスの性質によって異なる。たとえば、銀行の顧客はセキュリティを特に重要だと感じるだろうが、美容院の顧客がセキュリティに関心があるとは思えない。

本章の結論 CONCLUSION

　顧客は、製品を購入する際、製品そのものだけでなく、価格、サービス、プロモーション、市場基盤型資産、ブランドイメージなども含めて総合的に企業のオファーを判断して、購入し、反応している。マーケターが担っている役割のひとつは、製品が既存顧客や潜在顧客のニーズとウォンツを満たし続けるようにすることだ。市場で変化し続ける顧客ニーズに答えて製品を常に最新の状態にするための意思決定には、パッケージングやラベリングといった製品の付随的な特徴に関する意思決定も含まれる。マーケターは市場に現れる可能性のある新たなニーズや機会にも注意を払い、それらに対応する新製品の開発を正当化しなければならない。B to Bの場合、顧客やサプライヤーとの関係の管理（リレーションシップマネージメント）もこのプロセスの一部だ。いったん新商品の開発が開始されれば、ネーミングも含めて、開発後どのように市場に導入すべきかを判断しなければならない。その後、マーケターは、製品が属する製品カテゴリーがライフサイクルの段階を経て進化するに従い、その製品を管理する役割を担うことになる。たとえば、カテゴリーに低迷する可能性があれば、販売を拡大あるいは成長させる方法を模索しなければならない。物理的財であろうと無形のサービス財であろうと、マーケティングの分析と意思決定は基本的に同じであるが、市場に受け入れられなければ、価格やプロモーションなどのマーケティングミックスの要素を変更しても売れるようにはならない。たとえば、コダック社は、非デジタルカメラ用のフィルムを作り続けることにあまりにも長く依存し過ぎたために衰退した。

本章の要点　Summary

+ ほとんどの組織がサービスの提供にかかわっているので、マーケターがサービスのマーケティング戦略の策定に従事することは多い。

+ 多くの顧客ニーズはサービスの提供を受けて満たされる。製品を買う目的も、その製品を使ってサービスを自らに提供するためであることが多い。

+ 製品は主に物理的製品とサービスに分類できる。顧客のニーズを満たすために、多くの市場において、製品とサービスの両方をセットで提供することが必要とされることが多い。

+ 市場で望ましい反応を得るためには、マーケティングミックスが製品と製品戦略を補完しなければならない。

+ 製品を市場で成功させるためには、製品名やブランドの適合性だけではなく、ロゴ、ラベル、パッケージなどの特徴も含めて、考慮すべき多くの要因や決定事項がある。

+ 製品は消費者向け製品と産業用製品に分類することができる。先に産業用製品として導入され、その後消費者向け製品として再導入されることは多い。

+ B to B市場はリレーションシップマネジメントを重視しているため、マーケティングの意思決定がおたがいのニーズを考慮して行われることがある。

+ B to B市場は、単一の事業体ではなく、サプライヤーのネットワークが関与していることが多い。顧客も複数の顧客の連合体であることが多く、マーケティングの意思決定にはさまざまなニーズを考慮する必要がある。

+ プロダクトミックスや製品ラインに関する意思決定が必要になることがある。

+ イノベーションには、非連続的イノベーション、連続的イノベーション、動的連続イノベーションの3種類がある。非連続的イノベーションは、顧客に新しい行動を学習させたり、新しいサービスプロバイダーの利用を可能にしたりする必要があるため、市場導入がもっとも難しい。

+ 組織は、他社から買ったりライセンス供与を受けたり、ライバルの製品を模倣したり、海外市場を観察したりすることでも、新製品を獲得することができる。

+ 組織は、推奨されている一連の手順にしたがって新製品を社内で開発する。新製品のアイデアやコンセプトは、財務および市場の基準を満たせるかどうか、プロセスの初期段階でスクリーニングを受けるべきだ。

+ 製品カテゴリーは、市場導入から衰退までの一連のライフサイクルの各段階を通過すると考えられており、段階ごとにマーケティング目的と戦略を策定すべきだ。

+ 製品カテゴリーの寿命を延ばすためには、アンゾフマトリックスやテクノロジーブーム（＝新技術の急速な普及。例：スマートフォン、SNS）を利用する方法がある。

+ 基本的には、製品とサービスのマーケティングに違いはないが、ソフトな、すなわち知的なサービスには、さらなるマーケティング要素が必要だ。

復習問題 REVISION QUESTIONS

1. 顧客が体験を通じて得る価値や満足感が中核的ニーズを満たす手段となる状況を考えてみましょう。その体験を創造するためには、どのような製品やサービス製品を提供する必要があるでしょうか？　もしあるとすれば、体験創出のマーケティングを中核的サービス製品のマーケティングよりも難しくしているものは何でしょうか？

2. スーパーマーケットでインスタント食品を買うとき、あなたは何を買いますか？　なぜそれを買うのか説明してください。レストランでは何を注文しますか？　なぜそれを注文するのか説明してください。

3. 特定のカテゴリーのなかで、ネーミングのための5つの理想的基準を満たす製品名またはブランド名を考えてください。そのカテゴリーの製品名として、さらに望ましい特徴は他にありませんか？

4. 市場で採用された非連続的イノベーションの例を考えてみましょう。どのような製品特性がそのイノベーションの採用を促し、可能にしたのでしょうか？

5. 調査によると、新製品のアイデアのうち、顧客ニーズから直接得られたものは3分の1に満たないことがわかっています。これは、顧客のニーズやウォンツに基づいて製品を開発するというマーケティングアプローチとどのように関連しているでしょうか？　このような状況の背景に、どのような理由があると思いますか？

6. テクノロジーブームが製品カテゴリーのPLCを活性化させた例を考えてみましょう。

7. B to B市場のマーケティングにおいて、製品に関する決断を左右する主な検討事項は何でしょうか？　なぜ"既存システムとの互換性"が製品デザインの決定における検討事項のひとつになり得るのでしょうか？

8. 中核的サービス製品のマーケティングは、有形財のマーケティングと変わらないという考えは正しいと思いますか？　その理由を説明してください。例外はありますか？　例外がある場合、マーケターは何に注意しなければならないですか？

Chapter 07

重要事例研究

MAJOR CASE STUDY

"エコシャック"のマーケティング

グレゴリー・ブラシ（西オーストラリア大学マーケティング准教授）、
ダグラス・トンプソン（ザ・パーミット・ショップ・リミテッド建築デザイナー）著

背景

　ニュージーランド人は自分の家に強い愛着を持っている。家を建てるために預金することは人生の優先事項のひとつだ。住宅ローンの返済と維持費は家計のかなりの部分を占める。やがて、家族の成長とともに生活に求めるものも変化する。たとえば、書斎や仕事部屋が必要になったり、独立していた子どもが戻ってきたり、高齢になった親と同居したりすることがある。持ち家に対する税制が優遇されているため、多くのニュージーランド人が賃貸物件も所有している。賃貸物件から得られる家賃収入は老後の資金として、また富と快適さの象徴として注目されている。アウトドアが好きなオーストラリア人は、夏休みには海や、山、湖、川などへ出かけることが多いので、そのような人里離れた場所での宿泊施設は必ず必要となる。

イントロダクション

　気候変動が激化する今日、私たちが住宅や宿泊施設を選ぶときは、持続可能性や環境への影響を考慮する必要がある。建築環境のグリーン化は、私たちが住み、働き、遊ぶ建物が、自然環境、預金残高、健康にどのような影響を与えるかについて、一般の人々の意識、情報、理解が高まった結果だ。ある製品が"グリーン"であると言うとき、本当は何を意味しているのだろうか？　直観的に惹かれるものの、漠然としか定義できない広義の言葉だ。持続可能、環境、カーボンフットプリント、エコロジー、カーボンニュートラル、生分解性、エネルギー効率、再生可能、オーガニック、リサイクル可能、代替エネルギー、無害、エコなどの言葉と結び付けられることが多い。スーパーマーケットの棚にはグリーンな商品やエコな商品が並んでいる。私たちは、多くの商品に使われているプラスチック包装に対する環境上の罪悪感を和らげるために、エコトイレットペーパーに少々高いお金を払うことを厭わないだろう。スーパーマーケットでのエコ商品の購入は、それに伴う現金の支出は小さいので、比較的簡単な選択だ。しかし、建築環境となると、私たちの財布はどれほどエコでどれほど深いだろうか？

　ニュージーランドの建築規制の変更に伴い、多くの既存住宅（一般的には2000年以前に建てられたもの）が断熱不足であることが判明した。これが、やがて低温多湿の住環境および健康問題につながることもある。現在、新規に開発される建築物にはより高い断熱性能が求められている。また、2000年以前に建てられた既存の建築物には、断熱対策および太陽熱温水器の設置に対して補助金が支給される。これらは、エネルギー効率保全局（EECA）を通じて利用できる。効果的な断熱材、太陽熱温水、低電圧の電球や電化製品などを利用することで、消費電力量を削減することができる。

　地方自治体はさらなる環境への取り組みを奨励している。低水量の設備の使用を奨励する条例が施行されている自治体もある。また、屋根からの流水を貯水槽に溜めて飲料用以外の目的のために使うことを奨励したり、洗濯やシャワーの廃水を植物用に再利用することを奨励したりする自治体もある。このような対策により、給水、廃水処理、雨水処理の需要が減少している。

　規制当局は建築環境に関して、資源の削減、再使用、保全などを促して、環境に配慮したデザインを重視している。成果はさまざまな製品によって達成されているが、使用する原材料によって、環境への影響や持続可能性の点で異なる場合がある。たとえば、断熱材にはポリスチ

275 製品とサービス

レンと羊毛があるが、羊毛の環境負荷が低いとされ、木材には輸入広葉樹と植林材があるが、植林材の環境負荷が低いとされている。どのような建築要素にも複数の選択肢があり、その選択は、コスト、長期的収益、毒性、外観などの要因に基づいて行われる。建物がエコであるかどうかは主観的なものだが、一般的には、エコな建築とは、材料や継続的なコストなどを削減し、資源を再利用し、環境保全に配慮した建物といえる。

　エコであろうとなかろうと、新築、増築、改築のプロセスは、しばしばストレスの多い長いプロセスだ。唯一たしかなことは、想像以上に時間と費用がかかるということだ。しかし、最近の建築規制の変更により、10平方メートルまでのスリープアウト（離れの家）であれば、敷地に既存の家屋が有っても無くても、当局の許可なしに建築できるようになった。この変更が、ダグとポールがエコシャック（環境に配慮した設計を取り入れた小規模な住居）を開発するに至った重要な要因だ。

エコシャックのコンセプト

　ダグは建築の仕事に10年以上携わってきた。主に住宅建築の経験がある。最近、建築技術の国家資格（NDAT）を取得し、製図技師としての資格を得た。テレビ番組"ミトロ10DIYレスキュー"のなかで建築のプロ兼司会者として、また"ミトロ10ドリームホーム"には2シーズンにわたり審査員として出演した。彼の主な関心は、環境意識の高い設計建築会社を作り成功させることだ。一方、ポールは溶接の有資格者で、小さなパイプ溶接会社を経営しており、会社の規模を拡大したいと思っていた。ダグとポールはともにエコシャックの可能性に着目し、標準的なエコシャックと都会的エコシャックの2つの製品を開発した。2人とも熱心で現実を重んじるタイプだが、マーケターとしての経験はない。

　エコシャックは運搬可能な建物で、幅が2.4〜3メートル、長さが3.6メートル以上と、大きさはさまざまだ。ヘリコプターや最大10トンまで持ち上げ可能なクレーン車なら簡単に運搬・設置することができる。エコシャックはニュージーランド木造建築基準（NZS3604）に基づいて建てられており、適切なメンテナンスを施せば最低50年はもつ。以下は、標準的な2.4×6メートルのエコシャックの仕様だ。

・植林パイン材のフレーム
・最低基準を上回る羊毛断熱材
・環境への影響を配慮した合板
・雨水再利用のための床下貯水タンク
・太陽光発電パネル（ソーラー発電）
・風力タービン

・蓄電池
・コンポストトイレ
・バッテリー式水圧配管システム
・カリフォント温水シャワー
・亜鉛めっきスチールシャーシ
・ドロップダウンデッキとオーニング
・二重ガラスの窓とドア
・耐久カラースチール屋根材
・電話／データ通信接続
・豊富な内装バリエーション

標準的なエコシャックはモジュール式になっており、クライアントのニーズに応じて簡単に仕様を変更することができる。エコシャックの開発者は、自分たちの製品は環境への負荷の小さい、オフグリッド生活（自給自足の生活）に最適の製品だと考えている。持ち運びも設営も簡単で、少しの日差しと風と雨（最初は水タンク）があればすぐに使える。上記仕様の基本ユニットの価格は3万5000〜4万NZドルだ。ポータブルルームズやキャビンフィーバーなど、他にも同様の宿泊施設を提供する会社はいくつかあるが、オフグリッド生活向けではない。

アーバンエコシャックの仕様は以下のようだ。
・床面積3.6×2.4メートル、デッキ0.9×2.4メートル
・植林パイン材のフレーム
・最低基準を上回る羊毛断熱材
・環境への影響を配慮した合板
・二重ガラスの窓とドア
・耐久カラースチール屋根材

発展問題　　QUESTIONS

1. 市場をセグメンテーションするための基本データ（人口統計、心理特性、行動特性など）を使って、アーバンエコシャックに興味を持ちそうなニュージーランドの消費者層を特定し、説明してください。
2. 標準的なエコシャックに興味を持ちそうなニュージーランドのビジネスセグメントを特定し、説明してください。
3. エコシャックの顧客は製品を購入しているのでしょうか、それともサービスを購入しているでしょうか？
4. エコシャックを消費者層とビジネス層に対してどのようにブランド化し、位置づけますか？
5. エコシャックは連続的イノベーション、非連続的イノベーション、動的連続イノベーションのいずれに分類されますか？　それはなぜですか？

Chapter 07

インタビュー
INTERVIEW

Martyn Thomas
ソフィー・リチャード

ヴァージンモバイルオーストラリア
ブランドキャンペーンマネージャー

　2009年、シドニー工科大学で経営学学士号を取得するために学んでいたとき、私はマーケティングと広告の世界に初めて足を踏み入れ、クライアントサービスエージェンシーのウォーターフロント・マーケティング社でアカウントコーディネーターとして働きました。そこで担当した重要なプロジェクトのひとつがビクトリアビター（ビール）のテレビコマーシャルでした。私は3日間の撮影スケジュールの作成を手伝い、クリエイティブエージェンシーとコマーシャルに登場するトップアスリートとの間を取り持つ役を担って撮影にも参加しました。そのキャンペーンは、1500人以上の出演者と150人の撮影スタッフを動員した、オーストラリアのビールTVCMのなかでは現在でも最大級の規模です。

　学びをさらに深化させたかった私は、2011年に大学を卒業するとグローバルなクリエイティブ広告代理店JWT（ジェイ・ウォルター・トンプソン）でアカウントコーディネーターとしてフルタイムの仕事に就きました。JWTでは、金融サービス、テレコミュニケーション、FMCG（fast-moving consumer goods：日用消費財）など、さまざまな分野のグローバルクライアントを担当しました。

　広告代理店での仕事はとても楽しかったのですが（実際、仕事も遊びも一生懸命でした）、マーケティング活動がビジネスにどのような見返りをもたらすのかをもっと深く理解するために、クライアント側に移りたいと思うようになりました。

　ひとつのブランドに没頭でき、メディアがますます細分化されるなかにあっても消費者に影響を与えられる、広告以外のさまざまな手段を探求したいと思っていた私は、2013年、ようやく求めていた仕事を見つけ、ブランドマーケティングエグゼクティブとしてヴァージンモバイル社に入社しました。

　入社後は、幸運にもブランディング、企業買収、顧客マネジメント、パートナーシップ、スポンサーシップの各分野で経験を積むことができ、2015年にはブランドキャンペーンマネージャーに昇進しました。また、受賞歴のある世界初のプロジェクトや独占的製品発売に携わる機会も得ました。ビジネスが善の力となりうることを実証することもでき、それがチャリティパートナーと共同で目的意識の高い活動を開始することにもつながりました。多くの経験と知識を得たことがさまざまな賞に応募するきっかけにもなり、2016年には"B&Tマーケティング&PR30 under 30賞"（ビジネスとトレードのマーケティングとPR分野ですぐれた実績をもつ30歳以下の若者を称える賞）を受賞しました。

　テレコミュニケーションの業界は常に、しかも急速に変化しています。ヴァージンモバイルに入社した4年前から、消費者の携帯電話の使い方は大きく変化し、技術

の進歩によりデータ通信や動画コンテンツの需要が急増しました。この業界は完全に飽和状態にあり、携帯電話の普及率は2016年後半には143%に達したという報告もあります。私たちマーケティングに携わる者は激しい競争に機敏に対応する必要があります。競合他社の活動や情報があふれる環境中でも目立つ方法を見出さなければなりません。

　私たちヴァージンモバイル社が他社との差別化を図る方法のひとつがブランディングです。ヴァージンブランドは私たちの最大の資産のひとつであり、ヴァージンモバイルでの私の重要な役割のひとつがブランドガーディアン（守護者）としての役割です。つまり、私がブランド知識の源であり、私の役割はヴァージンモバイルブランドの視覚的表現、文章表現、そして個性を守ることであり、私はこの責任を、チームが参照できるブランドガイドラインを作成することで果たしています。

　私のもうひとつの重要な役割はキャンペーンマネジメントです。代理店へのブリーフィングから実施まで、マーケティングキャンペーンの全体をマネジメントします。メディアエージェンシー、クリエイティブエージェンシー、PR＆ソーシャルエージェンシーなどさまざまなステークホルダーが関わっていますが、私の仕事は、チームに勢いをつけ、目標達成に向けて全員が予算内でスケジュールどおりに仕事を進められるように導くことです。

また、キャンペーンメッセージを効果的に伝え浸透させるためにあらゆるチャネルを活用することも私の仕事です。そのために、従来の有料チャンネル（テレビなど）を活用してメッセージを伝えるだけではなく、ヴァージンモバイルのウェブサイトや小売店などの自社チャネルを通じてもメッセージが明確に伝わるように、社内チームと協力しています。キャンペーン開始時には、すべての顧客接点で明確かつ一貫したメッセージを伝えるためのカスタマージャーニーを描くことが重要です。

　これからマーケティングの仕事に就こうとしている人は、チャレンジングでエキサイティングな時期に就職しようとしています。たしかに、さまざまなプラットフォームが爆発的に普及したことで、消費者とのコミュニケーションチャネルはかつてないほどに増え、豊富なデータによってマーケターは高度なターゲティングとパーソナライズされたコミュニケーションを実現できるようになりました。しかし、消費者は日々膨大なメッセージにさらされているため、自分には関係がないと分かれば注意を向けません。手持ちのデータをいかに活用し、ブランド価値を反映させながら適切なタイミングで洞察に満ちた有意義なコミュニケーションをいかに消費者に届けるかが重要なのです。

Chapter 08

Physical Availabillity, Retailing and Shopping

小売業の
フィジカル
アベイラビリティ

バイロン・シャープ
ハーブ・ソレンセン 著

INTRODUCTION CASE

導入事例

スターバックス、豪進出に大苦戦

ヘイドン・ノースオーバー 著

　大手企業が巨大化し、中小小売業者が太刀打ちできなくなるにつれて、小売市場の統合がますます進んでいる。オーストラリアでは特にスーパーマーケット業界で顕著だ。大手のコールス（ウェスファーマーズ傘下）やウールワースが至るところに進出している。イギリスでもスーパーマーケットチェーンのテスコとアズダが同じように市場を席巻している。多くの分野でこのような傾向があるとはいえ、すべての業界が大組織の資金力によって変化したわけではない。

　オーストラリアのコーヒー市場を例に考えてみよう。米国資本のグローバルチェーン、スターバックスコーヒーは2000年にオーストラリア市場に進出し、短期間のうちに85店舗をオープンした。「立地！立地！立地！」という小売業の成功の合言葉に従ったにもかかわらず、2008年に店舗の閉鎖を開始した。グロリアジーンズのようなチェーン店や小規模な個人経営のカフェがすでに数多く存在していたオーストラリア市場で、足場を固めることができなかったのだ。

　高度に標準化されたスターバックスのサービスはオーストラリアの多様化した個々のニーズを満たすことができなかったという指摘もある。また、急速に店舗を展開し過ぎたため、不採算店舗が多く出すぎたという意見もある。あまりにもアメリカナイズされたスターバックスのコーヒーが多くの人に受け入れられにくかったのも一因かもしれない。さまざまな要因が重なり合ってスターバックスのオーストラリア進出は失敗したのだろう。ともあれ、世界的に標準化された小売チェーンであっても、大成功が保証されるとは限らないことだけはたしかなようだ。

　スターバックスがオーストラリアに進出したとき、エスプレッソを基本としたコーヒー市場が確立しており、そこではすでに独立系カフェが高品質の製品とサービスを提供していた。スターバックスは、このような既存カフェの市場支配を崩すことができず、事業を縮小せざるを得なかった。しかし、スターバックスに新たなチャンスがないわけではない。スターバックスが今後、中国のようにまだコーヒー産業が確立されていない市場で成功を収める可能性は高い。中国では、既存の喫茶文化や喫茶習慣と競合することなく、コーヒー文化を形成することができるだろう。

INTRODUCTION

　小売業は魅力的な業界だ。毎日目にしている小売業の現場だが、注意深く観察すれば、小売業者がどのような戦略や戦術を用いているか、この業界がどのように進化しているかを知ることができる。本章では、小売業の概要を解説し、小売業者がたがいにどのように競争しているか、つまりどのように顧客を獲得したり失ったりしているのかを解説する。また、長年の実証研究から導き出された、購買行動に関する科学的法則を概説し、最後に、小売業の今後の展望について簡潔に述べる。

本章の目的　Learning objectives

本章で学ぶこと：

+ 小売業の重要性を理解する
+ 小売業者がサプライヤーに与えるコスト圧力についての論争を理解する
+ 小売店がたがいに顧客をどのように共有し合っているのかを理解する
+ 小売業における消費者の反復購入の基本的パターンを理解し、説明できるようになる
+ 小売業における最近の主なトレンドを特定することができ、それらがサプライヤー、小売業者、消費者にどのような影響を及ぼしているか、将来的にどう継続するのかを理解する

拡大する小売業

　フランスの有名な指導者ナポレオン・ボナパルトは、かつてイギリスを"商人の国"と揶揄したが、この表現は、労働人口1200万人のうち120万人が小売業に従事している今日のオーストラリアにも同様に当てはまる。オーストラリアでは小売業が国内最大の雇用主となっている。ちなみに、オーストラリアの現役軍人はわずか6万人だ。小売業へのこのような人口の集中の傾向は先進国ならどこでも見られる。世界最大の小売業者はウォルマートで、同社は200万人以上の従業員を抱える世界最大の民間雇用主でもある。第2位は50万人の従業員を抱えるフランスのカルフールだ。フランスの現役軍人は35万人だから、今日のフランスも明らかに商人の国といえる。

　小売セクターの効果と効率は、どの国の経済の健全性にとってもきわめて重要だ。貧しい国の小売部門はかなり非効率で混沌としており、消費者への商品やサービスの提供は無計画に行われている。道路や鉄道などのインフラが貧弱であれば、農場や工場から店舗への商品の移動が妨げられることも多い。今日の基準で判断すると、オーストラリアでは小売業が非常に発達している。オーストラリアは2つの大規模小売コングロマリットを擁し、高い寡占状態にあるという点で珍しい。ウェスファーマーズはコールス、バニングス、リカーランド、ターゲット、Kマートなどを、ウールワースはセーフウェイ、ビッグW、ダン・マーフィーズなどを所有している。オーストラリアで消費される小売業の売上1ドルにつき約40セントがこの2社の収益になる。この寡占状態は、少なくとも短期的には、実質価格の低下と選択肢の拡大を享受しているオーストラリアの消費者にとって不利ではないようだ。しかし、この2つのチェーンの力があまりにも強大であるため、農業や製造業に好ましくない影響を及ぼし、中小の小売業者を市場から駆逐してしまうのではないかという懸念もある（Washington, 2011; ABC News, 2011）。

小売業者の種類

　21世紀に入り、さまざまな形態の小売業が存在するようになった。それぞれの小売業の役割をマーケターは熟知

していなければならない。以下は、小売業界の構成の概要だ。

- 百貨店（デビッドジョーンズなど）は、婦人服、紳士服、家庭用品、化粧品などの製品をそれぞれ別々の売り場に並べている。企業は"店舗内店舗"として営業し、ホスト店舗に売上高の一定額を家賃として支払っている。
- スーパーマーケット（ウールワースなど）は、セルフサービス型の大型店舗で、非常に幅広い種類の消費財を扱っている。通常、スーパーマーケットは郊外のショッピングセンターや商店街に立地しているが、最近では都心に小規模な店舗を構えるスーパーマーケットチェーンも多い。また、スーパーマーケットチェーンは、ポイントカードやインストアベーカリーなどの、顧客向けの新しいサービスを積極的に取り入れている。大規模な運営の効率を生かした低価格は、小規模な独立系店舗には太刀打ちできない。
- ディスカウントショップやカテゴリーキラー（トイザらスなど）は、家具や電化製品のような大型製品を在庫に持っていることが多い。"カテゴリーキラー"という言葉は、競合する独立系小売業者を廃業に追い込む大型専門店を指す言葉だ。
- 専門店（スポーツガール〈衣料品〉やオールフォンズ〈携帯電話〉など）は、通常、都心のビジネス街や郊外の一等地にある。今日では、専門店がブランドチェーンの一部として経営されることが多くなっている。
- コンビニエンスストア（セブン-イレブンなど）は、地理的にも品揃えの面でも、スーパーマーケットと伝統的コーナーショップ（小規模商店）の間のギャップを埋める存在だ。近年、大手スーパーマーケットがこの領域に進出しつつあり、個人経営のコンビニエンスストアは減少傾向にある。
- キャッシュ・アンド・キャリー（現金払い商品持ち帰り）型量販店（コストコなど）は、消費者向けに食料品や耐久消費財を安く提供する一方で、卸売業者や小規模小売業者に対しても販売している。
- 露天商は、今でも多くの低価格商品にとって重要な販売先だ。近年、露天商の重要性は概して低下しているが、直売所などの一部の市場は拡大している。
- オンライン小売業者（Amazonなど）は、一般消費者と接する実店舗を持たない。しかし、ほとんどのオンライン小売業が、実店舗を持つ小売業者によって運営されているのが実情だ。

小売りチェーンの拡大

　20世紀から21世紀にかけて、小売業は全国チェーン化とセルフサービス化が進む傾向にあった。このことは、小売業の第一の目的が消費者に商品やサービスを届けることであり、かつての主流であった積極的な販売活動にはそれほど重点が置かれていないことを示している。この2つの傾向は現在も続いている。スーパーマーケットでのセルフスキャンはますます一般的になり、チェーン店だけを置くショッピングセンターにもある。アメリカのニュータウンでは、すべてのレストランがチェーン店に属していることも珍しくはない。

　チェーン店は小売業において大きな影響力を持つため、深く考察する価値がある。その一例に、A&Pとして知られるグレイトアトランティック&パシフィックティーカンパニーがある。マーク・レヴィンソン（2011b）は、著書のなかで、A&Pを"時代遅れの小売業界を、低コストで食品を流通させる非常に効率的なシステムに変えることによ

テアネクターは緑茶風味の純粋な紅茶です。あらゆる好みに合うこと請け合いです。どこでもお求めいただけます。卸売販売はグレイトアトランティック&パシフィックティーカンパニー（8 Church St., New York, P.O. Box 5506）のみが行っています。テアネクターのチラシは弊社までご請求ください。

って、現代の消費者経済を築いた企業"だと語っている。1870年、A&Pはブランド化されたパッケージ製品のテアネクターを発売した。それは、このような商習慣が業界で一般的になる20年も前のことだった。テアネクターの導入から80年間、大恐慌と二度の世界大戦を経たA&Pは、事業規模を拡大することに集中して、世界初の10億ドル規模の企業に成長し、世界最大の小売業者になった。レビンソンは次のように説明している (2011a: 55-9)。

「100ポンドのバターが2セントの利益で売れるよりも、200ポンドのバターが1セントの利益で売れるほうが良い。食品が安く売れることは消費者にとっては良いことだが、何十万もの小売業者、卸売業者、生産者が収益を上げるためには高い価格設定が必要だ」

A&Pの、持続的で買物客にも恩恵をもたらす成長の原動力となった財務上の原則は、各製品の販売価格が原価をどれだけ上回るか、つまり**利益率**ではなく、**全体の利益**であった。すなわち、A&Pの利益は、個々の商品の販売を伸ばして利益を上げることよりも、投資を低く抑え、売上を高く維持することによってもたらされていたのだ。経済の混乱が続くなか、A&Pは成長を続けて繁栄し、事業資産（いわゆる**設備投資**）への投資額を低く抑えることで利益率を下げ、あるいは削り、また自らも効率化を図り、さらにサプライヤーにも効率を求めることで価格をさらに下げ、需要を高めることができた。

ウォルマートは過去40年間にわたり、A&Pと同じ効率重視の低価格アプローチを採用し、それが消費者にメリットをもたらすことを証明した。市場全体の価格競争の影響を受けて価格水準が全体的に下がり、間接的に節約の機会が生まれ、ウォルマートで買い物をしなくても、一般的な米国の家庭では年間約2500米ドルの節約になると計算された (Barbaro, 2008)。このコスト削減は、ウォルマートが自社だけではなく**サプライチェーン**全体においても破壊的なまでにコストに重点を置くことで達成できている。サプライチェーンの効率改善は、他の小売業者やウォルマート以外の買物客にも利益をもたらす。複数のサプライヤーがウォルマートの店頭に製品を並べるために競争を続ける限り、イノベーションが損なわれることはない。

小売業者間の競争

すべての小売業者が買物客の財布を奪い合うために奮闘している。競争するライバル企業は、新しい店舗、立地の良さ、魅力的な店舗レイアウト、新技術の導入、そして多くの場合は特売価格の大々的広告などで、絶えず相手をしのごうと際限のない努力を続けている。競合する小売業者間の競争がどのように発生するのか、一般化された知見は存在するだろうか。本節では競合する小売企業間の購買者行動と消費者のクロス購買のパターンをいくつか見ていく。

第2章で説明したように、ブランド購買に見られる反復購入のパターンは店舗選択でも見られる。市場シェアが低い店ほどロイヤルな購買者が少ないという**ダブルジョパディの法則**と、消費者がカテゴリー内のレパートリー商品をいろいろ試しながら買う**レパートリー購入**は、店舗やブランドの選択に関する購買データに共通して観察される現象だ。多くの研究が、オーストラリア、アメリカ、イギリス、日本、中国などの国々では、スーパーマーケットチェーンや、デパート、ガソリンスタンド、ファーストフードチェーン、女性ファッションブティックなどで、このようなブランド購買パターンが観察されることを明らかにされている (Keng & Ehrenberg, 1984; Uncles & Hammond, 1995; Uncles & Kwok, 2009)。そのため、ライバル店舗は、おたがいに物理的に離れた場所にない限り、真正面から競争することになる。十分なメンタルアベイラビリティとフィジカルアベイラビリティを持つ店舗やチェーン店には、そうでない他の店舗やチェーン店に比べ、多くの買物客が訪れ、またその店舗での消費額もやや多い（ここでもダブルジョパディの法則が観察される）。

CRITICAL REFLECTION ||||||||||||||||||||||||||||||||||||||||||||||||||||||||||||||||||||||||||||||||| **批判的省察**

郊外のショッピングセンターにある店舗がフィジカルアベイラビリティを向上させるにはどうしたら良いでしょうか？　現在の立地条件から何か制約を受けていないでしょうか？

||||||||||||||||||||||||||||||||||||||||||||||||||||||||||||||||||||||||||||||||||||||||||||||||||||||||||||||||

小売業のフィジカルアベイラビリティ

表8.1は、南オーストラリア州アデレードの百貨店のデータを使って反復購入のパターンを示している。店舗は市場シェアの高い順に並んでいる。ダブルジョパディの法則のパターン（第3章参照）が明らかに見て取れる。市場シェアの大きいチェーン店ほど、顧客基盤が大きく（これを"浸透"と呼ぶ）ロイヤルティもやや高い（平均購買回数、百貨店別平均来店頻度シェアの両面で）。デビッドジョーンズは表の百貨店グループでもっとも高級な百貨店であり、高級ブランドを取り揃えているが、ライバル店よりもロイヤルティが高いわけではない。Kマートは市場シェア、浸透率、ロイヤルティのどれをとっても最大であるが、これはライバルよりも店舗数が多いことが大きく関係している。

表からわかるように、これらの小売チェーンはメンタルアベイラビリティとフィジカルアベイラビリティの両面で大きく競合している。アベイラビリティの高いチェーン店の商品ほど多くの人々に買われる。購買客はリピート購入をしているため、その店舗では買い物がしやすいと感じている。

反復購入のパターンが見られるからといって、小売チェーン間の機能的な違いが顧客の購買行動に影響を与えないということではない。各ブランドがたがいにどのように顧客をシェアしているかを見てみると（表8.2参照）、==購買重複の法則==が大まかに成立していることがわかる。すべてのブランドがたがいに顧客を共有しており、各ブランドはより大きなブランドとより多くの顧客基盤を共有している。しかし、購買重複の法則からの逸脱は頻繁に起きている。それを表の太字で示した。

表8.1　南オーストラリア州アデレード市の百貨店での購買状況

デパート	浸透率（%）	買物頻度（回数）	カテゴリー需要シェア（%）
Kマート	48	4	34
ターゲット	44	3	27
マイヤー	35	3	23
ハリススカーフ	32	2	19
デビッドジョーンズ	12	2	18

データソース：Ehrenberg-Bass Institute survey data, cited in Sharp, B & Sharp, A (1996) 'Positioning and partitioning' in AM Martin & SRG Starr, Jr (eds) *Australia New Zealand Marketing Conference*, Department of Marketing, University of Auckland, p. 723.

表8.2　南オーストラリア州アデレード市のデパートの購買重複の状況

デパート	他のデパートでも買い物をする人の割合				
	Kマート	ターゲット	マイヤー	ハリススカーフ	デビッドジョーンズ
Kマート	–	28	21	18	**4**
ターゲット	33	–	25	17	**5**
マイヤー	32	32	–	18	**12**
ハリススカーフ	35	27	24	–	10
デビッドジョーンズ	20	23	42	26	–
平均	**30**	**28**	**28**	**20**	**8**

データソース：Ehrenberg-Bass Institute survey data, cited in Sharp, B & Sharp, A (1996) 'Positioning and partitioning' in AM Martin & SRG Starr, Jr (eds) *Australia New Zealand Marketing Conference*, Department of Marketing, University of Auckland, p. 723.

デビッドジョーンズは、購買重複の法則では通常とされる基準よりも少ない顧客ベースを、Kマートやターゲットと共有している。これは、デビッドジョーンズが高級小売店であるのに対し、Kマートやターゲットはそうではないからかもしれない。しかし、ハリススカーフはたしかに高級百貨店ではないが、デビッドジョーンズとの間ではほぼ予想どおりの顧客基盤を共有しているため、この説明は当てはまらない。実際、デビッドジョーンズは、予想以上に多くの顧客（平均20%に対し26%）をハリススカーフとの間で共有している。これは、データが収集された時点でのデビッドジョーンズはアデレードの中心街のランドル商店街に1店舗しかなかった、という事実で説明が可能だ。つまり、デビッドジョーンズは、ランドル商店街に店舗を構える他のチェーン店、特に向かいに位置するハリススカーフと多くの顧客を共有していたことになる。他のショッピングセンターに主力店を構えるチェーン店（Kマートとターゲット）がデビッドジョーンズと顧客を共有することは少なかった。

Chapter　08　Physical Availabillity, Retailing and Shopping

Kマートはマーケットリーダーであるにもかかわらず、実際にはランドル商店街には店舗を持たず、他のショッピングセンターにいくつかの店舗を構えていた。そのため、デビッドジョーンズの顧客がKマートで買い物をする機会は減少したが、それでも20%の顧客がKマートで買い物をしていた。これは平均の30%を大きく下回るものではない。しかし、デビッドジョーンズの店舗は1店舗しかないため、Kマートの顧客がデビッドジョーンズで買い物をする機会はほとんどなく（わずか4%）、平均の8%の半分であった。

つまり、チェーン店の立地と店舗数は、どれほど多くの買物客を集められ、どれほどロイヤルティの高い顧客を獲得でき、どの店舗ともっとも強く競合するかに大きな影響を与えていることがわかる。小売業の三大要素である"立地、立地、立地"について話す小売業者がいるのは決して驚くことではない。

車中心の社会では、駐車スペースがあることが店舗のフィジカルアベイラビリティの重要な要素だ。ウェストフィールドグループは、オーストラリアを拠点とする国際的に成功を収めたショッピングセンター開発運営会社。同社が米国で成功したのは、地下や屋上に広い駐車場を備えたショッピングセンターを建設したのが大きな要因だった。

CASE STUDY

フィジカルアベイラビリティ──セインズベリーズの例

イギリスのスーパーマーケットチェーンのセインズベリーズが、2011年のクリスマスシーズンに他の競合店を大きく上回る業績を上げ、財務アナリストを驚かせた。売上既存比は、**前年同期比**で3.5%増となり、アズダを抜いてイギリス第2位のスーパーマーケットチェーンとなった。なぜそのようなことができたのだろうか？

セインズベリーのCEOジャスティン・キングは1万2000トンの"塩"が重要な要因であったことを強調した。といっても塩を販売したのではない。降雪時に駐車場に塩を撒き、顧客が安心して店舗に足を運べるようにしたのだ。キングは、「前向きな態度で行動し、顧客に最良のサービスを提供することが重要です。雪の影響があったのはたしかですが、雪のせいにして何も対処しないでいては、怠けているのといっしょです。同じ状況に直面しても、成功する経営者もいればそうでない経営者もいることでしょう」と言う。

成功を確固たるものにするため、セインズベリーズは70万平方フィート（21万3000平米）の新店舗をオープンし、現在も改良中だ。これはフィジカルアベイラビリティの好例だ。

データソース：http://www.cityam.com/article/sainsbury-s-sees-record-festive-sales

INDUSTRY INSIGHT ||||||||||||||||||||||||||||||||||||||||||||||||||||||||||||| 業界動向

アルディ：新市場でフィジカルアベイラビリティを高める

モニカ・オルロヴィッチ　著

ドイツの大手食品スーパーのアルディが、オーストラリアのスーパーマーケット業界を揺るがしている。アルディはオーストラリアでもっとも収益が高いスーパーマーケットとなり、業界の価格競争で市場をリードするコールスやウールワースに対抗する上で良い位置につけている（Donohoe, 2016）。

2016年のUBSレポート（Union Bank of Switzerlandが発行するレポート）によると、過去2年間にアルディは加速度的に顧客基盤を増やしており、東海岸地域での市場浸透率は約56%と報告されている。

アルディはディスカウントスーパーマーケットとして知られ、飾り気のない店舗で高品質の商品を低価格で提供している。オーストラリアの食料品市場に参入して以来、圧倒的な成功を収めている。売上高は70億ドルに達し、

2013年から倍増している（Gilbert, Stafford & Sehgal, 2016）。

　アルディの急成長により、コールスとウールワースは損失を被っている。ギルバートら（2016）の推算によると、過去12カ月間で、ウールワースはアルディに3億4300万ドル、コールスは1億900万ドルもの売上を失った。

　アルディの成功の秘訣はどこにあるのだろうか？

　アルディの成功の大部分はフィジカルアベイラビリティに支えられている。2001年に最初の店舗がオープンして以来、積極的な出店戦略を採用し、オーストラリア全土に約410店舗を展開するまでになった（Gilbert et al.,2016）。5年間で年平均30店舗を出店し、2016年にはさらに60店舗の出店を計画していた（Gilbert et al.,2016）

　「アルディは、新店舗を展開し顧客基盤を拡大することで、すべての小売業から売上を奪っていると我々は考えている」とアナリストのベン・ギルバートが率いるUBSチームは述べている（Donohoe, 2016）。

　アルディは、積極的な店舗展開に加え、徹底したコスト削減で有名だ。

　UBSの報告（2016）によると、アルディがディスカウント価格（通常ブランド価格より約20％安い）を提供できる背景には、小売業に対する同チェーン独自の基本アプローチがある。すなわち、最小限のフロアスタッフしか配置しない、ジェネリックブランドを中心に仕入れる（商品の85％以上がジェネリック）、グローバルマーケティングは最小限かまったく行わない（ただし、これは徐々に変わりつつある）、在庫管理単位（SKU）を少なくすることなどだ。アルディの品揃えは、大手スーパーマーケットのコールスやウールワースが2万～3万SKUであるのに比べ、1400SKUと少ない（Gilbert et al., 2016）。

　その急成長と南オーストラリアや西オーストラリアの新市場への進出により、アルディチェーンは確実に"侮れない存在"となっている（Gilbert et al.）。

データソース：Donohoe（2016）；Gilbert, Stafford & Sehgal（2016）.

買い物の経験則

　マーケティングの教科書は、ブランド選択については多くの時間を割いているが、ブランド選択がどのように行われるか、つまり店頭での状況についてはほとんど触れていない。買物客の購買行動はつい最近まではあまり研究されてこなかった。これまでの研究では、買物客にインタビューを行い、レジのデータ（**パネルスキャナーデータ**と呼ば

れる）から買物客がどのブランドを購入したかを追跡するのが主であり、来店行動についてはほとんど知られていなかった。しかし状況は変わりつつある。本節では、世界中のスーパーマーケット、薬局、コンビニエンスストア、ホームセンター、ワインショップで観察された、購買行動に関する9つの<mark>経験則</mark>を紹介する。

　これらの経験則は、食料品店を例に説明しているが、他のさまざまなタイプの店舗にも適用できる。これらの経験則を通して、購買行動を以下のような側面から理解することが可能だ。

- 購入目標
- メンタルアベイラビリティとフィジカルアベイラビリティ
- 店内滞在時間
- 来店頻度と購入量
- 選択的購入
- 売れ筋商品
- 色とシンボル
- 特売品
- 回遊経路

購入目標

　最初の経験則は**買物客は買いたいものがあるから店に行く**というものだ。

　背景洞察：買物客はショッピングのさまざまな側面を楽しんでいる。店内を見て回るだけのこともあるが、主にほしいものを手に入れるために買い物をしている。ほとんどの買物客が購入目標を持って店に入る。つまり意中のブランドがある。もちろん、その意中のブランドが他の製品を買うことの妨げになるわけではない。むしろ、店を訪れる主な動機になっている。つまり、店舗は目的を達成するための手段であり、何かを買いたいと思わない限り人は店舗に足を運ばない。来店客が購入意欲を持っていることは小売業者にとっては朗報だ。なぜなら、購入意欲をうまく刺激すれば、予定以上のものを買ってもらえる可能性があるからだ。ほしいものが見つかれば、もっと買ってくれるかもしれないし、もっと多くの人を店に呼び込むことも可能だろう。もし買物客にほしいものを見せることができればさらに成功するだろう。<mark>小売業者の広告</mark>のほとんどが販売する製品やサービスを取り上げているのにはこのような背景がある。対照的に、経営コンサルタント会社、銀行、大学などの多くのサービスプロバイダーは、自分たちが提供する"製品"を宣伝あるいは説明することを怠りがちだ。

　この経験則はもうひとつの重要な事実を示唆している。すなわち、買物客の不満の主な原因は買いたい商品が見つからないことにある、ということだ。品切れが起きたり品揃えが不足したりするとリピーターが減る。経営難に陥っている店の兆候は間違いなく在庫不足だ。結果的に買物客にとって店の魅力が低下し、経営難はさらに深刻化する。会社は仕入れのための資金がさらに不足する。

メンタルアベイラビリティとフィジカルアベイラビリティ

　2つ目の経験則は**メンタルアベイラビリティとフィジカルアベイラビリティが店舗選択に大きく影響する**というものだ。背景洞察：買物客がわざわざ遠くの店に買い物に行くことは滅多にないし、知っている競合店の前をそのまま通り過ぎることも滅多にない。しかし、知らない店の前なら通り過ぎることはある。買物客は、近場のどの店に行くべきかを考えるとき、自分の記憶を大いに活用する。そして、駐車場があり、道順を覚えており、探しているものがあったと記憶している場所に行く。そのため、店舗を、顧客の近くまたは顧客の動線の近くに配置する必要がある。小売業者は立地の条件を重要な要素として認識し、多くの調査を行っており、この点においてすぐれている。しかし一方で、買物客の記憶構造を構築するための宣伝広告も必要だ。ブランドチェーン店が競合他社をますます凌駕しつつある理由は、積極的に広告宣伝を行い、どの店舗にも同じ様にブランド化を進めているため、競合店舗よりも早く買物客に認識されるからだ。

CRITICAL REFLECTION | 批判的省察

2016年、マクドナルドは、カナダの航空会社と提携してマックカフェプレミアムローストコーヒーの機内販売を開始し、フィジカルアベイラビリティを拡大しました。競合していたスターバックスとティムホートンズを打ち負かしてのことでした。カナダの航空会社2社が運航する便で、スターバックスとカナダのコーヒー会社セカンドカップのコーヒーが提供されています。

この市場拡大がマクドナルドや他の"地上型カフェ"にもたらす利点を3つ挙げてください。もしあなたがマクドナルドのマーケティングマネージャーなら、同じ判断をしたでしょうか？　その理由は何ですか？

データソース：http://fortune.com/2016/11/22/mcdonalds-coffee-westjet/?iid=leftrail

店内滞在時間

3つ目の経験則は、**買物客の店内滞在時間は限られている**というものだ。買物客はこの時間を増やそうとはあまり思っていない。しかし、予想より短時間で買い物が済んだとわかれば、さらに買い物を続けるだろう。

背景洞察：第2章で消費者がいかに忙しい生活を送っているかについて考察した。これは消費者の購買行動にも表れている。人が旅行で使う金額は旅行ごとに大きく変わるが、店舗内に滞在する時間にはそれほど柔軟ではない。買い物に予想より時間がかかると、買物客は出費を抑えて早く買い物を終えようとする。当然ながら、その日には他にやらなければならないことがあるからだ。買い物がスムーズに進めば、買物客はさらに買い物を続けようとする。予想より早く終われば時間に余裕が生まれ、ほしいものが簡単に見つかれば、もっと買う可能性が高くなる。これらは通常、買物客の無意識のうちに起こっている。買い物の利便性と店舗の総売上高の間には、ほしいものが見つかりやすいほど、また早く見つかるほど、消費者はより多くの買い物をするという関係がある（図8.1を参照）。

図8.1　買物客の出費までの時間が早いほど店舗総売上は高くなる

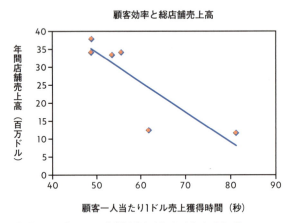

データソース：Sorensen, H (2009) *Inside the Mind of the Shopper*, Pearson Education Inc., Upper Saddle River, NJ, Figure 1.4.

来店頻度と購入量

4つ目の経験則は**買物客は少量の買い物に頻回に出かけることが多く、大量のまとめ買いに出かけることは少ない**というものだ。もっとも一般的な買い物は、たとえスーパーマーケットであっても、ひとつの商品を買うための買い物であり、これが全体の約15％を占めている。実際、全体の半数は購入商品数が5つ以下だ（図8.2参照）。

背景洞察：小売業者は、買物客の急ぎの買い物に備えて、商品が見つかりやすい環境を作る必要がある。購買客は、大量のまとめ買いであっても、店内にある何万点もの商品のなかから目当ての商品を探し回らなければならない。この経験則は、店舗は商品の陳列場所を変えることに細心の注意を払うべき、いや、なるべく避けるべきであることを示唆している。商品のカテゴリーエリアは可能な限り目立つように表示し、店内案内のための便利なナビゲーションを充実させなければならない。

Appleは、新しい店舗をオープンしてからその店舗の年間売上が10億ドルに達するまでの期間が他のどの小売企業よりも短い。しかも、それらの店舗の平米あたりの売上が非常に高い。Appleストアは非常に開放的で、買物客の視界を遮る障害物がないことは注目に値する。店内のどこからでも、すべての製品カテゴリーを見渡すことができる。

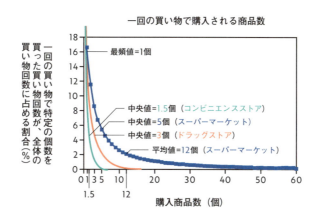

図8.2　購入商品数と買物時間の関係

アメリカで大成功を収めているコストコも同様の戦略をとっている。デイブ・キングという人物が次のように書いている（2012）。

「スーパーマーケットや他の店が、コストコの店舗レイアウト戦略を模倣するのはいつになるだろうか。コストコは、店舗中央の陳列エリアを定期的に変化させて宝探し的感覚と衝動買いを促進している。外周の通路にはあまり変化を加えていない。買物客は、コストコの店舗中央の陳列エリアが変化することを期待し楽しんでいる。同時に、シリアルや、紙製品、冷凍食品などのアウターストアカテゴリーが、毎回同じ場所にあるという安心感も得られる。コストコに倣って店舗レイアウトを改善すれば、この20〜30年間ほとんど旧態依然としていた、そしてシェアを失ってきたスーパーマーケットに新たな関心を呼び起こし、売上を伸ばすことができるかもしれない」

選択的購入

5つ目の経験則は**一般的な家庭がスーパーマーケットで1年間に購入する製品の種類は300から400SKUに過ぎない**というものだ。

背景洞察：買物客は特定の商品に対する嗜好が強く、その嗜好に忠実であり、同じ商品を何度も反復購入し、異なる商品を探すことをあまりしない。スーパーマーケットの在庫が通常3万から5万品目であることを考えると、買い物は"干し草の山から1本の針を探す"ようなものだ。多くの店舗が存在して選択が難しいことが、消費者がロイヤルティヒューリスティック（多くの選択肢のなかから商品やサービスを選ぶ際に、時間や労力を節約するために、過去の経験や習慣などに基づいて判断すること）を採用する一因だ。そうすることで買い物時間を短縮し、==認知努力==と呼ばれる精神的努力を軽減することができる。買物客はロイヤルティが高いため、通常、自分の探しものがどこにあるかを知っている。商品はあそこにあるという知識が、その商品へのロイヤルティをさらに高める。繰り返しになるが、店舗は商品の置き場所を変えるべきでない。

売れ筋商品

　6つ目の経験則は**一般的なスーパーマーケットでは3万点以上の商品を販売しているが、そのうち売れ筋の1000点が売上の約半分を占める**というものだ。

　背景洞察：これはほとんどの小売業に当てはまる。すなわち、仕入れた商品はほとんどすべてが売れていくのだが、均等に売れているわけではなく、一部の商品が他の商品よりもはるかに多く売れている。多くの買物客によって頻繁に購買される商品ほど、買物客のレパートリーに入っている。オーストラリアのスーパーマーケットではバナナがその良い例だ。人気の商品は注目を集めることを利用して、店舗は、売れ筋の商品はできるだけ多くの買物客が通る通路沿いの目立つ場所に置き、買物客が素早く購入できるようにしている。

　一部の小売業者は間違った戦略を採用している。それは、売れ筋商品を店内の離れた場所に隠してしまっていることだ。たしかに、買物客はお目当ての商品を探しているうちに途中で別の商品が目に入りそれを買うかもしれない。たとえ利益が得られたとしても、それは売れ筋商品の売上減少によって相殺されてしまう。売れ筋商品を離れた場所に置くことが間違った戦略であることの理由のひとつは、お目当ての商品を探しているとき、買物客はそれを探すことに集中し、他の商品がほとんど目に入らなくなることだ。もうひとつの理由は、買物客は必ずしもその商品がなくてはならないわけではない（次の来店で買うか、他店で買うこともできる）ことだ。

　商品が買物客の目に入りにくければ、その商品が買われる可能性は低い。ほしいものが見つからないのは大きなフラストレーションであり、店側にとってもマイナスだ。買い物リストにない商品であれば、買っていたかもしれないものであっても、それを見ることができないことにフラストレーションは感じない。しかしこれも店側にとっては好ましくない状況だ。結局、小売業を成功させるということは、人気のある商品を見つけやすく配置し、多くの人に見てもらうことに他ならない。このような改善を重ねることでより多くの売上を生み出すことができるのだ。

色とシンボル

　7つ目の経験則は**店内では買物客は文字情報をほとんど読まず、色や記号に反応する**というものだ。

　背景洞察：人間は視覚的情報に強く反応する。他の霊長類と比べると、私たち人間は視覚情報に頼ることがはるかに多く、一部の有名な経営学の教科書（Lindstrom, 2008など）の主張とは逆に、私たちが嗅覚など他の感覚をナビゲーションに利用することはほとんどない。店内には文字情報が氾濫しているが、==視線追跡調査==によれば、買物客は読むものを慎重に選んでいる。文字情報を読むことで歩く速度が落ち、買い物が長引くからだ。そこで買物客は、雑然とした棚から素早く商品を見つけられるように、色や、シンボル、形状をナビゲーションに利用するようになった。

　賢明なマーケターは、独自の視線追跡調査を行い、消費者が情報をより早く読むことができるように、棚のレイアウトやパッケージのデザインを変えている。この他にも、独自のブランド資産をより際立たせたり、買物客を売り場に早く誘導するために写真や、ロゴ、色などを利用したりすることが多い。

　賢明な小売業者は、色やシンボルを使って店内のレイアウトをわかりやすく、また買物客が==マーチャンダイズ==の全体を把握しやすくしている。

特売品

　8つ目の経験則は**買物客には特売品を買う習慣が形成されている**というものだ。

　背景洞察：買物客は買い物をするとき、お金、時間、精神的労力を節約しいと思っている。特に特売品の表示が明確であれば、買物客はこれら3つすべてを節約することができる。第9章で学ぶように、価格プロモーションが、そのブランドをレパートリーの中に持っていない人の目に触れることは滅多にない。しかし、特売品を手に取るだけで、レパートリーからブランドを選ぶのに必要な認知努力を軽減することができる。売れ筋商品を示すタグなどのナビゲーションエイドにも同様の効果がある。

回遊経路

9つ目の経験則は**買物客は広いスペースや通路上を経路としてたどり、最後は磁石に引き寄せられるようにレジに移動する**（レジに向かってスピードが上がる）というものだ。買物客が店内を移動する経路を記録した研究によると、買物客は広いスペースを移動しがちであり、狭い通路は避ける傾向が強い。背景洞察：消費者に買い物の道順を変えさせるのは難しいので、消費者が行くところに商品を置き、商品が目につきやすくするのがよい。

CASE STUDY

変化する中国の小売業界

マーク・アンクルズ 著

　中国の小売業は、人々が都市に住み富裕になるにつれて急速に変化している。中国市場の規模と可能性は大きく、海外の小売業者にとっても魅力的だ。フランスの大手スーパーマーケットのカルフールやオーシャン、同じくアメリカのウォルマート、イギリスのテスコなどの国際的小売業者が大きな存在感を持っている。また、世界的な標準やトレンドに向かって急速に変化しており、国際的な基準から見ても区別がつきにくくなっている。何よりもまず、近代的な小売業態が受け入れられつつある。ハイパーマーケットやショッピングモールは新鮮かつ魅力的で、中国の都市中心部では、これらの新しい業態に順応し、受け入れようとする顧客が後を絶たない。しかし、今日までの道程は必ずしも容易ではなく、消費者は、商品やサービスの購入といった日常の作業について、新しい方法を学ばなければならなかった。たとえば、従来の中国の店舗では、販売員（歩合制で働いていることが多い）の数が欧米の一般的な店舗よりも多いのが通常だが、近代的な店舗形態では、スーパーマーケットやコンビニエンスストアのセルフサービスのようなユーザー主導の技術を導入しなければならなくなった (Liu et al., 2008)。

　このような傾向が勢いを増せば、中国の小売業は、小規模で独立した家族経営の店舗（米国では「ママ＆パパ店」として知られる）の衰退の歴史を見ることになるかもしれない。しかし、まだ結論は出ていない。大都市であっても、買物客は、ハイパーマーケットやスーパーマーケットだけでなく、小さなアウトレットや**ウェットマーケット**（生鮮食品を中心に扱う商店）も利用し続けている (Uncles & Kwok, 2009)。中国の都市は人口密度が高く、公共交通機関への依存度が高いため、買い物のために長距離を移動することは現実的ではない。そのため、人々は地元や近隣の小売店を好み、郊外の開発には否定的だ。中国の都市では小規模な小売業と即興的な商習慣が根強く残っている。自転車修理店や、家族経営のファストフード店、近所の美容院を見つけるために遠くまで行く必要はほとんどない。

発展問題　QUESTIONS

1. 大規模小売チェーンのフィジカルアベイラビリティがますます高まっているのに、なぜ買物客はママ＆パパ店を使い続けるのでしょうか？
2. もし海外の大手小売企業が中国でこのまま成長を続ければ、ママ＆パパ店にどのような影響があるでしょうか？

オンライン小売業

表8.3　eコマースの世界的成長

国名	2014年オンライン 食料品購入浸透率（％）	2014年オンライン 食料品平均購入頻度（回）
韓国	59	10
台湾	39	4
中国	36	4
アメリカ合衆国	29	5
スペイン	25	3
イギリス	24	14
フランス	23	8
ポルトガル	5	3

データソース：Kantar Worldpanel data, *Accelerating the growth of e-commerce*（2015）.

　オンライン小売業は、実店舗からシェアを奪いながら今も成長を続けている。しかし、一部の商品カテゴリーは国によってはピークに達しているようだ。買物客がオンラインストアを戦略的に利用していることは明らかだ。買物客は、すべての買い物をオンラインに移行したり、すべての買い物を特定の小売業者を利用して行っているのではなく、実店舗では手に入りにくい商品など、特別な理由があるときだけオンラインを利用している。オンラインショッピング利用者は、実店舗でオフラインの買い物もするし、オンラインショッピングとまったく同じチェーン店でオフラインの買い物をすることさえある。アレンバーグ・バス研究所のドーズとネニキスチール（2014）は、イギリスのスーパーマーケットのオンライン買物客の大半が、同じスーパーマーケットのオフライン買物客でもあることを示した。彼らはまた、オンラインの買物客は、他のライバル小売業者のオンラインストアでも買い物をする可能性が高いことも示した。オンラインで食料品の買い物（または配達）を楽しんでいる人々は、実店舗のような物理的距離が存在しないため、他のオンライン食料品店からも簡単に購入できることに気づいているようだ。

　なぜ人々はオンラインで買い物をすることもあれば、オフラインで買い物をすることもあるのだろうか？　その理由は、何を探しているか、どれだけの時間があるか、どこに住んでいるかによって異なる。たとえば、ウォートンビジネススクールのデビッド・ベル教授は、現実世界のどこに住んでいるかが、仮想世界での買い物に影響を与えることを示している（Bell, 2014）。地方に住む人は、高速インターネットへのアクセスが悪くても、近くに実店舗が少ないため、必然的にオンラインショッピングを利用することが多い。一方、都市に住む人は、主要なブランドは地元で簡単に手入できるため、手に入りにくい商品を買うためにオンラインショッピングを利用することが多い。時には、オンラインショッピングの魅力が、オンラインストアそのものにあるのではなく、買い物に出かけられないときに配達を依頼できることにある場合もある。

　オンラインショッピングでは、購買客の購買行動は異なるだろうか？　食料品の買い物に関するかなり多くの研究で、オンラインショッピングではブランドロイヤルティが若干高いことが示されている。つまり、オンラインショッピングをするときの買物客はブランドのレパートリーが少ないということだ。これには3つの理由がある。

1.　オンラインショッピングでは、買物客がひとつの画面でカテゴリー内のすべてのブランドを見ることは難しい。
2.　オンラインストアは通常、買物客の購買履歴に基づいた買い物リストから購入できる機能を提供している。
3.　買物客は、オンラインストアでの購入を特定のブランドに限定することがある。たとえば、配達してもらったほうが便利な非常に重いドッグフードなどだ。

　これらの購売行動はオンラインでのブランドロイヤルティを高めるように思われる。しかし実際には、オフラインとオンラインのブランドロイヤルティにほとんど差がないのは驚きである。これはおそらく、実店舗で買い物をするときは、既に買物客は購入するレパートリーを絞り込んでいるからだろう。つまり、すでにロイヤルティが高いのだ。前述の経験則3と5を参照されたい。

小売業の将来

小売業は変化し続けており、この変化が多くのマーケティング機会を生み出している。

この数十年間で、サプライチェーンをさらに効率的かつ効果的なものにするための大きな進歩があった。工場と店舗間の情報の流れを改善することで、在庫が倉庫に滞留することがなくなり、在庫にかかるコストを削減できた。これは、売れない流行遅れの商品を在庫として抱える店舗が減るということでもある。このように効率が改善したことで価格が低下した。これに伴い、過去10年間に、スーパーマーケット、白物家電店、電化製品店で、多くのカテゴリーの実質インフレ率がマイナスになった。このようなサプライチェーン強化の成果としてもっとも人々の注目を集めたのが、スペインのZARA（ザラ）や日本のユニクロのようなファッション小売業者の台頭であった。彼らはファッションショーで紹介された新しいデザインやトレンドを迅速に低価格で人々に届けている。

世界中にグローバルな物流システムが発達したことで、低コストの労働力と大規模な生産能力を持つ地域に工場を配置することが可能になった。中国の製造業と大規模な発注量を持つウォルマートとの連携は、中国の労働者とウォルマートの買物客だけではなく、世界中の小売業者とその顧客にも利益がもたらされた。

インターネットはこのサプライチェーン革命を促進したが、もっとも顕著に効果が表れたのはオンラインショッピングだ。デジタル配信が可能な商品については、インターネットが実店舗に完全に取って代わる可能性を秘めている。このような置き換えは、ソフトウェア、音楽、映画の業界では事実上すでに起こっている。興味深いことに、消滅すると思われていた書店は、物理的な本と同様にまだ生き残っている。

当初は、コンピューターメーカーのデルがカスタマイズされたコンピューターを消費者に直接販売したように、インターネットがエンドユーザーへの直接販売を可能にすると考えられていた。

しかし、インターネット小売市場における主要プレイヤーの多くが、ウールワースやテスコのように、従来型の実店舗を持つ小売業者であり、中には、Amazonや、iTunes、eBayなどのように、オンライン専業の小売業者もいる。メーカー側は、たとえ小規模なワイナリーであっても、消費者へのオンライン直販がレストランなどの小売業者へのB to B販売を完全に取って代わることはめったにない。しかし、この新しい消費者直販チャネルを持つことは、メーカーが大規模小売店の力に対抗するための重要な戦術だ。同様の戦術が、メーカーが自社ブランドの店舗をオープンする場合にも使われるが（Apple、リーバイス、メイル、スウォッチなど）、これは他の小売店への販売への依存度を軽減するため戦術だ。

従来型の実店舗には重要なメリットがある。それは、購入前に商品を間近で確認できることだ。そのため、多くの消費者が、衣料品や新鮮な果物などの商品はオンラインでは購入したがらない。オンラインショッピングを促進している要因は、商品在庫の豊富さ（例：Amazonの800万冊の書籍）、配送、利便性、スピード、価格の安さなどだが、これらは実店舗での買い物においても同様に重要な促進要因だ。食料品のオンラインショッピングの普及が当初は非常に遅かったのは、多くの初期のウェブサイトのサービスが現在ほど便利ではなかったからだ。その後、買い物のためのウェブサイトは大幅に改善され、買物客のオンライン決済に対する不安はかなり軽減されたが、多くの実店舗は依然としてより高い利便性を提供しており、そうし続ける限り生き残ることができるだろう。

オンライン販売（ハードウェア、ソフトウェア、音楽、映画、書籍の販売）で大成功を収めているAppleが、世界中に多くの新しいAppleストアを展開し成功していることは注目に値する。そのため、小売業の将来を予測することは非常に難しいが、競争は激化する一方であり、地方の店舗でさえオンラインで競合他社と対抗する可能性がある。その結果、小売業者はより優秀なマネジャーとマーケティングへのより深い理解が必要となる。一方、消費者にとっては、小売業界の競争激化はプラスに働くだろう。なぜなら、競争が激しくなるほど、より多くの選択肢、より低い価格、そしてより大きな利便性がもたらされることが期待できるからだ。

本章の結論 CONCLUSION

　言うまでもないことだが、小売業者は買物客が買いやすい環境を作ることで存在し、存続している。買物客の購買行動に関する経験則をいくつか知っておくと、来店しやすく、買いやすい店舗作りに役立つ。小売業は、e-リテールなどの新たな競争形態が生まれ、以前にも増して競争が激化している。従来の実店舗型小売業が、同業他社との競争、そしてオンライン小売業との競争に勝ち抜くためには、幅広い品揃え、利便性、価値を提供する方法を見つけ続けなければならない。

CRITICAL REFLECTION　　　批判的省察

　小売業者の力は、多くのサプライヤーにとって大きな脅威です。たとえば、多くの農家が、小売業者が価格を引き下げるので農業が持続不可能になっていると言います。小売業者の力の長所と短所は何でしょうか？

図8.3　人がオンラインで実際に購入しているもの

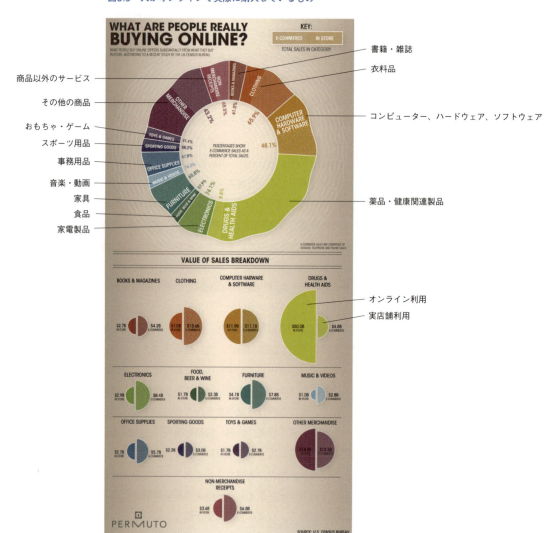

Chapter 08　　Physical Availabillity, Retailing and Shopping　　296

本章の要点　Summary

+ 先進国では小売業が非常に発達しており、膨大な数の人々を雇用している。
+ 過去150年間、小売業において、いやビジネスにおいて、もっとも強力なコンセプトのひとつがチェーン店だ。
+ 顧客浸透率と購買頻度の指標には、ダブルジョパディの法則と購買重複の法則という整然としたパターンがある。
+ 化学や物理学に法則があるように、購買行動にも既知の法則がある。小売業者、あるいはサプライヤーなら誰でも、このような規則的なパターンについて知っておくべきだ。
+ IT技術の進歩により、小売企業自身はもちろん、そのサプライチェーンまでも効率が向上した。小売企業は現在、巨大なスケールメリットを持つサプライヤーとの取引を計画的に行うことに積極的になっている。効率化が進み、消費者にとっては低価格が実現した。

復習問題　REVISION QUESTIONS

1. 小売業者は購買客の店内滞在時間を長くするための努力をするべきですか？ その理由は何ですか？
2. 購買重複の法則は小売業者が市場シェアを拡大する方法についてどのような示唆を与えていますか？
3. チェーン小売店の方が独立系小売店よりも業績が良いのはなぜですか？
4. デジタル革命は従来型の小売業者にとって不利だと考えられていましたが、実際には従来型の小売業者はどのようなメリットを享受していますか？
5. あなたの地元の（あるいはもっともよく行く）食料品店やスーパーマーケットを思い浮かべてください。買い物の経験則をどの程度理解していると思いますか？ 経験則に基づいた改善策を立案・実行することは可能でしょうか？
6. ダブルジョパディの法則、購買重複の法則、およびレパートリー購入行動が、小売環境でどのように観察され、どのような影響を与えているか例を挙げて説明してください。
7. オンラインショッピングとオフラインショッピングでは、購買行動は異なりますか？ 異なるとすればどのように異なりますか？
8. 一軒の家庭が1年間にスーパーマーケットで購入するのは300から400SKUに過ぎないのに、なぜコールスやウールワースのようなスーパーマーケットは3万から5万品目の在庫があるのでしょうか？ 例を挙げて説明してください。

Chapter 08

重要事例研究

MAJOR CASE STUDY

ザラの挑戦はまだ始まったばかり

ケリー・ニューステッド 著

2011年4月、世界的金融危機の後にオーストラリアの小売業界全体の経済が低迷し、消費者心理の冷え込みとオンラインショッピングの増加が伝えられるなかで、ザラシドニー店は、広さ1830平米の新しいウェストフィールド店の全3フロアで、オープンに向けて準備を進めていた (Tadros, 2010)。買物客で騒然とするなか、ウェストフィールド店はオープンした。買物客は何時間も列を作り、商品を棚に並べる間もなくすばやく手に取った。シドニー店ではオープン初日に80%（120万豪ドル相当）の在庫が売れたと試算されている (Burns, 2011)。数カ月後、メルボルンのバークストリート店がオープンし、数百人が入店するために列を作った。

ザラはどのようにしてこの成功を実現したのだろうか？ ザラは、ユニークなビジネスモデルを持っており、基本的に良質で流行の商品を手頃な価格で提供し、驚異的な利益を上げている。毎年、200人のスタッフデザイナーが約2万アイテムを発表している (Inditex, 2016)。スペインにあるグローバル物流センターでは、週に約250万点の商品の搬出搬入があり、72時間以上倉庫に留まるものはない (Kottke, 2015)。

ジーザス・エチェバリア最高コミュニケーション責任者（CCO）は、ファストファッション（最新の流行を低価格で素早く大量生産販売する業態）の小売業者の戦略は、従来のモデルとは真逆だと述べている。エチェバリアは「私たちは顧客からのフィードバックを重要視し、迅速に対応しています」と言う (Burns, 2011)。

ザラはこの成功を、顧客からのフィードバックを商品デザインに生かしたからだとしている。しかし、ザラが他と一線を画しているのは、独自の革新性よりもむしろスピードを取り入れたビジネスモデルだ。

ある報告によると、ザラは顧客からのフィードバックと全1830店舗からの日々の売上分析をもとに、48時間以内に製造計画をまとめている (Burns, 2011)。製造計画は、アジア、スペイン、ブラジルにある1500カ所の工場に伝えられ、3週間以内に衣料品が店舗に届けられる (Burns, 2011)。このようにして、ザラの店舗には週に2回、少量生産のファッションが補充されている。ザラは、メンズ用、レディス用、キッズ用の衣料品に加え、バッグ、アクセサリー、シューズなどのさまざまな商品を扱っている。大手デザイナーのまねをしていると批判されることもあるが、この顧客重視の姿勢こそが彼らが世界中でデザインする製品に形を与えているとザラは主張している。1975年のスペインのア・コルーニャでのザラ1号店のオープン以来、現在88カ国で事業を展開している。オンラインショッピングの利用も可能だ (Inditex, 2016)。ザラのような小売業者は、顧客の需要を的確に捉え、商品を迅速に提供することで、生産と消費の距離を縮める新たな小売業の在り方を象徴している。

発展問題　　　　　　　　　　QUESTIONS

1. 競合他社はザラから何を学べるでしょうか？
2. ザラにはユニークな商品がないのに、どうやって成功しているのでしょうか？
3. ザラは今後どう発展し、成長できるでしょうか？

データソース：Breen Burns (2011)、Inditex (2016)、Kottke (2015)、Tadros (2010)

Chapter 08

インタビュー
INTERVIEW

Neil Retallick
ニール・レタリック

フレンドリー・ファーマシー最高経営責任者

　私が最初に就いた仕事のひとつが、百貨店グループの化粧品バイヤーでした。マーケティングに触れた最初の仕事でしたが、これが私のキャリアの方向性を決定づけました。百貨店での購買チームの役割は、どのブランドを棚に並べるかを決定することです。そのためには、顧客がもっとも興味を持つブランドを特定し、そのブランドを持つ企業と交渉しなければなりません。化粧品バイヤーとして、私は国際的に有名な化粧品ブランドのマーケティングチームと定期的に会っていました。

　基本的に、どのブランドマネージャーも同じこと、すなわちより多くの商品を売りたいと望んでいました。しかし、計画を実行に移すためのプランは大きく異なっていました。競合しているブランドのマーケティング戦略が異なるのは当然でした。それは理論的な違いでした。どうやらどのブランドマネージャーも、消費者がどのように行動し、マーケティングがどのように機能するのかについて、異なる見解を持っているようでした。説得力があり合理的なものもありましたが、多くは作為的で都合よくできていました。彼らの考えには大きな隔たりがありました。私にはそれがとても興味深く感じられました。どれが正しくどれが誤りかを知りたくなり、私はマーケティングを学ぶことにしたのです。

　私は小売業や消費財マーケティングに長年携わってきましたが、すべての真実を明らかにできたとはとても思いません。しかし、世の中には多くの神話が存在する一方で、エビデンスに基づいた知識も数多く存在し、それを賢明に活用することでブランドやビジネスの成長に大きな影響を与えることができることを学びました。

　私がこれまで経験した最高の仕事は、マーケティング調査に投資し、そこから大きな成果が得られることを高く評価している組織との仕事であったことに間違いはありません。消費財マーケティングでは、ブランドの強さは売上の増加から生まれます。そのため、顧客が何を望んでいるのか、そしてそれをどのように探すのかを理解することが非常に重要です。顧客分析を行って、どの商品を開発し、何を提供し、どの棚に並べるかを決定すべきです。この数年、私はマーケティングプラン、販促キャンペーン、ウェブサイト、顧客向け情報誌、パッケージ、新製品、製品ラインナップの開発を統括する責任を担っています。また、メディアチャネル、価格設定、流通チャネル、輸出市場、買収、製品発売などの意思決定も行っています。こうした活動や意思決定のひとつひとつに、私の顧客行動に関する知識と小売プロセスへの理解が生かされています。

　近年、コミュニケーションチャネルとしてのソーシャルメディアの出現が、マーケティング活動に大きな影響を与えています。しかし、重要な焦点は、消費者、特に消費者の欲求と行動に置かなければなりません。ソーシャルメディアが適切なコミュニケーションチャネルとなるのは、それがターゲット市場の消費者に受け入れられている場合に限られます。

　私の分野で成功するためには、新しい消費者インサイトを発見し、競合他社が知らないことを学び、その知識を日々の仕事に活かすことができなければなりません。私は、マーケティングを始めたときと同じように、今もマーケティングに魅了されています。この好奇心が私のキャリア形成の役に立っていることはとてもすばらしいことです。まだまだ発見していないことがたくさんありますが、それがいっそう私をワクワクさせてくれるのです。

Chapter 09 — Pricing and Discounting

Chapter 09

Pricing and Discounting

価格設定とディスカウント

ダグ・ベネット
ジョン・スクリブン
スティーブン・ダン 著

Chapter 09

導入事例
INTRODUCTION CASE

フリーモバイル、価格破壊への挑戦

ダグ・ベネット 著

　2011年のフランスの携帯電話サービス市場は主に3社、フランステレコム傘下のOrange（オランジュ）、ヴィヴェンディ傘下のSFR（フランス無線電話協会）、そしてBouygues（ブイグ）で独占されていた。これらの3社はおたがいに競争しながら広告を展開し、わずかに差別化された製品を提供していた。価格競争を仕掛けることはほとんどなく、21世紀初頭、3社はいずれも利益を上げていた。

　2012年、ザビエル・ニール率いるIliad（イリアド）の新しい携帯電話サービスブランドFree Mobile（フリーモバイル）の登場ですべてが変わった。2012年1月、フリーモバイルは月額19.99ユーロで国内通話、海外通話、SMS、モバイルデータを無制限に利用できる新しいモバイルサービスプランを発表した。この価格を他のサプライヤーのプランと直接比較するのは難しかったが、（複雑な料金プランが意図的に設定されていた）このプランは当時の類似プランの約半額だったようだ。

　フリーモバイルは、ヨーロッパでもっとも高価なモバイル市場を築き上げた既存の市場リーダーたちに、真正面から挑戦した。調査会社ガートナーによると、2011年のフランスの携帯電話利用者の年間平均利用額は392ユーロで、ドイツでは181ユーロ、ポルトガルでは167ユーロだった。フリーモバイルは、既存のブロードバンドとテレビサービスのネットワークを活用することで低価格を実現した。フリーモバイルがフランスで4番目の大手通信事業者となるための免許を取得するためには、イリアドが低価格戦略を仕掛けて市場が乱されることを恐れていたフランステレコムや他の事業者の激しいロビ

一活動に立ち向かわなければならなかった。ザビエル・ニールは、機会があるごとに競合他社より低い価格を提示して、現状に満足しているライバルたちを動揺させるのが常だった。

サービス開始の記者会見で、「携帯電話利用者が我々の新しいサービスを利用すると、それが他の通信事業者にとって"教訓"となり、彼らにサービスの改善や改革を促すことができる。選択肢は2つある。フリーモバイルと契約するか、契約中の通信事業者に料金をフリーモバイルに合わせるよう頼むかだ」とニールは語った (Pfanner, 2012)。

この挑発に対抗して、オランジュは利用状況に応じた適切な通話プランを確認中であると契約者にメッセージを送って安心させた。他の既存事業者は、顧客の多くが長期契約を結んでいたため、価格競争からある程度保護されていた。一方、フリーモバイルは最低契約期間を定めていなかった（契約者はいつでも解約できた）。

2013年第4四半期までに、イリアドは加入者を増やし、戦略は着実に成果を上げていた。フリーモバイルは市場の23%を占め、フランステレコムの41%に次ぐフランス第2位のインターネットサービスプロバイダーとなった。それ以来、フリーモバイルは固定電話と携帯電話の両方で競合を上回るペースで加入者を増やし続けている。2011年から2014年の間に550万人もの新規モバイルユーザーを増やしたのに対し、SFRは約100万人しか増えていない。この間、契約の総費用は310ユーロまで下がり、フランスは他のヨーロッパ諸国とほぼ同水準になった。

この戦略のもうひとつの側面は、イリアドがフランス国内で得た利益を海外の事業展開に活用していることだ。

2014年8月にはドイツの通信会社Tモバイルの米国事業の買収を検討し（イリアドは2014年10月にこの入札を取り下げた）、2014年12月にはスイスのオランジュのネットワークを買収した。これは、低コスト市場破壊戦略がヨーロッパ全域で国際化する前兆だったかもしれない。

競合他社の均衡を崩しつつ低価格を求める顧客の要望に応える戦略は、2016年にフランスの携帯電話加入者獲得で首位に立つと主張したこのフランス通信界の問題児の場合、効果を発揮しているようだ。2017年初頭には、イリアドの契約者数は1200万人を越えた。そのうちの多くの加入者が2ユーロの低価格プランを購入していたが、イリアドの収益は主にモバイルサービスの収益増加により増加し続けた。フリーモバイルは2012年のサービス開始以来着実に成長してきた。同時に、同社が始めた価格競争は競合他社に大きな影響を与えた。

その一例が、オランジュとブイグの合併交渉だ。両社は、大手通信事業者の数を4社から3社に減らすことで競争力強化を図ろうとした（2017年4月に交渉は決裂）。このことからも、イリアドが長期的な戦略を立て、フランス通信市場での支配的な地位を確立しようとして勝利をめざしていたのは明らかだ。

INTRODUCTION

　価格は消費者が選択を行う際に考慮する重要な要素のひとつだ。それはブランドのポジショニングの一部であり、製品やサービスの生産コストだけではなく品質や機能性を伝える。価格をブランドの他の属性とは無関係に変化させることもできる。たとえば、ブランドの他の属性を変化させることなく、特別割引価格を提供することができる。価格が消費者にとってもっとも重要な要素ではないこともある。どの市場においても、もっとも安いブランドが最大手であることはきわめて稀だ。実際には多くの消費者が価格についてはほとんど考えないし、買った商品にいくら支払ったかを思い出せない。それでも、価格を変化させると、数量が基本的な経済理論に従って変化する傾向がある。つまり、価格の上昇は数量の減少を意味する。しかし、状況によってその量は異なる。

　本章では、マーケターが価格に関する意思決定をより適切に行うために知っておくべき価格設定について考察する。すなわち、価格をどのように設定すべきか、価格が競争環境に応じて変化したときに何が起こるかだ。

本章の目的　Learning objectives

本章で学ぶこと：

+ マーケティングミックスにおける価格の役割を理解する
+ 原価ベースの価格設定と、需要ベースの価格設定を区別できるようになる
+ 新製品の価格設定のプロセスとその落とし穴を理解する
+ 価格弾力性を計算し、その結果を用いて価格決定を評価できるようになる
+ 価格弾力性が一貫して大きいまたは小さい状況を理解する
+ 一時的な値下げ（価格プロモーション）が潜在的にマイナスの影響を持つ理由を理解する

不完全競争市場での価格設定

　商品やサービスに付けられる価格は、売上高（売上＝数量×価格）に直接影響し、したがって企業の利益（利益＝売上－コスト）にも影響する。価格は、マーケティングミックスのなかで利益に直接影響を与える唯一の要素だ。価格の変更は簡単なように思えるが、多くのプレッシャーや誘惑がある。通常、販売量を増やすために価格を下げるという圧力がかかる。しかし、結局のところ、それは値札に付いたただの数字にすぎない。標準的な経済理論に従えば、価格を下げれば売上が増大するが、"価格弾力性に関するマーケティング知識"の節で考察するように、利益を減らす可能性も高い。まず、価格がどのように決定されるのかを見てみよう。

　人々が自分の裁量で自由に使える支出力を持ち、さまざまなメーカーから提供されるさまざまな商品のなかから選択することができるようになった現代の競争市場経済では、価格は非常に重要な変数だ。現代の市場は、洗練されて高度化が進み、寡占状態に陥りやすい不完全競争が常態化している。市場全体としては寡占状態であっても、個々の製品カテゴリーに目を向けると多くの買い手と売り手が存在し、消費者は選択肢を把握しきれず、代替品に関する知識が不完全になりがちだ。売り手のなかには、非常に大規模で、多様な製品ラインや、高い市場シェア、多数のブランド、そして特に価格に関して大きな市場支配力を持つ企業もあり、彼らは値下げの圧力に耐えることができる。

　すべての製品とサービスの価格に上限と下限が存在する。上限は顧客が支払いに応じられる額で、下限は製品を供給するために必要な最低限のコストだ。価格をこの範囲外に設定すると企業は存続できないため、機能的（または現実的）な価格帯を決定することが最終目標だ。強い競争力を持つ企業は、たがいによく似た製品やブランドを提供し、

Chapter　09　Pricing and Discounting　304

価格も競争力のあるものに設定する傾向がある。

その理由は、どの企業にとっても、すでに競合他社が市場に導入しているような製品やサービスを提供するほうが、まったく新しいもの、あるいは革新的なものを提供するよりも、一般的にリスクが少ないからだ。そのため、競争力を高めるために、企業はたがいに模倣し合う傾向がある。この"模倣する"という概念が価格設定にも当てはまる。

多くの商品カテゴリーで、類似の製品が提供されているだけでなく、それらの製品に同じような価格が付けられているのはこのためだ。たとえば、家電量販店に行くと、499ドルで同じようなテレビが何十台も並んでいたり、他にも999ドルとか1999ドルの価格帯に同じような機能を持つテレビが並んでいたりする。これは、メーカーが、特定の製品や価格帯だけでなく、できるだけ多くの製品レベルと多くの価格レベルで競争力を維持しようとするからだ。そのため、多くの市場に複数の価格帯または価格層が存在している。

その結果、多くの企業、特に小規模な企業の価格設定は比較的簡単だ。彼らは特定のカテゴリーの競合ブランドの価格帯を分析して、その範囲内で利益を上げて製品を生産できるかを判断する。一流企業、あるいは新商品を提供しようとする企業は、より複雑な次のような複雑な課題に直面する。

1. 新製品の初期価格体系の設定
2. 競合製品の価格への対応策の検討
3. 流通チャネルのマージン、在庫回転率、チャネル間の競争などの検討
4. 再販業者および小売業者の価格とマージンの変化に対する感度の予測
5. 異なるセグメントや関連カテゴリーに存在する類似商品の価格に顧客がどれくらい敏感に反応するかの評価
6. 生産プロセスや資源を共有して生産コストが関連し合っている場合、それを考慮した上での適切な価格調整
7. 原価と収益性を考慮した製品ごとの適切な価格設定
8. 一時的な価格変更（例："1個買うと1個無料"などの値下げ）を用いたプロモーションを含め、価格変更の適切なタイミング、頻度、変更幅の決定

実際には、大企業での価格設定は上級経営層ではなく、下位および中間管理職が担当する傾向がある。彼らが市場の状況をより熟知しているからだ。しかし、価格設定は、以下のようなトップマネジメントが定めた優先事項も考慮しなければならない。

1. 利益目標。
2. 価格と連動したブランドイメージ（例：高品質）を伝えるべきかどうか。
3. 会社の短期的および長期的な収益目標を製品または製品グループにどのように適用するか、そして同じ方針を国内市場と海外市場にも適用するかどうか。
4. 製品別の戦略的ビジョンは、市場浸透のためか、それとも市場シェア維持のためか、あるいはキャッシュ創出が目的か？　また、短期的利益を戦略的目標や長期的目標とどの程度までトレードオフが可能か？
5. 価格競争が激化した際に、自社がどのような戦略を取るのかについての考え方。
6. ユーロ圏やアセアン諸国など、ますます結びつきが強まる国際市場で、自社の製品やブランドをどのような価格帯で提供するか。
7. 為替レートの変動による影響を最小限に抑えながら、適切な価格設定を行う。

CRITICAL REFLECTION　|||||||||||||||||||||||||||||||||||||||||||||||||||||||||||||||||||||||||||　批判的省察

1. 消費者が製品に支払える金額にはなぜ上限と下限があるのでしょうか？
2. 価格帯はどのように決まるのでしょうか？　企業が、ほとんど売れないにもかかわらず、非常に高価格帯の製品系列品を導入するのはなぜでしょうか？
3. 中間管理職は上級管理職に比べて価格管理のどの側面に関心があるでしょうか？　その理由は何ですか？

|||||||||||||||||||||||||||||||||||||||||||||||||||||||||||||||||||||||||||||||||||||||||||||||||||||||

価格設定の出発点——原価をベースに考える

　すべての企業はコストを回収できる収益を上げなければならない。これを怠ると、法的な問題に発展したり倒産したりするリスクがある。そのため、企業は存続のために、生産コストにマークアップを加えて利益を確保し、生産コストに直接割り当てることが困難な他のコスト（最高経営責任者の給与など）を補う価格決定方法を採用することが通常だ。しかし実際にはこの方法は複雑だ。

　コストは固定費と変動費に分類される。

　固定費（または**間接費**）とは、企業が事業を行う上で発生する手数料や経費のことだ。売上高に関係なく常に発生する。固定費には、賃貸料（家賃など）、スタッフの賃金、工場や施設の維持費などが含まれる。固定費は、短期的には（1年間程度は）変動しないと考えられているが、長期的には組織が施設を変更（移転、拡張、縮小など）したり、人を雇用したり解雇したりして、変更が加えられることがある。

　変動費とは、提供される製品やサービスに起因して発生する費用のことだ。たとえば、携帯電話を製造している会社では、携帯電話の部品を製造または調達するためのコストと、部品を組み立てるための直接人件費が発生する（表9.1参照）。変動費は**直接費**とも呼ばれる。損益計算では、通常、単位当たりのコストとして示される。サービスの提供の場合も同様だが、サービスの場合、ひとつのサービスを提供するために発生するコストは人件費が大半を占める。

表9.1　携帯電話の変動費の例

変動費	金額（ドル）
直接労務費	1.00
本体プラスチックカバー	2.00
LEDスクリーン	1.50
受話器ボタン	0.50
電子部品	3.50
SIMカード	1.50
合計	10.00

　理論的には、電話機1台の生産に要する変動費は、10台生産しても100台生産しても同じだ。しかし実際には、企業が大量生産を行い、サプライヤーとの交渉力を高めることで、部品コストを削減できれば、1台あたりの変動費を下げることが可能だ。

　固定費と変動費に関する情報は企業内部で把握されていなければならない。経理部門は、固定費を管理し、変動費については生産部門やサービス部門から情報を収集しなければならない。これが、多くの組織が原価ベースの価格設定を実践している理由のひとつだ。すべての情報が手元にあり、アクセスが可能だからだ。

　固定費も変動費も概念としては単純だが、それでも経営上の判断を伴う。たとえば、携帯電話のメーカーの固定費が500ドルだとする。仮に100台生産すると、1台につき総固定費の100分の1が割り当てられる。

$$\frac{\$500}{100}=\$5.00 ／ 1 台$$

　その結果、この会社の携帯電話1台当たりの生産コストは、変動費の10ドル（表9.1より）と固定費の5ドルを加えて15ドルとなる。この会社が200台の携帯電話を生産するとしよう。電話機1台当たりの変動費は変わらないが、固定費は2倍の台数に分散される。つまり、1台につき総固定費の200分の1が割り当てられる。

$$\frac{\$500}{200} = \$2.50 \diagup 1台$$

したがって、携帯電話1台当たりの生産コストは、変動費の10ドル（表9.1より）に固定費の2.5ドルを加えて12.5ドルとなる。この例から2つのことが明らかになる。

まず、固定費がより多くの製品に割り当てられるほど、1製品当たりのコストが下がる。これが"規模の経済"を実現するための核心部分だ。これは、企業が増産をめざす理由でもあり、コスト削減を徹底的に追求する理由でもある。

次に、原価ベースの価格設定の主な問題点のひとつが、最終的な単価が生産台数によって変動することであることも明らかだろう。実際には、固定費の総コストに占める割合が非常に小さい大量生産では、この点はあまり問題にならないかもしれない。しかし、固定費の占める割合が高い企業では、総生産台数がコスト計算に与える影響は大きい。

まったく異なる製品間で固定費をどう配分するべきかを決めなければならないとき、もうひとつの問題が生じる。たとえば、ある携帯電話メーカーが、変動費が1台当たり10ドルの中級モデルを100台と、変動費が1台当たり6ドルの基本モデルを100台製造するとする。固定費が500ドルである場合、固定費を均等に配分すると1台当たりの固定費は次のように計算される。

$$\frac{\$500}{200} = \$2.50 \diagup 1台$$

表9.2に総コストへの影響を示す。

表9.2　中級モデル携帯電話と
基本モデル携帯電話のコスト比較

コスト	中級モデル（ドル）	基本モデル（ドル）
変動費	10.00	6.00
固定費	2.50	2.50
総費用	12.50	8.50

企業は固定費を変動費に比例して配分することもできる。高価な機種には1台に約65%（325ドル／100＝3.25ドル）、安価な機種には1台に35%（175ドル／100＝1.75ドル）といった配分だ。この場合、中級モデルの総コストは$13.25（変動費＋固定費＝$10+$3.25）、基本モデルは$7.75（変動費＋固定費＝$6+$1.75）となる。携帯電話メーカーが比例配分方式を採用するのは、基本モデルの価格を若干低く抑えられるからかもしれない。いずれにせよ、比例配分方式によって電話機1台当たりのコストはかなり違ってくる。企業が標準的なマークアップを適用すれば、最終価格に大きな影響を与えるだろう。

原価ベースの価格設定

企業がひとつの製品しか生産していない場合、すべてのコスト（固定費と変動費）をその製品の収益で賄わなければならない。しかし、企業は通常、複数の製品や系列品を生産している。異なる製品が異なる生産原価を持つので、企業は適切な価格設定を行うために、コストを個々の製品に適切に配分して原価基盤を作らなければならない。その際、主に3つのテクニックが使われる。

1. 全部原価法
2. 直接原価法
3. 限界原価法

全部原価法

全部原価法とは、企業のすべての費用を、それが製品に直接関連するか否かを問わず、すべての製品に配分しようとする方法だ。固定費の配分は、一般的には何らかの合理的な方法に従って行われるが、本質的には恣意的な決定、すなわち経営上の判断に委ねられる。すべての費用を製品に配分できない場合、収益が総費用を下回るリスクがあり、これは避けなければならない。この方法は、間接費を回収しきれないリスクを回避しているように見えるが、市場の状況や製品ごとの価格感受性を考慮していないため、非現実的な価格設定につながり、適正価格よりも高い価格をつけたり、逆に安い価格をつけたりすることがある。たとえば、石油産業では、ある商品の生産は他の商品と密接に関連している。ガソリン、灯油、プロパンガス、重油はすべて原油から蒸留され、石油蒸留物やその副産物はインク、クレヨン、風船ガム、食器用洗剤、プラスチック、DVD、その他多くの商品の原料となる。つまり、共通コストを特定の製品に配分することがきわめて難しい。これが、石油価格の変動があらゆる商品に影響を与える一因になっている。

全部原価法またはそれに近い方法は、これ以上複雑な価格設定手法を導入するための時間とリソースがない、特に小規模な組織では広く使われている。つまり、小規模な組織では、複雑な価格設定手法に取り組む代わりに、すべての製品やサービスの見積もりを同じ計算式に基づいて設定する全部原価法が利用されている。この計算式は、基本的に製品やプロジェクトの直接費に固定費の一定割合を加えたものだ（利益を得るために必要なら追加のマークアップをこの時点で足すことがある）。たとえば、市場調査会社は、アンケートの立案、回答者への連絡、情報の収集と処理などを行うためにスタッフがプロジェクトに費やした時間を原価計算し、これにオフィス運営費、新規ビジネス開発費、広告宣伝費などの、プロジェクトには直接関係しないものの事業運営に必要なコストの一部を上乗せして、調査実施価格を算出している。法律事務所、建築家、広告代理店、調査会社などの専門的なサービスを提供する企業は、通常このようなアプローチをとっており、割引やその他の価格柔軟性を提供することはめったにない。その結果、同じようなサービスを提供する場合、非常に似通った価格になってしまう。

マーケターとしてマーケティングサービスを購入するときのために、この点は留意しておきたい。広告代理店や市場調査会社が他とは大きく異なる価格を提示してきた場合、それはほぼ間違いなく異なるサービスを提供しようとしているためであり、もし安い価格ならそれは何かを見逃していることを意味する。単なる偶然かもしれないが、その会社があなたのブリーフ（依頼内容）を誤って解釈した可能性もある。"格安のサービス"に飛びつく前に必ず内容を確認することが必要だ。

直接原価法

直接原価法では、直接的に発生した費用、および特定の製品が販売中止となった場合に中期的または長期的に回避できる費用のみを計上する。この費用には、製造コスト、販売やマーケティングにかかる費用、研究開発費、製品に固有の流通コストなどが含まれる。固定費と変動費も含まれる。この方法は全部原価法と似ているようだが、他の製品と共有する固定費の分配が行われない点が異なる。たとえば、ある製品に専用の生産ラインがある場合、その費用は直接原価計算に含まれるが、製品間で共有される倉庫にかかる費用などは分配されない。

この方法の欠点のひとつは、固定費と変動費の区別を考慮に入れていないことだ。そのため、数量の変化がコスト、ひいては利益にどのような影響を与えるかを把握することが非常に難しくなる。

限界原価法

限界原価法は"変動原価法"と呼ばれることもある。限界原価法ではコストを固定費と変動費の2つに大別するこ

とが重視されている。限界原価とは、その製品をもう1単位追加で生産するために必要な費用、つまりそのときの生産段階での変動費のことだ。この限界原価よりも高い価格を設定できれば、そのときの販売量数から得られる収益が、固定費と諸経費を回収するための"貢献利益"となる。

この方法には、異なる事業分野や製品に異なる価格を設定できるという利点がある。限界原価法では、固定費と変動費を販売単位ごとに一定の割合で分配して回収するのではなく、限界原価を上回る価格で販売された分の収益によって固定費を回収する。追加の販売量は、より低い価格で提供することができる。なぜなら、変動費を上回る収益はすべて利益となり、固定費の回収に当てる必要がないからだ。固定費が高いビジネスでは、販売量の変化が利益に与える影響が大きいため、販売量に対する利益の感応度が特に重要だ。

たとえば、航空会社は一般的に高い固定費を抱えているが、乗客一人当たりの変動費はかなり低い。そのため、航空会社は、たとえ一部の座席を低価格で販売することになっても、フライトの全座席を満席にしようとする。変動費を上回る価格で座席が販売されれば、その収益が固定費の一部を補うことになる。固定費が高いときは、設備を遊休状態にしておくよりも、固定費用や潜在的な損失を回避するために、一定の価格以上で商品やサービスを販売することが望ましい。しかし、少しでも安く販売すれば、すぐに売上で固定費をカバーできなくなるため、ただちに全体の損失につながる。

限界原価法による価格設定には主に2つの欠点がある。まず、固定費と変動費の区別が実務上は困難であることが多いこと。次に、そのような区別が特定の生産量と時間に対してのみ有効であることだ。さらに、すべての価格決定が限界原価に基づいて行われると、固定費や利益が十分に回収されないというリスクもある。これは、固定費がいったん回収されれば、限界原価を上回る収益はすべて利益になることを意味する。しかし、このときのリスクは、限界原価に基づく価格で達成される販売量が、全部原価に基づく価格で達成される販売量を下回る可能性があり、その結果、総費用を回収できなくなることだ。

CRITICAL REFLECTION ||||||||||||||||||||||||||||||||||||||||||||||||||||||||||||||||||||||||||||||||||||||||||||||| 批判的省察

1. 固定費と変動費の違いは何でしょうか？ 価格決定を行う際に、固定費と変動費を区別することが重要なのはなぜでしょうか？
2. 価格設定にはいくつかのアプローチがあります。それぞれのメリットとデメリットは何でしょうか？

||||||||||||||||||||||||||||||||||||||||||||||||||||||||||||||||||||||||||||||||||||||||||||||||||||||||||||||||||||||||||||||||||

売上と利益

単純に説明すると、売上は"単価×販売数"として算出する。前述の携帯電話メーカーが、中級モデルを18ドル（マークアップは標準的な30％とし四捨五入する）で、基本モデルを12ドルで販売しているとする。生産したすべての機種（各100台）を販売すると、表9.3に示すように、売上は$3000となる。

表9.3 すべての機種が売れた場合の売上

モデル	売上
中級モデル	100×$18=$1800
基本モデル	100×$12=$1200
総売上	$3000

総売上の$3000からコストを差し引くことで、会社の利益を算出することができる。コストを表9.4に示した。

価格設定とディスカウント

表9.4　中級モデルと基本モデルの
携帯電話各100台の製造コスト

コスト	金額
中級モデル	100×$10＝$1000
基本モデル	100×$6＝$600
小計（変動費）	$1600
固定費	$500
総費用	$2100

利益は次のように計算できる。

$$総売上 － 総費用 ＝ 利益$$
$$\$3000 － \$2100 ＝ \$900$$

　企業の利益は“純利益”や“総利益”で評価することができる。純利益は総収益から総費用を差し引いたものだ（表9.4参照）。総利益は、総売上から売上原価（COGS）を差し引いたものだ。売上原価とは製品の製造に要したコストの総和だ。メーカーの場合、売上原価は製造原価と等しい。卸売業者や再販業者の場合は、商品の仕入れや、在庫の維持にかかるコストが含まれる。売上原価には、マーケティングや、家賃、給与などの事業運営費は含まれない。

　企業の業績を評価する方法のひとつに利益額を見る方法がある。上の例の場合、年間の純利益は900ドルだ。この数字を前年と比較して、業績が向上しているかどうかを知ることができる。

利益率

　事業の業績を評価するもうひとつの方法は、利益率、つまり収益に利益が占める割合を見ることだ。利益率は、純利益または総利益を使って計算する。先ほどの携帯電話会社の場合、利益率は以下のように計算される。

$$利益率 ＝ \frac{利益}{売上} ×100＝ \frac{\$900}{\$3000} ×100＝ 30\%$$

　これだけでは、この30％という数字が良いのか悪いのかはわからない。しかし、これを前年度の実績と比較することで、会社が総利益だけでなく収益性（profitability）、つまり売上高に対する利益の水準においても改善したかどうかを評価することができる。言い換えれば、売上に対して利益がどの程度向上したかどうかだ。売上高と総利益が増加しても同時に利益率が減少することがあるので、これをモニターすることは重要だ。このような場合、原因としてコストが急上昇し過ぎたか、価格に市場圧力がかかったか、あるいは単に企業が製品に適切な価格設定をしていないなどが考えられる。情報があれば、利益率を他の製品の利益率、あるいは他社の利益率とも比較することもできる。

　利益の分析は製品別にも行うことができる。たとえば、この中級モデルの携帯電話は、1800ドルの売上を生み出し、1000ドルの直接費、325ドルの固定費を要した。したがって、＄1800－（＄1000＋＄325）＝＄475の利益を生み出した。基本モデルについても同様の計算をすると、＄1200－（＄600＋＄175）＝$425 となる。

　利益率を見るときは、モデルごとに利益と売上を使って計算する。中級モデルでは475ドルの利益÷1800ドルの売上＝26％、基本モデルでは425ドルの利益÷1200ドル＝35％となる。この計算に従えば、基本モデルのほうが

利益率は高く思われ、この会社は中級モデルよりも基本モデルの生産に集中することを決定するかもしれない。

しかし、固定費の配分は変動費に比例して行われることを忘れてはならない。一方、固定費の配分が単純に生産台数に基づいている場合（電話機1台当たり＄2.50）、利益率の計算は、中級モデルでは550ドル÷1800×100＝31%、基本モデルでは350ドル÷1200×100＝29%となる。この場合、この会社は中級モデルに集中することを決断するかもしれない。これは、コスト配分で生じる現実のジレンマを物語っている。

コスト配分はしばしば恣意的であるにもかかわらず、原価を基盤にした価格設定は、さまざまな業界の多くの組織で採用されている。その理由は、曖昧な外部の情報とは対照的に、容易に収集・アクセスできる内部情報を活用できるからであり、また、財務の健全性をアピールできるからでもある。つまり、あらゆる可能性を考慮した手法であり、財務担当者から好まれる。一方、マーケターや営業担当者は、最初に競争力のある価格を設定したり、後で交渉したりする彼らの力が阻害されると感じることが多い。

マークアップベースの価格設定

多くの企業が、総利益率目標（**総利益率価格**として知られる）を使ったマークアップ価格戦略を採用している。事業運営費を返済し、収入とキャッシュフローを生み出すために必要な利益率をよく理解している企業にとって、このプロセスは非常に簡単だ。商品の売上原価（販売した商品とサービスの原価）が確定すると、総利益率目標を達成するための価格が設定される。

目標のマージンを達成するためのマークアップを加味した価格の算出方法は簡単だ。売上原価が5ドル、目標総利益が50%のメーカーの場合、価格は以下のように計算される。

$$価格 = \frac{売上原価}{(1-総利益率)} = \frac{\$5}{(1-0.5)} = \$10.00$$

これを確認するには、逆算して、総利益（価格－原価＝$10－$5＝$5）を価格で割ればよい。5ドル÷10ドル＝0.5、つまり50%が総利益率目標だったことになる。これは"価格＝コスト×2"であることからも簡単にわかる。計算式をこのように簡略化することもできる。

構成要素は単純で、スプレッドシートで簡単に計算できる。コストが変わっても、目標の総利益を得るために価格を簡単に再計算できる。実際には、総利益率は企業によって異なる傾向があるが、アイラ・カルブ (2015) が算出した総利益率の概算値のいくつかを以下に示す（GPM＝総利益率）。

・製造業者のGPM＝50%
・卸売業者のGPM＝10〜15%
・小売業者または販売店のGPM＝30〜50%

低いほうの数値は、販売後のアフターサービスの必要がない製品を販売する小売業者や販売店に適用され、高いほうの数値は、製品の使用法を説明したり、販売後も継続的なサポートを提供したりする必要のある小売業者に適用される。総利益率の設定ガイドラインは、何百、何千もの仕入先や製品を扱う卸売業者や小売業者にとって実用的なものだ。実務レベルでは、このガイドラインは、製品が仕入先から入荷され、その後の流通システムを流れる過程での価格算出プロセスを簡素化する。しかし、この戦略の重大な欠点は、消費者が問題なく払える価格、または競合他社が提供している価格を考慮していないことだ。

CASE STUDY

サンタ・ルシア・ホールフーズ 商品開発の決断

エリザベス・ガンナー 著

　サンタ・ルシア・ホールフーズは15年以上にもわたり乾燥パスタを製造している。同社が製造販売するのは常にひとつの製品ラインのみで、さまざまな形状の標準的な乾燥パスタを製造してスーパーマーケットに卸している。現在、会社の役員たちは、会社の利益拡大のために、2本目の製品ラインの生産に投資することを決定した。商品開発チームは、高級パスタとグルテンフリーパスタの2つを新しい製品ラインの候補として考えている。現在、サンタ・ルシア・ホールフーズは、標準的なパスタを1パック2.10ドルで年間90万ユニット販売している。高級ブランドを立ち上げた場合は1パック4.60ドルで年間50万個売れ、グルテンフリーブランドの場合は1パック3.75ドルで年間75万個売れると予測されている。単位当たりの変動費は、標準パスタが0.70ドル、高級パスタが1.70ドル、グルテンフリーパスタが1.50ドルだ。会社の年間固定費は150万ドルである。

	シナリオA 標準	シナリオA 高級	シナリオB 標準	シナリオB グルテンフリー
年間推定販売数	900,000	500,000	900,000	750,000
500gパックあたりの価格（ドル）	$2.10	$4.60	$2.10	$3.75
500gパックあたりの変動費(ドル)	$0.70	$1.70	$0.70	$1.50

発展問題　QUESTIONS

1. 以下のリストを固定費と変動費に分けてください。
    a. パスタを作るための小麦粉
    b. 工場の賃貸料
    c. 従業員の賃金
    d. パスタを作るための卵
    e. 工場内の機械
    f. 製品のパッケージ
    g. 機械のメンテナンス
    h. 広告費
2. サンタ・ルシア・ホールフーズが予想売上目標を達成すると仮定して、標準パスタと高級パスタを生産する場合の1個当たりの固定費の配分はいくらになるでしょうか（シナリオAとする）？　もし高級パスタの代わりにグルテンフリーパスタを生産することを選択したら、1個当たりの固定費配分はどうなるでしょうか（シナリオBとする）？　（注：固定費は、販売されるすべてのパスタのユニット〈ユニットとは製品が入っている箱や袋〉に対して均等に配分されるべきです）
3. それぞれのシナリオのそれぞれの製品の売上高を計算してください。
4. どちらのシナリオが会社の総利益は大きくなりますか？
5. それぞれのシナリオの製品の利益率を計算してください。

市場ベースの価格設定

前述の電話会社は現時点で自社の手持ちの情報にのみ目を向けていた。電話機を生産し、生産された電話機が売れることを前提にしている。また、利益やマージンの観点から自社の業績を評価することもできると考えている。

しかし、この会社が現実の世界を生き残るためには、競合他社の製品情報とその顧客にも注意を払わなければならない。携帯電話を18ドルで販売できるか12ドルで販売できるかは最初から決まっているのではなく、市場のサプライヤーと顧客の相互作用によって決まる。この会社が成功するためには、提示する価格が他の競合他社の製品の価格と比較して妥当でなければならない。

市場ベースの価格設定の意味は文脈によって異なる。ここでは、競合他社の価格に基づいた価格設定を意味する。市場をリードしているノキアやサムスンよりも小規模な電話会社にとって、価格決定とは単にマーケットリーダーが行っていることに追従することかもしれない。すなわち、類似製品を競合他社と同じか少し安い価格に設定することだ。

原油、大量化学製品、基礎食料品などの多くの商品市場では、市場ベースの価格設定が一般的だ。これは、これらの企業が販売する商品は同一であることが多く、取引価格に関する情報の迅速かつ完全な伝達が行われるためだ。これらのカテゴリーに属する企業は、価格を自ら決定することはなく、与えられた価格を受け入れ、それに応じて生産量を調整している。日用品については市場ベースの価格設定に代わるものはない。

中小企業、新規参入企業、低コストの競合他社も市場ベースの価格設定を採用している可能性がある。基本的に、彼らは市場リーダーを参考に、通常は市場リーダーの価格のすぐ下に価格を設定する。この戦略に則った価格設定方針は、単純にリーダーの価格に対して一定の差をつけるというものだ。たとえば、新しい格安航空会社は常に市場リーダーより10ドル安い価格を設定するかもしれないし、レンタカー会社は1日の料金を常に大手企業より1ドル安く設定するかもしれない。

実際には、多くの企業が何らかの形で市場ベースの価格設定を行っている。これは、特に中小企業や、大手競合企業が支配的な市場の企業が、成長し、市場シェアを拡大するための有効な手段となる。しかし、市場リーダーにひたすら追随すると、自社の価格を競合他社に決められてしまう。これでは、市場や顧客のニーズの変化に対応することも、競合他社との差異を活かして新しいチャンスを創出することもできない。企業が利益を最大化したいのであれば、競合他社が何をしているかに注意を払い、現実的な価格差を維持し、自社の相対的なポジションを調整して、現在の市場の状況や顧客の自社製品に対する認識を反映する必要がある。もちろん、自社のコストがどのように変化しているかを考慮することも忘れてはならない。

CASE STUDY

無料で提供して利益を増やす？

ダグ・ベネット 著

かつて、ゲームをノートパソコンやスマートフォンにダウンロードするのに99セントか1ドルかかるのが一般的だった。何万人もの人々がその値段でゲームを購入し、その度にゲームデザイナーにささやかな収益がもたらされた。しかし最近では、無料のゲームがたくさん登場し、何百万人もの人々がダウンロードしている。

何かを無料で提供することは愚かでリスクの高い戦略だと思われるかもしれない。しかし、多くのゲーム

やアプリケーションのデザイナーが、製品に前払いで料金を請求すると売上は小規模にとどまるが、無料ダウンロードできるようにすると何百万人もの人々が躊躇することなくダウンロードしてくれることに気づいた。一度プレイしはじめると、ゲームは中毒性を帯び、人はゲームの機能を"アップ"させるための追加機能（例：新しいキャラクター、寿命の延長、パワーアップ、特別な強化アイテムなど）にお金を払うことを躊躇しなくなる。何百万人というプレイヤーのうち追加の機能を購入するのはごく一部だとしても、ゲームメーカーの収益が上がることに変わりはない。

　この価格戦略で特に成功した企業のひとつがZynga（ジンガ）だ。ジンガはファームビルなどのフェイスブック上で提供されるゲームに資本を投入し、新規株式公開で10億米ドルを調達した。ファームビルは無料でプレイできるが、作物を市場に出荷できるようにするためには"ファームキャッシュ"を購入する必要があった。2015年時点でジンガの赤字は続いていた。

　機能の一部を無料で提供することをフリーミアム（freemium）価格戦略という。顧客に製品を好きなだけ使えるようにしてお得だと思わせ、その後に追加の機能の利用に対して数ドル払うかどうかを判断させる。人は、いったんお金を払えばもっとプレイしたくなるものだ。プレイヤーは新しいゲームにもその他のゲームにも、最初は無料で触れることができる。

　購入プロセスはゲーム内にバーチャルストアを組み込むだけで簡素化できる。モバイルソフトウェアの分析会社Flurry（ファーリー）は、iPhoneアプリストアで発生する収益の約65％は、追加のアイテムや機能に課金される無料ゲームから得られていると推定している。Appleでは、ユーザーのクレジットカード情報を事前に登録することで、アプリ内での購入が非常に簡単になっている。一方、Googleのアプリストアであるkoogle Playは、2015年までに約500億のアプリがダウンロードされたにもかかわらず、決済が複雑であったため、当初は収益の確保に苦戦していた。重要なことは、無料ゲームは購買意欲をそそるが、収益を上げるためには購入が簡単でなければならないということだ。

　フリーミアム価格の応用はゲームに限ったことではなく、ネットワーキングのLinkedIn、ファイル共有のDropbox、テレビ番組のHulu、B2B企業のBoxやYammerなども採用している。とはいえ、フリーミアム価格は市場での成功を保証するものではない。成功するためには、企業はそもそも市場が求めるものを提供しなければならない。その上で、顧客がどのような機能に対して、どのような価格なら躊躇せずにお金を払うのかを見極めなければならない。

発展問題　QUESTIONS

1. ある企業がフリーミアム戦略を採用しているにもかかわらず新規顧客をほとんど獲得できていない場合、それは何を意味しているでしょうか？
2. ある企業がプレミアム戦略を採用して多くの顧客を獲得しているにもかかわらずあまり収益が上がっていない場合、何が間違っていると考えられるでしょうか？

価値ベースの価格設定

価値ベースの価格設定とは、もっとも広義には、価格は顧客の価値認識を反映して設定しなければならないことを意味する。言い換えれば、顧客の価格認識が価格設定の重要な原動力となるべきだ。もちろん問題は、そのような顧客の認識をどのように現実的に把握するかだ。これまでは、その問いに対する答えは"市場調査"だった。顧客調査、フォーカスグループインタビュー、精緻化選択モデル（例：顧客が代替品と比較して製品をどのように評価しているかを推定するコンジョイント分析）は、特に消費財市場での価格設定や新製品導入時の価格設定に長年使用されてきた。

しかし、実際にはこの方法には困難が伴う。たとえば、製品の販売時点における個々の顧客の認識を見極めることは、きわめて鋭敏な販売員がいない限りきわめて困難であるため、販売環境の重要な影響が分析モデルに含まれることはほとんどない。一般的に、潜在的な購買客が製品に見いだす価値と、彼らが市場で実際に支払う金額には差がある。いつものことだが、顧客の言動は一致しない。また、競合環境は常に変動するものであり、実際の市場で直面する競合相手と、調査研究で想定された競合相手が完全に一致することはない。このような明らかな矛盾を理解するのは簡単だ。つまり、現実の市場は柔軟であり、提供される商品の数や種類は常に変化しているため、消費者が特定の購入機会に直面する状況は毎回異なる可能性が高いからだ。これらの調査方法は、製品の特徴やベネフィットについて、通常よりもはるかに多くを考えることを買い手に要求する。そのため、調査の状況では、人は製品の特徴に実際よりも高い価値を置く傾向がある。結果的に、企業はほとんどの場合、希望する価格よりも低い価格を設定せざるを得ないのが現状だ。

CASE STUDY

Kindle Fire：199ドルはお買い得か？

ダグ・ベネット 著

2011年12月、AmazonはKindle Fireを199米ドルで発売した。Kindle Fireは7インチのフルカラー・タッチスクリーン、WiFi、クラウドを利用した高速ウェブブラウザを搭載しており、映画、ゲーム、アプリ、音楽、書籍へのアクセスが可能だった。Kindle Fireは、AppleのiPad2と競合するように思われたが、iPad2の方が高機能であり、当時499米ドルで販売されていた。Amazonがこれほど安い価格を設定できたのはなぜだろうか？

CNN Money（2011）によると、その答えは、何が搭載され、何が搭載から外されたかにあった。Kindle FireとiPad2を比較すると、Kindle Fireの中核部品のコストが大幅に低いことがわかる。

	Kindle Fire（ドル）	Apple iPad2（ドル）
TIプロセッサ	18	25
ハードドライブ	8	20
バッテリー	12	20
タッチスクリーン	60	80
シェル、その他部品	45	80
カメラ、マイク	ー	45
合計	143	270

小型のハードドライブを搭載し、メモリ機能をクラウドに移行し、カメラなどの特定のアクセサリーを省

価格設定とディスカウント

くことによって（iPad2には2つのカメラが搭載されていた）、部品コストを全般的に削減できた。それでも、原価と定価の差額は56米ドルしかなく、これは、iPadの229米ドルと比較すると、製造コストやその他の経費をカバーし利益を生むにはあまりにも不十分であることは明らかだ。

　Appleは定期的に販売台数を報告しているが、2011年最終四半期には約1100万台のiPadを販売したと発表している。Amazonは販売台数の公表に消極的だったが、業界アナリストの推定では、11月下旬〜1月上旬の休暇シーズンに200万〜300万台のKindle Fireが売れ、iPadにとって最強の競合商品となった。

　過去3年間、iPadとKindleの競合環境はほとんど変わっていない。OSが異なるとはいえ、この2つのブランドは直接的に競合し、機能もほぼ同じだ。それでも、iPadはKindle Fireよりも50％以上高い価格で売れ続けている。

　2014年最終四半期、Appleは2140万台のiPadを販売し、約28％の市場シェアを獲得し、後続のタブレットメーカー4社の売上の合計を上回った。Amazonが販売したKindle Fireは約170万台の売上にとどまり、市場シェアは約2.3％で5位だった。

　AmazonとAppleの戦略の重要な違いのひとつは、Amazonが電子書籍リーダーを、AmazonプライムやKindleブックスなどの他のAmazon製品を販売するためのプラットフォームとして利用していることだ。言い換えれば、AmazonはKindle Fireの本体価格を低く抑える一方で、顧客に他の製品の購入を促し、追加の利益を獲得している。

発展問題　QUESTIONS

1. 人がKindle Fireを買うとき、本当は何を買っているのでしょうか？
2. 主製品が売れることでその付属品や消耗品の販売につながる"キャプティブ価格戦略"の例を挙げてください。
3. Kindle Fireの価格はどこまで下げられると思いますか？
4. Kindle FireにAppleが対抗するとすれば、どのような競争戦略を採用すると思いますか？
5. Amazonの戦略は効果的だったと思いますか？

CRITICAL REFLECTION |||||||||||||||||||||||||||||||||||||||||||||||||||||||||| 批判的省察

1. 原価ベースの価格設定、市場ベースの価格設定、価値ベースの価格設定の主な違いは何ですか？
2. 顧客は何にいくらなら躊躇せずに払うだろうかと考えるとき、どのような落とし穴に陥りがちでしょうか？　その困難を克服するために、どのような手段を講じることができますか？

||||||||||||||||||||||||||||||||||||||||||||||||||||||||||||||||||||||||||||||||||||||||||||||||||||||||||||||||||||||

新製品の価格設定

　多くの企業が定期的に新製品を発表している。これは、技術が常に進化し、古い製品が時代遅れになるようなカテゴリーでは特に一般的だ。また、変化の激しい消費者の嗜好に対応するときや、競合他社の製品に対応するときなどの、大きなプレッシャーがかかる競争状況においても新製品の投入は一般的だ。もちろん、製品によって新しさのレベルは大きく異なる。新製品がまったく新しい製品カテゴリーに投入されることもあれば、既存の製品の改良版（これは技術分野では"次世代"や"4G（第4世代）"と表現されることがある）になることもある。小規模の新製品は、

Chapter　**09**　　　　　Pricing and Discounting　　　　　316

砂糖控えめのシリアルやレーズン増量のシリアルなど、新製品の系列品の発売に観察される。

問題は、新商品にいくらの値段をつけるかだ。この判断は、情報がほとんどない新商品の場合、特に難しくなる。製品が市場で現在提供されているものと異なるほど、消費者の需要や許容可能な価格水準を予測することは難しいだろう。

価格が高すぎると売れないかもしれない。価格が低すぎると、収益が悪化するだけでなく、新商品の価値が誤ったところに固定されてしまうリスクがある。低すぎる価格でスタートすると後で価格を上げるのは難しいという事実が、しばしば問題を深刻化させている。新商品の初期価格を安く設定するほうが危険であることは明らかだ。それでも、経営コンサルタントのマッキンゼーによれば、80〜90％の新商品はあまりにも低い価格がついているという。

価格を低く設定する傾向は、顧客の要求、国際競争（特に低コストの製造国との競争）、消費者が比較サイトなどを通じて競争力のある製品と比較しやすくなっていることなど、多くの圧力が原因している。

企業が、新製品に対する需要を過大評価したり、競合の反応を過小評価したりすることもある。また、市場シェアを手っ取り早く獲得しようとしたり（これは小売業者に新商品の在庫を確保させるために必要なこともある）、高い投資利益率を狙ったりすることもあるが、いずれも高価格では達成が難しいようだ。

実際には、企業は価格設定に段階的なアプローチをとることが多く、まず市場を調査して基準価格と競争上のポジショニングを確立する。比較的安定した消費財市場では、これは比較的容易だ。多くの新商品は、競合他社の主要商品と同等かそれに近い（通常は少し低い）価格に設定される（次ページのINDUSTORY INSIGHTを参照）。しかし、このアプローチの潜在的リスクは、顧客にとっての新製品の価値を過小評価してしまう可能性があることだ。

新製品の価格を設定するには競合環境を深く理解する必要がある。つまり、市場の状況をダイナミックに理解すべきであり、市場の進化（新規市場参入ブランドや既存の競合他社の新製品など）に注意を向ける必要がある。この点に留意すれば、企業は自社製品の最高価格と最低価格の両方を確立できる。そして、何よりも重要なことは、<mark>価格と利益のバランス</mark>が取れたポジションを確立することだ。

価格設定は製品開発の初期段階から戦略的に

新製品の価格決定が開発プロセスの後半になってしまうことは多い。実際、多くの企業が発売直前になって価格について考えはじめる。企業は前述したように低い価格を設定しがちだ。しかし、値上げは難しく、多くの新製品が本来なら可能な収益を上げられない可能性がある。

効果を最大化するためには、価格設定はイノベーションプロセスのもっとも初期の検討事項のひとつであるべきだ。そこには、顧客が何に価値を見いだしているか、あるいは見いだす可能性があるか、そして彼らがその機能にいくらなら払ってもよいと考えているかなどの評価が含まれるべきだ。また、製品や機能の料金の請求方法についても検討する必要がある。一回限りの支払いか、サブスクリプションか、他製品との組み合わせかどうかなどだ。

新製品の価格設定では、新製品開発のきっかけとなった市場ニーズや独自の技術的強みといった当初の焦点を、開発プロセス全体で維持することが重要だ。開発チームが（おそらく競合製品に対抗するために）安易に機能追加や設計変更を行うと、この焦点が失われ、結果として開発コスト増を招き、価格設定や販売予測にも悪影響を及ぼす可能性がある。

価格設定の実際

原価ベースの価格設定、市場ベースの価格設定、価値ベースの価格設定はどれも良く使われる価格設定法だ。それぞれの方法にそれぞれの支持者がいる。多くの企業がこれらのシステムのいずれかを使って成功している。

しかし実際には、価格設定の原則にすべての企業が厳密に従っているわけではない。経営者は原価ベースの価格設定から始めるのが一般的だが、状況に応じてアプローチを修正することもある。たとえば、2008〜09年の不況期には、多くの産業が需要の縮小と値下げの圧力に直面し、多くの企業が一部のコストしか回収できない生き残り戦略を

取らざるを得なかった。平常時にあっても、企業は競合他社の行動に反応し、価格を変更しなければならないことがある。

　価格設定は、"利益獲得"や"市場シェア拡大"などのその時々の企業の戦略や、"顧客重視"といったマネジメントのトレンドに左右されることがある。つまり、ほとんどの企業が特定の価格設定手法に厳密に従っているわけではない。生き残るために本能的な選択を行っている。上記のアプローチに固執する企業はおそらく直ちに窮地に陥るだろう。もっともよく見られるのは、それぞれの方法を柔軟に使いながら、必要に応じて即興で組み合わせるハイブリッドなアプローチだ。

　このように、価格設定には多くの不確的要素が伴い、混乱が生じることもあり、一貫した正当性やアプローチがすべての価格決定に適用されることは稀だ。

INDUSTRY INSIGHT　　　業界動向

　マッキンゼーがグローバル企業1200社を対象に行った調査では、営業利益は平均約9%、変動費は平均66%、固定費は平均25%であった。個々の産業における実際の数値は大きく異なり、たとえば衰退産業は営業利益率が低い傾向にある（Baker, Marn & Zawada, 2010b）。

　価格設定の観点から、これらの数字について興味深い推測が可能だ。たとえば、利益率が9%の場合、価格を1%上げると営業利益は11%上昇する（1÷9%＝11%）。同様に、売上が1%増加すると利益は3.8%増加し、変動費が1%減少すると利益は7.2%増加する。このように、コスト削減が利益を増加させることは明らかだが、価格の変更が利益にもっとも大きな影響を与えることも明らかだ。

　これらの数字から、「なぜ企業は値上げをしないのか」という疑問が浮かぶのは当然だろう。その答えは、「値上げをする前に市場（消費者と競合他社）が価格変更にどのように反応するかを理解することが不可欠だから」である。どの企業も顧客や競合他社の反応から逃れることはできない。言い換えれば、価格は動的な変数とみなすことができる。価格が変更されると、市場が影響を受け、結果的に売上、ひいては利益に影響が及ぶ。結局、マーケターには価格弾力性という概念を理解する能力が必要になる（これについては次節で考察する）。

価格変更

　価格設定の大半は、新規に価格を設定することではなく、既存の価格を変更することに焦点を当てている。企業は、製品の価格を変更するとき、その結果何が起こりそうかを知りたいと思うだろう。一般的に、価格が上がれば需要は下がり、価格が下がれば需要は上がる。これが需要と供給の法則だ。

　価格を変更する際に重要なことは、価格を変更したら需要がどれだけ変化するかということだ。価格が10%上がったら、需要は10%下がるのだろうか、それとも20%下がるのだろうか？　答えは消費者の反応次第だ。消費者は

買い物を少し減らすだろうか、それとも大幅に減らすだろうか。価格変更に対する消費者の反応は、**価格弾力性**（"需要の価格弾力性"と呼ばれることもある）で測定することができる。

価格弾力性とは価格に対する反応の敏感さを示す指標だ。企業が最終的に知りたいのは、価格を一定量上げると、販売数がどれだけ減少するかということだ。価格と数量の変化を百分率で表すことで、測定された価格の変化と、結果的に生じた需要の減少を比較することができる。10%の値上げに対する反応が20%の需要減少だとする。需要の減少は価格の上昇の2倍であり、これは消費者が価格の変化に敏感であることを示している。消費者が価格の変化にどの程度敏感かを知ることは、価格変更を検討中のすべての経営者にとって重要だ。また、弾力性を指標として使うことで、さまざまな価格水準や変化や、さまざまなブランドやカテゴリーに及ぼされる影響を、簡単に比較することができる。

弾力性はいくつかの方法で計算できる。もっとも簡単な方法は、需要の変化率を価格の変化率で割ることだ。

$$価格弾力性 = \frac{需要変化率}{価格変化率}$$

価格が10%上昇し、消費者がそれに反応して購入を20%減らした場合、弾性係数は－20÷10＝－2となる。価格の変化は需要に逆方向の変化をもたらすので、弾力性は常に負の値になる。実際には、マイナス記号はしばしば省略されて、弾力性2などと表記される。マイナス記号を省略することは、係数の大きさを比較するときに特に重要だ。数値としては－3より－1が大きいが、弾力性の大きさを比較するときは－1より－3が大きいと考えるからだ。つまり、弾力係数が高いほど需要の弾力性も高くなる。

経済学者は、価格弾力性が1より低い製品を非弾力的、1より高い製品を弾力的と定義している。弾性係数が2であれば、消費者は価格の変化にかなり敏感に反応することを意味する。価格が10%変化しても売上が5%しか減少しなければ、弾性係数は0.5となり、これは1より小さい（非弾力的）。弾力性が1の場合、価格を上げても下げても収益は変わらない。弾力性が1より高ければ、収益（＝価格×量）を増やしたい企業は価格を下げたほうがよく、逆に弾力性が1より低ければ、価格を上げたほうがより多くの収益を得ることができる。価格の変化が利益の増加につながるかどうかは別の話であり、これについては後で触れる。

タバコやコカインのような依存性の高い製品やガソリンのような代替品の少ない製品は、一般に代替品の多い製品よりも需要の弾力性が低い。つまり、広範に定義された製品は、狭義に定義された代替品の多い製品（例：日用消費財）よりも弾力性が低い。おそらく、一般的なパスタはヴェルミチェッリ（訳註：細いパスタ）より価格弾力性が低く、普通の携帯電話はAppleのiPhoneよりも価格弾力性が低いだろう。実際、カテゴリー内の個々のブランドの価格弾力性は、通常、カテゴリー全体の価格弾力性よりも大きく、時には大きく上回ることがある。たとえば、ウィキペディアの"需要の価格弾力性"の項目（2017年）では、マウンテンデューとCoca Colaの炭酸飲料カテゴリーでの価格弾力性が4であるのに対し、清涼飲料カテゴリー全体の価格弾力性は1未満だ。

時間も、消費者と生産者の価格の変化に対する反応に重要な役割を果たしている。価格調整にかける時間が長ければ長いほど、状況に対応するための多くの調整作業が行われる。たとえば、2007年にガソリン価格が急騰したとき、消費者が最初に行えた唯一の対応策は車の運転を減らすことだった。時間が経つにつれ、自宅の近くで仕事を見つけたり、燃費の良い車やハイブリッド車に乗り換えたりすることも可能になった。ガソリン価格はさらに上昇して、需要の落ち込みが加速した。

価格弾力性に関してマーケターが知っておくべきこと

価格変更に関する基本的知識はビジネスの世界ではよく理解されているが、その理論は抽象的であるため、実際のマーケティング活動に十分に活用されるまでには至っていない。価格決定に直面したブランドマネージャーの指針と

なるべき市場原則も存在しない。価格変更に対する顧客の反応を高めたり弱めたりする、マーケターが知っておくべき普遍的な要因というものは存在しないだろうか。

実は、そのような普遍的な要因が存在することが明らかになっている。スクリブンとアレンバーグ (2004) は、消費者を価格の変化を経験させる一連のテストを行い、一貫して弾力性を高める5つの要因を特定することができた。

1. 明確な基準価格を設定する。ブランドの価格を、他のブランド（特にブランドリーダー）よりも高いか、または安いかのどちらかになるように変更する。

2. 値下げではなく値上げをする。顧客は価格の上昇に敏感であり、抵抗も大きい。

3. カテゴリーの平均価格に近い価格から始める。価格帯の中央に位置するブランドはもっとも競争が激しく、価格変更の影響を受けやすく、両端の価格帯（高価格帯または低価格帯）に位置するブランドは価格変更の影響を受けにくい。

4. 市場シェアが小さいブランドであること。シェアが小さいブランドの顧客は選択肢が多いため、価格が上昇すると消費者の選択肢から外れやすくなり、価格が下がると大手ブランドよりも利益を得やすくなる。

5. 価格変更を告知する。価格変更は目立つことが重要だ。セールや価格プロモーションが積極的に宣伝されているのはそのためであり、また、メーカーが値上げを隠したり、虚偽の値下げを主張したりするのを防ぐための法律が作られているのもそのためだ。

現実的には、大幅な値下げのほうが売上を大きく伸ばせる可能性があるが、マーケターは、主要競合製品の価格をわずかに下回る程度の小幅な値下げの方が利益が高い場合があることに気づくだろう。また、主要競合製品をわずかに上回る程度の小幅な値上げも利益をさらに増加させる可能性がある。一方、大手ブランドや高価格帯ブランドは、価格を下げても消費者の反応は鈍いため、理論的には価格を下げるメリットはあまりない。

これらの調査結果は、人は、たとえ定期的に購入する商品であっても、その価格については正確な知識を持っていないことを示している。しかし、自分が買うブランドとそのカテゴリー内の他のブランドとの価格的な位置関係はある程度正確に把握していると考えられる。多くの場合、不完全に記憶された絶対価格よりも、相対的な価格が重要であり、だからこそ、価格変更の告知が重要なのだ。一部の企業が価格比較を表示したり、値札に希望小売価格（RRP）を表示したりするのは、消費者が製品の相対的な価格の位置関係を理解し、適切な判断をくだすのに役立つからだ。

CRITICAL REFLECTION |||||||||||||||||||||||||||||||||||||||||||||||||||||||| 批判的省察

1. 上記の5つの状況で価格弾力性が高くなることについて、それは直感的にあなたの予想通りですか？　なぜそう思いますか？

2. 価格弾力性に関する知見は企業がとるべき戦略や意思決定にどのような影響を与えますか？　小規模企業は市場リーダーとは異なる価格戦略を採用すべきだと思いますか？

3. 市場のポジショニングが価格戦略に影響を及ぼすでしょうか？

4. 買い物に行ったら、競合製品のカテゴリーをひとつか2つ見てみましょう。競合製品の価格について何か気づいたことがありますか？　もっとも高い価格の製品は何ですか？　もっとも低い価格の製品は何ですか？　特定の価格帯に集中している製品がありますか？

||||||||||||||||||||||||||||||||||||||||||||||||||||||||||||||||||||||||||||||||||||||||||||||||

一時的な値下げで販売促進を試みる

ブランドは、基本コストが上昇または低下したときや、競争価格に大きな変化があったときに通常価格を変更することがある。しかし、もっとも一般的な価格変更は、ブランドが一定の短期間だけ価格を下げる**一時的価格プロモーション**だ。ブランドマネージャーはなぜこのようなことをするのだろうか。答えは明白で、販売量を増やし、利益を増やし、新規顧客を獲得するためだ。しかし、一般的にはこれらのうちひとつだけしか得られないことが判明した。

多くの場合、一時的な値下げはプロモーション期間中の販売量を劇的に増加させる。しかし、アレンバーグ、ハモンド、グッドハードら (1994) が、消費者向けパッケージ商品カテゴリーにおける100件以上の価格プロモーションを分析して明らかになったように、販売量はプロモーション終了後、すぐにプロモーション前の通常レベルに戻ってしまう。また、新規顧客が引き続き商品を買うことはない。価格プロモーションで購入する人はほぼ全員が以前にもその製品を購入している購買客であるため、実質的に新規顧客はいない。プロモーションで購入したからといって、将来の購買性向が変わる（上下する）こともない。

表9.5　価格が引き下げられた場合に
貢献利益を維持するために必要な売上増加率

価格の値下げ率（%）	貢献利益を維持するために 必要な売上増加率（%）	価格弾力性
1	2	2.0
5	11	2.2
10	25	2.5
15	44	2.9
20	66	3.3
30	150	5.0

利益の増加についてはどうだろうか？　たとえ販売価格が限界原価を上回ったとしても、プロモーションによって、定価で売れていたはずの商品も割引価格で販売されるため、その分の利益が減少し、結果として追加の利益が出ない可能性がある。表9.5は、通常価格での貢献利益率が50%のブランドが、さまざまな値下げ幅で販売した場合に、値下げ前の貢献利益額と同額の貢献利益額を確保するために必要な売上増加率を示している。この表から、大幅な値下げを行う場合は、損失を避けるために、販売量を大幅に増やす必要があることが容易にわかる。

つまり、一般的な結論は、価格プロモーションに長期的に売上を押し上げる効果はなく、短期的には売上を急増させることはあっても、多くの場合は損失を生むということだ。一時的なプロモーションは、せいぜい競合他社に対抗して販売量を維持するための防衛的な手段と見なされる程度だろう。

しかし、価格プロモーションを行うと、競合他社も同様に通常価格の値下げを行う可能性があるという別の問題がある。また、頻繁に価格プロモーションが行われる製品カテゴリーでは、顧客は割引価格で買うことに慣れてしまい、割引価格でなければ購入をためらうようになるというエビデンスもある。これらの製品カテゴリーでは、商品の総量の約50%が割引価格で販売され、ほとんどの消費者がいずれは商品を割引価格で購入することになる（表9.6参照）。

表9.6　大多数の消費者が商品を割引価格で購入している

カテゴリー	プロモーションによる 販売量（%）	割引価格で購入する人 の割合（%）
冷蔵・冷凍ピザ	55	83
トイレットペーパー	41	82
ヨーグルト飲料	35	68
ケーキ・ビスケット	32	98
フロマージュ・フレ	31	65
オムツ	31	71
ベイクドビーンズ	23	62
芳香剤	21	49
かみそりの刃	17	26
調味料・スパイス	7	28
平均	29	62

データソース：Kantar Worldpanel data, October 2014

値下げをする理由は他にもある。売上目標を達成するため、余剰在庫を処分するため、取引先との販促品の取引条件を満たすため、などが考えられる。余剰在庫の処分を行う必要はまれにしか生じないはずだ。もし頻繁に発生しているのであれば、生産計画や需要予測プロセスを見直すべだ。売上目標を達成するための要件、特に成長を必要とする要件は、ここで取り上げるにはあまりに複雑なテーマだ。いずれにしても、将来的な収益の増加を期待して長期的なリピーターを開拓することにマーケティング費を投資するのではなく、収益の低下という代償を払ってでも一時的な売上の急増を達成することに、果たして真価があるのかどうか疑問だ。

取引先との関係も複雑な問題だ。スーパーマーケットや他の大手チェーンは、競争の激しいこの業界で顧客を店舗に引き寄せるためには、何らかの特別なオファーが必要だと考えている。しかし、ブランドのオーナー（メーカー）は、小売店からの販促協力の要請にどこまで応じるべきか、それに要する資金面も含めて慎重に判断する必要がある。その資金を別の方法に有効活用した方が、長期的に見て自社の利益につながる場合もあるからだ。

最後に、==最適化==について簡単に触れておこう。最適価格を設定することは可能だろうか？　それは、販売量、収益、または利益のどれを最適化しようとしているかによって異なる。これら3つすべてを満足させる解決策を見つけることは不可能であり、実際には、理想的な価格は、販売量、収益、利益のそれぞれの目標の妥協点を探る必要がある。これらの間にはトレードオフの関係が存在する。価格を下げれば販売量は伸び、価格を上げれば収益が増え、価格をさらに上げれば利益が最大化する（しかし収益と販売量は下がる）だろう。

価格セグメンテーション

どのような商品やサービスであっても、顧客が支払っても良いと考える価格には個人差がある。同じ顧客であっても、時間帯やシチュエーションが異なれば、支払いたい価格も異なる。たとえば、真夏に買う冷たい飲み物と、真冬に買う冷たい飲み物では、どちらにいくらなら払ってもよいだろうか。市場全体で単一の価格を設定すると、企業が達成できる売上と収益が制限されてしまう。どのような価格帯であっても、価格が高すぎると感じて製品を買わない顧客がいる一方で、価格がもっと高くても購入したいと考える顧客も存在する。

顧客間で価格感受性に大きな差がある場合、企業は==価格セグメンテーション==アプローチを採用して価格設定を行うことがある。これは、顧客の支払意思額に基づいて市場をセグメントに分割し、そのセグメントごとに価格を適切に設定するものだ。支払意思額や支払い能力の低い層には低い価格が提示され、需要の高い層には高い価格が提示される。

価格セグメンテーションが実現可能な戦略であるためにはいくつかの条件を満たす必要がある。まず、顧客がどのセグメントに属しているかを特定できなければならない。顧客が、自分は高い価格を払うセグメントに属していると認識している可能性はきわめて低い。次に、**裁定取引**の可能性が低い状況でなければならない。裁定取引とは、低価格セグメントの顧客が再販目的で製品を買い、それを高価格セグメントの顧客に、利ザヤを稼ぐために高値で、しかし基準価格よりは安値で転売することだ。たとえば、雑貨店のオーナーがコストコから非生鮮食品を大量に購入し、自分の店舗で転売するような場合だ。さらに、価格セグメンテーションは、顧客の反発や法律違反を避けるために、公正とみなされる方法で行われなければならない。

価格セグメンテーションは消費者特性に基づいて行われることがある。年齢は、おそらくもっとも一般的に使用される特性だ。企業は、子ども、学生、高齢者に値引きを提供することがある。値引きは、一般的に可処分所得が少なく、支払い能力が低い消費者層への販売を促進するための方法だ。一般的には、このような値引きが公平であると広く受け入れられている。これらの顧客をセグメントに分類することは比較的容易だ。子どもは視覚的に識別でき、学生や高齢者は通常、何らかの身分証明書を持っているはずだ。

年齢以外の顧客特性が価格セグメンテーションの基準となる機会は限られている。性別や人種などの特性でセグメンテーションを行うことは、公正さに欠き非倫理的とみなされるだけでなく、違法となる可能性もある。保険や金融サービスなどの業界では、企業が顧客に詳細な個人情報の提供を求めることがあるが、これらの情報も、顧客ごとに価格を調整するために使われる。

購入や消費のタイミングは、価格セグメンテーションに使えるもうひとつの基準だ。カテゴリー内で需要が変化す

ると、企業はそのカテゴリー内の製品やサービスの価格を調整し、需要の変化に対応しようとする。航空会社はこの戦略を使っており、フライトの価格は時期、曜日、時間帯によって異なることがある。航空会社は、まったく同じフライトでも、航空券を購入した時期によって顧客に異なる金額を提示することもある。たとえば、出発間近に航空券を購入した人は高い料金を支払うことになる。

企業がセグメンテーションの基準に時間を使う例として、==価格スキミング戦略==と==価格浸透戦略==がある。これらの戦略では、製品のライフサイクルに合わせて価格を調整することが重要だ。価格スキミングは、顧客が割高でも買いたいと思うような特徴が新製品にある場合に有効だ。そのロジックは、まず初期需要の高い顧客層から大きな利益を獲得し、その後に価格を下げてより多くの顧客を獲得するというものだ。逆に、価格浸透戦略では、製品を低価格で発売し、できるだけ多くの顧客の関心を引くことをめざす。そして、市場でのポジショニングを確立したら、製品の価格を引き上げる。

立地も価格セグメンテーションによく使われる基準だ。製品に対する需要は、顧客の現在のニーズや状況に左右される。利便性を提供することで、顧客が支払っても良いと考える価格にプレミアムを上乗せすることができる。一般的に、同じ商品の価格はスーパーマーケットよりもコンビニエンスストアのほうが高い。同様に、大きなスポーツイベントや映画館での食べ物や飲み物の価格は、多くの顧客が他の日常的な状況で適切と考える価格よりも高い。

また、地理的位置が異なることで、競合状態や社会人口統計学的な特性などの要因に差が生じ、需要に差が生じることもある。ファストフードや小売チェーンは、周辺地域の需要に合わせて個々の店舗間で価格を調整することが多い。多くの企業が複数の国で製品を販売する際にも価格を調整している。国際的な価格設定の場合は、現地の需要の違いに合わせて調整するだけでなく、輸送費、関税、現地の税金などの追加コストも考慮に入れる必要がある。

B to Bマーケティングへの応用

これまでの章で述べたように、ほとんどのビジネス市場では顧客の数は比較的限られている。たとえば、オーストラリアには6つの製錬施設があるが、年間合計約200万トンのアルミニウムを生産している企業はわずか3社にすぎない (Australian Aluminium Council, 2010)。したがって、これらの製錬事業で使用される高度に専門化された生産設備と関連技術サービスを要するオーストラリアでの市場は、わずか3社の顧客で構成されている。しかし、これらの顧客が年間に購入する製錬生産設備と関連技術サービスの総額は数百万ドルに達する。

この例が示すように、企業の売上の大部分は特定の大口顧客からもたらされている可能性がある。その結果、このような顧客は、サプライヤーとの交渉において比較的強い立場に立つことになる。なぜなら、サプライヤーは、このような大口顧客を1社でも失えば事業機会も利益も大きく損失しかねないからだ。このような状況では、マーケターは価格戦略を立案するとき、個々の顧客ごとにニーズや要件を考慮しなければならないことは明らかだ。

同様に、組織が行う購買活動のなかには、きわめて大規模なプロジェクトに関連するものがあることがある。たとえば、2011年、オーストラリア全国ブロードバンドネットワークは350億ドル以上の資本支出を見込んでいた (National Broadband Network Company, 2011)。価格設定は、このプロジェクトの主要サプライヤーにとっては事業規模からしてきわめて重要な問題であり、企業レベルの戦略的課題になる可能性もあっただろう。

B to Cマーケティングと違って、B to Bマーケティングの価格戦略で注意しなければならないことのひとつが、B to B市場では顧客数が少ないため、個々の主要な顧客やプロジェクトが価格戦略に与える影響が大きいことだ。B to Bマーケティング企業のなかには、主要な見込客や顧客の生涯価値を予測し、その

計算に割引キャッシュフロー法を適用している企業もある。

　もうひとつの違いは交渉に関するものだ。B to B市場では、バイヤーとサプライヤーの間で交渉を重ねることが多いが、大規模なプロジェクトともなると交渉にはバイヤーとサプライヤーのさまざまな部門の従業員が関与し、何カ月、あるいは数年にわたることもある。B to Cマーケティングでは、このような長時間の交渉はほとんど行われない。逆に、政府などの組織顧客は、潜在的サプライヤーに対して正式な入札を通じて価格と提案を提出することを求める。このような場合、入札提出後の交渉はほとんど不可能だ。このような入札手続きはB to Cマーケティングではほとんど見られない。

　大企業が購入する数量は、一般家庭が購入する数量よりもはるかに多いため、大企業が払う価格は、たとえ特定の組織顧客向けに製品を大きくカスタマイズする場合でも、個人消費者が同様の製品に払う価格よりもはるかに低い。

　組織顧客の視点に立つと、価格は、総費用やその他の要因（例：製品の品質や供給の信頼性など）に比べて重要度が低いことが多い。たとえば、生産設備の入れ替えが必要なメーカーは、高品質で高価なブランドの設備のほうが、低品質で安価なブランドの設備よりも、生産寿命がはるかに長く、また維持費もはるかに低いと考えられるので、所有総コスト（および生産コスト）を低く抑えられると考えるかもしれない。また、高品質で高価格なブランドのメーカーは、高品質の部品に定評のあるサプライヤーを、たとえそのサプライヤーが高品質の部品に定評のない他のサプライヤーよりも高価であっても、好むかもしれない。さらに、もしきわめて深刻な供給中断が起きた場合のことを考えて（例：操業再開に高いコストを伴うような操業の完全停止など）、組織顧客はおそらく、価格が高くても安心して供給を確保できるサプライヤーを好むだろう。

　このような考慮事項は、物理的製品だけではなくサービスにも同じように当てはまる。たとえば、政府などの大組織の多くは、安価で無名の中小企業の助言を受け入れるリスクよりも、一流のコンサルティング会社の助言に躊躇することなく高額な料金を支払っているようだ。端的に言えば、安価なコンサルティング会社を選ぶことで一時的にコストを削減できたとしても、質の低い助言を実行することによって生じる損失は、その節約額をはるかに上回る可能性があるのだ。

本章の結論　CONCLUSION

　価格設定は複雑だ。企業は、総費用を回収するために製品に価格をつけ、株主に利益を還元し納税するために黒字（利益）を生み出そうとする。しかし、コストは数量によって変動し、数量は価格によって変動する。企業はこれを理解した上で、自社が事業を展開する競争環境を研究し、自社の商品やサービスが、競合状況に照らし合わせて、消費者が求める価値を提供できるかどうかを評価しなければならない。

　原価に利益を上乗せして価格を設定する方法では、単純な計算式で価格を算出できるが、実際にはコストの割り振り方によって価格が変わってしまう。　しかも、その割り振り方は企業の判断に委ねられる部分が大きく、恣意的になりやすい。さらに、競合他社の価格や市場の状況を考慮していないため、必ずしも最適な価格設定とは言えない。最適な価格を算出するための単純な公式は存在しない。多くの企業の製品価格が、製品コストや、競争状況、仲介業者からの圧力などの要因に左右されて、必ずしも戦略的な視点に基づいて決定されていない可能性がある。これは市場原理に適った当然の結果と見なすことができる。しかし、賢明な企業であれば、自社の価格と市場価格を継続的に調査して、自らの行動の影響を理解し、価格戦略を最適化とまではいかないまでも改善しようと努めるだろう。

本章の要点 Summary

+ 価格設定には、基本的な原価ベースの価格設定から、より洗練された市場ベースの価格設定まで、多くのアプローチがある。

+ 多くの企業は原価ベースの価格設定を用いて成功を収めているが、利益を最大化できているかどうかはわからない。というのも、この方法は企業の内部情報に基づいて価格を決定するため、顧客が実際に払ってもよいと考える価格については考慮していないからだ。

+ 市場ベースの価格設定は、顧客が払っても良いと考える価格を評価し、企業はその価格で利益を上げられるかどうかを判断できる。

+ 投入コストの変化、競争圧力、あるいは売上や市場シェアを拡大したいという願望が、企業を価格変更に駆り立てることがある。価格変更を賢明に行うには、企業が価格弾力性（価格の変化が売上に与える影響）を理解することが不可欠だ。価格弾力性でもっとも重要なことは、価格を変更することで価格リーダーの基準価格を上回る価格になるかどうかであり、この場合、売上に大きな変化が生じると予想される。

+ 多くのマーケターが、価格プロモーションに依存的になっている。しかし、このアプローチには一般的には一時的な販売効果しかなく、新規顧客を増やせず、企業の収益に悪影響を及ぼすことが多い。

復習問題 REVISION QUESTIONS

1. 原価ベースの価格設定の基本的アプローチの概要を説明してください。それぞれの方法の限界を説明してください。
2. 総利益率目標50%はどのように算出できますか？
3. 価格弾力性とは何ですか？　また競争市場においてどのようなことが知られていますか？
4. 大企業と中小企業では、その価格戦略にどのような違いがありますか？
5. 販売、マーケティング、財務、生産部門が価格設定にどのような影響を与えるかについて説明してください。
6. 新製品を導入する際の価格設定においては、新製品開発中にどのような点に留意すべきですか？
7. もっとも安いブランドが通常はそのカテゴリーの最大のブランドではない理由を説明してください。
8. 価格を設定するとき、組織の目標である利益最大化、販売数、市場シェアなどの間のバランスを取ることが求められる理由を説明してください。
9. コスト配分に関する経営決断が市場価格にどのような影響を与えるか、例を挙げて説明してください。

Chapter 09

重要事例研究

MAJOR CASE STUDY

タイヤの適切な価格決定を行うための状況分析

エリザベス・ガンナー 著

4つの異なる会社がタイヤ市場に参入することを決定した。各社はそれぞれ異なる製品を生産することを決めている。原材料はまったく同じであるが、各市場の競争と需要はまったく異なる。

- A社は標準的な自動車用タイヤを生産している。需要は高いが、競合他社が多く、そのなかには価格をコントロールしている大規模メーカーも数社ある。
- B社は陸軍戦車用の特殊タイヤを生産している。政府と契約を結んでいる。つまり、顧客は1社のみで、競合他社は存在しないが、契約は毎年見直される。
- C社は四輪駆動車用タイヤを生産している。需要は普通車用タイヤより低いが、競争は少ない。
- D社は固定ギア自転車用のタイヤを生産している。市場は成長中で、競合他社はほとんど存在しない。しかし、消費者の需要の増加に対応するため、新規参入するメーカーが増えている。

発展問題　　QUESTIONS

1. 各社は、価格設定の方法として、どのような手法を用いることができるでしょうか？
2. 各社の価格設定の手法をひとつ選び、それがもっとも適切な手法であると考える理由を説明してください。
3. 各製品の顧客層の違いについて考えてみましょう。どの種類のタイヤの価格弾力性が高いですか？　その理由は何ですか？
4. カーボンブラックはタイヤ製造に使われる主要原料のひとつです。カーボンブラックのコストが大幅に上昇したため、これらのタイヤ会社4社の生産コストが上昇しました。
    a. 生産コストの上昇は固定コストの増加によるものでしょうか、それとも変動コストの増加によるものでしょうか？
    b. もし4社すべてが生産コストの上昇に対応して値上げを行った場合、どの会社の売上がもっとも大きな影響を受けるでしょうか？　その理由は何ですか。
5. D社は短期の価格プロモーションを検討しています。このプロモーションが会社に利益をもたらすシナリオをいくつか挙げてください。

INTERVIEW

インタビュー

Mark Geraghty

マーク・ゲラティ

RACV自動車保険　ゼネラル・マネージャー

　私は大学で化学を専攻し、理学士の学位を取得しました。マーケティングに興味を持ったのは、大学での勉強を終えて大手消費財メーカーに新卒で就職してからのことです。

　その後、レキット＆コルマン社で製品開発部門のサイエンティストとして働きはじめました。マーケティングチームとの緊密なコラボレーションを必要とする仕事でした。ほどなくしてマーケターの仕事に大きな興味を持ち、組織のなかでのマーケターの役割について知りたいと思うようになりました。最終的には、この経験がきっかけとなり私は進路を変更し、商学修士課程に入学し直してマーケティングを専攻することになりました。この決断はすぐに功を奏しました。勉強を続けながら、私はデオドラント部門のアシスタントブランドマネージャーに昇進しました。市場を分析し、成長の機会を見極め、マーケティング計画を実行することを、実地体験をとおして学ぶことができました。

　さまざまなマーケティング業務に携わり、経験を積んで、知識とスキルを身につけたことが、最終的にRACVでの現在の職務につながりました。資格ももちろん大切ですが、上級管理職として必要なスキルは、経験とともに培われるものです。すなわち、戦略的かつ分析的思考、リレーションシップマネジメントのスキル、適切なビジネス判断をくだすための商業的理解、これらを縦横無尽に使えるようになることがとても重要です。

　マーケターという仕事はなかなかたいへんです。限られた予算と組織内部の強い圧力に直面することもしばしばです。しかし、決して退屈することはありません。これがRACVでの私の仕事の一番の魅力です。二度と同じ日はありません。もっとも重要な責務は、もちろんマーケティングプランの策定と実行です。それは実に多くの分野に細分化されています。たとえば、価格決定、製品開発の機会の特定、売上のモニタリング、さまざまなメディアを使っての主力製品およびそのブランドメッセージのコミュニケーションマネジメントなどです。

　RACVには数多くの製品があります。私の仕事でもっとも重要なことのひとつは、常に個々の製品戦略の全体像を頭のなかに描いておくことです。それぞれの決定は、それぞれの製品、製品カテゴリー、そして組織全体の長期的な戦略プランに適合していなければなりません。組織の上に立つ仕事はたいへんですが、努力が報われたときの喜びはひとしおです。

価格設定とディスカウント

Chapter 10

Selling and Sales Management

販売とセールスマネジメント

ジョン・ウイルキンソン 著

Chapter 10

INTRODUCTION CASE
導入事例

スーパーマーケットと販売チーム：ブランドが店頭に並ぶまで

大手スーパーマーケットチェーンは、来店客に買ってもらえそうなブランドを提供する以上のことをサプライヤーに期待している。また、好条件の価格設定やその他の取引条件を期待する一方で、サプライヤーが自社の収益と利益の増大化に貢献してくれることも期待している。このような期待には、単に商品を売り込み、価格交渉をするように教育されただけのサプライヤーの営業担当者では答えることはできない。

多くの大手日用消費財（FMCG：fast-moving consumer goods）メーカーは、大手スーパーマーケットに営業担当者を派遣して、自社商品の販売促進を支援することで、スーパーマーケット全体の収益向上に貢献している。また、FMCGメーカーには、カテゴリーマネージャーがいることも多く、彼らは買物客の購買商品の組み合わせパターンなどの市場調査データに基づいて、各スーパーマーケットチェーンと協力しながらプロモーション戦略を開発する。カテゴリーマネジメントを効果的に行うことで、サプライヤーは、新たな戦略を開発し、より良い商品配置などの新たなアイデアを提案し、取引先のカテゴリー全体の成長を支援できる。さらに、サプライヤーのマーチャンダイジング担当者が、カテゴリーマネージャーが策定した戦略に基づき、消費者にさまざまな商品カテゴリーから商品を横断的に購入する（例：パスタとパスタソースを買う）ことを促すための、関連商品の組み合わせを工夫した棚の陳列を行うこともある。また、これらの営業担当者たちはスーパーマーケットの店長と協力して注文管理を行い、店長と良好な関係を築いている。

キーアカウントマネージャーは、価格、販売条件、プロモーションに関する提案書の作成や交渉を行い、スーパーマーケットチェーン本社内の担当者との関係構築を担当する。彼らは、カテゴリーマネージャーが開発した戦略に従って提案書を作成する。たとえば、あるスーパーマーケットチェーンに独自のストアブランドを導入した後も引き続き自社のナショナルブランドを取り扱ってもらうように説得する場合、キーアカウントマネージャーは、たとえ結果的に来店客の多くが安価なストアブランドを購入することになるにしても、プレミアムブランドのプロモーションが購買客を店舗に引き付けることが調査によって示されていることを説明するだろう。

メーカーの販売チームは、スーパーマーケットチェーンのニーズに応えたり、注文や苦情などの顧客サービスの問題に取り組んだりするだけでなく、事実上、店舗のマーケティングコンサルタントとしての役割も果たしている。販売チームの能力と知識は、メーカーとスーパーマーケットチェーンとの関係に大きな付加価値を与えている。

有能なBtoB販売チームは、単に製品を多く売ろうとするのではなく、顧客のビジネス改善を支援することに重点を置けば、顧客との関係構築に大きな価値を付加することができる。

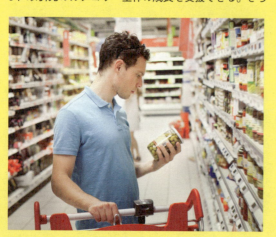

INTRODUCTION

本章では、**人的販売**（personal selling：パーソナルセリング）の重要性、販売が担う役割の複雑さ、販売プロセスの主要な構成要素、セールスマネージャーの役割、人的販売の戦略的役割、および販売機能そのものが近年どのように進化してきたかなどを考察する。また、販売に関連する倫理的問題も取り上げる。多くの企業において、人的販売はマーケティングコミュニケーションの主要な要素だ。企業間（B to B）の販売活動は非常に複雑であり、その年間コストはB to B広告費をはるかに上回る。B to Bの販売プロセスは主に次の3つの段階に分けられる。

・新規ビジネスチャンスの特定：潜在的な組織顧客のニーズと選好を探り、特定し、それらのニーズと選好にもっとも適した販売提案を開発する。

・説得：潜在顧客に販売提案書を提示し、販売を成功させるために必要な交渉を行う。

・関係管理（リレーションシップマネジメント）：要求された製品やサービスを、信頼でき、かつタイムリーな方法で確実に提供するための、調整とフォローアップ活動を行う。サプライヤーとバイヤーがともに実績に満足していることを確認するためのフィードバックを得る。

戦略的に重要な顧客組織に対するリレーションシップマネジメントは、重要顧客管理（KAM: key account management）のプロセスに重要度が引き上げられることがある。さらに、重要顧客管理は、外国で事業を展開する重要顧客のためのグローバル顧客管理（GAM: global account management）へと拡張されることもある。消費者市場においては、人的販売の役割は複雑なものから単純なものまでさまざまだ。人的販売活動の中には専門のコールセンターが請け負っているものもある。

セールスマネージャーは、リーダーシップ、モニタリング、トレーニング、その他のマネジメント活動を通じて、営業スタッフに大きな影響を与える。彼らはしばしば、競技スポーツにおけるコーチやキャプテンのような役割を担う。近年、一部の企業では、人的販売の戦略的役割が高く評価されつつある。最近のソーシャルメディアの出現やその他の技術の発達により、営業組織は販売活動をより効果的かつ効率的に行うための新たな機会を得た。営業スタッフが非倫理的な行動をとると長期的な顧客関係や販売実績に悪影響を与える可能性があるため、人的販売では倫理的問題に常に配慮する必要がある。

本章の目的　Learning objectives

本章で学ぶこと：

+ 販売プロセスの重要なステップを知る

+ 営業の役割の多様性を理解する

+ 顧客関係管理（CRM: customer relationship management）によって、主要顧客の営業成果をどのように改善できるかを理解する

+ 営業のリーダーシップとその関連要因が、営業成績にどのように影響するかを理解する

+ 市場の主要なトレンドを理解し、それらが販売戦略にどのような影響を与えているかを把握する

人的販売の重要性

人的販売（顧客と直接対面して商品やサービスを販売する手法）はマーケティングコミュニケーションの主要な要素であり、営業部門のコストがマーケティングコストの大部分を占めることはめずらしくない（Zoltners & Sinha,

2005)。特に企業間取引（B to B）企業では、営業関連費が広告関連費をはるかに上回ることが多い（Piercy, Cravens & Morgan, 1997）。

人的販売の複雑さは一般的には認識されていない。なぜなら、消費者が販売スタッフと接するのは、主に単純な購入状況においてのみだからだ。一般の消費者が店舗で接するのはほとんどが販売アシスタントで、まれに自動車や不動産などの高額商品の販売スタッフと接することもあるが、数百万ドル規模のプロジェクトにかかわるB to B販売スタッフと接することはない。多くのB to B企業が営業職の応募者にビジネスや技術系の学位を取得していることを求めていることに、ほとんどの消費者は気づかないだろう。

販売スタッフはそれぞれ役割が大きく異なる。店舗の販売スタッフは通常、見込み客が来店するのを待つ。潜在的購買客は購入することに興味を持って来店していることが多いのでそれでよい。しかしB to Bの販売スタッフは、積極的に見込み客を特定し、最初のコンタクトを取るよう努めなければならない。最初は、自社を潜在的購買客にサプライヤーとして売り込むことはもちろん、商談の約束を得るだけでも苦労することが多い。というのも、見込み客の多くは、その製品に対してその必要性を感じていなかったり、すでに現在のサプライヤーに満足していたりするからだ。販売スタッフのなかには、顧客との取引が一回限りであるために継続的に新規顧客を開拓しなければならない者もいれば、すでに大手顧客と長期的な関係が確立しているため、高いレベルの顧客サービスを提供することに焦点を当てている者もいる。

もちろん、消費者がオンラインや自動販売機で購入する場合など、商品が買い手と販売スタッフとのやりとりを介さずに購入されることも多い。消費者と小売店スタッフ（スーパーマーケットのレジ係など）との間のやりとりのなかには、重要な販売活動を伴わないものもある。これらはすべて販売活動ではなく顧客サービス活動の一環だ。なお、顧客サービスは顧客満足の重要な要因ではあるが、本章の焦点ではない。

B to B（企業間）販売

本章ではまず、複雑な販売環境であるB to B販売（企業間販売）にどのような要因が関与しているかを探る。営業の教科書に載っていたり、職業訓練プログラムのなかで教えられていたりするさまざまな販売テクニックではなく、人的販売に焦点を当てる。

企業間販売には通常、以下のような3つの主要な段階がある。

・新規ビジネスチャンスの特定

・説得

・関係管理

新規ビジネスチャンスの特定の段階ではプロスペクティング（現状で満足している顧客からの紹介も含まれる）を行う。具体的には、見込み客との最初の接触、見込み客の絞り込み、絞り込んだ見込み客のニーズの評価、そしてそのニーズを満たす製品やサービスの特定という一連のプロセスが含まれる。この段階では、現在のサプライヤーとの契約上の制限があるためにその時点では接触できないが、将来的に有望な顧客に成長する可能性を考慮して、見込み客との関係を維持することも含まれる。また、既存の顧客との関係を深め、新規のビジネスチャンスを開拓し、新しいニーズに対応する適切な製品やサービスを提案することもある。さらに、見込み客からビジネスチャンスを獲得することに失敗した理由や、競合他社に顧客を奪われた原因の分析もこの段階で行われる。

2つ目の説得の段階では、見込み客にもっとも効果的な方法で製品やサービスの利点を提示し、交渉に臨み、トライアルクロージング（後述の考察を参照）を行い、交渉を成功に導くことを行う。

3つ目の関係管理はいくつかの段階がある。まず、製品やサービスの提供を顧客のニーズに合わせて調整すること。次に、顧客の期待に応えられたか、それを上回ったかのフォローアップをすること。さらに、製品やサービスの提供を評価し、必要な改善点を特定すること。最後に、顧客管理を容易にするために顧客情報を更新し、既存顧客に新たなビジネスチャンスが特定されていたにもかかわらずビジネス獲得に至らなかった場合、その理由の分析を行う。

Chapter **10**　　　Selling and Sales Management

図10.1は、これら3つの販売段階とその構成要素、およびそれらの相互関係を示している。図示されているようにこのプロセスは継続的だ。価値のある見込み客が特定されると、営業担当者はその潜在顧客とのオープンエンドな関係を開始する。図の矢印が示すように、失敗したステップの後には、見込み客とのコンタクトを維持する、見込み客からビジネス獲得に失敗した理由を分析するなどの行動をとるべきだ。たとえ競合他社に顧客を奪われたとしても、その顧客との関係を継続することで、将来的にその組織からビジネスを獲得するための試金石となる。

図10.1 企業間（B to B）販売のプロセス

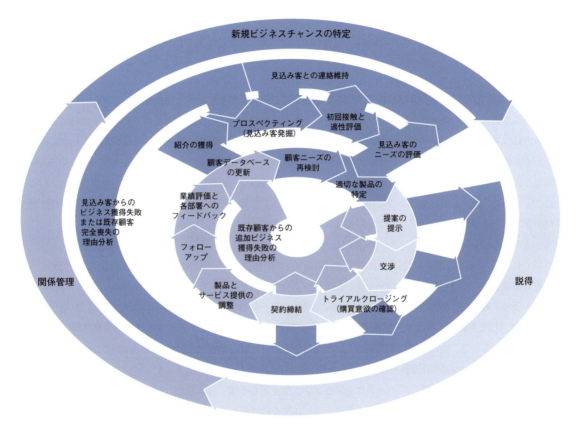

新規ビジネスチャンスの特定

ビジネス市場には大規模な潜在顧客が存在する。少なくともその一部を獲得することを目標に営業スタッフを起用して潜在顧客を特定できれば、ビジネスを大きく拡大できる。このような市場では、営業担当者がプロスペクティング活動を行って、自社の製品やサービスで満たせるニーズを持つ潜在顧客を開拓している。プロスペクティングにはさまざまな手段やリソースが使われる。具体的には、企業内または外部のデータベースの利用、広告やプロモーション活動によって生成されたリード、満足した顧客からの紹介やその他のネットワークなどがある。時には、広告や口コミに触れて、あるいは商談を行った後に、潜在顧客の購買担当者から問い合わせを受けることもある。

プロスペクティングを行うとき、営業担当者は、自社の提供する製品を必要とすることがわかっている企業、政府、非営利セクターの組織を探す。組織と最初の正式な交渉を行う前に、営業担当者は見込み客の組織に関する具体的な情報を入手しようとする。この情報には、製品やサービスに対するその企業の需要を推定し、その企業が価値のある潜在顧客であるかどうかを評価するための、売上高や規模を示す指標も含まれる。また、購買担当者や購買決定に影響力を持つ担当者などの重要な連絡先も含まれる。

見込み客を特定したら、営業担当者は、その組織内の適切なスタッフ（多くの場合、購買部門）と最初に連絡を取り、その組織が自社の製品やサービスで満たせるニーズを持っていること、およびその組織が自社の提案を検討する

ことに関心を持っていることを確認する必要がある。最初の交渉でその組織が適格な見込み客であることが確認されたら、営業担当者は、その組織のニーズと選好、および競争力のある提案の開発に役立つと思われる情報を得るために、主要な意思決定者、影響力者、ユーザーとの面談を試みる。場合によっては、潜在顧客の要件が供給企業側の現在の能力を超えており、製品開発をカスタマイズする必要があるかもしれない。顧客の要件を詳細に理解して適切な製品とサービスを提供するために、また、大規模プロジェクトの場合は、本格的な提案を開発し評価するために必要なリソースが適切に割り当てられていることを確認するために、両組織の経営陣と専門スタッフが協議に参加する必要があるだろう。見込み客の要求とサプライヤーの能力がある程度合致していることを確認したら、製品、価格、およびロジスティクスや技術サポートなどを含む全体的な提案と、プレゼンテーション内容および次の販売段階で採用する交渉戦術を最終決定して、販売プロセスにおけるこの段階を終了する。

説得

説得の段階は、営業担当者あるいは営業チームが見込み客の組織に対して正式な提案を行うことから始まることが多い。成功すれば、プレゼンテーション後に提案のさまざまな側面について交渉が行われ、最終的には両組織間で何らかの合意に達するのが一般的だ。場合によっては、顧客組織内の**購買センター**のメンバーに提案を提示する必要があり、その提示やその後の交渉に、提案側の経営陣や専門スタッフの関与が必要になることもある。正式な提案の前段階で、提案側の営業担当者が顧客側の購買センターとすでに接触し、顧客ニーズの把握のための情報交換を行っていることもある。こうした話し合いのなかで、営業担当者や他の営業チームのメンバーが、状況に応じて**トライアルクロージング**やその他の販売テクニックを駆使し、成約を目指す。

CRITICAL REFLECTION |||||||||||||||||||||||||||||||||||||||||||||||||||||||||||||||||||||||||||||||||| 批判的省察

新規の組織顧客や大規模な供給プロジェクトを獲得しようとすると、膨大な費用と時間がかかります。たとえば、オーストラリア政府の2009年国防白書で明らかにされた"SEA1000次世代潜水艦プロジェクト"がそうです。2015年2月、提案を評価するための競争評価プロセスが発表され、フランス、ドイツ、日本の企業に対して提案の提出が要請されました。提出期限は2015年11月で (ASC Pty Ltd, 2016)、結果が発表されたのは2016年4月でした。フランスのDCNS社が約500億豪ドルで落札に成功しました。

大規模な投資であること、製品のハードウェアもソフトウェアも複雑であること、およびプロジェクトの戦略的重要性を考えれば、このプロセスが長く複雑であったことは驚くには値しません。バイヤー側とサプライヤー側、それぞれの組織の誰がこのプロセスに関与するのが良いかを考えてみましょう。提案の作成と提示に膨大な時間を費やした後、失敗した販売チームにはどのような感情面の影響があったでしょうか？　その感情は、そのチームの将来の販売成績にどのような影響を与えたでしょう？

||||||||||||||||||||||||||||||||||||||||||||||||||||||||||||||||||||||||||||||||||||||||||||||||||||||||||||||||||||||||||||||||||

関係管理

販売を成功させたら、営業担当者は、注文を確実に処理し必要な製品を確実かつタイムリーに供給できるように、さまざまな業務や手続きを調整する必要がある。たとえば、3年間の契約を結んでその期間に複数回の納入がある場合、定期的なフォローアップ活動を行う必要があるかもしれない。特に、契約期間中に予期せぬ事態が発生したり問題が生じたりすることがあると、納品手配の微調整や品質問題への対応が求められる。このようなとき、営業担当者は、顧客の要望に確実に対応し、製品関連の問題を解決し、必要に応じて顧客に適切なアドバイスを提供することが求められる（補償請求は適切に処理する必要がある）。

また営業担当者は、顧客との関係の健全性を評価するプロセスを調整し、おたがいの業績について双方の組織内のスタッフの見解を確認し、顧客と約束した数量の製品を購入しているか、期限内に請求書を処理しているかなど、合

意したことがどの程度守られているかを調べることもある。状況によっては、この評価は契約上の取り決めとして正式に実施される。そのようなときは、営業担当者が顧客や自社のスタッフと面談するのではなく、監査人によって評価が実施されることがある。

最後に、営業担当者は顧客データベースを定期的に更新して、顧客組織、組織内の主要担当者、そして過去、現在および将来の供給契約に関連する情報、これらをすべて最新の状態に保つ必要がある。企業によっては、スタッフが顧客側の担当者と効果的にコミュニケーションを取れるように、主要顧客連絡先に個人プロフィールを掲載しているところもある。

CASE STUDY

B to B販売の1週間

ビル・アダムスは、オーストラリアのメルボルンに本社を置く全国規模の包装製品メーカーの営業担当者だ。メルボルン全域で段ボール箱と包装資材の販売を担当している。顧客（および潜在顧客）は、標準的またはカスタマイズされた段ボール包装を必要とするさまざまな製品のメーカーだ。顧客のなかには、**エンドユーザー**ではなく流通業者もいる。これらの流通業者は、比較的小規模な中小企業のユーザーに段ボール製品を卸している。

ビルの1週間は月曜日朝9時のミーティングで始まる。ミーティングには、ビクトリア州全土でさまざまな包装製品の販売を担当しているセールスマネージャーや営業スタッフが参加する。通常は90分ほどのミーティングだが、大きな問題があるときはそれ以上に時間がかかることもある。セールスマネージャーは新しい企業情報を共有し、営業スタッフは顧客や外部関係者から得た最近の競合情報や市場情報を報告する。販売傾向の分析にも時間が割かれる。最後に、セールスマネージャーが短いブリーフィングを行い、全員のモチベーションを高める。このミーティングが毎週月曜日の早い時間帯に行われているのは、セールスマネージャーが営業スタッフに、1週間の始まりに新たな活力を取り戻して仕事に臨んでほしいと考えているからだ。月曜日の朝以外でミーティングを行えるのは、顧客や見込み客とのアポイントを取ることがほとんど不可能な金曜日の午後だけだ。しかし、セールスマネージャーは、営業スタッフが週末休みを直前にした疲れているときよりも、気分がリフレッシュした月曜日の朝を好む。

ビルは毎週、金曜日の午前中いっぱい顧客や見込み顧客を訪問し、時には電話やEメールで同僚に連絡して新規の注文を行ったり、顧客とのミーティングで提起された問題をフォローアップしたりする。iPhoneとラップトップPCなしに効率的な仕事をすることは考えられない。ミーティングで話し合われた重要事項は、次のミーティングの前か、その日のうちに要約する。時には、オフィスで提案書の作成に時間を費やすこともある。その際、通常は他部門の主要スタッフと、大規模なプロジェクトの場合は担当のセールスマネージャーと話し合う。

通常、金曜日の午後は、その1週間の顧客や見込み顧客とのミーティングレポートを見直し、ミーティングで生じたフォローアップ項目や進行中の顧客との約束事を更新し、顧客サービス、生産、配送部門の同僚と話し合って翌週の顧客との会議に必要な問題を特定し（顧客とのフォローアップがただちに必要な重大な問題は事前に連絡を受けている）、重要な問題や経営陣のアドバイスやサポートが必要な問題があればそれをセールスマネージャーに報告する。最後に、翌週のアポイントを確認し、特に月曜日と火曜日のアポイ

ントは必ずメールで確認する（他のアポイントはその1日か2日前に確認する）。

今日、ビルと同僚のセールスマネージャーは大手見込み顧客と会う予定だ。競合他社から購入している包装資材をカスタマイズして供給する提案を行うためだ。セールスマネージャーとの協議を経て、ビルは、製品の品質を確保し、供給の信頼性を維持し、そして顧客の製品マーケティングを支援するための効果的な包装システムの開発に向けて顧客と協力する、という3つの公約を盛り込んだ提案書を作成した。提案書は、顧客組織内のさまざまな人々との数回のミーティングを重ねながら、同僚のセールスマネージャーだけではなく社内の技術スペシャリスト数名からの意見も取り入れて、この2週間で作成した。ビルは、最終的に提案書に強い技術的かつ商業的内容を盛り込むことができたと自信を持っている。

発展問題　QUESTIONS

1. ビルと彼の営業チームは会社からどのような支援を受けているでしょうか？　また、それは彼の仕事にどのような影響を与えているでしょうか？
2. ビルの同僚のセールスマネージャーがこの提案のプレゼンに同行する理由は何だと思いますか？
3. この提案は見込み顧客の主要ニーズにどれだけ適切に対応できるでしょうか？
4. ビルに営業の生産性を向上させるための提案をしてください。

重要顧客管理

1960年代、一部の企業は、もっとも重要な組織顧客に対しては特別な営業チームを構成する必要があることを認識していた（Caswell, 1964）。サプライヤーにとって戦略的に重要な顧客は個人消費者にはきわめて少ないため、**重要顧客管理**は主にB to B市場のなかで行われる。効果的に実施されれば、このアプローチはサプライヤーと顧客の双方に"利益向上の機会"を提供する（McDonald, Millman & Rogers, 1997, p.737）。

ガイガー、グエンジ、ストルバッカ、リャルス、デイヴィス、ネノネンはキーアカウントマネージャーの役割について次のように説明している（2009、p.891）。

「キーアカウントマネージャーは、コンサルティングやソリューション提案型の営業活動を追求する、顧客関係の管理者だ。単に新しい製品やサービスを販売するだけではなく、継続的な関係を維持し、納品や顧客サービスを円滑に進め、売上げもさることながら顧客との関係がもたらす利益までも管理する」

多くのB to Bマーケティング組織が重要顧客管理を採用する2つ目の理由はこうだ。2000年以前にも、産業市場に大規模で、要求の厳しい、強力な組織顧客は数多く存在していた。小売業界においても、一部の小売チェーンは、多くのグローバルFMCG（日用消費財）メーカーよりも年間利益ベースで高利益を上げていた。このような大規模チェーンの多くは、供給体制を合理化し、現在では商品カテゴリーごとに数社のサプライヤーと優先的に取引を行っている。そして、多くのチェーン店がサプライヤーに対して、特別な財務上の支援や製品開発プログラムの協力など、特別な付加価値を提供するように要求している。購買業務を一元化している小売チェーンもあり、彼らはサプライヤーに販売活動の連携と協力的な組織体制を求めている。重要顧客管理はまさにそのような期待に応えるものだ（Homburg, Workman & Jensen, 2002）。

重要顧客とは、特別な注意を払い特別なサービスを与えるに値する顧客だ。このような顧客は、主要顧客、あるいはナショナルアカウント、またはグローバルアカウントと表現されることもある。利益または売上に基づいた顧客規模は、どの顧客を重要顧客とみなすべきかを決定する重要な要素だ。その他の要因として、顧客の名声、評判、地位、物流ニーズ、市場要因、技術知識、立地などがある。たとえば、自動車部品メーカーは、2015～16年のゼネラルモ

Chapter **10**　　Selling and Sales Management

ーターズの年間販売台数が980万台でトヨタが870万台 (General Motors, 2016; Toyota, 2016, p.2)、2015年のフェラーリの年間販売台数はわずか7664台 (Ferrari Media, 2016, p.28) しかなかったにもかかわらず、フェラーリを重要顧客とみなすかもしれない。フェラーリのサプライヤーになれば、部品サプライヤーとしての信用は大きく高まり、フェラーリのF1レースプログラムを通じて技術開発に参加することも可能になる。もちろん、ゼネラルモーターズやトヨタも、その購入量の多さを考えれば、部品サプライヤーからは重要顧客とみなされるだろう。

　重要顧客は、地域的組織であることもあれば、全国的組織や世界的組織であることも、また、サプライヤーより大きい組織であることも、小さい組織であることもある。さらに、単一の顧客として機能することもあれば、複数の部署が個別に複数の顧客として機能することもある。たとえば、重要顧客は複数の州に子会社を持ち、それぞれの子会社が大手サプライヤーの現地営業所と取引をしていることもある。しかし、顧客とサプライヤー間の全体的な契約や取引は国内全体レベルで管理され調整されている。顧客の要求がその地域特有のものであれば、地域レベルで取り決めを行うこともできる。販売組織は各州に顧客を担当する営業担当者を置き、全国規模のキーアカウントマネージャーがそれを統括することもある。キーアカウントマネージャーは、顧客企業の中央購買管理部だけでなく、各州の自社営業チームと連携する。特に複雑な技術的問題があれば、専門家チームのサポートを受けることもできる。

　効果的な重要顧客管理を運営するためには、バイヤー組織とサプライヤー組織がたがいを重要なパートナーと認識していなければならない。またサプライヤーは、顧客組織とサプライヤー組織全体にわたって効果的なコミュニケーションと連携体制を構築するために、適切なキーアカウントマネージャーを採用し、その教育に積極的に投資しなければならない (Speakman & Ryals, 2012)。

プロフェッショナルサービス企業における重要顧客管理

　ビジネス市場や政府機関市場で会計、コンサルティング、法律などのプロフェッショナルサービスを提供する企業は、業界により用語は異なるかもしれないが、"重要顧客"と"重要顧客管理"の重要性を理解している。しかし、プロフェッショナルサービス企業は通常は正式な営業チームを雇用していないので、これらの企業が重要顧客管理を行うときは、パートナーやシニアサービスプロバイダーがキーアカウントマネージャーの役割を担うことが多い。

　同様に、潜在的重要顧客へのプロスペクティング活動も、パートナーやシニアサービスプロバイダーによって行われる。ビジネス開発マネージャーは、重要顧客や見込み客ごとに異なる戦略やアプローチを考え、高いレベルのアドバイスを提供する。また、パートナーやシニアサービスプロバイダーとともに、顧客との関係構築の活動に参加することもある。既存顧客または潜在的重要顧客に大規模なプロジェクトの提案や入札を行う必要がある場合は、ビジネス開発マネージャー、パートナー、プロフェッショナルサービスマネージャーを中心にプロジェクトチームが構成されることが一般的だ。パートナーやマネージャー以外のプロフェッショナルサービスプロバイダーは、重要顧客の日常的な戦略立案やプロスペクティング活動には参加しないのが通常だが、担当する顧客に関する重要事項については情報が共有される。全体として、これらのアプローチは、プロフェッショナルサービス企業内にキーアカウントマネージャーという専門家が存在しないことを除けば、従来のB to B販売環境におけるアプローチと大差はない。

　プロフェショナルサービス企業の多くがなんらかの形の重要顧客管理を採用しているのは、彼らが重要顧客と良好な関係を築くことの重要性を理解しているからだ。重要顧客と接するサービスプロバイダーは、顧客の専門的な要件に適っていても人間味に欠ける冷たい態度でサービスを提供するのではなく、顧客との間に友好的で良好な関係を築くことが奨励される。また、次のような点も重要であり、よく認識しておかなければならない。

1.　重要顧客内のさまざまな部署のさまざまな階級の幹部との関係構築に努める。

2.　自社内でもすぐれた社内コミュニケーションの構築に努め、顧客やプロジェクトに関する情報をアカウントチームのメンバー（主に社内の他のサービスプロバイダー）間で共有する。

　全体として、この状況は従来のB to B販売組織内の状況と大きくは変わらない。ただし、重要顧客との関係は、専任の重要顧客担当営業スタッフではなく、さまざまな役職のサービスプロバイダーが中心になって構築されるのが一般的だ。

重要なことは、プロフェッショナルサービス企業は通常、パートナーやマネージャーといった上級のサービスプロバイダーが潜在的重要顧客へのプロスペクティング活動に参加する、またはこれをリードする必要があることを理解していることだ。というのも、プロフェッショナルサービスの購入決定の承認は、顧客側からは上級管理職が参加して行われるからだ。結果的に、プロスペクティング活動では、従来のB to B販売プロセスでは行われている営業担当者と購買部とのやりとりが行われない。しかし、官公庁など一部の組織では、公式または非公式の入札プロセスが、ビジネス確保の手段として今でも使われている。

CASE STUDY

会計事務所のパートナーの場合

　ポール・ロビンソンはメルボルンにある中堅の会計事務所のパートナーで、会計および財務上のさまざまな顧問サービスを提供している。彼の事務所の最大のクライアントは、州最大の地方都市にある家族経営の企業だ。

　ポールはこのクライアントとの間のコミュニケーションの窓口であり、情報の共有や調整を円滑に進める責任を担っている。クライアントは遠隔地にあるため、ポールは四半期ごとに1週間ほどその町を訪れる。時には会社の別のパートナーやシニアマネージャーが同行することもある。出張中、ポールは、このクライアント企業のオーナーであり上級管理職にも就いている夫妻に会う。他にも、マネージャー、特に財務マネージャーと、また経理部や財務部のさまざまな従業員とも会う。このような訪問を行う主な理由は、クライアント企業内の重要人物、特にオーナーやその上級管理職との良好な人間関係と明確なコミュニケーションチャンネルを維持するためだ。2つ目の理由は、前回の訪問で明らかになった問題に対処するためだ。ポールは通常、重大な問題について協議する場合は同僚を同行させることにしている。重大な問題が発生していなくても、少なくとも年に1回は良好な関係構築のために同僚を同行させる。

　クライアントを訪問できないときでも、ポールは財務マネージャーと毎日連絡を取り合い、Eメールでも定期的にコミュニケーションを取っている。自社内のスタッフとも定期的にさまざまな話し合いを持ち、会計関連のさまざまなサービス事項が円滑に進んでいることを確認する。問題が発生したら、ポールは経営陣やスタッフと会って問題に対処し、その後にふたたびクライアント側の担当者と連絡を取る。

　クライアント企業のオーナーや上級管理職がメルボルンを訪れることもある。そのようなとき、もし時間があれば、ポールや他のパートナーが彼らを食事に招待する。顧客との良好な関係を維持し、非公式の場で最新情報を得るためだ。

　最近、ポールと同僚のパートナーがクライアント企業を訪問した際、彼らはクライアント企業の売上高が低迷していることの原因と、それが財務に与える影響についてかなりの時間をかけて話し合った。セールスマーケティングマネージャーとの話し合いの結果、2つの主要な州の顧客を失ったことが重要な問題であることが判明した。市場シェアを回復させるためにあらゆる努力が払われたが、収益と利益が現在の低い水準から上昇に転じるまでには数カ月はかかりそうだった。この訪問中、ポールと彼のパートナーは、セールマーケティングマネージャーと相談しながら作成したさまざまな販売シナリオに基づいて、今後5年間の四半期ごとのキャッシュフローと利益の予測を、財務マネージャーにも参加してもらって多くの時間を費やして作成した。最後に、4人は会社のオーナー夫妻に財務予測を示し、"最悪のシナリオ"と"もっとも可能性の

高いシナリオ"の2つの選択肢を提示した。その後、ポールとパートナーは、キャッシュフロー予測を踏まえて、会社の財務計画を立案するための最善の方法をオーナー夫妻と財務マネージャーに提案した。最後に、状況が改善するまで彼の会計事務所とクライアントの財務部門が新たに取り組むべき対応策についても助言した。

発展問題　QUESTIONS

1. この会計事務所のポール・ロビンソンをはじめとするパートナーは、会計や財務の有資格者であるにもかかわらず、また営業関連のトレーニングを受けていないにもかかわらず、時には明らかに営業スタッフ（またはアカウントマネージャー）として行動しています。この状況の利点と欠点は何でしょうか？
2. ポールと彼のパートナーには、"営業担当者"というステレオタイプなイメージがありますか？　クライアント側の主要な担当者はポールと彼のパートナーを"営業担当者"として見ているでしょうか？
3. 営業トレーニングを受けていないポールと彼のパートナーが、販売プロセスのなかでもっとも不得意な段階はどの段階でしょうか？

グローバル顧客管理——重要顧客管理を拡大する

　多くの多国籍企業が、この数十年の間に購買戦略を変更してきた。これらの企業は、海外の子会社に購買を任せるのではなく、グローバル調達プログラムを利用するようになった。世界規模の製品互換性、高い一貫性を持つサプライヤーのサービス、調達と供給面の経済性と相乗効果などの競争上の優位を得るためだ（Capon & Senn, 2010）。同時に、これらの企業の多くはサプライヤーの数を大幅に削減している。たとえば、2015年にプロクター・アンド・ギャンブル社は、数十億ドル規模の広告を扱う広告代理店、メディア代理店、デザイン代理店の数を半分に削減したと発表した。このような状況を受けて、多国籍サプライヤー企業の多くは、異なる国間でのB to Bマーケティング業務の連携を強化するために、グローバル顧客管理プログラムを導入している。現在、一部の多国籍企業は、サプライヤーが顧客のグローバルな要件の管理までも行うパートナーシップに参加している（Harvey, Myers & Novicevic, 2002）。

　多国籍企業は、グローバル顧客管理システムの導入に際していくつかの課題に直面する。なぜなら、多国籍企業の組織構造は、基本的に、機能別の部門（例：マーケティング、営業、製造）と、国ごとの子会社によって構成されており、従来は各国の子会社が顧客管理を担当してきたからだ。具体的な問題としては、親会社と子会社の事業間の対立の管理、異なる事業間での優先順位の不一致への対処、異文化環境でのグローバルコミュニケーションの管理などがある。そのため、これらの企業の多くはグローバルアカウントマネージャーを任命し、グローバル事業の調整に当たらせている。その主な職務は、サプライヤー企業のさまざまな部署や営業拠点で行われている顧客関連業務を横断的に調整することや、顧客企業のグローバル事業部との効果的な関係の構築などが含まれる。

消費者市場での人的販売

　一般消費者向け（B to C）の人的販売の役割はさまざまである。B to Bの販売業務と同じくらい複雑なものから、顧客サービスのようなものまで多岐にわたる。スーパーマーケットのレジ係のような役割は、完全にサービス志向であるため、厳密には人的販売ではない。

　超富裕層が数百万ドルする商品（例：自家用飛行機、高級住宅、ヨットなど）を購入することがある。このような販売機会では、大規模な人的販売の努力を行うことが正当化される。通常、このような高額商品の購入には、一般的

なB to B営業担当者と同じくらいプロフェッショナルで専門知識を持った販売スタッフとのやり取りが必要になる。販売スタッフのなかには、B to Bの販売プロセスにすべてのステップを適用する者もれば、公開されている情報に基づいて超富裕層の個人や家族にプロスペクティングを行う者もいるだろう。もちろんマーケティング会社は、このようなニッチ市場をターゲットにした他の形態のマーケティングコミュニケーション（広告、プロモーション、ダイレクトメールなど）も実施するだろう。

　個々の消費者から得られる潜在的ビジネス価値（一回限りの販売または継続的な購入契約から得られる見込み利益の貢献度）が低下すると、人的販売に多額のコストを投資することは現実的でなくなる。購入に関心を持つ可能性の高い個人や世帯を短期〜中期的な時間枠のなかで特定することが難しくなると、見込み客を特定しようとする販売スタッフの試みはますます実行不可能になる。たとえば、自動車の販売は、高級でなくても人的販売が可能だが、カーディーラーの販売スタッフが会社から提供された見込み客以外に顧客を開拓することはない。販売スタッフが、当分の間は自動車を購入しそうにない個人に手当たり次第に接触を試みるのは、あまりにも経費がかかりすぎる。低コストのコールセンターを使って個人に無作為にコンタクトを取ることも、自動車販売を生み出す費用対効果の高い手段にはなりそうもない。自動車メーカーやディーラーはむしろ、広告、展示会、ソーシャルメディア、その他のマーケティングコミュニケーションを駆使してブランド認知度を高め、潜在顧客に販売店への来店を促している。いったん営業担当者が潜在顧客からアプローチを受け、その人物が本物の見込み客であることを確認したら、その潜在的な売上価値は、販売を成立させるために要する膨大な努力と時間を正当化するには十分だろう。

コールセンター

　コールセンターには、顧客や潜在顧客に電話をかけたり、顧客や潜在顧客からの電話に応対したりする販売スタッフが常駐している。顧客サービス（テクニカルサポートを含む）と販売スタッフは別々に業務を行うこともあるが、そのようなときは必要に応じて、グループ間で通話を転送することができる。電話は、従業員の非生産的な時間を最小限に抑えて効率を高めるために、コンピューター制御されたシステムによって発信または処理される。このシステムは、セールスマネージャーやスーパーバイザーがスタッフのパフォーマンスを継続的にモニターできるさまざまなデータも提供する。

　1990年代以降、コンピューターと情報技術の進歩に伴い、またほとんどの家庭の連絡先情報がさまざまな情報源から入手できるようになって、コールセンターの開設が大幅に増えた。コールセンターの利点のひとつは、購買客や潜在的購買客と直接会って話すことに比べ、電話でのコミュニケーションにかかる費用がはるかに小さいことだ。多くの企業は、主にコスト上の理由から、コールセンター業務を専門企業にアウトソーシングし、低コストの国に在住するスタッフを雇用する企業を利用することが多い。

　顧客が製品情報を入手したり顧客サービス関連の質問をしたりできるように設置されたコールセンターもある。これらは同時に、スタッフが<mark>クロスセリング</mark>や<mark>アップセリング</mark>を行って顧客からさらなるビジネスを獲得することも可能にしている。企業データベースやサードパーティデータベース上の顧客情報にはすぐにアクセスできるため、コールセンターのスタッフは一人ひとりの顧客の状況に合わせて提案をカスタマイズすることができる。たとえば、アデレードに拠点を置くある信用金庫のコールセンタースタッフは、顧客からの問い合わせに対応した後、追加の商品やサービスを販売することが求められている。現在では、営業スタッフがポップアップチャットなどの機能を使ってウェブサイトを閲覧中の潜在的購買客と交流できるウェブサイトを持つ企業もある。

　多くの消費者が、問い合わせのためにわざわざオフィスや店舗に出向く必要がないことを好む一方で、迷惑な時間帯に強引な営業スタッフから迷惑な勧誘電話がかかってくることを嫌う。そのため、攻撃的だと思われている営業電話の印象を変えるために、営業スタッフのコミュニケーションスキルを向上させることに重点を置いた研修を実施している企業も多い。

Chapter **10**　　　　Selling and Sales Management

セールスマネジメント

セールスマネジメントの重要性はさまざまな研究者が強調している。セールスマネージャーはその指導的役割を通じて営業スタッフに大きな影響を与える。具体的には、個々の営業担当者の教育、指導、業績評価を通じて、営業スタッフ全体の成績に影響を与える。リーダーとしてのセールスマネージャーは、"部下の意欲やチャレンジ精神を損なうことなく部下の仕事を支援し指導する"必要があり、"組織のビジョンを遂行するために部下の取り組むべきタスクを計画し調整する"必要がある (Brown & Barker, 2001, p.136)。また、セールスマネージャーは、販売機能全般の計画、実施、管理に関するマネジメント活動も行わなければならない。

セールスマネージャーは主に次のような活動を担う。
・プランニング
・ディレクション
・ファシリテーション
・サポート
・トレーニング
・モチベーション喚起
・アドバイス、指導、フィードバック
・モニタリングと管理
・個人評価と査定

次節ではこれらを概説する。

プランニング

プランニングは次のことを確実なものにするために必要だ。
1. 販売戦略と販売戦術が顧客のニーズと選好に一致している
2. 営業部門が把握した顧客のニーズや選好を、社内の他の部門も共有し、理解していること
3. 顧客満足を確実にするために、各部門の活動が調整または統合されている

営業戦略と営業戦術は、会社のビジネス戦略とマーケティング戦略に合致していなければならない。

ディレクション

ディレクションには、部下に職務上の期待や達成すべき業績の基準を伝え、仕事に関連する活動やタスクについて指導を行い、業績評価と報酬の基準を明確にすることが含まれる。適切な基準を設定して話し合うことで、マネージャーと営業スタッフは業績基準を明確にすることができ、管理職の期待が明確に理解される。このような明確化を行って、従業員の職務要件に対する理解を深め、業務上の困難や、従業員の能力、経験、トレーニングの不足や制限を特定できるようにすべきだ。

ファシリテーション

ファシリテーションには、営業スタッフを支援したり彼らが機能的に活動できるようにしたりするための、インフラ、情報、手続き、専門施設、スタッフなどの提供と調整が含まれる。インフラや支援の提供を促進すること、または提供のために交渉することは、セールスマネージャーの利益に適っている。

サポート

セールスマネージャーが直接または間接的に営業スタッフに提供できるサポートがいくつかある。顧客サービスは

顧客維持の重要な要素であり、売上収益に大きく貢献する。しかし、効果的な顧客サービスを実現するためには、適切なインフラの提供だけでなく、企業文化の改革、チームビルディング、組織のさまざまな業務領域の統合も必要であろう。セールスマネージャーは、特に営業スタッフが顧客組織のシニアスタッフと面会するとき、営業訪問に同行して営業スタッフを支援することもある。また、営業スタッフよりも大きな権限と経験を持つセールスマネージャーが、プレゼンテーション、交渉、そして取引や契約を締結するためのクロージング活動などを支援することもある。

トレーニング

トレーニングはセールスマネージャーの重要な責務であり、コーチングやメンタリングといった活動を通じて提供するのが一般的だ。このような活動により、営業スタッフは、トレーニングサポートを受けない従業員よりもはるかに短期間で知識を習得することができる。営業スタッフは正式な研修プログラムに参加しても学ぶことができる。

モチベーション喚起

ほとんどの販売状況は競争が激しく、特別な努力を要することが多いため、モチベーションはセールスマネジメントの重要な要素だ。達成、挑戦、参加といった内因的動機づけは、収益などの外因的動機づけよりも、営業スタッフの態度や行動に長期的影響を与えることが多い。

アドバイス、指導、フィードバック

アドバイス、指導、フィードバックもセールスマネジメントの重要な要素だ。営業スタッフの業績は定期的に評価して、フィードバックを与えるべきだ。定期的に評価を行い、適切なフィードバックを与えれば、コーチング、メンタリング、その他の各種トレーニングなどの適切な改善措置の受け入れが促進されるはずだ。適確で建設的なフィードバックを行えば、営業スタッフは自分の役割と責任をより正しく理解するだろう。

モニタリングと管理

業務の進捗状況を定期的にモニタリングし、必要に応じて改善を行うことで、セールスマネージャーは営業スタッフに対して、追加トレーニングの提供などの改善のための対応策の必要性を特定したり、すぐれた営業成績に報奨を与えたりすることができる。研究者たちは、営業スタッフの活動、行動、努力を把握し、管理し、評価して、その成果や結果に対して報酬を与える必要性を指摘している。たとえば、行動に焦点を当てたセールスマネジメントコントロールのレベルが高いほど、営業組織の成績が上がるという研究結果がある (Baldauf, Cravens & Piercy, 2001; Panagopoulos & Avlonitis, 2008)。成果に焦点を当てて営業スタッフの行動を評価し管理することの主な欠点は、長期的な目標を犠牲にして短期的な結果に集中することを営業スタッフに促すことだ。行動に焦点を当ててモニタリングし管理することを調査した研究は、B to Bのセールスマネージャーは定期的に営業スタッフの行動を観察する必要があると指摘している。営業スタッフが顧客の会社を訪問するとき、セールマネージャーは、営業スタッフの営業活動を直接観察するために、時にはその営業スタッフの顧客訪問に同行する必要があるかもしれない。営業スタッフの成果や結果だけでなく活動をモニタリングするためには、B to Bのセールスマネージャーは営業スタッフとかなりの時間を現場で共にする必要がある。また、営業スタッフのパフォーマンスを正しく評価するためには、顧客を含む第三者からその営業スタッフへのフィードバックをもらうのもよいかもしれない (Cacioppe & Albrecht, 2000)。

個人評価と査定

セールスマネージャーは、営業スタッフの評価と査定を行い、その行動について、また成果に基づくパフォーマンスの評価、および強みと弱みについて話し合い、そしてそれを認め、今後のパフォーマンス向上にために必要な改善策を特定し、それに合意する。適切に実施された評価面談では、セールスマネージャーが十分な時間をかけて営業スタッフの業績を評価し、その後にフィードバックを提供するので、時間的な制約を感じることなく、じっくりと個人

Chapter **10** Selling and Sales Management 344

の成長戦略に合意を得ることができる。

セールスマネジメントのフレームワーク

　図10.2のセールスリーダーシップのフレームワークは以下の関係を表している。

1. 採用、トレーニング、および関連するプロセス
2. セールスマネージャーの特性、およびそのマネジメント活動の質
3. 営業スタッフの特性、活動または行動ベースのパフォーマンスの質、および成果または結果ベースのパフォーマンスの質
4. 営業チームに提供される組織的サポート
5. パフォーマンスに影響を与えるその他の内的要因と外的要因
6. 組織としての成果

図10.2　セールスリーダーシップのフレームワーク

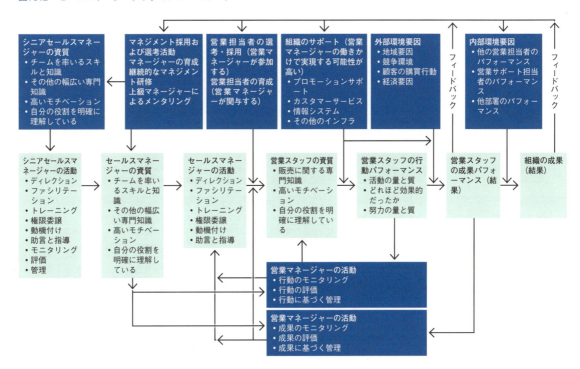

　このフレームワークは、主に複雑なB to B販売の状況を想定して開発されているが、それほど複雑ではない状況にも適用できる。

　企業における採用、選考、入社オリエンテーション、研修、指導のプロセスは、その企業のもっと上位のシニアセールスマネージャー（オーストラリアではナショナルセールスマネージャー）の資質と特性を形成する上で重要な役割を果たす。その特性が、そのシニアセールスマネージャーが取り組むマネジメント活動の質を左右する。このマネジメント活動は、採用や関連プロセスだけでなく、州担当セールスマネージャーなどの下位レベルのセールスマネージャーの特性も形成する。さらに最下位のセールスマネージャーの特性は彼らのマネジメント活動の質を決定する。これらの特性は、営業チームに提供される組織的サポートとともに、営業スタッフの活動の質、すなわち行動実績を決定する。

　営業スタッフの実績は、彼ら自身の努力だけでなく、企業が提供するサポート体制にも大きく影響を受ける。セールスマネージャーは営業スタッフの行動と成果を常にモニタリングし、実績に基づいて評価している。場合によって

は、成績不振の営業スタッフの能力向上を目的として、その日常業務を調整することもある。

　営業スタッフの成績といくつかの内部要因が組織の実績を決定する。組織と営業スタッフの成果を評価することで、最終的には内部プロセス全体の改善に繋がる貴重なフィードバックが得られるはずだ。

セールスマネジメントと人的販売プロセスの統合

　セールスマネジメント活動を通じて、営業スタッフを販売プロセスのさまざまなステップで支援することができる。たとえば、プロスペクティングのステップでは、企業が管理する適切なデータベースを提供することで、営業スタッフを支援することができる。顧客や見込み客のニーズを満たすためにもっとも適切な製品と包括的な解決策を特定するためには、法人顧客向けコンピューターのハードウェアやソフトウェアなどの複雑な製品については専門家による技術的支援が、商業的な問題についてはセールスマネージャーによる支援が必要であろう。大企業の顧客に提案を行うときは、提案の信頼性を高めるために、またプレゼンテーション自体を強化するためにセールスマネジメントの関与が必要となることも、また、複雑な技術的質問に対応するために技術スペシャリストの関与が必要となることもある。その他の例を表10.1に示す。

表10.1　販売プロセスの各ステップにおけるマネジメント支援活動

販売段階/ステップ	セールスマネジメント支援活動例
販売フェーズ1：新規ビジネス機会の特定	
プロスペクティング	データベースインフラストラクチャーによって支援できる可能性がある。もし、過去の営業成績が良好であるために現状に満足しているようであれば、動機付けが必要かもしれない。継続的な業績不振は、トレーニングや、カウンセリング、または雇用終了の必要を示している可能性がある。営業スタッフのプロスペクティング活動をモニターすることは、セールスマネージャーがそのような選択肢を評価できるようにするために必要。最近の営業活動がうまくいっていない場合、または見込み客の拒否率が高い場合は、自信を取り戻すための心理的なサポートが必要かもしれない。
顧客候補との連絡維持	セールスマネージャーや上級幹部が長期的な見込み客企業の経営幹部と連絡を取り合ったり、技術専門家がその企業内のカウンターパートと連絡を取り合ったりすることで可能である。
初回接触と見込み客の選定	見込み客から最初の面談の約束を取りつけることは、セールスマネージャーが直接行うか、または適切な販促活動や電話営業のサポートを行うことで支援が可能。能力や経験の低い営業スタッフに指導が必要になる場合もある。最近の営業活動がうまくいっていない場合、または見込み客の拒否率が高い場合は、自信を取り戻すための心理的なサポートが必要かもしれない。
顧客候補のニーズ評価	セールスマネージャーが直接的に関与する、または適切な技術サポートを提供することで、支援が可能。
適切な製品の特定	セールスマネージャーが直接的に関与する、または適切な技術サポートを提供することで、支援が可能。
紹介の獲得	マネジメントのサポートは不要。もし、過去の営業成績が良好であるために現状に満足しているようであれば、動機付けが必要かもしれない。経験の浅い営業スタッフに指導が必要になる場合もある。
（追加の）顧客ニーズの確認	セールスマネージャーが直接的に関与する、または適切な技術サポートを提供することで、支援が可能。もし、過去の営業成績が良好であるために現状に満足しているようであれば、動機付けが必要かもしれない。
顧客候補からの取引獲得失敗または顧客喪失の理由分析	セールスマネージャーや場合によっては技術的専門家の関与によって支援が可能。自信を取り戻すための心理的なサポートが必要かもしれない。分析により追加のトレーニングが必要になるかもしれない。継続的な業績不振は、トレーニングや、カウンセリング、または雇用終了の必要を示している可能性がある。セールスマネージャーによる評価を可能にするためには、営業スタッフの営業活動全般をモニタリングする必要がある。
販売フェーズ2：説得	
提案の提示交渉	セールスマネージャーが直接的に関与する、または他の管理スタッフや技術専門家の関与を確保することで支援が可能。
トライアルクロージングクロージング	セールスマネージャーが直接的に関与する、または他の管理スタッフを関与させることで支援が可能。
販売フェーズ3：関係管理	
製品およびサービス提供の調整	セールスマネージャーが直接的に関与することで、または効果的な顧客サービスサポート、すなわち他の管理スタッフによるサポートあるいは技術部門や生産部門の専門家によるサポートを確保することで支援が可能。
フォローアップ	セールスマネージャーが直接的に関与することで、または効果的な顧客サービスサポート、すなわち他の管理スタッフによるサポートあるいは技術部門や生産部門の専門家によるサポートを確保することで支援が可能。
業績評価と各部署へのフィードバック	セールスマネージャーが直接的に関与することで、または効果的な顧客サービスサポート、すなわち他の管理スタッフによるサポートあるいは技術部門や生産部門の専門家によるサポートを確保することで支援が可能。
既存顧客からの追加ビジネスを獲得できなかった理由の分析	セールスマネージャーや場合によっては技術専門家の関与により、失った顧客や見込み客の今後の開発優先事項を計画するための支援が得られる可能性がある。自信を取り戻すための心理的なサポートが必要かもしれない。継続的な業績不振は、トレーニングや、カウンセリング、または雇用終了の必要を示している可能性があり、営業スタッフの営業活動全般をモニタリングする必要があるかもしれない。
顧客データベースの更新	データベースインフラストラクチャーによって支援できる可能性がある。

Chapter **10** Selling and Sales Management

前述のように、研究により、営業スタッフの業績をその活動や行動に焦点を当ててモニタリング、評価、管理することが大きな利益につながることが明らかになっている。このような管理活動を、販売プロセスの各ステップに実施することも可能だ。そうすることで、トレーニングや他のマネジメントによる介入を必要とする活動を特定できる。たとえば、セールスマネージャーは、営業スタッフが顧客ニーズを効果的に把握しているかどうか、あるいは顧客ニーズを最適な製品にマッチングさせているかどうかを確認することができる。詳細なパフォーマンス評価項目を表10.2に示した。

表10.2　販売プロセスの各ステップにおけるパフォーマンス評価項目

販売段階/ステップ	パフォーマンス評価項目例
販売フェーズ1：新規ビジネス機会の特定	
プロスペクティング	営業スタッフは特定期間内に何人の見込み客を特定しているか？ 営業スタッフは、ビジネス獲得に失敗した顧客や見込み客との再接触を計画しているか？
見込み客との接触維持	営業スタッフは、現在の見込み客としては認められていなくても将来的に可能性のある見込み客との接触を維持しているか？
初回接触と見込み客認定	営業スタッフは特定期間内に何人の見込み客に接触しているか？ 営業スタッフは顧客へのアプローチと見込み客の認定を効果的に行っているか？
ニーズの評価	営業スタッフは顧客のニーズを効果的に評価しているか？
適切な製品の特定	営業スタッフはニーズと製品・サービスを効果的にマッチングさせているか？
紹介の獲得	営業スタッフは既存顧客から何件の新規顧客紹介を獲得しているか？
新しい顧客ニーズの見直し	営業スタッフは既存顧客から特定期間内にいくつの新しい機会を獲得しているか？
ビジネス獲得失敗または顧客喪失の理由分析	営業スタッフは、顧客維持または見込み客からのビジネス獲得に失敗した理由を分析し、理解しているか？ 営業スタッフは、その分析から学びを得て、適切に将来のアプローチを修正する計画を立てているか？
販売フェーズ2：説得	
提案の提示	営業スタッフは何回プレゼンテーションを行うか？ プレゼンテーションを効果的に調整、実施、または参加しているか？
交渉	営業スタッフは、顧客または見込み客から、さらなる議論、プレゼンテーション、またはトライアルを実施することに対するコミットメントを得ているか？ 交渉を効果的に行っているか、または参加しているか？
トライアルクロージング	営業スタッフは適切にトライアルクロージングを試みているか？
クロージング	営業スタッフは、マネジメントのサポートの有無にかかわらず、特定された販売機会のうちどれだけの割合をクロージングしているか？
販売フェーズ3：関係管理	
製品およびサービス提供の調整	営業スタッフは、顧客の期待が社内で十分に理解されるように、社内のスタッフと連携しているか？ 顧客に供給状況に関するフィードバックを提供しているか？
フォローアップ	営業スタッフは、顧客の期待に応えられるよう、顧客および社内の人員と連携し、必要に応じて他の人員を巻き込みながら、サプライヤーと顧客の関係を発展または強化しようとしているか？
パフォーマンスの評価と業務へのフィードバック	営業スタッフは、供給パフォーマンスを評価できるように顧客担当者からフィードバックを得て、継続的または改善されたパフォーマンスを確保するために関連する社内担当者と連携しているか？
追加ビジネス獲得失敗の理由分析	営業スタッフは、既存顧客から追加ビジネスを獲得できなかった理由を分析しているか？ その分析から学びを得て、適切に将来のアプローチを修正する計画を立てているか？
顧客データベースの更新	営業スタッフは、効果的なアカウント管理計画を可能にするために、包括的な顧客記録を維持しているか？

コーチとキャプテンのセールスリーダーシップ

　営業とスポーツのリーダーシップには興味深い共通点がある(Spiro, Stanton & Rich, 2003)。プロスポーツのコーチは、フィールドやコートでのチームメンバーのパフォーマンスを観察し、試合の成果や結果を評価する。同様に、"セールスコーチ"の役割を担うセールスマネージャーは、営業スタッフの販売活動を観察し、彼らの活動に有益なフィードバックや指導を、販売スキルに改善が必要であれば適切なトレーニングを提供できなければならない。またセールスマネージャーには、特定の見込み客や顧客に向けた戦術の立案、および競合他社の動向への対応について助言し支援する能力も必要とされる。さらに、ファシリテーターとしての役割を果たす必要もある。つまり、営業チームのために、適切な顧客サービスやロジスティクス、その他の組織的サポートを、場合によっては組織の他部署の管理スタッフとの交渉を通じて手配する。

　通常、スポーツチームのキャプテンは、チームの他の選手と同様に自分のポジションを受け持ちながら、すべての試合に参加する。多くの場合、キャプテンは、試合をしながら個々のチームメンバーを助けられる特別なスキルを持っている。キャプテンは困難な状況のなかで"アンカー"の役割を果たすことが多い。試合中にキャプテンが戦術

的な指示を出すスポーツもあれば、タイムアウトの間にコーチがこれを行うスポーツもある。同様に、"**セールスキャプテン**"の役割を担うセールスマネージャーは、自らの高いレベルの専門知識、幅広い経験、高い地位を利用して営業スタッフのさまざまなタスクをサポートし、重要な販売プロジェクトにおいては彼らに戦術的な指示を与える必要がある。セールスマネージャーは、コーチとキャプテンの役割を合わせ持つことで"模範を示して導く"ことができ、営業スタッフのロールモデルとなる (Spiro et al., 2003)。セールスマネージャーは、営業スタッフが顧客の困難な状況に対処するのを支援（つまりキャプテンの役割）した後に、その状況を解決するためにとったアプローチを分析することで営業担当者の理解を改善すること（つまりコーチの役割）ができる。

　表10.1に示したセールスマネジメント活動のいくつかは、販売チームの一員として参加するセールスキャプテンの仕事とみなすことができる。たとえば、経験豊富で交渉スキルの高いセールスマネージャーは、見込み客との交渉をリードすることで支援を行う。その他のマネジメント活動やサポート活動も、セールスコーチの役割とみなすことができる。たとえば、表10.2に示したような項目に基づく行動実績の評価や、評価後に行われるプランニングやトレーニングなどがそうだ。これらの活動は、個々の営業スタッフの能力を高め、販売チームの全社的パフォーマンスを向上させることを目的としている。

CASE STUDY

新しいセールスマネージャーの役割

　コリーン・ポラードは前四半期の営業所の売上高を振り返った。まずまずの結果だったが、上司のナショナルセールスマネージャーが指摘するように、成長は他州ほど高くはなかった。

　コリーンは、クイーンズランド州セールスマネージャーという現在のポジションに昇進する前の3年間、業績トップの営業スタッフだった。オフィスはブリスベンの郊外にある。コリーンは、そのオフィスの6人の営業スタッフと4人の事務兼サポートスタッフを率いている。営業スタッフの仕事はブリスベン都市圏内のメーカーに部品を販売することだ。注文のあった部品はシドニーの工場と配送センターから顧客に直接出荷される。

　大学で理学士の学位を取得後、ある企業の研究所で働いていた。営業スタッフや顧客にテクニカルサポートを提供したりしていたが、対人スキルが高く、顧客と円滑なコミュニケーションを取ることができることから、営業職への異動を要請された。技術職として3年、技術営業担当者として5年を経た今、コリーンは6人の技術営業スタッフのマネージャーとして最初の四半期を終えたところだ。6人のうちの5人は3カ月前までの彼女の同僚で、もう1人は前任者の退職、つまりコリーンの昇進の直前に採用された。

　改めて営業報告書を見直して、コリーンはセールスマネージャーとしての最初の3カ月間に良い仕事ができたかどうかを振り返った。営業成績からすれば、もっとがんばるべきだったことは明らかだった。彼女は優先順位について考えてみた。新しい営業担当者ともっと時間を共有すべきだろうか？　彼女は顧客にこの新しく入社した営業担当者を紹介し、同時に自分が昇進したことについても直接伝えた。この新入社員には営業経験があり、コリーンからの指示や指導はあまり必要ないようだった。他の5人の営業スタッフは、それぞれこの会社で少なくとも数年の営業経験があり、とても優秀そうだった。

　コリーンは過去3カ月の日誌を振り返った。最初の1カ月は、1週間のセールスマネジメント研修に参加し、新しい営業担当者に顧客を引き継ぐために、一緒にいくつもの営業訪問を行っていた。2カ月目は、他の5人の営業スタッフと一緒に営業訪問をし、主に顧客との良好な関係を築く目的で重要な顧客すべてに会って

いた。3カ月目は、1日平均1回しか営業訪問に同行していなかった。これらの営業訪問は主に何らかの問題に関するもので、各営業担当者は、2つの理由でコリーンに関与してほしいと考えていた。まず、マネジメントの関心を示すことができること、次に、コリーンが第一線で得た知識に基づいて助言し、問題解決のサポートすることができることだった。

コリーンは、営業スタッフたちがきちんと仕事ができているか、もっと現場に出て自分の目でたしかめるべきか、悩んでいた。最近受けた研修では、セールスマネージャーは部下の成績だけでなく、仕事ぶりもよく見るべきだと教わり、違和感を覚えた。なぜなら、彼女自身、セールスマネージャーから仕事ぶりについて何か助言されたことがなかったからだ。後日、ナショナルセールスマネージャーと話す機会があったが、さらにとまどいを覚えた。コリーンの昇進は、営業成績が抜群だったからであり、会社が期待しているのは、その力を活かして、他の営業スタッフが契約を取れるようにサポートすることだと言われたからだ。会社は、営業スタッフの活動内容を評価することには全く重きを置いていないようで、ただ結果だけを求めているようにコリーンには思えた。

発展問題　QUESTIONS

1. コリーンのセールスマネージャー任命の基準は適切ですか？
2. コリーンははじめてのセールスマネジメントの職務に対してどの程度準備ができていましたか？
3. コリーンの上司のナショナルセールスマネージャーは、特に州のセールスマネージャーを率いるリーダーシップという点で、どの程度効果的でしょうか？
4. コリーンは営業チームの営業成績をどのようにモニタリングし、必要であれば改善することをめざすべきですか？

人的販売の戦略的役割

多くの企業で、マーケティング部門がマーケティング戦略の立案に責任を持ち、営業チームがその戦略を実行に移している。しかし、ビジネス環境が変化して、このような役割を見直す企業も出てきている (Malshe, 2009)。以下は、マーケティングとセールスマネジメントの研究の第一人者のコメントだ。販売機能の戦略的側面が変化していることを確認することができる。

「販売機能をマーケティングコミュニケーションミックスの一要素として捉え、マーケティング部門がこれをデザインし管理するという従来の考え方は、ますます時代遅れになりつつある。市場環境や競争状況の変化により、多くの企業が新しいタイプの営業活動を進化させ、戦略的営業組織の出現につながった。新しい営業活動は、複雑な戦略的顧客ポートフォリオを管理し、顧客に価値を提供するために、部門横断的に機能している。その証拠に、マーケティング戦略上の多くの重要な意思決定と責任は、現在、営業組織に置かれている」(Piercy, 2006, p.3)

ピアシー（2006年）は、このような変化の主な原因として以下のような要因を挙げている。（図10.3を参照）。

・どのような顧客に投資してどのような関係を構築すべきかの判断を含めた、ビジネス戦略やマーケティング戦略の策定に、営業チームがより深く関与することが求められる。
・営業スタッフは、適切な市場情報を獲得し、組織顧客とその業務について十分な理解を深めることで、顧客の競争戦略の策定を効果的に支援しなければならない。
・サプライヤーの各部署が連携し、一体となり、持てる力を総動員して、顧客に最大の価値を提供しなければならない。

- 顧客に"シームレスな価値提供"を行うためには、インターナルマーケティングを通じて、社内のすべての部署に加え、社外の販売代理店などのチャネルパートナーにも、顧客の重要性を浸透させる必要がある。
- 顧客のニーズに合わせた営業活動や顧客管理業務を行うためには、適切なインフラ、プロセス、手順、そして組織構造を整備する必要がある。

図10.3　戦略的営業組織に求められるもの

データソース：Piercy（2006, p. 9）

　ガイガーら（2009）は、人的販売の性質の変化について次のような見解を示している。第一に、人的販売はますます顧客関係管理に重きを置くようになっている。B to Bにおける重要顧客管理は、人的販売が顧客関係管理に重点を置くようになったことを明確に示す例だ。第二に、販売は、顧客との一連の個別のやり取りではなく、統合されたプロセスになりつつある。第三に、販売は営業部門だけの責任ではなく、ますます部門横断的な業務になりつつある。サプライヤー企業のさまざまな部門の従業員が、見込み客のニーズの評価、主要顧客や見込み客への提案の提示、さらには新規取引獲得に失敗した理由の分析といった販売ステップに参加するようになってきている。第四に、販売活動が単なる日常の業務から、より戦略的になりつつある。最後に、サプライヤーとバイヤーが協力して戦略的計画を統合することで、ロジスティクス面だけではなく他の側面にも良い影響を与える可能性がある。しかしこれには、サプライヤー企業のすべての部署が連携するための内部調整が必要だ。

　営業やセールスマネジメントのキャリアを進むということは、単に商品の販売や価格の交渉を生涯の仕事にすることではない。それ以上にもっと幅広い責任とやりがいのある仕事だ。

CRITICAL REFLECTION　批判的省察

　小規模な会社では、セールスマネージャーが、セールスマーケティングマネージャーあるいはそれに準ずる肩書きを持つ人物の職務の一部の役割を担うことがあります。また、本社営業スタッフや州担当営業スタッフも含めたすべてのマーケティングスタッフの統括の責任を担うこともあります。大規模な会社では各州に営業部門を統括するセールスマネージャーがいて、本社のナショナルセールスマネージャーにレポートすることもあります。組織によっては、セールスマネージャーが営業スタッフに直接リーダーシップサポートを提供することもあれば、上位のセールスマネージャーが下位のセールスマネージャーにリーダーシップサポートを提供することもあります。上位のセールスマネージャーが、会社のマーケティングプランニングのプロセス全体に深く関与することも少なくありません。下位のセールスマネージャーが、重要顧客との関係を維持し、営業スタッフの販売活動をモニタリングするために、営業スタッフの営業訪問に同行してその重要な販売活動を支援することも頻繁にあります。これらの異なる階級のセールスマネージャーは、それぞれどのようなプロセスを経て採用するべきでしょうか？　また、もっとも優秀な営業スタッフを州統括セールスマネージャーに昇格させるべきでしょうか？

ソーシャルメディアの影響

　ソーシャルメディアは、営業スタッフが顧客や見込み客との接触を確立し維持するための、柔軟で低コストの機会を提供している。問題はあるが、ソーシャルネットワークをコミュニケーション戦略の不可欠なツールとして使う営業スタッフは増えている (Pentina, Bolman & Wilkinson, 2014)。しかしその導入率はそれほど高くはない (Agnihotri, Kothandaraman, Kashyap & Singh, 2012)。

　アンドズリス、パナゴプロス、ラップ (2012、pp.305、307) は、ソーシャルメディアが販売機能に与えるであろう影響について次のようなコメントを寄せている.

「インターネット時代に入り、"ブリック"・アンド・モルタル (実店舗) は"クリック"・アンド・モルタル (実店舗とオンラインショップの両方を運営するビジネスモデル) に移行したが、インターネット上だけで運営されるeコマース型モデルに完全に移行した店舗は多い。ソーシャルメディアサイトを補助的な販売チャネルとみなす企業もあれば、これを主要なチャネルとして利用する企業もあり、ソーシャルメディアは今後大きな変貌を遂げることだろう」

　アグニホトリら (2012) は、ソーシャルメディアが販売部門をどのようにサポートできるかについて例を示している（表10.3の要約を参照）。

表10.3　ソーシャルメディアの戦略的活用アプローチ

戦略	手段	課題
目標設定 ・業界、製品、状況に応じて異なる目標を設定する。 ・新規顧客の獲得、リードの生成。 ・既存顧客へのサービスと関係構築の提供。	**ブログ** ・個人またはグループによって開発・維持される、オンラインジャーナル形式のウェブサイト。 ・意見表明、オーディエンス教育、ブランド・製品・サービスに関する議論の促進に役立つ。 ・成否は、一貫性、会話のスタイル、コンテンツ、関連性などに依存する。	**テクノロジーへの抵抗** ・営業組織は、営業担当者が販売テクノロジーを積極的に活用する意欲を高めることに常に苦労している。 ・もっとも経験豊富な営業担当者が新しいテクノロジーの使用にもっとも消極的であることが多い。 ・トップダウン方式でソーシャルメディアの使用を営業担当者に強制すると、生産性が低下する可能性がある。
情報交換 ・市場から情報を入手し、オーディエンスを理解する。 ・オーディエンスを教育し、常に最新情報を提供する。	**マイクロブログ（例：Twitter＝現X）** ・ニュースや投稿の発信、顧客との交流に役立つマイクロブログおよびソーシャルネットワーキングサービス。 ・潜在顧客をフォローし、人々が関心を持っているものやフォローしているものを把握できる。	**販売プロセスの妨害** ・ソーシャルメディア戦略は、現在の販売プロセスに統合される必要がある。 ・営業担当者から提供される情報が信頼性と関連性に欠ける場合、ソーシャルメディアの使用は販売プロセスを混乱させる可能性がある。 ・マネージャーからの適切なトレーニングとサポートがなければ、営業担当者は多くの労働時間を無駄にする可能性があり、結果的に営業時間の損失につながる。
競合情報 ・競合から学び、競合のソーシャルメディアアプローチを探る。 ・競合との差別化を図り、自社のポジショニングを確立する。	**ソーシャルネットワーク** ・Facebook、Myspace、LinkedInなどのオンラインコミュニティは、組織内外の人々とつながり、ネットワークやコミュニティに参加するための媒体を提供する。 ・友人やそのネットワークを通じて見込み客への紹介や推薦が可能になる。 ・見込み客基盤を拡大し、市場動向を把握するために役立つ、迅速かつ簡便な媒体。	**ソーシャルメディア活動の管理不足** ・営業担当者は、情報対応や情報更新に一貫性が欠ける場合がある。 ・自由度の大きいアプローチは、競合他社や不満を持つ顧客に主導権を握られる可能性がある。
パフォーマンス指標 ・努力と成果に関する目標を設定する。例：週ごとのツイート投稿数、ブログを通じて生成されたリードの数。 ・客観的および主観的なパフォーマンスを評価する。例：ソーシャルネットワークを通じて得た既存顧客からの紹介や肯定的な推薦の数。	**Eコミュニティ/オンライン掲示板** ・顧客が製品をレビュー、賞賛、批判するためのプラットフォームを提供するウェブサイト。 ・製品/サービスの長所と短所を発見するのに役立つ。 ・レビューを読んだりコメントしたり、噂や競合他社のプロパガンダから自社を守ることができる。	**非現実的な指標** ・ソーシャルメディア活動の取り組みと成果を測定することは難しい。 ・事業目標と一致しない評価基準は、営業担当者の不満を生む可能性がある。 ・達成可能な目標と現実的な時間配分が成功の鍵となる。

データソース：Agnihotri et al. (2012, p. 344)

　表10.4は、さまざまな業種の営業スタッフによるソーシャルメディアの利用を調査して明らかになった問題点をまとめたものだ。特に興味深い問題が2つある。第一に、今日のようにテクノロジーが発達した結果、"顧客はほぼ完璧な情報を持っている"ということ。第二に、"買い手が関係のあり方を主導している"ということだ (Marshall, Moncrief, Rudd & Lee, 2012, p. 352)。家庭においても組織においても、買い手がコミュニケーションの形態の変化を推進しているようだ。

　買い手と売り手の間のコミュニケーションが大きく変化していることが、エビデンスにより裏付けられている。な

かには、営業スタッフの活動のモニタリングなど、セールスマネジメントに影響を与えている変化もある。顧客と直接会って話す機会が減少したため、販売部門のリソースの分配をどう適正化していくべきかという戦略的問題も起きている。このような変化が生じているのは、営業スタッフがEメールやソーシャルメディアなどの情報技術を営業訪問よりも効率的だと感じていることに加え、買い手が対面コミュニケーションよりも電子コミュニケーションを好むようになってきているからだ。その一方で、多くの中小企業の経営陣がソーシャルメディアに十分な投資対効果があるとは認識していないことを裏付けるエビデンスもある。

販売上の倫理

倫理的な営業行動とは"営業担当者が顧客の満足と信頼に基づいて顧客と長期的な関係を築くことを可能にする公正で誠実な行動"と定義されている（Roman & Luis Munuera, 2005, p.474）。倫理的行動の例としては、"顧客のニーズを満たす製品を販売すること、正しい製品情報（例：競合製品との比較情報や、利点や入手可能性の情報）を提供すること、高圧的にならない販売テクニックを実施すること"など（Roman & Luis Munuera, 2005, p.474）が挙げられる。

非倫理的な行動は多くの営業スタッフ、特に報酬の大部分をコミッションが占める営業スタッフに短期的な業績の向上をもたらすが、倫理的な行動は顧客との間に信頼関係を築き、それが再購入の機会を生み出し、結果的に営業スタッフの長期的な業績向上につながるというエビデンスがある（Roman & Luis Munuera, 2005）。

多くの企業が倫理行動規範を導入しているが、それでも多くの営業スタッフが非倫理的な行動をとっているという調査結果がある（Ingram, LaForge & Schwepker, 2007）。しかし、経営陣が過去の倫理違反に対してどのように対応してきたかなども含め、企業の倫理的風土が、営業スタッフだけでなく他の従業員の倫理的行動にも大きな影響を与えているというエビデンスもある。セールスマネージャーは、営業スタッフに直接的にリーダーシップを発揮するという重要な役割を担っている。しかし残念ながら、セールスマネージャーが倫理違反に対して一貫性のない対応をとれば、倫理的風土を改善しようとする企業の努力が台無しになる。企業の倫理行動規範の実践を改善するためには、営業スタッフだけでなくセールスマネージャーのトレーニングも強化する必要があるようだ。

表10.4　ソーシャルメディアを活用した営業活動支援に発生する問題

テーマ/サブテーマ	テーマの概要	主な調査結果
会社や顧客とつながっていることの問題 ・日常業務への影響 ・隠れる場所がない	営業担当者が従業員や顧客とどの程度つながっているか、または連絡可能か。	・テクノロジーの利用は仕事のために当然と見なされている。 ・日常業務の遂行に悪影響を及ぼす。 ・仕事時間外（朝晩）でもログインする。 ・いつでも連絡が取れると思われている。
関係性の問題 ・新たな信頼関係構築の必要性 ・顧客との個人的つながり ・顧客側の選好	ソーシャルネットワーキングとの個人的で長期的な関係の構築。	・若い営業担当者はオンライン上での関係構築に抵抗感が少ない。 ・テクノロジーは関係を構築する方法を増やし、変化させている。 ・ソーシャルメディアは関係構築のための重要なテクノロジーではない。
販売ツール ・ソーシャルメディア ・営業支援ツール ・販売の7つのステップ	顧客関係を構築し、維持するために用いる、テクノロジーを活用した販売手法。	・テクノロジーは販売に革命的な変化をもたらしている。 ・誰もが新しい販売ツールを受け入れているわけではない。年齢は、使用されるテクノロジーの量に影響を与える変数。 ・ソーシャルメディアサイト（Facebook、LinkedIn）が一般的になりつつある。 ・Twitter（現X）はさまざまな方法で販売に利用されている。 ・ブログは競合他社やサプライヤーの追跡に役立つ。 ・7つのステップは、テクノロジーのおかげでより凝縮されている。
世代間の問題	若い営業担当者（35歳未満）と経験豊富な営業担当者（35歳以上）では、テクノロジーの使用に関して世代的な違いがある。	・若い営業担当者は対面での顧客との接触を避ける傾向がある。 ・若い営業担当者は仕事中にソーシャルメディアを個人的に利用している。 ・顧客とのコミュニケーション方法が2つの世代間で異なっている。
海外市場での問題	グローバル規模で顧客を獲得し、良好な関係を維持する。	・出社した時点で、ヨーロッパやアジアなどの海外の顧客や取引先から仕事の連絡が届いている。 ・1日24時間メッセージ（電子メール）に返信している。 ・世界中にチームメイト/サプライヤーがいる。
販売とマーケティングの連携	販売とマーケティング戦略を融合させる。	・ブランディングはインターネット上のブログやチャットの影響を受けている。 ・Twitter（現X）は主要なマーケティングおよび販売のツールになりつつある。 ・テクノロジーの使用により、マーケティングと販売の境界線が曖昧になっている。

データソース：Marshall et al. (2012, p. 352)

INDUSTRY INSIGHT |||||||||||||||||||||||||||||||||||||||||||||||||||||||||||||||||||||||||||||||||||||||| 業界動向

契約成立

　アペルソンオーストラリアのジェーン・ウィルソンとジム・ハリソンは、ちょうどビジネススクールの学部長と学科長たちとのミーティングを終えたばかりで、パースの大学のキャンパス内のカフェでコーヒーを飲んでいるところだ。会議では、ジェーンとジムが、インタラクティブな英語能力開発ソフトウェアシステムの提案を行った。このソフトは、既存のコミュニケーション関連のコースと連動させることで、生徒のライティングスキルを向上させることができる。ジェーンとジムは、学部長とその同僚がこの提案を受け入れてくれ、ビジネススクールの全学生が受講する1年次のビジネスコミュニケーションコースにこのソフトウェアを導入し、指定教科書をアペルソンの新しい書籍に変更することに同意してくれたことを喜んでいる。ジェーンとジムは、ビジネススクールでの書籍使用開始1年目に好意的なフィードバックが得られれば、他の学部にもこのソフトウェアを導入するチャンスがあると考えている。

　ジェーンは、アペルソンオーストラリアの高等教育部門のナショナルセールスマネージャーだ。アペルソンオーストラリアは国際的な出版社の子会社で、教育分野のあらゆる市場に進出している。アペルソン社は、もともと教科書や関連教材を提供する会社であったが、現在では、教育分野のIT関連技術の進歩に応じて開発された電子出版物やソフトウェア製品も販売している。ジェーンは、シドニー本社を拠点にして、オーストラリアの大学の教員と継続的に連絡を取る教育コンサルタントチームを統括している。営業スタッフは、授業を受け持つ講師を説得し、アペルソンの教科書やその他の学習教材を指定または推薦してもらうように働きかけている。

　ジムはパースを拠点に活動するアペルソンの教育コンサルタントで、西オーストラリア州の大学へのセールスを担当している。彼はB to B市場での顧客や潜在顧客との関係の構築と維持の重要性を理解している。年に一度、アペルソンの出版物やデジタル教材を使って授業を行っている講師たちと会うことにしている。アペルソン製品を使用しているのはまだ一部の講師たちだけだが、ジムは、今はまだアペルソンの教材を使っていない講師とも連絡を取り、彼らのニーズに関心を示すとともに、競合他社の取り組みの実態を把握しようとしている。

　パーマー博士はそのような講師の一人で、1年生のビジネスコミュニケーションコースを担当している。ジムはこの4年間、アペルソンの教科書を採用してもらうようパーマー博士に説得を試みてきたが、うまくいっていなかった。しかし、10週間前、アペルソンはオーストラリアの一流の教授が執筆した新しいビジネスコミュニケーションの教科書を出版した。この教科書は来年の授業には使えるように準備が整っていた。ジムがこの新しい教科書についてパーマー博士との交渉の計画を立てている間に、もうひとつの進展があった。

　2カ月前、ジムを含め数人のアペルソンの教育コンサルタントは、ジェーンが開いたスカイプ会議に参加した。会議のなかで、ジェーンが、オーストラリアの大学の学生の英語力の低下を懸念する講師たちの多くの声が営業スタッフに寄せられていたこと、そして、講師たちのフィードバックと複数の大学の上級教育開発者とのミーティングに基づいて、この問題に対処するための新しい対話型英語能力開発ソフトウェアシステムをアペルソンが開発したことを報告した。このソフトウェアは、既存のコミュニケーション関連コースと連動させることができ、学生のライティングスキルを向上させるためのインタラクティブなテストや学習機会を提供することができた。7週間前、この新しいソフトウェアシステムは、スカイプ会議システムを使ってアペルソンオーストラリア社内で発表された。この発表会では、アペルソンのテクニカルサポートコンサルタントであるケリー・スマートがシステムのデモンストレーションを行い、ジムや他の営業スタッフから寄せられたすべての質問に満足いくまで丁寧に答えていた。

　ソフトウェアの発売直後、ジムは、新しいビジネスコミュニケーションの教科書とソフトウェアシステムをリンクさせることの可能性を提案書にまとめてパーマー博士に提出することにした。パーマー博士との過去の会議録を見直して、ジムは、学生のライティングスキル向上に役立つ電子教材にパーマー博士が関心を持っていることを示す博士のコメントを書き残していたことに気づいた。ジムはジェーンとケリーに教材を大学に売り込むための支援を求めた。

　5週間前、ジェーン、ジム、ケリーの3人は、新しい教科書の採用とソフトウェアシステムの購入をパーマー博士に推薦してもらうことを目的とした最終戦略を練った。しかし、ビジネススクール側に追加の資金が必要となること

353　　　　　　　　　　　　　　　　　販売とセールスマネジメント

は明らかだった。彼らは、パーマー博士の推薦を確実に成功させるためには、ビジネススクールの学部長に面会し、最終案を直接説明する必要があると考えた。

　計画された戦略を実行に移す第一歩として、ジムは4週間前にパーマー博士に会った。博士はすぐに、ソフトウェアシステムと、その分野ではオーストラリアを代表する教授によって執筆され、オーストラリアという地域性を題材にした新しい教科書に興味を示した。さっそくジムはスカイプ会議を行い、パーマー博士に対してケリー・スマートからソフトウェアの実演をしてもらった。その実演を通して、パーマー博士は、ソフトウェアの機能と利点を十分に理解し、講師たちも含めたパーマー博士の教育チームおよびソフトウェアを使う学生たちをアペルソンがどのようにサポートできるかを理解することができた。パーマー博士は、ソフトウェア導入の資金について話し合うために学科長との会議を行うことを快諾した。

　パーマー博士同席の学科長との会議は2週間前に行われた。ジェーンとケリーもスカイプで参加してジムをサポートし、会議は成功裏に終わった。重要なことは、パーマー博士とアペルソンのスタッフだけでなく、ビジネススクール内の全学科長と、どのような決定にも最終的な決定権を持つ学部長が参加しての会議を行うことに学科長が同意したことだった。その会議がつい数分前に終わったばかりだ。昨日、ジェーンとケリーがパースに移動し、昨夜、ジムとプレゼンテーションのリハーサルを行い、今日のミーティングに参加した。ジェーンは、戦略的な問題が学部長やその同僚によく理解されるように、このソフトを導入した理由、つまり、大学内や雇用者団体、専門家団体の間で大きな懸念となっている生徒のライティング能力の低下について誰もが同意していることを説明した。ジムは、パーマー博士のサポートを得て、このソフトとパーマー博士が教えているビジネスコミュニケーションコースをリンクさせることの利点を説明した。ケリーは、生徒の興味を確実に引きつけるように設計されたインタラクティブな機能の説明も含め、ソフトウェアシステムの簡潔で説得力のあるデモンストレーションを行い、その後、ジェーンが、アペルソンがスタッフと生徒に提供できるサポートについて説明した。

　価格設定も含めて、今日の提案に対する参加者の反応は非常に肯定的だった。実際、ジェーンとジムがこうしてコーヒーを飲んでいる間、ケリーはソフトウェアの導入に携わる大学の技術担当者を紹介してもらっている。ジェーンとジムは、あとは大学側に正式な提案書と契約書の草案を提出するだけだ。

　コーヒーを飲みながらケリーを待つ間、ジェーンとジムは、顧客関係管理に長期的な焦点を当てることがB to B販売にいかに役立つかを考えた。ジムはこの4年間、大学の多くの講師との関係を維持してきた。ジェーンは毎年、ジムと一緒に学部長や学科長といった重要人物を訪問して、大学の上層部がアペルソンの動向を常に把握できるように、またアペルソンは大学内の新たな動きや傾向を把握できるようにしている。ケリーが戻ってきた。ジェーンとジムは、大学の技術者たちの名刺を広げながら、チームワークが勝利の方程式をもたらしたことにあらためて思いを馳せている。

本章の結論　CONCLUSION

　人的販売はマーケティングコミュニケーションの主要な構成要素であり、B to Bマーケティングにおいては特に重要だ。営業の役割は、顧客のタイプ（一般消費者か組織顧客か）や、最初のコンタクトをサプライヤー側から取るか顧客側から取るかによって大きく異なる。B to Bでは、大手小売りチェーンへの販売においても、顧客との良好な関係を構築し、たがいに協力し合うことで、長期的なビジネス成長をめざす傾向が強まっている。B to C販売は、例外もあるが、一般的にはそれほど複雑ではない。B to Bは、販売が持つ競争という性質上、特に大口顧客や複雑な購買状況を扱う場合は、営業チームのリーダーシップとマネジメントも重要だ。インターネットやソーシャルメディアは、ビジネス市場と消費者市場の双方の売買活動に影響を与えている。倫理的行動は、人的販売活動に関しては引き続き懸念される問題だ。

本章の要点　Summary

+ 企業間取引では、人的販売がマーケティングコミュニケーションの主流だ。
+ 企業間取引では、また一部の高価格消費者市場においても、セールスマネジメントと人的販売がともに重要かつ複雑なプロセスだ。
+ 企業が小売チェーンなどの大規模なチャネルパートナーや組織顧客と取引をするとき、重要顧客管理がますます重要になっている。
+ 多くのビジネス市場において、また大規模小売店やその他のチャネルパートナーとの取引においても、販売部門の戦略的重要性が高まっている。
+ インターネットやソーシャルメディアは、多くの販売の現場で営業の役割に影響を与えている。
+ 企業は倫理的行動規範を引き続き重視する必要がある。

復習問題　REVISION QUESTIONS

1. 自動車販売代理店で個人顧客を担当する営業スタッフと、大企業へのフリート販売を担当する営業スタッフとでは、主な営業活動にどのような違いがあるでしょうか？　組織が購入する自動車は、経営陣やその他のスタッフが主に業務目的で使用しています。
2. 製品の特徴を説明する前に潜在的購買客のニーズと選好を把握することに十分な注意や時間を割かない営業スタッフにとって、何が大きな問題となるでしょうか？
3. 図10.2に関連して、営業スタッフとそのセールスマネージャーの特性および主な活動に類似性はあるでしょうか？　類似性がないとき、会社が営業成績だけに基づいて営業担当をセールスマネージャーに昇格させた場合、どのような影響があるでしょうか？
4. マンションや一戸建てを売りたいと考えている夫婦は、通常どのようなニーズやウォンツを抱えているでしょうか？　そのニーズに基づいて、不動産業者はどのように夫婦を説得し、その物件の売却を自分たちの不動産会社に委託させるでしょうか？
5. 次の状況のち、B to Bの販売プロセスの中のどのステップが不動産業者にとって重要でしょうか？
   a. 不動産所有者から、その物件を売主の代理として販売する契約を得るとき
   b. 実際に買い手が見つかり物件を販売するとき

Chapter   10

重要事例研究

MAJOR CASE STUDY

新しい車を買う

　ジョアンとスタン・ウィリアムズは、アデレードの自動車ディーラーで新車のスバル・フォレスターを購入した。自分たちの選択に満足した2人はそのまま車を運転しながら店を後にした。

　その3カ月前、彼らは古くなったBMWセダンの買い替えを決めていた。ブルートゥース接続、クルーズコントロール、リアビューカメラ、衛星ナビゲーションなどの機能がなかったからだった。また、SUVを購入することも決めていた。その主な理由は、SUVは運転時の視界が良いこと、車高が高いので乗り降りがしやすいことだった。車に詳しいジョアンの兄に相談し、また車のレビューも参考にして、ホンダCR-V VTi-L、キア・スポテージプレミアム、スバル・フォレスター2.5i-Sの3車種のSUVを検討することにした。フォレスターとキアのモデルは最近のRAA（オーストラリア自動車協会）のレビューでよく取り上げられていた。ジョアンとスタンはホンダのブランドが好きだったが、CR-V VTi-Lのレビューはこの2台ほどは取り上げられていなかった。

　木曜日の夕方、仕事を終えた2人はさっそく3社のディーラーを訪ねた。キアのディーラーでは、営業スタッフ（名札にはベリンダと書かれていた）がジョアンとスタンに、ここ数週間のスポテージの売れ行きが好調で、彼らが興味を持っているモデルは現在案内できないことを伝えた。新しい在庫は1、2週間以内には入荷する予定だという。営業担当者は、スペックの近いモデルを2人に見せながら主な特徴について簡単に説明した。スタンの連絡先を確認し、入荷し次第すぐに連絡をくれると約束してくれた。

　検討していた車のなかではスポテージが一番格好良かったので、ジョアンとスタンは少々がっかりしながら、スバルのディーラーに車を走らせた。スバルのディーラ

ーの前に車を停めてスタンが、「RAAが2015年のベストカーレビューで、5万ドル以下のSUVのトップ2車種として、スバルのアウトバック2.5iプレミアムとフォレスター2.5i-Sを高く評価していたのは知っているけど、車のルックスはあまり好きじゃないな。特にアウトバックはあまりにも大きすぎる。トラックに乗っているような気分になるよ」言った。

　2人はジェフ・ブラウンという営業スタッフに温かく迎えられた。名前を聞かれ、要望を尋ねられた。BMWの話を聞いてジェフは、「BMWはすぐれた車です。スバルにはBMWほどの名声はありませんが、品質と信頼性については同じように高い評価を受けています」と言った。ジェフは2人に最近の売れ行きが好調であることを伝え、フォレスター2.5i-Sの試乗車が空いていないため、代わりにフォレスターの別のグレードをすぐに案内し、よければ土曜日の朝には2.5i-Sの試乗ができるよう手配することもできると伝えた。そして、「当店では常にさまざまな試乗車をご用意していますが、土曜日に試乗していただく試乗車は、現在他のお客様が使われています。どのような機能をお求めか詳しく教えていただければ、一番近いモデルを見ながら2.5i-Sの特徴をご説明します」と言った。

　運転席に座って、ジェフから特徴の説明を聞き、仕様を確認し、いくつか質問をした。ジェフは見込み顧客とのやりとりを楽しんでいるようだった。ジョアンとスタンは、土曜日の朝に試乗することに決めた。また、試乗中にジェフが2人のBMWの下取りのための査定を行う手配をすることでも合意した。ジョアンとスタンが帰る前、ジェフはセールスマネージャーに2人を簡単に紹介した。また、土曜日に到着したときに敷地内の駐車場への入り方も案内した。

　ホンダのディーラーに車で向かいながらジョアンが言

357　　　　　　　　　　　販売とセールスマネジメント

った。「スバルのほうがずっと良かったわ。アウトバックは大きすぎるけど、フォレスターは問題なさそうね。土曜日に試乗してみて決めましょう。ところで、ジェフはまったく押し付けがましくなかったわね。とても人当たりが良かった。私たちに興味を持ってくれているのが伝わってきたわ。いい感じだったわね」

ホンダでは、ジャネット・ヘンダーソンという営業スタッフが2人を出迎えてくれた。ジャネットは2人の要望を聞いた後、CR-V VTi-Lに近いモデルを見せながら、来週あたりに何台か到着の予定であることを説明した。しかし、土曜日の午前中に試乗車が用意できるので、CR-V VTi-Lの試乗を手配することができるという。類似モデルを見ながらCR-V VTi-Lに搭載されている機能について尋ねた後、ジョアンとスタンは土曜日の昼前頃にCR-V VTi-Lを試乗する約束をした。2人が帰る前に、ジャネットは2人をセールスマネージャーに紹介した。

家に戻ったジョアンとスタンは、ジェフとジャネットからもらったパンフレットを見ながら話し合った。スタンは、「スバルはホンダよりたくさんの機能を備えていて、しかもそれほど高くない」と言った。ジョアンもそれに同意して、「それにトラックほど大きくはない。衝突防止システムなど、安全装備が充実しているのも気に入ったわ」と言った。最後にスタンが言った。「RAAのランクを考えると、走りに問題がなく、BMWの下取りに4万ドル程度の値段がつくなら、スバルに決めたらどうだろう。といっても、BMWには1000ドルの価値もないかもしれないけれどね」

土曜日の朝、スバルのディーラーに到着して屋内の顧客用駐車場に車を停めると、ホテルのコンシェルジュのような身なりの良い紳士がジョアンとスタンを迎えてくれた。コンシェルジュは彼らの名前と用件を尋ねた後、2人を販売受付デスクに案内して受付係に紹介し、フォレスターを試乗するためにジェフ・ブラウンを訪ねて来店したことを説明した。ジェフが受付に現れてジョアンとスタンを歓迎した。試乗車が用意されていることを確認し、1時間ほど起伏の多い曲がりくねった道路も含めて試乗してみてはどうかと提案した。その間、ジェフはBMWの下取り査定の手続きを行うという。2人が試乗に出かける前、ジェフは車の主な機能について再度2人

Chapter 10   Selling and Sales Management

に説明し、これらの機能がいかに彼らの運転体験を向上させ安全性を高めるかを訴えた。

　試乗車を1時間ほどたっぷり運転した後、ジョアンとスタンはディーラーに戻り、ジェフと価格について話し合った。この時点で、2人はスバルを購入することを強く望んでおり、ホンダを試乗するつもりはなかった。

　試乗体験が終わり、2人の質問に答えた後、ジェフはジョアンとスタンに売買契約書の草案を提出し、BMWの下取り価格、正味価格、それ以外の諸経費を伝えた。スタンは、「思っていたより数千ドル高いです。でも、もし正味価格4万ドルで合意していただけるなら、喜んで今すぐ契約します。ホンダのSUVの試乗はキャンセルし、スバルの他のディーラーに連絡することもありません」と言った。ジェフは、セールスマネージャーに相談する必要があると説明した。数分後、ジェフはボディの色は決めてあるかどうか尋ねるために戻ってきた。「来週到着予定のモデルにご希望の色があれば、他から車を調達する必要がないので、ご希望に沿うことができます」と彼は言った。ジョアンとスタンの希望する色はそのモデルに含まれており、契約は成立した。

　関連書類にサインした後、ジェフはジョアンとスタンにスバルのオーナー特典プログラムについて、また整備に関する取り決めや、その他の役立つサービスについて説明した。最後に2人にサービスマネージャーを紹介した。

　2週間後、ジョアンとスタンはふたたびスバルのコンシェルジュを訪れた。BMWの鍵をジェフに渡し、新しい車にはその主な特徴を再度確認してから乗るようにというジェフのアドバイスに従った。最後にジェフは、ふたたび彼らの新車購入を祝福し、2人と取引ができたことに感謝した。新しいフォレスターで家に帰るとき、ジョアンが「ジェフはすばらしかった。まったく押し付けがましくなく、良いサービスだった。ジャネットは、数週間前に試乗のキャンセルの電話をしたとき、とても丁寧に対応してくれた。皆、とてもいい人たちだったわ」と言った。スタンは、「そうだね。でもキアの営業担当者からはその後連絡はなかった。彼女の名前はなんだっけ？　折り返しの電話をもらったときにはもう僕たちは他で契約を済ませていた。それまでは新しいオファーに興味があったのに」と言った。

発展問題　　　　　　　　　　QUESTIONS

1. ジョアンとスタンがすでに他のディーラー2社を訪れていたことを考慮すると、ジャネット・ヘンダーソンは、どのようにすれば商談をさらにうまく進められたでしょうか？

2. ジョアンとスタンがBMWからの買い替えを希望していると聞いて、ジェフ・ブラウンは、「スバルにはBMWほどの名声はありませんが、品質と信頼性については同じように高い評価を受けています」と言いました。このコメントはジョアンとスタンにどのような影響を与えたでしょうか？　ジェフは、フォレスターの性能の良さと低価格であることにも言及すべきだったでしょうか？　それはなぜでしょうか？

3. スバルの販売店やジェフ・ブラウンのようなスタッフは、顧客をどの程度理解し、大切にしているでしょうか？

4. ジェフ・ブラウンとジャネット・ヘンダーソンは、なぜジョアンとスタンをセールスマネージャーに紹介したのでしょうか？

5. もし、あなたがこのケースに登場する各営業スタッフのセールスマネージャーだったら、営業スタッフにどのようなアドバイスをしますか？　そのアドバイスの一環として、ジョアンとスタンとの今後の商談についてどのような提案をしますか？

INTERVIEW
インタビュー

Nicolette Onsley
ニコレッタ・オンスレイ

マーケティングディレクター、
Val Morgan Outdoor社

　私は、オーストラリアとニュージーランドでデジタルスクリーンのネットワークを運営する会社で、メディアと広告の仕事をしています。皆さんがよく行くジムやショッピングセンターにも、私たちのデジタルスクリーンがあるかもしれません。私のチームは、ブランド戦略、BtoBコミュニケーション、コンテンツ制作、そしてウェブサイト、動画、電子ダイレクトメール、ソーシャルメディアなどを活用したデジタルマーケティングを担当しています。少人数のチームでダイナミックなビジネスを展開しているので、さまざまな役割を担うこともめずらしくありません。

　VMO（Val Morgan Outdoor）は、約85名の従業員を抱える中規模企業です。私にとって、中規模企業で働くのは初めての経験でした。私の専門は主に新聞や雑誌などの従来型メディアでしたが、銀行業務と通信業界での数年間を経て、メディアと広告業界に戻ってきました。

　この経験から学んだのは、たとえ短期間であっても、人と違うことに挑戦することを恐れてはいけない、ということです。それは、自分の強みと弱み、そして自分が本当に好きなことを理解するのに役立ちます。私は巨大な組織には向いていませんでした。というのも、私は他の人から力を与えてもらうよりも、自分自身が他の人に力を与える方が好きだからです。そして、この会社で働くなかで、私はまさにそれを学ぶことができました。人は、誰かに力を与えることで、より幸せに仕事ができるようになるのです。

　VMOは、変化の激しい市場のニーズや技術に対応しなければならないため、常に進化し、学び続けているダイナミックな会社です。私の仕事は、メディアエージェンシーとのコミュニケーション戦略を立てることです。メディアエージェンシーは、大手ブランドのメディアプランニングとバイイングを一手に引き受けています。私の重要な責任のひとつは、代理店と効果的にコミュニケーションできる営業チームを育成することです。この業界は非常に競争が激しいです。多くのチャネルが存在し、多くのメディア企業やネットワークオーナーが市場シェアを奪い合っています。そのため、私たちが市場に発信するコミュニケーションは、人々の関心を引きつけるように設計されています。私たちは、ソートリーダーシップ記事（＝特定の課題に対する新しいアイデアや解決策の提案）の執筆から、エージェンシーのロビーでのコーヒーカートを使ったイベントまで、さまざまなマーケティング活動を展開しています。同じことを繰り返すのではなく、常に業界をリードし続けるために挑戦し続けなければなりません。競争はすばらしいものです。なぜなら、競争がビジネスを活性化させ、自社のブランドの存在意義を明確に理解し、変化するニーズに適応できるよ

うになるからです。

VMOは比較的小規模な組織ですが、それは私たちが機敏で柔軟性があり、迅速に市場に参入できることを意味します。私は戦略を立て、管理し、迅速に実行に移すことが好きなので、中規模企業は私にとって理想的な環境です。複雑な組織構造もなく、意思決定者との距離も近いです。

マーケティングの魅力は、多くの人々と仕事ができることにあります。技術者、営業チーム、運営スタッフなど、さまざまな人と協力します。それぞれに個性があり、仕事のスタイルも異なります。私にとってのチャレンジは、全員が発言する機会を得て、公平な意見を述べられるように、自分のコミュニケーションスタイルを常に変化させることです。

VMOでは、私は自分らしくいることができます。私はもともと創造的で活動的な性格です。幅広いキャリアを通じて、私はさまざまなスキルと知識を身につけてきました。そして幸運なことに、私はそのすべてを活かせる場所を見つけました。たとえ仕事がうまくいかなくても、必要以上にストレスを感じることはありません。私自身も最初は苦労しましたが、最終的には良い結果を出すことができました。

私は生まれながらのリーダーです。人と接することが好きで、情熱を持ってプロジェクトを推進し、好奇心旺盛で、リスクを恐れません。これらの特徴が必ずしもリーダーを定義するものではありませんが、私の成長に大きく貢献してくれています。私は自分を変革者だと考えています。何かが起こるのを待つのではなく、自ら変化を起こしていくのです。

私から何かアドバイスできることがあるとすれば、それは、自分の強みを生かしなさい、ということです。それが幸せに働くための近道です。もちろん、弱点を克服するな、と言っているわけではありません。弱点を克服できなければ、成長し続けることはできません。フィードバックは、前向きに受け止めましょう。そして、あなたが会う人々、メンター、友人、リーダー、ブロガー、そして世界中の人々から、常にインスピレーションを受け取りましょう。たくさんの本を読み、たくさん研究し、たくさん学びましょう。周囲の人がアドバイスをしてくれたら、きちんと耳を傾けましょう。

最後に、ビジネスの成功は、物事に対するあなたの姿勢と心構えにかかっています。すばらしいことに、あなたは、その一瞬一瞬の自分の姿勢を自分で決めることができるのです。

Chapter 11 Advertising 362

Chapter 11

Advertising

広告

レイチェル・ケネディ
バイロン・シャープ
ニコル・ハートネット 著

Chapter 11

導入事例
INTRODUCTION CASE

"Legend"キャンペーン

エリザベス・ガンナー 著
エイドリアン・パーマー、ラリー・ロックシン 寄稿

　2011年、ニュージーランド運輸局（NZTA）は、飲酒運転をしないように少年たちが仲間に呼びかける"Legend"テレビ広告キャンペーンを開始した。わずか3カ月足らずで、この広告の公式YouTubeリンク（http://www.youtube.com/watch?v=CtWirGxV7Q8）は150万回という爆発的再生回数を記録した。Legendキャンペーンは、その年、ニュージーランドの広告業界の年間最優秀テレビ広告に選ばれた。専門家からは、「この広告はニュージーランドの広告の歴史に確固たる地位を築いたようだ。広告に共感するターゲット視聴者が増え始め、政府が後援する飲酒運転防止のメッセージを誇らしげに拡散している」と評された (Fahy, 2012)。NZTAはLegend広告を使い続け、飲酒運転防止への意識を高めることに成功した。

　広告はいつも歓迎される存在ではない。広告は、人々に必要のないものを買わせ、売り込みを仕掛けて、私たちの生活を邪魔し、混乱させていると批判されてきた。しかし、NZTAの場合は違う。"Legend"キャンペーンは商品を売っているわけではない。YouTubeの再生回数の多さは、多くの人が貴重な時間を費やしてこの広告を視聴したことを意味している。"Legend"広告キャンペーンは広告の新しい形を示しているのだろうか、それとも例外的な事例なのだろうか？

　本書の読者の皆さんは、先週、何本の広告を見たか具

体的に覚えているだろうか？　広告にイライラしたり、自分の時間を侵害されていると意識したりしたことはないだろうか？　ネットやテレビ、ラジオで広告が流れてきたとき、実際のところその広告に集中しているだろうか？　雑誌や新聞をぱらぱらとめくっているとき、どのくらい広告を見ているだろうか？　Facebookのニュースフィードの横にあるバナーに気づいているだろうか？　現実的には、嫌いな広告もあれば好きな広告もある。SNSで共有される広告もあるが、それに気づかないことは多い。他のことを考えたり、あるいはページをめくったりスクロールしたりスキップしたりして、広告を避けることがある。私たちは広告を無視するのが上手だ。広告を選別しながら生活している。

　ほとんどの人が気づかないのであれば、広告を出す意味はどこにあるのだろうか？　それでも広告効果はあるのだろうか？　すべての広告が効果的であるためには、"クールな若者"のような特定のオーディエンスに焦点を合わせる必要があるのだろうか？　特定の目的のために、あるいはブランドのために、広告は実際に何を達成できるのだろうか？　"Legend"のような広告キャンペーンは、どのようにして多くの情報や広告のなかでも埋もれずに注目され、急速に広まるのだろうか？

　本章ではこれらの疑問やその他の問題に取り組む。そうすることで、広告が実際に達成できることを理解し、また人々の記憶や行動に影響を与え、人々が何度も見たくなる広告をつくるためブリーフィングを作成できるようになる。私たちは、成功する広告を見極めるための手がかりやエビデンスを、広告を制作する前に知りたいと思っている。格好よく見せたり、おもしろく見せたりするのもひとつの方法かもしれないが、多くの人にアピールする方法でそれを実現するのは難しいだろう。

発展問題　　QUESTIONS

1. ブランド成長に関するあなたの知識をもとに考えると、次の行動はどのようなときに起こすのが効果的だと思いますか？
   a. 特定のターゲットを対象にした広告を作る
   b. 広範なターゲットにアピールすることをめざす
2. 広告に何らかの制限（例：広告してはならないものや、広告してはならない時間帯）を設けるべき状況があるでしょうか。その賛否について議論してみましょう。AANA（Australian Association of National Advertisers）が提供する広告業界コードとガイドラインが参考になります。

INTRODUCTION

　市場における広告の役割を理解するために、本章では、買い手の購買行動や、広告の見え方、人々がどのように広告を見たり聞いたり読んだりしているかなどのさまざまなエビデンスを基にして、ブランドを構築し維持するために広告がどのように機能しているのかを説明する。本章を読めば、すぐれたキャンペーンを生み出す方法を理解することができるだろう。

　商品の購入を含め、私たちが日常的に行っている思考の多くは、感情を介して無意識のうちに行われることが知られている。しかし、広告理論のいくつかは、人はほぼ完璧な記憶を持つ合理的な、そして時には感情的な、意思決定者であるという理解に基づいている。本章では、広告の最新の理解を示し、重要な用語を紹介するとともに、注意すべきいくつかのアイデアを指摘する（表11.1に概説した）。広告の理解は現在、変革期を迎えている。しかし、古い考え方が今も多くの広告の研究と実践を支配している。まずこのことを意識しておく必要がある。本章は、人の脳がどのように情報にアクセスして処理するのか、また、販売効果の高い広告やメディア戦略とはどのようなものか、エビデンスに基づく新しい理解をあなたに与えてくれることだろう。また本章では、神経科学と心理学の最近の知見をもとに、これらが持つ広告にとっての重要な意味を考察する。なぜなら、ほとんどの広告は、記憶が定着し更新されるなかで機能するからである。

本章の目的　Learning objectives

本章で学ぶこと：

+ 広告がブランドマネジメントにおいて果たすべき役割を理解し、広告が達成できることについて現実的な期待を持てるようになる
+ 広告が記憶にどのように働きかけて購買行動に影響を与えるのかを理解する
+ 広告コミュニケーションプランに現実的な目標を設定することができ、効果的なキャンペーンを実施するためのブリーフィングを広告代理店に行えるようになる
+ 良い広告とは何かを理解する
+ 広告制作上の現実的課題を理解する
+ 広告効果の調査を行う際に生じる困難な問題について理解する

表11.1　広告理論のための新しいフレームワーク

従来の視点	合理的 または感情的	メッセージを 理解させる	独自のセールス ポイントを伝達する	製品やサービスの 良さを説得する	消費者を教育する	ポジショニングを 確立する
新しい視点	感情的かつ合理的	注目を獲得する	関連性を想起させる	記憶構造を 更新し構築する	多くの消費者に リーチする	メンタルアベイラビリティを 構築する

データソース：Sharp, 2010

ブランドについて考える

広告の力は弱い。家族や友人からの助言のような強い力で私たちの心を変えることはできない。私たちは日々、大量の広告にさらされているが、ほとんどの場合、それらに注意を払うことはない。だからといって広告が私たちに影響を与えていないわけではない。広告は、私たちが雑多な情報のなかからより良い選択をするための最新の情報を提供してくれる。広告主が広告に巨額の資金を投資し、その資金でテレビ番組のようなコンテンツやGoogle、YouTube、Facebookといった無料サービスが開発されている。広告主は広告からの見返りを期待する。もし広告が売上を生み出さなければ、広告に投資することはないだろう。しかし実際には、広告は売上を生み出している。広告の力は穏やかであるが、私たちの購買意欲を維持し、たまにしか買わないブランドでもその多くを忘れないように働きかけてくれ、新しい製品特徴や新しいブランドについて知る機会を提供してくれる。広告によるこの穏やかな働きかけが、競争市場において重要な役割を担っている。マーケターにとって広告が効果的であるのは、一人当たりの単価が安いからだ。一人当たり数セントということもある。広告は多くの買い手とコミュニケーションするための費用対効果の高い方法だ。

広告ビジネス

2015年の世界の広告費は5000億米ドルだった。2016年は5.2%、2017年は3.6%の増加が見込まれていた（Warc Global Ad Trends Report, 2016）。毎年、全世界のGDPの約2%が広告に費やされており（Nayara Dou, 2006）、これは世界の軍事費に匹敵する。広告業界は非常に大きな産業だ。先進国では広告への支出が農業への支出よりも高いこと、また教育費の出費が世界のGDPのわずか5%にすぎないことからも、その規模の大きさが良くわかる。広告は、多くのマーケターの予算のなかでも非常に大きな部分を占めている。マーケティングを専攻した人の多くが広告代理店やメディアエージェンシーで働いているか、エージェンシーと定期的に取引をする仕事に就いている。広告はマーケティングの実務において重要な役割を担うため、その仕組みや活用法について深い知識がなければならない。

かつてのマーケティングの世界はもっと単純だった。その教科書では、"広告"という用語は、マーケターが有償でコントロールする（つまり、企画し制作する）、潜在顧客との一方通行のコミュニケーションだけを意味する用語として使われていた。また、パブリック・リレーションズ（PR：広報）は、マーケターが完全にコントロールできるわけではない、しかし奨励や影響を与えることはできる、無償のコミュニケーションを意味し、"パーソナルセリング"は、顧客から直接注文を受けることができる双方向のコミュニケーションを意味していた。しかし、今日のメディア環境では、有償の広告（マーケティングコミュニケーションとも呼ばれる）と無償の広報との区別が曖昧になりつつある。コンテンツマーケティングという用語は、ソーシャルメディアで共有されたり、他のメディアで取り上げられたりすることを期待して作成したコンテンツを、無料のメディアに出稿して広告効果を獲得するための戦略を指す。しかし通常、その共有のきっかけを作る種を撒くためには多額の投資が必要だ。また、広告は以前ほど厳しく管理できなくなっている。YouTubeに投稿された広告は、マーケターが意図していない人の目に触れる可能性があるだけでなく、模倣されたりパロディ化されたりする可能性もある。たとえば、"The Force"というフォルクスワーゲンのスーパーボウルの広告（https://youtu.be/1hzwmYRXPp4）とそれに対抗するトヨタのパロディ広告（http://youtu.be/1jtH4beRWAo）は良い例だ。テクノロジーの進歩によって、広告もますますインタラクティブなものになりつつある。そのため、広告、広報、販売といった従来の分類は、依然として実用的ではあるものの、明確な区別は難しくなっている。本章の広告の議論では、主にマーケターがコントロールする有償のコミュニケーションについて論じるという従来の教科書的慣例を踏襲しているが、すべての広告がこの枠にきれいに収まるわけではないことに留意して頂きたい。

広告の世界は、新しいメディア、新しい広告方法、商品購入と広告視聴の新しい測定基準の出現とともに変化して

いる。広告主は現在、これらの新しい機会をどのように利用することができるかを模索中だ。さまざまな変化があるなかで、従来型のメディアには驚くほど弾力性と適応性があることもわかっている。表11.2に示したように、従来型のメディア（特にテレビ）が依然として広告費のかなりの割合を占めている。そのため、マーケターは、新しいメディアだけでなく、テレビ、プリント、ラジオ、屋外メディアについても理解しなければならない。とはいえ、オンライン広告は大幅に伸びている。2005年には224億米ドル（世界の広告費の6％に相当）だったのが、2015年には1547億米ドル（世界の広告費の31％に相当）へと急増した。

表11.2 世界の広告費の媒体別分布（2015年）

媒体	世界の広告費（％）
テレビ	39
インターネット	31
新聞	13
ラジオ	6
屋外広告	6
雑誌	5
映画館	0.5

データソース：Warc, *Global Ad Trends*, 2016

　世界の広告界のリーダーたちが、『広告研究』（2013年第53巻2号）の特集"広告について私たちが知っていることその2"のなかで広告の今後のあり方を展望して、広告の消費と効果の間にはこれを支配する法則のようなパターンがあると結論づけた。社会が変化するなかで長年にわたり普遍的な有効性を維持してきたこのようなエビデンスの発見は、広告の未来を展望する上で役立つ。本章ではこの知見をもとに考察を進める。

INDUSTRY INSIGHT　業界動向

"オールドスパイス"キャンペーン

　アイザイア・ムスタファを起用したオールドスパイスの"The Man Your Man Could Smell Like（男らしさが匂う男）"キャンペーンはすぐれた広告だ。広告代理店Wieden+Kennedyのクレイグ・アレンとエリック・カルマンによるこのスーパーボウルの広告はおおきな注目を集めた。テレビ番組『The Oprah Winfrey Show』（2010年4月）や『The Gruen Transfer』（2010年7月）で紹介され、また権威あるカンヌライオンズ国際広告祭で賞を獲得した。

図11.1　オールドスパイスのTVCM

SNS上で大ヒットし、無数のパロディを生み出し、5400万回以上も再生されたこの広告をまだ見ていなければ、YouTube（http://www.youtube.com/watch?v=owGykVbfgUE）で見ることができる。この広告のメッセージを要約すると、「このボディソープを使えば、ロマンチックな億万長者のジェット戦闘機パイロットに変身できるとまでは言わないが、まんざらそれは不可能ではないかもしれない」となる。この広告は、楽しく創造的なパロディでありながらも、決してブランドを見失っていない。

　このコマーシャルは、人がまさにこの製品カテゴリーについて考えそうな場所、つまりバスルームで始まる。転換の早いシーンを多用して（ボートの上、ダイヤモンドを持つ、馬に乗っているなど）視聴者の注意を引き、その広告に関連する==ブランド記憶==（例：男性用、ボディソープ、赤いボトル、パートナーにいい香り）を想起させることに成功している。広告は記憶を通じて機能するため、このような記憶の連想は重要だ。本章では記憶がどのように機能するのかを説明する。広告が時間をかけてブランドとの記憶の連想を増やせば増やすほど、視聴者は関連する状況でブランドに気づき、認識し、ブランドを思い出す可能性が高くなる。

図11.2　オールドスパイスの独自のブランド資産

図11.3　オールドスパイスの他のキャンペーン施策

　この広告は、ユーモア、魅力的なキャラクター、すばらしい声、美しい状況設定、テンポよく切り替わるセットなど、さまざまな仕掛けを駆使して視聴者の注意を引きつけ、何度も見たいという気持ちにさせる。この広告は現代社会にあふれる雑多な情報のなかでブランドに注目させることに成功した秀逸な広告クリエイティブの好例だ。

　この広告は視聴者の意識下に働きかけて、ブランドへの好意的な印象や記憶を形成しようとしている。お決まりの商品カットと、独自のブランド資産であるブランドカラーの赤色と、帆船と、香りに関するキャッチコピー"男らしく香りたて、いい男"――これらはすべてブランドを想起させ認識させるための重要な手がかりだ――を使うことで、ブランド情報のプライミング（特定の情報を提示して視聴者の意識や行動に影響を与えること）を行っている（独自のブランド資産については第7章を参照）。

　重要なことは、この広告がキャンペーン、つまり一連のシリーズ広告の==エグゼキューション==の一作品として展開されている点だ。商品の登場シーンを含めてキャンペーン全体のエグゼキューションに一貫性を持たせることで、視聴者のブランド記憶が強化される。メンタルアベイラビリティが構築されて、消費者は、購買の状況でそのブランドに

気づきやすくなる。

このキャンペーンを開発したクリエイティブチームは、幅広い視聴者に語りかけながら、すなわち男性にも女性にもアピールすることをめざしながら、関連性の高い内容やメッセージを提供することをめざしたと語っている。この広告の制作過程については、この広告を手がけたクリエイターへのインタビューを参照されたい（https://youtu.be/VDk9jjdiXJQ）。

この短いケーススタディに、本章の後半でさらに詳しく掘り下げていく核となる考え方がすでに紹介されている。すなわち、注目されることの重要性と注目を得るためのメカニズムだ。具体的には、クリエイティビティと記憶の役割、一貫したブランディングの必要性、重要な専門用語、そして広告制作の実務的な側面について少し触れている。

発展問題　　QUESTIONS

1. 他のすぐれた広告やキャンペーンを思い浮かべて、または見つけてください。オールドスパイスのキャンペーンと共通する特徴がありますか？　もしあれば、ブランドについてどれくらいの量の新しい情報を提供していますか？　また、その広告が動画や音声を使った広告なら、その長さはどのくらいですか？　プリント広告やオンライン広なら、そのコンテンツは何ワードくらいですか？
2. オールドスパイスはブランドを売るために、他にどのようなアプローチを使えるでしょうか？

広告にできること

広告の目的は、新製品の情報や、既存製品の新機能、あるいはセールやイベントなど、新しい情報を消費者に伝えることだと思われがちだ。たしかにそれも広告の役割だが、実は、広告は既存のロイヤルティと記憶を強化することに特に長けており、人々がすでに知っていることを想起させることでそれを実現している。広告は、既存ブランドが市場でのポジショニングを確立するだけではなく、新製品が顧客の目に触れやすくすることを助けている。どちらの効果も社会にとって重要だ。新製品には顧客を獲得するチャンスが必要であり、すぐれた製品やサービスを開発してそれを消費者に提供した企業には、ある程度の経済的な見返りを享受する資格がある。もし、たとえ短期間でも成功が続く見込みがまったくなければ、市場参入や新製品発売などのリスクの高いビジネスに投資する企業はないだろう。

組織が広告を出す目的はさまざまだ。流通業者の理解を得やすくするために、または営業チームの士気を鼓舞するために、あるいは取引業者や従業員に企業姿勢を表明するためなど、さまざまな目的がある。良好な企業イメージを維持することを目的としている広告もある。広報活動の一環ともいえる。しかし、広告の大半は、たとえば次のような特定の行動を促すことを目的に制作されている。

・牛乳の消費を促す（http://www.youtube.com/watch?v=ngRuqEhCE0k）
・選挙に行くことを促す（http://www.youtube.com/watch?v=B3aqajRVi3U）

行動に影響を与えようとする広告の多くが、特定のブランドを買う、または買い続けることを奨励するためのブランド広告だ。本章は主に広告の購買行動促進機能について考察するが、ここでの学びの多くは、これとは異なる目的を持つ広告にも応用が可能だ。これらの目的を達成するためのクリエイティブ戦術の組み合わせは無限に存在する。前述の広告を見れば、シリアスでエモーショナルなものから、アクション満載でシュールなものや、セレブリティを起用した情報重視のものまで、広告がいかに多様であるかがわかるだろう。広告の役割を理解するためには、広告がどのように機能しているかについて考えることが重要だ。

AIDAと呼ばれる初期の有名な購買プロセスモデル（E St Elmo Lewisが1898年に提唱、その後E K Strongが1925年に論文で発表）は、当初は販売スタッフの教育のために開発されたものだったが、その後、本来の目的から

Chapter **11**　　　　　Advertising　　　　　370

外れて、広告の機能を説明するために広く使われるようになった。このモデルでは、広告の刺激を受けた視聴者は、注意（Attention）、興味（Interest）、欲求（Desire）、行動（Action）という連続的な段階を進むと説明している。

しかし広告は、営業スタッフと顧客の接触とは大きく異なる。たとえば、テレビ広告は通常15秒から30秒であるのに対し、営業スタッフと顧客の対話はゆうに15分から30分はかかる。広告のほとんどが1対多のコミュニケーションであり、一人のために向けられたメッセージではない。一方、営業スタッフは、個々の顧客の反応を見ながら、製品をその日その人に売るための、もっとも適切なメッセージを発信することに専念している。そのため、営業スタッフは、臨機応変に細やかな会話をすることで、広告よりもはるかに大きな説得力を持つことができる。

営業スタッフの雇用に要する費用は高く、販売1件当たりのコストも高い。一方、広告は1回に数百万人とは言わないまでも数十万人の消費者にリーチすることができ、1回の接触当たりのコストは非常に低い。有名な例としては、米国のスーパーボウル広告がある。2015年の1分間の平均視聴者数は1億1440万人（Riccobono, 2015）で、その広告費は約400万米ドル（Steinberg, 2013）であり、1人当たりの広告費は4セントに満たない。一方、シドニーモーニングヘラルド紙の1日の読者数は約70万人（AdCenter, 2016）で、全面広告の費用は7万7000〜9万7000豪ドル（AdCenter, 2015）、つまり1人当たりに約11〜14セントかかっている。

AIDAのような古いモデルは、広告の目的は、たとえば「トイレットペーパーXを買いなさい。他のブランドより柔らかいですよ」などと、消費者がまだ知らないことを伝えて彼らの考えを変容し、いつもとは違うブランドを買うことを促すことだという一般的な考え方を反映している。しかし、ほとんどの場合、広告の説得力は弱い。消費者はマーケターが望むほど広告に注意を払おうとはしない。簡単には情報を受け入れないし、説得力のある主張ほど割り引いて受け入れる傾向がある。彼らは、広告とは何かを売り込もうとする偏ったメッセージであることを知っている。このような偏りと誇張のある広告を**パフェリー（誇大広告）**という。自問自答してみよう。昨日見た何百もの広告のうち、宣伝されていたブランドについて何かしら知っているとして、どれだけの広告に注目し、どれだけの広告がそのブランドについてあなたの考えを変えただろうか？　説得力という観点からは、広告の大部分はまったく効果がないように思える。実際、広告の大多数は私たちを説得しようとさえしていないように見える（Ehrenberg, Mills & Kennedy,2000; Mills et al., 2000）。たとえば、どの政治広告も、候補者がどのような信念を持っているのか、当選したら何を実行するのかについては語らない。もっとも一般的な政治広告は、候補者の写真と政党の色とロゴを載せて、たいていは「Xに投票してください」と訴えるだけだ。

では、広告はどのように機能するのだろうか？　その答えは、"ほとんどの広告が人々に考えることも意見を変えることも強いることなく機能している"ということだ。そしてこれが、多くの広告が「当行は信頼できる銀行です」や「当レストランの特長は高級ワインです」などといった製品の優位性をほとんどまたはまったく主張しない、非常に"ソフトな売り込み"で済ませることができる理由だ。しかし、説得力のない広告でどうやって売上を伸ばすことができるのだろうか？　その仕組みを探ってみよう。

第2章で、人がどのブランドを買うかは、彼らがどのブランドに気づき、認識し、関連する記憶を想起できるかに大きく左右されることを学んだ。そのためにはメンタルアベイラビリティが非常に重要だ。ブランドのメンタルアベイラビリティは時間経過とともに、また状況によって変化する。広告は、メンタルアベイラビリティを構築し更新する上で重要な役割を担っている。

人は、すでに使っているブランドの広告には注意を払うが、使っていないブランドの広告に気づくことはあまりない。たとえば、以前は見なかった車の広告が車を買ってから目につくようになったと、少し驚きながら報告する人が少なからずいる。これは、人は自分が知っているもの、好きなものにより多くの注意を払う傾向があり、また自分が使っているブランドの記憶構造はより発達しているため、自分が買うブランドの広告の情報処理に必要な精神的労力が、そうでないブランドの広告に比べて少ないからだ。その結果、あるブランドのユーザーはノンユーザーに比べ、その広告を想起する可能性が2〜3倍高くなる（Vaughan, Beal & Romaniuk, 2016）。

これは、広告が**既存の記憶を更新**することに特に長けていることと一致する。広告はこれを、私たちが広告に特別な注意を払ったり頭を深く働かせたりしなくても、すばやく行うことができる。

広告は、新しい記憶を構築することにおいては限界があり、また人々の行動を変容させるほどの説得力にも欠ける。しかし、広告には既存のロイヤルティを高めるという自然な利点がある。つまり、人にすでにやっていることを継続するように促すのだ。

つまり、広告の大きな役割のひとつは、売上の減少を防ぐのを助けること、すなわち、消費者がブランドを忘れてしまい購入頻度が減るのを防ぐことだ。多くの広告にとって、その重要な目的は、ブランドの市場シェアを維持することだ。これが、市場シェアの大きいブランドほど大規模な広告主である理由だ。小規模なブランドが広告なしで成長することは可能だが、大規模なブランドが広告なしで長く存続することは難しい。たとえば、スターバックスは創業当初は広告をほとんど出さず、エスプレッソコーヒーの需要の高まりに対応するために全米に店舗を展開することに注力していたが、多くの競合他社に囲まれた大ブランドとなった現在では広告を出している。

このように広告が守りの姿勢を持っていても、広告が売上を生み出さないということではない。これはよくある誤解だ。広告によって企業が市場シェアを維持することができるだけでも、それは売上を生み出す仕組みとして機能していると言える。つまり、売上が失われることを防ぐことで、そうしなければ発生していなかった売上を生み出すことが可能になっていたのだ。

マーケターが**ブランド広告**について語り、売上を伸ばすことを目的とした広告と対比させることがある。彼らは、「ブランド広告の目的は売上を伸ばすことではなく、ブランドを構築することだ」と言う。しかし、この考えは誤っている。ブランド広告の目的は、購買行動に影響を与えること、すなわち売上を伸ばすことであり、ブランドはこのようにして構築される。

多くの場合、広告を出稿しても売上が急増するわけではなく、また広告を止めても低迷することもないのは事実だ。これでは、広告が売上促進に失敗していると誤解されてもおかしくはなない。たしかに効果的でない（つまり、誰に向けた広告か視聴者が理解できない）広告があるのも事実だ。たとえ効果的な広告であっても、広告の販売効果が週間売上数の変化に現れにくいのには、3つの大きな理由がある。

まず、広告の効果は時間をかけてゆっくりと広がる。通常、広告が市場内のすべての消費者に届くまである程度の時間がかかり、広告に対する消費者の小さな反応のひとつひとつが明らかになるまでには長い時間を要する。というのも、ほとんどの消費者がそのカテゴリーから頻繁に買い物をしているわけではないからだ。たとえば、デオドラントは一般的な製品カテゴリーだが、購入されるのは通常、年に2〜3回だ。とにかく、広告効果は、広告を出稿して直ちに現れるものでも、広告を止めたその瞬間に消えるものでもない。中には、消費者にその生涯にわたって影響を及ぼす広告ものもある（Bronnenbergら, 2009; Connell, Brucks & Neilsen, 2014）。たとえば、マクドナルドを表す黄金のアーチを一度覚えてしまえば、それを完全に忘れることはまずないだろう。このように小さな効果は延々と続くものだ。

次に、市場には多くの**ノイズ**が存在する。ここでいうノイズとは、競合他社の広告や販売促進、価格変更、新製品の発売、さらには天候の変化など、今週の売上に影響を与えるさまざまな要因を指す。これらが広告効果を確認したり測定したりすることを難しくしている。しかし、だからといって広告が売上を刺激していないわけではない。

第三に、広告の開始と停止の切り替えが滑らかに行われることはめったにないことだ。テレビ、ラジオ、オンラインでの広告キャンペーンは特定の期間だけ特集を組むかもしれないが、雑誌やポスターなどの広告はしばらくの間市場に留まることがあり、また看板や陳列棚のディスプレイ広告などはそのまま使い続けられることがある。他にも、口コミやメディアが取り上げるパブリシィティといった、マーケターがコントロールできない領域も多い。広告は消費者を刺激することはできるが、その後の口コミやメディアによるパブリシィティのタイミングまでコントロールすることはできない。つまり、広告キャンペーンの開始時と終了時に合わせて売上が正確に上下するわけではないということだ。

広告が市場に与える影響を理解するためには、まず人々の購買行動のメカニズムを知ることが重要であり、その上で、その知識をもとに広告が人々の購買行動にどのような影響を与えているかを分析する必要がある。

Chapter **11**　　　　Advertising

広告と消費者の購買行動との関連性

ブランド広告に何が期待されているかを理解するためには、消費者の購買行動についてこれまでの章で学んだことを振り返り、広告との関連性を考察することが役に立つ。

広告が購買行動に影響を与えたときの主なパターンは次のとおりだ。

- レパートリー購入はほとんどの製品カテゴリーで起きている。
- 購買客の大半がそのカテゴリーのブランドのライトバイヤーだ。
- ブランドの市場シェアはブランドによって大きく異なるが、ロイヤルティのレベルにはほとんど差がない (Ehrenberg, 1988)。
- 競合ブランド同士のユーザープロファイルが異なることはほとんどない。つまり、ブランドAのユーザーの人口統計学的属性や心理学的属性は、競合ブランドBのユーザーとほとんど同じだ (Kennedy, Ehrenberg & Long, 2000; Uncles et al., 2012)

ほとんどの購買客が、競合他社が提供するさまざまな商品（競合製品レパートリー）を購入することに抵抗がなく、また実際にこれまでもそのようにして競合製品を買っていたことを考えると、ある競合ブランドが他社よりもすぐれていると消費者に思わせる（つまり唯一のロイヤルティの構築を促進する）広告はほとんど存在しないといえる。したがって、ブランドが"より良い"または"最高"であることを説得することは、多くのブランド広告にとってはとんど不可能な達成目標だ。その理由は、競合するブランドは特徴や品質などにおいてはとんど差がないからであり、また、多くの広告が15秒や30秒の短いコンテンツであり、媒体の特性上ほとんど説得力がない（すなわち関与力が低い）からだ。しかし、幸いなことに、人々の行動にポジティブな影響を与え、継続的かつ頻繁に買ってもらうためには、そのブランドが想像以上にすぐれていると納得させる必要はない。

ほとんどの購買客がライトバイヤーであり、購入の間隔が数カ月以上空くこともめずらしくない。そのため、ブランドを購入してもらうためには、そのブランドのことを想起させるための働きかけが必要だ。リマインド広告は、次の点で買物客の行動を促すのに効果的だ。

1. 普段の選択肢にないカテゴリーからの製品の購入を促す――たとえば、母親が子どもへの褒美を考えるとき、チョコレート、アイスクリーム、ビスケット、おもちゃなどの選択肢が思い浮かぶことだろう。このとき、他の選択肢は無意識のうちに検討対象から外れている。広告はそのような消費者の選択に影響を与えることで、忘れがちなカテゴリーの商品を思い出させ、購買をナッジ（誘導）することができる。

2. 忘れがちなブランドを想起させる――ブランドは時間の経過とともに人々のレパートリーのなかで順位が変化する。レパートリーに新しいブランドが加わることもある。広告に課せられた大きな課題のひとつは、買物客に、以前買ったことのあるブランドを次の購入機会に再検討することを促すことだ。たとえば、自分が買いたいと思うすばらしいチョコレートバーはたくさんあり、その多くがとても満足できる選択肢かもしれないが、どのような購買機会であれ、いざ買うとなると、目の前の棚に並んでいる20〜60個の選択肢のなかからわずか2〜3個しか検討の対象に残らない。

ひとりひとりの購買客はカテゴリーやブランドへの小さなナッジを認識していないかもしれないが、結果的に多くの買物客をナッジすることで、長期的な売上に大きな影響を与えることができる。実際、確立されたブランドの広告がユーザーをナッジして売上の減少を防ぎ、成長をもたらすことを示すエビデンスがある (Jones & Blair, 1996)。

どの競合ブランドも基本的に同じ消費者層をターゲットにしていることを考えると、ブランドは特別なターゲットオーディエンスに向けて広告戦略を立案する必要はないということになる。もちろん、広告主は誰が自分のカテゴリーから製品を買っているのかをきちんと理解しなければならない。たとえば、おむつ広告であれば、主なターゲットオーディエンスは赤ちゃんのいる親だ。しかし、むやみにターゲットオーディエンスを限定しないように注意しなければならない。すぐれた広告は、両親にとって魅力的であると同時に、祖父母やベビーシッター、将来の両親などにもアピールすることができるからだ。

幅広いオーディエンスにアプローチするためには、まずそのためのメディア戦略が重要だが、広告コピーもその表現が特定のオーディエンスに過度に偏らないようにしなければならない。ライトユーザーにメッセージを届けることはきわめて重要だ。なぜなら、ライトユーザーの数は多く、彼らこそブランドの成長に欠かせない存在だからだ。これは、ブランド知識があり、ブランドについてよく考え、その知識がよく整理されている人にメッセージを届けることよりもはるかに難しい。ライトユーザーはその広告がどのブランドの広告であるかを間違いやすく、広告はライトユーザーの連想記憶を更新することに失敗しやすい。ライトユーザーにはそのブランドの連想記憶が少ないからだ。これは、広告が効果を発揮するためには、一貫性を大切にしながら、そのブランドのもっとも確立されたブランド資産を使わなければならないことを意味する。

　以上の購買行動パターンの考察から、広告主は比較広告の実行には慎重であるべきことが示唆される。通常、消費者にはレパートリー購入という購買行動パターンが観察される。それは顧客の多くがすでに競合ブランドを購入していることを意味する（詳細は第6章の「購買重複の法則」を参照）。したがって、競合ブランドに言及する、あるいはそのパッケージの一部を見せると、競合ブランドの連想記憶を更新してしまう可能性がある。ブランディング力に欠ける広告はこの罠に陥りがちだ。オーディエンスは、その広告を好きになっても違うブランドと関連づけてしまい、競合ブランドと間違えることがある（Kennedy, Sharp & Rungie, 2000）。これは些細な問題とはいえない。ブランドを正しく記憶できている視聴者はわずか約40％にすぎない（Franzen, 1994; Rossiter & Bellman, 2005）。したがって、広告を作るときは、競合ブランドと共通する色や、画像、その他の要素を広告で使うことを避け、人々の期待から逸脱しないような広告のルックをデザインする必要がある。

CRITICAL REFLECTION　批判的省察

　フレーバーや形態が異なるなど、複数の種類の商品を提供している企業は、次の2つのうちどちらに注力すべきでしょうか？　図11.4のシュウェップススプリングバレーの広告キャンペーン"春はどこからやって来る？"を参考にして考えてください。

・ブランド広告──ブランド全体を強化するイメージやアイデンティティを、広告を通じて育成し新鮮に保つ
・製品広告──特定の商品を売ることに特化する。

図11.4　フレーバーの違いを訴求したスプリングバレー広告キャンペーン

記憶がなければ何も生まれない

一部のダイレクトレスポンス広告とオンライン**検索エンジン広告**を除けば、広告は記憶を通じて機能する。これは議論の余地のない事実だが、マーケターや学者たちはこの記憶の本質的な役割を忘れがちで、広告は説得力のある議論やブランドに対する強い感情を作り出すことによって機能すると考えている。

一部の**インタラクティブ広告**（図11.5のミューズリーバーの広告を参照）のような例もあるが、ほとんどの広告は視聴者に記憶してもらうことでその目的を達成することができる。たとえインタラクティブ広告であっても、既存の記憶に基づいて解釈される。さらに、インタラクティブ広告の視聴者の大半は、広告に触れた時点で注文を出すわけではない。ウェブ広告のクリックスルー率は平均0.1％しかないため、インタラクティブ広告が売上に大きな影響を与えるためには、やはり記憶が重要なのだ。たとえば、キャンベル社が野菜の食材マッチングゲームをコンセプトにしたインタラクティブ広告を出したとき、広告を見たユーザーのうちクリックしたのは１％弱だった。当時のほとんどのユーザーにとってこのタイプの広告は新しく、食材マッチングゲームそのものも斬新だったためクリックしたのだろう。つまり、その時点でスープを買いたかったのでクリックしたという人はほとんどいなかったかもしれない。ゲームをプレイしなかった視聴者もその多くが、キャンベルがさまざまな野菜入りスープを作っているという記憶が強化されたことだろう。研究によれば、**バナー広告**の効果の大部分は、オフラインで買った人およびバナー広告をクリックしなかった人から得られている（Fulgoni & Morn, 2009）。

だからこそ、広告主は、人々の脳、特に記憶のメカニズム、そして広告に触れて反応するときの感情の役割を理解する必要がある。そうすることで初めて、記憶に強く働きかけ、効果を発揮する広告を作ることができる。

広告が記憶に影響を与えるためには、広告が視聴者や読者やリスナーによって受信され、符号化されなければならない。このメンタルな広告情報処理は記憶に依存するので、そのプロセスは消費者によって異なる。ヘビーバイヤーはより簡単かつ正確にこれを処理する。また、個々の広告は容易に情報処理されなければならない。情報処理できなければ、多くの場合、広告主の期待どおりの符号化は行われない。非常におもしろい広告を見てその一部を覚えていても、広告されているブランドとの関連付けがまったく記憶に残らないことはめずらしくない。これは広告主にとっては単なる無駄でしかない。このような状況を避けるためには、広告のなかで十分なブランディングを行うことが不可欠だ。調査によると、テレビ広告では、早い段階でブランドを頻繁に提示し、少なくとも１回は言葉で言及する必要がある。一方、ブランドを画面上に長時間表示するだけでは効果がないことが示されている（Romaniuk, 2009）。

記憶がどのように符号化され保存されるかが重要だ。なぜなら、記憶が、商品を購入するときや友人にブランドを薦めるときなどの、ブランドの想起に影響を与えるからだ。どのような機会であろうと、想起される記憶は、それに付随するさまざまな情報連想ネットワークの影響を受けている（Bower, 1998; Anderson & Bower, 1973）。人の脳は情報をノード（node:神経節）に記憶し、ノードは他のノードとリンクしている（Anderson & Bower, 1973; Collins & Quillian, 1969）。空腹や社会的欲求などの身体的欲求によって、あるいは広告や店頭で何かを目にすることによってノードが活性化されると、接続している他のノードも活性化される（Anderson, 1983）。マーケターの目標は、できるだけ多くの購買状況において、できるだけ多くの潜在顧客のブランドノードが最大限に活性化されることであり、そのためには、消費者とブランドとの間に意味のある"コネクション"を作ることが鍵となる。

図11.5 インタラクティブ広告の例

データソース：Bellman, Schweda & Varan, 2009

　2つの情報が同時に提示されたときに、脳内で学習が行われ、それらの情報間にコネクションが生まれる。これは、"2つのニューロンが同時に発火すると、その間の情報伝達効率が強化される"というヘブの法則として説明される。ヘブの法則は、ブランド連想、すなわちブランドノードへの意味のあるリンクがどのように構築されるのか、その理解を助けてくれる。広告は、購買の意思決定を促すきっかけとなる刺激にブランドを結びつけなければならない。

　独自のブランド資産が構築されるときもこれと同様だ。あるシンボルや色がブランド名とともに繰り返し表示されると、消費者はその2つを関連付けるようになる。すると、その独自のブランド資産がブランド名と同じように機能しはじめて、広告のブランド化が進む。マクドナルドは今日のような独自のブランド資産を当初から持っていたわけではない。このハンバーガーチェーンは何十年もの間、一貫してブランド名とブランドカラーとシンボルを併用してプロモーション活動を行ってきた。そのシンボルは、今やほとんどのユーザーにとって、マクドナルドブランドとユニークかつ強固に結びついている。たとえば、マクドナルドのシンボルであるアーチは1950年代半ばから使われ（図11.6を参照）、1960年代後半に現在のゴールデンアーチにリニューアルされた。ロナルド・マクドナルドは1966年に初めて全国的テレビコマーシャルに登場し、その友人たちは1970年代初頭に登場した (McDonald's, 2012)。何十年にもわたる一貫性がこのような強固なブランド連想とブランド記憶の構築に貢献し、その結果、ブランドと店舗が注目されやすくなったことは明らかだ。

　独自のブランド資産は、特定のブランドの広告が効果を発揮するのに役立つ。広告は、関連カテゴリーのニーズやウォンツを示す手がかりにできるだけ多くの**連想のリンク**を構築しなければならない。たとえば、マクドナルドは、空腹、朝食、昼食、夕食、軽食などの他にも、友人と会う場所、子どもを連れて行く場所、手早くコーヒーを飲める場所、健康的な食事の選択肢などと連想のリンクを構築している。連想のリンクが多ければ多いほど、ブランドにとって有益な瞬間にブランドが想起される確率が高まる。

図11.6　数十年前からのマクドナルドのシンボル

図11.7　デリフランスの広告「家で焼ける準備ができた」

データソース：Délifrance

　想起されやすさはリンクの強さの関数でもあり、ノードのユニークさ (Meyers-Levy, 1989)、ノード間の経路数 (Unnava & Burnkrant, 1991)、経路の繰り返し使用 (Anderson, 1983; Fazio & Williams, 1986; Martindale, 1991) によって決まる。
　したがって、広告の重要な仕事のひとつは、すでにそこにある連想を強化して深め、時には新しい連想を構築して、購買の場面でブランドが想起される可能性を高めることだ。
　広告主にとって、既存の記憶を利用することは非常に重要だ。これには、ブランドの記憶だけではなく、多くの人々の頭のなかに存在する一般的な連想も含まれる。既存の連想を持たない新しいブランドにとっては特に価値がある。シンプルな例を図11.7に示した。これはデリフランスの広告だが、フランスパンをスリッパの形に切って、家庭とのつながりを暗示している。このシンプルなイメージが、"デリフランス"と"家"という2つのコンセプトを連想させ、しかも、多くのコミュニケーションと同様に、ロジカルかつエモーショナルに伝えている。このユニークな写真は見る者の興味をそそる。アイデアの巧みさは抜群だ。楽しくて思わず笑顔になる。さらに、焼きたてのパンと家庭という概念が、どちらも温かく心安らぐ感情を引き起こしてくれる。
　物語、おとぎ話、神話、シンボル、アーキタイプ（人の心の深層にある心象の基本形）が広告によく使われるのは、それらがオーディエンスの心と体にすばやく働きかけるからだ。人は広告にほんの一瞬の注意を払うだけなので、多くのことが見過ごされる可能性が高い。そうなると、どんな広告であっても記憶に与える影響は小さいだろう。アー

キタイプは、すでに確立された記憶を利用するので、迅速にコミュニケーションをとるのに役立つ。図11.8のジョン・ルイスの広告では、イギリスの道路標識にcooks（料理人）という単語を関連するイメージ画像とともにシンプルに入れることで、オーディエンスに、この店舗で美容とファッションに関するすべてのニーズが満たされることを一目で魅力的かつエモーショナルな方法で伝えている。

図11.8　ジョン・ルイスの広告

人は**感情**で生きている。これは避けられない。感情は私たちの脳と体に組み込まれていて、私たちが生きている環境に反応しその情報を処理するのを助けている。純然たる合理的な情報でさえ、感情的な反応を引き起こすことがある。たとえば、「ジミーチュウの靴が本日24時間セール」という広告に人はどう反応するだろうか。通常、私たちの感情的な反応は非常に微妙であり、自分では感知できないものであるが、時には注意が向いていることをはっきりと感じることもある。

アメリカの広告研究財団と米国広告代理店協会は、テレビ広告に対する消費者の感情的反応に関する調査のなかで、製品のポジショニングに焦点を当てた広告よりも、ブランドのストーリーを伝える広告のほうが効果的だと主張している。ストーリーテリング広告が効果的であるためには、物語の展開がブランドの価値観と密接に関連していなければならない。ビル・クックは次のように述べている。「感情の高まりがストーリーのクライマックスやブランドの存在と一致するとき、ブランドとの感情的なつながりが最大化する」（Facendaより引用, 2007）。感情的反応をどのように引き起こし、どのように測定するのが良いか、どの感情がもっとも重要かなどを理解するためにはまだ多くの研究が必要だが、感情が重要であることだけは明らかだ。

私たちが抱くさまざまな感情は、自分を取り巻く環境のなかで何に注意を向けるべきか、あるいは何を避けるべきかの判断を行うのに役立つ。また、意思決定のプロセスにも感情は必要だ（Damasio, 1994）。

図11.9　メカノの広告は子どもたちの想像の世界のなかの物語や遊びを表現している

広告代理店は感情に訴える広告を作ることを楽しんでいる。すぐれた広告代理店の**クリエイティブ**担当者は、人を笑わせたり、泣かせたり、安心させたりすることに長けている。これらはすべて結構なことだが、ブランドの**メンタルアベイラビリティ**を強化し構築することで販売を促進するという広告の本来の目的を見失ってはならない。広告クリエイティブのコンテンツは、ブランドを強調し、ブランド想起のきっかけとなる要素とのリンクを構築するべきであり、それを邪魔したり反したりするようなことがあってはならない。

クリエイティブの役割

ほとんどの人が、新たな恋、請求書の処理、休暇の計画、子どもの世話など、重要なことがたくさんあって日々忙しくしている。このような状況にあっては、ただでさえ雑多な情報であふれるメディアのなかで、自社の広告に気づいてもらうことは難しい。ここで重要な役割を果たすのがクリエイティブだ。動物、モデル、有名人、効果音など、クリエイティブな仕掛けはたくさんある。

すぐれた広告はそうでない広告よりも総じて魅力的であり、視聴される可能性が高い。つまり、見過ごされる可能性は低い。広告が効果的であるためのもうひとつの方法は、広告をシンプルに直観的に設計することだろう。情報量の少ない感情に訴える広告は、消費者が積極的に情報処理を行わなくても効果的であることを示すいくつかのエビデンスがある（Heath, Nairn & Bottomley, 2009）。すぐれた広告であるためには理解が容易でなければならない。広告のなかには、意図的に巧妙であったり、トリッキーであったり、理解しにくいものがあったりする。このようなクリエイティブな仕掛けが消費者の情報処理能力を高めるのであればかまわないが、大きなリスクが伴うことは明らかだ。つまり、多くの消費者が広告に関心を持たないかもしれないし、単純には理解できないかもしれないし、無視するかもしれない。

しかし、注目を引きつけることだけが広告クリエイティブの目的ではない。注目されても、記憶を更新したり構築したりすることができなければ、メンタルアベイラビリティを構築できず、売上にも悪影響を与える。すぐれた広告は、単に目立つだけでなく、創造的な方法でブランドを記憶に残すことができる。記憶を更新するということは人に既知の情報を伝えることだが、決して退屈であってはならない。幸いなことに、人は古いメッセージであっても、上手に提示されていれば、喜んで受け入れる。むしろ、新しいことを伝えるメッセージ、特に既存の考えと対立するメッセージに抵抗を示す傾向がある。人は、"古いニュース"であっても、それがおもしろい方法で紹介されていれば、喜んで注意を払う。古いニュースを新しくおもしろく伝える方法を見つけることは、広告クリエイティブの挑戦の中心的な課題のひとつだ。

前述したとおり、広告は、クリエイティビティを追求するあまり、ブランドコミュニケーションが曖昧になってはならない。広告の視聴者の多くが、広告全体に大きな注意を払って見ているわけではないので注意が必要だ。たとえば、広告が流れている間に、コーヒーを飲みに席を立ったり、他の番組をチェックしたり、音を消したり、会話をしたりする。広告は、創造的であると同時に、視聴者が深く考えたり注意を払ったりしなくても、ブランドのメッセージやアイデンティティを効果的に伝えられなければならない。

販売効果の高い広告

販売効果の高い広告を作るためにはどのような記憶の構築が必要かを考えることが重要だ。消費者があなたのブランドを想起し購入することを後押しするのは何だろうか？　多くの場合、それは非常に単純なことだ。たとえば、あなたのブランドの視覚的特徴は何か、どこで売られているか、どのような場面で使われているか、などだ。これらの点を伝えることを長期的に怠ると、致命的なことになりかねない。何度でも想起させなければならない。

考慮すべき側面のひとつが、**ブランド想起**と**ブランド認知**の相対的な重要性だ（Rossiter & Bellman, 2005）。たとえば、スーパーマーケットで買い物をするとき、多くの製品カテゴリーにおいて、買い求めたい商品（例：冷凍エンドウや缶詰トマト）は競合商品に囲まれて並んでいる。このような状況では、ブランドのパッケージや、ブランドカラー、

ロゴなどの独自のブランド資産に気づき、それを認識することは重要だが、ブランド名はそれほど重要ではないかもしれない。買物客を研究した調査によると、商品やブランドに関する意思決定の約50%が店舗で行われているという (Rubinson, 2010)。であれば、買物客の店舗内での購買を支援するためには、どのような記憶を構築し更新しなければならないかを考えよう。

ウェブ検索後にオンラインで購入される製品もある。検索連動型広告、つまり有料のウェブリンクは、消費者がブランド名に気づき認識した場合、効果を発揮する。まず、マーケターが検索エンジン広告を理解することが重要だ。主な特徴は、ブランドに直接的な関心を持って検索エンジンにキーワードを入力した人に、広告が直ちに届くことだ。Googleの "アドワーズ"(http://www.google.com.au/adwords/) について学び、ブラウザにさまざまな検索語句入力して反応を試してみよう。

他にも、消費者自身がブランドについて考えなければならない状況がある。たとえば、カフェで特定の銘柄のビールを注文しり、AmazonやGoogleで特定の本の名前を入力したりすることがあるだろう。このようなとき、ブランドを想起できなければならない。この記憶検索のタスクはブランド認知よりも難しい。

子どもが親に買い物をねだることはよくあることだ。このようなとき、子どもが要求を言語化できるように、マーケターが戦略的にジングルを使うことがある。たとえば、"エアロプレインゼリーが好き。エアロプレインゼリーは私のためにある。お茶にも夕食にも合う。毎日少しずつ。エアロプレインゼリーが好き。エアロプレインゼリーは私のためにある♪" と歌うエアロプレインゼリーのコマーシャルソングはその一例だ。どの幼稚園の教師も指摘するように、歌や押韻は子どもたちが言葉（この例の場合はブランド名）を覚えるのに役立つ。

新しいブランド、特に新しいカテゴリーのブランドには、通常、たくさんの伝えたい新しいニュースがある。しかし、たとえそうであっても、広告の主要メッセージはいたってシンプルであり、そのようなブランドが存在すること、それはどのようなブランドか、見た目はどのようなものか、どこで見つけることができるか、などといったものだ。

新規ブランド広告のチャレンジ

新規ブランドは、メンタルアベイラビリティに欠けているが、フィジカルアベイラビリティに欠けていることも多い。そのため、新規ブランドは、広告に求められる役割や期待される効果が、既存のブランドとは異なる。新規ブランドは、世の中にはじめて登場したという目新しさがあって注目を集めることもあるが、メンタルアベイラビリティとフィジカルアベイラビリティに欠けるというのは大きな欠点だ。

フィジカルアベイラビリティが小さいブランドは、広告活動を行っても、そのメッセージが購入機会のほとんどない消費者にも届くことになるので、広告努力の多くが無駄になるという問題に直面する。また、人々が店頭でブランドを見ても広告の印象が強化されることはないので、広告はインパクトに欠けることになる。この問題の解決策は、もし可能なら、ブランドのフィジカルアベイラビリティのある場所に広告を配信できるメディアを見つけることだ。そうでなければ、無駄な広告を受け入れざるを得なくなる。しかし、ブランドがよく宣伝されていることがわかれば小売業者が仕入れを開始することもあるので、たとえ直接的な利益が得られなくても、フィジカルアベイラビリティを高めるために広告活動が行われることもある。

もしブランドの知識がなければ、広告の情報を理解し解釈することは難しい。通常、広告は既存のブランドに対してはその記憶を強化するのに適しているが、新規ブランドの場合、人はそのブランドについて何も知らないため、広告は効果を発揮しにくい。一部の広告主が、消費者の既存の記憶構造を "借用" して、新規ブランドを彼らの既知の情報と関連づけようとするのはこのためだ。たとえば、ヴェルタースオリジナルの広告キャンペーンは、祖父や父親が幼い男の子にヴェルタースオリジナルのお菓子をプレゼントするシーンを描いているが、この広告を見た人が、自分が子どものころにお菓子をもらったことを思い出し、その感情をブランドと結びつけることで、ブランドへの好感が高まることを狙っている。

新規ブランドの広告の役割は、シンプルな記憶構造を構築してブランドの購入機会を創出することであり、もっと

も明確に伝えるべきメッセージは、新しい製品またはサービスが市場に導入されたという情報だ。新しいブランドを潜在購買客に認知させ、購入を検討してもらうために、広告を通じて伝えなければならない重要な情報には、他にも次のようなものがある。

・ブランド名、ロゴ、ブランドを特定できる他の要素
・ブランド／製品の外見（店頭ディスプレイ）
・店舗の外見（新店舗か、銀行か、その他の小売店舗か）
・どこで購入できるか

　さらに、広告は、購買状況で購買客がブランドを想起しやすい記憶のリンクを構築し、更新しなければならない。購入や消費の場面でブランドを使う人々が広告のなかで描かれることが多いのはそのためだ。ブランドを広告のなかで使ってブランドが消費者の生活の中にうまく適合することを示すことは理に適っている。例として、キャドバリーの広告"何も持って来ないようにと言われたときに持って行くもの"（http://www.youtube.com/watch?v=SBjIaAd1xeY）を参照されたい。

　新規ブランドの広告のなかには、そのブランドを持つ必要性を訴える広告もある。それは、マーケターが、消費者にブランドのベネフィットを訴えて購入動機を刺激する理由を与える必要がある、と考えているからだ。発売時のWii（図11.10参照）のように革新的製品には適切かもしれない。ただし、新規ブランドのベネフィットの大部分がカテゴリー内の既存ブランドのベネフィットと共通する場合、新規ブランドの広告が既存ブランドの売上に貢献してしまう可能性が高くなる。

図11.10　Wii新発売の広告

データソース：ニンテンドー・オーストラリア

　新発売製品の多くが、独自のブランド資産（ロゴ、見え方、ブランドカラーなど）を確立している既存ブランドの拡張ブランドだ。図11.11の例は、"My Dog"の子犬用商品（オーストラリア以外ではCesarという）のオンラインでの新発売の広告だ。既存の記憶構造を利用して新規ブランドの発売を優位に進めることはできても、多くの新しい情報を伝えることは難しい。消費者の多くが単に既存ブランドの広告としか理解しない可能性が高い。

　時には、真に革新的なブランドや製品の発売もあり、消費者は、新たな知識を習得したり、これまでの行動パターンを変えたりしなければならない。たとえば、AppleのiPadは技術的に大きな発展を遂げた製品だった。このような場合、説明は必要だが、そのメッセージは極めてシンプルでよい。たとえば、製品そのもの、主な特徴（例：iPadはスリムでどこにでも持ち運びやすい）、製品のターゲット（購入者や使用者）、魅力（例：クールなことができる）を確実に伝えること、そしてなによりも、上手にブランドを印象づけることが重要だ。製品やサービスが一度

図11.11　マイドッグパピーのオンライン広告

データソース：Mars Petcare Australia

認識されると、それがブランドの継続的な成功を確保するための基盤となる。

　新発売キャンペーンでの"新しいニュース"も、あっという間に新しいものではなくなってしまう。記憶を新鮮に保ち、検索しやすくするためには、繰り返してメッセージを送り続けることが必要だ。Appleの広告は、一貫して明確なブランドイメージを保ちながら、iPadをさまざまな方法で、しかも楽しく紹介している（iPad AirのCMを参照：http://www.youtube.com/watch?v=tgXR7YxCIvM）。

　ほとんどのiPadの広告が、製品を創造力豊に宣伝しながら、製品特徴を実証し、親ブランドのイメージや価値を明確に強調している。重要なことは、Appleの広告が非常に魅力的であることだ。だから人々は見たくなる。視聴者を退屈させる広告は早送りされるか無視されてしまうだろう。

　新ブランド発売の広告では、広告を長年続けてきた歴史のあるブランドにはめったに見られないほどの大きな売上の伸びを感じることがある。しかし、新ブランドは顧客も売上もない状態からスタートするため、どのような増加であっても数字上は大きく表れる傾向があることを忘れてはならない。多くの場合、新規ブランドは、プロモーションや特別キャンペーンを開始すると同時にフィジカルアベイラビリティが構築される。そのため、キャンペーンのインパクトが実際以上に大きく見えている。新規ブランド発売時には、既存ブランドのキャンペーンに比べて、売上の変化率が大きいと予想すべきだろう。

CRITICAL REFLECTION　批判的省察

1. 記憶構造およびブランド記憶は広告において重要な要素です。これらがなければ、消費者があなたのブランドを購入する可能性は実質的にゼロです。あなたが次のような新ブランドを立ち上げるとします。潜在的購買客の頭の中にどのようなシンプルな記憶構造を構築しなければならないでしょうか？　できるだけシンプルに表現してください。
    a. ワインの新ブランド
    b. 新しいクリーニング店
    c. 有名アーティストの新しいアルバム
    d. 政治家
2. なぜ広告は人々に既知の情報を伝え続ける必要があるのでしょうか？
3. どのような記憶があれば消費者がブランドを反復購入するのに役立ちますか？

CASE STUDY

オーストラリア食肉家畜生産者事業団——"ラム肉が好き"広告キャンペーン

エリザベス・ガンナー、レイチェル・ケネディ 著

　オーストラリア食肉家畜生産者事業団（MLA）のラム肉キャンペーンは、広告がどのように機能するのかを示す良い例だ。MLAは生産者が運営する企業で、畜産農家や政府と連携して、赤身肉製品産業の持続可能性と収益性を維持するための活動に共同で取り組んでいる。そこには全国的な赤身肉製品のプロモーションも含まれる。

　"We love our lamb"や"You never lamb alone"などのキャンペーンは、ラム肉の販売促進のための継続的なマーケティング活動の一環だ。このキャンペーンは1980年代に始まった。当時のラム肉は、古臭い、脂身が多いと認識されており、人々は鶏肉や豚肉などの肉を選ぶようになっていた。キャンペーンの目的は、オーストラリアの家庭の食卓にもっとラム肉を並べ、ラム肉に対する消費者の認識を改善することで、売上減少に歯止めをかけることだった。

図11.12　MLAの"We love our lamb"と"Lamb Roast"広告キャンペーン

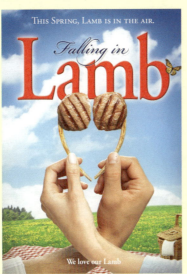 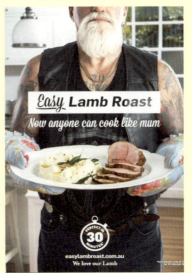

　"We love our lamb"キャンペーンは1999年に始まり、次の2つの点で大成功を収めた。
・小売価格の高騰や供給量の変動という問題があったにもかかわらず、ラム肉に対する持続的で力強い国内需要を創出した。
・ラム肉と、オーストラリア建国記念日や"She'll love you for it"キャンペーンを使った母の日などの重要なイベント、および春という季節との間に関連性を確立した。

　これらのキャンペーンの成功は、購買客の行動を理解して、すぐれたメディアプランと強力な広告クリエイティブを組み合わせたマーケティング戦略を採用したことにある。

　需要を持続的に創出することが目的のひとつであったため、MLAは幅広い層をターゲットにした。2013年の広告"Now anyone can cook like mum"はこれを上手に表現している（図11.12を参照）。年間を通じてテレビなどのマスメディアを重視したメディアプランを立て、最大限のリーチと継続性を確保しつつ

季節性も考慮した。すなわち、生産量の多い時期にラム肉の需要を喚起し、春という季節とラム肉の関連性を構築し、重要な祝祭日にも焦点を当てた。特にライトバイヤーからもたらされる売上は成長の可能性を秘めていたので、MLAはこの層にリーチしたいと考えていた。

どの広告もユニークだ。コミュニケーションのスタイルに一貫性があり、毒のあるユーモアのセンスが効果的だ。これが広告を印象的で好感度の高いものにしている。

MLAはラム肉の販促にセレブリティの力を利用してきた。"ラムバサダー"として2005年から約10年間ラム肉のコマーシャルに登場した、スポーツコメンテーターで元AFL選手のサム・ケコビッチが"We love our lamb"キャンペーンの中心的存在だった。最近の広告では、クリケットのコメンテーターとして著名なリッチー・ベナウドが、一人でラム肉を食べたくないために仲間を誘っていた。サム・ケコビッチ、ビリー・バーミンガム、イタ・バットローズ、さらにキャプテン・クックを含むオーストラリアの著名人たちが、リッチーの家で行われたオーストラリア建国記念日のバーベキューに参加し、ラム肉を宣伝した。その広告はhttp://www.youtube.com/watch?v=NM39rnBTBFcでご覧いただきたい。MLAは2017年、過去のブランドの成功を踏まえ、幅広い視聴者層にアピールするだけでなく、製品を主役にしながらブランドにも注目を集める魅力的なコンテンツを作ることが可能であることを証明した。

一貫して質の高い広告表現を創り、エレビデンスに基づくメディアプランニングを行ってきたことが、ラム肉の新しいイメージを確立し、ラム肉のメンタルアベイラビリティを構築し更新することに貢献した。このような広告キャンペーンと売上を直接関連づけるデータを筆者らは持ち合わせていないが（シングルソースデータが理想的だが、オーストラリアでは入手できない）、2000年代初頭以来のラム肉価格の力強い伸びが期待される (Dahl, Martin & Gray, 2014)。ラム肉の国際市場でのマーケティングの成功と相まって、MLAと生産者の双方にとって良い結果となった。

発展問題　QUESTIONS

1. セレブリティを起用してブランドを支持してもらうことと、エナジャイザー・バニー、ミシュランマン、ロシア版ミーアキャット（アレクサンドル・オルロフとして知られているアニメキャラクター。http://www.comparethemeerkat.com.auを参照）などのキャラクターを作ってその役割を担わせることの、メリットとデメリットは何でしょうか？

2. キャンペーンアイデアを長期（数年間または数十年間）にわたって使い続けることのメリットは何でしょうか？　広告主が長期間続いたキャンペーンを断念せざるを得なくなる圧力や理由にはどのようなことが考えられますか？

すぐれた広告を導くためのブリーフィング

　通常、すぐれた広告キャンペーンは広告代理店のクリエイターによって開発され制作される。社内にクリエイティブ部門を持ち、専門のスタッフを抱えている企業もある。クリエイティブチームは通常、クリエイティブディレクター、アートディレクター、コピーライターなど、さまざまなスキルや肩書きを持つ人々で構成される。彼らは、言葉、写真、画像、ストーリーなどを駆使した広告あるいはキャンペーンを通じて、ブランドへの注目を集める。著名な広告代理店のリストについては、ウィキペディアで"広告代理店リスト"を検索してみよう。広告代理店のウェブサイトをいくつか見て、どのような広告を制作しているかを見てみよう。

　<mark>ブリーフ</mark>は、すぐれた広告やキャンペーンをデザインするための重要なステップのひとつだ。すぐれたキャンペーンの背景には、必ずと言っていいほど、洞察力に富む創造的なアイデアを刺激するすぐれたブリーフが存在する。ブリーフは、すべての関係者が求められていることを明確にし、長期にわたる一貫性を確保し、そして開発されたコンセプトを評価するための、すなわち、その広告が求められていることを実現できたかどうかを評価するための根拠を与える。とはいえ、ブリーフィングのプロセスは簡単ではなく、クライアントと広告代理店との間で、クライアントが何をどのように伝えたいのかを明確にし、簡素化するためのミーティングが何度も行われることが多い。ある最近の調査結果によると、広告主の5社に4社が、ブリーフが明確でないことでクリエイティブエージェンシーを混乱させていると考えているようだ (Bruell, 2016)。クライアントとクリエイティブチームの間を取り持つアカウントプランナーの仕事のひとつは、ブリーフを完全に理解してクライアントの考えを把握することだ。その後、クライアントブリーフを**クリエイティブブリーフ**に変換し、クリエイティブチームがキャンペーンのアイデアを考える。

　BICのパーマネントマーカーのデモシーンを見ると、ブリーフに書かれていた前提はおそらく、"BICのパーマネントマーカーで書いた文字は決して消えない"ではないかと推察される。広告アイデアは、"何年経っても色褪せないことをストレートに訴える"ではないだろうか。広告表現は、ジミ・ヘンドリックスのファンが今は亡きそのミュージシャンのサイン入りの写真を持っている、というものだった。

　すぐれたブリーフは、広告代理店に明確な方向性を与えるだけではなく、限られた制約のなかでブランド体験の興奮を創造する自由を与える。<mark>ブランド必須事項（マンダトリィ）</mark>のほとんどが、長期（理想的には数十年）にわたり、一貫していなければならない。たとえば、コーラの広告にはボトルを、ハギーズの広告にはハギーズのオムツを着けた幸せそうな赤ちゃんを、マクドナルドの広告にはゴールデンアーチを登場させるべきだ。ブリーフ上に挙げられた独自のブランド資産は、マーケティングチームの考えや願いだけはなく、多くの買物客の記憶のなかに存在するものを反映していなければならない。そのためには、市場調査による裏付けが不可欠だ。

　次節では、すぐれた広告を考案するためには広告代理店にどのような情報を提供すればよいかを考えるのに役立つテンプレートを紹介する。広告代理店は、広告の役割に関する自社の考えに基づいた、広告主が記入するための独自のブリーフのテンプレートを用意していることが多い。広告主は、広告代理店から彼らの能力やサービスについてプレゼンテーションを受けるとき、そのテンプレートの内容や形式についても深く理解しなければならない。ほとんどのブリーフのフォームが以下のテンプレートのバリエーションだ。これは"WARCベストプラクティスガイド" (Baskin, 2010) から借用した。ブリーフの書き方に唯一の正解はないので、必要に応じてこのテンプレートをアレンジし、微調整を加えるのもよい。とはいえブリーフは簡潔であり、一貫性があり、目標が明確であり、かつインスピレーションに富むものでなければならない。

クリエイティブエージェンシーのためのブリーフのテンプレート

1. 広告の背景と目的

通常どの広告主も、注意散漫な視聴者の目に留まる、ブランド力があり、好感度の高いキャンペーンを広告代理店に作ってほしいと望んでいる。

キャンペーンは、市場全体にもれなくブランドを想起させるものでなければならない。創造的な宣伝活動を行って、多くのカテゴリーユーザーが特定の購買状況でブランドを想起し、そのブランドを買う理由を発見できなければならない。調査を行っていれば、その結果をブリーフィングで共有するのも良いだろう。

広告のなかでブランド関連の情報やニュース（例：新フレーバーの発売、受賞歴、新店舗の開店など）が提供されることがあるが、それはブランドのイメージを強化するための付加的な要素として捉えるべきだ。

広告代理店が最高の仕事をすることを支援するために、ブリーフに、クライアントのビジネスやブランドの業績に関する情報やエビデンスを提示して、キャンペーンの商業的背景を説明することもある。

ブリーフは簡潔であるべきなので、詳細な情報や調査結果などについては付録にして添付するのが適切かもしれない。

時には、キャンペーンとして取り組んで解決しなければならない問題があることもある（例：一部の消費者に起きている購入障壁）。このような場合、解決すべき問題や達成すべき目標を、具体的かつ測定可能な形で明確に定義することが重要だ。

広告が放送された後にキャンペーンの効果を評価するためには、そのための具体的な目標が必要だ。"効果測定"の項を参照されたい。

2. オーディエンス

今回のキャンペーンでは誰に向けて情報を発信すべきかをよく理解し、その内容を文書化しよう。基本のターゲット層は、多くのライトバイヤーを含めたカテゴリーユーザー（および潜在的カテゴリーユーザー）だ。

3. キャンペーンの必要要件

広告を実施する具体的な理由があれば、それに言及する。たとえば、市場が抱える問題の解決につながる情報がある、クリスマスやハロウィンなどの季節限定のイメージを重視したいなど、そのカテゴリーに特有の要件がある場合だ。

広告で、自社のブランドを購入しやすくなるような具体的な情報を視聴者に伝えたいときもそうだ。たとえば、"コールスの全店舗で販売しています"や"青い箱を探してください"などだ。実店舗を持たない広告主にとっては、コールセンターの連絡先やウェブサイトのアドレスなどを伝えることが効果的かもしれない。

新しいフレーバーや特徴、受賞歴など、ブランドへの大きな関心を喚起するような特別な何かを視聴者に伝えたいときもあるだろう。しかし、すぐれた広告には多くの情報が含まれている必要はないことを忘れてはならない。

関連性のあるニュースの提供も重要だが、ブランドをクリエイティブに宣伝し、その独自のブランド資産を構築し刷新することはそれ以上に重要だ。"新しい"ニュースが新しいのは一回だけだ。その後のことも考えると、新しさを宣伝する広告であっても、常にブランドの独自性、すなわちブランドらしさを維持するように努めなければならない。

4. 必須事項

広告は、その広告を見た視聴者が何のブランドの広告であるかを容易に理解でなければならない。また、テレビ広告では、早い段階にしかも頻回にブランドを画面上に表示し、少なくとも1回はブランド名に言及しなければならない。これらの戦術は、広告効果の指標であるブランドリンクの増加に関連している（この指標については396ページの考察を参照）。

Chapter 11　　　　Advertising

広告の表現面では、色、音、音楽、トーン、ロゴ、スローガン、キャラクター、有名人、スタイル、フォント、シーンなどの独自のブランド資産のうち、ひとつから3つが中心的な役割を果たさなければならない。もしブランドにこのような独自のブランド資産が確立されていなければ、広告キャンペーンはこのような連想を構築し、強化しようとするものでなければならない。

5. 成果物

広告代理店は何を納品しなければならないか？　30秒コマーシャルか、チラシか、折り込みチラシか、屋外広告か、ウェブサイトか、それともメディアプランか？　あるいはブランド動画や屋外広告などを組み合わせた、統合的なマルチメディアキャンペーンか？　クリエイティブコンセプトとメディア選択は相互に影響し合うため、どちらを優先すべきか、というジレンマが生じる。たとえば、誰かが製品を使用しているところを映像で見せたいのであれば、ラジオ広告は選択肢から外れる。

6. 予算とスケジュール

キャンペーン全体の実行にどれだけの予算が割り当てられているかを明確に伝える。この予算はメディア費と広告開発費に大別される。前者は広告媒体の購入費であり、後者には広告コンセプト開発費と広告製作費（例：演出費、撮影費、グラフィックデザイナー費、編集費など）が含まれる。予算の設定のし方はさまざまだ。単純で恣意的なものから（例：今年はいくら使える）、複雑なデータ分析（例：過去の支出をモデリングして、何が効果的であったかを分析する）をベースに将来予測を行ったものまで幅広い。とにかく、目的達成のために適切な予算を割り当て、予算不足や予算超過にならないようにすることが重要だ。詳しくは次ページの"予算の使い方"の節を参照のこと。

スケジュールには、キャンペーンをいつ開始し、いつまで継続するかを明記する。代理店がクリエイティブなアイデアを考え、広告を製作し、メディアプランを立案するためには、キャンペーン開始前に十分な時間を必要とすることは明らかだ。ロンチ前に広告の潜在的効果を評価するための事前テストを実施したい場合は、そのための時間（最長で数週間）を確保しなければならない。ただし、デジタルコンテンツのオンラインテストであれば、数日で実施できるものもある。設定したスケジュールに特別な理由がある場合、代理店にそのことを伝えなければならない。たとえば、ロンチ発表のタイミングに合わせたいとか、カテゴリーの売上が高くなる時期に広告を出したいとか、オリンピックなどの特別なイベントに合わせたいなどだ。

7. 効果測定

広告主は、キャンペーンや広告代理店のパフォーマンスの評価について率直に説明するべきだ。その方法として、キャンペーン開始前のプリテストや、キャンペーン実施中のトラッキング調査などがある（後述のプリテストとトラッキング調査を参照）。また、代理店が提供するサービスの質や納期の遵守なども、キャンペーン全体の評価において重要な指標となり得る。

8. 連絡先情報

広告主と広告代理店やメディア代理店の意思決定者を明らかにする。まだ決まっていなければ指揮系統を明らかにする。オープンなコミュニケーションは、広告主と代理店の間に良好な協力関係を確立するために役に立つ。

付録：詳細な背景情報

クリエイティブチームにブランドを知ってもらい、楽しんでもらうためのインスピレーションを与えられるものは何でも提供しよう。たとえば、背景情報や、製品サンプル、ブランドの確立された記憶構造（歴史的なキャンペーンサンプルも含む）、カテゴリーやブランドの購買に関する既知の情報などだ。

ブリーフィングのその他の考慮事項

　クリエイティブエージェンシーのブリーフィングテンプレートは、基本的事項に焦点を当てている。しかし、現実的には、他にも考慮しなければならない複雑な問題や状況がある。

　広告の目標は複雑であり、YouTubeなどのソーシャルネットワークで話題になり口コミが拡散されることが目標の一部に含まれることもある。その例として、本章の前半で取り上げたオールドスパイスの広告キャンペーンに続いてオンラインで展開された、エージェンシーの取り組みを参照されたい（http://www.fastcompany.com/1670314/team-who-made-old-spice-smellgood-again-reveals-whats-behind-mustafas-towel）。

　"バズる"コンテンツ、つまりソーシャルネットワークを通じてオンラインで急速に拡散されたり、ブランドとのインタラクション（相互作用）やエンゲージメント（つながり）を促進したりするコンテンツを開発するという目標が一般的になりつつある。他にも、一般の人々を対象に自社ブランドの広告案をコンペ形式で募集する、消費者参加型の広告キャンペーンもある。このようなキャンペーンは、低コストで多くの人の目に広告を触れさせる機会を増やし、広告回避の問題をある程度克服できる可能性がある。しかし、何が"バズる"かについては現実的な予測が必要だ（Nelson-Field, 2013）。

　製品によっては、テレビ以外のメディアが重要な役割を果たすこともある。たとえば、ラジオはテイクアウトフードには最適で、外出中の人にメッセージを届けることができる。雑誌は、光沢のある画像は必要だが動きはいらないファッションアイテムには最適で、新聞は、"明日1日限りのセール"のような短期キャンペーンに理想的だ。クリエイティブチームへのブリーフィングでは、メディアを指定するのではなく、目的に焦点を当て、どのメディア（またはその組み合わせ）がもっとも効果的に目的を達成できるかを確認するのが良いだろう。製作するクリエイティブコンテンツがそれぞれのメディアの特性を生かしてどのように機能するかを考えることが重要だ。

　また、多くの広告主が、言語や法的要件の違いなどに若干の対応を加えるだけでクリエイティブコンテンツが複数の国で使えるようになることを望んでいる。しかし、人と情報が市場間を急速に行き来するようになった今日、もし国や市場ごとに異なるブランド記憶が構築されていれば、これまでは問題にならなかったブランドの差異が、簡単には解決できない問題として顕在化する可能性がある。（11.13図を参照）。

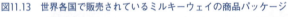

図11.13　世界各国で販売されているミルキーウェイの商品パッケージ

予算の使い方

　キャンペーンやブランドの広告予算の決定は、マーケターが定期的に直面する問題だ。残念ながら、理想的な広告予算を決定するための唯一の公式というものは存在しない。

しかし、多くの安定市場を観察したところ、大規模なブランドほど、その市場シェアの割には支出が小さい傾向があり、SOV（シェア・オブ・ヴォイス：特定の市場やカテゴリーにおいて競合企業と比較した自社の広告の露出度）が小さいことが示されている (Jones, 1990)。大規模ブランドがその規模に比して支出を抑えることができるのは、規模の経済およびこれまでの投資の積み重ねのおかげだ。1990年、ジョン・フィリップ・ジョーンズは何百もの市場を観察し、その結果を広告集中度（AI）曲線として形式化した。これは、後にダネンバーグら（2016）やハンセンとクリステンセン（2005）によって支持され、AI曲線の主な特徴が驚くほど強固であることが実証された。

この調査から、ブランドがそのカテゴリー内で市場シェアを維持するためにはある一定の支出が必要であることが示唆された。小規模ブランドが安定した市場シェアを維持するためには、市場シェア以上の支出が必要となり、一方、大規模ブランドは市場シェアよりも少ない支出でもシェアを維持することができる、というものだ。これは、予算設定を開始するための、経験則に基づいた実践的な出発点のひとつだ。

このような分析に必要な情報は、市場内の各ブランドの広告投入量や市場シェアなどの単純な指標であり、これらは通常、マーケターならだれでも迅速、簡単、かつ確実にアクセスできる (Danenberg, 2008)。

CRITICAL REFLECTION 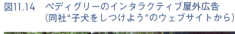 批判的省察

図11.14は、ペディグリーのインタラクティブ広告キャンペーンの画像だ。視聴者は、画面上の子犬にボール遊びをさせたり、ペディグリー社のデンタルボーンを取って来させたり、画面を舐めさせたり（図11.14はこの動作だ）、餌を与えたりすることができる。

発展問題　QUESTIONS

1. もしあなたがペディグリーのブランドマネージャーなら、広告をプランする上でどの購買者行動を重要視しますか？ その購買者行動を知ることは、あなたの広告にどのような影響を与えるでしょうか？
2. 広告に子犬を登場させるのはなぜですか？
3. どの独自のブランド資産を調査結果に基づいた"必須事項"としますか？
4. どの記憶構造を構築または更新したいですか？

図11.14　ペディグリーのインタラクティブ屋外広告
　　　　（同社"子犬をしつけよう"のウェブサイトから）

データソース：Advertising Agency, 2008

マルコム・ライト教授（2009）は、広告予算に関する有用な指針を提示している。ライト教授は論文"広告予算を最適化するための新しい定理"のなかで、ブランドマネージャーは粗利益に広告弾力性を乗じて広告予算を設定する必要があることを示唆している。ブランドの広告弾力性がわからなければ0.10（学術文献に基づく値）を目安とすると良い。つまり、企業は通常、粗利益の10％を広告に費やすべきだとしている。会社の粗利益がマイナスであれば、損失が大きくなるため広告を出すべきではない。価格を上げるかコストを削減して収益性を改善するまでは、広告を実施しても意味はない。

マーケターには、このような知識を踏まえて、キャンペーン立案の目的と課題を検討することをお勧めする。たとえば、わくわくするような新商品の発売を計画し、成長を望んでいるブランドと、市場から撤退しつつあるブランドとでは、状況が異なるだろう。また、予算編成では、目標達成のために、さまざまなメディアミックスの可能性を検討し、それぞれの費用対効果を数値的に分析する必要がある。たとえば、テレビとソーシャルメディアの併用と、テレビと屋外広告の併用とでは、どちらのリーチ率が高いか、そしてそのコストはどれくらいかなどだ。さまざまなメディアを利用してどの程度の売上が期待できるかを予測するためには、一定の期間で戦略を実験的に実行することも大いに推奨される。

すぐれた広告とは

すぐれた広告の特徴は、その広告が、その広告で宣伝されているブランドのための広告であることが一目瞭然であることだ。そのためには、理想的には何十年にもわたり、キャンペーン全体の**一貫性**を維持することが必要だ。受動的な視聴者であっても、それが誰のための広告かを容易に理解することができる。だからといって、広告が楽しく、注目を集め、エキサイティングであってはならないということではない。むしろこれらは視聴者が期待していることであり、ブランド記憶を構築または更新することに成功している限り、広告の効果を高めることを助けている。一貫性があれば、過去に成功した広告コピーを再利用できるという利点もある。そのすぐれた例として、ゲータレードの広告キャンペーン"Be like Mike"がある。この広告は、初期のキャンペーンを数年後に、現代風にアレンジするためにハッシュタグ#belikemikeを加えるなどしてリメイクしたものだ（Nudd, 2015）。

前述のとおり、直接的なブランディング（例：ブランドを見せる、ブランド名を言う）が非常に重要だ。これを、独自のブランド資産を使ってクリエイティブに強化することは可能であり、またそうするべきだ。広告の主な目標は**メンタルアベイラビリティを創出する**ことであることを考えると、パックショットを提示したり、適切な状況でブランドが購入または使用されているところを見せたりすることは理にかなっている。たとえば、友人と集ってコーラを飲む、海辺でコーラを飲む、クリスマスにコーラを飲むなど、ブランドがさまざまなシーンで意識されるような仕掛けが重要だ。視聴者がすばらしい広告を何度も見て楽しむことはよくあることだ。そのような広告を制作するためにクリエイターが用いる戦術についてもっと理解したい人は、売れる広告を生み出す能力について多くの戦術をテストしたハートネットらの論文（2016）を読むことをおすすめする。すぐれた広告を生み出すための唯一の方程式というものは存在しないが、創造性を活かすことで、従来の広告の枠にとらわれない、斬新で効果的な広告を生み出す機会はいくらでもある。

CRITICAL REFLECTION ||||||||||||||||||||||||||||||||||||||||||||||||||||||| 批判的省察

広告を映し出すためのスクリーンが爆発的に増えています。もはや、リビングルームのテレビの画面だけがスクリーンではありません。他の部屋にもテレビはあります。テレビの他にも、コンピューターの画面、携帯電話の画面、タブレット端末、電子掲示板などがあります。ヴァランらの研究（2012）によると、広告に対する消費者の反応は、これらすべてのスクリーンで大きな差はありませんでした。これらのスクリーンはマーケターにどのような機会を提供しているでしょうか？

Chapter **11** Advertising

図11.15　すぐれた広告はブランドについて語る

広告調査

　すぐれた広告もあれば、お粗末な広告もある。広告表現の違いで売上に大きな差が生じることがある（Jones & Blair, 1996; Tellis, 2009; Wood, 2009）。同じブランドでも広告表現の違いで売上に4倍の差が出ることが示されている（Brandt & Biteau, 2000）。お粗末な広告に多額のメディア費を投入してもほとんど効果はなく、莫大な無駄遣いに終わるだけだ。広告が機能するかどうかを確認するために調査を行うことはとても理にかなっている。

　広告調査にはいくつかの段階がある。たとえば、広告の放送前に行われる プリテスト（"コピーテスト"とも呼ばれている）と、放送後にその効果や影響を追跡する 広告トラッキング などがある。

　調査の方法には多様なアプローチが存在し、何をどのように測定すべきかについてはさまざまな考え方がある。その多くが伝統的に、最終的な消費者の購買行動（＝ブランド選択）への影響ではなく、広告の中間的な効果、たとえば消費者のブランド知識とブランド態度にどのような変化を引き起こせるかなどに焦点を当ててきた。

　広告効果測定の方法やサービス提供者を選ぶ際には、それぞれの調査方法の根底にある理論を理解することが重要だ。なぜなら、広告効果に関する基本的な理論が異なれば、その理論を検証するために使用される調査手法も大きく異なるからだ。たとえば、今回の広告はブランドに関する情報を提供して人々を説得しなければならないと考えていれば、調査の回答者にメッセージの理解度、信憑性、広告やブランドに対する態度の変化について尋ねることが多い。もし、広告が主に感情によって機能すると考えていれば、言葉による回答は避けて、回答者に広告を見たときにどのように感じたかを表現する画像を選んでもらったり、生理的な反応や脳の反応を測定する方法を試みたりする。次節では、広告調査の主要なアプローチのいくつかについて解説する。

プリテスト

　プリテストは、完成した広告が放映または公開される前に行われる。多くの場合、一連の広告のうちどれがもっとも効果的であるか、すなわち、「広告Aは広告Bよりすぐれているか？」を問うものだ。

　質的調査の多くはフォーカスグループインタビューで実施されてきたが、インデプスインタビュー（深層面接法）やオンラインでも行うことができる。量的調査はこれまでは対面または電話で行われてきたが、今日ではほとんどがオンラインで行われている。量的調査の方法には以下のようなものがある。

・秒単位評価──映画館や研究所で実施される。視聴者が広告を見ながら、秒単位でダイヤルを左右に回して感情や思考を伝える。視聴者の反応や感情の変化をリアルタイムで把握することができる。
・生体反応測定──皮膚電導度、視線追跡、心拍数計測などを行い、視聴者の身体的変化から感情の変化を理解する。
・行動観察──広告やメディアを読んだり視聴したりするときのスクロールの速度、視線、表情などを観察する。

　通常、量的調査には、結果を統計学的に分析するために大規模な回答者サンプルが必要だ。広告のコンセプトは、次のようなさまざまなフォーマットのいずれかで提示されることが多い。

・ストーリーボード──絵コンテ。手描き、CG、写真などによる一連の画像に広告の流れを示すスクリプトが書き込まれている。
・アニマティックス／ビデオマティックス──静止画像を取り込み、それに動きをつけ、タイミングを調節し、音声をつけて一連の流れを作り、最終的な広告に近いものをモックアップしたもの。
・完成版──他の市場の広告をテストする場合は完成版を使うのがもっとも一般的。

図11.16　ストーリーボード例：広告の企画、調査、製作、承認に役立つ

　プリテストの目的は、広告に対する視聴者の視点を客観的に把握することだ。このプロセスは重要だ。なぜなら、マーケターは顧客よりも早く自分たちの広告やフォーマットに飽きてしまうことがあり、また、顧客も人によっては広告を見るときの注意力や知識レベルが異なるため、広告の内容理解が正しく行われないことがあるからだ。
　プリテストを行うと次のような結果が得られる。

・どの広告案がもっとも効果的かの予測。または、複数の広告案のメディア予算の配分の検討。たとえば、広告Aにはメディア予算の何％を、広告Bには何％を割り当てるべきかなど。
・何がうまく機能しているのか、何を改善すればよいのかの診断。
・混乱や誤解が生じる可能性のある個所についての警告。
・その広告が全体的な広告戦略の一部として機能するかどうかについてのフィードバック。

プリテストに対する批判

プリテストは長年使われており、大きなビジネスになっている。しかし、プリテストが広告の将来的な販売力を確実に予測できることを裏付ける科学的根拠は少ない。これは、フォーカスグループインタビューのような、もともと疑問の余地のある調査手法なら驚くべきことではないが、広告効果調査などの専門的なプリテストにおいても当てはまる。これまでにその検証研究が発表されたが、その数は限られており、またその手法を所有し販売している市場調査会社によって行われるのが通常で、後にその結果が否定されることが多かった。

プリテストは、"厳格すぎる"、"融通がきかない"、"広告を「実施すべき」「実施すべきでない」の二元論で判断する"、"広告がなぜ、どのように機能する・機能しないについての明解な理解が得られない"などと批判されている (Davies, Mills & Baxter, 2002)。また、ひとつの評価基準だけであらゆる広告の状況や表現を評価できると誤解されている。したがって、"説得力"で評価すると、新製品の発売、新しいニュースの告知、理性に訴える広告に有利に働く (McDonald, 1993)。

このような批判を受けて、広告主や研究者たちは代替案を模索してきた。問題の改善や解決に向けて次のような取り組みが行われている。

・スプリットケーブルオンラインテスト（split cable online test）。属性をマッチングさせたオーディエンスに複数の広告を配信し、その反応（理想的にはスキップ率、クリックスルー率、可能であればオンライン売上）を分析する。

・典型的な視聴状況を忠実に再現して行う調査。たとえば、自宅にいる回答者にオンラインで広告のコンセプトを提示して行うオンライン調査や、普段一緒にいる家族や友人グループのリビングルームを模擬した部屋で行う調査などがある。

・広告を日常的な状況のなかで、あるいはそれにできるだけ近い形で見せる調査。たとえば、広告が掲載される雑誌やウェブサイト全体をモックアップしてそのなかで広告を見てもらう。そうすることで、視聴者の注意が広告そのものではなく広告のコンテンツ全体に向く。

その他にも、エキスパートテスト、神経科学テスト、生体反応テスト、暗黙的テストなどがある。

エキスパートテスト

エキスパートテスト（経営判断テストともいう）は、消費者によるプリテストとはまったく異なる方法だ。

ロシターとベルマン (2005) が提案したように、エキスパートテストは、6〜20人のブランディングやマーケティングの専門家が参加して、提案された広告案を、ロゴ、主要なブランドキュー（ブランド認知のてがかり）、ブリーフへの準拠などのチェックリストに照らして評価する。ロシターとベルマンは、このテストは、既存の広告キャンペーンの新しい展開案の"ブランド健康チェック"としてのみ使用されるべきであると提案している。

チェックリストの設定に問題がなければ、このアプローチを使うことで、伝えたいブランドのイメージやメッセージがきちんと伝わらないという致命的なミスを避けることができ、結果的に広告の全体の質が改善する。また、比較的安価かつ迅速に行えるテストだ。

評価を行う人や時間が変わっても評価の質に一貫性が確保されるように、ブランドやマーケティングとは直接関係のない、詳しいブランド知識を持たない、しかし評価のための訓練をきちんと受けた専門家たちに、広告を評価してもらうこともある。基本的なチェック項目としては、パッケージが適切に表示されているか、ブランディングは視覚的に明確か、ブランドカラーやその他のブランド資産が示されているかなどがある。すべての広告案についてこのような側面を体系的にチェックするべきだろう。

このバリエーションとして、エビデンスに基づいて構造化されたチェックリストがある。スコット・アームストロングの"説得の原則"(Armstrong, 2010) はその一例だ。しかし、このフレームワークの予測能力は、広告が使用されるあらゆる状況で実証されているわけではない。

神経科学テストと生体反応テスト

神経科学者たちは私たちの脳の働きについて多くのことを発見している。被験者に直接質問することなく、人の脳のなかでどのような注意が喚起され、感情が生み出され、記憶に符号化されるかを明らかにした。注意、感情、記憶が広告上の重要な課題であることを考えれば、神経科学的反応（＝神経系と脳の反応）や生体反応（＝表情や視線などの身体に現れる反応）を応用した新しい測定法が広告の事前テストに取り入れられていることは驚くべきことではない。

広告リサーチ会社は、顔面筋電図（fEMG）、皮膚コンダクタンス（SCR）、心拍数、呼吸、運動、脳波計（EEG）、定常状態トポグラフィ、機能的磁気共鳴画像法（fMRI）など、さまざまなアプローチを提供している。

以下はいくつかの主要なアプローチの概要だ。

・顔面筋電図（fEMG）は、被験者の顔の筋繊維が動くときに発生する微小な電気インパルスを測定する。微笑んだり顔をしかめたりすれば顔の筋肉の動きを感じるが、この技術はもっと微細な動きを感じ取ることができる。広告に対する人の感情的反応を測定し、その反応が広告によってどのように変化するのかを追跡するために使われる。

・皮膚コンダクタンス反応（SCR）は、マーケターにとってもっとも有望な生体反応テストのひとつであり（Poels & Dewitte, 2006; LaBarbera & Tucciarone, 1995）、広告以外の分野では何十年も前から使われている（Peterson & Jung, 1907）。被験者の指に取り付けた電極を介して、電気的活動（副交感神経系の反応）と、それに続く水分量や汗腺の微小な変化を測定する（LaBarbera & Tucciarone, 1995）。何かを体験したときの興奮度やその体験の強度を測定するために使われるもので、感情的反応、注意力、認知努力を知ることができる（Mangina & Beuzeron-Mangina, 1996; Cahill, 1997; Critchley et al., 2000; Micu & Plummer, 2010）。

・脳波計（EEG）は、被験者の頭部に装着された電極を介して、脳活動に反応する電位を記録する（Ritter & Villringer,2006）。この手法の利点は、測定を脳波データ生成と基本的に同時に行うことができることで（Astolfi et al., 2009）、マーケターは広告のどのフレームに反応が起きたかを正確に知ることができる。しかし、テレビ広告のような複雑な刺激に対しては、定常状態トポグラフィのような分析を付加的に使うことが必要だ（Silberstein & Nield, 2008）。

・機能的磁気共鳴画像法（fMRI）は、血流を測定して脳の活動状態を映像化する。広告に対する反応を測定するために、テスト広告が映し出される映像装置の中に被験者が入り、被験者が広告を見るときの脳内の血流の電磁場の変化を測定する。広告に反応すると脳の多くの部位が発光する。この反応は、注意、感情、記憶が起きたときの反応と解釈されているが（Quartz & Asp, 2005; Kenned yet al., 2010）、何が測定されたのかについて専門家の間で完全な合意が得られるまでには、さらなる研究が必要だろう。fMRIはすばらしいツールではあるが、費用が高いこと、まだ歴史が浅いことから、今のところ、多くのマーケターが使うツールにはなりそうもない。

被検者の自己報告と実際の生理学的反応とが一致しないことがよくある（Hazlett & Hazlett, 1999; Quartz & Asp,2005）。もし自己報告による測定がうまくいかなくても、生体反応テストで良い結果が得られれば悪いことではない（Kennedy &Northover, 2016）。ただし、人の感情的反応および脳と神経系の働き（特にマーケティング素材の刺激に対する反応）は複雑であり、まだ完全には解明されてはいないことを忘れてはならない。これらのアプローチは可能性を秘めているが、もっと多くの試験を行う必要がある。関連研究が増えつつあるので、もっと深く学びたいという人はそちらを参考にされたい（Venkatraman et al., 2015; Varan et al., 2015などを参照）。

結論として、プリテストを行えば勝利をもたらす広告エグゼキューションを必ず特定できるというエビデンスは今のところ存在しない。広告効果の測定手法のなかには可能性を秘めているものもあるが、どの広告調査を、どのような目標を持つ、どのようなタイプの広告に、どのように使うべきかを確立するためには、もっと本格的な研究開発を行うことが必要だ。

Chapter **11**　　　　Advertising　　　　394

広告効果のトラッキング調査

広告トラッキング調査は広告が市場で放映されてから実施される。そのため、広告トラッキングは、広告内容とメディア戦略、あるいはその相互作用を評価するために使うことができる。

広告トラッキング調査は通常、消費者の行動ではなく記憶や知覚を測定する。消費者の購買行動は、広告だけでなく、価格プロモーションやその他のマーケティング施策など、さまざまな要因の影響を受けるため、広告だけの純粋な効果を特定することが非常に難しい。消費者の行動を測定する一般的な方法は、広告掲載の前後での全体的な売上高の変化を見ることだが、この測定には広告を見ていない多くの人の購買行動も含まれるという問題がある。そのため、販売データから結論を導き出すのはかなり難しい。これが、記憶と知覚を測定するためのトラッキングが開発された主な理由だ。

広告トラッキング調査にはいくつかの種類がある。たとえば、同じパネルを継続的に使った調査（例：週次トラッキング）や、波状的に使った調査（例：四半期ごとのトラッキング）、ダイレクトレスポンスを追跡する調査（例：広告別に異なる連絡先番号やQRコードを付けて電話での反応やWebへの反応をみる）などがある。広告がいったん放映された後は量的調査を行うのが通常だ。対面、郵送、電話などさまざまなアプローチが可能だが、トラッキング調査にはオンラインでのインタビューが主流だ。本章の後半で解説する受動的測定（アンケートは実施せず、人が何を見て何を買うかを観察すること）は将来的に有望な広告測定法となる可能性が高い。

広告トラッキング調査は、特定の広告やキャンペーンを対象に単独で行われることもあれば、ブランドの健全性を継続的に観察するための調査の一環として行われることもある。また、特定のブランドだけに焦点を当てることもあれば、特定の業界の広告全体に目を向けることもある。いずれの場合も、目的はマーケターが広告に関する意思決定を行う際の指針を作ることだ。

トラッキングの目的には主に次のようなものがある。

・広告の市場でのパフォーマンスを評価する。
・キャンペーンが機能している、または機能していない理由を特定する。
・広告の ==ウェアアウト== を把握し、総広告予算と個々のスポットとキャンペーンの費用の調整を行う。
・競合他社の行動を把握する。

調査を用いた従来のトラッキング調査

従来のトラッキング調査では、広告やブランドの認知度、好感度、メッセージ理解度、態度変容、正しくブランディングされているかなどを測定することが一般的だった。第3章では、記憶指標について考え、ブランド全般というよりも特定の広告に特化して、その広告が視聴者の記憶と思考にどのような影響を与えたかを評価するために、記憶指標をどのように最適化できるかについて考察した。本節では、より一般的な測定基準をいくつか概説する。

広告のリコールと認知度

広告が視聴されたかどうか、何らかの印象を残したかどうかを評価するための、さまざまな測定基準が存在する。測定基準によってはある程度の記憶力を要し、そうでない測定基準よりも難しい。また、記憶の手がかりが少ないほど、記憶することは難しい。その難易度は、広告が視聴されている間にどれだけ注目されたか、またその記憶がどのくらい印象強く脳に刻まれたかによって決まる。

一般的な測定基準には以下のようなものがある。

・第一想起と非助成想起（＝広告認知度）：
カテゴリーを想起させるようなプロンプト（想起刺激）を与え、被験者がブランドキャンペーンを覚えているかどうかを確認する。たとえば、「最近のシャンプーのキャンペーンを思い出せますか？」と尋ねると、被験者はそのブ

ランドを思い出すこともあれば、思い出せないこともある。第一想起とはヒントなしに最初に想起されたブランドや
キャンペーンのことであり、非助成想起とはヒントなしに想起されたすべてのブランドやキャンペーンのことをいう。

・ブランド助成想起：

カテゴリーとブランドを想起させるようなプロンプトを与え、被験者がブランドキャンペーンを覚えているかどう
かを確認する。被験者は「はい」または「いいえ」で答える。多くの場合、フォローアップの質問で被検者に広告を
思い出して、または説明してもらい、正しいエグゼキューションを想起しているかどうかを確認する。

・ブランド＋メディア助成想起：

上記の想起に加え、具体的なメディア（テレビ、雑誌、ラジオなど）についても尋ねる。

・エグゼキューション助成想起：

関連する広告の説明、スクリーンショット、または編集された広告をプロンプトとして与える。通常、純粋想起の
測定を行った後に行われる。ブランドを識別する要素があれば、広告の説明、スクリーンショット、音声／映像記録
からそれを削除する。

・エグゼキューション＋メディア助成想起：

エグゼキューション助成想起と基本的に同じだが、具体的なメディアについて、「この広告をテレビで見たことが
ありますか？」のように尋ねる。

・ブランドリンク：

ブランドを識別する要素は取り除いて測定する。被験者が広告とブランドを正しく関連づけられているかを確認す
るためだ。そうすることで、ブランド帰属（その広告がどのブランドのものであるかという理解）が正しく認識され
ているかどうかを、「何のブランドの広告でしたか？」などと純粋想起させることで検証できる。当然ながら、被験
者が他のカテゴリーのブランドを想起する可能性はある。その場合、一部または多くの消費者にとって、その広告が
競合ブランドにとって有利に働いている状況を明らかにすることになる。

・メッセージ理解度：

被験者に広告が伝えようとしているメッセージを覚えているかを尋ねる。メッセージ理解の質問はオープンエンド
の質問として提示され、被験者は広告から何を受け取ったかを、好きなだけ詳細に説明することができる。または、
被験者にいくつかのメッセージを提示し、そのメッセージが広告主の意図したものであることにどの程度同意できる
かを回答してもらうこともできる。

・好感度（likeability）：

1991年に好感度が売上の良好な予測因子であることが報告されると (Haley & Baldinger, 1991)、それ以降、好感度は
一般的な測定基準となった。好感度はその広告をどの程度好きになったかを示すグローバルな評価基準であり、1の
"その広告は大嫌い"から5の"その広告は大好き"までの5段階評価で表されるのが一般的だ。

消費者のブランドに対する態度は、そのブランドへの行動ロイヤルティ（実際にどれくらい購入しているか）とし
て現れ、購入意向は過去の購買行動を反映し、ブランド知識は不確実で変化しやすいものであることを忘れてはなら
ない。これらの点を踏まえて、広告トラッキング調査で用いる測定指標を慎重に選び、分析には過去の研究や経験か
ら得られた既知のパターンを考慮に入れて、データの解釈は慎重に行う必要がある。

質問の順序は、プライミング（先行刺激）効果を最小限に抑えるように設定することが重要だ。理想の順番はこう
だ。

1. スクリーニングのための質問——被験者が人口統計学的基準を満たしていることを確認すること、および最近の
メディア消費について質問して、広告視聴機会（OTS: opportunity to see）があったかどうかを確認するこ
とが理想的な目的だ。

2. 認知度を確認するための質問——被験者が対象の広告を認識する前に、その広告に関する記憶をどれだけ持って
いるかを確認する。

Chapter 11   Advertising   396

3. 製品使用を確認するための質問——被験者は基本的にはカテゴリーユーザーであるが、購入または使用している
ブランドの広告に対する反応は人によってさまざまなので、ブランドの使用状況を記録することはきわめて重要
だ。

広告メッセージの効果と広告費（すなわちメディア戦略に投じた費用）の効果とを区別して考えることが非常に重要だ。当然のことながら、多額の広告費を投じたキャンペーンほど効果は大きいが、これを広告の質を示す指標として使うべきではない。広告効果を正しく把握するためには、広告が放映された直後、すなわち人がまだ数回しか広告に触れていない間にトラッキングデータを取るのもひとつの方法だ。理想的には、その広告を視聴する機会があった人を被検者として確実に選ぶように調査を設計する必要がある。

広告の真の質を評価するためには、認知度などの指標を使って市場全体の動きを調査するのではなく、広告に接触したグループとそうでないグループの比較を行うべきだ。そして、「広告に気づいたか？」や「どのブランドの広告だったかを正しく理解しているか？」という点を評価するべきだ。広告に接触したグループとそうでないグループがそれ以外の点で同質である限り、この比較は、広告そのものがどれだけ人々の記憶に残り、ブランドとの関連性を築くのに貢献したかを示す指標となる。広告の質をこのように事前に評価することで、後の市場全体の指標の変化を、広告の質を考慮に入れて評価し、メディア戦略がどれほどうまく機能しているかを判断することができる。

個人レベルのシングルソースデータ測定

広告の販売効果を測定するための“ゴールドスタンダード”は、個人レベルのシングルソースデータ（同一の調査対象者から継続的に得られた複数のデータを個人レベルで統合したもの）だ。このデータを用いて分析を行うことで、広告が販売の促進に効果的であることを明確に示すことができる (Jones, 1995c)。これは広告の投資利益率を判断するための重要なデータであり、マーケターが複雑で断片化されたメディア環境で意思決定を行うために不可欠なデータだ。

シングルソースデータは、購買行動とメディア視聴の両方を追跡されることに同意した買物客の大規模パネルを使って収集する。

通常、データには各家庭または個人のテレビやコンピューターにいつスイッチが入り、どのチャンネルに接続されたかが記録される（家庭／個人が意識的に行動を記録する必要のないデバイスが理想的）。データの照合が行われ、視聴時にどの広告が流れていたかがわかる。他のメディア（ラジオ、オンライン、プリント広告）のデータを収集することも可能だが、常にすべてのメディアに利用できるとは限らない。また、同じ回答者の購買行動も追跡できる。この情報は、専用のカードのデータから収集することもできるし、被験者が自宅でスキャナーを使って記録した購買行動からも収集できる。

シングルソースデータを使うと、実際の広告視聴実験のようにグループ別のデータを抽出できる。グループは、顧客の属性や行動ではなく、商品やサービスの購入パターンや傾向で分類される。基本的に、広告を視聴した後に実際にそのブランドを購入した“視聴”グループと、そうでない“未視聴”グループを比較する。その差が広告視聴効果だ。

より正確な比較を行うためには、ブランドのカテゴリー内でのシェアを広告が放映される前と後で比較する。たとえば、過去2週間にKFCの広告を視聴していないファストフードの購入が1万件あったとする。そのうち20%（この数字が重要な意味を持つ）がKFCの購入だったとする。一方、過去2週間にKFCの新しい広告を視聴しているファストフードの購入が2000件あり、そのうちの30%がKFCの購入だったとする。ここで、未視聴グループの指標（20%）と視聴グループの指標（30%）を比較すると、視聴グループでのKFCの市場シェアは50%高いことがわかる。別の言い方をすれば、KFCの新広告を視聴した後は他のファストフードブランドよりもKFCを好む傾向が50%高くなる、ということだ。広告が絶大な効果を発揮したことになる。

一見すると大きな売上の増加があったように思えるかもしれないが、この売上の伸びは、KFCの広告を視聴した後に購入した人（標本）のみから生じたものであることを忘れてはならない。母集団全体で見ると、広告接触前に購

入した人もいる。そのため、この広告による売上効果は、特に競合他社のプロモーションやマーケティング活動の影響で変動しやすい週間販売データには現れにくい。週間売上データなどの集計データを広告効果の判断に使うべきではないのはこのためだ。特に、メディア予算が少ないなど、メディアプランが不十分な場合や競合ブランドの活動が活発な場合は、売上効果のある広告を放映しても、売上が横ばい、あるいは減少し続けることが十分にあり得る。**マーケティングミックスモデリング**という手法を使えば、売上に影響を与えるさまざまな要因（広告、価格、プロモーションなど）を分析して、広告以外の要因の影響をある程度は取り除くことができる。しかし、このKFCの広告が見る人の購入意欲を50%も高めたという効果を、マーケティングミックスモデリングで正確に数値化できる可能性は非常に低いだろう。これが、シングルソースデータが広告主にとって有用である理由だ。対照実験が実施できない状況においては、シングルソースデータが、広告の売上効果を定量化する唯一の方法と言えるだろう。

また、購入前の特定の期間内で1回の広告出稿を行った場合と2回（または3回、4回など）の出稿を行った場合の効果を比較することも十分可能だ。つまり、シングルソースデータは、広告の効果を評価するためだけでなく、メディアの効果を知るためにも使える。

個人の購買行動および広告出稿を長期にわたって追跡するためのシングルソースパネルは、設定が難しく、膨大な量のデータが生成されるため分析も厄介だ。しかし、近年、テクノロジーが進歩したこと、およびマーケターによりシングルソースデータの価値がより広く認識されるようになったことで、世界中でシングルソースデータが利用できるようになってきている。このゴールドスタンダードの将来は有望であり、未来のマーケターたちが使用するデータになることが期待されている。今のところ、2つの代表的な尺度がある。**Ad Impact** (Wood, 2009) と **STAS** (Jones, 1995a, 1995b, 1998, 2007) だ。どちらも、広告を見たことで購買行動が誘発されたかどうかを測定する。

B to Bマーケティングへの応用

　本章で考察した原則の多くはB to Bの状況にも当てはまる。しかし、複雑な点があり、注意を要する。

　まず、産業製品やビジネス製品の購買客も一般消費者と同様の購買行動パターン（例：レパートリー購入）を示すことに留意しなければならない。これは、医薬品の処方 (Stern & Ehrenberg, 1995) や航空燃料の購入 (Uncles & Ehrenberg, 1990) など、さまざまな業界でも示されている。

　B to B取引を行う企業は、一般的な消費者（特にヘビーバイヤー）と同様に、その商品やサービスのカテゴリーでの購買経験を持っている可能性は高い。しかし、産業製品の購買客も依然として人間であり、他の消費者と同様の制約を受けることがある。たとえば、不完全な情報下で意思決定をしなければならなかったり、脳内にシステマティックなバイアス（例：プライミング、フレーミング）があったり、認知的節約家（つまり、必要以上に考えたくない人）であったりする。したがって、B to Bの購買客に、ブランドをできるだけ頭に浮かびやすく、できるだけ購入しやすくすることが必要で、この点でブランドコミュニケーションは依然として重要な役割を担っている。

　企業を対象としたマーケティングコミュニケーションでは、以下の点を考慮する必要がある。

・B to Bの購買プロセスはB to Cよりもフォーマル。企業は、価格比較、品質要件、サービスチェックリストに関して方針を設けていることが多く、これらの基準は、購買担当者が感情的な要素ではなく、合理的な判断に基づいて意思決定を行う助けになる。

・産業界に特徴的な購買プロセスがある。たとえば、特定の時期に購入が行われ、特定の人が購入プロセスに関与し、購入の全般に共通する障壁があり、特定のルート（メディア）で情報を得ている。

・組織内にはさまざまな情報ニーズが存在する。業界誌に広告を掲載する場合、さまざまな職務の読者がいること、したがって強調すべき製品の特徴やベネフィットも業界誌によって異なることに留意しなければ

ならない。たとえば、宅配会社であれば、管理部門のスタッフには予約のしやすさを強調し、業務効率の専門家には配送拠点のネットワークの大きさを強調し、財務担当者には大口割引の可能性や効率の良さを示す統計データを宣伝するのがよいだろう。

　図11.17〜11.19は、ある銀行<http://www.unionbank.com>が、オンラインで提供するサービスをターゲット顧客に合わせて調整した例を示している。図11.17のサービスは国際取引に携わる人々に、図11.18のサービスはIT部門に、図11.19のサービスは金融に携わる人全般に興味を持たせるものだ。重要なことは、企業側の購買担当者が、より多くの情報を得ることができ、特定のニーズに対応できる専門家と連絡を取れるような広告の仕様になっていることだ。

図11.17　国際取引を行う顧客に向けた銀行広告

データソース：US Bank

図11.18　IT部門の顧客に向けた銀行広告

データソース：US Bank

図11.19　金融に携わる人全般に向けた銀行広告

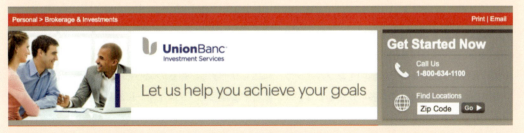

データソース：US Bank

組織顧客は一般の消費者よりも詳細な情報を必要とすることがある。たとえば、病院の場合、次のような情報が求められることがある。

・買い手が大規模な継続的な契約（例：来年の医薬品供給）についてサプライヤーの供給能力のエビデンスを確認したい場合の、供給問題への条項や不測の事態への対応、リコール時の製造元からのトラッキング、詳細な価格設定などの情報。

・買い手が複雑な装置やカスタマイズされた装置（例：fMRI装置）の購入を検討している場合の、サプライヤーの経験、装置の製造過程の品質管理、サービス手順の詳細、トレーニングの有無、配送の詳細、技術仕様などの情報。

B to B市場では、取引先の数が限られており、契約の価値が高く、詳細な情報共有が必要とされることを考慮すると、人的販売（パーソナルセリング）がマーケティングコミュニケーション上の重要な役割を担う。人的販売は潜在顧客の数が少ない状況では特に効果的だ。オーストラリアの病院が良い例だ。オーストラリアには約1300の病院があるが、実際には、特定の専門に特化した病院（例：腎臓専門の病院）や、購買を一元化している病院グループ（例：ラムゼイヘルスケアはオーストラリアに100以上の民間医療施設を持っている）が対象になるので、サプライヤーが実際に取引を行う病院の数はこれを大きく下回るだろう。

複雑な製品やサービスまたは非常に高額な取引の場合、個人ではなくチームが販売と購買の役割を担うのが一般的だ。販売側では、重要顧客担当の営業担当者が、顧客のニーズに合った最適な製品構成を特定し、複雑な質問や技術的課題に対しては、専門家のサポートを得ながら対応することが多い。購入側では、専門の購買担当者や、看護師、その他の医療専門家などがチームを構成し、購買の意思決定に影響を与えている。

消費者市場に比べればまだ少数ではあるが、ビジネス市場の中にはかなり多くの潜在顧客が存在する市場がある。たとえば、オーストラリアの金融業界には3万社の企業が存在する (Innovation and Business Skills Australia, 2010)。このような市場には、広告と人的販売を組み合わせて、効果的かつ効率的にアプローチできるだろう。実際、広告はB to B営業担当者のために"商談のきっかけを作る"効果があるというエビデンスがある。広告が効果を発揮すると、見込み顧客となる組織に対する自社の認知度が高まり、営業担当者が最初のアポイントメント獲得する際に役に立つ (Lichtenthal, Yadav & Donthu, 2004)。空港に行けば経営コンサルタントやITインフラプロバイダーなどのB to Bマーケターの広告があふれているのはそのためだ。

重要なことは、関係者が注目したくなり、しかも簡単にアクセスできるコミュニケーション（例：パンフレット、業界記事、ウェブページ）を作成することだ。前述の原則の多くがここでも当てはまる。

・買い手が理解しやすく、手続きをシンプルかつ迅速に行えるように配慮する。注意して見なくても、注文やサービスの問い合わせの連絡を電話やEメールで誰にすればよいかが簡単にわかるようにする。請求書や配送ボックスにこれらの詳細を印刷するなどの簡単なことでも大きな効果を発揮する。

・良好なコミュニケーションを確立し、買い手の疑問や問題に迅速に答え、購入の障壁を取り除く。

・買い手がブランドを想起できなければならない。そのため、一貫したブランディングとそれに関連する記憶構造を更新することが重要だ。

B to B広告の設計の基本的な枠組みは次のとおりだ。

・購買責任者や関連するその他のインフルエンサーに広くリーチし、彼らの関心を引く。病院では購買担当者が機器を購入することが多いかもしれないが、医師や看護師がサプライヤーに対して発言権を持っていることもあるからだ。

・広告もその他のコミュニケーションも、十分に目立ち、オーディエンスを引きつけられなければならない。産業製品の購買客は多忙で、時間に追われており、彼らの注意を引くことは簡単ではない。

・ブランドと明確なリンクを持つことが重要だ。独自のブランド資産がブランドコミュニケーションを通じ

てブランドのイメージを構築するのに役立つ。Ｂ to Ｂ取引では、直接的なブランド名の言及や、ロゴ、タグラインなどが重要であり、しかも長期にわたって一貫性がなくてはならない。

・記憶構造を構築し更新することで、ブランドは想起されやすく、購買場面で目に留まりやすくなる。

・説得力があり購買を刺激する情報があれば、それを伝えよう。あるいは、ブランドを強調し、記憶構造を構築しながらも、そのメッセージに簡単にアクセスできるようにしよう。たとえば、コスト削減、信頼性、品質などについて説得しつつも、ブランドの魅力を伝え続けなければならない。

・企業の持続可能性プログラムや、新しい施設、すぐれたスタッフなどのような話題を提供することは、相手の心に残る方法のひとつであり、創造的なブランドの宣伝手法だ。

・潜在顧客がスムーズに購入できるよう、連絡先情報やウェブサイトのリンクの明記を検討しよう。

　本事例では、本章で考察した概念が実際のＢ to Ｂマーケティングにどのように応用できるかを示すとともに、考慮すべきいくつかの特殊性を浮き彫りにした。

発展問題　　QUESTIONS

1.　以下の2つのターゲット層に対して、大手自動車販売店が行うと考えられる広告活動と販売活動を比較し、その違いを論じてください。

　　a. 個人世帯：通常4〜5年ごとに新車を購入し、同時に古い車を下取りに出す。

　　b. 大企業：会社の重役や営業スタッフのために車を購入したりリースしたりしている。おそらくどの企業でも、毎年、何十台もの車を下取りに出し、何十台もの車の3年間リースを更新している。

本章の結論　CONCLUSION

　広告は、もしその情報が処理されなければ、記憶構造を構築することができず、記憶構造は、もしその広告をブランド記憶に関連づけられなければ、売上を伸ばすことができない。ほとんどの広告がこの2つの単純なハードルを超えられないため、広告費を無駄に費やしてしまうか、最悪の場合、競合ブランドの記憶を更新してしまう。テレビ広告のうち、きちんと認識され正しくブランドに関連づけられているのは20%に満たない。つまり80%以上が無駄に終わっている (Sharp, 2010: 7)。他のメディアの広告でもこの数字は低いだろう。ずいぶん低い数字かもしれない。広告が効果的でないことが多い理由のひとつは、広告を依頼する側も企画する側も広告の機能について誤解しているからだ。本章で考察してきたように、広告が機能するためには、ブランドの記憶構造を更新し、時には構築することで、ブランドが購買状況で想起され認識されやすくして、結果的に購入される可能性を高めることが重要だ。これらの記憶構造には、そのブランドの働き、外見、入手可能な場所、いつ、どこで、誰が、誰と一緒に消費するのかなどの情報が含まれる。記憶の連想は、ブランドを思い浮かべる手がかりによって構築される。

　売上効果の高い広告の基本的な枠組みは次のとおりだ。

・幅広い読者層、理想的には全カテゴリーの購買者にリーチし、訴求する。

・消費者の目に留まり、関心を引きつけ、無視されることがない。

・明確なブランドリンク（理想的には多くのブランドリンク）を持つ。ブランドイメージを構築できる独自のブランド資産がある。直接的あるいは視覚的にブランド名に言及している（商品カットや商品使用シーンと同様に重要だ）。また、ブランディングが機能するための長期にわたる一貫性がある。

・購買状況でブランドが想起され認識されやすくするために、記憶構造を更新し、構築する。

・説得力があり情報や購買を刺激する情報があれば、それを伝える。ただし、上記の目的の達成を妨げてはならない。

Chapter　**11**　　　　Advertising　　　　402

本章の要点　Summary

+ ほとんどのブランド広告は、主にブランドの認知度向上やイメージ強化を目的としている。

+ 広告の中心的な役割は、購買状況でブランドが意識され想起されるようにすること、すなわち、メンタルアベイラビリティを構築し、維持することだ。ほとんどの場合、広告で何か深遠なことや衝撃的なことを伝える必要はない。他のブランドよりもすぐれていると言う必要もない。

+ 広告は、ブランド記憶の連想、すなわちメンタルアベイラビリティを生み出し、更新することで、ブランドが購買状況で認知しやすく、想起しやすく、目に留まりやすくすることをめざすべきだ。

+ 広告は、クリエイティビティとすぐれたメディアバイイングの力で、多くの潜在的な購買層にリーチし、インパクトを与えることができる。

+ すぐれた広告は、幅広い視聴者にリーチし、アピールし、注目を集め、気づいてもらい、視聴者の期待に一致する明確なブランド連想を作り、記憶構造を構築し、更新する。

+ 広告調査は実施する価値はあるが、いくつかの課題も存在する。

復習問題　REVISION QUESTIONS

1. 広告（テレビ、プリント、オンライン）の役割と営業担当者の営業活動における役割を比較して、それぞれの違いについて考えてみましょう。不動産会社や衣料品小売店など、特定のブランドについて考えて、両者の役割の違いを考えるのもいいかもしれません。

2. 記憶はなぜ重要なのでしょうか？

3. イギー・ポップを起用したオルコン社のブロードバンドの広告"Together Incredible"（http://www.youtube.com/watch?v=EmF4v8AoKv0）を見てください。最後までブランドを明かさない手法は適切で、広告全体の創造性を高めることに貢献しているでしょうか？　このアプローチのリスクは何でしょうか？

4. あなたが興味を引かれた新ブランドのローンチについて考えてみましょう。そのキャンペーンは多くの情報を提供していましたか？　それはなぜですか？　キャンペーンは効果的でしたか？　あなたがブランドマネージャーだったら、どのような点を改善したでしょうか？

5. プリテストに発生し得る3つの重要な問題点を挙げて、それについて考察してください。

6. 将来、広告の売上効果を評価するために、マーケターはどのようなデータを使っているでしょうか？　なぜそれが効果的でしょうか？

7. 広告（メディアは問わない）をひとつ選び、それがどのように企画され、制作されたのかを想像し、本章で提供されたテンプレートを使って、その広告またはキャンペーンのブリーフを書いてみましょう。

Chapter 11

MAJOR CASE STUDY
重要事例研究

長年にわたりブランド広告に一貫性を持たせる："プライスレス"キャンペーン

ケリー・ヴォーン 著

　人は、既存の知識や記憶ネットワークを介して、自分が接した情報に注意を払う傾向がある。したがって、馴染みのある情報には注意が向く。広告の場合、人はすでに使っているブランドの広告に気づきやすく、注意を払いやすい。逆に、使っていないブランドの広告には気づきにくい。つまり、広告主は、人々がすでに知っている何かを思い出させ、ブランドと結びついた既存の記憶を活性化して、人々がブランドを忘れることを防ぐことをめざすべきだということが示唆される。

　ブランドとの関連性を容易に認識でき、購買の状況で購買行動を起こさせる情報が織り込まれた広告を作ることが非常に重要だ。長期にわたって一貫した広告キャンペーンを実施することは、ブランド記憶のリンクを更新するのに役立つ。マーケターや代理店が同じキャンペーンに飽きてしまって、キャンペーンがむやみに変更されることがよくある。しかも、消費者が飽きるずっと前に。キャンペーンを新しくするたびに訴求ポイントを変えると、視聴者は毎回新しい情報に触れることになり、広告は認識されにくくなる。同時にこれは、広告が視聴者の注意を引くためには、驚異的なクリエイティビティを発揮していっそう努力しなければならないことを意味する。しかしこれは本当に難しい。成功しているブランドは、長期にわたって、また消費者とのあらゆるタッチポイントにおいて、広告に一貫性を持たせている。

　たとえば、1997年に始まったマスターカードの"プライスレス"キャンペーンもそのひとつだ (Dan, 2014)。このキャンペーンは当時からさまざまなメディアプラットフォームを利用してきたが、最近ではデジタルメディ

アも使っている。2015年、グラミー賞の開催に合わせて"プライスレスサプライズ"キャンペーンが始まり、マスターカードのブランド大使であるジャスティン・ティンバーレイクのファンに、ツイッターを通じて彼の最新作の無料ダウンロードが提供された (Fletcher, 2015)。

マスターカードは大きな成功を収めているブランドであり、大きなブランドであり続けるためには、一貫性のある広告活動を継続させて人々がその広告とブランドを容易にリンクできるようにしなければならないことを理解している。この数年間、マスターカードは、カードを使える新しいシチュエーションを導入してキャンペーンを新鮮に保つことで、視聴者の興味の低下を防いできた。マスターカードが使えるシチュエーションとしては、ガソリンの購入 (https://www.youtube.com/watch?v=GofscoXnpDw&feature=youtu.be&list=PL7DF5EB5148CC31FE)、外食 (https://www.youtube.com/watch?v=i_ATyKTkYYo&feature=youtu.be&list=PL7DF5EB5148CC31FE)、航空券の購入 (https://youtu.be/pBbMqNzXYpQ") などがある。

広告主は、広告活動が注目を集めるようにするだけではなく、ブランド記憶の連想を構築しなければならない。マスターカードは、キャンペーンの一貫性を長期間にわたり維持しながらも、実施するたびに新しいシチュエーションを導入し、ブランド連想のネットワークを記憶に定着させることに成功している。そうすることで、マスターカードのメンタルアベイラビリティを構築し、維持することができ、購買の状況でブランドが認識されたり想起されたりしやすくなる。

マスターカードの"プライスレス"キャンペーンは一貫性を維持したことで、クリエイティブな広告スタイルが独自のブランド資産になった。その広告の一部だけを見たとしても、独自のブランド資産が一貫して使われているため、その広告がマスターカードの広告として正しくリンクされる可能性が高くなる。人々はスローガンや広告スタイルからブランド名を連想できるようになった。これらの要素を使い続けることで、マスターカードは消費者の頭のなかの既存の記憶に働きかけ、広告が人々の注意を引きつけやすく、記憶に定着しやすくしているのだ。

すぐれた広告は、宣伝しているブランドを実によく体現している。マスターカードのような成功したブランドは、これを非常にうまく行っている。キャンペーンの一貫性を確保するためには、長期（理想的には数十年）にわたるコミットメントが必要だ。広告は、受動的で興味を示さない視聴者がいることを念頭に置いて、彼らにもその広告がどのブランドの広告かを認識できるように制作しなければならない。ブランドが正しく認識されているテレビ広告は全体の20%にも満たない。広告に十分なブランディングを施すことが不可欠だ。ブランディングが不十分な広告は、認識されないだけでなく、記憶にも残らず、最悪の場合、他のブランドと誤解され、競合ブランドに利することになる危険性がある。

データソース：Dan（2014），Fletcher（2015）.

発展問題 　　　　　　　　　　QUESTIONS

1. あなたのブランドには、マスターカードの"プライスレス"のように長く続いているキャンペーン広告があります。最近、広告代理店が新しいキャンペーンアイデアを提案してきました。キャンペーンが古くなったので視聴者が飽きている、という理由です。あなたは、そろそろキャンペーンを変えるべきだと思いますか？　その理由は何ですか？

2. どのような広告であれ、正しいブランドに正しくリンクすることが重要です。広告のなかでブランドを明確に確立するためにはどうすればよいでしょうか？　直接的なブランディング（ブランド名を表示して音声でも伝えること）だけが唯一の方法でしょうか？

3. 広告の最後でブランドを明らかにするのは適切でしょうか？　消費者は広告を見ながら、何のブランドの広告かが明らかになるのを待たされることになるでしょうか？

4. もしあなたが歯磨き粉のブランドマネージャーだとしたら、キャンペーンにどのようなブランド情報を盛り込むべきだと思いますか？

広告

Chapter 11

インタビュー
INTERVIEW

Greg Kavanagh
グレッグ・カヴァナー

ショーポニー広告社
グループアカウントディレクター

「広告業界の最悪の一日は、銀行勤務の最高の一日よりも良い」と言った人がいました。銀行と広告業界の両方で働いた経験のある私はまったく同感です。広告の仕事は楽しく、刺激的で、やりがいがあり、多様性に富んでいます。もちろん、ストレスを感じることもあります。でも、ひとつたしかなことは、決して退屈しないということです。

　私は社会人となって最初の8年間をクライアント側で働いていました。その後、広告業界に転じて13年が経ちました。この"クライアント側"という言葉は、マーケターがクライアントを代理店側と区別して使うときの言葉です。南オーストラリア大学でマーケティングを専攻してビジネス学士号を取得した後、最初の8年間は、マーケティングコーディネーター、ブランドマネージャー、マーケティングマネージャーなど、さまざまなマーケティングの仕事に携わることができました。私が勤めていた会社は、中小企業、農業、食品、政府、銀行など、多くの業界と取引がありました。その間に、グラフィックデザイナーからウェブデベロッパー、総合広告代理店に至るまで、多様なクリエイティブパートナーと仕事をする機会に恵まれ、クリエイティブな人々と働くことこそ、私が真の情熱を傾けられる仕事だと確信するまでに、それほど時間はかかりませんでした。

　こうして代理店側で働くことになったのですが、それはとても自然な流れでした。

　いくつかの代理店を経験した後、現在のショーポニー広告社に落ち着きました。私にとってはとても居心地のいい理想的な職場です。ショーポニーは社員20名の比較的小規模な代理店ですが、ブリヂストン、クーパース、ヤルンバといったすばらしいクライアントとの仕事に恵まれています。その高いクリエイティビティとすぐれた広告効果は国内外で常に評価され、数々の賞を受賞しています。今年はオーストラリアの広告代理店トップ20にも選ばれました。また、デザイナー、アートディレクター、コピーライター、映像制作者、ストラテジスト、プロデューサー、マーケターなど、幅広い専門分野から優秀な人材が集まっています。ショーポニーでの仕事は、ブランドの機能、新しいメディアチャネル、ますます関心が高まるデジタルマーケティングなど、常に変化し続けています。しかし私たちは、すべてのクライアントと"ブランドとビジネスの成長を支援する"という揺るぎない目標を共有しています。

　私にはショーポニー広告社のグループアカウントディレクターとして多くの責任を担っています。まず、クライアントと密接に仕事をする優秀なアカウントマネージャーのチームを率いることです。アカウントマネージャーは全員マーケティングのプロフェッショナルで、キャンペーンのマネジメントだけではなく、クライアントに

対して適切な助言も行っています。また、私はすべての主要クライアントのブランド戦略の開発や重要なマーケティングキャンペーンの立案にも深くかかわっています。

もうひとつ、新規ビジネスの開発という重要な役割も担っています。たとえば、クリエイティブの競合プレゼンに参加して、他の広告代理店と競争する状況のなかで、戦略とクリエイティブキャンペーンを開発することが少なくありません。新規ビジネスを獲得することはたいへんなことですが、それはこの業界の宿命のようなものです。

マーケティングを学ぶ学生が広告業界でのキャリアを検討すべき理由はたくさんあります。以下に挙げるのはその一部であり、私がこの仕事を愛してやまない理由でもあります。

- **多様性がある。**広告業界ではさまざまな業界の多種多様な企業と仕事をする機会に恵まれます。救急隊員への暴力を阻止する社会的キャンペーンに携わることになることもあれば、その翌日には、ハイテクベンチャー企業のブランド戦略を練ることになるかもしれません。またある日には、新しいビールブランドを立ち上げる仕事に関わっているかもしれませんし、その翌日には、AFL（オーストラリアン・フットボールリーグ）のアデレードクロウズの新しいキャンペーンを提案しているということも珍しくありません。私は、このように、ひとつのブランドやひとつの企業に縛られず多様なプロジェクトに関わって働く方ことに魅力を感じます。
- **毎日が新しい。**広告はダイナミックで、変化に満ちています。そのため、エネルギッシュで適応力がなくてはなりません。もし、毎日決まったルーティンをこなす9時から5時までの仕事を探しているなら、広告業界は向いていません。
- **学びに終わりがない。**常に、新たな挑戦をし、新たな理論を学び、新たなテクノロジーについて考えなければなりません。世界は絶えず変化しており、広告業界で働くためにはその変化に対応できる柔軟性が求められます。政治、スポーツ、エンターテインメントなどあらゆることが、私たちが開発する戦略や制作するキャンペーンに影響を与えます。
- **才能にあふれる人たちと働くことができる。**広告業界は、クリエイティビティ、戦略、ビジネスが独特に融合した世界であり、それが多くの人々を引きつけています。広告業界で働く人たちは個性的で、一緒にいてとてもすばらしい人たちばかりです。
- **とにかく楽しい。**多くのマーケターにとって、広告代理店を訪れることは刺激的であり楽しい体験です。広告キャンペーンをプロデュースする仕事はとてもエキサイティングです。才能あふれるクリエイティブな人たちと毎日仕事をすることができ、喜びを感じます。

もし広告業界に興味があるなら、何社かの広告代理店にコンタクトしてみてはどうでしょうか。そしてこの業界とそこで働く人々を知りましょう。学期休暇中のインターンシップを検討するのもよい考えです。広告業界に入るためには自分をアピールすることが大切です。そのためには、どんなことでも積極的に挑戦しましょう。きっと後悔することはありません。少なくとも、銀行で働くよりもはるかにエキサイティングな毎日が待っています。

Chapter 12 Media Decisions 408

Chapter 12

Media
Decisions

メディア
プランニング

バイロン・シャープ
スティーブン・ベルマン
バージニア・ビール 著

寄稿：エリカ・リーベ

カレン・ネルソンフィールド

Chapter 12

導入事例
INTRODUCTION CASE

"休暇は国内で過ごそう"
メディアキャンペーン統合戦略不在の代償

　オーストラリア政府観光局に多額の広告予算が割り当てられた。国民に"国内での休暇"を奨励する広告キャンペーンを実施するためだった。キャンペーンを速やかに実行に移したいマーケティングマネージャーは、マーケティング部門をテレビ広告、ラジオ広告、プリント広告、ソーシャルメディアと検索広告、イベントと屋外広告を担当する5つのチームに分け、それぞれのチームに2週間後にキャンペーン案を提案することを求めた。どのチームもすばらしい提案を行ったが、予算内に収まる提案は一案もなかった。広告のターゲットやその出稿の頻度についても各チームで考えが異なっていた。マーケティングマネージャーはすべてのプランに目を通したが、どうしてよいか見当がつかなかった。どのメディアプランにもそれぞれの強みと弱みがあり、またコアのアイデアがあまりにもかけ離れていたため、おたがいを公平に比較することもキャンペーン全体を統合することも不可能に思えた。マーケティングマネージャーは、提案をいったん白紙に戻してキャンペーン全体を見直すことからやり直すしかなかった。このキャンペーンのメディアプランの立案は、当初考えていたよりもずっと複雑だった。物事を急ごうとするあまり、統合的なアプローチを取らなかったことが、かえってキャンペーンの進行を遅らせてしまっていたようだった。

INTRODUCTION

マーケターとしてキャリアを積んでいくなかで、広告が潜在的購買客の目に触れるようにするために、メディアに多額の資金を費やしてしまうことがあるかもしれない。しかし、このような判断について詳しく解説したマーケティングの教科書はなく、多くのマーケターが適切な決断をくだせないままになっている。メディアプランの決定は非常に重要だ。というのも、メディアスペースの購買には大きなコストがかかり、しかも広告が適切な時期に買い手に届かなければ販売効果を上げることができないからだ。

マーケティングを学ぶあなたは、クライアント側で働くかもしれないし、メディアを売る企業（Googleやテレビ局など）で働き、広告主にメディアスペースを売り、できるだけ多くの視聴者ベースを構築する仕事に就くかもしれないし、メディア代理店に勤務して、広告主のためにメディア企業からメディアスペースを買い、広告主のマーケティング目標を達成するためのメディア戦略について提言を行う仕事に就くことがあるかもしれない。あるいは、キャリアを重ねるうちに、これら3つのポジションのすべてを経験することになるかもしれない。どのようなキャリアを進もうとも、広告戦略におけるメディアの役割を深く理解することはとても重要だ。

本章の目的 Learning objectives

本章で学ぶこと：

+ 一般的なメディア環境とそのなかでマーケターが直面する主な課題を理解する

+ メディアプランニングの全体的なプロセスを理解する

+ 現実的なメディア目標を理解し、設定できるようになる

+ さまざまなメディアの特徴について考察する

+ メディアプランニングで使われる主な用語を理解する

+ 効果的なメディアスケジュールと、そのさまざまなパターンを理解する

+ メディアキャンペーンを評価するための適切なテクニックを学ぶ

+ メディアの意思決定上の重要な要素について議論し、批評することができるようになる

マーケターがメディアを使う理由

メディアは、娯楽、情報、広告を膨大な数の視聴者に届けるという、現代社会において重要な役割を担っている。広告から収益を得ているメディアは**商業メディア**と呼ばれる。他の広告伝達手段（例：人的販売、テレマーケティング）と比較すると、商業メディアは、多くの人々にメッセージを届けられる便利で比較的安価な方法だ。

20世紀には、広告主が利用できる商業メディアの数は驚くほど増えた。インターネットも登場した。今日、広告主はかつてないほどの多様なメディアの選択肢を持ち、広告メディアを選択する仕事が複雑化している。

商業メディアの歴史

ポンペイの壁に描かれた壁画は、剣闘士の戦いや政治的メッセージを宣伝していた (Berry, 2007)。今日、私たちはこれを**屋外メディア**あるいは"アウト・オブ・ホーム"メディアと呼んでいる。

1400年代にグーテンベルクの印刷機が登場したことで、大規模な商業告知や公共告知を印刷できるようになった。世界でもっとも影響力のある発明のひとつとされる可動活字の印刷機は、世界初の**マスメディア**である新聞や雑誌を

411　　　　　　　　　　　　メディアプランニング

生み出すきっかけとなった。しかし、印刷技術は台頭したものの、当時の人々の識字レベルは低かったため、なかなか普及しなかった。1833年、ニューヨークの新聞The Sunが初めて広告収入を利用して新聞の販売価格を下げることを行った (The Economist, 2011)。新聞の低価格化（競合他社の6分の1の1ペニーで販売）を実現したThe Sunは、読者数を増やし、多額の利益を得た。このビジネスモデルは瞬く間に模倣され、20世紀に入ると印刷物が最初のマス広告メディアとなった。

ラジオは1900年代初頭に登場し、最初の放送媒体となった。1920年代半ばには、多くの国で数百のラジオ局が放送を行っていた。そのコンテンツには広告メッセージも含まれていた。ラジオは、広告主が全国のオーディエンスに瞬時にリーチできた最初のメディアだった。テレビは1940年代に登場し、商業メディアを一変させた。膨大な数の視聴者に一日中"映像"を届けることがはじめて可能になった。近年、テレビ視聴の減少が取り沙汰されてきたが、実際にはそうならなかった。テレビ視聴は低下せず、新しいスクリーン（例：スマートフォンやタブレットなどのデバイス）の数も増え続けている。2011年のニールセンの発表によると、アメリカのほとんどの世帯（56％）が3台以上のテレビを持っていた。アメリカの世帯の約30％が単身世帯であるにもかかわらず、テレビが1台しかない世帯はわずか18％だった。多くの家庭でテレビの台数が、テレビを視聴できる他のデバイスは除外しても、家族の人数を上回っていた。新興国でもテレビがメディアとして急速に成長しつつある。テレビは視聴時間と広告費の両面において依然として支配的なメディアだ。したがって、テレビ広告がどのように機能するかを理解することは、マーケティング担当者、特にグローバルな消費財ブランドを担当するマーケターにとってはきわめて重要だ。

かつて、インターネットの登場は多くの新しい**デジタルメディア**の到来を告げた。そのなかには、広告主が広告媒体として利用できるものもあり、オンライン広告市場は急速に成長した。先進国の多くで、オンライン広告費がテレビ広告費と同程度の規模に達した。オンライン広告の成長は、オンライン利用者数の増加とオンライン利用時間の増加により拍車がかかった。特にスマートフォンは、人々が多くのオンライン時間を生活に組み込むことを可能にした。

しかし、現在、先進国のオンライン視聴者数に伸びが見られなくなったことから、今日のオンライン市場は"成熟した"と考えることができる。先進国では約25％の世帯がブロードバンド回線を持たず、その普及率は頭打ちのようだ（米国では2016年のニールセンの最新調査によると減少に転じた）。彼らはモバイル機器を使ってインターネットにアクセスしている。マーケターは、広告枠の売り込みや新しいメディアの興奮に惑わされないためにも、このような統計情報に精通していることが肝要だ。たとえば、2016年のリオオリンピックはオンラインで何十億回も視聴されたと、マーケティング業界では誇大に宣伝された。ロサンゼルス・タイムズ紙は"NBCオリンピック視聴率低下。オンライン視聴率は急上昇"という見出しを掲げた。しかし、完全な視聴結果が公表されたとき、NBCのストリーミングアプリが広く賞賛されているにもかかわらず、オーストラリアでは視聴時間のわずか2％、アメリカではわずか3％しかオンラインでは視聴されていないことが判明した (Ritson, 2016b)。

他の成熟したメディアと同様に、オンラインでも多くの変化が起きている。たとえば、Facebookは今ではパソコ

図12.1　メディア別リオオリンピック視聴時間

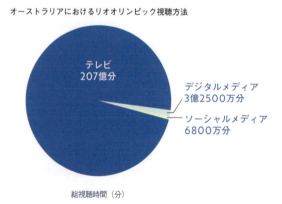

オーストラリアにおけるリオオリンピック視聴方法

総視聴時間（分）

ン画面よりもモバイル画面での閲覧が多くなっている。テレビ番組も、オンラインやモバイル端末を利用しての視聴が増えている。2016年のニールセンの報告によると、50％以上の世帯がネットフリックスなどの定額制ビデオオンデマンド（SVOD）サービスを利用していた (Nielsen, 2016)。

プリントやテレビなどのメディアとデジタルメディアとの境は薄れつつある。紙面に印刷されることのない新聞や雑誌などの"プリントメディア"もあれば、デジタルプラットフォームを通じて放送されているテレビ番組やラジオ番組も多い。なかには、デジタルプラットフォームだけで放送されているものもある。

広告やメディアに携わることは刺激的であると同時に多くの困難も伴う仕事だ。この分野は、メディアについて幅広い知識を維持するための努力を怠らない高い能力を有する専門家たちが増えている。

メディアの現在

今日、私たちはメディアを自由に選べるようになった。世界中の雑誌や新聞をオンラインで購読し、テレビ番組を"ライブ"、"キャッチアップ"、"オンデマンド"などで視聴することができる。スマートフォンを使えば、事実上、テレビ、パソコン、新聞、雑誌をポケットに入れることができる。その結果、人々はかつてないほど多くのメディアを消費するようになった。

広告主にとっての大きな変化は、広告費をどのメディアにどのように使うべきか、その選択肢が目まぐるしく拡大していることだ。特に、テレビチャンネル、ラジオ局、屋外広告、ソーシャルメディア広告などへの広告出稿の機会がこれまで以上に増えている。Facebookのように、世界中の視聴者にリーチできる可能性のあるメディアプラットフォームもいくつか出現した。また、消費者とブランドは、独自のメディアコンテンツを作成し、デジタルメディアを使ってたがいにコミュニケーション（ソーシャルメディア上でのブランドについての会話を含む）を取り合っている。そのため、マーケターがさまざまな方法で、さまざまな時間帯に、さまざまな状況下で消費者にリーチできる機会が増えている。将来は可能性に満ちているように思えるが（実際そうなのだが）、同時にリスクも伴う。今日、メディアが多様化したことで、広告費を効果の低いメディアに無駄に投資してしまうリスクがかつてないほど高まっている。残念なことに、ほとんどのメディアオプションの効果がまだ十分に解明されてはいないのが現状だ。

CASE STUDY

ペプシ"リフレッシュプロジェクト"
——ソーシャルメディアへの挑戦と失敗

2009年、ペプシは、テレビ広告予算の大半をデジタルメディアに移行してマーケティングに革命を起こすと発表した。特に、ソーシャルメディアを使って消費者との関係を築くことに重点を置いた。ペプシの"リフレッシュプロジェクト"では、地域社会、州、あるいは国全体に良い変化をもたらす新しいアイデアを募集し、選ばれた個人や団体に総額2000万ドルの助成金を提供した。アイデアは特設サイトで募集され、人々はオンラインで投票することができた。しかし、リフレッシュプロジェクトは、清涼飲料市場が縮小傾向にあるなかで、ペプシの市場シェアを低下させる結果となった。競合のダイエットコークがシェアを伸ばし、ペプシを抜き、米国でマーケットシェア第2位のブランドとなったのだ。コメンテーターのボブ・ホフマンは次のように総括している (The Ad Contrarian, 2011)：

「リフレッシュプロジェクトはソーシャルメディアプログラムに期待できることをすべて達成した。8000万票以上の投票が登録され、ペプシのFacebookページには350万近い"いいね"がつき、Twitter（現X）のフォロワーは6万人近くに達した。唯一の失敗はペプシが売れなかったことだ」

2011年、ペプシは3年ぶりの新しいテレビ広告キャンペーンとCMOの退任を発表した。

メディアという業界

メディア業界は、オーディエンス、メディアプロバイダー、広告主、メディア代理店、広告代理店で構成されている。

オーディエンス

オーディエンスは、情報を得たり娯楽を楽しんだりするためにメディアを利用している。オーディエンスはさまざまな方法で測定することができる。たとえば、ある雑誌を読んだ人の数は、その雑誌にお金を払って買った人の数とは異なる（通常はこれより多い）。広告主は、特定の<mark>メディアビークル</mark>（広告やキャンペーンで使用されるメディアソース）に掲載した自社の広告を何人が視聴したかに大きな関心を持っている。マーケターは、オーディエンス測定の指標が実際には何を意味しているのかを正しく理解しなければならない。たとえば、新聞の一面を読んだ人全員が他のページも読むとは限らない。テレビの視聴率も同様だ。テレビ視聴率はひとつの番組の平均視聴率を表しており、番組放送中に変化する。たとえば映画は、前半の視聴率は高くても、後半になるにつれて減っていく。またCMの間の視聴率はいつも少し下がる。しかし、このCM放映中のオーディエンスこそ、広告主が関心を抱いているオーディエンスだ。

メディアごとにそのメディアに特化した調査会社が存在し、調査を行っている。たとえば、テレビの場合、ニールセンメディアが視聴率の測定データを提供している。通常、オーディエンスは、テレビとラジオでは<mark>視聴率</mark>、新聞や雑誌では読者数と<mark>発行部数</mark>、デジタルオンラインメディアでは<mark>ヒット数</mark>で表される。オーディエンスの規模は広告主が媒体を買うときの通貨として機能する。デジタルオンラインメディアは、見る、聴く、読む以外のオーディエンスの活動、たとえば<mark>クリックスルー</mark>数やダウンロード数などによっても測定することができる。

INDUSTRY INSIGHT ||||||||||||||||||||||||||||||||||||||||||||||||||||||||||||||||||||||||||| 業界動向

OzTAMのテレビ視聴率調査サービスの未来

OzTAM（オズタム）は視聴率調査サービス会社だ。オーストラリアでもっとも信頼できるメディアデータを提供し、長年にわたり高い評判を得てきた。5つの主要首都の無料放送テレビチャンネルと有料放送テレビチャンネルの計100局以上をカバーして、毎日分単位で視聴データを分析している。有料放送テレビについては全国的な視聴データも提供している。母集団を代表する標本をサンプリングできるように注意深く複数の家庭を選び管理することで、何人の人が、どの番組を、何時間視聴しているかを毎日分単位で把握することができる。このユニークで包括的なデータは、オーストラリアの広告とマーケティングの業界、番組制作者、著作権所有者、メディアアナリストの間で、

調査および分析のツールとして広く使われている。オズタムの視聴率は、テレビのパフォーマンス評価基準として業界に受け入れられている。

オズタムのクライアントにとっての大きな利点のひとつは、オーディエンス全体を数十の属性に分類できることだ。たとえば、木曜日の午後7時43分にNetwork Ten（オーストラリアのテレビネットワークのひとつ）で広告を出したある女性誌のマーケティング担当者は、翌朝には、アデレード都市圏に住む30歳から40歳の女性の何人がその時間にNetwork Tenを見ていたかを知ることができる。1週間後には、最初の放送から7日以内にその番組を視聴したターゲット層の女性の数を知ることもできる。4週間後には、最初の放送から28日目までのすべての視聴データが利用可能だ。マーケティング担当者や広告主は、このようなデータをあらゆる意思決定（たとえば、どのチャンネルのどの時間帯に広告を出すべきか）を行うための、また広告キャンペーンの成果を測定するためのツールとして利用している。

オズタムの視聴率サービスプロバイダーであるニールセンタムは、視聴率データを収集するためにピープルメーター（視聴者の視聴習慣を測定するためのシステム）を使っている。具体的には、オーディオマッチング技術を使ったUNITAMと呼ばれる高度な測定システムを使用して、**ライブ視聴率**と**タイムシフト視聴**（家庭で録画した番組を視聴すること）率の両方を測定し報告している。オズタムはオーストラリアの世帯から調査パネルを募集し、それらの世帯の実際の視聴行動を測定し、そのデータを集計して視聴率の推定値を算出している。5大都市（ブリスベン、シドニー、メルボルン、アデレード、パース）の各都市に無料放送テレビと有料放送テレビの視聴者を測定する6世帯で構成されるパネルがひとつずつあり、さらに全国の有料テレビを受信する家庭の視聴行動を測定し報告する全国パネルがひとつ存在する。各パネルに属す世帯は慎重に選択され、視聴人口全体を正確に代表するようにさまざまな人口統計学的属性について審査される。

パネル内の各世帯の視聴行動が毎日分単位で測定されている。各世帯のテレビには、テレビのスイッチのオンとオフを記録し、どのチャンネルが視聴されたかを記録する装置が取り付けられている。誰がテレビを見ていたかを追跡できるように、家族は（来客も同様に）自分が部屋にいてテレビを見ていることをリモコンで登録する。データは毎日ニールセンタムに送られ、そこで照合され分析される。このようにして無料放送と有料放送のテレビネットワークの視聴行動が分単位で完全に把握され、翌日にはオズタムのクライアントはそれにアクセスすることができる。

2016年初頭、オズタムは、新しいテレビ視聴習慣を理解するために、VPMレポート（VPM：Video Player Measurement／インターネット経由でテレビ番組視聴を測定するサービス）を立ち上げ、オーストラリア初の公式のインターネット配信テレビコンテンツ視聴データの提供を開始した。このVPMサービスは、同社の提供するテレビ視聴率とは別の補完的なシステムで、タブレットや、スマートフォン、スマートTV、ゲーム機、ノートPCなどのデバイスで再生されたテレビ番組の視聴データを分単位で生成する。

オズタムは、放送事業者に、オズタムのシステムと統合するためのソフトウェア開発のキット（SDK）とツールを提供している。オズタムが開発したコードもそのひとつだ。このコードは、放送局のライブまたはオンデマンドのコンテンツのすべてに割り当てられた固有のメディア識別子（ID）で、個々のデバイスで再生されたコンテンツの1分1秒を、デバイスの種類や場所に関係なく、正確に特定することができる。その後、収集されたデータは集計され、放送されたすべてのコンテンツの再生状況を報告するために使われる。

キャッチアップ視聴（見逃し配信）とライブストリーミングを含めたインターネット経由でのテレビ番組視聴は、全体のテレビ視聴時間の1%程度にすぎないが、キャッチアップ視聴だけで、特定の番組の総視聴の大部分を占めることがある。これは、タイムシフト視聴によって一部の放送番組が視聴者数を大きく伸ばしているのとよく似ている。

VPMデータはまだ初期段階であり、情報はデバイス単位で収集される。オズタムは、VPMレポートに人口統計データを組み込むことで、さまざまなデバイスで何が視聴されているかだけでなく、それを視聴している視聴者の属性情報についても詳細に報告できることをめざしている。現在、世界中の視聴者測定サービス企業がこの問題に取り組んでいる。

メディアプロバイダー

メディアプロバイダーとは、メディアコンテンツ（例：テレビ番組、雑誌記事、ウェブサイトなど）を視聴者に提供するラジオ局や新聞社のような組織だ。多くの大手プロバイダーがさまざまな形式のメディアをカバーしている。たとえば、オーストラリアのテレビ放送局網Network Tenは、2016年の時点では5つのテレビチャンネルのほか、ウェブサイトや、モバイル機器向けの複数のアプリを運営し、2011年までは屋外部門（Eye Corp）も所有していた。タイムワーナー社は、CNNやHBOを含む多くのテレビチャンネル、ラジオ局、ウェブサイト、雑誌を運営し、ハリウッド映画の製作と配給も行っている。

メディアプロバイダーは2つの主要顧客グループに販売している。ひとつは提供されたコンテンツを視聴する視聴者であり、もうひとつは広告主だ。後者はメディアプラットフォームを利用して潜在的消費者に広告を出している。

視聴者が多ければ多いほど、価値は高くなり、コンテンツ内での広告枠のコストが高くなる。そのため、メディアプロバイダーは、多くの視聴者を獲得できるように、魅力的なコンテンツを提供しようとする。また彼らは、特定のタイプの視聴者（富裕層など）に特別な価値を見出す広告主がいれば、そのような人々にアピールすることもある。メディアプロバイダーは、できるだけ多くの広告枠をできるだけ高く売ろうとするが、広告が多すぎると視聴者離れが起きるため、トレードオフの関係にある。つまり、より安い価格で広告主に広告枠を売らなければならない。メディアによっては提供できる広告枠が法的に制限されている。たとえば、オーストラリアの民放テレビチャンネルの夕方の広告枠は、1時間あたり平均13分間に制限されている（ACMA, 2015）。

広告主

広告主には、慈善団体、政府機関、ファストフードチェーン、小売業者、消費財メーカー、自動車メーカーなどが含まれる。広告主がメディアで広告枠を購入する主なメリットは、特定の時間に特定のオーディエンスにリーチでき、しかもメッセージの内容をコントロールできることだ。広告主は他にもスポンサーシップやPRキャンペーンを利用することもできるし、メディアプロバイダーに広告掲載料を支払うことなく、オーディエンスを楽しませ、引きつけることを意図したコンテンツを自社で作成・配信することもできる。長い歴史があるなかで近年コンテンツマーケティングへの関心が急増しているのは、消費者がソーシャルメディアでブランドをフォローしたり（例：Facebookの"いいね"）、動画を知人に送ったりするように、オンライン上には無料の**アーンドメディア**（earned media＝第三者の信頼や評判を得て情報が拡散されるメディア）の機会があるからだ。

メディア代理店と広告代理店

メディアスペースの購入は非常に複雑だ。予約を行い、価格と条件を交渉しなければならない。メディア代理店と広告代理店は、広告主に対して、メディアスペースの購入を代理で交渉サービスや、自動化された購入プロセスを最適化する支援を提供する。より低い価格で購入できるように、多くの広告主のためにメディアスペースを一括で購入することが多い。特に大規模な**クロスメディアキャンペーン**の場合は、多くのメディアスペースがメディア代理店によってすでに予約されている。

マーケターがメディア代理店を利用するもうひとつの理由は、彼らの専門知識を利用するためだ。メディア代理店は、いつ広告を出すべきか、どのメディアを使うべきか、いくら予算を使うべきかについてアドバイスしてくれる。広告主がメディア戦略についてほとんど知識を持ち合わせていないことは珍しいことではない。大学の授業で習う機会も少ないため、広告主はメディア代理店のアドバイスを大いに頼りにしている。しかしこれは危険なことだ。メデ

ィア予算は規模が大きいので、マーケターが自ら深い学識を向上させないのは無責任というものだ。すべての大規模広告主は、メディア戦略に関する調査を継続的に実施するべきだ。メディア代理店のアドバイスだけに頼るのが危険であるもうひとつの理由は、メディア代理店とクライアントの間に根本的な利害の衝突が生じる可能性があることだ。彼らは多くの場合、クライアントにできるだけ多くの広告費を使わせたいのであって、常識的に使わせたいわけではない。彼らはまた、自分たちのメリットを優先してもっとも容易で安価なメディアパッケージを買いたいと思っている。彼らにとって最適の選択でも、必ずしもブランドのための最適な選択ではないことがある。さらに、メディア代理店はメディアを一括で購入することが多い。たとえば、テレビチャンネル（およびその他のメディア）の一定額の広告枠を毎年購入することを約束している。そのため、この"在庫"をクライアントに転売しなければならないというプレッシャーにさらされている。**広告枠の在庫**を売ることができなければ、かなりの損失を被ることになる。このプレッシャーが、広告主に特定のメディアを利用することや、特定の時間に広告を出すことをすすめることにつながる。それがブランドにとって最良の戦略であるからではなく、メディア代理店にとって最良の戦略であるからだ。メディア代理店が価値を提供できないというわけではない。広告主は、メディア戦略についての理解をもっと深めなければ、メディア代理店から十分な価値を得ることは非常に難しいだろう。

メディア戦略

かつて、メディアバイイング（media buying＝媒体購入）部門は"広告メールの仕分け室"と呼ばれ、あまり重視されていなかった。**総合広告代理店**は、クリエイティブ部門やアカウントプランニング部門が注目され、すぐれた人材が集まっていた (Ephron in Sissors & Baron, 2002)。しかし、メディアの多様化、オーディエンスの細分化、メディア利用習慣の変化、データとツールの増加が進んで**メディアバイイング**が複雑化するにつれ、**メディアプランニング**とメディアバイイングは専門的分野へと進化し、マーケティングコミュニケーションプロセスにおいて重用されるようになった。

知識豊富な広告主は、メディアのプランニングやバイイングの決定がキャンペーンの効果にどのような影響を及ぼすかについて、代理店やメディアプロバイダーにこれまで以上に多くの知識を提供することを求めるようになっている。

企業が掲げる広告とメディアの目標は、その企業のマーケティング目標と事業目標に基づいており、これらの目標を達成するための具体的な戦略としてメディア戦略がある。もっとも一般的な目標は、購買客が製品を買う直前に広告を配信して彼らにブランドを想起させることだ。

戦略は通常、予算に合わせて調整されるものだが、その逆、つまり予算を戦略に合わせて調整するべきだという議論もある。一般的には、ワーキングメディアを最大限に活用することが望ましい。**ワーキングメディア**とは消費者が実際に目にする広告の配信に使われるメディアのことで、ノンワーキングメディアはそれ例外の広告活動を支える活動を指す。

メディア戦略とは、簡単に言えば、いつ、どのメディアに広告を出稿し、それぞれのメディアと地域にどれだけの予算をかけるべきかという計画のことだ。特に予算が大きく、複数の国が対象の場合、これは非常に複雑だ。さまざまなコストのさまざまな選択肢を比較する必要が生じるだろう。このプロセスは多くの場合、メディア専門の代理店に全面的に、または大部分を任せることになる。メディア専門の代理店は、戦略が合意されれば直ちにメディアスペースの買い付けを担当することになる。

次に、メディア戦略を策定するときの、測定可能な質的検討事項について、メディア戦略の重要な側面である以下の項目を見ていくことにする。

・リーチ
・フリークェンシー
・予算

・セレクティビティと非ターゲット層
・クラッター
・広告回避
・エンゲージメント、コンテキスト、消費者との関連性
・その他の検討事項

リーチ

　リーチは、メディア（例：テレビ番組、広告、出版物、ウェブページ、15分間のラジオ放送など）に少なくとも一回接触した人の総人口に占める割合として表される。リーチは視聴世帯数を把握し、広告主がメディアビークルの視聴者にアクセスできるかどうかを評価するために使う主要な指標だ(Sissors & Baron, 2002)。リーチを測定し利用する方法は、メディア企業や広告主によってメディアプラットフォームごとに異なるが、一般的には、広告視聴のフリークェンシーと同様に、広告主が広告枠を買うときの通貨として機能する。たとえば、個人延べ視聴率（TARPs）や世帯視聴率（GRP）は、リーチにフリークェンシー（広告接触頻度）を乗じて算出される（フリークェンシーについては後述する）。

　テレビやラジオでの専門用語としてのリーチは、一般的に番組視聴率として表される。たとえば、テレビ番組の視聴率を1ポイント獲得するということは、特定の地域の全テレビ視聴世帯の1％がそのテレビ番組にチャンネルを合わせたことを意味する。視聴率の高い広告枠ほど価格は高くなるので、メディア企業は、人気番組の制作や発掘に力を入れ、視聴者獲得のための宣伝に力を入れている。

　リーチは、広告主にとってはメディアの意思決定における基本的な検討事項だ。当然ながら、リーチはオーディエンスの規模を把握するための指標であり、メディアの選択肢を見分ける際の重要な要素であるべきだ。シングルソースデータを使って行われた研究では、広告の売上効果はS字型や直線型ではなく凸型を描いていた。図12.2に、さまざまな広告反応関数の可能性を示す。この図からわかることは、一定期間内に複数回の広告を出すと収益が減少するので、まだ広告を見ていない購買客にリーチできれば、同じ人に2回到達した場合よりも大きな効果を得られるということだ。広告やブランドメッセージを一日に2回、3回、10回と視聴しても、1回視聴したときと比べると、学習効果や記憶への影響は小さいことは驚くにはあたらない。凸型応答関数の特性がメディアのスケジューリングに及ぼす影響については、本章後半の"広くターゲット層にリーチするためのスケジュール戦略"のセクションで詳しく考察する。

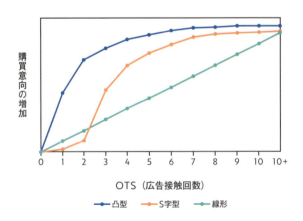

図12.2　理論的に可能な広告反応関数

　リーチは通常ほとんどの広告主にとって重要な関心事だが、リーチよりも他の検討事項を優先することも多い。たとえば、ニールセンレポート（2016年第1四半期）によると、ラジオはテレビよりも多くのアメリカ人にリーチし

ているが（テレビが2億2600万人であるのに対し、ラジオは2億4000万人）、ラジオの1日の平均視聴時間は2時間弱であるのに対してテレビは4.5時間であるため、広告主はラジオよりもテレビをメディアとして優先している。しかし、マーケターとしては、ブランドの成長や広告の効果についての知識があるので（第11章を参照）、リーチを犠牲にすることの悪影響が心配だ。広告主はリーチを失うことに注意を払い、これを警戒すべきだ。

　リーチを獲得する上で大きな課題となっているのがメディア視聴者の==細分化==だ。新たなメディアビークルが増えるにつれて、オーディエンスは分割される。たとえば、ラジオのチャンネルは増える傾向にあり、個々のラジオ局が大きな聴衆を獲得することは難しくなっている。この数年で、雑誌、テレビ、ラジオでは視聴者の細分化が大きく進んだ。デジタルメディアの視聴者もすでに大きく細分化している。新聞はその逆の傾向（統合）を示している。しかし、統合によりオーディエンスが拡大するとは限らない。実際、ほとんどの都市で、新聞社の数は以前よりも減少している。

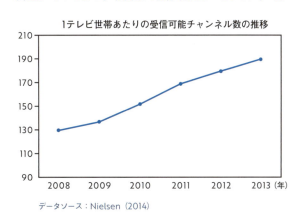

図12.3　アメリカの平均的家庭で視聴可能なテレビチャンネル数

データソース：Nielsen（2014）

　視聴者の細分化は、人々がメディアを消費する方法、広告主が広告枠を購入する方法、メディア側が広告主に広告枠を売る方法に影響を与えている。細分化は、"半径が一定のパイ"のなかでメディアの選択肢が増えることの必然的な結果であると言われている (Montanus, 1998; Picard, 1999)。これは消費者にとってはきわめて好ましい変化だ。消費者がこれほど多くの選択肢を得たことはかつてなかった。私たちは、メディアコンテンツを視聴するためのデバイス（例：テレビ、ラジオ、印刷媒体、屋外広告などの伝統的なメディアや、ノートPC、タブレット端末、携帯電話など）を選択することも、また、これらのコンテンツにアクセスするための手段（例：オンラインの新聞や印刷媒体）を選択することもできる。結果的に、私たちがメディアを視聴する方法が変化した。私たちは多くのメディアビークルに時間を費やしている。モバイル機器、特にスマートフォンの登場でメディアを視聴する時間はさらに増え、2014年には1日平均9.5時間だったのが、2016年には10時間40分になった。その後、驚くほどではないが、==メディア同時利用==（CME＝concurrent media usage）も増加している。しかし、複数のメディアを同時に利用する時間は、プラットフォーム間で均等に広がっているわけではない。スマートフォンで視聴するデジタルメディアの利用時間と利用頻度は、従来のメディア（テレビ、ラジオ、映画）とは大きく異なる (Papper, Holmes & Popovich, 2004; Block & Schultz, 2009; Hess, 2009)。

　図12.4は、同時利用されやすいメディアの組み合わせを示している。

図12.4　メディア同時利用

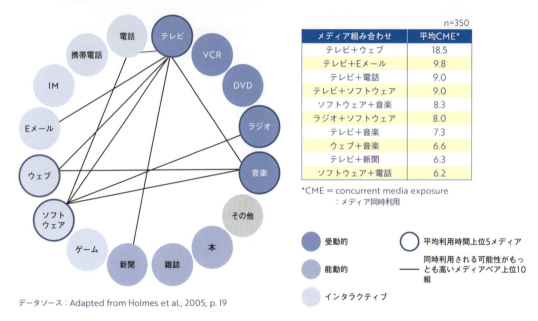

メディア同時利用平均時間（分.秒）上位10位のメディアの組み合わせ

メディア組み合わせ	平均CME*
テレビ＋ウェブ	18.5
テレビ＋Eメール	9.8
テレビ＋電話	9.0
テレビ＋ソフトウェア	9.0
ソフトウェア＋音楽	8.3
ラジオ＋ソフトウェア	8.0
テレビ＋音楽	7.3
ウェブ＋音楽	6.6
テレビ＋新聞	6.3
ソフトウェア＋電話	6.2

*CME = concurrent media exposure
：メディア同時利用

データソース：Adapted from Holmes et al., 2005, p. 19

　メディアの選択肢の増加とオーディエンスの細分化は、広告主に機会と複雑さの両方をもたらしている。この市場では、競争が激化すると価格競争につながり、その結果、どのメディアやビークルを選択すべきか、どの視聴者にアプローチすべきか、いくら広告費をかけるべきかなどの観点からさまざまな機会が生まれる。しかし、機会が増えるほど、適切なメディア選択を行うことが難しくなる。たとえば、細分化によって、広告主が視聴率トップの単一の放送局や番組を通じてターゲット消費者に大規模にアプローチすることは難しい。

　細分化が起きると、スポット広告やブランドメッセージを伝達できるオーディエンスの数が減少する。利用できる広告枠の数は増えるので価格は下がるが、広告主が同じリーチを維持するためには、より多くの広告枠を購入するか、より多くのメディア機会を作らなければならない。しかし、広告枠を2倍に増やしてもリーチは2倍にはならない。同じ視聴者に広告が重複して届くことがあるからだ。

　アメリカでは、1977年から2003年までの間に、無料の地上波テレビネットワークのプライムタイムの視聴率が40％以上も減少した（Bianco et al., 2004）。これは、人々がテレビを視聴する時間が減ったからではなく、単に視聴者の多くが新しいケーブルチャンネルに流出したからだ。1950年代、視聴率トップの"アイ・ラブ・ルーシー"は約40％の世帯視聴率を記録したが、2001年〜02年の人気コメディー"フレンズ"の視聴率は15％どまりだった（Green, 2002）。現在では世帯視聴率が5％を超える番組はほとんど存在しない。"セックス・アンド・ザ・シティ"、"ザ・ソプラノズ"、"LOST"でさえ、最高視聴率を記録した最終回（それぞれ2004年2月、2007年6月、2010年5月）の視聴率は4％だった。メディアが増えて視聴率が低下したにもかかわらず、業界の広告収益は伸び続けている。これは、広告主が、かつては少数のメディアに少額の予算を投じて大量のオーディエンスにリーチできていたが、今では多くの媒体に多くの予算を分散させなければ同じ規模のオーディエンスにリーチすることはできないからだ。

フリークェンシー（広告接触頻度）

　ほとんどの広告枠の価格に影響を与えるもうひとつの測定可能な要素は平均広告接触頻度だ。**広告接触頻度**とリーチから露出の総数が明らかになる。

　平均広告接触頻度は、キャンペーン中に視聴者が広告を見たり聴いたりした回数や、デジタル広告とのインタラク

ションの回数を示す指標だが、報告に見る平均広告接触頻度はきわめて誤解を招きやすい。母集団の広告接触頻度の分布は偏っている。つまり、ほとんどの人がキャンペーン中のメッセージをあまり見ていないし、聞いてもいない（図12.5参照）。

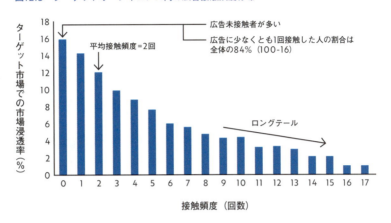

図12.5　ターゲットオーディエンス内の広告接触頻度分布

どのような広告メッセージをどのくらいの予算でどのメディアを使って伝えるかに関係なく、広告がごく少数の消費者には何回も届き、他の多くの消費者にはまったく届かない可能性が高い（これを**ロングテール**現象という）。広告接触頻度分布がこのように偏っているということは、母集団の平均広告接触頻度が1を大きく上回るためには、広告がもっと多くの潜在的購買客に何度も届く状況を作らなければならないということを意味する。このことがメディアプラン戦略に与える影響については、本章後半の"リーチの最大化が最優先事項"の節で考察する。

予算

広告主が広告キャンペーンにどのようなメディアを選択し、どれだけの広告枠を購入できるかは、広告予算の大きさに左右される。たとえば、ある地方の外科病院は、年間5000豪ドルの広告予算しかないので、通常のテレビCMを作る余裕も、高視聴率のテレビ番組の広告枠ひとつを買う余裕（オーストラリアでは約2万豪ドル）もない。たとえそのひとつの広告枠が費用対効果の高いリーチを提供できるとしても、長期的にリーチを獲得し続けることは難しいという欠点がある。人はいつ病気になるかわからないものなので、ひとつの広告枠だけでは不十分だ。この病院は、費用対効果の高いリーチと長期にわたるカバレッジを提供するメディアを探す必要がある。

多くの中小企業にとって、潜在的消費者の地理的な位置も非常に重要な検討事項だ。限定された地域だけにサービスを提供するのであれば、その地域外にまでリーチするメディアには投資したくはないだろう。

利用できるプラットフォーム（＝広告メディア）と購入できる広告の総量はマーケティングコミュニケーション全体の予算の制約を受けるものの、それでも広告主は、限られた予算内でさまざまな媒体やメディアを組み合わせて広告を展開することが可能だ。ひとつのメディアタイプ（例：テレビ）のなかでも、予算をどのように分配するかについては多くの選択肢がある。そこで、CPMのようなコスト比較指標が広告主にとっての有用なツールとなる。

CPM（インプレッション単価；広告1000回表示当たりのコスト）とは、メディアコスト（例：雑誌に掲載されたひとつの広告の価格）をその広告視聴者数で割ったものだ。どのようなメディアであっても、掲載された広告のメディア費とリーチできたオーディエンスの規模がわかればCPMを計算できる。CPMは、単一のプラットフォーム内で伝統的メディアの費用対効果を比較するときの一般的な指標だ。たとえば、あるテレビチャンネルの広告費と別のテレビチャンネルの広告費を比較するのに便利だ。しかし、リンゴとオレンジの比較が難しいように、テレビ局とラジオ局を比較するような、メディアプラットフォームを横断するコスト比較はできない。なぜなら、メディアの種類によってその本質的な特質が大きく異なるからだ。

多くのマーケターにとって、メディアプラットフォーム内のCPM比較は、個々の投資収益率を評価する効果的な方法のひとつだ。しかし、CPMを比較するときは、費用だけではなく、どれだけのオーディエンスに到達できるかも考慮するべきだ。小規模のメディアのリーチ当たりのコストは非常に効果的に見えるかもしれない。しかし、多くの潜在的購買客にリーチできなければ、効果的なメディア購入とは言えないだろう。たとえば、メディアXのCPMが1.90ドルで、12万人のオーディエンスにしかリーチできず、一方、メディアYのCPMが2.20ドルで、100万人のオーディエンスにリーチしている場合、メディアYの方がCPMは高くても、1回で迅速かつ安価に大規模なリーチを獲得できるため、メディアYの広告枠のほうが買う価値はあるだろう。

デジタルメディアにはさまざまな価格オプションが存在する。たとえば、Googleのアドリーズのプラットフォームの料金は、広告を見た人の数ではなく、少なくとも部分的には、広告をクリックした人の数に基づいている。言い換えれば、広告主は、単に広告を掲載したことに終わる広告にはお金を払う必要はなく（広告の半分か4分の3は見られていないか、偽の視聴の可能性がある）、視聴者の反応を引き起こした広告に対してのみお金を払う。偶発的なクリックもあるし、人間ではなくロボットによるクリックが多いという不正の問題もあるからだ。各プラットフォーム独自の費用構造が比較を難しくしており、そのため、メディア戦略を立てることは容易ではない。実際に広告を見た視聴者を正確に把握するためにそれぞれの原価計算方式がどの程度信頼できるかを、しっかり考える必要がある。

セレクティビティと非ターゲット層

広告主やメディアバイヤーがメディアビークルを選択する際に考慮するもうひとつの要素は、そのメディアビークルが特定のタイプのオーディエンスにどの程度リーチできるかということだ。通常、オーディエンスを説明するために使われる人口統計学的特性には、年齢、性別、収入、職業、学歴などがある。人口統計学的特性に基づくターゲティングがもっとも一般的ではあるが、その他にも、心理学的特性や、メディア利用状況、製品カテゴリー使用状況なども、ターゲット市場とメディアのターゲットオーディエンスの一致度を評価するための基準として使うことができる。

CPMは特定のターゲットオーディエンスに対して計算できるため、異なるメディアオプションを比較することができる。あるオプションでは、宣伝されている製品やサービスを購入する可能性の非常に低い多くの人々に広告が到達するかもしれないが、これは必ずしもそのオプションが不適切であることを意味するわけではない。むしろ、戦略的に重要な人々にリーチするための適切なCPMかもしれない。マーケターがこのような計算をすることは重要であり、ターゲットが十分に絞られていないからといってメディアを拒否するという間違いを犯さないようにしなければならない。

セレクティビティ（selectivity）とは、特定のオーディエンスを、その人口統計学的、心理統計学的、または製品使用の特徴に基づいて、メディアビークルがどの程度引きつけられるか、その能力を表す指標だ。たとえば、ヴォーグブライダル誌（brideonline.com.au）は、主に結婚を控えた女性オーディエンスに高いセレクティビティを持って情報発信しているようだ。結婚写真家にとっては、まさに理想的なターゲットオーディエンスといえるだろう。

逆に、非ターゲット層とは、メディアビークルがリーチしたオーディエンスのうち、広告主のターゲットではないオーディエンスのことをいう。たとえば、広告主のコアターゲットが女性であるにもかかわらず、40％が男性、60％が女性のオーディエンスにリーチするメディアビークルの広告枠を買った場合、40％の非ターゲット層が存在することになる。広告主にとって、望ましいターゲット市場に選択的にリーチできるメディアビークルを選ぶことの重要な利点は、非ターゲット層が減ることだ。もしコストをかけず（かかっても限定的）にこのような選択的ターゲティングを行えるなら、広告主はターゲット層に効果的にアプローチすることができる。しかし、そのような状況はめったに起きないので、通常、ある程度の非ターゲット層を受け入れることがもっとも費用対効果の高い選択肢となる。

非ターゲット層を制限したいという願望は、広告主がより自社のターゲット市場に密接に関連する視聴者にリーチできる、よりセレクティビティの高いメディアビークルを選択するときの根拠となる。1960年代からの基本的概念であるオーディエンスターゲティングとは、非ターゲット層への広告露出という無駄をなくしつつ最大の効果を獲得

することを目的として、ブランドメッセージをターゲット市場の人たちが目にする可能性がもっとも高い場所に配置することだ（Walker, 1998; Sissors & Baron, 2002; Kemplay & Davis, 2008; van der Wurff, Baker & Picard, 2008）。

　メディアプロバイダーは、競合他社よりも効果的に目標の顧客層にリーチできると主張して広告主にメディアビークルを提供している。またメディアプロバイダーは、自社の強みを強調して広告主を引きつけた上で、非ターゲット層を減らしたいという広告主の願望を叶えるために、さらに効果的なサービスを提供して追加料金を得ることもある。このようにメディアプロバイダーは自社の強みを主張しているが、全体としてはメディアの視聴者は驚くほど均質であることが示されている。たとえば、子ども向けテレビチャンネルのニコロデオンでも視聴者の大半は大人だ。子ども視聴者の割合は他のネットワークの3〜4倍だが、それでも大人視聴者が全体の50％以上を占めている。スーパーボウルも同様で、もっと男性にアピールしていると思われがちだが、視聴率はわずかに男性が多い（54％）だけだ（Sports Business Daily, 2012）。さらに、似通った2つのメディアビークル（たとえば2つのニュースネットワークなど）のオーディエンスの差もごくわずかだ。このように、競合関係にあるメディアビークルのオーディエンスの違いは、メディアプロバイダーが主張するセレクティビティほど劇的ではない（Nelson-Field & Riebe, 2010）。

　したがって、ターゲットを絞ってオーディエンスにリーチするメディアほど料金が高くなることを考えれば、ターゲットを絞らない非ターゲット層の多いメディアを使ったほうが効率の良い場合が多い。

　広告主はターゲットを絞ってオーディエンスにリーチすることを過大評価しがちだ。彼らは、自社ブランドは競合他社よりも強く特定の（通常は人口統計学的な）セグメントにアピールしていると思い込んでいる（この神話については第2章の購買者行動で論じている）（Cannon & Rashid, 1991）。広告主は、特定の視聴者にリーチできるというメディアの宣伝文句に簡単に騙されやすい。

P&G、Facebook広告を使ったターゲティング戦略を見直す

　世界最大の広告主がFacebookへのアプローチを変えようとしている。的を狭く絞った広告ターゲティングはマーケティング予算の効果的な使い方ではないと判断したのだ。ウォールストリートジャーナルによると、P&G（プロクター・アンド・ギャンブル）のCMOのマーク・プリチャードは、「我々はターゲットをあまりにも狭く絞りすぎた。現在、正確さを重視しつつ最大のリーチを得るための最善策を見極めている最中だ」と述べた。

　プリチャードが考えるリーチの重要性は、Facebookや、Google、YouTubeほど視聴者数を獲得できない小規模なデジタルサイトへの支出を削減するという彼の意向によって、さらに強調された。

　この新戦略は、アレンバーグ・バス研究所が提唱し、バイロン・シャープがその著書『How Brands Grow』（邦題『ブランディングの科学』2010年）で世に広めた議論と密接に関連している。シャープは、過剰なセグメンテーションとニッチなオーディエンスへの過剰なターゲティングの危険性について概説した。なぜなら、実際には顧客基盤の大半は、ニッチな購買層ではなく多様なタイプの購買層で構成されているからだ。

　プリチャードは、ターゲティングを完全に放棄しているわけではなく、妊婦や新米ママにオムツの広告を配信するなど、ターゲットが明確に定義された特定のケースではこのアプローチを維持する予定だ。また、プラットフォームの規模を考えれば、Facebook広告への支出を減らすことは考えていない。P&Gは予算の"使い方"を変えようとしている。

　ピボタルリサーチ社のアナリスト、ブライアン・ワイザーによると、このソーシャルメディア大手（Facebook）の正確なターゲティングツールは、ビジネスの手法がP&Gとは異なる企業にとっては魅力的かもしれない。「ブランドは大きく成長するほど、幅広いリーチが必要になり、的を絞ったメディアの必要性は低下する」と同氏は言い、ターゲティングは、地元の顧客にアピールしようとする中小企業やユーザーにゲームアプリをダウンロードしてもらおうとする開発者にとっては有用だ、と付け加えた。

　一方、広告効果をテストするエースメトリックス社の最高経営責任者ピーター・ダボルは、次のようにコメントしてターゲットを絞った広告の限界を強調した。

「100万人にリーチする広告を実施するか、ターゲットを5000人に絞った広告を実施するかという選択肢があるとする。後者の広告からそれに見合う成果を上げるためには、その5000人から相当大きな反応を得られなければならない」

データソース：WARC 2016（www.warc.com）

直接マッチングと間接マッチング

使用される変数に関係なく、ターゲット市場と特定のメディアが抱えるターゲットオーディエンスとのマッチングは、直接マッチングまたは間接マッチングのいずれかで行うことができる。

直接マッチングとは、多くの場合、市場調査会社が一元的に収集した複数のシングルソースデータを用いて、個人のメディア利用状況、製品利用使用状況、人口統計などの特性を記録する方法のことだ。広告主は自社の顧客がどのようなメディアを利用しているかを知ることができる。シングルソースデータを使った調査はメディア調査のゴールドスタンダードであるが、データ収集にコストがかかり、多くの市場で利用できないことが多い。そのため、広告主の多くは、2つのデータセットを間接的にマッチングさせてターゲティングの指針としている。

間接マッチングでは融合データを利用する。この手法では、あるグループの個人のメディア利用状況と人口統計情報が記録され、別のグループの個人の商品利用状況と人口統計情報が記録される。その後、共通する人口統計情報またはその他の個人属性データを用いて、2つのデータセット間で照合が行われる。たとえば、データセットAでは15歳から19歳の若者がRock FMという番組をより頻繁に聴く可能性があり、データセットBでは15歳から19歳の若者が製品Xの購入者である可能性が高い場合、製品Xの15歳から19歳の製品Xの購入者は全員がRock FMのリスナーであると仮定される。製品Xがターゲット市場にリーチするためには、この放送局に広告予算を増やすことを選択するのが良いかもしれない。

クラッター

広告主は、さまざまなメディアの選択肢を比較検討する際、質的な要素も考慮する。そのひとつが==広告クラッター==だ。広告クラッターは、広告や番組以外のコンテンツ（例：地域の広報メッセージ、放送局からの告知、ニュース速報など）がどれだけメディアに表れているかの指標だ（Speck & Elliot, 1998）。広告にクラッターがあると、オーディエンスが広告を覚えることも、まして気づくことも難しくなり、広告の効果は減少すると考えられている。

たしかに、広告の量が増えるとすべての広告やブランドメッセージを記憶することは難しくなり（Riebe & Dawes, 2006; Hammer, Riebe & Kennedy, 2009）、**広告回避**の増加につながる可能性がある。また、テレビ広告であれば、CMブレイク中の最初と最後に放映された広告に触れさせることが効果的であることが示されている（Webb & Ray, 1979; Brown & Rothschild, 1993; Riebe & Dawes, 2006）。したがって、メディアビークル内に広告が少なければ、すなわち、クラッターが少なければ、広告主の広告が目立つ可能性が高い（Bellman et al., 2012）。

このように考えると、クラッターはメディアビークルを選択する上での重要な検討事項だ。同じコスト（CPM）の2つのメディアオプションがある場合、当然ながら、クラッターの少ないほうを選ぶのが良い。クラッターの少ない広告環境を提供できるメディアはそのメリットを良く理解しているため、広告主にとっては残念だが、より多くの料金を請求できる。彼らは、提供できる広告枠が少ないことによるビジネスの損失も回収しなければならない。小規模なメディアや新興のデジタルメディアは、広告クラッターを戦略的に少なくしていると主張し、それに応じて課金するが、その後、多くの広告枠を売れるだけの視聴率が獲得できると、ただちに広告クラッター度は高まる。オーディエンスを増やすためにクラッターを低く設定することもある。たとえば、オーストラリアのラジオ局Novaは、クラッターを低くして開局した。FacebookやFoxtelは当初、広告を制限していた。NetflixやStanのような有料定

額テレビはまだ広告を掲載していない。

広告主にとってのクラッターの問題は、クラッターが少ないメディアに追加料金を支払う価値がどこまであるかということだ。テレビ、ラジオ、印刷媒体に見られるそれぞれのクラッターを調査した結果、視聴者のブランド記憶に大きな影響を与えるのは、競合ブランドの広告メッセージの配置や存在ではなく、メッセージの量の多さに起因するクラッターであることが示された (Hammer, Riebe and Kennedy, 2009)。リーベ、シャープ、ネルソン・フィールド (2013) は、Facebook上で大規模な実験を行って、クラッターの多いFacebook環境では、クラッターが減少すると被験者が広告を想起する可能性は高まること、しかしクラッターが半減しても広告想起が2倍に高まるわけではないことを明らかにした。テレビ広告の露出時間を15秒から30秒に倍増させても効果が倍増するわけではないにもかかわらず、広告主は、広告効果を25％増やすために25％多く支払うことに抵抗がない (Patzer, 1991)。広告主は、低クラッター、すなわち広告中断の少ないメディアに必要以上に広告費を払わないように注意しなければならない (Brechman et al, 2016)。低クラッターにお金を払うよりも、クラッターのなかで目立つ広告を作ることに集中するほうが賢明だ。

広告回避

広告回避も広告クラッター同様に問題だ。広告主は、メディアビークルを選択する際に、**OTS**（opportunity to see＝視聴機会）のあった視聴者が実際にどの程度広告に接触しているかを検討することもある。OTSとは潜在的な広告接触のことで、テレビの場合、ピープルメーターを使って測定する。ピープルメーターでは特定の番組の視聴中に何人がそこにいたかが記録される。ピープルメーターを使った調査で、番組の視聴者の約3分の1（30％）が、部屋を出たり、チャンネルを変えたりしてコマーシャルを積極的に避けていることがわかった (Bellman et al., 2010)。このような積極的な広告回避は、番組全体の視聴率ではなく、ピープルメーターのデータに反映されている、広告が流れた瞬間の視聴者のOTSの記録から把握することができる。

さらに、40％の視聴者が、意識的にコマーシャルを無視したり、友人と話したり、テレビをつけたままインターネットを使ったりして、コマーシャルを受動的に回避している。また、実際の広告接触率はOTSがあった全視聴者の約30％に過ぎなかった。どのようなメディアビークルを選択するにせよ、広告がどのようなタイミングで、またはどのような場所に表示されれば視聴者の広告回避行動につながる可能性が高いか、あるいは低いかを広告主は考えなければならない。実際の広告接触率はCMブレイクの最初と最後がもっとも高い。CMブレイクが始まると視聴者が席を立ち、CMブレイクが終わる前に戻って来るからだ。部屋に留まっている人の注意力（自律神経系の覚醒度によって測定する）もCMブレイクの中間点で最低にまで低下する (Bellman et al., 2012)。デジタルメディアにおいては、多くのインターフェイスが広告ブロック機能を搭載しているため、視聴者が広告主のブランドメッセージを目にする機会は減少し、広告回避は大きな問題となっている。

エンゲージメント、コンテキスト、消費者との関連性

広告主やメディアバイヤーがメディアビークルを選ぶ際に広告主が考慮するもうひとつの要素は、**コンテキスト**（context＝出稿された広告の環境）が広告の効果にどの程度の影響を与えるかという点だ。

この分野の研究が本格的に始まったのは1980年代で、**関与度**（involvement）という概念がそのきっかけとなった。人によってメディアコンテンツへの関心の度合いは明らかに異なるので、広告が特定の位置に表示されると、その広告のコンテキストへの関心の度合い応じて、人は広告の影響を受けやすくなる可能性がある。同様に、視聴者との関連性が高いコンテンツのなかで広告が放映されれば、受け入れられる可能性はさらに高くなるかもしれない。しかし、広告が掲載されるメディアコンテンツに対するオーディエンスの関与度や**エンゲージメント**（engagement＝没入度）によって、広告効果がどのように変化するかはまだ十分に解明されていない。今のところ、答えは「複雑だ」というのが妥当だろう。関与度が高まって広告にとって良いこともあれば、そうでないこともあるからだ。それでもなお、この分野の研究がふたたび活発化しているのは、主に小規模メディア（メディアの多様化と細分化により数が増えている）とデジタルメディアのおかげだ。また、現在では、関与度およびその独立した構成要素である**覚醒**

（arousal＝広告に対する注意や集中力の高まり）と**感情価**（valence＝広告に対するポジティブまたはネガティブな感情化の度合い）という感情的な側面について、より精緻な理解が得られている。これらの要素（関与度、覚醒、感情価）が、広告を効果的に処理するために必要な、集中力や注意力の量に影響を与える (Lang, 2006)。

自社の広告とメディアを正当化する根拠を求めて躍起になっている広告主にとって、エンゲージメントが格好の拠り所となっている (Ephron, 2005)。しかし、まだ疑問は残る。視聴者の関心も関与度もエンゲージメントも高い環境は、視聴者が広告に気づき、効果的にその情報を処理し、広告に対して行動を起こす可能性が高い環境だろうか？ この分野の経験的エビデンスは、研究者の間でエンゲージメントの定義が大きく異なることもあって、おたがいに矛盾している (Plummer, 2006; Andrews, Durvasula & Akhter, 1990; Calder et al., 2009)。

コンテキストと一致する（たとえば、ワールドカップのテレビ放送中に放映されたサッカー用品のコマーシャルのように、製品と広告のコンテキストが関連している、または、ウィンブルドンのテレビ放送中に放映された、テニスについて語る車のコマーシャルのように、クリエイティブが広告のコンテキストに結びついている）広告やブランドメッセージのほうが、コンテキストと無関係な広告よりも効果的かもしれない。テニス番組はテニスに多少なりとも関心のある人々にリーチするという点でたしかにターゲティング効果があるが、関連するコンテキストが広告への注意喚起や情報処理を高めるかどうかは証明されていない。それは、関連性があれば必ず効果が上がるという単純なものではなく、効果があったとしても、それほど大きなものではないだろう。図12.6のトム・フィッシュバーンの漫画が強調しているように、広告のコンテキストの問題はデジタルメディアを使う広告主にとっては悩ましい問題だ。たしかに、人間のメディアバイヤーはスポット広告を出すタイミングをコントロールできるが、ロボットのメディアバイヤーは効率は良いが判断力に劣るため、ブランドや広告主にとって好ましくないコンテキスト（たとえばポルノサイト）に広告を出す可能性がある。

図12.6　デジタル広告の問題

その他の質的検討事項

メディアバイヤーが考慮しなければならないこのようなさまざまな要因に加え、それぞれの状況に特有の要因も無

数に存在する。たとえば、既存の広告の利用可能性、カテゴリーやブランドの固有の特性（例：季節的な販売効果）、広告枠が割引対象かどうか、スポンサー契約、プロバイダーが提供するスポット広告のタイミングと数量など、これらすべてが最終的なメディア決定に影響を与える可能性がある (Spitler, 1998)。

メディアバイイング

メディアプランが決まったら実際の広告枠を買う。このプロセスは複雑で難しい。複数の国で何種類ものメディアを使う国際的広告キャンペーンのためにメディアを購入することを想像してみよう。そこには数多くのメディア所有者、たとえば新聞社、テレビ局、ラジオ局などが存在する。

予算が限られている、あるいはメディアプランが非常にシンプルな場合、広告主がメディア会社から直接メディア枠を買うこともある。地元のラジオ局や印刷媒体の広告枠の多くはこの方法で販売されている。しかし、ほとんどの広告枠は、広告主に代わってメディア代理店が購入している。大手メディア代理店は多くのクライアントのために広告枠を大量に購入するため、値引き交渉をすることができる。また、さまざまなメディアで広告枠を購入するために必要な複雑なシステムを持っている。メディアバイイングは専門的なビジネス分野であるため、毎年数十億ドルを費やす世界最大の広告主でさえ、メディア購入のために代理店を利用している。

一部の非常に高い視聴率を持つメディアオーナーは、オークションや交渉を通じて広告枠を事前に販売することができる。たとえば、アメリカでは毎年**アップフロント**と呼ばれるイベントが開催され、主要テレビ局が事前に大量のゴールデンタイムの広告枠を、主に大手メディアバイイング代理店に販売する。ほとんどのメディアオーナーが毎日広告枠を販売しており、そのために大規模な営業チームを雇っている。なかには、メディアバイヤーが買いやすいように、グループ化して共有のセールスデスクを提供しているところもある。大手広告主や大手メディアバイヤーは、地方のラジオ局のひとつひとつと交渉することを望まないからだ。

広告枠の売買は自動化されつつある。このプロセスは**プログラマティック・メディア・バイイング**として知られている。買い手はこのコンピューター化されたアルゴリズムを使って広告枠を購入する。アルゴリズムを設定して、特定のターゲット層に可能な限りリーチを広げることをめざしつつ支出を抑えて広告枠を購入することもできるし、時間帯によっては他よりも多く支払ってでも購入することもできる (Bollapragada et al., 2002)。広告枠を購入するために開発されたこのような精緻なプログラムを**アドテック**という。

プログラマティックメディアバイイング

20世紀後半、経営コンサルタントたちは顧客関係管理（CRM）システムの販売を始めた。それは、ITシステムとスタッフ教育に高額な改革を伴うものだった。その目的は、同じ顧客が複数のデータベースに重複登録されているという呆れた状況を改善し、コスト削減と顧客サービスの向上を実現することだった。従来のデータベースでは情報を相互に交換することができなかった。これに顧客側は当惑していた。顧客は当然のことながら、自分が今話しているサービス担当者はその前の週に自分が別のサービス担当者（あるいは別の支店）とやり取りしたことを知っているものと思い込んでいたからだ。すでに自社の保険商品を保有している顧客に保険のクロスセルを行うなどの無駄な活動にもつながっていた。

CRMシステム導入の目的はきわめて合理的で実用的なものだった。しかし、このシステムは高価であったため、常識的な改善だけでは価格を正当化することはできなかった。コンサルタントは、経営トップも納得する何か、もっと魅力的もの、もっと戦略的なものを必要としていた。ロイヤルティがその答えだった。CRMシステムは、顧客ロイヤルティを驚異的に向上させるという触れ込みで販売され、正当化された。顧客離反は過去のものとなって、クロスセリングは莫大な収益を生み出すはずだった。これらがすべて、わずかなロイヤルティの向上で莫大な利益が得られるという、お粗末なエビデンスに基づくでたらめな主張によって後押しされた。

今になって科学的証拠に基づいて考えてみると、ＣＲＭシステムは単なる希望的観測とインチキ商品の売り込みに過ぎなかった。投資はしたものの期待したほどの成果はなく、逆に過剰投資が目立った。

この逸話には現代に通じるものがある。メディアのプログラマティックバイイングは、本質的に、複雑で時代遅れの広告枠の取引を自動化により効率化したものだ。コンピューターはたがいに会話することができるので、2人またはそれ以上の人間がデスクに座ったまま、スプレッドシートを見ながらメディア枠の売り手と買い手としてたがいに"会話"（ときには口論や怒鳴り合い）するという非効率な状況を自動化された効率的なプロセスに簡単に置き換えることができる。コストを削減できる可能性が存在することは明らかだ。さらに、広告プランナーは戦略（コンピューターに命じたアルゴリズム）に集中することができ、日々のスポットの空き状況やベンダーの個々の購買条件や制約に頭を悩ます時間を削減できるというメリットもある。

コンピューター同士が情報を共有し合うことで、より複雑な作業を迅速かつ効率的に行うことができる。たとえば、倉庫にあるさまざまな商品に対して何千種類もの広告を出したり、ホテルの残室数に応じてオンライン広告に表示される価格を継続的に変更したりするようなことだ。

プラグマティックメディアバイイングは、安価なデジタル広告枠をＧｏｏｇｌｅやＦａｃｅｂｏｏｋといった大手のデジタルプラットフォーム以外から大量に買うときに特に役立つ。これは途方もなく広大な広告枠の宇宙だ。それぞれの広告枠はごくわずかの視聴者（それとも多くのロボットか？）にしか見られていなくても、総合的に見れば大きな影響力を持つ。何兆回という広告枠の取引がコンピューターによって行われるのは当然であり、不可欠であるとさえ思える。人間が関与するにはコストがかかりすぎる。

残念ながら、コスト削減や効率化といったメリットだけでは、メディア販売コンサルタントが広告主にプログラマティックバイイングを売り込むには不十分だ。そこでまたしても、マーケティング理論や流行に基づいた、事実とはほど遠い誇大な約束が繰り返されることになる。プラグマティックメディアバイイングは顧客とのより深い関係を構築するだとか、非ターゲット層をまったく含まない超ターゲティングを実現するだとか、視聴者がもっとも説得されやすい瞬間に広告を届けるだとか、ＲＯＩ（投資収益率）が飛躍的に向上するだとか、などと言われている。これらはセールストークの常套文句であり、鵜呑みにしてはいけない。

あなたは、警戒心を緩めず、エビデンスを重視するマーケターでなければならない。

メディアの特徴

メディアの選択およびメディアビークルの選択は、広告主が行わなければならないメディアプランニング上の重要な決定のひとつだ。通常、選択はメディアプランニングの初期段階で行われ、そのプロセスは、量的データ（リーチとコスト）だけではなく、メディアが持つ本質的な特性および広告メッセージも考慮して総合的に判断しなければならない。

メディアプランは、既存の広告クリエイティブ素材を活用するかどうか、広告枠に空きがあるかどうか、経営陣に広告を特定の媒体に出稿したい意図があるかどうかなど、さまざまな要因を考慮して進められる。しかし、これは必ずしも最善の方法とは言えない。メディアのタイプの選択に影響を与える3つの重要な検討事項がある。

1. そのメディアでの広告出稿の販売効果
2. そのメディアビークルがリーチできるオーディエンスの規模およびそのタイミング
3. そのメディアに要するコスト

これらの検討事項を念頭に置いて、次節ではさまざまなタイプのメディアが本来持っている特性と短所についてより詳細に考察する。

テレビ

　先進国では、テレビが広告費のもっとも大きな部分を占めるのが一般的だ。大部分の人が平均して1日に数時間テレビを見ているからだ。そのためテレビは多くの消費者に、しかも他のメディアに比べてかなり迅速にリーチすることができる。近年よく、「テレビは衰退しつつある。視聴者が減少している」と言われるが、これは正しい認識ではない。「テレビは衰退しつつあるのではなく、新たに生まれ変わりつつある」と言うべきだろう。より多くのデバイスやプラットフォームで視聴されるようになったという意味だ。YouTubeは世界初の広告付きテレビネットワークであり、iTunesは世界初の有料テレビネットワークだ。そしてNetflixやAmazonプライムのようなサブスクリプション型テレビネットワークが、これらのネットワークに加わって競争している。最後の3つのネットワークは広告を流していないが、テレビネットワークが広告なしでスタートして視聴者を増やし、その後、広告付きの低価格の契約オプションを提供することは珍しいことではない。

　広告制作費が安く、1回の広告枠の購入費用も安いメディアは他にもある。しかし、これらのメディアが提供するオーディエンスはきわめて小規模であるため、一定の時間内（たとえば今週や今月）に対象の消費者にリーチするためには、広告主は大量の広告枠を購入しなければならない。たとえば、シドニー内のすべての人に新聞広告を通じてアプローチするのは困難だろう。なぜなら、新聞をほとんど、もしくはまったく読まない人（特に10代の若者）がいるからだ。また、長期間にわたって多くの広告枠を買う必要もある。そのため、テレビは割高に見えるかもしれないが、広告主の望むリーチを達成するためにはもっとも安価な方法だろう。これが、多くの大手消費者ブランドが広告予算の80%以上をテレビに費やしている理由だ。"今週中に"多くの消費者にリーチしたい小売業者もテレビ広告を利用することが多い。彼らは、今週は店内のイベントを消費者に伝え、来週は別の目的の広告を出さなければならないことが多いため、テレビの持つ迅速なリーチを必要としている。同じ理由で、政治家も選挙期間中にテレビ広告を多用する。

　テレビメディアを使った広告キャンペーンは、その迅速で広大なリーチと映像と音声の効果的な組み合わせにより、他のメディアを使った広告キャンペーンよりもはるかに多くの注目を集め、話題になりやすい。このような付加的な効果と口コミ効果が相まって、テレビ広告の効果を倍増させている。多くの広告主が、広告が**バズ**ること、すなわち人々が広告のコピーやリンクをFacebook、YouTube、Twitter（現X）などのデジタルオンラインメディア上で共有することを夢見ている。ブランドメッセージがバイラル的に拡散されることは、デジタルオンラインメディアの主な利点のひとつだ。広告主は、ジャーナリスト、特に高視聴率のテレビ番組を司会しているジャーナリストが、自社の広告やブランドについて語りはじめることも期待している。

　テレビは、その高品質な映像と音声から、ワンランク上の広告メディアとみなされることが多い。消費者の興味を引きつける魅力的な広告を作って、ブランドとメッセージの輝きを余すところなく見せることができる。たとえば、美しい場面や風景などと登場人物を関連づけることができる。すぐれた広告を特集する番組があったり、テレビ広告をYouTubeに投稿して他の人と共有する人がいたりすることからもわかるように、テレビ広告はとてもおもしろいものだ。

　たしかに、人は番組中のすべての広告を見ているわけではない。早送りしたり、チャンネルを切り替えたり、音を消したり、他のことをしたり、部屋を出たりする。しかし、テレビの視聴者は依然として多くのテレビ広告を見ており、またそうすることを望んでいる。人は、広告を見ることの見返りに、その広告収入で製作された無料の番組を受け取るというモデルが好きなのだ。調査によると、人はテレビCMの約30%を視聴し、40%は受動的に避け（つまり、ネットサーフィンをしたり、部屋のなかで他の人と話したりするなどして、他のことに注意を向ける）、残りの30%はチャンネルを変えたり、部屋を出たりして完全に広告を避けている (Bellman et al., 2010)。この習慣は、新しい技術やチャンネルが登場してきたにもかかわらず、長年にわたりあまり変化していないというエビデンスがある (Sharp, Beal & Collins, 2009; du Plessis, 2009)。今日、デジタルビデオレコーダーが、早送り機能などの広告回避のためのさまざまな方法を提供し、チャンネルを変えるなどの古い方法に取って代わっている。たしかにCMを避ける方法は変

わったが、だからといって、テレビ広告の回避が増えたわけではない。テレビはリラックスして受動的に見るものであるため、消費者は広告を流し見することを厭わない。これは、人が目的を持って作業に集中している環境（たとえばスーパーマーケットでの買い物、Facebookでの友人への連絡など）とはまったく対照的だ。このような活動的な環境では、消費者は広告を意識的に選別し、見ないようにしている。ラジオにもテレビと同様に広告回避が少ないという利点がある。雑誌のプリント広告も同様だ。私たちは、テレビ広告を見て楽しむことがあるように、プリント広告を読んで楽しむことがある。雑誌によっては、記事内容に近い雰囲気の広告を載せている。たとえば、ヴォーグのファッション広告などはその良い例だ。

テレビというメディア全体では多くの潜在的消費者にリーチできるかもしれないが、視聴者の嗜好や興味が多様化しているため、個々のテレビチャンネルだけで大規模な視聴者を獲得することは難しい。しかし、広告主にとって幸いなことに、ほとんどの国でいくつかの大規模なテレビチャンネルが存在する。視聴率が高いので、すぐれた番組に資金を提供でき、その結果、多くの視聴者を獲得することができる。

テレビには迅速かつ膨大なリーチを獲得できる可能性があるが、低視聴率チャンネルの多くはこの利点を提供できないことに注意する必要がある。低視聴率の専門チャンネルは、代わりに特別な視聴者を提供できると主張することが多い。たとえば、ビジネスニュースチャンネルは富裕層の視聴者を提供すると主張するかもしれない。こうした主張を簡単に受け入れてはならない。注意深く確認する必要がある。調査によると、小規模な専門チャンネルは、大規模なリーチを持つチャンネルと基本的に同じタイプの視聴者にリーチしているが、視聴者数ははるかに少ない (Sharp, Beal & Collins, 2009)。大規模なテレビチャンネルで広告枠を購入した後に、低視聴率のチャンネルの広告枠を購入することにあまり価値はない。リーチを増やすことはできないからだ。

以下はテレビ広告の強みだ。

- 音声と映像の両方を使って製品やサービスの使い方を表現することができる。クリエイティブ面は柔軟であり、言葉によるものであれ、視覚的なものであれ、独自のブランド資産を強化することができる。視聴者が広告の映像を見ていなくても音声を届けることができるし、音声をミュートしていても広告の映像を届けることができる (Bellman et al., 2010)。

- 迅速に多くのターゲットにリーチできる。これは、新しいブランドや毎週多くの買物客にリーチしたいスーパーマーケットなど、多くの人に素早くリーチする必要のあるブランドにとっては効果的だ。

- 大規模なリーチを安く獲得できる。テレビ広告に要する一人当たりの費用はかなり安い。広告費が高い先進国でさえ、一人に広告を届けるのに数セント（1000人にリーチするのにわずか20ドル）しかかからない。特に短期間に多くの人にリーチしなければならない場合、テレビがその目標を達成するためのもっとも安価な方法であることは多い。

特に高視聴率番組での広告は、その製品が成功していてよく売れているというシグナルになる（心理学者はこれを社会的証明という）。多くの人がそのブランドを買っていれば、消費者はそれが良いものに違いないと推測し、それを買うことに社会的な差恥心を感じる必要はないと考える。そのため、「テレビCM放映中」というスローガンがパッケージや店頭で使われることがある。経済学者は、大規模な広告支出は、その企業が自社ブランドに自信を持っていることのシグナルであり、市場に真剣に取り組んでいることを示すシグナルでもあると言う。テレビ広告は、リスクの高い商品、すなわち保険や自動車など、消費者が購入前に品質を見極めるのが難しい商品には意味のある選択肢だ。大規模な広告支出は品質のシグナルでもある。

以下はテレビ広告の弱みだ。

- クリエイティブ面の開発にも制作にも費用がかかる。しかし、新しい技術の導入によって制作費は減少している。

- 他のメディアに比べて、企画から実施までの時間が長い。

- 地理的セレクティビティに限界がある。テレビはマスメディアであるため、州単位の、あるいは都市や地域を対象にしたセレクティビティは可能だが、通常はそれより狭い地域を対象にすることはできない。そのため、集客地域が非常に限られている小規模小売店（例：地元の小さな金物店）はプリント広告などの他のメディアを選択するこ

とが多い。

・他のプラットフォームと比べて非ターゲット層にリーチする可能性が高いが、これは、ターゲット市場が特に狭い場合（例：地方自治体や大規模建設業者に重機を販売するキャタピラーブランド）は弱点になることがある。Bto Bのマーケターがテレビをほとんど活用しない主な理由のひとつだ。

・主に夕方から深夜にかけて視聴されるため、実店舗での実際の買い物時間に近い時間帯で視聴者にリーチすることができない。

・一瞬（多くの場合30秒）しか流れないため、詳細な専門的な情報を伝えるには適していない。

ラジオ

　ラジオは一般的に、車の運転中や自宅での仕事の合間に、他の活動と一緒に聴くことが多い。ラジオは、さまざまな状況で利用される、**ながら聴き**にもっとも適したメディアだと言われている。しかし、どちらかというと"裏舞台"のメディアであるため、リスナーが実際にどの程度広告に耳を傾けているかは疑問視されている。

　ラジオはテレビと組み合わせられるメディアとして推奨されることがある。おたがいのプライムタイムが異なるため、広告主はそれぞれのメディアを使って異なる時間帯に異なるオーディエンスにリーチすることで、累積的にリーチを構築することができるからだ。テレビ視聴は夜間（午後6時から10時）にピークに達するのに対し、ラジオ視聴のプライムタイムは朝（午前6時から午前9時）と午後の車の運転時間帯（午後4時から午後6時）に集中している。

　以下はラジオ広告の強みだ。

・セレクティビティが高い。地域性の高いメディアであるため、その地域に限定された製品やサービスを提供するときにはテレビよりも適している。ラジオ広告の多くの広告主がローカルブランド（例：小売店）であるのはこのためだ。

・絶対コストが安い。クリエイティブ素材の制作費も広告枠のコストも他のメディアに比べて安価だ。広告枠が安いのはリーチできるオーディエンスが狭いからであり、この点には注意が必要だ。

・広告キャンペーンの企画から実施までを短い時間で実行できる。

・消費者の購入意欲が高まっているときに消費者にリーチできる。たとえば、消費者が食料品店に向かう車のなかで広告を放送できる。

・"頻度重視の媒体"と考えられている。絶対コストが安いため、広告主は多くの広告枠を購入して広告露出機会を増やし、多くのリスナーに訴えることができる。しかし、研究によれば、短い時間枠内で広告を繰り返し露出させても、販売効果の逓減につながることが示されている（418ページのリーチのセクションを参照）。

　以下はラジオ広告の弱みだ。

・リーチに限界がある。ラジオは細分化されたメディアであり、またリスナーが多くの番組に分散しているため、ひとつの放送局で大量のリーチを獲得することはできない。

・プリント広告とは異なり、広告の露出時間が非常に短い（数秒の場合もある）。広告が正しく聞こえなかったり、理解されなかったりするリスクが大きい。

・映像要素がないので、広告主はブランドの視覚的なメッセージを強化することができない。

・媒体のクラッター化が進んでいる。低コストの広告枠であるため、テレビや雑誌の広告を1本も打つ余裕がない多くの小規模企業にとっての選択肢となっているからだ。これは、ラジオ広告が際立って注目されるためには、そのクリエイティブな質が特に重要であることを意味する。

プリント（印刷媒体：雑誌、新聞）

　一般的に、雑誌や新聞は、読む側にテレビを見たりラジオを聞いたりするよりも大きな認知努力を要するので、**高関与度のメディア**とみなされている。そのため、消費者がある程度深く考える必要のある広告には有利だ。金融サービスがプリント広告を頻繁に活用しているのはそのためだ。非常にシンプルな、場合によっては視覚的なメッセージ

（たとえば香水のボトルの写真や、"住宅ローン4.1%"などという文言など）であれば、プリントは費用対効果の高い媒体だ。

　雑誌は非常に細分化されたメディアであり、ほとんどの雑誌は読者数がきわめて少なく、累積到達率も低い。実際、最新号を買う人は、ほとんどの場合、前号を読んだ人だ。しかし、雑誌は専門的な分野やトピックに興味を持つ読者をターゲットにしている。読者はお金を払って専門誌を読むわけだから、広告主は読者がそのトピックに興味を持っていると確信できる。たとえば、住宅リフォーム雑誌は現在または近いうちに家をリフォームする人がよく読むし、ワイン雑誌は高価なワインを買うことに興味がある人がよく読む。

　新聞は主に時事ニュースを提供する。そのため、新聞は一般的に"朝型のメディア"、つまり発行されたその日の早い時間帯に読者に消費されるメディアと考えられている。これは、特定の日に消費者にリーチすることに対価を払いたい広告主にとっては非常に便利だ。たしかに、先週末に開催されたセールを月曜日に伝える価値はない。一方、雑誌は数週間にわたって読まれ、時には再読されることもある。

　新聞の求人広告はほとんど使われなくなり、デジタルプラットフォームに移行したが、それでも多くの広告が掲載されている。また、多くの新聞が、ファッション、健康、旅行、リフォームなど、ニュース以外のコンテンツを載せるようになり、新聞と雑誌の区別が曖昧になっている。

　地方紙は、特定の地域に住む読者に情報を届けることができる。特に郊外紙の場合は、それぞれの郊外の隅々にまで情報を届けることができる。これは、その地域に基盤を持つ広告主にとってはとても魅力的なことだが、全国的な広告主にとっては何のメリットもない。

　以下は印刷媒体の強みだ。

- 精緻なターゲティング機会を提供できる。新聞などの多くの出版物が特定の地域の読者にリーチできる。なかでも雑誌は、特定のトピック（例：バイク）に関心のある読者にリーチできる。
- 広告表現の質や自由度が高い。他のメディアと比較して、印刷媒体は広告のクリエイティブ面に柔軟性がある。洗練された印象を可能にするだけではなく、行動を促す呼びかけやクーポン、トライアルなどの戦術的要素の提供においても柔軟性がある。
- ライフサイクルが長い。雑誌は、最終的にリサイクルに出されるまでのしばらくの間は手元にあるので、通常、新聞とは違って何度も読み返される。
- 到達率が高い。小規模でニッチな雑誌は別として、一般的に印刷媒体は多くの読者にリーチできる。

　以下は印刷媒体の弱みだ。

- 印刷の特性上、広告の企画から実施までの時間が他の多くの媒体よりも長い。この問題は新聞よりも雑誌のほうが大きい。新聞は、定期的に、または毎日印刷され、印刷品質はたとえカラーであっても低い。そのため印刷要件は低く設定されており、達成するのに時間を要しない。
- クラッターが多い。印刷媒体、特に雑誌は、おそらくあらゆるメディアのなかでもっともクラッターが多いだろう。
- 絶対コストが高い。プリント広告は、クリエイティブ案の開発費も個々のスポット広告関連費も高くなる可能性がある。しかし、テレビと同様に、リーチ単価で見れば印刷媒体が他のメディアと比べて特別に高いわけではない。
- 音声要素がないので、広告主はブランドの聴覚的メッセージを強化することができない。

屋外広告

　屋外広告には、映画館、ショッピングモール、ビルボード、さらには交通機関の広告看板に至るまで、屋外で体験するあらゆる形態の販促物が含まれる。屋外広告は全メディアの4%を占めるに過ぎないが、常に私たちの身の回りにある成長中のメディアであり、どれだけ多くの広告がこのメディアを消費しているか人は気づいていない。テクノロジーの進歩は屋外メディアにも影響を及ぼしており、デジタル仕掛けで動く屋外ディスプレイが一般的になりつつある。

　以下は屋外広告の強みだ。

図12.7 屋外広告

- 視認性が高い。物理的に大きく、人通りの多い場所に設置することが多いので、目立ち、注目される可能性が高い。
- 購買機会に近いところで消費者にリーチできる。たとえば、靴を買いに行く途中のショッピングモールなどだ。
- カバレッジが広い。屋外広告は費用対効果にすぐれ、広範囲にリーチし、地域コミュニティーに強い口コミを作る。
- 屋外広告はテレビ広告の内容を補完する効果がある。広告内容のほとんどがテレビで放映されたコマーシャルで伝えられるため、屋外広告のメッセージは詳細である必要はない。それでも、テレビCMを見たことを人々に思い出させる役割を果たす。

以下は屋外広告と交通広告の弱みだ。

- 屋外広告はマスメディアのひとつであり、非ターゲット層にもリーチする可能性がある。
- メッセージ内容と露出時間が短い。プリント広告とは異なり、提供できるメッセージに限界がある。人々の移動が少なく、読む時間を取れる場所（例：ロンドンの地下鉄など）では、ポスターは長く詳細なメッセージを伝えることができる。
- 音声要素がほぼないので、広告主はブランドの聴覚的メッセージを強化することができない。
- 広告効果の測定が難しい。屋外広告の効果の指標は一般的には通行量レポートに限られている。これは、屋外広告看板のある場所を1週間に通過した車両の数で示される。
- クラッターが多い。屋外メディアは人の視界に入るあらゆるものと競合する。その結果、競合する広告だけではなく、その他の広告の存在もクラッターとなる。

プロダクトプレイスメント

広告主の製品を映画やテレビ番組のなかで自然に使う手法を**プロダクトプレイスメント**という。視聴者が共感できる俳優に製品を使ってもらい、製品を劇中で目立たせる場合は、広告主は製品の登場に料金を払う。逆に、背景の街の風景に車を走らせたりするときなど、製品の登場が広告とは認識されない場合は、広告主はその登場に料金は払わない。映画のプロダクトプレイスメントの例では、1982年の映画『E.T.』で使われた米国のチョコレート「リース・ピーシーズ」が有名だ。また、ジェームズ・ボンド（図12.8参照）がアストン・マーティンを運転し、ドン・ペリニヨンのシャンパンを飲み、ロレックスを身に着け、共演者と密会しているのを見たことがある人も多いだろう。

以下はプロダクトプレイスメントの強みだ。

- 広告回避を抑制する。商品が番組のシーンの一部として扱われるので、視聴者がチャンネルを切り替えたり、ミュートしたり、休憩中に席を立ったりして広告を回避する可能性は低くなる。プロダクトプレイスメントが視聴者か

ら広告と認識されない可能性もあり、その場合、プロダクトプレイスメントを依頼した企業がメリットを得る。
- 通常、俳優が商品を使うシーンがあり、製品の使用方法を実証的に示すことができる。同時に、俳優が推奨していることも暗示できる。
- 短時間で大規模なリーチを作り、認知度を高められる。プロダクトプレイスメントは、テレビ広告キャンペーンと同様に番組コンテンツ内に組み込まれるため、リーチをすばやく獲得できる。明確に認識されないかもしれないが、研究によって、たとえそのプロダクトプレイスメントを見たことを明確に覚えていなくても、人は行動を促されることが示されている（Auter & Lewis, 2004）。

図12.8　プロダクトプレイスメントの例

以下はプロダクトプレイスメントの弱みだ。
- マスメディアのひとつであるため、非ターゲット層にリーチする可能性が高い。
- メッセージ内容と露出時間が短い。プロダクトプレイスメントは通常、一瞬に、しかも偶発的に起こるものであり、広告（特にすぐれた広告）とはまったく異なる。
- クラッターが多い。従来の広告手法に対する代替的アプローチとして人気が増したが、過度に使われるようになり陳腐化が進んだ。テレビ番組『30 ROCK』はこの問題を深く考えず、スナップルやベライゾンの製品のプロダクトプレイスメントを行っていた（http://www.youtube.com/watch?v=b9hepxidZyo）。
- 絶対コストが高い。人気の高い手法であるが、どのような製品でも簡単にプロダクトプレイスメントに使えるわけではない。そのため、高額な費用がかかることがある。
- 他のメディアに比べて、クリエイティブ面を広告主がコントロールすることができない。プロダクトプレイスメントは演出家に一任されることもある。しかし、これは必ずしも弱点ではない。プロダクトプレイスメントは劇中で自然に見えるときにもっとも効果的であり、そのためには演出家に任せるのが良い。

ダイレクトメール（DM）

　ダイレクトメール（DM）とは郵便で広告資料を相手に届けることだ。近年、実務家の間でCRM（顧客関係管理）やロイヤルティマーケティングに注目が集まるにつれて人気が高まり、巨大な産業へと成長している。マーケティング予算の一部は、アバブザラインメディア（4大マスメディア）からDMやCRMのようなビローザラインメディアに移行している。

　以下はダイレクトメールの強みだ。
- ターゲットである購買意欲の高い見込み客にメッセージを的確に送ることができる。

- 広告のクリエイティブ面の工夫にも広告送付のタイミングにも柔軟性がある。
- 広告効果の測定が可能。最高経営責任者（CEO）たちは、広告費の投資対効果にますます関心を寄せているが、DMは、広告が顧客の購買行動や問い合わせにどの程度の影響を与えたかを追跡することで、広告効果を評価することができる。たとえば、一意の電話番号（例：1-800-○○○）を広告に載せて、その番号に電話をかけた回答者数をカウントする。
- 豊富な製品情報を載せられる。他の媒体では提供できないような多くの製品情報を提供することができる。
- トライアル促進に効果的。DMは新製品のトライアルパック（たとえばハンドクリームの小袋など）を提供するのに適している。

以下はダイレクトメールの弱みだ。

- リーチが狭い。コストがかかるため、また時には正確な顧客データや連絡先情報がないため、DMを使って大規模にリーチすることができない。
- コストが高い。配送コストが高いので、リーチ当りのコストが非常に高い。そのため、この手段を使って継続的に広告を出すことは難しい。
- レスポンス率に限界がある。DMは、送付した広告に対して得られた応答を基準に評価されるため、応答率が著しく低いことに注意しなければならない。そのため、広告主は、もっとも応答しやすいと思われる顧客にのみ広告を送ることで応答率を高めようとし、結果的にリーチを制限してしまうことになる。
- 迷惑メールやプライバシーの侵害などと否定的に受け止められることが多い。
- クラッター化している。DMは頻繁に送られてくるため、潜在的読者から敬遠されがちだ。そのため、通常、応答率は低い。
- 音声要素がないので、DVDのような音声素材を同封しない限り、ブランドの聴覚的メッセージを強化することができない。

スポンサーシップ

　スポンサーシップは新しいものではない。古代のオリンピックでは、選手たちはトレーニングや経費をまかなうために"後援者"の支援を必要としていた。

　スポンサーシップによって支援される活動には次のようなものがある。

- スポーツ——アスリート、スポーツイベント、スポーツクラブ、グラウンド、スタジアム
- 芸術——イベント、フェスティバル、アーティスト、ギャラリー、アートコンペティション、褒賞
- 社会貢献——慈善事業、研究財団、褒賞、奨学金
- テレビ番組——スポットニュース、番組シリーズ

　スポンサーシップは、利益が定量化されていないことと、なぜその支出が適切かということに注意が払われていないことを批判されてきた。しかし今、この状況が変わりつつある。スポンサーシップの担当者は、支出を正当化するプレッシャーにさらされている。スポンサーシップの価格設定はかなりの幅があり、競合する選択肢が多いからだ。さらに、複数のスポンサーが参加する大規模な国内および国際的イベントの数も増えている。そのため、スポンサーは消費者の注目を集めるためにより努力しなければならなくなっている。かつてのスポンサーシップは、スポンサー（企業）が善意や親善のために寄付するものとみなされていたが、現在では、商業的な決断とみなされるのが普通であり、マーケティング活動のひとつとして捉えられるようになった。

　以下はスポンサーシップの強みだ。

- ブランドの話題を提供できる。ブランドが話題になれば、そのブランドに注目が集まる。これは、電気や保険など、消費者に興味を持ってもらうのが難しいカテゴリーのブランドにとっては特に重要だ。
- 消費者との間に良好な関係を築く。スポンサーシップは、単なる広告以上のものとして見られていることに加え、商業組織からの価値ある活動支援がオーディエンスに好意的な印象を与える。

- カバレッジが広い。費用対効果が高く、リーチが広く、地域コミュニティーの間で口コミが広がる可能性がある。
- ライフサイクルが長い。スポンサーシップは、広告主にとって長期的な見返りが期待できる。たとえば、アスリートがスポンサーのウェアをそのイベントの開催の年間を通して着用することがある。

以下はスポンサーシップの弱みだ。

- 非ターゲット層にリーチする可能性がある。
- スポンサーシップを通して届けられるメッセージには限界がある。またはまったくメッセージが届かない。
- クラッターが多い。人気が高まるにつれて、プロダクトプレイスメントと同様に過度にクラッター化し、やや陳腐化している。
- 絶対コストが高い。有名スポーツ選手、番組制作者、支援する事業側の要件によって、広告主に桁違いの費用がかかることがある。
- 価値の測定が難しい。スポンサーシップの正確な価値、特にリーチの価値を理解するのは難しく、テレビ番組のスポンサーシップなどの測定が難しいメディアが関与する場合はさらに困難だ。

検索広告

オンライン上で消費される広告費の半分以上を**検索広告**が占めている。この広告収入は、Google（55%）の他に、中国で圧倒的なシェアを誇るBaiduや、ヤフー検索を支えるMicrosoftのBingなどの検索エンジンによって占められている。

検索エンジンに"プーケット行き格安航空券"などの検索語を入力すると、検索エンジンは関連するウェブページや地図を表示するだけでなく、広告主が広告料金を支払って掲載された関連リンクが表示されることもある（図12.10参照）。

図12.9　アメリカのデジタル広告支出比較（2014〜2019年）

アメリカにおけるフォーマット別デジタル広告費2014〜2019年
billions

	2014	2015	2016	2017	2018	2019
Search	$23.44	$26.53	$29.24	$32.32	$36.41	$40.60
Display	$21.07	$26.15	$32.17	$37.20	$41.87	$46.69
—Banners and other*	$10.53	$11.57	$13.39	$14.74	$16.17	$17.68
—Video	$5.24	$7.46	$9.59	$11.43	$13.05	$14.77
—Rich media	$3.71	$5.44	$7.42	$9.17	$10.69	$12.19
—Sponsorships	$1.58	$1.68	$1.77	$1.86	$1.96	$2.06
Classifieds and directories	$2.82	$2.94	$3.07	$3.20	$3.33	$3.47
Lead generation	$1.88	$1.97	$2.06	$2.15	$2.25	$2.35
Email	$0.25	$0.27	$0.29	$0.31	$0.33	$0.35
Mobile messaging	$0.24	$0.26	$0.27	$0.26	$0.24	$0.23
Total	$49.69	$58.12	$67.09	$75.44	$84.44	$93.70

Note: includes advertising that appears on desktop and laptop computers as well as mobile phones, tablets and other internet-connected devices on all formats mentioned; numbers may not add up to total due to rounding; *includes ads such as Facebook's News Feed Ads and Twitter's Promoted Tweets
Source: eMarketer, Sep 2015

195251　　　　www.**eMarketer**.com

データソース：eMarketer（2016）

図12.10　有料検索広告

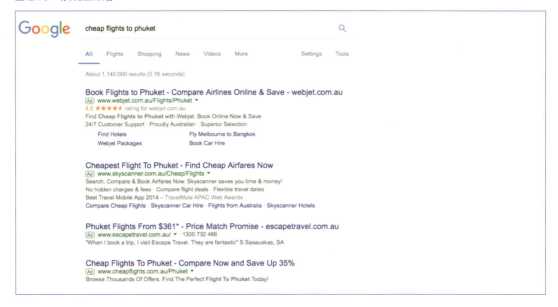

　新聞の求人広告やイエローページ広告に代わって**有料検索広告**が登場した。一昔前は、このような広告は新聞社やディレクトリサービス提供者に大きな収益をもたらしていた。現在では、その収益の多くがGoogleという一企業に集中し、そのおかげでGoogleは、世界でもっとも利益を上げている公開企業のトップ50に急浮上した。

　以下は検索広告の強みだ。

- ターゲット層を高度に絞り込める。検索ワードを入力して表示された商品カテゴリーに関心のある人にリーチできる。
- 製作費が安い。検索広告の多くはわずか数語で構成されているため、非常に安価に制作することができる。
- 特にオンラインキャンペーンは、潜在顧客の直接的な反応を得られ、それを記録できる。また、媒体上で販売まで行うことができる。
- オンラインキャンペーンの潜在顧客に関する詳細な情報を簡単かつ迅速に収集することができる。たとえば、クリックスルー率、サイト滞在時間、ダイレクトレスポンス、売上などだ。

　検索広告の主な弱点は、潜在顧客が有料のリンクをクリックせずに直接ウェブサイトにアクセスしても、広告主はそのリンクの表示料を支払わなければならないことがあることだ。また、検索広告の販売効果は過大評価されがちで、そもそも広告を見なくても製品を買っていたであろう顧客から得られた売上をその広告の効果と見なしてしまうことがある。

オンライン広告

　ほとんどの企業が、見込み客への情報提供や顧客からの注文受付のために、自社のウェブサイトやモバイルアプリを運営している (Bellman et al., 2011)。オンライン上で存在感を高めることで、詳細な製品情報を求めている顧客を対象にマーケティングを行うことができる。このようなインターフェイスを維持することが多くのマーケティング部門の重要な活動になっている。しかしこのような活動に要した費用は、オンライン広告費とは異なる性質の費用として扱われ、オンライン広告支出額の見積もりには含まれていないのが通常だ。

　他のウェブサイトやアプリ内のディスプレイ広告の枠を購入することも可能だ。Facebookはもっとも顕著にオンライン広告が流れる場所であり、アメリカやイギリスなどの国々では、ディスプレイ広告収入の3分の1がFacebookで消費されている。

オンライン上には1億以上のウェブサイトと1兆以上ものウェブページが存在するので、どの広告枠を購入すべきかの判断は驚くほど難しい。これらのウェブサイトにはそれぞれのオーナーが存在するので、まず、どの広告枠を購入するべきか、またどのように購入するべきかという問題を解決しなければならない。その解決策として、一連の指示に基づいてコンピューターが買い付けを行う**プログラマティックメディアバイイング**が急速に普及している。しかしほとんどのウェブ広告は、Googleが所有する**DoubleClick**などの専門代理店によって出稿されるため、状況は簡素化されている。広告主は、広告枠はあるがトラフィック（＝訪問者）の少ない何千ものウェブサイトと直接取引する必要はなく、代理店と取引するだけでよい。DoubleClickは行動ターゲティング（＝インターネットユーザーの行動パターン、興味、関心に基づいて広告を配信する手法）を使って、これらのサイトを訪問する潜在顧客を追跡しているため、訪問者数が、たとえ少人数であっても、専門誌の読者のように潜在的に質の高い顧客である可能性がある。広告主は、プログラマティックメディアバイイングを使って入札を行い、自社のウェブサイトの最近の訪問客だけを対象に、彼らが閲覧するウェブサイト上にオンラインディスプレイ広告を配信することができる。この手法は**リターゲティング**として知られている。たとえば、あなたがDavid Jonesのウェブサイトでドレスを見たとする。その後数日間、あなたが訪れた他のウェブサイトの多くが、David Jonesのドレスの広告を掲載していることに気づくだろう。リターゲティングは、少なくとも理論上は自社に興味を持つ人に広告が届くので、広告主にとっては便利だ。たしかに、購入したいと思うようなものを見かけても、他に気を奪われてしまって結局買わないことは多い。リターゲティングは有益なリマインダーとして機能し、実際に購入する可能性を大いに高めてくれる。リターゲティング広告のなかには、製品を購入した後にも配信されるものも多い（特に商品をオンラインで見て実店舗で購入した場合）。このような広告はあまり効果的とはいえない。

　Facebook以外にも、news.com.auや、ninemsn、Yahoo!7など、大規模なオーディエンスを集める数少ないウェブサイトが存在する。コムスコア社の報告 (2011b) によると、オーストラリアのウェブ閲覧の半分が、上位10位までのプロパティ（同じ所有者によって管理されているウェブサイトのグループ）に集中していた。これらのプロパティの所有者には、Microsoft、Google、Apple、Yahoo!、Wikimedia、144Glam Media、Telstraなどがある。また、多くのウェブサイトは広告を掲載していない（例：Wikipedia)か、自社の広告しか掲載していない（例：Apple）。

　現在、消費者の目に触れなかったディスプレイ広告の掲載料を広告主に請求することについて、多くの論争が起きている。2014年、ディスプレイ広告の最大手のGoogleは、ウェブ広告サーバーから配信された広告の約半分しか実際には視聴されていない、つまり、多くの視聴者がパソコンやスマートフォンの画面に表示された広告が見えるまでスクロールダウンしていない、という報告を発表した。さらに驚くべきことに、視聴可能な広告が半数しかないという事実は、この"視聴可能"という言葉の意味を非常に緩く定義して得られたものだった。ここでの"視聴可能"は、広告の少なくとも50％が1秒以上画面に表示されていることと定義されていたのだった。当然のことながら、大手広告主は視聴可能の基準を高めるよう求めている。2015年6月、ユニリーバのCMOは、100％の視聴可能性だけが許容されるべきだとして、オンライン広告のインプレッションがカウントされるためには、広告の100％が画面上に表示される必要があり、単に広告サーバーからウェブブラウザやアプリに配信されるだけでは不十分である、と述べた。しかし、問題が解決されたわけではない。2016年、デジタル測定に対する広告主の最大の不満のひとつは、オンライン動画の指標、特にFacebookが提供しているものは、デジタルチャンネルのほうが圧倒的に視聴者数は多く、従来のテレビなどのチャンネルよりもすぐれているように見えてしまうことだった。実は、これらの指標は直接比較できるものではない。特にFacebookの動画視聴回数は、動画が3秒以上"視聴可能"であれば視聴されたとカウントされ、必ずしも"視聴された"ことを意味していない。一方、テレビ業界では、長年確立された指標である1分あたりの平均視聴者数が用いられている。

　"視聴可能"の新しい基準が合意されていなくても、視認不可能なインプレッションが50％という数字が得られた場合、報告されたインプレッションスコアを半分にするだけで、広告主は簡単に現実に近いインプレッションスコアを導き出すことができる。

広告詐欺の問題も考慮しなければならない。インプレッションがあったとして広告料を払った広告が、実際には視聴されていないこともあるからだ。視聴者のインプレッション数は、実際の人間ではなく、**ボットやボットネット**と呼ばれるロボットによる視聴によって水増しされている。今やこの偽のトラフィックの多くは詐欺的なもので、サイバー犯罪者はウェブサイトの評価を不正に上げるためにボットを送り込み、利益を得ている。偽のクリックや偽の動画視聴も、主に無知な消費者のコンピューター上で実行されているウイルスソフトウェアによって生成されている可能性がある。ウイルスに感染したコンピューターが指示に従って、そのコンピューターのネットワークを介しながら、ウェブを閲覧し、特定のサイトを訪問し、一定の時間滞在し、特定の操作を行う。ウイルスによるこのようなウェブ閲覧はすべてユーザーの見えないとろで実行されているため、ユーザーが気づくことはない。

近年は広告詐欺がサイバー犯罪として蔓延しており、2016年には広告主に約72億ドルの損害をもたらした (ANA & White Ops, 2016)。この数字は、デジタル広告の収益が増加し、自動化された売買が増えるにつれて、さらに増加すると考えられている。広告詐欺でお金を稼ぐことは非常に簡単で、2つの基本的方法がある。

1. 仲介業者のチェーンを通じてボットトラフィック（＝ボットが不正に生成するトラフィック）をパブリッシャー（＝ウェブサイトなどに広告枠を提供し、受注した広告を掲載して広告収益を得る企業や個人）に売る。
2. 自分のウェブサイトを立ち上げ、そこにトラフィックを誘導して訪問客数を増やし、広告枠を売る。

ボットトラフィックは解決の難しい問題だ。デジタル広告詐欺は儲かるため、サイバー犯罪者たちが群がる。彼らは巧妙で、検知を逃れる方法を常に開発している。オンライン広告枠を提供するFacebookやGoogleなどの大手企業はこのような行為を検知するための不正防止チームを設置しているが、問題の解決には至っていない (Kantrowitz, 2015)。この問題の規模を把握することは難しい。なぜなら、統計情報を報告する人の多くは、詐欺防止ソリューションを販売している企業のように問題を誇張して報告することもあれば、オンライン広告枠を販売しているFacebookやGoogleのような企業のように問題を控えめにして報告することもあるからだ。全米広告主協会 (ANA) とサイバーセキュリティー企業のホワイトオプス社が2015年に実施した調査によると、広告主が料金を払った偽インプレッションの割合は3～37％であった。CPMが10ドルを超える高CPMのディスプレイメディアを使ったキャンペーンは、低CPMのメディアよりもボット数が39％多かった。CPMが15ドルを超える動画メディアは、低CPMメディアよりもボット数が173％も多かった。デジタルディスプレイ広告の購入方法もボット率に影響していた。直接購入は不正率が低く、プログラマティック購入は不正率が高かった。ボット率を最小限に抑えるために、業界に対していくつかの提案がなされている。ANAとホワイトオプス社は、"ボットベースライン：デジタル広告における不正について (2015)"というレポートのなかで次のような提案を行っている。

ボット率を最小限に抑える

売り手側の努力：

パブリッシャー、ネットワーク、アドエクスチェンジ（＝オンライン広告枠をリアルタイムで売買する広告取引所）などのメディアや売り手側は、ボット率を下げるために次のことを行うべきだ。

・広告枠を継続的に監視し、広告詐欺がないかを常に確認し、ボットの供給源をブロックする。
・買い手、特にもっともコストの高いメディアである動画のプロバイダーが、広告の品質や効果をモニタリングできるような透明性を維持する。マーケターはこの方法でデジタル広告のボット率を最小限に抑えることができる。

買い手側の努力：

広告主とその代理店は、広告詐欺を防止するために次のことを行うべきだ。

・問題を認識し、モニタリングに関与する。
・プログラマティックサプライチェーン（＝自動広告取引）を理解し、特に、CPMが高く、不正レベルが高い傾向にある動画の広告枠の取引について、その広告枠の透明性を要求する。
・広告プラットフォームからのトラフィック情報の透明性を要求する。
・ボットなどの非人間のトラフィックに関する取り決めを利用規約に含める。

・不正防止ポリシーが順守されていることを確認するために、第三者によるモニタリングを実施する。

・メディア品質ベンダーに、不正防止技術が効果的であることの実証、および、その測定の透明性を求める。

・すべての外部パートナーに不正防止ポリシーを公表する（以上、ANA & White Ops, 2015より）。

　これらに積極的な広告主の例として、クラフト社が挙げられる。同社は、デジタル広告のインプレッションの4分の3以上を、"詐欺、危険、閲覧不能、不明"であるとして拒否したと2014年に報告している（WARC, 2014）。残念ながら、視聴者数を水増しする偽のオンライントラフィックを検出する技術的な変更が行われると、詐欺師はすぐにそれを回避する方法を見つけるようだ。

　大手企業のFacebookは、不正行為との戦いに加え、有料広告のパフォーマンスを報告するために使っている指標の問題にも直面している。2016年末、Facebookの動画再生回数が2年間にわたって80%も過大に報告されていたことが明らかになった（Baker, 2016）。インスタント記事での滞在時間の過大計上、オーガニックリーチ数の過大計上、動画視聴完了数のデータ不一致、アプリ紹介数の過大計上など、少なくとも4つの報告過誤が明らかになった（Baker, 2016）。この不祥事の発覚後、Facebookが提供する指標に対するマーケターの信頼は失われ、この巨大デジタル企業は迅速に対応策を講じることを迫られた。Facebookは3つの対策を実施した。まず、グローバル測定協議会を設立し、次に、第三者機関による測定を開始し、さらに、指標に関しては、より透明性が高く質の高いコミュニケーションを約束した（Baker, 2016）。グローバル測定協議会は、グローバルクライアント広告クリエイティブ協議会と同様に運営され、広告主に影響を与える問題や、Facebookがどのように運営を改善できるかを議論するために定期的に開催される（Baker, 2016）。これらの事例は、マーケターが、デジタルプロバイダーが使用している測定技術を理解し、中立的な測定が提供されない場合にはそれに異議を唱える立場に立つ必要があることを浮き彫りにしている。

　以下はオンライン広告の強みだ。

・非ターゲット層を削減できる。広告主は、オンライン広告を使って、広告を特定の地域や場所にいる特定の人々に向けて配信することができる。YouTubeのようなGoogleの動画サイトにアクセスした場合、広告やおすすめのビデオは、年齢、性別、検索キーワードなど、Googleが把握している視聴者の情報に基づいて表示される。

・制作コストが安価。オンライン広告は安価で制作することができる（たとえば、わずか数語で構成されているオンライン広告もある）。しかし、期待どおりに注意を引きつける高品質な動画は高額になることがある。

・カバレッジが広い。インターネット広告は世界中の広範な視聴者に届く可能性を持っている。

・オンラインキャンペーンは視聴者の直接的な反応を得て、それを記録するのに特に適している。特に視聴者を自社ウェブサイトに誘導する場合に効果的だ。媒体上で販売まで行うことができる。

・オンラインキャンペーンの潜在顧客に関する詳細な情報を、常に信頼できるとは限らないが、簡単かつ迅速に収集することができる。たとえば、クリックスルー率、サイト滞在時間、ダイレクトレスポンス、売上などだ。

・音声と映像の両方を使って製品やサービスの使い方を表現し、聴覚と視覚のブランドの手がかりを強化することができる。

　以下はオンライン広告の弱みだ。

・オンラインメディアは細分化が進み、何百万ものウェブサイトやモバイルアプリケーションが存在する。

・オンライン視聴の多くの場合、広告視聴とは逆に、視聴者は明確な目標（たとえば、ポッドキャストを聞くなど）を持っている。このような状況での視聴者は、広告を選別する（つまり見ない）ことに非常に長けている。多くの視聴者はオンライン時に広告ブロックソフトを利用しているほどだ。

・オンラインメディアは広告媒体のなかでもっとも研究が遅れている。その主な理由はその成長速度にある。広告主がすでに実績のあるメディアから、潜在的な可能性は秘めているものの、まだ十分には理解が進んでいないメディアに広告費の移項を検討する際に問題が表面化する。

・広告詐欺が多い。これはオンライン広告特有の深刻な問題だ。マーケターは広告料の対象となったターゲットオーディエンスに広告が確実に届いていることを注意深く確認する必要がある。

アーンドソーシャルメディア

　アーンドソーシャルメディア（earned social media）とは、"人々がコンテンツ、アイデア、思考、意見、経験、メディアそのものを共有するために使うオンラインツール"と定義できる（Campbell, Conare & Hernandez, 2010）。なかでも、もっとも人々およびマーケターの関心や利用頻度が高いのはFacebookであり、Twitter（現X）、LinkedIn、Snapchat、Instagramなどがそれに次いでいる。

　オーストラリア人の約3分の2がソーシャルメディアを利用しており、そのほぼ全員がFacebookを利用している。これらのユーザーの約半数、つまり全人口の3分の1が毎日Facebookを利用している。そのためFacebookは、オーストラリアの広告主に迅速な広告配信の機会を提供することができる。テレビやラジオのように迅速で広範囲な配信はできないが、大手商業メディアの仲間入りを果たしたことには間違いない。

　Facebookは、あらゆる指標（消費時間、リーチ、広告収益、情報共有）においてソーシャルメディアを支配している。2010年は、10回のインターネット利用のうち3回がFacebookのサイトへの訪問だった（ComScore, 2011a）。1日に10億人がFacebookにログインしている（Zuckerberg, 2015）。リーチという点で比類のない規模と、人口統計、場所、関連性に基づくターゲティングを行う広告モデルが組み合わさって、Facebookはソーシャルメディアに投資したいマーケターにとって当然の選択肢となっている。広告収入はわずか数年間で驚異的な成長を遂げた。2009年には約8億米ドルだったが、2015年には150億米ドルを超えた（Frederickson, 2011; Statistica, 2016）。

　ソーシャルメディアが登場した頃、マーケターは主に"アーンドメディアとしてのソーシャルメディア"に関心を持っていた。アーンドメディアを使って、広告主はファン層を構築し、彼らに向けてFacebookに広告料を払うことなくニュースを投稿することができる。しかし、調査によると、このようなアーンドメディアはもっともリーチしやすいヘビーバイヤー層にしかリーチできないため、質の高いものではなかった（Nelson-Field, Riebe & Sharp, 2012）。また、Facebookが次第に閲覧者のニュースフィードにブランドが表示される方法を変更したため、広告費を払わずに人々にリーチすることはいっそう難しくなった。今でも商店やレストラン、スポーツクラブなどはソーシャルメディアをアーンドメディアとして利用しているが、多くの場合、ソーシャルメディアはもうひとつのペイドメディアとみなされている。これはFacebookの広告収入が劇的に増加していることからも明らかだ。

　Facebookはパソコンやモバイル画面上でのオンライン広告（動画広告も増えている）の最大の売り手であり、Googleアドネットワークスがそれに続く。

　以下はアーンドソーシャルメディアの強みだ。

・メッセージ共有能力が高い。ブランドのメッセージや広告が爆発的に拡散する可能性がある。
・ローカルかつグローバルにリーチできる。

　以下はアーンドソーシャルメディアの弱みだ。

・少数の大手ソーシャルメディア企業に独占されている。
・オンライン視聴の多くの場合、広告視聴とは逆に、視聴者は明確な目標（例：ポッドキャストを聞く）を持っている。このような状況での視聴者は、広告を選別する（つまり見ない）ことに非常に長けている。多くの視聴者はオンライン時に広告ブロックソフトを利用しているほどだ。
・通常、ファンやフォロワーのブランドネットワークがブランドのヘビーバイヤーだ。
・テクノロジーは日々変化しているため、更新するためのコストがかかる。
・信頼できる調査はほとんどなく、多くの広告主が手探り状態で試行錯誤を繰り返している。

　ソーシャルベイカーは、Facebook、Twitter（現X）、旧Google＋、LinkedIn、YouTubeなど、さまざまなソーシャルメディアサイトを対象にした統計データベースだ。その目的は、エンゲージメント指標に関するデータをブランドに提供することにある。表12.1は、ソーシャルベイカーが提供する指標の詳細だ。

表12.1　ソーシャルベイカー社報告のソーシャルメディア指標

メディア	指標	
Facebook	• 総ファン数 • 総購読者数 • 応答時間 • インタラクション数（コメント、いいね、シェア） • 国別人口統計 • 人口浸透率 • プロモーション投稿 • プロモーション投稿戦略	• 総フォロワー数 • 管理者投稿数 • 応答率 • ファン数の変化（増加/減少） • 話題にしている人の数 • ユーザー活動 • 投稿に占める割合 • プロモーション投稿の効率
Twitter（現X）	• フォロワー数 • フォロー中 • 平均応答時間 • インタラクション数（返信、リツイート、いいね）	• フォロワーとフォローの変化 • ユーザー活動 • プロフィールツイート数 • メンション数
Instagram	• 1日あたりのインタラクション数（いいねとコメント） • 総フォロワー数の増加 • 総フォロー数の増加	• もっともエンゲージメントの高い写真フィルター • 総フォロワー数の変化 • 総フォロー数の変化 • プロフィール投稿の合計
YouTube	• チャンネル視聴回数 • 登録者数 • 平均動画数 • 平均視聴回数 • インタラクション数（コメント、評価）	• チャンネル視聴回数の変化 • 登録者数の変化 • 動画視聴回数の変化 • 総登録者数 • 総動画数

IMC：統合マーケティングコミュニケーション

　メディアにはそれぞれ長所と短所があり、メディアプランをひとつのメディアに集中させる必要はない。複数のメディアを組み合わせることで、単一のメディアだけを使うよりも成功する可能性が高まると広く信じられている。たしかに、異なるメディアにはおたがいを補完し合う特徴がある。これを統合マーケティングコミュニケーションと呼ぶ。しかし、この考えを裏付けるたしかな研究結果はきわめて少ない。すぐれたマルチメディアキャンペーンの構築方法について指針を与えてくれるような研究はさらに少ない。

マルチメディアプラットフォーム戦略：リーチとシナジーの最適化

　メディアの世界は複雑で細分化しているため、メディア予算からのリターンを最大化することは難しい。メディアを組み合わせることで相乗効果（シナジー）が得られるという主張をよく聞くことがあるが、広告主はこうした主張に対しては慎重に対応する必要がある。リターンを最大化する真の鍵は、相乗効果よりもリーチを最大化することだ。相乗効果（シナジー、ギリシャ語で"一緒に働く"を意味する）という言葉は、医療の分野では、2つの薬剤を組み合わせることでそれぞれの薬剤を単独で使用した場合よりも効果が増強されることを意味する。組み合わせの効果は各効果の和よりも大きい。言い換えれば、相乗効果は単純な相加効果ではなく相乗的に効果を発揮する (Varan et al., 2013)。

　しかし、2つの薬が1人の患者の体内で組み合わさって初めて相乗効果を発揮するように、メディアの相乗効果も、広告が、2人の顧客に1回ずつリーチするのではなく、同じ顧客に繰り返しリーチしなければ効果は得られない。たとえば、テレビCMの重要シーンを使ったプリント広告は、その直接的な効果に加えて、テレビCMの記憶を想起させることによって相乗効果を生む可能性がある。しかし、前述したとおり、このような反復的な広告露出で相乗効果が高まったとしても、それは新規顧客が最初にその広告に接触したときほど強くはない。そのため、限られたメディア予算で最大限の効果を得るために、リーチを最大化することを優先する。そのため、たとえ相乗効果を生む可能性があっても、同じ顧客への反復露出は避け、より多くの新しい顧客に広告を届けるように計画するべきだ。では、相乗効果も狙いつつ、リーチを最大化するためには、異なるメディアをどのように組み合わせれば良いのだろうか？

変化するメディア

　デジタルメディアや、オンラインメディア、スマートモバイルデバイスの登場により、世界中のメディアがこの20年で大きく変化した。これらの新しいメディアやデバイスは、消費者が広告を視聴、あるいは交流したりする新しい方法を提供している。こうした変化は広告主に刺激的な可能性を提供する。しかし、選択肢が増えることで意思決定が複雑になり、メディア費を無駄にするリスクも高まる。予算をより多くのメディアに分散させることが必ずしも大きな効果を生むとは限らないため、賢明なプランニングが重要となる。

テレビの力

　新しいデジタルメディアの爆発的な普及にもかかわらず、大手広告主にとってはテレビが重要であることを支持する研究は続いている。さらに、テレビをマルチプラットフォームメディアミックスに含めたキャンペーンは、テレビを省いた場合よりもすぐれた成績を収めている。可能な限り、テレビはマルチプラットフォームキャンペーンの基盤となるべきである。

マルチプラットフォームキャンペーンを成功に導く3つの鍵
・累積到達率をより効果的に構築する
・消費者との**タッチポイント**のタイミングとコンテキストを拡大する
・必要に応じて、相乗効果を生み出すための広告露出を繰り返す

---

1. 累積到達率をより効果的に構築する

　広告はリーチした人にしか影響を与えることができない。少なくとも一回はその広告を視聴した人の割合を表す"累積到達率"は、キャンペーンの重要な検討事項である。消費者にリーチしなければ何も始まらない。

　広告の最大の販売効果は、個人への広告露出が0回から1回に移行するときに発生するというエビデンスがある(Wind & Sharp, 2009)。消費者がそのブランドを購入する確率は広告に何度も接することで高まるが、後続の広告露出の効果は先行した広告露出ほど大きくはない（図12.11参照）。有名ブランドの場合は、消費者にブランド購入の意思を持つようにリマインドするだけでよいので、リマインダーの露出は各購買機会の前に1回あれば十分だ。

　効果的なマルチプラットフォームメディアミックスでは、同じ顧客にメッセージを送って広告費を浪費することなく、より多くの人々にリーチする必要がある。

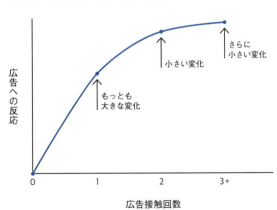

図12.11　広告接触に対する売上の反応

マルチプラットフォームメディアのプランニングの目的は、さまざまなメディアに分散しているオーディエンスをひとつに捉え直して、効果的に広告を届けることだ。これが達成されたら、そしてもし予算が許せば、広告主は、メディア横断的にクロスプラットフォームメディア相乗効果を達成するために、特に重要と判断される一部の顧客に広告を繰り返し露出するための費用を払うことを検討するかもしれない。

　クレディスイスがスポンサーとなってCNBC（Consumer News and Business Channel）が製作しているEV（電気自動車）関連の番組は、効果的なマルチプラットフォームキャンペーンの好例だ。このキャンペーンは、テレビから、屋外広告、プリント広告、オンラインとモバイルを含むデジタルメディアに拡大された。調査によって、テレビだけを使うよりも複数のプラットフォームを利用することで、広告認知度が徐々に高まることが示されている（図12.12参照）。その主な理由は、従来の媒体ではリーチできなかった顧客に新規媒体がリーチすることができるからだ。言い換えれば、マルチメディアプランに追加される各メディアは、重複のないリーチを大幅に追加するものでなければならず、そうでなければプランに追加する価値はない。

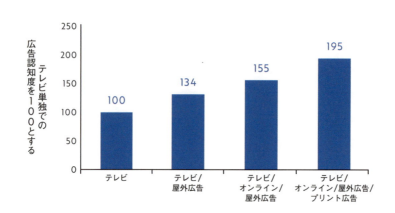

図12.12　複数のプラットフォームを使って広告の認知度を高める

2. タッチポイントのタイミングとコンテキストを拡大する

　メディアを使う場所と時間について考えてみよう。
・朝、新聞を読むとき
・バスのなかでラジオや携帯電話を使うとき
・仕事中にパソコンやソーシャルメディアを使うとき
・自宅でテレビやタブレットを使うとき

　広告を複数のプラットフォームで展開することで、広告を人々の生活のなかに巧みに組み込み、さまざまな購入検討の段階での購買意欲を高めることができる。また、異なるタイミングで広告を配信することで、同じ人に広告を繰り返し提示する無駄を避けることもできる。

3. さまざまなコンテキストで繰り返し提示する

　最終目標はリーチだけではなく"教えること"でもあるため、繰り返しが必要な場合もある。ターゲットオーディエンスが新しい情報を学ぶ必要がある場合や（例：選挙の投票方法の変更）広告回避率が高い場合には、広告が確実に視聴されるようにする必要がある。どちらの目標も、広告反復の間隔を詰めるのではなく、一定の間隔を空けて行うことでより効果的に達成される。情報の学習には情報を定着させるための時間が必要だ。通常は一晩の時間が必要であり、一晩に2回の広告露出は効果的ではないだろう。同様に、視聴者がチャンネルを替えたり室外に出たりし

て広告を避けている場合、同じ広告枠で、あるいは同じ夜に繰り返し広告を流しても、避けられる可能性が高い。単に同じ広告を何度も提示するのではなく、異なるコンテキストで提示することで、効果的な繰り返し効果を生み出すことができる。

4. 広告提示の間隔を空ける

広告提示の間隔を空けることで広告やブランドメッセージがより深く処理される。広告提示の間隔を長くすると、間隔が短いときよりも学習効果が高くなり、記憶力が最大20％向上する。広告主は、同じ媒体内で広告提示の間隔を空けるだけではなく、複数の媒体を使っても広告提示の間隔を空けることができる。またそうすることで、広告のコンテキストに変化をつけられる。

5. コンテキストを変化させる

ローグ・ワンの屋外広告

同じ広告に何度も触れることが広告想起に良い効果をもたらす場合、コンテキスト（広告掲載環境）に変化をつけて広告提示を行うことで相乗効果がもたらされる可能性がある (Varan et al., 2013)。特に、1回見ても記憶に残りにくい広告の場合に効果的だ。思い出せない最初の広告を思い出そうとする努力が、2回目以降に視聴した広告の記憶の定着に役立つからだ。実際、この**思い出そうとする努力**によって、広告が記憶に残る効果が相乗的に向上する。これは、効果が逓減する単なる反復視聴とは対照的だ。しかし、この相乗効果は一方向にしか働かない。ゆえに、先に覚えにくい広告に触れる必要がある。

露出の順序に左右されない相乗的なクロスメディア効果を得られる可能性もある。たとえば、前方エンコーディングによって、どちらのメディアから先に接触しても相乗効果が生まれる。前方エンコーディングとは、先に見た広告が後で見た広告の記憶形成を助けるプロセスだが、広告が多様なコンテキストで提示され、それぞれが独立した広告体験として認識される場合、前方エンコーディングは双方向に働くと考えられている。

他のコンテキストに応用可能なローグ・ワンのもうひとつの広告例

データソース：Romaniuk, Jeanes & Beal（2012）

　異なるメディアがどのように視聴者を奪い合っているのかを示す、法則のような2つの重要なパターンが存在する。これらのパターンから、広告キャンペーンの全体的な成果を最大化するために、特定のメディアチャンネルを組み合わせることが重要である可能性が示唆される。その法則のようなパターンとは次の2つだ。

・ダブルジョパディの法則
・視聴重複の法則

ダブルジョパディの法則

　第2章で、ブランドの購買に適用されるダブルジョパディの法則について考察した。オーディエンスのメディアの利用に関しても同じパターンが観察される（Redford, 2005）。つまり、リーチが少ない人気のないメディアのオーディエンスは小規模で、彼らがメディアに費やす時間も短い。図12.13がこのパターンを示している。リーチ率の割には視聴時間が短いなど、この一般原則に当てはまらないメディアもなかにはあるが、一般的には、人気が高いメディアほど、ユーザーがそのメディアを視聴する時間は長くなる。

図12.13　メディアのリーチと使用時間の関係

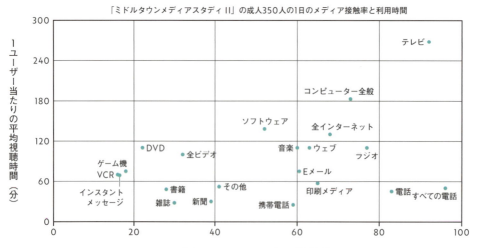

データソース：Song（nd）

さらなる研究が行われ（Goodhardt, Ehrenberg & Collins, 1975; Barwise & Ehrenberg, 1988; Collins, Beal & Barwise, 2003; McDowell & Dick, 2005; Nelson-Field, Lees, Riebe & Sharp, 2010）、ダブルジョパディの法則はさまざまな市場で放送されるテレビ番組やラジオ番組で成立することが示された。したがって、番組の人気が高くなるほど、その番組の視聴頻度も視聴時間も長くなる。この法則は市場構造が変化しても持続する。

これは、広告主にとっては、競合するメディアが提供する視聴者層は、主にその規模やリーチが異なり、視聴頻度に関しては大きな違いがないことを意味している。しかし、特定の分野に関心の高い熱心な視聴者にリーチできる小規模なメディアは、戦略的に重要な役割を果たすことがあり、例外的な存在だ。

視聴重複の法則

第6章で、ブランドが消費者を共有するときのひとつのパターンである購買重複の法則について考察した。同様のパターンが、競合するメディアが視聴者を共有するときにも当てはまることが示されている。これを**視聴重複の法則**という。競合するメディアは、その規模やリーチに応じてたがいにオーディエンスを共有している。競合し合うさまざまなメディアの間で同様のパターンが観察される。たとえばラジオは、テレビと多くの視聴者を共有しているが、雑誌とはあまり共有しない。雑誌メディアでは、個々の出版物は、大規模な読者層を持つ雑誌（例：Australian Women's Weeklyなど）と読者層の大部分を共有するが、小規模な雑誌（たとえばヴォーグなど）と読者層を共有することはきわめて少ない（Redford, 2005; Goodhardt, Ehrenberg & Collins, 1975; Barwise & Ehrenberg, 1988; Collins, Beal & Barwise, 2003）。表12.2に英国のテレビ局に観察されるこのパターンを示した。

表12.2 英国のテレビに観察される視聴重複

チャンネル	視聴重複率						
	BBC1	ITV1	BBC2	Channel 4	Channel 5	Sky 1	UK Gold
BBC1	–	83	71	67	52	35	29
ITV1	92	–	71	68	54	33	28
BBC2	95	85	–	73	56	33	29
Channel 4	94	86	77	–	58	36	30
Channel 5	87	94	76	75	–	38	33
Sky 1	89	76	70	66	54	–	43
UK Gold	92	81	71	70	58	54	–
平均	92	83	73	70	55	38	32

データソース：Data from BARB（2001）

視聴重複の法則の広告主にとっての意味は、すでに広範囲をカバーするメディアを使ってキャンペーンを行っているときに、小規模なメディアを加えることでリーチが拡大することはほとんどなく、オーディエンスの広告視聴の機会が増えるだけに終わる可能性が高いことだ。というのも、小規模なメディアのオーディエンスは、すでに大規模なメディアの広告でリーチできているからだ。

成功するメディアミックスを構築するためには、小規模でも持続的な効果を上げられる例外にも目を向けることが重要だ。たとえば、屋外広告はテレビの視聴時間が少ない人にリーチするには効果的だろう。なぜなら、そのような視聴者は外出することが多く、屋外広告に触れる機会も多いからだ。

メディアプランの立て方

メディアプラン立案の重要な側面のひとつは、年間キャンペーンごとに個々のメディアプランを作成し、それぞれのプランに最適なメディア戦略を決定することだ。多くの広告主が、市場の変化に対応できるよう、ある程度の柔軟

性を残しながら、メディア予算を決定し、おおよその年間ベースのメディアプランを策定する。その後、年間メディアプランは一般的には週単位（標準的な業界単位）に分割され、リーチやフリークェンシーなどの主要なキャンペーン統計データが週単位で報告される。このような業界の方向性を踏まえながら、本書では年間キャンペーンから得られた週単位の購買パターンを基にして、メディアプランを立案する方法についても論じている。

メディアスケジュールを作成する際に使われる全体的戦略がいくつか存在する。ここでは、一般的に使用される2つの主なアプローチについて説明するが、実践する人によってそのアプローチの取り方は大きく異なる。

広くターゲット層にリーチするためのスケジュール戦略

前述のとおり、カテゴリー購買客への**累積リーチ**を最大化することが、すべての広告主とすべてのメディアプランナーの主目的であるべきだ。一定の頻度で継続的に広告を配信してリーチを達成することに焦点を当てたメディアプランニング戦略が、ブランドの成長につながる可能性がもっとも高い。広告配信の頻度と売上反応との関係は凸状分布になることが示されている（図12.11を参照）。したがって、広告への露出回数（すなわち頻度）を増やすことによる売上への影響は、キャンペーンのリーチを拡大することによって得られる影響よりもはるかに小さい (Taylor, 2010; Jones, 2007; Ephron & Heath, 2001; Taylor, Kennedy & Sharp, 2009)。このスケジュール戦略の意味するところは、キャンペーン全体の累積リーチを最大化することで最大の販売効果が生まれるはずであり、したがって、最大のリーチを求めることがメディアプランの焦点となるべきであるということだ。

リーチの最大化が最優先事項

広告主は、できるだけ多くのカテゴリー購買客にリーチする必要がある。また、ターゲット消費者が購入を決断できるように、一定期間内にそのブランドの広告に継続的に触れさせたいと考えている。

この2つの目的を達成するためのもっとも安価な方法は、一般的には、広告の出稿をある期間のなかで分散させ、さまざまなメディアを使用し、1週間、1カ月、または1日のうちの異なる時間帯に広告を出して、メディア習慣の異なる多くの人々にリーチすることだ。

各メディアは、カテゴリー購買客へのリーチという観点から評価されなければならない。たとえば、アメリカのスーパーボウルでの30秒広告は非常に高額で、2012年のフォーブス誌によれば、平均300万米ドルであった (Smith, 2012)。しかし、コンテキストを考慮すると、これは非常に費用対効果の高い方法のようだ。というのも、2012年のスーパーボウルは1億1100万人のアメリカ人が観戦し、視聴者は試合中に広告を見て（広告回避は非常に低い）、さらに広告は後にインターネットでシェアされ、他のメディアで話題になることが多いからだ。つまり、スーパーボウルで流れるスポット広告が試合を観戦した人にしかリーチしなかったとしても、CPMはわずか27ドル（ひとりの視聴者にリーチするのに要する費用は2.7セント）ということになる。

300万米ドルのメディア予算で30秒広告を使って全米のすべての人にリーチしたいなら、スーパーボウルに広告を出稿する以外の方法では非常に難しいだろう。大規模なリーチをこれほど短期間で達成することは不可能に近いだろう。スーパーボウルの時期に大規模なリーチを獲得したいなら（例：映画の公開予告を行いたい）、この方法は理想的なメディアバイイングといえる。しかし、このような方法に依存することの問題点は、年に1日だけしかリーチ獲得の機会がないので、その後のブランドの認知度を維持することが難しくなることだ。したがって、広告の記憶効果が損なわれないことが保証されない限り（これは不可能に近い）、広告予算が300万米ドルの広告主は、できるだけ効率良く徐々にリーチを蓄積することをめざして、1年かけて少しずつ予算を使っていく方が賢明だろう。

300万米ドル以上の予算を持つ広告主は、費用対効果の高いリーチを獲得するためにスーパーボウルの広告枠を真剣に検討し、残りの予算は他の広告活動に費やして、引き続き可能な限り効率的にリーチを蓄積することをめざすのが良いだろう。

もし、どの消費者がいつ自社のカテゴリーで購入する予定かを知ることができれば、その消費者がそのブランドを選択する日（またはその時間）に、それぞれの消費者に向けて必ず広告を出すだろう。しかし、私たちマーケターは

消費者がいつ商品を購入するか正確に把握することはできない。ほとんどの商品カテゴリーにおいて、購買は年間を通じて比較的均等に発生していることから、広告を連続的に配信するスケジュールを採用することが、リーチを最大化し、メディアバイイングのタイミングを最適化させる最良の方法であろう。**継続的広告配信スケジュール**では、広告配信を年間のすべての週に均等に振り分ける。図12.14は、このアプローチを、2600ポイント（ターゲット層の100％が1年間に26回、つまり2週間に1回、広告に触れる）のTARP（個人を対象にした延べ視聴率）を持つテレビ広告の予算に当てはめたものだ。X軸は年間52週の各週を表している。Y軸は各週に割り当てられたTARPを表している。この図は、テレビの場合を示しているが、どのようなメディアプラットフォームにも同じアプローチを適用することができる。

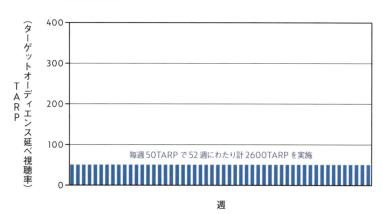

図12.14　連続的広告配信スケジュール

ほとんどのカテゴリーで年中毎日なんらかの購入が行われていることを考えると、広告を年間で分散して配信すれば、より多くの潜在的ターゲットにリーチできるはずであり、広告主の継続的なプレゼンスが確保される。

しかし、この方法は継続的に広告を出せる予算のない広告主にとって現実的ではないという批判がある。たしかに、たとえ莫大なメディア予算を持っている広告主でも、すべてのカテゴリー購買客にすべての購買機会の直前にリーチすること（ターゲットオーディエンスに毎日100％リーチし、しかも平均到達頻度はわずか1回）は不可能だ。だからといってこの理想をめざすべきではないという意味ではない。幅広いリーチを基本にしてメディアプランを組み立てる方法はたくさん存在する。

予算の多寡に関係なく、このアプローチは、少なくともおおまかには、どのようなキャンペーンスケジュールにも適用できる。たとえば、1年に12回しか広告を出稿できないのであれば、1カ月に12回ではなく、1カ月に1回出稿すれば良い。単に、予算内で最大限のリーチを獲得するために、使用するメディアの種類を検討するだけで良いかもしれない（たとえばテレビの代わりに印刷媒体を選ぶなど）。同様に、個々のプランニング単位の期間も、広告を毎週ではなく毎月出すなどして、より少ない予算に対応できるように調整できる。リーチを基盤としたスケジューリングの鍵は、リーチ獲得の最大化を究極の目的とすることだ。

メディア研究者のハーブ・クルーグマンとアーウィン・エフロンは、メディアプランニングを流通のプロセスに例えることで、継続的リーチ戦略を簡素化した。彼らは、購買客が製品の記憶をたどっていくと"必ず製品を棚に発見できる"ようにするためにも、広告で"記憶のなかに棚を作る"必要があるとして、次のようにコメントしている（Ephron, 1995: 2-4）。

「商品購入に至るまでのあらゆるタッチポイントに広告機会を見出そう。広告の役割は購入を促進することで、プランナーの役割はその広告機会にメッセージを発信することだ。商品購入は毎週行われるが、プランナーには誰が購入するかはわからないため、目標は、できるだけ多くの週に、できるだけ多くの消費者にリーチすることだ。これが継続的リーチ戦略であり、従来のプランよりも低い配信頻度でより長期にわたってリーチの獲得をめざせる」

継続的スケジュールに対するもうひとつの批判は、キャンペーン期間中の広告量がどの週も低すぎることだ。この批判は、広告が機能するためには、ある程度の広告量が必要であるという前提に基づいている。ただし、この前提を裏付ける信頼性の高い経験に基づくエビデンスはない。むしろ、広告の実務家たちは、典型的な広告追跡手法で広告効果を測定するためには、一定レベルの広告量が必要であることを経験を通して学んできた。これは、広告効果を生じさせるためにはある程度の広告量が必要なのではなく、測定方法の感度が低いために、少ない広告量では効果が測定できないだけであることを物語っている。より感度の高い測定手段であるシングルソースデータを使用して実施された研究では、そのような閾値の存在は示されなかった。したがって、メディアのスケジューリングの実践におけるゴールドスタンダードはリーチの最大化をめざすことであるべきだ。

このアプローチは一見実施しやすそうだが、実際には、多くの企業が、集中的な広告キャンペーンを実施した後に、長期間の広告活動休止期間を置いている。多くの企業のマーケティング部門が、キャンペーンを実施したら次のキャンペーン計画期間に入るという体制をとっているからだ。しかし、最先端を行く企業はこのような慣習から脱却しつつある。

CASE STUDY

七面鳥生産者協会：コミュニケーションとメディアの複雑さ

オーストラリア七面鳥生産者協会は、各会員から広告費を募り、"七面鳥を食べよう"マーケティングキャンペーンを全国的に展開することを決定した。このキャンペーンの目的は、七面鳥が単なるクリスマスの食べ物であるだけではなく、赤身肉や鶏肉に代わるヘルシーな代替品であり、安価で用途が広いことを再認識させることで、オーストラリア国民に七面鳥をもっと頻繁に食べてもらうことだった。共同キャンペーンのアイデアが投票で賛同され、農家ごとの財政的貢献（つまり広告予算）が決定した後、理事会は各農家に1カ月の猶予を与えて、マーケティング部門があればマーケティング部門と協議してもらい、キャンペーンプランとメディアスケジュールの提案を求めた。マーケティング部門を持たないほとんどの小規模生産者がキャンペーン実施に消極的だったが、4社の大規模生産者が次のようなマーケティングマネージャーからの提案を提出した。

・企業A：最近は広告が多すぎる。もし本当に七面鳥を食卓に並べさせたいのであれば、メッセージが浸透するように、何度も広告に触れさせる必要がある。

・企業B：ほとんどの人は木曜日か日曜日に買い物をするので、その2日間だけラジオ広告を流せば、スーパーに行く途中で耳に入るはずだ。

・企業C：目標は、できるだけ多くの人に一度は広告を見てもらうことだ。テレビ、ラジオ、新聞、雑誌のCPMを比較し、もっとも費用対効果に高い選択肢を選び、すべての曜日にまんべんなく広告を出す。

・企業D：ダイレクトマーケティング、店頭サンプル、Facebookを組み合わせれば、顧客との継続的な対話が可能になる。それらのメディアを使うことで、キャンペーンの成果を追跡しやすくなる。

発展問題　QUESTIONS

1. "リーチ"と"フリークェンシー"を定義し、これらを基にしてメディアを決定している企業を挙げてください。

2. 理事会はリーチを最大化することを望んでいます。以下の提案のうち、どちらが毎週の広告費の最適な

配分方法でしょうか？ その理由も説明してください。
  a. 企業Bの提案――木曜日と日曜日の買い物日にのみ広告を出す
  b. 企業Cの提案――週全体にわたって安定的に広告を展開する
3. 企業Aと企業Cのアイデアを比較し、問題点があれば指摘し、考察してください。
4. 企業Dの提案（ダイレクトマーケティング、店頭サンプル、Facebook）を採用するメリットとデメリットは何でしょうか？

メディアデータ、ツール、キャンペーンの評価

　広告出稿のためのメディア枠の売買に携わるすべてのマネージャーが、メディア購入の決定を行い、その決定を評価し正当化するためにデータを利用する必要がある。このデータは主に民間の市場調査会社によって収集され、市場調査会社は、このデータをサブスクリプション形式で多数のメディア代理店や広告主に販売している。このようなデータは、メディアや広告主間で同じフォーマットで提供されるため、**シンジケートデータ**と呼ばれている。分析と解釈を簡単に行えるソフトウェアが付属していることも多い。広告主がメディアバイイングの意思決定を行う際に必要なデータは、市場調査会社がアドホック調査を行って得られたものと、メディア自体が提供するものがある。印刷媒体の発行部数は、出版社自身が公表することが多い。

　メディアプラットフォームの形態にかかわらず、メディア企業は多くの視聴者の目と耳に広告を届けられる能力を売りにしている。したがって、配信された広告の露出回数を把握するデータがメディアの買い手にも売り手にも必要だ。これらのデータは国によって形式が多少異なるが、広告枠が売買されるときの共通の通貨として機能している。たとえば、テレビ番組の場合、このようなデータ（**ターゲットオーディエンス測定データ**または視聴率と呼ばれる）は、多くの国でピープルメーター技術を使って収集されている。プリント広告の場合のデータは発行部数や読者情報であり、デジタルメディアの場合はインプレッション、クリック数、ヒット数などだ。

　通常、メディア代理店、広告代理店、メディア企業は、テレビ番組の購入をより効果的に行うためのツールである**最適化ソフトウェア**を所有している。このツールは、全体予算、ターゲット市場、キャンペーンの目的などを入力すると、推奨されるメディアミックスが出力されるように設計されている。メディア提案を決定するためのアルゴリズムは、各メディア企業や代理店が独自に開発していることが多く、その内容は公開されていない。このアルゴリズムは、広告やメディアがどのように機能するかについての、その企業や代理店独自の仮定に基づいて設計されている。このような最適化ツールを使って、広告キャンペーンのリーチとフリークェンシー（広告接触頻度）に関する具体的な提案が生成される。しかし、通常、これらのツールは、プランナーの経験および各メディア媒体（およびそのオーディエンス）の理解に基づいてすでに立てたメディア計画を支援するために特に使用されるか、事前にプランナーが決定したメディア計画を事後分析して正当化するために使用される（Paech, 2005）。

メディアバイイングを評価する

　広告キャンペーンの全体的な成功にメディアが実証可能な貢献を果たすことへの期待が高まっている（Wicken & Spittler, 1998; White, 2000; Coen, 2002）。

メディアプロバイダーは、広告主のためにキャンペーン後の分析を戦術的な観点から行うことができる。広告主やメディアプランナーは、視聴率や読者数などのデータを使って、購入したメディア枠（例：TARP発注数）と、実際に得られたメディア枠（例：TARP獲得数）を比較する。購入時に予測された結果と実際の広告掲載で得られた結果が完全に一致するとは限らないのは納得しがたいかもしれない。だが、たとえ一流のテレビ番組であっても、特定のエピソードをどれだけの人が見るかを1週間前に確実に知ることはできない。それでも、広告枠は番組の放映前に売らなければならない。そのため、メディアビークルが約束したリーチとフリークエンシーと、そのビークルが実際に提供できたものを評価する必要がある。テレビというメディアビークルの場合、広告料金は過去のデータ（例：先週または昨年の同時間帯の視聴率）や類似のスポット広告のパフォーマンスデータに基づいて前もって見積もられる。たとえば、新番組の広告枠を販売する場合、同じ番組が別の国で放送されたときの視聴率や、その番組のジャンルが通常どの程度の視聴率を獲得しているかなどのデータだ。

実際に獲得したリーチが予測されたリーチがよりも大きければ、広告主はその幸運を受け入れ、メディアプロバイダーは今後のスポットの料金を調整する。メディアプロバイダーが予測された結果を提供できなかった場合、その不足分を補うために"メイクグッズ"（make-goods＝損失補填の埋め合わせ）と呼ばれる無料の広告枠を広告主に提供することがある。

キャンペーンが終了したら、広告主は見積もりが正確であったか、注文どおりの視聴者数を受け取ったかを確認することが重要だ。しかし、キャンペーンの**事後評価**は必ずしもすべてのキャンペーンで実施されるわけではない。多くの広告主が、キャンペーンが終了したらただちに次のプロジェクトに取りかかるため、自分たちの購入決定の判断が正しかったかどうかを判断することを怠っている。キャンペーンの事後評価はもっと一般的に行われるべきだ。一部の広告主は、メディアプロバイダーによるキャンペーンの事後分析に頼るだけでなく、さらに一歩進んで、購入内容が正しかったかどうかを監査してもらっている。**メディア監査**会社もメディアプロバイダーと同様のキャンペーン後分析を提供している。メディア監査会社は、単に実績を分析するだけでなく、広告主が支払った費用に見合う価値があったかどうかを判断するための情報も提供する。なぜなら、多くの広告枠はメディア代理店を通じて年単位で一括購入されて企業に転売されるため、同じような広告枠でもメディア代理店によって価格が大きく異なることがあるからだ。メディア監査会社は、広告主とメディア代理店との交渉内容、広告主が払った広告料金、他の広告主が払った広告料金などを知っているので、広告主が払った広告料金が妥当かどうかを判断することができる。

メディアが消費者に与える影響を評価するために、マーケターが、売上の増加や、ブランド認知度の変化、広告想起などの行動や態度の変化を測定しようとすることもある。これらの指標は、広告主が自社のデータ収集システムで得たデータ（売上データなど）や市場調査コンサルタントに委託して行うアドホック調査から収集されることが多い。しかし、広告キャンペーンにおけるメディア戦略の貢献を評価することは難しい。なぜなら、広告キャンペーンの成果は、メディア戦略だけでなく、広告内容や市場環境などのさまざまな要因に左右されるからだ。

クロスメディアの効果測定

統合マーケティングコミュニケーション（IMC）は利用者が急増しているにもかかわらず効果測定という点では深刻な問題を抱えている、というのが実務家も学者も認めるところだ (Ephron, 2000a; Paech, 2005)。クロスメディアキャンペーンでは、リーチやフリークエンシーといった従来のメディア指標を算出することさえできない。多くの場合、メディアプランニングに使われているデータシステムでは、メディア間の視聴者の動向、重複、および相互関係を完全に説明することができない (McConochie & Uyenco, 2003)。したがって、IMCの定量的な利点、特に、"異なる"消費者にリーチを拡大するという点においては、各メディアのオーディエンスに大きな重複はない（つまり、オーディエンスはセグメント化している）という仮定を前提にしており、定量化可能なクロスメディア指標よりもこの仮定に基づいて判断されることが多い。そのため、統合されたクロスメディアキャンペーンがどのような成果を上げるのか、ましてやクロスメディア相乗効果が得られるのかどうかについては、ほとんど明らかにされていない。

本章の結論 CONCLUSION

　多額になりがちなメディアへの支出は、流行の広告手法を追うのではなく、明確な目標を持ち、メディアの特性を理解した上で、賢明に管理することが重要だ。そうすることで大きな成果を得ることができるだろう。残念ながら、マーケティングを学ぶ課程でメディアプランニングについて学べる大学は少ないため、実務に携わる多くのマーケターがこの重要な分野に必要な資質に欠けている。

　忘れてはならない重要なポイントは、購入の瞬間にブランド記憶が新鮮に甦るためには、ブランドメッセージをすべてのカテゴリー購買客に定期的に届ける必要がある、ということだ。メディア戦略は、基本的にこの原則に従って導かれるべきだ。その上で、さまざまなメディアの特性を最大限に活用しながら、ブランディングに必要な記憶を構築または更新するメッセージを届けるべきだ。

　これらはそれほど難しいことではないと思われるが、メディアの選定には多くの複雑な要素が関与しており、広告枠の利用可能性、メディア価格の変動に伴うコスト、その他の実務上の制約などを慎重に検討しなければならない。賢明な経営者は、メディアを取り巻く変化を利用しながら、綿密な計画の下でメディア施策の実験を行う。より効率的で効果的なメディア戦略を採用することで、メディアコストの削減と広告の販売効果の増大という利益を飛躍的に向上させる絶好の機会につながるからだ。

本章の要点　Summary

+ マーカーターは、潜在的カテゴリー購買客に広告を見て（または聞いて）もらうためにメディアを利用する。
+ より多くの潜在的カテゴリー購買客にリーチできるメディアは価値が高い。同様に、他のメディアではリーチしにくいカテゴリー購買客にリーチできるメディアも価値が高い。
+ より目立つように広告を配信できるメディアはより価値が高い。
+ より記憶に残るように広告を配信できるメディアはより価値が高い。
+ マーカーターは、できるだけ多くのカテゴリー購買客に広告が届くようにメディアを立案しなければならない。具体的には、広告掲載の時間を分散させ、さまざまな時間帯、チャンネル、メディアで展開することが求められる。

　初版の本章の共著者であるエリカ・リーベとカレン・ネルソンフィールドに感謝します。初版への彼らの貢献がこの改訂版の基礎となっています。

復習問題　REVISION QUESTIONS

1. あなたがストラトコ社かバニングス社に勤めていて、上司がメディア予算の大半を、ホームケア雑誌とテレビ番組"ベター・ホームズ・アンド・ガーデンズ"に集中させたいと考えているとします。この決定についてあなたはどう考えますか？
2. あなたがカールトンドラフトなどのビールブランドの仕事を始めたとします。現在、メディア予算の大半は年に数回のキャンペーン、特に夏の始まりに費やされています。消費者行動とメディアプランニングに関するあなたの知識をもとに、あなたはマーケティングマネージャーにどのような変更を提案しますか？　それはなぜですか？
3. メディアバイヤーが広告枠を決定する際、エンゲージメント（没入度）は考慮すべき重要な要素でしょうか？　たとえば、あなたがペディグリーのブランドマネージャーなら、"アニマルホスピタル"などの番組と夜のニュース番組のどちらに広告を出した方が効果的だと思いますか？　それはなぜですか？
4. 広告回避行動の種類を挙げ、議論してみましょう。
5. リーチとフリークェンシーの違いを説明し、両者の関係について議論してみましょう。
6. テレビ番組の細分化がメディアの買い手、売り手、視聴者に与える影響について議論してみましょう。
7. テレビ番組Aのスポット単価が5000ドル、視聴者数が30万人、テレビ番組Bの単価が2万ドル、視聴者数が35万人の場合の、それぞれのCPMを計算してください。あなたならどちらのテレビ番組を選びますか？　それはなぜですか？
8. 効果的なフリークェンシーとは何ですか？　それはメディア購入にどのような影響を与えますか？
9. メディア購入の評価方法について論じてください。
10. 現代のマーケティング活動におけるメディアプランニングの役割とは何でしょうか？
11. "アバブザライン"と"ビローザライン"のメディア活動の違いを説明してください。

Chapter 12

重要事例研究
MAJOR CASE STUDY

ヒースマンロッジ、
オンライン広告の効果的な使い方を学ぶ

　ヒースマンロッジ（HL）は、アメリカのワシントン州にある高級ホテルで、休暇をアウトドアで楽しみながらも、快適な宿泊施設と充実したサービスを求める旅行客を対象にしている。当初、HLはオンライン広告キャンペーンを実施していたが、あまり成功していなかった。このキャンペーンでは、"オレゴン　田舎　ホテル"などのキーワードでGoogle検索した人の検索結果ページに広告が表示された。この広告手法は、広告のクリックスルーが起きたときにのみ広告主がGoogleに支払うもので、"ペイパークリック"（PPC＝pay-per-click）広告キャンペーンと呼ばれている。HLの経営陣は数年前からウェブサイトを持っていたが、以前はPPC広告を行っておらず、ビジネス雑誌で読んだアドバイスをもとに試行錯誤を繰り返していた。その後HLは、あまりにも広範なキーワードを使用していたこと、PPC広告テキストのテストを行わなかったことがうまくいかない原因であることに気づいた。しかも、広告をクリックした人は、広告に紐づいたランディングページではなく、ホテルのホームページに誘導されていた。

　初のオンライン広告への挑戦からHLが学んだことは、ウェブサイトの全面的な再構築を基本にした、アプローチ全体の見直しが必要であることだった。具体的には、PPCキャンペーンに紐づく新しいランディングページの作成と、次の3つの戦略的検索領域に注力した。まず、キーワードの管理、次に、上位アシストキーワード（＝ユーザーが最初に検索に使用したワード）の発見、最後に、高パフォーマンスの自然検索キーワード（＝ブランドキーワードを含む、検索エンジンで上位に表示されや

すくクリック率やコンバージョン率が高いキーワード）の購入だった。この新しいアプローチに関するすべての決定はオンラインデータ指標（＝トラフィック、コンバージョン率、クリック率など）に基づいて行われることになった。これが、メディア購入を評価するもっとも適切な方法だとHLは考えていた。

新しいPPCの取り組みの主な目的はマーケティングコミュニケーションの管理方法とその効果について学ぶことだったので、検索エンジンをGoogleに限定し、レスポンスデータは新しいランディングページを通じて追跡することで、初期投資を低く抑えられた。このようにして、他の要因をできるだけ排除したメディア実験を実施する機会が得られた。

新しいアプローチのキャンペーンの結果は非常に良好だった。ホテルの支配人は、「1月には105件のコンバージョンがあり、1万6040ドルの収益がありました。昨年、すなわち新しいPPCキャンペーンを行う前年の同期には41件のコンバージョンしかなく、PPC広告による収益はわずか6093ドルでした」と語った。

経営陣はどのようなプロセスを経たのだろうか？

1. 適切なキーワードを選択して適切なターゲティングを行う

クリック単価が非常に高く、売上に貢献していない、つまりターゲット顧客に到達していないキーワードを追跡することが重要だった。今回の場合、パフォーマンスの低いキーワードは、"ポートランド"、"オレゴン"、"ワシントン"などの、汎用性があり部分一致する可能性の高いキーワードだった。

キャンペーンで高いパフォーマンスを発揮したキーワードを特定することが重要だった。これらの語句はキャンペーンに紐づくランディングページのコンテンツだけではなく、ウェブサイト全体のコンテンツ作りの指針となるからだった。

ホテルの支配人によると、PPCプロジェクトチームは広告キーワードに基づいてキャンペーンのランディングページを作成し、オンライン宿泊予約システムをランディングページに紐づかせ、宿泊希望者が購入プロセス全体を簡単に行えるようにした。

パフォーマンスの高いキーワードを発見するために、

クリックスルーデータ、客室予約数などのコンバージョン数、クリック数、クリック単価、収益に貢献していないキーワードを調べた。PPCキャンペーンでは、結果をリアルタイムに追跡できるため、パフォーマンスの芳しくないキーワードは削除することができる。

2. 過去のキャンペーン事例に学ぶ

当初のPPCキャンペーンの取り組みにはいくつかの問題があった。

・パフォーマンスの最大化のために、ブロードマッチ、フレーズマッチ、完全一致、ネガティブマッチなどのすべてのキーワードマッチングタイプを使用またはテストしたわけではなかった。
・最初のキャンペーンで使用されたキーワードは、汎用性が高く競合性の強い用語が多かった。
・ターゲットを米国北西部に絞るのではなく、米国全体をターゲットにしていた。そのため、コンバージョンしにくい訪問者のウェブサイトへの流入を招いた。
・ブランドを確立するためのキャンペーンではなかった。広告のためのランディングページが含まれておらず、クリックするとホテルのホームページに誘導された。実際の広告コピーのテストも行われなかった。

新しいPPCキャンペーンではこれらの問題に対処するために次のような対策を講じた。

・ターゲットを米国北西部に絞った。
・パフォーマンスの高いキーワードを発見するために、複数の広告コピーのバリエーションをテストした。
・すべてのキーワードマッチングタイプを使った。
・クリックから広告専用のランディングページに誘導した。

新キャンペーンの早期の問題のひとつは、主要な変数のすべてを測定したわけではなかったことであり、そのため学びを得ることが非常に困難であった。新しい取り組みの最初の2カ月間、オンライン予約システムはPPCキャンペーンの結果を追跡することができなかった。しかしこの問題が解決されると、ホテルの経営陣は、投じた広告費に対してどれだけの成果を得られたかを正確に把握することができるようになった。こうして明確な実

験的アプローチが確立された。

結果はどうだったのか？

　もっとも重要な発見は、毎月500ドル程度の少額の PPC広告費でも、会社に大きな収益をもたらしたこと だった。ホテルの支配人は、「収益が上がっていること は本当に驚くべきことです」と述べた。さらに、「PPC キャンペーンをより精緻化するために必要な指標を集め て分析することで、潜在顧客を引きつけるための広告イ ンプレッション数と、ホテルのランディングページにク リックスルーしたユーザーのコンバージョン率の両方が さらに向上すると期待しています」と付け加えた。

　具体的には以下のような結果が得られた。

- ・広告投資回収率が4カ月間で81％増加した。
- ・予約数が4カ月間で75％増加した。
- ・クリック単価が4カ月間で74％減少した。
- ・広告投資回収率は2464％だった。

　新しい学習型PPCキャンペーンの4カ月間の総メデ ィア費は1909米ドルで、収益は4万1420米ドルであった。

発展問題　　　　　　　　　　　QUESTIONS

1. ヒースマンロッジの経営陣がこのキャンペーンに適 切な媒体を選んだかどうかを評価してください。

2. ヒースマンロッジは、メディアビークルの評価を、 メディアプランニングのプロセスのどの段階で、ど のような方法で行うことができるでしょうか？

3. ヒースマンロッジにとって、継続的広告スケジュー ルは検討に値するでしょうか？　メディア購入に関 して、どのような考慮が必要でしょうか？

4. メディア代理店や広告代理店との契約はヒースマン ロッジにとって賢明な選択だったかどうか説明して ください。

5. もしあなたがヒースマンロッジのマーケティングマ ネージャーと次の広告サイクルのコンサルタントと しての契約を結んだとしたら、同社の現在の業務の 何を変更することを提案しますか？　あなたが提案 する変更が、具体的な成果に繋がり、その効果を客 観的に測定でき、評価できることを具体的かつ論理 的に説明してください。

データソース：Kirkpatrick（2011）を修正

Chapter 12

インタビュー
INTERVIEW

Doug Peiffer
ドウグ・ピーファー

オズタムCEO、シドニー

　厳密に言えば、私はマーケティング畑の人間ではありません。消費者行動には常に興味がありましたが、伝統的なマーケティングの職務に就いたことはありません。しかし、テレビの視聴者測定と調査に携わったこの30年間、ほとんど毎日、同僚やクライアントのマーケターと仕事をしてきました。そのため、彼らの役割とニーズを理解することは、私のキャリアを通じて不可欠なことでした。

　私はオズタム（OzTAM）のCEOを務めています。オズタムは、オーストラリアのテレビ放送コンテンツの消費状況を測定し報告する第三者機関で、誰が、どれくらいの時間、何を見ているのか、そして最近では、そのためにどのような視聴デバイスを使っているのかを調査しています。この、視聴者を広告に届ける力こそ、広告主にとってのテレビ広告の真の価値です。

　オズタムのテレビ視聴率は、家庭用テレビで番組を見ているオーストラリアの視聴者を分単位で把握することができます。100本以上の無料放送および定額有料のテレビチャンネルを数十の属性にわたって測定しています。視聴率はテレビのパフォーマンスを評価するための評価基準としてすでに受け入れられていますが、データをより深く分析することで、消費者や視聴者行動について学べることがもっとあります。具体的には、オーストラリア人が、さまざまなプラットフォームやスクリーンがあ

るなかでどのように視聴活動を分散させているか、多様化した動画環境のなかでテレビのコンテンツがどのような役割を果たしているかなどを理解することです。このような集約的な知識はその業界内で実務レベルの応用が可能です。

　オズタムの視聴率データが常に適切かつゴールドスタンダードであり続けるために私に課された重要な責務は、クライアント（メディアバイヤー、プランナー、ストラテジスト、マーケター）と会い、オズタムのデータを広告キャンペーンの予測とプランニングにどのように活用できるかを理解してもらうことです。そのためには、クライアントの役割と責任をよく理解して、クライアントの意思決定に当社のサービスを役立てるための有益な情報を提供できることが重要です。

　良い仕事をするためには、視聴者がどのようにメディアを消費し、どのようにメディアとかかわっているかについて最新の情報を得ることが必要です。これは、メディア環境の変化を広範に認識でき、これらの変化がもたらす影響を理解あるいは予測できることを意味します。私は最近、テレビ視聴行動の最近の変化、特に新しいデジタルテレビチャンネル、デバイス、プラットフォームの影響について、その最新情報をクライアントに提供することに多くの時間を費やしています。私のクライアントは、視聴機会の拡大が視聴者の行動をどの程度変化さ

せているのか、そしてそれが広告キャンペーンのプランニングにどのような意味を持つのかを知る必要があるからです。

　私はこれまでに何十年もかけて広告とマーケティングの世界で幅広い人間関係を築き、リサーチスキルとオーディエンス測定の知識を身につけ、リーダーシップや事業開発の経験を積んできました。現在に至るまでには長い時間がかかりましたが、その間に積み重ねてきたスキルが現在の自分に繋がっています。私は今、テレビとメディアの状況が大きく変化しつつあるこの時期に、視聴者測定調査の最前線に立つ組織のCEOを務めています。私たちはこれらの変化の意味を理解しようと努めていますが、テクノロジーと消費者行動は独自のスピードで変化しているため、すべてを予測することはできません。しかし、だからこそ、とてもワクワクするのです。

Chapter 13

Developing and Implementing a Marketing Plan

マーケティング
プランの
開発と実施

デビッド・コーキンデール
マーク・リーンダース
カイリー・レーデル 著

Chapter 13

導入事例

INTRODUCTION CASE

85ドルのマスタード
ユニリーバの製品多様化のケース

テイラー・アンドリュース 著
エイドリアン・パーマー、ラリー・ロックシン 寄稿

　世界第2位の消費財メーカーであるユニリーバは製品ポートフォリオを多様化させてきた。ユニリーバは、ダヴ、フローラ、レクソナ、ストリーツなどの大衆向け製品を所有していることでよく知られているが、大衆向け製品カテゴリーのなかでもよりプレミアムなブランドを買収してきた。ユニリーバによると、ヨーロッパや北米のような成熟市場では、高価格帯セグメントが低価格帯セグメントよりも早いペースで成長している。

　2015年に、4つのプレミアムスキンケアブランド（ムラド、ダーマロジカ、ケイトソマービル、レン）が買収されると、ダヴ、ポンズ、セントアイブスなどユニリーバが所有する他のスキンケアブランドと競合する可能性が高まった。しかし、高級スキンケアへの参入は理にかなっていた。消費者はこのカテゴリーで多くのお金を使うことを厭わず、顔の保湿剤に50ドルを使うことを簡単に正当化できるからだった。

　調味料市場はどうだろうか？　ユニリーバは高級マスタード専門店Maille（マイユ）を開店し、85ドルもする黒トリュフとシャブリのマスタードの小瓶の販売を開始した。このような店は現在、イギリスだけでなくパリやニューヨークにもある。消費者は85ドルという高価なマスタードに価値を見つけられるだろうか？　シャネルの香水なら85ドルを払うことに納得できるだろうか？

　世界と市場の状況が変化するなかで、マーケティングプランニングのプロセスは、ユニリーバのような組織の意思決定を導く上で重要な役割を果たす。ユニリーバは、マーケティングプランニングを行いながら、既存の製品カテゴリーの高価格帯セグメントに未充足のニーズを見出し、製品の購入を正当化できる十分な数の消費者がいると判断したのだろう。

　このケーススタディ（および以下の議論）では、ユニリーバが「誰に何を売るべきか？」というマーケティング戦略の根幹を成す問いに対してどのように向き合ってきたかを知ることができる。実際、その結論を実行に移すための具体的なステップを踏み、より利益率の高い、より価値の高い製品を提供することに成功している。こうしたブランドの買収に必要な投資は多額になるため、本章で述べたような入念な分析を経て初めて合意に至るべきだ。このような分析では、グローバル市場のトレンドとその理由の理解、潜在的な新規顧客グループの購買行動の理解、「誰に何を提供すべきか？」という問いへの回答の策定、そして、ケーススタディに見られるように、適切なマーケティングミックスとブランド戦略の構築などを行う。

データソース：Chaudhuri（2015）

INTRODUCTION

包括的なマーケティングプランを実行することで、マーケターは次のような重要な問いに対する答えを見つけることができるようになる。

1. 自社の**マーケティング戦略**およびその活動は、変化の激しい市場環境において、今でも適切といえるか？

2. 市場への参入または撤退を計画しはじめるべきか？

3. 自社の製品やサービスに対する需要を拡大または縮小する機会はどこにあり、それを実現するためにはどのようなマーケティング戦略が必要か？

以下に示すのは、マーケティングプランの出発点だ。

a. **事業目標**。事業の成長と方向性という点で達成すべきこと。これは通常、企業の経営陣またはオーナーによって設定される。

b. 事業目標を達成するために効果的かつ持続可能と考えられるマーケティング目標、それに関連する具体的なマーケティング戦略、そしてアクションプランの策定。

事業目標には、「今後6カ月以内に、新しいコンサルティングサービスのための顧客を10社獲得する」といった短期的なものもあれば、「今後3年間で建築事務所のための収益性の高い顧客を10%増やす」といった大規模で長期的なものもある。マーケティングプランの立案には、本書で学んだことの多くを検討し、それを活用して、事業目標の達成につながる具体的なマーケティング活動上の意思決定を行う必要がある。意思決定には、たとえば次のようなものがある。

・製品やサービスの性質は具体的にどうあるべきか？

・料金や価格はいくらに設定するべきか？

・メンタルアベイラビリティとフィジカルアベイラビリティをいつ、どのように提供するべきか？

・どのようなブランド資産や評判を確立する必要があるか？

包括的なマーケティングプラン（戦略的マーケティングプランと呼ばれることもある）では、その市場の状況を考慮し、企業や組織の事業目標を達成するための適切なマーケティング目標を設定する必要がある。その上で、適切なマーケティング戦略を具体的に策定する。

本章では、包括的なマーケティングプランの作成プロセスを順を追って説明する。これらのステップ、分析、プロセスは、古典的あるいは伝統的な手法と言えるだろう。基本的に何十年もの間、マーケティングの教科書で解説され、マーケティング部門やマーケティングコンサルタントたちによって広く使われてきた。調査によると、このような正式な計画が業績を向上させることが示されている（Armstrong, 2004）。これは、消費者や顧客の意思決定プロセスに何らかの影響を与える計画を立案するために必要な多くの要素を検討し、統合するための一連のステップだ。これらのステップ、分析、プロセスに従うときは、各章に解説されている知見と最新のエビデンスを活用して、具体性のあるマーケティングの意思決定をプランに盛り込むようにしよう。

本章の前半では、マーケティングプランニングの役割を紹介し、その利点、および必要とされる時期と状況について解説する。続いて、包括的なマーケティングプランニングのプロセスの概要と各ステップの内容を説明する。

ここで説明するプロセスは、合理的または古典的なマーケティングプランニングのアプローチだ。しかし、このアプローチの根底にある前提に疑問を呈する学者もいるため、本章の後半では、古典的な包括的マーケティングプラン作成のプロセスとそのアプローチが抱えるいくつかの限界について言及し、現代のビジネス環境でより効果的なマーケティングを行うための具体的な方法と考え方を提案する。そこで、本章で概説するマーケティングプランニングのプロセスをさらに深めるために、プランニングプロセスにデザイン思考を取り入れるための特別なセクションを追加した。

本章の目的　Learning objectives

本章で学ぶこと：

+ 組織にとってのマーケティングプランニングの利点を考察する
+ 古典的なマーケティングプランの主要な構成要素を特定する
+ 包括的な古典的マーケティングプランの作成に必要なステップを理解する
+ 各ステップで必要な分析を行えるようになる
+ 包括的な古典的マーケティングプランを作成する
+ マーケティングプランニングへの古典的で合理的なアプローチの限界を理解する
+ マーケティングプランニングへの他のアプローチの基本的な考え方を知る
+ デザイン思考がマーケティングプランニングに果たす役割を理解する

マーケティングプランニングの役割と利点

　古典的で包括的なマーケティングプランニングのプロセスは、適切に実施されれば、ターゲット市場で何が起きているのか、および市場での組織の立ち位置を理解するのに役立つ。これが結果的に、特定の時間枠内で組織の**市場目標**を達成するための、マーケティング上の意思決定と行動を策定することにつながる。このプロセスには、現在および将来的に予想される市場状況、および現在採用されているマーケティング決定の**状況分析**が含まれる（第5章参照）。このプロセスを適切に実施することで、以下の項目についての理解をたしかなものにすることができる。

・**市場における消費者行動**

・**競合他社の方針と動行**

・**経済、政治情勢、社会、技術、文化の動向、法的問題など、市場に影響を与える可能性のある外部要因の変化**

・**現在のマーケティングミックスとブランド資産の競合他社との比較**

・**組織のリソースと能力**

　状況分析には、前述した市場影響要因の分析を行ったり、もっとも適切なマーケティング目標について結論を出したりするなどのタスクが含まれる。その後の**マーケティングプラン**は、「現在の立ち位置」「めざす方向」「どのようにそれを実行するか」の記録となる。このプランがマーケティング活動のマニュアルとなり、正式な**実施と管理**手順を経てマーケティング活動の管理の指針となり、組織の誰またはどの部署がいつまで担当するべきかを明らかにする。最終的なプランには、さまざまなマーケティング活動を実施するために必要な予算と、その計画が利益を生むかどうかを確認するための収益の見積もりが含まれることが理想だ。本章の最後に、マーケティングプランの一例を主要なケーススタディとして示した。

　包括的なマーケティングプランを開発するプロセスを通じて、組織内のマーケターやマネージャーは、自社の市場、およびマーケティング戦略の基礎となる情報や論理について、十分な情報に基づいた理解を得ることができる。これによって、市場で発生する可能性のある新たに特定された脅威や機会にタイムリーに対応できるようになる。また、計画を立案するという行為自体が、スタッフの自信と士気を向上させるといった効果を組織内に生み出すこともある。プロフェッショナルな計画を提示することができれば、マーケティング部門は経営幹部から大きな信頼を勝ち取ることができるだろう。

Chapter　**13**　　Developing and Implementing a Marketing Plan

マーケティングプランニングが必要なとき

マーケティングプランニングが必要とされる一般的な状況のひとつは、新製品や新サービスを市場に投入するときだ。もうひとつの典型的な状況は、製品やサービスの売上が減少したため、市場状況を徹底的に評価して、成長の機会と、それらの機会を活用するために必要なマーケティング活動を明らかにする必要があると判断されたときだ。大手ブランドのマーケティングを管理する責任を負う、確立されたマーケティング部門の中には、毎年のようにマーケティングプランを策定し、実施するところもある。通常は、ブランドの現在のマーケティングプランを見直し、市場の最近の変化を分析し、予測される将来に照らして更新する。

マーケティングプランニングのプロセス

図13.1に示すように、古典的で包括的なマーケティングプランニングのプロセスには4つの主要なステップがある。最初のステップは次の2つのパート（A、B）に分かれている。

- パートAは、組織が事業を展開している市場で何が起きているか、何が起きようとしているかを理解しようとするものだ。これには現在および将来の競合ブランドの評価が含まれる。
- パートBは、組織の能力、主に強みと弱みの評価を行う。

2番目のステップでは、カテゴリーとブランドの購買客に関する情報を分析し、マーケターがそのニーズ、ウォンツ、購買行動を理解できるようにする。

最初の2つのステップはどのような順序で行っても良いが、慣例的にステップ1の市場環境と組織状況の分析が最初に行われる。これらのステップに続いて、もっとも困難でもっとも重要な、適切なマーケティング目標を決定する段階に入る（ステップ3）。ここでは、市場環境、組織、ターゲット市場の分析に基づいて、目的と具体的なマーケティング戦略を決定する。最後の段階は実施と管理だ（ステップ4）。ここでは、戦略の詳細な実施計画、予算、そしてその後の結果をどのように利用して計画の進捗状況と成功の度合いを評価するかなどを具体的に示す。

図13.1　成功するマーケティングプランの4段階

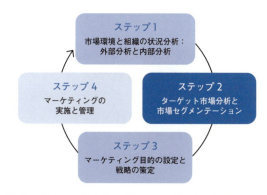

データソース：Wong, Radel and Ramsaran – Fowdar（2011）

通常、マーケティングプランニングのサイクルは1年で、大組織ではマーケティング部門やコンサルタントによって実施される。データ収集と分析に数カ月を要することもあり、マーケターは、マーケティングプランニングに着手する際にこの時間を確保する必要がある。とはいえ、市場が急速に変化する可能性があるため、マーケティングプランニングは1年に1回の実施ではなく、継続的に取り組むべきだと考えることが重要だ。いったん初期計画が立案されれば容易に進めることができる。

次節では、ホー・ヨン・ウォン、カイリー・ラデル、ロスティニー・ラムサラン・ファウダーら (2011) が著した Building a Marketing Plan：A Complete Guide（Business Expert Press）を基に、4つの主要な段階の概要を簡単に要約する。詳しくは469ページの表13.1にまとめた。

ステップ1：市場環境と組織の状況分析

状況分析とは、組織が活動する環境と組織自体を評価することだ。

状況分析は、最初に行う外部環境分析とそれに続く内部環境分析の2つに分かれる。**外部環境分析**では、マーケターは、組織を取り巻くさまざまな要因、すなわち政治的、経済的、社会的、技術的、自然または生態学的、法的、そして競合上の環境（**PESTELC**フレームワークと呼ばれる）の傾向と変化を特定する。これらの外的要因はマーケターが制御できる範囲を超えている。マーケターが外部環境要因に対してできることは、せいぜい、問題を理解し、適切にマーケティングの意思決定を行って柔軟に対応することだ。PESTELC要因（Political＝政治、Economic＝経済、Social＝社会、Technical＝技術、Ecological＝環境、legal＝法律、Competitive Environments＝競争環境）を完全に制御することはできないが、それでも全体的なマーケティングプランを作る上で重要な情報が得られる。

組織の**内部環境分析**とは、組織のリソースと能力を評価することであり、これは主に企業のコントロール下にある。組織の内部評価で考慮すべき主な要因は、マーケティング、財務、人事、生産における能力とリソースだ。また、経営陣の経験と経歴、および組織文化についても何らかの評価を行う必要がある。巻末に、外部環境分析のために使用できる2つの書式と、内部要因分析のための1つの書式を示した。

外部要因と内部要因の状況分析は、第5章で述べたように、**SWOT分析**の構築につながる。強み、弱み、機会、脅威を、組織の現状と市場ニーズに照らし合わせて分析する必要がある。この分析は、マーケターが、その組織が何を得意とし、何を不得意としているかを判断するのに役立つ。また、改善すべき課題を特定し、マーケティング目標を設定するための判断材料を提供してくれる。

ステップ2：ターゲット市場分析と市場セグメンテーション

組織の強み、弱み、機会、脅威を理解したら、マーケティングプランニングの次のステップは消費者を理解することだ。このステップを実施する際には、第2章と第6章で学習したことを見直し、活用する必要がある。市場情報は購買客を理解する上できわめて重要であるため、マーケティングプランニングのこの部分については第4章を参照されたい。おおまかに言って、マーケターが市場情報を収集するための情報源は主に2つある。ひとつは**市場調査**（第4章を参照）であり、もうひとつは**マーケティングインテリジェンス**（市場を理解するための情報）だ。マーケティングインテリジェンスを探す最初の場所は、自社の販売データや過去の市場調査だ。もし組織に営業担当者のチームがあれば、彼らの意見もマーケティングインテリジェンスの主要な情報源となる。代理店や販売店などのパートナー組織からの情報も同様だ。市場調査とマーケティングインテリジェンスは、どちらもマーケターが消費者の行動を理解するために不可欠な情報を提供してくれる。つまり、誰が、何を、どのように、どのくらいの頻度で、いつ、どこで、なぜ買うのか、あるいは買いたいか、といった情報だ。

市場調査が完了したら、組織は市場分析プロセスに着手して、潜在的な顧客ベースをセグメント化する方法や、セグメント別にターゲットを絞るコストをかけることが経済的に理にかなっているかどうか、自社の製品やサービスを競合と比較してどのように位置づけるかなどを検討しなければならない。また、顧客市場を細かくセグメント化することに伴う主なリスクを忘れてはならない（第6章を参照）。

ステップ3：マーケティング目的の設定と戦略の策定

マーケターは、状況分析に基づいてマーケティング目的を設定しなければならない。しかし、マーケティングプラ

ンの目的は、事業目標を達成することだ。基本的に、マーケターは、これまでに収集したすべての情報をもとに、事業目標を達成するためにどのような目標を設定すべきかを決定しなければならない。マーケティング目標は、次の要件を満たすものでなければならない。

・野心的であり挑戦する価値がある。
・会社の強みと弱みを考慮している。
・機会に適合し、潜在的な脅威を回避または最小化する。
・他の製品やサービスに設定された目標と整合性がある。

　すぐれたマーケティング目標は、「何を、誰に、どのような競合基盤のもとで提供すべきと考えるか」を包括していなければならない。図13.2は、企業がめざすべき価値提案領域を概念的に示したものだ。

CRITICAL REFLECTION ||||||||||||||||||||||||||||||||||||||||||||||||||||||||||||||||| 批判的省察

　あなたがApple Watchのマーケティング担当マネージャーだとします。あなたの仕事は、Apple Watchの価値提案を創造することです。その際、以下の競合製品を想定します。

　a. 従来の腕時計
　b. ホーム画面に時刻が表示される携帯電話

　あなたの価値提案は、Apple Watchのマーケティングプランの意思決定にどのような影響を与えるでしょうか？ この場合の価値提案とは、競合他社がまだ提供していない、顧客がApple Watchに見出す価値のことです。同じカテゴリーの競合ブランドのなかで、真の価値提案を持っているブランドは、実際にはどれくらい存在するのでしょうか？

|||||||||||||||||||||||||||||||||||||||||||||||||||||||||||||||||||||||||||||||||||||||||||||||||||||||

図13.2　価値提案のコンセプト策定に役立つ市場情報源

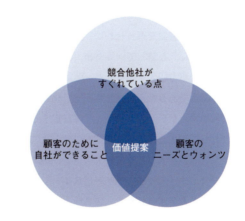

　最終的に設定するマーケティング目標は以下のようなSMARTの目標基準を満たすものでなければならない(Wong, Radel & Ramsaran-Fowdar, 2011)。

　S = specific：具体的であること。たとえば市場浸透率を上げること
　M = measurable：測定可能であること。たとえば市場浸透率を5%上げること
　A = achievable：達成可能であること。高い目標を掲げるべきだが、達成可能でなければならない
　R = realistic：現実的であること
　T = time-bound：時間的制約があること。たとえば今後12カ月で市場浸透率を5%上げること

　マーケティング目的は、必要とされるマーケティング上の意思決定や行動に具体的な行動指針を与えるものでなければならない。基本的には、マーケティング目的を達成し、ブランドのイメージや専門的評価といった、市場基盤型

資産の強化につながる、適切なマーケティングミックスの決定が不可欠だ。マーケティングミックスを構成する製品（product）、価格（price）、流通（place）、販売促進（promotion）を、4つのPまたは4Pと呼ぶこともある。

マーケティングの目的を達成するためのマーケティング戦略と戦術の開発は、非常に創造的な仕事であると考えられている。しかし残念なことに、この創造性が、思いつきや流行に流されることの言い訳になってしまうと、計画全体が台無しになってしまうことがある。よくある失敗は、計画を実行するための戦略と戦術が、事前の分析にほとんど基づいていないことだ。戦略と戦術は、なぜそれが選ばれたのか、なぜ他の選択肢は選ばれなかったのかが正当化されなければならない。

マーケティング目標を達成するためのさまざまな選択肢が無数に存在する。たとえば、広告費を増やすべきか、サンプリングを実施すべきか、消費者向けコンテストを開催すべきか、あるいは価格プロモーションを行うべきかなどだ。プランを立てる際には、SWOT分析と消費者分析の結果を踏まえ、適切な選択肢を選び、その決定を正当化しなければならない。重要なことは、目的を達成するために採用された戦略や戦術が、ブランド成長、消費者行動、記憶、脳の働きに関する原則と矛盾があってはならないことだ。

CASE STUDY

マーケティング目標の設定

西オーストラリア州のあるエンジニアリングサービス会社は、自社の主な強みのひとつは、製造業が抱える生産上の問題を解決し、生産性を改善する方法を発見できることだと考えていた。同社は、製造業の潜在顧客企業の多くが、自分たちが問題を抱えていることや、生産工程をもっと効率化できることに気づいていないことを経験的に知っていた。このエンジニアリング会社が潜在顧客企業を訪問し、その経営陣に対してサービス提案の機会を得られれば、通常ならプロジェクトの契約を結ぶことができた。問題は、多くの企業が「問題はない」と言っているため、訪問の招待を受けられないことだった。ビジネス目的は、製造業からより多くの仕事と収入を得ること、と設定されていた。

このエンジニアリング会社は、潜在顧客である製造会社を定期的に訪問し、製造部門の責任者と話ができるようになりたいと考えていた。これをマーケティング目標として設定することは、革新的な戦略につながる可能性があるため重要だった。これらの製造会社には、定期的にサービスやアップグレードが必要な設備があり、故障時には設備サプライヤーの認定を受けたサービス担当者に連絡する必要があった。そこで、このエンジニアリング会社は、設備サプライヤーの代理店兼サービスエージェントになることを事業戦略として決定した。これらのサプライヤーのほとんどが海外やオーストラリアの各地に拠点を置いており、故障時の対応のために、現地でサービス担当者を一人雇うか、現地のサービスサプライヤーと契約をしていた。

発展問題　QUESTIONS

1. この会社はどのようなマーケティング目標を設定するのが適切でしょうか？
2. マーケティングの力で、製造会社の製造部門の責任者を、このエンジニアリング会社のスタッフと直接話せるようなイベント（たとえば、スポーツイベントのスポンサーシップなど）に招待することはできないでしょうか？
3. マーケティングは、生産上の問題に対する認識を高める上で、どのように役立つでしょうか？

Chapter 13　　Developing and Implementing a Marketing Plan

ステップ4：マーケティングの実施と管理

マーケティングプランニングの最後のステップは実施と管理だ。マーケティングの実施には、マーケティング戦略を機能させるために必要なすべての活動が含まれる。すぐれた実施計画がなければ、マーケティング戦略がいかにすぐれていても、マーケティング目標を達成することは難しい。管理の主な目的は、組織がマーケティング目標を達成したかどうかを把握することだ。管理のプロセスには主に以下の4つのステップがある。

1.　パフォーマンスの評価基準を設定する
2.　市場の成長を測定するツールを特定する
3.　マーケティング目標に対する実績を評価する
4.　必要に応じて是正措置をとる

管理プロセスが完了したら、マーケティングプランニングのサイクルは基本的に完了し、次のサイクルの開始とみなすことができる。

表13.1　マーケティングプランの構成と機能の概要

	エグゼクティブサマリー：経営への影響と推奨事項、競争上の優位性、必要な投資、予想される売上／貢献などに焦点を当て、計画全体の概要を説明する。目次を付け、図表を添付する。
1	イントロダクション：組織の背景、ミッションステートメント、事業目標を紹介する。
2	状況分析
2.1	外部状況分析。特に潜在的な機会や脅威を明らかにするために、マクロ環境の傾向や変化を調べるPESTELC分析を行う。第5章を参照。
2.2	内部状況分析。社内の強みと弱みを調査し、リソースのレベル、スキルの有無、マーケティング能力、研究開発能力、マネジメントの強み、生産能力、財務資源、研究開発の可能性を調べる。第5章を参照。
2.3	競合分析。競合ブランド（直接的および間接的競合の両方）を調査し、潜在的な機会や脅威を探す。自社製品、スキル、付帯サービス、財務状況、人材状況などを競合他社と比較する表を作成する。第5章を参照。
2.4	顧客分析。ターゲット市場について記述し、人口統計学的、心理学的、地理的な属性を組み込んだ詳細な市場セグメンテーション情報を開発する。
3	SWOT分析と競争優位性。状況分析の結果を簡潔に文書にまとめる。第5章を参照。
4	市場目標。製品ライフサイクル分析を行う。アンソフ・マトリックス分析（第7章を参照）を行う。市場リーダー、市場フォロワー、ニッチ市場における競争優位性の目標を述べる。全体的なマーケティング目標と、事業目標および企業理念に直接つながる全体的マーケティング目標とSMART目標を策定する。社内の強みと社外の機会を利用する。社内の弱みと外部の脅威を回避または最小化する（第5章参照）。市場ターゲティングとポジショニングに関するステートメントを作成する（第6章参照）。
5	マーケティング戦略。特定のマーケティングミックス要素（4P）の決定や使用を通じて、マーケティング目的をどのように達成するかを正確に述べる。市場基盤型資産、ブランドイメージ（独自のブランド資産を含む）、または評判が、マーケティング目標の達成にも適切であることを示し、もし適切でない場合はどう対応するのかを説明する。
6	マーケティングの実施。損益分岐点、予算、投資利益率を計算する。月次および年次ベースで売上予測とキャッシュフローを計算し、マーケティングプランが適切に実施されるために、それらを達成または改善するための行動や活動を策定する。
7	マーケティング管理。計画を軌道に乗せてマーケティング目標を達成できるように、また必要に応じて是正措置を講じることができるように、マーケティング指標を策定する。

データソース：Wong, Radel and Ramsaran-Fowdar（2011）

マーケティングプランの例は本章の後半の「重要事例研究」で紹介している。

古典的で合理的なマーケティングプランニングの利点と課題

事業計画、特にマーケティングプランに取り組むことで組織のパフォーマンスが向上するという研究結果が報告されている（Sinha,1990; Simon, 1993; Menon et al.,1999）。しかし、綿密な事業計画を立てることで、計画期間中に事業環境に重大な変化が起きても、組織が当初の計画に固執しすぎてしまい、柔軟に対応したり変化を受け入れたりするこ

とに消極的になってしまうという批判的な意見もある。一方で、実証研究によって、安定したビジネス環境でも変化の激しいビジネス環境でも、事業計画の策定は価値ある結果を生み出すことが示されている (Pulendran, Speed & Widing, 2003)。とはいえ、マーケティングプランニングの成果は、それを実行する者の能力に左右されることも事実だ。だからこそ、マーケティングプランニングに携わる者は、本書で学んだ知識やスキルを業務に取り入れるべきと言えるだろう。

サイモン (1947) は、計画を合理的に実行するためには、とりわけ以下のことが必要であると述べている。

a. 可能性のあるすべての選択肢を検討した上で選択を行うこと。しかし実際には、プラン立案者の頭に思い浮かぶ選択肢はごくわずかだ。

b. プラン立案者は、自らがくだすあらゆる判断や選択の結果を完全に把握し、予測する必要があるが、現実的には、プラン立案者の知識は、たとえ競合ブランドの反応に限定しても、不完全かつ断片的であるのが通常だ。

マーケティングプランでは仮説を立てることを避けることはできない。この仮説は、プランのなかで明確に文書化されなければならない。そうすることで、プランを実行する人や引き継ぐ人が、その仮説がまだ有効かどうか、そしてそれらに同意するかどうかを確認することができる。

市場選択とマーケティング目標設定：新たなアプローチ

古典的で==合理的な====マーケティングプランニング==のアプローチは、数十年前の、多くの産業や市場が安定し、予測が可能だった時代に開発された。今でも需要が安定し、予測が可能な業界のひとつに菓子業界がある。ほとんどの国の菓子業界が、GDPの成長とともに需要が伸びる傾向にある。しかし、現在では多くの市場が不安定で予測しにくくなっており、プランを立案するのが困難になっている。このような変化のなかでも、古典的なアプローチは、状況によっては有効な手段となり得る。以下に、市場計画、そのなかでも事業目標とマーケティング目標の策定において必要とされるさらなるアプローチの基本的考え方を概説する。

フィットアプローチ（適合）とストレッチアプローチ（拡張）

本章で示した古典的で合理的なプランニングプロセスは、組織は高い収益を確保するために消費者の既知のニーズとウォンツに自社の能力を適合させることをめざすべき、という前提条件に基づいている。言い換えれば、競合他社の能力と活動および一般的なマクロ環境を念頭に置きながら、顧客が求めているもの——ニーズやウォンツ——と自社の能力——リソースやノウハウ——との最適な==適合==（フィット）を見出すべきということだ。これを、「顧客が何を求めているかを突き止め、利益を上げつつそれを満たす計画を立てよ」と単純化し過ぎることもある。これは従来型の、安全で比較的リスクの低いアプローチだ。しかし、多くの競合他社もこのアプローチに従うため、競争が激化して、低収益に終わることがある。

もうひとつのアプローチも同様に効果的だ。こちらは、たとえ自社の能力を超えるような市場機会であっても、ただちに諦めることをせず、積極的に追求すべきというものだ。むしろ、組織は機会に対応できるよう、自らの能力を==拡張==（ストレッチ）する準備を普段から整えておくべきだと提唱されている。

たとえば、フィンランドのノキア社は、何十年もの間、主に木材やゴム製品を製造しており、大きなエレクトロニクス技術は有していなかった。しかし、携帯電話の需要の伸びを察知すると、必要な能力を獲得し、その後数年間で世界最大のもっとも成功した携帯電話サプライヤーとなった。ノキアが携帯電話市場に参入する前に合理的マーケティングプランニングを行っていれば、すでにモトローラ社のような強力な競合が市場に存在しているので、ノキアには成功するための "強み" がほとんどないという理由で、市場に参入すべきではないという結論に達していただろう。

"ストレッチ" アプローチでは、組織が不慣れな市場で新たな競合ブランドとの競争に巻き込まれることになるので、より高いリスクが生じる可能性がある。ストレッチアプローチは、組織がアンゾフマトリックス（第7章を参照）の "不

利な多角化オプション"を採用したという見方もできる。しかし、もしその結果、競合相手のいない、またはほとんどいない新市場、すなわち**ブルーオーシャン**（Kim & Mauborgne, 2004）に進出できれば、魅力的すなわち収益性の高いリターンが得られるかもしれない。したがって、マーケターは、市場機会へのアプローとして、**フィットアプローチ**と**ストレッチアプローチ**の両方が検討に値することを認識すべきだ（Hamel & Prahalad, 1993）。

CRITICAL REFLECTION |||||||||||||||||||||||||||||||||||||||||||||||||||||||||||||||||||||||||||||||||||||||||||||| 批判的省察

1. フィットアプローチは、マーケティングプランニングにこの方法を採用する組織にとって、どのような利点があると思いますか？　このアプローチがもっとも適しているのは、業界がどのような状況にあるときでしょうか？

2. ストレッチアプローチは、マーケティングプランニングにこの方法を採用する組織にとって、どのような利点があると思いますか？　このアプローチがもっとも適しているのは、業界がどのような状況にあるとき、またはどのような企業に対してでしょうか？

||||||||||||||||||||||||||||||||||||||||||||||||||||||||||||||||||||||||||||||||||||||||||||||||||||||||||||||||||||||||||||||||||

先見性と起業家精神

　3つ目のアプローチは、世界初の製品やサービスが市場に新たな機会をもたらすと信じることだ。そのような製品が開発されれば、需要が生まれ、新たな産業や市場が創出される可能性がある。これはまさに起業家の領域であり、代表的な例として、Appleを率いていた頃のスティーブ・ジョブズが挙げられる。当時、誰もiPadのような製品を求めていなかったが、ジョブズはiPadを市場に導入すれば高収益の需要が生まれると確信していた。そしてその確信は現実のものとなった。しかし、このアプローチがもっともリスクが高い。自社の革新的な新製品アイデアが成功すると信じて失敗した起業家はたくさんいる。成功すれば、Appleのように、非常に高い利益を得られ可能性を秘めている。

ポートフォリオ管理

　組織に属するマーケターは、組織の収益性を高めたり、目標を達成する能力を高めたりするためのプランの開発チームの一員となることがある。そこでは、組織が事業を展開している、あるいは展開する可能性のある市場の収益性を、現在と将来の両面から慎重に分析することを求められる。大手多国籍企業のユニリーバの2014年の売上高は、前年比で2.7%減少した。ユニリーバは、自社製品が販売されている市場を分析し、成長の可能性が高く、潜在的に収益性の高い市場を特定した後に、その市場で収益と利益を伸ばすための事業計画とマーケティングプランを策定した。その一例として、200種類もの紅茶を販売する専門店チェーンT2が開発された。また、INTRODUCTION CASEでも考察したように、1瓶85ドルで販売する特製マスタードを扱う食品店チェーンMailleも開発された。このような取り組みを実践する市場計画では、魅力的な市場を特定してPESTELC要因の影響を確認することから始まり、特定の市場への参入または成長を試みることを決定したら、表13.1のステップ4、5、6、7を網羅するマーケティングプランを策定する。

利益と貢献

　組織内のマーケターは、マーケティング活動の利益や投資利益率を示すことを求められることがある。組織が生み出す利益は、その構成メンバーの多くの意思決定と影響の結果だ。マーケティング活動の多くは、ブランドの成長およびブランドの評判の向上と維持をサポートするために行われる。その経済的な成果はただちには現れないのが通常で、時には数年先になることもある。したがって、短期的な売上や利益だけでマーケティング活動の効果を評価しようとすると、真の価値を見誤る可能性がある。

　マーケティングの現在の財務的影響を評価する適切な方法は、現在の利益に対する貢献度を調べることだ。会計上

の貢献は次のように定義され、マーケティングは直接費として扱われる。

$$貢献利益＝収益－直接費$$

　貢献度計算式における収益の要素つまり売上高は、図 13.3 に示すように、さらに細かい要素に分解することができる。この図は、貢献利益を拡大させることができるすべての方法を示しており、各方法ごとにマーケティング目標を策定し、それを達成するためのマーケティングプランを構築することの必要性を示している。

図13.3　財政的貢献度を高めるための市場ベースの戦略

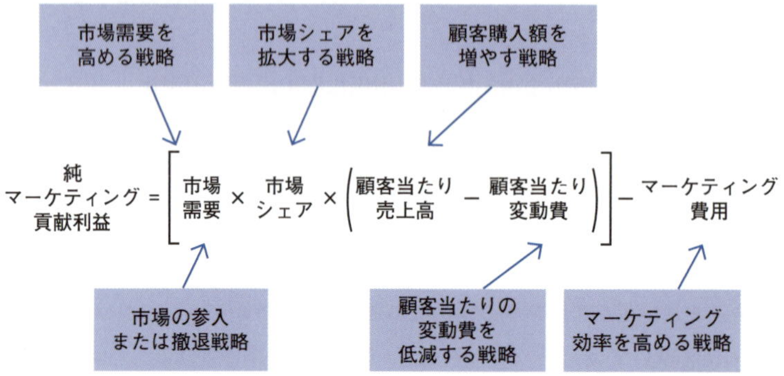

データソース：Best（2005, p. 48）

製品やサービスを他ブランドと差別化できないとき

　多くの業界や市場で製品やサービスは非常に似通っており、第2章で述べたように、ほとんどの消費者は競合製品を相互に交換可能なものとして見ている。これが、多くのマーケターが直面している現実だ。ガソリンはどのブランドでもみな同じだと思われているのではないだろうか。歯磨き粉はどのブランドでもみな十分に歯がきれいになると思われているのではないだろうか。たとえ何か新しい成分を開発できたとしても、競合ブランドも数週間以内には同じものを手に入れてしまうだろう。したがって、競合ブランドと明確に差別化が図られる価値提案を行ったり、マーケティング目標を考案したりすることは困難だろう。このような状況で、一体マーケターは何を成すべきだろうか？

　すでに解説したとおり、ブランドは**メンタルアベイラビリティ**と**フィジカルアベイラビリティ**を拡大しながら成長する。このことは、我々のプランにおけるマーケティングミックスの決定事項（表13.1のステップ5）の一部または全部において、競合他社よりも優位に立つ方法を見つける必要があることを意味する。そのためは高度な分析が必要だ。たとえば、どのような方法でブランドのフィジカルアベイラビリティを高めることができるか、どのような方法で独自のブランド資産を維持または強化できるか、どのような広告やプロモーションを通じて、ブランドと製品利用シーンとの関連性を消費者の心に強く印象づけることができるか、などを考えなければならない。これらの問いに対する答えを特定した上で、予算を考慮しつつ、具体的な戦略を採用すべきかどうかを判断しなければならない。

デザインが戦略的マーケティングと
プランニングにもたらすもの

　マーケティングプランニングのプロセス、ツール、組織構造、そして業績評価指標が、この数十年の間にほとんど変化していないことはとても印象的だ。内部環境分析、外部環境分析、SMART目標設定、統合されたマーケティ

ングミックスの構築、顧客関係構築、財務分析、そして管理といった従来のマーケティングプランニングの構成要素は、一見するとほとんどの場合、非常にうまく機能しているようだ。本章の後半では、マーケターのプランニングに対する考え方を変えつつある別のアプローチを紹介していく。

過去数十年の間に、デザインの重要性と==デザイン思考==の価値が、価値の創造と提供およびコミュニケーションのプロセスにおける重要な要素として、ますます多くの組織から意識されるようになってきた。たとえば、Apple、BMW、ダイソン、ペプシコ、トレジャリー・ワインエステートなどの企業は、デザインを単なるデザインとして利用するのではなく、技術革新や市場機会を製品として具現化し、ユーザーやステークホルダーに新たなエキサイティングな体験と価値を提供するためのツールとして活用してきた。それは単なるパッケージにとどまらない。たとえば、ペプシスパイアはタッチスクリーン式のソーダファウンテンだ。消費者は、単にボタンを押してドリンクを選ぶだけではなく、タッチスクリーン上でさまざまなフレーバーや材料を組み合わせて、自分だけのオリジナルドリンクを作ることができる。さらにその過程で美しいアニメーションが表示され、単なるドリンク以上の楽しい体験を提供してくれる。

デザインが世界中のデザイン教育プログラムで教えられるようになった現在、デザイナーは、マーケティングのクロスファンクショナルチームやマーケティング戦略全般において、ますます重要な役割を果たす専門家となっている。企業は、自社のニーズや状況に合わせて、社内にデザイナーを雇用することもあれば、カリフォルニア州パロアルトに設立されたIDEOのようなデザインコンサルティング会社にデザイン業務を委託することもある。興味深いことに、プランニングや新製品開発のプロセスにデザインを応用している企業は、特にデザインを革新的に応用している場合、競合他社を凌駕しているようだ (Gemser & Leenders, 2001; Gruber et al., 2015)。

デザイン思考

デザインが注目されるようになり、デザイナーの能力、手法と方法、そして具体的な実践が、製品やサービスの開発とプランニングに有益な結果をもたらすようになったことで、"デザイナーは具体的に何をしているのか"という疑問が生じるようになった。デザインアプローチのユニークな特徴は、デザイン思考（スタンフォード大学のDスクールアプローチに基づく）という概念に集約される。

図13.4 デザイン思考のプロセス

デザイン思考の定義はさまざまだが、どの定義にも共通する重要な要素がある。デザイン思考は、状況やステークホルダーへの深い共感に基づき、問題を新しい視点で捉え直し、その視点でアイデアを創造し、プロトタイピング（アイデアの具体化）と迅速な実験を行う。そうすることで、解決策がその環境でどのように機能するのかを理解し、より良い未来を創造することをめざす。デザイン思考には以下のような重要なステップがある。

- 共感する――デザインの対象となるユーザーの体験を完全に理解する。ユーザーを観察し、ユーザーとかかわり合い、ユーザーの視点に立って考えることを通してこれを行う。
- 定義する――共感することで得られた結果を処理し、統合して、デザインで取り組むべきユーザー視点を明確にする。
- 発想する――多種多様な解決策を大量に生成することで、幅広い可能性を探求する。これにより既存の枠にとらわ

れず、さまざまなアイデアを探求することができる。

・プロトタイプを作る——アイデアを具体的な形に変換し、それを体験したり、使ったりすることで、その過程で学び、共感を深める。

・テストする——高解像度のプロトタイプをテストし、観察とフィードバックを通じてプロトタイプを改良し、ユーザーや他のステークホルダーについてより深く理解し、視点の精度を高める。

最初の段階は、多くの場合、"発見段階"と呼ばれ、ユーザーを観察し、製品やサービスを取り巻く環境と制約を観察することから始まる。ダイソンは新入社員に、"よく使うが嫌いな製品"について考えるよう求めている。デザイナーは、ユーザーの立場で考え、ステークホルダーと積極的にかかわりながら、さまざまな視点から問題の定義を行う。その過程で問題の定義、再定義、再構築が繰り返され、主要な目標が明確になる。市場目標は、ほとんどのマーケティングプランニングチェックリストにおいて重視されている。目標は、より良い将来を創造するという観点から設定される。最後の段階は、多くの人が創造的問題解決プロセスとみなすアイデア出しの段階であり、プロトタイプや視覚化を使って、具体的な解決策を導き出す。その一例として、特に効果的なツールである共創ワークショップがある。最終的な目標は、さまざまなタイプのユーザーと積極的にかかわり、彼らが選択肢や解決策にどのように反応するかを学ぶことだ。つまり、従来のマーケティングプランニングは製品中心の視点で考えられていたが、デザイン思考では、製品とサービスを統合的にデザインすることで、ユーザーの問題解決に、より包括的に焦点を当てたアプローチを取る。最終的に、選択肢は、その適合性、技術的な堅牢性、費用対効果だけでなく、ユーザーのニーズや、彼らの生活や経験に与える影響まで含めて、総合的にテストされる。このプロセスは非常に反復的で、デザイナーは当初定義された問題を継続的に見直す必要がある。

マーケターとデザイナーの役割

美的および機能的なデザインの選択肢は事実上無限に存在し、そのような選択肢に関する意思決定プロセスを監視し、コントロールすることは困難だ。このような状況のなかでデザインの価値を最大化するためには、プランニングのプロセスにおいてデザインとマーケティングの違いを明確にし、デザインを価値あるものにしているものは何か、と問うことが重要になる。マーケターがデザイナーを兼ねることもあれば、その逆もあり得るが、両者はそれぞれ異なる役割と視点を持っていることを認識し、両者の協調が重要であることを強調しておくことは重要だ。

デザインとマーケティングの主要な違いのひとつは、「未来を形作る」という考え方と、組織の内部および外部の「環境に適合し」マーケティング目標を達成するための計画を立てる、という考え方の差にある。どちらのアプローチでも成功に導くことができるが、マーケターは「市場を形作る」というデザイン思考を要する概念に苦戦しているようで、多くの取り組みが小さい変更を少しずつ継続的に加えていくアプローチに留まっている。その上、両者は異なる思考プロセスに基づいて意思決定を行っている。

表13.2　デザイナーとマーケターの視点の違い

視点	デザイナー	マーケター
時間に対する考え方	未来志向	過去や現在の状況を重視
専門性に対する認識	製品、サービス、デザイン創造、受賞することなどに価値を置く	ビジネス、経営、価値創造、キャリアアップなどに価値を置く
知識に対するアプローチ	直感や感性、ユーザーの視点を重視した知識に重きを置く	測定可能なデータや分析結果を重視し、財務的なリスクを考慮した意思決定を行う
組織における役割	創造性と独創性を活かして、組織に新しい価値をもたらす	組織全体の目標達成のために、他の部署と連携する
計画手法とツール	根本的な変化をもたらすために、試行錯誤を繰り返しながら、既存枠組みの再構築、共同創造、ユーザー特性分析、観察、関係性の可視化などを行う	漸進的な変化をもたらすために、SWOT分析、PESTELC分析、競合分析、セグメンテーション、ターゲティング、ポジショニングといった、分析的、計画的、戦略的なアプローチでマーケティング活動を展開する

表13.2は、すぐれた問題解決への主要なアプローチと基準、そしてマーケターとデザイナーの違いを示している。

Chapter **13**　Developing and Implementing a Marketing Plan　474

どちらの方向性も重要であるが、重要な点は、マーケティングプランニングにデザイン的要素を取り入れることで、データに基づいた分析と未来思考のアプローチのバランスが取れるということだ。たとえば、デザイン思考の重要な特徴は、現在の顧客ニーズを満たそうとするのではなく、未来志向であることだ。マーケターとデザイナーは、それぞれ異なる専門的志向を持ち、問題解決方法も異なる。彼らがクロスファンクショナル（部門横断的）チームで協力すると、この違いは顕著になる。マーケターはデータとデータ収集を重視し、デザイナーは未来を思い描いて、特定のユーザーやコンテキストの問題を解決する選択肢をデザインしようとする。また、両グループは問題解決のための手段として異なるツールを使用している (Calabretta & Gemser, 2015)。

マーケティングプランニングに デザインを統合するための組織的課題

組織内の機能領域を超えた部門間の統合は不可欠だ (Leenders & Wierenga, 2008)。しかし、組織内の他の部門は、デザインを興味深く感じつつも、複雑な感情を抱いていることが多い。たとえば、マーケターのなかには、デザイナーを自己中心的で、直感的で、視覚的で、感情的なアーティストであり、右脳的思考を好み、合理的な議論に反応しないと、ステレオタイプ化する人もいる。このような偏見は、最適な結果を生み出すには非生産的だろう。

経営者と従業員は組織目標を共有しており、その目標を達成しビジネスを成長させるために協力しなければならない。マーケティングプランニングは、あらゆるタイプの組織において、大小さまざまな変化を生み出すための重要な手段であり、マーケティングを成功させるためには、研究開発、製造、法務、その他の部門と連携しなければならない。チームワークに関する研究では統合に焦点を当てることが多く、いかにして異なる部門がたがいに関与し合い、情報を交換し、建設的な対立関係を築くかに焦点を当てている。しかし、これは必ずしも容易なことではない。なぜなら、部門間のコミュニケーション不足が障壁となり、相互理解を制限し、結束力を低下させ、最終的にはパフォーマンスを阻害するからだ。より緊密な統合を実現するために従来から提案されてきた重要なアプローチのひとつは、多様なアイデアをより実現可能なものに絞り込むために、デザインとマーケティング間のコミュニケーションを促進することだ。マーケティングと他の部門との統合メカニズムの利点を調査した先行研究では、コミュニケーションの促進に加えて、物理的距離の短縮や、施設のデザイン、ジョブローテーション、クロスファンクショナルチーム、共創ラボ、ITツールを活用することで統合が成功する可能性が高いことが示されている。

マーケターとデザイナーが定期的に顔を合わせるためには、物理的な距離を縮めることが特に重要だ。他にも、この2つのグループが協力し合うことを促進するためのいくつかの組織的なツールがある。しかし、それらのツールが効果を発揮するためには、いくつかの条件を満たす必要がある。たとえば、ジョブローテーションで成果を出すには十分な時間が必要だ。もしデザイナーが特定の仕事に費やす時間が短すぎると、専門知識が深まらず、信頼が得られず、期待されたメリットが得られないばかりか、マーケティングかデザインのいずれかの専門スキルが低下する可能性さえある。研究者や実務家は、デザインとマーケティングの連携を効果的に管理するために、さまざまなアプローチを提案している。たとえば、戦略レベルでのデザインの関与、両部門間の連絡役の設置、クリエイティブ面の自由度の拡大、業績評価への創造的指標の組み込み、デザインコンサルティング会社との強固な関係構築などだ。

デザインとマーケティングを切り離すべきか？

デザインをビジネスプロセスに統合する試みがある一方で、デザインとマーケティングを切り離す必要性への意識も高まっているようだ。デザイナーには独創性や斬新さが求められるため、時にはかなりの自由裁量権が認められることがある。そしてその創造的なプロセスを阻害しないために、他部門からの過度な干渉から守るべきだという考え方がある。たとえば、BMWではデザイン部門と他部門間を取り持つ公式な調停者が任命されている。この調停者は、デザインチームを非生産的な批判から守る役割を担っており、デザイナーが自分の仕事に集中し、自らの美的感覚、経験、すぐれたデザインセンスに基づいて仕事を進められるようにしている。

CASE STUDY

トレジャリー・ワイン・エステーツ

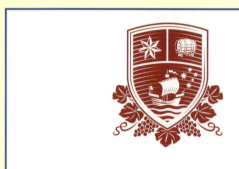

　トレジャリーワインエステーツ（TWE）は、長い伝統と世界有数の国際的ワインポートフォリオを持つ、オーストラリアの世界的なワイン会社だ。1840年代半ばにペンフォールズワイナリーを設立して以来、TWEはペンフォールズ、ペッパージャック、ウィンズクナワラエステート、ウルフブラス、ベリンジャー、カステロディガビアーノ、リンデマンズといったブランドを擁する高品質ワインを生産する世界的リーダーのひとつに成長した。2016年時点で1万3000ヘクタール以上のブドウ畑を有し、2015年のワイン売上は3000万ケースだった。経営陣は、世界的な競争が激化するなか、事業と利益のさらなる拡大をめざした。

　同社はデザイン思考の原則を実践し、ブランドポートフォリオからさらなるブランドエクイティと売上を創出することに注力しただけでなく、人々がワインを買い、ボトルを鑑賞したり、自分のコレクションを披露したり、会話や思い出話しのきっかけにしたりと、ワインと多様なかかりを持つことを明らかにした。オーストラリア市場で同社が実施した取り組みのひとつが、TWEプレミアムワイン購入者に"ガラス扉付きのワイン冷蔵庫"を提供するキャンペーンだった。プレミアムワインを購入することで、"お得感"を演出するのは並大抵のことではないが、アイデアは驚くほどシンプルだ。

発展問題　QUESTIONS

1. 市場は成長しているものの価格圧力が存在するワイン業界において、TWEは中級から高級ワインの生産者です。どうすればプレミアムワインの地位を維持できるでしょうか？　プレミアムワインの地位の維持は誤った戦略でしょうか？
2. マーケティング主導のプランニングチームとデザイン主導のプランニングチームの視点を比較してみてください。どのような問題と解決策が予想されますか？　それはなぜですか？
3. TWEはワイン冷蔵庫のセット販売で正しいことをしたのでしょうか？　他にもっと良い方法があったでしょうか？

INDUSTRY INSIGHT　　業界動向

カゼラワインズ

チーヌ・スリニヴァサン、デビッド・コーキンデール 著

　イエローテイルブランドは、オーストラリアから輸出されるボトルワインの20％を占めている。どのようにしてオーストラリアでもっとも成功した輸出ワインとなったのだろうか？

ジョン・カゼラが指揮を執る

　創業して30年経った頃、カゼラ家の2代目と3代目は壮大な事業計画を立てていた。1994年に家業のマネージングディレクターに就任した、自らもワイン造りの専門家であるジョン・カゼラは、オーストラリアの4大ワイン会社に翻弄される、ただのバルクワイン生産者という悪いイメージから脱却したいと考えていた。
　「アメリカや世界の市場で大きな売上を上げたい！」とジョンは、直感的に大きなビジネスチャンスと未充足のニーズを感じていた。しかし、適切なワインの選択、価格帯、流通、マーケティングコミュニケーションのための資金などの準備をどう整え、オーストラリアの中心地であるニューサウスウェールズ州のリヴァリーナ地方（もっとも近い港から約450km）からワインを輸出するという悪夢のようなロジスティクスの問題にどう対処できるか、カゼラワインズはいくつかの問題に直面していた。
　当時、2億6000万人近い人口を抱えるアメリカでは、約19億リットルのワインが消費されていた。しかし、アメリカの一人当たりのワインの消費量は、他のほとんどの西欧先進国に比べてかなり少ないことは明らかだった。アメリカ人は、アルコール飲料はよく飲むが、ワインはあまり飲まない。ジョンは疑問に思っていた。文化的な違いなのか？　適切な商品がなかったのか？　それとも時間の問題なのだろうか？　ジョンは、オーストラリア産ワインの対米輸出が伸びていることを認識していたので、これは時間の問題なのだろうと期待していた。

アメリカでのオーストラリア産ワインの評価

　以下は、2000年当時のオーストラリアのワイン産業に対するアメリカの専門家の見解の一例だ。
　「オーストラリアワインの全輸出売上のうち、赤ワインが51％を占める。オーストラリアワインの輸出が大きく伸びている海外市場は、主にアメリカ、イギリス、カナダ、そしてドイツだ。2000年は9月末の時点で、アメリカ向けだけで約5500万リットルが輸出され、売上は3億4000万豪ドル以上に達した。現在、オーストラリアは国内のワイン生産量の27％以上を輸出している。オーストラリアは、2025年までに輸出量を国内生産量の少なくとも50％にまで増やすことを計画している」

海外市場で成長することについての専門家の見解

　ジョン・カゼラと彼のチームは、カゼラブランドを成長させる方法について、多くの意見を聞いた。カリフォルニアのワイン取引に関して権威あるレポートを発行しているゴンベルグ・フレドリクソン＆アソーシエイツ社のジョン・フレドリクソンは次のように要約している。
　「たしかに適切なタイミングで適切な市場に参入することも重要だが、それだけではない。各市場で適切な人脈を築き、流通体制も整えておく必要がある。当然ながら、値段に見合った品質と、魅力的なパッケージに包まれた高い価値がなければならないが、これらはどれも、取引先との良好な関係がなければ成功は難しい」

マーケティングプランと戦略

　米国ワイン市場への参入戦略を練っていた初期段階（1999～2000年）では、明確な方針や計画を立てるのは非常に困難だった。米国ワイン業界のデータ、市場情報、米国の潜在的な流通業者からの情報などを基に、魅力的な価格帯の高品質ワインだけでなく、気取らず、それほどワインにこだわりを持たない消費者にも魅力的に映る、明確なブランドアイデンティティが必要だった。

　そのため、ジョン・カゼラは、ワインメーカーとして、すでにワイン愛好家だと自負している人たちのためではなく、ワインにまだ馴染みのない人たちの味覚にも合うワインを造ることに主眼を置くべきだと、はっきり自覚していた。また彼は、アメリカの一人当たりのワイン消費量が低すぎるので、"似たり寄ったり"のオーストラリア産のワインブランドの販売をアメリカで維持することは難しいことを十分理解していた。彼は、消費者を炭酸飲料やビールから引き離し、彼らの味覚をワインの甘みで魅了しなければならないと思っていた。

　ジョン・カゼラを中心とするワインメーカーは、この目的のために、フルーティーな特徴を持つワインの研究と開発に着手した。彼らの目的は、ニューサウスウェールズ地方の温暖な気候で栽培された地元のブドウを使い、果実味を前面に押し出したワインを造ることだった。そのために、同じ品質を安定して大規模に生産できる、しかも熟成の必要のないワインを造るという戦略を立てた。

幸運とセレンディピティ

　ワイン戦略は固まりつつあったが、ラベルのブランド戦略はまだ定まっていなかった。少なくとも、カゼラが輸出販売担当ゼネラルマネージャーとして採用したジョン・サウターに幸運の女神が微笑むまでは。しかし、ラベルデザイナーのバーバラ・ハークネスからの偶然の売り込みの電話がきっかけで、オーストラリアの有袋類ロックワラビーのデザインを使った現在の"イエローテイル"ブランドを立ち上げることになった。

　以下は、当時のジョン・サウターの回想だ（Dufour & Steane, 2010）。

「以前のアメリカでの事業がうまくいかなかったこともあり、私は新しいラベルのデザインに非常に意欲的でした。電話でバーバラのデザインに興味を持ったものの、ヨーロッパ出張を控えており、会って話を聞く時間がありませんでした。しかし、偶然にもバーバラの夫ロレンツォ・ザニーニがバーバラのラベルデザインの新作のプロモーションのために同じ日に飛行機で出発することがわかり、私たちはフライトの合間にシドニーの空港で会うことにしました。彼は私にラベルを見せてくれました。そのひとつが"イエローテイル"で、私はその場でそれを買う決心をしました」

　ラベルには内気そうなイエローテイルのロックワラビーが、道路標識のようにはっきりとした黄色い背景に描かれている。アメリカのイエローテイルブランドのファンによれば、文字通り目に飛び込んでくるような鮮やかさで、遠くからでもこのラベルを認識できても何の不思議もないという。

カンガルーと米豪関係

　2001年9月11日に起きた惨事の後、米豪関係は新たな局面を迎えた。オーストラリアは旅行の第一候補地として多くのアメリカ人からますます高く評価され、好まれるようになった。カンガルーは、カンタス航空の飛行機の尾翼に描かれていようが、ワインのボトルに描かれていようが、ますます身近な存在となった。カゼラワインズが米国で共同販売事業を開始したWJドイッチ・アンド・サンズ社のピーター・ドイッチ社長は、「アメリカ人はオーストラリアに対して好意的な感情を抱いています。カンガルーが描かれていることで、この商品がオーストラリア産であることが一目瞭然です」と述べている（Dufour & Steane, 2010より引用）。

カゼラワインズの米国進出のタイミング

　ジョン・カゼラと彼のチームが、イエローテイルワラビーをラベルにデザインしたアメリカ市場向けワインの開発に忙しくしている間に、オーストラリアのワイン業界では無視できない大きな動きがあった。

　カゼラワインズの米国市場参入のタイミングはほぼ完璧だった。イエローテイルが市場導入されたのは、ワインメ

Chapter **13**　　　Developing and Implementing a Marketing Plan　　　478

ーカーのサウスコープ社がローズマウント社を買収した時期（2001年4月）と重なった。サウスコープ社が、販売業者の数を合理化するという賢明な判断をくだしたことが、図らずもドイッチを含む多くの業界関係者に影響を与えた。全国規模のワイン販売事業を展開し、ポートフォリオを維持するためにオーストラリア産ワインを探していたドイッチは、カゼラの米国における販売代理店になることを快諾した。

こうして、サウスコープがカゼラワインズのような新規参入者にアメリカ市場への進出のチャンスを開くことになった。また、当時のアメリカのワイン生産業界は、7ドルから10ドルの価格帯のワイン市場を重視しておらず、カゼラがこの価格帯に狙いを定めたとき、それに対抗できる国産ブランドは存在していなかったようだ。

成長の基盤

有利な条件が揃ったところで、カゼラワインズはアメリカでの最初の数年間の成功を築くことに着手した。彼らには、楽しいことが大好きで、好奇心旺盛で、素朴なワイン愛飲家向けの高品質ワインの巨大な市場が存在するというたしかな確信があった。当初のマーケティングプランでは対米輸出販売目標を2万5000ケースとしていたが、2002年の販売量は前年の10倍に相当する120万ケースにも達した。この予想外の急成長を受け、カゼラワインズは事業を統合し、すべての利益を生産、貯蔵、瓶詰め設備に再投資した。

業界筋によると、売上は2001年から2002年にかけて倍増、2003年にはさらに3倍以上に増加した。また、2003年の利益は前年比10倍に達した。このすばらしい業績は、2008年から2009年にかけて起きた世界金融危機（GFC）の長期的影響を受けて2012年と2013年の売上が鈍化するまで続いた。その後、カゼラ社は徐々に業績を回復し、イエローテイルブランドは米国でもっとも売れている輸入ワインの地位を維持している（Ledovskiki, 2016）。

カゼラワインズとイエローテイルブランドの成長は、市場分析、大胆な市場目標の設定、効果的な戦略によって、凡庸なブランドを成功に導けることを示す好例だ。印象的なラベルと流通の機会を絶妙のタイミングで得られるという幸運にも恵まれた。マーケティングプランとは、戦略を達成するための要件を定めたものであり、このケースの場合、記憶に残るオーストラリアのブランド名を開発し、米国の全国的な流通業者を獲得するためのものだ。プランの達成に何が必要かを知ることは、経営幹部がその必要性に注意を払い、適切な機会を積極的に探すことを意味する。本章の前半で述べたように、マーケティングプランニングの目標とそれを達成するために必要な要件を設定することで、さまざまな利点がもたらされる。それですべての問題が解決されるわけではないが、関係者のひらめきや市場の幸運な出来事を最大限に活用できる柔軟性をもたらす。

データソース：John Casella and Phillip Casella、Casella Wines (2016)、Dufour & Steane (2010)、IBISWorld (2005)、Ledovskiki (2016)、Walker (2003)、Walterfang, J (2003).

B to Bマーケティングへの応用

マーケティングプランニングは、B to C活動に従事する企業と同様に、B to B活動に従事する企業にとっても重要だ。本章で説明した包括的マーケティングプランニングのアプローチは、主要なB to B企業で採用されている。多くのB to B組織では顧客数は少なく、しかもより明確に把握されているので、ある意味では情報収集は容易かもしれない。実際、顧客との間には、単なる取引関係を超えた協力関係が存在する場合もある。顧客のプランについて理解が深まるほど、顧客の将来的な要求を満たすためのマーケティングプランを策定する上で役立つ。

一部のB to B組織では、マーケターの重要な役割は、将来の売上を獲得するための"リード"を創出して、

営業担当者がそれをフォローアップできるようにすることだ。この場合の、マーケティングプランにおけるマーケティング目標は、特定のタイプの顧客を対象に一定数のリードを特定の時間までに獲得することだ。この場合のリードとは、潜在的な顧客組織の連絡先やその他の詳細情報のことだ。

　B to B組織は、多種多様な業界で活動しており、製品またはサービスあるいはその両方を提供している。マーケティングプランの適用期間は、業種によっては5年にも及ぶことがある。多額の資金がかかわるため、企業顧客が購買決定のプロセスを完了するまでに数年を要することがあるからだ。B to B組織の主要顧客は、政府機関や省庁であることが多い。このような状況では、計画プロセスにおけるPESTELC分析の政治的側面が特に重要になる。

　一部のB to B組織の業界状況を説明するもうひとつの方法は、次の重要な影響要因を考察することだ。

1.　使用する基礎技術の変化の速さ
2.　変化の方向の明確さ（図13.5を参照）

　これらの2つの要因（変化の速さと方向の明確さ）の相対的な特性が、包括的なビジネスプランとマーケティングプランの両方のマーケティング目標の質に影響を与える。もちろん、それに続く戦略と戦術にも影響を与える。

　図13.5右下の「発見」象限（第四象限）の例として、これまで"電柱と電線"を使って家庭や企業に電力を供給してきたが、住宅や産業施設に設置されるソーラーパネルの増加と、電気を蓄えるバッテリー技術の開発に伴い、従来とは異なるマーケティング目標を新たに開発中の企業が考えられる。もしこの企業が代替電力のサプライヤーになることをめざすのであれば、そのマーケティングプランと目標には、純粋なサービスではなく、物理的な製品に基づく4P（製品、価格、流通、プロモーション）を包括的に検討し、それを実行する必要がある。

図13.5　B to B業界における市場特性

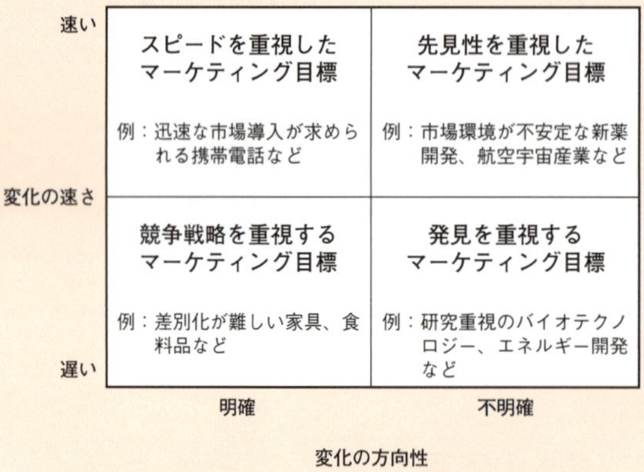

	明確	不明確
速い	**スピードを重視したマーケティング目標**　例：迅速な市場導入が求められる携帯電話など	**先見性を重視したマーケティング目標**　例：市場環境が不安定な新薬開発、航空宇宙産業など
遅い	**競争戦略を重視するマーケティング目標**　例：差別化が難しい家具、食料品など	**発見を重視するマーケティング目標**　例：研究重視のバイオテクノロジー、エネルギー開発など

変化の速さ（縦軸）　変化の方向性（横軸）

本章の結論　CONCLUSION

　本章ではマーケティングプランの策定と実施について、その詳細、注意すべき点、実施上のノウハウなどを詳しく解説した。この内容は、マーケティング担当のマネージャーやマーケティングを学ぶ者にとって役立つツールとなるはずだ。マーケティングプランニングのプロセスは、どのような組織にとっても非常に重要であり、適切な体制が整っていなければ実行することはできない。本章では、一般的なマーケティングプランの内容だけでなく、マーケティングプランニングのプロセスにおける数多くの検討事項についても考察した。

本章の要点　Summary

+ マーケティングプランニングは、マーケターが現在および将来にわたって、市場で達成できる成果に影響を与える主要な要因を完全に把握するのに役立つ。

+ マーケティングプランを策定し、それに基づいて行動する組織は、マーケティングプランを持たない組織よりも、組織の全体的な業績が向上する。

+ マーケティングプランニングは定期的に、特に新製品や新サービスを市場に導入する際の手順の一部として行うべきだ。

+ 事業目標を明確に設定することは、組織全体の成功に貢献するマーケティングプランを策定するための出発点として必要だ。もしそのような目標が設定されていない場合、マーケティングプランニングの策定作業では、残りの計画に進む前にひとつまたは複数の目標を策定し、提案し、合意する必要がある。

+ マーケティングプランニングのプロセスには、①市場環境と組織の状況分析、②ターゲット市場分析と市場セグメンテーション、③マーケティング目的の設定と戦略の策定、④マーケティングの実施と管理という4つの主要な段階がある。

+ マーケティング目標はSMART基準を満たすべきだ。

+ 従来のマーケティングプランは、表13.1に示したように、7つの主要なセクションで構成される。

+ 合理的なマーケティングプランニングは、プランを実施する者が市場について完璧な知識を持ち、市場におけるすべての可能な機会とそのなかでの行動の結果を理解できるという前提に基づいている。

+ マーケティングプランの策定にあたっては、主要な仮定を明記することをおすすめする。

+ マーケティング目標を開発するときに考慮すべきさらなる可能性は次のとおりだ。

  ▲ フィット（適合）またはストレッチ（拡張）の選択肢があること

  ▲ 起業精神を持つこと

  ▲ ネットワークやコラボレーションを認識すること

+ マーケティングプランの策定は、組織が活動をめざす魅力的な市場や撤退を検討すべき市場を特定することで、組織全体の収益性を高めるための総合的な取り組みの一環となり得る。

+ 組織の利益に影響を与える要因はマーケティング活動以外にも多数存在するので、マーケティングプラン全体のなかの特定のマーケティング戦略がもたらす収益だけを示すことは難しい。また、組織のブランド力や評判に貢献する多くのマーケティング活動は将来の市場にプラスの効果をもたらすが、これを評価することも難しい。

+ 一定期間内のマーケティング活動の価値を調べるひとつの方法は、得られた財務的貢献度を計算することだ。この貢献度を向上させるために利用できるマーケティング目標は多岐にわたる。

+ デザイン思考は、顧客とステークホルダーを理解すること、実験する用意があること、マーケティング目標を開発し決定するときは起こりうる結果を考慮すること、などに重点を置いている。

+ デザイン思考のプロセスには、共感、定義、発想、プロトタイプ作成、テストという5つのステップがある。

+ デザイナーは、企業の製品を現在のビジネス環境に適合さる方法を探ることよりも、未来を形作ることに興味を持っている。

+ マーケティングプランを立案するとき、マーケターがデザイナーの思考、価値観、アプローチを活用するためには、両者の間の良好なコミュニケーションを維持し、理想的にはおたがいの領域で一緒に仕事をする時間を設けることが重要だ。

復習問題　REVISION QUESTIONS

1　市場計画と売上計画の主要な違いは何ですか？

2.　合理的なマーケティングプランニングを行うための4つの主要段階とは何ですか？

3.　マーケティングプランで設定されるマーケティング戦略の目的は何ですか？

4.　合理的なマーケティングプランニングプロセスの前提にはどのようなものがありますか？

5.　合理的なマーケティングプランニングプロセスを更新するために考慮すべき事項を4つ挙げてください。

6.　マーケターが管理しようとしているビジネス環境や市場環境を理解するために役立つデザイン思考の4つの要素とは何ですか？

7.　デザイナーが使う"発見段階"の目的とは何ですか？　またそのためにデザイナーはどのようなアプローチを採用していますか？　それはマーケターが通常使っているアプローチとどのように関連していますか？

8.　デザインプロセスの後半は"創造的問題解決プロセス"と呼ばれています。これはマーケティングプランニングプロセスのどの段階に相当すると思いますか？

9.　デザイナーの仕事の進め方とマーケターの仕事の進め方の主な違いは何だと思いますか？

Chapter 13

重要事例研究
MAJOR CASE STUDY

ビクトリノックス　フレグランス市場に参入

　2005年、スイスアーミーナイフで長い間知られていたスイスのビクトリノックス社は、競合の一社であったウェンガー社を買収した。ウェンガー社が販売していた製品のなかにフレグランスがあったため、ビクトリノックスは、自社名またはスイスアーミーウォッチなどの自社ブランド名を使ってフレグランス市場に参入できる機会を得た。

　あるマーケティングコンサルタント会社が、研修の一環として、ビクトリノックスからフレグランスを発売するためのマーケティングプランを作成するという課題に取り組んだ。といっても、これはビクトリノックスが実際に依頼したものではなく、マーケティングコンサルタント会社が自主的に行った演習だ。本書ではこれを、マーケティングコンサルタントが作成する典型的なマーケティングプランのケーススタディの例として紹介する。あらゆる状況にも応用できる汎用性の高いモデルプラン

ではないが、本章で解説した構造と特徴はおおむね踏襲されている。

背景

　ビクトリノックス社の経営陣に感謝を申し上げたい。ビクトリノックス社には、その主要な競争相手のひとつであるウェンガー社（時計、ラゲージ、フレグランス事業を営む）の買収に伴い、フレグランスブランドを導入するためのマーケティングプランを提案する機会を与えていただいた。本プランは、市場分析と、我々が推奨する事業目標とマーケティング目標、およびこれらの目標を成功裏に達成するために必要なマーケティング戦略を定めるためのものだ。我々は、これらの目標を達成するためにビクトリノックス社の市場基盤型資産を活用した低リスクの戦略を提案する。ビクトリノックス社がフレグランス事業に参入するときは、自社ブランド（ビクト

リノックススイスアーミー）を利用すべきか、それとも別のブランドを足掛かりに事業を展開すべきだろうか。

ビクトリノックス社とは、このプランで示されたマーケティングの目標と戦略を実行するために協力し合うことで、長く良好な関係を築いていきたいと考えている。

1.0 はじめに

本プランは、外部環境、主要競合他社、内部能力の分析を通じて、製品開発戦略に基づいたフレグランス市場への参入を提案する。ビクトリノックスの既存顧客をターゲットとし、既存の製品デザインと、革新的、機能的、高品質、高付加価値の製品を提供するという永続的な企業理念を活用して、男性用と女性用のフレグランス製品ラインの両方に焦点を当てる。

2.0 市場状況分析

市場概況

香水やフレグランスは今日、化粧品やパーソナルケア業界の主流ビジネスへと進化した。かつては必要性も重要性も低いものとされていたが、身だしなみやパーソナルケアが、プライド、自立心、自信を持つ上で必要になるにつれ、今では必需品となっている。特に香水は、消費者の幸福感や満足感を求めるウォンツを満たし、個性やスタイルを表現したいというニーズを補完している。

世界のフレグランス・香水市場は必ずしも安定した成長を遂げているわけではない。地域差があり、その国のGDP、生活水準、可処分所得の水準に左右される。フレグランス・香水市場は消費者主導の市場であるため、その成長は、スタイル、高級感、ステータスに対する消費者の認識の影響を受ける。2008年から2009年にかけては、GFCの影響で消費者の消費が慎重になったため、市場全体の売上はほぼ横ばいとなった。先進国では、フレグランス市場の売上は経済危機の発生以前から減少の傾向にあった。しかし、アジア太平洋、中南米、東欧の新興市場では安定した成長パターンが見られた。現在、大手フレグランス企業が世界的に注目している市場は、中国や日本といった普及率の低い国々だ。

今後の市場の成長は、カスタムフレグランスへの人気の高まり、人口動態の変化、独身者の増加、フレグランスに対する男性の意識の高まりなどによって促進される

と予想される。たとえば、主にアフターシェーブフレグランスに限定される男性用フレグランス分野に力強い成長の兆しが見え始めている。

ティーンエイジャーがもっとも高収益の消費者層であり、高級ブランド市場の主要顧客であるベビーブーマーがそれに続く。セレブリティ用香水分野は引き続き高い成長が見込まれている。

フレグランスの主原料のコストは、原産国の政治的・経済的不安定の影響を受けて変動する可能性がある。

以下に要点を要約する。

・年間売上高235億米ドルの巨大市場であり、2017年には360億米ドルに成長すると予測されている。

・プレミアムセグメントは市場全体の65％を占めている。

・BRICs（ブラジル、ロシア、インド、中国）における業界の見通しは良好で、大きな成長が見込まれる。

・高品質な原料は希少で入手が困難であり、また幅広い種類の化学物質も必要であるため、サプライヤーには大きな制約となる（脅威）。

・ブランドに敏感なY世代の間で需要が伸びている。彼らは高品質を低価格で求める（機会）。

・市場参入には多額の立ち上げ資金が必要（参入障壁）。

・競争の激しい市場で新ブランドの流通関係を確立することは難しい。

・この業界にはグローバルスタンダードが存在しない。

・ビクトリノックスは多くの店舗を展開している。

・ビクトリノックスは4つの製品ラインで2億1700万米ドルの売上がある。

・ウェンガーはフレグランスを含む3つの製品ラインで2900万米ドルの売上がある。

・ウェンガーのフレグランスラインはもっとも収益性の低い製品で、米国とカナダでのみ販売されている。

・この市場は既存ブランドへのブランドロイヤルティが強いため、新しいフレグランスブランドは消費者採用率が低い。

市場概況

上記の事実と情報に基づき、市場は次のように評価される。

- 既存のウェンガーの実績を考慮すると、フレグランス市場への参入によって見込まれる収益は、ビクトリノックスにとっては現実的な機会と考えられる。
- フレグランス市場には多くの永続的な特徴があるが、その実現可能性を判断するためには詳細に評価する必要がある。
- BRICs諸国と日本では、富と可処分所得の増加により、フレグランス市場の成長の可能性は大きい。

2.1 外部ビジネス環境

政治的要因
- 途上国市場には関税や規制の障壁がしばしば存在する（脅威）。
- 先進国市場には関税や規制は少ない（機会）。
- 地域によって化学物質や表示に関する規制が異なる。
- 広範なグローバル化が進行中である（機会）。
- 世界の相対的安定が予想される（機会）。

経済的要因
- 広範なグローバル化が進行中である（機会）。
- 新興市場の中間層の可処分所得が増加している（機会）。
- 人口の多いBRICs諸国の経済成長が著しい（機会）。
- 原材料（石油製品、化学品）の価格の変動が予想される（脅威）。

社会学的要因
- フレグランスを使う若年層が増えている（機会）。
- 美容・セルフイメージ関連の製品への関心が高まっている（機会）。
- 使用率の高い地域で人口が増加している（機会）。

技術的要因
- 生産者に求められる技術レベルは中程度である（機会）。
- 製品のイノベーションが重要視される（機会）。
- ターゲットを絞ったキャンペーンを可能にするコミュニケーション機会が増えている（機会）。
- オンラインショッピング市場が成長している（機会）。

環境要因
- 持続可能な製造に対する消費者の期待が高まっている（機会）。
- フレグランス業界は、希少で潜在的に有害な化学物質と関係している（脅威）。
- 倫理的で持続可能な原料調達への関心が高まっている（機会）。

法的要因
- フレグランスにはグローバル基準がない（脅威）。
- 各地域に複雑な法律要件が存在する（脅威）。
- 健康安全基準が多様である（脅威）。

外部ビジネス環境評価
中長期的な視点に立てば、フレグランス業界には多くの外部機会が存在する。外部脅威がない（競合がいない）ことは、この市場への進出のリスクは非常に低いことを意味する。

2.2 内部状況分析

ビクトリノックスは、買収したフレグランス事業の年

間利益を年率2%増加させたいと考えている。

　ビクトリノックスは、強力な市場基盤型資産を背景に確固たる歴史とブランド名を持ち、次のようなイメージと一貫した連想を持っている。

- ・高品質
- ・精密さ
- ・信頼性ブランドの特性を他の製品カテゴリーに展開する能力を有している。
- ・革新的
- ・機能的
- ・旅行、アウトドア

またビクトリノックスは、

- ・ブランドの特性を他の製品カテゴリーに展開する能力を有している。
- ・サプライヤーと強固な関係を築いている。
- ・実店舗を通じての強力な流通チャネルを有している。これらの店舗で買い物をする顧客は、すでにビクトリノックスブランドを知っていて、ブランドの特性に共感している可能性が高いため、フレグランスにも興味を持つ可能性は高いと考えられる。
- ・ニューヨークに旗艦店を構えることで、アメリカの主要市場でブランドイメージを強力に宣伝でき、限定販売や販売イベントの開催や、限定版などのサプライズ商品の提供を行うことができる。
- ・アウトドアウェアや鞄の市場に確立された顧客基盤を持つ。
- ・強力な資金力がある。

また、ウェンガー社の買収を通じて、ビクトリノックスは以下を実現した。

- ・米国とカナダのフレグランス事業に従事した経験を持つウェンガーのスタッフを獲得した。
- ・サプライヤーとの間に良好な関係を確立している。

　一方、ビクトリノックスのスタッフはフレグランスビジネス業界で働いた経験がなく、ビクトリノックスブランドのフレグランスは市場で認知されていない。

内部企業環境評価

　ビクトリノックス社は、関連市場への参入を容易にする多くの資産を持っている。

　同社は、既存の製品ラインナップを幅広くカバーする顧客基盤を獲得している。つまり、アパレル製品を購入する可能性の高い顧客が鞄や時計も購入する可能性は高いということを意味する。フレグランスラインの導入についても同様の位置づけが可能であろう。

2.3 競合分析

　大手フレグランスメーカー5社の公開されている製品および価格情報をもとに評価を行った（表13.3を参照）。コティ、ロレアルグループ、LVMH、プロクター・アンド・ギャンブル、エイボンプロダクツの5大ブランドは、売上ベースで世界のフレグランス製品の売上高の約40％を占めている。さまざまな製品とそのポジショニングを評価した結果、機能的で、価格に見合った価値があり、旅行志向のフレグランスが欲しいという未充足のニーズが特定された。ビクトリノックスのフレグランス製品はこのニーズを埋めることができると思われる。

表13.3　競合ブランドのポジショニング

	Coty, Inc	L'Oreal Group	LVMH S.A.	Procter & Gamble	Avon Products
従業員数（人）	1万2000	7万3000	8万8000	12万1000	3万7000
収益（10億ドル）	4.5	33	44	83	10
市場シェア（%）	8.5	8.6	6.7	7.5	7.3
市場セグメント	メンズ&レディス、ラグジュアリー、スポーツ	メンズ&レディス、大衆、プロフェッショナル、ラグジュアリー	メンズ&レディス、ラグジュアリー	メンズ&レディス、大衆、プロフェショナル、ラグジュアリー	メンズ&レディス、大衆
製品	フレグランス、化粧品、ビューティーケア	フレグランス、化粧品、ビューティーケア	フレグランス、コスメティック、ファッション、ウォッチ&ジュエリー、ワイン&スピリッツ	フレグランス、化粧品、ビューティーケア、ファミリーケア、ファブリック、ホームケア	フレグランス、化粧品、ビューティーケア、玩具
流通	百貨店	百貨店	百貨店、専門店	百貨店、専門店	直接販売
価格（ドル）	75〜150	25〜150	100+	25〜150	25〜50
プロモーション	プリント、テレビ、ラジオ、オンラインでの広告	プリント、テレビ、ラジオ、オンラインでの広告	プリント、テレビ、ラジオ、オンラインでの広告	プリント、テレビ、ラジオ、オンラインでの広告	プリント、戸別訪問、雑誌での広告

フレグランス市場には老舗の競合ブランドが多い。この市場に参入するには、慎重なセグメンテーションとターゲティング、そして適切なポジショニングを行うことで成功する可能性がある。この高価値のフレグランスターゲット市場にはチャンスがあると我々は考えている。

2.4 顧客分析

市場を性別、年齢、機会で区分した。表13.4は、欧米におけるフレグランス市場で想定される市場セグメントと、それぞれの典型的な消費者のニーズとウォンツの概要を示したものだ。

表13.4　フレグランス市場で想定される市場セグメント

市場セグメント	ニーズ	ウォンツ
女性用：プロフェッショナル向け	その場にふさわしい身だしなみを整えたい。 ・仕事と社交（ジムを含む） ・特別な機会（身近な贅沢）	プロフェッショナルなセルフイメージを高めたい。知名度が高く、仲間の受けが良いブランドを使いたい。控えめで上品でありたい。通常より高価で特別であるという個人的満足感を得たい。
女性用：ノンプロフェッショナルおよび高齢者向け	仕事：体臭を避け、「いい香り」を漂わせたい。 社交：「いい香り」を漂わせたい。	控えめで上品でありたい。仲間から高く評価されたい。女性らしさを前に出したい。手の届く贅沢感、グラマラスな気分を味わいたい。
女性用：10代後半	男性に気づいてもらえる強く印象的な香りがほしい。	大人だと感じたい。周囲からも大人だと認識されたい。
男性用：プロフェッショナルおよび高齢者向け	仕事、社交、特別な場面において、身だしなみと外見を整えたい。	男性らしい印象を強くしたい。控えめで上品でありたい。
男性用：若者向け	仕事：体臭を防ぎ、「いい香り」をさせたい。 社交：体臭を防ぎ、「いい香り」をさせたい。	仲間に受け入れられたい。女性的な印象は与えたくない。女性に注目されたい。男らしくありたい。

調査結果をウォンツに照らして評価すると、ビクトリノックスの既存の顧客特性は次のようになる。

- 機能を重視する（全製品共通）
- 品質に関心がある（全製品共通）
- 価値を重視する（全製品共通）
- ライフスタイルはアクティブ（全製品共通）
- ブランド志向（全製品共通）
- スポーツ志向（全製品共通）
- 細部にこだわる（全製品共通）
- 高級志向（クラシックスタイルの時計）
- 革新的（全製品共通）
- 多機能を求める（全製品共通）
- プロフェッショナル（全製品共通）

顧客評価

ビクトリノックスの既存顧客基盤は多種多様で、特定の製品カテゴリーに制限されることなくさまざまな製品に興味を持っているが、共通性があると評価される。共通性があるのは、ビクトリノックスの製品ポートフォリオに一貫する市場哲学があるためだ。この分析から、ビクトリノックスがフレグランス市場に進出した場合の、望ましいターゲット市場が見えてくる。既存の顧客基盤と重複が生じるが、それはまったく新しい顧客層を開拓するのではなく、既存顧客を対象にした製品開発と位置づけられる。

SWOT分析

これまでの分析を考慮に入れ、ビクトリノックスのフレグランス市場における強み、弱み、機会、脅威をまとめた。

SWOT分析の結果から、ビクトリノックスがフレグランス市場で競争優位性を獲得できる可能性は、ビクトリノックスとスイスアーミーブランドの現在の顧客基盤にあると考えられる。この顧客基盤は既存の市場基盤型資産、なかでもその主要な構成要素“スイスらしさ”によって支えられている。

表13.5　フレグランス市場におけるビクトリノックスの
SWOT分析

強み	弱み
確固たる歴史がありブランドの評判が高い ・スイス特有の高品質イメージがあり、ブランドの特性を他の製品カテゴリーに展開する能力を有している。 実店舗を通じての強力な流通チャネルを有している ・これらの店舗で買い物をする顧客は、すでにビクトリノックスブランドを知っていて、ブランドの特性に共感する可能性が高い。 ニューヨークに旗艦店がある ・米国の主要市場で強力なブランドイメージを宣伝できる。 製品イノベーションの実績がある	店舗での独占販売は1店舗のみ ・フレグランスの売上を達成するためには、提携店のネットワークに大きく依存しなければならない。 フレグランス業界での経験がない ・フレグランス業界での経験はないが、ウェンガーの買収とその経験豊富なスタッフにより、これはほぼ克服される。 フレグランスの顧客は既存のブランドに忠実 ・既存顧客を活用し、彼らを新しいフレグランスブランドの顧客にしなければならない。
機会	脅威
原料サプライヤーとの関係が確立されている ・フレグランスラインの製造に必要な、ウェンガーから引き継いだサプライヤーとの既存の関係は貴重だ。通常、新規ブランドにとって原料供給業者との関係構築は参入障壁となるからだ。 ビクトリノックスに大きな利益をもたらす： ・ビクトリノックスの利益を増大させる可能性は大きい。2005年には全世界で235億米ドルを生み出した。 顧客にお気に入りのブランドの香りを嗅ぐ機会を提供する ・スイスとビクトリノックスのブランド特性（アウトドア、旅行、エネルギー、自由）を捉えた香りを作ることで、顧客にお気に入りのブランドの香りを感じてもらうことができる。 新興セグメント／市場 ・男性の身だしなみ製品／BRICs、日本	主要原料のサプライヤーは小規模で、高品質の原材料の入手が制限される可能性がある ・ウェンガーが持つ既存のサプライヤーとの強力な関係を上手に利用して最高の原料を確保しなければならない。歴史的に、主原料の価格は政治経済の情勢の影響を受けて変動してきた。 フレグランスブランドの立ち上げは多額の資金を要する ・ウェンガーのフレグランス経験を活用することでこれをほとんど回避できる。 老舗の競合他社が世界のフレグランス市場の40%近くを占める ・既存の顧客層をターゲットにして、ブランドの特性をフレグランスラインに展開する。 フレグランスは高級品と考えられている ・厳しい経済状況下ではBRICs経済に焦点を当てるべきである。

3.0 成長戦略

　下表は、企業の成長戦略を立てるための選択肢の概要を示したものだ。ビクトリノックスのフレグランス業界への参入は多角化と言えるが、ビクトリノックスが考慮すべき2つの製品市場戦略がある。それは製品開発と多角化だ。

	既存製品	新製品
既存顧客	市場浸透	製品開発
新市場／新規顧客	市場開拓	多角化

オプション1: 製品開発

　この戦略では、ビクトリノックスは時計やアウトドア用アパレルなどの他の製品の既存顧客をターゲットにし

て、新しいフレグランスを開発する。表13.6に、このアプローチの利点と注意点の概要を示す。

表13.6　ビクトリノックス製品開発

利点	注意点
現在の顧客はフレグランスの購入パターンがまだ確立されていない可能性がある。彼らがビクトリノックスのフレグランスを製品レパートリーに加える余地はある。	現在の時計やアパレルの顧客は、新しいフレグランスには興味がないかもしれない。
既存顧客が時計やアパレルを購入するときに、新しいフレグランスをサンプルとして提供することができる。	この戦略では、新規顧客を獲得する機会が制限されるかもしれないし、コストがかかり、利益も出ないかもしれない。
既存の顧客層を対象に市場調査を実施し、彼らの要望を満たす新しいフレグランスを開発することができる。	この事業は多額の費用を要するので、成功する保証はない。ファッション関連の市場は将来予測が難しい。

オプション2: 多角化経営

　この戦略では、ビクトリノックスは新しい市場で新しいフレグランスを開発する。表13.7に、多角化に伴う利点と注意点の概要を示す。

表13.7　ビクトリノックス製品の多様化

利点	注意点
既存の顧客基盤を拡大し、新規顧客の獲得に努めることで、利益を得られる可能性がある。	フレグランス業界の顧客に対する理解が不足している。
多角化の経験が豊富であり、そのために特別に開発された戦略を持っている。ウェンガーのスタッフとその専門知識を活用できる。	上級管理職にはフレグランス業界の専門知識がない。

成長戦略の評価を高める

　フレグランス業界に参入する初期段階では、ビクトリノックスは現在の顧客層を対象に新しいフレグランスを開発するのが最適であると評価される。ビクトリノックスは、既存の顧客向けの新商品を販売した経験があるので、より低リスクの選択肢として、既存の顧客向けの製品開発を推奨する。フレグランスが現在の顧客層に定着したら、ビクトリノックスは新しい市場を開拓し、多角化戦略をとることができる。

4.0 市場目標の策定

　株主への年次報告書では、今後5年間、ビクトリノックスの利益を毎年2%増加させることを事業目標としている。フレグランス市場が成熟している地域や国もあるが、先述のように、新興市場では成長の見込みは十分にあると考えられる。

Chapter 13　　Developing and Implementing a Marketing Plan

4.1 市場目標

新しいフレグランス製品を導入して、過去1年以内にビクトリノックス製品を購入したことがある人、および、現在ビクトリノックス製品を定期的に購入している人の25%に浸透させることをめざす。表13.8に新しいフレグランスの価値提案を示した。

表13.8　ビクトリノックス フレグランスの価値提案

対象	スイスアーミーウォッチやアウトドアアパレルなどのビクトリノックスブランドを所有し、評価している人。
ニーズやウォンツを持っている人	洗練された高品質のスイス製のアウトドア製品の価値観を大切にする男性の好みに合う、またその価値観を共有する仲間からも認められるグルーミングアクセサリー（身だしなみ用品）。
届ける製品カテゴリー	ビクトリノックススイスアーミーパヒューム。新しいフレグランス。
ベネフィット	スイスの息をのむような美しさ、自由さ、新鮮さを体感する。
差別化のポイント	大衆向けの高級ファッションに関連する高価な香水とは異なる。
提供するもの	スイスの洗練されたアウトドアを連想させる何か新しいもの。

ビクトリノックスのほうがより強固なブランドポジションと価格プレミアムを獲得しているため、新ブランドにはウェンガーの名前は使用しない。

5.0 マーケティング戦略の概要
セグメンテーションとターゲティング

既存顧客のなかから特にスイスウォッチやアパレル製品を購入している顧客層を新製品の主なターゲットとする。

このターゲット市場が選ばれる理由は以下のとおりだ。
・フレグランス市場で新製品を確立するのは難しく、コストもかかる。
・ビクトリノックスには、既存の顧客基盤に新製品を導入してきた経験がある。
・流通経路がすでに確立されている。

5.1 マーケティングミックス
製品

男性用と女性用の2つのフレグランスを開発する。男性用フレグランスは"Swiss Army for Men"、女性用フレグランスは"Swiss Freedom"と名付ける。どち

らの製品のパッケージにも、スイスアーミーのブランドロゴとスイスの自然など、ブランドを関連させる画像を使用する。

流通

このフレグランスは、他のビクトリノックス製品とともに、世界中の小売店、ニューヨークの旗艦店、および既存のグローバル流通チャネルを通じて販売される。

価格

ビクトリノックスの顧客は、高品質で、信頼でき、象徴的なスタイルを持つ、手頃な価格の製品を求めている。スイスは、他の製品や観光を通じて、高品質・高価格のイメージがある。そのため、100～130ドルの価格帯を推奨し、値引きは想定していない。

プロモーション

ビクトリノックスに新製品が導入されることに既存顧客の期待感や購買意欲を高めるようなプロモーションが必要だ。この製品は既存顧客向けに開発されているため、プロモーションはEメールや、ダイレクトメール、店頭プロモーションを通じて行うことが可能。また、他のビクトリノックス製品を買った人に製品サンプルを提供したり、他の製品とセット販売したりすることも可能だ（例：父の日にスイスアーミーナイフと男性用フレグランスをセット販売する）。

6.0 マーケティングの実施と管理

最初のマーケティングプランの提案を承認していただいたら、マーケティング活動のスケジュールと予算など、プランの実施に向けたより詳細な内容の具体化に貴社と共同で取り組む。実施内容の詳細には、全般的なマーケティング目標とビジネス目標の達成を確実にするために必要なマーケティング指標が組み込まれる。

データソース：Alon, Fetscherin, Carvajal（2014）

発展問題　　QUESTIONS

1. ビクトリノックスのフレグランスのマーケティングプランで取り上げられている6つのビジネス環境要因（巻末にも掲載）のうち、もっとも重要な要因を2つ挙げてください？　なぜそう思いますか？
2. このプランでは、ティーンエイジャーやベビーブーマーのような特定の層をターゲットにすることを提案しています。成長のための全体戦略として選択的ターゲティングを採用するこのアプローチに賛成しますか、それとも反対ですか？　それはなぜですか？
3. ビクトリノックスが保有するマーケティング資産に関して、そのもっとも特徴的な資産は何だと思いますか？　それはなぜですか？
4. ビクトリノックスのマーケティングプランは、フィットアプローチとストレッチアプローチのどちらを採用していると思いますか？　そう思う理由を説明してください。
5. ビクトリノックスのマーケティングプランは、フレグランス事業を成長させるために2段階のアプローチを提案しています。最初は、時計、アパレル、鞄などのビクトリノックス製品の既存顧客をターゲットにしたフレグランスを開発し、その後、非既存顧客をターゲットにしたフレグランスを開発する、というものです。あなたは、ビクトリノックスのフレグランス事業の成長を達成するためのこの方法を支持しますか？　なぜそう思うのか、理由も説明してください。

INTERVIEW
インタビュー

Jessica Box
ジェシカ・ボックス

ブランドマーケティングマネージャー、IE Digital

　ロイヤルメルボルン工科大学でコミュニケーションの修士課程を修了し、Red AgencyやOgilvy PRといった大手マーケティングPR会社で実践的な知識を習得した後、私は自分の情熱に正直に従って、オーストラリアで急成長を遂げているテクノロジー分野で働きたいと思うようになりました。ほどなくして私は、オーストラリア有数のデジタルイノベーション企業であるIEデジタル社のマーケティング部門を率いることになりました。

　IoT（モノのインターネット）の時代が、デジタル技術が私たちの生活を、ひいてはコンテンツを消費する媒体を豊かに変えてきたなかで、長い時間をかけて到来し、現在も進化し続けています。私がIEデジタル社に着任

Chapter 13

したとき、"Internet of Everything"（あらゆるモノが
インターネットにつながる）が人生の信条となりました。

　実際、顧客は今、これまで以上に、過去の最高の体験
に基づいて期待を設定しています。たとえば、どこから
でも予約でき、好きな音楽を聞けて、飲み物が提供され、
ルートを指定でき、スムーズに支払いができるウーバー
の配車サービスを利用したとします。顧客はその後、ど
のような取引においても同レベルのニーズのカスタマイ
ズを期待するようになるのではないでしょうか。マーケ
ターとしては、このことを意識するだけでなく、オンラ
インとオフラインの両方で、このように高まる期待を上
回るプランを立てることが極めて重要です。

　IEデジタル社は、オーストラリアでもっとも強力で
影響力のあるいくつかのブランドのデジタルトランスフ
ォーメーションの支援を提供しています。私の担当する
顧客は、トヨタ、レクサス、ブパ、ナイキ、スポーツガ
ール、モベンバーなどですが、マーケターとして、メッ
セージ発信とエンゲージメントを初回から完璧に行いそ
れを維持していくことが非常に重要です。B to B取引
で価格が10万ドル以上になると、リピート購入の可能
性はそれほど高くないからです。

　私はクライアントに最高水準の顧客体験を提供しなけ
ればなりません。そのために、マーケティング戦略を練
るときは、このビジョンを実現することを第一に考えて
います。IEデジタル社の目標は国内で最高レベルの企
業と仕事をすることです。現在の顧客と将来の顧客の両
方との関係を深めるために、エグゼクティブブリーフと
呼ばれる上級幹部向けのランチタイムに行われる情報交
換会や、シリコンブロックパーティーと呼ばれるコミュ
ニティイベントを開催しています。私たちは、このよう
な活動を通じて、ターゲットオーディエンスのあらゆる
層とコミュニケーションをとるための、魅力的で説得力
のある理由を常に維持することができるのです。

　スタートアップ企業であるため、私の役割を、他の企
業のマーケティング部門のように通常の方法で厳密に定
義することはできませんが、CEOやエンゲージメント
ディレクターと直接連携しながら、私は、業界全体で利
用可能な戦略とツールを駆使して、価値を創造し、顧客
を獲得することを自主的に判断する権限を持っています。

　私は毎日、ソーシャルメディア、イベント、社外コミ
ュニケーション、B to Bマーケティング戦略から、予
算管理、ビジネスケースの構築、コンテンツマーケティ
ング、デザインの管理や開発に至るまで、さまざまな業
務の管理に携わっています。

　この業界で何年も働いてきた私から新進気鋭のマーケ
ターたちにアドバイスしたいことは、早いうちからネッ
トワークを構築して損はないということです。他のマー
ケターの経験から貴重な洞察を得られるだけでなく、自
分のキャリアを通じて長続きするすばらしい人間関係を
築くことができるでしょう。

Chapter 14

Global
Marketing

グローバル
マーケティング

マックスウェル・ウィンチェスター
ティファニー・ウィンチェスター 著

Chapter 14

導入事例
INTRODUCTION CASE

使命はひとつ──排気ガスを出さないこと
環境に優しいことは簡単ではない

　21世紀に入り最初の10年間は、ヨーロッパで販売される自動車の半数以上がディーゼルエンジンを搭載していたが、北米ではディーゼルエンジンを搭載する車はきわめて稀だった。
　アメリカやカナダでは、1990年代に入ったころから"ディーゼル車"という言葉には悪い印象がつきまとっていた。パワー不足で騒音が大きく、黒煙を吐き出すエンジンの車というイメージが強く、その人気は失墜していた。これは、2000年代初頭にヨーロッパで使用されていた高効率のCDI（コモンダイレクトインジェクション）エンジンが、北米市場のディーゼル燃料基準に達していなかったため、アメリカやカナダで販売できなかったことも一因だ。ヨーロッパの自動車メーカーは、長年のロビー活動が実を結び、北米におけるディーゼル燃料の硫黄含有量削減という目標を達成できたことを喜んだものの、北米では依然としてディーゼルエンジン車に対する根強い否定的なイメージがあり、これを払拭する必要があった。
　BMWは世界でもっとも成功しているプレミアムカーメーカーのひとつだ。同じドイツの競合メルセデスベンツとともに、長年にわたってヨーロッパで高性能ディーゼルエンジン車の販売に成功してきた。アメリカの広告代理店GSD&M Idea CityがBMW USAのために制作した広告キャンペーンは、1980年代に成功を収めた大型トラックや旧型車などの古いディーゼル車がBMW 335dに追い抜かれるというシーンで始まっていた（Parekh, 2012）。ターボチャージャー付き新世代ディーゼルモーターを搭載したこの高性能小型4ドア車が、

エンジンを唸らせながらコーナーを加速し、古いディーゼル車ボルボを坂道で軽々と追い抜いていく。キャンペーンの目的は、アメリカ人がディーゼルエンジン車に対して抱いているイメージを刷新することだった。BMWの北米担当最高経営責任者ルートヴィヒ・ウィリッシュはこのキャンペーンについて、「非常に説得力のある提案であり、米国でうまくいかないはずがない。走行距離、燃費、トルク等々、すべてがガソリンエンジンよりもすぐれている」と言った (Clothier, 2013)。

しかし、その後6年経っても、その売れ行きは米国BMWのCEOを満足させるまでには至らなかった (Mihalascu, 2014)。アメリカのエコカー分野では、ディーゼル車はハイブリッド車と競合していると考えられていた (Undercoffler, 2014)。さらに、ハイブリッド車市場よりもさらに急速に成長しているのが、電気自動車とプラグインハイブリッド車市場だった (Shahan, 2014)。

そこでBMWは、新しい電気自動車シリーズのBMWiに販売の重点を移した。BMWiには2種類のハイブリッドモデルがある。北米での全国キャンペーン"BMWイノベーションズ"は、米国でもっとも活発な電気自動車市場であるロスアンゼルスとサンフランシスコを中心にもっとも積極的に展開された。米国市場では、小規模ながら電気自動車が驚異的な成長を遂げており、BMW i3は発売後1年足らずで、電気自動車市場でテスラと日産に次いで第3位に定着した (Shahan, 2015)。

電気自動車を受け入れる準備はできているか？

BMWiは、販売不振で撤退した三菱iMievと、販売促進のために大幅な値引きを行った日産リーフに次いで、オーストラリアで発売された3番目の電気自動車だ (Dowling, 2014)。ルノーも異なる戦略で市場に参入し、ビジネス市場を開拓中だ。メルボルンでオーストラリア郵政省と共同でB to B向けの電気自動車"カングーZE"をテストし、その結果を踏まえて一般消費者向けに"ゾーイ"を輸入するかどうかを判断する予定だ (Gratton, 2014)。

ヨーロッパの高級車は、特に私たちがすでに高い価格を払うことに慣れている自動車ブランドにとっては、オーストラリアの電気自動車市場活性化の起爆剤となるか

もしれない。とはいえ、BMWiが発売される前の2014年初頭のオーストラリアにおける電気自動車の市場シェアが0.015％だったことを考えると、大いなる挑戦であることは間違いない。BMWは、充電と走行距離という消費者にとっての2つの大きな問題に、このわずか0.015％という数字を背負って向き合わなければならない。

ChargePoint社との契約により、同社の充電ステーションの利用も可能になった。BMWiのオーナーには、全国に80カ所ある公共充電ステーションにアクセスするためのトークンが提供される。しかし、合計でわずか80カ所しかない。ロサンゼルスでは半径80km圏内に400カ所の、アムステルダムでは半径1000km圏内に400カ所の充電ステーションがある。電気自動車のインフラ整備に関しては、オーストラリアが歩むべき道のりはまだ長い。

BMWは、プラグイン電気自動車がいかに役立つかを、ほとんどの電力が石炭の燃焼によって賄われているこの国で、人々に納得させなければならない。しかも、エコカーの購入者に多くの現金給付があるヨーロッパやアメリカとは異なり、政府からのインセンティブはない (Gover, 2014)。「認識を変えなければならない」と、BMWオーストラリアの製品企画責任者ショーン・ティセハーストは言う。「電気自動車が日常生活にフィットすることを人々に納得してもらわなければならない。我々の調査によると人々は250kmの航続距離を望んでいるようだが、現実には50kmもあれば十分だ。そのことを人々に納得してもらわなければならない」(Gover, 2014より引用)。

この事例は、国際市場を相手にすることの難しさを浮き彫りにしている。ディーゼル車も電気自動車も、ガソリン車よりも経済的で環境にも優しいが、さまざまな理由から、国によって提供される商品に対する反応はまったく異なる。

データソース：Clothier (2013), Dowling (2014), Gover (2014), Gratton (2014), Mihalascu (2014), Parker (2012), Shahan (2014), Shahan (2015), Undercoffler (2014).

INTRODUCTION

この数十年、企業の事業活動はますますグローバル化している。世界の貿易は健全なペースで成長を続けており、多くのマーケターがさまざまな国で製品やサービスを販売しなければならなくなった。マーケターにとって、グローバルレベルでマーケティングを理解することが極めて重要だ。本章では、グローバルマーケターが考慮すべき主要な問題の概要を解説する。

本章の目的　Learning objectives

本章で学ぶこと：
+ 　国際市場を追求する企業の方法を比較対照する
+ 　標準化とローカライゼーションを含め、グローバル環境におけるマーケティングのさまざまなアプローチの妥当性を批判的に評価する
+ 　社会文化的、技術的、経済的、政治的な力がマーケティングミックスに与える影響を考察する

グローバルマーケティングの成長

　グローバルマーケティングの歴史は決して新しくはない。実際、探検家たちが新しい国を発見したり、外国により早く到達する方法を探したりしたのも、その背景に貿易という目的があった。1950年から2006年の間に世界の貿易は27倍に成長したが、これは同時期の世界全体のGDPの成長率の3倍に相当する（WTO, 2007）。これは、多くの企業が国内市場から国際市場での販売に移行しつつあることを意味する。企業が国際的な事業展開を選択する理由はいくつか考えられる。まず、単純に成長するためだ。これは、ニュージーランド、デンマーク、フィンランドなどの人口の少ない国の企業に特に当てはまる。自国市場で事業を展開するどのブランドにも、獲得できる顧客の数には限りがある。この問題は、企業が高級品の場合のように小規模な市場しか持たない場合、いっそう深刻だ。インドや中国のような人口の多い新興市場では、顧客ベースを大幅に拡大でき、規模の経済がもたらされる可能性がある。国際市場から成長の機会がもたらされるのは、その規模が大きいからだけではなく、異なるニーズを持っているからでもある。

　企業は、成長することで規模の経済によるコスト削減を実現し、自国市場での競争力を高めることができる。また、海外市場で海外のライバル企業との競争を学ぶことで、逆に海外のすぐれた競合企業が参入してきたときに自国市場から撤退を余儀なくされるリスクを軽減することができる。国内にとどまることは安全な選択肢のように思えるかもしれない。しかし、多くの場合、危険であるか、少なくとも無知な判断であることが判明するだろう。

CRITICAL REFLECTION ||||||||||||||||||||||||||||||||||||||||||||||||||||||||||||||||||||||| 批判的省察
　マーケティングを学ぶ者として、あなたはグローバルマーケティングがそれほど重要かどうか疑問に思うかもしれません。しかし、グローバルにマーケティングを展開する製品は私たちの身の回りのどこにでも存在しています。今朝、家を出る前にどんな行動をとったかを考えてみてください。どんな製品を使いましたか？　たとえば、シャワーを浴びながらどんな製品を使いましたか？　朝食に何を食べましたか？　そのうち、グローバルに販売されている製品はいくつありましたか？
|||||||||||||||||||||||||||||||||||||||||||||||||||||||||||||||||||||||||||||||||||||||||||||||||||||

Chapter **14**　　　Global Marketing

グローバルマーケティングと国内マーケティングとの違い

国内マーケティングとは、企業がその所在する国内だけで行う取引のことをいう。当然ながら、企業がグローバル化すると、事業は複雑化する。もっとも基本的な段階では、企業は自国で成功した複数のマーケティングミックスをそのまま変更せずに海外で実行する。マーケティングの4P（製品、価格、流通、プロモーション）を管理しなければならないことには変わりはないが、その適用方法が異なる。表14.1については、詳しくは本章の後半で説明するが、グローバルなマーケティング環境において考慮すべき問題のいくつかを示している。考慮すべき重要な問題は、海外市場の多次元性と複雑さだ。

表14.1　グローバルマーケティング環境で考慮すべき問題点

市場	市場には競合他社の存在も含めて国ごとに異なる状況がある。
データ	一次データの取得は困難かつ高価になることがある。二次データの信頼性は国によって異なる。
政治体制	各国の政治体制は安定性の度合いが異なり、規制の変化が企業の活動の自由度に影響を与える。外国企業に対する政府の態度も同様に影響を及ぼす。そのため、政治的リスクは重要な変数となる。
経済上の問題	経済的自由度、GDP、人口増加率、変動する為替レートなどを考慮する必要がある。
社会文化的環境	購買客行動と消費者ニーズは、その文化圏の価値観、習慣、伝統などに影響を受けている。しかし、マーケター自身の文化的価値観が海外市場のニーズを理解する際の妨げとなり、誤った解釈や判断をしてしまう可能性がある。
技術的問題	テクノロジーの進歩はグローバル市場に大きな影響を与えてきたが、多くの製品モデルが世界中で均等に適用されているわけではない。
法的問題	国際企業は複数の法制度に従う必要がある。特に、競争行為、商習慣、表示に関する法律は国によって大きく異なることがあるため、注意が必要だ。
環境問題	環境基準に関する法的ルールおよび国民の意識と期待は国によって異なる。

標準化かローカライゼーションか？

複数の国と取引を行って事業を展開する企業が増えている。そういった企業はどのようにグローバル化すべきだろうか。世界は均質な地球村になりつつあるので、企業はどこにいても同じマーケティング戦略を実行することができるとして、**標準化**を主張する声もある (Levitt, 1983)。これは、企業がどの地域の市場にも同じ製品を提供して、グローバルなマーケティングキャンペーンを展開するようになることを意味する。グローバル企業は、製品やプロモーションを標準化することで、コストを下げ、価格を下げ、品質と信頼性を高めることができる。この考え方を支持する人は、顧客は世界標準の製品を好むと主張するだろう。

レビット (1983:191) によれば、「従来の市場調査や常識では、国や地域によって消費者の嗜好やニーズ、社会制度などが大きく異なるとされているが、そうした違いは、標準化を進める上で大きな問題にはならない」という。たしかに、コカ・コーラ、BMW、ガーミン、ロレックスなど、世界中でほぼ同じ製品を提供し、同様の広告を展開している多くのグローバルブランド企業にとって、標準化はその成功に大きく貢献している。

ポーター (1986) は、標準化されたマーケティング戦略は、特に高級市場や、若者、企業経営者、富裕層などといった"グローバル市民"に近い特定のグループに特に効果的だと主張している。たとえば、図14.1のイギリスのBMW 530dを見てみよう。これと同じ車が（左ハンドル車は例外として）ヨーロッパ全土で販売されているが、遠く離れたアジア、オーストラリア、南アフリカでも販売されている。また、これらの国々のBMWのウェブページは高度に標準化されており、英語が第一言語でない国でもウェブページは英語で書かれていることが多い。

グローバルマーケターの中には、"地球村"という考え方に懐疑的で、**ローカライゼーション**に賛成の立場を主張する者もいる。たとえば、ダグラスとウィンド (1987) は、消費者は国によって大きく異なるため、製品や広告はそ

図14.1　BMWは基本的に製品やコミュニケーションを世界規模で標準化することが多い　　　図14.2　クウェートのコーラのボトル

れぞれの国の文化に合わせて大幅に調整する必要があると主張した。たしかに、コカ・コーラ、リーバイス、ナイキ、Appleのような大衆向けブランドでさえ、どの広告がどの国で効果的かなどのテストを実施したりして、ある程度のローカライゼーションを実践している。

　ラグマン（2001）は、「グローバル化は神話であり、自由貿易に単一の世界市場などというものは存在しない」と主張し、文化の違いや政府規制などの問題を、標準化に対する外的制約として挙げている。その他にも外的制約には、貿易上の制限、マーケティングのインフラの違い、資源市場の特徴、資源の入手のしやすさとそのコストの違い、国ごとの競争の違いなどがある。ラグマンは、グローバル化よりもむしろ地域化の重要性を主張している。

　たとえば、米国でもっとも人気のある自動車は、北米市場向けに米国やカナダで製造されたものだ。北米の人たちは、制限速度の低いまっすぐで広い道路で大型車を運転する傾向があり、それに適している（Pinchin, 2008; Henry, 2008）。一方、ヨーロッパでもっとも売れている自動車は、ヨーロッパで製造されたものだ。ヨーロッパの人たちは、制限速度の高い曲がりくねった道路を走るのに適した小型の自動車を好む傾向があり、それに適している（Cato, 2010）。

　現実的には、標準化であれグローバル化であれ、極端すぎるものは現実の世界では通用しない。標準化は効率的ではあるが、重要な文化の違いを無視することになる。ローカライゼーションはコストがかかりすぎる。では、グローバル化されたローカライゼーションが理想の答えなのだろうか？　これをスヴェンソン（2001）はグローカライゼーションと呼んでいる。グローカライゼーションとは"グローバルに考え、ローカルに行動する"ことで、この理想的な世界では、企業は業務の標準化による効率性とローカライゼーションする必要性のバランスを取ることになる。たとえば、ペプシやコカ・コーラ製品の多くは、製品としては各国で類似していながら、宣伝やパッケージは異なっている。象徴的なコーラのボトルは製品としてはほぼ標準化されているが、ボトルは国ごとにローカライズされている（図14.2参照）。

　自動車会社でもグローカライゼーションの例が見られる。たとえば、フォードの"世界的"自動車になったフォードフォーカスの北米仕様はサスペンションがより柔らかくなっており、他の地域で販売されているものとは明らかに異なっている。BMWは、前述のとおり、各国でほぼ同じ5シリーズモデルを販売している。そのため、大部分が標準化されているが、地元市場の好みに応じたグローカライゼーションを実現するために、複数のエンジンバリエーションが用意されている。たとえば、経済性が重視されるヨーロッパでは、さまざまなエンジンのなかでも520dが人気のある選択肢のひとつだ。520dには4気筒ターボディーゼルモーターが搭載されており、1回の給油で約1200キロの走行が可能だ。燃料費が半分のカナダでは、6気筒と8気筒の大型ガソリンエンジン（528iと535i）しか用意されておらず、1回の給油で約700キロしか走行できない。これを受けて、北米市場により燃費の良いディーゼルエンジン車を導入しようとする動きが高まった（Cruipi, 2009）。しかし、INTRODUCTION CASEで考察したように、これはBMWの予想を超えて困難なことであった。

Chapter 14　　　Global Marketing

CRITICAL REFLECTION |||||||||||||||||||||||||||||||||||||||||||||||||||||||||||||| 批判的省察

「グローバル企業にとって最良のプロモーション戦略は標準化だ」という説明について、あなたが選んだグローバル企業の例を挙げて論じてください。

|||||||||||||||||||||||||||||||||||||||||||||||||||||||||||||||||||||||||||||||||||||||||||||||||

グローバルマーケティングを取り巻く環境

多くの企業が、ローカライズする必要を感じている一方で、効率的にグローバル化することも望んでいる。マーケターが製品やサービスのローカライズの範囲を決定する際に考慮しなければならないいくつかの要素がある。これらは4つのカテゴリーに分類される。

・社会文化的環境
・技術的環境
・政治的法的環境
・経済的環境

社会文化的環境

市場間の社会文化的環境の違いはグローバルマーケターにとって重要な検討事項だ。グローバルマーケターは、ビジネスを展開する国の文化を研究して理解し、その理解をマーケティングプランニングのプロセスに反映させなければならない。購買行動や消費者ニーズは主に文化的規範によって左右される。そのため、文化的環境に関する知識は次の2つの理由から重要だ。

1. マーケティングミックスを形成する主要な要因である。
2. 市場機会を正確に把握することができる。

では、文化とは何だろうか？　次は、これまでに文化の定義に使われてきたいくつかの例だ。

・人間の集団を特徴づける信念、規則、技術、制度、人工物の総体 (Brady & Isaac, 1975)。
・社会の一員として人間が獲得した知識、信念、芸術、道徳、法律、慣習、その他の能力の複合体 (Tylor, 1920)。
・ある地域の人たちの集団を他の集団から区別する、その集団に共通して見られる精神的特徴の集合体。この意味においては、文化は価値観の体系を含む。価値観は文化の構成要素のひとつだ (Hofstede, 1984)。

本質的に、文化には次の3つの要因がある。

1. 習得が可能。人はある文化に生まれ、その規範を身につける。
2. 動的である。許容される行動を規定する。しかしそれは変化することがある。
3. 主観的である。私たちは自分の経験に基づいて、出来事や慣習に意味を与える。

文化を理解するもっとも簡単な方法は、言語、宗教、習慣、マナーなどの文化を構成する要素に注目することだ。

言語

言語は、情報や考えを伝達するための主要な手段であるため、文化にとってきわめて重要だ。現地の言語の知識があることで、状況をより明確に理解でき、現地の人々に接点を提供でき、ニュアンスや暗示的な意味、あるいは明言されていない情報を聞き取ることが可能になる。したがって、複数の言語が存在する国には複数の文化が存在する。たとえば、2つの公用語があるカナダには、英語の文化圏とフランス語の文化圏がある。カナダでは、両方の文化にアピールするように、パッケージや販促キャンペーンなどはすべて英語とフランス語の両方で行わなければならない。一方の文化に迷惑をかけたり、疎外感を与えたりしないよう、バランスを取ることが必要だ。

言葉を使わないコミュニケーション、つまり非言語的な合図や身振り手振りは、社会的または文化的な背景が異な

れば、まったく異なる意味を伝えることがある。指差しなど、地域によって意味にあまり違いのない行為もある（文化によっては無作法とみなされることもある）。しかし、多くのジェスチャーは、普遍的な意味を持つわけではなく、特定の文化において特定の意味を持つ。たとえば、親指と人差し指で輪を作り他の指をまっすぐに伸ばすOKのジェスチャーは、私たちにとっては"OK"という言葉を象徴しているかもしれないが、中東や南米の一部では、このジェスチャーは下品なものとみなされている（Armstrong & Wagner, 2003）。

英語はたしかに世界共通語の様相を呈しているが、どこでも同じように使われているわけではない。オーストラリア、アメリカ、イングランド、スコットランドを旅行したことのある人なら、地域による言葉の違いには慣れているだろう。同じ単語が2つの異なる国で異なる意味を持つことはよくあることだし、逆に、異なる単語が同じものを意味することもある。たとえば、フライドポテト、ポテトチップス、クリスプスといった言葉はどうだろうか。また、夕方の主食はディナーだろうか、ティーだろうか、それともサパーだろうか？ 他にも、パンツかズボンか、ビーチサンダルかソングかなど、さまざまな紛らわしい言葉がある。自分が石油のマーケティング担当者なら、あなたは石油をペトロールとして宣伝するべきだろうか、それともガソリンとして宣伝するべきだろうか。

宗教

宗教は、人々のライフスタイル、信念、価値観、態度に影響を与え、文化にも影響を与える。また、同じ社会のなかのおたがいの暮らしに、また他の社会とのかかわりに大きな影響を与える。宗教はまた、政治やビジネスだけでなく、人々の労働習慣や社会習慣（いつ働くか何を食べるかなど）にも影響を与える。多くのグローバル企業は、事業を拡大しながら、それぞれの宗教に不快感を与えないよう努力してきた。たとえば、中東への進出を計画している食品会社は、食品に豚肉が使用されていないこと、食品がハラルに準拠していることを保証しなければならない。また、イスラエルへの進出を計画している企業は、かつてマクドナルドが行ったように、ハンバーガーの肉とチーズを接触させて現地の人々を不快にさせるような表示をしてはならない（Vignali, 2001）。

習慣と作法

習慣とは一般的または確立された慣習のことであり、作法とは特定の社会で適切とみなされる行動のことだ。たとえば、アメリカから来た仕事仲間をどのように迎えるべきだろうか。フランスや中国、ブラジルからの来客に対してはどうだろうか。ビジネスランチではどうだろうか。ビジネスの話だけをするだろうか、それとも家族の話を交えたりするだろうか。このように、自分がいる国の習慣や作法、あるいは一緒にいる人たちの文化によって、自分の振る舞い方が決まる。広告でオーディエンスにメッセージを届けるときも同様だ。広告は、社会のなかで人々がどのようにかかわり合っているかに敏感でなければならない。

CRITICAL REFLECTION ||||||||||||||||||||||||||||||||||||||||||||||||||||||||||||||||||||||| 批判的省察
サービスの標準化に成功した企業はあるでしょうか？ サービスの標準化にはどのようなリスクがありますか？
|||||||||||||||||||||||||||||||||||||||||||||||||||||||||||||||||||||||||||||||||||||||||||||||||||||

文化が製品に与える影響

製品によっては、その地域の文化に深く根ざしているものがある。たとえば、食品はそれぞれの市場のニーズに適合していなければならない。一方、コンピューターチップは標準化されたグローバル製品だ。文化的な価値観が消費者の購買意欲を左右することもある。たとえば、アメリカの消費者は自動車を購入する際、機能面を重視する傾向があるが、ヨーロッパの消費者はパネルのフィット感や塗装の仕上がり、車のデザインなど、製造上の品質を重視する傾向がある。文化的規範が市場に機会と脅威をもたらすこともある。たとえば、イタリア人はあまり缶詰を食べないが、これをビジネスチャンスだと思う人もいるかもしれない。しかし、多くのイタリア人にとって缶詰は食品とは言

Chapter **14** Global Marketing 500

い難い。もうひとつの例は、オーストラリアのパイフェイスフランチャイズのアメリカ市場への進出の失敗だ。パイ、ソーセージロール、パスティは、イギリス、オーストラリア、ニュージーランドでは人気のスナックだが、北米ではほとんど見かけない。

　製品やサービスを国際的に展開する際は、標準化のレベルを決定するために製品属性を次の3つの段階で考慮しなければならない。

1.　物理的属性
2.　サービス属性
3.　象徴的属性

物理的属性

　物理的属性（大きさ、重さ、色など）を標準化することでもたらされる経済効果はきわめて大きい。特にCEN、CENELEC、ETSI、ISOなどの組織が物理的属性の国際的標準化を促進していることがこれを容易にしている。しかし、その地域の気候、消費者が慣れ親しんでいるサイズや包装、技術基準、衛生規制、消費者の嗜好の基本的な違いなど、いくつかの違いはまだ意識する必要がある。たとえば、人の味の好みは国によって異なる。アジアのコーラは甘さ控えめで泡立ちが少ない傾向があり、アメリカのコーラは甘くて泡立ちが多い傾向がある。イギリスのパブでエールを注文すると、大型のグラスに入ったぬるい黒ビールが出てくる。他の国では、氷のように冷たく、淡い色の瓶ビールが出てくることが多い。このように、国によって言語が異なるように、文化の違いが製品の物理的属性に反映される。また、国によって栄養や原材料に関する法律や規制も異なる。オーストラリアやニュージーランドでは、ファーストフードの包装紙にハンバーガーの栄養情報を印刷しなければならないが、他の国ではこれは必須ではない。

サービス属性

　サービス属性は文化に大きく依存しているため、標準化が非常に難しい。無理に標準化しても、規模の経済の効果が得られる可能性は低い。しかし、獲得した知識やノウハウを活用することである程度の経済効果を期待できるため、ある国で学んだことを他の国でも活かすことはとても重要だ。文化によっては顧客への対応が異なるのと同様に、食事のデリバリーのプロセスも異なる。海外のレストランで食事をすれば、サービスに対する考え方の違いを見ることができる。たとえば、イギリスの典型的なパブで食事をするときは、自分でテーブルを選び、バーで注文し、バーで支払う（チップやサービス料金も請求書に含まれている）。それから料理が運ばれてくる。カナダの典型的なパブレストランでは、まずホストかホステスにテーブルに案内される。メニューが運ばれてきたら、ウェイターかウェイトレスに注文を伝える。料理が運ばれてきたら、ウェイターに少なくとも一度は「すべて最高」であることを伝え、勘定書きが運ばれてきたところで支払いを行う。メニューにある料理代に加えて、州税と連邦税、そしてチップも支払う。

象徴的属性

象徴的属性のカテゴリーには、色、形、ブランド名の意味など、物理的属性から想起される象徴的なイメージが含まれる。特に色は、文化によって異なる意味を持つため、注意が必要だ。黒という色は、西洋文化ではそうだからといって、普遍的に喪の色というわけではない。喪の色はアジアでは白が多く、ブラジルでは紫、メキシコでは黄色だ。赤は中国では幸運を象徴し、トルコでは死を象徴する。ピンクはアメリカでは女性的な色とされるが、他の地域では女性的な色とされるのは黄色だ。これはほんの一例に過ぎない。ミント菓子はアメリカやイギリスでは青色か緑色で包装されるのが普通だが、アフリカでは赤色で包まれている。レモンの香りは多くの国で爽やかさを連想させるが、フィリピンでは病気を連想させる。数字はどうだろうか。13という数字は欧米では不吉な数字とされているが、日本では4が、ガーナ、ケニア、シンガポールでは7が不吉な数字とされている (Copeland & Griggs, 1985)。

　製品のデザインや美的側面には、機能性、使いやすさ、現代性、高級感などを想起させる暗示的な意味合いも含ま

れる。象徴的属性には、生産国、デザイン国、ブランド名から連想される国など、製品の原産地に関する消費者の認識も含まれる。原産国（COO）の表示があれば、イタリアの皮革、フランスの香水、アメリカのジーンズなどのように、生産国の民族的イメージが感じられる。製品の生産企業の本国のイメージが表れることもある。しかしこのイメージは、ブランド名の印象の方が強ければ薄れることもある。国際貿易では、製品に生産国を明記したmade in 〜のラベルを貼付することが義務づけられている場合がほとんどだ。多くの製品において、made in〜のラベルを貼付することが消費者にとって大きな意味を持つことを示す十分な証拠が存在する。しかし、COO効果は不変ではなく、時間の経過とともにその印象は変化する。一般的に、消費者は輸入品よりも国産品を好む。また、製品の印象は本社所在地よりもむしろ製造地で決まると思われるが、消費者の属性によっても異なることがある。たとえば、労働者階級のアメリカ人は国産車に乗ることに誇りを持っているが、中・上流階級のアメリカ人は国産車よりもヨーロッパ車や日本車に乗りたがる。COOの重要性は製品カテゴリーによっても異なる。この20年間、オーストラリアの企業や政府は、消費者にオーストラリア産を買うことを強く求めてきた。このような傾向は特に食品業界において強い。これはオーストラリアに限ったことではない。ニュージーランド、カナダ、イギリスなどでも同様の政府プログラムが実施されている。カナダに進出するアメリカ企業が、カナダ国民の自国文化に対する誇りや愛着を尊重し、その感情を害さないようにするために、自社のパッケージにカナダ国旗のメープルリーフを加えてカナダらしさを強調することは多い。マクドナルドやアメリカの金物チェーンのロナは、カナダにある子会社のロゴにメープルリーフを目立つようにデザインしている。

CASE STUDY

スターバックス：オーストラリアで苦戦、フラットホワイトで挽回

　スターバックスはアメリカにカフェ文化をもたらしたことで有名だ。アメリカでの成功もさることながら、スターバックスは、イギリス、カナダ、アジアなど、まだコーヒー文化が確立されていなかった国々で特に成功を収めている。スターバックス自身は、米国以外では中国が最大のスターバックス市場になる可能性があると強調している。しかし、世界中でほぼ同じメニューや店舗デザインを提供しているため、フランス、イタリア、オーストラリアなど独特のコーヒー文化が確立している国では苦戦している。

背景：スターバックスの撤退

　スターバックスは2000年にシドニーに出店し、オーストラリア市場に参入した。彼らの戦略は、有名なスターバックスのコーヒー文化をオーストラリアに普及させることだった。アメリカでは、スターバックスの出店以前には存在していなかったカフェ文化をスターバックスが作り上げたが、オーストラリアでは、特に歩道にカフェがあることで有名なヨーロッパ風の都市メルボルンには、多くのギリシャ系やイタリア系の移民がいたため、活気があり洗練されたヨーロッパスタイルのカフェ文化がすでに存在していた。そのせいか、メルボルンのカフェはこぢんまりとしたブティック風のヨーロッパ的スタイルのものが多い。小さなテーブルと椅子が雑然と置かれ、パラソルの下に屋外席がある。

　アメリカ流のカフェ文化を持つスターバックスは、オーストラリアでは初日から苦戦を強いられた。スターバックスがメルボルンの有名なイタリアンカフェ街、ライゴン通りの中心部に出店したとき、地元の商店主たちがメルボルン市議会に店を閉鎖するよう働きかけたのだ (Fonseca, 2001)。スターバックスはこの反応に動じることなく、ライゴン通り店のオープンに向けてバリスタのトレーニングを続けた。開店は多くの注目を集めていたが、アメリカに帰れという内容の落書きが店舗正面に書いてあるという噂が広まったときには、特に大きな話題となった。

Chapter　**14**　　　Global Marketing　　　　　502

2008年までに、オーストラリア全土の店舗の4分の3が閉鎖された。そのなかには、あのライゴン通りの店舗も含まれていた (Mescall, 2010)。CEOのハワード・シュルツは、オーストラリアが彼らのビジネスにユニークな課題を突きつけてきたことを認めた。BBCによると答えはもっと単純だった。「スターバックスは、コーヒーに対して高い知識とこだわりを持つ人が多いこの国で、おいしいコーヒーを作る方法を知らなかっただけだ」(Mercer, 2008)とか、「スターバックスはアメリカではヨーロッパ風のカフェ文化の良いところを紹介して歓迎されたが、オーストラリアでは誰からも招待されていないパーティーに遅れてやって来たような場違いな存在だった」(Hurst, 2014) などと評された。

マクドナルドとマックカフェ

1993年、マクドナルドはオーストラリアのメルボルンのスワンストン通りに最初のマックカフェを開店した。しかし、売り上げは芳しくなく、コンセプトをより洗練されたスタイルのマックカフェに進化させることになった。通常のマクドナルドの店舗とは異なり、新しいマックカフェではラテやカプチーノなどが本物のカップで提供され、陳列ケースにはパティスリーで見かけるようなケーキが並んでいた。オーストラリアの洗練されたコーヒー愛好文化の反応は上々で、このコンセプトをグローバルに展開することが決定された。2001年、マクドナルドはこのマックカフェの新しいコンセプトをアメリカに導入し、全米に1万4000店舗のマックカフェを展開中だ。これにより、マクドナルドは30年ぶりの大規模なグローバルメニューの刷新を行うことになった。

オーストラリア市場の特異性

近年、おいしいコーヒーについての知識は深まっており、多くの独立系ロースター（焙煎業者）がカッピングイベント（ワインの試飲会のようなもので、コーヒーを勢いよくすすり込み、風味を評価する）やコーヒー鑑賞会を開催している。オーストラリアでは、平均的なコーヒー愛好家であれば、自分の"こだわりの一杯"について、想像以上に多くのことを教えてくれるだろう (Hurst, 2014)。

フラットホワイト（エスプレッソベースのコーヒー）について考えてみよう。このスタイルのコーヒーは、1980年代にはすでにオーストラリアとニュージーランドで人気を博しており、お菓子のパブロバやラミントン同様に、どちらの国が発祥の地かという友好的議論の対象になっている (Pearlman, 2015)。原産地がどこであろうと、フラットホワイトはオーストラリアやニュージーランドのコーヒーメニューの定番であり、オーストラリアでもっとも注文の多いコーヒーのひとつだ。ロンドンの一部の地域では、フラットホワイトは流行に敏感な人たちの飲み物とみなされており、フラットホワイトを注文する行為を例えて表現するなら、「あなたはヒップスター（流行に敏感な若者）ですか？」というクイズで「フラットホワイト」と答えて3点を獲得するようなものだ (Keneally, 2014)。しかし、オーストラリアではほとんどのカフェでフラットホワイトを買うことができるため、フラットホワイトがどれほど"ヒップスターな飲み物"として認識されているかはわからない。

スターバックスのイメージアップ戦略

2015年1月、スターバックスはレギュラーメニューのひとつとしてフラットホワイトを提供していた (Riley, 2015)。季節限定メニュー（例：秋限定のパンプキンパイスパイスラテ）ではなく、レギュラーメニューだ。スターバックスでは、フラットホワイトを"オーストラリアならではの、ラテより少し濃いめのスチームミルク入りコーヒー"と呼んでいる (Starbucks, 2016)。スターバックスが自社のイメージアップのためにオーストラリア発祥のドリンクを利用しているのは、オーストラリアがスターバックスの進出を拒んできたことを考えると、いささか皮肉な話だ。一方、アメリカでは、ますますコーヒー文化が洗練され、高品質な焙煎コーヒー豆を手軽に入手できるようになったことに加え、消費者のニーズも高まっている。こうした状況を受けて、オーストラリアやニュージーランドスタイルのコーヒーを提供する店舗が各地に出現している (Demaria, 2015)。

この新しい商品は、洗練されたコーヒー愛好家を引き付けようとするスターバックスの取り組みの一環のようだ。2014年後半、スターバックスはシアトルに初の"リザーブロースタリー"をオープンした。これは、洗練された空間でこだわりのコーヒーを提供する高級店舗だ（写真を参照）(Mulvihill, 2014)。スターバックスのハワード・シュルツ会長兼社長兼CEOは次のように述べている。

「このロースタリーは、10年来の夢の実現であり、コーヒーイノベーションのあくなき追求へのオマージュです。スターバックスが世界各地から最高級の豆を調達し、それを焙煎し、コーヒーとして提供していることを、もっとも没入感のある、感覚的なデモンストレーションとしてお客様にお伝えしています。これまで私たちがやってきたことの集大成であり、新たなる次世代の幕開けでもあります」(Mulvihill, 2014)」

発展問題　QUESTIONS

1. 国際的なマーケティング環境において検討すべきマーケティング要因を、政治、経済、社会、法律、文化、技術などの側面から考えてみましょう。この場合、国際的な変化にもっとも大きな影響を与える要因は何でしょうか？　なぜそう考えますか？
2. スターバックスは、国際的な拡大戦略を考えるとき、どのようなアプローチを採用してきましたか？完全に標準化されたグローバル戦略ですか？　製品を現地市場に適合させるローカライゼーション戦略ですか？　その両方をミックスしたものですか？　マクドナルドと比較検討してみましょう。なぜ、ある国では上手くいくアプローチもあれば、そうでないアプローチもあるのでしょうか？
3. スターバックスがオーストラリアで成功するためには何をすべきですか？　それは実現可能ですか？　その後は何を行う必要がありますか？　次の点を考慮して答えてください。
    a. 消費者行動（知覚、記憶、学習など）
    b. アメリカ的モデルからオーストラリア的モデルへのマーケティングミックスの変化

データソース：Demaria (2015), Fonseca (2001), Hurst (2014), Keneally (2014), Mercer (2008), Mescall (2008), Pearlman (2015), Riley (2015), Starbucks (2016)

価格への影響

価格設定は国際的マーケティングの複雑な側面であり、ほとんどの企業が同一製品であっても市場によって異なる価格を設定している。今後、インターネットの普及によって、このような価格戦略は変化していくのでしょうか？

特定の商品に対する支払い意欲は文化によって異なる。食品を例にとると、その相対的重要度は文化によって異なる。アメリカ、カナダ、イギリスでは、人は安い食品を好むため、可処分所得の10％程度しか食費に費やさない。イギリスではこの傾向は変わりつつある。一方、オーストラリア、フランス、ドイツ、イタリアでは、食は重要であり、可処分所得の15％近くを食費に費やしている。

流通コストや為替による価格高騰も考慮に入れなければならない。たとえば、ドル高はアメリカの輸出業者に大きなマイナスの影響をもたらす。ドル高になると、他国のバイヤーは米国の通貨は高いと感じる。逆もまた真なりで、通貨安になると輸出は増加するが、輸入は減少する。

INDUSTRY INSIGHT ||||||||||||||||||||||||||||||||||||||||||||||||||||||||||||||||||||||||||||||||||||||||||||||||| 業界動向

ブランドは高価格を守れるか？

マーケターは、ブランドを市場に独占的に流通させるよう懸命に努力しており、その結果、裕福な市場では価格にプレミアムをつけることができる場合もある。しかし、インターネットショッピングや多国籍小売チェーンの登場で、グレイマーケットからの輸入品がこれまで以上に問題を引き起こすようになっている。

世界最大の小売企業のひとつであるテスコが、リーバイスのジーンズをアメリカから直接輸入しはじめ、正規販売店よりも大幅に安い価格で販売しはじめた事例は有名だ。リーバイストラウス社は、テスコが英国の正規販売代理店を通さずに他国から製品を輸入するのを阻止しようとして、法的措置を講じた (Antia, Bergen & Dutta, 2004)。

||||||||||||||||||||||||||||||||||||||||||||||||||||||||||||||||||||||||||||||||||||||||||||||||||||||||||||||||||||||||||||||||||||||

プロモーションへの影響

グローバル企業がプロモーションに取り組む際に考慮すべき重要な決定事項はいくつかあるが、なかでももっとも重要なことは、グローバルの（すなわち標準化された）コミュニケーションポリシーとローカルのコミュニケーションポリシーのどちらを採用すべきか、そしてそれらが広告キャンペーンの標準化とローカライゼーションにどのように影響を与えるかということだ。どの戦略と施策を地域市場に導入するべきだろうか。また、基本的な広告戦略は広告そのもの（エグゼキューション）よりも標準化しやすいだろうか？

グローバル企業がマルチローカルな広告キャンペーンを実施するときは、各国の文化的な違いに配慮して失敗を回避しなければならない。製品の象徴的属性の問題についてはすでに考察した。では、それをどのように伝えれば良いのだろうか？ 高コンテクスト文化圏（アジアの一部の国など）では、コミュニケーションはより間接的で微妙なものであるため、コピー（言葉による情報提供）は少なく、シンボル（視覚的イメージ）を多くするのが良い。一方、低コンテクスト文化圏（西欧やオーストラリアなど）では、コピーや事実に基づくコミュニケーションを重視する傾向がある。

現地の文化的タブーや規範も広告のスタイルに影響を与える。たとえば、ヨーロッパやオーストラリアに比べ、世界の多くの国々では広告に**性的な表現**を使うことのリスクは高い。また、広告に関連する法律も、広告における性表現の程度に影響を与える可能性がある。たとえば、ギデーレ (2012) は、タスカニー香水の2つの広告について次のように説明している。ひとつはヨーロッパ向けで、もうひとつはアラブ市場向けだ。アラブ市場向けの広告キャンペーンは、性的な表現を抑えるために若干修正された。ただし、アラブ諸国の一部の国では社会規範は緩和されつつある。たとえば、多くのアラブ諸国では肌の露出は許容されていないが、アラブ首長国連邦で放映されたDoveの広告では、女性の腕と肩が映し出されている (http://www.youtube.com/watch?v=xE5VIS1O7KA)。これと比較

すると、シンガポール版のDoveの広告キャンペーンでは女性の肌の露出がより多くなっている（http://www.youtube.com/watch?v=IB6cE9uacbA）。

プロモーションにおいて注意すべきもうひとつの文化的問題は、**ジェンダーの役割の表現**だ。たとえば、サウジアラビアでは、女性は家事に関連するコマーシャルにのみ出演することができると法律で定められており、その容姿は"品行方正"で"女性としての尊厳"を保てるものでなければならないし、顔と手のひら以外を完全に覆う長い衣装を着用しなければならない。

もうひとつの問題は家族のなかのおたがいの関係の問題だ。家族のなかでひとりひとりはどのような役割を担っているだろうか？　たとえば、イギリスの洗濯洗剤のコマーシャルでは、女性が登場して洗濯物について話すことが多い。とはいえ、近年では、男女が家事を分担するように変化してきている。

広告のもうひとつの興味深い文化的な側面は、**ユーモアの使用**だ。ユーモアは文化にきわめて特異的なものだ。ある文化圏ではおもしろくても、他の文化圏では奇妙で退屈、あるいは無礼で不快に映ることもある。ユーモアを取り入れた広告が標準化された広告キャンペーンでは通用しないことは多い。その一例が、オーストラリア政府観光局のWhere the bloody hell are you？（いったい全体どこにいるんだ）キャンペーンだ。このキャンペーンは、カナダではhell（地獄）という言葉を使ったために、イギリスではbloody（血まみれ）という言葉を使ったために禁止された。イギリスではbloodyという言葉の使用は不適切とされているが、オーストラリアのビクトリア州では、If you drink then drive, you're a bloody idiot.（飲酒運転するなんて大バカ野郎）という交通安全キャンペーンが長年にわたって行われ、大きな騒動にはなっていない。

CASE STUDY

レンジローバー、高級SUVの先駆け——イメージの変遷

　1970年代以前のランドローバーは、非常にベーシックで頑丈な四輪駆動車を生産することで知られていた。カーペットの代わりにゴム製のマットが敷かれ、暖房機能が不十分で、ドアには内張りがなく、いかにも農耕用という雰囲気だった。非常に頑丈で、オフロード走行が可能なことでは有名だったが、非常に乗り心地が悪く、エンジン音が大きかった。そのため、オフロード車が必要な場合にのみ購入されていた。農業用や軍用としての人気が高かった。1960年代、ランドローバーは、自社がこれまで生産してきた車両のひとつ上のクラスに未開拓の市場があることを発見し、新型四輪駆動車の開発に着手した。

　1970年、ランドローバーはレンジローバーを発売した。それは、"カントリーセット"と呼ばれるイギリスの裕福な農家をターゲットにした、ワンランク上の高級四輪駆動車だった。カーペットが敷かれ、革製の

シートとエアコンが装備され、当時の多くの車より快適な乗り心地を実現した。実質的に世界初の高級スポーツ用多目的車（SUV）だった。今日に至るまで英国では、レンジローバーは田舎に住む人や農家にとって裕福であることを示すステータスシンボルだと考えられている。

レンジローバーは、田舎だけではなく他の市場でも成長を遂げている。現在では、都会の家族（子どもの学校の送り迎え用）や中高年のエグゼクティブ層に人気がある。これらの層に人気が出て以来、チェルシーなどロンドンの裕福な地域に住む人々の間での人気が高まり、イギリスでは「チェルシー・トラクター」という愛称で呼ばれるようになった。一方オーストラリアではトゥーラック・トラクター、バーンサイド・バス、ダブルベイ・トラクターなどと呼ばれ（訳注：それぞれ高級住宅街名）、ドライバーはしばしば皮肉の対象になる。というのも、車に泥が付着するのは、せいぜい道路脇の芝生に乗り上げたときくらいだからだ。

発展問題　QUESTIONS

1. レンジローバーは中国市場において前述のセグメントのいずれかをターゲットにできると思いますか？なぜそう思いますか？

流通への影響

マーケティングミックスでは、流通は製品を購入できる場所と定義される。流通チャネルと呼ばれることも多い。実店舗はもちろん、インターネット上の仮想店舗も含まれる。流通チャネル、販売拠点、販売地域、倉庫システムなど、考慮すべき事項は多い。輸送インフラも非常に重要で、輸送インフラが不十分な場合、製品の流通は困難になる、また、国や地域が異なれば、当然、商品の陳列スペースも異なる。これは、店舗の規模にも影響を受ける。世界的に見れば、小売店舗は大きく異なる。たとえば、アメリカのスーパーとヨーロッパのブティックがその良い例だ。

流通における文化的な意味合いは、製品やプロモーションほど明白ではないかもしれないが、それでも考慮すべき重要な要素だ。たとえば、買い物の時間の使い方を例にとっても、文化によって、何に時間をかけることを良しとするか、あるいは無駄と考えるかは異なる。商品の返品基準もまた文化によって大きく異なる。米国ではほとんどの小売業者が、最大28日間の理由を問わない返品ポリシーを誇りに思っている。しかし、他の国では、小売店から購入した商品を返品できない場合もある。

その他にも流通の変数として営業時間がある。宗教が労働日数に影響を与えることはすでに述べたが、労働時間数についてはどうだろうか。これは文化によって異なるかもしれない。

もうひとつの世界的な傾向はハイパーマーケットの普及だ。しかし、このようなスーパーディスカウントストアがどこの国でも通用するというわけではない。たとえば、オーストラリアは広大な国土を持つが、都市化が進んでいて、大手小売企業は都市部に集中している。一方、ポルトガルは国土が狭いが、人口が分散しているため、ハイパーマーケットはあまり機能しない。

世界の主な流通チャネルを表14.2にまとめた。

逆に、流通の要素は文化にどのような影響を与えるだろうか。多国籍小売企業は郊外型ショッピングセンターを好む。1平方メートルあたりの小売スペースのコストが低く、固定資産税が低く、より多くの駐車場を確保できるからだ。しかし、郊外型ショッピングセンターが増加すると、都市計画にも大きな影響を与える。従来の商店街は衰退し、人々や商業活動を都市中心部から郊外へと引き寄せてしまうからだ。

表14.2　世界の主な流通チャネルの違い

小売店に見られる違い	卸売業者や主要な流通業者に見られる違い
・小売店の種類と規模 ・小売企業の集中または分散の状況 ・店舗で取り扱われている製品の範囲 ・店舗でのサービスや買い物客とのやり取り	・商品が店舗に届くまでの流通チャネルの距離 ・メーカーと卸売業者および小売業者との関係 ・流通システム内に生じる問題の程度

CRITICAL REFLECTION |||||||||||||||||||||||||||||||||||||||||||||||||||||||||||||||||||||||||||||||| 批判的省察

これらの変化は文化に影響を与えるでしょうか？　たとえば、ハイパーマーケットの増加は文化に影響を与えるでしょうか？

|||||||||||||||||||||||||||||||||||||||||||||||||||||||||||||||||||||||||||||||||||||||||||||||||||||||||||||||||||||||

技術的環境

　テクノロジーは、ロジスティクスや、輸送、そしてコミュニケーションという点で、グローバル市場を大きく変化させた。ファックス、電話、携帯電話、電子メールなどの技術が向上し、マーケターのコミュニケーション方法に大きな影響を与えた。従来は、もっとも大きな発展のひとつはeコマースの進歩だと言われていたが、最近ではソーシャルネットワーキングサイト（たとえばInstagram、Facebook、Xなど）がマーケティングに大きな影響を与えていると言えるだろう。

マーケティングミックスへの影響

　テクノロジーがマーケティングミックスに与えた影響は相当なものがある。製品やサービスはより安く、より高い水準で製造できるようになった。流通は、EDI（電子データ交換）やRFID（非接触ICタグ）などの新技術や物流と輸送の進歩によって変化してきた。今日、私たちはインターネットを通じて本を読むことができるし、旅行代理店に行かなくても航空券を予約することができる。消費者とのコミュニケーションも変わった。技術の進歩により、バナー広告もいっそう一般的になり、顧客関係管理（CRM）も大きな影響を受けた。前述のサービスの標準化の議論と同じ様に、テクノロジーによって"強化された"サービスをある国の文化が受け入れるかどうかは、サービスに対するその国の文化的な価値観次第だろう。

　しかし、このような技術の進歩に伴い、国際的マーケティングには多くの考慮事項が伴う。たとえば、以下の3点を問うてみる必要があるだろう。

1. 著作権、知的財産権法、特許は、他国の技術まで保護しているか？
2. あなたの技術は現地の法律に準拠しているか？　たとえば、プラグの種類や電圧は国によって異なる（図14.3を参照）。コンバーターなしで北米仕様（110V）のプレイステーションを英国仕様（220V）のプラグに差し込んでしまう人がいるかもしれない。焦げたプラスチックの臭いを楽しみたいのでなければ、そんな悲劇は避けたいものだ。
3. 同じテクノロジーを使っていても、国によって製品のライフサイクルが異なる段階にあることがあるだろうか？　たとえば、DVDのリージョンコードは世界中で異なっており、映画の発売日と価格変更をより細かくコントロールできるようになっている。多くのビデオがインターネットで配信されるようになった今、DVDのリージョンコードは生き残るだろうか？　米国でのNetflixの市場浸透率（世帯あたりの契約数に基づく）は約50%だ。オーストラリアでは定額制動画配信（SVOD）サービスの世帯普及率は約20%で成長を続けているが、Netflixが市場リーダーとしての地位を確立し、Stanがこれに続いている。

　著作権と知的財産に関する法律について、ヨーロッパでもっとも急成長している輸出市場である中国の状況を考え

図14.3　電気製品は国によって電圧やプラグが異なる

てみよう。EUから中国への輸出は2008年から2013年の間に倍増し、2013年には1480億ユーロ（2080億豪ドル）に達した。中国は今やEUにとって最大の輸出市場のひとつとなった (EC, 2014)。しかし、中国による知的財産権の侵害は、中国に進出しているヨーロッパ企業にとって依然として大きな問題だ (EC, 2009)。

　文化によって価値観や態度がいかに異なるかを思い返してほしい。世界貿易機関（WTO）は中国の闇市場に対して何度も警告を発している。アメリカは中国に対して他のどの国よりも多い21件の苦情をWTOに申し立てているが、中国は依然として闇市場から収益を得ている (WTO, 2017)。なぜこのような状況が起こるのだろうか？　中国文化においては闇市場は問題視されていないからだ (Bennett, 2009)。

ソーシャルネットワーキングがグローバルマーケティングにもたらす可能性と現実

　ソーシャルネットワークとは、共通の興味や活動を持つ人々、あるいは他者の興味や活動を探求することに興味を持つ人々のオンライン上のコミュニティのことだ。ソーシャルネットワーキングの可能性は計り知れない。これまでのその成功が、人々のインターネットの利用がダイナミックに変化したことを物語っている。ソーシャルネットワーキングは、人々が情報を検索する方法を変え、私たちが他者とつながり交流するためのソーシャル空間を作り、そこに参加する方法を変えた。

　ソーシャルネットワークは訪問者数もページ閲覧数も膨大になることがあるので、マーケターにとっては、マーケティングメッセージを広めるための効率的なプラットフォームとなり得る。肯定的なコメントをいくつか紹介する。

・ソーシャルネットワーキング戦略はオプションではない。必須だ (Kringdon, 2006)。
・MySpaceやFacebookなどの人気のソーシャルネットワーキングサイトは、インターネット上の人間関係を変えつつあり、投資家にとって大きな可能性を秘めた投資先となっている (Knowledge@Wharton, 2006)。

　このように熱烈な評価が得られていることから、ソーシャルネットワークを利用したグローバルマーケティングが飛躍的な進化を遂げることが予測される。

　しかし、ソーシャルネットワークを使ったマーケティングには現実的にはいくつかの複雑な問題が存在する。たとえば、Facebookでブランドに"いいね"をすることを研究した調査によると、"いいね"をした人のうち実際にそのブランドに定期的に関与している人は1％に満たないことがわかっている (Nelson-Field & Taylor, 2012)。ネットワークへのアクセスやインターネットの利用状況は、eコマースの普及率と同様に、世界中で異なる。世界的に見ると、北米は世界の接続人口の約10％を占めるに過ぎない (Internet World Stats, 2015) が、eコマース取引高の約40％を占めている (Fredriksson, 2013)。つまり、eコマースモデルは、地域によって実行可能性や発展の度合いが異なるということだ。eコマースは、消費者をより効率的な流通チャネルに移行させる可能性を持っているが、消費者がそれを積極的に取り入れない限り、ソーシャルネットワーキングサイトは、顧客をウェブサイトでの購入に誘導するという本来の目的を果たせず、単なるコミュニケーションツールのひとつに過ぎなくなる。この問題は、クレジットカードの普及率が米国に比べて非常に少ないヨーロッパで顕著だ。ヨーロッパでは、多くの人が自分の普通預金口座に紐づけたデビットカードを使ってオンラインで商品を購入している。

企業は本質的に社会的つながりを目的に組織されているわけではないので、その多くが、ソーシャルメディアを自社の活動にどう組み込むべきかについて苦労している (Slutsky, 2011)。また、ソーシャルネットワーキングはまだ比較的新しいため、ほとんどの企業は体制が整っておらず、ソーシャルネットワーキングをグローバルマーケティングに活用するためのマーケティングチームの知識にも限界がある（またはまったく知識がない）。さらに、ソーシャルメディアがあるからといって、使えるとは限らない。シリア、中国、イランなどいくつかの国では、ソーシャルネットワーキングサイトが断続的にブロックされている。イランは2009年にFacebookのブロックを解除したが、中国などの一部の国ではまだブロックされている。また、職場でアクセスが制限されている国も多い。

政治的法的環境

外国で事業を展開しようとするマーケターは、国によって政治体制や法制度が異なるため、自国の原則や慣行を外国市場へそのまま適用することは不可能であることを理解しなければならない。

政治的環境とは、「組織の運営や意思決定に影響を与えうる、国内外を問わずあらゆる政治的要因」と定義できる (Doole & Lowe, 2008: 15)。

政治的影響力の基本には、現政府のビジネスに対する姿勢、企業活動の自由度、政治体制の安定性、そしてこれに伴う規制変更の可能性などがある。これらは、地方自治体からだけでなく、政党や利益団体からも影響を受ける可能性がある。したがって、政治的影響がグローバルマーケターの活動する環境の政治的リスクと安定性に影響を及ぼす可能性がある。政治体制は大きく3つの要素に分けられる。

1. 政治体制の安定性
2. 政府の形態
3. 政党と利益団体

政治体制の安定性

政治体制の安定は、その国の経済発展に大きな影響を与える可能性のある、おそらくもっとも重要な政治的要因であろう。政治体制が不安定であれば市場環境の予測は難しくなる。政治体制の安定は投資家が認識するリスクに影響を与える重要な要素だ。将来を予測できることが事業成功の要因のひとつとなり得るからだ。

政府の形態

一般市民の政治参加がどの程度認められているかは、その国の政治形態によって異なる。"民主主義"という言葉は、ギリシャ語の"人民"や"市民"を意味するdemosと"統治"や"力"意味するkratosに由来し、人は政治的にも法的にも平等であるということを意味している。真の民主政治では、市民は思想、意見、信条、言論、結社の自由を与えられる。政府は選挙を行い、有権者は自分たちの代表を選出する。選出された議員の任期には制限が設けられている。民主的な国の例としては、カナダ、オーストラリア、ニュージーランド、アメリカ、イギリス、デンマークなどが挙げられる。全体主義的政府では、単一の権力者（たとえば個人、グループ、政党など）がすべての政治権力を独占する。全体主義的政治の形態には、以下のようなものがある。

・権威主義——ひとつの集団が他のすべての集団を支配する。

・ファシズム——人心を統制することを目的とする。

・世俗的全体主義——軍事力によって強制的に社会を支配する。

・神権的全体主義——宗教指導者が政治指導者となって社会を支配する。

全体主義に近い国の例としては、キューバ、イラン、北朝鮮などがある。企業が海外進出を検討する際、政治体制を考慮する必要があるだろうか？　政治情勢はグローバルマーケティング企業の事業に大きな影響を与える。欧米の民主主義国家はしばしば、政治的安定と民主的な政治形態を同一視するが、他国では必ずしもそうとは限らない。共産主義独裁政権のような厳重に統制された体制から民主主義体制への移行は、社会の混乱と混沌を伴うので、政治体

制の安定性は重要な要素として考慮する必要がある。政治環境が安定していれば（例：中国）急速な経済発展を遂げるかもしれないが、政治体制の変革なしに、その発展はどこまで続くだろうか？　長年にわたり、多くの著述家が、グローバル企業がより民主的なインドよりも中国への投資を好む傾向について、興味を持って注視してきた（Aitra, 2003）。

政党と利益団体

政党と利益団体は政治情勢に深く関わっている。どのような政党が存在し、どれほどの力を持っているのかを知ることは重要だ。外国企業であっても、これらの政党の掲げる理念の影響を受けることがあるからだ。たとえば、ドイツで緑の党が議席を伸ばした場合、環境に悪影響を及ぼす企業の活動が規制される可能性がある。その他にも、さまざまな利益団体がビジネスに影響を及ぼしている。たとえば、フランスでは2010年に労働組合が交通システムに大きな影響を与えた。また、グリーンピースのような特定利益団体が、エッソや、シェル、政府に対して圧力を行使することがある。ロビイストも忘れてはならない。ロビイストは、アメリカ、西ヨーロッパ、オーストラリア、ニュージーランドでは非常に重要な存在であるが、政府に影響を与えることができるかどうかは、その専門性、主張の質、政策決定に影響力を持つ人物との繋がり、動員できる支持者の数と重要性など、さまざまな要因に左右される。

政権を握っている政党とその世界観によって、政府の持つ政策目的はさまざまだ。しかし、共通する一般的なテーマとしては、政治的主権の維持、国家の威信と繁栄のさらなる向上、国家の安全保障、文化的アイデンティティの保護などがある。これらのテーマがマーケティングミックスに与える影響について、以下に検討する。

製品への影響

政府の目標のひとつは、自国の国際的名声をさらに高める、または維持することだ。しかし、そのために政府が自国の産業を保護したり、補助金を出したりすることにつながり、競争が歪められることがある。他国に新製品を導入しようとするグローバルマーケターは、その製品の競争力がどの程度か、その製品が地元企業を駆逐する可能性があるかどうかについて、政府の見解と戦わなければならないかもしれない。これが、政府が税制優遇措置や補助金、政府援助によって輸出を支援する一方で、関税や、輸入規制、数量割当などの非関税障壁、差別的調達政策、制限的税関手続き、恣意的金融政策、制限的規制によって輸入を抑制することが多い理由だ。これらの輸入規制は、その国に輸出できる製品だけでなく、輸入できる量や、そのために支払わなければならない費用にも影響を与える。

どの国も競争力を高めたいと考えているが、現地の労働コストはかなり異なる。貿易協定のなかには、児童労働や強制労働の禁止など、グローバル競争における最低限の社会的基準を定めたものや、最低賃金や結社の自由の保証を定めたものもある。しかし、すべての国がこうした規則を遵守しているわけではないため、製品（および価格）に大幅な違いが生じることもある。

もうひとつの政府目標は文化的アイデンティティの保護だ。それぞれの社会に世代から世代へと受け継がれていく特定の行動規範がある。しかし、行動規範は時代とともに変化し、世代間の対立を激化させたり緩和させたりする可能性がある。しかし、変化を外部から押し付けられていると人々が認識した場合、その変化に対する人々の抵抗は最も強くなる。たとえば、インドの一部の宗教団体によるファーストフードに対する抵抗は非常に強い。

価格への影響

政府の規制がグローバル企業の子会社の運営、特に価格設定にとって深刻な脅威となることがある。なぜなら、国外への資金移動に関する規則が、資金の移動場所や送金量を制限し、現地での価格設定や事業運営に影響を与える可能性があるからだ。補助金を受けている企業は、競争力を維持するために、調達方法を工夫する必要がある。たとえば、農業補助金により国内農産物の価格は低く抑えられるので、加工食品の海外マーケティング担当者は価格面で競争することが難しくなる。

プロモーションへの影響

比較広告や虚偽広告に関する法律や、広告内容と広告時期、広告コンテンツ内でのプロダクトプレイスメントなどへの法規制に対応するために、販促物に変更を加えなければならないことは多い。

比較広告は製品を競合製品と直接的に比較することを目的としている。直接比較は多くの国で違法だが、アメリカでは比較広告は一般的に行われている。コーラ対ペプシやマイクロソフト対Appleのキャンペーンが良い例だ。イギリスとオーストラリアでは制限され、サウジアラビアでは完全に禁止されている。中国で広告を行う場合、商標所有者は広告の内容に注意しなければならない。他の国では許容範囲の積極的なキャンペーンであっても、中国では法律で罰せられる可能性があるからだ。中国の広告法は言論の自由よりも消費者保護に重きを置いている。

フィジカルアベイラビリティへの影響

企業が製品やサービスを海外に届けるためには、A地点（生産地）からB地点（海外市場）への輸送手段を確保する必要がある。しかし、政治的環境が原因で市場へのアクセスが制限され、国際物流と流通経路の決定に問題が生じることもある。このような問題は、EUにも存在する現地調達比率に関する法律（製品やサービスに一定割合以上の現地産の部品や材料を使用することを義務付ける法律）や、国際収支の問題（一国が他国との間で行う貿易や投資などの取引において収入と支出のバランスが崩れること）が原因で発生することがある。現地政府はこれらの問題に対処するために**輸入割当**を課したり、合弁事業における現地資本の比率を引き上げたりすることがある。たとえば、中国では、外国企業が中国国内である程度まで製造を行う場合に限り、直接投資を認める政策をとっている。オーストラリアでは、国際航空会社は国内線を運航することはできないが、オーストラリアの航空会社は外国資本で100%所有されることが可能だ。

グローバル企業は、政治的環境の他にも複数の法制度に適合しなければならない。具体的には、個別のマーケティング法だけではなく、贈収賄や汚職行為を規制する法律、競争行為を規制する法律（例：独占禁止法）、製造物責任、倒産、特許、商標、著作権などにも注意を払う必要がある。これらはすべてマーケティングミックスに影響を与える。

経済的環境

輸出や投資のために海外市場を選択する際、グローバルマーケターは進出する国の経済状況を考慮する必要がある。為替レートの変動も投資の収益性に影響を与える。たとえば、イギリスの輸出業者にとって、ポンド高は良いことだろうか？ 豪ドル高はオーストラリアの大学にとって良いことだろうか？ 休暇で海外に行くのであれば自国の通貨高は良いことかもしれないが、現地の輸出業者にとっては良いことではない。

B to Bマーケティングへの応用

BtoBのグローバルマーケティングでは、BtoCのグローバルマーケティングとは異なる戦略や戦術が必要だ。特に、多くの多国籍大企業がグローバルな購買アプローチに移行した結果、世界中のサプライヤーのBtoBマーケティングに根本的な変化が生じた。

この数十年、多くの多国籍企業がグローバル購買プログラムを導入しているが、その目的は、企業の要件を世界規模で集約して交渉力を高めるとともに、世界規模の製品互換性と均質で高品質な顧客サービスを実現することにある (Capon & Senn, 2010; Quintens, Pauwels & Matthyssens, 2006)。これを受けて、多国籍サプライヤー企業の多くはグローバルマーケティング戦略を導入し、さまざまな国でB to Bマーケティング活動の連携を強化し、グローバル顧客向けのグローバルアカウントマネジメント制度を導入している。

大手サプライヤー企業の中には、グローバルアカウントマネージャーを任命し、自社と顧客企業が事業を展開するさまざまな国における顧客関連業務を調整し、自社と顧客のグローバルビジネスユニットとの間に効果的な関係を構築している (Harvey et al., 2003)。しかし、このような企業は、グローバルアカウントマネジメントをはじめて確立するときに、問題に直面することが多い。なぜなら、これらの企業の根底にある組織構造は、依然として別々の国レベルの子会社で構成されており、従来、これらの各子会社が顧客管理を担当してきたからだ (Hastings & Saperstein, 2010)。

グローバルな事業展開の経験がない企業が海外のBtoB市場に参入すると、販売戦略上の課題に直面する可能性がある。たとえば、輸出を開始する企業は、海外市場では再販業者を利用するか、それとも自社の営業部を利用するかを検討しなければならない。自社の営業部を利用することを決定した場合、営業担当者はその市場で採用するのか、それとも本国の営業担当者を任命するのか（後者の場合、営業担当者を海外営業拠点に異動させるのか、それとも本国に留まり定期的に海外市場を訪問するのか）を決定しなければならない。それぞれの選択肢に長所と短所があり、どの選択肢が適切かは企業の能力と事業を展開する市場の特殊性によって異なる。一般的な消費者市場と同様に、B to Bマーケターは、製品の提供方法やプロモーション方法に影響を与える可能性のある各市場のさまざまな力についても認識しておかなければならない。

本章の結論　　CONCLUSION

本章ではグローバルマーケティングの複雑さについて概説した。これまで国内で事業を行ってきた企業が国際市場で事業を展開する場合、たとえそれが単一の市場であっても、その国の経済、法律、文化、政治、社会について多くのことを学ぶ必要がある。マーケターはその国の政治体制も理解しなければならない。多くのグローバル企業が成功を収めているのも事実だが、その一方で、グローバルマーケティング活動に失敗した企業の例も枚挙にいとまがない。このことは、新規に進出する市場を理解することの重要性を示している。

本章の要点　Summary

+ 企業がグローバルに事業を拡大するのには主に2つの理由がある。まず、自国市場がすでに飽和状態にあり、成長の機会が限られている可能性があること。次に、事業を拡大することで生産量が向上し、それに伴い効率が改善し、国際競争力を高めることができることだ。

+ マーケターは、それぞれの市場のマーケティングミックスをどの程度標準化し、どの程度ローカライズするかを決定しなければならない。標準化でコストを削減できるが、市場進出の失敗を招く可能性もある。

+ 特定の市場でどのようにマーケティングミックスを適応させるか、またはローカライズするかを決定するとき、マーケターは、その市場の社会文化的、技術的、経済的、政治的な力が、自社が事業を展開している他の市場とどう異なっているかを考慮しなければならない。

復習問題　REVISION QUESTIONS

1. 政治的法的環境がマーケティングミックスに与える影響を、事例を示して評価してください。

2. 「ソーシャルネットワーキングは国際的マーケターのマーケティング活動に革命をもたらすだろう」という主張の妥当性を、適切な例を挙げて評価してください。

3. 「プロモーションを新しい市場に適応させるのは費用の無駄であり、市場間でプロモーションを標準することのほうがはるかに賢明だ」という主張について考察してください。

4. 文化の持つ4つの側面について概説し、異なる国間の製品のプロモーションにこれらの側面がどのような影響を与えるかを説明してください。

5. 社会文化的環境要因のなかには、マーケターが準備しておかなければならない、次のようないくつかの世界的な人口動態の変化があります。
   a. 高齢化
   b. 伝統的核家族の割合の減少
   c. 家庭での男女の役割の変化
   d. 環境に対する意識の変化

   これらの社会文化的変化のなかからひとつを選び、その影響を受けそうな、あなたが日ごろからよく知っている製品やサービスを選んでください。あなたが国際的なマーケティングコンサルタントであるとします。あなたが選んだ製品やサービスについて、人口動態の変化を踏まえて、どのような変更を提案しますか？

6. ゼネラルモーターズとメルセデスベンツの、複数の市場におけるウェブサイトを閲覧してください。それぞれのウェブサイトをよく見て、コミュニケーション戦術および紹介されている製品ラインナップを比較検討してください。ゼネラルモーターズとメルセデスベンツのどちらの製品戦略がより標準化され、よりローカライズされていますか？　あなたの考えをエビデンスで裏付けてください。注：ゼネラルモーターズのブランドには、ヨーロッパのオペル、英国のヴォクスホール、オーストラリアとニュージーランドのホールデン、その他の地域ではシボレー、ビュイック、キャデラック、GMCなどがあり、メルセデスベンツのブランドには、メルセデスベンツ、マイバッハ、スマートなどがある。

Chapter **14**　　Global Marketing

Chapter 14

重要事例研究
MAJOR CASE STUDY

ディルマセイロンティーの
オーストラリアにおける市場開発

ロドニー・アランベウェラ（ディーキン大学）著

背景

　スリランカのディルマピュアセイロンティーは、オーストラリアの紅茶市場で人気のブランドだ。このブランドが市場に導入されたのは1984年のことだった。当時のオーストラリア市場はリプトン、ブッシェルズ、ランチュウ、テトリーズ、ハリス、トワイニングズといった多国籍ブランドや大手ナショナルブランドが独占しており、新規参入の障壁は非常に高かった。スリランカはかつてセイロンと呼ばれていた。1972年の共和国化に伴って国名がスリランカに変更されたが、スリランカ産の紅茶はその品質の高さに対する消費者の高い認知度を活用するためにセイロン紅茶と呼ばれ続けている。スリランカからオーストラリアへのセイロン紅茶の輸出は、1960年代から1970年代にかけてピークを迎え、全輸入量の70%近くを占めていた。しかし、市場シェアが1980年代初頭から販売量と売上高ともに減少しはじめたため、この減少を食い止めるためにはセイロン紅茶のマーケティング戦略の見直しが必要と考えられた。

　広範な市場調査と市場分析を経て、スリランカから直輸入したプレパックの純粋なセイロン紅茶にすべてのマーケティングと販促活動を統合させる新戦略が打ち出された。これは、混合起源の他の茶と比較して、セイロンが単一原産国であるという明確なアイデンティティを与えるためであった。その結果、ディルマピュアセイロンティーがオーストラリアで発売された。これは、オーストラリアの紅茶市場におけるセイロン紅茶の地位を活性化するための理に適った賢明な取り組みだった。

オーストラリアの紅茶市場

　オーストラリアは世界有数の紅茶消費国で、一人当たりの年間消費量は約0.55キログラムだ。紅茶の消費量は60年代、70年代、80年代の方が今よりもはるかに多かった。長年にわたる人口動態とライフスタイルの変化が紅茶の消費習慣に大きな影響を与え、消費者の嗜好は今でも変化し続けている。消費者が多様性と利便性を求めた結果、コーヒーと炭酸飲料が紅茶にとっての最大の脅威となった。ティーバッグ、緑茶、ハーブティーなどの製品の登場は、利便性と健康的なライフスタイルを求めるトレンドの直接的な結果だが、これがオーストラリアの紅茶マーケティングに大きな影響を与えた。

　表14.3が示すように、2015年のオーストラリアの紅茶市場は、ユニリーバとABフード＆ビバレッジ（ヨーロッパ最大の食品販売会社の子会社で、オーストラリアでもトワイニングズ紅茶を販売している）という2つの多国籍大企業が金額ベースで合計57%のシェアを占め、残りの43%のシェアをその他の多数の製品が競い合って、市場が細分化していることがわかる。2015年の紅茶の総売上高は3億1400万豪ドルと推定され、総販売量は1万421トンであった。市場規模は金額ベースで

表14.3　2014年と2015年のオーストラリアの紅茶市場（食料品店取引レベル）

企業/ブランド	バリューシェア（2014年）	ボリュームシェア（2014年）	バリューシェア（2015年）	ボリュームシェア（2015年）
AB Food & Beverage	27.3	14.4	30.3	17.0
Unilever	28.9	32.5	26.7	32.3
Dilmah	11.9	16.5	11.6	16.0
Tata global	11.4	15.1	10.4	14.0
Nerada	5.3	8.0	5.5	7.7
Madura	4.0	3.5	3.9	3.2
自社ブランド	1.6	3.6	1.4	3.1
その他	9.5	6.3	10.1	6.6

データソース：Retail World (2014) 'Grocery market sales and shares', *Annual Report*, December, p. 52. Retail World (2015) 'Grocery market sales and shares', *Annual Report*, December, p. 50.

1.1%、販売量ベースで2.7%減少した。多国籍企業との競争にもかかわらず、ディルマセイロンティーは2015年、金額ベースで約12%の、販売量ベースで16%の市場シェアを獲得することができた。

ディルマティーの市場開拓戦略

　ディルマブランドが市場に導入されたのは1984年のことだった。当時のオーストラリア市場は、リプトン、ブッシェルズ、ランチュウ、テトリーズ、ハリス、トゥイニングスといった多国籍ブランドや大手ナショナルブランドが独占しており、新規参入の障壁が非常に高かった。

　1990年代後半まで、オーストラリアで消費される紅茶のほとんどはリプトンやブッシェルズなどの大手の包装業者によって国内で包装されていた。少量ではあるが、スリランカや、インド、その他の紅茶生産国からも包装された紅茶が輸入されていた。包装業者は、さまざまな産地から茶葉を大量に輸入し、ブレンドして独自のブランド名で包装していた。そのブランドの中には原産国（例：スリランカ）が特定されているものもあった。1960年代から1970年代にかけて、セイロン紅茶はオーストラリア市場で大きなシェアを占め、包装業者はブレンドにセイロン紅茶を多く使用していた。しかし、インドネシア、パプアニューギニア、東アフリカなどの新しい産地との価格競争に入ると、セイロン紅茶が市場で保持していた独占的な地位は大きな影響を受けた。さらに、ティーバッグ市場が拡大し、素早く抽出できる紅茶が求められるようになると、CTC（カット、ティア、カール：茶葉を裁断し、引き裂き、丸める）製法と呼ばれる、従来とは異なる製法で生産されるようになった。当時、スリランカ産紅茶は、風味と香りを重視する伝統的な製法ですべて生産されていたが、新しい産地の紅茶は、主にティーバッグとして消費されることを想定してCTC製法で生産されていた。主要包装業者がセイロン紅茶の含有量を減らしたブレンドを使用するようになると、60年代と70年代には70パーセントを占めていたセイロン産紅茶のシェアは、1983年には8パーセントにまで大きく落ち込んだ。その結果、オーストラリアのスリランカ産紅茶市場は大きな打撃を受け、セイロン産紅茶ブランドのマーケティング戦略の全面的な見直しが必要となった。

　成功するマーケティング戦略は、魅力的な市場機会を特定することから始まる。それは、市場機会を組織のリソースと目標に照らし合わせて検討することでもある。セイロン産紅茶製品はオーストラリア市場にとって新しいものではなかったが、マーケティング環境の変化を踏まえ、セイロン紅茶の新しい市場を特定し開拓することが課題であった。セイロン紅茶のコンセプトには、もうひとつの重要な課題があった。それは、ブランドの高品質なイメージを確立し直さなければならないことだった。しかし、原産国を直接特定できるような特徴的なブランド名がないことが、これを妨げていた。市場調査の結果、原産国を表示してセイロン産紅茶製品と表示することが（「スリランカでパックされた純粋なセイロン紅茶」と表現されていた）、オーストラリアの消費者の製品の品質認識に大きな影響を与えることがわかった。スリランカは世界の主要な紅茶生産国のひとつであり、紅茶生産の長い歴史と専門知識を有していると考えられていた。セ

イロン紅茶の品質に対する消費者の理解は大いに改善されていたが、市場調査の結果、大手包装業者が販売する製品はセイロン紅茶含有量が減少してきているため、オーストラリアの消費者は、セイロン茶葉のみを使った純粋なセイロン紅茶製品をほとんど、あるいはまったく入手できないこともわかった。この市場の空白は、スリランカにとって、独自のブランドを開発するための将来の成長戦略に生かすべき大きなチャンスだった。そのチャンスを生かすためには、純粋に市場開発を行うだけではなく、セイロン紅茶の市場開発戦略を支えるための信頼できるアイデンティティを確立する必要があった。スリランカで包装されたセイロン紅茶をオーストラリア市場に参入することを後押しする、いくつかの動機付けとなる要因があった。

1. スリランカ産紅茶は生産国での生産と包装のコストが低いため、コスト面で有利
2. 生産から包装、輸出までを一貫して行うことで、流通過程全体で得られる利益を最大化できる
3. 原産国を問わず、オーストラリアに輸入される紅茶はすべて輸入関税や税金が免除されている

オーストラリアのメルボルンにあるスリランカ紅茶振興局（スリランカ政府機関）は、スリランカ輸出開発局（スリランカ政府が出資する輸出促進機関）とセイロン紅茶の大手輸出業者のひとつであるメリル・J・フェルナンド社の支援を受けて、スリランカで包装されたスリランカ産紅茶ブランドを導入するための新たな市場開拓の活動を開始した。スリランカ紅茶振興局は、新しいスリランカ紅茶ブランドの市場可能性を評価するため、消費者フォーカスグループインタビュー、アンケート調査、製品サンプリングなどの多くの市場調査と徹底的なビジネス分析を行い、ブランディング、パッケージデザイン、広告、プロモーションを含むマーケティングコミュニケーションミックス戦略を開発した。新鮮さと品質が、ディルマティーを市場の他の紅茶製品と差別化するためのプロモーション上の主要な属性だった。価格は、ディルマティーの価値提案を反映するように、リプトンのような主流小売ブランドとトワイニングズのような高価格輸入紅茶の中間に設定された。

ディルマティーはティーバッグ製品として発売されたが、市場のさまざまなセグメントに対応するために、製品ラインアップを順次拡大していった。ディルマティーは現在、グルメブラックティー、オリジナルガーデンズティー（シングルオリジンティー）、緑茶、カフェインレスティー、リアルホワイトティー、オーガニックティー、フレーバーティーから、さまざまなハーブティーまで、幅広い紅茶製品を販売している (Dilmah Australia, 2011)。ディルマティーは、セイロン紅茶のイメージ回復と、"純粋なセイロン紅茶"というコンセプトを市場に受け入れさせて紅茶業界の信頼と信用の再構築に貢献してきた。

発展問題　　　　　　　　　　QUESTIONS

1. このケーススタディの情報に基づいて、1980年代前半のオーストラリアにおける紅茶のマーケティング環境について簡単に説明してください。

2. スリランカ産の紅茶ブランドのオーストラリア市場への導入を促進した主な要因は何ですか？

3. ディルマセイロンティーをオーストラリアに導入するためにスリランカがたどったプロセスを説明してください。

4. 原産国は、ディルマセイロンティーのオーストラリアでの成功に影響を与えたと思いますか？

5. ディルマセイロンティーのウェブサイト（http://www.dilmah.com.au）を訪問して、同社がオーストラリア市場で現在のポジションを維持するためには今後どのような戦略を検討すべきかを考えてください。

Chapter 14

INTERVIEW
インタビュー

Keith Weed

キース・ウィード

ユニリーバ チーフマーケティング
コミュニケーションオフィサー

　私の専門はエンジニアリングでしたが、ユニリーバ入社後に、会社の提供するグラジュエートマネジメントプログラムを履修しました。ユニリーバでは、さまざまな国でグローバルカテゴリーの運営統括に携わりながら、現在のチーフマーケティングオフィサーの職務に就きました。

　他の多くのCMOとは少し異なり、私の仕事はマーケティングに加えて、サステナビリティ、社内外のコミュニケーション、市場調査、デジタルメディアも統括しています。私は、企業において、マーケターが製品を少しでも多く売り込もうと躍起になっている一方で、企業の社会的責任（CSR）部門がその裏で発生する"負の側面"を必死に埋め合わせようとしている状況をよく目にします。これは健全なビジネスのあるべき姿ではありません。CMOとしての私の最初の仕事のひとつは、CSR部門を廃止し、サステナビリティを企業文化として根付かせることでした。そうすることで、私たちはひとつのチームとなり、全員がユニリーバのビジョンである"持続可能な生活を当たり前のものにする"という同じ目標に向かって働くことができるようになりました。

　雑然さの増した世界においては、ブランドはグローバルであると同時にローカルでなければなりません。グローバルでなければならないのは、テクノロジーの進化によって情報が国や地域を問わず瞬時に伝わるようになったため、一貫したメッセージを発信する必要があるからです。ローカルでなければならないのは、その国の文化や言語に根ざしたリアルタイムのコミュニケーションを通じて、現地の消費者と本当の意味でつながる必要があるからです。このバランスをとるのは必ずしも簡単な仕事ではありませんが、私たちのクリエイティブな成果とブランドが消費者に真に受け入れられ、大切にされるものになるためには、ますます重要になるでしょう。私の役割は、この戦略に目標を持たせ、それを各ブランドに実行させることです。

　キャリアの選択を考えている人たちに私がいつもアドバイスしていることのひとつは、"後ろ向きな姿勢からは後ろ向きな結果しか生まれない"という考え方です。重要なことは、何をするにしても自分が楽しめるものを選ぶことです。

グローバルマーケティング

Chapter 15

Ethics and Social Responsibility

倫理と
社会的責任

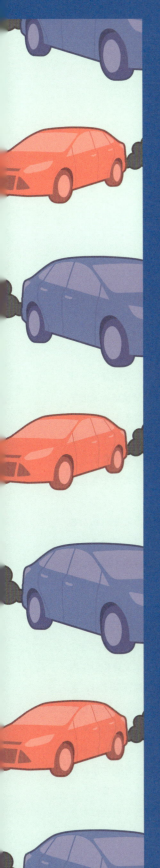

アニタ・ペレグ

チャールズ・グラハム 著

Chapter 15

導入事例
INTRODUCTION CASE

インターネットは自由を与えているのか、それとも支配を強めているのか？

　インターネットは、言論の自由のための究極のプラットフォームであり、透明で開かれたコミュニケーションを可能にし、誰でも情報に簡単にアクセスできるようにした、いわば世界の架け橋ともいうべきメディアであると称賛されている。しかし、その発展によりもたらされた自由の結果として、悪意に満ちた容認できないコンテンツが拡散されたり、社会的弱者が標的になったりといった、多くの倫理的な問題が提起されてきた。

　インターネットを利用して商品を購入する、あるいは情報を閲覧したり、投稿したり、共有することで、私たち一人ひとりがデータの痕跡を残すことになる。モバイル機器を通じて人と人とのつながりが深まるにつれて、私たちの物理的存在だけでなく仮想的存在までもが記録され、他の情報と紐づけられるようになった。そして今、私たち全員が残した記録、いわゆるビッグデータの利用方法について大きな懸念が持たれている。特にこれは、組織がオンラインデータベースに接続する場合、たとえば、ロイヤリティカードのデータとソーシャルメディアアカウントのデータとをリンクさせる場合に問題化する。

　インターネットそのものをもっと厳しく規制すべきだという声がある一方で、自由の象徴であり進歩の原動力であるインターネットに、安易に手を加えてはならないと考える人もいる。

　新しいテクノロジーは、IoT（モノのインターネット）をもたらしている。私たちが現在使っている機器の一部はたがいに通信し合っている。この情報交換は、通信する機器の数が増えるにつれて大きな利便性をもたらす可能性がある。たとえば、近い将来、冷蔵庫は、牛乳、卵、キュウリなどの基本的な食料品の在庫が少なくなると、それをユーザーに通知したり補充を提案したりできるようになるだろう。

　IoTがこの先どのような進化を遂げようとも、私たちの行動に関するデータが増え続け、送信され続けることを避けることはできない。もし私たちが技術の進歩によってもたらされる新たな利便性を受け入れることを選択するならば、プライバシーのさらなる低下を受け入れなければならない。これは、どのような個人情報が収集され、どのように利用されるのかを、コントロールできない可能性があることを意味する。たとえば、体重計に内蔵のセンサーから私たちの体重情報が健康保険会社に送られたり、公共料金会社のスマートメーターから私たちの日常生活の情報が想像もつかないような目的のために転送され、保存されたりする可能性がある。私たちが個人としてこのことをどう受け入れるかで、私たち自身の倫理的な立場が決定する。つまり、私たちの意見は、このようなデータ共有により私たち自身や広く社会にもたらされる利益を、私たちがメリットと理解するかデメリットと理解するかに大きく影響を受けるだろう。

　現在では、企業は、私たちの個人情報を追跡して私た

ちの位置情報（少なくとも携帯電話の存在位置とその動き）を検知し、私たちの購買行動をプロファイリングするために、私たちの買い物やブランドの嗜好など豊富な情報を収集・保存することができる。懸念されるのは、このデータが購買傾向を分析するためにどのように利用されているか、またそうすることでプライバシーがどの程度侵害されているかということだ。いっそう懸念されるのは第三者へのデータの売却だ。ビジネスの過程でデータセットを収集することに熟達した企業は、そこからさらに大きな株主価値を生み出すことを可能にした。

　Eメールマーケティングキャンペーンにうっかり登録すると、メールの受信箱には大量のメッセージやセール情報が殺到することになる。小売業者のウェブサイトを訪問するとクッキーがインストールされ、その後何日間もその企業の広告が表示される。スーパーマーケットで特売のパンを買い、ポイントカードを通すと、これまでのブランド嗜好に基づいて、特売のジャムや、スプレッド、チーズの大量のクーポンをもらえる。ソーシャルメディアにアップロードされた何百万枚もの写真は調査機関に提供されている。調査会社は、最新の技術を使って写真をスキャンし、そこに映っているロゴを特定することで、典型的なブランド購買客のプロファイルを作成し、新製品開発や広告戦略の立案に役立てている。このような日常的なデータ主導のマーケティング手法はインターネットなしでは考えられない。では、この手法がインターネット上でどのように機能し、消費者の選択肢を広げ、多様で豊かな経験の扉を大きく開くために、どのような役割をはたしているのだろうか？

　これは、単にあなたが残したデータの痕跡は誰のものかという問題にとどまらず、もっと複雑で深い、社会全体に影響を与える倫理的な問題を抱えている。このようなマーケティング手法は、同じものをもっと買うことを促し続けることで、別の選択肢に関する情報を制限しているともいえる。AmazonやGoogleのようなサイトは、顧客サービスの名の下に、私たち自身の過去の行動に基づいて継続的に情報をフィルタリングし、オンラインプロフィールに合った商品を提供している。Amazonのユーザーである私たちは、過去に購入した本と同じ著者やジャンルの本を表示されることになる。これは無関係な情報を遮断するサービスと理解することもできるが、選択の自由を妨げ、新たな知識や理解の習得を妨げる要因にもなっていないだろうか？

　このAmazonやGoogleによるデータ収集とパーソナライズされたサービス提供は、法律制定者、マーケター、消費者の関係について2つの倫理的疑問を浮き彫りにしている。まず、生成されたデータは、それを収集する企業の所有物か、それともそれを生成した私たちの所有物か、という問題だ。どのデータを誰に公開するべきかを消費者が決定できるように、より多くのコントロールを消費者の手に委ねるべきだろうか？　情報の管理は誰が責任を持つべきだろうか？　政府だろうか？　それとも産業界または個人だろうか？　現在、個人データの利用を規制するための法整備を求める声がある。また、個人データの管理は個人がそれぞれで行い、データをいつ、どこで、誰に公開するかは自分で決定できるように、産業界と消費者の間で早急に話し合いがもたれるべきだという意見もある。

　次に、ビッグデータを利用した現在のマーケティング手法は、私たちの買い物の全体ではなく、過去のオンライン上の行動のみを反映しているため、消費者の選択肢を狭め、新しい知識や経験に触れることを制限しているのではないだろうか？　私たちの将来に、自分で選択できる余地は残されているだろうか？

　私たちのデータは誰が管理すべきだろうか？　政府による法的規制か、個々の消費者か、それともマーケターか？　あなたならどう考えるだろうか。

データソース：Bradbury (2015); Goldsmith & Wu (2006)

INTRODUCTION

マーケティングは私たちの生活のあらゆる場面で重要な役割を果たしている。そのため、マーケティング業界の動向が社会を改善する可能性もあれば、社会に害を及ぼす可能性もある。

あらゆるマーケティング活動が、ブランド、消費者、その他さまざまなグループとかかわり合っている。そしてそれぞれが、おたがいに相反する目的や目標を持っている。ステークホルダーは利益を求め、消費者はより安くより良い製品を好み、社会は貴重な資源を次世代に残すことを望む。このような見解の相違から倫理的な問題が生じることも多く、ブランド、特に有名ブランドは、その経営者がくだした決定に対して公に責任を問われることもある。このように相反する要求に直面したとき、マーケターは何が正しくて何が誤りかをどのように判断するのだろうか。利益を追求することは、地球の資源の持続可能性や人々の生活と両立できるのだろうか。本章では、今日マーケターと消費者が直面している疑問を探り、倫理的なマーケティングの意思決定がいかに社会の福利の向上に寄与するかを示す。

本章の目的　Learning objectives
本章で学ぶこと：

+ 倫理的で持続可能なマーケティングに関する疑問を考察し、分析できるようになる
+ マーケティングと倫理、倫理と法律の関係を理解する
+ 多様なステークホルダーにサービスを提供することの複雑さを理解する
+ 倫理の哲学的定義について説明できるようになる
+ マーケターが実際に直面する倫理的課題を理解する
+ 自分が消費者として直面する倫理的問題について考える

倫理とは何か？

倫理は、私たちが社会のなかで個人としてどのように考え、どのように行動すべきかを大きく規定する。倫理とは、暗黙の了解として共有されている善悪に関する概念であり、学習し共有することで私たちの集団文化が形成される。倫理規範は、もっとも基本的なこととして、他者が自分自身に危害を加える恐れがない限り、自分も他者に危害を加えないという、人間として必要な義務について述べている。多くの場合、このような考え方は長い時間をかけて発展し、私たち自身のあり方や私たち同士のかかわり方の一部となっている。旅行、コミュニケーション、移住を通じて他の世界との相互の結びつきが強くなり、また異なる背景を持つ人々と働く機会が多くなると、異なる文化の倫理観に触れ、価値観の変化を迫られる可能性がある。マーケターとしてのあなたの役割は、自国だけではなく、場合によっては他国の消費者行動に影響を与えることだ。あなたは、マーケターとしての善悪の概念を再評価し再適用することを、ある時点で必ず求められることだろう。その時のために、マーケティングにおける倫理的ジレンマの解決方法について理解を深めておくと役立つだろう。

自由と責任

従来から政府は高価格で消費者を欺く生産者を取り締まってきた。オープンな競争を奨励し、不正を防ぐための基準を設けることでこれを実施してきた。たとえば、900gの商品を1kgのように売ることを防ぐため、店頭に置かれる秤の精度は高くなくてはならない。今日では、肥満などの問題を懸念する政府は、高糖質・高脂肪食品の低価格販

Chapter **15** Ethics and Social Responsibility 524

図15.1　問題の核心、および個人の自由と集団の責任

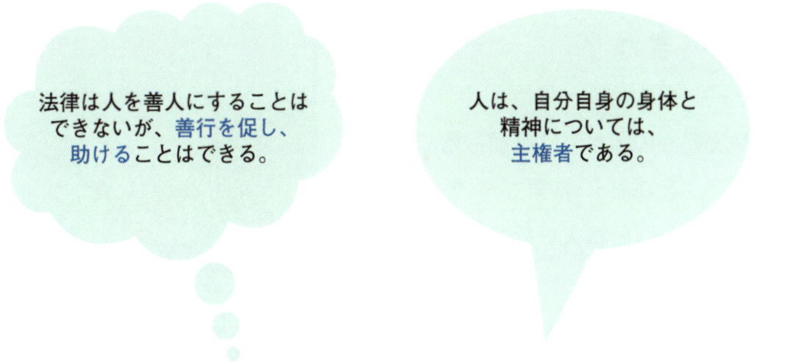

> 法律は人を善人にすることはできないが、**善行を促し、助ける**ことはできる。

1965年にA.W. HonoreがThe Rotarianの第107巻第2号の12ページに発表した"Good Samaritan or Bad?"というタイトルの記事より

> 人は、自分自身の身体と精神については、**主権者**である。

1859年にジョン・スチュアート・ミルがRoman & Littlefield社から出版した『自由論』より

売やマーケティングに批判的であることが多い。消費者に肥満のリスクやその原因について知らせることは、倫理的に許容されると考えられている。しかし、もし政府が、情報提供にとどまらず、特定の製品の価格を過度に引き上げたり、販売を禁止したりするなど、より踏み込んだ介入を行ったらどうだろうか？

　一見すると有益な計画でも、倫理的な問題を引き起こすことがある。たとえば、特定の製品の課税を検討する場合、誰がその判断をくだすのか？　少数の官僚に委ねるべきだろうか。それとも投票で決めるべきだろうか。もし、選挙で75％の人がある製品に課税する、または禁止することに賛成した場合、残りの25％の人は自分の意見に反してその決定に従わなければならない。高級レストランではクリスピークリームドーナツよりも高糖質・高脂肪のデザートが提供されることがある。政府がジャンクフードのマーケティングを制限するのなら、高級レストランのデザートも制限すべきではないだろうか？　政府が特定の食品を禁止するなら、健康のための運動も義務化すべきではないだろうか？　懸念されているのは肥満であり、その原因は複雑多岐にわたるのだから、政府はそう単純に脂肪税を導入したり、肥満の人への医療提供を制限したりするといった極端な対策まで検討すべきではないのではないだろうか。

　倫理的な決定とは、何が正しくて何が誤りかという、2つの基本的な価値観の対立を解決することだ。つまり、自分の利益のために行動する自由（他者や自分に害が及ぶ可能性がある）と、集団の最善の利益に対する責任（コスト、労力、リスクの増大を招く可能性がある）だ。私たちはどこまで自由に自分の意思を決定することができ、どこまでその意思決定を広範なコミュニティのニーズに合わせる必要があるのだろうか？　相反する価値観をもっとも公平に解決することが、最大の利益をもたらし、害を最小にする。しかしそれは一体誰のためだろうか。どのような行動にも利益と同時に犠牲が伴い、善もあれば害もある。また、ある人々や集団が他の人々や集団よりも強い力を持っているため、社会や政府は時として、弱者を権力者の利己的な考えから守るための法律を制定することがある。一方、個人や企業がほとんど害のない方法、あるいは相互利益をもたらす方法で行動できる場合には、法律は不要だ。冒頭のケーススタディが示すように、社会によって政府に介入を求めるポイントは異なる。そのタイミングは、個人の自由、集団の責任、認識される害悪またはリスクの度合いの間の、社会的に受け入れられるバランスによって決まる。

　マーケターにとって重要なことが2つある。第一に、社会が個人の自由と集団的責任の間の対立に対応するたびに、それがマーケティング環境に影響を与え、マーケティングミックスへの適応を必要とすることがある。たとえば、現地で法律が制定されれば、それに従ってパッケージのコピーや製品の成分の変更が必要になるかもしれないし、新しい税制の導入に対応して新しい価格設定が必要になるかもしれない。第二に、これらの変更には間違いなくコストがかかるため、マーケターは一般的に、可能な限り"自主規制"的行動を取ることを好むということだ。たとえばイギリスでは、大手酒類メーカーが**ポートマングループ**を設立し、出資している。この企業団体は、政府と協力して責任ある飲酒を推進しており、現在では、責任あるアルコール飲料マーケティングを奨励するための合意された行動規範を維持している。たとえば、健康に関する表示や製品名において、法規制よりも厳しい自主基準を設けるよう、企業に働きかけることもある。

倫理と社会的責任

CASE STUDY

誰が責任を負うべきか？

オーストラリアやその他の国々では肥満の増加について議論が高まっていることにお気づきだろう。Rethink Sugary Drink（砂糖入り飲料を考え直そう）という団体は、砂糖入り飲料の摂取がエネルギー摂取量の増加、ひいては体重増加や肥満と関連していると指摘している。肥満は、2型糖尿病、心血管疾患、一部のがんの主要な危険因子であり、経済的にも社会的にも大きな負担を強いる疾患であるが、場合によっては回避できることもある。誰が責任を負うべきだろうか？　ジョン・スチュアート・ミルなら、何リットルのレモネードを飲むかという選択は完全に個人に委ねられるべきだと主張しただろう。アントニー・オノレなら、人々が明らかに自傷行為に及ぼうとしているときは、政府が禁止令や課税という形で介入することが、彼らが自傷行為に走ることを防ぎ、健康な生活を送れるように導く唯一の倫理的選択であると主張しただろう。

発展問題　QUESTIONS

1. 拡大する胴回り（肥満）は誰が責任を負うべきでしょうか？　砂糖入り飲料を製造しているメーカーでしょうか？　それを販売する小売業者でしょうか？　あるいはそれを飲むことを選ぶ個人でしょうか？　それとも、砂糖にエネルギーが含まれていることを国民に知らせず、禁止や課税によって消費を制限しようとしなかった政府でしょうか？
2. 表15.1を読んでください。質問1に対する答えについて、考えを変えましたか？　その理由は何ですか？

表15.1　「誰が責任を負うのか？」に関する議論

企業	個人	政府
オーストラリアでは、砂糖入り飲料の製造、流通、消費は違法ではない。適量であれば、爽快感や活力を与えてくれ、美味しく、利便性も高いため、世界中の何十億人もの消費者に恩恵をもたらしている。	イギリスをはじめ各国の政府は砂糖入り飲料の健康上のリスクを懸念しており、飲むかどうかを消費者自身が判断できるように、多機関による教育的アプローチを支持するところもある。デビッド・キャメロン英国前首相は2015年5月に「働く人に砂糖税を課して家計の負担を大きくすることは正しい解決策だとは思わない」と述べている（Parry, 2015）。	消費量を制限するため、いくつかの政府は2014年、メキシコに倣って砂糖入り飲料に20％の課税を導入した。これまでのところ、その効果は限られているようだ。
砂糖入り飲料をいつどこで飲むか、水などの無糖飲料を選ぶかといった決定は個人に委ねられている。		British Medical Journalに掲載された研究（Briggs et al., 2013）では、イギリスで20％の課税が導入された場合、砂糖入り飲料の売上は15％減少し、肥満の有病率が1.3％（約18万人）減少すると推定されている。しかしこの予測は、正確な予測の実績に乏しい複雑なアルゴリズムに基づいている。
砂糖入り飲料を製造・販売する企業は、雇用を創出し、税金を納め、株主への利益還元や成長への投資を通じて経済に貢献している。ひいては、既存の雇用を維持し、新たな雇用の創出につながっている。	オーストラリアでは、Rethink Sugary Drink（2016）が、「ソフトドリンク、エナジードリンク、スポーツドリンクなどの砂糖含有量を強調することで、オーストラリア国民が砂糖入り飲料の消費を見直し、水や、低脂肪牛乳、無糖飲料の選択肢に切り替えることを奨励したい」と述べている。	
砂糖の消費量は数十年にわたって減少しているが、肥満は増加している。	しかし、このような課税は、これらの飲料を平均以上に飲む少数の消費者だけでなく、適度に飲む大多数の消費者にも不利益を与えることになる。（第2章と第3章のアレンバーグの購買頻度の法則を参照）。	砂糖入り飲料に課税すれば、政府の税収が増え、それを医療に使うことができる。
肥満の人は、痩せている人に比べて、摂取総カロリーに対する砂糖摂取量は少ない。また、砂糖の摂取量よりもタンパク質や脂肪の摂取量が多い。		

法律は、善悪を問う道徳的な問題と比べると、いったん成立すれば解釈の余地はほとんどない。法律は議論するものではなく、遵守すべきものだ。それでも企業は、たとえ法律の範囲内で行動していても、ポートマングループやRethink Sugary Drinkのような団体と提携したり、それらの自主的な規約を採用したりして、社会全体のために活動していることを示したいと思うかもしれない。これは特に、特定のグループが対象市場に脆弱性を感じ、保護が必要だと主張する市場に当てはまる。このような市場では、企業が倫理的な問題に直面するリスクが高くなる。このようなカテゴリーの例として、合法的かつ高度に規制された動物実験がいまだに行われている化粧品や医薬品、身体的に依存性があり長期的には有害な可能性があるアルコールやタバコ、あるいは子ども向けの特定の製品の広告（子供に対するいかなる製品の広告も、子供の信頼を悪用するという理由で非倫理的だと考える人もいる）などが挙げられる。

社会に対する企業の責任

企業が社会に対して責任ある行動をとる方法を理解する上で、株主理論とステークホルダー理論という2つの理論が登場した。

株主理論

1970年、経済学者のミルトン・フリードマンは、自由で公正な経済の鍵であるとして株主理論を擁護した。ミルトンは、「企業の唯一の仕事は事業である」という有名な言葉を残している。これは、企業は法律に従って利益を追求し、株主に報いることが期待されているという意味だ。ミルトンは、企業は効果的に競争することで成功し、利益を上げて税金を納め、経済を支え、雇用を創出できると考えていた。これが転じて社会にも利益をもたらすのは、マーケターが消費者の価値を高めるために革新やその他の行動を起こすからだ。利益は、企業が資産と資源を効率的に活用し、社会に価値を提供できていることの証となる。第1章で考察したように、結果的に経済成長がもたらされ、選択の幅、品質、利便性、さらには寿命までもが向上する。市場の需要に応えられるブランドは成長し、オーナーの株主に価値をもたらす。それができない企業は失敗する。ミルトンの見解は、企業の社会に対する唯一の責任は利益を上げることであり、社会貢献的側面は結果として後からついてくるというものだった。慈善事業や社会福祉は政府の責任であり、企業の責任ではない。

グローバル経済では、マーケティング活動は単に購買行動を促すだけではなく、その他にもさまざまな影響を多くの人々に与える。そのなかでも、ブランドのマーケティング活動にかかわるステークホルダーは、相反する、あるいは異なる利益や意見を持つことが多く、全員が企業のマーケティング活動の成功または失敗に影響を与える可能性を持っている。今日、企業の経営者は、さまざまなステークホルダーの間に生じる利害の対立や意見の相違を、社会全体への責任と企業の目標を考慮した上で解決しようとしている。市場がすべての人々の利益のために安全に機能するかどうか、いわゆるトリクルダウン経済については、いまだに議論が続いている。ハジュン・チャン (2010) は、自由市場経済の再評価のなかで、トリクルダウン経済は富裕層をさらに豊かにするだけで、必ずしもすべての人々に利益をもたらすわけではないと主張している。

ステークホルダー理論

ステークホルダー理論 (Freeman & Reed, 1983) は、企業はもはや利益を生み出すことだけに責任を負うことはできず、取引活動によって影響を受けるすべての人、つまりステークホルダーに対しても責任を負うべきであると提唱している。ステークホルダーは、企業活動の成果に影響を与える力を持っているため、経営者は収益を管理するために、ステークホルダーを特定し、彼らとの信頼関係を構築しなければならない。

ベイカー (2009) によると、組織とそのブランドの長期的な健全性と評価は、ステークホルダーとの間に構築された関係の質に左右される。ベイカーは次のように述べている。

「マーケターには大きな責任がある。マーケターは、企業の顧客にとってのブランドの意味を明確にする。また、企

業が顧客やその他の重要なステークホルダーとどのようにかかわるべきか、その方針を定める。さらに、企業が有名になる、ときには悪名高い存在になる原因を作り出すこともある (2009:7)」

ベイカー (2009) は、長期的な関係を成功させるためには、マーケターには次の3つのことが必要だと指摘している。

1. 誠実さと透明性が求められる。消費者、そしてその他すべてのステークホルダーは、組織の言葉を信頼し、そのコミットメントが行動によって裏付けられていることを確認できなければならない。
2. 提供する製品とサービスは、消費者のニーズを満たし、関連するすべての法的基準に適合していなければならない。
3. 企業のマーケターは、健全な利益を生み出すことを求められている。企業活動が、雇用を生み出し、富を築き、他国との貿易を創出することで、社会に利益をもたらすことができるようにするためだ。

これらの前提に従えば、マーケターには倫理的に行動する以外に選択肢はない。長期的な行動的ブランドロイヤルティを支える信頼を意図的に傷つけようとするブランドマネージャーはいないだろう。

倫理は誰のために必要か？

実際には、すべてのマーケティング活動においてすべてのステークホルダーが等しく利益を得られるわけではなく、一部のステークホルダーの利益が損なわれることがある。ステークホルダー理論は、より広範な倫理的側面を導入し、企業活動の影響を受けるすべてのステークホルダーを特定し、考慮し、関与することを経営者に要求している。ステークホルダーは誰か、そして倫理的配慮は経営者の決断にどのような影響を及ぼしているだろうか。

フリーマン (1991) は、ステークホルダーを"組織の活動に影響を与える、または組織の活動の影響を受けるあらゆるグループまたは個人"と定義した。これには一般的に、顧客、従業員、サプライヤー、株主、地域社会、地方政府、国政府、業界団体、規制機関、メディアなどが含まれる。図15.2が示すように、ステークホルダーは組織内部のステークホルダーと組織外部のステークホルダーに分類される。どのようなマーケティング目的であれ、これらのグループは、その結果に好意的なまたは否定的な影響を与える、またはそのような影響を受ける可能性がある。したがって、対立しがちなその利害関係のバランスを取ることが重要だ。もっともわかりやすい例は、企業の株主は利益

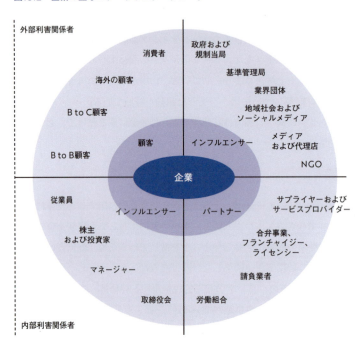

図15.2 企業の主なステークホルダーグループ

の成長を望むが、そのためにコスト管理が不可欠であることだ。一方、従業員（おそらく企業にとって最大のコストのひとつ）は、利益を生み出すことに貢献したことに対してより高い賃金と報酬を望むだろう。公平なバランスを見つけることは容易ではない。企業活動によりいずれかのステークホルダーグループの利益が損なわれ、倫理的な問題に発展することがある。

　これは複雑なバランスが必要な行為であるため、次のセクションでは、主なステークホルダーグループを、まず外部のグループ、次に内部のグループについて説明し、その多様なニーズがどのように倫理的問題に発展するのかを明らかにする。

外部ステークホルダーグループ

　外部ステークホルダーグループには、政府機関、規制機関、業界団体、地域社会、メディアなどがある。

政府と社会

　地方自治体および中央政府は、市民の最善の利益を守るために、雇用を促進し、企業の繁栄と生産性の向上に努める。政府は、企業が経済力を使って弱い立場にある消費者に不利益を与えたり、個人や社会に有害な製品やサービスを販売したりすることを抑制するために、法律を制定し、企業がその法律の範囲内で活動することを徹底させる。

　政府の活動は、個人や企業から徴収した地方税や国税によって運営されている。政府は、法律制定、課税、広報活動を通じて、社会全体の利益のために消費者の行動を変えることができる。たとえば、燃料への差額関税や道路通行料の徴収などがその例だ。オーストラリアのタバコの消費量は、**プレーンパッケージング**（包装の簡素化）法導入後の2年間で13%近く減少したとされている。政府は次のようにコメントしている。

「担当大臣は喫煙率のいかなる減少も歓迎し、教育キャンペーンや、物品税の引き上げ、プレーンパッケージなど、複数の要因がこの減少に複合的に寄与した結果だと考えている」データソース：The Guardian (2015)

規制機関と基準機関

　規制機関とは、多くの場合、政府から独立した組織であり、業界内の公正な競争と適正な慣行を確保するための規範を策定する任務を担っている。オーストラリアでは、広告基準局（ASB）がその一例だ。規制機関や基準機関は、消費者の利益を守る責任を負っており、規制対象の組織から容易に影響を受けることはない。そのため、規制対象の組織は、自社の商業的利益を理解してもらうために、規制機関と良好な協力関係を築かなければならない。

業界団体

　業界団体は、同じ職業や業界の人々の集まりで、おたがいに協力し、業界全体の向上をめざすために設立された組織だ。業界団体は業界調査を実施し、会員企業に教育やネットワーキングの機会を提供する。業界のニーズが満たされるように、会員企業の利益を代表して政府やその他の組織に働きかけることもある。業界団体には、業界全体の専門性と信頼性を維持し、業界の活動に参加する義務がある。

地域社会

　企業が事業を営む地域社会の存在は、その成功に不可欠だ。通常、地域社会は、潜在的な消費者や、組織の従業員、さらに地域住民などの非消費者で構成されている。地域社会の消費者や非消費者と良好な関係を築くことは非常に重要だ。地域社会で歓迎されない組織は事業の運営と展開に困難を来す。そのため、企業は雇用を提供し、納税するだけではなく、地域活動や慈善事業を支援するなど、さまざまな形で地域社会に貢献している。

メディア

ペイドメディア（広告）は、企業目標の利点を他のステークホルダーグループに伝えるものであり、広報代理店は、肯定的なニュース記事を伝えることで企業の評判に影響を与える重要な役割を果たす。コンテンツマーケティングやソーシャルメディア活動を通じて世論を形成し、影響を与えるために、**オウンドチャンネル**と**アーンドチャンネル**が使われる。企業には、関連する法律や規範の範囲内で活動し、優先順位の高いステークホルダーに対して、コミットメントを誠実かつ透明性をもって伝える責任がある。

内部ステークホルダーグループ

成功するマーケティングは、外部との関係だけでなく、内部のステークホルダーとの良好な関係にも依存している。内部ステークホルダーグループには、従業員、顧客、サプライヤー、株主などがある。

従業員

すべての組織は、従業員を尊重し公正に扱う責任がある。そのために、機密情報を保護し、差別のない職場環境を整備し、従業員の専門力開発と自己啓発を奨励するための制度を確立する必要がある。その見返りとして、従業員は組織に忠誠を尽くし、組織の目標達成のために懸命に働く責任がある。従業員は最初の顧客であり、組織の成長を支える生命線だ。十分な情報を得て、高い意欲と満足感を持って働く従業員は、組織の良きアンバサダーとなり、生産性を向上させ、組織の長期的な発展に貢献する。良い雇用主は、優秀な従業員を引きつける。

顧客

マーケティング重視のビジネスにおいては、顧客（消費者、B to Bパートナー）を中心に置いて考える。企業は顧客のニーズを満たす製品やサービスを生み出し、その見返りとして顧客がリピート購入や推薦を行うことで、企業のブランドイメージが高まる。このように、顧客は製品やサービスに満足することで利益を得て、企業は製品やサービスの提供を通じて収益と評判を高めることで利益を得る。消費者は、もし尋ねられれば、企業には倫理的に行動し、人々や地球に害を及ぼさないことを期待していると答えるだろう。マーケターは、価値創造のステークホルダーである消費者の意見に非常に敏感だ。

サプライヤー

サプライヤーは、企業に市場向けの製品を開発するために必要な材料やサービスを提供する。企業は、サプライヤーが高品質の製品を手頃な価格で提供してくれることを期待している。サプライヤーは企業からの注文に依存しているため、両者は良好な関係を築き、たがいのニーズを満たすよう努力する。グローバル経済においては、材料やサービスはさまざまな供給元から調達されるので、企業は供給元の国の法律や慣習を遵守しなければならない。また、サプライヤーの労働力の搾取を避け、持続可能な生産と供給慣行を確保することで、潜在的消費者の多様な倫理的価値観に配慮しなければならない。

株主

株主は企業が発展し成長するための資金を提供する。企業が革新を遂げ、拡大するためには、投資家からの資金調達が必要になるかもしれない。株主を引きつけるためには、企業が利益を上げ、投資を十分に上回るリターンを株主に提供できなければならない。そうでなければ、投資するインセンティブはほとんどなく、企業は最初の一歩を踏み出すことも、既存の事業を拡大することもできなくなる。

図15.3 メンデローのステークホルダーマッピンググリッド

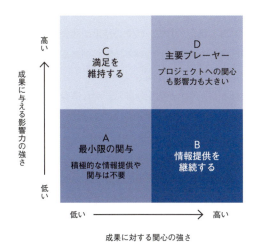

データソース：Mendelow（1991）

ステークホルダーの優先順位付け

　以上の簡単な説明からも明らかなように、ステークホルダーグループはたがいに相反するニーズや利害関係を持ち、価値創造プロセスにおいてさまざまな力を持っている可能性がある。マーケティング戦略の目的によっては、ひとつまたは複数のステークホルダーグループの支持を得ることが重要になる。重視すべきグループは、採用する戦略によって異なるため、彼らとどのように協働するのが最善かを理解するためには、関連するステークホルダーを特定し、優先順位をつけるための何らかの分析が最初に必要となる。ステークホルダーは、さまざまな方法で分類またはマッピングすることができる。オーブリー・メンデロー（1991）が開発した有名なマトリックスを図15.3に示す。

　分析の最初のステップは、企業のマーケティング目標に影響を与える、あるいはその影響を受けるステークホルダーを特定することだ。その次のステップは、各ステークホルダーの成果に対する関心の強さ（これが行動意欲を左右する）と、彼らが行動することを選択した場合にその成果に与える力や影響力の強さを考慮して、ステークホルダーを分析することだ。これを基にして、ステークホルダーグループをグリッドにマッピングすることができる。各象限の説明書きは各グループに対して基本的にどう対応すべきかを示している。

A. 最小限の関与を要するグループ

　このグループは、戦略への関心が非常に低く、影響力もほとんどない。彼らは、特別な働きかけや対応をしなくても、成果をそのまま受け入れる可能性が高い。

B. 継続的情報提供を要するグループ

　このグループは、戦略の成果に影響を受けるものの、自らその成果に影響を与える力はほとんどない。もし企業のマーケティング目標に反対であれば、このグループはCやDのグループと連携する可能性があるため、経営陣はプランを強引に売り込む必要があるかもしれない。

C. 満足維持を要するグループ

　このグループは、企業の成果に対する関心が高まり、それが企業に対する姿勢（支持するかしないか）につながって、D象限へ移行する可能性がある。経営者は、これらのグループの満足度を維持するために、早期に行動して安心させることが重要だ。

D. 主要プレーヤー

　このグループは、戦略を推進する力を持つ一方で、プランに不満であれば戦略を中止させることもできる。したがって、積極的に参加を促すアプローチを採る。早期にステークホルダーにプランを伝え、その実施について協議することが望ましい。

メンデローは、どのようなステークホルダーグループであっても、戦略の選択肢の数が少ない場合、あるいはステークホルダーが責任を問われる可能性がある場合、あるいはその結果が社会的に大きな影響を与える可能性がある場合に、その戦略に対する関心の度合いは高まると示唆している。関心が高まるにつれて、ステークホルダーグループはグリッドの右側に移動する。

メンデローはまた、法規制が導入されると、権力が株主や経営陣から消費者や従業員といった他のステークホルダーグループに急速に移行することを指摘している。つまり、法律によって、ステークホルダーグループは、企業の戦略的な意思決定に対して、自分たちに有利な影響を与える強い力を持つようになる。

あるクリケットクラブが、地元の若者を慈善プロジェクトに参加させるための地域活動を立ち上げたいと考えているとする。このようなプロジェクトの目的は、若者の草の根レベルでの地域社会への貢献心、帰属意識を育むことだ。クラブの経営者は、一連のイベントを企画し、それを地元で宣伝するために、慈善団体、地元社会のメンバー、選手、従業員、メディアをもっとも有力なステークホルダーとして特定するだろう。しかし、もし同じクリケットクラブがグローバルなスポンサー契約を結びたい場合、スポンサー企業の顧客、海外のファン、株主、クラブの従業員を優先的なステークホルダーとして特定し、地域のコミュニティは二次的な役割を担わざるを得ないかもしれない。

メンデローのフレームワークは、どのような状況においても、次のことを確立する必要があることを示している。

・特定のステークホルダーがその成果に対して持つ影響力と強制力のレベル
・特定のステークホルダーがその成果に対して持つ関心と関与のレベル

地元のクリケットクラブが地域に根差した社会貢献活動を立ち上げる場合、もっとも強い影響力と強制力を持つステークホルダーは、クラブとの連携によって恩恵を受ける慈善団体、地元メディア、選手、クラブのスポンサー、地域社会、そしてクリケットというスポーツそのものだ。彼らの積極的なフィードバックとプロジェクト支援の意欲がなければ、プロジェクトは成功しない。一方、プロジェクトに関心と関与度がもっとも高いのは、従業員、地域コミュニティ、地元の若者、慈善団体、他のクラブやクリケット組織だ。サプライヤーやクリケットファンなどの他のグループは、クラブに高いレベルで関与しているかもしれないが、イニシアチブ自体にはあまり興味がないだろう。

このことから、もっとも関与度が高く、関心度も高いグループが、この状況において必ずしももっとも強い影響力と強制力を持つグループではないことがわかる。なぜなら、従業員や地域社会は、このイニシアチブに直接関与し、その成功を強く願っているため、関心と関与のレベルがもっとも高いが、イニシアチブ全体を左右するほどの影響力や強制力を持っているかというと、必ずしもそうとは限らない。一方、慈善団体や地元メディア、選手、株主などは、イニシアチブの成否に大きな影響力を持っている。したがって、誰がこのプロジェクトの主要なステークホルダーであるかを確認するための慎重な検討が必要だ。

CASE STUDY

ディアジオ ステークホルダー分析

ディアジオ社は自らをアルコール飲料業界の世界的リーダーと表現している。ジョニーウォーカー、スミノフ、キャプテン・モーガン、ベイリーズ、タンカレー、ギネスなど数々の有名ブランドを所有し、180カ国以上で販売している。世界中で3万3000人以上の従業員を雇用し、事業の43%は発展途上市場で行っている。

このような大規模組織の活動は、事業主から、蒸留所、醸造所、倉庫のある地域に住む人々まで、さまざ

Chapter 15　　Ethics and Social Responsibility　　532

まな人々の生活にさまざまな形で影響を与えている。ディアジオは、持続可能な責任ある方法で、良き企業市民として行動することをめざしている。同社は毎年、年次報告書のなかで財務的な進捗状況を公表するとともに、人や地球への影響についても情報を提供し、ステークホルダーグループとの良い信頼関係を築いている。同社の目標は、全体として同社の企業活動が社会にプラスの影響を与えることだ。

　同社のウェブサイトは、持続可能性と責任に関する戦略のなかで、ステークホルダーの相互の関連性に着目して次のように説明している (Diageo, 2017)。

　「人々は私たちのブランドで祝杯をあげ、喜びを分かち合います。そうすることで、私たちのブランドは、川と畑、蒸留所、醸造所、ブドウ園、交通網、慈善産業、私たちの周りで生活する人々をつなぐ鎖の輪となります。私たちのS&R（持続可能性と責任）戦略は、ディアジオの事業活動全体を通じて、この一連の鎖のすべての輪を支えています。私たちはこれを「今日と明日の生活を祝福する」と呼んでいます」

　ディアジオ社は2015年の年次報告書のなかで、持続可能性と責任目標の達成のための次の4つの具体的なイニシアチブについて、その進捗状況を説明している (Diageo, 2015)。

・社会におけるアルコールのリーダーシップ——責任ある飲酒を促進するためのプログラムを展開し、その目標達成度を測る。

・環境への影響の削減——水使用量、炭素排出量、廃棄物、包装材の削減目標を掲げ、その達成に向けて取り組む。

・活気あふれる地域社会の創造——地域社会への貢献、人材育成、サプライチェーンにおける倫理的な調達などに目標を設定し、その達成度を測る。

・ガバナンスと倫理——企業とかかわるすべての人々からの信頼と尊敬を得られるよう、責任ある倫理的な事業活動を行う。

発展問題　QUESTIONS

1. グローバルな成功に重要な貢献をしているとディアジオ社が考えるステークホルダーグループを特定してください。
2. これらのグループがどのように関連し合っているかを説明してください。あなたが特定したグループのニーズを満たすことで、ディアジオ社にはどのようなメリットがありますか？
3. ディアジオ社が目標を達成できなかった場合、ビジネスにはどのようなリスクがありますか？

データソース：Diageo (2015, 2017)

倫理的マーケティングの実際

　マーケターは事業を遂行する上でどのような倫理的問題に直面するだろうか。ここでは、マーケターがマーケティングミックスの決定について批判を受ける可能性のある領域に焦点を当てる。

　消費者は騙されたと思えば二度と買わなくなるだろうから、価値あるブランドを持つマーケターは、倫理的に行動する強いインセンティブを持っている。しかし、マーケターは短期的な事業目標を達成することにも強い意欲を持っている。"ルールを曲げる"ことでより大きな影響力を行使できると感じるマーケターがいれば、競争力と倫理的な選択のバランスを見つけることは時として難しいかもしれない。図15.4に、マーケターが批判を受ける可能性のあるいくつかの領域を示した。そのいくつかの例について順次考察していく。

図15.4 倫理的マーケティングの意思決定への圧力

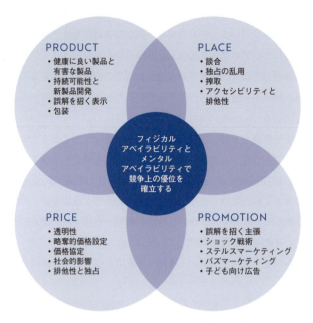

データソース：Adapted from Baker (2009 p. 10).

製品管理

　市場に提供される製品はマーケティングミックスの中心だ。製品管理では、持続可能な製品設計、**計画的陳腐化**、製品の安全性、包装と表示選択など、いくつかの領域が一般的に批判の対象となる。製品はニーズやウォンツを満たすために設計されるものであるが、マーケターはどこで倫理的な線を引くのだろうか？　7歳の少女向けのパッド入りブラジャーや、セックスや酒や危険運転を論じた12歳の少年向けの男性誌、さらには一部の過激なダイエット商品までが、規制されることなく販売されている。そのような製品は規制されるべきだろうか、それとも許可するかどうかは親の責任だろうか？　自由社会において、個人の選択を制限することは正しいことだろうか？　製造業者や小売業者の倫理的義務は何だろうか？

INDUSTRY INSIGHT　　　　　　　　　　　　　　　　　　　　　　　　　　　　　業界動向

フィッシュフィンガーズと倫理問題

フィッシュフィンガーズは、子どものための健康的な魚料理の入門的食品としてよく賞賛される。あなたは今でもフィッシュフィンガーズを食べているかもしれないし、今より簡素な生活や食事に郷愁を感じているかもしれない。フィッシュフィンガーズは一見無害で平凡だが、この日常的な便利食品が私たちの環境に与える影響は計り知れない。漁業の持続可能性の問題にも大きな影響を与えている。

イギリスでは、フィッシュフィンガーズの製造に大量のタラが使用された結果、タラの個体数が減り、海外からタラを調達しなければならなくなった。オーストラリアでも同様の問題が発生したため、その後、フィッシュフィンガーズに使用する魚には、持続可能な方法で管理されているニュージーランド産のホキを使っている。

ホキは非常に味が淡白なので、風味を保つためには捕獲後できるだけ早く冷凍しなければならない。そのため、船内の冷蔵庫でいったん冷蔵される。魚の身を開く作業は港の近くで行われ、この工程が終わるとすぐに冷凍される。その後、ホキは、小売販売用とそれより大型の輸送用に、2回包装される。

したがって、フィッシュフィンガーズの製造業者は、持続可能な魚の調達と、その加工、輸送、包装によって生じる二酸化炭素排出量とのバランスをとる上で、多くの倫理的問題に直面している。

パッケージ

では消費者は、どのブランドを選択すればよいのだろうか？　マーケティング担当マネージャーは、製品を市場に投入する前に、倫理的な問題を抱えつつも、自社ブランドを競合ブランドよりも魅力的なものにするための選択を次々に行う。

たとえば、スーパーマーケットの棚ほど競争が激しい場所はなく、マーケターと代理店は、パッケージの形、大きさ、デザインについて試行錯誤を重ねることになる。お値打ち感を出すために、競合ブランドより目立つ、特大のパッケージを採用することもある。消費者が店頭で即座に決断する状況では良い戦術かもしれないが、意図的に消費者の誤解を招こうとしているため、これは非倫理的だ。規制当局から指導を受けかねないし、消費者は失望すれば2度目は買わないだろう。

フィッシュフィンガーズの製品担当マネージャーは、製品を保護しつつ顧客を引きつけなければならないというパッケージへの要求と、より少ない包装素材を使いつつよりリサイクル可能な材料を使わなければならないという持続可能性への要求のバランスをとらなければならない。

ラベル

食品ラベルの文言は大部分が法律によって規定されている。パッケージには、食品の内容説明およびすべての成分を量の多い順に記載しなければならない。また、着色料、保存料、香料などの添加物を記載し、必要な警告（例：「ナッツ類が含まれる可能性があります」）を記載しなければならない。たしかに、法律は消費者を保護するためにある。しかし、ほとんどの食品パッケージがそうであるように、添加物の説明や法律的な説明には食欲も購買意欲も削がれるため、誤解を招くような表現を使いたくなるかもしれない。これはパッケージに記載された宣伝文句についても同様である。

プロモーションクレーム

いかなる主張も真実でなければならない。たとえば、フィッシュフィンガーズのパッケージに"All Natural"（すべて天然）と記載されている場合、なかの製品は健康的であることを伝えている。多くの国では、この表現は"低脂肪"や"砂糖無添加"などと同様に法的に定義されている。しかし、シンプルなフィッシュフィンガーズであっても、消費者に"よりサクサクした衣"を提供するために必要な技術が、安心感を与える成分表示や食欲をそそる謳い文句と必ずしも両立するとは限らない。そのため、マーケターは別の属性に注意を向けさせることで、消費者の注意を

逸らそうとする。そのため、"低脂肪製品"と表示されていても糖分を多く含んでいたり、"砂糖無添加"と表示されていても甘味料が添加されていたり他の原材料に含まれる天然糖分が無視されていたりする。このような主張は消費者を混乱させ、誤解を招く可能性があり、非倫理的だ。環境に優しいことを訴える主張もますます一般的になってきているが、主張がエビデンスによって裏付けられていない場合、そのような宣伝は**グリーンウォッシュ**と呼ばれている。

CASE STUDY

最高レベルのグリーンウォッシュ

　自動車の排気ガスが健康や環境に及ぼす影響に対する懸念が高まっている。自動車メーカー各社は、燃費と有害排出物の削減に懸命に取り組み、その結果としてのすぐれた性能をアピールしている。現在では、このような主張の多くが紛れもないグリーンウォッシュであることが明らかになっている。2014年、米国市場で競合する韓国の自動車メーカー2社の現代自動車と起亜自動車は、ショールームのディスプレイの燃費を過大に表示していたことが発覚し、3億5000万米ドルの制裁金を請求され、購入者に数百万ドルの補償金を支払うことを余儀なくされた。

　フォルクスワーゲンは、その信頼性の高いエンジニアリングとすぐれた技術で、低燃費と低排出量の両面ですぐれた評価を確立した。2014年、フォルクスワーゲンは、ドイツのナショナル・エネルギー・グローブ賞を受賞し、インターブランド社（＝世界的なブランドコンサルティング会社）が選ぶもっともすぐれたグローバル・グリーン・ブランドのランキングで16位に選ばれた。フォーブス誌とマクリーンズ誌は、社会的責任を果たしている企業のランキングでのフォルクスワーゲンを高く評価した。しかし2015年9月、フォルクスワーゲンがグリーンウォッシュという大罪を犯したことが報じられると、ブランドへの信頼は一夜にして崩れ去った (Lynes, 2015)。

　フォルクスワーゲンのエンジニアは、排ガスデータを改ざんするための高度なソフトウェアを開発し、一部のディーゼル車に組み込んでいた。このような不正ソフトは、車両が排ガス検査を受けているときと路上を走行しているときを区別する。試験中は不正ソフトにより排ガス浄化システムが働いていたが、路上では、フォルクスワーゲンのエンジンは許容レベルの10倍から40倍の窒素酸化物を大気中に放出した。この事実が発覚して間もなく、ジャーナリストたちは、フォルクスワーゲンには最高180億米ドルの罰金が課され、数千台のリコールと修理が必要になるだろうと推定した。ヨーロッパ、東南アジア、オーストラリアでは、フォルクスワーゲンのさまざまな車種のみならず、業界全体の不正行為を明らかにするため、個別の調査が開始された。

　フォルクスワーゲンオーストラリアは、消費者のブランド離れを受け、対象モデルの販売を直ちに停止した。フォルクスワーゲンは、巨額の制裁金に加え、最高レベルのグリーンウォッシュが招いた信用と評判の危機に直面した。

データソース：ABC News (2015), Evans & Papadakis (2015), Plungis (2015) , Lynes (2015).

製品の安全性

　消費者は安全な製品を手にする権利を持っているが、残念ながら、意図せず危険な製品がサプライチェーンに入り込むことがある。これは、たとえば、品質管理のチェックをすり抜けて包装食品に異物や予期せぬアレルゲンが混入してしまったという、製造上の問題が原因の可能性がある。発売された新製品が不良品であることが判明することもある。どのような新製品も、どれだけテストを行っていても、ある程度のリスクが伴う。経営陣が、競争他社に先駆けて新製品を市場に投入し、開発コストを回収し始めなければならないというプレッシャーに常にさらされているからだ。消費者への潜在的な危害とブランド価値への潜在的な損害との間で倫理的な判断を迫られている場合、マーケターは、製品を回収またはリコールするという重い決断をくださなければならないことがある。リコールをいかに迅速かつ効率的に実施できるかがブランドの評判に大きく影響する可能性がある。特にリコールが十分に迅速に実施されず、消費者が大きな影響を受けた場合、その影響はさらに大きくなる。

INDUSTRY INSIGHT ||||||||||||||||||||||||||||||||||||||||||||||||||||||||||||||||||| 業界動向

製品リコールの通知

　製品リコールは笑いごとでは済まされない。オーストラリアでは、他の地域と同様に、広範囲にわたる官僚的な手続き、国や地方政府との連携が必要だ。また、欠陥製品を購入した可能性のある対象消費者に最大限にリーチするように設計された、高価なメディアでの義務的なコミュニケーションキャンペーンも。製品のリコールがブランドの評判を損なう可能性がある理由のひとつは、そのコミュニケーション範囲が広いため、誤りを犯したことを公に認めることになるからだ。スウェーデンの家具店IKEAは2012年のエイプリルフールの日に、オーストラリアでこのような広告を出した。

IKEA 製品リコールのお知らせ

2012年1月1日から2012年3月31日までの間にIKEAの製品をご購入いただき、左利き用の六角レンチが誤って同梱されていたお客様には、たいへんご迷惑をおかけし申し訳ございません。誤ったレンチは交換させていただきます。本日4月1日は休業のため、明日、店舗入口に交換ボックスを設置いたします。お手数ですが利用ください。

www.IKEA.com.au　　IKEA

発展問題　QUESTIONS

　オーストラリア競争・消費者委員会のウェブサイト（http://www.productsafety.gov.au/recalls/conducting-a-consumer-product-safety-recall）にアクセスし、製品リコール広告のテンプレートを見てください。

1. IKEAの広告はいたずらの要素が含まれています。ガイドラインに準拠するように書き直してください。原文に欠けているものは何でしょうか？　原文になくても良いものは何でしょうか？
2. 製品回収ガイドラインは役に立つと思いますか？　それはどのような点ですか？
3. 標準的な書式では、製品リコールがブランドイメージの毀損につながる可能性が高いですか、それとも低いですか？

価格設定

価格は消費者にとってもっとも重要な要素であることが多い。また、マーケティングミックスのなかで唯一収益を生み出す要素でもある。価格設定は、流通戦略と密接に関連し、また倫理的・法的な配慮も必要であるため、マーケターは公正な価格の設定という問題に直面することになる。オーストラリア競争・消費者委員会（ACCC）は、消費者に代わって価格設定に関する事項を規制している。

透明性

シンプルな製品であれば、需要に見合った適正価格を理解することは容易だ。価格を比較して、その価格が価格に見合う価値があるかどうかを簡単に判断することができる。製品のラベル表示やサイズに関する規制により価格比較が容易になり、価格の透明性に関するガイドラインも整備されている。小売業者は、一般的に100gまたは100mLあたりの価格を棚に表示して比較を容易にしている。複雑な技術製品や金融サービスの場合、比較は非常に難しい。比較サイトが消費者向けに情報を提供していることもあるが、比較サイトがプロバイダーから手数料を取り、消費者を商品やサービスに誘導しているケースもある。

消費者が機能や価格を比較することをマーケターが意図的に困難にしようとするのは倫理に反する。

略奪的な価格設定

マイクロソフト社は過去に略奪的な価格設定で非難されたことがある。インターネットエクスプローラーなどの無料ソフトをOSに組み込んで提供することで、この"無料であるだけでなくすぐれている"オファーに対抗できなかった競合他社を排除した（France & Hamm, 1998）。これは、市場支配力によって消費者の選択肢を狭め、競合他社だけでなく消費者にも損害を与えるため、非倫理的な行為だ。大企業は、価格競争が行われている間は、低価格を設定し、長く維持することができる。

2011年、コールズは、牛乳を1リットル当たり1豪ドルの値下げを行って略奪的価格設定の疑いでACCCの調査を受けたが、嫌疑は晴れた。この価格競争は値下げの一部負担を求められた生乳生産者にとっては明らかに苦痛を伴うものであったが、この値下げがウールワースの市場を奪う結果となったかどうかは定かではない。しかし、ACCCが主張したように、この値下げは消費者に利益をもたらし、社会的にプラスの影響を与えたと主張することは可能だ（Stone, 2011）。

価格協定

価格協定は、2社以上の売り手または買い手の事業者間で合意があれば成立する。価格を調整することで、競争効果を回避し、関係者全員にとってより高い価格と高い利益をもたらすことができる。価格協定は消費者の利益に反する行為であり、違法だ。もしあなたが競合他社と一緒にいて、会話が価格設定に及んだら、すぐにその場を立ち去り、その場から立ち去ったことを記録に残しておくことが賢明だ。そうしないと、後で裁判沙汰になったり、もっとひどい状況に陥ったりするかもしれない。

CASE STUDY

価格監視か、それとも価格協定か？

　オーストラリアのガソリン小売業者は、ガソリンの価格を15分ごとに表示する第三者ウェブサイトが価格協定を可能にしているという指摘を否定した。ACCCはこれが消費者法に違反すると主張し、BP、カルテックス、コールズ、ウールワース、セブン-イレブンの燃料販売部門を相手取り、連邦裁判所に提訴した。ACCCは、これらの企業が会員資格を利用して競合他社の価格動向を監視することで、価格設定の連携と協力を容易にしていると主張している。

　コールズ側は法廷で、ウェブサイトは過去の情報を提供しているに過ぎず、価格協定を促進するものではないと主張した。ガソリン小売業者は常におたがいの価格を確認しており、インターネット以前は、ガソリンスタンドの掲示板に表示された価格を確認するために人を派遣していたこともあったと述べた。セブン-イレブン側は、競合他社の価格を知ることは、必ずしも競争を阻害するものではないと主張した。さらに、1リットル当たり1セントというわずかな価格差のために、ドライバーがわざわざ遠くのガソリンスタンドまで行くとは考えにくいと主張した。

データソース：The Guardian (2014).

発展問題　QUESTIONS

1. なぜACCCは裁判を起こしたのでしょうか？
2. 裁判に勝つためにACCCは何をしなければならないでしょうか？

サプライチェーンの管理

　流通における倫理の問題は、多くの場合、前述の価格設定の問題と密接に関連している。また、企業が生産割当量をめぐって談合したり、独占的地位を乱用したり、サプライチェーンパートナーを搾取して不当に顧客を獲得したり、自社のシェアを拡大するために他社の事業活動を妨害したりする場合にも、倫理問題は発生する。あらゆるマーケティングチャネルが公正かつ効率的に機能するためには、買い手と売り手の間に相互利益を生み出す関係が構築されている必要がある。公正な競争こそが消費者にとっての価値を生み出す。このような関係は、力関係の影響を受ける。企業は、相対的な市場規模、専門知識、特定の顧客グループへのアクセスなどから優位な立場を獲得することがある。しかし、その力を不当に行使すれば、倫理的境界線が簡単に越えられることになる。

談合

　談合は、複数の企業が協力して市場支配力を高めようとする場合、すなわち競合ブランドを締め出したり利益を守ったりするときに起こる。2013年、ドイツ連邦カルテル庁（FCO）はネスレ社に対し、"他の消費財メーカーとの競争上の機密性の高い情報の違法な交換"に対して2000万ユーロの罰金を科した（Van Bael & Bellis, 2013）。FCOは、移り変わりの激しい消費財メーカーの上級営業担当者たちが定期的に会合を開き、小売業者との交渉に関する情報交換を行っていたことを突き止めた。FCOは、ネスレとクラフトの間で、インスタントカプチーノ製品の価格を引き上げるという明確な合意があったことを確認した。このような価格上昇は公正な競争下であれば起こらなかったはずであり、この合意は明らかに消費者の利益に反する。

独占

　2013年3月、欧州連合（EU）はマイクロソフト社に対し、独占的地位を乱用したとして5億ユーロの制裁金を科した。欧州委員会は、マイクロソフト社が2009年に課された法的拘束力のある裁定を遵守せず、ユーザーが好みのウェブブラウザをより簡単に選択できるような選択画面を提供していなかったことを確認した。マイクロソフト社は、同社のソフトウェアに選択画面が表示されていなかったことを認めた（European Commission, 2013）。このような法的措置は、独占的な企業が存在する状況において、公正な競争を促進し、消費者の利益となることを目的としている。

アクセシビリティと排他性

　ブランド力も、サプライチェーンにおける反競争的な行為につながる可能性がある。たとえば、強力なブランドが、より低いコスト価格と引き換えに、小売業者または卸売業者に自社ブランドのみを置くことを要求する場合だ。このようなことが1980年代のアメリカの新興のベン&ジェリーズアイスクリームに実際に起きた。大規模ブランドのハーゲンダッツを所有する巨大企業ピルズベリー社が、ボストンの流通業者に対して、競合アイスクリームのベン&ジェリーズを仕入れないようにと圧力をかけた。このピルズベリー社の行動に抗議して行われた"ドウボーイは何を恐れているのか？"広告キャンペーンについて、ベン&ジェリーズの共同設立者ジェリー・グリーンフィールドは、「ベン&ジェリーズをバーモント州の片田舎から世界的ブランドへと成長させたのは、この抗議とそれに続くブランドの積極的に闘う姿勢だった」と語っている。

B to Bマーケティングへの応用

　本章では主に消費者に対する倫理的行動に焦点を当てているが、B to B市場もまた消費者の信頼と満足度に影響を与える多くの倫理的問題を抱えている。倫理基準の高い企業がサプライヤーの非倫理的な活動を発見した場合、そのサプライヤーは取引を失うリスクがある。

　グローバル化が進む市場では、特に法律や文化的な行動が異なる場合、倫理上の問題はより複雑化する。たとえば、汚職は多くの国で違法行為だが、そうでない国では、企業や政府のバイヤーが便宜を期待するだけでなく、取引したければ実際に賄賂を支払うよう要求することさえある。特定の製品の消費を法律で禁じられていても、輸出用ならそれらの製品を生産することを許可されていることは多く、この場合、倫理的な問題が生じる。また、サプライチェーンが複雑化し、さまざまな国のさまざまな業者がサプライチェーン内に存在するようになると、管理が難しくなり、説明責任を追跡することが困難になり、不正行為が横行するようになる。

　2013年1月、ヨーロッパの食品業界をスキャンダルが襲った。アイルランドとイギリスの企業で製造され、テスコ、アイスランド、アルディ、リドルなどのイギリスのスーパーマーケットチェーン、およびケータリング会社やホテルチェーンが販売した冷凍牛肉バーガーから馬肉が検出されたと食品検査機関が発表した。ヨーロッパ全域で警戒が強まるなか、フランス、ノルウェー、オーストリア、スイス、スウェーデン、オランダ、ドイツでも誤表示された加工肉製品が発見され、事態はその後、香港にまでも広がった。

　イギリスのテスコ、ヨーロッパのイケア、香港のパークンショップなどの小売店、ケータリング会社、ホテルチェーン、フィンダスやネスレなどのヨーロッパの食品ブランドなどは、検査でウマのDNAが検出されたため、牛肉の調理済食品の回収を余儀なくされた。

　これらの製品に使われた肉は、ヨーロッパ中の食肉業者から調達されていたが、これらの業者は突然、厳しい監視下に置かれることになった。そのうちの数社が、馬肉を牛肉と偽って販売したり、コスト削減のために牛肉製品に馬肉を混ぜたりしていたことが発覚した。ヨーロッパのサプライチェーンは複雑で、これらの食肉製品は、スーパーマーケットのビーフバーガーやラザニアの一部となって小売店に到達するまでに、複数の異なる業者に販売される。馬肉混入の責任はどこにあるだろうか？

　当然ながら消費者は、ラベルに記載されている原材料が商品には含まれているものと期待している。スーパーマーケットは、食品加工会社が信頼できる食肉業者から品質の良い製品を調達することを期待している。食品加工会社は、サプライヤーが信頼できる食肉処理業者から品質の良い原料を調達することを期待している。しかし、サプライチェーンには非常に多くの段階があるため、どの段階でも食肉のラベル表示に誤りが生じる可能性がある。

　このスキャンダルが発覚するまで、英国食品基準庁などの規制当局は食品の安全性を検査することはあっても、偽装表示や食品の真正性を検査することはしていなかった。その後、この不正行為を取り締まるために、ラベル表示や原産地をチェックすることまでにも規制当局の役割が拡大された。

　オーストラリアでは、複数の関係者が懸念を表明するなか、業界はスキャンダルの成り行きを見守った。

　馬肉処理業者やサプライヤーは、輸出用に販売した自社製品がヨーロッパの加工食品にも使われているかもしれない可能性を懸念していた。また、オーストラリアの馬肉業者による偽装表示の証拠は得られなかったが、ヨーロッパが規制を強化して、オーストラリア産馬肉の需要が激減してしまうのではないかという懸念する声もあった。

　さらに、このスキャンダルは、オーストラリアが馬肉取引に関与しているという認識を広め、動物保護団体からは、「オーストラリア人は馬肉を食べないのに馬肉を食用に供給する世界的な食品チェーンの一部と

なっているのは目に余る二重基準だ」という批判の抗議が寄せられた（Animals Australia spokesperson Lisa Chalk, quoted in Thompson, 2013）。

イケアオーストラリアなどの小売業者は、イケアのミートボールなどのオーストラリア国外で製造された製品が汚染されていないことを確認するために独自の検査を実施した。また、イギリス産牛肉製品を国内でも国外でも避けるよう市民に警告する地方自治体もあった。

しかし、全体的に、オーストラリアは食品産業が高度に規制され、また地理的にも孤立しているため、オーストラリアの食肉サプライチェーンがこの危機の影響を受けることはなかった。この危機を契機として、オーストラリアの食品サプライチェーンの健全性を称賛し、食品の現地調達を促進しようとする政府当局もあった。

オーストラリア食品食料雑貨協議会のジェフリー・アニソン副最高経営責任者（CEO）は、Food誌の取材に応じ、「ヨーロッパの馬肉スキャンダルは、オーストラリアの食品メーカーに、食品サプライチェーンが安全で効果的なものであることを証明した」と語った（Bowling, 2013）。アニソンは次のように述べている。「今回の件がオーストラリアに何か影響を与えたとすれば、それは食品業界全体、そして社会全体に対して、オーストラリアの食品業界の強みである"食品の安全性を守り、品質を保証し、消費者に正しい情報を提供すること"の重要性を再認識させるものであったと言えるだろう」（Bowling, 2013）

このスキャンダルの余波で、700トン以上の馬肉を牛肉として偽装したとされるフランスの食品加工会社スパンゲロは、冷凍肉製品の仕入れを禁止された。また他にも、罰金を科されより厳しい監視下に置かれることになった食品加工会社があった。スキャンダル発覚から2年後に規制が多少強化されたが、状況にあまり変化はなく、食肉業界に対する消費者の信頼は依然として低いという指摘もある。2015年後半、ヨーロッパ全域で捜査が行われ、警察が食肉処理会社の責任者や馬肉密売組織を特定し、逮捕者が出るに至った。これらの組織は、馬肉を牛肉のサプライチェーンに混入させ、食用に適さない馬肉を販売した責任があるとされた。

しかし、いくつかの疑問が残る。サプライチェーンにこれほど多くの企業や組織が関与する場合、消費者の食卓に並ぶ商品の最終的な責任は誰にあるだろうか？　大手スーパーマーケットチェーンや多国籍企業がサプライチェーンに対して低価格で商品を生産するよう過剰な圧力をかけ、その結果、より安価な商品を生産する方法が模索されるようになったという指摘もある。この不正行為で食品加工業者、食品供給業者、食肉処理業者が有罪になったが、彼らはどのようにして食品規制当局の監視を逃れることができたのだろうか？　政府の規制は依然として不十分であり、サプライチェーンの各メンバーがサプライチェーンの完全性を確保するために独自のチェックを行う必要がある、と多くの人が指摘している。それにしても、これらのコストは消費者に転嫁されるのだろうか？　最終的には、これまで受け身の姿勢だった消費者が、自らの責任として、信頼できる高品質の肉には高い価格を払う必要があるのかもしれない。

データソース：Associated Press (2013), Bowling (2013), Hayward (2015), Hough (2013), Massey (2015), Thompson (2013).

Chapter　**15**　　Ethics and Social Responsibility

コミュニケーションとプロモーション

マーケティングコミュニケーションは多くの消費者の目に触れるため、倫理的な批判の対象になりやすい。コミュニケーションメディアが細分化するに従い、規制がますます困難になっている分野でもある。広告から**人的販売**に至るまで、コミュニケーションミックスのあらゆる要素において、企業の倫理違反とそれに対する消費者の強い反応が観察される。マーケティングコミュニケーションに携わるマーケターに対する一般的な苦情には、誤解を招く主張、品位や道徳に反する問題、社会的弱者（特に子ども）に向けたメッセージ、口コミや、**バイラルマーケティング**、**ステルスマーケティング**の利用などがある。

人的販売

コミュニケーションミックスのなかで、影響を与えようとする試みがあまり顕在化しない例外的な領域のひとつは、売り手と買い手の対面のコミュニケーションだ。多くの場合、このような対面のコミュニケーションは、ブランドの将来にとって重要な決定がくだされる場面で、外部の第三者がいないなかで行われる。しかもそこで決定されることの影響は非常に大きい。大手スーパーマーケットチェーンが新製品に必要な流通を提供してくれるかどうかは、営業担当者のキャリアだけでなく、他の多くの関係者のキャリアにも影響を与える可能性がある。買い手は、自分のボーナスや昇進に影響を与える、より高いマージンを交渉したいと考えるだろう。このような交渉では、合法的な手段と倫理的に問題のある手段との境界が非常に曖昧になる可能性がある。本来、交渉とは、両当事者にとって満足のいく結果を導くための合法的な手段であるべきだが、密室で行われる商談は、贈収賄（商取引の取り決めの範囲を超えて個人的な利益の供与）や恐喝（個人的な利益供与を要求する行為）に発展する恐れがある。賄賂や恐喝は、多くの国や市場では非倫理的とされているが、標準的な商習慣となっている国や市場もある。問題は、これらが本来あるべき市場の公正な機能を歪めてしまうことだ。

このような状況では、贈答品や企業接待はどこまで豪華にすることが許されるだろうか？　グローバルに事業を展開する大企業の場合、これらの問題を成文化し、マネージャーたちが行動するための標準的な枠組み（たとえば、クリスマスには贈り物をしない）を設ける傾向がある。また、大企業では、特定の販売代理店との関係が購買担当者の意思決定に影響を与えることを避けるために、購買担当者を頻繁に異動させることが多い。

汚職が発覚した場合、たとえそれが疑惑に過ぎないとしても、ブランドの評判に深刻なダメージを与える可能性がある。最近の例では、発展途上国で事業を展開する世界的な製薬会社や、FIFAやIOCといった国際的なスポーツ組織が、主要なイベントの開催地と巨額の契約で汚職に関与した疑いが挙げられる。

コミュニケーションミックスは主に、非常に目につきやすく魅力的な主張をすることで、多数の消費者の行動に影響を与えるように設計されている。競合他社を凌駕するほどの説得力を持たせたいという願望が、ブランドマネージャーを非倫理的な行動に導くかもしれない。

誤解を招く広告クレーム

リピート購入を目標とする場合、消費者の誤解を招く広告や販売手法は、道徳的な観点からだけではなく、ビジネスの側面からも企業にとってはマイナスだ。もちろん、嘘をつくことは倫理に反する。オーストラリア全国広告主協会（AANA）の倫理綱領には、「広告は誤解を招いたり、欺いたりしてはならない。また、そのような可能性があってもならない」と規定されている (AANA, 2012)。誤解を招くような広告クレームには、都合の悪い情報を隠して一部の真実だけを強調した表現や、実際の効果や性能を誇張した表現が含まれることがある。オーストラリアの広告業界では、他の地域と同じ様に自主規制が行われている。自主規制は国内法と同等の法的拘束力を持たないが、適切に自主規制を行う業界は、倫理的な行動が業界全体の信頼を高め、業界にかかわるすべての企業や個人の評判向上に繋がることを理解している。また、誤解を招く広告クレームが販売時点で行われる可能性もある。その一例を次のINDUSTRY INSIGHTで紹介する。

INDUSTRY INSIGHT |||||||||||||||||||||||||||||||||||||||||||||||||||||||||||||||||||||||||| 業界動向

コールズ "店内で焼き立てを"キャンペーン

2014年、コールズは、実際には部分的に焼かれた後に、他の場所で冷凍され、最終段階になって店内で焼き上げられただけのパンを、"店内で焼き立て"や"本日焼いて本日販売"などと表示して顧客に誤解を与えたとして、罰金を科せられた。

規制当局は、コールズのクレームが消費者と競合他社の双方に悪影響を与えたと指摘した。規制当局は、パンが当日店内で作られた新鮮なものであると消費者に誤解を与えたと判断した。店内で材料からパンを焼き上げることを独自のセールスポイントとしていた競合他社（多くが中小企業）は、この虚偽のクレームによって被害を被った。小規模なパン屋は、工場の生産ラインで部分的に作られたパンを低価格で販売できる大手小売業者には対抗できないからだ。このような誤解を招くクレームは、必ずと言っていいほど、安価な価格で中小企業のビジネスを奪っていく。

データソース：Australian Food News (2014), Culliney (2014)

|||||||||||||||||||||||||||||||||||||||||||||||||||||||||||||||||||||||||||||||||||||||||||||||

ショッキングな表現と性的アピール

人々の関心を引きつけ、記憶に残る広告を作るために、広告代理店はしばしばショッキングな表現や性的アピールを使う。性的な表現は購買意欲を掻き立て、ショッキングな広告は人々の関心を引きつけ、記憶に残りやすく、影響力を持つ (Dahl, Frankenberger & Machanda, 2003)。広告キャンペーンは記憶に残ることが不可欠であり、それが口コミを生み出すことができればいっそう有益だ。人目を引きつける、エッジの効いた、セクシー、またはショッキングな広告は、特に中止を余儀なくされたりすると、さらに注目を集めて宣伝効果を得ることができる。しかし、ショッキングな広告表現戦術が道徳的な憤りを引き起こすことがある。それが一線を越えて無責任になったり、非倫理的になったりするのはどのような場合だろうか？　誰が被害を受けるだろうか？　この疑問はオーストラリアにおいては民主的に解決されている。広告基準局（ASB）が、違法、猥褻、不誠実、または虚偽が疑われる広告へのすべての苦情を調査する。問題となった広告は、スポンサーが広告の正当性を主張すれば公共の場で判断が下されることになる。苦情が認められた場合は、広告が修正または撤回されることもある。ASBはその審議内容をウェブサイト（http://adstandards.com.au/cases）で公表している。

ASBのサイトは、最近寄せられた苦情を読んだり、その広告を見たり、どのような判決がくだされたかを理解したりできるので、一見の価値がある。

ステルスマーケティングとバズマーケティング

ステルスマーケティングは、ベイカー (2009) により、「マーケティングメッセージの発信者とそのメッセージを制作または後援している企業との関係を開示または明確にしない秘密のマーケティング」と定義されている。ソーシャルネットワークの時代においては、消費者は、広告主のメッセージよりもむしろ他の消費者の意見を信頼し、製品や企業のレビューをオンラインで確認する。企業のなかには、独立系のブロガーやツィッター利用者に自社製品について語らせたり宣伝させたりすることで、ソーシャルネットワークサイト上での存在を隠しているとこもある。また、口コミキャンペーンを展開し、ブランドに関する情報や興奮（バズ）を生み出そうとする企業もある。マーケターにとっての倫理的な課題は、これらの活動をどこまでオープンに、あるいはどこまでステルスに行えるかという点にある。イギリスでは、2014年から広告基準局（ASA）がこの行為を規制しており、ブロガーにブランドの宣伝のために報酬を得ているかどうかを明記することを義務付けている。オーストラリアでは、オンラインレビューを投稿するソーシャルインフルエンサーはACCCの規制の対象になっている。ACCCは、企業や個人が次のようなレビューを書いた場合、消費者に誤解を与えるリスクがあるとしている。

Chapter **15** Ethics and Social Responsibility 544

- 報酬を得るために製品を使わずにレビューを書いた
- 製品を使用したが、金銭的または非金銭的な利益を受けるために誇張したレビューを書いた

(データソース：ACCC, 2017)

子ども向け広告の倫理

子どもたちは広告と他のテレビコンテンツを区別できず、広告の目的を理解できないという懸念がしばしば表明されている。その結果、消費者と広告主の間の力のバランスが広告主に有利に傾いて、公平さが損なわれ、広告が子どもたちに不当な影響を与える可能性があると考えられている。子どものメディア利用に関する研究活動を行っている非営利団体のヤングメディアオーストラリア（2009）は、テレビ広告が若い思春期の女子に特徴的な否定的ボディイメージや摂食障害の原因になっている可能性さえあると示唆している。スウェーデン、ケベック、ノルウェーでは子どもをターゲットにした広告は禁止されており、イギリス、グリーンランド、デンマーク、ベルギーでは法的な規制がある。その他の地域では、広告主は広告および自主規制に関する国際商工会議所の規則に従っている。

CASE STUDY

スウェーデンの子ども向け広告

スウェーデンは、子ども向けの広告を禁止した最初の国のひとつだ。1996年に制定されたこのラジオ・テレビ法は、12歳未満の子どもを対象にした広告メッセージと、12歳未満の子どもを対象にした番組の前後で放送されるすべての広告を禁止している。

この規則は現在では広く受け入れられている。消費者行動の実際を考えることは興味深いことだ。スウェーデンの若者はよくインターネットを利用している。テレビを見るのと同じくらいインターネットを閲覧している。12歳から15歳の25％が1日3時間以上インターネットを利用しており、5歳児は50％、3歳児は20％がインターネットを利用した経験を持つ。10代の若者はソーシャルネットワークを好むが、11歳未満の子どもはコンピューターゲームに関心を持っている (Sweden.se, 2009)。

プローゲルとウォードマン（2009）は、スウェーデンの子どもたちのインターネット利用状況を調査して、子どもたちが訪問したページの半分以上に、未成年をターゲットにした広告が掲載されていることを発見した。お菓子、ポテトチップス、炭酸飲料、アイスクリーム、ビスケットなどの商品の広告が圧倒的に多く、ゲームに組み込まれている広告もあった。ソーシャルネットワークの普及とステルスマーケティングやバズマーケティングの台頭で、スウェーデンの広告規制が実質的に効力を失う可能性がある。他のメディアに比べ、インターネットは安価で、簡単かつ効率的に関連コンテンツ（例：ソーシャルコミュニケーション、ニュース、リサーチ、音楽、写真、映画など）を配信でき、関心のあるグループを簡単に特定することができる。子どもたちは、自分が探しているものを正確に見つけることができる。

そのためプローゲルとウォードマンは、スウェーデンではテレビ広告に対する厳しい規制と消費者保護の精神が一般的であるにもかかわらず、"インターネットはまだグレーゾーンであり、ガイドライン以上の規制がない"(2009) ため、子どもたちは依然として商業メッセージの危険にさらされていると結論づけた。

データソース：(Sweden.se, 2012), Plogell & Wardman (2009)

倫理の理論

　前節の例は、マーケティングのすべての部署のマネージャーたちが倫理的側面を持つビジネス上の意思決定を求められることを示している。マネージャーは、自らの決定に責任を持ち最後までやり遂げるだけでなく、時にはその決定の道徳的根拠に異議を唱える可能性のある社内外のステークホルダーたちに対して、その決定を公的に正当化する責任も負っている。哲学者たちは何世紀にもわたって道徳について考えてきた。哲学の教えが、古代ギリシャから啓蒙時代を経て現在に至るまで、法律、医学、研究、そしてマーケティングを含むビジネスの領域の私たちの倫理的思考に影響を与えていることは驚くべきことだ。本節では3つの重要な哲学について説明する。それぞれの哲学は、マネージャーが自らの意思決定を検証するために使える有用な原則を提示している。

　まず、あらゆる意思決定を次の3つの要素に分けて考えることが役に立つ。それらに一連の倫理原則を適用することで、その道徳的な強度を検証することができる。

・その決定がもたらす結果、すなわちその決定がもたらす可能性のある利益または損害
・結果を達成するための意思決定に使われる手段または方法
・意思決定者の意図と意思決定の目的

　意思決定を構成するこれら3つの要素は、あらゆる倫理的評価を支援する3つの異なる哲学的アプローチの出発点だ。この3つのアプローチを詳しく見ていこう。以下の3つの方法がある。

・目的論と功利主義
・義務論
・徳倫理

目的論と功利主義：結果を検証する

　あるブランド衣料品小売業者が、コストを最低に抑えた製品を市場最低価格で販売することで最大多数の消費者に最高の製品を提供していると主張するのであれば、それは結果に焦点を当てた目的論的な議論を採用していることになる。おそらくその会社は、労働力（児童労働が含まれているかもしれない）がもっとも安い地域の製造業者に生産を委託することで、最終的には自社製品を可能な限り多くの人々の手に届く価格で提供できるようになる。この結果は最大多数の最大幸福を達成していると判断することができる。このような大量生産・販売戦略は、製造国および衣料品が販売される市場において必要とされる雇用も創出する。売上は株主を満足させる利益を生み出し、その企業が事業を展開するすべての国の政府に税収をもたらす。これらは肯定的な結果と言えよう。

　一連の行動によって引き起こされる利益または害悪に焦点を当てる考え方を**目的論**（teleology：ギリシャ語でtelosは目的を意味する）という。2500年前のアテネでプラトンとアリストテレスによってはじめて提唱され、さまざまな倫理理論のなかでもっとも広く理解されている。**功利主義**は、18世紀から19世紀にかけて発展した目的論の一流派であり、幸福を最大化するのであれば道徳的な選択は正当化できるという概念を提唱している。どちらの理論も、意思決定や活動が最大多数の人々にとって**最大の利益**（効果）を生み出す場合は、たとえそれが少数派に害をもたらすとしても、適切な道徳的決定と見なされる。マーケティングにおいても、目的論的プロセスを採用する場合は、労働者、株主、製造業者、政府などのさまざまなステークホルダーグループに対する影響を考慮して、全体としてもっとも大きな利益をもたらす選択肢を選ぶべきだ。

　しかし、目的論的推論は常に公平なアプローチを意味するのだろうか？　結果に基づく判断には、一般的に4つの課題が提起されている。

　第一に、誰が"最大の利益"を決定するのだろうか？　顧客と株主が得る利益は、劣悪な労働条件にさらされるかもしれない工場従業員が受ける利益よりも重要だろうか？　ブランドのオーナーは、顧客、株主、利益という観点から、より大きな利益を追求するだろう。一方、地域社会の労働組合は、従業員、その家族、労働条件を優先するか

もしれない。

第二に、目的は常に手段を正当化するだろうか？　結果が意思決定のもっとも重要な要素だと考えられている場合、その結果を達成するプロセスは重要ではないということだろうか？　衣料品の製造方法よりも消費者や株主の満足度の方が重要だろうか？

第三に、特定の商品やサービスの販売によって、大多数の人々が何らかの利益を受けられるかもしれないが、少数派が被害を受ける可能性もある。この考え方では、少数派が被る被害はどのように考慮されているだろうか。それとも、少数派の被害は無視または軽視できるという前提があるのだろうか。

最後に、大いなる善は短期的目標だろうか、それとも長期的目標だろうか。マーケティング倫理に当てはめた場合、現在では多くの人々に物質的な利益をもたらすが、将来的には環境に有益ではない決定にも注意が必要だ。前述の衣料品の例を続けると、衣料品の輸送によって生じる二酸化炭素排出の長期的コストは衣料品の価格に反映されていない。教育を受ける機会を失った児童労働者のコストも衣料品の価格には反映されていない。

これらの課題が、結果が達成された手段に関連していることは容易に理解できる。たとえ多くの人にとって最大の利益をもたらす結果であっても、その達成手段に倫理的な問題があれば非難される可能性がある。このような手段やプロセスの道徳性を重視する考え方を**義務論**と呼び、これは倫理学におけるもうひとつの重要な考え方だ。

義務論：方法を検証する

製造コスト削減のためにバングラデシュやスリランカに生産を委託している衣料品ブランドにとって、結果に至るまでの方法を検討することは、生産と流通の体制を細部に至るまで評価することを意味する。その服はどのような材料を使ってどのように作られているのか？　その服を作るためにどのような人が雇われているのか？　彼らはどのような労働条件で働いているか？　オーストラリアの法律は未成年者の雇用を明確に禁じており、オーストラリアの社会は無秩序な児童労働を完全に否定している。したがって、倫理的な判断に基づけば、児童労働を利用することは決して許されない。二酸化炭素排出量を最小限に抑えようとする人たちは、輸送の必要性を減らすために衣料品を市場の近くで調達することを提案するだろう。

しかし、インドでは多くのコミュニティが、その収入を海外市場向けの衣料品を生産することに依存している。そのため児童労働の問題も深刻だ。インドの貧困層では、子どもたちが収入を得て、幼い兄弟や高齢者を養うことができれば、大家族は幸運だと考えられている場合が多い。

義務論（deontology：deoはギリシャ語で"正しい"を意味する）は、行動の結果が主要な焦点ではなく、社会に対して負っている普遍的な道徳に則して行動することが重要であることを示唆している。つまり、義務の遂行には結果に至るまでのプロセスがもっとも重要であることを意味している。

義務論的アプローチを採用するとき、マーケティング担当マネージャーはどのような問題に直面するだろうか？　普遍的な道徳規範は存在するだろうか？　誰のルールや方法に従うべきだろうか？　前述の例からわかるように、現実には異なる文化や社会は異なる価値観、基準、慣習に従って活動している。今日の複雑な多文化環境では、普遍的なルールに合意することは非常に困難だ。哲学者アラスデア・マッキンタイア (2003) も、それぞれの文化的状況に応じたルールを認め合うことが必要であると主張している。

ビジネスにおいて、義務論的アプローチは、確立されたルールや行動規範を厳格に遵守する（またはそれを良い意味で超える）ことでもっともよく達成される。これらは、国や地域の法律であることもあれば、国や国際機関によって確立された自主的な倫理規範であったりする。たとえば、オーストラリア全国広告主協会（AANA）は、その加盟団体が従うべき倫理規範を作成した。このような自主規制は、すべての加盟団体が倫理的に行動しているという安心感をマーケターに与え、広告主がこれらのルールを考慮しているという安心感を消費者に与える。

徳倫理：意図を検証する

義務論と目的論が意思決定の手段と結果に着目するのに対し、**徳倫理**は、意思決定者の人格やその決定の背後にあ

る動機に着目する。

　たとえば、徳倫理の原則に従って事業を運営しているブランド衣料品販売小売業者があるとしよう。おそらくその小売業者は、すべての意図が道徳的に高潔であること、あるいは少なくとも非難されることがないように努力するだろう。このような企業（たとえばザ・ボディショップ、ベン＆ジェリーズなど）は、創業当初から企業理念を確立し、企業ブランドイメージを明確にし、経営陣、管理職、一般従業員に行動規範を浸透させている。管理職は、行動規範の精神に則って行動し、またそのような行動を奨励することで、模範を示すことを期待されている。また、管理職には、顧客サービス、製品開発、対外関係、地域社会や社会問題とのかかわりなどの分野での彼らの行動に企業の徳倫理が反映されるように研修が行われている。企業は、倫理的な行動を重視し、それを実践することで、倫理的で公正な企業として社会に認識されるようになる。

　徳倫理に基づいたシステムを構築する際に考慮すべき3つの重要な問いがある。

・自分はどのような人間になりたいか？　自分の会社はどのような会社でありたいか？

・自分または会社の理想像を実現するためには、どのような美徳を重視するか？

・自分または会社の理想像を実現するためには、どのような行動をとるべきか？

　徳倫理に対する哲学的アプローチを初めて提唱したのはアリストテレス（紀元前325年頃）だ。彼は、公正で高潔な人生を送るためには、すべての人が道徳的資質を身につけるべきだと主張した。徳倫理とは、ひとつの決断や規則に関するものではない。徳のある行動を取れるような資質を身につけて倫理的に正しい意思決定を自然に行えるようになることを人々に求めるものだ。道徳的な美徳には、公平、誠実、正義などがある。アリストテレスによれば、徳のある行動は、実践を通じて、そして模範となる道徳的な人物の行動を倣うことで学ぶことができる (Aristotle, 2008)：「……倫理的美徳は生得的なものではない……私たちは生まれながらにして美徳を身につける潜在能力を持っているが、行動を通じて実践することで身につけることができる……正しいことを行えば、私たちは正しくなる」

　特にサービス産業で企業のアイデンティティと評判の管理に携わる人にとっては、徳倫理に基づく行動規範という考え方は、企業ブランド（企業のアイデンティティと望ましいイメージ）とは何かを定義し、確立し、管理し、伝達するという点において、かなり身近なものだろう。しかし、徳倫理を実際に適用するためには次の3つの困難を克服しなければならない。

　まず、私たちの社会では多くの美徳が称賛されているが、そのうちどの美徳に従うべきかを定義することが難しい。これはポジショニングの問題でもあり、ブランドが人々の心のなかでどのように際立った存在であるか、そしてどの美徳がすでにそのカテゴリーの属性として確立されているかという問題でもある。持続可能なオーガニック乳製品ブランドであることの美徳は、競合ブランドとの共通点かもしれないし、相違点かもしれない。

　次に、相反する美徳にどう対処するかという問題だ。フェアトレードブランドの多くは、カカオ、綿花、コーヒーなどの商品に対して市場価格よりも高い対価を支払うという美徳と、競争力のある小売価格で幅広い市場にリーチできるという能力の両立に苦労している。

　最後に、その美徳を個人や企業の行動にどのように反映させるかだ。というのも、次のような背景がある。

・美徳はしばしば広義に書かれており、解釈の余地がある。

・徳のある行動にはしばしば大きな勇気と犠牲が必要だ。マネージャーたちの決断がたとえ市場シェアや利益を損なうリスクがあるとしても、会社はその判断を尊重し、必要なサポートを提供しなければならない。

　これらの困難があるにもかかわらず、倫理に基づく行動規範を企業文化として根付かせ、倫理的な価値観や行動を積極的にアピールし、それを自社のブランドイメージや競争優位性の源泉としている企業は数多く存在する。ジョンソン・エンド・ジョンソンもコカ・コーラも、明確な価値観を公表し、業務を行うときはその価値観に従って行動するように社内の全員に呼びかけている。

倫理的な意思決定に哲学を使う

　マーケティングにおける倫理的な問題の多くに明確な答えがないことはもう明らかだろう。どのような問題にも少なくとも2つの側面があり、ここで取り上げた3つの哲学（功利主義、義務論、徳倫理）はそれ自体では明確な答えを提供することができない。実際、同じ問題に直面しても、それぞれの規範はまったく異なる結論を導き出すかもしれない。

　では、これらの哲学は、マーケティングの行動や意思決定を一体どのように導くことができるだろうか？　それは、困難な意思決定をオープンな場で議論し、哲学的な枠組みを用いることで、より良い意思決定を行うことだろう。議論することで、さまざまな倫理的問題や代替的な行動方針を多角的に検討することができる。問題を"外気に当てる"プロセスを通じて、その決定がより正当性や妥当性を持ち、批判や疑問に耐えうる強固な決定につながる可能性がある。たしかにこれは、さまざまなステークホルダーグループの対立する見解を考慮する際に役立つアプローチだ。ラズニアックとマーフィー（2006）は、マーケティング活動を行う上でのさまざまな意思決定を評価するための、7つのステップからなるアプローチを提案している（図15.5）。

図15.5　マーケティング組織における倫理的評価プロセスを形式化したプロトコル

Adapted from: Laczniak & Murphy (2006, p.169).

1. 倫理意識と感性を養う

　評価プロセスは、企業文化が倫理意識を奨励し、育成することで、従業員が倫理的な意思決定の重要性を理解できるようになるという前提から始まる。このモデルは、組織は、第1のステップとして、直面する倫理的課題に対してより高い感性（および理解と認識）を持つことでさまざまな利益を得られることを示している。倫理に関する研修や教育は、ビジネスの意思決定における倫理的側面をよりオープンかつ積極的に議論することにつながり、さらには企業のアイデンティティを確立するための徳倫理に基づく規範の制定にもつながるだろう。さらに、顧客と接するスタッフ全員が、消費者からの否定的なコメントにもうまく対処できる能力を身につけ、自社の製品やサービスについて、ソーシャルネットワーク上でポジティブな口コミを積極的に発信する意欲が高まるだろう。

2. 倫理的な問題や疑問を特定する

　倫理に対する意識が高まると、第2のステップを頻繁に行うことが容易になる。ここでは、マーケティングの意思決定に伴う倫理的問題が特定される。つまり、特定の行動方針によって誰が利益を得て、誰が損をするのかを明らかにする。すべてのマーケティング活動は、本質的に非常に多くのオーディエンスに到達し、行動に影響を与え、多くの場合、口コミを刺激するように設計されているため、その結果が社会に与える影響は大きい。マーケティングでは利益を生み出すことが期待されているという事実に加え、多くの人々にとって"利益"という言葉に否定的な響きがあるため、マーケティング管理の倫理がなぜそれほど頻繁に問われるのかは容易に理解できる。マーケティング上の意思決定を行う前に、倫理的な側面を広く考慮し、それらを公に擁護できるようにしておくことが、将来的に企業にとってプラスになる可能性がある。日頃から倫理的な価値観を大切にして事業に取り組んでいる企業であれば、これは容易だ。

3. 意思決定における利害関係者（ステークホルダー）を明確にする

　第3のステップでは、どのステークホルダーグループが関与しているかを特定することで、倫理的な問題を明確にする。ステークホルダーを特定したら、重要な意思決定については、メンデローのグリッド（図15.3）を用いて各ステークホルダーの影響力と関心度を可視化することができる。これにより、彼らがどのような利害関係を持っているのか、意思決定によって利益を受けるのか、害を受けるのか、意思決定の実行を促進するのか、妨げるのかなどを明確化することができる。

4. 倫理的な理論や基準を選択する

　第4のステップでは、意思決定を検討するための哲学的規範を選択する。このモデルはステップ2〜5を繰り返すプロセスになっており、複数の規範を適用することができる。顕微鏡で標本をさまざまな倍率で観察するのと同様に、検討するたびに問題の新たな側面が明らかになり、それぞれの規範を適用することで、各ステークホルダーグループが企業の意思決定によってどのような影響を受けるのか、そのプラス面とマイナス面が明らかになる。

5. 代替案を検討し、倫理的な観点から評価する

　第5のステップでは、さまざまな倫理規定から導き出された内容に応じて、異なる行動方針を示す。ステップ6に進む前に、この段階で議論を広げ、意見を集め、その意味を検討することができる。

6. 決定を行い、その決定を正当化する

　第6のステップで集められたアイデアは、上級管理職を説得し、プロジェクトを進めるための正当な理由を構築するのに役立つ。将来的には、社外の人々に説明する際にも役立つ可能性がある。

7. 決定の結果をモニターする

　最後のステップでは、意思決定が行われ、その効果をモニターする。これは、意図した結果が実際に得られているか、予期せぬ悪影響が生じていないかを確認するためだ。7つのステップからなるこのプロセスがもっとも成功し、強固な倫理的決定が行われる可能性が高いのは、株主、取締役、経営陣が社会的責任を重視する環境においてだ。特に大企業においては、企業全体で体系的に取り組み、社会的責任を果たすプロジェクトやイニシアチブを推進することによって達成される。

　本章の後半では、企業の社会的責任という問題に立ち返り、企業活動が社会全体に与えるさまざまな影響を考慮する理由と、企業の社会的役割について改めて考察する。

個人的倫理

　ここまでの議論では、組織とそのために雇用されたマネージャーの視点から、主に倫理的マーケティングについて考察してきたが、個人の倫理規範が組織の規範と対立する場合、マネージャーが直面する倫理的ジレンマについても考慮しなければならない。個人の視点も考慮すべきもうひとつの視点だ。どのようなブランドの消費者も、自らの行動に対して権利と責任を持つ個人だ。本節では、個人の倫理観がマーケティングの意思決定に及ぼす影響を考察する。

組織倫理と個人倫理

　組織の倫理と従業員の倫理が対立した場合、どうなるだろうか。マネジメント理論の父と称されるピーター・ドラッカー (1981) は、企業とそこに属する個人の倫理基準に相違があってはならない、つまり、企業だからといって個人とは異なる特別な倫理基準を設けるべきではないと提唱した。それでも、マネージャーは組織の中心的価値観を守るか、それとも自分自身の価値観を守るかという難しい決断を迫られることもある。もし企業の目標に従うなら、彼らは「命令に従って義務を遂行しているだけ」と主張するかもしれない。これは倫理的といえるだろうか？　それとも、たとえ職を失うことになっても、自分たちの基準に従って仕事の遂行を拒否すべきだろうか？

　誰でも組織の命令に従いたいという気持ちは強い。服従の性質は、1961年にスタンレー・ミルグラムがエール大学で行った有名な一連の心理学実験で検証された。その実験では、教師役の被験者に、学習者が一連の質問に対して誤った回答をするたびに、学習者に段階的に強い電気ショックを与えるように指示を出した。この研究者は、その研究によって科学的権威を獲得した。教師役の被験者の約3分の2が、指示されたとおりに段階的に強いショックを与え続け、学習者が死んだと錯覚するほどであったことに、ミルグラムは驚いた。ショックを与え続けたのは、危害を加えたいという欲求からではなく、被験者が苦痛を感じていても研究者の命令に従い続けなければならないと感じたからだった。最大電圧に達する前に実験の中止を申し出た教師役の被験者はごくわずかだった。

　言うまでもなく、実験における学習者は役を演じていただけであり、実際に電気ショックが与えられることはなかった。教師役の被験者には、実験の前に軽いデモンストレーション用のショックが与えられていたが、被験者のストレスは大きく、倫理的な問題が指摘されて、この実験がその後再現されることはほとんどなかった。

CRITICAL REFLECTION ‖‖‖　批判的省察

スコット・アームストロングは、1961年に行われたミルグラムの実験結果を、マーケティング担当マネージャーがよく直面する状況に一般化した。以下は、アームストロングが1975年に書いた、ミルグラムの著書『服従の心理』の書評からの抜粋だ。

「被験者たちは……権威者が価値ある目的をもっていると思い、権威者を助けたいと思った。ある意味で、彼らは善を行おうとして害をなしたのである。彼らは従順だった (Armstrong, 1975)」

学習研究と関連研究から得られた知見は、マーケティング担当マネージャーにも一般化することができる。彼は権威者から"利益の最大化"を命じられる。たとえそれが明らかに他者に損害を及ぼすとしても、彼はそれの命令に従って働く。この一般化は、特にマネージャーの態度に関する研究を調べると、非常に説得力を持つように思われる。ほとんどのマネージャーは、自分は社会的に無責任な行為をしており、行為のほとんどはマーケティングに関連することで、上司からの命令に従ってその行為を行っていると言う。

ミルグラムの著書は、マーケティングにおける社会的無責任は、少数の悪人が引き起こすものではないこと、ある意味では、善良な人が組織や社会の圧力によって意図せずとも無責任な行動を取ってしまう可能性があることを示唆している。ミルグラムは、個人を責めるのではなく、社会が人に与える役割を研究すべきだと主張している。マーケティング担当マネージャーの役割をどのように変更すれば、社会的に無責任な行動をとる可能性を減らせるだろうか？　この問いに対して、この本は多くの可能性を示唆している。たとえば、倫理的に問題のある行為が他者にどの

ような影響を与えるのかを具体的に示すことで、人は問題の深刻さを認識し、倫理的な行動を促されるかもしれない。また、他者に与える影響の責任を強く意識させることで、たとえ権威者からの指示であっても、非倫理的な行為を拒否する勇気を与えることができるかもしれない。

データソース：Armstrong, S（1975）

この書評は、ステークホルダー理論がマーケティングの意思決定や倫理と広く結びつく以前の1975年に書かれたものだ。利益追求型の意思決定において、より広範なステークホルダーグループを考慮することは、おそらく社会的に無責任な行動を抑制するためのひとつの方法であろう。もうひとつの方法は、ミルグラムとアームストロングが記述しているように、企業とその従業員の双方が受け入れられる倫理的なガイドラインを確立することで、一部の企業がこれを採用している。その一例が、ジョンソン・エンド・ジョンソンの倫理声明"Our Credo"だ。これは1943年に初めて作成され、現在でも、個人と会社の倫理観の基準を調和させることで、事業全体の倫理的行動を管理し評価するために使われている。

個人の責任

個人は自分自身と家族に対して責任と義務がある。ドーナツの食べ過ぎや過度の飲酒は、最終的に自身の健康、ひいては生命を危険にさらす可能性があるため、一般的に無責任な行為だとみなされている。もちろん、これは個人の選択の問題だが、自分自身の健康を損なう可能性が伴うなら、その選択は倫理的な側面も考慮すべきだろう。

CRITICAL REFLECTION　　　批判的省察

ファストフードの犠牲者か？

2010年12月、2児の母であるモネ・パーハムが、カリフォルニア州の裁判所にマクドナルドを提訴した。彼女は、娘たちがマクドナルドのハッピーミールに付いてくるおもちゃの販売戦略にはまってしまい、娘がマクドナルドの食品を食べることをやめられなくなったと感じ、次のように主張した（Daily Mail, 2012）。
「子どもたちには楽しいおもちゃに見えているものは、私と娘たちの間にマクドナルドを割り込ませるために設計された高度なマーケティング戦略だと私は気づいたのです」
この訴訟は消費者団体の"公益科学センター"が資金提供したものだったが、真の被害者はモネ・パーハム自身ではなく子どもたちであるという理由で、2012年4月に棄却された。その時の裁判官は、彼女の子どもたちは原告を適切に代表していないと判断し、この件は親の躾と個人の責任の問題であると解釈して、カリフォルニア州の裁判所が介入するべきではないと判断した。

データソース：Daily Mail（2012）．

発展問題　QUESTIONS

1. あなたは裁判官の判断をどう思いますか？
2. 裁判官は正しかったのでしょうか？　モネ・パーハムにはどのような言い分があるでしょうか？

個人は消費者であると同時に他者に対する責任もある。私たちは皆、口コミ、特にソーシャルメディアを通じて、購買行動やブランドの評判に影響を与えることができる。個々の消費者は、製品に対する肯定的または否定的なレビュー、ブログ、動画を通じて、市場に影響を与え、意見や知識を共有することで社会に貢献する大きな力を持つ。ブランドはオンライン上で消費者と積極的にかかわって、レビューやフィードバックを書くことを促すが、消費者は自分が持つ影響力を自覚し、責任感と慎重さを持ってその力を行使しているだろうか？　あなたは、過度に熱狂的なレビューを書いたり、共有したりしたことはないだろうか？　あるいは何らかの理由で不当に否定的なレビューを書いたことはないだろうか。誤解を招くようなレビューが、ブランドのパフォーマンスや他の消費者に損害を与える可能性がある場合、倫理的な問題に発展するかもしれない。

さらに、消費者は商品やサービスを購入する際に、常に自分の倫理観に合致するかどうかを考慮して選択しているだろうか？　消費者が企業の倫理的な行動を支持し、非倫理的な行動にはネガティブに反応するかどうかについては、研究によってさまざまな結果が出ており、明確な結論は出ていない。オーガーとデヴィンニー（2007）、ブルストリッジとキャリガン（2000）は、消費者が購入の際にもっとも重視する基準として、利便性、価格、価値、品質、ブランドへの親近感を挙げて、倫理的な理由から購入する消費者はごく少数であると結論づけている。このことは、ナイキ、ギャップ、およびヨーロッパのディスカウントファッション小売業者のプライマークの事例からも明らかになった。これら3社はいずれも、サプライヤーの工場で児童労働を容認しているとして公に批判されてきたが、消費者は3ブランドとも愛用し続けており、シェアや利益への目立った損害は出ていないようだ。しかし、だからといって消費者が倫理的な問題に関心を持っていないわけではない。ほとんどの消費者は、常にではないが、状況によっては倫理的な行動を選択することがある。ソーシャルマーケティングの影響に関する最近の研究結果については次章で考察する。

企業と消費者にパートナーシップは必要か？

倫理的な観点から、マーケターは顧客をどのように捉え、どのような関係を築くべきだろうか？　ミルグラムの研究によると、人は権威に従う傾向がある一方で、自分の判断に委ねられた場合、自分に危害を与えない他者への危害を最小限に抑えようとする傾向があることがわかった。権威に従いたいという欲求は、消費者の行動をより良い方向に変えることができるのだろう。アーウィン（2015）は、消費者が健康的な食事か、より安価で健康的でない食品で節約するかという選択に直面したとき、より良い選択へと優しく後押ししてくれる"ナッジ"に反応することを発見した。消費者は、専門性や信頼性が高いと認識しているブランドからの情報や推奨に影響されて、その商品の購入を選択する可能性が高い。同様に、ブリンクマンとピーティー（2008）も、倫理的な消費はマーケターと消費者が協力してはじめて実現すると結論づけた。企業もそのステークホルダーも社会全体に対して良い影響を与える行動をとることができる。マーケターは、消費者が多くの情報のなかから倫理的に正しい選択をすることができるよう、積極的に情報提供や働きかけを行い、責任ある消費を促進するリーダーシップを発揮すべきだ。たとえば、イギリスのマークス＆スペンサーは、買い物客に"シュワップ"という衣服の交換プログラムへの参加を奨励している。これは、マークス＆スペンサーの店舗で商品を購入するたびに、もう着なくなった衣服を1点寄付できるというものだ。寄付された衣服はオックスファム（貧困撲滅をめざす国際協力団体）に送られ、そこからイギリス国内や開発途上国の貧困層に届けられる。

当然ながら、消費者は倫理的な行動を示す企業を肯定的に評価する。それが今日の購買行動に直接的には結びついてはいないかもしれないが、社会的に責任のある行動や持続可能な社会に向けた活動は定着しつつあり、企業がCSR（企業の社会的責任）を明確に発信することで、消費者が倫理的な選択をするようになる可能性がある。企業がCSRに積極的に取り組むことで、マーケターは、自社の経営陣が単にシェアや利益を追及するのではなく、より倫理的な動機を持っていると認識できるようになり、その結果、自身のストレスが軽減され、より倫理的なマーケティング活動に従事できる可能性がある。

企業の社会的責任

組織の広範な役割についての議論は今に始まったことではない。

19世紀のイギリスでは、人口が農村から過密で不衛生な工業都市へと劇的に移動したことを受けて、ビクトリア朝時代の人々は、企業は経済的な問題だけでなく社会的な問題にも配慮すべきだという強い意識を持つようになった。**啓発された自己利益**として知られるこのアプローチは、労働者をよく扱えば、見返りに労働者もよく働くだろうと信じるジョン・スチュアート・ミルのような哲学者や実業家によって提唱された。

企業は、公衆衛生、教育、住宅など、さまざまな福祉活動に資金を提供するようになり、労働者のための新しい町の開発まで行うようになった。19世紀末には、チョコレートメーカーのキャドバリーが、イギリス第2の都市バーミンガム郊外の緑地に新しい工場を建設し、その周辺に、緑地、スポーツ施設、工場労働者のための快適な住宅が立ち並ぶボーンヴィルという新しい町を造成した。ボーンヴィル郊外は、第一次世界大戦が始まるまで拡大を続け、現在でも当時の街並みを見ることができる。このような企業による社会貢献活動は珍しいことではなかった。リーバ・ブラザーズ（現ユニリーバ）がリバプールにポート・サンライトという町を建設したのも、同様の理由からで、生活の向上だけでなく、信頼でき、満足して働く、健康な労働力を確保するためでもあった。どちらの町でも、労働者の健康と生産性を維持するために、契約の一部として禁酒（つまり、アルコールの消費が禁止された）が定められていたことは言うまでもない。

図15.6　キャドバリーの鉄道ポスター

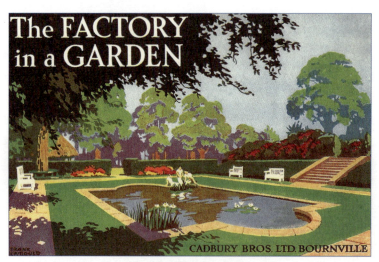

画像：cadbury.co.uk

20世紀半ばには、何よりも利益を追求する株主中心主義が主流だったが、1980年代以降は、グローバル化が進み、少数の企業に権力が集中した結果として、ステークホルダー重視の視点と企業の責任ある行動や倫理観の重要性がますます高まった。今日、多くの企業が社会における自社の影響力と潜在的な貢献を認識しており、企業のマーケターも、消費者だけでなく、従業員、株主、地域社会などのステークホルダーが、企業に対して倫理的かつ社会的に責任ある行動を期待していることを理解している。こうした状況を受けて、企業は、信頼関係を構築し、ステークホルダーとの良好な関係を改善し、企業の評判を高めるために、CSR（企業の社会的責任）への取り組みを積極的に行い、その一環として、CSRプログラムへの投資を継続している。

1990年代初頭、アーチー・キャロル (1991) が、企業がステークホルダーに対して負う責任をCSRの階層のピラミッドのなかで説明した（図15.7参照）。このピラミッドは、本章ですでに述べたことの多くを反映している。それは、

図15.7 企業の社会的責任のピラミッド

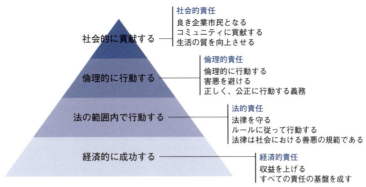

データソース：Carroll（1991, p. 42）

企業の第一の義務は、利益を上げ、雇用を創出し、税金を納め、そしてオーナーに公正な見返りを提供すること、というものだ。経済的に成功することで社会に貢献する、これがCSRの基本だ。しかし、第二に、企業は利益を生み出すために、法の範囲内で行動する責任、つまりゲームのルールに従って行動する義務を負っている。そのような規則には、公正な競争を規定する法律や、広告基準を規定する規範などがある。また、強力なグローバル企業体の行動によって引き起こされる可能性のある損害から消費者や中小企業を保護する規則もある。企業はルールを守ることで社会全体の利益に貢献する。これまでにも、法律に従って企業の権限がオーナーから他のステークホルダーグループに共有されることはあった。

キャロル（1991）は、法的義務に加え、すべての企業には、危害を及ぼさないことに加え、正しく、公正で、公平に行動するという倫理的責任があると主張している。これまでの議論から明らかになったことは、どのグループが不利益または利益を受ける可能性があるかを、また企業の行動がどの程度まで倫理的であるかを判断するためには、企業の経営者はすべてのステークホルダーの利益や関心事を考慮に入れて経営判断を行うべきであることだ。キャロル（1991）はさらに踏み込んで、良き企業市民になることはひとつの責任であり、そのためにはフィランソロピー（社会貢献活動）、つまり企業活動が地域社会の生活の質を向上させるような社会貢献が必要であると論じている。キャロルは、企業は長い間、株主にとっての価値を創造するためには"害を与えない"だけで十分であったと述べている。今日では、企業はフィランソロピー活動を通じて、あるいはもっと簡単に言えば善行を行うことで、社会にもっと貢献できるという期待が高まっている。

フィランソロピー

フィランソロピー（社会貢献活動）の規模はさまざまだ。2006年、ウォーレン・バフェット氏（金融市場で財を成した当時世界第2位の富豪）は、ビル＆メリンダ・ゲイツ財団に440億米ドルを寄付した。これは企業への投資ではなく、より広範な社会的利益のために資金を効果的に活用できると彼が信じる財団への寄付だった。ビル＆メリンダ・ゲイツ財団は、世界規模の開発、保健、教育のための資金を提供する独立した財団だ。

メルボルンAFLクラブは、地域社会とのつながりを活かして社会貢献活動を行い、地域社会と密接に連携しながら、ファミリーデーや放課後クラブなどの活動を展開している。これらの活動は、以下のような取り組みを通じて、地域コミュニティの中心的存在となるという彼らの使命に貢献している。

- リード・ライク・ア・デーモン読書活動（たくさん読もう）——メルボルン・フットボール・クラブと読書ワークショップに参加する機会を生徒に提供する識字向上プログラムだ。教師は教材にアクセスでき、生徒はクラブの選手が指導する読み書きの活動に参加する。
- クリーンフェイス・ストロングアイ活動（トラコーマ撲滅キャンペーン）——先住民族コミュニティに失明を引き起こす細菌トラコーマの感染拡大について教育する取り組みだ。メルボルン大学の"先住民族眼科保健ユニット"と

提携して、AFLクラブの選手たちがトラコーマ予防の意識向上に努めている。

・カルチュラルアンバサダー活動（文化大使）──クラブの多様性プログラムの一環として、さまざまな文化的背景を持つ子供たちにサッカーを体験してもらうことを目的に、文化大使の役割を担う選手を選出している。

　企業の社会貢献活動に批判的な人々は、企業は多くの場合、社会貢献活動を単なるマーケティング戦略として、つまり販売促進のために利用していると指摘する。彼らは、社会貢献活動が意図せぬ結果をもたらす可能性があると主張する。たとえば、ある靴会社がアフリカの貧しい町に靴を寄付した結果、現地の靴市場が事実上破壊されてしまったケースが挙げられる。さらに、なぜ経営陣が、株主や顧客の意向を直接確認することなく、自らの判断で慈善団体を選ぶのかという倫理的な問題も存在する。

企業市民活動と従業員育成

　企業には、人と同様に、社会に対して権利と責任があると考えられている。その責任を果たすことで、企業は**企業市民**と認められる。そして、社会貢献活動はその良き企業市民としての評価を得るための有効なひとつの手段といえる。プロクター・アンド・ギャンブル（P&G）は、すべてのグローバルな企業市民活動を"Live, Learn and Thrive"（生きる、学ぶ、成長する）という旗印の下に統合している。この活動は、恵まれない子どもたちや若者の生活改善のために行う社会的投資で、60カ国で100を超えるプロジェクトに及んでいる。これにより、従業員の能力開発と満足度を高める新たな機会が創出されている。何千人ものP&G社員が、通常の業務から離れて社会貢献活動プロジェクトに貢献する時間を与えられている。多くの場合、困難な状況下での新たな課題にビジネススキルを応用し、時には数カ月にわたってボランティア活動に従事することもある。企業市民活動はこのようにP&Gの事業全体に織り込まれており、経営陣は自己実現のメリットを認識しているため、このような活動を奨励している。

コーズ・リレイティッド・マーケティング：パンパースとユニセフ

　企業市民活動のもうひとつの柱は、**コーズ・リレイティッド・マーケティング**だ。コーズ・リレイティッド・マーケティング（CRM）とはマーケティング主導の活動で、ブランドと消費者を結びつけ、ある問題への意識を高めたり、社会的弱者に資金や援助を提供したりして、ブランドの売上を増加させることを目的としている。明確な商業目的の達成を目的としているため、利他的な社会貢献活動とは異なる。たとえば、2006年以来、パンパースとユニセフは、世界でもっとも弱い立場にある女性や子どもたちに母体および新生児破傷風（MNT）ワクチンを届けるために協力している。パンパースを1パック購入するごとに1回のワクチン接種が寄付される。これまでに1億人以上がその恩恵を受けてきた。この活動はMNTを完全に撲滅することをめざしており、現在までに15カ国でMNTの撲滅に貢献してきた。パンパースの社会貢献活動は、ブランドユーザーの信頼と評判を得た。ユニセフとの連携は権威を高め、消費者（つまり、この活動に敏感な母親たち）を積極的に巻き込み、しかも、パンパースブランドを購入するだけで追加の費用はかからない。

　CRMは、マーケターの間で人気が出てきている。彼らは当然、それがマーケティングに役立つだけでなく、社会貢献にもつながると考えている。しかし、意図しない結果を招くこともある。たとえば、「ソフトドリンク1本購入につき1ドルを糖尿病研究に寄付します」というような大義名分を掲げるCRMを行っているファストフードチェーンは、研究資金を提供する一方で病気の原因となる製品を宣伝・販売していると批判される。CRMは消費者の慈善事業への寄付額を減らすとさえ指摘する研究もある (Krishna, 2011)。

持続可能なマーケティング戦略

　倫理的なマーケティングとは、利益を上げるあらゆる努力をする一方で、人々への害を制限することだ。マーケティング活動において考慮すべき重要な関心事のひとつが将来の世代への利益だ。持続可能な環境は21世紀のビジネスと社会の重要な課題となっている。

　環境への関心は、戦後の好景気と、1960年代に始まった事業拡大に起因する自然環境や人間の健康に及ぼす悪影

響への懸念から生まれた。政府の法律や企業の取り組みは、特に石油産業、化学産業、重工業からの排出物を重視しながら、汚染や産業廃棄物を浄化することに焦点を当てた。このようにして、ザ・ボディショップやベン&ジェリーズのような、環境に優しいビジネスを展開する起業家的な、いわゆる**グリーンビジネス**が始まった。

1980年代、2つの生態学的および人的災害により、企業活動が地球環境に与える影響に対する関心が高まった。ひとつはインドのボパールで起きたユニオンカーバイドの殺虫剤工場のガス漏れ事故で、数千人が死傷した。もうひとつは、石油タンカー、エクソンバルディーズ号が岩礁に乗り上げ、アラスカ沿岸に推定1100万米ガロンの原油が流出した事故で、自然環境に壊滅的な打撃を与えた。法律が制定され、また消費者からの圧力もあり、企業は現在および将来の世代の環境に及ぼす自社の影響を考慮し、企業の評判を維持し続ける必要に迫られている。

"持続可能性"という概念は、国連のブルントラント委員会が発表した報告書『Our Common Future（我ら共有の未来）』のなかで定義された (1987)。同報告書によれば、持続可能な開発とは、将来の世代の自らのニーズを満たす能力を損なうことなく、現在の世代のニーズを満たすことだ。この定義と報告書の考え方には、次の2つの重要な概念が含まれている。

・**"ニーズ"という概念。なかでも、最優先されるべきは世界の貧困層の本質的なニーズであるという考え方。**

・**"限界"という概念。環境問題への取り組みは、技術的な制約や社会の仕組みの限界によって、現在および将来の人々のニーズを十分に満たすことができていないという考え方。**

マーケティング担当マネージャーにとってのこの定義の重要性は、将来の世代のニーズに明確に言及されていること、それを現在の企業活動が損なうことがあってはならないことを示唆していることにある。さらに、世界の貧困層の現在の本質的なニーズが明確に強調されている点も重要だ。この持続可能性の定義に"ウォンツ"を満たすことへの言及がないのは、世界にはまだ満たされていない基本的な"ニーズ"が多く存在し、持続可能な社会を実現するためにはそれらのニーズを優先させるべきだからだ。

その結果、先進国市場では、生産プロセス、素材、リサイクルやアップサイクルの能力をアピールする、環境に配慮した商品やサービスが台頭するようになった。企業は、健全な環境対策がビジネスにとって有益であることを理解している。健全な環境対策は、エネルギーと生産コストを削減できるだけでなく、環境問題に関心を持つ多くの消費者にも訴求力を持つ。

長期的な倫理と持続可能性を考慮したマーケティングの評価

消費者は、今や企業に社会的な良心を期待するようになっているが、その一方で、マーケティング部門が利益のみを追求して、社会的大義や、慈善活動、地域社会との関わりが希薄な企業に対しては冷笑的になっている。企業としては、自社の主張の信頼性を証明するための、第三者機関による検証がますます重要になってきている。オーストラリアでは、バンクシア財団が個人と組織を対象に持続可能性の取り組みを表彰している。一方、英国のトゥー・トゥモローズ（企業の持続可能な活動の達成を支援するコンサルティング会社）は、ユニリーバの環境・社会問題への取り組みを評価し、2013年と2014年に独自の評価指標であるTVR（Tomorrow's Value Rating）の最高位を与えた。

企業は、慈善活動や社会貢献活動への関与が、単に競争上の優位性を得るための手段ではないことを理解している。企業のステークホルダーたちは現在、企業が長期的なコミットメントを持って、人間活動の悪影響を軽減し、持続可能な生産プロセスを促進することを期待している。**トリプルボトムライン**アプローチ（従来の財務的成果に加えて、社会と環境への影響も考慮して企業のパフォーマンスを測定する方法）を用いることで、企業は持続可能で倫理的なマーケティングの成功を、利益、社会、環境への貢献の3つの観点から評価することができる。その良い例が、次のINDUSRY INSIGHTで紹介するマーシャルズフェアストーン社だ。

INDUSTRY INSIGHT　　　業界動向

マーシャルズフェアストーン
持続可能なマーケティングとトリプルボトムライン

　児童労働の蔓延と劣悪な労働環境に対する非難は、衣料品や履物産業だけにとどまらない。児童労働を減らす取り組みが行われているにもかかわらず、2014年の国際労働機関（ILO）の報告では、世界中に14歳未満の児童労働者は1億2000万人おり、その半数以上が鉱業、採石業、その他の過酷で危険な産業に従事している（Diallo, Etienne & Mehran, 2013）。その多くは、身内の借金を返済するために働いていることがわかった。これは違法な強制労働だ。

　マーシャルズ社は、イギリス国内外で舗装用スラブやパティオスラブを販売する大手メーカーだ。同社は、インド産砂岩のサプライヤーが採石場で児童労働や児童強制労働を行っており、しかも採石場には安全と衛生面の規制がほとんど整備されていないことを知った。低賃金と過度な労働時間のもとで移民労働者の搾取が行われていることは明らかで、採石技術は環境に悪影響を及ぼしていた。2005年当時、世界で1億7000万人の子どもたちが児童労働に就いていると推定されていた。マーシャルズ社のグループマーケティングディレクターであるクリス・ハロップは、インドの同社の社会的および環境的影響を改善するという課題に熱心に取り組みながら、イギリスの株主に対しては長期的成長と投資利益をもたらすことをめざした。

　彼のリーダーシップの下、マーシャルズ社はフェアストーンという認証マークを導入し、石材の買い付けだけにとどまらないいくつかの重要なイニシアチブをインドに導入した。これらには以下が含まれる。

1. 地域社会の要望やニーズを理解するための環境調査と社会調査を行って、マーシャルズ社の砂岩採石場での労働条件を改善する。
    - ▲マーシャルズ社は現在、ストーンシッパーズ社という唯一の代理店を通じて砂岩を調達している。この独占的パートナーシップにより、労働条件と労働基準が保証される。
    - ▲マーシャルズ社は、インドの現地に常勤の社会監査官兼能力開発者を雇い、労働条件をチェックし、毎週その報告を受けている。
2. 労働者とその子どもたちが新しい保険施設や教育施設で医療や教育を受けられるようにする。
    - ▲マーシャルズはインドの非政府パートナー組織ハドーティ・ハスト・シルプ・サンスタンと協力して、現在179人の採石労働者の子どもたちが通う6つの学校、労働者とその家族のための6つの保健センター、そして労働者の権利、健康と安全、社会保障に関する情報を提供する教育キャンプに資金を提供している。
3. 環境への影響を削減するために、特に以下のことを目的として、採石技術、設備、エネルギー管理への投資を行う。

▲2050年までに二酸化炭素排出量を80％削減する。

▲水の使用量を生産量1トン当たり0.05㎡削減する。

▲商業廃棄物の埋め立て処分量を3年間で3％削減する。

▲梱包材を生産量1トン当たり2％削減する。

　イギリスでは、クリス・ハロップが会社としてインド産砂岩の持続可能な調達に関する消費者教育プログラム、および同業者や業界団体とともに業界教育に尽力することを約束している。インドのマーシャルズ社は現在、既存の法律の実施に向けて積極的にロビー活動を行っている。業界全体の状況を改善することが会社の使命となっている。

　この活動を通じて、マーシャルズ社は、倫理的貿易イニシアチブ（ETI）と国連グローバルコンパクト（UNGC）の基準を満たす倫理的かつ持続可能な価値観と行動指針に沿って採掘・生産された、インド産天然砂岩製品シリーズのマーシャルズフェアストーン®を紹介することができた。マーシャルズ社は、積極的に活動を行うUNCGとFTSE-4-Good（ロンドン証券取引所に上場している倫理的企業）のメンバーであり、責任ある事業および経営システムを維持し、そのアプローチを業界全体に広めることに尽力している。

　2013年、マーシャルズ社はユニセフと提携し、すべてのインド産石材製品の生産から児童労働を根絶するという共同ミッションを開始した。この取り組みへの認知度を高め、またこの活動に資金を提供するために、マーシャルズ社はインド産砂岩を1平方メートル購入するごとに1ポンドを寄付している。

　その努力は見過ごされてはいない。こうした取り組みに着手して以来、マーシャル社は次のような賞や認定を獲得している。

・ビジネス・イン・ザ・コミュニティ金賞：企業責任を果たしたことに対して贈られる。

・カーボン・トラスト・スタンダードの認定：二酸化炭素排出量の削減とエネルギー管理システムへの取り組みに贈

図15.8　マーシャルズ社の持続可能なビジネスモデル
（トリプルボトムラインアプローチ）

データソース：Marshalls PLC

られる。

・スーパーブランドの認定：消費者投票によって選ばれる。2010年から継続している。

　これらの取り組みを事業拡大に伴ってさらに発展させるため、マーシャルズ社は中国とベトナムのサプライヤーにも同様の基準と行動方針を導入し、これらの国からもフェアストーン製品の生産材料を調達するようになった。2015年には、同社はインド産の砂岩製品の調達と生産に関するフェアストーン基準を世界的に導入しなければならないほどに成長した。現在では、中国とベトナムのユニセフとの関係を拡大し、現地の児童労働の撲滅のための調査や取り組みに資金を提供している。

　マーシャルズ社は長年にわたり、自社の活動のトリプルボトムライン、すなわち経済的、社会的、環境的側面を総合的に考慮することで自社の成功を評価してきた。

発展問題　QUESTIONS

1. マーシャルズ社はトリプルボトムラインモデルの目的をどのように達成したのでしょうか？

2. マーシャルズ社がCSR戦略とCRM戦略に取り入れているさまざまな取り組みを比較して分析してください。

3. マーシャルズ社のCSRへの取り組みが4年連続の増収とスーパーブランドとしての地位向上に貢献したのはなぜだと思いますか？

4. マーシャルズ社の取り組みは、業界全体の持続可能性と社会的進歩にどのような影響を与え、変化を促すきっかけとなったと考えられますか？

5. 社会と石材業界を社会的かつ持続可能な目標を設定する上でリードすることはマーシャルズ社の責任でしょうか、それとも同社は消費者のニーズを満たす商品を販売することに集中するべきでしょうか？

データソース：Diallo, Etienne & Mehran (2013), Diallo et al. (2010), Marshalls (2014).

本章の結論　CONCLUSION

　本章では、ビジネスとマーケティングにおける倫理的意思決定の複雑さについて考察した。あらゆる意思決定は、2つの基本原則、すなわち**選択の自由**と**社会に対する責任**という原則を考慮する必要がある。また本章では、さまざまなマーケティング活動について考察するなかで、「誰が責任を負うのか？」という問いを投げかけてきた。政府は、消費者と社会のニーズを守るために、どこまで介入して法整備を行うべきだろうか？　消費者は、どの程度まで責任ある行動を取るべきだろうか？　たとえその行動が危険をもたらす可能性があっても、その行動を自由に選ぶ権利があるだろうか？　企業はどの程度まで自主規制を許され、法律はどの程度まで企業の活動を制限すべきだろうか？　マーケティングプロセスのあらゆる側面における意思決定と行動の責任は、すべてのステークホルダー、すなわち利益を生み出すために働く企業、倫理的意思決定を導くための法的枠組を作る政府、そして購買行動とニーズとウォンツを通じて市場に影響を与える消費者にある。

　本章では、マーケターが直面する主な倫理的問題のいくつかを考察し、ブランドが倫理的境界線を越えて"ルールを曲げた"事例を紹介した。このような否定的な出来事は、通常、広範囲にわたる、時には相反するステークホルダーのニーズを考慮し調整することに失敗したことに起因する。しかし、マーケターがリピート購入というロイヤルティを獲得したいのであれば、一般的には倫理的に行動する以外に選択肢はない。なぜなら、ロイヤルティは信頼に基づいているからだ。現在、企業が自社の信頼を育み、ステークホルダーとの良好な関係を築くひとつの方法が、**企業の社会的責任**（CSR）プログラムを実行し、それを伝えることだ。このような活動は、社内だけでなく社外のステ

Chapter **15**　　Ethics and Social Responsibility　　560

ークホルダーにも多くの利益をもたらす。

　もっとも倫理的な決断を下すために、マーケティング担当者たちは3つの異なる哲学を適用することができる。**目的論と功利主義**は、最大多数の人々に最大の幸福をもたらす結果を重視する。**義務論**は、結果を達成するまでの過程で、社会に対する義務や責任が果たされているかどうかを重視する。第三の哲学である**徳倫理**は、実践を通じて、また道徳的模範に従うことによって、企業が倫理的な徳を育み、倫理的な意思決定を自然に行えるよう導くことをめざす。これら3つの哲学的アプローチで、経営者の意思決定を多様な角度から道徳的に評価できる。それぞれの要素を組み合わせた経営モデルは数多く存在する。

　マーケティング担当マネージャーは、可能な限り自らの行動を自主的に規制することを好む。これは、消費者の利益を損なうような決定を行うと、新たな法律や規制が導入され、企業活動が制限される可能性があることを、マーケティング担当マネージャーが理解しているからだ。とはいえ、目標を達成する結果を出さなければならないという強いプレッシャーに、マーケティング担当者たちが倫理的な間違いを犯し、時には法律に抵触することもある。通常、このような過ちは目につきやすいため、立法者の注目を集めるだけでなく、ブランドイメージに深刻なダメージを与えかねない。

　消費者は、メディアを介して深くつながるようになり、情報に通じ、批判的な思考を持ち、企業の戦略を理解できるようになると、企業に対してより高い倫理観を持つことを求めるようになってきた。企業もそれに応じており、CSR活動を通じて社会や環境に対して責任ある行動をとる企業には、ある程度の金銭的な見返りがある。社会問題や環境問題への関心を高める活動はニッチなビジネスとして始まったが、今では大手ブランドも参加するようになった。企業は、人と地球に配慮した活動を行うことで、信頼と肯定的な評判を築き、持続可能な社会の実現に向けて貢献している。マーシャルズ社のように、このような活動がビジネスに良い影響を与え、生産性と利益の向上に役立つと考える企業は多い。

本章の要点　Summary

+ マーケティング活動における意思決定は、企業のさまざまなステークホルダー（利害関係者）に影響を与える可能性がある。そのため、意思決定は倫理的に問題がないか、社会に受け入れられるかどうかを考慮する必要がある。具体的には、2つの基本原則、すなわち、選択の自由の原則と社会に対する責任の原則を考慮しなければならない。

+ 対立する見解は、意思決定を倫理的な視点から見直すことで解決するかもしれない。目的論、義務論、徳倫理は3つの一般的な哲学的アプローチであり、それぞれが問題の異なる側面を浮き彫りにし、多角的な議論と解決策を導く。

+ マーケティングは、人々に本来望まないことを行うため、非倫理的であるという考え方が一般的だ。しかし、すべてのブランドにとってリピート購入が非常に重要であり、そのため、企業はあらゆるステークホルダーとの間に信頼関係を築こうとする。倫理的な行動を取らなければ、信頼関係は損なわれ、苦労して獲得した消費者のロイヤルティを失うリスクがあるからだ。

+ 企業が倫理的な行動をとる動機のひとつに、消費者の利益になるように行動することで、法的規制を回避し、自主規制を維持したいという経営者の願望がある。

+ マーケティングは持続可能性の追求の最前線にいる。今日のそして未来のステークホルダーに対して、そのベネフィットを定義し、伝え、そして提供する。それは、コーズ・リレイティッド・マーケティングや、ビジネス戦略に貢献し、定義することさえあるような複雑な、CSR（企業の社会的責任）活動を通じて行われる。

復習問題　REVISION QUESTIONS

1. 1970年、経済学者のミルトン・フリードマンは、「企業の唯一の仕事は事業である」として、企業は社会の利益に対して責任を負わないと述べました。あなたはこの意見にどの程度まで同意しますか？　責任はどこにあると思いますか？

2. マーケターは、過剰消費につながる欲望を作り出していると非難されています。あなたは同意しますか？　あなたの考えを説明してください。

3. あなたがよく知っている企業の3つのステークホルダーグループの異なるニーズを比較し対照してください。マーケティング部門は責任を持って対立を解決するために何ができるかを説明してください。

4. 目的論、義務論、徳倫理の違いを説明し、以下のそれぞれの分野において倫理的に疑問視される意思決定の例を挙げてください。
    a. 価格設定　b. コミュニケーション　c. 流通　d. 製品管理

5. 質問4で挙げた倫理的に疑問視される意思決定の例を再検討してください。なぜそれらが疑問視されると思うのか、そして、あなたならそれらをどのように違った形で処理したと思うかを説明してください。

6. "持続可能なマーケティング"を定義してください。持続可能なマーケティング戦略を実行する上での主な課題を説明してください。

7. あなたは倫理的な消費者ですか？　以下に直面したとき、あなたは何を考えますか？
    a. サプライチェーンで児童労働を使用している疑いのあるディスカウントブランド
    b. 価格が高いフェアトレードブランド

8. マーケティングはどの程度まで"良いことをするための責任ある力"になり得ると思いますか？

Chapter 15

重要事例研究

MAJOR CASE STUDY

アスベスト "有害な取引"

ニコラス・マクラーレン（ディーキン大学）著

アスベスト製品の製造と使用、そしてインドへのアスベストの輸出が急増している。政府の優遇措置によって、アスベストセメント製の屋根材は、茅葺き、瓦、鉄骨などの安全な選択肢に取って代わりつつある。"貧乏人の屋根"とも呼ばれるアスベスト製品は、製造と使用に健康上のリスクが伴うという懸念があるにもかかわらず、低価格の屋根材としていまだに使用されている。オーストラリアを含む多くの先進国では、数年前からアスベスト製品の使用が禁止されている。

インドの鉱物資源の約半分はジャールカンド州に存在する。インドでもっとも貧しい人々が暮らすこの州の豊富な鉱物資源によって、一部のインド人が莫大な富を築いてきた。ロロヒルズでは、1983年にインド最大級の企業のひとつが放棄した鉱山からの廃棄物が月面のような荒涼とした風景を作り出している。そこでは、60万トンものアスベスト廃棄物とクロム鉱石（発がん性物質）を含む母岩が混ざり合い、その毒性の混合物が数メートルにわたって水田にまで広がり、地元住民を苦しめている。1981年に鉱山労働組合がロロ鉱山の労働者30人がアスベスト症で死亡したと発表したにもかかわらず、また、子供たちが今でもそこを遊び場として利用しているにもかかわらず、20年の間、この危険な廃棄物投棄場についての調査は一度も行われなかった (Black Smith Institute, 2012)。

インドのアーメダバードにあるチャマンプラのスラム街にはトイレも清潔な水もなく、屋根をトタンや防水シートの切れ端で覆っただけの小屋が並んでいた。インドの企業は、この屋根を波形セメント製の屋根材に葺き換

えることで大きな利益を得られると考えていた。この波形セメント材にはカナダ産のアスベストが使用されていた。少なくとも2009年の時点では、カナダがインドとのアスベスト取引に関与しているという報道がなされていた。2009年、カナダ放送協会がアーメダバード近郊のイーグルアスベスト工場内を撮影した。つい最近までカナダ産アスベストが使用されていた工場だ。そのなかで、従業員が発がん性粉塵の舞うなかを、生のアスベスト繊維を腕一杯にすくい上げて働いていた。

表面的には、アスベストセメント板の特性は、茅葺き、防水シート、トタン屋根に比べて魅力的だ。モンスーンの雨でも音が静かで、強風にも強く、耐火性があり、腐食せず、実際かなり頑丈だ。その上、セメント板はポリプロピレンの代替品よりも3倍近く安い。ヴィサカインダストリーズ社のウェブサイトには、「アスベストセメントは魔法の鉱物であり、他のどの代替品もその特性にはかなわない」と説明されている (Visaka Industries Limited, 2012)。

従業員のなかには、建物の断熱材として使用されているアスベストにさらされているだけでなく、職場から自宅にこの有害物質を持ち帰っている従業員もいる。71歳のナラン・メーラは、長年アスベストにさらされ、体調を崩している。彼の妻、セヴィタ・デヴィも、長年夫の作業着から埃を払い落としてきたため、現在では同じ病気を患っている (Peacock, 2011)。インドでのアスベスト労働者に安全装備はほとんど提供されていない。アスベスト症のような呼吸器疾患や中皮腫のようながんを発症しても、補償を受けられる可能性は低く、適切な医療

を受けるための費用が支払われることも難しい。インドのアスベスト疾患は、ピーコック（2011）が述べているように、正しく診断されていないケースが多く、しかもその多くが健康問題として認識されていない。

ムトゥスワミ・ムニオンと彼の同僚の従業員たちは、31年もの間、アスベストセメント製造工場のグジャラート・コンポジット社で、アスベストの粉塵にまみれて働いてきた (Peacock, 2011)。現在、肺にアスベスト症を患い、息切れがひどく、激しい痛みと共に暮らしている。ムトゥスワミは今もなお、彼をゆっくりと死に追いやっている工場で働いている。2年以内に死亡する可能性が高い。ラグナート・ムナワルは、ムトゥスワミのように病気を患っているアスベスト労働者たちのために活動している。彼らは、ほとんど医療支援を受けられず、村で記録にも残らないまま村で死を迎える。活動家であることには問題も伴う。グジャラート・コンポジット社の組合幹部から、労働者の雇用を脅かしていると非難され、殺害の脅迫を受けたこともある。グジャラート・コンポジット社の人事部長は、アスベスト症と診断された労働者がいるにもかかわらず、アスベストで病気になったり死亡したりした労働者はいないと主張している。

ヴィサカインダストリーズ社は、1981年、ガダム・ヴィヴェカナンドが、農村部の茅葺き屋根に代わるアスベストセメント板の製造を目的として設立した。アスベストセメント板は、価格、使用方法、市場の可能性という点で、最良の代替品と見なされていた。現在、ガダムは実業家であり、与党コングレス党の党員でもある。少なくとも8つの工場のオーナーであり、副会長を務めている。2008年には、インドの下院の人民院議員に選出された。2016年、テランガーナ州政府の州間問題の顧問に就任した (Express News Service, 2016)。

インドではアスベストセメント板の使用が増加しており、ヴィサカインダストリーズ社の需要は毎年10％以上増加している。1980年代には、インド国内で年間約50万トンのアスベストセメント屋根材が生産されていたが、現在では400万トンにまでに増大し、ヴィサカインダストリーズ社はインドで3番目に大きい生産業者になった。同社はブラジル、ロシア、ジンバブエなどの国からもアスベストを調達しているが、歴史的にはカナダが重要なサプライヤーだ。インドはカナダ産アスベスト

をもっとも多く輸入している。エベレストンダストリーズ社はヴィサカインダストリーズ社の主要な競合企業のひとつだ。ヴィサカインダストリーズが月産約3万5000トンの生産能力を持つ5つの新しい繊維セメント生産ラインの建設を計画しているため、エベレストンダストリーズ社もアスベスト市場で競争力を維持し続けなければならない。

アスベストの安全性と使用についてはさまざまな議論があり、まだ結論に至っていない。アスベストには主に3つの種類がある。青色のクロシドライト、茶色のアモサイト、そしてもっとも一般的な白色のクリソタイルだ。青色のクロシドライトは、曝露から30年以上経過して発症するがんを引き起こす可能性がある。すべての種類のアスベストに"アスベスト症"を引き起こす可能性がある。アスベスト症とは、肺がアスベスト繊維で満たされて肺組織が瘢痕化し縮小する病気だ。

インドは、世界中の国々で使用が禁止されている製品を使用しているだけでなく、カナダのような自国内市場での使用が許可されていない国々からもアスベストを部分的に調達している。このことをアミール・タラン教授は、「カナダは世界中で死を売り歩いているようなものだ。カナダは致死性物質の輸出国であり、そこから利益を得ている……少なくとも連邦政府はそうだ」(Peacock, 2011より引用)」と述べている。アタラン教授はまた、「クリソタイルは他の種類のアスベストよりも安全だという主張があるが、これは私がこれまでに聞いたなかでもっとも非科学的なナンセンスだ。まるで火のついたタバコが普通のタバコよりも安全だと言うようなものだ」(Peacock, 2011) とも述べている。

アスベストの安全性と使用に関する議論は、アスベストは無害であるという主張から、他の物質と比較して許容されるリスクだという主張まで多岐にわたる。ガダム・ヴィヴェカナンドは、アスベストはがんを引き起こさないと信じている一方で、「世の中に安全な製品などあるだろうか？　爪楊枝でさえ危険なものになり得る」(Peacock, 2011) と主張し、相対的リスクに基づいた議論を展開している。アスベスト産業は、インドと、市場に参入する可能性のある他の発展途上国に、白アスベスト（クリソタイル）は安全であると説得し確信させるキャンペーンに数百万ドルを注ぎ込んでいる。

2007年、アーメダバードの国立労働衛生研究所は、職場におけるアスベスト曝露が健康に及ぼす影響を調査する研究を開始すると発表した (Wells, 2009年)。しかし、この研究は業界から資金提供を受け、報告書案も業界によって審査されることになっていたため、多くの人々がその研究の公正性について疑問を抱いていた。ヴィサカインダストリーズ社は、調査費用の約6分の1に相当する2万3500ドルを出資した。

　クリソタイル協会は、特定の種類のアスベスト（クリソタイル）の安全な使用を提唱している (Chrysotile Institute, 2012a)。クリソタイル協会は、産業界、労働者、政府の代表者で構成され、クリソタイルの安全な使用のための適切な予防、および管理対策、規制、基準、作業慣行、技術の採用と適用などを促進することを目的として設立された。同協会は、医療、科学、法律、技術の専門家や顧問からなる大規模なネットワークと連携し、必要に応じて協力を得ている。

　クリソタイル協会は、クリソタイルの使用禁止は現在の科学的根拠と矛盾すると指摘している (Chrysotile Institute, 2012b)。また、国際労安全働衛生委員会と国際化学物質安全性計画が共催したワークショップに参加した科学者の大多数が、現在の基準ではクリソタイルへの曝露に伴うリスクは非常に低いと認識していたことを指摘している。さらに、このような問題はたしかな科学的根拠に基づいて意思決定を行うことが重要であり、クリソタイル業界にはその安全な使用を促進する責任があると考えている。同協会は、アスベストは安全に使用できると主張し、カナダはではクリソタイルだけでなくすべての鉱物と金属のリスク評価とリスク管理を規定した安全使用の原則が支持されていると主張している。また、クリソタイルセメントなどの製品は、安全に使用すれば人の健康に明らかなリスクをもたらすことはないと考えている。同協会は、クリソタイルを禁止している国々でも、既に設置されているクリソタイル製セメント瓦、パイプ、プレートなどの撤去が進んでいない事実を挙げ、自らの主張を正当化している。

　クリソタイル協会はまた、カナダがクリソタイルを発展途上国に輸出してはいるが国内では使用していないという主張は、単に消費量や出荷量を比較しただけであって、使用の実態を考慮していない誤った結論だと指摘している。たとえば、一人当たりの消費量で見ると、カナダの消費量はほとんどの消費先進国よりも20％多いと主張している。さらに同協会によると、発展途上国でクリソタイルを飲料水供給インフラの整備や住宅建築に必要な資材の一部として使うことは、公衆衛生上の脅威にはならないという。また、代替製品はコストが高く、現地の産業を発展させることはできなし、代替製品のなかにはクリソタイルより安全でないものもあると主張している。同協会は、アスベストによって世界中で年間10万人が死亡するという主張は現実を反映していないこと、この計算では各アスベスト繊維のそれぞれの毒性の違いが考慮されていないことも指摘している。さらに、角閃石系のアスベストがクリソタイルよりもはるかに健康に危険であり、アスベスト禁止を望む人々が使っているデータは、主に角閃石系のアスベスト繊維への曝露から推定されたものであることを、人々は知るべきだと主張している。

　クリソタイル協会の信頼性に疑問を呈する人々もいる。彼らは、カナダ政府は発展途上国でもアスベストを安全

に使用できると宣伝するロビー活動に資金を注ぎ込んできたと主張している。しかし、過去にカナダでアスベストが安全に使用されたことがないのは明らかだ。アタラン教授が言うように、「アスベスト病、すなわち中皮腫ほど労働者を苦しめる病気はない。カナダでは、特に鉱山労働者だけでなく、他の産業でも数百人あるいは数千人もの人々が亡くなっている」(Peacock, 2011)。また、カナダでのアスベストの採掘が中止されたかどうかについてもさまざまな意見があり、明確な結論は出ていない。ケベック州の旧アスベスト市（現バルデスルス市）のジェフリー鉱山が財政的・環境的理由で閉鎖され、さらに、2011年初頭に同じくケベック州のダミアン湖鉱山での生産停止が発表されると、専門家たちはカナダのアスベスト鉱山は静けさを取り戻したと主張した。しかし、ジェフリー鉱山のオーナーによれば、鉱山は閉鎖されておらず、両鉱山ともそれまでに採掘していた在庫のアスベストを販売し続けている。ジェフリー鉱山は2012年に政府から改修と再開のための資金援助を受けたが、この資金供与は最終的には撤回された (Mauney, 2016)。現在、稼働していない採掘現場は、木々や低木に覆われている (Lowrie, 2016)。

　同州のテトフォード鉱山でもアスベストを生産している。テトフォード市長のリュック・バーソルド氏は、この製品には多くの利点があり、安全に使用すれば問題はないと確信している。当時のカナダ首相スティーブン・ハーパーは、インドではアスベストは合法であり、カナダにはそれを輸出する権利があると述べた。しかし、世界の他の国々が一度も満たしたことのない安全基準を、どうしてインドに達成できるだろうか？ 2011年6月、カナダ医師会はハーパーに公開書簡を送り、採掘、加工、使用によるアスベストへの曝露が人体に有害であるという重大な科学的証拠に言及して、首相がカナダのアスベスト産業を支援していることへの懸念を表明した。書簡には、クリソタイル系のアスベストが肺がんや中皮腫などを引き起こすことが示されていた。さらに、世界保健機関（WHO）の推計によれば、世界中で毎年少なくとも9万人が、職業的曝露に起因するアスベスト関連の肺がん、中皮腫、アスベスト症で死亡しているとも指摘した。さらに彼らは、ハーパー首相に対し、健康と安全面のインフラも、管理された使用を保証する規制もない

国々にアスベストを輸出するような産業への支援は打ち切るよう強く求めた (Canadian Medical Association, 2011)。

　ハイデラバードインダストリーズ社は、インド国内8つの工場でアスベストセメント板を生産する、カナダにとっては最大のアスベストの顧客だ。社長アバヤ・シャンカーは、アスベストを推進する業界ロビー団体の代表でもある。シャンカーは、「このアスベスト（クリソタイル）とがん発症との関係は今のところ明らかではない」と言い、さらに、「人々はクリソタイルアスベストについて誤解している。アスベストが禁止されたときにはまだ危険な青色のクロシドライトは使用されており、欧米諸国がそれを無責任に使っていたために健康問題が引き起こされたのだ」と主張している (Black Smith Institute, 2012)。しかし、シャンカーは、自身の工場にあるカナダ産アスベストの袋に印刷されている"このアスベストががんなどの致命的な病気を引き起こす可能性がある"という警告を無視しているようだ。このハイデラバードインダストリーズ社はロロ鉱山を所有していた会社だ。

発展問題　QUESTIONS

1. 図15.7に示されているキャロル（1991）の企業の社会的責任のピラミッドを用いて、本ケーススタディで取り上げられた企業の社会的責任の最初の3つのレベルを評価してください。

2. 本ケーススタディで示された情報に基づいて、ヴィサカインダストリーズ社の創設者であるガダム・ヴィヴェカナンドの意思決定を、義務論的および目的論的な倫理アプローチの観点から説明してください。

3. 質問2で得た回答を踏まえ、もしあなたがインドの安全衛生を担当する政府部門の責任者なら、どのような行動を取りますか？

4. もしあなたがインドの安全衛生を担当する政府部門の責任者なら、他にどのような情報があれば、取るべき行動を決定できますか？

5. もしあなたが、アスベストセメント板の製造・販売の継続を計画しているインド企業のマーケティング担当マネージャーなら、どのような行動を取りますか？　アスベストセメント板は合法だが潜在的に有害な製品であり、その使用に対する世論の圧力は高まると予想されると仮定してください。

6. あなたがアスベストセメント板を建設会社や個人に販売するインド企業のマーケティング担当マネージャーであり、その製品を安全だが潜在的に有害な製品と位置づけていると仮定します。建設会社と個人という2つの顧客層を対象に、アスベストセメント板の安全性を確保しつつ、企業の社会的責任を果たすための、流通販売促進戦略の概要を説明してください。

Chapter 16

Social Marketing

ソーシャルマーケティング

アン・シャープ
マーガレット・フォークナー
エイミー・ウィルソン
スベトラーナ・ボゴモロヴァ
バイロン・シャープ 著

Chapter 16

導入事例
INTRODUCTION CASE

日常の買い物を社会貢献活動につなげる：REDの事例

　REDは、市民や企業がHIV／AIDSの撲滅に簡単に貢献できるようにすることを目的に、2006年に設立されたイニシアチブだ。設立のきっかけは、HIV／AIDS撲滅のために民間セクターが提供する資金が公的セクターに比べて非常に少ないことに、REDの創設者たちが気づいたことだった。REDは次のような目的を掲げて活動している。

　「……世界の一流のブランドや組織と協力してREDブランドの製品とサービスを開発する。消費者がこれらのRED製品を購入すると、その一部が自動的にグローバルファンドに寄付される (RED, 2017)」

　グローバルファンドは、各国の政府、市民社会、民間セクター、そしてこの病気の患者の間の連携を促進する組織だ。もっとも支援を必要としている国や地域の専門家が運営するプログラムを支援するために、年間約40億米ドルを調達し、投資している。

　「グローバルファンドは、これまで人々がたがいのために成し遂げてきたことのなかでもっともすばらしく、もっとも親切なもののひとつだ。現在の治療法や予防手段を拡充し、それを必要としている人々に確実に届けるためのすばらしい手段だ」(データソース：Bill Gates, Opening Ceremony 16th International AIDS Conference〈2006〉)

　REDは、過去10年間で4億6500万米ドル以上の資金を調達した。買い物という日常的な行動を寄付活動に結びつけることでこれを実現してきた。買い物客がREDの製品を購入すると、企業は利益の最大50％を寄付する。この寄付金は、世界エイズ基金を通じて、ガーナ、ケニア、レソト、ルワンダ、南アフリカ、スワジランド、タンザニア、ザンビアのHIV／AIDS補助金に充てられる。支援は約7000万人に行き届いている。これらの8カ国は重点国であり、HIV／AIDSと共に生きる人々の3分の2が暮らしている。REDは母子感染の防止にも力を入れている。推定によると、3700万人以上がHIV／AIDSと共に生きており、その中には約180万人の子どもが含まれている。

　REDの製品パートナーには、コカ・コーラ、Apple、スターバックス、Beats、Gap、Belvedere、Le Creusetなど、多くの優良マーケティング企業が名を連ねている。REDは、ウェブサイトを通じて、1万500米ドル以上のベスパ（イタリアのピアジオ社が製造する赤いスクーター）から、わずか14米ドルのエルフの帽子まで、さまざまな共同ブランド製品を販売している。また、Facebook、Google、Rolling Stone、HBO、AOLなどと連携し、REDの取り組みへの認知度を高めるためのプロモーション活動も行っている。このケーススタディは、ソーシャルマーケティングが、公的セクターと民間セクターの取り組みを結びつけ、肯定的な変化を達成できること示している。また、求められる行動変容を促すためには、多くの場合、マスメディアやマーケティングを活用して幅広い層にリーチし、資金援助を獲得する必要があることを示している。

データソース：AIDS.gov (2016), RED (2017), The Global Fund (2016)

INTRODUCTION

ソーシャルマーケティングは、従来のマーケティングと同様に、価値の交換という考え方に基づいている。しかし、その成果は利益ではなく、社会全体の利益のために人々の意識や行動がどれだけ変化したかによって評価される。ソーシャルマーケティングは主に政府が利用するが、人々の行動に影響を与えようとする組織も利用している。

本章では、ソーシャルマーケティングとは何か、その応用例、そして利益を追求する商業マーケティングとの類似点と相違点を考察する。効果的なソーシャルマーケティングキャンペーンを行うためのポイントや、売上や利益を成功の指標としない場合に、その取り組みの効果を評価する方法についても考察する。また、ソーシャルマーケティングの取り組みを行う際に注意すべき、意図しない結果についても取り上げる。

本章の目的　Learning objectives

本章で学ぶこと：

+ ソーシャルマーケティングとは何か、利益目的のマーケティングとの共通点と相違点を理解する
+ ソーシャルマーケティングがブランドレベルとカテゴリーレベルでどのように適用されるかを理解する
+ 行動変容を促すための目標と目的を特定することができる
+ ソーシャルマーケティングキャンペーンのための、より効果的なターゲティングとセグメンテーションを知る
+ ソーシャルマーケティングという状況で、7Pを適用した効果的なソーシャルマーケティングキャンペーンを開発できるようになる
+ ソーシャルマーケティング特有の課題と、ソーシャルマーケティングキャンペーンを展開する際に避けるべき落とし穴を理解する
+ ソーシャルマーケティングの取り組みの評価方法を学ぶ

ソーシャルマーケティングとその応用

ソーシャルマーケティングは、利益目的のマーケティングとは異なり、人や社会と価値を交換することが目的で、商品を売るための商業マーケティングの知識だけでなく、他のさまざまな分野の知識を組み合わせて、人々が自発的に社会のためになる行動を取るように促す (French, 2013)。マーケティングの原則は変わらないが、手法や目的の一部が異なる。

主な違いは、その目的（商業的利益か社会的善か）と、販売される製品やサービスの種類（ブランド化された製品やサービスか、行動や態度の変容か）にある。利益目的のマーケティングでは、ブランドの成長、および市場浸透率と売上の増加に焦点を当てる。ソーシャルマーケティングでは、多くの場合、カテゴリーと次のいずれかに焦点が当てられる。

・行動をとる人の数を増やす（例：予防接種を受ける、家庭での煙警報器の使用）。

・行動をとる人の数を減らす（例：喫煙、妊娠中の飲酒）。

・行動を変える（例：母乳育児の長期化、自動車のシートベルト着用率の向上）。

さらに、競争環境も異なる。商業マーケティングではカテゴリー内の他のブランドが競合だが、ソーシャルマーケ

ティングでの競合は、人々の現在の行動やそれに代わって選択される他の行動だ。しかし、商業マーケティングとソーシャルマーケティングの両者には相違点よりも共通点のほうが多い。本章では、これらの問題を深く考察し、ソーシャルマーケティングの文脈で特に注意すべきことについて述べる。

　この40年間で、ソーシャルマーケティングは進化を遂げ、独自の学問分野としての地位を確立し、この研究分野に特化した教科書や学術誌もあれば、大学では専門のコースが設立されている。ここで、ソーシャルマーケティングとソーシャルメディアマーケティングを混同しないことが重要だ。ソーシャルマーケティングは、金銭的な利益ではなく社会的な利益を求めている。一方、ソーシャルメディアマーケティングは、ソーシャルメディアやウェブサイトプラットフォームを利用して製品やサービスのプロモーションを行う。

　成果指標として利益の代わりに行動を用いるソーシャルマーケティングの例として、以下のようなものが挙げられる。

・健康行動の変容を促すキャンペーン：食生活、身体活動、アルコール摂取、喫煙、摂食障害、予防検査とスクリーニング、衛生習慣、徒歩や自転車などの積極的な移動手段の利用、服薬遵守、性行動などの行動の変化を促す。
・環境に配慮した行動を促すマーケティング：リサイクル、修理、廃棄物管理の改善、エネルギーや水の節約などの行動を促す。
・社会的大義を啓発するマーケティング： 問題認識の向上（例：家庭内暴力）、寄付（金銭、血液、時間など）、ボランティア活動などへの意識を高める。

CRITICAL REFLECTION |||||||||||||||||||||||||||||||||||||||||||||||||||||||||||||| 批判的省察

　ソーシャルマーケティングは、次の組織とどのような関係がありますか？　これらの組織はどのような成果を期待するでしょうか？　それらの組織がどのようなカテゴリーのどのような市場で活動しているのかを考えてみてください。

　・マース社：ペットケア製品、チョコレート、菓子、食品、飲料などのメーカー
　・カンタス航空：オーストラリアの国内線国際線の航空会社
　・メドトロニック社：医療機器メーカー
　・地元の市議会

||||||||||||||||||||||||||||||||||||||||||||||||||||||||||||||||||||||||||||||||||||||||||||||||||||||||||||||

ソーシャルマーケティングと商業マーケティングは補完的

　ソーシャルマーケティングは、公共部門と民間部門の両方で、商業マーケティングに加えて利用されることが多い。たとえば、赤十字社などの非営利団体は、ソーシャルマーケティングを利用して金銭的な寄付と献血の両方を奨励している。オズハーベストは非営利の食品再分配組織で、企業から出た食べ残しの食品を回収し、それを必要としている人々に再分配することで食品廃棄物を回避することを目的に設立された。がん評議会は、ソーシャルマーケティングを利用して資金を集め、国民の日焼けやそれに伴う皮膚がんを減らす行動を奨励している。地方自治体、州政府、連邦政府もさまざま問題に対処するためにソーシャルマーケティングを利用している。たとえば、健康づくりのために野菜と果物の消費拡大を促すキャンペーンを実施したり（たとえば毎日少なくとも2種類の果物と5種類の野菜を摂ることを奨励する"Go for 2&5"キャンペーンなど）、心臓の健康のためにマーガリンからバターへの切り替えを促したり、スピード違反を削減して交通事故の件数と重篤度を軽減しようとしている。

　ソーシャルマーケティングの取り組みは、資金提供する政府や組織の優先事項や理念を反映している。先進国市場では、慢性疾患のリスクや中毒性物質の使用に関連する行動の抑制と予防に重点が置かれてきた。一方、発展途上国では、避妊、HIV感染予防、小児死亡率の削減などの、社会的に有益な製品、サービス、アイデアの開発、促進、普及に重点が置かれている。

Chapter **16**　　　　Social Marketing

想定外の結果に注意が必要

　注意しておきたいことは、マーケターは自分の行動がもたらす想定外の結果について考えておかなければならないということだ。ソーシャルマーケティングでは、道徳的な自己満足や善意が自己批判の目を曇らせ、想定外の結果については深く考えない傾向がある。たとえば、より良い環境成果をめざした都市部のアパートに厳しい環境基準を課すと、その結果、価格が上昇し、郊外にエネルギー効率のはるかに低い住宅が建ちはじめるという思いも寄らない結果につながる可能性がある。

　営利組織がソーシャルマーケティング活動を行う場合、自分たちは善いことをしていると信じて疑わないことが多い。彼らは、自分たちが選んだ慈善団体や運動を支援するために、第三者（株主や顧客）の資金を使っているという潜在的な倫理的問題に気づいていないことが多い。彼らは、この活動を行うに際して、自分たちの利益とステークホルダーの利益のバランスをどのように取るべきか、注意しなければならない。この問題については第15章で詳しく解説している。

ブランドレベルとカテゴリーレベルでの適用

　第2章で考察したように、消費者は通常、カテゴリー内のブランドレパートリーから購入することがわかっている。消費者のブランド選択は、フィジカルアベイラビリティとメンタルアベイラビリティに大きく左右される。そのため、当然ながら、多くのマーケティング活動の焦点は、特定のブランドが競合ブランドよりも選ばれる可能性を最大化するために、フィジカルアベイラビリティとメンタルアベイラビリティを高めることにある。ソーシャルマーケティングの取り組みも、同様に特定のブランド選択に焦点を当てることができる。たとえば、世界自然保護基金は、寄付金獲得のためにシーシェパード保護基金などの他の慈善団体と競合している。The Clinkは、イギリスの刑務所内に設置されているトレーニング用のレストランチェーンで、更生と就労支援を目的とした職業訓練の場として活用されている。このレストランは、地域住民が利用する他の飲食店やケータリングサービスと競合している。一方、特に政府機関などでは、ブランドレベルではなく、カテゴリーレベルで人々の行動変容を促すためにソーシャルマーケティングが用いられることもある。この場合、特定のカテゴリー内のブランド選好（たとえばシリアルならニュートリグレインよりもコーンフレークを好むなど）に働きかけるよりも、カテゴリー全体の成長を促したり（例：日焼け止めの使用や子どもの予防接種の奨励）、抑制したり（例：家庭内暴力や飲酒運転の減少）するための取り組みが見られる。

MARKETING FACT

　ユニリーバはソーシャルマーケティングを活用し、手洗いを促進して下痢性疾患や呼吸器疾患を削減するという取り組みを推進している。石鹸ブランドのライフブイの2020年の目標は、アジア、アフリカ、ラテンアメリカの10億人の衛生習慣を変えることだ。2015年には、昼も夜も歯を磨く必要性があるというメッセージを400万人以上に届けた。

データソース：Unilever (2016)

　このような**カテゴリーレベルの行動変容**を達成することは非常に難しい。マーケターは仕事に情熱を持っているかもしれないが、多くの消費者にはその情熱は伝わりにくく、彼らの既存の行動を変えることは難しいだろう。しかも、その行動は複雑であったり、習慣性があったり、隠れていたりする。たとえば、喫煙者に禁煙を指導したり、若年層の喫煙習慣の開始を抑制したりすることなどはいっそう困難だ。喫煙者には一貫した注意喚起と支援が必要だが、喫煙行動は必ずしも公共の場や、決まった時間に同じ場所で行われるとは限らず、介入は難しい。また、喫煙者に快楽

をもたらす中毒性物質（ニコチン）が関与していることや、他の喫煙者からの同調圧力がかかることも、行動変容のさらなる障壁となっている。

　たしかに行動変容をもたらすことは難しいが、ソーシャルマーケティングの成功例は存在する。たとえば、以前はほとんどのスーパーマーケットの買い物客が、価格の安さから「ケージ飼いの卵」を購入していたが、ケージ飼いの鳥の飼育環境について多くの報道がなされた後、卵の購買客は今では放し飼いの卵を圧倒的に好むようになった。この需要の高まりに伴い、オーストラリアのスーパーマーケットでは放し飼いの卵がより多く手に入りやすくなった。

INDUSTRY INSIGHT　　業界動向

ウォルト・ディズニーのキャラクターたちが健康的な食生活を奨励

　2016年、ウォルト・ディズニー社とドール・フード・カンパニーは、ディズニー、ピクサー、スター・ウォーズ、マーベルのキャラクターをブランド化した新鮮な野菜と果物の詰め合わせを食料品店や小売店で発売した。このキャンペーンは、ディズニーの健康的な生活への取り組みとドールの食育イニシアチブに沿って、子どもたちの健康的な食習慣を促進することを目的としていた。これは、企業が主要市場（この場合は子どもたち）の健康を重視していることを市場に示すひとつの方法だ。

 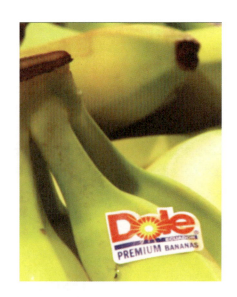

主要な業界団体と規制

　マーケティングに業界を規制する国際的機関や各国独自の団体があるように、ソーシャルマーケティングにも同様の組織が存在する。主な組織に、国際ソーシャルマーケティング協会、欧州ソーシャルマーケティング協会、北米ソーシャルマーケティング協会、そして2009年に設立されたオーストラリアソーシャルマーケティング協会などが挙げられる。また、オーストラリア募金協会は1968年に設立された、プロの資金調達家のためのオーストラリアの全国組織だ。

　ソーシャルマーケティング調査は、すべてのマーケティング調査を規制し、その発展を支援するオーストラリア社会市場調査協会の管轄下にある。これにより、業界は明確な運営ガイドラインと遵守すべき行動規範を持つことになる。

セグメンテーションとターゲティング

第6章で学んだように、マーケターは、自分たちの取り組みの最終的な対象者、つまり **ターゲット市場** が誰であるかを理解することが重要だ。この知識は、意図した行動変容を達成できたかどうかを測定するために必要だ。

すべてのマーケティングキャンペーンにはいくつかの落とし穴があり、ソーシャルマーケターは特に陥りやすい傾向がある。ここでは、健康関連の分野での落とし穴の例をいくつか見ていく。

全体を見失う

ある目的に熱心に取り組んだり、深くかかわり過ぎたりすると、全体を見失ってしまうことがある。たとえば、救急病棟で働く医師は、スポーツやアルコールの危険性を過大に評価しがちだ。彼らには、多くの人が週末を危険なスポーツをしたり、過度に飲酒したりして過ごしているように見えるかもしれない。しかし現実には、スポーツはより安全になり、人々の飲酒量は増えているどころか減っている。だからこそ、マーケターは、個人的な印象や体験に頼るのではなく、エビデンスに基づいて事実を慎重に確認することが重要だ。

第1章で考察したように、ビジネスと科学は社会をより裕福にし、教育水準を高める。結果的に社会は進歩する。たとえば、かつては夫が妻や子どもを殴ることは躾として容認されることが多かったが、今では容認できない暴力と見なされている。今日の私たちは子どもや動物の権利に配慮している。性別や性的指向を理由とする差別は容認されず、違法でさえある。昔ならささいなこととして片付けられていた問題に、私たちは懸念を抱いている。メディアはこれまでは注目されなかった問題も今日では大きく取り上げるようになり、私たちの懸念も取り上げられるようになった。しかし、事態が改善するどころか悪化しているという誤った印象を与える可能性がある。たとえば、暴力は何世紀にもわたって減少傾向にあり、第二次世界大戦以降は劇的に減少している（エビデンスと説明はスティーブン・ピンカーの2011年の著書『暴力の人類史』を参照）。ソーシャルマーケターは、他のマーケティングと同様に、取り組みの効果を高めるためにはエビデンスに基づいた活動を行う必要がある。一般大衆の恐怖心をあおったり、事態が悪化しているという考えを助長したりすることがどこまで許容されるかは、社会全体の倫理観によって変化する。言うまでもなく、誤解を招く情報提供は許されない。こういうことがあった。ある小児がん慈善団体がイギリスで、「がんは現在、子どもたちの最大の死因です」と主張する広告を掲載した。この広告は、がんによる子どもの死亡率が増加していることを暗に意味していたが、実際には小児がんは劇的に減少しており、1970年代から半減していた。小児がんが最大の死因であるという彼らの結論は、すべてのがん死をひとつの死因として統合し、他のすべての死因はさらに細かく分類したことによるものだった。これは誤解を招く分析だった。意図的だったのだろうか？

CRITICAL REFLECTION ||||||||||||||||||||||||||||||||||||||||||||||||||||||||||||||||||||||||||||| 批判的省察

2014年に発表された『オーストラリアにおけるアルコールの疾病負荷』などの報告書やそれに伴う報道が、アルコール消費に対するより厳しい規制を求める声を生み出すきっかけになった。アルコール規制推進派は、自分たちの取り組みを国民全体を対象にすることを望むことが多い。しかし、この報告書の統計によれば、オーストラリア人は多くの場合、節度ある飲酒者だ。少なくとも過去10年間はそうであった。蒸留酒からビールやサイダーへの移行が見られ、ほとんどの人のアルコールの年間消費量はごくわずかだ。場合によっては、飲酒習慣が早期死亡の防止につながることもある。飲酒者は心臓病が少なくなり、長生きする傾向があるという説もあるからだ。

全体的にはほとんどの人が責任ある飲酒をしていることを考えると、広範な対策を講じることの正当性はあまりない。国民全体のなかでの行動の異質性をよく理解し、それに応じてソーシャルマーケティングの取り組みを調整する必要がある。たとえば、リスクの高い年齢層（例：若い運転者）や特定の地理的地域を対象にするのがよい。

データソース：Martyr（2014）

||||||||||||||||||||||||||||||||||||||||||||||||||||||||||||||||||||||||||||||||||||||||||||||||||||||||||||||||||||||||||

過度に絞り込んだ、または広範なターゲティングの危険性

通常のマーケティングキャンペーンと同様に、ソーシャルマーケティングキャンペーンも、ターゲットを過度に絞り込んだために失敗することがある。実際には、より広範な市場にアピールし、本来のターゲットグループ以外の人々も含め、より多くの人々にメッセージを届けることで、より良い結果が得られる可能性がある。たとえば、南オーストラリア州の子どもの肥満防止を目的としたキャンペーンOPALについて考えてみよう。このキャンペーンの対象は、社会経済的に恵まれない地域の0〜18歳の子どもたち。しかし、食生活をいかに健康的に改善するべきかというメッセージは、プログラムの対象として選ばれた地域社会だけでなく、その地域社会以外の人々も含めて、ほぼすべての人に恩恵をもたらす可能性がある。そこで、ソーシャルマーケティングにおける多くの取り組みは、集団全体での変化をめざしている。そのためには、マスメディアを使い、変化を起こす必要のある人たちだけでなく、その友人、家族、支援グループなど、より広範なオーディエンスにリーチする必要がある。次に、喫煙を例に考えてみよう。喫煙という根深い習慣を変えるには、喫煙者の家族や友人の支援も必要とするため、キャンペーンでは、対象者だけでなく、その友人や家族にも働きかけて、禁煙を促すための環境や支援づくりを目的としたマスコミュニケーションが必要だ。

ソーシャルマーケターがターゲットを過度に絞り込んでしまう理由のひとつに、資金不足や、政府からの助成金や予告なしに中止される可能性のあるプログラムなどの不確実な資金源への依存が考えられる。このような状況では、ソーシャルマーケターは、どのグループをターゲットにするか、どのメディアを使うかという決定を、もっとも低コストの選択肢（たとえばソーシャルメディア上のアーンドメディアなど）を基本にして考えざるを得ない状況に陥りがちだ。しかし、これには問題がある。それは、キャンペーンが主に"すでに改宗している人々への説教"になってしまうことだ。第12章で学んだように、アーンドメディアは、ブランドのウェブサイトやFacebookページのユーザーなど、すでにその話題に強い関心を持っている人々に届く。これはソーシャルマーケターが取り組まなければならない真の課題だ。なぜなら、ソーシャルメディアのメッセージは、"正しい行動"を取るなどして、発信されたメッセージにすでに反応している人々に主に届いてしまうからだ。たしかに、望ましい行動を想起させ、強化することは依然として重要であるが、それよりも重要な目標と課題は、特に全体の健康と幸福を改善することを最終目標とするソーシャルマーケティングキャンペーンにおいては、できるだけ多くのノンユーザーをユーザーに変えることだ。

このことはソーシャルマーケティングの実践にとって何を意味するのだろうか？　それは、ソーシャルマーケティングキャンペーンのターゲット市場の定義が狭すぎないか、より広いターゲット層にメッセージを届けることで、より多くの人々に利益をもたらし、より良い結果を生み出せるのではないか、という点を検討する必要があるということだ。この「より広いターゲット層」には、主要なターゲット層の友人、家族、同僚などが含まれる可能性がある。彼らは、行動変容を起こす人々をサポートする上で重要な役割を果たすだろう。さらに、幅広い層に働きかけるためには、複数のメッセージを活用する必要があるかもしれないし、リーチを最大化するためには、多様なメディアを活用することが必要かもしれない。図16.1の例は、Quitキャンペーンが禁煙キャンペーンで多様なメッセージをどのように使っていたかを示している。2010年には、オーストラリアの妊婦の約8%が妊娠を認識しながら喫煙していた。これは変化を促すべき行動だ。

ソーシャルマーケターが市場を広く定義し過ぎるリスクもある。市場の異質性を認識し、少数の核となるターゲットに絞ることで、広範なターゲティングよりも多くの成果を達成できる場合がある。前述の『オーストラリアにおけるアルコールの疾病負荷』に関する報告書はその一例だ。この考え方は、次のINDUSTRY INSIGHTで取り上げるユタ州のホームレス問題にも応用され、成功を収めている。

図16.1 「あなたのためにやめる。2人のためにやめる」キャンペーン

アメリカ疾病予防管理センターは、愛する人が禁煙しようとするとき友人や家族はどのようにサポートできるかを示す無料広告を提供している。

INDUSTRY INSIGHT ||||||||||||||||||||||||||||||||||||||||||||||||||||||||||||||||||| 業界動向

ターゲットを絞り込んでホームレスの数を減らす

　ユタ州の"ハウジングファースト"はホームレス問題を軽減するための革新的なプログラムだ。このプログラムは、ホームレスにとってもっとも重要なニーズは安定した住居を得ることであり、その人が抱える他の問題は住居が確保された後に対処が可能という考え方に基づいている。ハウジングファーストは、慢性的ホームレス（路上で1年以上過ごしている人）にアパートとサポートを提供し、家賃として月額50ドルまたは収入の30％のいずれか高い方を請求する。一方、従来の支援プログラムの方針はその逆で、薬物乱用などの問題を抱えるホームレスをまず支援し、彼らが住宅に住める状態になるまで待つというものだった。ユタ州住宅地域開発局のゴードン・ウォーカー局長は次のように述べている。

「かつて人々は、家を持つために生活を変えなければならなかった。しかし今では、まず彼らに家を提供し、彼らが望むなら生活に変化を起こせるようにしている（Glionna, 2015）」

　ハウジングファーストのもうひとつの重要な特徴は、ホームレス人口の全体の10％程度に過ぎない慢性的ホームレスに焦点を当てていることだ。ホームレスの大多数は一過性であり、数カ月以内にそれを脱却して住む場所を見つける。一方、慢性的ホームレスは、高齢で、精神的な健康問題や薬物乱用の問題を抱えていることが多い。調査によると、ユタ州の慢性的ホームレスは、路上生活者向けサービスの60％を利用しており、同州は、慢性的ホームレス一人当たり年間2万米ドルを費やしている。つまり、慢性的ホームレスの割合はホームレス全体のわずか10％に過ぎないにもかかわらず、ホームレス全体への支出全体の60％を占めていた。ハウジングファーストは、ホームレスの数を91％削減し、他の自治体に模範を示した。この事例は、的を絞ったソーシャルマーケティング活動がいかに効果的であるか、そして、プログラムを計画する際に、誰を対象とするべきかを客観的なデータに基づいて決めることがいかに重要であるかを示している。

データソース：Cooper (2015), Glionna (2015)

|||||||||||||||||||||||||||||||||||||||||||||||||||||||||||||||||||||||||||||||||||||||||||||||||||||||||||||||

B to Bマーケティングへの応用

　本章の大部分は一般消費者に焦点を当てているが、ソーシャルマーケティングも企業間ビジネスに応用できる。組織が他の組織と協力して人々の意識や行動を変容させるケースが次第に増えている。たとえば、民間医療保険会社が、従業員の昼食時の運動のために職場でウォーキンググループを作ったり、健康的な体重を維持するための減量支援グループを結成したりするなどして、ライフスタイルの変化を促したている。また、職場（たとえば社員食堂など）でのリサイクル活動の改善や、ボランティア活動の奨励（たとえば献血活動、職場を通じた食料や毛布の寄付など）などの取り組みも見られる。

Chapter **16** Social Marketing 578

CASE STUDY

JB Hi-FiとHelping Handsプログラム

データソース：Bencic (2016)

2008年、オーストラリアの大手家電量販店チェーンのJB Hi-Fiは、給与天引き形式の従業員寄付プログラム"Helping Hands"を導入した。従業員は、ブッシュ・ヘリテージ・オーストラリアやアニマル・ウェルフェア・リーグ・オーストラリアなど9つの慈善団体から寄付先を選ぶことができる。JB Hi-Fiは、従業員からの寄付と同額を会社として寄付する。従業員の約7割がこのプログラムに参加しており、これまでに1000万豪ドル以上が寄付された。そのうち160万豪ドルは2016年に寄付されたものだ。

「私たちは、職場での寄付が慈善団体を支援する賢明な方法であることを忘れたことはありません。もし100万人の職場寄付者がいて、一人あたり年間平均200ドルの寄付をした場合、2億ドルが慈善団体に寄付されることになります」

データソース：Jenny Geddes, Australian Charities Fund CEO

発展問題　QUESTIONS

1. Helping Handsのソーシャルマーケティングの取り組みはなぜ成功したと思いますか？　その理由を特定し、考察してください。他の企業のウェブサイトを見て、職場におけるソーシャルマーケティングイニシアチブを成功させた例を見てみましょう。情報はたいてい「企業の社会的責任」の見出し下にあります。

効果的なソーシャルマーケティングキャンペーン

ソーシャルマーケティングキャンペーンのターゲットが決定したら、次のステップはキャンペーンを開始することだ。本節では、効果的なソーシャルマーケティングキャンペーンを開発するための重要な検討事項を概説する。

目標と目的を明確にする

すべてのソーシャルマーケティングキャンペーンには、明確な目標と目的が必要だ。まず、キャンペーンで何を達成したいのかを考えよう。禁煙、節水、エネルギー消費の削減、子どもの食生活を改善し成人期の肥満リスクを減らす、献血者数を増やす、過度の飲酒を減らすなどの一般的な目標が考えられるだろう。このような大きな目標を掲げることも重要だが、各ソーシャルマーケティングキャンペーンには具体的な目標と目的も同様に必要だ。

目標の範囲を狭めるには、**SMART**アプローチ（Doran, 1981; Hewitt-Taylor, 2013; Thurston & Potvin, 2003）を活用するとよいだろう。目標は、具体的（Specific）、測定可能（Measurable）、達成可能（Achievable）、現実的（Realistic）、そして期限付き（Time-bound）でなければならない（頭文字をとってSMART。表16.1と第13章を参照）。SMARTな目標としては、たとえば「今後5年間で推奨される量の野菜を5種類摂取する子どもの数を10％増加させる」、あるいは「今後1年間ではじめての献血者数を5％増加させる」、といったものが挙げられる。

SMARTにERを追加することで、**SMARTERな目標**を設定できる。ここで、EはEffectiveness（有効性）、RはReview（見直し）を意味する。キャンペーンはその効果を評価し、それを測定するための指標を明確にする必要がある。また、キャンペーンは継続的に改善するために見直しが必要だ。ソーシャルマーケティングの評価ポイントについては本章の後半で取り上げる。

消費者が途中で取り組むことができるような具体的な標的行動をいくつか設定する必要があるかもしれない。その目標をキャンペーンの目標達成へ足がかりと考えよう。目標は、消費者がその行動について有している知識、態度、信念に関連することもあれば、標的行動自体に関連していることもある。以下にそれぞれの目標について考察する。

表16.1　SMARTな目標と目的

Specific	Measurable	Achievable	Realistic	Time-bound
可能な限り詳細かつ明確に定義する。曖昧な言葉は使用しない。	進捗状況を明確に把握するための測定基準を設定する（数値が最適）。	無理なくターゲットオーディエンスが達成でき、彼らの態度や信念と一致している目標を設定する。	目標は合理的かつ特定の時間枠内で達成可能でなければならない。	目標を達成する期限を定める。

データソース：Doran（1981）

知識提供を目的としたキャンペーン

消費者の知識を高めることは、ソーシャルマーケティングキャンペーンの重要な目的のひとつだ。知識を提供することで、標的行動を事実に則して伝え、標的行動に対する消費者の信念や態度を変え、変化したいという消費者の意欲や意図に影響を与えられる可能性がある。たとえば、食品廃棄防止キャンペーンでは、買い物に行く前にパントリーをチェックする、果物や野菜は冷蔵庫に保存する、冷凍庫を活用する、残り物を食べるなど、廃棄を減らすための重要な行動をわかりやすくリストアップして提示している。

自発的な行動変容を起こすためには、まず対象者がその行動の重要性を理解し、自発的な行動を起こすためにどのような支援を受けられるかを知る必要がある。

知識提供を目的としたキャンペーンは、初期の行動変容を促すためだけでなく、継続的なコミュニケーションを通じて、行動変容を長期的に維持するためにも利用される。知識を伝えることで、統計データ、事実、リソースや、標的行動の理解を深め、行動変容を促す可能性のあるその他の情報を消費者に提供することができる。知識提供を目的としたキャンペーンの例としては、以下のようなものが挙げられる。

・行動を変えないことに伴うリスクを伝える。例：“タバコを吸うたびに動脈に脂肪が付着する”
・行動変容に伴うメリットを伝える。例：“シャワーを4分間に抑えると年間1万6425リットルを節約できる”
・行動変容を促す情報を提供する。例：“Swap it, don't stop it!”（無理はせず、コツコツ変化を重ねよう！）

これらのスローガンは、食生活や運動習慣を完全に変えることは難しいことを認め、代わりに小さな変化を積み重ねることで健康改善をめざすことを提案している。

ダン・アリエリー（2008）は、人は意思決定を行う際、不確定な利益よりも損失を回避することを優先する傾向があることを指摘した。同様の指摘をダニエル・ベルヌーイが1738年の時点で行っている。彼は、人は確実な利益を好むが、損失に関しては確実な損失よりもギャンブルを好む傾向があると述べている。

CRITICAL REFLECTION |||||||||||||||||||||||||||||||||||||||||||||||||||||||||||||||||||||||||||||||||||||||||||||||||||||||||||||||||||||||||||| **批判的省察**
ギャンブル依存症の継続に伴う損失を表現するキャンペーンのタグライン（＝短いキャッチフレーズまたはスローガン）を作成してください。たとえば、家庭生活の崩壊、家族やその他の重要な人間関係への悪影響、経済的な困難などの問題が挙げられます。あなたなら、視聴者の感情に訴えかけるためにどのようなビジュアルを提案しますか？
|||||||||||||||||||||||||||||||||||||||||||||||||||||||||||||||||||||||||||||||||||||||||||||||||||||||||||||||||||||||||||||||||||||||||||||||||||||||||||||||||||||||||||||||||||||

Chapter　**16**　　　　　Social Marketing

知識を構築するだけでは、自発的に行動を変化させることはできない。消費者の知識を向上させることだけを目的としたさまざまなキャンペーンを評価した結果、行動変容の効果は限定的であることが示された。さらに、人はまず行動を変え、その後でその変化を正当化するために態度や信念を変えるというエビデンスがある。そのため、キャンペーンでは、人々の態度や信念を変えることだけを目標にするのではなく、具体的な行動の変化とその結果を重視し、行動変容を直接的に促すような働きかけが重要である。「グリーンな消費態度」と「グリーンな消費行動」の調査が21カ国で実施されたが、人の態度と行動は必ずしも一致するものではなく、人の行動のうち態度によって説明できるのはわずか10%にも満たないことが示されている (Wright & Klÿn, 1998)。

行動目標の提供を目的としたキャンペーン

行動目標は、あなたが変更または奨励しようとしている特定の行動に焦点を当てている。たとえば、シャワー時間を短くする、使用済みボトルや容器などのリサイクル材料を正しく準備する（たとえば、ボトルをリサイクルビンに入れる前に蓋を取るなど）、アルコールを飲まない日を作る、乳がん検診の受診率を上げることなどだ。

これらの目標がSMARTまたはSMARTERであることが特に重要だ。消費者にとっては、「毎日少しでも多くの野菜を食べる」といった小さな変化のほうが、「より健康的に食べる」といった大きな行動変容よりも達成しやすく、持続しやすいだろう。これは、2010年から2013年にかけてオーストラリアで実施されたSwap It Don't Stop It全国キャンペーンの基礎となった。このキャンペーンは、オーストラリア国民に健康増進のための小さなライフスタイルの変化を促すものであった。このキャンペーンは、その前に実施された、対象範囲がより広範なMeasure Up（健康になろう）キャンペーンの取り組みを基に構築された。第一段階（Measure Upキャンペーン）では、なぜ生活習慣を変える必要があるのかについて理解を深め、また胴回りの増大と慢性疾患のリスクとの関連性を強調し、第2段階（Swap It Don't Stop Itキャンペーン）では、健康的な調理法、分量の削減、健康に良い間食と運動など、簡単にできる小さな変化の例を中心に、シンプルなメッセージを伝えた。

このように、行動目標は、キャンペーンの全体目標よりも具体的で、達成可能で、現実的であるべきだ。たとえば、"食生活を改善する"という目標と"野菜摂取量を増やす"という具体的な目標がある場合、次のような行動目標が考えられる。

- 朝食に野菜を1品追加する
- 不健康なスナック類を野菜スティックやディップに替える
- 夕食時に3種類の色の異なる野菜を食べる
- 毎月新しい野菜をひとつ買う

行動目標を具体的に設定した良い例として、肥満予防とライフスタイル（OPAL）キャンペーンが挙げられる。このキャンペーンでは、キャンペーンごとに次のような新しい行動を目標に掲げ、子どもたちのライフスタイルを健康に導くことをめざしている。

- "水はクールな飲み物"
- "外はもっと明るい。屋外で遊んで1日を楽しもう"
- "自分の足で移動することを考えよう。徒歩、自転車、スクーターで登校しよう"
- "新鮮な間食を食べよう。野菜、果物、新鮮な食べ物は子どもの健やかな成長を助ける"
- "健康的な朝食は簡単。バナナの皮をむき、シリアルに牛乳を注ぎ、全粒粉パンをトースターで焼くだけ"

ソーシャルマーケティングキャンペーンの実施

効果的なソーシャルマーケティングキャンペーンを展開するためには、いくつかの基準を満たさなければならない。これらはソーシャルマーケティングのベンチマーク基準と呼ばれている。8つの基準が、ソーシャルマーケティングキャンペーンが十分な情報に基づいていること、焦点を絞っていること、ターゲットを明確にしていること（第6章

で述べたように市場全体をカバーする）、さらに、ターゲット層に情報を提供するだけでなくマーケティングミックスを活用していることを確実にする。理想的には、ソーシャルマーケティングキャンペーンは、これらの基準をできるだけ多く満たすべきだ。

　本章ではこれまで、ソーシャルマーケティングのベンチマーク基準のうち、最初の7つの基準について解説してきた。いよいよ最後の基準である「手法ミックス」だが、この手法は、知識目標と行動目標を達成するためのさまざまなアプローチを組み合わせることで、最終的に人々が自発的に行動を変えるように促すことをめざしている。

表16.2　ソーシャルマーケティングのベンチマーク基準
（緑文字はエビデンスに基づくマーケティングの視点に合わせるための修正箇所）

1. 行動	具体的な行動と行動目標に焦点を当てる。
2. 消費者志向	ターゲットオーディエンスに焦点を当て理解する。市場全体をターゲットにしながら、より多くの人に行動変容を促し、その行動変容を強化するための、さまざまな状況に合わせたメッセージを発信する。
3. 行動理論	行動理論を活用して人々の行動を理解し、介入策（キャンペーン）を設計する。
4. 消費者理解	介入策を開発するために、消費者を調査して理解する。
5. 売り手と買い手の価値の交換	行動変容を促すためには、ターゲットオーディエンスにとってのメリットを最大化し、コストを最小化（つまり、簡単に行動できるように）する。
6. 競争相手	ターゲットオーディエンスから時間と注意を奪うものを理解し、新しい行動に対するメンタルアベイラビリティを構築する。
7. セグメンテーション	ターゲット層を細分化し、それぞれの状況やニーズに合わせた働きかけを行う。行動変容を促すことのできるさまざまな場面を想定し、複数のメッセージを使い分ける。
8. 手法ミックス	人々の意識を高めることだけに頼るのではなく、さまざまな手法を多角的に組み合わせる。

データソース：French（2006）

　消費者は忘れっぽいものだ。そこでソーシャルマーケティングでは、消費者に促したい行動を常に思い出してもらう必要がある。広告は、消費者にブランドを想起させる非常に効果的な方法だ。これはソーシャルマーケティングについても同様で、広告が知識の構築のために重要な役割を果たし、促したい行動を継続的に想起させ、それによってメンタルアベイラビリティが高まり、ひいてはその行動への参加意欲が高まる。しかし、自発的な行動変容を達成するためには、広告だけは必ずしも十分とは限らない。そのため、ソーシャルマーケティングキャンペーンでは、行動変容を促進するためにさまざまな方法を組み合わせることが重要だ。行動変容のためのメンタルアベイラビリティを構築するだけでなく、望ましい変化を起こしやすくするために心理的なハードルを下げることも重要だ。

　商業マーケティングとサービスマーケティングでは、4P（product、price、place、promotion）が手法ミックスの開発に用いられているが、ソーシャルマーケティングでは、表16.3で概説されている7Pを適用する。

表16.3　ソーシャルマーケティングの7P

Product（知識・行動）	自発的な行動変容、具体的な製品、無形のサービスなど。
Price（コスト）	行動変容を達成するために、ターゲットオーディエンスが払わなければならないコストや犠牲。たとえば、時間、お金、従来の行動、または社会集団からの離脱など。
Place（場所・状況）	現在の行動が起きている場所や状況を特定し、それに応じたメッセージを発信することで新しい行動について考える機会を与え、行動変容を促す。
Promotion（コミュニケーション手段）	どのようにメッセージを届けるか、つまり、どのようなコミュニケーション伝達手段を使うか。
People（介入にかかわる人）	キャンペーンや介入策を実施する人だけではなく、他の利害関係者、家族、友人などもターゲットオーディエンスの行動変容に影響を与える。
Physical environment（環境作り）	現在の物理的環境は行動変容を支援するものか、それとも既存の習慣を強化するものかを考慮する。物理的環境を改善することで、人々の行動変容を促すことができる。
Process（キャンペーン実施プロセス）	行動変容を促進するためには、行動変容を阻んでいる障壁を理解し、新しい行動をできるだけ取り入れやすくする。

Chapter　**16**　　　　　Social Marketing　　　　　582

以下に、それぞれの "P" が、ターゲットオーディエンスとのコミュニケーションにどのように役立つのか、あるいは妨げとなるのかについて説明する。

1. Product

ソーシャルマーケティングの "product" とは、キャンペーンを通じて人々に推奨、抑制、または構築しようとしている行動や知識そのものを指す。

2. Price

"price" とは、行動変容に伴うさまざまなコストのことだ。一般的に、ソーシャルマーケティングキャンペーンが促す行動変容を実現するためには、ターゲットオーディエンスは現在の行動習慣、時間、利便性などを犠牲にしなければならない。場合によっては金銭的な負担も生じるだろう。このような金銭的および非金銭的なコストは、人々に行動変容を起こすことを躊躇させることがある。コミュニケーション活動では、行動変容が起きなかった場合に被る損失を強調し、行動変容のメリットが変化に伴うあらゆるコスト（または障壁）を上回ることを示すことができる。

ソーシャルマーケティングキャンペーンでは、行動変容に伴う金銭的コストを削減しなければならない場合もある。たとえば、地方自治体は住民が生ごみをごみ箱に入れることをやめさせたいと考えている。住民が生ごみを分別し、通常のごみとは別の方法で処分することに、どのような費用や手間がかかるかを事前に把握することで、行動変容の障壁を特定し、それを克服するための対策を検討することができる。卓上型の生ごみ処理容器と堆肥化可能な袋を無料で提供すれば、人々は生ごみを分別することを習慣化でき、金銭的なコストをかけずに分別のプロセスを簡素化することができる。

3. Place

"place" とは、ターゲットオーディエンスが行動を変える場所や状況のことだ。商業マーケターがPOP広告を使うのと同じように、ソーシャルマーケターも行動変容を起こしてほしいと望むあらゆる場面でコミュニケーションを行う必要がある。オーストラリアの自動車事故委員会が行っている交通安全キャンペーンが良い例で、長距離運転は危険な行動が起きる可能性が高くなるため、地方の幹線道路に、安全運転、休憩、速度注意などを呼びかける標識を立てている。

また "place" は、消費者が関連製品やサービスを利用する場所にも関係する。これらのサービスを利用しやすくするためには、場所が近くて便利であること、適切な営業時間であること、駐車場が充実していること、待ち時間が短いことなどが重要だ。たとえば、地方自治体は粗大ごみ収集のための場所を提供している。さらに、不法投棄を防ぐために、特定の時期に歩道の粗大ごみを収集するサービスも提供している。

4. Promotion

プロモーションには、伝えたいメッセージと、それを伝えるコミュニケーション手段、つまり、使用するメディア、という2つの考慮事項がある。メッセージとは、キャンペーンの結果として消費者に知ってもらいたい、覚えてもらいたい重要な情報のことだ。これは多くの場合、フレーズ、スローガン、キャッチフレーズなどの形で表現される。たとえば、"Slip Slop Slap"（シャツを着て、日焼け止めを塗って、帽子をかぶろう）や "Drink Drive, You'll be Sorry"（飲酒運転、後悔先に立たず）などだ。

キャンペーンには、ひとつのキーメッセージがある場合もあれば、複数のメッセージがあってキャンペーンのさまざまな段階で使われる場合もある。ソーシャルマーケティングにおいては、これらのメッセージをただ発信するだけでなく、ターゲット層が行動を起こしやすいタイミングや状況を捉え、それに合わせたメッセージを伝えることが重要だ。メッセージは、口頭でもグラフィックでも伝えることができ（図16.1を参照）、情報提供の役割を果たしながら、同時にユーモア、恐怖、インスピレーションなどの強い感情を喚起することもできる（図16.2を参照）。

図16.2 「Go for 2&5」キャンペーンに使われたビジュアル

1日に果物を2つ、野菜を5つ食べよう。

図16.3 事実に基づいた禁煙キャンペーン

コミュニケーション手段についても考慮する必要がある。コミュニケーション手段には、テレビ、ラジオ、看板、ソーシャルメディアで共有される画像などが含まれる。詳しくは第12章で詳しく考察している。また、コミュニケーション手段は、行動変容を支援できるすべての人に届くように、慎重に検討しなければならない。"Go for 2&5キャンペーン"では全国の成人がターゲットであったため、テレビが適切なメディアの選択肢だった。このキャンペーンでは、果物や野菜が購入される場所にレシピカードを置いたり、ショッピングセンターのさまざまな場所に広告を掲示したりすることで、食品を購入する場所に近い人々にリーチすることができた。

CRITICAL REFLECTION |||||||||||||||||||||||||||||||||||||||||||||||||||||||||| 批判的省察

インターネットとソーシャルメディアだけに頼るソーシャルマーケティングキャンペーンには、どのようなリスクがありますか？　ソーシャルマーケティングの取り組みを評価するために、組織はどのような指標を使うことができるでしょうか？

||||||||||||||||||||||||||||||||||||||||||||||||||||||||||||||||||||||||||||||||||||

CRITICAL REFLECTION |||||||||||||||||||||||||||||||||||||||||||||||||||||||||| 批判的省察

タイムズ紙が最近、英国ウェストヨークシャーのカルダーデール市議会のソーシャルマーケティングの取り組み例を報じた。その記事を読んだ一部の議員が、美容師は地域社会の幅広い層と接触する機会があり、かつ医療機関ではないという点で、公衆衛生メッセージを伝える最適な媒体となり得ることを示す研究に触発された。彼らは、美容師のリーチ力と信頼性を活用して、公衆衛生メッセージを広めることができると考えた。一部の議員が、美容師や理容師に過度のアルコール摂取の危険性について研修を行い、彼らからその知識を顧客に伝えてもらってはどうか、という提案を行った。しかし、この提案に議会の意見は二分した。一部の議員はこの提案を、"作為的"で"違和感"があり、美容師を"国家のエージェント"に変えるものだとして反対した。

発展問題　QUESTIONS

1. この取り組みをあなたはどう思いますか？
2. もしあなたが議員なら、この取り組みに賛成ですか、反対ですか？
3. このようなアプローチは成功すると思いますか？　その理由は何ですか？

データソース：Whipple（2016）

||||||||||||||||||||||||||||||||||||||||||||||||||||||||||||||||||||||||||||||||||||

5. People

"people"とは、教育や介入を提供する人たちのことだ。彼らは、必要な情報や知識をわかりやすく伝えられ、人々の共感を得て行動を促し、モチベーションを高めて目標達成を支援できる存在でなければならない。また、"people"とは、物理的環境の変化や公共政策の変化の実現を、社会のさまざまな立場から支援するさまざまなステークホルダーを指す場合もある。その例として、家族や友人、学校、職場、関連業界の専門家、あらゆるレベルの政府機関などが挙げられる。たとえば、OPALキャンペーンでは、学校、家庭、屋外などあらゆる場所に子どもたちの健康的な行動を促進する環境を作るため、保護者、学校、地方自治体に働きかけた。

6. Physical environment

望ましいな行動を促す環境作りは、ソーシャルマーケティングにおいて非常に重要な役割のひとつだ。この目的のためには、社会のさまざまレベルで多様な利害関係者とかかわる必要がある。たとえば、鬱病に悩む人々が支援を求

めやすい環境を作るためには、その家族、医療従事者、職場、学校、大学など、さまざまな関係者を対象に働きかけ、相談窓口などの支援体制を整備し、誰もが簡単にアクセスできるようにする必要があるだろう。身体活動の増進を奨励するために、地方自治体、州政府、連邦政府が、公共の場所でのジム設備、自転車道や駐輪場の整備、街灯の設置などのインフラ整備を行うこともある。赤十字血液センターは、学校、大学、職場などに出向ける移動献血車を提供することで、献血をより簡単に行えるようにしている。同様に、OPALキャンペーンでは、さまざまなイベントで子どもたちに水筒を配ったり、地元の公園に水飲み場を設置したりすることで、子どもたちにもっと水を飲むことを促した。

7. Process

効果的なコミュニケーションには一貫性が必要だ。そして、メッセージを強化し、記憶に残りやすくするためには、一貫したソーシャルマーケティングのメッセージの提供と介入が必要だ。プロセスの一貫性を保つためには、これらのメッセージを支援する環境を整えることが重要だ。そのためには、キャンペーンの開発、実施、支援にかかわるすべての人々が協力して、適切な支援を提供し、同じメッセージを伝える必要がある。一貫性を持つことで、行動変容は起こりやすくなる。

これらの7Pの相互の関連性は、ソーシャルマーケティングキャンペーンの目的によって異なることもある。しかし、効果的なコミュニケーションを展開するためには、すべての7Pを考慮しなければならない。

注意すべきこと

ソーシャルマーケティングキャンペーンでは、消費者にネガティブな行動をやめるように促す場合もあれば（たとえばStop smoking!キャンペーンなど）、新しいポジティブな行動に参加するよう促す場合もある（たとえばGo for 2&5キャンペーンなど）。どちらの種類のキャンペーンにおいても、ソーシャルマーケターは"逆効果"に注意しなければならない。ある行動をやめさせることを目的としているときに、コミュニケーションが意図せずターゲット層のネガティブな行動を助長してしまうようなことがあってはならない。たとえば、禁煙キャンペーンで喫煙のシーンを見せると、ターゲット層である喫煙者はかえってタバコを吸いたくなるだろう。同様に、ジャンクフードを控えるように訴えたいのに、ジャンクフードの写真を見せてしまうと、逆にターゲットオーディエンスの食欲を刺激してしまうかもしれない。

要約すると、ソーシャルマーケティングキャンペーンのコミュニケーションは、開発と実施の段階で綿密な計画と関係者の協力が必要だと言える。

CASE STUDY

トラベルスマートプロジェクト：
CO_2排出量削減への挑戦

トラベルスマートオーストラリア（TravelSmart Australia）は、オーストラリア国民の自動車走行距離を削減することを目的とした、地方自治体、州政府、連邦政府による全国的な旅行行動変容イニシアチブだ。自家用車の利用を自主的に減らすことで、自動車による温室効果ガス排出量を削減することができる。トラベルスマートプロジェクトは、政府と市民が協力して気候変動対策に取り組むための実践的な方法を提供する。

南オーストラリア州のアデレード市は、2005年にアデレード西部の6万5000世帯を対象としたプロジ

ェクトをはじめ、多くのトラベルスマートプロジェクトを実施してきた。トラベルスマートプロジェクトは、政府と市民が協力して気候変動に対処するための実践的な方法だ。その目的は、市民が自主的に自家用車の使用を減らして、自動車から排出される温室効果ガスを削減することにある。このような取り組みを実施しているにもかかわらず、オーストラリア統計局の報告によると、2012年のアデレードの市の通勤・通学での乗用車利用率は、全国平均の71%に対して84%と、国内でもっとも高かった (ABS, 2014)。

発展問題　QUESTIONS

1. アデレード市の乗用車の利用率が高いことは、トラベルスマートプロジェクトが南オーストラリア州で失敗だったことを意味するでしょうか？ これは、プロジェクト設計に評価項目が含まれていれば、実証的に答えられる質問です。
2. トラベルスマートプロジェクトには、学校、地域団体、職場との連携が含まれます。自動車利用を削減できる具体的なプロジェクトのアイデアと、成功を評価するための指標について考察してください。
3. 表16.3の7Pのフレームワークをもとに、ひとつのプロジェクトタイプ（例：学校、地域団体、職場など）を選び、その状況に適したマーケティングの手法ミックスの概要を説明してください。

CRITICAL REFLECTION |||||||||||||||||||||||||||||||||||||||||||||||||||||||||||||||||||||||||| 批判的省察

　あなたがタイムトラベルで2005年に戻り、トラベルスマートプロジェクトのプロジェクトマネージャーを務めることになったとします。プロジェクトの成否をどのように評価しますか？ プロジェクトをどのように評価するか、あなたの考えを書き出し、あなたが予見する潜在的な困難があればそれを指摘してください。得られたデータの質を向上させるために、何か提案はありますか？ 次の質問に答えて、あなたが提案する評価方法の概要を説明してください。

・成功とはどのような状態ですか？
・あなたの前提条件を明確にしてください。
・行動の変化を測定できるように具体的な基準を設けてください。
・誰または何を測定対象としますか？
・行動のベンチマークをどのように設定しますか？
・いつ、どこで行動を記録しますか？
・行動を複数の測定方法を組み合わせて測定できますか？
・どの方法が望ましいですか？　その理由は何ですか？
・社会的望ましさバイアスや測定誤差をどのように減らすことができますか？
・他にどのような種類の情報を収集しますか？ その理由は何ですか？
・誰が評価に責任を負うべきですか？ その理由は何ですか？

||||||||||||||||||||||||||||||||||||||||||||||||||||||||||||||||||||||||||||||||||||||||||||||||||||||||

ソーシャルマーケティングの評価

　ソーシャルマーケティングイニシアチブでもっとも重要なことは、単に意識を高めたり態度を改善したりすることを促すだけではなく、行動変容を求めることだ (Andreasen, 2002)。私たちは、商業マーケティング環境の経験から、行動変容を達成することがいかに難しいかを知っている。

社会全体に大規模な変化をもたらすには、多くのステークホルダーの長期的な投資と関与が必要だ。複数のプロジェクトを段階的に実施することで、それぞれのプロジェクトを通じて、人々の行動変容が促進され、最終的な目標達成のための人々の知識が深まるだろう。

評価は、各プロジェクトの影響を評価して次の段階につなげるために重要だ。行動の変容を示す客観的なデータがなければ、リソースの浪費を避けるために別のアプローチが必要だ。それを怠ると、良かれと思って取り組んだイニシアチブが、多大なコストをかけて継続され、何の効果も得られないということになりかねない。あるいは、大規模な政策転換の導入や、より大規模に展開できたかもしれない効果的なイニシアチブが、見過ごされてしまう可能性もある。先進国におけるコンドームのソーシャルマーケティングキャンペーンは、果たしてその取り組みがコンドームの使用を増やし、エイズの蔓延を削減できたかどうかを示すためには、より効果的な評価方法が必要とされる例だ。このような取り組みにはかなりの資金が提供されているにもかかわらず、20年間の介入を対象とした系統的レビューによって、効果を証明する十分なデータやエビデンスはないことが明らかになった (Sweat et al., 2012)。評価のためのリソースが不足しているため、政策立案者たちは、このようなプロジェクトを継続すべきか、それとも人々に禁欲を奨励する方が効果的かについて議論を続けている。社会が直面する課題にどのようにアプローチすべきかについて意見が二分しているとき、理論的・道徳的な議論を超えて進むためには実証的なデータが不可欠だ。しかし、プライベートな行動の性質上、変化が起きたかどうかを評価するのは容易ではない。

次の7つのステップは、評価を避けるのではなく、評価を設計し、発生する可能性のある課題を特定するのに役立つ。トラベルスマートプロジェクトのケーススタディを例に、各ステップがどのように適用できるかを示す。

1. 成功を明確に定義する

ソーシャルマーケティング活動を実施する前に、その成功を測る指標を明確に定義しておく必要がある。取り組みを通じてあなたが最終的に変えたいと願うもっとも重要な行動は何だろうか？　ターゲット層に具体的にどのような行動を期待するだろうか？　これらの行動が後の分析の評価指数となる。

このイニシアチブは行動変容のための単独のイニシアチブか、それともより広範な社会目標を達成するためのイニシアチブのひとつか、と考える。たとえば、あなたが野菜や果物の摂取量を増やすキャンペーンを評価しようとしているとしよう。キャンペーンで健康的な行動を促すことで、将来的には医療費削減など、公衆衛生システムへの負担軽減にもつながる可能性がある。その場合、キャンペーンはより大きな目標の一部といえる。

このイニシアチブがなぜ必要か、その前提と、期待される効果を明確にしよう。そして、主要な評価指標である行動の変化を測定するための評価方法を設計する。もし、他の関連行動の変化も調査できるなら、それらは副次的な効果として評価できる。

以下に、このイニシアチブにおける「成功」とは何か、その前提条件、そして評価方法についての例を示す。
「トラベルスマートプロジェクトにおける成功とは、プロジェクトに参加した世帯の自動車走行距離を削減し、それによって各世帯の二酸化炭素排出量を削減することだ。これは、1キロメートルあたりの二酸化炭素排出率が、すべての世帯で、時間経過があっても、変化しないという仮定に基づいている。ただし、住民が所有する車の排出率に大きなばらつきがある場合は、車種の情報も収集することで、二酸化炭素排出量への影響をより正確に算出できる」

2. 行動変容を具体化する

次のステップは、行動変容をどのように測定できるかを示すことだ。そのためには行動とその分析対象を明確にする必要がある。行動を把握するのにもっとも適切な場所を検討しよう。理想的には、行動が発生する場所が望ましい。そして、ソーシャルマーケティングイニシアチブの対象となる全住民からデータを収集する際の課題を特定する。

以下に、このイニチアチブの行動変容を具体的に測定可能な形で示した例を示す。
「トラベルスマートプロジェクトでは、データ収集は、世帯レベルでの分析を可能にするために、各世帯の自動車の走行距離を測定する必要がある。インタビューやアンケート調査を実施する場合、回答者の自宅を質問して行うのが

Chapter **16**　　　　Social Marketing　　　　588

もっとも適切だ。しかし、ほとんどの人は勤務時間中には在宅していないため、調査員が時間外に訪問する必要があり、調査費用が高くなってしまうという問題がある。また、市場調査員が連絡を取ることを許可されている時間は制限されていることに注意が重要だ。オーストラリアでは、週末の午前9時から午後5時、平日の午前9時から午後8時30分以外の時間帯に調査の電話をかけること、および祝日に連絡を取ることは許されていない（ACMA, 2016）。さらに、これは自己申告に基づくデータであるため、かなり不正確になる可能性がある」

3. 行動のベンチマークを設定する

プロジェクト開始前に、ベースラインとなるデータが収集されていない場合、有意義な評価を行うことが困難になることが多い。そこで、イニシアチブを実施する前に、現在の行動のベンチマークを設定する必要がある。行動は、プロジェクト完了後にも追跡調査によって把握され、行動が活動前のレベルに戻ったのか、それとも変化した状態が維持されたのかを確認することができる。可能な限り、イニシアチブを実施していない対照群を含めよう。対照群からも同時期に行動データを収集することで、確認された変化が、外部要因によるものではなく、その施策によるものであることを確認できる。

以下に、このイニチアチブの行動のベンチマーク設定の例を示す。

「トラベルスマートプロジェクトでは、介入前の走行距離の自己申告データを収集するためにアンケート調査を行った。介入後の走行距離データも同じ方法で収集して、介入前と比較し、走行距離が減少したかどうかを確認した」

4. 複数の測定指標、または混合研究法を取り入れる

可能な限り、結果の妥当性を向上させるために、複数の測定指標を取り入れよう。変化が実際に起きた確信を高めるために、混合研究法を取り入れることができるかどうか検討する。

以下に、このイニチアチブの行動の測定指標の例を示す。

「トラベルスマートプロジェクトでは、移動回数と1日の平均走行距離を記録した。GPSを併用することで、走行距離を正確に把握し、アンケートや旅行日記などの自己申告による方法と比較することが可能になる。これにより、誤差やバイアスを明らかにし、補正の必要のない信頼性の高い結果を得ることができる」

5. 自己申告の誤差やバイアスを削減するためのベストプラクティス

多くのソーシャルマーケティング活動において、自己申告は行動変容が起こったかどうかを確認するための重要な方法だ。自己申告による行動データに関する一般的な懸念は、記憶違いや社会的に望ましいとされる行動を、実際よりも多く報告してしまう社会的望ましさバイアスだ。バイアスの方向、つまり過大評価または過小評価の傾向は、各イニシアチブによって異なる。たとえば、回答者は、不健康な食品の摂取やアルコール消費を過少報告し、運動や健康診断については過大報告する可能性がある。質問を事前にテストしてみる、または可能であれば自己申告のデータと調査データを比較することで、より正確な評価を行うことができる。自己申告による行動データの不正確さを削減するための有用なテクニックは、ベストプラクティスによれば次のとおりだ。

・アンケートの冒頭で、調査を実施する期間と時間を明示する。
・回答者が関心のある行動を想起しやすいように、時間枠（例：先月）と頻度尺度（例：週に1回）の設定を工夫する。
・短期間（例：3カ月）よりも長期間（例：6カ月）の行動の想起を先に促すことで、短期間の過大報告を減らす。
・約（approximately）、平均して（on average）、典型的に（typically）などの言葉の使用を避ける。
・中止した行動（例：もう自転車には乗っていない）を含め、過去の行動を把握する。中止した理由を尋ねる。単にその行動が嫌になったからだと決めつけずに、他の要因も考える。
・回答者が行動を正確に思い出して集計できるように、適切な単位を選ぶ（例：1週間に何回）。
・行動の頻度を客観的に測定するために、選択肢が低い値から高い値へと順序立てて並んでいる、単極性の評価尺度

を使用する（例：0〜10回など）。

・回答者は、回答できない場合に、無意識のうちに評価尺度の中間点を選択してしまう傾向がある。これを避けるために、「わからない」の選択肢を設ける。

・アンケートの質問や回答の選択肢が必ずしも規則的に並んでいる必要はない場合、その順序をランダム化する。

・11件法の尺度（0〜10点の尺度）を使って将来の行動意図を把握する。行動を引き起こす可能性のあるすべての要因に注意しながら、行動が起きる可能性について質問する（詳細は第4章の市場調査を参照）。

6. 成功／失敗を説明するのに役立つその他の変数を特定する

関心のある行動に加えて、結果の解釈に役立つ説明要因を把握できるように、評価方法を設計しよう。たとえば、参加者の人口に対する割合、プログラムへの参加期間、プログラムの内容に対する満足度、行動に対する意識、そしてイニシアチブへの参加を拒否した人々の特徴などを考慮する。

以下に、このイニチアチブでの説明要因の例を示す。

「トラベルスマートプロジェクトでは、主な関心事である行動（分析における従属変数）は、世帯ごとの走行距離（キロメートル）だ。結果を説明または検証するのに役立つその他の変数には、相乗りの頻度や、自動車利用から他の交通手段への切り替え、移動する際の交通手段の選択、または移動手段を変更できない一般的な理由（例：通勤途中に子どもを学校に送る必要があるなど）がある」

以下に、上記の点を踏まえた、具体的な評価結の例を示す。

「南オーストラリア州アデレード市の西部地域で実施されたトラベルスマートプロジェクトでは、ソーシャルマーケティングの取り組み後、公共交通機関の利用が増加し、その水準は維持された。このプロジェクトでは、プロジェクトの対象地域内だけでなく、対象地域外に住む非参加者も調査された。この調査により、対象地域外でも、プロジェクト実施期間中は、公共交通機関の利用が増加したものの、その後減少したことが明らかになった。対象地域内での自動車走行距離の減少によりプロジェクトの成功がより強く裏付けられたと言える」

7. 評価調査をイニシアチブの実施とは別に行う

信頼できる評価を行うためには、すべての評価がソーシャルマーケティングの実施とは別に行われることが必要だ。これは、プロジェクトの存在を知らせないことで、バイアスを排除し、より正確なデータを収集するためだ。評価を行う主体がイニチアチブの実施にかかわっている場合、客観的な評価が難しくなり、結果が肯定的な方向に偏ってしまう可能性がある。

以下に、このイニチアチブの評価調査の方法の例を示す。

「トラベルスマートプロジェクトの評価調査は独立した組織によって管理され、回答者には"アデレード住民走行距離調査"と説明し、"アデレード市西部地域トラベルスマートプロジェクト"という調査名称は使わないよう配慮した」

CRITICAL REFLECTION ||||||||||||||||||||||||||||||||||||||||||||||||||||||||||||||||||||||||||||| 批判的省察

1. 評価セクションの冒頭で、行動変容はソーシャルマーケティングのイニシアチブの結果として生じたのかどうかが問われました。南オーストラリア州でのトラベルスマートプロジェクトの取り組みは、本当に成功したと言えるでしょうか？

2. 評価結果は、プロジェクトが走行距離の削減に成功し、南オーストラリア州の他の地域で増加しつつあった自動車利用増加の傾向を逆転させたことを示しています。

   a. このプロジェクトには価値があったかどうか、あなたの意見を論じてください。

   b. 今後のプロジェクトについて、あなたが推奨したいことが何かありますか？

|||||||||||||||||||||||||||||||||||||||||||||||||||||||||||||||||||||||||||||||||||||||||||||||||||||||||||||||||||||||||||||

本章の結論 CONCLUSION

　どのようなソーシャルマーケティングの取り組みであっても、その評価を行うことはきわめて重要だ。ステークホルダーに取り組みの成功を報告し、将来のプロジェクトに役立つ情報を提供するためにも評価は必要だ。ソーシャルマーケティングイニシアチブの導入反対派に対抗するための有効な手段にもなり得る。タバコ業界は、自社の利益を守るために、タバコ規制に反対するロビー活動を積極的に行い、規制による悪影響を強調してきた（Daube, Eastwood, Mishima & Peters, 2015）。このような状況では、批判に耐えうる厳格な評価を確実に行うことがこれまで以上に重要だ。タバコ業界の例は、各キャンペーンから得られた知見や経験が次のキャンペーンの計画や改善に役立てられるという点でも、参考になるだろう。これは、図16.4で示されているように、数十年前に始まったソーシャルマーケティングキャンペーンの恩恵を受けるのは未来の世代かもしれないことを示唆している。

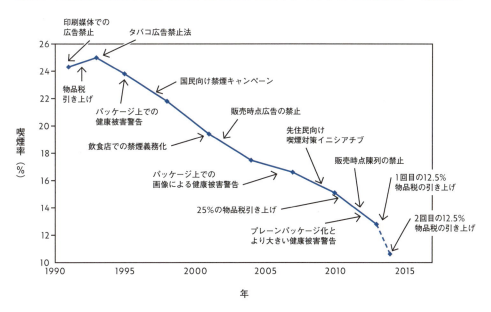

図16.4　14歳以上の喫煙者の喫煙率と1990年から2017年までのオーストラリアでの主要なタバコ規制対策

データソース：Daube, M, Eastwood, P, Mishima, M, Peters, M（2015）『Tobacco plain packaging: the Australian experience』, *Respirology*, vol. 20, no. 7, pp. 1001-03

本章の要点　Summary

+ ソーシャルマーケティングとは、社会全体の利益のために自発的な行動変容を促すことを目的とした、マーケティング原理の応用だ。

+ ソーシャルマーケティングでは、利益目的のマーケティングと同じ原則を用いるが、キャンペーンの開発と評価において考慮すべきいくつかの特別な問題がある。また、ソーシャルマーケティングは、利益目的のマーケティングと組み合わせて実施されることも多い。

+ ソーシャルマーケティングは、カテゴリーレベルでもブランドレベルでも適用できる。

+ ソーシャルマーケティングキャンペーンを成功させるためには、ターゲット市場を適切に設定し、その定義を狭めすぎないようにする必要がある。

+ 効果的なソーシャルマーケティングキャンペーンの構成に7Pを役立てることができる。

+ ソーシャルマーケティングキャンペーンの評価では、社会的望ましさバイアスを回避するために、これを考慮に入れる必要がある。

復習問題　REVISION QUESTIONS

1. ソーシャルマーケターは、消費者に、単なるブランド選好の変化ではなくカテゴリーレベルの行動変容を求めることがあります。たとえば、ペットフード業界では、ペットの飼い主に対して何十年もの間、犬や猫には肉を与えるべきだという強力なマーケティングメッセージが送られてきました。しかし現在、ペットフードの原料として使用されている肉のいくつかは、他の市場でも需要が高まっており、強い競争にさらされています。そのため、昆虫などの代替タンパク源をペットフードに利用する必要性が高まっています。ここで、あなたが大手ペットフードブランドのマーケティング担当マネージャーに任命されたとします。これらの代替タンパク質を消費者に受け入れてもらうための、キャンペーンで使えるメッセージをいくつか考えてください。ソーシャルマーケティングキャンペーンの開発に役立つ情報を得るために、どのような調査を行うことができるでしょうか？

2. ソーシャルマーケティングキャンペーンを設計する際に担当マネージャーが直面する2つの一般的な落とし穴を挙げて考察してください。

3.. コンビニエンスストアのOn the Runは、KickStart for Kids（恵まれない子どもたちに食事や、メンタリングを提供する団体）、OzHarvest（まだ食べられる余剰食品を回収し、困窮している人々に届ける団体）、RSPCA（動物福祉団体）などの多くの非営利団体と提携しています。これらのソーシャルマーケティング活動を通じてOn the Runは何を達成したいと考えていると思いますか？　今後、On the Runがソーシャルマーケティング活動を選択するとしたら、どのような基準で選ぶでしょうか？

4. あなたの地域社会で、態度や行動の変化を求めてソーシャルマーケティングを活用している企業の例を2つ挙げてください。たとえば、健康、環境、または社会的な変化に関するものがあります。その事例について、以下の点を考察してください。

   ・彼らはどのような変化を求めていますか？

   ・その変化を達成するために、どのようなメッセージを発信し何を訴えていますか？

   ・どのようなメディアでキャンペーンを展開していますか？

   ・そのキャンペーンの成功を評価することはどれくらいの難易度でしょうか？　なぜそう思いますか？

5. ソーシャルマーケティングにおいて評価が非常に重要な部分を占めるのはなぜでしょうか？

Chapter 16

MAJOR CASE STUDY
重要事例研究

ソーシャルマーケティングでごみの戸別収集を促進する

アン・シャープ 著

　南オーストラリア州は、環境保護イニシアチブの取り組みを率先して行っている。同州は、飲料容器にデポジット制度（使用済み飲料容器の返却時に預かり金が返金される制度）を最初に導入した州であり、小売店での使い捨てプラスチック袋を禁止した最初の州でもある（これにより、目に見えるプラスチックごみと、埋め立て処分場に運ばれるごみの量を削減）。さらに、ゼロカーボン都市になることを最初に宣言した（2015年に発表）。また、同州は、64のすべての市町村で、戸別収集のごみ箱システムを標準化する取り組みを他の州に先駆けて実施した。このシステムは、各家庭に提供される3つのごみ箱で構成されている。赤いごみ箱は埋め立て廃棄物用、緑のごみ箱は有機物（生ごみを含む）用、そして黄色のごみ箱はリサイクル可能なもの用だ。しかし、このようなごみ箱システムによる環境上の利点を実際に実現するためには、各家庭が、処分するごみの正しい分別とその準備を行う必要がある。分別が不十分であれば、収集したごみを処理できなくなる。

　Zero Waste SAは、ごみ箱使用の標準化と住民への啓蒙活動を行う州政府機関だ。限られた予算のなかで、この機関は、住民に正しいごみ箱の使い方を教育し、その取り組みの成功を評価するためのソーシャルマーケティングキャンペーンを開発する必要があった。それまで、ほとんどの家庭が、緑色の有機物用ごみ箱は使っておらず、通常、生ごみは埋め立て廃棄物用ごみ箱に捨てるか、家庭で堆肥化したりしていた。さらに、紙のように実際にはリサイクル可能なものが埋め立て廃棄物用ごみ箱に捨てられたり、衣類のように本来リサイクルごみ箱に捨てられるべきでないものが捨てられたりすることも多くあった。しかし、技術の進歩により、新たな選択肢が生まれている。現在では軟質プラスチックもリサイクル可能になり、一部のスーパーマーケットではその収集サービスが提供されている。このソーシャルマーケティングキャンペーンでは、ごみ箱に入れられるものと入れられないものの区別、廃棄前のごみの最適な準備方法（たとえば、ペットボトルは蓋を取ってからリサイクルごみ箱に入れる、容器を洗って食べ物や飲み物の残留物を取り除くなど）、汚染を避けることの重要性などを住民に教育することを目的としていた。

　Zero Waste SAが作成したソーシャルマーケティングキャンペーンでは、ラジオや印刷メディアによるメッセージに加えて、地方自治体やZero Waste SAのウェブサイトを通じたソーシャルメディアが活用された。さらに、バナー、ごみ箱用ステッカー（目的：行動が発生する場所にフィジカルアベイラビリティを確立するため）、スマートフォンアプリ、ダイレクトメールなども活用して、住民にごみ箱システムの変更点とその最適な利用方法を伝えた。このキャンペーンは、住民へのリ

チとメッセージの理解度を最大化することを目的としていたため、マスメディアを主要なコミュニケーションプラットフォームとして使用し、リーチをさらに拡大するために追加のチャネルを選択した。

ごみの適切な準備と廃棄に関して、次のようなシンプルなメッセージが使われた。

・生ごみは有機物用ごみ箱へ。
・衣類はリサイクル用ごみ箱には入れないでください。
・紙を紐で束ねないでください。
・電池はどのごみ箱にも入れないでください。

これらのメッセージは、さまざまなプラットフォームを通じて一貫して繰り返し伝えられた。これは、長年の習慣や行動パターンを変えることは容易ではなく、受動的にメッセージを視聴するだけでは、人々の心に響いて、行動変容を促すことは難しいという認識に基づいたものだ。

キャンペーンの効果や行動変容を測定できるように、キャンペーン実施前に、現状のゴミの分別・排出状況を調査するための評価が行われた。調査には、1500件の電話インタビューと、600件以上のごみ箱の観察を行った。特にごみ箱の観察では、実際のごみの分別状況と自己申告による分別状況を比較し、不適切な廃棄の発生率を特定した。調査結果を踏まえ、情報提供用のごみ箱ステッカー（これは実際には利用頻度が低かった）や情報シート（これも実際には無視されることが多かった）といった手法から、マスメディアや、緑色の有機物用ごみ箱の"生ものは入れないで"といった、緑色の有機物用ごみ箱のためのシンプルで覚えやすいキャッチフレーズを使ったプリント広告へと焦点を移すことになった。ごみ箱の観察で特定された主な原因行動が、キャンペーンの主要なメッセージとして使われた。評価では、実際の行動の観察が特に重視された。なぜなら、人は「正しいことをしている」と見られたいという思いから、特に環境問題や社会問題に関する調査においては、自己申告による行動は不正確になりがちであることが知られているからだ。

キャンペーン終了後、ソーシャルマーケティングの資料は地方自治体に提供された。これにより、地方自治体は住民への情報発信を継続し、ごみの分別をさらに促進し、ごみ戸別収集システムのより適切な利用を促すことができるようになった。

このケーススタディは、社会全体に影響を与えるような大規模なインフラ変更を促進するために、ソーシャルマーケティングをどのように適用できるかを示している。また、プロジェクトの開始当初から評価計画を組み込んでおくことで、貴重なフィードバックを得て、ソーシャルマーケティングの取り組みを改善し、洗練していくことができることも示している。さらに、ソーシャルマーケティングが効果を発揮するためには、利益目的のマーケティングと同じ原則とツールを採用する必要があることも明らかになった。マーケティングの焦点は、フィジカルアベイラビリティとメンタルアベイラビリティを最大化することだ。このケーススタディでは、ターゲット行動を促すメッセージを、その行動が実際に起きる可能性の高い場所やタイミングで提示することが、人々の知識を構築し、行動を変容することに効果的であることが示された。

発展問題 QUESTIONS

1. このソーシャルマーケティングキャンペーンは、対象者が過少報告しがちな行動、すなわち不適切なごみの廃棄とごみ箱の汚染を対象にしています。同様の課題に直面する行動としては、他にどのようなものが考えられますか？　それは、キャンペーンの成功にどのような課題をもたらしますか？

2. このソーシャルマーケティングキャンペーンを評価という側面から考えてみましょう。観察データとインタビューデータを収集する際に、どのような問題があるでしょうか？　他にどのような方法を使用できたでしょうか？　それらの方法は、電話インタビューや観察と比較して、どのような質のデータを提供できたでしょうか？

3. 非常に習慣的で個人的なものでありながらも、技術やインフラの変化に伴い、修正が必要になる家庭内の行動には他にどのようなものがありますか？また、歩道沿いのごみ戸別収集システムの事例から、どのような教訓が得られるでしょうか？

Chapter 16

インタビュー
INTERVIEW

Alissa Nightingale
アリッサ・ナイチンゲール

ウエストパック銀行200周年記念財団 スカラシッププログラム責任者 / ナイチンゲール・コレクティブ創設者

　幸運にも私は、マーケティングを学びながら、南オーストラリア大学のアレンバーグ・バス研究所でキャリアをスタートさせることができました。勤務先の研究所が、マーズ、コカ・コーラ、P&Gといったグローバルブランドと協働している様子を、地元アデレードにいながら目の当たりにできたのはすばらしい経験でした。エビデンスに基づいたマーケティングの実践から得た知見は、私のキャリアのなかでもかけがえのないものとなりました。

　アレンバーグ・バス研究所でしばらく働いた後、私は、生殖、妊娠、子どもの健康問題において世界トップレベルの研究を行っている医療研究所で働くことになりました。この研究所では、ソーシャルマーケティングが業務の重要な部分を占めていました。私の職務は、メディアを通じて研究結果の発信を行うこと、公衆衛生を改善するためのコミュニケーション活動、研究を支援するために重要な資金募集キャンペーンなど、多岐にわたりました。

　その後、アデレードの優秀な代理店であるヒューズPR社で働いていたとき、フレッドホローズ財団に参加し、主要な支援者と企業パートナーシッププログラムを管理する機会を得ました。マーケティングを学んでいた頃はまったく予想していませんでしたが、とてもやりがいの感じられる仕事でした。

　この仕事で特に重要なことは、企業パートナーと協力して、多額の資金を調達し、新たな支援者層にアプローチし、金銭以外の物資やサービスなどの支援を得ることで、基金の"予防可能な失明をなくす"という目標達成を後押しすることでした。具体的には、Google、スペックセーバーズ、JB Hi-Fi、カンタス航空などのブランドと連携し、さまざま活動を展開しました。

　これらのキャンペーンを通じて、私は、ブランドと連携した企業や慈善団体とのパートナーシップがとても大きな影響力を持つことを実感しました。また、ストーリーテリングと視覚的なイメージの使用も、ソーシャルマーケティングにおいて強力な要素であり、特に、マスメディアの力を借りてこれらを効果的に使い、人々の意識を高める方法がとても重要であることも学びました。

　フレッドホローズ財団で働いていた時、ネパールを訪れたことがありました。その時の経験から私は、"ナイチンゲール・コレクティブ"という倫理的なファッションブランドを立ち上げるインスピレーションを得ました。このブランドは、世界中の才能ある女性職人によって手作りされた作品を扱っています。現地の職人たちはすばらしい才能を持っているにもかかわらず、正当な報酬を得られず、また新たな販路を開拓する機会にも恵まれていませんでした。私は、才能と機会の間に存在するこのギャップを埋め、生産者と消費者の双方そして環境や社

会にも配慮した公正な取引、すなわち"責任ある貿易"のためのプラットフォームを提供したいと考えました。

　私は現在、ウェストパック銀行200周年記念財団で働きながら、ソーシャルエンタープライズ（社会的企業）への情熱を現在の職務に生かすことができています。ここでは、社会に良い変化をもたらすことに意欲的な社会起業家たちを支援する機会に恵まれています。

　これまでのキャリアを通じて、私は、非営利セクターと企業セクターの両方で、社会に良い影響を与えようと献身的に取り組む多くの人々を見て大いに刺激を受けてきました。非営利セクターと企業セクターのコラボレーションとパートナーシップが進むにつれて、両セクター間の境界線はますます薄れていくでしょう。

Appendix 1

付録1

ビジネス環境分析のためのガイド　（Balan, 1990）

このチェックリストには、分析すべき主要な項目と各項目の下で考察すべき主な要因が示されています。組織、製品、技術によっては、より関連性の高い要因を考察すべきかもしれません。

1. 経済的環境の動向：
   金利
   インフレ率（消費者物価指数など）
   為替レート
   経済成長率（GDPなど）
   株式市場の変動
   貿易収支

2. 社会文化的環境の動向：
   世界（環境など）に対する態度
   社会に対する態度
   家族や社会的集団に対する態度
   自己に対する態度
   所有物に対する態度
   ライフスタイルの志向と変化

3. 人口動態学的環境の動向：
   消費者市場およびエンドユーザー市場は以下を考察：
   社会の年齢構成
   結婚率、家族構成、家族規模
   出生率
   人口の地理的移動
   労働力人口
   雇用主比率
   雇用率
   民族性と文化の多様性

   中間市場については以下を、産業市場については上記に加えて以下も考察：
   顧客企業の地理的分布
   顧客企業数
   企業規模

4. 技術的環境の動向：

原材料
部品
生産または運用のプロセス
包装
配送システム
データの収集と処理
組織運営方法（ジャストインタイム方式など）
コミュニケーション方法

5. 法規制的環境の動向：

・政府がビジネス環境に与える影響について
紛争、戦争、政治的同盟
輸入制限、割当
輸入関税
輸出規制
課税
労働慣行（表彰、職場規則など）
業界規制（木材チップ、航空輸送など）
消費者保護
計画規制
・他のグループがビジネス環境に与える影響について
業界ロビー団体
労働組合
環境保護団体
消費者保護団体

6. エコロジー/自然資源的環境の動向：

原材料の入手可能性
季節的要因
天候の影響（雹など）
地球規模の影響（温室効果、オゾン層破壊など）
地域環境の悪化

AUDITING THE BUSINESS ENVIRONMENT
ビジネス環境分析

製品名:＿＿＿＿＿＿＿＿＿＿＿＿＿＿＿＿＿　　項目:＿＿＿＿＿＿＿＿＿＿＿＿＿

記入者:＿＿＿＿＿＿＿＿＿＿＿＿＿＿＿＿＿　　記入日:＿＿＿ / ＿＿＿ / ＿＿＿

このフォームを使用して、主要なビジネス環境の傾向とそれらの潜在的な影響を特定してください。

	O/T	S	I

傾向:＿＿＿＿＿＿＿＿＿＿＿＿＿＿＿＿＿
その影響:＿＿＿＿＿＿＿＿＿＿＿＿＿＿＿＿＿＿＿＿＿＿＿＿＿＿＿＿＿＿＿

傾向:＿＿＿＿＿＿＿＿＿＿＿＿＿＿＿＿＿
その影響:＿＿＿＿＿＿＿＿＿＿＿＿＿＿＿＿＿＿＿＿＿＿＿＿＿＿＿＿＿＿＿

傾向:＿＿＿＿＿＿＿＿＿＿＿＿＿＿＿＿＿
その影響:＿＿＿＿＿＿＿＿＿＿＿＿＿＿＿＿＿＿＿＿＿＿＿＿＿＿＿＿＿＿＿

傾向:＿＿＿＿＿＿＿＿＿＿＿＿＿＿＿＿＿
その影響:＿＿＿＿＿＿＿＿＿＿＿＿＿＿＿＿＿＿＿＿＿＿＿＿＿＿＿＿＿＿＿

傾向:＿＿＿＿＿＿＿＿＿＿＿＿＿＿＿＿＿
その影響:＿＿＿＿＿＿＿＿＿＿＿＿＿＿＿＿＿＿＿＿＿＿＿＿＿＿＿＿＿＿＿

傾向:＿＿＿＿＿＿＿＿＿＿＿＿＿＿＿＿＿
その影響:＿＿＿＿＿＿＿＿＿＿＿＿＿＿＿＿＿＿＿＿＿＿＿＿＿＿＿＿＿＿＿

傾向:＿＿＿＿＿＿＿＿＿＿＿＿＿＿＿＿＿
その影響:＿＿＿＿＿＿＿＿＿＿＿＿＿＿＿＿＿＿＿＿＿＿＿＿＿＿＿＿＿＿＿

傾向:＿＿＿＿＿＿＿＿＿＿＿＿＿＿＿＿＿
その影響:＿＿＿＿＿＿＿＿＿＿＿＿＿＿＿＿＿＿＿＿＿＿＿＿＿＿＿＿＿＿＿

傾向:＿＿＿＿＿＿＿＿＿＿＿＿＿＿＿＿＿
その影響:＿＿＿＿＿＿＿＿＿＿＿＿＿＿＿＿＿＿＿＿＿＿＿＿＿＿＿＿＿＿＿

O＝機会　T＝脅威　S＝スピード　I＝影響

Appendix 1

GLOSSARY

用語集

7P（セブンピー）
ソーシャルマーケティングのマーケティング手法を開発するために使われる7つのツール。すなわち、製品、価格、流通、プロモーション、人、物理的環境、プロセス。p582

100% loyals（100%ロイヤル）
分析期間中に他のブランドは買わずにそのブランドだけを購入した消費者。p55

above the line media（アバブザラインメディア）
通常、メディアや広告代理店を通じて買われる伝統的なメディア（テレビ、ラジオ、印刷物）。p434

ad fraud（広告詐欺）
偽のトラフィックや広告インプレッションをマーケターに売るサイバー犯罪。p439

advertising（広告）
グラフィックや動画などの製作物を介した、潜在的購買客との一方通行のコミュニケーション。通常はマーケターが費用を負担し、管理する。近年では、広告はよりインタラクティブに、より柔軟になり、無償のパブリック・リレーションズ（PR）に近づいている。p367

advertising agency（広告代理店）
広告キャンペーンのコンセプト立案から、広告制作、広告掲載先の確保までを請け負うプロバイダー。p23

advertising avoidance（広告回避）
広告に触れることを避ける行為。回避には、チャンネルを変える、ページをめくる、部屋を出るなどの能動的なものもあれば、他の話をする、他のことに集中するなどの受動的なものもある。p388

advertising budget（広告予算）
広告を通じたブランドコミュニケーションに必要な費用の総額。製作費だけではなく、プリント、テレビ、オンライン、屋外などのさまざまなメディアに要する費用も含まれる。p388

advertising clutter（広告クラッター）
媒体内に表示された他社の広告などの、視聴者の自社広告への注意を分散させる情報。p424

advertising copy（広告コピー）
プリント、ラジオ、テレビ、インターネット、屋外広告などで使用するために、印刷または録音されたクリエイティブな文案。p374

advertising tracking（広告トラッキング）
広告が放映または掲載された直後に、その効果を測定する広告調査。p391

agent（代理店）
特定のサービスを提供するために雇用された個人または組織。p23

Ansoff matrix（アンゾフマトリックス）
売上を拡大するための4つの方法を示した計画フレームワーク。すなわち、市場シェアの拡大、新製品の導入、新市場への進出、事業の多様化。p264

archetype（アーキタイプ）
アーキタイプとは"オリジナル"や"古い"という意味で、広告では無邪気な人、英雄、反逆者、道化師などの普遍的なキャラクターを指す。p377

audience accumulation（視聴世帯数）
メディア媒体がリーチする総視聴者数。p418

audience targeting（オーディエンスターゲティング）
特定の顧客タイプに特化したメディアを選択すること。たとえば、馬の雑誌に広告を出して乗馬者にリーチすること。p422

average number of purchases per customer（顧客一人当たりの平均購入回数）
顧客が一定期間内に特定の製品を購入した平均回数。p31

banner advertising（バナー広告）
広告主のウェブサイトにリンクする画像（静止画像または動画）がウェブページに埋め込まれる、有料のオンライン広告。p375

below the line media（ビローザラインメディア）
通常、DM（ダイレクトメール）やCRM（カスタマーリレーションシップマネジメント）などの、従来とは異なるよりターゲットを絞ったメディア。店頭での活動や価格プロモーションを含む場合もある。p434

benchmark（ベンチマーク）
ある時点での現状を記録し、その後の変化と比較するための基準とすること。p589

best practice（ベストプラクティス）
過去の研究やエビデンスに基づいて、特定の状況においてもっとも効果的とされている方法や手順。p589

Big Data（ビッグデータ）
消費者がオンラインで検索やクリックをする、動画を見る、店舗内を移動するなどの行動や行動履歴から継続的に収集される大量のデータ。p109

black box（ブラックボックス）
指標の測定方法や計算方法は公開されていない。調査コンサルタント会社は、指標は非常に特別で価値があるため秘密にしていると主張するが、実際にはどの会社も非常に似たようなサービスを提供しており、また業界の人材の流動性を考えると、特別な技術が隠されている可能性は低い。しかし、この秘密主義によって、マーケターは指標の信頼性を評価できず、購入するサービスの本当の価値を理解することが難しくなっている。p72

brand（ブランド）
特徴的で個性的な名称やロゴで識別され、競合他社の製品やサービスとの差別化を図る、製品またはサービスのこと。ブランドには3つの異なる意味（製品名やサービス名、商標、ブランドエクイティ）があるが、いずれも正しい（Barwise & Meehan, 2011）。p22

brand attributes（ブランド属性）
消費者が特定のブランドに関連付ける情報の断片であり、意識的または無意識的な連想。たとえば、コカ・コーラは、赤、白、爽やか、夏、ビーチ、ピザなどの属性と関連付けられることがある。p59

brand awareness（ブランド認知度）
購買の経験の有無に関係なく、ブランドを知っている人の割合の合計。p111

brand equity（ブランドエクイティ）
ブランドの市場基盤型資産、すなわち、メンタルアベイラビリティとフィジカルアベイラビリティの市場経済的価値。一方で、そのブランドがどれほどすぐれているか、あるいは好きかという消費者の主観的評価を指すこともある。後者の（あまり有用でない）定義の下では、より高品質で高価格のブランドはより高いエクイティを持つと考えられている。p92

brand image（ブランドイメージ）
消費者の心のなかにあるブランドに対する認識。p92

brand memory（ブランド記憶）
消費者の頭のなかにあるブランド記憶とブランド連想。ブランド連想が多いほど、潜在的購買状況でそのブランドが想起される可能性は高くなる。p369

**brand performance metrics
（ブランドパフォーマンス指標）**
マーケターがブランドのパフォーマンスを追跡するために測定し、使用するさまざまな統計指標。市場シェア、市場浸透率、リピート購入率などがある。p54

brand recall（ブランド想起）
消費者が、自発的またはカテゴリーのヒントを与えられて、ブランド名を記憶から引き出すことができる能力。p379

brand recognition（ブランド認知）
消費者が、さまざまな商品やサービスの情報に囲まれた状況で（例：スーパーマーケット）、自社のブランドを他のブランドと区別して、正しく認識できる能力。p379

brand user profile（ブランドユーザープロファイル）
ブランドの顧客基盤、つまり誰がそのブランドを購入しているのかを、人口統計学、ブランド態度、その他の関連する特性の観点から説明したもの。p227

bricks and mortar retailer（実店舗を持つ小売業者）
実店舗で消費者に商品を販売する小売業者。p284

brief（ブリーフ）
広告主から広告代理店への広告企画制作の依頼文書。広告の内容、たとえば目的や全体的スケジュールなどを詳細に記載したもの。p385

business model（ビジネスモデル）
企業が他の企業と競争し、利益を上げるための仕組みや戦略。たとえば、Googleのビジネスモデルは、消費者に無料の検索サービスを提供し、企業に検索広告を販売すること。p33

business objective（事業目標）
事業の全体的な目的。すなわち、最終目標。p463

**business-to-business（B to B）marketing
（企業間マーケティング）**
消費者向けではなく、企業向けに製品やサービスを販売すること。p34

business-to-business（B to B）selling（企業間販売）
企業、政府機関、非営利団体などのビジネス市場や産業市場向けの販売。p334

buying center（購買センター）
購買プロセスを統括する部署。p336

campaign（キャンペーン）
特定の期間にひとつまたは複数のメディアに掲載される一連の広告。広告のアイデアやテーマが共通していることが多い。p33

capital investment（設備投資）
事業や産業活動のための固定資産（機械、設備など）への投資。p285

cash-and-carry（キャッシュ・アンド・キャリー）
コストパフォーマンスが高く耐久性のある大型の製品を直接販売する倉庫型店舗や卸売業者。p284

category（カテゴリー）
同じ製品を販売または同じサービスを提供しているブランドのグループ。たとえば、ファンタは清涼飲料の製品カテゴリーに属する。p50

category killer（カテゴリーキラー）
他の競合よりも圧倒的な商品ラインナップと低価格を提供することで、その商品のカテゴリーにおいて市場を支配する小売チェーンまたは店舗。p284

category transformation（カテゴリーレベルの行動変容）
製品カテゴリー全体の需要構造を根本から変え、新たな市場を創造すること。たとえば、洗濯洗剤が粉末から液体へと変化したり、卵がケージ飼い卵から平飼い卵へ移行したりといった変化が挙げられる。p573

causal research（因果関係調査）
「広告費を15％増やすと、わが社のブランド認知度にどのような効果があるか」などの、変数間の関係やその方向性を調べる調査。p168

**cause-related marketing
（コーズ・リレイテッド・マーケティング）**
企業が慈善団体と提携して、社会的な問題を解決しながら、同時に自社のブランドイメージと売上を伸ばす戦略。p556

centrally planned economy（中央集権的計画経済）
政府によってコントロールされる経済。物価は、需要に応じて変動するのではなく、政府によって決定される。政府は、何を生産し、誰がそれを生産し、どれだけの賃金を支払うかも決定する。経済成長に壊滅的な影響を与えることが示されている。各国の市場経済は政府介入の度合いによって異なるが、北朝鮮は世界で最後の計画経済かもしれない。p37

chains（チェーン）
同一の企業によって所有・運営され、仕入れや販売促進活動などが一元化され、類似した商品ラインを販売している複数の店舗。

GLOSSARY

p284

choice situation（購買決定場面）
消費者が購入を決定する瞬間および場所。たとえば、スーパーマーケットで牛乳の種類とブランドを選ぶとき、寄付する慈善団体を決めるとき、バーで飲み物を注文するときなど。p59

churn（顧客離反率）
ブランドの離脱者と新規顧客との比率。通常、有料テレビやストリーミングサービスなどのサブスクリプション市場や、銀行、金融機関で測定される。p108

circulation（発行部数）
印刷媒体（雑誌など）の販売部数。読者数は常に発行部数よりも多い。p414

click-throughs（クリックスルー）
ウェブページの訪問者がハイパーリンクをクリックし、他のウェブサイトに移動した回数。p414

cluster sampling（クラスター抽出法）
類似した態度や行動を持つ母集団をクラスターに分割し、そのなかから少数のクラスターを抽出して調査対象とする方法。p162

coding（コーディング）
調査データを標準化するために、異なる回答に数値コードを割り当てること。p149

cognitive effort（認知努力）
推理、直感、知覚を使った精神的努力。p291

commercial media（商業メディア）
有料広告を掲載するメディア。p411

comparative advertising（比較広告）
ブランドの属性やベネフィットを競合ブランドと比較することで、消費者の選好に影響を与えることを目的とした広告。p374

competitors（競合他社）
他の組織や企業とビジネスを競争する組織や企業。p184

concurrent media usage（メディア同時利用）
複数のメディアを同時に使用すること。たとえば、テレビを見ながらFacebookに投稿すること。p419

confidence interval（信頼区間）
標本調査の結果から、母集団の真の値の範囲を一定の信頼度で推定したもの。数値の範囲で表される。p162

confidence level（信頼水準）
母集団の真の値が推定された信頼区間内にある確率。p163

conglomerate（コングロマリット）
さまざまな分野で事業を展開する、さまざま企業で構成される大企業。p283

consumer product（消費財）
個人が、自分自身や家族、友人の個人的な使用または消費のために購入する製品。p257

consumers（消費者）

B to C市場で製品やサービスを購入し使用する人。p22

content marketing（コンテンツマーケティング）
ソーシャルメディアでシェアされたり、テレビなどのメディアで取り上げられたりすることを期待して、動画などのコンテンツを開発すること。p367

continuous innovation（連続的イノベーション）
他の既存製品に少しの革新を加えた製品。たとえば、新成分を導入した歯磨き粉製品など。p260

core product（中核的製品）
顧客の問題を解決したり、顧客が求める利益を提供したりする、物理的製品やサービス。p246

corporate appraisal（企業評価）
組織が外部環境と効果的かつ効率的に相互作用する準備ができているかを測定するためのプロセス。このプロセスを通じて、トップマネジメントの価値観、国民の要求、企業リソース、持続可能な競争優位といった多岐にわたる要素を理解することができる。p185

corporate citizenship（企業市民）
企業も人と同じように社会に対して権利と義務を持つという考え方。慈善団体、理念、または芸術的事業への支援といった慈善活動は、良き企業市民としての活動と見なされる。p556

corporate social responsibility（CSR：企業の社会的責任）
企業が企業戦略の一環として倫理的に行動することを約束すること。従業員、地域社会、環境の生活の質向上を図り、経済的側面だけでなく、社会的側面と環境的側面のバランスを重視したトリプルボトムラインの実現をめざす。p553

cost per thousand（CPM：インプレッション単価）
広告の1000回の視聴またはインプレッションに対して広告主が払う費用。p421

country of origin（COO：原産国）
製品が製造された国。原産国は製品に対する消費者の認識に影響を与える。p502

creative（クリエイティブ）
コピーライターやアーティストなど、広告やその他の企画プロモーションのクリエイティブコンテンツを開発する責任者。p379

cross-purchase（クロス購買）
ひとつの小売業者に忠実であり続けることなく、競合する小売業者からも製品を購入すること。p285

cross-selling（クロスセリング）
関連性の高い製品やサービスを追加で販売すること。p342

customer-based metrics（顧客を基盤にした指標）
顧客満足度、ブランド認知度、ブランドに対する認識などを測定する指標。定量的、定性的、またはその両方の場合がある。p94

customer insight（顧客インサイト）
マーケティングの意思決定を支援するために使用される、顧客または消費者に関する詳細な情報。正式な市場調査だけでなく、企業内部の評価や競合他社およびより広範な市場の分析からも得られる。p22

customer lifetime value（CLV：顧客生涯価値）
顧客である期間全体を通して顧客が企業にもたらす利益の推定値。p99

customer relationship management systems（CRM：顧客関係管理システム）
既存顧客に関する情報を収集・分析し、知識を深め、関係を改善して、売上を伸ばすための情報システム。p121

customer satisfaction（顧客満足度）
製品／サービスにどれだけ多くの消費者が満足しているかを測定したもので、組織がどれだけ顧客の期待に応えているか、あるいは期待を上回っているかを把握できる。p92

Customer Value（CV：顧客価値）
企業が特定の期間（たとえば昨年）に特定の顧客を持つことによって得る利益。p99

demographic group（人口統計学的属性）
母集団を性別、人種、収入、場所などに基づいて分類してできた新たなグループ。p66

demography（人口統計学）
母集団の規模、密度、場所、年齢、性別、職業、教育、その他の特性を調査する学問。p192

deontology（義務論）
社会に対する義務として、普遍的な行動や振る舞いを実行しなければならない、という考え方。そして、その行為の結果よりも、行動や振る舞いそのものが道徳的に正しいかどうかが重要である、という哲学的信念。p547

descriptive research（記述的調査）
問題や行動の発生を明らかにする調査。たとえば、何人が製品を購入しているか、何を購入しているか、いつ購入するかなど（例：定期的にツイート（ポスト）している人は何人いるか）。p164

design thinking（デザイン思考）
イノベーションにつながるプロセスを活用した問題解決のアプローチ。5つの主要なステップ、すなわち、共感、定義、アイデア発想、プロトタイピング、テストがある。p473

differentiation（差別化）
カテゴリー内の他のブランドとはなんらかの意味のある重要な点で異なっていると、多くの購買客に認識されていること。p52

digital media（デジタルメディア）
デジタルテレビ、ラジオ、印刷物など、基本的にビット（0と1）で構成されるメディア。デジタルメディアは双方向性や購入機能を備えることも可能。p412

direct cost pricing（直接原価法）
製品またはサービスに直接関連する費用だけを算入する原価計算方式。p308

direct mail（DM：ダイレクトメール）
家庭に直接届けられる広告。p434

discontinuous innovation（非連続的イノベーション）
既存の製品とはまったく異なる特性を持つ製品で、ユーザーが行動を変容したり新しく学んだりする必要があるもの。たとえば、デジ

タル音楽のダウンロードなど。p260

disintermediation（ディスインターメディエーション：直販）
仲介業者を排除し、消費者を製造業者と直接接触させること。インターネットは、すべての仲介業者を排除すると考えられていが、多くの仲介業者がオンライン上で製品情報を提供する場に変化した。消費者はオンラインで製品を調べた後、実際に店頭で試して購入するようになった。p201

distinctive assets（独自の資産）
ブランドに固有の要素で、多くの消費者の記憶を刺激してブランドを想起させるもの。たとえば、モーティンのキャラクター「ルイ・ザ・フライ」など。p250

distribution（流通）
商品やサービスを買い手に物理的に提供すること。具体的には、メーカーが製品を販売する小売業者を選び、その小売業者に商品を販売したり、卸売業者を通じて小売業者に商品を供給したりすること。p29

double jeopardy law（ダブルジョパディの法則）
規模とロイヤルティ指標の関係を示すマーケティング法則。すなわち、市場シェアの低いブランドは購買客が圧倒的に少なく、その購買客のロイヤルティもわずかに低い（つまり、小規模ブランドは二重に苦しむ）。p54

duplication of purchase law（購買重複の法則）
カテゴリー内のブランドは、ブランド規模に応じて顧客を共有している。小規模ブランドが大規模ブランドと共有する顧客基盤は、大規模ブランドが小規模ブランドと共有する顧客基盤よりも大きい。p286

duplication of viewing（視聴重複の法則）
メディアプラットフォーム間で視聴者を共有する際に観察されるパターン。メディアは、市場シェアに応じて視聴者を共有する。小規模なメディアプラットフォーム（例：雑誌）は、大規模なメディアプラットフォーム（例：テレビ）とより多くの顧客を共有する。p447

dynamic continuous innovation（動的連続イノベーション）
既存の製品に新しい技術を取り入れるが、ユーザーに行動の変容や新しい行動の習得を要求しない製品。たとえば、自動車のヘッドライト用のLEDライト。p260

economic growth（経済成長）
経済全体の生産高の増加。すなわち、実質的に生産された商品またはサービスの量。p194

economies of scale（規模の経済）
生産量が増えると、1個あたりのコストが下がること。たとえば、100個のチョコレートバーを作るのに50ドルかかるが、200個のチョコレートバーを作るには75ドルしかかからない場合。p496

EDI（電子データ交換）
組織間で電子的にデータを構造化して伝送すること。組織間で情報を自動的に交換するために使用され、広範囲にわたる効率化につながる。p508

effect-size（効果量）
グループ間またはサンプル間の差の大きさを数値で表したもの。

GLOSSARY 604

p170

empirical（経験則）
理論や、論理、または先入観のあるモデルではなく、現実世界からの直接的な観察と収集されたデータに基づくこと。p289

end-user（エンドユーザー）
製品を実際に使用する人。必ずしも製品を購入する人とは限らない。p337

ethics（倫理）
態度や行動に影響を与える道徳の原則、すなわち善悪の概念。p524

evaluation（評価）
プロジェクトの影響を評価するプロセス。ベンチマークと比較することで行われ、キャンペーンの次の段階に情報を提供する。p588

evidence-based marketing
（エビデンスに基づいたマーケティング）
マーケティング活動は次の2つの主要原則に基づいている。まず、マーケティングの意思決定が、市場のメカニズム、消費者の購買行動、市場介入の効果について、現在もっともすぐれた、信頼性が高い、一般化された知識に基づいて行われていること。次に、意思決定をサポートするために、状況に応じたエビデンスと事実に基づいたデータが使われていること。p26

execution（エグゼキューション）
立案された戦略やアイデアを実際の広告として具現化すること。p369

exit interview（出口インタビュー）
店舗での買い物を済ませて外に出た人に行う聞き取り調査。p151

exploratory research（探索的調査）
解決すべき問題の本質を明らかにするための予備的な調査や研究。たとえば、5歳未満の子どもの存在が、親のスーパーマーケットでの買い物にどのような影響を与えるかなど。p162

eye-tracking study（視線追跡調査）
消費者の視線移動パターンを追跡することで、消費者が広告やパッケージのどの部分を見ているかを特定する調査方法。p292

fast-moving consumer goods（FMCG：日用消費財）
消費者が頻繁に、比較的低コストで購入する製品。たとえば、菓子類や清涼飲料水など。p332

fit（フィット：適合）
消費者のニーズとウォンツを的確に捉え、収益を確保しながら、顧客が求める製品やサービスを提供すること。p470

fixed cost（固定費、間接費）
企業が生産する商品やサービスの量に左右されない費用。たとえば、毎月支払われる給与や、四半期ごとまたは毎年支払われる賃料などで、通常、一定期間ごとに発生する。p306

fragmentation（細分化）
追加のメディア媒体（例：デジタルメディア）の導入によって、これまで統一されていたオーディエンスが分割されること。p419

free trade agreement（FTA：自由貿易協定）
貿易障壁を取り除き、参加国間の貿易と商業関係の強化を促す国際条約。p197

frequency of exposure（広告接触頻度）
特定の期間内に消費者がメッセージまたは広告に接触する回数。p420

full（totalまたはabsorption）cost pricing（全部原価法）
製品の製造またはサービスの提供に要するすべてのコスト（材料費、人件費、間接費〈固定費と変動費〉を含む）を算入する原価計算方法。p308

full-service agency（総合広告代理店）
戦略的プランニング、プロダクション、クリエイティブ、メディアなど、広告プロセスのあらゆる側面に責任を負う代理店。p417

functional（realistic）range of prices
（機能的または現実的な価格帯）
通常の取引で見られる、たがいに代替可能な商品カテゴリー（例：缶コーヒーとインスタントコーヒー）の最高価格と最低価格。p304

glocalization（グローカライゼーション）
現地の特性を理解して、現地に適応したグローバルマーケティングを行うこと。p498

grey market（グレイマーケット）
代理店がブランドオーナーの流通網を使用せずにブランドを輸入する市場。ブランドオーナーがその市場におけるブランドの価格設定と流通のコントロールを失う可能性がある。p505

gross domestic product（GDP：国内総生産）
ある経済（通常は国）が1年間に生産したすべての財とサービスの総額。p195

gross profit（粗利益）
企業が稼いだ売上の総額。p390

gross profit margin pricing（総利益率価格）
目標とする売上総利益率を達成できるように設定した価格。p311

gross rating points（GRP：世帯視聴率）
特定の期間に放送された広告の視聴率を合計した値。広告の接触規模を表す指標。p418

heavy buyer（ヘビーバイヤー）
そのカテゴリーやブランドを平均よりも頻繁に購入する人。p105

heuristics（ヒューリスティックス）
経験則、直感、常識、試行錯誤的アプローチなど、人が意思決定を簡略化するために使用する、経験に基づく思考の道具。p63

hits（ヒット数）
トラッキングピクセルなどのデジタルファイルがインターネットサーバーからダウンロードされた回数。p414

implementation and control（実施と管理）
マーケティング計画を実行に移し、市場環境要因を考慮しながら管理していく、重要なステップ。p464

import quotas（輸入割当）

特定の期間に、多くの場合は特定の国からの、商品の輸入を制限する貿易上の規制。p512

industrial product（工業製品）
加工して販売するために、またはビジネスを行うために購入される製品。p257

infrastructure（インフラ）
社会または企業の運営に基本的に必要な、物理的組織的構造および施設（建物、道路、電力供給など）。p283

integrated marketing communications
（IMC：統合マーケティングコミュニケーション）
各メディアの特徴を活かしながら、たがいに補完し合う、一貫したメッセージを伝えるためのマーケティング手法。p442

interactive advertising（インタラクティブ広告）
ユーザーが自らの意思でかかわり合う、双方向型の広告。p375

intercept survey（インターセプト調査）
公共の場所（例：ショッピングモール、店舗、レストラン）で対面で実施される調査。関心のある行動が発生している場所で、またはユーザーを特定するのが難しい場合（例：美術館の利用者）に回答を得るのに効果的。p157

intermediary（仲介業者）
卸売業者、小売業者、または輸送業者など、最終消費者への製品のプロモーション、販売、および流通を支援する企業。p185

jingle（ジングル）
ブランドや製品のマーケティングツールとして特別に開発された曲（または曲の一部）。p253

Juster scale（ジャスタースケール）
消費者が将来購入する可能性が高いかどうかを推定するために使われる尺度。11段階の尺度で、0は購入の可能性がないことを、10は消費者が確実に購入することを意味する。p114

key account（重要顧客）
サプライヤー企業にとって戦略的に重要であるとして選択された顧客または見込み客。p338

key account management（重要顧客管理）
重要顧客に対してそのニーズに合わせて製品やサービスをカスタマイズする企業間取引の販売戦略。p338

like-for-like sales（前年同期比売上高）
ある期間の売上高と別の期間の売上高を比較する指標で、両期間に実施されたマーケティング活動のみを評価する。p287

light buyer（ライトバイヤー）
そのカテゴリーやブランドを平均以下の頻度で購入する人。p57

line extension（ラインエクステンション）
すでに確立している製品のブランドラインに新しいバージョンの製品を追加すること。たとえば、ネスカフェブランドの粉末コーヒーの多くのバージョンがラインエクステンションだ。p266

localization（ローカライゼーション）
グローバルに展開されるキャンペーン、製品、サービスを、現地市場に合わせてカスタマイズして関連性を高めるプロセス。または、

現地市場のニーズ、ウォンツ、嗜好などを深く理解した上で、その市場に特化したマーケティングを行うこと。p497

long tail（ロングテール）
広告への接触頻度が均等に分布しているのではなく、一部の顧客に接触が集中している状態。p421

loyalty（ロイヤルティ）
購入するブランドを、いつも買っている個人的なブランドレパートリーに限定すること。つまり、あるブランドを他のブランドよりも頻繁に購入すること。p50

loyalty program（ロイヤルティプログラム）
継続的なロイヤルティ行動（通常はリピート購入）に報酬を与えるマーケティング介入。たとえば常連客へのクレジットの延長や割引の提供。このようなプログラムはB to Bマーケティングでは一般的であり、多くの場合、報酬と交換できるポイントを提供する。たとえば航空会社のマイレージプログラム。ロイヤルティプログラムは過去20年間で確実に定着しており、多くの消費者は財布に多数のロイヤルティカードを持っている。今日では、コーヒーショップでさえロイヤルティプログラムを提供している。たとえば10杯目のコーヒー無料など。p53

macro-environment（マクロ環境）
企業や経済に影響を与える、政治的、社会的、経済的な、大きく、広範な力。p184

make-goods（メイクグッズ）
広告主が購入した広告枠で予定していた視聴者数を獲得できなかった場合に、メディア側が不足分を補償するために提供する無料の広告枠。p452

mandatory brand requirements
（ブランド必須事項：マンダトリィ）
クリエイティブチームが広告に使わなければならない言葉、画像、その他の要素。たとえばブランド名、ロゴ、特定のフォントなど。p385

manufacturing（製造）
機械や設備の助けを借りて、何かを大規模に生産または製造すること。p283

many sets of data（MSoD）approach（多重データセット分析）
複数のデータセットの共通点および繰り返されるパターンを特定すること。p170

marginal cost pricing（限界原価法）
1単位を追加生産する際のコストの変化（限界費用）を決定することに焦点を当てた価格計算方法。すでにある量の商品を製造している状態で、もう1個を追加で生産するのにかかるコスト、すなわち単位当たりのコストを算出するのに役立つ。p308

market（市場）
製品やサービスの潜在購買客の総数。p23

market-based assets（市場基盤型資産）
メンタルアベイラビリティとフィジカルアベイラビリティを構築することでより多くの人が、より多くの状況で、ブランドを簡単に購入できるようになる。マーケティング活動を行うことで、徐々にブランドのアベイラビリティが高まる。たとえば、ＡＮＺ銀行ブラン

GLOSSARY　　　　606

ドは、オーストラリア、ニュージーランド、他にも多くのアジア諸国に支店と現金自動預け払い機があり、フィジカルアベイラビリティが高い。また、これらの国々の多くの消費者や企業がＡＮＺ銀行とそのサービスを知っており、メンタルアベイラビリティも高い。構築に数十年かかるメンタルアベイラビリティとフィジカルアベイラビリティの価値は非常に高く、市場基盤型資産と呼ばれている。これらの資産は、多くの場合、企業の財務的価値の大部分を占めている。p269

market-based pricing（市場ベースの価格設定）
市場の類似製品の価格を評価し、競争力のある価格を設定する価格設定方法。競合ベースの価格設定とも呼ばれる。p313

market economy（市場経済）
消費者の需要が生産と価格を決定し、民間企業間で競争が行われる経済。p24

market objectives（市場目標）
組織または組織の一部のマーケティング目標。具体的で、測定可能で、達成可能で、合理的で、時間的制約のある（ＳＭＡＲＴ）ものでなければならない。p464

market partitions（市場内市場）
製品カテゴリーを顧客のニーズや製品の特徴によって細分化すると、グループ内では、各製品がたがいに激しく競合している。たとえば、シリアル市場の子ども向けシリアル製品群などがそうだ。p227

market research（市場調査）
観察や調査を通じて市場に関する事実情報、多くの場合、消費者の考え方や行動、特に広告の視聴、購買行動などを収集すること。p22

market segmentation（市場セグメンテーション）
ターゲットセグメントを特定するために、購買客の行動の違いと共通点を分析すること。p214

market share（市場シェア）
カテゴリーの総売上に対する特定のブランドの売上の割合。販売個数、数量、または金額ベースで測定される。p29

marketing environment（マーケティング環境）
マーケティング担当者が顧客との良好な関係を構築・維持する能力に影響を与える、企業のマーケティング活動の外部に存在する個人、組織、および力。p184

marketing intelligence（マーケティングインテリジェンス）
さまざまなプロバイダーから長期にわたって提供された、消費者に関するすべての情報。p466

marketing intervention（マーケティング介入）
戦略的目標を達成しブランドを成長させるために、マーケターが行うさまざまな活動。たとえば広告キャンペーンなど。p31

marketing metrics（マーケティング指標）
マーケティング活動やブランドのパフォーマンスを評価し、マーケティングの意思決定に役立てるため使われる指標。p29

marketing mix（4Ps）（マーケティングミックス）
ブランドのマーケティング戦略を実行するためにマーケターが使う、製品、価格、プロモーション、流通のマーケティング要素の組み合わせ。p29

marketing plan（マーケティングプラン）
戦略と目標を定め、達成するための体系的なアプローチ。通常、ＳＷＯＴ分析、ターゲット市場分析、目標設定、行動計画を含むマーケティング戦略立案、そして実行、管理、見直し、評価、予算などのプロセスが含まれる。p464

marketing science（マーケティングサイエンス）
既知の条件下で繰り返し起きる科学的法則やパターンを発見するためのマーケティングの研究。p26

marketing strategy（マーケティング戦略）
マーケティング目標を達成するために立案された具体的な行動や戦術。通常、主要な利害関係者と協議しながら策定する。p22

marketing system（マーケティングシステム）
売り手の製品やサービスと買い手のニーズやウォンツをマッチングさせるネットワーク。このようなネットワークは複雑で、ダイナミックであり、適応力に富む。p24

mass marketed（市販）
その市場内の特定の消費者グループではなく、消費者市場全体に焦点を当てたブランド。p26

mass media（マスメディア）
テレビなどの、膨大な数の人々に迅速にリーチするメディア。p411

mature market（成熟市場）
安定と均衡のレベルに達し、成長とイノベーションが抑制されている市場。たとえば、製品の差別化が難しく、価格でしか競争できない白物家電など。p186

media agency（メディアエージェンシー）
メディアバイヤーとメディアプロバイダーの間に立って、広告を掲載するメディアスペース（例：ネットワークや出版物）を購入する代理店。p367

media auditing（メディア監査）
キャンペーン後の費用対効果の分析。広告主が支払った広告枠を本当に受け取ったかどうかという投資対効果の分析も行う。p452

media buying（メディアバイイング）
メディア購入のプロセス。メディアエージェンシーまたは企業（例：コカ・コーラ）が直接行う。p417

media planning（メディアプランニング）
メディア予算の配分と広告効果測定の戦略的スケジュール。p417

media vehicle（メディアビークル）
広告キャンペーンで使用されるメディア。たとえば、雑誌、ラジオ局、またはテレビ番組など。p414

memory structure（記憶構造）
情報の想起を助けるために、情報同士に意味づけを行い、カテゴリーに分類しながら整理する、記憶の仕組み。p59

mental availability（メンタルアベイラビリティ）
ブランドが購買の状況で認知または想起される可能性。p22

merchandise（マーチャンダイズ）
売買される商品。p292

micro-environment（ミクロ環境）
組織の活動に直接的または間接的に影響を与える、すべての組織および個人。p184

monopoly（独占）
ひとつの生産者が製品やサービスの供給を支配し、競争を排除する市場状況。生産者は生産、価格、流通を支配し、消費者のニーズにほとんど注意を払わない。p540

multivariate analysis（多変量解析）
複数の変数を同時に調べ、そのデータセットの変数間の統計的関係を明らかにする分析。p170

natural environment（自然環境）
いわゆる「環境」のことで、気候変動や、汚染、送電線の鳥の営巣など、自然界のあらゆるものがビジネスに影響を与える可能性がある。p193

negative real inflation（実質インフレ率がマイナス）
物価上昇率が平均よりも低く、かつ賃金上昇率よりも低い状態。これにより、実質的に商品の価格が下がっている。p295

net promoter score（NPS：ネットプロモータースコア）
顧客が製品やサービスを他者に推奨したいと思う度合いを数値化したもの。p109

new media（新しいメディア）
ソーシャルメディア、ポッドキャスト、電子書籍など、デジタルにインターネットと連動した、消費者との新しいコミュニケーションプラットフォーム。p23

non-probability sampling（非確率的サンプリング法）
研究者が特定の基準に基づいて回答者を選択する、または回答者自身が関与することを自己選択するサンプリング法。p161

non-response rate（無回答率）
調査に参加するために最初に選ばれたサンプルのうち、連絡が取れなかった、または参加を拒否した人の割合（百分率）。p165

not-for-profit organization（非営利組織）
慈善事業など、利益を上げることを主目的としない事業。p23

number of customers（顧客数）
ある期間に自社のブランドを購入した買物客の総数。p30

number of customers exposed to advertising（広告接触顧客数）
広告に接触してブランドを購入した顧客の数。p31

number of weighted distribution outlets（加重販売店数）
ブランドを購入できる店舗の総数。通常、そのカテゴリー内の販売量の多い店舗にはより大きい重みが与えられる（販売数が少ない店舗には逆に小さい重みが与えられる）。p31

offerings（商品）
企業が販売するさまざまな製品および関連するベネフィット。製品には、物理的な製品だけでなく、パッケージ、サービス、カスタマーサポート、デザイン、特別な機能など、他の多くの要素が含まれる。p24

online panel（オンラインパネル）
事前の募集に応じてオンライン市場調査への参加に同意した、社会人口統計学的属性や製品／サービスの利用情報で分類されている個人のグループ。第三者は有料でこれらのオンラインパネルにアクセスできる。P155

open-ended questions（自由回答式の質問）
回答用の記入欄に、消費者が任意の長さの回答を自由に書ける、定性調査の質問。p154

opportunity to see/hear（OTS：広告視聴機会）
特定の期間に何人が広告を視聴する機会があったかを示す指標。実際に広告を視聴した人の数を示す実際の接触回数とは異なる。屋外広告では、実際のインプレッション数をカウントすることはほぼ不可能だが、機会があった人数をカウントすることは簡単であるため、ＯＴＳが特に役立つ。たとえば、交通量のビデオ撮影を通じて、何人が看板を見ることができたかを計算できる。p396

optimization（最適化）
組織の目標（例：利益、売上高、利益率の最大化）を達成するための最適な価格を設定すること。p322

optimization software（最適化ソフトウェア）
通常、メディアエージェンシーが所有するシステムで、マーケティングの仕組みに関する特定の仮定に基づいており、メディアバイヤーにメディアミックス、リーチ、フリークェンシーを推奨するために使用される。p451

outdoor media（屋外メディア）
屋外で消費されるメディア。たとえば、看板、ポスター、標識など。p411

outsource（アウトソーシング）
外部のサプライヤーにサービスの提供を委託すること。p259

paid search advertising（有料検索広告）
検索エンジンの検索結果の上位にリンクを表示するために料金を支払う広告。p437

panel data（パネルデータ）
回答者のパネルから長期にわたって収集された、繰り返し購入（または繰り返し視聴）データ。個人または世帯レベルで経時的な購入パターンを確認できる。p51

panel scanner data（パネルスキャナーデータ）
商品のバーコードをスキャンすることで取得した、購買客の購買時点でのデータ。p288

parent population（母集団）
標本は母集団全体から選ばれる。母集団全体を調査対象とすれば全数調査となる。p164

percentage of repeat sales（リピート率）
ブランドの総売上高のうち、新規顧客以外の顧客、つまり過去に購入したことのある顧客による売上の割合。p30

percentage of sales sold on price discount（値引き販売率）
一定期間中に割引価格で販売されて得られた売上の割合。p30

percentage of satisfied customers（顧客満足度）
製品または取引に「満足している」と回答した顧客の割合。自由回

GLOSSARY

答形式で定性的に質問することも、定量的に質問することもできる。通常は11段階の満足度尺度を使う。p30

perceptual data （知覚データ）
人々がブランドについてどう考えているかの、人々の認識や態度に基づくデータ。p148

personal selling （人的販売）
売り手と潜在的購買客の間で直接対面または口頭で行われる、販売を目的にした説得力のあるコミュニケーション。p543

PESTELC （PESTELC分析）
組織の外部にある政治的、経済的、社会的、技術的、生態学的、法的な競争環境を分析するためのフレームワーク。p466

philanthropy （フィランソロピー）
他の人々の生活を向上させるためにお金と時間を費やす行為。たとえば、見返りを期待することなく、純粋にその理念のために貢献する個人または企業の行為。p555

physical availability （フィジカルアベイラビリティ）
商品やサービスを購買の状況で手に取ることができる可能性。p22

polygamous loyalty （一夫多妻型〈分割型〉ロイヤルティ）
消費者が特定のブランドに固執せず、いくつかのブランドを併用する傾向があること。p55

positioning （ポジショニング）
ブランドを際立たせるために、または競合他社と差別化して特定のターゲットセグメントにアピールするために、ブランドイメージを開発すること（例：プレミアムや若者向けなど）。p215

predatory pricing （略奪的な価格設定）
競合他社がまねできないような低価格で（時には原価割れでも）長期間にわたって商品を販売し、競合他社に損害を与え、場合によっては市場から排除すること。p538

pressure groups （圧力団体）
ある理念を支持したり、利益や意見を代表したりしようとするグループや組織。ロビー団体、利益団体、擁護団体とも呼ばれる。たとえば、RSPCAは動物の倫理的扱いを提唱し、Mothers Against Drink Drivingは飲酒運転に反対している。p188

pre-testing （プリテスト）
広告が放送または掲載される前に、あるいは制作前に、広告のコンセプトについて行われる調査。目的は、その広告やコンセプトがメディア費用を有効に活用できているかどうか、あるいは改善が必要かどうかを判断すること。p391

price-benefit position （価格と利益のバランス）
消費者（または潜在的な消費者）にとっての製品の利点とその価格を、通常は競合他社と比較しながら要約したもの。p317

price elasticity （価格弾力性）
価格に対する消費者の反応の尺度。数量の変化率を価格の変化率で割ったもの。p319

price segmentation （価格セグメンテーション）
同じ製品やサービスであっても、価格感度が異なるセグメント間で異なる価格を設定すること。p322

price skimming （価格スキミング戦略）
初期需要の高い顧客から大きな利益を得るために、製品を高価格で発売すること。p323

price penetration （価格浸透戦略）
初期販売量を多くするために、製品を低価格で発売すること。p323

probabilistic （蓋然的）
消費者はしばしばランダムに考え、行動する。彼らが前回購入したブランドを次回も購入するとは限らない。また、先月ブランドについて考えていたことを、来月も同じように考えるとは限らない。p59

probability sampling （確率的サンプリング法）
母集団またはデータベースから回答者をランダムに選択する標本抽出法。p160

probability theory （確率論）
標本が十分に大きく、適切に選択されていれば、真の母集団を正しく反映した結果が得られる可能性が高いという理論。確率論に従って、標本の観測値が母集団における真の値にどれだけ近いかを推定する。"信頼区間"と"無作為標本抽出のばらつき"を参照。p163

product architecture （製品アーキテクチャー）
製品が提供する本質的な共通機能。p259

product category life cycle
（PLC：製品カテゴリーライフサイクル）
製品が導入されてから経時的に経る売上と利益のパターン。導入、成長、成熟、衰退の4つの段階を経る。p263

product placement （プロダクトプレイスメント）
娯楽番組内に製品やサービスが登場すること。たとえば、テレビ番組「フレンズ」にスターバックスのコーヒーカップが使われるなど。p433

product variation （系列品）
企業が同じ製品のバリエーションを販売して消費者により多くの選択肢を提供すること。コカ・コーラ、ダイエット・コーク、コーク・ゼロ、バニラ・コークなど。ファンタ、スプライトなどのように異なるブランドを提供することもある。p67

production department （生産部門）
製品の製造にかかわるビジネス領域。p25

profit contribution （利益貢献）
売上のうち利益に貢献する部分。販売価格から経費や変動費を差し引いたもの。p94

profit margin （利益率）
企業の売上高からその売上にかかった費用を引いた残りの金額。p97

program rating （番組視聴率）
番組の視聴者数の全世帯数に対する割合。p418

prospect （見込み客）
潜在的購買客。p334

public relations

(PR〈パブリック・リレーションズ〉：広報活動)
無報酬のコミュニケーション。マーケターが完全にコントロールできるわけではないが、マーケターが働きかけ、影響を与えることができるもの。現代のマーケティングでは、無報酬のPRと有料の広告の境界線が曖昧になりつつある。p367

publics（一般市民）
組織の戦略目標に直接的または間接的な関心を持つ、あるいは影響を与えようとする人々のコミュニティ。グループとして組織されている場合とそうでない場合がある。p185

purchase frequency（購入頻度）
一定期間内の顧客一人当たりの平均ブランド購入回数。p104

quantitative data（定量的データ）
通常は大規模な標本から得られた数字、パーセンテージ、金額、時間、平均などのデータ。p91

quota sampling（割り当て抽出法）
年齢や民族性などのさまざまな基準に対して割り当て（目標サンプル数）が設定される。回答者は、割り当てが満たされるまで選ばれる。p162

random sampling variation（ランダムサンプリングの誤差）
無作為に抽出されたサンプルは、母集団を正確に反映しているとは言えないため、調査結果に誤差が生じる。サンプルを繰り返し抽出すると、スコアは変動する。たとえば、オーストラリア人の37％が自宅にWi-Fi環境を持っている場合、オーストラリア人のランダムサンプルを対象としたある調査では33％が、別の調査では41％がWi-Fi環境を持っていると報告されるかもしれない。p92

ratings（視聴率）
視聴率1ポイントはテレビ視聴人口の1％に相当する。視聴率が高いほど視聴者は多く、広告スポットの価格が高くなる。p414

rational marketing planning（合理的なマーケティングプランニング）
組織の能力、消費者のニーズとウォンツ、およびその他の環境要因がすべて把握されている状況下で用いられる計画的アプローチ。p470

reach（リーチ）
あるブランドメッセージに少なくとも1回接触した人の割合。p418

recall bias（想起バイアス）
行動（または取引）が行われてしばらくした後にインタビューを受けた回答者は、具体的な内容を思い出すのが困難なことが多く、記憶とは異なる内容を思い出す可能性がある。p157

regionalization（地域化）
他の地域と差別化が可能な特徴を持つ地域にマーケティングを集中させること。地域とは、国家でも良いし、西ヨーロッパや東南アジアなどのような国家のグループでも良い。p498

repeat-purchasingまたはrepeat-buying（反復購入）
消費者が同じカテゴリーまたは同じブランドを2回以上続けて購入すること。リピート購入率は、リピート購入者が全体に占める割合を示す指標。p51

repertoire（レパートリー）
顧客が、ある商品カテゴリーにおいて、日常的に購入したり利用したりするブランドの集合。消費者はひとつのブランドに100％忠実であることはめったになく、限られた数のブランドを繰り返し購入する傾向がある。p50

research brief（リサーチブリーフ）
調査依頼者によって作成された概要書。調査の背後にある問題、調査の目的に加え、企業が持っている知識、予算、時間、スタッフなどのリソースの概要を説明したもの。p142

research objectives（調査の目的）
調査プロジェクトが、おおまかに何についての調査かの説明。たとえば、ブランドの利用状況とブランドに対する態度の特定、顧客満足度の主要因の特定、顧客の店舗内での回遊パターンの特定など。p142

research population（調査母集団）
調査対象の人々のグループ全体。標本調査では、このグループから一部の人を抽出して調査を行い、その結果をグループ全体に一般化する。p159

research proposal（調査提案書）
調査会社が作成する文書で、クライアントの調査目的をどのように達成するかを提案する。クライアントから提示された調査概要書に対応する形で作成される。調査会社が、その調査を行うのに適している理由や、どのように調査を進めていくかを具体的に示すことで、クライアントに自社の能力をアピールする、いわば「売り込み文書」としての役割も担う。p144

response rate（回答率）
調査対象として選んだ人のうち、実際に調査に協力してくれた人の割合。p154

retail（小売）
最終消費者に、その人の個人的使用目的のために、商品やサービスを直接販売すること。p283

retail partner（小売パートナー）
企業と製品を仕入れる契約を結んでいる小売業者。p23

retailer advertising（小売業者の広告）
小売業者による商品、キャンペーン商品、特売に関する広告。p289

retailer（小売業者）
消費者が最終製品を購入できる実店舗およびオンライン店舗。たとえば、スーパーマーケット。小売業者はメーカーから商品を大量に仕入れ、多くの消費者に販売する。p22

retargeting（リターゲティング）
インターネット履歴に基づいて、潜在的な消費者をターゲットにしたオンライン広告。p438

radio frequency identification（RFID：非接触ICタグ）
通常はタグとして製品に取り付けられ、その移動を追跡できるデバイス。サプライチェーン業務または小売業で、セキュリティ目的で一般的に使用される。p508

RFM（最終購買日、購買頻度、購買金額）
顧客の最終購買日、購買頻度、購買総額をマッピングして、顧客一人ひとりの価値、あるいは顧客全体の価値を判断するためのツール。

p232

sales（売上）
特定の期間中に得られた総収益または販売された製品数（数量）。p29

sales captain（セールスキャプテン）
営業担当者と共に働き、必要なら、販売スキルを向上させるために必要なサポートを行う営業マネージャー。p348

sales coach（セールスコーチ）
営業担当者の販売スキル（および販売成果）を観察し、フィードバックを与える営業マネージャー。p347

sales-effectiveness（販売効果）
マーケティングと広告が売上に与える影響。つまり、マーケティング活動への支出が売上にプラスの影響を与えていること。p379

salespeople（販売スタッフ）
製品やサービスを販売するために雇用された人。p334

sales per outlet（店舗当たりの売上高）
各販売店の売上総額。数量または金額で表す。p31

sample size（標本サイズ）
データ収集の対象となった人の総数。p149

satisfice（欲求を満たす）
満足させる、充足させること。ノーベル賞受賞経済学者ハーバート・A・サイモン（1957年）の造語。p62

search engine advertising（検索エンジン広告）
GoogleやYahoo!などの検索エンジンに特定の検索キーワードが入力されたときに、自社のウェブサイトの認知度が高まるように設定された有料リスティング広告。p375

secondary data（二次データ）
現在着手している調査や研究とは別の目的で収集されたデータ。過去の研究プロジェクト、企業記録、業界レポートなど、現在の研究課題に役立つ情報であれば何でもよい。p147

seed（種を撒く）
適切なタイミングでソーシャルメディア（主にFacebook、YouTube、旧Twitter＝現X）に宣伝目的の投稿を行い（＝シードする＝種を撒く）、人々にそのコンテンツをソーシャルネットワークで共有または再投稿するのを促すこと。p367

selectivity（セレクティビティ）
特定のメディアが、特定の属性を持ったオーディエンスにどれだけ効率良くリーチできるかという概念。たとえば、ゴルフ雑誌は主にゴルファーにリーチし、男性向けに作られていることが多い。p422

service-dominant logic（サービス優位の論理）
企業は、すべての取引において無形のサービスの側面を重視すべきであるという論理。p269

shareholder（株主）
企業の株式を購入または所有することで、事業に資金を提供する個人または法人。事業が成功したら、株主はリスクと引き換えに利益の分配を受ける。p188

share of category requirements（SCR：カテゴリー内ブランドシェア）
一定期間内のカテゴリー購入のうち、特定のブランドが占める割合。常に0～100％の間にある。p105

share of mind（シェアオブマインド）
消費者の心のなかで情報と特定のブランドを結びつける記憶の量と質。p59

share of voice（SOV：シェアオブボイス）
特定のメディアにおける自社ブランドへの言及量が、競合全体への言及量に対してどれだけの割合を占めているかを表す指標。ターゲットオーディエンスの心のなかではなく、メディアにおける自社ブランドの認知度と印象度の尺度。p94

single-source data（シングルソースデータ）
個人の広告接触レベルや購入状況を長期にわたって追跡することで得られたデータ。p126

situation analysis（状況分析）
企業の既存のマーケティング環境（競合他社やマクロ環境を含む）、目標、戦略、プログラム、組織のリソースと能力を体系的に評価すること。p464

SMARTER goals（SMARTERな目標）
目標と目的を設定する際に考慮すべき基準。すなわち、具体的（Specific）、測定可能（Measurable）、達成可能（Achievable）、現実的（Realistic）、期限付き（Time-bound）、効果的（Effective）、そして見直し可能（Reviewed）であること。p580

snowball sampling（雪だるま式抽出法）
回答者に、調査基準を満たす他の回答者を推薦または紹介するよう求めること。ノンアルコールワインを定期的に飲む人など、「見つけにくい」回答者によく使われる。p162

social desirability bias（社会的望ましさバイアス）
回答者が、他人に好意的に見られるように質問に回答すること。たとえば、喫煙や飲酒を過少報告したり、慈善寄付を過大に報告したりすること。p589

social marketing（ソーシャルマーケティング）
社会問題や社会的大義にマーケティングを適用し、人々が自発的に社会のためになる行動をとるように促すマーケティング。p571

social trend（社会動向）
ある程度長く継続している、社会における共通の慣習または活動。p193

sociocultural environment（社会文化的環境）
社会の価値観、認識、行動に影響を与え、その文化を決定するさまざまな制度と力。p499

specialization（専門化）
特定のスキルまたは知識領域に集中することによって開発された専門知識。たとえば、ある人は靴を作り、別の人はブドウを栽培し、さらに別の人は法律サービスを提供する。このような分業化がマーケティングの必要性を生み出し、引いてはマーケティングから得られた利益がさらに効率的な専門化を可能にする。現代の市場経済は、芸術家、脳外科医、映画スター、さらにはマーケティング科学者やマーケティング学生など、高度な分業と専門化によって支えられて

いる。p24

stakeholder（ステークホルダー）
組織の活動によって影響を受けるあらゆるグループまたは個人。サプライヤー、顧客、従業員、近隣の住民などが含まれる。p527

standardization（標準化）
グローバルマーケティングキャンペーンを通じて、どこにでも同じ製品を提供すること。製品と販促を標準化することで、グローバル企業はコストと価格を抑え、品質と信頼性を向上させる。p497

statistically significant（統計学的に有意）
偶然とは考えにくい結果。その結果が重要であるとか有用であるという意味ではない。また、その結果が異なる条件下で再び起こるという意味でもない。p170

stock-keeping unit（SKU：在庫管理単位）
在庫管理の最小単位。たとえば、特定のブランドのパックサイズ違いやフレーバー違いなど。p226

stratified sampling（層別抽出法）
母集団をグループ（層）に分割し、各グループ（層）内から回答者を無作為に選択する方法。p161

stretch（ストレッチ：拡張）
機会として特定された未知の潜在的消費者ニーズやウォンツに対して、自らの能力を拡張することで対応すること。p470

supply chain（サプライチェーン）
製品またはサービスを生産地点から消費者が利用できる地点まで移動させる一連のプロセス。p187

sustainable（持続可能）
永続的な維持が可能であること。p33

sustainable marketing（サステナブルマーケティング）
企業が長期的な視点で事業を継続していくために、環境や社会への影響を考慮しながら責任あるマーケティング活動を行うこと。p30

SWOT analysis（SWOT分析）
マーケティング計画の重要な部分であり、内部の強みと弱み、および外部の機会と脅威を概説したもの。脅威は時に機会と見なすことができ、弱みは時に強みと見なすことができる。p200

syndicated data（シンジケートデータ）
通常は業界レベルで市場調査会社によって収集され、複数の利害関係者に販売されるデータ。たとえばOzTAM（オズタム）はメディア視聴習慣を測定し、そのデータをさまざまなメディアエージェンシーや広告主に販売している。p152

systematic research（系統的な研究）
事実を明らかにし、知識を生み出すために、学問分野を系統的に調査すること。p26

tagline（タグライン）
マーケティングツールとして使用される、ブランドや製品を語るフレーズ。p253

target audience measurement
（TAM：ターゲットオーディエンス測定データ）
テレビ番組を介して到達した視聴者数（またはリーチ）を把握するために収集されたさまざまなデータ。p451

target audience rating points
（TARPs：個人延べ視聴率）
特定の広告を見た人全体のなかで、ターゲット（例：女性）がどれだけの割合を占めているかを表す指標。テレビのチャンネルや番組など、特定のメディア媒体内で測定される。p418

targeting（ターゲティング）
異なるターゲットセグメントに対応するためにマーケティングミックスを調整すること。または、一部のセグメントにサービスを提供しないことを選択することなど。p215

target market（ターゲット市場）
ソーシャルマーケティング活動の主たる対象となる人々。キャンペーンを展開する前に、これらの人々を調査し、理解する必要がある。p575

target marketing（ターゲットマーケティング）
ターゲットセグメントを特定し、このグループに直接語りかけることにマーケティングコミュニケーションを集中させる戦略。p67

target segment（ターゲットセグメント）
市場内の潜在的な購買客グループで、いくつかの属性を共有し、望ましい、価値のある顧客と見なされるグループ。p67

technology boom（テクノロジーブーム）
ひとつの技術または機能が、それとは無関係の製品またはサービスに追加されることで相乗効果が生じ、付加価値が生み出されること。たとえば、携帯電話にカメラを追加したことで、電話とカメラの両方を持ち歩く必要があった頃よりも写真撮影が一般化し、携帯電話がより魅力的で高価格になった。p265

teleology（目的論）
ある行為の道徳的善悪を、その行為がもたらす結果の良し悪しによって判断する考え方。p546

temporary price promotion（一時的価格プロモーション）
一時的に通常の価格よりも低い価格を設定するか、特別な取引を提供すること。たとえば、期間限定でひとつ分の価格で2つの製品を提供するなど（実質的に50％の値下げ）。プロモーション期間が終了すると、価格を以前の水準に戻す。p320

total advertising spend（総広告費）
製品の広告に費やされた費用の総額。通常は年間ベースで報告され、あらゆる広告媒体と広告手法に費やされた費用がすべて含まれる。p31

touch point（タッチポイント）
潜在的な消費者が接触する可能性のあるメディアソース。p443

trade（商品取引）
あるものを別のものと交換すること。商品やサービスの売買。p24

traditional media（従来型のメディア）
インターネット到来以前のメッセージ伝達のための従来型プラットフォーム。テレビ、プリント媒体（新聞、雑誌）、ラジオ、屋外広告、映画など。p368

trial-closing（トライアルクロージング）

GLOSSARY　　　612

営業担当者が、顧客の購買意欲を探り、成約に近づけるために、顧客にまるで製品をすでに購入したかのように質問を投げかけたり、仮定の状況を提示したりする販売テクニック。たとえば「あなたのガレージにはどの色のフェラーリが似合いますか?」という質問。これにより、見込み客は実際にはお金や契約なしに、製品を購入したところを想像することができる。p336

trickle-down economics（トリクルダウン経済）
高所得者、潜在的な投資家、大企業に与えられた経済的利益は、その利益が経済活動に再投資されることで、中小企業や消費者に還元されるという理論。p527

triple bottom line（TBL/3BL：トリプルボトムライン）
事業活動の成功を、事業が人、地球、利益に及ぼす社会的、環境的、財務的影響を測定することで評価すること。p557

univariate analysis（単変量解析）
ひとつの変数について、その分布、中心傾向、ばらつきなどを分析する手法。p169

up-selling（アップセリング）
より高価なバージョンの製品にアップグレードするように顧客を説得すること。p342

value-based pricing（価値ベースの価格設定）
顧客が製品やサービスに感じている価値を基準にして、価格を設定すること。p315

value proposition（価値提案）
顧客に「なぜその商品やサービスを選ぶべきなのか」という明確な理由を提供すること。p186

variable costs（変動費）
事業の活動の規模に比例して変化する費用。p306

Warc（ワーク）
広告に興味のある人に役立つデータリソース（http://www.warc.com）。広告、マーケティング、メディア、リサーチなど、幅広いテーマの業界データ、記事、ケーススタディにアクセスできる。p367

wastage（非ターゲット層）
広告が、本来届けるべきターゲットオーディエンス以外の人にも接触してしまう無駄のこと。p422

wearout（ウェアアウト）
メディアに長時間掲載されている広告が効果を失うこと。p395

wet market（ウェットマーケット）
新鮮な農産物、魚、肉などを売る市場。精肉店も含まれる。p293

word-of-mouth（WOM：口コミ）
一般の人々によって広められる、ブランドまたはビジネスに関する、無償で統制されていない、口頭または書面によるコミュニケーション。肯定的な内容もあれば、まれに否定的な内容もある。p109

working media（ワーキングメディア）
広告予算のうち、制作費や管理費ではなく、メディア購入に費やされる予算の割合。p417

Bibliography

参考文献

ABC News (2011) 'Supermarkets ordered to keep price war records', *ABC*, 20 October, retrieved 10 May 2012 from <www.abc.net.au/news/2011-10-20/accc-keeping-27close-eye27-on-coles2c-woolworths/3580358>.

——(2015) 'Volkswagen suspends Australian sales of some diesel vehicles after emissions scandal', *ABC News*, 3 October, retrieved 5 October 2015 from <www.abc.net.au/news/2015-10-03/volkswagen-suspends-australian-sales-of-some-diesel-vehicles/6825380>.

ABS—*see* Australian Bureau of Statistics

ACCC (2017) 'Managing online reviews', Australian Competition and Consumer Commission, retrieved from <www.accc.gov.au/business/advertising-promoting-your-business/managing-online-reviews>.

ACMA—*see* Australian Communications and Media Authority

AdCentre (2015) 'The Sydney Morning Herald Ratecard', Fairfax Media, retrieved 28 November 2016 from <www.adcentre.com.au/wp-content/uploads/SMH-Rate-Card.pdf>.

——(2016) 'The Sydney Morning Herald', Fairfax Media, retrieved 28 November 2016 from <www.adcentre.com.au/brands/the-sydney-morning-herald/>.

The Ad Contrarian (2011) 'Social Media's Massive Failure', *The Ad Contrarian*, 21 March, retrieved 6 August 2012 from <http://adcontrarian.blogspot.com.au/2011/03/social-medias-massive-failure.html>.

Advertising Age (n.d.) 'Burger King's advertising spending in the United States from 2010 to 2015 (in million U.S. dollars)', in *Statista*–The Statistics Portal, retrieved 20 February 2017 from <www.statista.com/statistics/306694/ad-spend-burger-king-usa/>.

Agnihotri, R, Kothandaraman, P, Kashyap, R, & Singh R (2012) 'Bringing "social" into sales: The impact of salespeople's social media use on service behaviors and value creation', *Journal of Personal Selling & Sales Management*, vol. 32, no. 3, pp. 333–48.

AIDS.gov (2016) Global Statistics, retrieved from <www.aids.gov/hiv-aids-basics/hiv-aids-101/global-statistics/>.

Aitra, R (2003) 'Why India's economy lags behind China's', *Asia Times*, 27 June, retrieved 16 May 2012 from <www.atimes.com/atimes/ South_Asia/EF27Df04.html>.

Alon, I, Fetscherin, M & Carvajal, C (2014) 'Swiss Army: Diversifying into the fragrance business', Ivey Publishing product, no. 9B14A066, Richard Ivey School of Business Foundation.

——(2004) 'ROI is dead: now bury it', *WARC*, issue 453, pp. 43–5, retrieved from <www.warc.com/fulltext/Admap/79369.htm?fcd=54yhyjgj77jhg74hrurl>.

Ambler, T (2000) 'Marketing Metrics', Business Strategy Review, vol. 11, no. 2.

Ambler, T (2004), 'ROI is dead: now bury it', WARC, Issue 453, pp. 43-45, retrieved from <https://www.warc.com/fulltext/Admap/79369.htm?fcd=54yhyjgj77jhg74hrurl>.

American Consumer Satisfaction Index (2016) 'Benchmarks By Industry', retrieved from <http://theacsi.org/index.php?option=com_content&view=article&id=147&catid=&Itemid=212&i=Banks>.

ANA & White Ops (2015) 'The bot baseline: fraud in digital advertising', Association of National Advertisers, retrieved 21 December 2016 from <www.ana.net/content/show/id/botfraud-2016>.

Anderson, JR (1983) 'A spreading activation theory of memory', *Journal of Verbal Learning and Verbal Behavior*, vol. 22, pp. 261–95.

——& Bower, GH (1973) *Human Associative Memory*, Washington, Winston & Sons.

Andreasen, AR (2002) 'Marketing social marketing in the social change marketplace', *Journal of Public Policy & Marketing*, vol. 21, no. 1, pp. 3–13.

Andrews, JC, Durvasula, S & Akhter, SH (1990) 'A framework for conceptualizing and measuring the involvement construct in advertising research', *Journal of Advertising*, vol. 19, pp. 27–40.

Andzulis, J, Panagopoulos, NG & Rapp, A (2012) 'A review of social media and implications for the sales process', *Journal of Personal Selling & Sales Management*, vol. 32, no. 3, pp. 305–16.

Anesbury, Z, Winchester, M & Kennedy R (2017 working paper), 'Brand user profiles seldom change and seldom differ'.

Ansoff, HI (1957) 'Strategies for diversification', *Harvard Business Review*, vol. 35, pp. 113–24.

Antia, K, Bergen, M & Dutta, S (2004) 'Competing with gray markets', *MIT Sloan Management Review*, vol. 46, no. 1, pp. 63–9.

Ariely, D (2008) *Predictably irrational: The hidden forces that shape our decisions*, Chapel Hill, Deckle Edge.

Aristotle (2008) 'Nicomachean Ethics' in J Cottingham, *Western Philosophy: An Anthology*, 2nd edn, Blackwell Publishing, Oxford.

Armstrong, JS (2004) 'On the effectiveness of marketing planning', *New Zealand Journal of Business*, vol.11, pp. 11–12.

——(2010) *Persuasive advertising: Evidence-based principles*, Palgrave Macmillan, Basingstoke.

——(2012) 'Illusions in regression analysis', *International Journal of Forecasting*, vol. 28, pp. 689–94.

Armstrong, N & Wagner, M (2003) *Field Guide to Gestures: How to Identify and Interpret Virtually Every Gesture Known to Man*, Quirk Books, Philadelphia.

Armstrong, S (1975) 'Obedience to Authority', *Journal of Marketing*, vol. 39, no. 000003, p. 125.

ASC Pty Ltd (2016) 'Future Submarine Project', retrieved 22 October 2016 from <www.asc.com.au/en/Programs/Submarines/Future-Submarine-Project/>.

Assael, H (1970) 'Segmenting markets by group purchasing behaviour: An application of the AID technique', *Journal of Marketing Research*, vol. 7, pp. 153–8.

Associated Press (2013) 'Horse meat found in Ikea meatballs', *Australian*, 26 February.

Astolfi, L, Fallani, FDV, Cincotti, F, Mattia, D, Bianchi, L, Marciani, MG, Salinari, S, Gaudiano, I, Scarano, G, Soranzo, R & Babiloni, F (2009) 'Brain activity during the memorization of visual scenes from TV commercials: An application of high resolution EEG and steady state somatosensory evoked potentials technologies', *Journal of Physiology-Paris*, vol. 103, pp. 333–41.

Auger, P & Devinney, TM (2007) 'Do what consumers say matter? The misalignment of preferences with unconstrained ethical intentions', *Journal of Business Ethics*, vol. 76, pp. 361–83.

Australian Aluminium Council (2010) 'Australian Aluminium', Australian Aluminium Council Ltd, retrieved 12 March 2012 from <http://aluminium.org.au/australian-aluminium/australian-aluminium>.

Australian Association of National Advertisers (2012) 'AANA Code of Ethics', 1 January, retrieved 13 December 2016 from <http://aana.com.au/content/uploads/2014/05/AANA-Code-of-Ethics.pdf>.

Australian Bureau of Statistics (2010) 'Australia's Cultural And Linguistic Diversity, 1301.0 - Year Book Australia, 2009–10', retrieved from <www.abs.gov.au/AUSSTATS/abs@.nsf/Lookup/1301.0Feature+Article32009–10>.

——(2012) 'Characteristics of recent migrants to Australia', 1301.0 - Year Book Australia, retrieved from <www.abs.gov.au/ausstats/abs@.nsf/Lookup/1301.0Main+Features582012>.

——(2013) 'Australian Households and Families', by Qu, L & Weston, R for Australian Institute of Family Studies, retrieved 20 February 2017 from <https://aifs.gov.au/publications/australian-households-and-families>.

——(2014) 'Car Nation', *Australian Social Trends*, July 2013, ABS 4102.0, retrieved 22 May 2017 from <www.abs.gov.au/AUSSTATS/abs@.nsf/Lookup/4102.0Main+Features40July+2013#use>.

——(2015) 'Population by Age and Sex, Regions of Australia', 3235.0, retrieved from <www.abs.gov.au/ausstats/abs@.nsf/mf/3235.0>.

——(2016a) 'Household Use of Information Technology, Australia, 2014–15, Internet Access', ABS 8146.0, 18 February, retrieved 14 November 2016 from <www.abs.gov.au/ausstats/abs@.nsf/mf/8146.0>.

——(2016b) 'Economic Security', Gender Indicators, Australia, ABS 4125.0, retrieved 20 February 2017 from <www.abs.gov.au/ausstats/abs@.nsf/Lookup/by%20Subject/4125.0~Feb%202016~Main%20Features~Economic%20Security~6151>.

Australian Communications and Media Authority (2013) 'Australians Cut The Cord: Research Snapshots', Australian Communications and Media Authority, retrieved 20 January from <www.acma.gov.au/theACMA/engage-blogs/engage-blogs/Research-snapshots/Mobile-only-Australians-top-over-3-million>.

——(2015) 'Time limit rules for advertising on TV', Australian Communications and Media Authority, 9 December, retrieved 2 January 2017 from <http://acma.gov.au/Industry/Broadcast/Television/Advertising/time-limit-rules-for-advertising-on-commercial-tv-a-quick-guide>.

——(2016) 'Telemarketing rules', Australian Communications and Media Authority, retrieved from <http://acma.gov.au/Industry/Marketers/Do-not-call-register/Telemarketing-standard/telemarketing-rules-i-acma>.

Australian Food News (2014) 'Food legal expert warns food companies about product stories after Federal Court finding against Coles', *Australian Food News*, 19 June, retrieved 24 September 2015 from <www.ausfoodnews.com.au/2014/06/19/food-legal-expert-warns-food-companies-about-product-stories-after-federal-court-finding-against-coles.html>.

Australian Government, Department of Foreign Affairs and Trade (2016) 'About free trade agreements', DFAT, retrieved 12 August 2016 from <http://dfat.gov.au/trade/agreements/Pages/about-ftas.aspx>.

Australian Government: Department of the Environment, Water, Heritage and the Arts (2006) 'Travelsmart Households in the West', retrieved 12 December 2016 from <http://dpti.sa.gov.au/__data/assets/pdf_file/0019/134290/TravelSMART_Households_in_the_West.pdf>.

Australian Market and Social Research Society (2013) 'MR Industry Rising to the Challenge as Response Rates Decline', Australian Market and Social Research Society (industry news), retrieved 25 January 2015 from <www.amsrs.com.au/industrynews/mr-industry-rising-to-the-challenge-as-response-rates-decline>.

Auty, S & Lewis, C (2004) 'Exploring children's choice: The reminder effect of product placement', *Psychology & Marketing*, vol. 21, no. 9, pp. 697–713.

Babinec, T (1990) 'CHAID response modeling and segmentation', *Quirk's Marketing Research Review*, June/July, pp. 12–15.

Baim, J, Galin, M, Frankel, MR, Becker, R & Agresti, J (2009) 'Sample surveys based on internet panels: 8 years of learning', *Worldwide Readership Research Symposium*, Valencia, pp. 1–14.

Baker, M (2009) *Marketing Responsibility: Addressing the Ethical Challenges*, Institute of Business Ethics, London.

Baker, W, Marn, M & Zawada, C (2010a) *The Price Advantage*, 2nd edn, Wiley Finance, John Wiley & Sons, Hoboken, NJ.

——, Marn, MV & Zawada, CC (2010b) 'Building a better pricing infrastructure', McKinsey & Company, August 2010, retrieved from <www.mckinsey.com/business-functions/marketing-and-sales/our-insights/building-a-better-pricing-infrastructure>.

Baker, R (2016) 'Facebook admits multiple metrics errors and huge overhaul of metrics and transparency', Ad News,17 November, retrieved 22 December 2016 from <http://www.adn>.

Balan, P (1990) *Creating Achievable Marketing Plans*, 2nd edn, Polygot Enterprises, St Peters, South Australia.

Baldauf, A, Cravens, DW & Piercy, NF (2001) 'Examining the consequences of sales management control strategies in European field sales organizations', *International Marketing Review*, vol. 18, no. 5, pp. 474–508.

Barbaro, M (2008) 'Wal-Mart savings ads assailed', *New York Times*, 31 March, retrieved 10 May 2012 from <www.nytimes.com/2008/03/31/business/media/31walmart.html>.

Barnard, N & Ehrenberg, A (1997) 'Advertising: Strongly persuasive or nudging?', *Journal of Advertising Research*, vol. 37, no. 21–8.

Barratt, J (2015) 'Once-rich WA to be hit by property slowdown', *AFR Weekend*, 11 May.

Barta, T & Barwise, P (2016) *The 12 Powers of a Marketing Leader: How to Succeed by Building Customer and Company Value*, McGraw-Hill Education, United States.

Bartels, R (1951) 'Can marketing be a science?', *Journal of Marketing*, vol. 15, pp. 319–28.

Barwise, PT & Ehrenberg, ASC (1987) 'The liking and viewing of regular TV series', *Journal of Consumer Research*, vol. 14, pp. 63–70.

——& Ehrenberg, ASC (1988) *Television and its Audience*, Sage Publications, London.

——& Meehan, S (2004) *Simply Better: Winning and Keeping Customers by Delivering What Matters Most*, Harvard Business School Press, Boston.

Baskin, M (2010) 'Briefing your agency', Warc Best Practice, retrieved 26 December 2016 from <www.warc.com/Pages/Taxonomy/Results.aspx?DVals=4294951757&Sort=ContentDate%7cl&Filter=All>.

Bass, FM (1974) 'The theory of stochastic preference and brand switching', *Journal of Marketing Research*, vol. 11, pp. 1–20.

BBC News (2012) 'John Carter flop to cost Walt Disney $200m', 20 March, retrieved 13 June 2012 from <www.bbc.co.uk/news/business-17442200>.

Beckwith, J (2016) 'Volkswagen is world's largest car maker over first half of 2016', *AutoCar*, 28 July, retrieved 29 December 2016 from <www.autocar.co.uk/car-news/new-cars/volkswagen-world%E2%80%99s-largest-car-maker-over-first-half-2016>.

Bell, DR (2014) 'Location is (still) everything: the surprising influence of the real world on how we search, shop and sell in the virtual one', Amazon Publishing.

Bellman, S, Schweda A & Varan, D (2009) 'A comparison of three interactive television ad formats', *Journal of Interactive Advertising*, vol.10, no.1, <http://jiad.org/article122>.

——, Schweda, A & Varan, D (2010) 'The residual impact of avoided television advertising', *Journal of Advertising*, vol. 39, no. 1, pp. 67–82.

——, Potter, RF, Treleaven-Hassard, S, Robinson, JA, Varan, D (2011) 'The effectiveness of branded mobile phone apps', *Journal of Interactive Advertising*, vol. 25, no. 4, pp. 191–200.

——, Treleaven-Hassard, S, Robinson, JA, Rask, A & Varan, D (2012) 'Getting the balance right: Commercial loading in online video programs', *Journal of Advertising*, vol. 41, no. 2, pp. 5–24.

Bencic, E (2016) 'JB Hi-Fi most charitable company on ASX', *Appliance Retailer*, 27 June, retrieved 12 December 2016 from <www.applianceretailer.com.au/2016/06/jb-hi-fi-charitable-company-asx/#.WFCXATv2NE4>.

Bennett, D (2009) 'The black market in China lightens up', *Proceedings of the 2009 Australian & New Zealand Marketing Academy Conference*, Melbourne.

Bentham, J (1961/1789) *An Introduction to the Principles of Morals and Legislation*, Doubleday, Garden City.

Berry, J (2007) *The Complete Pompeii*, Thames & Hudson, London.

Best, RJ (2005) *Market-based Management*, 4th edn, Pearson Prentice Hall.

Bianco, A, Lowry, T, Berner, R, Arndt, M & Grover, R (2004) 'The vanishing mass market', *Business Week*, vol. 3891, pp. 60–8.

Bird, M & Ehrenberg, ASC (1966) 'Intentions-to-buy and claimed brand usage', *Operational Research Quarterly*, vol. 11, pp. 27–46.

——& Ehrenberg, ASC (1970) 'Consumer attitudes and brand usage', *Journal of the Market Research Society*, vol. 12, pp. 233–47.

——, Channon, C & Ehrenberg, A (1970) 'Brand image and brand usage', *Journal of marketing research*, vol. 7, no. 3, pp. 307–14.

Black Smith Institute (2012) 'Roro Hills: Legacy asbestos mines', retrieved 15 June 2012 from <www.blacksmithinstitute.org/projects/display/94>.

Blight, D (2012) 'Marketer shortage "extreme" but there's hope yet: recruiters', *AdNews*, 6 September, retrieved 12 September 2012 from <www.adnews.com.au/adnews/marketer-shortage-extreme-but-there-s-hope-yet-recruiters>.

Block, MP & Schultz, DE (2009) *Media Generations: Media Allocation in a Consumer-Controlled Marketplace*, Prosper Business Development Corporation.

Bock, D & Treiber, B (2004) 'Studying new product performance in virtually created retail environments', ESOMAR Techovate Conference, Barcelona.

Bock, T & Uncles, M (2002) 'A taxonomy of differences between consumers for market segmentation', *International Journal of Research in Marketing*, vol. 19, no. 3, pp. 215–24.

Bogomolova, S (2009) 'The effect of sole versus multiple service provider usage on service quality perceptions', European Marketing Academy Conference 2009, France.

Bollapragada, S, Cheng, H, Phillips, M, Garbiras, M, Scholes, M, Gibbs, T, Humphreville, M (2002) 'NBC's optimization systems increase revenues and productivity', *Interfaces*, vol. 32, no. 1, pp. 47–60.

Bologlu, S, Weaver, P & McCleary, K (1998) 'Overlapping product-benefit segments in the lodging industry: A canonical correlation approach', *International Journal of Contemporary Hospitality Management*, vol. 10, no. 4, pp. 159–66.

Boulstridge, E & Carrigan, M (2000) 'Do consumers really care about corporate responsibility? Highlighting attitude-behaviour gap?', *Journal of Communication Management*, vol. 4, no. 4, pp. 355–68.

Bound, JA & Ehrenberg, ASC (1989) 'Significant sameness', *Journal of the Royal Statistical Society*, vol. 152 (Part 2), pp. 241–7.

Bourque, C, Hobbs, R & Hilaire, D (2011) 'Apples and oranges: Does a web survey produce similar results to social media tracking?', *Marketing Research*, Fall, American Marketing Association, pp. 9–13.

Bower, GH (1998) 'An associative theory of implicit and explicit memory' in Conway MA, Gathercole SE & Cornolodi C (eds) Theories of Memory, Psychological Press, Hove, England.

Bowling, D (2013) 'Living to tell the tail: how and why Australia survived the horse meat scandal', *Food & Beverage Industry News*, 21 March, retrieved from <www.foodmag.com.au/features/living-to-tell-the-tail-how-and-why-australia-surv>.

Bown, SR (2003) *Scurvy: How a Surgeon, a Mariner, and a Gentleman Solved the Greatest Medical Mystery of the Age of Sail*, St Martin's Press, New York.

Bradbury, D (2015) 'How can privacy survive in the era of the internet of things?', *The Guardian*.

Bradley, J, Loucks, J, Macaulay, J, Noronha, A, Wade, M (2015) 'How Digital Disruption Is Redefining Industries', Global Center for Digital Business Transformation, Lausanne, retrieved from <www.imd.org/uupload/IMD.WebSite/DBT/Digital_Vortex_06182015.pdf>.

Brady, IA & Isaac, BL (1975) *A Reader in Cultural Change*, vol. 1, Schenkman Pub. Co, Cambridge, Massachusetts.

Brandt, D & Biteau, B (2000) 'Pre-testing and sales validation', *Admap*, vol. 35, no. 2, pp. 23–6.

Brechman, J, Bellman, S, Robinson, JA, Rask, A & Varan, D (2016) 'Limited-Interruption Advertising in Digital-Video Content', *Journal of Advertising Research*, vol. 56, no. 3, pp. 289–98.

Breen Burns, J (2011) 'Spain's Zara the model of the successful retailer', *The Age*, 8 June.

Brennan, M (2004) 'The Juster purchase probability scale: A bibliography', *Marketing Bulletin*, vol. 15.

——& Esslemont, D (1994) 'The accuracy of the Juster Scale for predicting purchase rates of branded, fast-moving consumer goods', *Marketing Bulletin*, vol. 5, pp. 47–53.

Briggs, ADM, Mytton, OT, Kehlbacher, A, Tiffin, R, Rayner, M & Scarborough, P (2013) 'Overall and income specific effect on prevalence of overweight and obesity of 20% sugar sweetened drink tax in the UK: econometric and comparative risk assessment modelling study', BMJ: *British Medical Journal*, vol. 347.

Brinkmann, J & Peattie, K (2008) 'Consumer ethics research: reframing the debate about consumption for good', *Electronic Journal of Business Ethics and Organisation Studies*, vol. 13, no. 1, pp. 22–31.

Brock, T & Sergeant, B (2002) 'Small sample market research', *International Journal of Market Research*, vol. 44 (quarter 2), pp. 1–10.

Bronnenberg, BJ, Dhar, SK & Dubé, JPH (2009) 'Brand history, geography, and the persistence of brand shares', *Journal of Political Economy*, vol. 117, no. 1, pp. 87–115.

Brookes, R & Palmer, RA (2004) *The New Global Marketing Reality*, Palgrave Macmillan, New York.

Brown, G (2015) 'Property boom: China buyers raise ghost town fears', *The Australian*, 11 July.

Brown, NA & Barker, RT (2001) 'Analysis of the communication components found within the situational leadership model: Toward integration of communication and the model', *Journal of Technical Writing and Communication*, vol. 31, no. 2, pp. 135–57.

Brown, TJ & Rothschild, ML (1993) 'Reassessing the impact of television advertising clutter', *Journal of Consumer Research*, vol. 20, pp. 138–46.

Bruell, A (2010) 'Burger King, Edelman set to part ways', 25 July, *AdAge*, retrieved 26 April 2012 from <http://adage.com/article/agency-news/burger-king-edelman-set-part-ways-pr-review/228920>.

——(2016) 'Marketers know their review briefs are vague and demands are steep, survey finds', *Ad Age*, 25 July, retrieved 26 December 2016 from <http://adage.com/article/agency-news/joanne-davis-clients-aware-briefs-clearer/305008/>.

Bryson-York, E (2009) 'Hershey Reports Reese's, Kisses Regaining Share', *Advertising Age*, retrieved 6 August 2012 from <http://adage.com/article/news/hershey-reports-reese-s-kisses-regaining-share/136235>.

Bunting, M (2011) 'Nigella Lawson and the great burkini cover- up', The Guardian, 23 April.

Burns, JB (2011), 'Spain's Zara the model of the successful retailer', The Age, 8 June 2011, retrieved DATE UNKNOWN from <http://www.theage.com.au/victoria/spains-zara-the-model-of-the-successful-retailer-20110607->1fr28.html>.

Butler, S (2011) 'Specsavers founder sees plenty of challenges ahead', *The Guardian*, 27 October.

Buysight (2010) 'What are people really buying online?', *Infographics*, 27 February, retrieved 10 May 2012 from <www.permuto.com/blog/2010/02/27/what-are-people-really-buying-online/>.

Cacioppe, R & Albrecht, S (2000) 'Using 360° feedback and the integral model to develop leadership and management skills', *Leadership & Organization Development Journal*, vol. 21, no. 8, pp. 390–404.

Cadbury, D (2010) *Chocolate Wars: From Cadbury to Kraft: 200 Years of Sweet Success and Bitter Rivalry*, Harper Press, London.

Cahill, DJ (1997) 'Target marketing and segmentation: Valid and useful tools for marketing', *Management Decision*, vol. 35, pp. 10–13.

Calabretta, G & Gemser, G (2015) 'Integrating design into the fuzzy front end of the innovation process', in Luchs, M, Swan, S, Griffin, A (Eds.), *PDMA's Essentials 2: Design and Design Thinking*, John Wiley & Sons Inc, New York.

Calder, BJ, Malthouse, EC & Schaedel, U (2009) 'An experimental study of the relationship between online engagement and advertising effectiveness', *Journal of Interactive Marketing*, vol. 23, no. 4, pp. 321–31.

Campaign Brief (2016) 'Hungry Jack's launches brand new "Whopper for Prime Minister" campaign via Channel T', *Campaign Brief*, 10 June, retrieved 19 December from <www.campaignbrief.com/2016/06/hungry-jacks-launches-brand-ne.html>.

Campbell, E, Conare, C, Hernandez, R (2010) 'The Language of love in social media: New rules for brand engagement with consumers', ESOMAR, Barcelona, November.

Canadian Medical Association (2011) 'Letter to the Prime Minister of Canada', retrieved 15 June 2012 from <www.cfpc.ca/uploadedFiles/Publications/News_Releases/News_Items/oldNews/Asbestos%20Letter%20to%20the%20Prime%20Minister.pdf>.

Cannon, H & Rashid, A (1991) 'When do demographics help in media planning?' *Journal of Advertising Research*, vol. 30, pp. 20–26.

Capon, N & Senn, C (2010) 'Global customer management programs: How to make them really work', *California Management Review*, vol. 52, no. 2, pp. 32–55.

Carmone Jr, FJ, Kara, A & Maxwell, S (1999) 'HINoV: A new model to improve market segment definition by identifying noisy variables', *Journal of Marketing Research*, vol. 36, no. 4, pp. 501–9.

Carroll, AB (1991) 'The pyramid of corporate social responsibility: Toward the moral management of organizational stakeholder', *Business Horizons*, vol. 34, pp. 39–48.

Casella Wines (2016) <www.casellawines.com>.

Caswell, CW (1964) 'Marketing effectiveness and sales supervision', *California Management Review*, vol. 7, no. 1, pp. 39–44.

Cato, J (2010) 'European cars coming to Canada in a big way', *CTV News*, 25 October, retrieved 16 May 2012 from <http://autos.ctv.ca/CTVNews/Autos/20101022/europe-cars-canada-101025>.

Chang, HJ (2010) 'How to "do" a developmental state: Political, organisational and human resource requirements for the developmental state', in *Constructing a Democratic Developmental State in South Africa: Potentials and Challenges*, O Edigheji (ed.), HSRC Press, Cape Town, South Africa.

Charles, CV, Dewey, CE, Daniell, WE & Summerlee, AJS (2011) 'Iron-deficiency anaemia in rural Cambodia: Community trial of a novel iron supplementation technique', *The European Journal of Public Health*, vol. 21, no. 1, pp. 43–8.

Charlton, P & Ehrenberg, ASC (1973) 'McConnell's experimental brand choice data', *Journal of Marketing Research*, vol. 10, pp. 302–7.

Chatterjee, A, Jauchius, ME, Kaas, HW & Satpathy, A (2002) 'Revving up auto branding', *The McKinsey Quarterly*, 1:Winter, pp. 134–43.

Chaudhuri, S (2015) 'Forget Lowly Mayo, Unilever Pushes $85 Mustard', *The Wall Street Journal*, 17 July, retrieved from <www.wsj.com/articles/unilevers-newest-products-go-on-a-pedestal-1437138063>.

Christensen, CM, Anthony, SD, Berstell, G & Nitterhouse, D (2007) 'Finding the right job for your product', *MIT Sloan Management Review*, vol. 48, no. 3, Spring, pp. 38–47.

Chrysotile Institute (2012a) 'About Institute', retrieved 3 January 2012 from <www.chrysotile.com/en/about.aspx>.

——(2012b) 'Frequently asked questions', retrieved 3 January 2012 from <www.chrysotile.com/en/faq.aspx#1>.

Cialdini, RB (2003) 'Crafting normative messages to protect the environment: Current directions', *Psychological Science*, vol. 12, pp. 105–09.

City AM (2011) 'Sainsbury's sees record festive sales', City AM, retrieved from <www.cityam.com/article/sainsbury-s-sees-record-festive-sales>.

Clothier, M (2013) 'BMW, Audi prep more diesel models for US', *Automotive News*, 28 March, retrieved from <www.autonews.com/article/20130328/OEM04/303289967?template=print>.

CNN Money (2011) 'What Amazon's Kindle Fire really costs', *CNN*, retrieved from <http://money.cnn.com/video/technology/2011/11/30/t-ts-fire-teardown.cnnmoney/>.

Coen, B (2002) *Bob Coen's Insider's Report*, McCann-Erickson WorldGroup, retrieved 26 June 2002 from <www.mccann.com>.

Collins, AM & Quillian, MR (1969) 'Retrieval time from semantic memory', *Journal of verbal learning and verbal behavior*, vol. 8, no. 2, pp. 240–47.

Collins, M, Beal, V & Barwise, P (2003) 'Channel use among multi-channel viewers: Patterns in TV viewing behavior', Report 15 for Corporate Members, Ehrenberg-Bass Institute for Marketing Science, Adelaide.

Colman, E (2015) 'Push for overhaul on penalty rates', *The Australian*, 4 August.

Colombo, R, Ehrenberg, A, Sabavala, D (2000) 'Diversity in analysing brand-switching tables: The car challenge', *Canadian Journal of Marketing Research*, vol. 19, pp. 23–36.

Commonwealth Bank (2015) 'Nationwide consumer spending remains healthy in April', press release, <www.commbank.com.au/about-us/news/media-releases/2015/nationwide-consumer-spending-remains-healthy-in-april.html>.

ComScore (2011a) *The Power of Like. How Brands Reach and Influence Fans Through Social Media Marketing*, comScore white paper, comScore Inc, retrieved 6 August 2012 from <www.comScore.com/Press-Events/Presentations-Whitepapers/2011/The-Power-of-Like-How-Brands-Reach-and-Influence-Fans-Through-Social-Media-Marketing>.

——(2011b) *State of the Internet—Australia*, comScore Inc., retrieved 6 August 2012 from <www.comscore.com/Press_Events/Presentations_Whitepapers/2011/State_of_the_Internet_in_Australia>.

Connell, PM, Brucks, M & Nielsen, JH (2014) 'How childhood advertising exposure can create biased product evaluations that persist into adulthood', *Journal of Consumer Research*, vol. 41, no. 1, pp. 119–34.

Cook, L (2014) 'Econometrics: Get the best from econometric modelling', *Admap*, pp. 1–6.

Cooper, R (2015) 'Solving homelessness is easy. So why don't we just do it?' *The Week*, 3 September, retrieved from <http://theweek.com/articles/575133/solving-homelessness-easy-why-dont-just>.

Copeland, L & Griggs, L (1985) *Going International: How to Make Friends and Deal Effectively in the Global Marketplace*, Random House, New York.

Corkindale, DR, Balan, P & Rowe, CW (1996) *Marketing: Making the Future Happen*, 2nd edn, Thomas Nelson Australia, South Melbourne.

Coviello, NE, Brodie, RJ, Danaher, PJ, Johnston, WJ (2002) 'How firms relate to their markets: An empirical examination of contemporary marketing practices', *Journal of Marketing*, vol. 66, no. 3, pp. 33–46.

Crassweller, A, Rogers, J & Williams, D (2008) 'Between random samples and online panels—where is the next lily pad?', paper presented at the Panel Research, Dublin.

Critchley, HD, Elliot, R, Mathias, CJ & Dolan, RJ (2000) 'Neural activity relating to generation and representation of galvanic skin conductance responses: a functional magnetic resonance imaging study', *The Journal of Neuroscience*, vol. 20, pp. 3033–40.

Cruipi, A (2009) 'BMW Pumps Diesel in a Big Way', Adweek, 11 August, retrieved from <www.adweek.com/brand-marketing/bmw-pumps-diesel-big-way-100075/>.

Culliney, K (2014) 'Coles "freshly baked" claims false, rules Australia Federal Court', *Bakery and Snacks*, 18 June, retrieved 24 September 2015 from <www.bakeryandsnacks.com/Regulation-Safety/Coles-freshly-baked-claims-false-rules-Federal-Court-Australia>.

Dahl, A, Martin, P & Gray, E (2014) 'Australian lamb: Financial performance of slaughter lamb producing farms, 2011–12 to 2013–14', ABARES research report prepared for Meat & Livestock Australia, Canberra, August.

Dahl, DW, Frankenberger, KD & Machanda, RV (2003) 'Does it pay to shock? Reactions to shocking and non shocking advertising content amongst university students', *Journal of Advertising Research*, September, vol. 43, no. 3, pp. 268–80.

Daily Mail (2012) 'Let there be toys! Judge throws out lawsuit brought against McDonald's Happy Meals by concerned mom', *Daily Mail*.

Dall'Olmo Riley, F, Ehrenberg, ASC, Castleberry, SB, Barwise, TP & Barnard, NR (1997) 'The variability of attitudinal repeat-rates', *International Journal of Research in Marketing*, vol. 14, pp. 437–50.

Damasio, AR (1994) *Descartes' Error: Emotion, Reason, and the Human Brain*, Putnam, New York.

Dan, A (2014) 'What do you call a 17-year-old ad campaign? Priceless', *Forbes*, 25 August.

Danenberg, N (2008) 'Testing the advertising intensiveness law in budgeting', unpublished PhD thesis, University of South Australia.

——, Kennedy, R, Beal, V, Sharp, B (2016) 'Advertising budgeting: A re-investigation of the evidence on brand size and spend', *Journal of Advertising*, vol. 45, no. 1, pp. 139–46.

Daube, M, Eastwood, P, Mishima, M, Peters, M (2015) 'Tobacco plain packaging: *The Australian experience*', *Respirology*, vol. 20, no. 7, pp. 1001–03.

'DaveKing' (2012) Comment posted in response to T Ryan 'Older Shoppers Irritated by Supermarket Layout Changes', *RetailWire*, 12 March, discussion article, retrieved 13 June 2012 from <www.retailwire.com/discussion/15870/older-shoppers-irritated-by-supermarket-layout-changes>.

Davies, A (2015) 'Rio Tinto's coal mine expansion threatens Bulga again', *Sydney Morning Herald*, 1 June.

——, Mills, D & Baxter, M (2002) 'Pre-testing radical advertising', *Admap*, vol. 37, no. 3, March, pp. 38–40.

Davies, C (2012) 'Tesco sales slump part of consumer revolution changing the way we shop', *The Guardian*, 12 January, retrieved 10 May 2012 from <www.guardian.co.uk/business/2012/jan/12/tesco-consumer-revolution-internet-shopping>.

Dawes, J & Nenycz-Thiel, M (2014) 'Comparing retailer purchase patterns and brand metrics for in-store and online grocery purchasing', *Journal of Marketing Management*, vol. 30, no. 3–4, pp. 364–82.

——& Sharp, B (2000) 'The reliability and validity of objective measures of customer service: "Mystery shopping"', *Australasian Journal of Market Research*, vol. 8, pp. 29–46.

——, Mundt, K & Sharp, B (2009) 'Consideration sets for financial services brands', *Journal of Financial Services Marketing*, vol. 14, pp. 190–202.

Demaria, A (2015) 'Starbucks to serve a coffee Americans know little about. What is a Flat White?', CNN, 6 January, retrieved from <http://edition.cnn.com/2015/01/05/travel/what-is-flat-white-coffee>.

Demicheli, V, Rivetti, A, Debalini, MG & Di Pietrantonj, C (2012) 'Vaccines for measles, mumps and rubella in children', *Cochrane Database of Systematic Reviews*, vol. 2, retrieved 16 February 2012 from <www.mrw.interscience.wiley.com/cochrane/clsysrev/articles/CD004407/frame.html>.

Diageo (2011) 'Overview', *Sustainability and Responsibility Report 2011*, Diageo plc, retrieved 3 June 2012 from <http://srreport2011.diageoreports.com/overview.aspx>.

——(2015) *Diageo Annual Report 2015*, Diageo plc, retrieved 24 September 2015 from <www.annualreports.com/Company/diageo-plc>.

——(2017) 'Sustainability & responsibility', *Diageo.com* retrieved from <www.diageo.com/en-ie/csr/pages/default.aspx>.

Diallo, Y, Etienne, A, Mehran, F (2013) 'Global child labour trends 2008–2012', International Labour Office, retrieved 2 October 2015 from <www.ilo.org/ipecinfo/product/download.do?type=document&id=23015>.

——, Hagemann, F, Etienne, A, Gurbuzer, Y, Mehran, F (2010) 'Global child labour developments: Measuring trends from 2004 to 2008', International Labour Office, retrieved 2 October 2015 from <www.ilo.org/ipecinfo/product/download.do?type=document&id=13313>.

Dick, H & Merret, D (2007) *The Internationalisation Strategies of Small-Country Firms: The Australian Experience of Globalisation*, Edward Elgar Publishing, Cheltenham.

Dillman, D (1978) *Mail and Telephone Surveys*, John Wiley, New York.

Dillman, DA (2000) *Mail and Internet Surveys: The Tailored Design Method*, 2nd edn, John Wiley, New York.

Dilmah Australia (2011) 'The world of Dilmah', retrieved 2011 from <www.dilmah.com.au>.

Donkers, B, Verhoef, PC & De Jong, MG (2007) 'Modeling CLV: A test of competing models in the insurance industry', *Quantitative Marketing and Economics*, vol. 5, pp. 163–90.

Donohoe, R (2016) '"Aldi is winning": bad news for Coles, Woolies', *The New Daily*.

Donovan, RJ (2011) 'Social marketing's mythunderstandings', *Journal of Social Marketing*, vol. 1, no. 1, pp. 8–16.

Doole, I & Lowe, R (2008) *International Marketing Strategy*, 5th edn, Thomson Learning, London.

Doran, GT (1981) 'There's a SMART way to write management's goals and objectives', *Management Review*, vol. 70, no. 11, pp. 35–6.

Douglas, S & Wind, Y (1987) 'The Myth of Globalization', *Columbia Journal of World Business*, 22 (4), pp. 19–29.

Dowling, J (2014) 'BMW launches electric car in Australia, wants taxpayers to foot $10,000 of its $64,000 price', news.com.au, 10 April, retrieved from <www.news.com.au/finance/business/bmw-launches-electric-car-in-australia-wants-taxpayers-to-foot-10000-of-its-64000-price/story-fnkgdhrc-1226879861807>.

Drozdiak, N (2014) 'Pencil makers go back to drawing board', *Wall Street Journal*, 15 October, retrieved 29 September 2016 from <www.wsj.com/articles/pencil-makers-go-back-to-drawing-board-1413391802>.

Drucker, P (1981) 'What is business ethics?', *The Public Interest*, no. 63, pp. 18–36.

Dufour, Y & Steane, P (2010) 'Building a good solid family wine business: Casella Wines', *International Journal of Wine Business Research*, vol. 22, no. 2, pp. 122–32.

du Plessis, E (2009) 'Digital video recorders and inadvertent advertising exposure', *Journal of Advertising Research*, vol. 49, no. 2, pp. 236–9.

East, R (1997) *Consumer Behaviour*, Pearson Education Limited, Essex, United Kingdom.

——(2008) *Measurement Deficiencies in the Net Promoter Score*, ANZMAC, Sydney.

——& Uncles, M (2008) 'In praise of retrospective surveys', *Journal of Marketing Management*, vol. 24, nos 9–10, pp. 929–44.

——, Harris, P, Willson, G & Lomax, W (1995) 'Loyalty to supermarkets', *The International Review of Retail, Distribution and Consumer Research*, vol. 5, no. 1, pp. 99–109.

——, Romaniuk, J & Lomax, W (2011) 'The NPS and the ACSI: a critique and an alternative metric', *International Journal of Market Research*, vol. 53, p. 15.

——, Wright, M, & Vanhuele, M (2008) *Consumer Behaviour: Application in Marketing*, Sage, London.

The Economist (2010) 'The future of the pencil; Faber-Castell', *The Economist*, vol. 396, no. 8700, pp. 80–81.

——(2011) 'Reinventing the Newspaper', *The Economist*, 7 July, retrieved 2 January 2017 from <www.economist.com/node/18904178>.

——(2012a) 'Disney's "John Carter": The biggest flop ever?', *The Economist*, 23 May, retrieved 13 June 2012 from <www.economist.com/blogs/prospero/2012/03/disneys-john-carter>.

——(2012b) 'The third industrial revolution', *The Economist*, 21 April, retrieved 3 June 2012 from <www.economist.com/node/21553017>.

Ehrenberg, ASC (1963) 'Bivariate Regression Analysis is Useless', *Journal of the Royal Statistical Society*, vol. 12, no. 3, pp. 161–79.

——(1988) *Repeat-Buying: Facts, Theory and Applications*, Oxford University Press, London.

——(1992) 'Report writing—Six simple rules for better business documents', *Admap*, June, pp. 39–42.

——(1994) *A Primer in Data Reduction*, John Wiley & Sons, New York.

——& Bound, J (1999) 'Customer retention and switching in the car market', *Report 6 for Corporate Members*, Ehrenberg-Bass Institute for Marketing Science, Adelaide.

——& Goodhardt, G (2002) 'Double jeopardy revisited, again', *Marketing Insights, Marketing Research*, Spring, pp. 40–2.

——, Hammond, K & Goodhardt, GJ (1994) 'The after effects of price-related consumer promotions', *Journal of Advertising Research*, vol. 34, no. 4, pp. 11–21.

——, Mills, P & Kennedy, R (2000) 'The form that ads take (FAT)—A snapshot of UK magazine ads as seen by the public', 29th European Marketing Academy Conference, vol. cd proceedings, Erasmus University, Rotterdam.

——, Uncles, MD & Goodhardt, GG (2004) 'Understanding brand performance measures: Using Dirichlet benchmarks', *Journal of Business Research*, vol. 57, no. 12, pp. 1307–25.

Eisenhardt, KM, Kahwajy, JJ, Bourgeois III, LJ (1997) 'How management teams can have a good fight', *Harvard Business Review*, col. 75, no. 4, pp. 77–85.

eMarketer (2016) 'US digital display ad spending to surpass search as spending in 2016', 11 January, retrieved 2 January 2017 from <www.emarketer.com/Article/US-Digital-Display-Ad-Spending-Surpass-Search-Ad-Spending-2016/1013442>.

Ephron, E (1993) 'The ghost of network past: TV fragmentation doesn't mean tighter targeting,' *Ephron on Media*, retrieved 29 May 2012 from <www.ephrononmedia.com> (note: log-in required).

——(1995) *The Shelf Space Model of Advertising*, retrieved 15 October 2004 from <www.ephrononmedia.com>.

——(2000a) *Media-Mix. The New Media Planning is About Picking Combinations of Media*, retrieved 14 October 2004 from <www.ephrononmedia.com>.

——(2005) 'Engagement explained: The confusion is engagement is many different things', *The Ephron Letter*, December, pp. 1–5.

——& Heath, M (2001) *Teaching Tap to the Elephant. Media Planners Have Fewer Scheduling Options Than They Think*, retrieved 7 April 2003 from <www.ephrononmedia.com/article_archive/articleViewerPublic.asp?articleID=94>.

ESOMAR—*see* European Society for Opinion and Marketing Research

European Commission (2009) 'EU-China trade in facts and figures', 4 September, retrieved from <http://europa.eu/rapid/press-release_MEMO-09-375_en.htm>.

European Commission (2013) 'Antitrust: Commission fines Microsoft for non-compliance with browser choice commitments', European Commission press release, 6 March, retrieved 13 December 2016 from <http://europa.eu/rapid/press-release_IP-13-196_en.htm>.

——(2014) 'Facts and figures on EU-China trade', European Commission, Trade, March 2014, accessed 17 March 2017 from <trade.ec.europa.eu/doclib/docs/2009/september/tradoc_144591.pdf>.Euro RSCG 4D (2012) 'Work—Australia', retrieved 18 June 2012 from <www.eurorscg4d.com/work-australia.html>.

Evans, FB (1959) 'Psychological and objective factors in the prediction of brand choice Ford versus Chevrolet', *The Journal of Business*, vol. 32, pp. 340–69.

Evans, S & Papadakis, M (2015) 'VW Australia Paid $12.3m to German Parent', *The Australian Financial Review*, 28 September.

Express News Service (2016) 'Ex-MP Vivek named 11th advisor to Telangana govt', *The New Indian Express*, 1 December 2016, retrieved 21 March 2017 from <www.newindianexpress.com/states/telangana/2016/dec/01/ex-mp-vivek-named-11th-advisor-to-telangana-govt-1544444.html>.

Facenda, VL (2007) 'New ARF study says storytellers succeed: The results of a three-year study say throw old marketing ideas away', *Adweek*, 29 October, retrieved 29 November 2007 from <www.brandweek.com/bw/magazine/current/article_display.jsp?vnu_content_id=1003664386>.

Fahy, B (2012) 'Ghost chips come back to haunt AXIS judges once again as the people's favourite takes TV of the Year title', *StopPress*, 22 May, retrieved from <http://stoppress.co.nz/news/ghost-chips-comes-back-to-haunt-axis-judges-once-again-as-the-peoples-favourite-takes-tvc-of-the-year-title>.

Farey-Jones, D (2012) 'P&G Chief Lays Out $1bn Marketing Efficiency Vision', *Marketing Magazine*, 24 February, retrieved 25 April 2012 from <www.marketingmagazine.co.uk/news/1119124/P-G-chief-lays-1bn-marketing-efficiency-vision/>.

Fazio, RH & Williams, CJ (1986) 'Attitude accessibility as moderator of the attitude-perception and attitude-behavior relations: An investigation of the 1984 presidential election', *Journal of Personality and Social Psychology*, vol. 51, pp. 505–14.

Feenstra, G (2002) 'Creating space for sustainable food systems: Lessons from the field', *Agriculture and Human Values*, vol. 19, no. 2, pp. 99–106.

Ferrari (2016) Ferrari N.V. *2015 Annual Report*.

Ferrari Media (2016) 'Best Ever Results: FY 2015', Ferrari, 2 February 2016, retrieved 7 February 2017 from <http://corporate.ferrari.com/sites/ferrari15ipo/files/ferrari_fy_2015_results_press_release.pdf>.

Fletcher, M (2015) 'MasterCard brings Priceless campaign into the digital age', *MANDMGLOBAL*, 30 September, retrieved from <http://mandmglobal.com/mastercard-brings-priceless-campaign-into-the-digital-age/>.

Fonseca, M (2001) 'Starbucks invades Lygon Street' *ABC News*, retrieved 13 June 2012 from <www.abc.net.au/pm/stories/s322266.htm>.

Foxall, G (1997) 'Affective responses to consumer situations', *The International Review of Retail, Distribution and Consumer Research*, vol. 7, pp. 191–225.

——(2002) 'Marketing's attitude problem—and how to solve it', *Journal of Customer Behaviour*, vol. 1, pp. 19–48.

France, M & Hamm, S (1998) 'Does predatory pricing make Microsoft a predator?' *Business Week*, November, retrieved 16 May 2012 from <www.businessweek.com/1998/47/b3605129.htm>.

France, M & Hamm, S (1998), 'Does Predatory Pricing Make Microsoft a Predator?', Business Week, 23 November, retrieved from <www.bloomberg.com/news/articles/1998-11-22/does-predatory-pricing-make-microsoft-a-predator>.

Franzen, G (1994) *Advertising Effectiveness: Findings from Empirical Research*, NTC Publications, Henley-on-Thames, Oxfordshire, United Kingdom.

Fredrickson, C (2011) 'Facebook revenues to reach $4.27 billion in 2011', *eMarketer*, retrieved 22 June 2012 from <www.emarketer.com/PressRelease.aspx?R=1008601>.

Fredriksson, T (2013) *E-Commerce and Development: Key Trends and Issues*, World Trade Organization, Geneva, available: <www.wto.org/english/tratop_e/devel_e/wkshop_apr13_e/fredriksson_ecommerce_e.pdf>.

Freeman, ER (1991) 'Strategic Management: A Stakeholder Approach' in Murphy, PE & Fuller, DA (2000) *Sustainable Marketing: Managerial-Ecological Issues*, Sage, Thousand Oaks, California.

Freeman, R & Reed, D (1983) 'Stockholders and stakeholders: a new perspective on corporate governance', *California Management Review*, vol. 25, no. 3, pp. 88–106.

French, BS (2006) 'Social Marketing National Benchmark Criteria', National Social Marketing Centre, retrieved from <www.snh.org.uk/pdfs/sgp/A328466.pdf>.

French, J (2013) 'Collaborative programme to develop a consensus definition of social marketing', *International, European and Australian Social Marketing Association*, 28 June, pp. 1–4.

Frith, M & Watson, E (2008) 'Myth of the low-carb beer', *The Sydney Morning Herald*, 3 February.

Fulgoni, G & Morn, MP (2009) 'Whither the click: How online advertising works', *Journal of Advertising Research*, vol. 49, no. 2, pp. 134–42.

Geiger, S, Guenzi, P, Storbacka, K, Ryals, L, Davies, IA & Nenonen, S (2009) 'The changing role of sales: viewing sales as a strategic, cross-functional process', *European Journal of Marketing*, vol. 43 no. 7/8, pp. 890–906.

Gemser, G & Leenders, MA (2001) 'How integrating industrial design in the product development process impacts on company performance', *Journal of Product Innovation Management*, vol. 18, no. 1, pp. 28–38.

Gendall, P (1998) 'A framework for questionnaire design: Lablaw revisited', *Marketing Bulletin*, vol. 9, pp. 28–39.

——(2000) 'Responding to the problem of nonresponse', *Australasian Journal of Market Research*, vol. 8, no. 1, January, pp. 3–17.

——& Esselmont, D (1992) 'Market research: What it can and can't do', *Marketing Bulletin*, vol. 3, pp. 63–6.

General Motors (2012) '2011 CY Highlights', retrieved 15 February 2012 from <http://media.gm.com/content/dam/Media/gmcom/investor/2012/Q4_2011_Chart%20Set.pdf>.

——(2016) 'GM Reports Third Consecutive Year of Record Global Sales', 21 January 2016, retrieved 7 February 2017 from <www.gm.com/mol/m-2016-Jan-0121-global-sales.html>.

Gigerenzer, G & Todd, PT (1999) *Simple Heuristics That Make Us Smart*, Oxford University Press, New York.

Gilbert, B, Stafford, C & Sehgal, A (2016) 'Australian supermarkets: Aldi – an unstoppable force? We think so, but Coles is doing a good job of slowing Aldi's growth', UBS, retrieved 28 October 2016 from <https://neo.ubs.com/shared/d1X0GQtehHHGD6/>.

Gilmore, P (2005) 'Grocery stores and supermarkets', *Encyclopedia of Chicago*, retrieved 10 May 2012 from <http://encyclopedia.chicagohistory.org/pages/554.html>.

Glionna, JM (2015) 'Utah is winning the war on chronic homelessness with "Housing First" program', *Los Angeles Times*, 24 May, retrieved from <www.latimes.com/nation/la-na-utah-housing-first-20150524-story.html#page=1>.

Goldsmith, J & Who, T (2006) *Who Controls the Internet? Illusions of a Borderless World*, Oxford university Press, Inc.

Goodhardt, GJ, Ehrenberg, ASC & Collins, MA (1975) *The television audience—Patterns of viewing*, Gower Publishing Company Limited, Hants, England.

Gover, P (2014) '2014 BMW i3 review', *Cars Guide*, 17 November, retrieved from <www.carsguide.com.au/car-reviews/2014-bmw-i3-review-30162#.VK3F6aYYwac>.

Graeff, T & Harmon, S (2002) 'Collecting and using personal data: Consumers' awareness and concerns', *Journal of Consumer Marketing*, vol. 19, no. 4, pp. 302–18.

Gratton, K (2014) 'Renault's EV plans for Oz', *Motoring*, 1 August, retrieved from <www.motoring.com.au/renaults-ev-plans-for-oz-45111/>.

Green, A (2002) 'Family values', *Admap*, pp. 28–9.

Green, K & Armstrong, JS (2005) 'Competitor-oriented objectives: The myth of market share', *International Journal of Business*, vol. 12, pp. 151–3.

Green, PE & Krieger, AM (1991) 'Segmenting markets with conjoint analysis', *Journal of Marketing*, 55, pp. 20–31.

Grier, S & Bryant, CA (2005) 'Social marketing in public health', *Annual Review of Public Health*, vol. 26, pp. 319–39.

Gruber, M, de Leon, N, George, G & Thompson, P (2015) 'Managing by Design', *Academy of Management Journal*, vol. 58, no. 1, pp. 1–7.

Grunewald, SJ (2016) 'The Rolls-Royce Phantom now has more than 10,000 3D printed parts, BMW looks to expand use across entire line of cars', 3DPrint.com, 15 July, retrieved 29 December from <https://3dprint.com/142364/3d-printed-parts-bmw/>.

Guidere, M (2012) 'The translation of advertisements: From adaptation to localization', TranslationDirectory.com, retrieved 23 May 2012 from <www.translationdirectory.com/article60.htm>.

Gutierrez, C (2007) 'Hershey Mired In Chocolate Mess', *Forbes*.

Hakanson, H & Snehota, I (2006) 'Marketing in Business Markets', Chapter 20, in Weitz, B, Wensley, R, (eds), *Handbook of Marketing*, Sage Publications.

Haley, RI (1968) 'Benefit segmentation: A decision-oriented research tool', *The Journal of Marketing*, vol. 32, pp. 30–5.

——(1984) 'Benefit segments: Backwards and forwards', *Journal of Advertising Research*, vol. 24, pp. 19–25.

——& Baldinger, AL (1991) 'The ARF copy research validity project', *Journal of Advertising Research*, vol. 31, pp. 11–32.

Hamel, G & Prahalad, CK (1993) 'Strategy as stretch and leverage', *Harvard Business Review*, vol. 71, no. 2, pp. 75–84.

Hamermesh, DS & Parker, A (2005) 'Beauty in the classroom: Instructors' pulchritude and putative pedagogical productivity', *Economics of Education Review*, August, vol. 24, no. 4, pp. 369–76.

Hammer, P, Riebe, E & Kennedy, R (2009) 'How clutter affects advertising effectiveness', *Journal of Advertising Research*, vol. 49, pp. 159–63.

Hammond, K, Ehrenberg, ASC & Goodhardt, GJ (1996) 'Market segmentation for competitive brands', *European Journal of Marketing*, vol. 30, pp. 39–49.

Hansen, F & Christensen, LB (2005) 'Share of voice/share of market and long-term advertising effects', *International Journal of Advertising*, vol. 24, no. 3, pp. 297–320.

Hartnett, N, Kennedy, R, Sharp, B & Greenacre, L (2016) 'Creative that sells: How advertising execution affects sales', *Journal of Advertising*, vol. 45, no. 1, pp. 102–112.

Harvey, MG, Myers, MB & Novicevic, MM (2002) 'The managerial issues associated with global account management', *Thunderbird International Business Review*, vol. 44, no. 5, pp. 625–47.

——, Novicevic, MM, Hench, T & Myers, M (2003) 'Global account management: A supply-side managerial view', *Industrial Marketing Management*, vol. 32, no. 7, pp. 563–71.

Hastings, H & Saperstein, J (2010) 'How Cisco creates new value via global customer service', *Thunderbird International Business Review*, vol. 52, no. 5, pp. 419–30.

Hayes, HM, Jenster, PV & Aaby, NE (1996) *Business Marketing: A Global Perspective*, Irwin/McGraw-Hill, Boston.

Hayward, S (2015) 'Police say they've smashed horsemen trafficking ring after 26 arrests', The Mirror, 25 April.

Hazlett, RL & Hazlett, SY (1999) 'Emotional response to television commercials: Facial EMIG vs. self-report', *Journal of Advertising Research*, vol. 39, pp. 7–23.

Heath, R, Nairn, A & Bottomley, P (2009) 'How effective is creativity? Emotive content in TV advertising does not increase attention', *Journal of Advertising Research*, vol. 49, no. 4, pp. 450–63.

Henry, J (2008) 'The best selling cars and trucks in the US', *Bloomberg Businessweek*.

Hess, M (2009) *Social media and research*, American Marketing Association, Chicago.

Hewitt-Taylor, J (2013) 'Planning successful change incorporating processes and people', *Nursing Standard*, vol. 27, no. 38, pp. 35–40.

Hilti Corporation (2012) 'Hilti fleet management', retrieved 12 May 2012 from <www.hilti.com.au/holau/page/module/home/browse_main.jsf?lang=en&nodeId=-463984>.

Hofstede, G (1984) *Culture's Consequences: International Differences in Work-related values*, Sage, Beverly Hills, California.

Holmes, M, Papper, R, Popovich, M & Bloxham, M (2005) 'Observing consumers and their interactions with media', *Concurrent Media Exposure*, Middletown Media Studies, Indiana, United States.

Homburg, C, Workman, JP Jr. & Jensen, O (2002) 'A configurational perspective on key account management', *Journal of Marketing*, vol. 66, no. 2, pp. 38–60.

Honore, AW (1965) 'Good Samaritan or Bad', *The Rotarian*, vol. 107, no. 2, p. 12.

Hooley, G & Cowell, D (1985) 'The status of Marketing in the UK service industries', *Service Industries Journal*, vol. 5, no. 3, pp. 261–72.

Hope, J (2001) 'Why Japan banned MMR vaccine', *Daily Mail*, 24 January.

Hough, A (2013) 'Horse meat scandal: South Australia warns citizens to not eat UK produce', *The Telegraph*.

Hubbard, R & Armstrong, JS (1994) 'Replications and extensions in marketing: Rarely published but quite contrary', *International Journal of Research in Marketing*, vol. 11, pp. 233–48.

Hurst, P (2014) 'This is why Australians hate Starbucks', *MUNCHIES*, 3 November, retrieved from <https://munchies.vice.com/en/articles/this-is-why-australians-hate-starbucks>.

IBISWorld (2005) 'Wine Manufacturing in Australia', Industry report C2183.

Inditex (2016) Inditex Annual Report 2015, retrieved 2 March 2017 from <www.inditex.com/documents/10279/208409/Inditex_+Annual_Report_2015_web.pdf/d3501c55-8e8f-4936-b8d8-0fc47a543c93>.

Infante, D (2015) 'The hipster is dead, and you might not like who comes next', *Mashable*, retrieved 3 September 2015 from <http://mashable.com/2015/06/09/post-hipster-yuccie/>.

Ingram, TN, LaForge, RW, Schwepker & CH Jr (2007) 'Salesperson ethical decision making: The impact of sales leadership and sales management control strategy', *Journal of Personal Selling & Sales Management*, vol. 27, no. 4, pp. 301–15.

Innovation and Business Skills Australia (2010) *Environment Scan 2010: Financial Services Industry*, retrieved 6 March 2012 from <www.ibsa.org.au/Portals/ibsa.org.au/docs/Research%20&%20Discussion%20Papers/Sectoral%20report%20-%20Financial%20Services%20Industry%2026%20Feb%2010.pdf>.

Internet World Stats (2015) Internet Usage Statistics. Available: <www.internetworldstats.com/stats.htm>.

Irwin, J (2015) 'Ethical consumerism isn't dead, it just needs better marketing', *Harvard Business Review*, 12 January, retrieved 24 September 2015 from <https://hbr.org/2015/01/ethical-consumerism-isnt-dead-it-just-needs-better-marketing>.

Jargon, J (2010) 'As sales drop, Burger King draws critics for courting "super fans"', *The Wall Street Journal*, 1 February, retrieved 2 May 2012 from <http://finance.yahoo.com/news/pf_article_108728.html>.

Jeffreys, D (2005) *Aspirin*, Bloomsbury, New York.

Johnson, EJ, Moe, WW, Fader, PS, Bellman, S & Lohse, GL (2004) 'On the depth and dynamics of online search behavior', *Management Science*, vol. 50, pp. 299–308.

Jones, JP (1990) 'Advertising: Strong force or weak force? Two views an ocean apart', *International Journal of Advertising*, vol. 9, pp. 233–46.

——(1995a) 'Single-source research begins to fulfill its promise', *Journal of Advertising Research*, vol. 35, pp. 9–16.

——(1995b) 'We have a breakthrough: single-source data is the key to proving advertising's short term effects', *Admap*, June, pp. 33–5.

——(1995c) *When ads work—New proof that advertising triggers sales*, Lexington Books, New York.

——(2007) *When Ads Work: New Proof That Advertising Triggers Sales*, M.E. Sharpe, Inc, New York.

——& Blair, MH (1996) 'Examining "conventional wisdoms" about advertising effects with evidence from independent sources', *Journal of Advertising Research*, vol. 36, pp. 37–53.

——(ed.) (1998) *How Advertising Works*, Sage Publications, Thousand Oaks.

Kahneman, D (2011) *Thinking Fast and Slow*, Farrar, Straus and Giroux, New York.

Kalb, L (2015) 'Pricing your products so you don't leave money on the table', *Huffington Post*, 9 February 2015.

Kantar World panel (2015) 'Accelerating the growth of e-commerce in FMCG: 2015 edition' retrieved from < www.kantarworldpanel.com/global/News/FMCG-online-sales-to-reach-130-billion-by-2025>.

Kantrowitz, A (2015) 'Inside Google's secret war against ad fraud', *Ad Age*, 18 May, retrieved 19 August 2015 from <http://adage.com/article/digital/inside-google-s-secret-war-ad-fraud/298652/>.

Keegan, WJ & Hollensen, S (2010) *Global Marketing Management: International Version*, 8th edn, Pearson Education, London.

Keiningham, TL, Cooil, B, Andreassen, TW & Aksoy, L (2007) 'A longitudinal examination of net promoter and firm revenue growth', *Journal of Marketing*, vol. 71, pp. 39–51.

Keller, E (2011) 'Social brands: A tale of two worlds', 23 February, MediaBizBloggers.com, retrieved 25 May 2012 from <www.mediabizbloggers.com/media-biz-bloggers/Social-Brands-A-Tale-of-Two-Worlds---Ed-Keller.html>.

——& Libai, B (2009) 'A holistic approach to the measurement of WOM: Its impact on consumer's decisions', ESOMAR World Research Conference: Worldwide Multimedia Measurement (WM3), Stockholm, pp. 169–80.

Kemplay, G & Davis, R (2008) 'Making market segmentations work', *Admap*, September, pp. 53–5.

Keneally, P (2014) 'Hey hipsters, hands off my flat white', *The Guardian*, 25 June.

Keng, KA & Ehrenberg, ASC (1984) 'Patterns of store choice', *Journal of Marketing Research*, vol. 21, November, pp. 399–409.

Kennedy, R & Ehrenberg, ASC (2000) *Brand User Profiles Seldom Differ*, Report 7 for Corporate Members, Ehrenberg-Bass Institute for Marketing Science, Adelaide.

——& Ehrenberg, ASC (2001) 'Competing retailers generally have the same sorts of shoppers', *Journal of Marketing Communications*, vol. 7, pp. 19–26.

——& Northover, H (2016) 'How to use neuromeasures to make better advertising decisions: Questions practitioners should ask vendors and

research priorities for scholars', *Journal of Advertising Research*, vol. 56, no. 2, pp. 183–92.

——, Ehrenberg, A & Long, S (2000) 'Competitive brands' user-profiles hardly differ', Market Research Society Conference (UK), Brighton, England.

——, Sharp, B & Rungie C (2000) 'How ad liking (LA) relates to branding & the implications for advertising testing', *Australasian Journal of Market Research*, vol. 8, no. 2, July, pp. 9–19.

——, Northover, H, Leighton, J, Lion, S & Bird, G (2010) 'Pre-test advertising—Proposing A New Validity Project', in 39th EMAC Conference, Copenhagen.

Kim, WC & Mauborgne, R (2004) 'Blue Ocean Strategy', *Harvard Business Review*, vol. 82, no. 10, pp. 76+.

Kinni, T (2010) 'Knowledge Review: What Experience Would You Like with That?', *strategy + business*, Issue 60, Autumn, Reprint 10308 booz & co.

Kirkpatrick, D (2011) 'PPC Campaign: Marketer learns from unsuccessful campaign to deliver 75% increase in sales', *Marketing Sherpa*, 7 April, retrieved from <www.marketingsherpa.com/article.php?ident=31882>.

Klein, N (2011) 'Hungry Jack's offers health info menu boards, replaces "burgers are better" slogan', news.com.au, 19 October, retrieved from <www.news.com.au/finance/hungry-jacks-fries-the-burger-to-make-those-calories-count/news-story/db6b5f11726ff37af433789bc051f653>.

Knowledge@Wharton (2006) 'MySpace, Facebook and other social networking sites: Hot today, gone tomorrow?', *Knowledge@Wharton*, retrieved 8 June 2012 from <http://knowledge.wharton.upenn.edu/articlepdf/1463.pdf?CFID=77267930&CFTOKEN=36437478& jsessionid=a8302b8815021536eddf2f74425c1362b243>.

Kotler, P (1967) *Marketing Management: Analysis, Planning, and Control*, Prentice-Hall, Englewood Cliffs, NJ.

——, Brown, L, Adam, S, Burton, S & Armstrong, G (2007) *Marketing*, Frenchs Forest, Pearson Education Australia.

Kottke, J (2015) 'The secret to Zara's success', Kottke.org, 9 November 2015, retrieved 3 March 2017 from <http://kottke.org/15/11/the-secret-to-zaras-success>.

Kraus, SJ (1995) 'Attitudes and the prediction of behavior: A meta-analysis of the empirical literature', *Personality and Social Psychology Bulletin*, vol. 21, pp. 58–75.

Kringdon, M (2006) 'Social networking is your friend', *ClickZ*, retrieved 8 June 2012 from <www.clickz.com/clickz/column/1704794/social-networking-is-your-friend>.

Krishna, A (2011) 'Can supporting a cause decrease donations and happiness? The cause marketing paradox', *Journal of Consumer Psychology*, vol. 21, no. 3, pp. 338–45.

LaBarbera, P & Tucciarone, J (1995) 'GSR reconsidered: A behavior-based approach to evaluating and improving the sales potency of advertising', *Journal of Advertising Research*, vol. 35, pp. 33–53.

Laczniak, G & Murphy, P (2006) 'Normative perspectives for ethical and socially responsible marketing', *Journal of Macromarketing*, vol. 26, no. 2, pp. 154–77.

Lambert-Pandraud, R, Laurent, G & Lapersonne, E (2005) 'Repeat purchasing of new automobiles by older consumers: Empirical evidence and interpretations', *Journal of Marketing*, vol. 69, pp. 97–113.

Landmark (2016) 'About Landmark', retrieved 29 December 2016 from <www.landmark.com.au/about-landmark-406.html>.

Lang, A (2006) 'Using the limited capacity model of motivated mediated message processing to design effective cancer communication messages', *Journal of Communication*, vol. 65, September 2006 supplement, pp. S57–S80.

Lapersonne, E, Laurent, G & Le Goff, J-J (1995) 'Consideration sets of size one: An empirical investigation of automobile purchases', *International Journal of Research in Marketing*, vol. 12, pp. 55–66.

Latimer, C (2012) 'WA bans coal mining in Margaret River region', *Mining Australia*, 25 July, retrieved from <www.australianmining.com.au/news/wa-bans-coal-mining-in-margaret-river-region>.

Ledovskiki, A (2016) 'Wine Production in Australia', *IBISWorld Industry Report C1214*, IBISWorld, July 2016.

Leenders, MAAM & Wierenga, B (2008) 'The effect of the marketing–R&D interface on new product performance: The critical role of resources and scope', *International Journal of Research in Marketing*, vol. 25, pp. 56–68.

Lenhart, A, Smith, A, Anderson, M, Duggan, M, Perrin, A (2015) 'Teens, technology and friendships', Pew Research Center, Washington, DC, retrieved from <www.pewinternet.org/2015/08/06/teens-technology-and-friendships/>.

Levinson, M (2011a) *The Great A&P and the Struggle for Small Business in America*, Hill & Wang, New York.

——(2011b) 'A history of chain stores, and their enemies: Echoes', *Bloomberg*, 26 November, retrieved 10 May 2012 from <www.bloomberg.com/news/2011-11-25/a-history-of-chain-stores-and-their-enemies-echoes.html>.

Levitt, T (1983) 'The globalization of markets', *Harvard Business Review*, May–June, pp. 92–102.

Levy, PS & Lemeshow, S (2011) *Sampling of Populations: Methods and Applications*, 4th edn, John Wiley & Sons, Hoboken, New Jersey.

Lichtenthal, JD, Yadav, V & Donthu, N (2004) *Outdoor Advertising for Business Markets*, ISBM Report 3–2004, Institute for the Study of Business Markets, University Park, PA, retrieved 6 March 2012 from <http://isbm.smeal.psu.edu/library/working-paper-articles/2004-working-papers/03-2004-outdoor-advertising.pdf>.

Lindstrom, M (2008) *Buyology: Truth and Lies about Why We Buy*, Doubleday, New York.

Lipovetsky, S (2013) 'How Good is Best? Multivariate Case of Ehrenberg-Weisberg Analysis of Residual Errors in Competing Regressions', *Journal of Modern Applied Statistical Methods*, vol. 12, no. 2, pp. 242–55.

Liu, X, Mengqiao, H, Gao, F & Xie, P (2008) 'An empirical study of online shopping customer satisfaction in China: A holistic perspective', *International Journal of Retail & Distribution Management*, vol. 36, no. 11, pp. 919–40.

Lowrie, M (2016) 'Five years after asbestos mine closure, Quebec town seeks new identity', *The Globe and Mail*, 25 August.

Lubin, G (2012) '13 disturbing facts about McDonald's', *The Fiscal Times*, 30 April, retrieved from <www.thefiscaltimes.com/Articles/2012/04/30/13-Disturbing-Facts-About-McDonalds>.

Lynes, J (2015) 'Volkswagen committed the cardinal sin of greenwashing – Lying', *The Globe and Mail*, September 24, retrieved 5 October 2015 from <www.theglobeandmail.com/report-on-business/rob-commentary/volkswagen-committed-the-cardinal-sin-of-greenwashing-lying/article26500698/>.

Macintyre, A (2003) 'After virtue: A study in moral theory' in N Noddings & M Slote, *Changing Notions of Moral Education*, The Blackwell Guide to the Philosophy of Education, Blackwell Publishing.

Mahmoud, O (2003) 'Why smart managers don't think straight', *Admap*, February, issue 436.

Malshe, A (2009) 'Strategic sales organizations: Transformation challenges and facilitators within the sales–marketing interface', *Journal of Strategic Marketing*, vol. 17, nos. 3–4, pp. 271–89.

Mangina, C & Beuzeron-Mangina, J (1996) 'Direct electrical stimulation of specific human brain structures and bilateral electrodermal activity', *International Journal of Psychophysiology*, vol. 22, p. 8.

Mangold, WG, Miller, F & Brockway, GR (1999) 'Word-of-mouth communication in the service marketplace', *Journal of Services Marketing*, vol. 13, no. 1, pp. 73–89.

Marshall, GW, Moncrief, WC, Rudd, JM & Lee, N (2012) 'Revolution in Sales: The Impact of Social Media and Related Technology on the Selling Environment', *Journal of Personal Selling & Sales Management*, vol. 32, no. 3, pp. 349–63.

Marshalls (2014) United Nations Global Compact Marshalls Communication on Progress Report, retrieved 2 January 2017 from <www.unglobalcompact.org/system/attachments/cop_2015/150221/original/Marshalls_COP_Report_2014.pdf?1427894069>.

Martindale, C (1991) *Cognitive Psychology: A Neural-Network Approach*, Brooks-Cole, Pacific Grove, CA.

Martineau, P (1958) 'Social classes and spending behaviour', *Journal of Marketing*, vol. 23, no. 2, pp. 121–30.

Martyr, P (2014) 'New myths about dangerous drinking', *Quadrant*, 10 November, retrieved from <https://quadrant.org.au/magazine/2014/11/new-myths-australias-dangerous-drinking/>.

Maslow, A (1954) *Motivation and Personality*, Harper & Row, New York.

Massey, N (2015) 'Slaughterhouse boss facing jail after admitting selling 37 horses for meat to Italian restaurant in Manchester and Leeds', *The Mirror*, 23 March.

Mauney, M (2016) 'Asbestos Mining Town in Canada Searches for New Identity', Asbestos.com, 7 November, retrieved 21 March 2017 from <www.asbestos.com/news/2016/11/07/asbestos-mining-town-canada-new-identity/>.

McConnell, JD (1968) 'The development of brand loyalty: An experimental study', *Journal of Market Research*, vol. 5, pp. 13–19.

McConochie, R & Uyenco, B (2003) 'Real cross media intelligence for real cross media planning: The PPM contribution', ESOMAR/ARF Week of Audience Measurement, ESOMAR and ARF, Los Angeles.

McDonald, C (1993) 'Point of view: The key is to understand consumer response', *Journal of Advertising Research*, vol. 33, pp. 63–9.

McDonald, H & Alpert, F (2001) 'Using the Juster scale to predict adoption of an innovative product', Australian and New Zealand Marketing Academy Conference, Auckland, New Zealand.

McDonald, M, Millman, T & Rogers, B (1997) 'Key account management: Theory, practice and challenges', *Journal of Marketing Management*, vol. 13, no. 8, pp. 737–57.

McDonald's (2012) 'McDonald's History', retrieved 11 May 2012 from <www.aboutmcdonalds.com/mcd/our_company/mcd_history.html?DCSext.destination=www.aboutmcdonalds.com/mcd/our_company/mcd_history.html>.

McDowell, WS & Dick SJ (2005) 'Revealing a double jeopardy effect in radio station audience behavior', *Journal of Media Economics*, vol. 18, pp. 271–84.

Mendelow, A (1991) 'Stakeholder Mapping', proceedings of the 2nd International Conference on Information Systems, Cambridge, MA.

Menon, A, Bharadwaj, S, Adidam, P, Edison, S (1999) 'Antecedents and Consequences of Marketing Strategy Making: a Model and a test', *Journal of Marketing*, vol. 63, no. 2, pp. 18–40.

Mercer, P (2008) 'Shunned Starbucks in Aussie exit', *BBC News*, retrieved <http://news.bbc.co.uk/2/hi/7540480.stm>.

Mescall, J (2008) 'Where did Starbucks go wrong?' *ABC News*, retrieved 13 June 2012 from <www.abc.net.au/unleashed/32188.html>.

——(2010) 'Starbucks in Australia: where did it go wrong?', *ABC News*, 29 September, retrieved from <www.abc.net.au/news/2008-08-07/32188>.

Meyers-Levy, J (1989) 'The influence of a brand name's association set size and word frequency on brand memory', *Journal of Consumer Research*, vol. 16, pp. 197–207.

Micu, A & Plummer, J (2010) 'Measurable emotions: How television ads really work', *Journal of Advertising Research*, vol. 50, pp. 137–53.

Mihalascu, D (2014) 'BMW USA boss not pleased with diesel sales of the 3-Series and 5-Series', *Car Scoops*, 4 July, retrieved from <www.carscoops.com/2014/07/bmw-usa-boss-not-pleased-with-diesel.html>.

Mill, JS (1859/1991) *On Liberty and Other Essays*, edited by J Gray, Oxford University Press.

Miller, CC, Cardinal, LB & Lundy, S (2002) 'Test marketing plugs into the internet', *Consumer Insight* (Spring), pp. 20–23.

Millman, O (2015) 'NSW urged to ban new coal mines in the Hunter Valley on health and climate grounds', *The Guardian*, 23 February.

Mills, P, Kennedy, R, Ehrenberg, A & Schlaeppi, T (2000) 'The forms that TV ads take' in D Fellows (ed.) *ARF/ESOMAR Worldwide Electronic and Broadcast Audience Research Conference*, vol. 238, Advertising Research Foundation/ESOMAR, Bal Harbour, Florida.

Mitchell, VW & Haggett, S (1997) 'Sun-sign astrology in market segmentation: An empirical investigation', *Journal of Consumer Marketing*, vol. 14, no. 2, pp. 113–31.

Montanus, GG (1998) '1998 media outlook: Audience fragmentation', *ANA Magazine*, March, pp. 2–5.

Morgan, NA & Rego, LL (2006) 'The value of different customer satisfaction and loyalty metrics in predicting business performance', *Marketing Science*, vol. 25, no. 5, pp. 426–39.

Morwitz, V (1997) 'Why consumers don't always accurately predict their own future behaviour', *Marketing Letters*, vol. 8, no. 1, pp. 57–70.

Mulvihill, T (2014) 'Is this the Starbucks of the future?', *The Telegraph*, 9 December 2014.

Murphy, PE & Laczniak, GR (2006) *Marketing Ethics Cases and Readings*, Pearson, Upper Saddle River, New Jersey.

Nagle, T, Hogan, J & Zale, J (2011) *The Strategy and Tactics of Pricing: A Guide to Growing More Profitably*, 5th edn, Pearson, Upper Saddle River, New Jersey.

National Broadband Network Company (2011) 'Broadbanding Australia', retrieved 12 March 2012 from <www.nbnco.com.au/assets/documents/nbn-co-information-pack.pdf>.

Nayaradou, M (2006) *Advertising and Economic Growth*, University of Paris, Paris.

Neff, J (2012) 'P&G to slash $10 billion in costs over five years', 23 February, *AdAge*, retrieved 25 April 2012 from <http://adage.com/article/cmo-strategy/p-g-slash-10-billion-costs-years/232914/?utm_source=daily_email&utm_medium=newsletter&utm_campaign=adage>.

Nelson-Field, K (2013) *Viral Marketing: The Science of Sharing*, Oxford University Press, Melbourne.

——& Riebe, E (2010) 'The impact of media fragmentation on audience targeting: An empirical generalisation approach', *Journal of Marketing Communications*, vol. 17, no. 1, pp. 51–67.

——& Taylor, J (2012) 'Facebook fans: A fan for life?', *Admap*, May, retrieved 25 May 2012 from <www.warc.com/Content/PrintViewer.aspx?MasterContentRef=b44fad20-c6f7-4d44-aac2-da9ea7cf8383>.

——, Riebe, E, Sharp, B (2012) 'What's not to "like"? Can a Facebook fan base give a brand the advertising reach it needs?', *Journal of Advertising Research*, vol. 52, no. 2, pp. 262–69.

——, K, Lees, G, Riebe, E & Sharp, B (2001) 'How successful are media differentiation attempts?', *Marketing Bulletin*, vol. 21, pp. 1–8.

News.com (2015) 'New growth export: Tasmania's lavender bear smells potential of Chinese market', News.com.

Nielsen (2011) *Television Audience 2010 & 2011*, Nielsen.

Nielsen (2014) 'Changing channels: Americans view just 17 channels despite record number to choose from', 6 May, The Nielsen Company, retrieved 18 October 2016 from <www.nielsen.com/us/en/insights/news/2014/changing-channels-americans-view-just-17-channels-despite-record-number-to-choose-from.html>.

Nielsen (2016) 'Milestone Marker: SVOD and DVR penetration are now on par with one another', The Nielsen Company, 27 June, retrieved 2 January 2017 from <www.nielsen.com/us/en/insights/news/2016/milestone-marker-svod-and-dvr-penetration-on-par-with-one-another.html>.

Nozik, R (1974) *Anarchy, State and Utopia*, Basic Books, New York.

Nudd, T (2015) 'Gatorade digitally remastered "Be Like Mike" after 23 years, and damn does it hold up: classic spot looks like new', *Adweek*, retrieved 30 March 2015 from <www.adweek.com/adfreak/gatorade-digitally-remastered-be-mike-after-23-years-and-it-looks-amazing-162922>.

Nylander, J (2015) 'Top 21 winning brands in China', *Forbes*, 6 December.

Offit, P (2011) *Deadly Choices: How the Anti-Vaccine Movement Threatens Us All*, Basic Books, New York.

Ooi, T (2010) 'Eyewear entrant Specsavers shakes up tradition-bound industry', *The Australian*, 9 October.

Paech, S (2005) 'Media planning: Theory vs practice', unpublished Masters thesis, University of South Australia.

Panagopoulos, NG & Avlonitis, GJ (2008) 'Sales Force Control Systems: A Review of Measurement Practices and Proposed Scale Refinements', *Journal of Personal Selling & Sales Management*, vol. 28, no. 4, pp. 365–85.

Papper, RA, Holmes, ME & Popovich, MN (2004) 'Middletown media studies: Media multitasking … and how much people really use the media', *The International Digital & Media Arts Association Journal*, vol. 1, pp. 9–50.

Parasuraman, A, Zeithaml, V & Berry, L (1988) 'SERVQUAL: A multiple-item scale for measuring consumer perceptions of service quality', *Journal of Retailing*, vol. 64, pp. 12–40.

Parekh, R (2012) 'BMW changes gears with new campaign from KBS&P', *Advertising Age*, 6 January, retrieved from <http://adage.com/article/agency-news/bmw-gears-campaign-kbs-p/231948/>.

Parry, L (2015) 'Tax on fizzy drinks "DOES help tackle obesity": But taxing ingredients like sugar "would have an even bigger impact"', *Daily Mail Australia*.

Patel, K (2011) 'Survey: Consumers Don't Trust Google or Apple with Mobile Payments', *AdAge*, 9 August, retrieved 30 May 2012 from <http://adage.com/article/digital/consumers-trust-google-apple-mobile-payments/229163/>.

Patzer, GL (1991) 'Multiple dimensions of performance for 30-second and 15-second commercials', *Journal of Advertising Research*, vol. 31, no. 4, pp. 18–25.

Peacock, M (2011) 'Toxic Trade', *ABC News*, 8 November, retrieved 3 January 2012 from <www.abc.net.au/foreign/content/2011/s3359246.htm>.

Pearlman, J (2015) 'Who invented the flat white? Row breaks out between Australian and New Zealand cafe owners', *The Telegraph*, 28 September 2015.

Peattie, S & Peattie, K (2003) 'Ready to fly solo? Reducing social marketing's dependence on commercial marketing theory', *Marketing Theory*, vol. 3, no. 3, pp. 365–85.

Pentina, I, Bolman, PE & Wilkinson, JW (2014) 'Comparing drivers of social media marketing adoption by salespeople in Australia and the USA: A pilot study', *International Journal of Information Systems and Management*, vol. 1, no. 1–2, pp. 146–65.

Peterson, F & Jung, CG (1907) 'Psycho-physical investigations with the galvanometer and pneumograph in normal and insane individuals', *Brain*, vol. 30, pp. 153–218.

Pfanner, E (2012) 'A Low-Priced Rival Pushes to Take Over France's Mobile Phone Market', *The New York Times*, 10 January 2012, retrieved from <www.nytimes.com/2012/01/11/technology/iliad-takes-aim-at-top-mobile-operators-in-france.html>.

Picard, RG (1999) 'Audience Fragmentation And Structural Limits On Media Innovation And Diversity', Second Expert Meeting on Media in Open Societies, University of Amsterdam.

Piercy, NF (2006) 'The strategic sales organization', *The Marketing Review*, vol. 6 no. 1, pp. 3–28.

——, Cravens, DW & Morgan, NA (1997) 'Sources of effectiveness in the business-to-business sales organization', *Journal of Marketing Practice: Applied Marketing Science*, vol. 3, no. 1, pp. 43–69.

Pilgrim, D (2008) *Real Life Guides: Retail*, 2nd edn, Trotman, United Kingdom.

Pinchin, K (2008) 'Big like America', *Newsweek*, 16 February.

Pinker, S (1994) *The Language Instinct: The New Science of Language and Mind*, Penguin Books.

Plevin, J (2008) 'Who's a hipster?', *Huffington Post*.

Plogell, M & Wardman, J (2009) 'Advertising to children in Sweden, legal briefing', *Young Consumers*, vol. 10, no. 4.

Plummer, J (2006) *Engagement: Definitions and Anatomy*, Advertising Research Foundation, New York.

Plungis, J (2015) 'Volkswagen emissions scandal: Forty years of greenwashing – the well-travelled road taken by VW', *Independent*, 25 September.

Poels, K & Dewitte, S (2006) 'How to capture the heart? Reviewing 20 years of emotion measurement in advertising', *Journal of Advertising Research*, vol. 46.

Porter, ME (1986) 'Changing Patterns in International Competition', *California Management Review*, vol. 28 (Winter), pp. 9–40.

Poupee, K (2010) 'Japanese firm rolls out handmade cars', *Sydney Morning Herald*, 7 March.

Pulendran, S, Speed, R, Widing, RE (2003) 'Marketing planning, marketing orientation and business performance', *European Journal of Marketing*, vol. 37, no. 3/4, pp. 476–97.

Quartz, S & Asp, A (2005) 'Brain branding—brands on the brain', *Annual Congress*, California Institute of Technology, Cannes.

Quintens, L, Pauwels, P & Matthyssens, P (2006) 'Global purchasing: State of the art and research directions', *Journal of Purchasing and Supply Management*, vol. 12, no. 4, pp. 170–81.

Rawls, J (1971) *A Theory of Justice*, Harvard University Press, Cambridge, MA.

(RED) (2017) 'What is (RED)?', (RED), retrieved from <https://red.org>.

Redford, N (2005) *Regularities in Media Consumption*, Masters thesis, University of South Australia.

Redmayne, P & Weeks, H (1931) *Market Research*, Butterworth & Co, Bell Yard, Temple Bar, London.

Reichheld, FF & Sasser, WEJ (1990) 'Zero defections: Quality comes to services', *Harvard Business Review*, vol. 68, pp. 105–11.

Rethink Sugary Drink (2016) 'About', Rethink Sugary Drink, retrieved 13 December 2016 from <www.rethinksugarydrink.org.au/about>.

Riccobono, A (2015) 'Super Bowl ratings: How many people watched the New England Patriots, Seattle Seahawks game?', *International Business Times*.

Richardson, S, Healy, J, Moskos, M (2014) 'From "Gentle Invaders" to "Breadwinners": Australian Women's Increasing Employment and Earnings Shares', NILS working paper, series no. 210, National Institute of Labour Studies, Flinders University, Adelaide, retrieved from <www.flinders.

edu.au/sabs/nils-files/publications/working-papers/Breadwinner%20Women.pdf>.

Riebe, E & Dawes, J (2006) 'Recall of radio advertising in low and high advertising clutter formats', *International Journal of Advertising*, vol. 25, pp. 71–86.

——, Sharp, B & Nelson-Field, K (2013) 'More mutter about clutter: Extending empirical generalizations to Facebook', *Journal of Advertising Research*, vol. 53, no. 2, pp. 186–91.

——, Wright, M, Stern, P, Sharp, B (2014) 'How to grow a brand: Retain or acquire customers?', *Journal of Business Research*, vol. 67, no. 5, pp. 990–97.

Ries, A & Trout, J (1986) *Positioning: The Battle for Your Mind*, Warner Books, New York, NY.

Riley, C (2015) 'Rejoice! Starbucks is bringing the flat white to America', *CNN Money*, 5 January.

Ritson, M (2016a) 'Mark Ritson: if you think the sales funnel is dead, you've mistaken tactics for strategy', *Marketing Week*, 6 April, retrieved 10 August from <www.marketingweek.com/2016/04/06/mark-ritson-if-you-think-the-sales-funnel-is-dead-youve-mistaken-tactics-for-strategy/>.

——(2016b) 'Rio Olympics: Online video and the (not quite) death of TV', *The Australian*, 7 November.

Ritter, P & Villringer, A (2006) 'Simultaneous EEG–fMRI', *Neuroscience & Biobehavioral Reviews*, vol. 30, pp. 824–38.

Roberts, J & Nedungadi, P (1995) 'Studying consideration in the consumer decision process: Progress and challenges', *International Journal of Research in Marketing*, vol. 12, pp. 3–7.

Rogers, EM (1995) *Diffusion of Innovations*, 4th edn, The Free Press, New York.

Román, S & Luis Munuera, J (2005) 'Determinants and consequences of ethical behaviour: An empirical study of salespeople', *European Journal of Marketing*, vol. 39 no. 5/6, pp. 473–95.

Romaniuk, J (2007) *Dimensions of Branding Quality in Television Advertisements*, University of South Australia, Adelaide.

——(2009) 'The efficacy of brand-execution tactics in TV advertising, brand placements and internet advertising', *Journal of Advertising Research*, vol. 49, pp. 143–50.

——& Gaillard, E (2007) 'The relationship between unique brand associations, brand usage and brand performance: Analysis across eight categories', *Journal of Marketing Management*, vol. 23, pp. 267–84.

——& Sharp, B (2000) 'Using Known Patterns in Image Data to Determine Brand Positioning', *International Journal of Market Research*, vol. 42, no. 2, pp. 219–30.

——& Sharp, B (2003) 'Measuring brand perceptions: Testing quantity and quality', *Journal of Targeting, Measurement and Analysis for Marketing*, vol. 11, pp. 218–29.

——& Sharp, B (2004) 'Conceptualizing and measuring brand salience', *Marketing Theory*, vol. 4, pp. 327–42.

——, Bogomolova, S & Dall'Olmo Riley, F (2012) 'Brand image and brand usage: Is a 40-year-old generalization still useful?', *Journal of Advertising Research*, vol. 52, no. 2, p. 599.

——, Jeanes, M & Beal, V (2012) 'Planning for Synergy: Harnessing the Power of Multi-Platform Media', *Ehrenberg-Bass News*, Ehrenberg-Bass Institute and CNBC, retrieved 9 December 2016 from <www.marketingscience.info/planning-for-synergy-harnessing-the-power-of-multi-platform-media/>.

——, Sharp, B & Ehrenberg, A (2007) 'Evidence concerning the importance of perceived brand differentiation', *Australasian Marketing Journal*, vol. 15, no. 2, pp. 42–54.

Rossignol, J (2016) 'Apple has received more online orders for new Macbook Pro than any previous generation', *Mac Rumors*, 2 November, retrieved 20 December 2016 from <www.macrumors.com/2016/11/02/phil-schiller-new-macbook-pro-interview/>.

Rossiter, JR & Bellman, S (2005) *Marketing Communications: Theory and Applications*, Pearson Education, Frenchs Forest.

Rossiter, JR, Percy, L & Donovan, RJ (1991) 'A better advertising planning grid', *Journal of Advertising Research*, vol. 31, pp. 11–21.

Roy Morgan Research (2015) 'Low-carb beer drinkers not in it for their waistlines', press release, 3 June, retrieved 19 August 2016 from <www.roymorgan.com/findings/6268-low-carb-beer-drinkers-not-in-it-for-waistline-201506022258>.

Rubinson, J (2010) 'Ten reasons you should care about the shopper', 21 July, retrieved 27 July 2010 from <http://blog.joelrubinson.net/2009/07/ten-reasons-you-should-care-about-the-shopper/>.

Rugman, AM (2001) 'Viewpoint: The myth of global strategy', *International Marketing Review*, vol. 18, no. 6, pp. 11–14.

Saad, G (2011) *The Consuming Instinct: What Juicy Burgers, Ferraris, Pornography, and Gift Giving Reveal about Human Nature*, Prometheus Books, Amherst, NY.

Salt, B (2006) *The Big Picture*, Hardie Grant Books, Melbourne.

Satell, G (2014) 'A look back at why Blockbuster really failed and why it didn't have to', *Forbes*, 5 September.

Schawbel, D (2014) 'Richard Branson's Three Most Important Leadership Principles', *Forbes*, 23 February.

Schell, O (2011) 'How Walmart is changing China', *Atlantic Magazine*, December, retrieved 10 May 2012 from <www.theatlantic.com/magazine/archive/2011/12/how-walmart-is-changing-china/8709/>.

Schwarz, N (1999) 'Self-reports: How the questions shape the answers', *American Psychologist*, vol. 54, no. 2, pp. 93–105.

Scriven, JA & Ehrenberg, ASC (2004) 'Consistent consumer responses to price changes', *Australasian Marketing Journal*, vol. 12, no. 3, pp. 6–25.

Seddon, G (1970) *Swan River Landscapes*, University of Western Australia Press, Perth.

Shahan, Z (2014) 'Electric car sales growing much faster than hybrid sales did (chart)', *EVObsession*, 15 October, retrieved from <http://evobsession.com/electric-car-sales-growing-much-faster-hybrid-sales-chart/>.

——(2015) 'US electric car sales increase just 9% in January 2015', *EVObsession*, 5 February, retrieved from <http://evobsession.com/us-electric-car-sales-increase-just-9-january-2015/>.

Sharp, A, Moore, P, Anderson K (2011) 'Are those who respond first to an online survey different from the laggards?', *Australasian Journal of Market and Social Research*, vol. 19, no.1, June, pp. 25–33.

Sharp, B (2008) 'Net promoter score fails the test: market research buyers beware', *Marketing Research*, Winter, pp. 28–30.

——(2010) *How Brands Grow*, Oxford University Press, South Melbourne.

——& Sharp, A (1996) 'Positioning and partitioning' in AM Martin & SRG Starr, Jr (eds) *Australia New Zealand Marketing Conference*, Department of Marketing, University of Auckland, p. 723.

——& Sharp, A (1997) 'Loyalty Programs and Their Impact on Repeat-Purchase Loyalty Patterns', *International Journal of Research in Marketing*, vol. 14, no. 5, pp. 473–86.

——& Romaniuk, J (2016) 'How brands grow', in *How Brands Grow: Part 2*, J Romaniuk & B Sharp (eds) Melbourne: Oxford University Press.

——& Wind, J (2009) 'Today's advertising laws: will they survive the digital revolution?' *Journal of Advertising Research*, vol. 49, pp. 120–6.

——, Beal, V & Collins, M (2009) 'Television: back to the future', *Journal of Advertising Research*, vol. 49, pp. 211–19.

——, Riebe, E, Dawes, JF & Danenberg, N (2002) 'A marketing economy of scale—Big brands lose less of their customer base than small brands', *Marketing Bulletin*, vol. 13, pp. 1–8.

——, Tolo, M & Giannopoulos, A (2001) 'A differentiated brand should appeal to a special segment of the market ... but it doesn't!' in S Chetty & B Collins (eds) *Bridging Marketing Theory & Practice*, Australia and New Zealand Marketing Academy, Massey University, New Zealand.

——, Wright, M & Goodhardt, G (2002) 'Purchase loyalty is polarised into either repertoire or subscription patterns', *Australasian Marketing Journal*, vol. 10, no. 3, pp. 7–20.

Shaw, B (1998) *Improving Marketing Effectiveness*, Profile Books, London.

Silberstein, RB & Nield, GE (2008) 'Brain activity correlates of consumer brand choice shift associated with television advertising', *International Journal of Advertising*, vol. 27, pp. 359–80.

Silver, N (2012) *The Signal and the Noise: Why So Many Predictions Fail — But Some Don't*, The Penguin Press, London.

Simon, HA (1947) *Administrative Behaviour: A Study of Decision-making Processes in Administrative Organisation*, 4th edn, The Free Press.

——(1993) 'Strategy and Organisational Evolution', *Strategic Management Journal*, vol. 14, pp.131–42.

Simpson, M (2002) 'Meet the metrosexual', *Salon.com*, retrieved 30 September 2015 from <www.salon.com/2002/07/22/metrosexual/>.

Sinclair, L (2004) 'Bulla and Herron hit the mark in popularity contest', *B&T*, 12 March, p. 13.

Sinha, DK (1990) 'The contribution of formal planning to decisions', *Strategic Management Journal*, vol. 11, no. 6, pp. 479–92.

Sissors, JZ & Baron, RB (2002) *Advertising Media Planning*, McGraw-Hill.

Slutsky, I (2011) 'Kids flock to social nets, but few advertisers dare to follow', *AdAge*, retrieved 16 May 2012 from <http://adage.com/article/digital/togetherville-moshi-monsters-hot-advertisers-follow/228289>.

Smith, A (2016) 'Yoda says "eat your bananas, you will"', *CNN Money*, 14 October, retrieved 1 November 2016 from <http://money.cnn.com/2016/10/14/media/disney-dole-branding/index.html>.

Smith, C (2012) 'Super Bowl ad rates can double within ten years', *Forbes*.

Song, Y-B (no date) 'Finding the missing piece in online frequency', *Atlas Institute Digital Marketing Insights*, Atlas DMT, LLC, p. 2.

Sorensen, H (2009) *Inside the Mind of the Shopper*, Pearson Education Inc, Upper Saddle River, New Jersey.

Spaeth, J & Hess, M (1989) 'Single-source data ... the missing pieces', Proceedings of ARF Single-Source Data Workshop, 22 June.

Speakman, JIF & Ryals, L (2012) 'Key account management: the inside selling job', *Journal of Business & Industrial Marketing*, vol. 27, no. 5, pp. 360–69.

Speck, P & Elliott, M (1998) 'Consumer perceptions of advertising clutter and its impact across various media', *Journal of Advertising Research*, vol. 38, no. 1, pp. 29–4.

Spiro, RL, Stanton, WJ & Rich, GA (2003) *Management of a sales force* (11th ed), New York, McGraw-Hill/Irwin.

Spittler, JZ (1998) 'TV optimisers: Fad or trend?' *Admap*, vol. 33, pp. 25–7.

Sports Business Daily (2012) 'Gap between number of male, female Super Bowl viewers is shrinking', *Sports Business Daily*.

Srivastava, RK, Shervani, TA & Fahey, L (1998) 'Market-based assets and shareholder value: a framework for analysis', Journal of Marketing, vol. 62, no. 1, pp. 2–18.

Stanton, T (2016) 'Apple's newest MacBook Pro generated 7x more online revenue than MacBook at launch', Slice Intelligence, November 8, retrieved from <https://intelligence.slice.com/apples-macbook-pro-launch/>.

Starbucks (2016) 'Flat White', Starbucks, retrieved from <www.starbucks.au/menu/24/flat-white>.

Statistica (2016) 'Facebook's advertising revenue worldwide from 2009 to 2015 (in million U.S. dollars)', retrieved 2 January 2017 from <www.statista.com/statistics/271258/facebooks-advertising-revenue-worldwide/>. Note: log-in required.

Steare, R (2013) *Ethicability: How to decide what's right and find the courage to do it*, 3rd edn, Roger Steare Consulting Ltd, UK.

Steinberg, B (2013) 'Super Bowl ads: Fox seeks $4m for 30-second slot in big game', *Variety*, retrieved 19 February 2015 from <http://variety.com/2013/tv/news/super-bowl-ads-fox-seeks-4m-for-30-second-slot-in-big-game-1200586371/>.

Stern, P & Ehrenberg, A (1995), 'Evaluating and predicting doctors' prescribing', *European Society for Opinion and Marketing Research*, vol. 9.

Stevens, G (2012) 'RBA Governor, Glenn Stevens' speech to the Anika Foundation Luncheon', 24 July, Reserve Bank of Australia, Sydney, retrieved from <www.rba.gov.au/speeches/2012/sp-gov-240712.html>.

Stone, D (2011) 'Dairy farmers disappointed with ACCC's decision on Coles milk pricing', *Food & Beverage Industry News*, 27 July, retrieved 13 December 2016 from <https://foodmag.com.au/dairy-farmers-disappointed-with-acccs-decision-on-coles-milk-pricing/>.

Stone, G (2014) 'Ysios steps up luxury ambitions', in *The Drinks Business*, 16 January, retrieved from <www.thedrinksbusiness.com/2014/01/ysios-steps-up-luxury-ambitions/>.

Street, C (2015) 'McDonald's dumps CEO and its stock vaults higher', *BreitBart*, 30 January, retrieved 29 December 2016 from <www.breitbart.com/california/2015/01/30/mcdonalds-dumps-ceo-and-its-stock-vaults-higher/>.

Strong, EK (1925) *The Psychology of Selling*, McGraw-Hill, New York.

Svensson, G (2001) 'Glocalization of business activities: A glocal strategy approach', *Management Decisions*, vol. 39 no. 1, pp. 6–18.

Sweat, MD, Denison, J, Kennedy, C, Tedrow, V & O'Reilly, K (2012) 'Effects of condom social marketing on condom use in developing countries: a systematic review and meta-analysis, 1990–2010', World Health Organization, retrieved from <www.who.int/bulletin/volumes/90/8/11-094268/en/>.

Sweden.se (2012) 'Children in Sweden: Growing up in Sweden', retrieved 3 June 2012 from <www.sweden.se/eng/Home/Society/Child-care/Facts/Children-in-Sweden>.

Tadros, E (2010) 'Zara will open first store at Westfield's Pitt Street Mall centre in Sydney' *News.com.au*, 7 August 2010, retrieved 2 March 2017 from <www.news.com.au/finance/zara-will-open-first-store-at-westfields-pitt-street-mall-centre-in-sydney/news-story/1ff07f8cf9582ae99f72041a83d4d137>.

Tapscott, D & Williams, AD (2010) *Macrowikinomics: Rebooting Business and the World*, Portfolio, Penguin Books, Canada.

Taylor, J (2010) 'Is once really enough? Measuring the advertising response function', PhD thesis, University of South Australia.

——, Kennedy, R & Sharp, B (2009) 'Making generalizations about advertising's convex sales response function: is once really enough?', *Journal of Advertising Research*, vol. 49, no. 2, pp. 198–200.

Tellis, GJ (2009) 'Generalizations about advertising effectiveness in markets', *Journal of Advertising Research*, vol. 49, pp. 240–5.

The Global Fund (2016) 'Global Fund Overview', retrieved from <www.theglobalfund.org/en/overview/>.

The Guardian (2014) 'Petrol retailers reject ACCC's assertion of price-fixing at bowser', *The Guardian*, 26 September.

The Guardian (2015) 'Plain packaging to thank for Australia's decline in smoking, says Labor', *The Guardian*.

Theil, H & Kosobud, RF (1968) 'How informative are consumer buying intentions surveys?', *The Review of Economics and Statistics*, vol. 50, pp. 50–9.

Thompson, S (2006) 'Hershey defends its marketing strategy', *Advertising Age*, retrieved 6 August 2007 from <http://adage.com/article/news/hershey-defends-marketing-strategy/112585>.

Thompson, T (2013) 'Australian slaughterhouses face uncertain future if European horse meat scandal reins in exports', *The Courier Mail*, 24 February, retrieved from <www.couriermail.com.au/news/queensland/but-meat-scandal-may-rein-in-exports/story-e6freoof-1226584232679>.

Thurston, WE, Potvin, L (2003) 'Evaluability assessment: A tool for incorporating evaluation in social change programmes', *Evaluation*, vol. 9, no. 4, pp. 453–69.

Toyota (2016) '2015 Financial Summary', Toyota, retrieved 15 October 2016 from <www.toyota-global.com/pages/contents/investors/financial_result/2016/pdf/q4/summary.pdf>.

Trinh, TT & Anesbury, ZW (2015) 'An investigation of variation in brand growth and decline across categories', *International Journal of Market Research*, vol. 57, no. 3, pp. 347–56.

Tucker, WT (1964) 'The development of brand loyalty', *Journal of Marketing Research*, vol. 1, pp. 32–5.

Tulving, E & Thomson, D (1973) 'Encoding specificity and retrieval processes in episodic memory', *Psychological Review*, vol. 80, pp. 352–73.

Tumbleston JR, Shirvanyants, D, Ermoshkin, N, Janusziewicz, R, Johnson, AR, Kelly, D, Chen, K, Pinschmidt, R, Rolland, JP, Ermoshkin, A, Samulski, ET (2015) 'Continuous liquid interface production of 3D objects', *Science*, vol. 347, no. 6228, pp. 1349–52.

Tylor, E (1920) *Primitive Culture*, JP Putnam's Sons, New York.

Uncles, M (2010) 'Retail change in China: Retrospect and prospect', *International Review of Retail, Distribution and Consumer Research*, vol. 20, no. 1, pp. 69–84.

Bibliography

——(2011) 'Understanding brand performance measures' in M Uncles (ed.) *Perspectives on Brand Management*, Tilde University Press, Melbourne, Australia.

——& Hammond, K (1995) 'Grocery store patronage', *The International Review of Retail, Distribution & Consumer Research*, vol. 5, no. 3, pp. 287–302.

——& Kwok, S (2009) 'Patterns of store patronage in urban China', *Journal of Business Research*, vol. 62, no. l, pp. 68–81.

Uncles, M, Kennedy, R, Nenycz-Thiel, M, Singh, J & Kwok, S (2012) 'In 25 Years, Across 50 Categories, User Profiles for Directly Competing Brands Seldom Differ: Affirming Andrew Ehrenberg's Principles', Journal of Advertising Research, vol. 52, no. 2, pp. 25–61.

Uncles, MD, Ehrenberg, A (1990), 'Industrial buying behavior: aviation fuel contracts', International Journal of Research in Marketing, vol. 7, no. 1, pp. 56–68.

Undercoffler, D (2014) 'BMW 535d leads the pack among diesel luxury sedans', 19 July, retrieved from <www.latimes.com/business/autos/la-fi-hy-luxury-diesels-20140719-story.html#page=1E>.

Unilever (2016) 'The Unilever Sustainable Living Plan', Unilever, retrieved 1 November 2016 from <www.unilever.co.ke/sustainable-living/introducing-our-plan/health-and-hygiene/>.

United Nations (1987) *Our Common Future. The Report of the World Commission on Environment and Development*, UN Documents, retrieved 16 May 2012 from <www.un-documents.net/ocf-02.htm#I>.

Unnava, HR & Burnkrant, RE (1991) 'Effects of repeating varied ad executions on brand name memory', *Journal of Marketing Research*, vol. 28, pp. 406–16.

Van Bael & Bellis (2013) 'VBB on Competition Law', Van Bael & Bellis, April, no. 4, retrieved 24 September 2015 from <www.vanbaelbellis.com/en/fiches/publications/newsletters/?Area=162>.

van der Wurff, R, Bakker, P & Picard, R (2008) 'Economic growth and advertising expenditures in different media in different countries', *Journal of Media Economics*, vol. 21, pp. 28–52.

Varan, D, Land, A, Barwise, P, Weber, R & Bellman, S (2015) 'How reliable are neuromarketers' measures of advertising effectiveness?: Data from ongoing research holds no common truth among vendors', *Journal of Advertising Research*, vol. 55, no. 2, pp. 176–91.

——, Murphy, J, Hofacker, CF, Robinson, JA, Potter, RF, Bellman, S (2013) 'What works best when combining television sets, PCs, tablets, or mobile phones? How synergies across devices result from cross-device effects and cross-format synergies', *Journal of Advertising Research*, vol. 53, no. 2, pp. 212–20.

——, Murphy, J, Hofacker, C, Robinson, J, Potter, R & Bellman, S (2012) *Cross-Device Synergy Versus Cross-Media Synergy*, conference paper for EGII: What Works in the New Age of Advertising & Marketing, hosted by the Wharton Future of Advertising Program in cooperation with the Ehrenberg-Bass Institute and the Advertising Research Foundation, Philadelphia, May 31–June 1.

Vargo, SL & Lusch, RF (2004) 'Evolving to a new dominant logic for marketing', *Journal of Marketing*, vol. 68, no. 1, pp. 1–17.

Vaughan, K, Beal, V, Romaniuk, J (2016) 'Can brand users really remember advertising more than nonusers?', *Journal of Advertising Research*, vol. 56, no. 3, pp. 311–20.

Venkatraman, V, Dimoka, A, Pavlou, PA, Vo, K, Hampton, W, Bollinger, B, Hershfield, HE, Ishihara, M & Winer, RS (2015) 'Predicting advertising success beyond traditional measures: New insights from neurophysiological methods and market response modeling', *Journal of Marketing Research*, vol. 52, no. 4, pp. 436–52.

Vignali, C (2001) 'McDonald's: "Think global, act local" — the marketing mix', *British Food Journal*, vol. 103, no. 2, pp. 97–111.

Visaka Industries Limited (2012) 'Facts', Visaka Industries, retrieved 3 January 2012 from <www.visaka.biz/reports/facts.pdf>.

Voltaire, F (1909–14) Part 2, 'Letter XI: On inoculation' in *Letters on the English*, vol. XXXIV, The Harvard Classics, P.F. Collier & Son, New York, retrieved 9 May 2012 from <www.bartleby.com/34/2/11.html>.

Walker, P (1998) 'Minimise waste by targeting more efficiently', *Admap*.

Wallace, A (2009) 'An epidemic of fear: How panicked parents skipping shots endangers us all', *Wired*, 19 October, retrieved 9 May 2012 from <www.wired.com/magazine/2009/10/ff_waronscience/all/1>.

Walterfang, J (2003) 'The tale of a tail', Winestate Magazine.

WARC (2014) 'Kraft rejects digital ad impressions', *World Advertising Research Center*, 3 November, retrieved 19 August 2015 from <www.warc.com/LatestNews/News/Kraft_rejects_digital_ad_impressions_.news?ID=33820>.

——(2016) 'Global ad trends', *Warc*, retrieved 26 December 2016 from <http://content.warc.com/download-warcs-global-ad-trends-report>.

——(2016) 'P&G rethinks Facebook', *World Advertising Research Center*, 11 August, retrieved 2 January 2017 from <www.warc.com/LatestNews/News/PG_rethinks_Facebook.news?ID=37220>.

Washington, S (2011) 'Coles and Woolworths bullying us, say suppliers', *The Sydney Morning Herald*, 26 November.

Weatherhead, R (2014) 'Say it quick, say it well — the attention span of a modern internet consumer', *The Guardian*, 1 March.

Webb, PH & Ray, M (1979) 'Effects of television clutter', *Journal of Advertising Research*, vol. 19, pp. 7–12.

Weinstein, A (1993) Market Segmentation, revised edn, Irwin, Chicago, IL.

Wells, J (2009) 'Canada's booming asbestos market', *The Star*, 20 December, retrieved from <www.thestar.com/news/world/2009/12/20/canadas_booming_asbestos_market.html>.

West, M, & Cox, L (2015) 'Adani and Commonwealth Bank part ways, casting further doubt on Carmichael coal project', *Sydney Morning Herald*, 5 August.

Westfall, R (1962) 'Psychological factors in predicting product choice', *Journal of Marketing*, vol. 26, pp. 34–40.

White, AD (1896) 'Theological opposition to inoculation, vaccination, and the use of anæsthetics', *A History of the Warfare of Science with Theology in Christendom*, Appleton, New York.

White, R (2000) 'Single-source data', *Warc Best Practice*, April, pp. 1–4.

Whipple, T (2016) 'A cut and blow-dry ... and a lecture on my drinking, please', *The Times*, 17 December, retrieved from <www.thetimes.co.uk/article/a-cut-and-blow-dry-and-a-lecture-on-my-drinking-please-psws6mlrq>.

Wicken, G & Spittler, JZ (1998) 'Account planning? Media planning? Communications planning?', Advertising Research Foundation Workshop.

Wikipedia (2017) Price Elasticity of Demand, Wikipedia, retrieved 21 June 2017 from <https://en.wikipedia.org/wiki/Price_elasticity_of_demand>.

Wind, J & Sharp, B (2009) 'Advertising empirical generalizations: Implications for research and action', *Journal of Advertising Research*, vol. 49, pp. 246–52.

Wind, Y (1978) 'Issues and advances in segmentation research', *Journal of Marketing Research*, vol. 15 (August), pp. 317–37.

Wood, L (2009) 'Short-term effects of advertising: Some well established law-like patterns', *Journal of Advertising Research*, vol. 49, pp. 186–92.

Wong, HY, Radel, K, Ramsaran-Fowdar, R (2011) *Building a Marketing Plan: A Complete Guide*, Business Expert Press, New York.

World Health Organization (2012) 'Smallpox', retrieved 9 May 2012 from <http://www.who.int/csr/disease/smallpox/en/>.

World Trade Organization (2007) 'The GATT/WTO at 60: WTO World Trade Report examines six decades of multilateralism in trade', *World Trade Report*, 4 December, retrieved 16 May 2012 from <www.wto.org/english/news_e/pres07_e/pr502_e.htm>.

——(2017) 'Disputes by complainant', WTO, Geneva, retrieved 17 March 2017 from <www.wto.org/english/tratop_e/dispu_e/dispu_by_country_e.htm#respondent>.

Wright, M (2009) 'A new theorem for optimizing the advertising budget', *Journal of Advertising Research*, vol. 49, no. 2, pp. 164–9.

—— & Esslemont, D (1994) 'The logical limitations of target marketing', *Marketing Bulletin*, vol. 5, pp. 13–20.

——& Klÿn, B (1998) 'Environmental attitude – Behaviour correlations in 21 countries', *Journal of Empirical Generalisations in Marketing Science*, vol. 3, pp. 42–60.

——, Sharp, A & Sharp, B (2002) 'Market statistics for the Dirichlet model: Using the Juster scale to replace panel data', *International Journal of Research in Marketing*, vol. 19, pp. 81–90.

WTO—*see* World Trade Organization

Yankelovich, D (1964) 'New criteria for market segmentation', *Harvard Business Review*, vol. 42, no.2, pp. 83–90.

Young Media Australia (2009) 'Effects of advertising on children's body image', Young Media, retrieved 3 May 2010 from <www.youngmedia.org.au/mediachildren/03_02_ads_body_image.htm>.

Young, W, Hwang, K, McDonald, S, Oates, CJ (2010) 'Sustainable consumption: green consumer behaviour when purchasing products', *Sustainable Development*, vol. 18, no. 1, pp. 20–31.

Zanetti, A (2016) 'Best of 2016: Inventor of the burkini questions French bans', on *Radio National Drive Show*, 16 December, presented by Michele Weekes, retrieved from <www.abc.net.au/radionational/programs/drive/best-of-inventor-of-the-burkini-questions-french-bans/8127310>.

Zoltners, AA & Sinha, P (2005) 'The 2004 ISMS practice prize winner—Sales territory design: Thirty years of modeling and implementation', *Marketing Science*, vol. 24, no. 3, pp. 313–31.

Zuckerberg, M (2015) 'We just passed an important milestone', status update, 28 August 2015, retrieved 14 March 2017 from <www.facebook.com/zuck/posts/10102329188394581>.

著=バイロン・シャープ

南オーストラリア大学アレンバーグ・バス・マーケティング研究所所長。『ブランディングの科学』(原題：How Brands Grow) は2013年、アドエイジ誌の読者が選ぶマーケティング・ブック・オブ・ザ・イヤーに選ばれた。これまでに100報を超える学術論文を発表。専門誌5誌の編集委員を務めている。近年は、ジェリー・ウインド教授とともにウォートンビジネススクールで広告の法則について講義を行い、2009年と2013年には、広告の科学的法則を特集したジャーナル・オブ・アドバタイジング・リサーチ誌の特別号の共同編集者を同氏とともに務めた。

訳=前平謙二

1994年、広告代理店を経てP&Gジャパンへ。マーケティング局に勤務。多くのブランディング広告の製作に携わり、数々のブランド誕生のドラマに立ち会い、その成長をサポートする。2010年、翻訳家として独立。主な訳書に『ブランディングの科学』『ブランディングの科学　新市場開拓篇』『ブランディングの科学　独自のブランド資産構築篇』(すべて朝日新聞出版)、『P&Gウェイ』(東洋経済新報社) 他。

マーケティングの科学

セオリー・エビデンス・
実践で学ぶ世界標準の技術

2025年4月30日　第1刷発行

著　者　　バイロン・シャープ

訳　者　　前平謙二

装　丁　　天池聖（drnco.）
図　版　　鈴木愛未（朝日新聞メディアプロダクション）

発行者　　宇都宮健太朗
発行所　　朝日新聞出版
　　　　　〒104-8011　東京都中央区築地5-3-2
　　　　　電話　03-5541-8832（編集）
　　　　　　　　03-5540-7793（販売）
印刷所　　大日本印刷株式会社

©2025 Kenji Maehira
Published in Japan by Asahi Shimbun Publications Inc.
ISBN 978-4-02-251972-6

定価はカバーに表示してあります。
本書掲載の文章・図版の無断複製・転載を禁じます。
落丁・乱丁の場合は弊社業務部（☎03-5540-7800）へご連絡ください。
送料弊社負担にてお取り替えいたします。